北京西城年鉴

BEIJING XICHENG NIANJIAN

2013

北京市西城区地方志编纂委员会办公室　编

中华书局

图书在版编目(CIP)数据

北京西城年鉴. 2013/ 北京市西城区地方志编纂委员会办公室编.
—北京：中华书局, 2013.12
ISBN 978-7-101-09800-6

Ⅰ. 北… Ⅱ. 北… Ⅲ. 西城区-2013-年鉴 Ⅳ. Z521.3

中国版本图书馆 CIP 数据核字(2013)第 250357 号

责任编辑 朱 慧
版式设计 朱红娟
封面设计 孙慧宇

北京西城年鉴 2013
北京市西城区地方志编纂委员会办公室 编
*
中 华 书 局 出 版
(北京市丰台区太平桥西里 38 号 100073)
http: // www. zhbc. com. cn
E-mail: zhbc@zhbc. com. cn
北京公交印刷有限公司印刷
*
787 * 1092 1/16 32.5 印张 32 插页 1370 千字
2013 年 12 月第 1 版 2013 年 12 月第 1 次印刷
印数:2000 册 定价: 180 元

ISBN 978-7-101-09800-6

《北京西城年鉴》编辑部

编 辑 说 明

一、《北京西城年鉴》是一部综合性资料性工具书，在中共北京市西城区委和西城区人民政府的领导下，由区地方志编纂委员会办公室主持编纂。

二、《北京西城年鉴》以邓小平理论、“三个代表”重要思想、科学发展观为指导，遵循实事求是的原则，科学、客观地反映实际情况，为领导决策提供可资参考的依据，为各行各业提供有价值的资料，为各方面人士了解西城、研究西城提供最新信息。

三、《北京西城年鉴》从2000年开始，逐年编纂出版。当年出版的年鉴，全面记述上一年度西城区在各条战线、各个方面所发生的重大事件和新的情况，系统汇集重要的文献。以记述西城区属各系统、各单位情况为主，对境域内中央、市属有关单位适当记述。

四、《北京西城年鉴》采用文章和条目两种体裁，以条目体为主，用规范的语体文、记述体，直陈其事，文字力求言简意赅。文内一般直书月、日，不再书写上一年度年份。

五、《北京西城年鉴(2013)》记述2012年1月1日至12月31日期间情况，设有特载、专文、大事记、党派、政权政协、群众团体、政法军事、功能街区建设重大项目建设、综合经济管理、工业商务、金融、城市建设、交通邮电公用事业、城市管理、科技教育、文化旅游体育卫生、社会生活、街道、人物、统计资料、附录共21个一级栏目。一级栏目下设二级栏目，二级栏目下设分目，分目下设条目。

六、《北京西城年鉴(2013)》收有西城区党、政、军、各民主党派、各人民团体、街道、部分企业负责人名录，驻区部分单位负责人名录，以及获国家、中央部委、北京市奖励与荣誉称号的单位和个人名单。所列均以2012年内为限。

七、《北京西城年鉴(2013)》所选文章和条目,均由各部门、各单位确定专人撰写,并经主管负责人审核。统计资料由区统计局提供。照片由各单位及区新闻中心提供。

八、《北京西城年鉴(2013)》由《北京西城年鉴》编辑部负责编辑,进行文字加工和版式设计。编辑部设在西城区地方志编纂委员会。

九、《北京西城年鉴(2013)》在编辑出版工作中,得到了全区各单位和社会各界的大力支持和帮助,在此一并表示感谢。由于编辑水平所限,疏漏与不足在所难免,恳请广大读者批评指正。

1月19日，中共中央政治局常委、中央政法委书记周永康（中）到西城检察院慰问干警

12月10日，中共中央政治局常委、中央书记处书记刘云山(左三)到西城区调研并主持召开座谈会

9月24日，中共中央政治局委员、国务院副总理王岐山（左二）到华天老字号护国寺小吃总店，视察便民早餐服务工作

5月24日，中共中央政治局委员、市委书记刘淇（右）调研西城创新社会管理工作

7月24日，全国人大常委会副委员长路甬祥（中）调研德胜科技园

11月26日，中共中央政治局委员、市委书记郭金龙（中）视察牛街清真超市

9月23日，代市长王安顺（左三）听取关于天桥演艺区规划建设情况汇报

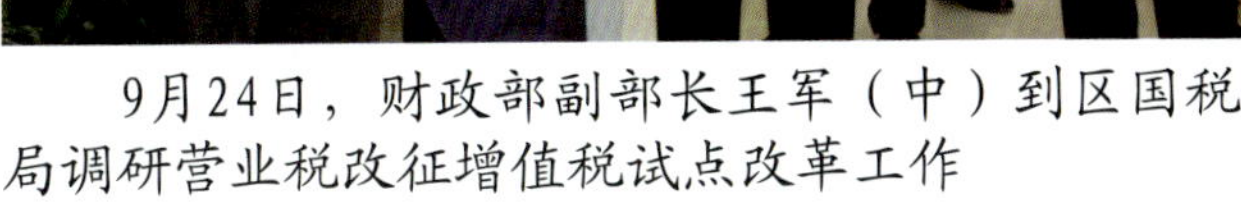

9月24日，财政部副部长王军（中）到区国税局调研营业税改征增值税试点改革工作

10月30日，市委副书记、政法委书记吉林（左二），市委常委、市公安局局长傅政华（右二）到西城消防支队检查指导工作

中国共产党北京市西城区代表会议

北京市西城区第十五届人民代表大会第三次会议

中国人民政治协商会议北京市西城区第十三届委员会第二次会议

中共北京市西城区第十一届纪律检查委员会第二次全体会议

区委书记王宁（中）到广外街道调研基层党建工作

5月29日，区长王少峰(左)和小朋友一起为花卉浇水

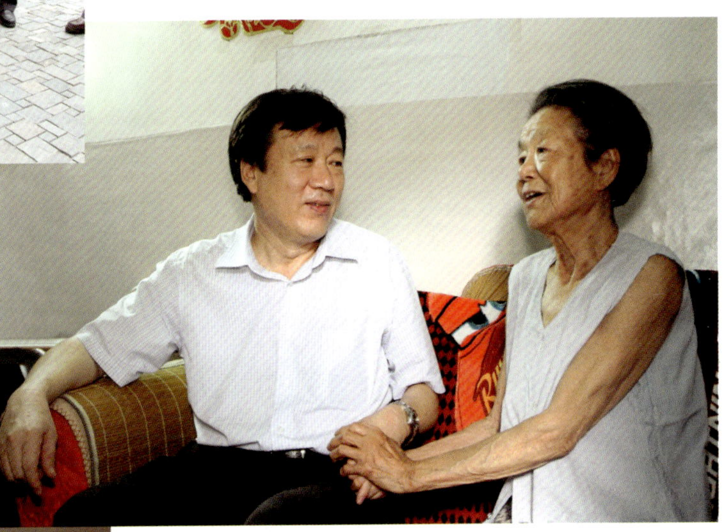

7月18日，区人大常委会主任刘跃平(左)慰问军烈属

区政协主席曹长胜（中）到西城区社会服务中心调研

西城区获得全国双拥模范城“七连冠”

11月18日，北京市委副书记、代市长王安顺（左）与国家开发银行董事长陈元（右）为北京金融街研究院揭牌

西城区首届“百名英才”颁奖典礼

第十六届中国国际投资贸易洽谈会西城区展位

“西城党建”党委系统互联网门户网站正式上线

社区居民、老干部收看十八大报道

社区党总支换届选举

255个社区有了“纪委”

市党代会精神宣讲走进老字号“党建沙龙”

西城区与21家演艺机构签署战略合作协议

4月12日，西城区与中国证监会办公厅合作备忘录细则签字仪式

西城区与北京金隅集团签订合作备忘录

12月10日，西城区与招商银行签署战略合作协议

西城区与北京移动签订战略合作协议

西城区与北京建工集团签署合作备忘录

北京市保障性住房建设投资中心与西城区对接安置房投资建设战略合作签约仪式

西城区“菜篮子”工程建设战略合作协议签订

中关村德胜科技园管委会与中国工商银行北京分行签订战略合作协议

什刹海阜景街建设指挥部与国家开发银行北京分行签约

6月26日，金融街标识发布仪式暨标识征集活动颁奖大会

3月29日，北京金融街资本运营中心成立

8月18日，西城区举办金融街20周年座谈会

11月29日，金融媒体峰会

2月29日，华夏银行北京分行与在京商会、协会签署战略合作协议，大力支持小微企业发展

4月26日，2012北京西单国际时尚节开幕

6月16日，2012北京马连道国际茶文化节开幕

4月16日，西城时尚美食节开幕

中国设计交易市场正式开业

正兴德大栅栏店开张

“清味儿老茶庄”张一元在诞生地大栅栏西街50号原址重张

西城区2012电子商务“十强企业”颁牌仪式

全国首个“国土资源地籍管理和土地集约节约利用国际合作示范基地”挂牌

西城区成立消费纠纷人民调解委员会

西城区试点国家级行政服务标准化

西城区首个申请从个体转为企业的个体工商户拿到企业法人营业执照

金融街街道发布手机政务服务平台

专项整治动物园周边环境

拆除违法建设

整治非法出版物

查处铬胶囊事件

公开全区农副市场商户台账

“扮靓环境、洁净网格”保洁活动启动仪式

环卫工人用水泵清理复兴门桥区积水

金融街房管所水电段工人冒暴雨为居民维修电路

区房地中心西长安街房管所抢险人员冒雨抢修漏雨房屋

区民防局工程管理人员检查处理受灾的人防工程险情

环卫职工用撒布机抛洒融雪剂

北京营城建都滨水绿道

最美院落之一（府右街西巷9号院）

最美街巷之一（义达里社区）

最美阳台之一（未英胡同5号院3号楼）

最美小区之一（康乐里小区）

西城区中小学生消防安全教育宣传周

居民学习暴雨自救方法

金融街街道宣传防火防煤气中毒安全知识

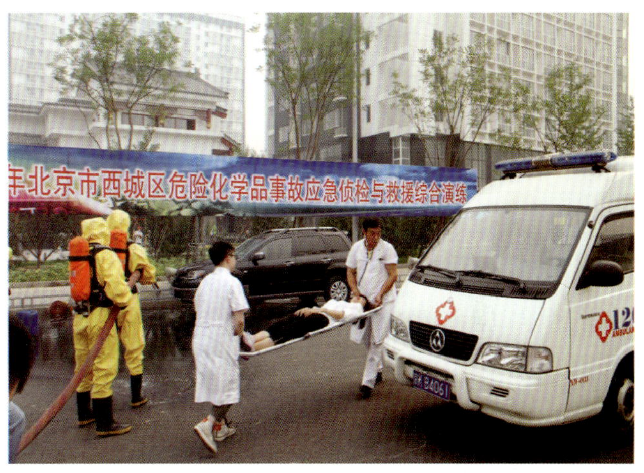

西城区危险化学品事故应急演练

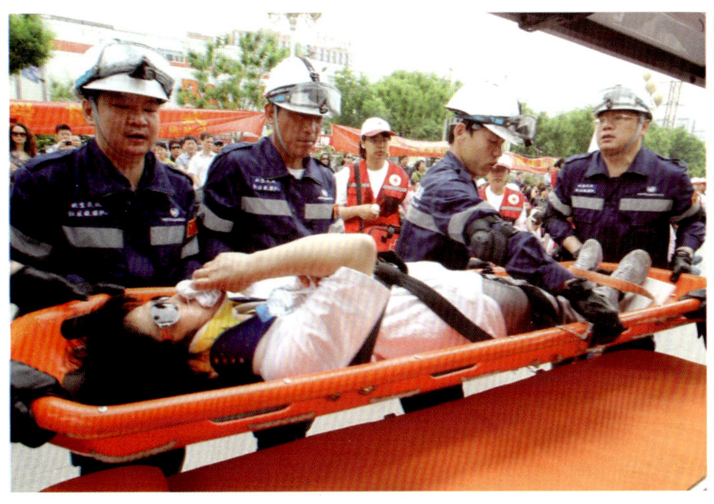

广外街道社区救援队应急演练

地铁公司应急突发事件处置演练

柳荫街军民共建30周年文化节闭幕

西城区举办随军家属双选洽谈会

西城区召开纪念建军85周年军政座谈会

区民兵应急分队组织训练

民俗专家教消防官兵画兔儿爷

12月11日，西城区科委与通辽市科技局在北京签订科技合作协议

西城区代表队参加第32届北京青少年科技创新大赛获佳绩

居民参观第二届废品创意再设计获奖作品

2012西城区科技周启动仪式

西城区“网络科普夕阳红”启动

国家级非遗传人何凯英为参观者介绍老字号传统制鞋技艺中的科技创新魅力

西城区召开教育大会

4万少先队员投票选出西城区十佳少先队员

西城区23所学校挂牌“百年学校”

西城区成立儿童体格测评中心

西城区举办首届“昆虫夏令营”

白纸坊小学学生入驻新校园

西城区第十届市民学习周开幕

市民讲外语活动10周年征文比赛获奖人员上台领奖

西城区初中学生走进职业高中，进行职业课程体验学习

美国大学生社区教英语

西长安街社区教育学校“非遗系列课程”启动

西城区七彩梦想演出季学生艺术节优秀节目展演

宣南文化研究会成立

北京皮影传习所落户西城

西城区参展第七届中国北京国际文化创意产业博览会

大栅栏民俗图书馆开馆

“青春国粹联盟曲艺专场”在老舍茶馆开演

小学生在谦祥益体验传统文化

西城文化节五月鲜花合唱节

区直机关文化建设启动仪式暨弘扬机关精神演讲汇报会

2012北京天桥艺术节综艺晚会

北京第三十五中学与台湾经典青少年国乐团交流演出

北京第二实验小学成为民间文艺传承校

大栅栏居民在家门口看名票表演

3月23日，西城区“爱生活爱健康爱旅游”和谐社区游活动启动

2月17日，什刹海地区第二期三轮车胡同游特许经营新车发放仪式

大观园红楼庙会元妃省亲表演

什刹海还原清朝皇家端午游河

黄金周什刹海游人如织

大院社区居民自办元宵灯谜会

历代帝王庙里祭拜仪式

先农坛里祭先农

留学生大观园里包粽子

西城区举办外省市驻京机构美食推介月活动

国际护士节，西城区表彰27个示范病区

北京安全用药月在西城区启动

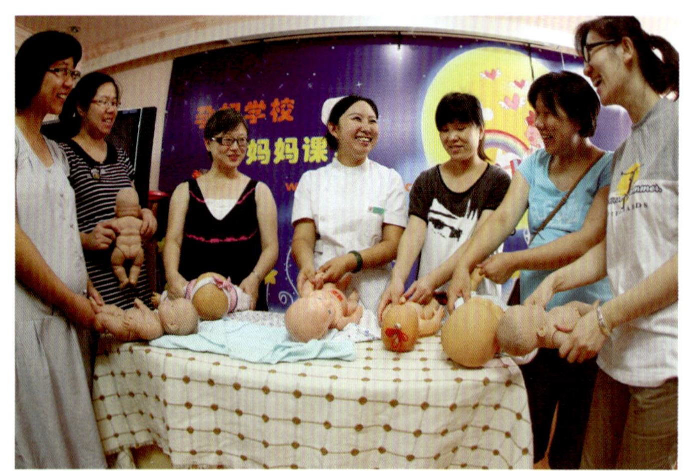
区妇幼保健院开设孕妇学校

西城区突发公共卫生事件应急演练

西长安街社区卫生服务中心宣传家庭医生式服务

第八届金象会员节

西城籍运动员在伦敦奥运会上收获2金1银

西城区第一届机关运动会

西城区部分干部群众参加环北京职业公路自行车赛荣誉骑行活动

区政协第十三届委员会首届政协委员运动会

西城区第一届侨界运动会

月坛首届太极拳邀请赛

全区新增10家早餐规范店

全市最大社区菜店在金融街开业

西城区15栋老旧楼房节能改造竣工

金融街免费公交巴士2号线开通

广安门外街道成立就业援助中心

金融街街道抢修产权单位弃管低洼院

西城区社会组织孵化器出壳仪式

社区居委会换届选举

西城区首届家庭人口文化节开幕

大栅栏人口和家庭服务中心成立

西长安街街道幸福家园揭牌仪式

白纸坊街道建功北里社区干部记民情日记

金融街“全响应”巡导队上岗

搜狐数码公社大栅栏摄影基地成立

什刹海街道松树街社区绘“绿色出行地图”

第二届西城区司法行政开放日暨法律服务进社区启动仪式

爱在西城——学雷锋志愿服务暨首届公益文化节开幕式

首届西城区文明单位风采展演

西城区启动“敬老月”活动

西城区道德讲堂开讲

“文明用餐　节约惜福——餐桌文明大行动”启动

西城区与美国丽浪多市续签友好城市关系协议书

西城区与德国黑森州经济、交通和地区发展部签署合作意向书

瑞士蒙特勒市市长参观金融街沙盘

德国代表团到展览路街道百西社区考察参观流动人口均等化服务

马来西亚内政部长一行到西城公安分局考察交流

金融街社区教育学校金雷京剧团与加拿大土著艺术团交流

目　录

特　载

专　文

大事记

党　派

政权　政协

群众团体

政法　军事

功能街区建设　重大项目建设

综合经济管理

工业　商务

金 融

城市建设

交通　邮电　公用事业

城市管理

科技　教育

文化　旅游　体育　卫生

社会生活

街 道

人　物

统计资料

附　录

索　引

BEIJING XICHENG YEARBOOK
CONTENTS

特 载

深入贯彻落实党的十八大精神　在全面建成小康社会进程中走在前列

在区委十一届五次全会上的报告

中共西城区委书记　王宁

（2013年1月6日）

现在，我受区委常委会委托，向全会报告工作。

这次会议的主要任务是，深入贯彻落实党的十八大和中央经济工作会议精神，按照市十一次党代会和市委十一届二次全会的部署，认真总结2012年工作，研究部署2013年任务，动员全区各级党组织和广大党员干部群众，统一思想，坚定信心，明确目标，加快发展，在全面建成小康社会的进程中走在前列。

一、着眼大局，扎实推进，2012年各项工作取得新成绩

2012年是新一届区委届首之年，也是党的十八大和市十一次党代会胜利召开之年。一年来，在市委的坚强领导下，区委深入实施“服务立区、金融强区、文化兴区”发展战略，全面落实“一核一带多园区”空间布局，加快“活力、魅力、和谐”新西城建设，区域发展实现良好开局。

坚持把统揽全局、凝聚力量作为重要职责，着眼首都发展大局，立足区域发展要求，不断增强履职能力，在服务大局中实现了新发展。区委认真学习贯彻落实党的十八大精神，坚定道路自信、理论自信、制度自信，以科学发展观指导和推动实践。加强常委会自身建设，注重决策质量，强化集体领导和分工负责，议大事、抓大事，增强了全区工作的整体性和协调性。充分发挥领导核心作用，支持区人大、区政协围绕大局履行职能，调动全社会力量同心同德、共建西城。认真履行维护稳定第一责任，圆满完成十八大服务保障任务，确保了安全稳定的大局。坚持以科学发展为主题，以加快转变经济发展方式为主线，主动适应新的形势和环境变化，区域发展呈现稳中有进的良好态势。2012年，地区生产总值预计实现2509亿元，同比增长9%；三级收入实现3076.2亿元，同比增长20.1%；区级公共财政预算收入完成309.1亿元，同比增长10.5%；全社会固定资产投资预计完成195亿元，同比增长4.1%；社会消费品零售额预计完成765亿元，同比增长11%；居民人均可支配收入预计达到39671元，同比增长11%。

坚持把解放思想、改革创新作为动力源泉，大胆探索、大胆实践，创造性推动各项工作，在重点领域取得了新突破。根据首都功能核心区特点，建立了“5+2”重点功能区和重大项目建设工作机制，形成了组团规划、统筹联动、板块发展的工作格局，金融街、天桥等功能区重大项目建设取得实质性进展，中关村德胜科技园扩区获得批复，被认定为首批国家级文化和科技融合示范基地。积极推进区、街两级“全响应”社会服务管理指挥中心建设，构建八条民生响应链，形成了民生需求全响应工作机制，这一创新举措荣获“全国城市管理进步奖”。开展“访民情、听民意、解民难”工作，建立形成区、街、社区三级联动解决民生问题的工作模式，全年收集各类问题3万余条，解决或提出解决方案2.8万条。探索把生态建设、文化传承、商业发展与提升环境品质结合起来，全面启动“绿道、文道、商道”景观建设，阶段性成果得到广泛认可。

坚持“立党为公、执政为民”理念，围绕促进人的全面发展，着力提高公共服务水平，解决重点难点问题，在民生改善上实现了新提升。立足促进教育优质均衡发展，召开全区教育大会，制定推进教育改革和发展的意见，成立四大教育集团，扩大学前教育，创建学习型城市示范区取得显著成效。建立社区文化组织员队伍，开展“西城文化节”等群众文化活动，原创文艺作品《大碗茶》成为全市唯一入选国家广电总局“迎接党的十八大重点影片”。深化社区卫生综合改革，顺利通过国家卫生城区复审，成功创建国家卫生应急综合示范区和国家慢性病综合防控示范区。以精细服务促进充分就业，不断扩大社会保险覆盖面，逐步完善社会救助体系，养老、助残、优抚事业稳步发展。荣获首批“全国幸福家庭示范区”称号。加快保障性住房、定向安置房建设，实施老旧小区房屋抗震节能综合改造、平房院和简易楼综合维修工程，居民居住条件进一步改善。加强社会矛盾纠纷排查，有效化解信访突出问题和历史积案。发挥打防结合、群防群治工作优势，加强社会治安综合治理，全区安定和谐的社会局面进一步巩固。

坚持以执政能力建设、先进性和纯洁性建设为主线，深入开展创先争优活动，夯实基层组织基础，在党的建设上取得了新成效。掀起学习贯彻十八大精神的热潮，组织专题理论中心组学习，开展系列培训和宣讲活动，使十八大精神成为凝聚人心、汇聚力量的重要思想基础。结合“三定”工作进一步优化领导班子结构，加大竞争性选拔工作力度，抽调400余名干部到重大工程及基层一线培养锻炼，领导班子和干部队伍履职能力进一步增强。深入实施人才发展规划，开展“百名英才”遴选活动和“百个项目资助工程”，加快世界高端金融人才聚集区建设，党管人才科学化水平进一步提高。深入开展创先争优和基层组织建设年活动，培育了一批基层党建优秀品牌，基层党组织全部实现晋位升级。“两园一带”区域化党建模式逐步形成，非公党建“活力工程”扎实推进。社区党组织换届工作顺利完成。认真落实党风廉政建设责任制，加强廉政风险防控，深入推进区委区政府权力公开透明运行，严肃查办违纪违法案件，惩治腐败的力度不断加大。

同志们！2012年成绩来之不易。这些成绩的取得，是在市委的正确领导下，全区各级党组织和广大党员干部群众扎实工作的结果，是社会各界关心、支持、帮助的结果。在此，我代表区委常委会向大家表示衷心的感谢！

二、坚定目标，探索创新，以党的十八大精神指导和推动区域科学发展

当前和今后一个时期首要的政治任务就是深入学习贯彻党的十八大精神，把思想统一到十八大提出的发展目标上来，把力量汇聚到十八大确定的各项任务上来，不断加快西城区科学发展步伐。

要充分认识首都现阶段发展特征，抓住机遇迎接挑战。党的十八大指出，当前我们仍处于可以大有作为的重要战略机遇期。市委十一届二次全会强调，首都已经进入了经济发展方式转变的攻坚阶段、实施城市精细化管理阶段、加强社会服务管理创新阶段、推动文化大发展大繁荣阶段和高度重视人与自然和谐发展阶段，要求我们在经济、政治、文化、社会和生态文明建设上更加有所作为。从我区来看，区划调整两年半以来，经过大家的不懈努力，各项事业长足进步，综合实力保持领先，在更高起点上加快发展具备了有利条件。但是，我们也要清醒地看到区域发展中还存在一些问题：经济结构还需要深度调整，一些不适应区域发展要求的产业形态仍然存在，影响着产业整体素质的提高；金融街的地位和作用还需进一步强化，金融业带动区域发展、支持民生改善、促进社会建设的方式方法还需进一步丰富和完善；城市管理精细化水平亟待提高，环境秩序、交通拥堵等群众反映强烈的问题，制约着城市品质的提高；部分居民收入差距还比较大，提高低收入家庭和困难群众生活水平还应付出更多努力,等等。面对机遇和挑战，我们必须进一步坚定信心、与时俱进、创新发展，始终以首善标准履行“四个服务”职责，努力实现社会和谐稳定、人民幸福安康。

要始终坚持区域发展目标和发展思路，为率先全面建成小康社会奠定坚实的思想基础。区划调整以来，区委区政府在深刻认识区情特点、准确把握发展规律的基础上，对区域发展思路、发展战略进行了认真继承、完善和丰富，初步形成了具有西城特色的战略目标体系。其中，“服务立区、金融强区、文化兴区”发展战略，是实现科学发展的根本路径；“一核一带多园区”空间布局，是落实发展战略的有效载体；以更高的标准创造城市美好生活，努力建设“活力、魅力、和谐”新西城，是我们的前进方向；争做中国特色世界城市的首善区、改革创新的先行区、以人为本的实践区和党建工作的示范区，是落实发展战略的具体举措。全区上下必须进一步强化共识，切实把区域发展的目标和思路融入到全面建成小康社会的进程当中。

要认真研究首都功能核心区发展规律，积极探索科学发展新模式。我们的区位特点和阶段特征决定了必须走符合西城特色的内涵式发展道路，就是要坚持深度优化产业结构，在积极拓展发展空间、保持总量规模稳定增长的同时，抓住产业最高端，更加注重集约高效用好资源，向结构要效益，向空间要效益。坚持以城市建设带动区域发展，把推进现代化建设、完善城市功能与优化产业空间布局、促进经济社会发展结合起来，以良好的服务和城市环境吸引优质资源，实现全面发展。坚持用科学的办法破解难题，紧紧抓住重要战略机遇，下大力气打破瓶颈，在攻坚克难中增添持续动力，孕育新的更大的发展。坚持“五位一体”协调发展，着力把握好经济、政治、文化、社会、生态文明建设之间的内在联系，更加注重整体性、协调性、互动性，以五个建设的成效体现首善之区的发展品质。

三、突出重点，狠抓落实，推动2013年各项事业迈上新台阶

2013年是全面贯彻落实党的十八大精神的开局之年，是实施“十二五”规划承前启后的关键一年，做好各项工作意义重大。2013年区委工作的总体要求是：**深入学习贯彻党的十八大精神，坚持以邓小平理论、“三个代表”重要思想和科学发展观为指导，按照市委市政府的工作部署，深入实施“服务立区、金融强区、文化兴区”发展战略，统筹推进经济、政治、文化、社会和生态文明建设，全面提升党的建设科学化水平，稳中求进，开拓创新，努力在“活力、魅力、和谐”新西城建设中迈出更加坚实的步伐，在全面建成小康社会进程中走在前列。**

统筹考虑全区经济社会各方面的实际，经常委会研究，建议2013年经济工作主要预期目标安排为：地区生产总值同比增长9%左右；区级公共财政预算收入增长9%；居民人均可支配收入增长9%左右。实现上述目标、推动经济社会发展，要着重抓好以下五个方面的工作：

（一）强化产业发展优势，全面提高区域经济发展质量

积极应对国际经济形势依然错综复杂和充满变数、国内经济增长下行压力加剧的形势，认真贯彻落实中央宏观调控政策措施，坚持首都经济发展方向，把发展的重点放到提高经济增长的质量和效益上来。

统筹重点功能区建设。充分发挥“5+2”机制优势，统筹规划建设、政策服务和资金使用，统筹产业提升、民生改善和功能完善，确保重点功能区建设取得更大突破。在规划上，要着眼长远发展，遵循组团理念，突出配套先行，加快编制各功能区发展规划，强化专项规划的紧密衔接。在建设上，要完善重大项目管理和推进机制，下大力量做好项目前期准备，集中精力推动基础设施和产业项目建设，高质量做好服务，切实增强经济承载力。

加快金融街发展步伐。把做强做大金融产业作为加快转变经济发展方式、发展壮大现代服务业的重要抓手，进一步强化国家金融中心的功能。坚持拓展建设和资源置换并举，深入梳理空间资源，加快月坛公建、中信城北区公建、新兴盛、人行外储中心等重大项目建设，为金融产业集聚提供有力支撑。制定促进金融产业发展的实施意见，完善高端人才引进政策和服务企业机制，积极吸引国内外优质资源，使金融街在服务国家战略、繁荣首都经济中发挥更大作用，成为“北京服务”、“北京创造”品牌的重要支撑。

提高产业整体素质。把强化创新驱动、优化产业结构作为提升经济质量的主攻方向，发挥金融辐射带动作用和文化科技融合示范作用，增强经济发展的活力和动力。抓住中关村空间规模和布局批复的契机，完善德胜科技园科技创新服务体系，积极引进战略性新兴产业，大力扶持高新技术产业发展，扩大中国北京出版创意产业园影响力，全力打造设计之都核心区。牢牢把握扩大内需这一战略基点，加快“商道”环境建设和业态调整，利用老字号和传统文化资源，打造文商旅深度融合示范品牌，培育一批拉动力强的消费增长点。深入推进区属国有企业改革发展，充分发挥国有企业在区域发展中的重要作用，不断提升区属国有经济发展质量。推动产业组织创新、商业模式创新，促进品牌化、连锁化、规模化经营，支持传统企业应用电子商务，研究政策、加快引导不适应发展要求的业态有序退出，提升城市生活服务业组织化程度。鼓励、支持和引导非公有制经济发展壮大并参与区域经济社会建设。

（二）加强民主政治建设，营造民主团结、生动活泼、安定和谐的政治局面

坚持党的领导、人民当家作主、依法治国有机统一，维护社会公平正义，使我区民主政治展现出旺盛的生命力。

更加充分地发挥社会主义政治制度优越性。健全民主制度，丰富民主形式，发展更加广泛、更加充分、更加健全的民主。支持和保证人民通过人民代表大会行使权力，支持人大及其常委会依法履行职能，保障人大代表依法行使职权，健全人大代表联系群众制度，改进代表议案、建议办理工作，使人大工作更加体现人民意志，代表人民利益。充分发挥人民政协作为协商民主重要渠道作用，就关系区域发展、涉及民生改善的重大问题以及长远规划、改革举措等内容进行广泛协商。围绕团结和民主两大主题，推进政治协商、民主监督、参政议政制度建设，更好协调关系、汇聚力量、建言献策、服务大局。鼓励创新社区民主自治途径和方式，扩大有序参与，加强议事协商，让群众享有更多更切实的民主权利。

更加广泛地凝聚社会力量。坚持以共同的奋斗目标凝聚人心，支持民主党派加强自身建设，坚持“双月恳谈会”制度，加强同民主党派和无党派人士团结共事，充分发挥工商联联系非公经济的桥梁纽带作用，加强党外代表人士队伍建设，广泛开展新的社会阶层和党外知识分子统战工作，促进思想上同心、目标上同向、行动上同行。认真做好民族宗教侨务和对台工作，充分发挥工会、共青团、妇联等群团组织在促进发展、维护稳定中的重要作用，为区域发展争取更广泛的力量支持。

更加深入地推进依法治区。加强法制宣传教育，增强全社会学法尊法守法用法意识，形成良好法治环境。注重发挥法治在地区治理和社会管理中的重要作用，突出抓好对领导干部和执法人员的普法宣传，提高运用法治思维和法治方式推动工作、解决问题的能力。加强和改进党对政法工作的领导，加强政法队伍建设，推进司法公开，切实提高司法公信力。深入推进权力公开透明运行，完善权力运行监督、信息反馈、评价考核和责任追究制度，更加自觉接受社会监督，确保权力在阳光下运行。

（三）培育文化精品，提升区域文化软实力和竞争力

坚持社会主义先进文化前进方向，发挥文化引领风尚、教育人民、服务社会、推动发展的作用，努力建设拥有最良好道德素质、最文明行为规范、最优秀文化传承与创造、最丰富文化形式与内涵、最多彩文化生活和最优质文化产业的文化强区。

强化社会主义核心价值观引领作用。把社会主义核心价值体系建设贯穿于经济社会发展的全过程和各领域，加强主流思想引领，进一步弘扬和践行“北京精神”，筑牢全区人民团结奋斗的共同思想道德基础。持之以恒地实施思想道德引领战略，广泛开展“做文明有礼的北京人”、学雷锋志愿服务等教育实践活动，扩大“公德之星”、“西城好人”等品牌活动影响力，加强未成年人思想道德建设，引领群众创道德之先、文明之先。健全长效机制，进一步提升文明城区建设水平。深化双拥共建，巩固军政军民团结，努力争创“全国双拥模范城（区）”八连冠。

彰显历史文化名城魅力。坚持以保护古都风貌为核心、整体保护和分类保护相结合，实现文化传承、民生改善、功能优化有机统一。加快推进“文道”景观建设，启动燕翅楼、天桥历史文化景观建设，抓好北中轴线什刹海地区旧城保护示范项目，使中轴线历史文化风貌更加完整。深入实施杨梅竹斜街、观音寺等历史街区保护和人口疏解，加快北京坊项目建设，同步配套公共文化设施和便

民服务网络。发挥西城会馆文化保护发展基金作用，带动社会力量参与会馆、名人故居、胡同四合院等腾退修缮保护，为传统文化注入新的活力。

提升区域文化影响力。坚持把文化兴区与文化惠民结合起来，促进文化要素聚集、文化事业繁荣、文化产业壮大，不断增强文化对经济社会发展的贡献。扶持社区文化、机关文化、企业文化、学校文化建设，丰富“一街一品”文化内涵，推广群众性文化活动，在保障群众基本公共文化权益的基础上，更好地满足多样性文化需求。加强非遗展示平台和传承基地建设，支持鼓励文化精品力作的创作和生产，促进优秀文化产品进入市场、走向世界。完善政策，用好专项资金，加快天桥演艺区、新华1949等文化创意产业园区建设，不断扩大新闻出版、设计服务、艺术品交易、文化艺术等创意产业影响力。

（四）提高人民生活水平，营造和谐稳定的社会环境

从解决好群众最关心最直接最现实的利益问题入手，进一步完善基本公共服务体系，加强和创新社会管理，使发展成果更多、更公平惠及人民群众。

提升公共服务水平。着眼于巩固和扩大基础教育领先优势，深化教育改革，创新人才培养模式，坚持实施素质教育，推进“教育家”和“卓越教师”工程，发挥教育集团和学校联合体作用，提升全区各级各类教育整体水平，努力实现“校校精彩、人人成功”。完善公共卫生应急机制，探索建立现代医院管理制度，抓好全科医生执业方式和服务模式改革试点，满足群众多元化医疗卫生服务需求。深入推进体育生活化社区创建，在环境建设中同步配套体育设施，为居民群众提供更加优质的健康服务。

保障居民基本生活。实施更加积极的就业政策，全面建设充分就业区。完善社会保险服务体系，加快社保服务向群众身边延伸。加大对残疾人和困难群众的帮扶力度，充分发展慈善和福利事业，切实保障低收入群众基本生活。深入推广居家养老模式，鼓励支持社会力量兴办养老机构、提供养老服务，实现多元化养老。加快保障性住房建设，实施老楼通天然气和供暖设施改造工程，推进危改项目建设和老旧小区综合改造，多措并举改善群众居住条件。实施全国早餐示范店试点工程，改善社区商业设施条件，使居民生活更加便利。

提高社会服务管理科学化水平。探索建立“全响应”社会服务管理指标体系，全面完成街道社会服务管理指挥分中心建设，深入开展“访民情、听民意、解民难”工作，积极收集、集中解决民生问题。深入开展“六型”社区示范单位创建，积极培育“枢纽型”社会组织，改进政府提供公共服务方式，促进多元主体参与社会建设。健全维稳长效工作机制，完善重大决策、重大项目社会稳定风险评估机制，坚持用群众工作统揽信访工作，依法妥善处理好各类问题，从源头上预防和减少矛盾。完善社会治安防控体系，提高动态管控能力，强化重点地区、重点行业以及食品药品等重要领域安全监管，建设平安西城。

（五）强化生态文明引领，全力打造健康宜居环境

着眼于首都功能核心区可持续发展的要求，坚持城市集约、智能、绿色、低碳发展，提升城市环境品质，努力实现人与自然和谐共生、相得益彰。

坚持绿色发展。科学编制全域生态建设规划，探索建立适合区域特点的绿色指标体系，加快城市生态文明建设步伐。积极推进“绿道”二期等环境建设，结合老旧小区、街巷胡同综合整治，实现规划建绿、拆违还绿、多元增绿，建设一批公共休闲空间和生态化社区精品项目。继续实施清洁能源改造和“煤改电”工程，推广垃圾不落地和餐厨垃圾就地处理等环保模式，持续改善环境质量，创建扬尘控制示范区。大力倡导和培育绿色生产生活方式，引导群众自觉维护环境，使生态文明理念、节约节能行为走进家庭、深入人心。

优化城市功能。以破解交通拥堵、违法建设、环境脏乱等问题为重点，着力打造宜居宜业的良好环境。结合历史文化名城保护、产业结构调整和基础设施建设，带动旧城人口疏解，实现城市功能优化。加快推进西黄城根南街等道路建设，完成40条道路大中修工程，逐步构建科学完善的城市服务设施体系。利用多种方式改造、增加一批停车设施，加强静态停车管理和高峰疏导，方便群众安全出行。

加强精细管理。有序推进城市管理体制改革，建立区街两级综合执法管理委员会，强化属地职责，推动城市管理重心下移，实现统筹联动、效能提升。按照分类分级管理的要求，强化城市日常管理和监督，加大对什刹海等重点区域的监测，全面提升环境秩序水平。加快“智慧西城”建设，推进现代信息技术在城市管理中的运用。研究建立城市安全运行指标体系，加强分析预警，提高城市安全运行和应急处置能力。

四、夯实基础，强化引领，全面提高党的建设科学化水平

完成全年任务、实现新的发展，关键在于党的领导。要全面加强党的建设，深入开展以为民务实清廉为主要内容的党的群众路线教育实践活动，为区域发展提供坚强的思想、政治和组织保证。

（一）加强党性修养和理论武装，提高创新思路、指导实践的能力

以好的作风、好的学风、好的文风学习宣传贯彻党的十八大精神。各级领导干部要带头认真研读中央和市委一系列重要文件，坚持贴近实际、贴近生活、贴近群众做好学习组织和宣传动员，使十八大精神深入人心。坚持学以致用、学用结合，围绕区域发展重大问题加强学习和调研，提高把握和运用市场经济规律、自然规律、社会发展规律能力，提高科学决策、民主决策、依法决策能力，提高推动工作、解决问题能力，切实把十八大精神转化成推动区域科学发展的强大思想武器。

（二）加强领导班子和干部队伍建设，提高推动发展、促进和谐的能力

坚持并完善理论学习中心组制度，建立健全领导班子绩效考核体系，提高领导班子建设的水平。严格执行领导

班子议事规则和决策程序，充分听取专家顾问和社会各界意见，提高科学决策水平。坚持正确用人导向，深化干部人事制度改革，完善公开选拔、竞争上岗等竞争性选拔干部机制，探索对干部“德”的考察方式，切实提高干部履职能力。坚持党管人才原则，创新人才政策机制，优化人才发展环境，重点引进和培养适应区域发展需要的高层次、国际化、领军型人才，激发人才创造活力，为区域发展提供强有力的智力支撑和人才保证。

（三）加强基层组织建设，提高凝聚群众、带动群众的能力

完善基层党建精细化工作格局，探索实施功能街区党建工作，深入开展“三级联创”活动，扩大非公企业党的组织和党的工作覆盖面。加强基层党组织带头人队伍建设，探索党组织在“全响应”社会服务管理体系中发挥作用的载体和途径。加强党员教育管理，完善党员分层分类管理模式和流动党员“双向共管”制度，健全党员联系和服务群众的工作体系，积极开展党员责任制、党员先锋岗、党员承诺制等活动，充分发挥党员先锋模范作用。深入推进党代表任期制，建立健全党代表提案制度，推进党内民主建设。

（四）加强党风廉政建设，提高拒腐防变、抵御风险的能力

坚持标本兼治、综合治理、惩防并举、注重预防方针，深入推进惩治和预防腐败体系建设。严格落实党风廉政建设责任制，完善廉政风险防控机制，加强对权力运行的制约和监督，加大对违纪违法案件的查处力度，确保干部清正、政府清廉、政治清明。认真落实中央关于改进工作作风、密切联系群众的八项规定和市委的实施意见，改进文风会风，深入实际、深入基层、深入群众，办好顺民意、解民忧、惠民生的实事，以高尚的品格、清新的形象、务实的作风赢得群众的信任，努力做到与人民心心相印、同甘共苦、团结奋斗。

同志们！新的时代赋予我们更加光荣的使命。我们要紧密团结在以习近平同志为总书记的党中央周围，在市委的坚强领导下，求真务实，开拓进取，努力在更高水平上推动西城区实现新发展！

政府工作报告

2013年1月9日在北京市西城区第十五届人民代表大会第三次会议上

西城区人民政府区长　王少峰

各位代表：

现在，我代表西城区人民政府向大会报告工作，请予审议，并请各位政协委员提出意见。

一、2012年工作回顾

2012年，在市委、市政府和区委的正确领导下，区政府认真贯彻落实区第十一次党代会精神，紧紧围绕区十五届人大一次会议确定的目标任务，牢牢把握稳中求进总基调，区域经济社会保持平稳较快发展。地区生产总值预计实现2509亿元，同比增长9%；三级收入实现3076.2亿元，同比增长20.1%；区级公共财政预算收入完成309.1亿元，同比增长10.5%；居民人均可支配收入预计达到39671元，同比增长11%。

一年来，我们围绕年初确定的“八项工程”，主要抓了以下几方面工作：

（一）坚持统筹推进、组团发展，重点功能区建设和产业发展实现新突破

把功能区作为促进区域发展的重要载体，组建“5+2”机构，加大统筹力度，重点功能区项目建设迈出实质性步伐。金融街建设全面提速，月坛南街项目入市交易，国家开发银行总行办公楼等7个项目实现竣工，新增建筑面积51.7万平方米，与金隅集团等多家企业签署资源置换合作备忘录，引进全国中小企业股份转让系统有限责任公司、瑞士银行（中国）有限公司、芝加哥商业交易所（北京）咨询有限公司等70家机构，举办首届金融街论坛等20周年系列活动，金融街品牌影响力进一步提升。德胜科技园扩区获得批复，被认定为首批国家级文化和科技融合示范基地，完成中国设计交易市场一期装修改造，与韩国设计振兴院等机构签订入驻协议，出台支持企业创新发展政策，园区产业承载力和发展品质不断提高。天桥演艺区艺术大厦、艺术中心项目进展顺利，与22家知名院团达成战略合作协议。大栅栏琉璃厂北京坊项目全面开工，杨梅竹斜街保护修缮试点稳步推进，市政基础设施建设取得明显成效，成功举办老字号体验日、北京国际设计周大栅栏展等活动。什刹海阜景街完成千秋四合院、蓝鼎晨大厦改造等项目，西海环湖外立面整治和燃气改造工程竣工，环境品质得到进一步改善。

在功能区建设的带动下，重点产业快速健康发展，整体实力不断增强。预计金融业增加值约占地区生产总值的40%左右；高新技术产业实现收入515亿元，同比增长40%；文化创意产业实现收入760亿元，同比增长13%。举办西单国际时尚节、马连道国际茶文化节、西城电子商务节等主题促销活动，有效拉动消费，预计社会消费品零售额实现765亿元，同比增长11%；旅游综合收入实现365.3亿元，同比增长9%。出台了《西城区关于促进产业发展的若干意见》，开展中小企业服务年活动，金融街资

本运营中心投入运营，区属国有企业对区域发展的支撑和服务作用进一步增强。积极参加京交会、京港洽谈会、北京文博会等活动，在第十六届中国（厦门）投资贸易洽谈会上西城区获得“最具投资价值城区”奖。

（二）坚持突出重点、提升品质，城市环境面貌进一步改善

按照建设一批、整治一批、改造一批的思路，加大城市环境建设力度。扎实推进“三道”建设，“绿道”一期工程全面建成，“商道”重要节点的园林市政建设初见成效，“文道”完成前期论证和部分街巷整治。深入开展环境综合治理，共拆除违法建设937处，实现81条道路架空线入地，完成60个挂账脏乱点及“城中村”、“边角地”环境整治。着力改善居民居住环境，启动28栋简易楼腾退工作，完成4844间平房修缮、205万平方米老旧小区抗震加固和节能综合改造，实施22处中水雨水利用工程、1.5万户供热管线和1.6万户“一户一水表”改造。通过开展“最美小区、最美街巷、最美院落、最美阳台”评选活动，充分调动广大市民参与绿化建设的积极性，累计新建改建绿地32.82公顷，新增屋顶绿化3.43万平方米、垂直绿化8644延长米。开展废弃油脂及餐厨垃圾专业化收运工作，完成1.2万户清洁能源改造，预计全区万元GDP能耗同比下降3.89%，空气中主要污染物二氧化氮、可吸入颗粒物浓度同比分别下降7.9%、2.8%。

（三）坚持建管并重、强化管理，城市功能不断完善

按照首都功能核心区发展要求，把提高承载能力与加强服务管理有机结合起来，健全机制，创新手段，确保了城市安全高效运行。抓好市政道路建设，地铁7号线站点全面开工，新壁街基本完工。着力提升道路通达能力，完成月坛西街等14条道路疏堵工程、煤市街等4条道路微循环改造，实施59条道路大中修、38处道路无障碍设施改造，整修疏通16处易积水路段。加强静态交通管理，探索实行单停单行、居住区停车自治管理等措施，新建5处立体停车楼（库），累计新增停车位6953个。加强重点行业和重点领域安全监管，开展“打非治违”专项行动，建立“科队合一”、社区参与的安全生产监管模式，处置突发公共事件能力进一步增强，有效应对“7.21”特大暴雨。顺利通过全国文明城区测评和国家卫生城区复审，荣获“2012中国智慧城市示范城区”称号。

（四）坚持保护传统、激发活力，文化建设取得新进展

把文化作为提升区域品质的重要支撑，加强传统文化与现代文化有机融合，促进文化事业与文化产业协调发展。深入践行“北京精神”，推动学雷锋活动常态化，市民文明素质不断提高。启动“阳光书苑”二期工程，推进区图书馆资源共享，建立社区文化组织员队伍，广泛开展“一街一品”群众文化活动，公共文化服务体系进一步完善。成立区历史文化名城保护促进中心，签约设立西城会馆文化保护发展基金，启动北海等19处文保单位外立面保养维护工作，完成区属可移动文物普查入库。制定《西城区文化创意产业发展指导目录（试行）》等政策，建立统计监测指标体系，设立专项资金，完善项目库，原创文艺作品《大碗茶》成为全市唯一入选国家广电总局“迎接党的十八大重点影片”。

（五）坚持均衡发展、提高质量，公共服务能力不断增强

着眼于满足群众对优质公共服务的需求，加大投入力度，优化功能布局，促进各项社会事业健康发展。召开西城区教育大会，出台进一步推进教育改革和发展意见，成立以北京四中、北京八中、实验二小、北京小学为核心的四大教育集团，全面实施“三个一”行动计划，基本完成与市政府签订的义务教育均衡发展任务，基础教育继续保持全市领先水平。实施5所幼儿园新建改扩建工程，加大对街办幼儿园的扶持力度，学前教育条件进一步改善。建立257个家庭医生式服务团队，社区卫生服务机构与对应的三级医院实现了三日内预约转诊，肛肠医院、新街口社区卫生服务中心竣工，卫生监管与服务水平稳步提升，被评为“国家卫生应急综合示范区”、“国家慢性病综合防控示范区”。实施了35个可持续发展示范项目，推进“首都科技条件平台西城工作站”建设，承办北京市青少年科技创新大赛。广泛开展全民健身活动，创建76个体育生活化达标社区。建成2个街道级人口和家庭服务中心，人口和计划生育服务水平进一步提升。妇女儿童、档案史志、防震减灾、双拥共建、公益慈善等各项事业实现新的发展，外事、民族、宗教、侨务和对台工作取得良好成绩。

（六）坚持立足民需、惠及民生，居民生活持续改善

针对群众普遍关心的就业、养老、住房、买菜等热点、难点问题，采取有效措施，为群众排忧解难。全面启动充分就业区建设，成立6个街道就业援助中心，登记失业率为0.94%，失业人员就业率达到72.6%，零就业家庭保持动态脱零。完成市属机关、事业单位公费医疗与基本医疗保险制度并轨工作，将区属机关、事业单位及社会团体职工纳入工伤保险、生育保险覆盖范围。全面落实低保政策，强化养老、助残服务，在所有街道建立老年心理关爱服务站，培育30个区级规范化养老（助残）餐桌，进一步拓宽“社区爱心服务一卡通”功能。加快推进保障房建设，昌平回龙观一期、丰台张仪村、房山长阳等3个项目实现结构封顶，丰台南苑等8个项目开工建设，完成8739户摇号配售配租任务。深入抓好“菜篮子”工程，与中国农垦集团、北京二商集团等单位签订战略合作协议，确定6个蔬菜供应基地，完成10家菜市场提升改造和15家便民菜店建设。加强食品药品安全监管，抽检合格率分别达到98%、99.7%。

（七）坚持完善制度、创新管理，以“全响应”为重点的社会建设成效明显

按照北京市构建网格化社会服务管理体系的要求，结合区域实际，建立区“全响应”社会服务管理指挥中心和10个街道指挥分中心，整合力量搭建8条响应链，“全响应”体系基本框架初步形成，并荣获“全国城市管理进步奖”。深入开展“访民情、听民意、解民难”工作，全年收集各类问题需求3万余条，其中2.8万余条已解决或提

出解决方案。制定加强街道统筹辖区发展、规范街道社区协管员管理等意见，进一步理顺了区街体制，强化了街道的属地管理职能。全面推进“六型”社区建设，圆满完成第八届社区居委会换届选举工作。发挥社会建设专项资金带动作用，实施95个政府购买服务项目，引导驻区单位、社会组织和志愿者参与民生服务。坚持以群众工作统揽信访工作，加大矛盾纠纷排查化解力度，实现了“三无”目标。深入开展安全社区创建活动，深化群防群治，加强社会治安综合治理，圆满完成十八大服务保障任务，区域和谐稳定的局面更加巩固。

（八）坚持强化能力、夯实基础，政府自身建设进一步加强

围绕“提能增效、群众满意”主题和“三能一评”主线，深入开展“政务能力建设年”活动，通过自查互查和整改落实，政府履职能力、办事效率进一步提高。抓住“三定”契机，调整功能街区产业发展促进局等部门职能，开展公务员竞争上岗，完善日常量化考核机制。启动行政权力公开透明运行工作，梳理各级各类行政权力6636项，绘制权力运行流程图，推进行政权力网上运行，进一步扩大政务公开，西城政务网站在全市评比中名列十六区县第一名。承办“第四届全国政务（行政）服务中心创新论坛”，开展国家级行政服务标准化试点工作，实现“一个窗口对外、一条龙服务、一站式办结”。认真抓好勤政廉政教育，发挥“5+2”机构联合纪检监察组作用，加强对重大项目和重点工作的监督检查，推进电子监察系统建设与应用，政府服务效能进一步提升。

一年来，区政府坚决执行区人大及其常委会决议，自觉接受区人大和区政协监督，邀请人大代表、政协委员参加政府常务会，主动向区人大、区政协汇报工作，广泛听取各方意见。全年共办理人大代表议案、建议196件，政协委员提案312件，办结率100%，有效促进了重点民生问题的解决，推动了区域经济社会发展。

各位代表，过去一年全区各项工作所取得的成绩，是市委、市政府和区委正确领导的结果，是全区上下齐心协力、努力拼搏的结果，是驻区单位和社会各界积极参与、大力支持的结果。在此，我代表区政府向给予我们支持和帮助的人大代表、政协委员、各民主党派、工商联和无党派人士、各人民团体以及社会各界，向中央、市属单位和驻区部队，向所有关心、支持西城区建设的同志们、朋友们表示衷心的感谢！

总结一年来的工作，我们也清醒地看到，区域发展中还存在不少困难和问题。主要是：进一步提升功能区集聚水平和发展质量的要求更高，促进产业结构优化升级的任务还十分艰巨；历史文化名城保护还缺乏有效模式，需要继续加大探索力度；城市生态建设水平亟待提升，保障城市安全运行的压力仍然很大；优质公共服务还不能完全满足群众需求，一些民生突出问题还需要下大力气解决；统筹利用各方资源、协调推进重点工作的力度还需进一步加大。对于以上问题，我们将高度重视，积极争取多方支持，敢于攻坚克难，切实采取有效措施加以解决。

二、2013年工作总体要求

2013年是全面贯彻落实党的十八大精神的开局之年，也是实施“十二五”规划承前启后的关键一年，政府工作面临新的形势和要求。党的十八大提出全面建成小康社会的宏伟目标，明确了“五位一体”战略总布局，为我们当前和今后一个时期的发展指明了方向。市第十一次党代会指出，首都功能核心区要强化政治中心、文化中心、国际交往中心功能，着力打造政治文化中心功能承载区、历史文化名城魅力展示区，这对我们进一步做好“四个服务”、提升发展品质提出了更高要求。我们将以十八大精神为指引，紧扣主题主线，准确把握首都发展的五个阶段性特征，抓住“十二五”规划中期评估契机，深入探索首都功能核心区融合发展、内涵发展、自主发展、均衡发展的有效模式，不断提升西城区科学发展水平。

2013年区政府工作的总体要求是：深入贯彻落实党的十八大精神，以邓小平理论、“三个代表”重要思想、科学发展观为指导，全面实施“服务立区、金融强区、文化兴区”战略，着力在重点功能区建设、社会服务管理创新、历史文化名城保护、生态文明建设、城市安全运行等方面实现新的突破，不断推进“活力、魅力、和谐”新西城建设，努力在首都建设中国特色世界城市、全面建成小康社会进程中走在前列。

在工作落实过程中，要把握好以下四个方面的具体要求：

一是坚持集聚带动。按照市委市政府关于优化中心城区功能的要求，正确处理集聚与疏解、保护与发展的关系，促进城市功能的合理布局，实现建设与管理相衔接、要素与功能相统一。依托五大功能区组团建设，通过拓展、置换、合作等多种途径，破解空间与需求的矛盾，加快金融、科技、商务、文化等高端要素集聚，增强投资强度和密度，提高资源利用效率，实现规模发展和产业升级。

二是坚持创新驱动。注重经济发展与人口资源环境相协调，不断增强发展的内生动力，实现尊重经济规律、有质量、有效益、可持续的发展。大力推进科技创新，依托区域科技资源优势，促进信息化与产业化有机结合，切实发挥科技示范引领作用。加快推进文化创新，通过搭建平台、培育主体，激发文化发展活力。积极推进金融创新，加快金融与科技、文化等资源的融合，引导金融更好地服务经济社会发展。稳步推进管理创新，提高政府履职能力、响应能力和创新能力，营造良好的区域发展环境。

三是坚持统筹联动。立足区域发展大局，加快资源融合，促进功能互补，实现城市建设、产业发展、民生改善和环境提升的协调推进。拓宽统筹联动的广度，充分利用驻区单位、社会组织等资源，搭建交流合作平台，积极争取政策、项目、资金支持，形成推动发展的强大合力。加大统筹联动的力度，建立长效规范的沟通协调机制，科学安排项目投入时序，加强资金调度和监管，确保集中力量办大事。强化统筹联动的深度，用足用好现有政策，探索

研究新政策、新办法，着力破解名城保护、城市安全等难点问题。

四是坚持服务推动。把服务贯穿于政府工作全过程，以服务促进发展，在发展中做好服务。高水平履行好“四个服务”职责，着力打造友好宜居的城市环境、和谐共享的社会环境和优质高效的发展环境。高度重视服务民生，在功能区建设、城市建设、社会建设过程中统筹考虑民生改善，让发展成果更多、更公平地惠及民生。进一步拓宽视野、更新理念，充分利用区域各级各类资源，培育新的发展优势，不断提升区域发展水平。

三、2013年工作重点

今年全区经济社会发展主要预期目标是：地区生产总值增长9%；区级公共财政预算收入增长9%；居民人均可支配收入增长9%；社会消费品零售额增长10%；登记失业率控制在2%以内，登记失业人员就业率达到60%以上；万元GDP能耗降低率完成市政府下达指标。

重点做好以下工作：

（一）着力强化功能区建设，推动区域经济持续健康发展

坚持以提高经济增长质量和效益为中心，继续把握稳中求进的工作总基调，依托功能区发展，带动产业结构优化升级，切实增强区域发展后劲。

一是加快推进重点功能区建设。着眼长远发展，编制功能区总体规划和产业、交通、环境等专项规划，促进功能区合理布局和联动发展。金融街要实现35中新址迁建项目竣工，完成华嘉、丰盛西区等项目搬迁和土地入市，确保月坛项目公建、中信城北区公建等项目按期开工，继续推进三里河北街甲1号等资源置换项目。德胜科技园要加快推进国家级文化和科技融合示范基地及特色产业园建设，组建设计产业联盟，抓好设计之都核心区重点项目。天桥演艺区要实现艺术大厦竣工交用，完成艺术中心结构施工和南中轴路北段改造工程，推进北纬路拓宽工程，研究制定天桥斜街修缮和业态提升方案，办好北京天桥艺术节。大栅栏琉璃厂要加快北京坊项目建设和C3、H地块拆迁，启动观音寺和琉璃厂艺术文化馆征收，加大宣传推介力度，加快老字号和文化创意产业聚集。什刹海阜景街要重点抓好北中轴线旧城保护示范项目，积极引导阜景街业态升级，出台什刹海景区及交通管理办法，打造环境优美、秩序优良的开放式景区。

二是大力推进产业结构优化升级。围绕强化金融街国家金融中心功能，吸引国内外知名金融机构和大型企业总部入驻，完善金融配套服务，推进世界高端金融人才聚集区建设，探索发展科技金融、文化金融、民生金融，进一步巩固和扩大金融业核心优势。抓住中关村空间规模和布局调整契机，完善科技创新服务体系，加快引进高新技术产业项目和行业领军人才，支持企业开展自主创新。积极促进商贸旅游业发展，结合“商道”建设，繁荣西单时尚消费，推进马连道等特色商业街区建设，培育黄金珠宝等拉动力强的消费增长点；完善什刹海、大栅栏旅游功能区服务设施，进一步提高西城旅游的知名度和美誉度。推动传统企业应用电子商务，支持老字号企业开展技术改造和管理创新。充分利用区属资源，优化网点布局，提高传统生活服务业组织化程度。逐步引导小商品批发市场升级改造，有序调整不适合区域发展要求的业态。

三是切实为各类企业做好服务。健全完善与驻区中央、市属企业和外资企业的沟通联系机制，抓好重点项目的全过程服务，吸引更多优质资源落户西城。继续推动区属国有企业公司制改革，鼓励实施“走出去”战略，不断增强企业核心竞争力，在区域建设和发展中更好地发挥作用。完善中小企业服务平台，促进非公经济和中小企业健康发展。认真落实促进产业发展各项政策，加强市场秩序综合整治，为企业经营发展创造良好环境。

（二）着力打造现代化精品城区，促进城市可持续发展

按照北京建设中国特色世界城市的要求，牢固树立城市生态文明理念，不断完善城市服务功能，努力建设生态优美、设施完备、运行安全、管理有序的现代化精品城区。

一是全面推进生态环境建设。研究制定全区绿色发展指标体系，启动编制生态环境建设全域规划，开展“一核一带多园区”等重点地区环境建设规划研究。推进“绿道”二期工程，完成文保区环境景观提升重点任务。采取规划建绿、拆违还绿、多元增绿等多种形式，加强绿化美化建设，新建改建绿地20.44公顷，新增屋顶绿化3万平方米、垂直绿化5000延长米。继续实施架空线入地工程，抓好10条精品街巷胡同整治，推进废弃油脂及餐厨垃圾专业化收运工作，完成52个小区的垃圾分类达标体系建设。加强能耗强度和能源消费总量目标考核，启动能源监测平台建设，抓好低碳改造试点项目，引导重点单位开展节能改造。认真落实大气污染控制措施，加强PM2.5监管，完成1.7万户清洁能源改造任务，做好什刹海水质监测和水环境治理。

二是增强基础设施承载能力。配合做好地铁7号线、16号线建设工程，加大新街口北大街、西直门内大街等8条市政道路征拆力度，启动西黄城根南街道路建设。继续抓好道路微循环改造，实施前半壁街、右安门内西街等40条道路大中修，完成56处道路积水点整修。推进交通智能化建设，完成枣林前街等30条道路地磁感应装置埋设工作，建成区交通运行监测调度分中心。加强静态交通管理，推动5个立体停车楼（库）、3个临时停车场建设，实施16个老旧小区停车设施增量改造，探索利用地下空间资源增建停车设施，推广“四管治两小”停车秩序管理模式。倡导绿色交通、文明交通理念，改善城市慢行系统，推进自行车公租点建设。提高水电气热保障能力，抓好菜市口等区域变电站建设，完成48条街巷胡同管线新建改造任务。

三是强化城市安全运行保障能力。研究建立城市安全运行指标体系，全面梳理掌握地下管网基础数据，切实加大隐患排查力度。细化各类灾害和突发事件应急预案，加强消防、民防等设施设备和队伍建设，深入开展应急演练，大力普及防灾减灾知识，不断提高城市防灾减灾和应急处置能力。健全安全监管体系，建立责任追溯制度，推进安全生产标准化建设，有效预防重特大安全事故发生。

四是提高城市精细化管理水平。深化城管执法体制改革，成立区、街两级综合执法管理委员会，建立执法力量统筹联动机制，进一步提高城管执法水平。继续推进城市管理重心下移，逐步理顺条块关系，充分发挥街道统筹辖区发展作用，形成城市管理的整体合力。深化“四位一体”城市管理模式，发挥城市管理联席会议作用，引导社会力量参与城市管理，积极探索胡同精细化管理和老旧小区物业管理新模式。加快智慧西城建设，推进物联网、云计算等新技术在城市管理、公共服务等领域的推广与应用，让市民享受信息化、智能化建设成果。

（三）着力发挥文化资源优势，切实增强区域文化软实力

深入推进“文化兴区”战略，弘扬优秀传统文化,不断丰富群众文化,大力发展创意文化，进一步增强区域文化整体实力和竞争力。

一是加强历史文化名城保护。充分发挥区名城委统筹协调作用，完善社会多元参与的保护机制，打造名城、名人、名业、名景系列品牌，提升整体保护水平。探索建立名城保护责任建筑师制度，完成法源寺等文保区规划编制。配合北京中轴线申遗，深入推进“文道”建设，启动燕翅楼复建等项目，完成天桥历史文化景观工程。抓好陟山门周边等区域综合整治，继续推进杨梅竹斜街等保护修缮试点。启动粤东新馆腾退修缮，提高会馆保护利用水平，抓好非物质文化遗产展示平台和传承基地建设。

二是大力实施文化惠民工程。加强社会主义核心价值体系建设，深入实施公民道德建设和公共文明引导工程，进一步巩固全国文明城区创建成果。完善公共文化服务体系，加快推进区图书馆和公共文化中心建设，推广“一街一品”模式，办好西城文化节、市民戏剧节等文化活动。积极倡导多样化的休闲运动，着力打造“十五分钟体育生活圈”，营造全民健身的良好氛围。

三是加快发展文化创意产业。发挥专项资金和政策扶持作用，推进琉璃厂、新华1949等重点文化创意产业园区建设，培育和引进一批有影响力的重大产业项目，不断提高文化创意产业的经济贡献率。积极构建文化金融创新中心，推动文化创意项目展示、储备及交易平台建设，培育和引进文化创意产业优秀人才。稳步实施文艺院团转企改制，统筹利用文化资源，开发以西城区为背景的原创作品，不断扩大区域文化影响力和知名度。

（四）着力改善民生、创新管理，进一步提高社会建设水平

坚持以民生需求为导向，健全服务体系，创新社会管理，切实解决好重点民生问题，努力让居民群众过上更好的生活。

一是促进社会事业优质均衡发展。深化“校校精彩、人人成功”理念，全面推进素质教育，发挥教育集团作用，扩大优质资源覆盖面，实施特色改革实验项目，完善特色人才、创新人才培养模式，推进教育家工程，新建8个名师工作室，不断提升教育教学质量。落实学前教育和中小学建设两个三年行动计划，完成西师附小等9所学校翻建、5所幼儿园改扩建工程。促进职业教育、社区教育等各类教育健康发展，进一步深化学习型城市示范区创建工作。建立区属公立医院绩效考评体系，开展全科医师执业方式和服务模式改革试点，深化家庭医生式服务，启动“卫生监督进社区”项目，加快公共卫生大厦、家庭健康保健中心、丰盛医院等项目建设。抓好科技示范项目实施，促进科技成果转化应用。完善人口和计划生育服务体系，推广长安幸福家园和展览路新希望家园服务模式。巩固和扩大全国双拥模范城（区）创建成果，做好民族、宗教、侨务和对台工作，积极支持工会、共青团、妇联、科协等群众团体开展工作。

二是大力提升民生保障水平。继续推进危改项目建设和老旧小区综合改造，启动90万平方米老旧小区抗震加固和节能综合改造，加快右安门内28号院和棉花片拆迁建设，抓好昌平回龙观二期、朝阳北苑、丰台大红门、高立庄等保障房项目建设。坚持稳定和扩大就业，开展“手牵手联动促就业”活动，完善就业服务体系，鼓励以创业带动就业，积极构建和谐劳动关系。完成区社保、医保中心机构调整，建立社保经办绿色通道，探索开展预约服务，实施失业保险社会化发放。积极发展居家养老和社区养老，建立养老机构建设专项资金，引导社会力量兴办养老机构，探索“失独”家庭养老帮扶措施。加快区残疾人职业康复中心建设，完善温馨家园服务功能。开展食品药品安全专项整治，抓好“菜篮子”工程，推进“农超对接”、“农餐对接”，完成早餐示范店建设试点任务，维护日常生活品供应和价格稳定。

三是完善“全响应”社会服务管理体系。全面建成区级和街道社会服务管理指挥中心，开通“12341”一号通服务热线，形成三级联动运行机制。深化“访民情、听民意、解民难”工作，进一步畅通民意渠道，及时了解群众需求，有效解决重点民生问题。培育发展“枢纽型”社会组织和优秀社区服务组织，健全政府购买公共服务制度，鼓励驻区单位开放内部资源服务居民群众。完成第二批59个“六型”社区示范单位创建任务。扎实做好“六五”普法工作，完善多元调解体系，落实领导干部接访、包案制度，积极预防和妥善处置各类矛盾纠纷。深入推进平安创建工作，完善社会治安防控体系，创新流动人口服务管理，确保区域社会和谐稳定。

（五）着力加强政府自身建设，不断提升服务管理水平

紧紧围绕以为民、务实、清廉为主要内容的党的群众路线教育实践活动，进一步改进工作作风、密切联系群众，努力建设依法行政、廉洁高效的服务型政府。

一是加强法治政府建设。切实增强依法行政意识和能力，制定完善政府常务会前学法制度、区政府和行政部门领导出庭应诉制度，提高运用法律手段解决问题的能力。

认真落实《西城区重大行政事项决策办法》，邀请区人大区政协领导、代表委员和群众代表列席区政府常务会，加强社会公示、听证和专家咨询工作，进一步提高政府决策科学化、民主化水平。深化行政权力公开透明运行工作，尽快建立网上权力库，规范权力运行过程，严格依照法定权限和程序行使权力、履行职责。强化行政问责和监督，完善决策评估和责任追究制度，不断拓宽社会、群众监督渠道。

二是加强效能政府建设。加大培训力度，完善考核体系，不断提高公务员队伍能力素质，着力打造学习型政府。深化国家级行政服务标准化试点工作，推进行政审批、服务事项“两集中、两到位”，逐步实现网上一体化办理，努力为群众和企业提供更加高效便捷的服务。完善重点工作协调推进机制，落实“周调度、月汇报、季检查”制度。切实改进文风、会风和工作作风，加大调查研究工作力度，提高服务基层、服务群众、服务发展的能力和水平。严格落实政府绩效考核办法，加大行政效能监察力度，进一步提升政府工作效率和水平。

三是加强廉洁政府建设。认真落实党风廉政建设责任制和廉洁自律各项规定，深化廉政风险防控管理，从源头上预防和治理腐败。优化财政支出结构，严格控制一般性行政支出，加大经济责任审计问责力度，确保财政资金安全运行。深入开展专项治理，坚决纠正损害群众利益的不正之风，依法从严查办违纪违法案件。区政府全体工作人员特别是各级领导干部要始终保持清醒头脑，警钟长鸣，防微杜渐，切实增强拒腐防变能力，以清正廉洁的政府形象取信于民。

各位代表！人民代表大会制度是保证人民当家作主的根本政治制度，社会主义协商民主是我国人民民主的重要形式。在今年工作中，区政府将继续自觉接受区人大的法律监督、工作监督和区政协的民主监督，认真听取各民主党派、工商联、无党派人士、人民团体和社会各界的意见建议。办理落实好各级各类议案、提案和建议，定期向区人大、区政协通报工作进展情况。

各位代表！完成今年各项工作任务艰巨，实现西城科学发展任重道远。让我们紧密团结在以习近平同志为总书记的党中央周围，在市委、市政府和区委的正确领导下，求真务实，开拓创新，不断推进“活力、魅力、和谐”新西城建设，努力在首都建设中国特色世界城市、全面建成小康社会的进程中走在前列！

北京市西城区人民代表大会常务委员会工作报告

2013年1月10日在北京市西城区第十五届人民代表大会第三次会议上

西城区人大常委会主任　刘跃平

各位代表：

我受西城区第十五届人民代表大会常务委员会委托，向大会报告工作，请予审议。

2012年工作回顾

2012年以来，区人大常委会认真贯彻党的十八大和北京市第十一次党代会精神，按照区委和区十五届人大一次会议的要求，准确把握开局之年人大工作的特点，从强化自身建设入手，不断深化对人民代表大会制度的认识，紧紧围绕全区工作大局，抓住关系发展和民生的重点问题，切实履行各项职权，充分发挥代表的主体作用，努力增强人大工作实效，在促进地区科学发展、民生改善和法治建设方面发挥了重要作用。一年来，共召开常委会会议8次、主任会议13次，常委会听取和审议议题41项、任免“一府两院”工作人员211人次，圆满完成了全年的各项任务。

一、围绕发展大局认真履职，促进了经济持续较快发展

地方人大及其常委会作为地方国家权力机关，在决定地区经济发展重大事项、促进地区经济发展方面肩负重要职责。区人大常委会坚持谋全局、议大事，紧紧抓住推进区域发展战略的实施和关系经济可持续发展的全局性重大问题依法履职，综合运用多种工作方式，加大监督力度，为促进经济又好又快发展提供了有力的支持和保障。

大力推进金融强区战略的实施。区“十二五”规划提出了实施“服务立区、金融强区、文化兴区”发展战略，实施金融强区战略关系区域长远发展。常委会把推进金融强区战略的实施作为全年重点工作来抓，组织开展了关于实施金融强区战略的专题调研。结合金融街建设20周年，针对金融街建设发展面临的新形势、新要求，组织代表广泛参与视察、调研活动，走访了金融监管部门、银行和非银行金融机构等20多家单位，与150余名金融及相关领域从业人员进行座谈听取意见，并邀请国家发改委、市金融局等有关部门和专家为推进金融街建设、强化金融街国家金融中心功能出谋划策。常委会听取和审议了区政府关于金融街拓展情况的工作报告，在与区政府有关领导和部门进行深入研究的基础上，汇集各方面意见建议，审议通过了关于推进金融强区战略实施的建议，从九个方面提出了41条建议，为区政府研究制定相关政策和措施，加快实施金融强区战略、在更高起点上推进金融街建设和金融业发展奠定了基础。

积极促进德胜科技园等功能区的建设发展。常委会听取和审议了区政府关于中关村科技园区德胜科技园建设与

发展情况的报告，就完善德胜科技园发展规划，加强对高新技术企业的扶持，促进产业集聚发展，进一步增强德胜科技园的创新活力和综合实力等方面提出了建议。常委会还通过组织代表视察、督办相关建议，促进了什刹海文保区、天桥演艺区等功能区重点项目建设和文化品质提升。

加强计划和预算监督。常委会听取和审议了2011年财政预算执行和其他财政收支情况的审计报告，审查批准了2011年财政决算，对审计查出问题整改情况进行了跟踪监督。加强对计划、预算执行情况的监督，听取和审议了2012年上半年和1-10月计划、预算执行情况的报告，审查批准了2012年预算调整方案，对2013年计划报告和预算报告的主要内容进行了初步审议。建议区政府加强对经济发展不平衡问题的分析，深入研究“营改增”对区级财力产生的影响，制定应对措施。推动政府首次公开了“三公”经费。继续加强对部门预算的监督，组织部分代表视察了区规划局2011年部门预算执行情况，听取了区教委和区卫生局关于2013年部门预算编制情况的报告。通过加强预算和审计工作监督，保障了预算的顺利执行。

二、加强关系民生的专项工作监督，推进了社会事业发展和群众生活环境改善

人大及其常委会既是国家权力机关，也是民意代表机关。区人大常委会始终把反映民情民需、推动民生改善作为工作的着力点，通过深化会前调研和会后跟踪检查，加强对关系民生的政府重点工作的监督，认真办理代表议案，在促进学有所教、病有所医、住有所居和幸福家庭建设，改善城市环境、交通治理等方面取得了实效。

高度重视教育均衡发展。教育公平和教育均衡发展事关千家万户。常委会把推动基础教育均衡可持续发展作为监督重点，听取和审议了区政府关于优化教育资源配置情况的报告，对区政府开展学前教育三年行动计划的实施情况进行了跟踪监督，并多次与区政府主管领导和部门沟通了解情况，广泛听取代表、群众和中小学校的意见。常委会充分肯定了区政府在优化教育结构布局、科学配置教育资源等方面取得的成绩，建议区政府建立教育用地保障机制、妥善解决入学高峰与现有教育资源空间不足的矛盾，加强普通中小学校建设、缩小校际差距、扩大优质教育资源覆盖面，完善科学用人激励机制、优化教师执教环境，保持教育整体优势，进一步推动教育可持续发展。

关注居民健康和生活幸福。着眼于推进公共卫生事业发展，更好地为居民健康服务，常委会听取和审议了区政府关于区属中医药事业建设和发展情况的报告，建议尽快完善促进中医药事业发展的保障措施，加快推进中医医疗机构和中医药人才队伍建设，切实为基层中医院解决发展中的困难和问题。常委会还组织代表视察了区政府推进社区卫生服务综合配套改革的情况，对区政府加强公共体育设施建设情况、改进人口服务管理和构建幸福家庭生命全周期公共服务体系情况加强了监督，提出改进工作的建议，推进了社区公共服务和幸福家庭建设。

着力促进城市环境的改善。“加快改造大栅栏地区市政基础设施、改善居民生活环境”议案是区十五届人大一次会议确定的代表议案。常委会紧紧围绕该议案的办理工作，加大视察调研力度，听取和审议了区政府关于该议案办理情况的报告，从加强规划研究、加快重点项目建设、推进精细化施工和管理等方面提出了改进工作的建议。加强对老旧小区楼房抗震加固和环境整治工程落实情况、保障房配租配售和后期管理工作的监督，听取了区政府有关工作情况报告，建议加强调研、摸清情况，及时反映工作中遇到的瓶颈问题，采取有效措施推进相关工作的开展。组织代表视察交通、绿化、街道社会服务管理工作，听取了有关工作汇报，就综合治理交通拥堵、改进城市绿化工作、推进“全响应”社会服务管理创新工作提出了建议。

三、加大执法检查和司法工作监督力度，营造了和谐稳定的法治环境

人大监督的目的就是要确保宪法和法律得到正确实施，确保公民的合法权益得到尊重和维护。区人大常委会紧紧抓住社会普遍关注、群众反映突出的热点问题，加强对司法工作的监督，深入开展执法检查，督促执法机关依法行政、公正司法，在化解矛盾、保障群众合法权益、维护社会稳定方面加大工作力度，为党的十八大召开营造了良好的法治环境。

加强对司法工作的监督。常委会高度关注社会矛盾凸显期各类矛盾纠纷日益突出的问题，围绕发挥司法机关职能作用促进矛盾纠纷解决，加大监督力度。组织代表视察了区法院、区司法局社会矛盾纠纷调解工作，听取和审议了区法院完善多元化纠纷解决机制情况报告，从完善化解社会矛盾工作协调机制、加强对相关调解组织的业务指导、进一步提高化解矛盾质量等方面提出了改进工作的建议。加强了对区检察院控告申诉工作、公安分局立案公开工作的监督，促进司法机关落实司法为民要求，畅通群众诉求反映渠道，提高执法办案公信力和透明度，保障群众合法权益，维护社会和谐稳定，为区域经济社会发展提供更加有力的司法保障。

深入开展食品安全执法检查。食品安全关系群众身体健康和生命安全，常委会把开展食品安全执法检查作为全年重点工作来抓，成立了由常委会和有关委员会组成人员及代表共100人参加的执法检查组，把分组集中检查与抽查相结合、督促政府自查与边查边改相结合，抓住群众反映突出的重点问题，加大执法检查力度。常委会听取和审议了执法检查组关于食品安全法律法规执法检查情况的报告，形成审议意见，从广泛开展宣传教育活动、强化行业自律和从业人员教育，进一步完善食品安全监管体系、不断提高食品安全防控能力，强化对食品安全高风险行业、重点地区、事故易发场所，以及小餐馆等“六小”企业食品安全隐患排查、消除食品安全监管盲区，创新监管方式方法、建立健全食品安全长效机制和源头监管体制等方面提出建议。区政府认真研究落实常委会的审议意见，相关执法部门切实整改，保障了食品安全法律法规的贯彻落实，有效促进了我区食品安全监管水平的进一步提高。

组织开展少数民族权益保障条例等法律法规的视察和检查。受市人大常委会的委托，就少数民族权益保障条例、中关村国家自主创新示范区条例的实施情况开展了执法检查，组织代表视察了老年人权益保障法、药品管理法、消防法和消防条例等法律法规的实施情况，针对存在的问题提出改进建议，促进了有关法律法规在我区的贯彻落实。积极参与立法工作，就市人大常委会制定规范性文件备案审查条例、修改食品安全条例等法规，组织视察、调研和座谈，及时收集并反馈各方面意见和建议，为立法机关的立法工作提供了重要参考。

四、改进和加强代表工作，切实发挥了代表的主体作用

人大代表是国家权力机关的组成人员，坚持代表的主体地位、为代表履职服务是人大常委会的重要职责。区人大常委会积极探索完善代表工作方式，采取有效措施，改进和加强代表工作，为代表依法履职、发挥主体作用提供了有力保障。

完善代表工作格局。加强代表履职服务体系建设，形成了常委会统一负责，代表联络部门综合协调，各工作委员会充分发挥作用，各街道人大代表工委密切配合的代表工作格局。调整组建了财经、城建、教科、文卫体、内司、维权等六个委员会，统一了街道人大代表工作机构设置，建立了区法院、区检察院与街道人大代表工委联系联络机制，为代表履职服务的组织保障得到加强。

保障代表的各项权利。针对新一届代表特点，围绕人民代表大会制度和人大代表履职知识以及如何提出代表议案建议等方面内容组织履职学习活动，帮助代表深化了对人民代表大会制度的认识，增强了履行代表职务的意识和能力。组织召开全区经济社会发展情况通报会，帮助代表了解掌握区情和区域发展形势，通过《北京西城报》、《西城人大》及《西城人大信息》及时传递区情、政情信息，保障代表知情知政。邀请代表列席常委会会议，向代表征集监督议题建议，扩大了代表对常委会工作的参与。充分发挥各委员会和各街道人大代表工委的作用，组织代表参加执法检查、视察、调研等活动，拓展了代表履职的途径和渠道。一年来，各委员会组织代表活动共95次，参加代表1085人次；各街道人大代表工委组织代表活动共101次，参加代表1895人次；坚持代表接待选民日制度，组织代表接待选民5833人次，参加代表541人次。

加大代表建议督办力度。代表向本级人大提出对各方面工作的建议、批评和意见，是代表依法执行代表职务的重要形式。区人大常委会高度重视代表建议办理工作，进一步完善了主管主任牵头督办、代表工作机构整体督办、各委室分类督办的工作机制，加强对代表建议的梳理分析，抓好交办、督办和检查问效。建立了由15名代表组成的落实代表建议监督工作组，对代表建议办理工作全程跟踪督办，通过视察检查了解办理进度，检查代表建议落实情况。目前，区十五届人大一次会议期间，共受理185件代表建议（含议案转建议），除5件转市有关部门研究参考之外，其余建议已办结并答复代表。从180件建议的办理情况来看，经过努力得到解决或取得一定进展和成效的142件，约占78.9%；受政策法规限制，目前不能解决的17件，约占9.4%；列入计划解决的15件，约占8.3%；受财力或条件所限、留待以后解决的6件，约占3.3%。

加强市人大代表联络服务工作。按照市人大常委会统一安排，组织市人大代表参加履职学习活动、年中集中活动和相关视察调研活动，积极促进市代表建议的落实，为市人大代表履职提供良好服务。完成了市十三届人民代表大会西城团的总结工作。协助做好市人大代表换届选举工作，组织召开了区十五届人大二次会议，依法选举产生了88名出席北京市第十四届人民代表大会的代表。

五、着力抓好自身建设，进一步提高了依法履职能力

换届以来，区人大常委会适应新形势、新任务的要求，切实加强自身建设，把深化学习调研与改进常委会工作相结合，完善制度、改进作风，努力提高依法履职的能力和水平。

深化理论学习和人大工作研究。组织常委会组成人员深入学习贯彻党的民主政治建设理论和党的十八大精神，不断深化对人民代表大会制度的认识，增强了在新形势下做好人大工作的责任感、使命感。加强对宪法和监督法等有关法律以及人大工作实务的学习，组织专题讲座和常委会会前学法，增强了依法履职意识和履职能力，进一步坚定了做好人大工作的信心和决心。坚持联系实际深化学习，建立了常委会组成人员调研制度，每位组成人员围绕关系发展、关系民生的重大问题，围绕常委会重点工作，认真开展调查研究，完成了一批调研成果。常委会组织召开了“围绕大局加强和改进人大监督工作”专题研讨会，就科学确定监督议题、突出监督重点、规范监督程序、改进监督方法、提高监督质量和实效以及增强履职能力等内容进行了深入交流和研讨，为改进和加强常委会工作奠定了良好基础。

积极推进制度建设。完善议事决策制度，组织修订常委会和主任会议议事规则，以区十四届人大常委会议事规则修订稿为基础，充分考虑区划调整后的工作实际，注重保持法制的统一性、保持工作的延续性，对相关条款内容进行了修改。对常委会决定重大事项、预算监督、听取和审议专项工作报告、执法检查、人事任免以及代表工作等方面的制度规定进行了梳理，需要修改的列入计划适时修改，同时抓好各项工作制度的落实，促进了常委会工作的科学化、规范化。加强人大信息宣传工作，积极宣传人民代表大会制度和人大工作，及时向社会公开履职情况，使常委会工作更加公开、透明。

全力加强机关建设。在常委会党组领导下，进一步加强了机关党组织建设。组织机关干部认真践行“北京精神”，创新工作理念，改进工作作风，提高了机关工作质量和效率。注重加强与代表和群众的联系，认真做好信访工作，全年受理群众来信来访346件（批）617人次。加强人大工作交流，组团参加了全国部分市（区）人大工作研讨会，学习借鉴兄弟省、市、区人大工作经验，进一步开阔了视野和思路。

各位代表，开局之年，常委会的各项工作取得了新的成绩，为今后的工作奠定了良好基础。总结过去一年的工作，我们深切的感到，这些成绩的取得是区委正确领导、

“一府两院”积极配合的结果，是广大代表辛勤努力、热情参与的结果，是驻区各单位和全区各族人民大力支持的结果。在此，我代表区人大常委会向全体代表，向各级领导，向所有关心和支持人大工作的同志们、朋友们表示崇高的敬意和衷心的感谢！

在总结成绩的同时，我们也清醒地认识到工作中存在的问题和不足，主要是监督工作的方式方法还需要改进，监督实效与群众的预期还有差距，代表参与、监督常委会工作的渠道还需要拓宽，常委会的审议质量还有待进一步提高。这些问题和不足，我们将认真分析研究，在今后的工作中切实加以改进。

2013年主要工作任务

2013年是深入贯彻落实党的十八大精神的重要一年，也是实施“十二五”规划的关键之年。区人大常委会将在区委的领导下，深入学习贯彻党的十八大精神，坚持人民代表大会制度，代表人民依法行使各项职权，着力在推进区“十二五”规划实施、保障和改善民生、促进依法治区方面，加大监督力度，完善工作方式，汇聚代表的智慧和力量，不断增强人大监督实效，为建设“活力、魅力、和谐”新西城做出应有的贡献。

一、在创新方法、监督促进区“十二五”规划实施上实现新突破

加强对国民经济和社会发展中长期规划实施情况的监督，是监督法赋予人大常委会的重要职责。区人大常委会将按照全面建成小康社会的总体布局和目标要求，立足首都和区域发展实际，突出重点，创新方法，加强对区“十二五”规划实施情况的审查监督。组织各委员会和代表广泛参与，就规划实施情况开展视察和调研。常委会听取和审议区政府关于区“十二五”规划中期评估情况的报告，并着眼长远发展，对加快推进规划实施、进一步提升区域发展水平提出意见和建议。继续关注重点功能区建设，对常委会关于推进金融强区战略实施的建议落实情况进行追踪检查。

探索加强对政府全口径预算决算的审查和监督。着眼于推进财政绩效管理，拟组织开展对财政大额专项资金使用情况的监督，听取区政府关于财政大额专项资金使用情况的报告，并组织常委会组成人员进行专题询问。加强对年度计划预算执行情况的监督，听取和审议区政府关于2012年财政决算、审计工作报告，审查审计查出问题整改情况的报告，听取和审议区政府关于2013年计划、预算执行及调整情况的报告，对2014年计划、预算报告的主要内容进行初步审议。加强对国有资本经营预算编制及执行情况的监督，深化部门预算监督，进一步促进预算管理规范化、科学化。

二、在推动解决民生问题、促进社会事业发展上取得新成效

人大及其常委会代表人民行使国家权力，必须多谋民生之利，多解民生之忧，在推动解决民生问题上加大工作力度，保障人民群众共享改革发展成果。按照建设生态文明和宜居城市的要求，推进环境建设。常委会将听取和审议区政府关于加强什刹海建设管理工作情况、危旧平房改造和老旧小区整治情况的报告，对常委会关于加快改造大栅栏市政基础设施议案的审议意见落实情况进行跟踪监督，同时加强对绿化工作和“绿道”建设二期工程、大气污染治理工作的监督，组织开展对突发事件应急处理工作的专题调研，促进城市管理水平进一步提高和群众生活环境不断改善。

着眼于满足群众公共服务需要，推进社会事业发展。按照“努力办好人民满意的教育”的要求，加强对政府教育督导工作的监督，常委会将听取和审议区政府关于教学质量督导情况的报告。加强跟踪监督，对常委会关于优化教育资源配置工作审议意见和促进中医药事业发展审议意见的落实情况进行追踪检查。积极推进信息化建设和学习型城区建设，听取有关工作情况报告。围绕满足养老服务和群众文化生活需要，解决入托、入学、就医等方面群众反映突出的问题，组织代表进行视察调研，加大有关代表议案的办理力度，促进相关工作的开展。

三、在更加注重发挥法治作用、促进依法治区上迈出新步伐

人大及其常委会的根本任务是推动民主法治建设，必须更加注重发挥法治在社会管理中的作用，维护法制的统一和权威，保障公民依法享有各项权利。大力推进依法治区，促进依法行政、公正司法。常委会将听取和审议区检察院关于加强诉讼监督工作情况的报告，加强对区法院执行工作、区政府行政复议和行政诉讼工作的监督。继续组织代表旁听区法院公开审理案件活动和“代表进法院”活动，积极推动解决群众普遍关注的执行难问题。加强对司法队伍建设情况的监督，组织代表就执法机关加强队伍建设、开展文明执法和便民服务工作情况进行视察，组织部分区法院审判员、区检察院检察员以书面报告形式向常委会述职，促进司法人员不断强化依法履职意识，进一步提高依法履职水平。

加强法律监督，着力推进法律法规的实施。坚持不懈地推动食品安全法律法规的实施，常委会将对食品安全执法检查审议意见落实情况进行跟踪监督，听取和审议区政府落实常委会关于食品安全执法检查审议意见的情况报告。组织代表就安全生产法和安全生产条例、防震减灾法、科学技术普及法、特殊教育法、传染病防治法、老年人权益保障法、残疾人保障法、红十字会法、旅游管理条例、博物馆条例等法律法规实施情况开展视察调研，促进有关法律法规的贯彻实施。贯彻落实市人大常委会制定的规范性文件备案审查条例，成立工作机构，完善工作程序，开展规范性文件备案审查。配合市人大常委会，组织有关立法调研及法律法规实施情况的检查，及时反映有关法律法规实施中的问题以及基层单位和群众对法律法规制定、修改的建议，为立法机关的立法工作服务。

四、在服务代表履职、更好地发挥代表作用上取得新进展

人大代表既是同级人大常委会工作的监督者，也是同级人大常委会依法履职的依靠力量。常委会将认真贯彻落实代表法的要求，不断改进代表工作。进一步完善代表工作格局，充分发挥常委会各委员会和各街道人大代表工委的作用，为代表履职提供支持和保障。坚持代表通报会、代表列席常委会会议等制度，加强人大信息宣传工作，办好人大刊物和网站，拓展代表知情知政渠道，进一步保障代表的知情权、参与权、表达权和监督权。加强对街道人大代表工委工作的领导，组织开展更具针对性、实效性的代表履职活动，完善代表接待日制度和代表联络员制度，进一步密切代表与选民和选举单位的联系，组织代表向选民和选举单位述职，接受群众监督。改进和加强代表建议办理工作，加大督办力度，探索建立建议办理工作考评机制，推进办理工作公开，切实提高办理质量和实效。做好新一届市人大西城团代表活动的组织服务工作，建立市、区代表联系机制，凝聚市、区代表合力，共同促进地区发展。

五、在加强自身建设、提高履职水平上取得新进步

认真贯彻落实党的十八大精神，全力推进学习型、服务型机关建设。加强对宪法和中国特色社会主义理论的学习，进一步坚定道路自信、理论自信和制度自信，把思想和行动统一到运用科学理论研究实际问题、推动人大工作创新发展上来。围绕坚持和完善人民代表大会制度的实践、围绕改进和加强人大工作、围绕关系经济社会发展的重点问题等开展调研，进一步提高把握人大工作规律、依法履职的能力。推进学习调研与审议议题的有机结合，改进常委会会议组织工作，充分发挥常委会组成人员的作用，提高审议质量。推进常委会履职情况向社会公开，自觉接受群众监督。加强常委会网站建设，促进信息资源共享和信息化办公，增强机关服务功能。调整优化工作机构设置，积极推进干部交流，努力建设一支能够适应新形势、充满活力的人大干部队伍，进一步提高服务保障水平。

各位代表，新的一年任务艰巨、责任重大。我们要在区委的领导下，紧密团结在以习近平同志为总书记的党中央周围，全面贯彻落实党的十八大精神，求真务实、锐意进取，不断开创人大工作新局面，为建设“活力、魅力、和谐”新西城和首都建设中国特色世界城市做出新的更大贡献！

中国人民政治协商会议
北京市西城区第十三届委员会常务委员会工作报告

2013年1月8日在政协北京市西城区第十三届委员会第二次会议上

西城区政协主席　曹长胜

各位委员：

我受政协西城区第十三届委员会常务委员会的委托，向大会报告工作，请予审议。

2012年工作回顾

2012年是中共十八大胜利召开之年，是西城区万众一心、建设“活力、魅力、和谐”新西城的开局之年，是政协西城区第十三届委员会创新发展、谱写新篇的基础之年。一年来，区政协常委会在中共西城区委领导下，高举爱国主义和中国特色社会主义伟大旗帜，坚持团结和民主两大主题，紧紧围绕中共西城区第十一次代表大会确定的奋斗目标，团结带领各界委员认真履行政治协商、民主监督、参政议政职能，为推动西城区科学发展做出了积极贡献。

一、服务发展大局，认真开展政治协商

运用全体会议、常委会议、议政会议、专题协商会议等协商形式，认真开展决策前和决策执行中的政治协商，推进党政科学决策、民主决策。

围绕全局工作集中协商。十三届一次会议期间，组织委员对《西城区政府工作报告》、《西城区2011年国民经济社会发展计划执行情况和2012年国民经济社会发展计划草案的报告》、《西城区2011年财政预算执行情况和2012年财政预算草案的报告》等进行了协商讨论。委员们围绕“十二五”时期，建设“活力、魅力、和谐”新西城奋斗目标以及区政府2012年重点工作部署，提出意见建议，区委区政府领导分别参加各小组讨论，听取意见。会后，区政协收集整理出3个方面、66条“协商意见”提交区委区政府研究采纳。

围绕重点工作重点协商。建立全响应社会服务管理格局是我区首创并全面推进的重点工作，常委会认为，这项工作的推进对加强我区社会建设具有重要意义。为此，主席会议提出以全响应社会服务管理格局的建立与创新为主题召开议政会议，并通过第一次“两政”联席会议协商后正式确定。随后，各党派团体经过近半年时间的调研论证、反复研究，形成集体智慧成果，在区政协与区委统战部联合召开的议政会议上，提出了许多针对性强、措施可行的意见建议。区长与两位副区长以及相关部门领导到会听取意见，会后将会议情况以《领导参阅》形式报送区委领导，区委主要领导批示：各党派和工商联所提的意见建议，很受启发，有一定的借鉴和指导意义，并批转有关领导抓好落实。区政府专题研究、逐项落实党派团体提出的意见建议。

围绕关键工作专题协商。破解发展瓶颈、转变发展方式，是我区实现科学发展的关键，常委会发挥区政协“人才库”、“智囊团”的优势作用，选取了金融街20年发展情况、历史文物及会馆保护与利用召开专题通报协商会，常委们积极建言，提出了前瞻性、可操作性的意见建议。围绕金融街服务能力建设、地下空间开发利用、扶持小微企业发展、小商品交易市场调整转型等问题，在专委会调研基础上，经讨论协商形成了4项常委会建议案。建议案数量创历届之最，质量上得到了区委区政府领导的充分肯定，区委区政府主要领导分别作出批示，相关部门认真办理建议案，将意见建议纳入工作计划和决策之中。

通过履行政治协商职能我们感到，区政协将各界委员的思想和共识进一步统一到了区委区政府的决策部署上来，进一步集聚了各界的智慧和力量，促进了决策的民主化、科学化，推进了各项工作的开展。我们欣喜地看到，自我区召开第三次政协工作会议以来，全区政治协商呈现出良好局面，区委制定并认真落实《关于加强人民政协政治协商制度建设的意见》，高度重视并加强了对政治协商的组织领导，实行政协委员列席区委全会、区委常委会、区政府常务会议和全区重要会议等制度。区政府全力支持和配合区政协开展政治协商，积极吸纳、认真落实政治协商成果，及时反馈落实情况。

二、拓展监督形式，积极推进民主监督

常委会在充分利用建议案、委员提案、委员视察等形式监督的基础上，积极推进各党派团体和各界委员开展民主监督工作。

采用民主监督小组形式进行重点监督。重新组建了财政预算民主监督小组和社会治安综合治理工作民主监督小组，制定了民主监督小组工作规则。财政预算民主监督小组分别召开财政预算执行情况和审计工作情况通报座谈会，社会治安综合治理工作民主监督小组听取通报并视察了社会面防控机制、重点地区整治、基层平安建设、流动人口服务与管理、维稳安保等项工作。

运用“明察暗访”活动实施动态监督。推选了162名政协委员及党派成员，组成10个明察暗访小组。各小组紧密结合区政府开展的“政务能力建设年”活动，以突出转变工作作风、提升服务质量为重点，历时5个多月，先后对我区50个政府部门进行了不定期、不定时的明察暗访，针对发现的问题，提出了具体改进意见。区委区政府领导高度重视明察暗访成果，对相关部门提出加强整改的明确要求，有关部门研究制定整改措施，抓好落实，有力促进了政风行风的转变。

利用特邀监察力量强化岗位监督。按程序、高标准选拔推荐了监察局特邀监察员8人，法院特邀监察员5人，检察院特邀监察员10人，综合行政服务中心特邀监察员10人，卫生监督所社会廉政监督员5人，共64名委员担任特邀监察员、廉政监督员，18名委员担任人民陪审员。委员们在各自岗位上认真履行监督职责，发挥相应的民主监督作用，促进了相关部门的勤政廉政建设。

三、发挥优势作用，集智纳言参政议政

常委会注重发挥区政协人才荟萃、智力密集的优势作用，通过专题调研、通报视察、委员提案、街道联组活动等形式，积极参政议政、建言献策。

立足破解发展难题开展专题调研。常委会着眼区域建设和发展中的有关重点难点问题，深入调查研究，力求出思路、支实招。重点选取了“加强金融街服务能力建设”，“充分开发地下空间、提升土地利用效率”，“在税收政策改革试点中加大对中小企业扶持力度”，“小商品服装批发市场调整转型”，“优化西城区文化发展环境、增强区域文化软实力”和“加强清真网点建设、进一步提升城市服务能力”6个方面问题，开展专题调研。8个党派全部参与，各专委会认真筹划、精心组织，近200名委员参与调研，最终形成了6项调研成果。在金融街服务能力建设的调研中，首次提出了建成宜居、安全、信息、人文金融街的构想，进一步丰富了我们对金融街发展的认识；在小商品服装批发市场调整转型的调研中，明确提出了不再新增、削减总量、优化存量、引导转型、分类监管的指导思想和引导、控制、调整、提升的工作思路，对于我区转变经济发展方式、提升城市核心区功能具有积极的参考和借鉴意义；在加强清真网点建设调研中，提出了合理布局、加大扶持、加强监管等意见建议，对于保护清真“老字号”品牌文化资源、促进民族团结具有十分重要的意义。

立足推进重点工作组织多项视察。为推进功能区建设和重点工作进展，主席集体视察了天桥演艺区、什刹海阜景街区、大栅栏琉璃厂文化商业区、德胜科技园区等建设情况，就项目设置、工程进展、施工安全等提出意见建议；视察了全响应社会服务管理工作、营城滨河绿道建设一期工程进展情况。组织政协常委集体视察了旧城保护定向安置房“融泽嘉园”项目建设情况，就政策措施、建设质量、配套设施等问题提出意见建议。各专委会围绕促进融合发展、促进民生改善等方面工作，开展了50余项通报视察活动，积极为城市建设和民生改善献计出力。

立足提高履职能力改进提案工作。常委会充分发挥提案在履行政协职能中的重要作用，始终把提案工作作为全局性、经常性工作抓紧、抓实、抓好，努力提高提案质量、办理质量和服务质量。修订完善了提案工作条例等5项工作制度，认真学习落实中共中央办公厅、国务院办公厅联合印发的《关于进一步加强人民政协提案办理工作的意见》，提高提案工作科学化水平。重视抓好提案线索征集、提案咨询、知情明政、学习培训、立案审查等环节，引导委员提出高质量提案。十三届一次全体会议以来，委员提出370件提案，立案的341件提案，主题突出、内容丰富、涉及面广，具有较强的针对性和可操作性。常委会加大督办力度，采取领导督办、联合督办、跟踪督办等措施狠抓办理落实。重视抓好提案办理协商，区委区政府办公室先后两次向政协常委会通报提案办理情况，听取委员对办理工作的意见建议。提案的办理和落实对推动我区科学发展发挥了重要作用。

立足委员了解民情创新街道联组。常委会为拓展委员履职空间，方便委员联系群众、了解民情、参与街道社区建设，组建了15个街道委员联组，制定了《关于街道政协委员联组工作的意见》，按照属地就近原则，将全体委员编入各街道联组，确定一位副主席和专委会工作一室，加强对联组工作的领导和协调；主席会议定期听取联组工作情况汇报，积极探索总结联组工作经验。各街道联组注重围绕服务中心工作开展活动，协商讨论区政府工作报告，参与街道发展研讨；注重结合街道特点开展活动，参观特色社区，开展统战人士联谊，聘请委员担任监督员；注重发挥委员专业特长开展服务居民活动，组织社区义诊，开设艺术讲座、健康讲座；发挥联组组织优势，以街道联组为单位组织委员参加提案培训会、首届政协委员运动会等集体活动，全年共1551人次参加了街道联组活动。

立足畅通民意渠道做好信息工作。聘请了60名委员担任区政协特邀信息员，围绕焦点热点问题，搜集和反映各党派团体和各界委员的意见建议。共收到委员和党派社情民意类信息705条，其中“利用信托资金促进我市经济发展”、“建议在广安产业园区打造黄金珠宝交易中心”等8条信息被市政协《诤友》采用，上报全国政协和市委市政府。编辑了3期《领导参阅》，报送区委区政府主要领导及相关部门。

四、凝聚各界力量，切实发挥独特优势

常委会重视发挥爱国统一战线组织的独特优势，加强与各党派团体的合作共事，开展主题鲜明、丰富多彩的活动，促进了各方面的团结联合。

坚持定期走访各党派团体和委员制度。春节前，区政协领导走访慰问各党派团体，并与各党派团体负责同志座谈，听取他们对做好新一届政协工作的意见建议。制定了区政协领导走访委员制度，政协主席、副主席、秘书长根据不同工作阶段，分别走访了部分委员，征求委员意见。各专委会重点走访看望相关界别委员，密切与委员的联系和交流。

尊重支持各党派团体在政协履行职能。注重发挥各党派团体在政协工作中的重要作用，努力营造民主协商、平等议事的良好氛围，发挥各党派团体专业优势和特长，联合开展协商议政、专项调研、通报视察等活动，提高了参政议政的质量和水平。全年召开4次秘书长会议，研究协调有关重要会议、重大活动的具体落实，研讨如何做好党派团体提案工作和社情民意信息工作。

开展联情联谊活动扩大对外交流。召开西城区各界人士迎新春联谊会；组织“三八”妇女节女委员联欢，港澳台侨女委员与女台商联谊；与民建西城区委联合举办教师节慰问联谊活动；举办国庆中秋委员联谊会。圆满承办了十二市区州政协工作研讨会，参加了直辖市八城区第十次政协工作研讨会。加强与市政协各专委会、各区县政协以及外省市政协联系交流。

五、加强自身建设，夯实政协工作基础

常委会把加强政协自身建设作为届首之年的重点工作来抓，开拓创新、讲求实效，为推进新一届政协工作再上新台阶打好基础。

重视抓好学习培训。组织常委、委员传达学习十八大精神，参加辅导讲座，召开座谈会。举办全国政协十一届五次会议精神学习报告会、宗教形势报告会，召开发挥委员参政议政职能作用暑期研讨会、宗教理论和实践研讨会。政协《知学》开设学习园地、知识问答、委员论坛栏目，帮助委员学习交流。邀请区政府主要领导作区情通报，帮助委员了解掌握区情。请全国政协和市政协领导授课辅导，就如何履行好委员职责、如何做好反映社情民意信息工作等，4次组织委员培训，组织政协机关干部参加各级学习培训。

创新完善工作机制。修订完善了24项规章制度，创新实施三项工作制度：一是与区政府协商建立了“两政”联席会议制度。年初区政协通报全年主要工作安排，协商确定开展调研、议政、通报、视察等重点内容，增强了政协工作的针对性、实效性。二是建立了街道政协委员联组制度，为委员搭建了植根于社区的新的履职平台，得到了委员、街道和社区居民的普遍好评。三是建立了委员履职登记制度。对每位委员参加政协会议的出勤和发言情况，报送提案和社情民意信息情况，撰写调研报告及《知学》稿件情况等进行记录统计。

广大政协委员在十三届区政协的界首之年表现出了很高的履职积极性，全年共3600余人次参加政协组织的各类活动，委员出席率达99%。各位委员都担负繁忙的本职工作，为履行好委员职责，克服了很多困难，做出了许多奉献。有的委员为准备高质量的发言，做了大量调查研究工作，有的委员主动承担调研执笔人工作，很多文艺界的委员，放弃其它演出任务，参加政协组织的演出活动。

2012年区政协工作成绩的取得，是北京市政协指导、中共西城区委领导、区人大区政府及社会各界大力支持的结果，是参加区政协的各党派团体、各界委员携手奋进、扎实工作的结果。在此，我代表区政协常务委员会向为政协事业发展付出智慧心血、做出无私奉献的各党派团体、各界委员，向所有关心、支持政协工作的各级领导、各界人士，表示崇高的敬意和衷心的感谢！

在看到成绩的同时，我们也清醒地认识到工作中的差距和不足：一是在抓好委员队伍建设、发挥委员优势作用上仍需进一步加强；二是在提高委员履职能力、调动委员履职积极性上仍需进一步改进；三是在把握政协工作特点、提高政协工作水平上仍需进一步提高。对于这些差距和不足，常委会将在今后的工作中认真研究，切实加以改进。

2013年工作思路

2013年，是认真学习贯彻十八大精神，建设“活力、魅力、和谐”新西城极为重要的一年。区政协常委会要在中共西城区委领导下，高举中国特色社会主义伟大旗帜，坚持以邓小平理论、“三个代表”重要思想、科学发展观为指导，以“学习贯彻十八大精神、健全协商民主制度、推动区域科学发展”为主线，认真履行政治协商、民主监督、参政议政职能，为推动西城区经济、政治、文化、社会和生态文明建设做出新的贡献。

一、紧密联系政协工作实际，认真学习贯彻十八大精神

十八大报告指出：要坚持和完善中国共产党领导的多党合作和政治协商制度，充分发挥人民政协作为协商民主重要渠道作用，围绕团结和民主两大主题，推进政治协商、民主监督、参政议政制度建设，更好协调关系、汇集力量、建言献策、服务大局，这是中共中央关于人民政协工作的重要部署和要求。常委会要深刻领会、坚决落实中共中央对政协工作提出的新要求，把学习贯彻十八大精神作为当前和今后一个时期的首要政治任务，通过集体学习、个人自学和举办报告会、研讨会、辅导、培训等学习教育活动，用中国特色社会主义理论体系武装头脑、凝聚共识，把各界委员的思想统一到十八大精神上来，把力量凝聚到建设新西城的各项任务上来，不断增强政协工作的使命感、责任感。

二、紧紧围绕“五位一体”履行职能，为西城区科学发展献计出力

在政治建设上，用中国特色社会主义理论体系凝聚共识，认真研究和探索人民政协作为协商民主重要渠道作用的制度机制和方式方法。在经济建设上，围绕更好地提升我区经济发展质量、增强经济发展活力积极建言，瞄准如何推动以金融业为核心的现代服务业发展、加快金融街建设等问题开展调研、通报、视察活动。在文化建设上，围绕如何发挥好文化资源优势，激发文化创造活力，提升文化软实力，深入调研论证，积极献计献策。在社会建设上，继续关注全响应社会服务管理工作，在进一步巩固、完善和提高方面出谋划策；继续关注民生改善，促进人民最关心最直接最现实的利益问题的解决。在生态文明建设上，坚持走绿色发展之路，努力为建设大生态系统、创建美丽西城献计出力。围绕“十二五”规划中期评估和目标任务调整，组织调研论证，积极建言献策。继续围绕促进政府职能部门转变作风和提高服务能力开展民主监督活动。

三、积极协调关系汇集力量，维护社会稳定和谐的良好局面

坚持把团结和民主两大主题贯穿于政协工作的始终，努力营造融洽和谐的民主气氛，使各党派团体和各界委员在政协会议和活动中畅所欲言，讲真话、讲实话、讲心里话。通过主席会议、秘书长会议等形式，加强政协工作与各党派工作的协调，保持与各党派团体和各界委员的经常性联系，听取意见，改进工作。发挥联系广泛的优势，加强委员同所在界别群众的联系和团结，加强与少数民族、宗教界人士、港澳台同胞、海外侨胞以及海内外各方面爱国力量的联系和交流，凝聚力量，促进和谐。发挥街道政协委员联组纽带作用，深入开展“访民情、听民意、解民难”活动。组织好春节、妇女节、教师节、重阳节、中秋国庆等节庆联谊活动。

四、落实十八大提出的新要求，进一步健全机制、加强制度建设

认真落实十八大关于推进政治协商、民主监督、参政议政制度建设的要求，把梳理完善各项工作制度、工作机制作为全年的工作重点。认真落实区政协《关于认真学习贯彻中共十八大精神的意见》，规范政协全会、常委会、主席会、秘书长会等会议制度，规范开展专题协商、对口协商、界别协商、提案办理协商等工作制度，认真落实中办国办《关于提案办理工作意见》精神，协助区委修订完善我区提案办理工作意见，进一步完善已有的调研、议政、建议案、视察等工作机制、工作制度。

各位委员，在全面建成小康社会的伟大进程中，人民政协肩负的责任光荣而重大，西城发展的新目标新任务赋予我们新的使命，让我们紧密团结在以习近平同志为总书记的中共中央周围，高举中国特色社会主义伟大旗帜，在中共西城区委领导下，开拓创新、团结奋进、扎实工作，为建设“活力、魅力、和谐”新西城而努力奋斗！

深入学习贯彻党的十八大精神
扎实推进西城区党风廉政建设和反腐败工作

在中共北京市西城区第十一届纪律检查委员会
第三次全体会议暨全区党风廉政建设工作会议上的报告

西城区委常委、区纪委书记　王力军

（2013 年 2 月 27 日）

同志们：

我代表区纪委常委会向第三次全体会议报告工作，请予审议。

这次全会的主要任务是：深入学习贯彻党的十八大、习近平总书记在十八届中央纪委二次全会上的重要讲话和中央纪委、市纪委全会精神，研究部署 2013 年全区党风廉政建设和反腐败工作。王宁同志和王荣军同志将作重要讲话，我们要认真学习贯彻。

一、2012 年党风廉政建设和反腐败工作回顾

——*认真开展监督检查，服务保障中心工作。*把加强对党纪政纪执行情况的监督检查作为重要政治任务来抓，着力保障加快转变经济发展方式、“十八大”服务保障以及安全生产、食品安全、保障性住房建设、大气污染防控等各项决策部署落实到位。组建“5+2”机构联合纪检监察组，强化对各机构工作运行情况和重大投资项目建设情况的监督检查。督促各机构建章立制117项，制定《西城区政府投资重大建设项目监督工作办法》，会同审计、财政等部门，加强联合执法检查，督促相关部门依法合规推进项目建设，有效防止违纪违法问题的发生。

——全力推进权力公开透明运行，强化对权力运行的制约和监督。全面梳理各类行政权力事项共6636项，绘制行政权力运行流程图2128张。开展行政处罚自由裁量权标准化建设试点工作，对109项行政处罚权的处罚标准和幅度进行规范。进一步完善区委权力公开透明运行工作机制，建立“西城党建”门户网站和“西城区行政权力公开透明运行网”等公开媒介，大力推进权力网上运行，促进权力规范行使和接受广泛监督。我区的经验做法得到了上级领导和社会各届关注，《人民日报》、《新华社每日电讯》、《北京日报》、《中国纪检监察报》等多家媒体进行了宣传报道。我区被评为全国县委权力公开透明运行试点先进单位。

——扎实开展“政务能力建设年”活动，推进行政效能建设。结合“访民情、听民意、解民难”工作，健全社情民意联动响应机制，定期发布《西城区社情民意调查分析报告》，着力抓好自查、互查和整改落实等环节，督促政府各部门解决难点问题和群众反映强烈的突出问题。深化网上信息公开工作，梳理审核行政服务事项和相关制度共1897项，实现368项行政审批和非行政许可类服务事项统一管理。完善行政问责办法，注重绩效考评，综合运用“评价—反馈—整改—提升”的模式，促进政务能力提升的良性循环。

——严肃查处违纪违法案件，保持惩治腐败高压态势。全年共受理群众来信、来访、电话和网上举报279件次，信访办结率100%。全年共初核违纪线索45件，了结线索31件，转立案10件；共立案16件（含新立案10件），其中大要案10件（含新立案4件）；共结案12件，给予党政纪处分13人，涉及处级干部2人，科级及以下党员干部11人；涉嫌犯罪移送司法机关查处6人，通过办案挽回直接经济损失149.08万元。

——强化教育监督，促进党员干部廉洁从政。举办“红莲讲堂”教育活动7场，开展预防职务犯罪案例巡展，用身边事教育身边人。开通“廉政西城”微博，加强正面舆论引导，主动占领舆论阵地。认真执行党内监督条例，对68名新任处级实职领导干部进行集体廉政谈话。认真开展党风廉政建设责任制落实情况专项检查，促进了“一岗双责”的落实。深化防止利益冲突试点工作，对10人次需要回避的情况予以纠正。认真开展经济责任审计，完成14名处级领导干部及国有企业领导人员经济责任审计。加大巡视工作力度，对15家单位及27名党政“一把手”和71名领导班子成员的党风廉政及履职情况进行监督检查。

——深化纠风和专项治理，认真解决群众反映强烈的突出问题。深化“千家评政府”工作，对区属47个职能部门和15个街道办事处的作风建设、依法行政、办事效率、落实责任、政务公开等情况进行全面测评，平均满意度为92.26%，对特邀监察员明察暗访反馈的105项意见建议进行了督促整改。围绕教育、医疗、住房保障等群众关注的热点问题，深入开展专项治理。稳步推进公车治理和“小金库”治理工作。认真办理政风行风热线信件，为群众解决实际问题398个，群众满意率98%；受理群众投诉共227件次，办结率100%，重点解决了难度较大的5件历史遗留的违法建设问题。行政投诉工作被多家媒体报道，并在市里作了经验介绍。

——加强自身建设，提升干部队伍素质。规范全区59个单位的纪检监察机构设置，任免监察科长34人、纪工委委员17人，实现社区纪检组织全覆盖。加大对干部成长的关心关爱力度，着力营造凝心聚力的工作氛围。在干部选拔任用工作中严格标准和程序，同时加大轮岗交流力度，丰富干部任职经历，提升工作能力，体现人岗相适的要求。加强干部教育培训，丰富机关文化生活，充分调动干部工作积极性。

一年来，我区党风廉政建设和反腐败工作取得了一定成效，但也存在一些问题和不足，主要是少数领导干部抓党风廉政建设的责任意识还需进一步强化；反腐倡廉制度的执行力有待进一步增强；个别窗口单位工作人员作风还不够扎实，工作标准和服务意识有待进一步提高；对区内违法违纪案件，特别是对不廉洁行为的查处力度还需进一步加大。这些问题在今后的工作中要予以高度重视，切实加以解决。

二、2013年党风廉政建设和反腐败工作主要任务

2013年是全面贯彻落实党的十八大精神的开局之年。今年工作总的要求是：深入学习和全面贯彻中央、市、区有关会议精神，坚持标本兼治、综合治理、惩防并举、注重预防方针，坚持密切联系群众，切实转变党政机关和领导干部作风，深入推进惩治和预防腐败体系建设，不断加强西城区党风廉政建设和反腐败工作，努力实现干部清正、政府清廉、政治清明。

（一）严明党的纪律，确保重大决策部署落实到位

全区党员干部特别是领导干部，要认真学习党章、严格遵守党章，加强党性修养和党性锻炼，牢固树立党章意识，坚决维护党章的权威性和严肃性，在思想上政治上行动上同党中央保持高度一致。各级纪检监察组织要按照保持党的先进性和纯洁性的要求，把维护政治纪律放在首位，加强对党的纪律执行情况的监督检查。严肃处理一切违反政治纪律的行为，在执行党的纪律问题上决不能含糊，决不允许“上有政策、下有对策”，决不允许有令不行、有禁不止，决不允许打折扣、做选择、搞变通。

围绕转变经济发展方式、功能区建设以及保障和改善民生等重大决策部署，深入开展执法监察、廉政监察和效能监察，加强对政府机关及其工作人员履行职责、依法行

政、廉洁从政的监督，加大行政投诉受理和行政问责力度，强化对行政机关的绩效管理和考评，保证政令畅通，推动工作落实。继续推进电子监察建设，运用现代科技手段不断提高行政监察工作效能。

（二）严格落实中央“八项规定”，切实转变党政机关和领导干部作风

牢牢把握中央改进工作作风的要求，切实把中央“八项规定”和市、区实施意见落到实处。深入开展以为民务实清廉为主要内容的党的群众路线教育实践活动，增强广大干部主动服务、创新服务、优质服务的意识和敢于担当、勇于负责、一抓到底的责任感。结合“访民情、听民意、解民难”工作，进一步畅通群众沟通渠道，深入基层了解情况、解决问题。大力提倡发短文、开短会、讲短话，精简会议活动，严格清理、切实减少各类会议活动，无实质内容、针对性不强的各类会议活动一律不得组织，坚持周一、周四不召开全区性大会；精简文件、简报和报刊，减少发文数量，严格控制篇幅；规范出访活动，统筹安排国内考察活动和友好城区走访工作；简化、规范新闻报道，进一步压缩领导会议活动报道，突出民生建设和社会新闻，增强传播效果。各级纪检监察组织要把监督执行实施意见作为改进党风政风的一项经常性工作，纳入全区党风廉政建设责任制的重要内容，每年年底对执行情况开展专项检查，对违反实施意见的单位和个人要依据有关规定进行通报、处理。审计部门每年要对各部门、各街道会议活动经费的使用情况进行审查。

严格执行关于厉行勤俭节约、制止奢侈浪费有关规定。严格控制行政经费支出，严禁以各种名义用公款互相宴请和安排高消费娱乐活动，严肃整治公款旅游等行为。禁止违反规定购建、装修办公用房和配置高档办公用品。继续做好公务用车规范和管理。巩固清理规范评比达标表彰、庆典研讨会论坛过多过滥、公款出国（境）旅游、“小金库”等专项治理工作成果，建立健全党政机关厉行勤俭节约长效机制。

坚决纠正和查处违反廉洁从政有关规定的行为。认真落实《中国共产党党员领导干部廉洁从政若干规定》，加大对相关制度规定执行情况的监督检查力度，重点查处领导干部违规干预和插手市场经济活动，违规收送现金、有价证券和支付凭证，利用职权和职务影响为配偶、子女及其配偶以及其他亲属经商办企业提供便利条件，违反住房有关规定等行为，严格执行防止利益冲突有关规定。按照全市统一部署，开展领导干部执行报告个人有关事项制度情况的抽查核实工作。抓好街道社区、国有企业等基层党风廉政建设，探索推进非公有制经济组织反腐倡廉建设。

（三）坚持惩防并举，统筹推进惩防体系建设

研究制定《西城区建立健全惩治和预防腐败体系2013—2017年工作规划》，做好责任分解，加强检查考核，进一步健全完善具有西城特色的惩治和预防腐败体系基本制度框架。

严肃查办违纪违法案件。坚持有案必查、有腐必惩，始终保持惩治腐败的高压态势。畅通信访举报渠道，认真受理群众信访举报。凡是有具体线索的，都要认真核查；凡是违反党纪国法的，都要严肃查处。坚决查办发生在领导干部中滥用职权、贪污贿赂、腐化堕落、失职渎职的案件，着力解决发生在群众身边的腐败问题，严肃查办严重损害群众利益的案件。完善重要案件线索统一管理和排查制度，进一步发挥查询比对机制的作用。加强对办案工作的管理和监督，严格依纪依法安全文明办案。深入剖析典型案件，强化查办案件的治本功能。对反映党员干部的苗头性问题，及时谈话提醒、诫勉、函询，防止小错酿成大错；对反映失实的要及时澄清，保护党员干部干事创业的积极性。

不断加大预防腐败工作力度。进一步改进反腐倡廉宣传教育方式，深入开展廉政文化创建活动，提高教育实效。继续深化廉政风险防控管理，全面推进权力结构科学化配置、权力运行规范化监督和廉政风险信息化防控三个体系建设。巩固深化权力公开透明运行工作成果，结合党务公开、政务公开和各领域办事公开，进一步完善制度，推进权力公开透明运行长效机制建设。加强对领导干部特别是主要领导干部行使权力的监督，全面实行党政主要领导不直接分管人、财、物的规定，加大经济责任审计问责力度。加强对重点领域和关键环节的监督，完善重大项目管理和推进机制。进一步削减、调整和规范行政审批事项，提高行政审批的监管水平和公共服务质量。强化对干部选拔任用的监督，保证选人用人公平公正公开。改进巡视工作方式方法，增强发现问题的能力，加强巡视成果运用。

深入开展纠风和专项治理。在继续纠正食品药品安全、保障性住房、环境保护、安全生产、公务员考录和国有企事业单位招聘、公共服务等方面不正之风的同时，重点纠正教育乱收费、违法违规拆迁问题。深化政风行风热线和千家评政府工作，加大群众参与和监督力度。深入推进工程建设领域突出问题等专项治理。

（四）加强纪检监察机关自身建设，为深入开展党风廉政建设和反腐败工作提供坚强保证

纪检监察机关承担着严肃党纪政纪、协助党委加强党风廉政建设和组织协调反腐败工作的重要职责。必须牢固树立执纪者更要带头遵守纪律、监督者更要自觉接受监督意识，按照严格要求、严格教育、严格管理、严格监督要求，纪检监察干部要讲政治、顾大局、守纪律，正确履行职责，不准发表与党的路线方针政策和决定相违背的言论，不准越权批办、催办或干预有关单位的案件处理等事项，不准以案谋私、办人情案，不准跑风漏气、泄露工作中的秘密。进一步加强对纪检监察派驻机构的管理，强化纪检监察派驻机构的监督作用。加强业务培训和实践锻炼，健全纪检监察干部培养、交流、使用机制，畅通进出渠道，优化队伍结构，增强干部队伍的生机活力。完善内部监督制约机制，对不适合从事纪检监察工作的坚决调离，对违纪违法的严肃查处，用铁的纪律打造人民满意的纪检监察干部队伍。

各级党组织要担负起反腐倡廉的政治责任，严格执行党风廉政建设责任制，党政主要负责人要认真履行第一责任人的职责，领导班子其他成员要抓好职责范围内的反腐

倡廉工作，对不负责任、不抓不管导致发生重大违纪违法问题的，要严肃追究责任。

同志们，深入推进党风廉政建设和反腐败工作，使命光荣、责任重大。我们要按照市纪委和区委的部署要求，坚定信心、扎实工作，不断取得党风廉政建设和反腐败工作新成效，为推动西城区科学发展提供有力保证。

关于北京市西城区2012年国民经济和社会发展计划执行情况及2013年国民经济和社会发展计划草案的报告

2013年1月9日在北京市西城区第十五届人民代表大会第三次会议上

西城区发展和改革委员会主任　吴向阳

各位代表：

受区政府委托，现将2012年国民经济和社会发展计划执行情况与2013年国民经济和社会发展计划草案的报告提交大会审议，并请政协各位委员提出意见。

一、2012年国民经济和社会发展计划执行情况

2012年是党的十八大胜利召开之年，也是“十二五”规划实施的关键之年。面对复杂多变的宏观环境，全区在区委的坚强领导下，深入贯彻落实十八大和市十一次党代会精神，紧紧围绕主题主线要求，加强统筹协调，突破重点难点，推动国民经济平稳发展和社会事业全面进步，圆满完成了区十五届人大一次会议审议通过的计划目标。

（一）区域经济平稳发展质量提高

坚持稳中求进总基调，切实加强宏观形势分析，强化重点功能区支撑，突出主导产业带动，努力克服各种不利影响，经济实现了“缓中趋稳、稳中有进”，各项指标增速逐季回升。预计地区生产总值实现2509亿元，同比增长9%，完成计划的100%。三级收入实现3076.2亿元，同比增长20.1%。区级公共财政预算收入完成309.1亿元，同比增长10.5%，完成计划的101.4%。预计2012年全区万元GDP能耗同比下降3.89%。

重点功能区发展提速。“5+2”工作机制作用突出，组团发展、统筹推进效果明显。金融街通过项目建设实现功能与产业“双提升”。月坛南街项目入市交易，国家开发银行总行办公楼、政协文史馆、金融街E10等7个项目竣工，与金隅集团等多家企业签订资源置换合作备忘录，新增办公面积51.7万平方米，吸引全国中小企业股份转让系统有限责任公司等70家金融机构入驻。举办了金融街建设20周年系列宣传推介活动，金融街品牌影响力不断扩大。德胜科技园扩展到9.99平方公里，被认定为首批国家级文化和科技融合示范基地。北京“设计之都”核心区建设加快，中国设计交易市场一期装修改造完成。做好中国北京出版创意产业园区服务工作，出版创意产业园区企业参与制作和发行的10部作品荣获2012年国家精神文明建设“五个一”工程奖。出台鼓励企业自主创新的产业政策，园区新增国家高新技术企业31家。天桥演艺区项目建设和产业发展取得新进展，天桥艺术大厦和天桥艺术中心项目外立面设计方案通过审批，市民广场和北区公建改造方案设计、南中轴路微循环道路建设、北纬路拓宽工程稳步推进，与22家知名院团签订了战略合作协议。大栅栏琉璃厂建设取得新突破，大栅栏·北京坊项目开工，劝业场修缮项目、杨梅竹斜街保护修缮试点进展顺利。什刹海阜景地区品质实现新提升，完成千秋四合院、蓝鼎晨大厦改造。“北中轴线核心保护区·什刹海地区旧城保护示范项目”列入市政府投资计划。白塔寺药店降层项目签订补偿协议，烟袋斜街、白米斜街片区等9个试点院落人口疏解前期工作完成，启动普济寺大殿、万松老人塔修缮。西单、马连道等街区发展步伐不断加快。

产业结构持续优化。以金融业为主导的现代服务业支撑和带动作用进一步增强。预计金融业实现三级税收2100亿元，同比增长17.7%，占全区三级收入70%左右；实现增加值突破1000亿元，占全区GDP40%左右。新闻出版、影视制作、艺术品交易等文化创意产业活跃，预计文化创意产业实现收入760亿元，同比增长13%。高新技术产业稳步发展，预计高新技术产业实现收入515亿元，同比增长40%。商贸旅游业增长良好，预计社会消费品零售额实现765亿元，同比增长11%，完成计划100%。旅游综合收入实现365.3亿元，同比增长9%，游客接待总人数6300万人次，同比增长3%。恭王府被评为国家5A级景区。

改革开放取得新成果。投融资改革不断深入，金融街资本运营中心顺利开展企业债发行工作，预计区属企业多渠道实现融资170.9亿元，基本保障了重点项目资金需求。引导鼓励中小企业进行市场化融资，成为全国首批中小企业私募债试点地区之一。统筹产业发展政策，出台关于产业发展、鼓励促进企业上市等一系列政策。对外合作取得积极进展，截至11月底，吸收合同外资5.57亿美元，完成计划的111.4%；实际利用外资5.37亿美元，完成计划的107.4%。截至10月底，完成进出口额919.07亿美元。积极参加京交会、京港洽谈会等大型活动，进一步提升区

域品牌影响力，在第十六届中国（厦门）投资贸易洽谈会上荣获“最具投资价值城区奖”。

（二）城市运行和服务能力进一步提升

坚持项目带动、建管并重，突出重点、破解难题，着力塑造城市形象，不断完善城市综合功能，切实提升城市运行和服务保障水平。全社会固定资产投资预计达到195亿元，同比增长4.1%，完成计划的108%。

交通通达能力不断增强。地铁6号线、8号线正式投入运营，地铁7号线站点建设全面开工，新街口北大街、西直门内大街、太平街二期、马连道北路等道路拆迁加快推进。实施五路通北街等59条道路大中修、38条道路无障碍设施改造。完成西单北大街、南新华街等5条市级和煤市街、右内大街等15条区级道路达标建设。努力缓解居民停车难问题，探索单停单行、居住区停车自治管理等静态交通管理措施，新建光大银行、官园批发市场等5处立体停车设施，累计新增停车位6953个。

城市环境面貌持续改善。以“三道”建设为重点，努力改善城市环境面貌。北京营城建都滨水“绿道”景观一期工程（木樨地至白纸坊桥）建成并向市民开放。“商道”完成重要节点的园林市政建设。“文道”完成前期论证和部分街巷整治。启动中南海周边环境景观提升试点工程。大力整治南礼士路周边等10处市级挂账和报国寺东夹道等50处区级挂账重点区域环境秩序。对60条老旧小区道路排水管线进行改造。实现81条道路架空线入地。对长安街延长线等居民楼景观照明设施改建更新，对德外大街等13处太阳能立体灯箱进行改造。

生态建设成效明显。落实2012年清洁空气行动计划，主要污染物排放不断下降，二氧化氮、可吸入颗粒物浓度同比下降7.9%和2.8%。开展“最美小区、最美街巷、最美院落、最美阳台”评选活动，全面推动绿化美化工作，累计新建、改建绿地32.82公顷，新增屋顶绿化3.43万平方米、垂直绿化8644延长米。节能降耗工作稳步推进，对北京儿童医院等4家单位进行清洁生产审核，积极推进复兴医院合同能源管理。完成1.2万户清洁能源和1.6万户“一户一水表”改造。加快推进马连道110千伏、桃园220千伏、菜市口220千伏变电站建设。完成53个小区垃圾分类达标体系建设，推广新街口大乘巷“一户一卡”生活垃圾减量数据化管理模式。

城市管理水平稳步提高。推进信息化基础设施建设，基本实现无线网络、光纤宽带全覆盖，“四位一体”城市管理模式更加完善，有效应对“7.21”特大暴雨灾情，处置突发公共事件能力进一步增强。加强食品、药品监管，食品、药品抽验合格率分别达到98%和99.7%。加强消防等重点行业和领域安全监管，建立“科队合一”、社区参与的安全生产模式，安全生产形势总体平稳。加大重点矛盾纠纷排查和信访重点人化解工作力度，圆满完成十八大安保工作，社会形势平稳有序。

（三）社会发展和社会建设持续加强

满足人民群众对优质基本公共服务的需求，加大资源整合力度，积极推进社会服务管理创新，不断提高基本公共服务供给能力。

努力增加基本公共服务供给。深入推进国家可持续发展先进示范区建设，启动35个可持续发展示范项目，承办北京市青少年科技创新大赛。强化投融资促进体系和企业信用体系、科技人才保护体系等公共服务平台建设，加快科技与设计产业融合发展。召开西城区教育大会，成立以北京四中、北京八中、实验二小、北京小学为核心的四大教育集团，促进优质教育资源共建共享。深入落实“北京市中小学三年行动计划”和“西城区学前教育三年行动计划”，统筹教育资源，改善办学条件。完成三帆中学、红山小学、宣师一附小、44中等改扩建，实施中古友谊小学、161中学等15所学校基础设施提升改造工程，实施5所幼儿园新建改扩建工程以应对幼儿园入园高峰。加强公共文化服务体系建设，举办西城文化节等精品活动。成立区历史文化名城保护促进中心，设立西城会馆文化保护发展基金，启动北海等19处文物保护单位外立面保养维护工作。继续推进非遗展示平台和传承基地建设，全区现有三级非遗保护项目134项，三级代表性传承人126人。卫生监管服务水平不断提升，被评为“国家卫生应急综合示范区”、“国家慢性病综合防控示范区”。加快推进公共卫生大厦建设，新街口社区卫生服务中心竣工，肛肠医院投入使用。深入推进社区卫生综合配套改革，在全市率先启动家庭医生式服务，成立257个家庭医生式服务团队。社区卫生服务机构与对应的三级医院实现三日内预约转诊。大力提升体育公共服务水平，创建76个体育生活化达标社区，更新61处831件全民健身工程设施。举办了西城区全民健身体育节等一系列群众体育品牌活动。

社会服务管理全面加强。顺利通过全国文明城市（区）测评和国家卫生城区复审。深入推进“全响应”社会服务管理模式，建成德胜、什刹海等10个街道全响应社会服务管理指挥分中心，搭建8条社会服务管理响应链，荣获2012年度“全国城市管理进步奖”。通过“访民情、听民意、解民难”工作，多部门积极解决群众最关心的各类难题，区、街、社区对各类社情民意解决或拿出解决方案的占收集总量的93%。全面推进“六型”社区建设，52个社区通过市级“六型”社区示范单位第二轮评估。通过政府购买方式积极吸收社会组织提供公共服务，满足居民日益多元的公共服务需求。发挥政府主导作用，开展社工人才教育培训，打造高水平的社会工作人才队伍。

（四）惠民政策和措施效果明显

立足民生改善，切实为群众排忧解难。居民人均可支配收入预计达到39671元，同比增长11%，完成计划的103%。

就业和保障工作稳步推进。强化“充分就业区”建设，优化政策、制定规程开展精细化就业服务。成立广外、白纸坊、广内等6个街道就业援助中心。全区城镇登记失业率为0.94%，城镇登记失业人员就业率达到72.6%，零就业家庭保持动态脱零。积极探索分级分类社会保险服务模式，拓展社会保险网上申报范围，全区网上申报参保单位达到94.7%。完成市属机关、事业单位公费医疗与基本医疗保险制度并轨工作。深入落实“九养”政策，建立30个区级服务规范化养老（助残）餐桌和15个老年人精神关怀服务站。拓宽“社区爱心服务一卡通”功能，开展社会救助站标准化建设，累计建立64个残疾人温馨家园、28个残疾人职业康复站、255个社区托老托残所、392个养老助残小饭桌、1500多张日间照料床位，成为全国首批“阳光家园”示范区之一。积极构建生命全周期服务体系，建立了“长安幸福家园”、“大栅栏人口和家庭服务中心”，获得“全国幸福家庭示范区”称号。

惠民措施取得实效。完成165.5万平方米老旧小区节能改造和外层保温，完成计划的165%。在全市率先开展危旧简易楼腾退工作，对后海北沿52号等28栋简易楼进行改造。保障性住房建设加快，回龙观一期、丰台张仪村、房山长阳经适房3个项目结构封顶，朝阳区北苑、丰台区大红门等8个项目开工。完成8739户摇号配售配租任务。开展幼儿园收费等专项检查，密切关注粮食、食用油、蔬菜等生活必需品价格变动情况，市场价格秩序总体稳定。大力推进“菜篮子工程”和“早餐示范工程”，设立“菜篮子”专项资金，与中国农垦集团等单位签订战略合作协议。积极培育大型餐饮龙头企业，鼓励企业开展单店和连锁经营，拓展早餐示范店队伍。建成15家便民菜店，新增10家早餐规范店。

总体上看，2012年国民经济和社会发展计划执行情况是好的，但也面临不少困难和问题。主要：一是重点功能区建设与发展还需加大统筹力度，特色化发展任务仍然十分艰巨；二是平房区居民居住环境差、生活质量低等难题的破解还需加快速度；三是基本公共服务供给模式还需进一步探索创新，公共服务水平还需进一步提高；四是道路拥堵等城市运行中突出的问题还需要加大力量解决等等。这些问题都需要引起高度关注并下大力气逐步解决。

二、2013年经济社会发展计划初步安排

2013年是全面贯彻落实党的十八大精神、实施“十二五”规划承上启下的关键之年，稳增长、促改革、惠民生责任重大、任务艰巨，安排好全区经济社会发展计划至关重要。

一方面，2013年发展具有诸多积极因素。世界经济企稳向好态势有所显现。党的十八大提出到2020年实现“两个翻番”的目标为我们的工作指明了方向、提振了信心。北京市将继续推出稳增长、调结构、惠民生等一系列政策，为首都发展增添新动力。我区金融业等重点产业总体发展平稳，金融街等高端产业功能区集聚要素和支撑增长作用更为稳固，全国性场外交易市场落户、新城南行动计划实施等重大机遇集中发力，将不断增强全区发展的内生动力。但另一方面，世界和国内经济形势不确定、不稳定因素依然存在，营改增等政策变化也将带来一定影响。对此，我们要保持谨慎乐观态度，紧抓机遇，聚焦重点，统筹协调，把握节奏，努力完成好全年国民经济和社会发展计划目标。

2013年经济社会发展计划安排的总体思路是：深入贯彻落实党的十八大、中央经济工作会、市委全会和区委全会精神，紧扣主题主线要求，全面实施“服务立区、金融强区、文化兴区”战略，坚持提升经济发展质量和提升城市功能并重，坚持提升社会发展水平和提升居民生活品质并重，突出抓好重点功能区发展，突出抓好文化大繁荣，突出抓好社会建设和民生改善，突出抓好机制创新和制度保障，确保全区经济社会持续平稳健康发展，努力推动“活力、魅力、和谐”新西城建设迈向新台阶。

综合考虑十八大及北京市确定的新目标，结合我区“十二五”规划以及发展实际，2013年经济社会发展主要目标初步安排如下：

——地区生产总值增长9%；

——区级公共财政预算收入增长9%；

——固定资产投资完成180亿元；

——社会消费品零售额增长10%；

——城镇居民人均可支配收入增长9%；

——城镇登记失业率控制在2%以内；

——万元GDP综合能耗降低率完成市下达指标。

以上各项指标在计划执行中，还将根据实际情况做出适当调整。

三、实现2013年经济社会发展计划的主要措施

（一）突出抓好优势产业集群，增强经济持续发展动力

继续把稳增长放在首要位置，聚焦重点功能区建设，强化规划引领、项目建设和服务提升，打造优势产业集群，增强区域经济持续发展动力。

巩固金融业主导地位。继续实施“金融强区”战略，将金融街作为区域经济的主要承载地。编制金融街总体规划和产业、交通、环境等专项规划，推动金融街和金融业平稳较快发展。加快推进金融街建设，形成“搬迁一批、建设一批、储备一批”的工作格局，拓展产业发展空间。35中新址迁建项目、金融街E9项目竣工。月坛回迁楼项目主体结构施工，月坛项目公建、中信城北区公建等项目开工，华嘉、新兴盛、丰盛西区等项目完成搬迁和土地入市。做好复兴门、菜西、广安一期等项目储备。加大三里河北街甲1号等资源置换力度。全面统筹协调资源，加强市区联动，做好服务协调，重点推动全国场外交易市场等要素市场发展。加大对财务公司类机构的跟踪引进力度，鼓励信托转让、信贷转让等金融要素市场发展，巩固金融街企业总部集聚、高端要素聚集优势。

促进科技商贸旅游业发展。完善科技创新服务体系，加快引进高新技术产业项目和行业领军人才，支持企业开展自主创新。注重功能提升和布局优化，推动商贸旅游业快速发展。对接“商道”建设,建立“商道”联席会制度，开展“商道”空间布局和产业规划业态研究。做好巴黎老佛爷亚洲旗舰店进驻西单的开业工作。继续推进西单民族大世界修缮改造工程，深化西单地下空间开发可行性研究。积极协助企业开展商业旅游促销活动。培育什刹海、

马连道等特色商业区，加快马连道北口景观节点建设，不断提升区域商业环境。实施景区提升工程，打造精品旅游线路。实施“文商旅”合作计划，探索旅游金融、旅游科技、旅游文化融合发展路径，增强旅游业发展活力。加快生活服务业品牌化、连锁化和规模化进程，提高服务质量和水平。

优化区域发展环境。继续实施“服务立区”战略，加强与驻区单位和企业的沟通联系，完善服务企业长效机制，提升服务促发展效能。加大政策整合力度，认真落实促进金融、高新技术、文化创意发展的相关政策，强化政策引导作用，增强聚集优质要素的能力。完善国有资产监管体系，进一步整合优质国有资产，提升金融街资本运营中心投融资能力。发挥好中小企业发展服务平台作用，加强法律援助和政策信息服务，扩大专项扶持资金规模，促进非公经济和中小企业发展。加强整体宣传和推介，树立功能区品牌形象，提高品牌认知度和影响力。

(二) 突出抓好城市建设与管理，打造现代化精品城区

坚持项目建设和功能完善并重，城市建设与城市管理并举，务实有序解决中心城区发展难题，努力打造现代化精品城区，建设美丽西城。

有序加快市政基础设施建设。落实北京市新城南行动计划，积极配合推进地铁7、16号线建设。力争使新街口北大街、西直门内大街等一批重点市政道路工程取得新突破。完成西黄城根南街道路改造和三角地项目征收，积极推进丰盛胡同（西段）和北纬路道路拓宽工程等项目。实施右安门内西街等40条道路大中修，完成槐柏树后街、南中轴路等道路微循环。落实交通智能化建设，完成枣林前街等30条道路地磁感应装置埋设工作。加强静态交通建设，推进5个立体停车楼（库）、3个临时停车场建设，对16个老旧小区停车设施进行增量改造，新增车位4200个。探索利用地下空间资源增建停车设施。推广“四管治两小”停车秩序管理模式。优化城市慢行系统，建设150个自行车公租点。对48条街巷胡同管线进行新建改造、对56处道路积水点进行整修、为72条道路安装太阳能灯。继续抓好架空线入地工作，全面净化城市空间环境。

系统谋划区域生态环境建设。启动生态环境建设全域规划编制，继续推进中南海周边环境景观提升试点。推进北京营城建都滨水“绿道”二期工程建设，建成“金中都文化主题公园”。开展空间拓绿工作，新建、改建绿地20.44公顷，新增屋顶绿化3万平方米、垂直绿化5000延长米。完成金融街景观照明整体规划设计，启动马连道地区景观规划设计工作。倡导生态文明理念，对西城区综合行政服务中心、特色四合院实施低碳改造。开展区内重点用能单位、公共机构能源审计及清洁生产审核工作。完成1.7万户居民清洁能源改造任务。落实北京市控制大气污染措施，力争全区空气中二氧化硫、二氧化氮和可吸入颗粒物浓度均下降2%。做好垃圾分类与减量化、资源化、无害化处理工作，完成52个小区的垃圾分类达标体系建设、6所大学的餐厨垃圾就地处理工作。加快菜市口、桃园等变电站建设，提升电力应急保障能力。

切实提高城市运行管理水平。继续推进城市管理重心下移，发挥好街道统筹辖区发展作用。深化“四位一体”城市管理机制，构建城市精细化管理体制。引导社会力量参与城市管理，积极探索胡同精细化管理和老旧小区物业管理新模式。推广运用物联网等现代信息技术，建立重大活动保障决策支持系统和城市运行监管系统，提升城市信息化综合管理水平。开展社会治安重点地区、黑车非法运营、重点乱点挂帐地区排查整治等专项行动。加大食品、药品安全监管力度。开展安全生产执法和治理行动，重点对烟花爆竹、人员密集场所、汛期安全和危化品安全进行隐患排查治理，有效预防生产安全事故发生。细化各类灾害和突发事件应急预案，加强消防、民防等设施设备和队伍建设，深入开展应急演练，提高市民防灾减灾意识和自救互救能力，不断提高城市应急处置能力。

(三) 突出抓好文化事业文化产业，提升文化引领带动作用

继续实施“文化兴区”战略，以传承文化与推动发展、保护历史文化名城与改善居民生活条件为重点，促进文化产业和文化事业共同发展，不断增强区域文化软实力，提升文化引领带动作用。

加快推动文化创意产业发展。加快天桥演艺区、大栅栏琉璃厂历史文化保护示范区建设，天桥艺术大厦竣工，完成天桥历史文化景观工程、天桥艺术中心结构施工和南中轴路北段改造工程，启动北区公建前期工作。加快推进大栅栏·北京坊项目建设和C3、H地块拆迁，完成劝业场招商工作和杨梅竹斜街沿街立面及街景景观建设，启动观音寺和琉璃厂艺术文化馆征收工作。加快德胜科技园国家级文化和科技融合示范基地发展。出台中国北京出版创意产业园区政策。推进“设计之都”核心区建设，做好中国设计交易市场运营公司组建和一期招商入驻工作，吸引具有国际影响力的知名设计机构入驻。

大力推进历史文化名城保护。全面执行文物保护法，加强文物保护、利用、修缮工作。配合北京中轴线申遗，深入推进“文道”建设，启动燕翅楼复建、地百改造、联大片建设、8号线地铁站织补、德胜对景、大石碑胡同人口疏解等示范项目。加快什刹海地区业态调整，全面提升区域品质。继续推进非物质文化遗产展示平台和传承基地建设工作。

不断完善公共文化服务体系。加强社会主义核心价值体系建设，进一步巩固全国文明城区创建结果。加快西城图书馆、公共文化中心工程建设。继续开展西城文化节等品牌文化活动。发挥优势整合资源，建设文化资源共享示范区，打造两至三台重点文化原创节目。举办历代帝王庙展陈等三项文化展览。加强文化娱乐场所、出版物市场和广播电影电视市场的日常管理。

(四) 突出抓好社会建设与民生保障，提高民生福祉促进和谐稳定

顺应人民群众新要求、新期待，提高公共服务的可及性和便捷度，让人民群众切实分享到改革发展成果。

切实提升基本公共服务水平。推动4个教育集团优化运作，扩大优质教育资源覆盖面。落实“北京市中小学三年行动计划”和“西城区学前三年行动计划”，完成三帆中学、育民小学等4所学校翻建项目、5个幼儿园改扩建，十三中分校等5所学校翻建项目开工。抓好公共卫生大厦、宣武中医院二期、丰盛医院等项目建设，筹建国际化医院。加强卫生资源和服务的整合、优化、提升，全面开展“卫生监督进社区”工作，扎实做好疾病预防控制。推动各类公共体育设施向社会开放，提高公共体育设施的利用率，着力打造“十五分钟体育生活圈”。创新人口工作思路，完善人口和计划生育服务体系，继续推进幸福家庭生命全周期公共服务体系建设。

积极做好就业和社会保障工作。以“充分就业区”建设为主线，开展“手牵手联动促就业”活动，成立西城区就业服务联合体，政企联动促进就业。完善创业培训、政策扶持、创业服务“三位一体”工作机制，强化区创业服务大厅功能，促进创业带动就业。完成区社保、医保中心机构设置调整。按照“标准化服务管理”理念推进社会保险分级分类规范化管理，建立社保经办绿色服务通道，提升社保经办效率。实施失业保险待遇社会化发放，优化养老、医疗、工伤、生育保险支付流程，提升社保经办服务水平。加强基金信息系统安全预报监测分析，加大社保稽核和清欠工作力度，确保基金安全平稳运行。深入贯彻落实“九养政策”，积极发展居家养老和社区养老，鼓励、支持、引导社会力量兴办养老机构，探索“失独”家庭养老帮扶措施，加快养老餐桌规范化建设。加快区残疾人职业康复中心建设，完善温馨家园服务功能。认真落实低保政策，建立救助家庭经济状况核查认定机制，完善综合救助信息系统，切实保障困难群众的基本生活。

扎实做好各项惠民工作。加大老旧小区综合改造力度，启动90万平方米老旧小区节能综合改造和抗震加固工程。继续开展危改项目建设，重点推进大吉、棉花片、右安门内28号院、安德路77号院等项目。实施平房院“一户一水表”改造，为老旧居民小区家庭更换节水器具1000套件，对4处学校游泳馆和浴室进行节水设施改造、2个洗车站点进行中水设施改造，完成22项中水、雨水利用工程。对建功北里等7处燃气锅炉房进行整合，对校场小七条8号楼、洪茂沟4号楼实施老楼通热工程。继续推进昌平回龙观二期、朝阳北苑、丰台大红门、丰台高立庄、石景山酱菜厂、房山长阳等保障性住房及配套设施建设。落实国家和北京市控制价格上涨、稳定市场价格的各项措施，做好行政事业性和经营服务性收费的管理工作，确保市场价格稳定。新建早餐规范店10家，便民菜店15家。确保29个为民办实事项目全面落实。

继续推进社会服务管理创新。全面建成“全响应”社会服务管理指挥中心系统，开通“12341”一号通服务热线，形成区、街、社区三级联动运行机制。深化“访民情、听民意、解民难”工作，加强对社情民意的采集、整理和统计分析，切实解决群众合理诉求。大力推进“六型”社区建设，完成第二批59个“六型”社区示范单位创建任务，培育发展“枢纽型”社会组织和优秀社区服务组织。健全政府购买公共服务制度，支持鼓励驻区单位开放内部资源服务居民群众，引导社会组织、志愿者开展社区服务，着力构建政府公共服务、居民志愿互助服务和商业便民服务有效衔接的社区服务体系。继续做好“六五”普法工作。加大力度调解社会矛盾，全力推动信访积案化解。深入推进“平安城区”创建工作，构建特色流动人口服务管理模式，维护和谐稳定的社会环境。

（五）突出抓好重点领域改革和对外开放，激发发展活力提升区域魅力

稳步推进重点领域改革和对外开放，激发发展活力，提升区域魅力。

积极稳步推进各项改革。深化国家级行政服务标准化试点工作，加快行政审批和服务事项“两集中、两到位”，逐步实现网上一体化办理，提高服务效能。进一步完善“5+2”统筹协调机制，发挥好“规划引领、项目带动”作用，加快重点功能区建设与发展。深化国企重组改革，推动有条件的企业加快上市。服务和承接好中央文化体制改革的转企改制资源，推进区属文化院团转企改制。深化公立医院改革，建立以公益性为导向的区属公立医院绩效考评体系，落实社区卫生服务综合配套改革，做好全科医生执业方式和服务模式改革试点工作，探索多元化家庭医生服务模式。深化投资体制改革，加强政府投资项目管理，实行投资动态管理。建设中介机构平台，完善代建制项目管理机制。创新投融资模式，重点做好企业债、私募债发行工作，为重点项目建设提供有力的资金支持。

积极扩大对内对外开放。积极配合推进首都经济圈规划编制工作，强化调研、密切沟通，努力在首都经济圈规划实施过程中抢占先机、争取主动、发挥作用。努力创造良好的引资环境，实现全年合同利用外资和实际利用外资均达到五亿美元，进出口额继续保持全市第二位水平。积极组织企业参加京港洽谈会、京交会等国际化推介活动。进一步吸引国际知名总部企业、知名品牌企业入驻，吸引新增跨国公司地区总部或分支机构和新增国际性组织或分支机构入驻，不断提升区域国际化程度和影响力。切实加强区域合作和援藏、援疆、援蒙工作。

2013年是我区“十二五”规划中期评估之年。我们将深入分析国内外环境变化及其影响，客观评价“十二五”规划提出的发展目标、重大战略任务、重点项目和主要政策措施的落实完成情况，查找规划实施中存在的问题和原因，适时对规划目标、任务进行必要的调整修订，并提出推动规划实施的对策建议，确保“十二五”规划目标和任务的圆满完成。

各位代表：2013年任务艰巨而繁重，我们要坚决贯彻党的十八大会议精神，落实北京市的有关决策部署，在区委领导下，在区人大的监督支持下，进一步增强责任感和使命感，奋发努力、开拓进取、扎实工作，为“活力、魅力、和谐”新西城建设做出新的贡献。

关于北京市西城区2012年财政预算执行情况和2013年财政预算草案的报告

2013年1月9日在北京市西城区第十五届人民代表大会第三次会议上

西城区财政局局长 张宗禹

各位代表：

受西城区人民政府委托，现将2012年财政预算执行情况和2013年财政预算草案的报告提请区第十五届人民代表大会第三次会议审议，并请区政协各位委员提出意见。

一、2012年预算执行情况

2012年，全区各部门坚持以邓小平理论和“三个代表”重要思想为指导，深入贯彻落实科学发展观，充分发挥公共财政职能作用。全年财政收支预算执行情况良好，预算指标圆满完成。

（一）2012年公共财政预算总体预计情况

公共财政预算收入完成3091077万元，同比增加292714万元，增长10.46%，完成市下达公共财政预算收入任务的100.13%。

在公共财政预算收入完成3091077万元的基础上，减去向市财政的体制上解支出914268万元，加上市财政对我区的体制返还及补助和市专项转移支付收入622177万元，以及使用的市专项转移支付上年结转资金32069万元，当年公共财政预算总财力为2831055万元。

公共财政预算支出预计完成2589944万元，同比增长12.04%，其中：区本级公共财政预算支出预计完成2313448万元，完成区本级支出调整预算任务的98.77%。

（二）2012年政府性基金预算总体预计情况

政府性基金预算收入完成542153万元，同比增加526003万元。基金预算收入增长的主要原因是今年北京市对城六区土地出让收入管理方式进行了调整。根据《北京市财政局关于调整城六区土地出让收入管理方式的通知》（京财经二〔2011〕2632号）文件精神，自2012年起，在划转土地出让收入时，由原来的转移支付补助支出形式调整为土地出让收入调库，计入区级政府性基金收入。

政府性基金预算支出预计完成545580万元，同比增长85.07%，其中：区本级政府性基金预算支出预计完成524462万元，完成区本级支出调整预算任务的101.73%。

（三）2012年国有资本经营预算总体预计情况

2012年，我区国有资本经营预算收入完成9313万元，完成预算任务的119.06%。

国有资本经营预算支出预计完成7650万元，完成预算任务7650万元的100.00%。

（四）2012年财政主要工作

1. 公共财政收入平稳增长，金融业增收贡献突出

2012年，我区财政收入呈现前低后高的运行态势。上半年，由于上年甩尾因素、同期一次性因素等影响，财政收入增幅较低。下半年，财税部门共同努力，克服各种收入不利因素，加强税收服务与征管，使财政收入增幅有了较大提升，并最终实现平稳增长。增收的原因，一是宏观经济因素。银行业受利率上调以及存款准备金率下调等因素影响，效益普遍提升，带动了金融业收入的增长。2012年金融业入库占公共财政预算收入比重达到40%以上，增量占比超过一半，在我区经济和财政收入中的支柱地位十分突出。二是一次性因素。今年企业纳税关系调整、补缴税款等一次性因素入库154000万元，是财政收入增收的重要因素。

2. 财政支出结构不断优化，社会民生保障有力

一是推进各项社会事业建设。保障教育优先发展，全年投入教育经费预计453085万元，实现教育依法增长，促进各级各类教育均衡发展。大力发展科学和文化事业，全年科学技术支出预计22585万元，支持全区科技项目发展、科学普及和可持续发展项目开展。文化和体育事业支出预计53700万元，组织开展各类文化体育活动，举办2012年西城文化节。二是着力保障与改善民生。拨付14120万元用于落实城市居民最低生活保障政策，拨付8610万元用于发放城乡无社会保障老年居民福利养老金和落实“九养”政策，拨付7504万元用于城镇居民医疗补助经费。三是推进公共服务建设。拨付旧城保护及人口疏解项目资金179000万元、保障性住房建设资金157100万元，拨付新街口北大街等市政道路拆迁工程项目资金37000万元。四是推进城市环境建设。投入“绿道”建设等绿化美化项目资金59231万元，投入“文道”、“商道”、文保区环境景观提升工程资金17542万元，投入城中村、边角地环境整治项目资金19500万元。五是履行政府责任。按照北京市统一要求安排援建资金12512万元，偿还以前年度贷款本息114243万元。

3. 财政改革继续深化，预算管理效能显著提高

完善区街财政管理体制，结合街道机构变化和政策调整等方面的因素，提出进一步完善区街财政体制的方案。

成立营业税改征增值税工作领导小组，研究解决营业税改征增值税试点工作中出现的难点和重大问题，保障了该项工作的顺利进行。推进预算绩效管理，将预算绩效管理理念融入预算管理全过程。实施全过程绩效管理试点，明确绩效跟踪的目的、实施主体、跟踪重点、方法等工作内容。推进部门预算信息公开工作，全区54家预算单位在区政府政务网站或各自门户网站公开了2012年部门预算。进一步加强资产管理，对全区行政事业单位开展资产清查工作，核查资产总额2007634万元。推进报废资产入场交易，处置报废资产21083件，涉及资产原值12111万元。完成政府采购预算110040万元，合同金额105630万元，节约资金4410万元，资金节约率为4%。

各位代表，总体来看我区2012年预算执行情况良好，各项财政改革逐步推进，财政科学化精细化管理不断提高。在看到成绩的同时，我们也清醒地认识到，在财政工作中仍然存在一些困难和问题。一是受经济增速放缓和结构性减税等因素影响，财政收入增长后劲不足。二是财政支出结构仍需优化，财政资金支持产业和事业发展的手段比较单一，部分资金未能有效体现公共性特征。三是预算编制的科学性和执行的规范性有待进一步提高，项目的规划论证不够充分，资源配置浪费等问题仍然存在。为此，我们将继续实施积极财政政策，深化各项财政改革，提高我区财政预算管理水平。

二、2013年财政预算草案说明

根据财政部和市财政局编制2013年财政预算的有关要求，结合全区的实际情况，确定西城区2013年预算草案编制的指导思想是：全面贯彻党的十八大精神，深入落实科学发展观，坚持“服务立区、金融强区、文化兴区”发展战略，进一步加强民生保障工作，保证各项重大方针政策的落实和重点支出的需要；落实增收节支政策，严格控制一般性支出，切实降低行政运行成本；强化科学理财和绩效管理理念，为西城区经济社会可持续发展，提供坚实的财力保障。

（一）2013年财政预算安排考虑的主要因素

1. 根据经济发展形势，积极稳妥安排收入预算

从经济形势来看，2013年财政收入既有不少有利条件，也面临不少困难和挑战。目前北京市推动科学发展、加快转变经济发展方式已取得初步成效，创新驱动、高端引领的内生动力进一步增强，经济增长速度与结构质量、效益的关系更加协调，这些都为财政收入增长奠定了基础。但是，国内经济增速放缓，物价水平仍处于相对较高位置，经济运行中的不确定性、不稳定性明显上升。同时，北京市营业税改征增值税等结构性减税政策以及限房、限车政策的继续实行，这些也给财政收入的增长带来了负面影响。综合考虑上述情况，按照实事求是、积极稳妥的原则，2013年公共财政预算收入增长率安排为9%。

2. 加快社会事业建设步伐，促进基本公共服务均等化

支出预算按照统筹兼顾、突出重点、有保有压的原则，继续优化财政支出结构，促进全区经济和社会事业协调发展。一是保障和改善民生，确保教育、科学、计划生育等法定支出的依法增长和各项社会保障政策的及时落实。二是保持政府公共投资的适度增长，稳妥推进保障性住房建设和城市基础设施升级改造。三是发挥财政资金的撬动作用，加大对文化创意产业、旅游业、绿色能源和生态环保等行业的财政支持力度，提高经济增长的质量和效益。四是坚持厉行节约，认真做好增收节支和节能降耗等工作，严格控制三公经费等一般性支出增长。

（二）2013年公共财政预算安排情况

2013年全区公共财政预算收入安排3369300万元，比上年增长9%。公共财政预算支出安排2648300万元，其中：区级财力支出2523603万元，比上年增长9.08%；市专项转移支付124697万元。

1. 收入预算主要科目安排情况

增值税195000万元，同比增长14.77%；营业税1323600万元，同比增长6.70%；企业所得税1060000万元，同比增长10.56%；城市维护建设税292600万元，同比增长10.92%；房产税240000万元，同比增长11.26%；印花税77000万元，同比增长10.23%；城镇土地使用税15000万元，同比增长10.54%；土地增值税60000万元，同比增长11.96%；车船税26000万元，同比增长11.83%；教育费附加收入66300万元，同比增长10.92%；行政事业性收费等分级收入预计完成43500万元。

2. 区级财力支出预算主要科目安排情况

（1）一般公共服务安排183290万元，主要用于党政机关及事业单位正常运转、依法履职经费，保障全区社会事业建设等重点项目开展和计划生育投入的依法增长。

（2）国防支出安排2197万元，主要用于预备役部队建设、慰问驻区部队、人防工程建设、国防动员和兵役征集。

（3）公共安全安排100800万元，主要用于政法系统正常运转经费，保障政法装备配置、科技强警等设施设备升级。

（4）教育支出安排312067万元，主要用于改善学校办学条件，教学设备配置达标和支持教育布局结构调整、特色校园建设等。

（5）科学技术安排20329万元，主要用于支持可持续发展示范项目开展和提升信息化建设水平，支持开展科学普及活动，落实科技型中小企业创业资金。

（6）文化体育与传媒安排25546万元，主要用于组织各类文体活动，保障全区文化和体育场馆的正常运转，支持前门清真寺修缮、非物质文化遗产保护和文化创意产业发展。

（7）社会保障和就业安排305673万元，主要用于落实养老助残政策，进一步完善社会化养老保障体系，落实城市最低生活保障、社会救助、优抚安置等方面的社会保障政策。

（8）医疗卫生安排144366万元，主要用于继续推动医药卫生体制改革，确保全区医疗保障制度改革平稳实施。加大对基层医疗机构支持力度，保障公共卫生服务体

系和医疗服务体系建设。

(9) 节能环保安排44094万元，主要用于实施平房煤改清洁能源工程、环境监测、污染治理和能源节约利用。

(10) 城乡社区事务安排744815万元，主要用于园林、市政和环卫部门正常运转经费，保障全区环境整治工作顺利开展，加快历史文化名城保护与修缮、老旧小区综合整治和旧城人口疏解等工作，以及偿还以前年度贷款本息。

(11) 资源勘探电力信息等事务安排4548万元，主要用于国有资产监管、安全生产和支持中小企业发展。

(12) 商业服务业等事务安排3340万元，主要用于支持旅游事业和老字号发展。

(13) 住房保障支出安排44739万元，主要用于住房公积金补贴和提租补贴。

(14) 粮油物资储备事务安排2978万元，全部是按照市财政局要求建立的粮食风险金。

(15) 预备费安排75000万元，占财政支出的3%。

(16) 其他支出安排509821万元，主要是预留的营业税改征增值税补贴资金、金融产业政策资金和援建资金等。

（三）2013年政府性基金预算安排情况

1. 收入预算主要科目安排情况

2013年政府性基金预算收入安排18160万元。其中：残疾人就业保障金收入18100万元，比上年增长9%；廉租住房租金收入60万元。

2. 区本级支出预算主要科目安排情况

政府性基金预算支出安排为15043万元，全部为残疾人就业保障金支出。

（四）2013年国有资本经营预算安排情况

2013年国有资本经营预算编报以北京市西城区人民政府国有资产监督管理委员会（以下简称区国资委）为国有资本经营预算单位，以区国资委直接监管的17家企业为预算编报单位。依据西城区“十二五”国民经济和社会发展规划，并结合当前区委中心工作要求以及国有经济布局和产业结构调整政策，2013年国有资本经营预算对符合产业政策的金融类项目和文化创意项目、具有良好市场发展前景的可持续发展项目等给予重点支持，并安排资金用于解决国有企业历史遗留问题，促进企业健康协调发展。

1. 国有资本经营预算收入安排情况

根据《西城区国有资本收益收缴管理暂行办法》（西财企〔2011〕116号）的有关规定，2013年我区国有资本经营预算收入安排14054万元，同比增长50.91%，收入增幅较高，主要是受一次性因素影响。其中：利润收入13846万元、股利股息收入208万元。

2. 国有资本经营预算支出安排情况

结合年度重点支出方向，2013年我区国有资本经营预算支出安排11650万元，同比增长52.29%。按照支出功能分类科目分为：

(1) 资源勘探电力信息等事务国有资本经营预算支出安排3600万元，其中：国有经济和产业结构调整支出安排3500万元，企业改革脱困补助支出安排100万元，主要用于重要产业和重点企业转变经济发展方式，调整优化国有股权投资结构，支持企业做大做强。

(2) 商业服务业等事务国有资本经营预算支出安排7900万元，其中：国有经济和产业结构调整支出安排6300万元，企业改革脱困补助支出安排1600万元，主要用于支持文化创意产业项目和解决国有企业历史遗留问题。

(3) 其他国有资本经营预算支出安排150万元，主要用于国有资本经营预算管理及国有资产监管。

三、开拓创新，扎实工作，确保完成2013年预算任务

2013年是实施“十二五”规划承前启后的关键时期。我们将按照区委的要求，坚持“服务立区、金融强区、文化兴区”发展战略，充分发挥财政职能作用，服务经济社会发展大局，确保完成全年预算任务。

（一）涵养税源与组收工作相结合，确保财政收入平稳增长

着力培植财源，壮大税基，提高经济发展质量。在丰富产业发展模式的同时，提高产业布局的科学性和合理性，支持战略性新兴产业、现代服务业、高新技术产业的发展。进一步提升金融街的产业聚集效应与凝聚力，落实好支持金融企业、跨国公司总部来京或在京发展的优惠政策。认真落实促进消费的各项措施，积极培养新的消费热点。加大对中小企业财政扶持力度，认真落实结构性减税政策，激发企业发展活力。

进一步完善组收工作机制，巩固财政、税务、工商等部门的沟通配合。加强重大税收政策调整对财政收入影响的分析，科学研判财政收入走势和税制改革效果，为完善财税政策、引导产业发展、促进财政合理增收提供有力支持。加强非税收入管理，督促各征收单位及时足额上缴非税收入，努力实现应收尽收。

（二）财政保障与政府投资相结合，确保重点领域资金投入

调整和优化财政支出结构，加大对教育、科学、文化、卫生、社会保障等领域的资金投入，确保各项依法增长目标实现。结合社会事业发展规律和公共服务特点，建立有效的财政保障方式和基本公共服务投入机制，最大限度地满足人民群众的公共需求。继续推进教育结构布局优化，落实各项社会保障政策，提高人民群众生活文化水平。鼓励与促进自主创新、清洁能源和新能源开发利用，加强食品药品安全监管，推进区域生态文明建设。

保持政府投资规模的适度增长，集中财力做好重大项目、重点园区、重点产业等资金保障工作。加快重点大街、重点区域的环境建设和老旧小区综合改造，推进城市环境综合整治工程。提高城市基础设施建设水平，提升城市有效应对重大灾情的承受能力。加强道路交通建设，完善道路微循环系统。加快实施旧城改造和人口疏解工程，推进保障性住房工程建设。

（三）深化改革与树立理念相结合，提升财政预算管理水平

继续深化部门预算、国库集中支付、政府采购、绩效

评价等各项财政改革工作，提高财政科学化精细化管理水平，在提高财政保障能力的同时，更加注重财政资金的使用效益。继续强化财政资金监管、投资评审、监督检查等职能作用，确保财政资金使用安全。继续推进财政预决算信息公开工作，坚持公开与管理同步，使财政资金的使用更加科学、高效、安全、透明。

坚持节约型政府建设，牢固树立厉行节约的理念。严格控制公务接待、因公出国（境）、公务购车用车等经费支出，大力压缩会议、培训、差旅等一般性支出。加强行政事业单位资产配置管理，完善基本支出定额标准体系建设，有效降低行政运行成本。强化公务用车管理，建立公务用车管理长效机制。继续推行公务卡结算制度，进一步规范和细化财政支付管理，提高公务支出公开透明度。

各位代表，2013年是贯彻党的十八大精神重要一年，是“十二五”规划承上启下的关键一年，我们将在区委的正确领导下，自觉接受区人大的指导和监督，虚心听取区政协的意见和建议，为促进西城区经济社会持续健康发展做出积极贡献！

北京市西城区人民法院工作报告

2013年1月10日在西城区第十五届人民代表大会第三次会议上

西城区人民法院院长　安凤德

各位代表：

现在，我代表西城区人民法院向大会报告工作，请予审议。

2012年的主要工作

2012年，我院在区委的领导、区人大及其常委会的监督和市高级法院的指导下，深入贯彻落实党的十七大、十八大精神，紧紧围绕“为大局服务、为人民司法”工作主题，认真践行政法干警核心价值观和北京精神，充分发挥审判职能，着力化解矛盾纠纷，全力维护社会稳定，审判、执行和队伍建设等各项工作取得了新的成绩。

一、发挥审判职能，维护社会和谐稳定

执法办案是人民法院第一要务。一年来，我院共受理各类案件37157件，连同旧存审结37298件，结案率96.2%。

（一）依法审理刑事案件，维护社会稳定。打击犯罪、维护稳定是刑事审判的首要职能。一年来，我院严格贯彻落实宽严相济刑事政策，深入推进量刑规范化工作，共审理各类刑事案件1026件，判处罪犯1310人。一是严厉打击故意伤害、抢劫、盗窃等多发、高发犯罪，维护人民群众的人身和财产安全；严厉惩处信用卡诈骗、盗伐林木等破坏市场经济秩序、妨害社会管理秩序犯罪，为区域经济发展营造和谐稳定的法治环境。二是充分发挥刑事审判的教育挽救功能。对初犯、偶犯、情节轻微、主观恶性较小的犯罪分子，依法从轻、减轻或免除处罚，共对373名被告人宣告缓刑，减少了社会对抗。三是建立大要案协调配合机制。妥善审理陈某、肖某等38名被告人非法经营案等一批具有重大影响的案件，维护了市场秩序。四是加强未成年人犯罪审判和预防工作。坚持寓教于审，审教结合，共建中小学法制教育基地，开展模拟法庭活动，未成年人的法律意识不断增强。

（二）依法审理民事案件，促进社会和谐。平复社会矛盾、调节经济关系是民事审判的重要职能。一年来，共审结民事案件25644件。一是妥善审理婚姻家庭、劳动争议、医患关系、房产纠纷等涉民生案件，促进家庭和睦、社会和谐。二是妥善审理信用卡纠纷、贷款、保险合同等商事案件以及网购、团购等新类型消费案件，维护经济秩序，保障交易安全。三是充分发挥司法在知识产权保护中的主导作用，妥善审理茅台红酒包装设计侵权案、“掌礼司”商标侵权案等一批有影响的案件，取得了良好社会效果。四是完善民商事速裁机制。进一步规范庭审三个一、三简化、三方便制度，全年适用速裁模式审理案件18739件，占全部民商事案件的70.8%。

（三）依法审理行政案件，密切政群关系。行政审判既维护相对人的合法权益，又监督支持依法行政。一年来，共审结行政诉讼案件510件。一是积极探索行政纠纷协调解决方式。审结的行政案件中，通过协调方式解决244件，占结案总数的47.8%，推动了行政争议的实质性解决。二是做好非诉行政执行案件审查工作。既维护法律的尊严，又保障当事人的合法权益，全年共办理该类案件331件。三是做好行政诉讼简易程序试点工作。针对事实清楚、权利义务明确的行政诉讼案件，适当简化或者合并庭审环节，减轻当事人诉讼负担。四是加强与行政机关的沟通交流。发布《行政审判白皮书》，召开联席会议，开展专题讲座，发送司法建议，促进行政机关执法水平不断提高。

（四）依法推进执行工作，实现胜诉权益。执行工作着力于加强机制建设，最大限度实现胜诉当事人的合法权益。一年来，共执结案件8944件，执行总标的额15.07亿元。一是加大执行力度，依托北京市法院执行信息查询中心，想方设法查找被执行人及其财产，依法采取查封、扣押、拘留等强制措施，增强了执行威慑力。二是坚持规范执行、文明执行，威慑与教育并用，积极督促被执行人自动履行，努力做到“不强而解、不执而行”。三是积极推进执行工作机制改革，完善“一局三庭”的职权配置，强化执行权的制约监督，执行流程更加顺畅，执行效率明显提高。

二、围绕工作重心，服务区域发展大局

服务大局是人民法院的重要使命。一年来，我院紧紧围绕“三区”战略，充分发挥司法能动作用，为区域经济社会发展提供了坚强有力的司法保障。

（一）全力以赴做好十八大安保维稳工作。维护十八大期间的安全稳定是人民法院的政治任务。一是出台《十八大安保维稳专项活动实施意见》，明确任务、细化分工，确保十八大安保维稳各项措施落实到位。二是把好立案关口。严格执行立案审批和会商制度，完善“边审查、边调解、边立案”工作模式，实现重大敏感案件的源头化解和妥善处置。三是抓好现案的审判、执行。对于重大敏感案件进行风险评估，把握宣判和执行时机，慎重判决、稳妥执行，有效避免了矛盾激化升级。四是做好舆论引导工作。在加强正面宣传的同时，做好舆情监测和风险评估，有效防范负面舆情事件发生。

（二）依法保障重点工程建设项目顺利进行。一是成立重点工程保障工作领导小组，开通绿色通道，对涉重点工程案件快立、快审、快结、快执。二是积极谋划、攻坚克难，顺利完成629工程、月坛南街46号院、35中、右安门内大街28号院等一批涉中央、市、区重点工程拆迁征补案件的审判、执行工作。三是注重经验总结，形成了“党委领导、政府支持、法院主办、部门协调”的工作模式，有力地促进了区域经济的发展。

（三）全力服务金融街发展。一是成立服务金融街发展工作小组，出台服务辖区金融业健康发展的意见。二是加强与辖区金融机构的沟通交流，先后走访市金融工作局、银监局、保监局等多家单位，了解金融行业的司法需求，为金融行业发展献计献策。三是拓宽金融纠纷解决渠道。与北京市银行业、保险业协会合作，建立涉银行、保险纠纷联合调解工作站及联动调处对接机制，共同化解纠纷。四是发布《个人消费贷款审判白皮书》，就信用卡、车贷、房贷案件审理向社会通报，发挥法院在金融风险防范中的预警作用。五是积极筹备成立金融街法庭，进一步提高对金融行业的司法服务水平。

（四）妥善处理涉诉信访。一是落实信访定期排查、定期通报、风险评估、约期接谈等制度，完善办理信访案件工作流程，为妥善化解涉诉信访提供制度保障。二是开展信访案件化解专项活动。提前三个月完成中央政法委交办的78件进京访案件化解工作。圆满完成市高院“百天百件骨头案”化解任务，30件骨头案全部化解。三是集中开展领导干部大接访活动，开门接访、包案到人，确保了无重大信访事件发生。全年接访3762人次。四是在区委区政府的大力支持下，全年共对93名信访当事人进行了司法救助。

三、坚持以人为本，全面落实司法为民

司法为民是人民法院基本的价值取向。一年来，我们创新便民举措，加大便民力度，服务群众的水平进一步提高。

（一）拓展诉调对接机制。一是设立诉调对接办公室，负责统一组织、协调诉调对接工作，提高了对接工作的规范化、制度化水平。二是举办诉调对接机制研讨会。广泛征求专家、学者及合作单位的意见建议，为诉调对接的进一步发展奠定坚实基础。三是搭建合作平台。与区人力资源和社会保障局、区工商局、中国互联网协会等多家单位合作，实现了诉调对接机制的多点覆盖。中国社会科学院《2012年中国法治蓝皮书》、最高人民法院《诉讼与非诉讼衔接工作指南》，分别对我院诉调对接工作作了专题介绍。

（二）开展法官六进活动。法官六进活动是我院延伸审判职能、促进区域和谐，推出的一项重点工作。全院选派211名干警深入机关、学校、企业、社区、军营和重点工程，担任法制宣传员、矛盾化解员、法律咨询员、调解指导员、问题调研员、信息联络员，定期提供法律咨询服务，就地化解矛盾纠纷。组建法官志愿者服务团队，吸纳高校大学生、社区调解员参与，服务范围进一步扩大。一年来，共走访辖区单位800余人次，召开座谈会76次，开展法律讲座82次，服务对象15000余人。法官六进活动的开展，一批矛盾纠纷化解在了诉前，解决在了基层。

（三）深化各项便民措施。一年来，我们依托“1+8”综合服务大厅，在方便群众诉讼上迈出了新的步伐。一是进一步发挥大学生志愿者服务基地的作用，增加志愿者人数，全年共接待当事人咨询7355人次，为当事人代写诉讼文书5302份。二是强化网上便民服务。加大网上预约立案、法官在线答疑、预约查询档案投入，共在网上预约立案3846件。三是与中国劳动关系学院合作共建专家解难窗口，邀请劳动法律专家为当事人提供专业咨询和帮助，全年共有12位专家接待咨询412人次。四是扩大心理驿站的服务范围。开通心理咨询邮箱，邀请心理咨询师参与信访案件化解工作。各项便民措施的深入推进，取得了良好的社会效果。

四、加强审判管理，努力提高办案质效

审判管理是提高案件质效的主要途径。一年来，我院不断创新管理手段，拓展管理途径，审判管理水平不断提高。

（一）强化指标管理。一是按照最高法院和北京高院质量、效率和效果31项考核指标的要求，修订西城法院绩效考评办法，将各项指标分解到审判庭和审判人员，明确了指标管理责任。二是定期召开绩效考评工作会，定期发布各部门考评指标情况，定期进行部门内工作业绩排名，发挥指标通报对审判、执行工作的导向作用。三是实施审委会专题听取专项工作制度，分析考核指标在全市法院的排名，发挥好指标对审判、执行工作的引领和示范作用。2012年，我院审判质量综合指数、重点工作、31项指标三项排名均位居全市基层法院第一。

（二）开展案件评查。一是认真开展庭审观摩和裁判文书两评查工作，院、庭长带头开示范庭、参与庭审评查，共开展庭审观摩50次，评选出优秀裁判文书30篇，提高了案件审判质量。二是圆满完成万件案件大评查活动。2012年是北京高院“万件案件大评查”活动的最后一年，我院邀请人大代表、政协委员、特邀监督员参与评查，将工作责任进一步分解，层层落实，严格管理，评查的900件案件，合格、优秀率96%。

（三）推进科技强院。一是积极做好“信息球”建设试点工作，不断加大法院智能化、信息化、科技化建设步伐，为审判工作提供技术支持。二是制定科技强院工作意见及工作规划，确保依托高科技手段助力审判工作长效化和制度化。三是成立信息技术办公室，统一信息化考核工作，整合信息化建设力量，推动“科技强院”进程。四是主动为审判一线服务，开发诉讼保全系统和移动法务平台，方便法院审判和当事人诉讼。

五、加强队伍建设，全面提升法院形象

提高审判质效，提升法院形象，关键在于队伍，加强队伍建设，始终是法院工作的重中之重。

（一）开展主题教育。贯彻落实党的十八大精神，深入开展“政法干警核心价值观”、“践行北京精神”、“创先争优”等一系列主题教育实践活动，弘扬“忠诚、为民、公正、廉洁”的政法干警核心价值观和“爱国、创新、包容、厚德”的北京精神，增强全体干警的大局意识、宗旨意识，为各项工作的开展奠定了坚实的思想基础。

（二）强化培训交流。坚持“服务审判、培养人才、促进发展”原则，开展全员分类分级分层培训。一是强化专题培训。开展新民事诉讼法和新刑事诉讼法专题培训，举办“新刑诉法的进步与展望”三方论坛，全年共进行院庭长、审判员、书记员各类专题培训96次，培训干警5425人次。二是丰富培训方式。设立法院读书角，举办青年干警论坛，提高了法官整体素质。三是加强对外交流。积极开展与国外、港澳台地区法官代表团及各地法院的沟通交流，共接待境外代表团及各地法院来访11次，展示了法院良好形象。

（三）突出典型培养。培养“三型法官”是西城法院近年来队伍建设的重要工作。2012年，在亲民型法官方面，先后召开巡回法官赵海先进事迹工作研讨会、座谈会和新闻通报会，宣传赵海法官六年来坚持社区巡回的先进事迹。市、区领导作出重要批示，北京高院作出《关于开展向赵海同志学习的决定》。中央电视台、北京电视台、法制日报、人民法院报等数十家媒体多次采访报道。赵海同志被授予首都劳动奖章、荣获“北京市优秀共产党员”和“北京市政法系统优秀共产党员”荣誉称号，当选北京市第十四届人大代表。

（四）加强调研宣传。围绕“为审判一线服务、为领导决策服务”，大力加强调研宣传工作。一是成功举办“中国刑事法律援助改革”、“诉讼与非诉讼衔接机制”等专题新闻通报会、研讨会。二是加强法制宣传。进行图文和视频直播110次，在各类媒体上发稿5000多篇，其中《人民日报》、《法制日报》、《人民法院报》等重要媒体头版、整版55篇。三是积极开展论文研讨。在全国及北京市法院第24届学术论文研讨会上，我院多篇论文获奖，取得了优异成绩。

（五）狠抓廉政建设。廉洁是公正的前提和保障，也是我院始终紧抓的重点工作。一是继续围绕审判权、执行权、人财物管理权的运行过程，落实风险防范的各项措施，进一步完善廉政风险防范体系。二是开展“惩治和预防渎职侵权违法行为专项教育活动”，签订党风廉政建设责任书、遵守廉政纪律承诺书，干警的廉政意识进一步增强。三是出台《关于加强从严治院的意见》，新聘16名特邀监督员，强化法院内部反腐倡廉力度。四是开展“廉政勤政—TA在我身边”征文、廉政书画摄影展、编辑廉政短信等一系列廉政文化建设活动，正风正气得以进一步弘扬。

六、主动接受监督，切实改进各项工作

监督是促进司法公正和效率的重要保障。一年来，我院不断拓展接受监督途径、创新接受监督方式，各项工作取得了新进步。一是坚持重大事项向区人大及其常委会报告制度。向区人大常委会专题报告多元化纠纷解决机制建设情况，向市人大代表专项调研组报告审判管理工作，30名法官向区人大常委会作了书面述职。二是依法接受检察机关法律监督。认真听取检察机关提出的意见和建议，邀请检察长列席审委会6次。三是开展“人民代表进法院”活动。主动邀请全区15个联组代表到我院参观视察。多次邀请市、区人大代表旁听庭审、参加新闻发布会、参与矛盾纠纷化解。共接待全国、市、区人大代表238人次。办理代表建议和委员提案3件。四是深入推进人民陪审员工作。邀请陪审员列席审委会，编辑出版《人民陪审制度的理论与实践》一书。五是深化司法公开。加大裁判文书上网力度，举办法院“开放日”活动，邀请社会各界旁听庭审，司法公开水平进一步提升。

各项工作的深入推进，我院的审判、执行和队伍建设取得了优异成绩。2012年，我院被评为北京市先进法院，荣立北京市集体二等功一次。成绩的取得，是区委、区人大、区政府、区政协和社会各界大力关心、鼎力支持的结果，也是各位人大代表监督、理解、信任和支持的结果。在此，我代表区法院全体干警向各位代表和社会各界表示衷心的感谢！

在报告工作成绩的同时，我们清醒地看到，法院的工作也还存在着一些差距和不足。主要表现为：一是面对党对司法工作的新要求，法院推动发展、化解矛盾、维护稳定的能力需要进一步增强；二是面对人民群众对公平正义的新期待，法院统筹兼顾当事人合法权益与社会公共利益、程序公正与实体公正的水平需要进一步提高；三是面对法院人员年龄、知识结构的新变化，加强队伍建设的有效途径需要进一步探索创新。对于这些不足，我们将切实采取措施，努力加以解决。

2013年的主要任务

各位代表，2013年，是全面深入贯彻落实党的十八大精神的开局之年，我院将以科学发展观为指导，认真履行宪法和法律赋予的职责，为实现“服务立区、金融强区、文化兴区”战略，提供坚强有力的司法保障。重点做好以下工作：

一、着眼于提升司法公信，进一步发挥审判职能

认真贯彻落实新《刑事诉讼法》、《民事诉讼法》，公正高效地开展各项审判，不断提升司法公信。坚持依法严厉打击严重刑事犯罪，全力维护社会稳定。慎重审理与群众利益密切相关的民事案件，依法维护当事人权益。妥善审理各类商事案件，为区域经济发展提出对策建议。加强知识产权司法保护，促进自主创新。继续完善行政争议实质性解决机制，提高行政案件服判息诉率。加大执行工作力度，积极实现胜诉当事人的合法权益。健全涉诉信访工作机制，努力促使当事人服判息诉。

二、着眼于保障合法权益，进一步创新工作机制

继续完善“法官六进”、“诉调对接”工作，主动发挥法院参与社会管理、化解矛盾纠纷的作用。继续完善“1+8”立案综合服务大厅、网上服务平台等便民措施，切实方便当事人诉讼。继续深化轻刑快审机制、行政诉讼简易程序机制，落实民事小额诉讼制度，最大限度地缩短审理期限，减轻群众诉累。继续做好裁判文书上网、庭审网络直播工作，进一步拓展司法公开的范围。深入开展法制宣传工作，增强社会各界学法、尊法、守法、用法意识。

三、着眼于提高司法能力，进一步加强队伍建设

开展各种主题教育实践活动，不断提高广大干警的大局意识和宗旨意识。继续加大以赵海同志为代表的法官典型宣传、培养力度，通过典型引路和示范作用，努力提高广大干警适用法律、化解矛盾、做群众工作、解决实际问题的能力。坚持不懈抓好反腐倡廉建设工作，在强调警示教育和制度建设基础上，积极探索信息化防控手段，努力维护司法廉洁。

四、着眼于改进自身工作，进一步主动接受监督

主动向区人大及其常委会报告法院的各项工作。坚决贯彻落实接受检察机关法律监督的各项新机制。不断拓展人大代表、政协委员联络沟通途径，积极争取代表、委员的监督、理解和支持。高度重视人大代表、政协委员的建议和提案，不断提高办理质量和效率。进一步提高人民陪审员的陪审率，依法保障其履行职责。

各位代表，在新的一年里，面对新形势、新任务，我院将在区委的领导、区人大及其常委会的监督、区政府、区政协以及各位代表的大力支持下，继续解放思想、开拓创新、振奋精神、扎实工作，努力实现“确保当事人打一个公正、明白、便捷、受尊重官司”的工作目标，为建设“活力、魅力、和谐”新西城作出新的更大的贡献！

北京市西城区人民检察院工作报告

2013年1月10日在北京市西城区第十五届人民代表大会第三次会议上

西城区人民检察院检察长　韩索华

各位代表：

现在，我代表西城区人民检察院向大会报告工作，请予审议。

2012年工作情况

2012年，我院在区委和市检察院的领导下，在区人大及其常委会的监督下，紧紧围绕区域经济社会发展大局，充分发挥检察职能，各项检察工作取得新进展。

一、紧密围绕和谐社会建设和区域中心工作，为党的十八大胜利召开创造良好的社会环境、市场环境和法治环境

深入贯彻宽严相济的刑事政策。坚持当严则严，严格履行批捕、起诉工作职责，共审查批准逮捕各类刑事犯罪680件806人，提起公诉1007件1254人；突出打击严重暴力犯罪和多发性侵财犯罪，依法批准逮捕407件487人，提起公诉396件499人；针对食品、药品安全等人民群众关注的突出问题，积极发动并主导区公安分局、药监局开展对天桥、大栅栏地区非法销售假药犯罪的专项打击行动，取缔假药窝点32个，提起公诉31人，均获有罪判决；加强涉及森林和野生动植物刑事案件的集中办理，以专业办案组为平台有效打击犯罪，依法批准逮捕14件15人，提起公诉28件45人。坚持当宽则宽，对轻微犯罪积极适用宽缓措施，对不构成犯罪、情节轻微的犯罪依法决定不批准逮捕363人，不起诉122人。

把妥善化解矛盾贯穿执法办案全过程。深入开展涉检信访排查化解专项工作，采取领导包案、联合接访、司法救助等措施，息诉罢访10件150人；深入开展领导干部大接访活动，安排各级领导干部接访421批629人次，有效预防和化解了信访矛盾纠纷；高标准完成市委政法委交办的91件信访办结案件的评查工作，确保重大敏感案件的正确处置。

全力维护平稳、健康的市场环境。始终保持对金融诈骗、非法经营等破坏市场经济秩序犯罪的高压态势，依法批准逮捕55件100人，提起公诉286件394人，依法对涉案金额达5亿元的全市首例非法从事资金支付结算业务的非法经营案件提起公诉，涉案38人均获有罪判决；深入开展打击侵犯知识产权和制售假冒伪劣商品犯罪专项行动，依法批准逮捕40件53人，提起公诉62件63人；成立金融犯罪检察处和反贪局侦查三处，对金融领域各类犯罪案件实行集中办理并开展有效预防，建立与“一行三会”等金融监管部门的沟通联系机制，共同维护金融市场秩序；以金融街为平台在10家金融企业中开展法律讲座、警示教育等一系列法制宣传活动，受众达1200余人；注重总结金融犯罪类案特点，发出检察建议9份，为金融单位提供法律服务，切实维护市场经济秩序和诚信体系建设。

积极主动参与社会管理创新。主动融入“党委领导、政府负责、社会协同、公众参与、社会保障”的社会管理格局，向设置在广内、金融街、广外街道办事处的检察官联络室共投入检力270人次，接待群众来访100人次，提供法律咨询服务80次；利用社区矫正检察官办公室，加大对交付执行、监外执行等环节的监督力度，共发出纠正违法通知书11份；依托执法办案，注重总结分析带有行业性、普遍性的问题，发出综合治理类检察建议72份，形成医疗卫生、金融、文化等领域职务犯罪预防专项调研报告6份，得到上级领导和相关部门的高度重视。

不断创新未成年人司法保护工作。成立未成年人案件检察处，对涉及未成年人的刑事案件采取“捕、诉、监、防”一体化工作模式。全年批准逮捕30件53人，提起公诉61件99人，联合社工机构对其中48名未成年人开展社会调查工作，赴原籍调查6次，将调查报告作为全面衡量未成年人人身危险性和再犯可能性的重要参考；对轻罪未成年人不起诉9人，与团区委联合在企业和社工机构建立“新起点”实践中心，有效解决外地户籍未成年人被不起诉后的考察帮教问题，目前有3名未成年人在该中心接受考察帮教；与区公安分局、司法局等单位共同签署在押表现考察、合适成年人到场等一系列保护未成年人合法权益的工作机制；与区教委、团区委联合举办第十三届“西检杯”西城区中学生思想道德与法律知识竞赛，参与学生千余人，在未成年人法制教育方面发挥了突出的品牌宣传效应。

二、紧密围绕党风廉政建设和反腐败大局，为建设廉洁政治提供有力保障

加大查办贪污贿赂犯罪力度。全年共立案30件39人，其中大案28件，要案4人，为国家挽回经济损失2045万元。对国家重要经济政策运行中存在的腐败问题和人民群众关注的热点领域职务犯罪现象加强查办力度，对收受贿赂2000余万元、滥用国家专项资金管理权的财政部企业司综合处处长陈柱兵等20人立案侦查；对涉案金额达1000余万元的中国医学科学院阜外医院许根乐贪污案立案侦查。

严肃查办渎职侵权犯罪。全年共立案10件10人，其中特大案件9件。突出泄密案件查办效果，重点办理了社会影响较大的9.16泄密案，一举立案6件6人；深挖2011年CPI经济数据泄密案取得新成果，立案1件1人；4名干警借调中纪委、高检院参与“7.23温州特大铁路交通事故”调查和原铁道部部长刘志军腐败专案的查办工作。

深入开展职务犯罪预防工作。结合查办案件深入重点行业、关键岗位开展警示宣传教育和预防咨询57次；制作的《莫伸手》廉政短片在高检院首届廉政短片竞赛评比中获得三等奖，该片通过北京地铁移动电视播出，覆盖人群近700万人次；与工信部签订《“阳光工程”廉政责任书》，对重点工程开展同步预防、全程监督，共同打造精品、廉洁、安全、高效的阳光工程；以行贿犯罪档案查询系统全国联网为契机，建立快速查询通道，为企业提供高效服务，截至目前已提供查询4283次；提出《关于在政府投资的工程建设及政府采购招投标中开展行贿犯罪档案查询的建议》，得到区委、区政府领导高度关注，与相关部门共同出台工作意见，行贿档案查询范围将进一步涵盖政府招投标和采购两大领域，为检察资源能够更好地服务区域经济社会发展搭建新平台。

三、紧密围绕“强化法律监督、维护公平正义”的检察工作主题，为公正司法奠定坚实基础

不断强化刑事立案监督和侦查活动监督。全年共监督公安机关立案79件109人，撤销案件5件，依法纠正漏捕8人，追诉漏犯16人、漏罪261起，纠正侦查违法9件；继续推进行政执法与刑事司法衔接（以下简称“两法衔接”）工作，积极走访行政执法单位梳理排查，通过“两法衔接”监督公安机关立案41件48人；对公安派出所办理的138件案件开展监督工作，并尝试建立重大敏感案件、疑难复杂案件会商、个案指导和分类追踪机制，先后监督公安机关立案4件，均获有罪判决。

不断完善和创新对刑事审判活动的监督。充分发挥量刑建议的监督功能，共发表量刑建议600余次，获法院判决支持；完善“刑罚数据库”建设，进一步细化诉讼监督事项，有效开展类案监督；对认为判决确有错误的案件提起刑事抗诉2件；积极探索简易程序公诉人出庭制度，制定相应工作规范并与公安、法院等单位建立案件集中移送、衔接机制，目前，我院已实现简易程序案件公诉人全部出庭；积极落实检察长列席审委会制度，先后列席法院审委会6次，对案件处理提出意见，共同促进司法公正。

不断强化刑罚执行和监管活动监督。开展羁押期限、执法监管、监外执行等各类检察监督千余次，纠正监管活动违法情形3次，针对监管场所安全隐患提出纠正意见18件，均得到有效整改；定期对在押人员开展教育谈话，全面掌握被监管人思想动态；建立、完善监管场所重大事故独立调查、检察官信箱受理投诉等机制，有效监督监管活动依法开展。

不断强化对民事诉讼活动的监督。依法办结民事申诉案件117件，提请上级院抗诉8件，法院改判3件；发出再审检察建议3件，促成法院再审1件；接待申诉人来访780余人次，接听咨询电话1400余次；认真做好80件不予立案、不予抗诉案件的息诉罢访工作，对于不符合抗诉条件的案件加强释法说理，促成和解2件；依法参加民事抗诉案件庭审3次，有效监督3件案件成功改判；加强对民事执行活动和生效民事调解的监督，办理调解案件4件，受理执行监督线索1件。

四、紧密围绕树立“忠诚、为民、公正、廉洁”的政法干警核心价值观，为推动检察工作科学发展提供强大动力

切实加强思想政治建设。全面贯彻落实党的十八大精神，党组理论中心组集中学习研讨《十八大党章修正学习问答》等辅导书籍，并通过召开全院部署会、专题辅导会、邀请十八大代表彭燕同志来院宣讲等方式开展全员学习；组织干警积极参加“公务员书写党的十八大精神笔会”、观看“热烈庆祝党的十八大胜利召开”专题展览等活动，促进检察队伍思想建设再上新台阶。

切实加强检察文化建设。全面推进“检察文化建设年”活动，以富有检察特色、时代气息和文化内涵的价值精神为指引，树立“尚德明法、求实创新”的工作理念，以建立院史展和文化长廊为契机，弘扬爱岗敬业精神，提升全院干警的凝聚力和向心力；通过邀请知名学者举办专题讲座，依托兴趣小组开展群众性文化活动，实现尊重人、激励人、塑造人；深入开展“政法干警核心价值观”主题教育实践活动，举行“正义的颂歌”主题诗歌朗诵会，增强新时期检察干警的使命感和责任感。

切实加强队伍素能培养。与中国政法大学建立校外人才培养基地，通过检学共建平台提高干警的法学理论水平；有针对性的举办领导素能培训班和以修改后刑诉法、民诉法为主要内容的业务培训班等活动6次，不断提升领导干部的管理水平和干警的法律适用能力；开展“优秀综合写作能手”和“优秀法律文书制作能手”技能竞赛，激励各类业务人才成长；积极参加北京市检察系统业务专家和岗位能手评比，共有11名干警被评为北京市检察机关检察业务骨干。

切实加强检察队伍形象建设。不断强化与各媒体的联系，充分借助新闻评论员队伍，积极向主要媒体推荐稿件，累计在各类媒体发表文章751篇次，其中，在《人民日报》、《北京日报》等主要媒体发表238篇次；着重依托社会热点，积极策划宣传内容，如为适应刑诉法的修改，梳理我院三年来证人出庭补偿制度运行实践所撰写的文章《证人出庭渐成气候》在《法制日报》、《检察日报》整版刊登，有效增强了我院的社会影响力。

切实强化管理机制创新。成立案件管理处，实现对收结案、程序监督、质量评查、数据信息的集约化管理，优化检力资源配置；在检务接待大厅开通案件查询系统，共提供各类案件查询241次，便于当事人及其代理人及时了解案件信息、对检察工作开展动态监督；制定党风廉政建设和督查工作联席会议制度，将廉政教育考核纳入各类学习、任前谈话和干部述职的内容；开展执法重点环节的常规督察，对10件自侦案件的发案单位进行抽查回访，有效督促干警公正廉洁执法。

五、紧密围绕正确行使检察权，为人大监督、民主监督、社会监督提供有效的平台

主动接受人大及其常委会监督。向人大常委会报告控告申诉工作，邀请人大代表视察新业务楼的检务接待大厅、警务区等工作区域；积极拓宽人大代表监督检察工作的途径，邀请代表全程参与信访案件的接待和公开答复，向代表通报热点信访案件处理情况；全院主要业务部门与各街道人大代表工委展开对口联系，通过“走出去、请进来”的方式听取代表的意见建议并加以整改落实。

完善接受民主监督及社会监督机制。加大检务公开力度，举办题为“守护公平正义”的检察开放日活动，邀请市、区人大代表和社会各界人士70余人来院参观主题展览，与业务处室负责人就检察工作进行深入交流；为全区人大代表、政协委员订阅《检察日报》和《人民监督》杂志，使代表、委员更加了解检察工作，切实增强检察工作的透明度。

2012年，我院在业务建设、队伍建设、检务保障等方面得到进一步加强，工作位于全市前列。荣获“首都文明单位标兵”等集体荣誉16项；7件案件在高检院、市检察院举办的各类案件评比中被评为精品或优秀案件；反渎职侵权局被评为“全国检察机关优秀反渎职侵权局”；刘晶同志代表北京市检察机关参加第二届全国优秀公诉人论辩大赛荣获团体一等奖；新综合业务楼已于去年9月正式投入使用，检力资源实现全面整合。这些成绩的取得，是区委、市检察院的正确领导、区人大及其常委会的有力监督、区政府、区政协及社会各界大力支持的结果。在此，我代表西城区人民检察院全体干警向关心、支持检察工作的各位领导、各位代表及社会各界表示衷心的感谢！

回顾一年的工作，我们也清醒地认识到检察工作与党和人民的期望还有一定差距，主要表现在：一是检察机关如何更好地服务区域中心工作还需要进一步加强调研，服务科学发展的思路和能力还需要拓展和提升；二是群众工作的能力和水平与人民群众对检察机关的新期待、新要求还不相适应，联系群众的渠道和方式仍较为单一；三是检察队伍整体素质和人员结构还需要提高和优化，专家人才和业务骨干的培养、管理和使用应进一步制度化、科学化。以上问题，我们将高度重视，切实采取有力措施加以解决。同时，我们也衷心地希望人大代表和社会各界更加关注和支持检察工作，帮助我们更好地服务社会和人民。

2013年的工作任务

2013年，我院将认真贯彻落实党的十八大精神，按照区委、市检察院的工作部署和要求，全面履行法律监督职能，积极为西城区争做“世界城市首善区”提供有力的司法保障和法律服务。

一、深入学习贯彻党的十八大精神，始终坚定检察工作的正确发展方向

始终把维护好最广大人民群众的根本利益作为检察工作的出发点和落脚点，牢固树立执法为民的宗旨意识，着力解决人民群众最关心的社会治安、权益保障、公平正义、反对腐败等问题，切实把联系和服务群众、满足群众司法需求、主动接受群众监督贯穿检察工作的各个方面。

二、全面推进各项检察业务工作，服务区域经济社会发展

始终将维护社会稳定作为工作重心，运用释法说理等方式全力化解矛盾纠纷；深入研究我区当前治安形势和犯罪发案特点，切实加强刑事案件办理，牢固树立打击犯罪与保障人权、实体公正与程序公正并重的理念，提高准确适用法律和刑事政策、依法审查和运用证据等能力，不断提升办理重大、敏感和新型案件的水平。

三、进一步强化诉讼监督，营造公平正义的法治环境

不断创新完善监督机制，对于群众反映强烈的执法不严、司法不公案件，要在提高监督工作的深度与广度上下功夫；正确处理执法办案与强化监督的关系，加强与其他执法司法机关的良性互动，有效维护司法公正与权威。

四、建设高素质专业化检察队伍，切实提高执法公信力

全面提升队伍专业化水平，着力提高业务素质和执法技能，结合刑事诉讼法、民事诉讼法的修改内容，转变执法观念，不断提升保障人权、法律监督和科学管理水平；积极推进纪律作风建设，认真开展检务督察工作，继续深入开展政法干警核心价值观教育主题实践活动，不断增强检察机关的生机和活力。

五、自觉接受外部监督，保障检察工作健康发展

始终树立监督者更要自觉接受监督的理念，将检察工作置于人大和社会各界监督之下，深化代表、委员联络工作，充实代表、委员联络队伍，增强专业化水平，促进检察工作进一步公开、公正、透明，切实增强自觉接受监督的主动性。

各位代表，在新的历史条件下，弘扬社会主义法治精神，坚持社会主义法治理念，责任重大、使命光荣。我们将在区委和市检察院的领导下，在区人大及其常委会的监督下，在区政府、区政协及社会各界的支持下，求真务实，开拓奋进，为建设“活力、魅力、和谐”新西城作出新的更大的贡献！

（责任编辑　华大友）

专 文

关于西城区建设首善的思考

中共北京市西城区委书记 王 宁

一、课题研究背景

首善思想由来已久，在中国传统文化中占据十分重要的地位，是中国古代帝王推行王道统治的重要工具，也是中华民族灿烂文明产生和传播的重要依托。首善一词自司马迁创立以来，传承于班固的儒学教化论，成长于朝代更迭的京师，逐渐成为封建王朝京师专用的词汇，后来发展到用来指代首都。随着封建王朝的彻底覆灭，首善一词也湮没于浩淼的历史长河之中。

首善一词在语言演化中，内涵逐渐扩展，用以描述一切最好、领先和示范性的事物。2007年5月，北京市第十次党代会提出“全面贯彻落实科学发展观，为构建社会主义和谐社会首善之区而努力奋斗。”首善之区成为北京市建设和发展的目标。近年来，广东、浙江等全国许多较为发达地区的城市都提出了建设“首善之区”，各地政府和学者都不同程度地提出了建设“首善之区”的内涵和标准。可以说，建设首善已经在全国取得广泛认同。2012年9月，市委书记郭金龙在接受《人民日报》专访时强调，必须坚持把“建首善，创一流”作为首都工作的基本标准，努力创造一流的工作，努力使首都工作走在全国前列。北京市第十一次党代会提出建设中国特色世界城市的目标和任务，就是基于这样的考虑，以更高的标准提升发展质量，完善城市功能，提高人民生活水平，更好地服务国家发展。

在2012年“两会”期间，时任中央政治局委员、北京市委书记的刘淇与西城区人大代表团座谈时指出，北京要做全国的首善，西城区条件好、发展快，要做北京市首善之中的首善之区。新的发展形势要求西城区必须站在更高起点、以更宽视野审视区域发展的方向和路径，在首都新一轮科学发展的进程中争做首善。为此，我们提出本课题研究，旨在将西城区发展置于党的十八大提出的全面建成小康社会宏伟目标当中，融入北京建设中国特色世界城市的发展大局，深刻总结首都功能核心区发展规律，探索独具特色的发展模式，推动西城区在更高水平上实现科学发展。

二、对首善内涵的认识与理解

（一）以历史唯物主义观扬弃传统首善思想

首善作为一种中国古老的传统思想，与帝王之都有着密切联系，“首善自京师始”是古人一个重要的儒学教化思想，后人把京师也就是今天说的首都称为“首善之地”。首善一词最早出现在《史记·西南夷列传》，“滇王始首善，以故弗诛”。对于传统首善思想的认识，应该坚持取其精华、去其糟粕的态度，可以体现在三个层面：

传统首善思想有着深厚的历史渊源。一是首善的王道教化论。这种思想指出“四方风俗，皆本于京师”，并强调京师是“八荒争凑，万国咸通”之地，这种“京师为本”的思想，是说首都要成为教化的表率，就是要成为首善，就是道德领先，社会崇序，王治顺达，好学尚礼，重用贤才。二是首善的封建皇权论。传统儒学的纲常伦理思想创造了中国古代封建社会的政治文化，服务于中央集权的政治统治。《诗经·小雅·北山》有云：“普天之下，莫非王土，率土之滨，莫非王臣。”正是这种中央集权统治带来的便利条件，京师集天下文明于一隅，成为率先发达的地区，创造了首善文明。三是首善的帝都示范论。京师作为首善之地，不仅作为王道统治的中心和教化之始，也在经济、社会、文化各领域居于领先水平。皇帝的至高无上和中央集权统治造成京师皆优长和四方效仿心理。

传统首善思想有着历史的局限性和糟粕。传统首善思想受到封建政治的制约，其根本目的在于巩固帝王统治；为创造京师的首善和繁荣，大量掠夺了全国各地的资源、压制了地方发展；封建都城是非生产性的消费城市，大肆剥削和压迫了全国劳动人民，受益的是帝王贵胄，受害的全国百姓。因此，认识首善，必须揭开传统封建首善思想的面纱，坚决摒弃传统首善所包含的封建等级制度糟粕，坚决摒弃传统首善所包含的享乐主义和腐朽生活，坚决摒弃传统首善所包含的为炫耀财富而劳民伤财的建设思想，坚决摒弃传统首善所包含的虚伪的价值观和理念。

传统首善思想对现代社会的积极意义。传统首善思想承载着封建统治的文明与理想，包含着许多封建社会的最高理想和价值观，蕴藏着许多精彩智慧和文化精华。比如，首善为上上之善，就是说首善之区要具备超凡的卓越品质，它在古代社会政治、经济、文化等各个领域都能称为表率、甲于天下。首善会辐射全国，成为四方争相学习的榜样。“首善”不仅仅是一种表征，更是千百年来人们对美好生活的向往，是衡量时代发展水平的标尺，是人们追求至善至美的一种愿景。首善能规范秩序，尽管传统首善思想是为巩固帝王统治服务的，具有一定的欺骗性，但在一定程度上也起到了规范社会、建立秩序的作用，所包含的崇尚道德、重礼尊教和普施恩惠等思想，体现了许多美好的价值观。首善可激发活力，传统首善思想秉承教化的目的，激发了当时的思想家和文人的创造力，从而产生出灿烂的中华文明，对人类社会的发展做出重要贡献。

（二）以城市发展规律审视现代首善内涵

随着封建统治的彻底灭亡和社会主义新中国的建立，传统首善思想被历史尘封。伴随着大城市的不断崛起和新文明的不断进步，新的首善思想不断涌现，首善与现代城市发展紧密结合起来。我们认为，应从三个层面认识现代首善：

现代首善的本质特征是核心性，突出体现了城市中心地位。首善建设与一个区域的历史地位、现实条件息息相关。随着城市化进程的快速演进，以大都市尤其是特大城市为核心的城市圈已经成为一定区域发展最为活跃的地带，是国民经济快速发展、现代化水平不断提高的标志之一。城市群或都市圈（带）在发展中逐渐形成了角色和分工的差异，城市间的层次化逐渐显现出来。一些条件较好、率先发展起来的城市逐渐在城市群中担当起引领角色，成为中心城市。当前，在全国范围内提出建设首善的诸多城市，有的是国家中心城市，有的是区域中心城市，有是城市群中心城市，无一例外都是国家城镇体系当中的顶端城市，是区域发展的核心力量。因此，中心城市崛起是中国城市化进程的必然产物，建设首善表达出这些中心城市进一步明确角色定位和强化领先优势的强烈愿望与要求。

现代首善的鲜明特点是高端性，突出体现了城市示范作用。提出建设首善的这些城市都是特大型城市，经济实力雄厚，文明程度较高，在各省乃至全国都居于领先水平。究其原因，中心城市强大的经济实力和城市发展能力，源于不断强化的产业集聚机制和转移机制。产业集群一经形成，就会对该区域的空间结构变迁产生持续影响，从而出现经济发展水平的空间分化，特别是通过“中心”吸引作用，促进相关经济要素流动到集聚区。比如，中心城市往往是总部机构的聚集地区，由此也说明了这一点。中心城市在集聚的不断强化中形成竞争优势，并迅速发展壮大起来。而产业转移一方面使得中心城市将劳动密集型产业向周围转移，另一方面周围地区也可以通过承接产业而获得发展机遇。在产业转移和集聚的变化过程中，中心城市的经济优势和产业水平持续提高，并向高端化、集约化方向发展，其档次和速度优于其他地区，示范和带动作用越来越突显。

现代首善的根本要求是创造性，突出体现了城市创新精神。创新精神是人类求生存、求发展所必备的心理素质，是人类改造自然、改造社会所要求的意志品质。《礼记·大学》载：“汤之盘铭曰：‘苟日新，日日新，又日新。’”我国自古就崇尚创新精神，近代以来更是把创新精神上升到救亡图存的高度。当今世界，创新精神作为人类文明的驱动力日益凸显。现代首善思想的精髓当中，最根本的就是创新，只有创新才可能永远走在前面。事实上，中心城市聚集着丰富的优势资源和创新人才，有着较为完善的创新机制，有着敢为人先的发展思路、发展理念、发展模式，形成了独具特色的城市品牌、产业品牌、文化品牌，而这种强烈的创新要求，成为了城市发展的不竭动力。

三、西城区建设首善的探索与实践

西城区作为首都的中心城区，是全市较早提出建设首善的地区之一，始终强调必须树立首善意识。从历史渊源看，西城区位于北京市中轴线以西的中心地带，曾是古蓟城、唐幽州、辽南京、金中都的核心地带以及元、明、清三朝的政治、文化中心，一直以来都是首都的核心区域，具备着建设首善的地缘优势。从功能定位看，西城区作为首都功能核心区之一，是国家政治中心的主要载体，国家最高层次对外交往活动的主要发生地，政务资源层级很高，承担着首都“四个服务”的重要职责，有着建设首善的必然要求。从产业集聚看，区域内中央资产集聚，形成了以总部经济为支撑的发展格局，构建了以金融业为核心，以高新技术、文化创意、商贸旅游为重点的现代产业体系。辖区中央级资产占总资产的87.7%，占全市央产的70%以上；第三产业增加值占GDP的比重超过9成；聚集了各类大型企业总部近200家，世界500强企业总部入驻北京44家当中有21家在西城。应该说具备了建设首善的物质基础。从社会文明看，作为北京建都860年的肇始之地，具有深厚的文化底蕴，是体现古都文化特色、推进历史文化名城保护的重要承载区。丰厚的文化孕育出新的文明与进步，西城区首批成为全国文明城区，具备了建设首善的良好环境。

多年来，西城区把建设首善贯穿到推动区域科学发展的全过程，在建设首善的思路上、方法上进行了大胆的探索，取得了四个方面的实践成果：一是坚持以功能定位主导发展方向，强化了首善的政治意识。与其他城市相比，首都有着国家决策、国家安全、宏观调控、经济核算、国际交往等诸多特殊功能，这些功能不仅重大而且层次极高。作为首都功能核心区，西城区建设首善离不开首都职能。历届区委、区政府都是着眼于首都发展的大局，在功能定位上将国家政治中心主要载体作为核心功能、主导功能，在谋划和推动发展上将服务首都作为第一职责，在发展主体上将驻区资源作为依靠力量，始终是在国家发展和首都大局中考虑西城、谋划西城、建设西城。二是坚持以资源协作统筹发展，形成了开放包容的建区理念。特殊的区位赋予西城区特殊的资源优势，树立全面的资源观和互利共赢的理念，把主动做好服务与促进区域发展有机结合起来，是这些年建设首善所形成的最大思想成果。坚持有所为、有所不为，依托可持续发展先进示范区建设、全国文明城区建设以及筹办奥运等中心工作，逐步形成了区域资源的统筹利用机制、驻区单位和全区人民共建共享机制，较好地把资源优势转化为发展优势。三是坚持以优质服务促进发展，形成了独具特色的发展模式。坚持一流标准、提供优质服务，以良好的环境吸引优质企业入驻发展，从而带动整个区域发展，是建设首善过程中始终遵循的一个重要原则，也是区域发展的路径依赖。这些年，西城区认真落实执政为民理念，大力推进城市建设，积极改善城市环境，不断完善社会保障体系，推动社会事业优质均衡发展，营造了和谐稳定的社会环境。随着城市服务水平和城市环境的提升，西城区环境吸引力和竞争力不断增强。四是坚持以改革创新推动发展，形成了率先发展的工作格局。把创新作为发展的动力源泉，以创新促进产业素质提升、服务管理提升、社会文明提升。特别是强化首创意识，充分发挥科技教育优势，培养造就创新人才，加快构建自主创新体系，积极吸纳世界创新资源和优秀成果，增强了区域发展的核心竞争力。同时，在很多领域敢于率先、勇于尝试，作为全市唯一的国家可持续发展先进示范区、首批全国文明城区，在工作上创出了经验、取得了成效，为区域再创新、再发展奠定了基础。

四、西城区建设首善面临的现实挑战

在首善建设的基本内涵下，面对首都的新形势、新变化，西城区经济社会发展进程中还存在着一些矛盾和问题。

一是转变发展方式进入攻坚阶段。近年来,西城区在推动发展方式转变上取得重大成效，现代服务业产业体系框架形成，高端产业集聚引领作用不断增强。但是，随着经济社会不断发展，空间资源制约和产业内部结构不尽合理的问题日益凸显。从空间资源看，未来金融街全部建成后，其规模也仅为伦敦金融城、曼哈顿、东京金融区等国际金融中心的1/3左右。同时，可供空间置换的资源也十分有限，一些楼宇地块和历史街区由于产权、土地功能以及改造成本等原因，短时期内难以实现有效利用。从产业内部的质量效益看，亟需在调结构、找增量上寻求突破。一是核心产业的外部性较强。金融业对地区经济拉动系数已接近6%，高于全市（3%）指标；以银行业为主体的央产金融机构资产占金融业总资产的88.6%，证券、保险和其他金融活动的效益指标所占比重呈现下降态势，交易市场和要素市场份额有限，核心产业发展受大环境影响较大、风险较高。二是内生经济受到极大挑战。商业对金银珠宝类消费依赖度接近20%，缺少新的竞争性产品，消费市场受到网购代购等新型消费的挤压，全区17家亿元商场零售额增速仅1.8%，其中8家出现了负增长；商贸旅游业发展态势自奥运之后增速缓慢，目前增加值占GDP比重在10%左右，住餐单位比例在14个街道均低于10%，与发达国家相比，服务水平差距还很大；传统服务业组织化程度不高，不适应区域发展要求的产业形态大量存在，比如全区19家小商品市场占地面积约50万平方米，年交易额在50亿元以下，不到全区社会消费品零售额的10%，单位产出不到金融业1/100，且聚集大量流动人口，增加了城市管理压力；文化创意产业规模也很有限，增加值仅占GDP的8%，低于上海、天津、广州等城市水平。

二是区域国际化发展水平较低。北京市第十一次党代会明确了首都建设中国特色世界城市的目标。世界城市作为实践首善的重要载体，既是西城区未来的愿景，也是迅速提升国际化水平的重要契机。从目前西城区的国际化发展水平来看，仍任重道远：一是发展水平差距很大。西城区GDP达到了400亿美元，但是与面积和人口相仿的曼哈顿相比，经济总量不足1/10；金融街每日外汇交易量与100亿美元的国际标准相差很大，全球金融中心指数也在北京CBD之下；人均可支配收入与世界发达国家城市相比差距很大，基尼系数却普遍高于它们。二是国际影响力还很有限。西城区没有国际组织总部，举办国际会议、大型活动次数较少；年入境游客人数不足百万，仅为巴黎、伦敦等城市中心区的1/4。三是城市服务设施配套不足。人均体育设施占有量不足发达国家城区的1/10，公共图书人均藏有量仅为发达国家水平的1/15；在全区千余家住宿单位中，星级旅馆不足10%，其中五星标准仅有4家；区内规划建设的轨道交通总里程约40公里，不足东京核心区域的1/5，金融街周边共有2条地铁线路和8条公交线路，相比之下，伦敦金融城周边地铁线路7条、公交线路50余条，功能配套差距很大。

三是区域可持续发展面临巨大压力。一是城市环境形势严峻。人均公园绿地面积仅3.29平方米，距离30平方米的世界城市一般标准还有不小的距离，雾霾天气频繁，城市污染指数超过了300微克/立方米，远远超过了雾都伦敦的125微克/立方米。二是交通状况难以缓解。我区人均道路面积仅为纽约的1/7，辖区面积与曼哈顿相当，路网数量仅是其1/4，停车泊位缺口约18万个，交通组织上缺乏人性化，通行效率低下。三是城市功能高度叠加。西城区人口密度达到3万人/平方公里，老旧平房区居民超过8万户，占总人口的1/6，这些地区大多基础设施落后，周边环境较差，安全隐患突出。同时，区域内政治、经济、文化、社会等各方面资源高度集聚、功能高度叠加，对城市承载形成了巨大压力。

四是城市功能化发展格局还没有全面形成。城市空间布局的功能化，是建设世界城市的重要标准，也是建设首善的必要途径。西城区“十二五”期间确立了“一核一带多园区”的空间布局。但是在实际运行过程中，仍然有一些难题需要破解。城市建设理念还需要进一步转变，没有完全从追求经济指标转变为追求城市发展品质，考核各个功能区建设发展水平的综合性指标体系还没有建立。产业功能区、历史文保区、中央办公区和生活服务区的主导功能还不十分清晰，发展的重点和优先次序不突出，功能区

辐射带动作用还没有完全发挥出来，城市发展的内在协调性、全局性不强。

*五是统筹区域发展的能力不够。*西城区既是建设世界城市、实践首善的先行区，又是政治功能突出的首都功能核心区，承担着发展与稳定的双重责任。按照这一要求，西城区统筹发展、服务大局的能力还有待进一步提高。一是在空间资源的统筹上，对各类产业空间资源还没有摸清底数，土地资源配置和利用效率不充分，特别是中轴线、传统水系和历史街区在城市更新改造中的基础作用还没有充分发掘出来。二是在区属与区域资源的统筹上，协调各级单位、各类行业的机制不完善，一些中央、市级文化社会资源还不能为我所用，区域公共服务资源外向型较强，难以满足辖区居民日益增长的需要。三是在发展与服务的统筹上，在规划、政策、方式等层面还没有完全形成经济社会各项事业统筹发展的机制，产业发展与社会效益结合不够紧密，科技创新引领、推动社会发展的作用还不够突出。四是在部门之间的工作统筹上，联动配合的体制机制还不够健全，临时配合多、长效协作少。

五、西城区建设首善的工作思路和原则

西城区建设首善的总体思路是：以邓小平理论、“三个代表”重要思想和科学发展观为指导，以建设“活力、魅力、和谐”新西城为目标，以实施“服务立区、金融强区、文化兴区”发展战略为主线，以科学规划布局、提升服务业水平、培育发展新优势、完善城市功能为重点，着力打造首善精神，探索首善路径，践行首善事业，努力构建人民认可、社会认同的首善之区。

（一）建设首善的目标体系

首善不是终极目标，而是对目标的不懈追求。建设首善是一个不断发展的过程，体现了某一发展阶段的最高水平。首善的定性描述可以是经济繁荣、政治清明、文化先进、环境优美、生态宜居、服务完善、社会和谐，而具体的标准应当随着经济发展和社会进步不断向上更迭。当前，西城区建设首善最迫切、最现实的目标是在更高水平上实现区域功能定位，把西城区建设得更具活力、更有魅力、更加和谐。

——把西城区建设得更具活力。激发城市发展的内在动力，使经济、社会、文化竞相迸发创新活力。激发出市场活力，利用好高端资源优势，不断提升区域发展的核心竞争力，金融主导产业核心优势更加凸显，以现代服务业为主体的产业体系进一步完善。激发出创新活力，各领域改革深入推进，基本形成有利于科学发展的体制机制。利用好高端研发和文化资源，依托科技、设计和文化创意产业优势，促进科技创新与文化创新“双轮驱动”。激发出社会建设活力，依托良好的教育、医疗等资源优势，提高社会发展的质量和水平。大力培育社会组织，支持鼓励多元主体参与社会服务。

——把西城区建设得更有魅力。建设具有首善形象，宜居、宜业、宜商、宜游的世界城市中心区。让城市形象更有魅力，始终把城市环境治理放在重要位置，以良好的城市环境提升首都对外形象。让城市品牌更有魅力，打造一批代表西城区高端资源的品牌区域、品牌项目和品牌工程，不断增强地区吸引力，吸引高端资源落户，鼓励居民参与西城建设。让城市气质更有魅力，在产业密集区体现现代化建设的精美，体现服务设施的周到和完备，使公共文化服务体系更加完善，社会风尚积极健康，地区精神不断凝聚，文明程度显著提升，社会充满人文关爱。

——把西城区建设得更加和谐。建立人口资源环境协调、各项事业有机统一、社会成员团结和睦的发展格局。追求人与社会的和谐，着力解决好城市贫困人口和平房区居民的就业和生活问题，通过政府引导、社会协同、公众参与和社会保障体系等多元举措，建立起区域发展与居民生活水平提高的关联机制，创造条件逐步治理和解决旧城区发展中的历史遗留问题和瓶颈问题，完善人民调解、行政调解和司法调解联动工作体系，努力化解社会矛盾，维护社会安宁。追求人与人的和谐，大力弘扬社会文明和公共道德，不断提高居民的文明意识和道德素养。追求人与自然的和谐，坚持节约优先、保护优先和自然恢复为主的方针，大力发展绿色产业，逐步治理城区水系及其周围业态，有序推进旧城人口疏解，基本建成资源节约型和环境友好型社会。

（二）建设首善的工作原则

1.树立首善观念

首善的发展是全局的发展、融合的发展，首善地区的发展直接体现了国家发展改革的最新成果和最高精神。要树立首善的科学发展观。摒弃故步自封、独立发展的陈旧观念，切实把西城区的发展寓于国家和首都发展的全局战略中；摒弃政绩旧习、盲目发展，切实把地区发展的眼光放得更加长远，为未来预留更多余地。要增强首善的政治意识。不断提升政治敏感度，认真贯彻落实党和国家的各项方针政策，摒弃一切形式主义的思想观念；积极顺应社会潮流，引导社会舆论，加大宣传力度，营造民主轻松、政治清明的社会氛围，多措并举守住思想阵线。要强调首善的核心责任。首善之区的第一标准就是地区的和谐稳定，和谐稳定的最大基础就是地区居民的安居乐业，所以首善的核心责任就是要坚持以人为本，坚持一切服务于民、一切发展成果用之于民的核心理念不动摇，不利于民生的事不做，把发展的思想基础切实落在促进人的全面发展上，努力改善辖区居民的生活质量。要强化首善的善治思想。善治就是使公共利益最大化的社会管理过程。善治的本质特征就在于它是政府与公民对公共生活的合作管理，是政治国家与公民社会的一种新颖关系，是两者的最佳状态。要针对公共事务和公共生活创立与居民的沟通协商机制、居民参政议政机制和居民的监督机制，保证公共权力在阳光下运行，以善治思想提高执政能力和水平。

2.坚持功能主导

西城区作为首都功能核心区，必需长期坚持国家政治中心主要载体的功能定位。这一定位是西城区的核心功能和区域本质特征，体现了西城区的地位和价值，也确定了西城区宏观战略的主导方向。西城区的发展不论在什么时

期，都不能脱离这一主导方向。一方面，要保持发展战略的连续性和稳定性。发展战略包含一定时期区域发展的核心思想、政策体系和行动指南，是区域发展必须遵循的基本纲领。保持战略的连续性和稳定性，有利于实现区域在稳定格局条件下的不断积累和完善，从而避免不当建设和重复投资；有利于更加清晰地把握区域发展脉络和主要矛盾，更好地研究和解决问题；有利于形成区域发展的共识和政策认同，从而保持各项政策有序推进和不断完善。另一方面，要保持发展战略的时代性和创新性。发展战略在不同历史阶段要结合时代特征和实际情况进行调整。当区域发展的主要任务比较清晰，发展战略就有了基准和具体考量对象，就可以根据国家政治中心和国家机关运行要求，进行调整和补充，例如进一步完善基础设施和服务设施，提高城市承载能力；进一步调整服务内容和服务方式，以适合首都需要；进一步调整空间布局和安排必要的国家建设项目，从而改善国家机关的运行效率等。

3.加强资源统筹

面对这样一个国家政治中心区、首都功能核心区、传统历史文化区三位一体的重要区域，最重要的就是统筹好各类资源，最大限度调动各方力量为我所用，共促西城发展。一是加强存量统筹。进一步拓宽产业空间资源，空间拓展与资源置换并举，充分挖掘空间利用率。统筹区域内所有经济、社会和文化资源，完善重点地区、重点领域的统计指标体系，摸清底数、强化宏观控制，形成各类资源联动利用、统筹发展的格局。二是加强机制统筹。在机制建设上不能停在原点，而是应不断深化、整合推进。进一步深化功能区、重大项目建设促进机制，在区级层面探索建立功能区建设的统筹管理机制。探索深化地区发展机制，协调好驻区各级单位、各类行业的关系，继续推进地区单位合作共建各项机制。完善政策机制，健全产业政策体系，完善政策资金链条，强化产业细分，将吸引单个企业转变为促进生产要素集聚。三是加强决策统筹。进一步广泛征求人大、政协意见，充分发挥专家顾问团的作用，适当吸纳社会民意，逐步形成科学民主的决策格局。梳理、整合各类规划，将有效规划落实到地，形成大规划带小规划、不同类别规划互为配套的网状格局，避免重复规划、盲目规划，撤销无效规划，把传统风貌保护与现代产业发展作为规划思路的两极，推动空间布局由产业主导向城市功能主导转变。

4.善于有所作为

区委、区政府作为地方党委和政府，在促进区域发展上起着关键性作用，在行使职权中既不能失位，又不能越位，既要胆大，抓好先行先试的有利契机，又要善于作为，做好服务区域发展这篇大文章。一是抓住历史机遇加快发展。在推进金融街整体规划的基础上，抢抓机遇，明确金融街的国家定位，进一步发挥其在首都经济圈中的支撑作用，努力创建中国特色世界城市的金融区。努力抓住中关村先行先试契机，形成首都独一无二的经济和产业活力地区。二是做好有利民生的事业。着力保障好地区民生，地区政策、地区资源在服务首都、服务全国的基础上更多地惠及辖区居民，先行先试民生保障措施，改善居民基本生活。三是寓管理于服务之中。更加注重生产要素的培养，进一步解放市场机制，减少政府在初次分配领域中的权重，改变过去管得过多、揽的太大的政府形象，把经济裁量权逐步交回市场。四是创造城市美好生活。围绕人的需求完善城市功能，把城市精细化建设管理体现到方方面面，让人们生活的有幸福感和归属感，让城市更好地体现人文关怀。处理好城市中各种要素资源和社会活动的关系，利用好城市中心区的开放优势，依靠城市的精细化管理、精细化发展来缓解城市的矛盾和问题，走集约发展、全面发展之路。

六、西城区建设首善的重点任务

着眼于更加长远的一个时期，我们提出关键性、长远性问题的解决方案，即打造两大板块的空间格局、构建两个基础性产业体系、激发两大领域的建设活力、完善两个方面的城市功能，努力实现城市的功能化、精细化发展。

（一）打造两大板块空间格局，实现功能化发展

西城区作为多功能混合的中心城区，在空间上有许多刚性约束，例如文保区被划定了不可逾越的发展红线，中央单位长期存在于区域的固定空间，一些河湖道路的自然划界等，这就决定了不同功能区域发展的有界性。另外，由于经济自身存在竞争优势的差异，而城市需要多样化的产业类别，这就决定了不同性质的产业需要在不同区域发展。而不同功能区有不同的条件和发展目标，需要遵循不同的发展模式和规律。因此，必须将这些复杂的空间问题综合考虑，形成具有战略意义的空间布局，并保持长期的稳定性。

第一，进一步完善空间布局。结合首善研究思路，参考以往研究成果，本课题提出两大区块、五个功能区的模式思路。两大区块以新街口至开阳桥为边界，划分成东西两部分，东边为历史文化名城保护区，西边为现代化国际化发展区。

——现代化国际化发展区。这一区域以西二环线为轴心，以金融街为中心地带，形成西城区现代化国际化集中发展的地区。以经济型功能区的形式，重点发展以金融、科技、文化创意产业、现代商业为主的现代服务业，成为西城区经济发展的重点地带。其中包括：北京金融街，在现有金融街核心区基础上，向四周拓展一定区域，形成较大规模的功能区。主要承载国家金融管理中心、国有商业银行及企业总部和其他金融机构及相关机构。德胜科技园，以德胜科技园东西区为主，尤其是通过对西区的产业调整和改造，形成以科技研发、文化创意、金融服务、高端交易为主的产业聚集，打造现代化的科技园区。广安产业园，以两广路为轴心，整合现有的广安产业园、马连道茶业街等经济资源，通过不断连片聚集和开发，逐渐发展成为以文化创意产业、科技研发、现代金融和特色商业为主的产业聚集区。

——历史文化名城保护区。集中于北京中轴线西侧，以传统文化功能区的形式，重点进行传统风貌保护和适度

开发，将这一地区打造成为西城区亮丽的文化品牌。包括：什刹海历史风貌保护区，以什刹海水系及周边地带和北海、皇城保护区、中央办公区为主，重点实施历史风貌保护，适度发展什刹海旅游、休闲功能，建设必要的基础设施和生活服务设施，还原老北京四合院生活形态，逐步恢复什刹海的生态功能，净化水系和构建绿色空间。宣南文化旅游区，以大栅栏、琉璃厂、天桥为主，重点发展传统特色商业、旅游业、文化创意产业、演艺业和配套服务业，以现代文明激活传统文化魅力，强壮老北京传统文化根基。重点完善基础设施、公共服务设施和旅游设施，美化环境，提高品牌知名度和美誉度。

第二，坚持功能化发展之路。功能化发展是实现土地空间资源集约高效利用的有效途径。坚持功能化发展就要更加注重空间的整体性和完整性，追求整体目标之下的结果最优，加强不同区域之间的分工与统一，引导高端、内涵式发展，增强区域发展的核心竞争力。要按照首都功能核心区的发展要求，推动优势资源和发展要素的适度聚集，在依托资源禀赋和传统优势的同时，更加积极地培育核心竞争优势，明确功能目标，完善促进机制，重视集聚成果，优化空间布局，实现区域的功能化发展。经济型功能区要大力发展高端产业，完善产业规划和服务配套，严格执行产业政策。文化功能区要以传统文化保护和发掘为主要任务，注重环境和各项基础设施、服务设施建设，恢复老北京的生活形态和商业形态，建立与之相适应的市场机制和服务条件，适度发展文化类型的产业。规模化居住区要重点发展服务居民生活的服务业，加强基础设施和服务设施建设，美化环境。规模化公共服务区包括机关办公区、大型医院和学校等，要从功能区和居住区中划分出来，突出环境治理和服务保障，重点研究制定人流车流疏导方案和相关配套服务的布局。

（二）构建两大基础性产业体系，全面提升产业素质

按照首都经济发展方向和要求，西城区在产业发展上要坚持内涵式发展，突出两手抓，大力推动生产性服务业和生活性服务业两大产业体系建设，提升产业的整体发展水平。

第一，扩大生产性服务业优势。西城区以金融业为代表的生产性服务业占据绝对优势，2012 年金融业占 GDP 比重在 40%左右，是当之无愧的主导产业。因此，要继续保持金融业良好的发展势头，通过丰富金融产业结构和完善产业链条，通过金融街拓展和产业政策创新，提高金融市场的活跃度，努力实现具有国际影响力金融中心的战略定位。要进一步探索科技金融和文化金融的发展道路，提供更多的政策支持和资金支持，依托金融优势，促进科技和文化创意产业高端化发展，提高产业附加值和单位面积产出效益，向空间要效益。要进一步重视会展业、信息服务业和中介咨询业等主导和支柱产业的配套产业，充分发挥其“粘结剂”和“组织者”的作用。

第二，提升生活性服务业质量。生活性服务业直接影响着人民群众的衣食住行，关乎稳增长、扩内需、促就业、惠民生的大局，在首都发展中占有非常重要的地位。因此，大力发展生活性服务业是西城区当前建设首善面临的重大任务。要积极扶植、因势利导，转变传统服务业的经营观念和运行模式，依托传统服务行业的优化提升，提高产业能级，树立城市的良好形象，满足居民生活需求。加大传统服务行业的组织化程度，植入现代管理理念，实现连锁化、标准化、规范化发展。进一步发展商贸和旅游业，重点改善商贸业聚集区的规模化水平和环境基础条件，加强商业网点的布局和产业组织化程度，加强旅游服务设施的建设和旅游环境的建设，打造一批“文商旅”结合示范点。

（三）激发两大领域建设活力，培育发展的新优势

首善的一个重要理念是能够居安思危，充分认知发展的优势和不足。西城区要始终保持领先优势，在做大做强经济实力同时，必须更加注重文化、社会等领域建设，努力提升区域综合实力。

第一，激发文化建设活力。时代的发展呼唤着文化的日新月异，实践的深入推动着文化的不断创新。保持首善文化的与时俱进，首先要破除一切妨碍文化科学发展的思想观念和体制机制弊端，形成有利于创新创造的文化发展环境。其次要主动适应时代变化和人民精神文化生活的新需求，支持文化的创新举措、肯定文化的创新成果，使文化活力得到最大绽放。西城区要突出文化与金融、科技等产业的深度融合，逐步推进文化创意产业集聚区的建设，积极培育“叫得响”的文化品牌，扩大并广泛参与文化领域的国际交往，从而增强首善文化的表现力、吸引力和感染力，提升区域整体实力和竞争力。

第二，激发社会建设活力。西城区拥有丰富的社会资源，教育、医疗等社会事业，养老、就业等基本社会保障在全市乃至全国长期处于领先地位。按照“五位一体”总体布局推动区域全面协调可持续发展，离不开社会建设的支撑与保障。要善于发挥和利用资源优势，最大限度地激发社会建设的创造活力，着重建立健全既充满活力又管理有序的社会建设体制机制，丰富社会服务管理的方式方法，进一步鼓励、支持多元主体参与，最终使社会建设的成果成为促进区域发展的又一个重要软实力。

（四）完善两个方面的城市功能，打造高品质城市环境

首善建设直接体现在城市建设发展当中。西城区是资源高度聚集、功能高度叠加的区域，城市建设事关人民福祉、事关长远大计，城市发展水平直接影响着首都功能核心区的可持续发展。推动城市现代化建设，应该坚持生态文明引领，紧紧围绕“城市形象功能”和“城市服务功能”两个方面推进。

第一，建设优美城市环境，提升城市形象功能。重点探索建立城市中心区绿色指标体系。生态城市核心区指标体系包括人口平均寿命、绿地建设、交通死亡率、能源消耗、资源保护这些指标，是综合考量地区可持续发展能力的重要依据。在北京这样一个国际化都市，建设首善需要着重考虑适合区域实际情况的绿色指标体系。要尽快实施编制生态环境建设全域规划，研究“一核一带多园区”等重点地区环境建设规划。从调整规划入手，将功能区以外

的一些产业项目调整为环境项目，打造生态空间，把绿色发展与完善城市功能、提升环境形象、改善居民生活结合起来，让功能区、生活区、中央办公区等各种地区功能相得益彰，使城市形象更好地体现首善建设成果。

第二，加强精细化管理，提升城市服务功能。城市服务功能是城市发展水平的一个重要标志。加快城市现代化建设，重点要围绕城市服务功能，关键要依靠城市精细化管理。规划上要更加体现城市功能人性化、国际化、现代化的要求。管理上要更加精细、科学合理，“以小见大”，通过细节体现管理水平，解决瓶颈问题。建设上要更加体现超前性和系统性，善于整合各方面的资源，努力构建科学的系统化城市服务功能体系。

关于服务金融发展与金融服务发展的实践与思考

西城区人民政府区长 王少峰

金融是现代经济的核心，也是一个城市竞争力的重要标志。当前，北京市正在加快向建设中国特色世界城市的目标迈进，对金融发展提出了新的要求，也带来了难得的机遇。西城区作为首都功能核心区，经过多年发展，金融业已成为支柱产业，金融街品牌效应日益突出，在首都建设发展中扮演着重要角色。作为地方政府，如何在服务好金融发展的同时，充分利用金融资源优势，更好地服务区域经济社会发展，是摆在我们面前的一项重要任务。

一、问题的提出

作为地方政府，如果说过去我们更多考虑的是如何服务好金融发展的问题，那么在当前新的形势下，需要更多地关注金融服务发展的问题，找到两者的结合点，平衡政府、企业与社会的需求，努力实现金融发展与区域发展的双赢。

（一）应对国际金融危机。2008年爆发的金融危机实质上是由于实体经济与虚拟经济发展的严重失衡而引发的。这场危机对于中国而言既是风险挑战也是发展机遇，我国金融业一方面强调防止金融过度虚拟化，要求金融回归服务实体经济的本位；另一方面也在加快人民币国际化进程，逐步提升中国在国际货币体系和世界经济秩序中的地位。不论从哪一方面讲，都需要金融业持续提高融通配置资源的广度和深度，在服务地方经济社会发展中发挥更大作用。西城区作为金融资本密集区域，既要为金融机构提供好的服务，也要善于引导金融资源促进区域各项事业发展。

（二）建设中国特色世界城市。北京市第十一次党代会提出建设中国特色世界城市，从世界城市发展规律来看，金融的高度发展不可或缺。京津冀战略合作和首都经济圈发展规划编制，对加快金融创新提供了难得的机遇和空间。另外，随着国家金融体制改革的不断深化，北京与香港、上海、深圳等城市在金融领域的合作将更加密切，错位竞争、互补发展的格局更加明晰。西城区作为国家金融中心所在地，如何把金融优势与产业发展、城市功能完善、民生改善有机结合起来，为中国特色世界城市建设和国家金融战略服好务，是当前需要考虑的重大问题。

（三）推进“金融强区”。“金融强区”是西城区“十二五”发展战略的重要组成部分，主要包涵两层意思：一是要以金融街为载体，做大做强金融业，增强对区域经济的支撑作用；二是要依托丰富的金融资源优势，促进金融与科技、文化等领域的对接，延伸金融服务半径，拉动区域经济社会全面协调发展。因此，落实好这一战略，绝不仅仅是简单地服务金融发展，更要研究利用金融资源促进区域发展的有效路径，能不能在这方面有所突破，是对政府工作的新考验。

（四）实现金融街新发展。从区域发展规律来看，当一个产业形成一定规模，往往会产生溢出效应。可以说，经过20年的建设和发展，金融街从以基础建设、产业聚集为主的阶段进入完善功能、提升品质的新阶段。金融产业的规模聚集使金融的辐射带动能力大幅提升，金融企业也有参与区域发展的强烈需求。在这种情况下，需要政府调整工作重心，在服务好金融发展的同时，把引导金融服务区域发展摆在突出位置。

二、工作现状

多年来，西城区坚持把金融街作为服务金融发展和金融服务发展的重要载体，围绕金融街建设做好服务工作，推动金融街发展壮大，在区域发展中发挥了重要作用。

（一）金融街建设为金融服务发展奠定了基础

一是金融街成为服务首都经济发展的重要力量。金融街聚集各类金融机构1200多家，金融机构管理的资产总规模62.4万亿元，占全国金融机构资产规模的比例接近一半，成为集决策监管、资产管理、支付结算、信息交流、标准制订为一体的国家金融管理中心。对首都经济的拉动作用突出，金融街2012年实现利润2277.7亿元；实现三级税收2484.8亿元，占全市三级税收的31%；2012年前三季度，对全市六大高端产业功能区利润和税金增长的贡献率达到82.7%和73.2%。

二是金融街成为提升首都国际影响力的重要平台。国际高端要素加快聚集，现有外资金融机构100多家，全球财富500强企业总部18家，海外留学归国人员占金融从业人员比例达到9.2%。驻区金融机构“走出去”步伐加快，目前区域银行机构的海外金融资产已超2000亿美元。国际交流合作不断深化，先后与英国贸易投资总署、德国黑森州经济交通和地区发展部签署战略合作协议；与伦敦金融城、芝加哥交易所集团等机构保持密切联系；与港、沪、深交易所也建立了合作关系。

三是金融街建设有力带动了首都中心城区功能优化。通过危改拆迁、人口疏解等方式，金融街由原来危房率高达78%的老旧城区成为现代化的金融聚集区，居民居住条件得到极大改善。金融街相继荣获“2008年度ULI（美国城市土地协会）全球卓越大奖”、建设部颁发的“中国人居环境范例奖”，被联合国评为“国际安全社区”。目前核心区建成600多万平米的国际化、高端化、智能化办公楼宇，拥有比较完善的市政配套设施和公共服务设施。

（二）政府在服务金融发展方面积累了经验

一是形成了政府主导、市场运作的整体定向开发模式。政府研究确定金融街建设与发展的整体规划，先后出台了《关于加快建设金融街的意见》《关于促进金融产业发展的意见》等文件，统筹考虑产业发展、名城保护、功能配套和民生改善；建立完善管理机制，制定产业促进政策，主导建设与发展方向。金融街投资（集团）有限公司作为建设主体，承担金融街区域整体开发建设，结合企业需求确定开发方向，形成了独具特色的金融地产发展模式。

二是建立了“政府+协会+企业”的服务工作格局。在直接服务金融街建设和发展方面，政府、协会和企业共同参与，建立了分工负责、协调联动的工作机制。其中，金融办作为行业主管部门，主要负责金融产业促进、政策落实和宣传推介。金融街建设指挥部作为新组建的政府统筹协调机构，统筹推进金融街规划、建设。金融街街道承担街区日常城市管理、公共服务等职能。金融街投资（集团）有限公司承担区域整体开发建设任务，金融街商会负责促进金融街区域各机构之间的合作与交流。

三是搭建了需求导向、高效便捷的服务平台。在促进交流方面，举办金融街论坛、中国资本市场论坛、金融学术研讨会等活动，积极参与北京金博会、京港洽谈会，有效扩大了金融街知名度和影响力。在人才服务方面，成立北京海外学人中心金融街分中心，研究人才引进和服务政策，协调解决人才落户等问题；组建北京金融街人力资源协会，搭建沟通服务平台，推进世界高端金融人才集聚区建设。在公共服务方面，开通金融街公交专线，启动街区导引系统等公共设施改造，设立金融街绿色医疗平台、金融街出入境分中心，与法院建立了诉调对接机制，完善法律服务体系，提供公证等特色服务。

（三）存在的问题和不足

与国际金融中心相比，西城区在金融发展和服务金融方面还存在不小差距，突出表现在以下方面：

一是产业集聚水平仍显不足。从总量来看，伦敦金融城管理着44%的全球金融资产，世界500强企业中有75%都在此设立分公司；2010年，伦敦金融城的增加值占英国GDP比重约为4%，上海市金融业增加值占全国GDP比重为0.5%，金融街金融业增加值占全国GDP比重仅为0.2%。从结构来看，金融街新兴金融发展相对薄弱，据西城区第二次全国经济普查数据显示，除银行、保险、证券外，其他金融机构只占总数的25%；金融市场发育不足，金融业务和资产主要集中于存贷款市场，债券、保险、票据、租赁、期货等市场规模都较小；金融配套服务体系不够完善，缺乏国际知名的中介服务机构，各类中介商务服务企业整合不足。无论是规模还是结构，金融街均有很大发展空间。

二是综合承载能力有待增强。由于受容积率、限高等因素制约，金融街楼宇面积约为600万平方米，尚不到伦敦和纽约金融中心区建筑面积的一半。近年来商务楼宇出租率接近饱和，尚有几十家企业轮候入驻，有限的发展空间与企业入驻需求之间的矛盾十分突出。参照国际金融中心的平均水平，各类功能性建筑面积的比例一般是写字楼占50%，住宅、商业、交通绿地等配套占50%。而金融街写字楼就占到75%，配套设施仅占25%，在餐饮、酒店、住宅、娱乐、休闲等商务服务方面，与国际金融中心仍有较大差距。金融街的交通组织不够完善，地下交通枢纽尚未完全发挥作用，交通压力问题还需要从规划层面进行优化。另外，金融街产业用地与公共服务设施用地矛盾比较突出，教育、医疗等方面的优质资源供应相对不足，也缺乏国际化的教育和医疗机构，难以满足金融机构高管和工作人员对高端服务的需求。

三是服务环境还需要进一步优化。从人才环境来看，尽管金融街金融人才缺口较大，特别是高端金融人才比较匮乏，但在金融人才引进、人才落户方面受政策限制，手续办理周期长；激励机制不够完善，高层次人才的专项培训缺乏系统性和常态化，对高端金融人才缺乏吸引力。从政策环境来看，现有政策优惠力度不够，达不到国内其他金融集聚区的水平，金融街对外资机构的吸引力，不如上海和深圳；对新兴金融机构的吸引力，不如天津滨海新区，与本市其他区县竞争的压力也越来越大。从法律服务环境来看，现有的法律服务与金融业发展速度还不相适应，特别是一些金融创新产品引发的诉讼矛盾没有合适的法律条文可依，需要提供更加专业化、规模化的金融法律服务。从区域软实力培育来看，对金融文化的挖掘和培育不够，缺乏高规格国际化的交流平台，在提升金融街品牌影响力上还需要下功夫。

四是金融服务区域发展的路径还不够多。作为区域经济的主导产业，金融业虽然在三级税收方面贡献很大，但在服务经济社会发展方面，其资源优势挖掘和利用得还不够充分。在中小企业融资方面，“融资难”问题尚未很好地解决。在文化创新和科技创新方面，金融与文化、科技融合不够，缺乏有效的服务手段。尽管与北京控股集团有限公司共同发起设立101亿元的会馆保护发展基金，与工银国际控股签订100亿元金融文化产业基金支持天桥演艺区建设，但在具体的项目对接、合作方式等方面还缺乏清晰的路径。在社会民生改善方面，由于缺乏有效的政策引导和业务设计，金融产品在民生领域的应用还比较单一。从与地方的互动来看，金融机构与地方政府之间的交流主要集中在服务保障方面，业务交流和发展合作相对较少，有待进一步深化。

三、服务金融发展与金融服务发展的内涵和要求

（一）把握服务金融发展的内涵

从西城区来看，服务金融发展不仅是政府促进区域经济发展的重要职责，也是落实好“四个服务”要求的应有之义。随着金融街建设的深入推进，随着金融改革创新步伐的逐步加快，作为地方政府，需要进一步创新服务理念，拓宽服务视野，提高服务金融发展的主动性和针对性。

既要重视金融机构的服务需求，也要重视其发展需求。从目前来看，金融机构的需求大致体现在两个方面：一个是工作环境方面的需求，主要是希望地方政府进一步完善基础设施、商务配套和公共服务，以便降低工作运行成本；另一个是基于自身业务拓展和延伸方面的需求，主要是希望政府能够提供发展空间，搭建发展平台，在高端金融人才引进上给予政策支持。由于受空间、职能权限等因素的制约，长期以来地方政府更多地致力于为金融机构工作营造良好环境。随着当前区域间金融竞争的日益激烈，政府在做好基本服务的同时，需要更多地关注金融街大型机构的拆分业务板块，做好全过程跟踪服务，力促其落户金融街。

既要重视硬件建设，也要重视软实力培育。不管是从国际金融中心的发展经验来看，还是从金融机构自身的选择来看，良好的硬件环境固然不可或缺，但软环境建设更为重要。要在提升服务质量上下功夫，整合行政服务、公共服务、社会服务、文化服务资源，完善多元化的服务体系，既着眼于满足金融机构的基本服务需求，也提供一些个性化、高层次的服务。要在挖掘区域文化内涵上下功夫，把历史文化元素与金融街建设有机结合起来，培育开放包容、具有区域特色的金融文化。要在打造金融街品牌上下功夫，加强宣传推介，扩大国际交流，不断提高金融街的知名度与影响力。

既要重视增量引进，也要重视服务好存量资源。目前，金融街进入新一轮建设和发展的关键时期，在市委、市政府的支持下，正在按照“一核心四街区两配套”的布局加快推进拓展建设。在这个阶段，要处理好重点项目建设与日常服务的关系，处理好服务增量与服务存量的关系。始终把存量资源作为区域发展的坚实基础，坚持不懈地做好常态化、精细化服务，发挥好存量资源的作用。配合金融街拓展建设，同步做好重大项目入驻的协调服务工作，按照规划和产业定位，提高招商选资水平，使引进的增量与现有存量形成互补，进一步优化金融产业结构，完善金融街整体功能。

既要重视发挥政府作用，也要重视发挥市场与社会作用。金融改革发展的不断深入，对政府服务提出新的要求，需要政府进一步打破传统思维、转变职能，做到到位而不越位。一方面，要处理好政府与市场的关系，履行好政府服务职能和市场监管职能，既要利用好行政手段，同时也要更多地利用经济手段、法律手段来研究推动金融发展，发挥市场机制作用，促进金融与区域资源的对接。另一方面，要处理好政府与社会的关系，发挥好行业协会、中介组织、社会组织等社会力量的优势，通过政策引导、购买公共服务等方式，充分调动社会资源参与，形成服务金融发展的合力。

（二）把握金融服务发展的内涵

推动金融服务区域发展是西城区深入贯彻落实科学发展观、加快转变经济发展方式的重要抓手。在今后一个时期，我们要以提升区域整体发展水平为出发点，发挥好金融产业的辐射带动作用，鼓励、支持和引导金融机构创新金融服务，参与区域建设发展，参与社会民生改善，努力把西城区打造成“金融服务发展示范区”，成为“北京服务”的重要支撑。

更好地支持实体经济。做好实体经济多元融资的拓展者，积极开展与各类金融机构对接合作，完善信息沟通交流平台和“政金企”沟通交流机制，拓展融资渠道，扶持非公经济和中小企业发展。做好实体经济上市服务的辅导者，打造上市公司全产业链，出台上市促进政策，为企业上市提供政策协调服务。做好实体经济转型发展的推动者，搭建金融资本与文化、科技资源的对接平台，引导股权投资基金、创业投资基金加大对文创、科技企业支持力度。

更好地服务社会民生。保障和改善民生是金融支持区域发展的新领域，要创新金融服务模式，助推社会民生持续改善。一方面加快推动新型支付手段、支付模式发展，鼓励金融机构设计更多面向居民群众的金融产品，提供更加优质便捷的金融服务。另一方面要发挥保险功能，探索政府依托商业保险提供公共服务的路径，大力发展安全生产责任险、旅游安全责任险、校方责任险等保险产品和服务，逐步扩大保险对公共安全领域的覆盖范围。同时，要加大对民生工程的融资支持力度，积极推进保障性住房建设。

更好地提升城市品质。推动金融服务城市功能完善和功能区发展，发挥好投融资平台对城市建设项目的支持作用，满足人口疏解与重点功能区建设等项目的资金需求。推动金融服务历史文化名城保护，探索以金融方式破解产权流转、发展收益、项目协调推进等瓶颈问题的有效模式。推动金融服务城市品牌发展，通过举办高层次国际论坛和会展、加强与国际知名金融中心的交流合作，进一步扩大区域知名度和影响力。

（三）处理好服务金融发展与金融服务发展关系

服务金融发展和金融服务发展是一个问题的两个方面，两者相互促进、密不可分，同属于金融发展的范畴。服务好金融发展是促进金融服务区域发展的重要基础，反过来，引导金融服务区域发展，则需要政府进一步提高服务的主动性、针对性、专业性。在处理两者关系方面，需要把握以下几点要求。

坚持两个原则：即，服务国家金融战略与服务首都世界城市发展。所谓服务国家金融战略，就是要增强大局意识，在现有的功能定位下，抢抓机遇、顺势而为，发挥好金融街在国家金融改革发展中的作用。所谓服务首都世界

城市发展，就是要从首都发展全局出发，发挥好金融在提升城市国际化水平方面的重要作用，为首都建设中国特色世界城市提供有力支撑。

遵循两个规律：即，金融发展规律与首都功能核心区发展规律。金融街从产业定位来讲，是金融高度聚集的区域；从区域定位来看，是城市功能的综合体。因此，在推进金融街建设上，一方面，要遵循金融发展规律，发挥市场配置资源的作用，促进金融机构和金融产业的合理聚集。另一方面，要遵循首都功能核心区发展规律，坚持内涵式发展模式，增强投资强度和密度，提高资源利用效率。

强化四个理念：即高端化、融合化、区域化、国际化。高端化，即坚持高端引领，加快高端要素集聚，进一步巩固总部金融优势，强化金融街的国家金融中心功能。融合化，即把握金融与实体经济融合发展的趋势，引导金融向区域产业发展、城市建设、文化发展、民生保障等领域延伸，提供金融服务水平。区域化，即站在全局的角度，以更加开放的视野做好各级各类金融机构的服务工作。国际化，即按照建设世界城市的要求，瞄准国际一流标准，提高金融街建设的国际水平。

四、服务金融发展与金融服务发展的对策建议

（一）围绕建设国家金融中心，不断提升金融发展水平

继续巩固好金融街总部优势，加快建设多元化金融机构体系、多层次金融市场体系和全方位服务支持体系，进一步确立金融街在人民币资金配置、资产交易、清算和定价等方面的中心地位。

一是巩固和扩大金融街总部优势。研究制定利于金融机构发展的优惠政策，加大落实力度，吸引金融机构落户金融街。积极主动为“一行三会”等国家金融决策监管机构和全国性金融行业服务组织做好服务，全力支持其信用环境、金融立法、行业标准、支付体系等金融硬件设施和制度安排建设，以服务赢得发展机遇。大力支持央行金融基础设施建设，巩固金融街的行业领导地位。抓住中央继续深化金融体制改革机遇，密切关注金融机构综合化经营，大型金融机构、企业集团新设金融分支机构的发展动向，做好招商引资和服务工作。

二是完善金融产业链条。大力发展新兴金融，积极吸引各类投资基金等新型金融机构，抢占新兴金融和特色金融发展先机。建立健全要素市场体系，充分发挥全国中小企业股份转让系统的优势，促进区域企业发展壮大。完善金融中介市场，大力吸引具有国际知名度的市场中介机构，努力使金融中介机构的数量、服务水平与国际接轨。稳步发展会计师事务所、律师事务所、仲裁公证、信息咨询、资信评级等生产性服务业，为总部金融提供配套服务。

三是提升金融街国际化水平。深化与国际知名金融中心的交流合作，特别是紧贴人民币国际化进程，加强与香港等人民币离岸交易中心的沟通交往，推动金融管理中心和离岸交易中心在地方政府层面的务实合作，不断提升金融街国际影响力。打造金融信息权威发布平台，加快设立金融街指数，增强金融街的话语权和影响力。在金融街探索建立国际化发展实验区，设置国际化标识系统和服务标准，设立国际化的公共服务平台，为金融街开展国际化业务提供方便。

（二）积极推动金融创新，促进金融与区域经济社会融合发展

依托金融街资源聚集优势，积极搭建服务平台，促进金融与文化、科技和民生的有效对接，为区域经济社会发展注入新的活力。

一是着力打造国家文化金融创新中心。建设国家文化金融创新中心是北京市第十一次党代会提出的工作任务，西城区既有丰富的文化资源，也有独特的金融优势，具有发展文化金融的良好基础。正确把握文化创意产业与金融产业融合发展趋势，依托区内原有的北京文化金融服务中心，与市文资办联合打造国家文化金融创新中心。大力发展文化金融业，以企业为主体，以市场为导向，以政府和中介机构服务为辅助，畅通金融企业与文化创意企业信息沟通、信用识别、合作交流机制，通过政策引导、资金扶持、风险补贴，促进多元文化金融机构蓬勃发展。规划建设文化金融集聚区，在金融街及周边地区确定合适区域，借助金融街的产业集聚优势，引导文化金融业集聚发展。推动国家文化金融创新中心成为金融街国家金融中心的重要组成部分，不断丰富金融街业态结构，提升集聚、服务和辐射功能。

二是着力服务国家科技金融创新中心。抓住中关村国家自主创新示范区加快建设科技金融创新中心的契机，发挥金融优势，助力科技金融的创新发展。依托金融街机构体系健全的优势，引导和整合创业投资、担保、银行、保险等产业链各个部分，探索设立产业联盟，为科技企业提供知识产权的孵化、经营、转让、许可等金融服务。充分发挥区内全国中小企业股份转让系统和北京金融资产交易所的作用，引导科技企业与资本市场对接，拓宽科技企业股份转让的途径，积极探索金融资产交易业务，改善中小企业金融环境。利用区内中国银行间市场交易商协会的优势，积极搭建平台，支持科技型中小企业发行企业债券、公司债及其他新型债务融资工具，不断完善中小科技企业债务融资市场。推动金融业与高新技术产业融合发展，加强金融街与德胜科技园、广安产业园的协调联动，促进科技金融的快速聚集发展。

三是着力打造民生金融服务品牌。大力提高公共服务领域小额支付的便利性。借鉴天津、福州等“城市一卡通”项目经验和宁波金融IC卡试点经验，整合费用代缴、社会保障、医疗保险、公共事业、停车购物、社区公益等服务项目，推动集公共服务和金融服务为一体的金融卡应用，不断拓展社保卡应用范围，打造高效便利的民生消费环境。引导商业保险更大范围地参与社会保障，探索低保及低收入人群意外伤害和失独等特殊家庭的商业救助模式。支持消费金融公司的设立和运营，促进消费金融与文商旅、老字号等领域的业务对接，充分发挥对拉动内需、扩大消费的积极作用。开展金融知识的宣传。发挥高端人

才聚集的优势，引导专业人员进社区、进基层，向社区居民普及金融知识，传递理财观念，提升居民的投资理财能力。

（三）创新理念，优化模式，促进金融与城市融合发展

发挥金融街示范带动作用和金融配置资源作用，推动金融与历史文化名城保护、城市现代化建设之间的紧密结合，进一步完善城市功能，提升城市品质。

一是推动金融在历史文化名城保护中发挥更大作用。在金融街拓展建设过程中，处理好产业发展与名城保护关系，彰显历史文化的独特魅力和现代金融的崭新风貌。结合民生改善和传统风貌保护，在白塔寺地区和南闹市口地区通过资源置换、业态调整，修缮重点文保区院落，重塑历史元素，适度配置金融商务设施和文化设施，为金融街核心区提供商务、休闲等配套支持，实现区域传统风貌持续保护和有机更新。探索金融产品支持历史文化名城保护的有效途径，利用会馆文化发展基金，推进法源寺文保区保护性修缮，实现会馆文化的保护、传承和发展。

二是推动金融在重点功能区建设中发挥更大作用。发挥金融街的辐射带动作用，抓住编制金融街建设和发展规划契机，将广安街区纳入建设范畴，重点发展各类股权投资机构和科技金融机构等新兴金融业态，实现区域南北连片发展。借鉴金融街建设经验和开发模式，发挥金融街资本运营中心作用，支持金融街开发建设相关力量参与天桥演艺区、什刹海阜景街等重点功能区建设，提高功能区建设水平。综合运用银行信贷、企业债券、资产信托、中期票据等多种方式，平衡功能区建设资金需求，加快项目建设步伐。用好审计、法律、咨询等金融配套资源，服务于融资风险控制、功能区规划发展、项目资金使用等重要方面。

三是推动金融在完善城市功能上发挥更大作用。通过改善金融街道路交通状况，加快综合客运枢纽、快速道路系统建设，进一步优化中心城区路网结构、缓解交通压力。争取将首都新机场的机场快线引入金融街，建设都市航站楼，提升区域国际化交通服务功能。借鉴金融街环境建设的经验和模式，推进区域标志性景观建设，打造立体绿化、园林小品、雕塑装饰等街区景观，提升街区品质。推广金融街楼宇节能降耗经验和做法，结合北京市关于全面发展绿色建筑的新标准、新要求，综合运用经济、行政等多种手段，推进楼宇节能减排改造，提高可再生能源贡献率，最大限度地节约资源。

（四）依托世界高端金融人才聚集区建设，加快各类高端人才汇集

人才是城市的核心竞争力。要按照世界高端金融人才聚集区建设的要求，创新人才开发机制，健全人才服务体系，以金融要素聚集带动各类高端人才聚集，为区域发展提供强有力的人才支持。

一是强化金融相关人才的引进和培养。借鉴中关村人才特区扶持政策，加大对金融人才优惠政策的研究力度，形成金融人才引进良性机制。设立“一站式”人才引进服务窗口，简化人才引进程序，鼓励企业自主引进国际一流的人才，尊重用人单位自主选聘权。建立健全金融人才培养机制，制定并完善各个层次的金融人才培养规划，与国内外教育机构建立合作关系，进一步提升培训层次，培养一批具有国际视野的行业领军人才。

二是为高端人才提供良好服务。落实好人才落户、出入境、子女教育、医疗等一系列服务措施，消除人才的后顾之忧。统筹区域优质教育资源，解决好高端人才子女入学问题。对金融街从业人员实施医疗保险全覆盖，协调区内三甲医院和特色医院为金融机构提供更加便捷的医疗服务，努力拓展医院在街区的医疗站点建设。完善社保绿色通道，为参保单位、对象提供周到服务。对外开放金融街周边学校的体育设施，向金融街工作人员提供体育健身服务。

三是充分发挥高端人才的作用。总结金融人才引进经验，创新区域人才引进机制，促进科技、文化、商务、法律、公共管理、咨询传媒等各类专业人才的聚集。发挥北京金融街人力资源协会的平台作用，组建开放、互动、共赢的金融街人才交流网络，建立国际化金融人才信息库，有针对性地引进相关领域的高端人才并且做好人才的配套信息化管理。积极搭建平台，畅通渠道，引导各类高端人才为区域经济社会发展出谋划策，贡献力量。

（五）加强金融街品牌建设，努力提升区域影响力

优化区域发展环境，加大宣传推介力度，不断提升街区品牌价值，将发展的区位优势逐渐转化成为市场、品牌、文化优势。

一是打造高端交流平台。充分发挥金融街研究院的思想库和智囊团作用，加强金融街发展战略研究，为金融监管部门、金融企业、政府部门提供一流的咨询服务。不断扩大“金融街论坛”影响力，邀请大型金融机构、跨国企业负责人以及著名专家出席，努力将论坛办成全球了解中国宏观金融决策动向、把握金融产业发展态势的重要窗口。借助北京金融博览会、京港洽谈会等交流合作平台，着力塑造区域品牌形象。

二是加大宣传推介力度。建立金融街权威官方网站，打造金融街信息网络平台，加强对金融街各方面信息的汇集、沟通和对外宣传。力争在金融街设立户外大型电子屏幕，宣传金融街、驻街金融单位及有关政策信息。加大媒体宣传力度，吸引国际传媒参与宣传，鼓励、吸引国内外专业的财经媒体进驻金融街。争取更多的金融企业对旅游者开放，提高公众对金融的认知度。

三是促进区域文化建设。把金融文化培育和建设纳入区域文化建设的大范畴，挖掘金融文化内涵，营造良好文化氛围。将金融文化与楼宇文化、社区文化、广场文化结合起来，广泛开展多种形式的文化活动，继续办好金融街文化节。与区域金融机构合作，共同打造中国金融博物馆群，开展金融文化展览，不断提升金融文化软实力。

（责任编辑　马忠良）

大 事 记

2012年西城区大事记

1月

10日　西城区社区“两委”换届选举正式启动。

11日　西城区与北京市保障性住房建设投资中心签订对接安置房投资建设战略合作协议。

19日　中共中央政治局常委、国务委员、中央政法委书记周永康到西城区看望慰问政法干警。

2月

1日　西城区与北京金隅集团签署《合作备忘录》，达成办公楼宇置换、土地资源开发等多项共识。

4日　西城区广安网球馆举行启用仪式。市委副书记、市长郭金龙出席仪式。

7日　恭王府成为西城区首家国家5A级旅游景区。

8日　西城区正式组建“5+2”机构（北京金融街建设指挥部、北京大栅栏琉璃厂建设指挥部、北京天桥演艺区建设指挥部、中关村科技园区德胜科技园管理委员会、北京什刹海阜景街建设指挥部、西城区重大项目建设指挥部办公室、西城区城市环境建设委员会办公室），推动重点功能区及重点项目建设。

☆　西城区召开2012年工作动员部署大会。区四套班子领导出席。

14日　西城区被国土资源部授予“首届国土资源节约集约模范县（市）”称号。

17日　中纪委常委、监察部副部长屈万祥率国务院检查组检查指导西城区住房保障工作。

19日　宣南文化研究会在湖广会馆正式成立。副市长刘敬民等出席成立大会。

23日　西城区与上海市黄浦区缔结友好城区。

27日　西城区连续第七次获得“全国双拥模范区”称号。

28日　西城区举办首届“百名英才”颁奖典礼。

3月

1日　西城区举行以“汇聚·创新·行动”为主题的社会服务管理创新工作大会暨社会建设推进周启动仪式。

20日　西城区与北京建工集团签署金融街合作备忘录。

21日　全国人大副委员长、民建中央主席陈昌智到西城区调研区域经济发展及民建西城区委工作开展情况。

22日　市委副书记、市政协主席王安顺带队到西城区调研旅游工作。

☆　西城区召开2012年城市环境建设工作大会。区四套班子领导出席。

23日　市委副书记、市长郭金龙听取西城区关于金融街建设与发展的工作汇报，市领导吕锡文、陈刚参加会议。

☆　西城区与美国加州丽浪多市签署《中华人民共和国北京市西城区与美利坚合众国加利福尼亚州丽浪多市建立友好城市关系协议书》。

27日　西城区2012年精神文明建设暨创建学习型城市示范区大会召开。

28日　西城区与河北省驻京办事处、河北省农业厅、中国农业发展集团有限公司、北京二商集团签署西城区“菜篮子”工程建设战略合作协议。

29日　西城区举办北京金融街资本运营中心挂牌暨战略合作协议签订仪式。

4月

1日　郭金龙和西城区各界群众代表200余人到天宁寺桥东南角城市休闲公园参加西城区“弘扬生态文明·共建绿色家园”义务植树活动。

6日　国务院参事室调研组到西城区调研、指导社会管理与应急指挥工作。

7日　市领导刘淇、郭金龙、李士祥、陈刚到西城区调研老旧小区综合改造工作。

10日　2011年度“爱在西城颁奖典礼”在梅兰芳大剧院举行。

11日　中央文明办专职副主任王世明、市领导鲁炜带领200余名全国文明办主任培训班学员到西城区考察、观摩公共文明引导行动取得的成效。

12日 全国人大常委会副委员长韩启德率文物保护执法检查组到北京历代帝王庙博物馆检查工作。

13日 西城区召开政务能力建设动员大会，动员部署全区政务能力建设、政府权力公开运行、依法行政、国家级行政服务标准化试点建设、“访民情、听民意、解民难”工作和信息化建设等六项重要工作。

☆ 西城区成立重大工程建设法律服务团，同时成立“公益法律服务中心”。

14日 西城区第八届社区居委会换届选举。

20日 市领导刘淇、吕锡文、陈刚等专题听取并研究金融街建设发展规划方案。

☆ 第十一届什刹海文化旅游节在宋庆龄故居开幕。

21日 首届西城区机关运动会暨2012年全民健身体育节在先农坛体育场开幕。副市长刘敬民、区四套班子领导出席开幕式。

☆ 西城区与中央电视台电影频道联合出品、京都文化投资管理公司参与投资制作的电影《大碗茶》首映式在人民大会堂举行。

22日 西城区党代表会议召开，会议差额选举产生25名出席北京市第十一次党代会代表。

26日 2012北京西单国际时尚节在北京展览馆开幕。全国政协副主席林文漪、副市长丁向阳、中国商联会党委副书记安惠民及区四套班子领导出席。

☆ 西城区召开全响应社会服务管理创新工作现场推进会。市委常委、市人大副主任梁伟出席。

☆ 西城区与市卫生局、市医管局签署金融街建设项目“首都儿科研究所西所和北京市体检中心月坛分部搬迁框架协议”。

28日 西城区举行庆祝“五一”国际劳动节暨表彰先进大会。区四套班子领导出席。

☆ 国家宗教局副局长张乐斌一行到牛街礼拜寺调研。

5月

8日 全国人大副委员长、民建中央主席陈昌智到什刹海风景区调研西城区文化旅游发展工作。

9日 区政府常务会议首次邀请人大代表和政协委员列席。

17日 西城区举办首届“爱在西城”文化助残月公益演出。

☆ 北京皮影传习所落户天桥演艺区。

18日至19日 “全国学习型城区建设交流会”召开，西城区在会上介绍经验。

19日 琉璃厂获“中国文房四宝文化第一街”称号。

☆ 市委常委、市纪委书记叶青纯到西城区调研廉政风险防控管理工作。

23日 西城区与中国移动通信集团北京有限公司正式签订价值8亿元的“无线西城”信息化建设战略合作框架协议。

24日 市委书记刘淇就“发展惠民生，喜迎十八大，进一步加强和创新社会管理”主题到西城区调研。市领导李士祥、梁伟一同调研。

☆ 西城区全面启动迎十八大城市环境百日集中行动。

☆ 区计划生育协会第一次会员代表大会召开。

25日 市金融街建设领导小组召开金融街核心区规划调整方案专题会。市领导吕锡文、陈刚出席。

26日 市委常委、市委统战部部长牛有成到西城区调研基层统战工作。

29日 西城区志愿者联合会第一次会员代表大会召开。

☆ “金融街2号专线”公交车正式开通。

31日 副市长刘敬民视察西城区环境建设工作。

6月

1日 少先队北京市西城区第一次代表大会召开。

2日 区领导王宁、章冬梅、梁昌新、孙硕会见美国费城交响乐团并陪同代表团参观老舍茶馆。

3日 市委常委、市公安局党委书记兼局长傅政华到西城区指导重点地区专项维稳工作。

16日 “2012北京国际茶叶展、2012北京马连道国际茶文化节、第十二届中国普洱茶节”开幕，全国政协副主席白立忱出席开幕式。

☆ 西城区与云南省普洱市签订《缔结友好城区协议书》，正式建立友好合作关系。

20日 西城区与21家演艺机构签署战略协议，进一步推进天桥演艺区建设。文化部副部长杨志今及市领导刘淇、郭金龙、鲁炜出席仪式。

21日 西城区创先争优表彰大会召开。

25日 西城区政府与北京市科委正式签署《联合共建首都科技条件平台西城工作站的合作协议书》，并授权西城区生产力促进中心为西城工作站的建设运行单位。

26日 西城区发布北京金融街官方标识，同时启动庆祝北京金融街建设20周年重点活动。市委常委、常务副市长吉林出席。

28日 什刹海阜景街建设指挥部与国家开发银行北京市分行签署《金融合作备忘录》。

29日 西城区启动文保区环境景观提升试点——中南海周边环境综合整治工程。

☆ 全国政协常委、提案委员会副主任孙淦率全国政协提案委员会成员一行20人到北京金正融通小额贷款有限公司考察小额贷款公司经营发展情况。

7月

3日 西长安街街道举行全市首家街道级家庭人口服务中心——“长安幸福家园”揭牌仪式。

☆ 西城工商分局在全市率先公开全区农副市场商户台账。

5日 西城区与广西壮族自治区崇左市缔结友好区市。

6日 西城区举办“幸福家庭·和谐人口”纪念第二十三个“7·11”世界人口日暨首届家庭人口文化节开幕式。

7日 市委常委、市教工委书记、中关村管委会党组书记赵凤桐到西城区调研科教卫工作。

11日 中共中央政治局常委、中央政法委书记、中央社会管理综合治理委员会主任周永康到西城区考察北京市社会管理工作。

12日 市委书记、市长郭金龙就“落实市党代会精神，提高城市精细化管理水平”主题到西城区调研。

16日 中国政协文史馆项目竣工。

17日 西城区与北京市政路桥集团签署合作备忘录，推动金融街建设。

23日 “中国人民银行国家外汇管理局外汇储备经营场所项目”落户金融街。

☆ 西城区历史文化名城保护委员会第二次全体会议召开，为区历史文化名城保护促进中心揭牌，公布《北京市西城区“十二五”时期历史文化保护区保护与发展规划》。

24日 全国人大副委员长路甬祥视察中国北京出版创意产业园区。

☆ 西城区组织为“7·21”特大自然灾害救灾捐款工作，将全区社会各界捐献的150万元送至房山区。

28日 市委书记郭金龙，市委副书记、代市长、市政协主席王安顺等到复兴门实地检查防汛值勤值守情况。

7月底8月初 西城区通过全国城市公共文明指数测评检查。

8月

1日 纪念柳荫街军民共建30周年暨什刹海双拥文化节启动仪式举行。

4日 北京西城海外联谊会第一届理事会第一次会议召开。

8日至9日 第四届全国政务（行政）服务中心创新论坛在西城区举行。

11日 市领导郭金龙、王安顺等到西城区调研老旧小区改造工作。

13日 西城区开展迎接十八大集中治理环境脏乱点行动。

16日 市领导吉林、吕锡文、李士祥调研金融街建设发展工作。

17日 两家百年老字号——正兴德茶庄、天蕙斋鼻烟铺落户大栅栏商业街。

18日 西城区举办北京金融街建设与发展20周年座谈会。市领导吕锡文、李士祥出席。

☆ “椿树梨园文化季”开幕式举行，市领导李昭玲出席。

21日 西城区召开迎接党的十八大环境保障动员部署大会。区四套班子领导出席。

28日 教育部部长袁贵仁、副部长刘利民、部长助理陈舜等与区领导王宁、王少峰、杜灵欣、郭怀刚、陈宁就西城区教育发展进行座谈。

9月

2日 北京第一实验小学建校一百周年。

10日 西城区教育大会在北京四中召开。

14日 西城区凭借“全响应”社会管理创新项目获得“中国城市管理进步奖”。

17日 西单商业区在第十届中国商业街行业年会上被正式命名为“中国著名商业街”。

18日 西城区青年联合会一届一次全会召开。

19日 西城区城市运行基础数据库普查工作全面启动。

☆ 住建部保障房北京巡查组巡查西城区保障性住房建设工作。

21日 西城区在西单文化广场举行“2012年西城区敬老月活动启动仪式”。

23日 代市长王安顺到天桥艺术中心施工现场调研天桥演艺园区规划建设情况。

24日 中共中央政治局委员、国务院副总理王岐山到西城区护国寺小吃店、金泰校场口便民菜店、东方名剪黄寺店等网点和企业考察生活性服务业发展情况。

☆ 财政部副部长王军到区国税局调研营业税改征增值税试点改革工作。

25日 西城区创先争优活动总结大会召开。

26日 “聚西城，品华夏——西城区外省市驻京机构美食推介月”启动。

27日 北京国际设计周“大栅栏新街景”设计之旅开幕。

9月 西城区所有高一年级开设地方课程《走进西城》。

10月

7日 台湾维新基金会董事长谢长廷及夫人一行参访老舍茶馆。

11日 2012年西城区庆重阳暨“孝星”命名表彰大会召开。

13日 市委常委、副市长陈刚调研中南海文保区环境景观提升试点工作。

17日 天桥演艺区重点项目设计方案经市委常委会研究通过 。

☆ “西城党建”门户网站上线仪式举行。

18日 国家人口计生委主任王侠到西城区调研幸福家庭创建及社区计划生育优质服务工作，市领导丁向阳陪同调研。

22日 西城区与德国黑森州签署合作意向书，区领导王少峰、孙硕出席签约仪式。

22日至24日 韩国首尔中区政府代表团到西城区交流访问。

24日 中央统战部副部长朱维群到牛街街道调研统战工作。

25日 区国土局作为全国首个试点单位，正式挂牌“国土资源地籍管理和土地集约节约利用国际合作示范基地”。

26日 副市长张工到西城区调研经济社会发展情况。

30日 西城区发布德胜科技园产业发展新政策。

31日 国内首个以3D影视制作为主的3D产业园区在西城区正式开园。

11月

5日至6日 “北京市西城区京港合作项目发布会”在香港会议展览中心举行，推介了包括天桥演艺区、“新华1949文化金融创新中心”等文创项目在内的17个精品项目。

6日 在京港洽谈会上，西城区政府与香港交易所正式签署合作备忘录。

12日 市委书记郭金龙到宣武回民幼儿园考察。

18日 西城区举办首届金融街论坛，市领导王安顺与国家开发银行董事长、北京金融街研究院院长陈元共同为北京金融街研究院揭牌。

20日 郭金龙围绕“贯彻落实党的十八大精神，加快落实各项民生保障工作，推动重要交通基础设施建设”主题到西城区调研。

20日至12月31日 北京金融街建设与发展20周年主题展览在金融街B7大厦四季花厅展出。

21日至23日 西城区第十五届人大第二次会议召开，选举产生出席北京市第十四届人民代表大会代表88名。

25日 2012北京大栅栏老字号旅游购物节暨大栅栏@“我爱北京”（中国）·2012国际摄影展正式开幕。

28日 “E时代I西城”——2012北京西城电子商务节开幕。

30日至12月3日 第八届北京国际金融博览会在北京展览馆举行。

12月

6日 天桥演艺区举办发展高峰论坛。

9日 “北京金融街建设与发展20周年文艺晚会”在人民大会堂举行。市领导吕锡文、李士祥出席。

10日 中共中央政治局常委、中央书记处书记刘云山到西城区主持调研并召开座谈会，就如何把学习宣传贯彻党的十八大精神引向深入听取基层干部群众的意见建议。市领导郭金龙、鲁炜参加。

☆ 西城区与招商银行签署战略合作协议。

12日 由中国商业联合会、北京市商务委员会和西城区共同主办的“中国中华老字号博览会（2012·北京）”在北京展览馆开幕。

14日 韩国设计振兴院中国办事处入驻“设计之都”大厦。

19日 市委副书记、代市长王安顺到西城区检查党风廉政建设责任制落实情况。

20日 市政协副主席沈宝昌到天桥演艺区调研。

21日 市委副书记、市政法委书记、市综治委主任吉林调研西城区平安建设工作。

注：☆表示与上一条同日

党 派

中国共产党北京市西城区委员会

概 述

年内，中国共产党北京市西城区委员会在中共北京市委的领导下，深入实施“服务立区、金融强区、文化兴区”发展战略，全面落实“一核一带多园区”空间布局，加快“活力、魅力、和谐”新西城建设，区域发展实现良好开局。

坚持把统揽全局、凝聚力量作为重要职责，着眼首都发展大局，立足区域发展要求，不断增强履职能力，在服务大局中实现了新发展。区委认真学习贯彻落实党的十八大精神，以科学发展观指导和推动实践。加强常委会自身建设，注重决策质量，强化集体领导和分工负责，议大事、抓大事，增强了全区工作的整体性和协调性。充分发挥领导核心作用，支持区人大、区政协围绕大局履行职能，调动全社会力量同心同德、共建西城。认真履行维护稳定第一责任，圆满完成党的十八大服务保障任务，确保了安全稳定的大局。坚持以科学发展为主题，以加快转变经济发展方式为主线，主动适应新的形势和环境变化，区域发展呈现稳中有进的良好态势。全年地区生产总值实现2578.6亿元，同比增长9.2%；三级税收实现3052.5亿元，同比增长19.9%；区级公共财政预算收入完成309.1亿元，同比增长10.5%；全社会固定资产投资完成198.4亿元，同比增长6%；社会消费品零售额完成764.3亿元，同比增长11%；居民人均可支配收入达到39772元，同比增长11.3%。

坚持把解放思想、改革创新作为动力源泉，大胆探索、大胆实践，创造性推动各项工作，在重点领域取得了新突破。根据首都功能核心区特点，建立了“5+2”重点功能区和重大项目建设工作机制，形成了组团规划、统筹联动、板块发展的工作格局；金融街、天桥等功能区重大项目建设取得实质性进展；中关村德胜科技园扩区获得批复，被认定为首批国家级文化和科技融合示范基地。积极推进区、街两级“全响应”社会服务管理指挥中心建设，构建8条社会服务管理响应链，形成社会服务管理“全响应”工作机制，这一创新举措获“全国城市管理进步奖”。开展“访民情、听民意、解民难”工作，建立区、街、社区三级联动解决民生问题的工作模式，全年收集各类问题3万余条，解决或提出解决方案2.8万条。探索把生态建设、文化传承、商业发展与提升环境品质结合起来，全面启动“绿道、文道、商道”景观建设，阶段性成果得到广泛认可。

坚持“立党为公、执政为民”理念，围绕促进人的全面发展，着力提高公共服务水平，解决重点难点问题，全面推进社会建设，在民生改善上实现新提升。立足促进教育优质均衡发展，召开全区教育大会，制定推进教育改革和发展的意见，成立四大教育集团，扩大学前教育，创建学习型城市示范区取得显著成效。建立社区文化组织员队伍，开展“西城文化节”等群众文化活动，原创文艺作品《大碗茶》成为全市唯一入选国家广电总局“迎接党的十八大重点影片”。深化社区卫生综合改革，顺利通过国家卫生城区复审，成功创建国家卫生应急综合示范区和国家慢性病综合防控示范区。以精细服务促进充分就业，不断扩大社会保险覆盖面，逐步完善社会救助体系，养老、助残、优抚事业稳步发展。获首批“全国幸福家庭示范区”称号。加快保障性住房、定向安置房建设，实施老旧小区房屋抗震节能综合改造、平房院和简易楼综合维修工程，居民居住条件进一步改善。加强社会矛盾纠纷排查，有效化解信访突出问题和历史积案。发挥打防结合、群防群治工作优势，加强社会治安综合治理，全区安定和谐的社会局面进一步巩固。

坚持以执政能力建设、先进性和纯洁性建设为主线，深入开展创先争优活动，夯实基层组织基础，在党的建设上取得了新成效。掀起学习贯彻党的十八大精神的热潮，组织专题理论中心组学习，开展系列培训和宣讲活动，使党的十八大精神成为凝聚人心、汇聚力量的重要思想基础。结合“三定”工作优化领导班子结构，加大竞争性选拔工作力度，抽调400余名干部到重大工程及基层一线培养锻炼，领导班子和干部队伍履职能力不断增强。深入实施人才发展规划，提升党管人才科学化水平，开展“百名英才”遴选活动和“百个项目资助工程”，加快世界高端金融人才聚集区建设。深入开展创先争优和基层组织建设年活动，培育了一批基层党建优秀品牌，基层党组织全部实现晋位升级。“两园一带”区域化党建模式逐步形成，非公党建“活力工程”扎实推进。社区党组织换届工作顺利完成。认真落实党风廉政建设责任制，加强廉政风险防控，深入推进区委、区政府权力公开透明运行，严肃查办违纪违法案件，惩治腐败的力度不断加大。

（王　琪）

区委主要工作和重大活动

【中央领导调研工作】　2月17日，国务院督查组到西城区检查住房保障工作，王宁、郭怀刚、李岩陪同检查。3月21日，全国人大常委会副委员长、民建中央主席陈昌智到西城区调研区域经济发展及民建西城区委工作开展情况，市领导王永庆，区领导王宁、王少峰、刘跃平、程军、郭怀刚陪同调研。4月12日，全国人大常委会副委员长韩启德率文物保护执法检查组到北京历代帝王庙博物馆检查工作，区领导梁昌新、刘永先陪同检查。4月27日，中组部领导到铁路第二中学调研党建工作，王宁、章冬梅陪同调研。5月8日，全国人大常委会副委员长、民建中央主席陈昌智带队到什刹海风景区调研，重点走访了解恭王府、历代帝王庙等，区领导王少峰、刘跃平、李建国陪同调研。5月31日，中宣部领导到西城区金融街社区教育学校调研北京精神宣传践行情况，市领导鲁炜，区领导王宁、郭怀刚、王都伟陪同调研。6月29日，全国政协常委、提案委员会副主任孙淦和全国政协委员、提案委员会委员宋南平率全国政协提案委员会考察组对西城区国旭小额贷款公司、金正小额贷款公司以及贷款客户代表张一元茶叶公司进行考察。7月10日，全国人大常委会委员、法工委副主任郎胜，刑法室主任王尚新带队到西城区看守所调研看守所立法工作。7月11日，周永康到西城区调研社会管理工作，到区社会服务管理中心、社会组织孵化中心和社会组织服务室了解孵化流程和服务管理情况，到志愿者之家与志愿者亲切交谈，听取公益智库汇集社区群众需求、传播公益文化的做法和效果汇报。市领导郭金龙、王安顺、吉林、李士祥、傅政华、丁向阳，区领导王宁、王少峰、杜灵欣、陈思源、郭怀刚、王旭陪同调研。9月24日，国务院副总理王岐山到西城区考察生活性服务业发展情况。国家工商总局局长周伯华，国家质检总局局长支树平，市领导郭金龙、王安顺参加考察，区领导王宁、王少峰、梁昌新、陈思源、郭怀刚陪同考察。9月24日，财政部副部长王军到西城区国税局调研“营改增”试点改革工作。市领导李士祥，区领导苏东陪同调研。10月18日，国家人口计生委主任王侠到长安街街道“长安幸福家园”调研幸福家庭创建及社区计划生育优质服务工作，市领导丁向阳，区领导王少峰、梁昌新陪同调研。10月24日，中央统战部副部长朱维群到西城区调研民族宗教工作，实地参观牛街清真寺和民族幼儿园，同北京市伊斯兰协会会长薛天利阿訇进行交谈，市领导牛有成，区领导王宁、曹长胜、程军、郭怀刚、杜黎彬陪同调研。10月26日，中央信访工作北京督导组到西城区督导检查，人力资源和社会保障部副部长杨志明带队，听取西城区信访秩序维稳工作总体情况及重点地区和中央部委机关门前信访秩序维稳工作情况汇报，区领导杜灵欣陪同检查。11月5日，公安部常务副部长杨焕宁到西城区检查重点地区警卫工作，市领导傅政华，区领导陈思源陪同检查。11月9日，中央督导组到月坛街道全总社区督导社会面防控工作，区领导杜灵欣、杜黎彬陪同检查。12月10日，刘云山到西城区调研，主持召开座谈会，就如何把学习宣传贯彻党的十八大精神引向深入听取基层干部群众的意见建议。市领导郭金龙参加调研座谈。中央宣讲团成员和市有关负责人、基层代表进行发言。中宣部常务副部长雒树刚，市领导鲁炜，区领导王宁、郭怀刚、王都伟参加座谈。

（张子晋）

【市领导调研工作】　2月24日，鲁炜调研西城区文化创意产业重点项目，王宁、王少峰、梁昌新、王都伟、王功伟陪同调研。2月27日，市第二督查组到西城区检查全国“两会”维稳安保工作，区领导王宁、王少峰、杜灵欣、郭怀刚陪同检查。3月1日，刘淇带队到西城区检查全国“两会”安全服务保障工作，区领导王宁、王少峰、杜灵欣、陈思源、郭怀刚、吴铁男陪同检查。3月22日，王安顺带队到西城区调研旅游工作，区领导王宁、王少峰、曹长胜陪同调研。3月23日，郭金龙听取西城区关于金融街建设与发展的工作汇报，市领导吕锡文、陈刚，区领导王宁、王少峰、苏东、王功伟参加会议。4月7日，刘淇、郭金龙、李士祥、陈刚到西城区调研老旧小区综合改造工作，区领导王宁、王少峰、郭怀刚、李岩陪同调研。4月17日，市政府有关领导到金融街建设指挥部研究金融街整体规划方案，区领导王宁、王少峰、苏东、郭怀刚、李岩、孙硕出席方案研究会。4月20日，市领导刘淇、吕锡文、陈刚听取并研究金融街建设发展方案，区领导王宁、王少峰、苏东、王功伟出席会议。5月2日，丁向阳带领市旅游委到德胜科技园北京精典博维文化发展有限公司调研，了解《北京旅游》杂志工作情况，陈宁陪同调研。5月2日，王宁、郭怀刚、陈宁陪同原北京市政协副主席、市教工委书记陈大白到北京市华夏女子中学调研。5月3日，市政府有关领导、市重大办领导到金融街建设指挥部研究金融街核心区规划调整工作，王宁、王少峰、苏东、李岩出席规划调整专题会。5月10日，马振川到西城区调研宗教工作，参观佛教法源寺、天宁寺，并与中国佛教协会会长、天宁寺监院进行座谈。北京市宗教局领导、郑然陪同调研。5月19日，叶青纯到西城区调研廉政风险防控管理工作，查看德胜街道全响应社会服务管理指挥中枢、德胜街道公共服务大厅、区综合行政服务中心。王宁、王力军、郭怀刚陪同调研。5月21日，刘新成及部分市人大代表在北海幼儿园听取关于促进学前教育发展方面的汇报。市政府有关领导、市教委领导、区领导陈宁参加汇报会。5月23日，市政府有关领导到西城区调研金融街建设重大项目投资建设情况，苏东汇报关于金融街重大项目投资计划的执行情况。5月23日，市旅游委领导到西城区调研旅游产业发展。区领导王宁、王少峰、杜灵欣、梁昌新、郭怀刚、王都伟、陈宁、范宝、孙硕陪同调研。5月24日，刘淇、王安顺、李士祥、梁伟就“发展惠民生，喜迎党的十八大，进一步加强和创新社会管理”主题，到区行政服务中心、区社会服务中心和德胜街道社会服务管理指挥中心察看社会服务管理工作情况，听取相关工作汇报，区领导王宁、王少峰、杜灵欣、郭怀刚、王旭、范宝、孙硕陪同调研。5月25日，市金融街建设领导小组召开金融街核心区规划调整方案专题会，听取金融街核心区规划调整方案汇报，相关部门就方案提出意见和建议。市领导吕锡文、陈刚、市政府有关领导，市重大办领导，区领导王宁、苏东、王功伟参加会议。5月26日，牛有成到西城区调研基层统战工作，到区少年宫实地考察，听取西城区开展民族团结教育等工作情况汇报。区领导曹长胜、程军、陈宁、范宝陪同调研。5月31日，刘敬民带队检查西城区环境建设情况，现场走访煤市街、琉璃厂东街、烟袋斜街，吴铁男陪同。6月3日，傅政华到西城区指导重点地区专项维稳工作。6月5日，市领导赵凤桐，区领导王宁、王少峰、章冬梅、苏东、郭怀刚、王功伟陪同广州市党政代表团到金融街考察。6月7日，傅政华到三十五中高考考点检查安保工作。6月11日，程红检查西城区“第四届全国少数民族文艺会演”期间安全保卫工作，范宝陪同检查。7月7日，赵凤桐到西城区调研科教卫工作，走访中国（北京）出版创意产业园区维旺明、天闻数媒等企业，在北方工业公司听取有关情况汇报，王宁、王少峰、苏东、郭怀刚、陈宁陪同调研。7月12日，郭金龙就“落实市党代会精神，提高城市精细化管理水平”到西城区调研，到西四北六条社区实地察看胡同环境整治、绿化美化、停车管理、信息化便民服务设施等情况，市领导王安顺、李士祥、刘敬民、丁向阳，区领导王宁、王少峰、郭怀刚、王旭陪同调研。7月20日，傅政华到西城区重要勤务现场检查中非合作论坛安保工作，慰问一线执勤民警，陈思源陪同检查。7月24日，市委常委、副市长陈刚听取并原则同意中南海文保区环境景观提升设计方案,市政府有关领导一同听取，区领导王宁、王少峰、李岩参加汇报。7月28日，郭金龙、王安顺、傅政华到复兴门桥检查降雨期间各项工作情况，听取关于社会面巡控情况的汇报，向现场民警表示慰问，并对强降雨工作做出重要指示。王少峰陪同检查及慰问。8月10日，苟仲文到西城区调研停车设施建设和停车管理工作，召开本市居住区机动车停车设施建设工作会。市有关部门领导，区领导王少峰、吴铁男陪同调研。8月11日，郭金龙到玉桃园小区听取老旧小区防汛工作情况汇报，察看小区雨洪利用系统设计方案及下沉式绿地、雨水渗井等示范改造措施，到香仁胡同29-37号院察看危旧平房拆除翻建工程进展情况，了解危旧平房分步拆除翻建情况。市领导王安顺、赵凤桐、陈刚、夏占义参加调研，市有关部门领导，区领导王宁、王少峰、郭怀刚、王都伟、吴铁男陪同调研。8月16日，吉林到西城区调研金融街建设发展工作,听取金融街建设与发展重点工作汇报，研究议定场外交易市场、金融博物馆建设等事项。市领导吕锡文、李士祥参加调研，市政府有关领导，市有关部门领导，区领导王宁、王少峰、苏东、郭怀刚、王功伟陪同调研。8月21日，陈刚到西城区调研全响应网格化社会服务管理创新工作，实地查看德胜街道全响应社会服务管理指挥中心建设和运行情况，王少峰、范宝陪同调研。8月23日，叶青纯到西城区调研党风廉政建设工作，听取区纪委监察局工作汇报，实地察看大栅栏劝业场和C地块项目推进情况，王宁、王少峰、王力军、郭怀刚陪同调研。8月23日，市领导傅政华，区四套班子领导与区政法系统座谈，听取政法系统关于党的十八大安保工作汇报，协调解决工作中遇到的困难和问题，并向全区维稳、治安工作战线的政法干警表示慰问。8月29日，李士祥到区国税局调研“营改增”试点准备工作，实地查看区国税局办税服务厅，参观咨询服务台、“一窗通办”窗口及自助办税区等涉税事项办理区域，听取相关工作进展情况汇报。王少峰、苏东陪同调研。8月29日，刘敬民到西城区检查人防工程，实地检查北京银行地下人防车库和金融街社区文化活动中心的安全管理情况及消防、防汛等安防设施。王宁、范宝陪同检查。10月13日，市领导陈刚调研中南海文保区环境景观提升试点工作，实地查看灵境胡同、府右街、人民大会堂西侧路等施工现场，市政府有关领导，区领导王少峰、吴铁男陪同调研。10月14日，市领导傅政华到西城区检查首都政治中心区防控工作和中央首长警卫路线部署情况，并慰问各岗段执勤民警。10月16日，市市政市容委领导调研西城区“绿道”和中南海文保区环境景观提升工作，王宁、王少峰、郭怀刚、吴铁男参加调研。10月19日，市领导夏占义到西城区检查城市绿化美化工作情况，实地检查义达里胡同绿化建设成果和北京营城建都滨水绿道建设情况，区领导王少峰、吴铁男陪同检查。10月23日，市领导吉林到驻区全国人大信访接待办公室、中央纪律检查委员会信访接待室、国家信访局等部门调研，到先农坛派出所检查工作，杜灵欣、陈思源陪同调研。10月25日，市领导郭金龙、王安顺、赵凤桐到西城区检查党的十八大相关服务保障工作，到西长安街街道义达里胡同了解街道社会面维稳工作情况，与居民、社区工作者、片警进行交谈；到营城建都滨水绿道木樨地桥景观节点察看工程进展情况；到西长安街派出所，察看维护属地重点区域安全稳定情况，区领导王宁、王少峰、杜灵欣、陈思源、郭怀刚、王旭、王都伟、吴铁男陪同检查。10月26日，市领导张工带队调研西城区经济社会发展情况，观看金融街建设沙盘，了解区域经济社会发展和金融街建设情况并进行座谈，区领导王宁、王少峰、梁昌新、郭怀刚、王功伟陪同调研。10月30日，市领导洪峰带队督导检查西城区安全稳定和服务保障工作，到市燃气集团调度中心、新大都饭店、外交学院燃气锅炉房、木樨地地区，就党的十八大服务保障、代表驻地安保、环境氛围营造等进行实地检查，王少锋、杜灵欣陪同检查。11月20日，郭金龙围绕“贯彻落实党的十八大精神，加快落实各项民生保障工作，推动重要交通基础设施建设”主题到西城区调研，到地铁7号线广安门内站和地铁6号线平安里站，查看沿线站点建设情况，市领导王安顺、赵凤桐、陈刚、苟仲文参加调研，区领导王宁、王少峰、郭怀刚、李岩陪同调研。11月26日，郭金龙到牛街东里社区参加居民学习贯彻党的十八大精神座谈会，查看牛街清真超市经营情况和回民幼儿园教育工作，走访牛街礼拜寺并与民族宗教界人士座谈，市领导吕锡文、赵凤桐参加调研，区领导王宁、王少峰、章冬梅、梁昌新、程军、郭怀刚、王旭、王都伟、陈宁、杜黎彬陪同调研。12月17日，市委第二巡视组进驻西城区开展为期3个月的巡视工作。王宁代表区委领导班子述职述廉。王少峰代表区政府领导班子述职述廉，区四套班子领导、法检两长、处级领导干部、“两代表一委员”（党代表、人大代表、政协委员）、廉政监督员等300余人参加巡视工作动员会议。12月19日，市领导王安顺带队检查区党风廉政建设责任制落实情况，到区综合行政服务中心查看业务受理情况，区四套班子领导陪同检查。12月20日，市政协领导沈宝昌到天桥演艺区调研，听取演艺区规划建设情况的汇报，东城、朝阳、丰台、通州等12区县政协领导参加，区政协领导曹长胜、梁昌新、沈桂芬陪同调研。12月21日，市领导吉林到西长安街街道义达里社区查看老旧小区封闭式管理等基层平安建设情况，到什刹海街道查看什刹海街道综合服务大厅、司法所、综合指挥中心运行情况，召开平安建设工作座谈会，区领导王少峰、杜灵欣、陈思源、吴铁男陪同调研。

（张子晋）

【区委十一届二次全会】 2月2日，区委召开中共北京市西城区第十一届委员会第二次全体会议，区委书记王宁主持。会议审议通过西城区参加党的十八大代表候选人推荐人选。大会应到区委委员41名、候补委员9名，实到区委委员39名、候补委员9名。区委常委、组织部部长章冬梅作关于党的十八大代表候选人推荐提名及建议人选情况的说明。会议以举手表决的方式通过了西城区参加党的十八大代表候选人推荐人选。根据全会表决结果，王宁、柳茹、沙秀华将作为西城区参加党的十八大代表候选人推荐人选上报市委组织部。

（杜洪悦）

【2012年工作动员部署大会】 2月8日，西城区召开2012年工作动员部署大会，区委副书记杜灵欣主持。会议的主要任务是，认真贯彻落实市委、市政府关于2012年工作的各项部署和要求，安排部署全区重点工作，动员广大党员干部群众进一步统一思想、凝聚共识，以更加饱满的工作热情圆满完成全年各项任务，以优异成绩迎接党的十八大召开。区委常委、常务副区长苏东通报区政府2011年度工作目标督查考核结果，对督查考核优秀单位进行表彰。宣布正式建立“5+2”重点功能区建设和重大项目推进工作体制机制。区委书记王宁、区长王少峰与相关单位签订相关工作责任书。区委政法委、区发展改革委、区住房城市建设委、区金融街建设指挥部、西长安街街道作发言。区长王少峰就做好全年工作进行部署。区委书记王宁作总结讲话。

（杜洪悦）

【区委十一届三次全会】 4月9日，区委召开中共北京市西城区第十一届委员会第三次全体会议，区委书记王宁主持。大会应到区委委员41名、候补委员9名，实到区委委员37名、候补委员7名。会议选举产生西城区出席北京市第十一次党代会代表候选人预备人选；审议通过《中国共产党北京市西城区第十一届委员会第三次全体会议关于召开中国共产党北京市西城区代表会议的决议（草案）》。

（杜洪悦）

【西城区党代表会议】 4月22日，区委召开中国共产党北京市西城区代表会议，区委书记王宁主持，区委常委、组织部部长章冬梅作《关于西城区出席北京市第十一次党代会代表候选人预备人选推荐提名工作情况的报告》。经过无记名投票，区党代表会议差额选举产生西城区出席北京市第十一次党代会的代表。

（杜洪悦）

【区委常委（扩大）会议和西城区领导干部会议】 7月4日，区委先后召开区委常委（扩大）会议和西城区领导干部会议，传达学习中国共产党北京市第十一次代表大会精神，区委书记王宁主持。区委副书记、区长王少峰传达十届市委工作报告精神和郭金龙讲话精神；区委常委、区纪委书记王力军传达市纪委工作报告精神。

（杜洪悦）

【区委十一届四次全会】 7月20日至21日，区委召开中共北京市西城区第十一届委员会第四次全体会议。会议深入贯彻落实北京市第十一次党代会精神，总结上半年全区工作，部署下半年各项任务。区委书记王宁代表区委常委会作题为《凝心聚力、加快发展，在北京建设中国特色世界城市的进程中争当首善》的工作报告。区委副书记、区长王少峰作关于全区经济社会发展工作的报告。会议分组审议区委常委会工作报告，讨论全区经济社会发展工作报告；审议《中国共产党北京市西城区第十一届委员会第四次全体会议决议（草案）》。在全会第二次全体会议上，区委常委、常务副区长苏东部署下半年区政府重点工作；区委常委、区纪委书记王力军部署下半年全区党风廉政建设和反腐败工作任务；区委副书记、区委政法委书记杜灵欣传达全国和北京市维护社会稳定工作电视电话会议精神，部署全区十八大服务保障工作。会议表决通过了《中国共产党北京市西城区第十一届委员会第四次全体会议决议》，王宁作总结讲话。区委委员、区委候补委员出席会议。非区委委员的四套班子领导、区长助理、不再担任区级领导职务的市管干部、全区各单位党政主要负责人、区纪委委员和部分基层党代表列席会议。

（杜洪悦）

【区服务保障党的十八大誓师大会】 10月22日，西城区召开服务保障党的十八大誓师大会，全面启动各项服务保障工作，为党的十八大的顺利召开营造良好环境。区委书记王宁作重要讲话，区长王少峰主持会议。区委副书记、区委政法委书记杜灵欣对全区服务保障党的十八大工作进行部署。西城公安分局、区市政市容委、西长安街街道、西单商场及社区志愿者代表先后发言。区领导向相关单位代表授旗。区四套班子领导、武警二师领导和十八大代表驻地单位领导以及全区各部门，各街道主要负责人、社区志愿者、服务行业代表共1500人参加誓师大会。

（杜洪悦）

【区委常委（扩大）会议】 11月19日，区委召开区委常委会（扩大）会议，区委书记王宁主持。王宁、王少峰在会上分别传达党的十八大和十八届一中全会精神以及市委常委（扩大）会议精神。中央政策研究室《学习与研究》总编辑薛宝生作党的十八大报告解读。区四套班子领导、区长助理，不再担任区级领导职务的市管干部，全区各单位党政主要负责人及正处级常务副职，区纪委委员出席会议。

（杜洪悦）

【区委常委会议】 年内，共召开区委常委会议24次，完成议题125个。其中，重大决策类79个，约占63.2%；常规议题30个，约占30%；干部任免类议题16个，约占12.8%。常委会议贯彻落实党的十八大和市委第十一次党代会精神，以科学发展为主题，以加快转变经济发展方式为主线，就保持经济平稳较快增长、进一步改善民生、加强党的建设、加强区委常委会自身建设、做好党的十八大服务保障工作等重大问题进行深入研究，做出了一系列决策和部署。常委会议集体学习了党的十八大和市委第十一次党代会精神等，讨论通过了西城区相关的贯彻实施意见；研究制定了《区委区政府关于组建五个指挥部与成立充实两个办公室的通知》《关于加强“全响应”社会服务管理创新信息化建设的指导意见》《关于进一步加强街道统筹辖区发展、规范日常管理的指导意见》《西城区创建北京市建设学习型城市示范区实施意见》《中共北京市西城区委重大事项决策规则》《西城区委党群互动网络平台工作规则（试行）》《实施“非公有制企业党建活力工程”进一步加强和改进全区非公有制企业党的建设工作的意见》《开展社区党的建设“三级联创”活动的实施意见（试行）》《中共北京市西城区委、北京市西城区人民政府关于改进工作作风、密切联系群众的实施意见》；研究部署全区“三定”工作、促进区域产业发展的政策体系工作、党的十八大维稳安保工作、开展“访民情、听民意、解民难”工作、西城区调研员选拔任用工作方案及2012年西城区副处级后备干部补充调整工作等全区性重大工作。

（杜洪悦）

区委办公室工作

【概况】 中共北京市西城区委办公室（简称区委办）是区委的综合办事部门。内设综合科、会议科、信息科、文秘科、行财科、区委权力公开透明运行办公室、离退休干部科、区委督查室、区委机要局（区密码管理局），在职人员59人。年内，区委办公室加强学习、凝心聚力，提高领导班子成员理论素养和工作本领；以增强服务能力为立足点，坚持服务发展，充分发挥办公室在促进区域发展中的统筹协调作用；坚持服务决策，充分发挥办公室在决策部署中的参谋助手作用，坚持服务落实，充分发挥办公室在推动工作中的协调督促作用；以党支部建设为依托，加强办公室内部建设和干部队伍建设；坚持廉洁民主，营造了风清气正的工作环境。保质保量完成区委交办的各项任务，得到各级领导和广大干部的充分肯定。

地址：西城区二龙路27号

邮编：100032

电话：88064211

（梁建平）

【综合工作】 围绕全区办公系统协调联动机制，加强与区政府办公室对口科室全面对接，做好每月区委、区政府、区人大、区政协、区纪委、区外联办“六办”主任会议，每周一区委、区政府、区人大、区政协“四办”主任早餐会，统筹安排好全区重大会议活动，做好各级领导调研服务工作，服务保障中央、市委领导调研活动19次，区级领导调研座谈41次，做好区委办公室内部的应急职守、组织人事和印章管理等服务保障工作。

（梁建平）

【会议服务与管理】 全年组织筹备区委常委会议24次、专题会议13次、书记碰头会24次，组织服务上级电视电话会议、全区领导干部会等区级重要会议21次；完成3次区委全会、1次区党代表会议。起草了《区委常委会2012年工作要点》和《区委常委会2012年议题计划》，并以此为依托，重点抓好上会议题的审核、管理工作，及时编发区委常委会、专题会会议纪要。组织安排40名党代表、人大代表、政协委员列席区委全会和区委常委会重要议题，参与区委决策，有效地拓宽了代表、委员的履职途径。完善区委常委会、专题会、书记碰头会、全区重要会议的审批和服务工作规范，有效提升会议服务专业化、规范化、精细化水平。

（杜洪悦）

【信息工作】 年内，深入贯彻落实中央办公厅《关于加强和改进党委信息工作的意见》以及中央八项规定要求，着力增强服务的针对性和有效性，提高信息反映区域发展动态情况的广度和深度，切实发挥好信息服务领导决策的参谋助手作用，共向市委信息处报送信息1200余条，被《北京信息》采用200余条，多条信息获得市领导批示和优秀信息称号；编发区内《西城信息（普刊）》《今日报纸摘要》信息刊物450余期、刊登信息10000余条。同时适应新阶段工作需要，创新工作思路，于3月1日起对《西城信息（普刊）》进行了整体改革，加大出刊频率，由原来工作日两天刊发一期改为工作日每天一期；在内容结构上，对领导活动栏目进行优化调整，对区内重要工作动态进行集中反馈，对全区具有借鉴价值的信息亮点进行重点挖掘和刊登，使刊物更加适应辅助领导决策、交流部门经验、指导基层工作的定位和需要。

（贾　刚）

【文书工作】　年内，审核制发京西发19件，京西办发72件，京西文25件，京西办文4件，京西函4件，京西办函4件，京西办字3件，西办通报11期，无号文8件，共计150件。共处理各类文件6500余件，其中有区委主要领导和区委办公室主要领导批示文件831件，处理涉密文件152件，处理区委主要领导、区委办公室主要领导来信161件，确保公文流转及时、准确、有效。本年度区委办公室向区机关文档中心移交上一年度归档文件共计752件。

（胡怿瀛）

【行政财务工作】　制定和完善了一系列财务工作规章制度并严格予以执行，加强了对现金及三公经费的科学管理，对财务工作实行规范化、流程化管理。科学合理做好财政预算的报送和管理工作，定期核对财务信息。对办公用品进行数据化管理，建立信息台账，及时了解各部门的新增设备和即将淘汰设备，有针对性地进行采购，做到所备用品科学合理、避免浪费，力争实现办公用品、办公耗材使用效能最大化，出入库须履行相应手续，入库要验收核实，出库要领取人签字。统筹兼顾做好车辆管理工作。完善和落实区委车辆维修、加油、使用等管理制度，保障领导和办公室工作正常用车。

（王　林）

【区委权力公开透明运行】　10月17日，北京市第一家权力公开透明运行网站“西城党建”网成立，实现区党代会、区委全会、区委常委会和区委各部门权力网上公开。推进区委权力公开工作的制度化建设，制定《中共北京市西城区委重大事项决策规则》，使各项规则更加明确，在决策议题、成果公开公示、决策落实监督等方面有所创新。结合“西城党建”网的建立，实现了对社会公开区委常委会议题、列席人员、重大决策，开辟了党代表、人大代表和政协委员网上申请列席重大议题的渠道。建立区委党群互动平台，通过电子信箱、手机短信、网上民意征集等多种渠道，集聚民智、汇聚民意。

（陈　曦）

【督查与建议提案办理】　年内，区委督查工作围绕市委、区委的重要决策，按照市委、区委主要领导的批示精神，分阶段对全区重点工作任务和专项工作进行督查，按时完成23项区委重点工作、6项市委和区委领导重点批示事项的承办工作。做好督查刊物编辑工作，全年共开展联合督查10次，编辑各类督查刊物42期（含普刊4期、专报26期）。办理建议提案55件，其中政协党派团体提案24件，至5月底，提案办理工作已全部完成，办结率为100%。

（王　琪）

【老干部工作】　落实干部政治待遇，坚持每月一次专题学习活动，为老干部搭建施展才华的平台和园地。以《支部工作简讯》为平台，共编辑出版13期，刊登稿件108篇。其中许多稿件被《北京老干部支部生活》《北京西城报》《西城回眸》和区思想政治工作研究会《会刊》等报刊杂志刊登。党的十八大召开前，组织老干部参与全市《党建知识竞赛》，组织老干部“写寄语、说心声”活动。严格执行老干部生活待遇各项政策，对于中央、市委和区委关于提高离休干部生活待遇的各项政策规定，及时予以贯彻落实。

（李艳玲）

组织工作

【概况】　中共北京市西城区委组织部（简称区委组织部）是区委主管党的组织工作、干部工作和人才工作的职能部门。内设办公室、干部任免科、干部管理科、干部监督科、组织科、组织指导科、党员教育科、干部教育科、人才工作科、调研宣传科、机关人事科。在职人员52人。年内，全区各级党组织和组织部门围绕新的发展目标，抓住战略机遇期，不断提高组织工作科学化水平，以学习贯彻党的十八大精神为契机，加强班子配备和干部教育培训，提高领导区域科学发展的能力；深化干部人事制度改革，提高选人用人公信度和组织工作满意度；深入开展基层组织建设年活动，扎实推进基层党建工作；实施人才发展规划，推进“世界高端金融人才聚集区”建设；强化组织部门自身建设，发挥部门优势，为实现西城区“十二五”发展目标、建设中国特色世界城市示范区提供坚强组织保证。

地址：西城区二龙路27号
邮编：100032
电话：88064079

（胡　彬）

【创先争优表彰和总结工作】　6月下旬，全区创先争优表彰大会召开，9月下旬，全区创先争优活动总结大会召开。在全区创先争优活动中，建立健全区级层面创先争优长效机制36项。各级党组织以“党员风采”和“党员心声”为平台，不断转化创先争优理论征文活动成果；以人民满意为目标，继续抓好窗口单位和服务行业为民服务活动；以老旧小区改造为契机，推动机关和党员干部深入基层、帮扶结对工作；以“我身边的先锋”评选表彰为契机，开展丰富多彩的“七一”活动。开展区级100个基层党组织和100个优秀共产党员推选工作。完成北京市创先争优先进基层党组织和优秀共产党员候选对象的推荐上报工作，其中西长安街街道工委被中央评为全国先进基层党组织。

（刘开平）

【处级领导班子和干部队伍建设】 年内，对各级领导班子功能和结构进行研究分析，配强处级正职、优化班子结构，加强对重要部门、关键岗位和长期在同一职位任职干部的交流力度。根据新“三定”方案，重新核算了各部门领导职数及非领导职数，严格审核各类职务任职资格。完成562名处级干部的调整任免工作。其中，提任154名，交流240名，免职、退二线及办理退休57名，办理提前退休82名、离岗休息29名。采取组织推荐、综合测试、民主测评和组织考察等程序，公开选拔202名干部充实到副处级后备干部库。完成10名年轻干部到市级机关锻炼，11名后备干部和优秀科级干部到区信访办挂职锻炼，6名后备干部到区委巡视组挂职锻炼的选派工作。根据区委、区政府工作部署，集中抽调140余名干部组建“西黄工程”指挥部，在重大工程中进一步培养、锻炼干部。在全市率先研发了领导干部选拔任用全委会扩大范围内民主推荐系统、处级干部选拔任用民主测评系统及处级领导班子与领导干部年度考核测评系统，提高了工作效率和准确性，市组织工作信息化建设工作会推介了西城经验。全年共接待新疆和田、贵州遵义、广西柳州、黑龙江齐齐哈尔、黑龙江方正、吉林延吉、云南红河等地区来西城挂职干部15批次75名。

（袁　泉）

【选配“5+2”机构干部】 根据区委、区政府关于成立、充实“5+2”机构（金融街建设指挥部、天桥演艺区建设指挥部、德胜科技园管委会、大栅栏琉璃厂建设指挥部、什刹海阜景街建设指挥部、区重大项目建设指挥部办公室、城市环境建设委员会办公室）的工作部署，制定“5+2”机构人事工作方案，制定《西城区“5+2”机构管理暂行办法》，从全区抽调39名处级领导干部，组建“5+2”机构领导班子；抽调120余名后备干部和优秀年轻干部充实到各机构；协调有关单位指导各机构的党组、党支部及工会的建设工作。

（袁　泉）

【深化干部人事制度改革】 研究制定《西城区处级干部选拔任用工作流程》，确立动议、提名酝酿、民主推荐、组织考察、形成建议方案、征求意见、讨论决定、任前公示、任职9个环节，形成干部选拔任用工作完整的程序链条，细化工作内容和工作步骤，突出法规性和约束力。5月，面向全区组织开展15个副处级领导职务的竞争上岗工作，15名干部脱颖而出；8月，按照市公选办统一安排，拿出4个副处级职位面向全市公开选拔年轻领导干部，3名干部走上领导岗位。

（王　震）

【严肃换届纪律工作】 为确保党的十八大代表选举和市级换届工作的顺利进行，按照京组通〔2012〕81号文的要求，区委组织部制定《西城区在市级人大政府政协换届中进一步严肃换届纪律工作方案》，并在区委常委会和区人大常委会主任办公会上，由区委和区人大主要领导再次强调换届纪律。区委组织部为营造风清气正的换届氛围，在《西城报》上开辟专栏，刊登换届纪律要求以及换届风气考核指标体系；在BTV新闻频道《缤纷西城》栏目中播出西城区制作的严肃换届纪律公益宣传短片；在区门户网站和政务网上向广大群众公开换届纪律及举报方式；在全区各单位办公场所，中央、市级驻区机关周边以及区人代会会场，张贴市委组织部印发的严肃换届纪律宣传彩报；通过《西城组工手机动态报》短信平台，向相关人员发送严肃换届纪律宣传短信。

（石　鹏）

【干部选拔任用满意度调查】 为配合中组部6月份开展的全国组织工作满意度民意调查，4月底至5月中，区委组织部委托区统计局对区属各单位进行了一次组织工作满意度民意调查。参照中组部做法，以随机抽样、入户调查的方式对全区104家单位（77家党政机关、12家事业单位、15家企业单位）进行组织工作满意度民意测评，按照比例共抽取1898个有效样本。区委组织部向各单位反馈了调查结果，并督促相关单位认真查找问题，改进工作。

（石　鹏）

【“一报告两评议”工作】 12月，在区属有干部任免权的党政机关、街道、企事业单位开展干部选拔任用“一报告两评议”工作。全区305家单位，13595人参加评议工作，测评新选拔任用科级领导干部1041名，收到意见建议289条，其中区管班子94个，参评人数3954人，测评新选拔任用科级领导干部775名。区委组织部、区国资委、区教育工委、区卫生工委及时向被评议单位书面反馈民主评议结果和评议中收到的意见建议，各有关单位相继提出整改措施。

（石　鹏）

【干部教育培训】 全年共组织60名局级领导干部108人次（10期主体班次9人次；23期专题班次99人次）参加市委组织部等部门举办的主体班、专题班次的培训学习，全部完成调训总任务量。组织全区局级领导干部全部完成40学时以上的在线学习培训任务量，参加学习率和完成任务率均达到100%。区委、区政府理论学习中心组集中学习17天次。12月，根据市委组织部《关于开展全市干部教育培训考核工作的通知》要求和部署，对2008年至2012年期间的干部教育培训工作进行了总结。

（张亚男）

【专家联谊会】 1月16日，西城区举办专家联谊会暨优秀人才新春慰问专场音乐会。活动由区委常委、组织部部长章冬梅主持；区委书记王宁到会并向各位专家、优秀人才致以新春的问候。区委常委、常务副区长苏东介绍区情并致辞。区领导王力军、王都伟，市委组织部及市海外学人中心有关领导参加活动。

（黑　毅）

【“西城百名英才”表彰会】 2月28日，西城区召开首届“西城百名英才”表彰大会。王功伟等4人获“西城杰出人才”称号、于启春等76人获“西城突出贡献人才”称号、丁芬等20人获“西城优秀青年人才”称号。

（黑　毅）

【优秀人才项目资助】 全年共有10人获得北京市优秀人才个人项目资助，资助金额共33万元。其中医疗卫生类4人，高新技术类3人，教育类2人，文化类1人。同时继续做好区级优秀人才项目资助工作。全区共收到项目申请204项，其中集体项目11个、个人项目193个。在评审过程中，区委组织部着眼于区域经济社会发展，着眼于人才队伍建设，着眼于区域、区属人才协调发展，邀请相关领域的专家，召开区优秀人才资助专家评审会，共确定102个资助项目，其中集体项目5个、个人项目97个，资助金额355.5万元。

（黑　毅）

【政工职评】 年内，经北京市思想政治工作高级专业职务评审委员会评审同意，全区共有2人取得高级政工师任职资格。经西城区思想政治工作中级专业职务评审委员会评审，北京市思想政治工作专业职务评定工作领导小组办公室审核同意，27人取得政工师任职资格。经各单位思想政治工作初级评审委员会评审，西城区思想政治工作专业职务评定工作领导小组办公室审核同意，15人取得助理政工师任职资格。

（黑　毅）

【“世界高端金融人才聚集区”建设】 在北京加快建设中国特色世界城市的进程中，西城区提出在金融街建设“世界高端金融人才聚集区”的构想，获得市委组织部高度重视，将其作为首都建设世界高端人才聚集之都的一个重要阵地和首都中长期人才发展规划近中期的一项重要任务。5月，区委常委、区委组织部部长带队赴上海、无锡等地考察人才金港、上海人力资源服务产业园区、无锡530计划。9月，组织召开“世界高端金融人才聚集区”建设座谈会，完善相关实施意见及配套政策，并向市委组织部作专题汇报。

（黑　毅）

【建立社区纪检组织】 上半年，全区15个街道的255个社区党组织进行了换届选举工作。248个社区全部以公推直选方式、差额选举产生社区党委224个，社区党总支24个，社区党支部7个；为加强社区党风廉政建设，规范监督社区事务，首次在全部社区选举产生了纪检组织，其中社区纪委239个、纪检组16个，选出社区纪委委员732名，实现了纪检组织的全覆盖；为推进区域化党建工作，突破社区党建“封闭单一”的传统模式，适应社区发展的新变化和新要求，在215个社区设立了席位制“大党委”，推荐任命了619名席位制委员。

（潘　鑫）

【基层组织建设年】 按照中央和市委的精神要求，围绕“强组织、增活力、创先争优迎十八大”这一主题，以“抓落实、全覆盖、求实效、受欢迎”为目标，通过开展“三建三树”活动（建实党的基层组织，树典型示范点；建好党员队伍，树先锋新形象；建强基层党组织负责人队伍，树优秀带头人）、实施“四力联动”工程（能力驱动、合力互动、动力推动、引力带动），深入推进基层组织建设年工作。着力抓好基层党组织分类定级工作，全区2772个参与定级的党组织中，评定为“好”的党组织1169个，评定为“较好”的党组织1480个，评定为“一般”的党组织122个，评定为“较差”的党组织1个。组织全区基层党组织书记全员轮训；完善党组织活动场地和经费保障机制；深入推进非公有制企业党建工作，扩大党的组织和党的工作覆盖面；构建区域化党建工作格局。

（潘　鑫）

【“三级联创”工作】 按照市委组织部、市委社会工委的相关要求，以迎接党的十八大和学习贯彻党的十八大精神为主线，以“基层组织建设年”为契机，以争做党建示范区为目标，开展社区党的建设“三级联创”活动（按照全市统一部署，各区县党委、街道党工委（乡镇党委）、社区党组织依据“领导班子好、党员队伍好、工作机制好、工作业绩好、群众反应好”的创建标准，开展社区党建工作）。年底，“三级联创”活动情况的考核工作在明确街道工委和社区党组织主体责任的同时，将各委办局参与社区党建工作也纳入考核评价范围，与以往的“双向述职”“三评一考”工作以及区委社会工委的街道党建工作绩效考核紧密结合，同时注重外部评议，广泛吸收党员群众参与测评打分。考评成绩与评优奖励工作挂钩，推动全区党建工作上水平。

（潘　鑫）

【基层党内民主建设】 落实党代表列席区委重要会议制度，组织区党代表列席区委全会、区委常委会、区委专题会议等区委重要会议7次，组织党代表参与区委、区政府班子的“一报告两评议”工作。开展党代表建言献策和党课征集评选活动，全年共收到党代表个人或联合提出建议86条，党课材料26篇。6月，以“认真履行代表职责、积极推进党内民主”为主题，开展基层党代表集中培训，180余名党代表参加培训。

（冯永志）

【党员发展】 按照“控制总量、优化结构、提高质量、发挥作用”总要求，严把党员发展质量关。全年有入党积极分子6285人，列入党员发展对象1424人；发展党员981人，其中女性574人，占58.6%；少数民族64人，占6.5%；35岁以下601人，占61.3%；大专及以上学历810人，占82.6%；生产一线的765人，占78%；非公有制经济单位93人，占9.5%。在党员发展过程中，全面规范发展程序，严格执行发展党员预审制、公示制和票决制。全年转入党员986名，转出党员355名。办理出国党员56人次。

（张丽杰）

【党员教育培训】 年内，完成积极分子和新党员培训共230余人次，全区26个党（工）委中教育工委、卫生工委、国资委等8个党（工）委完成14656人次的培训任务。各基层党组织结合各自实际，拓展方式方法，据不完全统计完成了近8万人次的普遍培训任务。结合创先争优活动，在不断深化区委、党（工）委和基层党组织三级教育培训机制的基础上，严格落实《2012年党员教育年度工作要点》。开展“喜迎十八大，共建新西城”主题活动；各党（工）委组织了“党建展示周”“我身边的先锋”等教育活动；各基层党组织通过《手机报》、电教播放点、“党建微博”、QQ社区、“党建手册”等形式，保证普遍教育全覆盖，有效提高了党员教育培训的时效性。

（刘开平）

【党内激励关怀帮扶】　元旦、春节期间，区级帮扶慰问困难党员342人，慰问新中国成立前老党员92人，共支出93万余元。指导全区各级党组织帮扶慰问生活困难党员、优秀党员和新中国成立前老党员，据不完全统计，全区两节慰问人次达到2560余人次，慰问资金达580万余元。“七一”期间，区级帮扶慰问困难党员336人，慰问新中国成立前老党员85人，共支出资金121万余元。指导全区各级党组织帮扶慰问生活困难党员和新中国成立前老党员，据不完全统计，全区“七一”期间慰问人次达到3600余人次，慰问资金达530万余元。全年发放新中国成立前入党未享受离退休待遇老党员生活补助，共59万余元。2012年度“共产党员献爱心”活动共有4万余人参与捐献活动，共捐款282万余元；7月24日，西城区启动向“7·21”特大自然灾害受灾群众献爱心活动，区委组织部迅速部署，全区各级党组织在全区设立多个临时捐款点，有7万余人参与捐献活动，接收捐款246万余元。

（刘开平）

【公务员全员库建设】　7月13日，市委组织部召开了北京市公务员管理信息系统建库工作动员部署暨技术培训会，要求各区县委组织部在10月份之前完成干部全员库的维护并向市委组织部上报数据，以支持中组部建设公务员全员库的工作。区委组织部根据会议精神，制定了人员信息维护工作计划，与区人力社保局合作，组织全区共190家单位维护干部全员库中的人员信息，共涉及全区干部6759人。区委组织部负责最终审核校验信息中的问题并进行反馈处理，保证了在市委组织部要求的时限内完成信息的上报工作。

（韩晓鹏）

【制定部内“三定”方案进行人员定岗】　4月，根据区编办的要求，起草了区委组织部“三定”方案，经过与区编办反复磋商修改，形成《中共北京市西城区委组织部主要职责内设机构和人员编制规定》，由区编办正式发文。根据编制规定，直接任命了符合条件的7名科长和4名副科长。对3个正科职和5个副科职进行了竞争上岗，组织部内39名干部报名参加，经过笔试、面试、测评、考察等竞争上岗工作程序，经过部内领导研究确认后对8名干部进行任命，为各科室配齐领导干部。12月，经过民主推荐，提拔5名干部为主任科员，优化了组织部内的干部结构。

（韩晓鹏）

【课题调研工作】　根据市委组织部重点调研课题，研究确定全区组织系统提高选人用人公信度、加强领导班子思想政治建设、推进非公有制企业党建工作等调研方向。组织完成重点调研课题《建设“世界高端金融人才聚集区”的研究与实践》。组织全区组织系统开展课题调研和案例调研，完成课题62篇，其中调研课题24篇、案例调研38篇。

（冯永志）

【组工信息工作】　年内，召开信息员培训工作会3次、专题策划会3次。全年共收到、处理基层信息1300余条，编发稿件500余条；向市委组织部上报周报48期，工作信息60余条，被市委组织部刊发22条。改版《西城组工动态》，优化版面设计，扩大信息容量，增加“内容提要”导读，精心设计“要闻链接”“工作动态”“思考与创新”“简讯快递”和“红色记忆”等栏目，全年编发《西城组工动态》28期；扩大手机版组工动态发送范围，按照不同受众定制相应信息内容，全年编发手机信息48期。

（冯永志）

【组织工作宣传】　年内，确定41项组织工作宣传信息要点。完善《中共北京市西城区委组织部关于进一步加强和改进组织工作宣传的实施意见(试行)》，修订组织工作新闻发布制度、信息工作方案以及网络宣传舆情应对方案，制定并实施信息员、网宣员管理、组工微博使用、网宣设备等具体管理办法。加强网宣和舆情应对工作，累计上报舆情监测信息300余条，网站跟贴、发贴千余篇，撰写并发表原创网评文章90余篇，组织网络宣传员培训2次；结合组织系统创先争优活动，与人民网合作开展“一迎双争”（迎接党的十八大，争当“三服务”优秀标兵，争创“两满意”模范部门）主题微博大赛，发表微博1000余篇。统筹各类媒体资源，加强与各媒体的日常沟通和联系，围绕竞争性选拔、第一届“西城百名英才”表彰、基层组织建设年活动的开展和组织工作满意度提升进行了专题宣传，在国家级媒体宣传6次，市属媒体宣传16次，区内媒体宣传40余次。

（冯永志）

【组工干部队伍建设】　以迎接党的十八大召开为主题，在全区组织系统开展争当“三服务”（坚持为党和国家工作大局服务，为党员、干部和各类人才服务，为人民群众服务）优秀标兵，争创“两满意”（使组织工作让全党满意、让人民满意）模范部门活动。按市委组织部和区委组织部要求，同部内组室密切配合，研究制定组工干部大讨论、大培训等各项活动方案，逐项协调落实。同街道和社区进行沟通，落实区委组织部领导班子成员联系基层活动方案，确定班子成员基层联系点。组织开展新一轮谈心谈话活动，深入掌握情况、主动倾听意见。

（王　震）

【党员电教工作】　通过配置终端远程

电教设备、建立网络连接，在全区255个社区开展“现代远程教育进社区”工作，借助北京长城网这一网络平台，在各基层党员电教播放点开设“点播课堂”，服务社区党员群众。在已经建立党组织的非公有制企业、新社会组织建立党员电教播放试点6个。做好日常对部内重大活动影像资料的记录与存档工作，以及对基层拍摄制作电教片的收集、评审、整理工作，丰富了全区党员干部现代远程教育教学资源。9月，采取区、街两级培训的形式，举办了一期现代远程教育课件制作人员和终端站点管理员示范班。

（冯永志）

【“大组工网”建设】 在区委组织部内配置大组工网终端接入设备，实现网络覆盖“全员化”，单独屏蔽布线104个信息点，为在编的50名干部配置了专用终端电脑设备，安装了客户端软件与数字证书，全员接通“大组工网”。举办各类讲座，实现业务培训“日常化”。全年向基层党组织发放《北京党员电教》学习资料2000余册。在远程教育进社区工作中，组织15个街道的近百名社区工作者进行远程教育站点管理员与远程教育课件制作的培训。

（冯永志）

宣传工作

【概况】 中共北京市西城区委宣传部（简称区委宣传部）是区委主管意识形态工作的职能部门。内设办公室、理论教育组、宣传舆情组、文化组（文创组）、对外宣传组（区新闻办公室），在编人员23人。区文化创意产业领导小组办公室、区外宣工作领导小组办公室设在区委宣传部，区新闻中心归口区委宣传部管理，区精神文明建设委员会办公室挂靠区委宣传部，区文联、区社科联在区委的领导下由区委宣传部指导工作。年内，全区宣传思想文化工作坚持以邓小平理论和“三个代表”重要思想为指导，深入贯彻落实科学发展观，牢牢把握迎接学习宣传贯彻党的十八大这条主线，牢牢把握北京精神这个灵魂，牢牢把握发挥全国文化中心示范作用这个使命，牢牢把握确保首都意识形态安全这个职责，立足服务区域科学发展，突出体现宣传思想的深刻性、宣传方式的创新性和宣传内容的广泛性，为党的十八大胜利召开，为建设“活力、魅力、和谐”新西城、建设社会主义和谐社会“首善之区”提供了强大的思想保证和精神动力。

地址：西城区二龙路27号
邮编：100032
电话：88064083

（谭凌子）

【打造学习型理论中心组】 区委、区政府理论学习中心组学习工作积极探索“四三二一”工作体系：“四”是坚持系统性、实践性、前瞻性、求同性工作原则；“三”是在学习内容安排上做到“三个体现、三个同步”；“二”是坚持局级和处级中心组两级联动机制；“一”是努力建设一个善于学习、坚持调研、科学决策的学习型中心组。全年邀请知名专家学者重点组织了“党的十八大精神解读”“学习胡锦涛7·23讲话精神”“学习贯彻市第十一次党代会精神”“政府执行力建设”“钓鱼岛问题及台海形势”等一系列专题学习18场，编辑刊发《学习参考》22期，编发《西城宣传》6期。

（李佩霖）

【党的十八大精神集中宣讲】 印发《西城区党的十八大精神学习宣讲工作方案》，成立由区委常委、宣传部部长王都伟任组长，各系统、各街道主管领导为成员的学习宣讲工作领导小组，设立学习宣讲工作办公室。组建由区党的十八大代表及知名专家学者组成的“西城区学习贯彻党的十八大精神宣讲团”，区委书记王宁亲自担任团长，面向全区广泛开展宣讲活动。全区共举办理论宣讲报告会136场，座谈会200余场，百姓宣讲团巡回宣讲55场，开展各类集体学习活动1400余次，直接受众达10万余人次。

（李佩霖）

【大众理论宣讲工作】 调整区委讲师团，召开区委讲师团工作座谈会，围绕全区中心工作，结合干部群众实际需求，开展贴近实际、贴近群众、贴近生活，形式多样、内容丰富的理论宣讲活动，全年宣讲200余场，受众近6万余人；坚持面向基层举办“西城讲坛”，邀请专家到“西城讲坛”为听众授课，同时主动深入社区、学校、部队等单位举办讲座；“展讲结合”的新型宣讲模式，以实物展览与讲座相配合，使听众更加深入理解宣讲内容；借助多媒体技术，把重点、经典的讲座内容拍摄、编辑后挂在网上，以便更多观众分享。全年共举办讲座300余场，受众3万余人。

（李佩霖）

【区中小学生消防安全教育宣传周】 3月22日，中国消防博物馆与区委宣传部、区委教育工委联合组织了西城区中小学生消防安全教育宣传周活动。近千名中小学生分批到中国消防博物馆参观、体验，增强了消防安全意识，学会了简单识别、查找、消除火灾隐患的方法,提高了疏散逃生和应急避险能力。

（孙丽莉）

【百姓宣讲“双十佳”活动】 4月23日，区委宣传部启动西城区百姓宣讲“双十佳”评选活动。经过对30支百姓宣讲团和170名百姓宣讲员的评审，评选出西城区百姓宣讲“十佳百姓宣讲团”和“十佳百姓宣讲员”。6月至8月，从全区选拔出的2个百姓宣讲团和3名百姓宣讲个人参与全市百姓宣讲“双十佳”评选活动，其中“多彩人生文化志愿者宣讲团”获十佳宣讲团称号、张迪获十佳宣讲员称号；“西城区红十字会天使圆梦宣讲团”获优秀宣讲团称号，张大诺、熊燕获优秀宣讲员称号；区委宣传部获优秀组织奖、百姓宣讲微博给力奖；孙丽莉获优秀组织员奖。

（孙丽莉）

【舆情信息工作会】 5月24日至25日，区委宣传部组织召开2012年舆情信息工作会。区直机关工委、区委社会工委、区委卫生工委、区委教育工委、区国资委等45家单位以及全区15个街道主管舆情信息工作的领导和宣传工作负责人参会。

（杨海鹏）

【爱国主义教育基地】 6月，北京宣南文化博物馆、区档案馆、中国消防博物馆3家区级爱国主义教育基地被命名为市级爱国主义教育基地。14日至15日，区爱国主义教育基地工作会召开，推进全区爱国主义教育基地工作。

（黄 炎）

【学习市十一次党代会精神百姓宣讲活动】 7月至8月，全区组建“西城区学习宣传贯彻市十一次党代会精神宣讲团”30余个。市党代表柳青、宿敏及多位百姓宣讲员代表走进社区、学校、军营、医院、企业、机关，采用报告会、文艺演出、论坛等多种形式为老字号企业家、武警官兵、妇女代表、社区居民宣讲市党代会精神，共开展市党代会精神百姓宣讲活动120余场。

（宫 文）

【“党在百姓心中”百姓宣讲活动】 9月10日至11月7日，开展迎接党的十八大“党在百姓心中”百姓宣讲团全市巡回宣讲活动，由西城区“多彩人生文化志愿者宣讲团”和“红十字会天使圆梦宣讲团”组成的北京市迎接党的十八大“党在百姓心中”百姓宣讲团第一分团赴全市各区县、各系统，并深入辖区各街道、学校、医院、企业等地，进行宣讲。12月17日至31日，区文化工作者宣讲团作为北京市学习宣传贯彻党的十八大精神百姓宣讲团第六分团赴全市16区县及各市属委办局开展为期一个半月的全市巡讲活动，共宣讲50余场，受众万余人。12月24日，举办西城区学习宣传贯彻党的十八大精神百姓宣讲专场报告会。会上播放了全区百姓宣讲活动宣传总结回顾片，并对“党在百姓心中”百姓宣讲“双十佳”评选活动进行了表彰，30支学习宣传贯彻党的十八大精神百姓宣讲团被授予锦旗。

（宫 文）

【中秋群众文化活动】 9月28日，市委宣传部、市文化局和区委、区政府联合在月坛公园举办“月满人间”——2012年西城区中秋游园赏月活动。市、区相关领导与群众共同观看文艺演出和祭月盛典，体验中华传统文化，共度中秋佳节。

（孙丽莉）

【舆情监测平台搭建项目启动】 11月，区网络舆情监测平台搭建项目通过全区信息化项目审查，正式启动。

（李 萌）

【北京金融街建设与发展20周年展览】 11月20日至12月31日，由区委、区政府主办，区委宣传部承办的北京金融街建设与发展20周年主题展览，在金融街B7大厦四季花厅展出。

（孙丽莉）

【《鲁迅与西城》展览】 12月4日，北京鲁迅博物馆和区委宣传部共同主办的《鲁迅与西城——纪念鲁迅进京100周年》展览在北京鲁迅博物馆、北京市一五九中学同步展出，之后在鲁迅中学等学校进行巡回展出。

（黄 炎）

【建立新闻宣传四项基本制度】 7月，区委宣传部建立了全区新闻选题报送、新闻发布制度、新闻报道季度通报考评制度、新闻发言人联席会和新闻选题会商制度，正式印发《关于进一步加强新闻发言人制度建设的意见》（京西宣发〔2012〕9号）。

（巨 菲）

【建立“5+2”机构新闻发言人制度】 区委宣传部于4月将“5+2”机构纳入到全区新闻发言人队伍，旨在为全区重点功能区和重点项目发展营造良好舆论氛围。根据指挥部的各自特点，区委宣传部指导协调建立应对媒体规范流程、新闻发布应急处置流程及方法，服务全区重大项目顺利开展。

（巨 菲）

【新闻发言人培训班】 10月，区委宣传部、区委组织部首次联合清华大学新闻与传播学院举办2012年北京市西城区新闻发言人培训班。旨在提高区新闻发言人培训工作的科学化、系统化、专业化水平。全区各街道和重点委办局新闻发言人40余人参加此次培训工作，全部获得清华大学新闻与传播学院颁发的结业证书，作为西城区新闻发言人上岗凭证。

（巨 菲）

【媒体接待工作】 全年，针对教育、民族、文化生活、医疗卫生、老旧小区及简易楼改造等热点、难点问题，受理媒体的采访申请，共接待媒体280余人次，其中接待阿拉伯国家、东南亚国家、拉美国家等境外媒体集体采访4场次，服务接待境外采访60余人次。11月12日，接待“党的十八大注册记者”到区综合行政服务中心、金融街社区教育学校进行采访报道，来自美联社、法国《世界报》、新华社等境内外媒体60余名记者参加活动。

（巨 菲）

【采访点线建设】 上半年，补充了区行政服务中心、金融街社区教育学校等新采访点，全区拥有“活力西城”“魅力西城”“和谐西城”三大主题板块，人文风采、古都风貌、民族团结、经济发展、文化创意、民生服务、现代风韵等7条采访线，24个采访点，并推荐上报市外宣办采访点18个。

（巨 菲）

【发布突发事件新闻发布应急预案】 2月，《北京市西城区突发事件新闻发布应急预案》（2012年修订）（西应急委发〔2012〕6号）正式发布，为保障全区突发事件新闻发布工作提供了工作依据。全年，共组织各类突发事件新闻发布工作37次。

（巨 菲）

【网络发言工作】 “北京西城”区级官方微博平台累计发布微博超过2000条，粉丝数突破32万个。在国新办、新浪网、人民网舆情监测室等部门对全国政务微博的调查统计中，“北京西城”数次位列全国政务微博前十名。在“7·21”特大自然灾害、“4·1”事故等事件应对中舆论引导有力。

（巨　菲）

【外宣品制作与发放】　2月，中英双语《北京西城》画册正式出版，该画册采取国际化小开本，便于携带；中英双语《西城概况》以统计年鉴数据为基础，利用图文并茂形式展示区域经济社会发展实力和地区社会风貌，于3月初正式发行。全年共发放外宣品近1万册，满足区域形象宣传与对外交往的需要。

（巨　菲）

【《光辉的历程——中央档案馆馆藏档案资料选编》出版发行】　《光辉的历程——中央档案馆馆藏档案资料选编》一书，作为入选新闻出版总署“迎接党的十八大主题出版重点出版物”，由中央档案馆与中共北京市西城区委共同编纂、北京日报报业集团同心出版社出版。该书于10月12日在北京图书大厦举行首发式，并向西城区“创先争优”及学习型党组织先进典型、中小学、爱国主义教育基地代表赠书。

（巨　菲）

【区文化创意产业领导小组工作会议】　4月14日，区文化创意产业领导小组工作会议召开。会议听取关于《西城区文化创意产业发展情况及有关政策制定情况的汇报》，明确下一阶段区文化创意产业的发展方向。区长、区文化创意产业领导小组组长王少峰主持会议，区委常委梁昌新、王都伟出席。区文化创意产业领导小组各成员参加会议。

（史　毅）

【市级文创资金申请】　11月1日至2日，区文创办组织完成2012年度北京市文化创新发展专项资金支持项目申报预审工作。12月21日，市国有文化资产监督管理办公室会同相关部门完成2012年度市文化创新发展专项资金项目评审工作，经专项资金联席会审议通过，支持西城区“新华1949文化金融创新中心”等27个项目，总支持金额为9133万元。

（史　毅）

【参加第十六届北京·香港经济合作研讨洽谈会】　11月5日至6日，西城区组团参加在香港会议展览中心举行的第十六届北京·香港经济合作研讨洽谈会。向香港各界展示了西城区作为首都功能核心区的良好投资环境和美好发展前景，在金融产业和文化创意产业领域的突出优势。京港洽谈会期间，西城区代表团在香港港丽酒店举办了以“合作发展、共赢未来”为主题的“北京市西城区京港合作项目发布会”，深度推介了包括天桥演艺区、新华1949文化金融创新中心等文创项目在内的17个精品项目，总投资金额近400亿元。区领导王少峰、苏东、梁昌新、王功伟，区长助理白力出席项目发布会。

（史　毅）

【区文化创意产业政策性文件】　12月5日，第二十九次区政府专题会召开。会议原则通过《西城区文化创意产业发展指导目录（试行）》《西城区文化创意产业集聚区认定和管理办法（试行）》《西城区文化创意产业项目管理办法（试行）》3个政策性文件，区领导王少峰、苏东、梁昌新等领导出席会议。

（史　毅）

【参加第七届中国北京国际文化创意产业博览会】　12月20日至23日，第七届中国北京国际文化创意产业博览会在国际展览中心举办。西城区集中展示了10个功能街区、2个市级集聚区、8个重点园区、117家企业、近400余个项目和产品，涵盖了全区重点发展的文化演艺、新闻出版、艺术品交易、文化旅游、设计服务5个领域。4天内共接待各界观众近10万人次。

（史　毅）

精神文明创建活动

【概况】　北京市西城区精神文明委员会办公室（简称区文明办）是西城区精神文明建设委员会的办事机构，负责协调承办全区精神文明建设的日常工作。内设综合科、创建协调科、宣传教育及未成年人工作科，编制15人。年内，全区精神文明建设工作以社会主义核心价值体系建设为根本，围绕迎接、学习、宣传、贯彻党的十八大，各项工作有序开展，扎实推进。“讲文明树新风”活动为党的十八大召开营造了良好氛围，道德领域突出问题专项教育治理取得阶段性进展；学习宣传道德模范、身边好人，学雷锋活动常态化开展，“道德讲堂”建设树立了正风正气，吸引广大群众参与道德实践活动；文明城区、文明单位创建提升了市民文明素质和城区文明程度，志愿服务工作机制和领导体制进一步完善，未成年人思想道德建设创新开展，为区域经济社会发展提供了强大的精神动力和智力支持。

地址：西城区广安门南街68号
邮编：100054
电话：83976215

（刘姿含）

【思想道德建设工作】　年内，发掘网络正能量资源，开展“弘扬北京精神——我身边的雷锋”主题征文、西城区“全国道德模范与身边好人”共话文明、西城区“公益文化节”等活动，在全区215个市级以上文明单位开展“道德讲堂”建设活动，聘请草根孝子樊蒙走进西城道德讲堂，探索“身边人讲身边事、身边人讲自己事、身边事教身边人”的道德实践新模式。道德领域突出问题专项教育和治理活动以及“诚信做食品”主题教育实践活动取得初步成效，树立诚信做食品“两街一店——金城坊街、牛街、华天饮食集团”示范街、示范店。志愿服务活动专项经费纳入区级财政支出，广泛开展学雷锋和关爱他人、关爱社会、关爱自然“三关爱”志愿服务活动。马景林等7人获首都精神文明建设奖。以“续写雷锋日记、讲述美德故事”、志愿服务、新童谣等多种活动为载体开展未成年人道德实践，践行北京精神，开展社会主义核心价值体系教育，成立“关心下一代工作志愿服务团”，牛街街道被评为第二届全国未成年人思想道德建设工作先进单位，西城实验小学“乘‘雷锋号’专列，做少年时代先锋”活动被评为首都未成年人思想道德建设工作十大创新案例奖，北京雷锋小学获市级“学雷锋标兵团队”称号。天桥街道坚持30年开展学雷锋活动，志愿服务工作常抓不懈；陶然亭街道以“责任、爱心、诚实、守信、宽容、礼让”为内容的“六德”教育品牌活动持续开展，促进精神文明建设的拓展延伸。文明市民学校教育教学创建学习型城市示范区取得显著成效，促进市民终身学习。金融街、德胜、月坛街道文明市民学校教育教学活动形成品牌特色，培育社区文化。

（刘姿含）

【群众性精神文明创建活动】　年内，西城区精神文明建设委员会全会和全区精神文明建设暨创建学习型城市示范区大会召开，对146个“文明单位”、39个“文明社区”、21个“民族团结文明院”、200户“五好文明家庭标兵”、90名“文明市民标兵”进行了表彰。继续深化文明城区建设，按照首都功能核心区发展要求，在各驻区单位通力合作下，在全区各部门、各街道以及150多万西城人共同努力下，顺利通过全国城市公共文明指数测评检查和国家卫生城区复审，获“2012中国智慧城市示范城区”称号。

（刘姿含）

【志愿服务工作】　不断完善全区志愿服务工作体系和领导机制。先后在全区255个社区成立社区志愿服务工作站，全区重点公共场所设立志愿服务站点。在全区开展“关爱自然、义务植树”志愿服务大行动，审计核定了20个单位和街道关于开展志愿服务活动以及建立相关志愿者组织的申报材料，及时安排经费给予保障，为推动全区范围内志愿服务活动的广泛开展提供支持。研究审议《西城区网络文明传播志愿者管理规定（试行草案）》。全年协调组织网络文明志愿者累计发表微博文章2128篇，发帖1365篇，转帖3129篇，各项工作指标位列全市前列，西城区网络志愿者代表在全市网络文明传播志愿者工作会上做典型发言。

（刘姿含）

【讲文明树新风活动】　迎接党的十八大召开，以环境整治、秩序维护、优质服务为重点，开展多种形式的“讲文明树新风”活动。实施餐桌文明大行动，在宾馆饭店、学校餐厅、机关食堂开展文明就餐，倡导厉行节约，反对铺张浪费。以“绿色出行文明交通从我做起”为主题，组织开展“交通引导百路口”文明引导服务活动，在全区重点大街的22个交通路口与交通民警、交通协管员和社会志愿者配合，开展文明引导宣传，营造路口文明交通秩序，广安门内街道在路口坚持常年开展公共文明引导活动。通过开展专题讲座、主题宣传、知识竞赛、演讲比赛、交流会等活动，持续推进“垃圾减量垃圾分类从我做起”的宣传实践。开展“最美小区、最美街巷、最美院落、最美阳台”评选活动，调动广大市民参与建设西城美好家园的积极性，增强社会单位与居民的文明意识。

（刘姿含）

统一战线工作

【概况】　中共北京市西城区委统一战线工作部是中共西城区委主管统一战线工作的职能部门（简称区委统战部）。内设办公室、党派科、联络科，西城区社会主义学院是区委统战部的直属事业单位。在职公务员23人，工勤1人。年内，全区统一战线工作贯彻落实全国和北京市统战部长会议精神，学习贯彻中发〔2012〕4号、京发〔2012〕7号文件精神，着力加强党外代表人士队伍建设工作，开创全区开展统战工作的良好局面，充分发挥统一战线优势和作用，努力促进区内政党关系、民族关系、宗教关系、阶层关系、海内外同胞关系和谐，凝聚人心、汇聚力量，为全区各项事业发展贡献力量。

地址：西城区二龙路27号

邮编：100032

电话：88064280

（崔萌政）

【党外代表人士队伍建设】　年内，区委统战部贯彻落实《中共中央关于加强新形势下党外代表人士队伍建设的意见》（中发〔2012〕4号文件）和《中共北京市委关于贯彻落实〈中共中央关于加强新形势下党外代表人士队伍建设的意见〉的实施意见》（京发〔2012〕7号文件）文件精神和区委书记王宁的批示要求，采取面向区级加强落实、面向全区加强培训、面向社会加强宣传的工作措施，分层次、分领域在全区开展文件精神和统战方针政策的学习宣传活动。制定《中共北京市西城区委关于加强新形势下党外代表人士队伍建设的实施意见》。10月17日，召开西城区党外代表人士队伍建设工作会议，市委统战部领导、区四套班子主要领导和主管领导出席大会。联合区委组织部共同制定《2012—2015年西城区培养选拔党外干部工作规划》和《关于进一步支持和帮助民主党派加强基层组织建设的指导意见》。对全区542名党外干部进行摸底调查，建立完善党外干部后备人才库。协助民主党派加强新成员教育培训，举办民主党派新成员培训班，200余人参训；协助各民主党派区委推荐后备干部400余名。重新调整提出了2012年区领导联系党外代表人士名单。

（崔萌政）

【学习宣传中共十八大精神】　11月8日，区委统战部组织统战系统全体中共党员领导干部收看中共十八大会议开幕式，要求统战系统各单位根据实际情况周密制定宣讲计划、组织宣讲学习。11月23日，组织统战部、台办、侨联联合党支部全体党员干部开展集中学习，导读中共十八大报告、传达区委书记王宁在区委常委扩大会议上关于学习贯彻中共十八大精神的讲话、通报全区反腐倡廉工作要求。11月29日，西城区党外人士学习中共十八大精神座谈会召开。区委书记王宁出席座谈会并讲话，区委副书记杜灵欣，区委常委、区委组织部部长章冬梅出席会议。各民主党派、工商联和无党派人士，民族宗教界代表人士以及区侨联等人民团体负责人参加座谈，区委常委、统战部部长程军主持会议。王宁对统一战线学习贯彻中共十八大精神提出：要从历史地位、战略意义和深远影响出发，深刻认识中共十八大的重大意义；要围绕把握“一个主题”、致力“两个科学发展”、增强“三个自信”和五个方面的新论述，准确把握中共十八大的精神实质；要在组织实施上下功夫、在深入宣传上有声势、在实际贯彻上见成效，将贯彻落实中共十八大精神工作抓紧、抓实、抓好。

（崔萌政）

【统战工作会】 3月1日，西城区2012年统战工作会召开，区委常委、区委统战部部长程军出席会议并讲话，区人大副主任郑然，副区长李岩，区政协副主席姜立光出席会议，副区长范宝主持会议。会议传达全国、北京市统战部长会议精神，区台办、区工商联、区侨联负责人分别介绍了2011年工作情况并部署2012年重点工作。程军总结2011年全区统战工作，部署2012年重点工作，就做好2012年全区的统战工作提出要认清形势，统一思想，切实增强做好统战工作的责任感和自觉性；要把握大局，发挥优势，努力为全区“十二五”发展凝聚各方力量；要突出重点，创新实践，努力实现统一战线自身科学发展。

（崔萌政）

【民族宗教工作领导小组联席会】 3月1日，西城区民族宗教工作领导小组联席会召开，区委常委、区委统战部部长程军出席会议并讲话，副区长范宝主持会议，41个联席会成员单位参加会议。会议通报2011年西城区民族宗教工作情况，部署2012年民族宗教工作。

（崔萌政）

【民主党派工作会议】 3月2日至3日，区委统战部组织召开2012年民主党派工作会议，区委常委、副区长苏东，区委常委、区委统战部部长程军，出席会议并讲话。会议传达全国、北京市统战部长会议和区2012年工作动员部署会精神，对2011年度民主党派调研、信息先进单位、个人和优秀调研成果进行表彰，对新一届民主党派区委后备干部推荐工作进行说明，向各民主党派介绍2012年度全区调研工作重点方向、课题和内容。区委统战部与各民主党派总结2011年工作、交流2012年工作思路和要点。

（崔萌政）

【“爱国·同心”百姓宣讲会】 5月23日，西城区统一战线“爱国·同心”百姓宣讲会举办，区委常委、区委统战部部长程军出席宣讲会，各民主党派成员、统战系统各单位和各街道统战干部150人参加活动。由各民主党派西城区委、区台办、区民宗侨办、区工商联、区侨联推荐的工作在统一战线各领域的14名宣讲员，讲述了自己和身边的真人、真事、真感受。

（崔萌政）

【坚持政治协商制度】 年内，继续坚持和完善多党合作和政治协商内容、程序，制定实施2012年区委向各民主党派、团体协商与通报事项的计划安排。6月7日，区政协、区委统战部召开“社会服务全响应模式的建立与创新”议政会，与会代表人士就社会服务全响应模式的建立与创新工作提出意见建议。12月25日，召开区委全会工作报告、区政府工作报告征求意见座谈会，就中共北京市西城区委全会工作报告（征求意见稿）和西城区政府工作报告（征求意见稿）的内容进行讨论，听取各民主党派、工商联主要负责人、无党派人士的意见和建议。落实《区委统战部与民主党派区委联席会制度》，支持民主党派紧密结合区情开展调研。向区纪委推荐特约监察员9名，向区教委推荐教育督导员2名，向区国税局推荐10名特邀监督员。

（崔萌政）

【海联会换届工作】 8月4日，北京西城海外联谊会第一届理事会第一次会议召开，区委常委、区委统战部部长程军出席会议，各民主党派西城区委、人民团体应邀出席并致贺词，60余名理事参加会议。会议听取北京西城海外联谊会筹备领导小组工作报告，审议通过《北京西城海外联谊会章程》，选举产生以姜昕华为会长的新一届海联会领导班子，聘任程军担任海联会名誉会长。

（崔萌政）

【涉侨部门工作联席会】 10月31日，西城区涉侨部门工作联席会议召开。区委常委、区委统战部部长程军主持会议并讲话，区人大、区政协、区委统战部、区侨办、区侨联、致公党西城区委侨务工作负责人参加会议。参会单位介绍本部门侨务工作的主要职责和重点工作，讨论通过《西城区涉侨部门工作联席制度》。

（崔萌政）

【新的社会阶层代表人士联谊会理事会议】 12月21日，西城区新的社会阶层代表人士联谊会理事会议召开。区委常委、区委统战部部长程军出席会议并讲话。会议听取联谊会工作总结，选举程军为西城区新的社会阶层代表人士联谊会会长。

（崔萌政）

【坚持双月座谈会制度】 年内，区委统战部组织开展以“关注区域文化产业、事业发展”为主题的双月座谈会6次，从文化产业、文化事业两个领域为各民主党派、有关团体介绍区文化产业、文化事业发展情况，推动各界代表人士全面、系统地了解西城文化，关注西城区未来的文化产业、文化事业发展，引导统一战线成员围绕促进文化发展开展深入调研、建言献策。

（崔萌政）

【民主党派工作】 年内，支持民主党派加强自身建设，协助民建西城区委班子进行补充调整，协助市委统战部和民主党派市委对51名人选进行了考察。启动民主党派基层组织建设调研课题，了解民主党派基层组织现状、存在问题。支持民主党派发挥优势服务社会，继续推动全区8个民主党派和15个街道开展“结对子”工作，推动各民主党派发挥自身优势，利用节假日开展走访慰问、捐资助学、义诊咨询活动。

（崔萌政）

【民族宗教工作】　年内，区委统战部加强思想引导，抓好少数民族干部和宗教界代表人士队伍建设。区委书记、区长亲临宗教活动场所和民族社区慰问宗教界代表人士、少数民族群众。配合国家民委、市委做好牛街民族工作经验的宣传推广工作，认真梳理牛街新的服务体系经验，积累做民族工作的经验和做法。在民族特色街道、社区深入开展创建民族团结社区活动，广泛宣传牛街典型经验。协助德胜街道总结工作经验，争创全国民族团结先进单位。

（崔萌政）

【宣传培训工作】　年内，以西城区社会主义学院为平台，开展统一战线教育培训工作，建立科学合理的培训评价指标体系，组织各类培训、参观10次，参加培训学员1000人次。开展党派基层组织负责人轮训工作，计划用3年时间分6期对全区民主党派241个基层组织负责人进行全面系统的培训，年内完成两期近90人的培训工作。深入街道、相关单位开展贯彻中共统一战线理论方针政策的宣传调研，增强全区各系统党政领导和统战干部的统战工作意识。组织全区15个街道统战干部、社区书记、楼宇工作站站长120人参加北京市社会主义学院“2012年度北京市社会领域党组织负责人第二期统战教育二级培训班”。汇集全区各领域、各系统统战工作做法和经验体会，编印《基层统战工作经验汇编》，发送全区15个街道、255个社区和40家统战工作相关单位，为全区各单位做好统战工作提供指导和借鉴。

（崔萌政）

【接待领导调研】　年内，区委统战部完成中央统战部长常务副部长朱维群到牛街街道调研接待工作，市委统战部部长牛有成到西城少年宫对台、民族“双基地”调研接待工作，巩固基层统战工作成果，扩大辖区基层统战工作的影响。8月30日，区委书记王宁到民主党派办公楼进行调研，与各民主党派主要负责人和机关驻会负责人进行座谈交流，听取民主党派工作情况介绍和加强民主党派骨干成员培养锻炼、改善民主党派办公条件等问题的意见建议，区政协主席曹长胜，区委常委、区委统战部部长程军，区委常委、区委办主任郭怀刚陪同调研。

（崔萌政）

【联情联谊】　1月6日，区委书记王宁，区委常委、区委统战部部长程军，区委常委、区委办主任郭怀刚和副区长范宝，拜访宗教界朋友中国佛协会长传印法师和广济寺演觉方丈。1月16日，区领导曹长胜、程军、赵印春出席统战部、台办离退休老干部2012年迎新春团拜会，感谢离退休老部长、老干部们多年来对西城区统一战线事业作出的贡献，希望他们继续为全区统一战线工作提供指导和帮助。12月20日，区委副书记、区长王少峰走访宣武门教堂和缸瓦市教堂，代表西城区四套班子慰问宗教界代表人士，区委常委、区委统战部部长程军，副区长杜黎彬，区政协副主席王瑞珠陪同。

（崔萌政）

对台工作

【概况】　中共北京市西城区委台湾工作办公室、北京市西城区人民政府台湾事务办公室（简称区台办）是西城区委、区政府负责辖区涉台事务的工作机构，在职人员7人。主要职能是“组织、指导、管理、协调、服务”辖区的对台工作，处理日常涉台事务，广泛动员社会各界人士积极做促进祖国统一工作。年内，区台办充分发挥全区各方面资源优势，以“涉台教育宣传月”活动为契机，开展多项涉台主题宣传教育工作；按照中央对台工作大政方针，以争取台湾民心为主线，积极推动两岸同胞在经济、文化等多领域的交流交往与合作；通过为台资企业服务、优化涉台发展环境；通过创新工作机制，深入开展台胞台属服务工作；及时、妥善处理涉台突发事件，确保辖区涉台发展环境的稳定。年内，区台办被国台办评为《两岸关系》《台湾工作通讯》刊物宣传工作先进单位。

地址：西城区二龙路27号
邮编：100032
电话：88064282

（丁震宇）

【对台工作领导小组扩大会议】　6月19日，西城区召开对台工作领导小组扩大会议。区对台工作领导小组成员、区台胞权益保障协调小组成员、各街道主管对台工作领导共60余人出席会议。区对台工作领导小组副组长、副区长范宝主持会议，区台办副主任赵玲就调整区对台工作议事协调机构进行说明；区台办主任刘琪报告2011年对台工作，介绍2012年涉台重点工作安排；区委常委、区委统战部部长程军讲话，强调要牢牢把握两岸关系和平发展的主题、把握大力争取台湾民心的主线，认真学习贯彻中央和北京市委对台工作有关精神；要全面深化西城区与台湾各领域交流，广泛开展涉台宣传教育工作，维护良好的区域涉台发展环境，做好全区各项对台工作；要进一步做好对台的各项基础性工作，加强对台工作的领导和干部队伍建设。

（丁震宇）

【对台交流交往】　4月3日，由区委常委、区委统战部部长程军任团长的“西城区社区考察团”赴台进行为期10天的交流考察，考察团成员包括部分街道书记、主任及相关职能部门领导共13人。考察团在台湾期间，参访了台北市松山区公所和屏东新兴社区，就社区建设、社会组织建设及城市管理等方面的问题与社区负责人进行座谈、交流。5月7日，由区政协副主席姜立光任团长的“西城区政协赴台友好交流考察团”一行14人赴台进行为期10天的交流考察。考察团在台北市民生社区与台北市民政局局长黄吕锦茹女士及社区里长等进行交流座谈，参观了高雄市京品集大楼社区等地。12月4日，由区人大常委会副主任周慧来任团长的“西城区人大食品安全监管考察团”一行11人赴台进行为期10天的交流考察。考察团围绕加强食品安全监管这一主题走访了台北市卫生局食品药物处、爱之味食品有限公司、开曼老董牛肉面有限公司等单位，并与部分台湾食品生产销售企业负责人及有关专家学者进行座谈交流。12月18日，以区总工会主席马晓鹏任团长的“区工会工作考察团”一行13人赴台进行为期7天的交流考察，与新北市职业总工会就工会组织建设、劳工社会保障、医疗保障等工作进行座谈交流。年内，区台办协助组织“西城区中华文化学院考察团”“老字号企业考察团”“卫生系统赴台交流团”赴台交流；与相关部门协调配合，分别接待了台湾维新基金会董事长谢长廷、台湾南阳义学北京参访团、台北教师研习中心、台湾文教界访问团、新北市体育会访问团、台中市民政访问团、台湾乡镇市民代表联合总会参访团等21批280人次来访。年内，全区共组织8个重点团组赴台，5个社会组织团组赴台，2个临时团组赴台，协助教育系统组织8个学生团组赴台，为全区公职人员260人、国资委系统企业23人、青年学生45人、非公职人员143人办理赴台手续。

（丁震宇）

【涉台教育】 年内，区台办与区委宣传部、区委统战部联合制发《关于2012年继续深入开展涉台宣传教育的通知》，指导全区各相关单位开展涉台宣传教育工作。结合“涉台教育宣传月”活动在全区范围内组织涉台教育知识答题活动。3月29日，邀请北京联合大学台湾研究院研究员刘红作台湾形势报告，为干部群众解读台湾大选后两岸的政治格局、发展趋势等情况；3月30日，与区教工委联合组织教育系统对台工作培训会，邀请国台办研究局副局长孙升亮作新形势下两岸关系的报告；8月31日，邀请中国军事研究院少将罗援为区委理论中心组作关于钓鱼岛及台湾问题的专题报告；10月18日至19日，组织全区涉台宣传工作培训班，邀请国台办综合局局长马晓光、国台办宣传局副局长范丽青作关于当前两岸关系形势及对台宣传工作报告。年内，共培训干部180人次。完成《西城对台工作》的编发工作，由原来每年1期改为每年2期。组织全区15个街道255个社区订阅国台办对台工作刊物《两岸关系》和《台湾工作通讯》。向北京市台办及《中国台湾网》报送工作信息60件。

（丁震宇）

【青少年涉台教育】 为推进区青少年祖国宝岛台湾教育基地（简称教育基地）工作，加强对区34所教育基地校的工作指导，制发《西城区涉台教育基地学校审批和管理实施细则》。完成市台办交办的面向全市青少年的涉台辅导书籍——《宝岛台湾》编写出版任务。年内，吸收2所学校作为区级教育基地校。开展申报市级涉台教育基地校工作，青龙桥小学、西城区少年宫、北京四中通过市台办、市教委的考核检查，被评为北京市涉台教育基地校。区台办副主任赵玲在国台办召开的全国基层对台工作经验交流会上，作题为《以创建“祖国宝岛台湾教育基地”为载体推动青少年涉台教育深入开展》的经验介绍。12月17日至18日，与区教工委、区少年宫共同组织召开2012年教育基地工作总结会，各涉台教育基地校的书记、校长共计40余人参加。

（丁震宇）

【对台经济】 1月上旬，区委常委、区委统战部部长程军、副区长范宝分别走访北京育青食品开发有限公司、北京君太太平洋百货有限公司、国泰产险北京分公司等4家重点台资企业，并送去慰问品。区台办在日常工作中走访台资企业26家，了解企业经营情况和存在问题。3月7日，举办庆“三八”辖区女台商与区政协委员参观联谊活动，20人参加。3月12日，与区金融办联合为台湾国泰人寿保险北京代表处召开咨询服务会，为国泰代表处入驻金融街选址进行现场服务。5月31日，接待市台办主任马玉萍一行7人到马连道茶城考察台资企业，了解企业经营发展情况。9月6日至10日，组织区台商代表赴云南腾冲开展爱国主义教育活动，参观抗日战争时期中国远征军阵亡将士的陵园——国殇墓园。年内，共协调解决台资企业问题17件。区台办为加强台资企业与区领导及相关部门的沟通与联系，分别组织了新春、中秋联情联谊活动，区委、区政府领导及区相关职能部门领导参加。撰写有关台资企业情况的调研报告1篇。与区发改委、金融办协调配合，办理有关惠台政策的区政协会议提案2件，得到提案单位的认可。

（丁震宇）

【台胞台属服务】 结合中华民族传统节日，举办台胞台属、台籍学生新春和中秋联谊会，并走访慰问部分台属。定期看望生活困难的台胞台属，为他们送去党的关怀，全年走访台胞台属60次。“三八”妇女节前夕，联合西城区台胞服务中心邀请台胞代表参加茶话会。4月21日晚，中央音乐学院台籍学生陈慧轩举办竹笛硕士毕业音乐会，区台办、台盟西城区委、台盟北京市委及部分台胞台属共10人参加，并为台籍学生送上祝福。中秋节前夕，组织中央音乐学院30余名台籍学生参观恭王府。8月12日至16日，组织台胞台属14人到山东省日照、青岛参观考察，进行爱国主义教育活动。西城区台胞服务中心一对一、点对点为台胞服务，共接待台胞15人次，组织台胞参观台湾会馆、少年宫，组建法律咨询志愿者队伍。全年协调台属来信、来访6件，协调台胞台属子女就学5人。

（丁震宇）

【处理涉台突发事件】 年内，区台办与公安等有关部门协调配合，共处理涉台突发事件2件，确保了区域涉台环境安全稳定。

（丁震宇）

决策研究工作

【概况】 中共北京市西城区委、北京市西城区人民政府研究室（简称区研究室），是区委、区政府的决策研究部门。按照“三定”方案，设综合科、政治科、文化科、社会科、经济科5个职能科室，年内调出干部2人，调入干部4人，在职人员22人。区研究室切实加强部门自身建设，牢牢把握区域发展的新要求，立足“服务立区、金融强区、文化兴区”发展战略，自觉把调查研究工作和决策服务工作与区域发展目标要求结合起来，围绕深入贯彻落实党的十八大精神等中心工作，围绕区域发展中的重点难点问题，做好重要文稿起草工作，深入开展调查研究，做好区委、区政府专家顾问团服务联络工作，为领导决策提供参考依据，发挥领导参谋助手的作用，完成全年各项工作任务。

地址：西城区二龙路27号

邮编：100032

电话：88064261

（崔 巍）

【文稿起草工作】 年内，印发《关于进一步加强文稿服务工作的通知》，旨在畅通文稿的运转流程，全面提高行文质量，更好地为区领导服务。重点完成区委十一届四次全体会议工作报告和会议决议，起草全区党建工作领导小组会议、政务能力建设年会议、区纪委二次全会、全区教育大会等重点汇报和领导讲话稿，完成贯彻落实党的十八大精神、全区经济形势分析、全区领导干部大会等专项工作会议领导讲话，以及区委、区政府领导班子述职报告、区主要领导述职报告等各级各类文稿300余篇。

（崔 巍）

【调查研究工作】 完善全区调研工作联席会议制度。联席会议成员单位由区委组织部、区委宣传部、区委办公室、区政府办公室、区发改委、区研究室等相关部门组成。联席会办公室设在区研究室，定期组织召开会议，统筹全区调研工作及课题管理工作。完善分级分类课题管理模式，按照重点课题、关注课题、处级单位党政“一把手”课题3个层面开展课题管理。全年共征集调研课题138个，其中重点课题31个、部门课题107个。由区研究室负责的区党政“一把手”的课题分别是《关于西城区建设首善的思考》和《关于服务金融发展与金融服务发展的实践与思考》。在2012年全区117个调研成果中，评出一等奖5篇，二等奖10篇，三等奖15篇。在全市两年一度的调查研究工作评比中，西城区获得先进称号，区委书记王宁主持的《关于基层群众工作机制体制问题的研究》获得优秀调研成果二等奖。

（崔 巍）

【决策咨询服务】 充分发挥专家顾问团作用，为区委、区政府决策提供咨询服务。年内，由区研究室组织专家学者参与区域发展问题研究会议12次，调研考察5次；由各专业部门组织专家咨询研讨会议120次；顾问团成员单独或联合以信函等形式向区委、区政府提供专题咨询意见和建议5次；区研究室与区委组织部共同组织了专家联谊会。打造调研成果交流平台，为各级领导和部门决策信息服务。由区研究室编辑的《西城调研与决策》，全年出刊24期，专刊3期（分别是教育、人口计生、十八大专刊）；定期为专家邮寄，帮助专家保持对西城发展的关注。筹划科学决策信息平台，努力实现资源共享。已委托专业机构提供信息咨询，进行栏目设计等筹备工作。

（崔 巍）

【调研队伍建设】 完善调研干部能力提升机制。将调查研究作为培养锻炼干部的重要渠道，对全区专兼职调研干部定期组织业务培训、课题研讨和外出考察，为调研人员开阔视野、了解区情和相互交流创造条件。加大调研干部培养力度。健全以“以干代训”为主，集中培训、外出考察和研讨交流等多种方式的调研培训机制。结合实际工作需要，安排全区各部门、各单位一些调研干部，分批次到区研究室进行3至6个月“以干代训”。加强区研究室自身建设，更好地适应履职的要求，从内部建设入手，先后修订完善办公会议、考勤管理等一系列相关制度，实施集中学习、业务交流、学历教育、文化建设相结合的能力提升具体措施，调动干部的工作热情，形成爱岗敬业、积极奉献的良好氛围。

（崔 巍）

老干部工作

【概况】 中共北京市西城区委老干部局（简称区委老干部局）是西城区委管理全区离退休干部工作的职能部门。在职人员62人，内设办公室、政治待遇科、生活待遇科、活动中心。年内，全区离休干部1654人，处级以上退休干部2167人。易地安置干部95人，全区单建离休支部35个、单建退休支部50个、离退休混编支部74个，离休干部党员1234人。老干部工作紧紧围绕“凝心聚力促发展，精益服务求创新”的工作主线，着力整合资源，融合发展，加强离退休干部思想政治建设和党支部建设，全面落实政治待遇、生活待遇。在“人文北京、科技北京、绿色北京”建设中，发挥好离退休老干部的作用；利用社区资源做好老干部工作，提升老干部管理服务水平；开展主题实践活动、示范性学习阵地建设，加强对老干部党校、老干部活动中心和老干部大学建设的指导，各方面工作取得一定成效。

地址：西城区双槐里小区23号楼

邮编：100054

电话：83525651

（许薇冰）

【老干部领导小组（扩大）会】 1月13日，区老干部工作领导小组（扩大）会召开。区领导杜灵欣、苏东、郭怀刚出席，区委老干部工作领导小组副组长章冬梅主持会议。杜灵欣提出：全区各单位、各部门要深化认识老干部工作，服务区域发展大局；要扎实落实领导责任制，健全完善老干部特困帮扶机制；要利用社区资源，做好做实老干部服务，提高老干部工作水平。会议传达北京市第25次老干部座谈会精神，总结2011年老干部工作，探讨研究2012年老干部工作思路。

（许薇冰）

【第25次老干部座谈会】 1月18日，第25次老干部座谈会召开。市老干部局副局长刘向东，区领导王宁、王少峰、刘跃平、曹长胜、杜灵欣、章冬梅、苏东、郭怀刚等与离退休干部们同迎新春佳节。章冬梅主持会议。王少峰代表区委、区政府向老领导、老干部致以节日的祝福。会议强调，要把老干部工作放在全区工作的大局来思考推进，全面提高老干部服务工作水平。进一步落实好市委市政府2012年离休干部生活待遇新政策；进一步加强老干部活动中心的建设，扩大老干部活动场地，改善文体活动场所的硬件设施，进一步加大对老干部工作、老干部活动的资金支持，努力为老干部老有所养、老有所医、老有所学、老有所教、老有所乐、老有所为创造良好条件。党政主要领导要带头联系老干部，老干部工作领导小组要充分发挥组织指导、统筹协调的作用，定期研究工作，推动部门的协作配合。组织部门要加强对老干部工作的具体指导和支持，在机构建设、人员配备、经费保障等方面为相关部门开展工作创造必要条件。老干部工作部门要继续加强工作队伍建设，把老干部工作部门建设成想老干部所想、急老干部所急、帮老干部所需的老干部之家，让区委放心，让广大老干部满意。离休干部代表赵燕英作题为《颂党恩，抒豪情》发言。

（许薇冰）

【离退休干部工作经验交流和调研】 3月1日，西城区老干部工作会议召开，传达全国老干部局长会议精神，通报2011年老干部工作领导责任制检查情况，总结部署老干部工作。强调围绕“凝心聚力促发展，精益服务求创新”的工作主线，扎实做好六方面工作：一是高度重视，加强对老干部工作领导；二是加强教育引导，推进老干部思想政治建设；三是深入推进创先争优活动；四是加大办实事力度，切实从生活上关心照顾老干部；五是探索实行项目申请制扎实推进“四就近”工作；六是着力融合队伍加强自身建设。区教委、椿树街道、复兴医院等单位从创新服务机制方面进行工作经验交流。完成2012年度市老干部局以及区处级领导调研课题申报,题目为《引导老干部发挥作用服务西城区域发展》。《区域化推进项目化管理，进一步提升利用社区资源做好离退休干部服务工作水平》被北京市老干部局评为2012年老干部工作优秀调研报告。

（许薇冰）

【健康体检和健康休养】 3月19日至6月30日，全区离退休干部在北京市第二医院进行健康体检，共2519人参检；血压、心电图、血糖、肾功能异常的人数占总数53.2%。组织10名局职老干部赴辽宁省葫芦岛参观、30名局职老干部赴内蒙古自治区海拉尔、满洲里参观。17名局职老干部参加中影基地休养班。

（许薇冰）

【老干部文体活动】 4月和9月，区委老干部局分别组织全区离退休干部钓鱼比赛。9月，解放军总政治部、北京市委共同举办“永远跟党走——首都老干部喜迎党的十八大”文艺演出大会在月坛体育馆召开，老干部民乐表演队、歌舞表演队300余人参加演出，中央精神文明办指导委员会副主任刘淇、中央书记处书记李源潮、解放军总政治部主任李继耐，市领导郭金龙、王安顺，区领导王宁、王少峰、刘跃平、章冬梅出席大会观看演出。同期，老干部活动中心举办“晚霞增辉——喜迎党的十八大书画手工作品展”，参展作品270件。10月，组织全区老干部金秋趣味运动会，1900余名老干部参加比赛。组织全区老干部扑克牌、麻将比赛，1700余人参加。

（许薇冰）

【离退休干部党支部建设】 6月27日，区创先争优先进离退休干部党支部和优秀离退休干部党员表彰大会召开。市老干部局领导刘冰，区领导杜灵欣、章冬梅、郭怀刚等到会表示祝贺。区委组织部、区委老干部局对40个先进离退休干部党支部和121名优秀离退休干部党员予以表彰。在全区离退休干部党支部中开展评选健康之星、学习之星、尚德之星、奉献之星、才艺之星活动，全区离退休干部共推荐53名候选人，经老干部评审团无记名投票评选，刘贵岭、黄宗汉等10名老干部当选。全区各单位离退休党支部以主题党日、报告会、志愿服务等形式开展“北京精神我践行，创先争优乐晚年”主题实践活动。

（许薇冰）

【离退休干部思想政治建设】 7月27日，区老干部思想政治工作研究会召开纪念大会，庆祝研究会成立25周年。市老干部局副巡视员刘冰，市思想政治工作研究会副秘书长王维广，区委宣传部副部长李雪梅出席大会。纪念大会由研究会副会长张克勤主持。顾问、理事、名誉理事、分会单位和离退休老干部党支部书记代表以及全区各单位老干部工作部门的主管领导和老干部工作者共180余人参加。会长刘东升做工作报告，高度概括区老干部思想政治研究会成立以来在老干部思想政治工作研究方面发挥的重大作用。区老干部思想政治工作研究会获北京市“老有所为先锋、创先争优旗帜”称号。年内，区委老干部局编印《国家建立干部退休制度30周年、西城区老干部思想政治研究会25周年纪念文集》。全年组织了7期老干部党校读书班，1000余名老干部参加培训；每季度组织80余名局职老领导参加联谊会；对离退休党支部书记进培训，邀请北京大学教授李茂春为老干部讲解党的十八大报告；举办西城区离休退休干部学习宣传贯彻党的十八大精神辅导报告会，邀请中国社科院研究员辛向阳教授为老干部作报告。全年共为老干部发放各种学习资料3000余册。组织全区离退休干部400人次参加了北京市老干部局组织的形势报告会。

（许薇冰）

【为老干部办实事】 截至8月底，离休干部签约卫生服务工作有1226人，健康评估有1186人。主动服务1465人，上门服务451人。对38人给予因病特困帮扶。对25人给予生活困难帮扶，所需27万元帮扶资金全部落实到位。全年支付120、999呼叫器年服务费18.8万元。区领导王宁、王少峰、杜灵欣、刘跃平、曹长胜参加了春节前走访慰问活动，共走访慰问11名老干部，区委老干部局共走访慰问88名老干部，全部慰问金额达8.14万元。

（许薇冰）

【利用社区资源做好老干部工作】 向全区255个社区发放《四就近工作手

册》，要求各社区认真记录工作台账，以《手册》为抓手带动全区四就近工作的全面开展。引导社区党组织充分利用社区资源做好四就近工作项目的立项，对什刹海街道柳荫街兴华老干部绿色生态园等14个新项目进行检查，确保四就近工作的深入开展。什刹海街道柳荫社区、白纸坊街道清芷园社区被评为北京市首批四就近工作示范社区。

（许薇冰）

【贯彻落实责任制检查情况】 根据北京市老干部局关于对“老干部工作领导责任制”贯彻落实情况进行检查的通知要求，下半年，区委老干部局对全区各单位贯彻落实离退休干部工作领导责任制情况进行检查。11月13日，市老干部局副局长刘向东和6城区局长组成的责任制第二检查组到西城区检查离退休干部工作领导责任制落实情况，与部分离退休干部进行座谈。区委办公室代表迎检单位就区委机关贯彻落实老干部工作领导责任制的具体情况进行汇报。区委领导及时调整和完善老干部工作领导小组成员，加强老干部联系机制和动态帮扶机制的做法，得到检查组的充分肯定，希望西城进一步强化责任开拓创新，努力为全区离退休干部提供更优质的服务。

（许薇冰）

【建立老干部志愿服务团】 结合中组部引导老干部发挥作用的总体要求，充分尊重老干部意愿、激发老干部热情，积极搭建老干部发挥作用新平台，成立老干部志愿服务团，全区老干部踊跃报名，178名老干部成为志愿者。12月18日，区老干部志愿者服务工作座谈会召开，畅谈做好志愿服务发挥作用心得，提出进一步做好工作的建议。

（许薇冰）

保密工作

【概况】 中共北京市西城区委保密委员会办公室（简称区委保密办）、北京市西城区国家保密局（简称区保密局），既是区委保密委员会的办事机构，也是区政府负责本区保守国家秘密工作的行政机构，由区委办公室管理。在职人员13人。年内，区保密工作围绕“系统建设年”活动，进一步健全各级保密工作领导机构，完善保密相关工作制度，组织开展法制宣传和培训工作，坚持依法行政，履行监管职能，强化技术防范能力，确保了国家秘密安全。

地址：西城区二龙路27号
邮编：100032
电话：88064287

（石继鹏）

【保密管理责任制建设】 3月1日，区委保密委员会主任郭怀刚与区属118个单位主要领导签订2012年度《西城区保密工作管理责任书》。5月，区委保密委员会成员进行了调整。年内，推进了与区委、区政府有关部门的联合检查机制、网络监管协调机制和执法联动机制的“三位一体”的保密工作监管机制。区属各单位结合开展职能职责、内设机构和人员编制规定工作，进一步修订、完善了保密工作管理制度。

（石继鹏）

【规范涉密和内部资料管理】 4月18日，区保密局召开涉密载体和内部文件资料销毁工作会议，明确了销毁工作流程；印发《西城区涉密文件资料及设备管理登记本》《关于做好国家秘密载体、内部文件资料销毁工作的通知》；统一制作并发放“涉密文件回收袋”和“内部文件回收袋”；年内，共组织了3次集中统一销毁工作。建立了规范文件登记、规范销毁程序，统一收集方式、统一规定销毁时间和地点的“两规范、三统一”销毁管理模式。

（石继鹏）

【区委保密委会议】 5月17日,区委保密委员会会议召开。副区长、区委保密委员会主任孙硕主持会议。会议传达学习中共中央保密委员会和市委保密委员会会议精神，总结2011年工作，审议通过2012年工作要点。区委常委、区委办公室主任、区委保密委员会主任郭怀刚出席会议并讲话，强调要居安思危、防患未然，切实增强做好保密工作的责任感和紧迫感；要把握重点、抓住关键，切实解决好保密工作面临的突出问题；要加强领导、强化素质，为保密工作的开展提供坚强的组织保证。

（石继鹏）

【高考等考务保密工作】 为做好全国普通高等教育考试中的保密工作，参加西城区普通高等学校招生委员会（简称区高招委）相关会议，制定2012年高考保密检查工作方案，参与区高招委5个联合检查组对西城区1个教育考试中心和20个考点学校就落实12项保密规定进行检查。6月5日到区考试中心试卷交接现场进行监督检查，6月7日、8日到区高考指挥部进行值守；年内，检查了区高等教育自学考试和成人高考的保密工作，确保考试的顺利进行。

（石继鹏）

【梳理行政执法依据】 6月25日，按照区政府统一要求，根据所执行的相关法律法规，结合本单位的职能职责，梳理本单位行政执法职权共21项，并制作了运行流程图。

（石继鹏）

【保密宣传教育和培训】 年初，制订2012年保密法制宣传教育计划。4月12日至5月31日，在全区各级领导干部、涉密人员、保密干部、公务员范围内组织开展保密知识答题活动，共收到答卷8820份。发放《保密知识简明读本》5000册，做到涉密人员人手一册。依托北京西城门户网站和区政务外网，在200多个信息发布平台和邮件系统增设“保密审查栏目”和“警示语”提示；在公务员初任培训、中青年后备干部进修班、处级干部培训班播放保密知识教育光盘。9月25至26日，与区委机要局联合举办机要保密干部培训班，110人参加。10月25日，与北京市西城区经济科学大学合作，聘请专职教师编写保密知识教材，为展览路街道50余名社区居民进行了《保密，保安康》辅导讲座。10

月22日至28日，组织了“学习保密法规，履行保密义务”为主题的宣传周活动。各单位通过粘贴保密警示语、观看教育片、网上保密法知识学习、悬挂横幅、张贴宣传画、滚动播放宣传教育片和保密宣传语、设置宣传栏等形式宣传保密法律法规知识。据统计：宣传周活动中共粘贴保密警示标识35000余张，宣传挂图388张，组织观看宣传片80多场。年内，编写宣传教材，到区属单位和涉密企业宣讲保密知识20场。区属单位紧密结合工作实际，制定了“六五”保密法制宣传教育计划，采取多种形式开展了保密法律法规宣传教育和培训。区委办公室将集中学习与自学相结合，覆盖率达100%；区环保局开展了以“学习一次保密法规知识、观看一次保密技术防范知识宣传片和进行一次保密检查”的“三个一”活动；月坛街道通过短信平台向工作人员发送“提高保密管理水平，增强保密防范意识”提醒语活动。

（石继鹏）

【保密技术防范工作】　9月，完成了对区属单位涉密计算机和移动存储介质的统计工作。年内，“涉密计算机违规连接互联网集中监控平台”前期建设初步完成；为区涉密会议室更换了2台保密会议移动通信干扰器；利用专用设备对北京市西城门户网站和区政务外网及链接进行检查。

（石继鹏）

【保密及网络清理检查工作】　9月10日，全区保密信息安全检查工作启动。区委办公室、区保密局等6家单位抽调22人组成4个联合检查组按照保密检查目录对112个区属单位、8个国家秘密载体定点复制单位、2个再生资源集散市场和报国寺收藏品市场的进行了检查。9月25日，北京市保密局检查组抽查了北京印钞有限公司和报国寺收藏品市场，检查组对西城区的保密工作给予充分肯定。10月18日，副区长、区委保密委员会主任孙硕带队检查了报国寺收藏品市场和白纸坊街道。在保密大检查的基础上，与有关单位联合开展了一次网络清理检查工作。党的十八大召开期间，加大了对报国寺收藏品市场、会场和代表驻地周边以及计算机办公网络的监管力度，确保国家秘密安全。年内，对部分办公地点搬迁单位的保密工作进行检查指导。10月29日，召开新成立的“5+2”机构等单位主管领导和保密干部会议，就保密工作管理进行业务指导。

（石继鹏）

【对涉密企业保密年审和统计工作】年内，完成了辖区内8个国家秘密载体定点复制单位的年审和调查统计工作。完成了2家单位的保密资质资格审查。

（石继鹏）

区直机关工委工作

【概况】　中共北京市西城区委区直属机关工作委员会（简称区直机关工委），是区委的派出机构，主要负责区直属机关党的建设和思想政治工作。内设工委办公室、工委组织部、工委宣传部、机关纪工委（内设监察科）、机关工会、机关团工委，在职人员18人。年内，紧抓“基层组织建设年”契机，开展基层党组织分类定级工作，迎接党的十八大，深入践行北京精神，开展机关文化建设和创先争优活动总结等多项工作，提高党建工作科学化水平，在区域发展中发挥区直属机关党组织和党员的先进模范作用。

地址：西城区二龙路27号

邮编：100032

电话：88064356

（李博洋）

【区直机关创先争优活动】　年内，动员机关党员干部立足本职、创先争优。部署“我身边的先锋”推选表彰活动安排，对64个先进基层党组织和108名优秀共产党员进行表彰。区综合行政服务中心机关党支部被授予北京市先进基层党组织，林凤兰、赵海被评为北京市优秀党员。指导20个具有窗口职能的单位完成《“创服务品牌、树党员形象”活动实施方案》。对2010年至2012年期间区直机关直属党组织的创先争优活动进行阶段性总结，9月，完成区直机关直属党组织创先争优制度成果汇编。

（李博洋）

【组织建设】　年内，开展区直机关党组织分类定级工作，制发《区直机关工委关于做好基层党组织分类定级工作的通知》《区直机关工委基层党组织分类定级工作方案》。71个直属党组织（不含“5+2”机构）中，37个定级为“好”，34个为“较好”；所属502个党组织中，184个被评为“好”，317个为“较好”。制定落实《区直机关工委基层党组织整改提高晋位升级工作方案》。分2批次对78个直属党组织和所属基层党组织书记进行集中宣讲培训。开展区直机关党组织与社区党组织“结对共建、先锋同行”活动，组织78个直属党组织与87个社区党组织结成共建对子。4月16日至20日，开展党建创新项目立项备案工作，区审计局机关党总支的“员工帮助计划‘EAP’工程”等8个基层申报项目通过区委组织部备案，团区委机关党支部的“西城青年先锋讲堂”等9个项目通过区直机关工委备案。7月底前，完成78个直属党组织（含“5+2”机构）、53个基层工会组织、44个直属团组织组建工作。8月，开展基层党组织党费检查工作，印发《关于设立党费专用账户的通知》，并制定《机关系统党费收缴使用管理办法》，促进党费收缴使用的透明。出台《党员发展工作责任追究办法》，稳步下放党员发展工作审批权。全年共审批接收预备党员40名、预备党员转正19名，接转党员组织关系632人次。为理顺律师党组织关系，解决制约律师党员发展工作的瓶颈问题，开展调查研究，形成《司法局机关党建工作现状调研报告》，并提出了优化整改意见。截至12月31日，区直机关工委共有直属党组织78个，其中党委22个、党总支部16个、党支部40个，涉及89个正处级单位；所属党组织527个，党员8907名。制定《区直机关党建工作指导标准》，制发《加强机关系统党务干部队伍建设的意见》，明确了打造规范党建、活力党建、特色党建工作目标。

（李博洋）

【学习型党组织建设】 1月6日至9月28日，开展首都学习型示范区创建活动，组织区直机关所属党组织对2009年1月至2012年3月所形成档案材料进行整理，做好学习型示范区迎检工作。2月3日至21日，举办2011年学习型机关先进单位评选活动，区纪委等16个单位当选。5月10日，组织300名机关干部参加学习型城区建设知识问卷答题。撰写《西城区直机关工委“六个着力”汇聚新区发展动力》《西城区直机关工委扎实推进学习型党组织建设》专题文章报至市委组织部，纳入基层党组织书记培训教材征稿材料。在区直机关系统培育学习型党组织品牌活动5个、学习型党组织示范点12个。

（李博洋）

【党员教育管理】 5月，组织实施《以“一迎双争”为主题，深化讲党性、重品行、作表率活动，加强区直机关工委组织部自身建设的实施方案》，开展“什么是组工干部的党性”大讨论、“重温经典读好书”“做党性最强的组工干部”征文及“我为组织工作献一策”等系列活动。6月4日至8日、10月15日至19日举办入党积极分子培训班2期，200余人参训。9月开展“向党说句心里话”征文活动，收集征文81篇。年内，在区直机关系统组织理论学习面对面、公务员宣讲报告会、学习党的十八大精神笔会等活动，贯彻党的十八大精神。

（李博洋）

【机关文化建设】 深入践行北京精神，发动区直机关各单位开展各类文化主题活动。4月28日至7月27日，开展百姓宣讲“双十佳”（最佳百姓宣讲团、最佳百姓宣讲员）评选，依据“基础性、故事性、有特色”原则，完成基层宣讲团组建、现场宣讲、材料上报等工作。区红十字会“天使圆梦”宣讲团获北京市“党在百姓心中”优秀百姓宣讲团称号。弘扬“忠诚、聚力、敬业、先锋”为核心理念的西城特色机关文化，开展“建设西城当先锋”主题教育活动。7月5日，举办“弘扬机关精神，建设西城当先锋”主题演讲比赛，来自35个单位的46名机关干部参赛。7月13日，举办“西城区直机关文化建设启动仪式暨‘弘扬机关精神，建设西城当先锋’汇报会”，为获奖单位及个人颁奖。8月16日，举办学习宣传贯彻市党代会精神公务员专场演讲汇报会，印发《“弘扬机关精神，建设西城当先锋”演讲资料汇编》。8月17日，在《北京西城报》开设专版，相继刊登区直机关文化建设侧记及区地税局、区法院等单位党建工作创新成果。9月4日，区直机关工委与区委宣传部、区文化委共同举办“西城区文化专题讲座”，邀请北京师范大学教授、博士生导师、北京师范大学文化创新与传播研究院院长于丹作专题报告。10月8日，在西城区二龙路27号院内举行升旗仪式，并启动区直机关重大节日“升国旗、唱国歌”活动。年内，设立区直机关舆情信息直报点，组建区直机关信息员队伍，编发《机关简讯》19期。

（李博洋）

【廉政建设】 年内，贯彻落实党风廉政建设责任制，出台《关于在区直机关实行党务公开工作的实施意见》，严格执行“三重一大”（重大决策、重要干部任免、重大项目安排、大额资金使用）制度，学习《关于贯彻落实“防止利益冲突三项制度”的实施方案》，组织机关工委领导班子成员和干部如实填报《国家工作人员回避事项报告表》，层层签订承诺书。区直机关工委与区政协有关单位加强协调，邀请有关人员作为区行政服务中心行风、政风、廉政建设监察员。3月20日，会同区政协等有关部门召开区政协委员、民主党派成员明察暗访工作会，将区房管局服务大厅、区劳动服务大厅及时纳入明察暗访范围。拓展廉政教育形式，组织机关干部到中华世纪坛参观“北京市迎接党的十八胜利召开，践行北京精神，廉政书画作品展”；带领所属24个单位的54名党政领导到北京太阳村儿童咨询中心走访因父母服刑而无人照看的法律“孤儿”；邀请中国纪检监察报社社长为机关干部作反腐倡廉形势报告；组织纪工委委员和部分纪检委员到北京市反腐倡廉警示教育基地——北京市西城区看守所参观；组织党员干部观看《廉政中国》光碟。推进机关廉政文化建设，开展“永葆党的纯洁性，加强党员党性修养”征文比赛，共收集征文110余篇，其中30篇作品分获一、二、三等奖。开展机关党风廉政建设调研，撰写《关于加强机关廉政文化建设的实践与思考》，获区纪委、监察局优秀调研报告奖。

（李博洋）

【促进融合】 组织各类文娱活动，为干部职工感情交流搭建平台。4月，举办“面对面、心贴心、实打实服务职工在基层”宣传月活动。4月21日，西城区第一届机关运动会举办，组织区直机关系统48支代表队的1968名干部职工参加入场式和广播操的表演，组织41个单位的2000余名干部职工观看开闭幕式和各项体育比赛。5月4日，开展“团徽闪耀，青春辉煌”系列主题活动，纪念共青团建立90周年。举办“机关青年志愿服务项目发布仪式”“团徽闪耀胸前”宗旨教育活动和“汇聚青春力量、共铸西城辉煌”主题展示活动，综合展现机关青年服务发展、服务群众、服务大局的良好精神风貌。5月，举办高考志愿填报辅导班，开展京卡·互助服务卡信息采集工作。10月，举办八大处登山健步行活动及职工足球比赛。规范机关青年志愿服务工作，落实“5050公务员爱心行动”，密切机关团组织与结对儿童的联系。元旦、春节、“五一”“十一”等重大节日期间，慰问老党员、生病党员、生活困难职工958人，慰问金额19.8万元，为“7·21”房山重灾区筹集捐款67.8万元。

（李博洋）

社会建设工作

【概况】 中共北京市西城区委社会工

作委员会（简称区委社会工委），与北京市西城区社会建设工作办公室（简称区社会办）合署办公。区委社会工委是负责本区社会建设工作的区委派出机构。区社会办是负责本区社会建设工作的区政府工作部门。内设机构：办公室、政策科、党建工作科、街道社区工作科、社会组织工作科、社会工作队伍建设科、监察科，在职人员27人。年内，西城区社会建设工作着力推进全响应服务管理由理论研究到工作实践的转化，按照“响应谁”“响应什么”“怎么响应”的思路，以深入开展“访民情、听民意、解民难”（简称“访听解”）工作为载体，建立起需求导入工作机制；以街道统筹辖区发展为重点，凝聚了民生工作合力；以全响应信息化建设为支撑，搭建起快速响应平台；以健全8条响应链为基础，扩大多元主体有序参与的渠道，初步构建起以需求为导向，以服务为核心，以公众参与为基础，以信息化手段为支撑，多元主体积极响应社会需求的全响应体系框架，推动社会建设实现新的发展。《人民日报》《光明日报》《新华每日电讯》《北京日报》及北京电视台等多家媒体进行多次报道；9月，西城区获由北京国际城市发展研究院、北京国际城市论坛基金会联合颁发的中国城市管理进步奖，《北京西城区：打造社会服务管理“全响应”模式》作为首篇典型案例收录在全国首部《社会管理蓝皮书》中。

地址：西城区西直门内大街275号

邮编：100035

电话：82141123

（栾德廷）

【社会工作者当选“西城百名英才”】 2月28日，首届“西城百名英才”颁奖典礼在区文化中心举行。区社会工作者联合会常务副会长汤旗和副秘书长吴扬，以及成秉亮等5名社区工作者、王立华等3名法律服务人员获社会工作类“西城突出贡献人才”称号；厚朴社会工作事务所总干事郑丝雨获“西城优秀青年人才”称号。

（栾德廷）

【新聘社区工作者到岗】 2月29日，经过报名、资格审查、笔试、面试公示等环节，新招录的390名社区工作者统一安排到各街道社区服务站工作，并与相关街道签订北京市社区工作者3年期服务协议。新招录的社区工作者中，男性99人，女性291人；平均年龄32岁；全部为大专以上学历，其中硕士学历10人，占2.5%，本科学历183人，占46.2%；中共党员及预备党员43人，占11%。有关待遇按照《北京市西城区社会建设领导小组办公室<关于进一步规范社区工作者待遇的实施方案>的通知》文件执行。

（栾德廷）

【首届公益文化节】 3月3日，以“让公益更有力量”为主题的“爱在西城——西城区学雷锋志愿服务暨首届公益文化节”在区社会服务中心启动。有“开幕式暨优秀公益项目推介与体验展”“天使圆梦行动暨西城区红十字书画家联谊会成立仪式”“我们的世界——残障儿童艺术作品公益展”“幸福家庭、和谐人口——西城区社会组织参与人口和家庭公共服务启动仪式”“闭幕式暨爱在西城颁奖典礼”等5项主题活动。市委社会工委书记、市社会办主任宋贵伦宣布公益文化节开幕。市委宣传部副部长、首都文明办主任陈冬出席活动并讲话。市红十字会秘书长刘燕君，市委社会工委、市社会办副主任刘轩，区领导王少峰、梁昌新、王旭、王都伟、范宝等出席活动。在为期一个多月的公益文化节活动中，有2000余家社会组织参与公益服务。

（栾德廷）

【社区党组织换届选举】 3月，制定社区党组织换届选举的工作方案，进行社区党组织换届培训，明确换届工作责任、程序、任务等，及时了解掌握进展情况，做好指导督查工作，确保换届工作平稳顺利进行，做好社区党组织换届总结等工作。截至年底，255个社区党组织完成换届。

（栾德廷）

【全响应工作现场推进会】 4月26日，在德胜街道召开全响应社会服务管理创新工作现场推进会。在德胜、金融街、月坛、广内、白纸坊5个街道进行全响应社会服务管理综合试点工作，建立社会服务管理指挥中心。市委常委、市人大常委会副主任梁伟，市委副秘书长王翔，市委社会工委书记、市社会办主任宋贵伦，市经信委副主任王学军以及区领导王少峰、王旭、范宝等出席会议。

（栾德廷）

【全响应工作专题会】 7月6日，在区政府会议楼召开全响应社会服务管理创新工作专题会，区社会建设领导小组成员单位主要领导等60余人参加会议。会议深入贯彻第十一次市党代会和全市网格化社会服务管理体系建设大会精神，总结上半年全响应社会服务管理工作，安排部署下半年的工作任务。会议由副区长范宝主持，区委副书记、区委政法委书记杜灵欣，区委常委王旭出席会议并讲话。

（栾德廷）

【中央领导调研社会服务管理工作】 7月11日，中共中央政治局常委、中央政法委书记、中央社会管理综合治理委员会主任周永康到西城区社会服务管理中心调研，详细了解社会组织孵化中心孵化流程和服务管理情况。区领导王宁、王少锋等陪同调研。

（栾德廷）

【市领导调研】 7月12日，市委书记、市长郭金龙就“落实市党代会精神，提高城市精细化管理水平”主题来区调查研究。郭金龙强调，提高城市精细化管理水平，一是要提高城市安全运行能力。二是要不断提升交通环境、卫生环境、街面环境、社区环境等建设水平。三是要动员市民群众积极参与，进一步落实网格化管理制度。四是要树立基层党组织在群众中的威信。市领导李士祥、刘敬民、丁向阳，市政府秘书长孙康林一同调研。区领导王宁、王少峰、郭怀刚、王旭陪同调研。

（栾德廷）

【首届社会组织带头人培训班】　8月2日，区社会办举办首届社会组织带头人培训班，区级“枢纽型”社会组织、区属社会组织、社区社会组织等百家机构的100余位负责人参加培训。

（栾德廷）

【全响应区街信息化平台建设】　年内，出台《关于加强全响应社会服务管理创新信息化建设的指导意见》和《西城区全响应社会服务管理技术标准规范》文件。在区级层面，健全完善全响应社会服务管理指挥中枢，通过一个城市管理指挥系统、一个一门式综合服务中心、一条全响应呼叫热线、一个全响应社会服务管理网站，搭建全响应社会服务管理平台，实现行政服务、社会服务、城市管理、社会管理、应急处置5个功能的有机整合。10个首批试点街道软件全部建成，并梳理出10个系统（数据中心、惠民工程、信息门户、网上服务大厅等）平台，在10个试点街道推广实施。7个街道硬件建设完成。以30个服务项目为试点，探索区、街、社区三级服务的标准化，实现全区通办联办，方便居民办事。

（栾德廷）

【区县社会工委书记、社会办主任会议】　10月26日，市委社会工委在西城区召开区县社会工委书记、社会办主任会议。听取西城区街道管理体制改革情况介绍，市社工委书记、市社会办主任宋贵伦充分肯定西城区街道管理体制改革的思路和做法，指出在社会工作统筹发展方面找到了突破点，为全市的社会工作提供了思路。

（栾德廷）

【“三级联动”服务体系】　年内，统筹推进覆盖全区的“三级联动”行政服务体系建设，以1个区级行政服务中心为主体、7个（公安、交通、国税、地税、房管、民政、人力社保等）专业服务大厅为依托、15个街道公共服务大厅为纽带、255个社区服务站为基础，逐步实现各类政务服务平台的连接和融合。

（栾德廷）

【街道系统绩效考核工作】　年内，研究制定《街道系统考核方案》，采取“内部考核”与“外部评议”相结合的方式进行。内部考核通过街道考评信息系统对街道工作进行评价，其分值为50分，指标体系共分为3项一级指标、14项二级指标、87项三级指标，指标内容共涉及到36个职能部门。外部评议通过问卷调查和数据采集形式，由居民代表、社区工作者代表、驻区单位代表、地区管委会代表、街道本级职工等社会群体对街道工作进行评价，其分值为50分。其中问卷调查占外部评议成绩的70%；区监察局“千家评政府”评价结果，占外部评议成绩的30%。问卷调查部分委托第三方专业机构进行问卷设计、问卷调查和结果分析等工作，15个街道共有2091人参与对街道工作的问卷调查，其中，居民代表897人，占42.9%；街道本级职工代表302人，占14.4%；社区工作者代表452人，占21.6%；辖区企业代表291人，占13.9%；地区管委会成员代表149人，占7.1%。

（栾德廷）

【首都最美社工】　12月1日，“践行北京精神·寻找最美社工”公益活动总结大会在北京国际会议中心举行。广外街道红莲中里社区党委书记成秉亮和悦群社会工作事务所总干事郭昊当选首都十大最美社工，仁助社会工作事务所总干事安娜、德胜街道新明家园社区服务站站长许玄璇和绿色生活馆主任吴敏获得优秀社工奖，区委社会工委获优秀组织奖。

（栾德廷）

【学习中共十八大精神专题讲座】　12月7日，区委社会工委、区社会办举办学习中共十八大精神，加强社会建设专题讲座，邀请市委社会工委、市社会办政策法规处处长岳金柱进行宣讲。区委社会工委、社会办全体干部；15个街道社会办主任、部分社会组织负责人、专业社工聆听讲座。

（栾德廷）

【西城区社会领域“百家讲坛”】　年内，面向各街道社会工作党委办公室干部、直属党委工作人员，商务楼宇党建工作者、社区党组织成员、非公企业党组织和社会组织党组织成员，举办社会领域“百家讲坛”4期，800余人参加。第四期讲座的主题为“学习贯彻党的十八大精神”，主讲人为中央党校经济学教研部教研室主任李鹏教授。

（栾德廷）

【评审党建创新项目】　年内，评审确立社会领域党建创新项目30个，包括商务楼宇、社区、“两新”组织，涉及15个街道和6个相关委办局。对项目实施记录管理制、中期评估制和结项验收制，邀请第三方专家组评审，给出项目建议和综合评估报告。中期检查评估后，分3个档次下拨中期支持资金18万元。

（栾德廷）

【社区党建“三级联创”】　年内，在社区党建工作中推进区、街、社区三级联创工作机制的建立，将分类定级和晋位升级工作与“三评一考”工作紧密结合，全区255个社区党组织中评定为好的党组织164个，评定为较好的党组织81个，评定为一般的党组织9个，评定为较差的党组织1个，全部建立晋位升级管理台账，制定整改措施。

（栾德廷）

【打造楼宇工作站示范点】　年内，开展全区商务楼宇工作站示范点建设，打造长安兴融、马连道一商大厦等35个精品楼宇工作站，为非公楼宇党建工作提供平台。

（栾德廷）

【社会领域入党积极分子培训班】　年内，分别举办了非公有制经济组织和社会组织入党积极分子培训班3期，有300余名入党积极分子参加培训。

（栾德廷）

【社会建设专项资金】　年内，区社会建设专项资金由1500万元增加到2000万元。共收到社会建设项目169个，确定支持社会服务管理、资源共享、公益志愿服务、为老助残服务、文化教育活动、社会组织培育、社工队伍建设、心理健康服务等8大类95个子项目。

(栾德廷)

【社会组织孵化】 年内，社会组织孵化中心成功孵化百德社区发展促进中心、多彩生活健康关爱中心、美味书斋阅读推广中心、椿树惠佳丰为老服务中心、心语就业技能指导中心和四和仁爱社区发展中心等6家社会组织。为其提供创业初期最亟需的帮助和各项孵化服务，提升公益组织服务社会的能力。

(栾德廷)

【“访民情、听民意、解民难”工作】 年内，印发《关于深入开展“访民情 听民意 解民难”工作的实施意见》，在全区开展“访民情、听民意、解民难”（简称“访听解”）工作。推行“一本一会一单”民生工作法（社区民情日记本、社区议事会、社情民意转交督办单），建立健全社区党组织、社区居委会、社区服务站及商务楼宇工作站三位一体的民生工作体系。建立区、街民生问题共商机制，集中解决一批群众关心的重点、难点问题。截至年底，区领导走访街道社区136次，委办局领导走访街道社区354次，区主要领导召开“访听解”居民代表座谈会14次。区、街、社区通过“访听解”工作共收集各类社情民意38245件，其中已经解决的问题27919件，已制定解决方案，正在落实过程中的8281件，暂时还无法解决的问题2045件。反应比较突出的问题分别是历史文化名城保护和基础设施升级问题、物业管理问题、停车问题、养老问题和环境秩序问题。

(栾德廷)

党校工作

【概况】 中共北京市西城区委员会党校（简称区委党校）、西城区行政学院，是中共西城区委直接领导下的培养党员领导干部和理论干部的学校，是党委的重要部门，是培训轮训党员领导干部的主渠道，是党的哲学社会科学研究机构。主要负责全区处级党政干部、中青年后备干部、企事业单位领导干部及公务员的教育培训工作。大专体制。内设校务办公室、党群工作办公室、教务一科、教务二科、科研室、政治理论教研室、管理学教研室、社会学教研室、对外培训一科、对外培训二科、教学保障科、财务科、总务科、离退休干部科，并主办一所具有独立社会办学资格的培训学校—未来学校。在册教职员工87人，专职教师21人，其中，教授1人，副教授11人。区委党校主要承担对全区党员领导干部进行系统的马克思主义基本理论教育和管理教育培训。包括处级领导干部进修班、中青年干部培训班、公务员初任培训班、入党积极分子培训班等主体班次。年内，区委党校按照党的十八大报告中对建设高素质的执政骨干队伍提出的要求，认真贯彻落实《中国共产党党校工作条例》和《干部教育培训工作条例（试行)》，不断加大教学改革力度，提高培训质量和实效。全年培训学员总计8601人次，完成了西城区干部培训计划中确定的各项任务。

地址：西城区南菜园49号

邮编：100054

电话：83975878

(张冬梅)

【领导干部理论进修班】 年内，共举办处级干部理论进修班4期，来自区属各委、办、局的137名处级领导干部参加了集中脱产培训，公开选拔处级干部初任培训班1期（20人），处级领导干部专题培训班3期（2500人次），一年制处级干部研修班1期（20人）。区委党校从建设世界城市的高度，以研究和探讨区域在改革开放和现代化建设中面临的现实问题等为重点，围绕北京市、西城区“十二五”经济社会发展目标和区委、区政府的中心工作，设计安排教学内容，按照新西城经济社会发展需要及首都功能核心区发展的新要求调整教学计划，邀请中央党校、清华、北大等著名专家学者和市、区的相关领导结合全市区域经济发展状况和西城区文化、经济社会发展等有关内容为学员进行专题讲座，并组织学员到金融街、李大钊故居、宣南文化馆等地进行实地参观和现场教学。其间，推出学员课堂、学员论坛、调研建设世界城市、学习型组织建设现场教学等活动项目，突出授课和研讨并重的特点。联系教与学的实际，推进研究式教学，综合运用讲授式、案例式、模拟式、体验式等新的教学方法，探索新的培训方式，搭建新的教学平台。

(张冬梅)

【中青年干部培训班】 年内，共举办2期中青年干部集中脱产培训班，来自区属各委、办、局的113名中青年干部参加围绕全国“两会”精神和北京市、西城区“十二五”经济社会发展目标，围绕推进社会主义经济理论、提高执政能力、加强党的建设等内容安排理论授课结合当前形势任务及新西城经济社会发展需要，优化知识结构，提高推动科学发展的能力。

(张冬梅)

【处级干部专题培训】 年内，区委党校配合区委组织部开设处级领导专题培训班。采取自主选学的方式，结合区内干部实际需要，分别以“十二五”规划，市十一次党代会精神解读，贯彻落实胡锦涛讲话与中共十八大精神为主题开展为期2周的专题培训，参训处级干部2500人次。

(张冬梅)

【公务员培训班】 年内，西城区行政学院举办公务员初任培训班3期（206人）。针对公务员任职培训等需求，区委党校安排了公务员行为规范、公务员法、践行北京精神，加强职业道德修养、国家行政机关公文处理、政务礼仪等教学内容，着重加强对公务员的区情教育以及岗位履职所需的基本素质、基本技能和依法行政能力的培训，为建设高素质、专业化的公务员队伍奠定基础。

(张冬梅)

【党性教育】 年内，区委党校根据《党校工作条例》要求，深入研究新时期党性锻炼的内容、途径和方法，探索党性教育的“10条实践途径”：1.开设党性教育课堂,党校在主体班培训中结合党情、国情、民情开设《时局变化与执政党的应对之策》《党的十八大精神解读》《党性锻炼与党性修养》等课程。2.成立现场教学课题开发小组，依托国家博物馆、历代帝王庙、李大钊故居等现场教学基地，组织主体班学员参观复兴之路、改革开放30年等展览，将党性教育深入到基层社区，街道民居、楼宇企业并结合课堂、虚拟、情景等多种教学方法，形成基地、基层、展览3个不同层次的现场教学模式。3.开展虚拟教学，利用网络、信息、数字等现代化的教学手段，以试听媒体、音视频、图片、电子书籍等形式为载体，通过在线学习、中国知网资料查询、微博使用、资料拷贝等多种形式进行党性教育。4.开展影视教学，党校在主体班播放《我们的国歌》《尼克松访华》《文革记录片》等文献片、纪录片等作为党性教育课堂教学的延伸。5.进行异地教学，通过参观走访革命圣地延安、井冈山、遵义红色基地，与当地的中央干部学院和党校建立合作关系，开展体验式教学作为党性锻炼的独特课堂。6.开设微博课堂，党校研发并设置了“网络传播知识与互联网讲座”“政务微博介绍与班级微博应用”的教学课程，开设“西城党校主体班”和“公务员加油站”微博，作为党性锻炼舆情阵地。7.增设午间课堂，通过午间休息播放“党史系列”“经济系列”“文化系列”“红色影视系列”影视资料作为党性锻炼教育的补充。8.唱响红色歌曲，党校邀请专家为主体班次开设“红色歌曲的历史与鉴赏”课程，组织学员开展红色歌曲大家唱活动丰富党性育的内容。9.组织编写教材，党校组织教务科的精干力量，编撰了《党性锻炼资料汇编》书籍（附配套光盘），作为主体班学员进行党性锻炼的学习资料。10.提供基础保障，区委组织部为党性教育的实践途径提供了专项经费，党校领导班子研究确定了“党性教育在党校主体班的实践途径”调研课题，在教师队伍中专门成立了“党性教育新课研发小组”，推出了围绕中国特色社会主义理论和党性修养的课堂教学，制定颁发了《西城党校加强党校教学工作的意见》，与区委组织部形成合力把党性锻炼贯彻到干部培训的全过程。

（张冬梅）

【虚拟课堂】　年内，区委党校以视听媒体和网络教学为载体开设虚拟课堂，通过建设“社会培训课程库、红色经典影视库、人文社科资料库”，为学员提供社会培训课程视频资料、人文社科类视频、图书资料文本、网络资料查询、红色影视欣赏等学习内容，作为课堂教学的补充。

（张冬梅）

【微博课堂】　年内，区委党校研发了“网络传播知识与互联网讲座”“政务微博介绍与班级微博应用”的教学课程，开设“西城党校主体班”和“公务员加油站”微博，通过微博及时发布培训信息并倾听学员反馈意见，邀请网络微博的管理者、官方微博的名人授课，为学员配发《微博使用指南》手册，讲解如何在互联网门户网站设立并使用微博，辅导学员开展一对一的微博实践课程。

（张冬梅）

【科研工作】　年内，区委党校在探索科研与教学一体化、发挥理论优势和资源优势方面取得较大进展。明确了以理论性研究为基础，以应用性研究为重点的科研工作定位，发挥党校教师的区位优势，从基层党校实际出发开展科研活动。完成了市委党校科研协作课题“利用手机传播促进社会领域党建工作的探讨”“关于基层党组织服务地区经济社会发展能力的调查与思考”2项；区级课题：“政务微博发展与微博行政实践研究”“什刹海历史文化保护区管理模式探究”“西城党校主体班现场教学模式探究”3项；完成校内课题9项。全年共编辑出版《西城论坛》4期4000余册，《党校工作通讯》6期；全校出版著作1部；在国家核心期刊发表文章2篇；省（市）级科研论文5篇；区级科研论文16篇。1名教师获得第四届中国商业联合会服务业科技创新奖三等奖，2名教师获得市级科研成果二等奖，1名教师获得优秀科研管理工作者奖。区委党校获北京市委党校（行政学院）系统2010–2011年度优秀科研工作组织奖。

（张冬梅）

【党校学历教育】　根据北京市委党校成人教育学院文件精神，针对党校成人教育收尾阶段的工作特点和区委党校实际，截至2012年9月，2009级行政管理大专班、2010级经济管理本科班及2010级人力资源管理本科班的225名学员已全部按时毕业，学历教育的主要工作已经完成。对外培训二科针对历史遗留问题进行了梳理，安排专人做好后期的各项工作，完成区委党校学历教育收官工作。

（张冬梅）

【“献爱心”捐献活动】　7月7日，为响应区直机关工委“共产党员献爱心”捐款活动的号召，区委党校全体员工捐款3230元并上交西城区慈善协会。7月25日，区委党校全体人员为北京房山抗洪抢险捐款3230元并上交区直机关工委。

（张冬梅）

【专业技术教师岗位设置实施】　年内，根据北京市人力资源和社会保障局、北京市教委《关于北京市党校系统高校教师职务聘任制的通知》等文件精神，区委党校实施了专业技术教师岗位设置和职务聘任工作。1名教师被聘为教授，2名教师被聘为副教授，其余教师分别按照岗位入位。

（张冬梅）

党史工作及地方志工作

【概况】　中共北京市西城区委党史工作办公室（北京市西城区地方志编纂委员会办公室），是区委、区政府主管党史、地方志工作的职能部门（简称区史志办）。内设办公室、党史科、志鉴科、宣传科，在职人员16人。年内，党史工作全面推进，完成《北京西城革命史词典》初稿编写工作，启动《北京市西城区重要会议资料汇编》和《北京市宣武区重要会议资料汇编》编纂工作，继续推进《北京革命史百科全书》编纂工作，开展多种形式的党史宣传教育活动；地方志工作全面开展，完成《北京西城年鉴（2012）》的编纂出版工作，完成二轮志书资料卡片的征集和资料长编的编写工作，启动二轮志书初稿撰写工作，完成《北京年鉴》西城部分供稿任务。区地方志编纂委员会办公室获“北京市地方志系统先进集体”称号，2人获“北京市地方志系统先进个人”称号，2人获“北京市年鉴工作先进个人”称号，1人获“西城区文明先进个人”称号。

地址：西城区南菜园街51号

邮编：100054

电话：83975321

（郝慧芳）

【机构调整】 3月，根据《关于西城区部分事业单位机构调整设置的通知》（西编字〔2012〕2号），撤销中共北京市西城区党史资料征集办公室（北京市西城区地方志编纂委员会办公室）、中共北京市宣武区党史资料征集办公室（北京市宣武地方志编纂委员会办公室），组建中共北京市西城区委党史工作办公室，加挂北京市西城区地方志编纂委员会办公室牌子。党史工作的主要职责是组织、指导全区党史工作开展，征集、整理、编纂全区党史资料，承担市委和区委部署的党史资料征研任务，开展地域党史资料编研；配合相关部门对党员、群众进行党史和革命史教育，面向社会开展党史宣传。地方志工作的主要职责是按照《地方志工作条例》和《北京市实施〈地方志工作条例〉办法》，依法组织、指导、督促和检查全区地方志工作开展；拟定地方志工作规划和编纂方案；组织编纂地方志书和地方综合年鉴；收集、整理、保存地方志文献和资料，组织整理旧志；组织开发利用地方志资源；推动地方志理论研究和学术交流，组织开展业务培训。

（郝慧芳）

【《北京西城革命史词典》编纂工作】 《北京西城革命史词典》（简称《西词》）编辑部研究制定了《<北京西城革命史词典>编纂方案》，作为编纂工作的指导和具体操作规范。各分支负责人按照词典条目编写规范要求，对上年已完成的资料稿，从辨析资料、核实史实、完善要素、突出特色、调整结构和提炼语言等方面进行了两轮修改完善，基本完成初稿编写工作，共450条，约20万字。全年共召开21次研讨会，针对《西词》的篇目构架、编写体例、内容取舍、史料运用、点面衔接、背景介绍等问题进行专题研讨。

（朴淑瑜）

【《资料汇编》编纂工作】 11月，根据《北京市西城区2011—2015年党史工作规划》，《北京市西城区重要会议资料汇编》和《北京市宣武区重要会议资料汇编》（简称《资料汇编》）编纂工作正式启动。两部《资料汇编》围绕党在西城区的执政历史，收录1949年10月至2010年6月原西城区和原宣武区历届（次）党代会、人代会和政协会议的重要会议资料等内容。《资料汇编》编纂工作分收集整理资料、编写校对初稿、审稿出版3个阶段进行。截至年底，完成政协会议档案资料的收集整理工作，约33.5万字。

（朴淑瑜）

【《北京革命史百科全书》编纂工作】 年内，与市委党史研究室合作项目《北京革命史百科全书》编纂工作稳步推进。全书7个分支陆续送党史专家和市委党史研究室领导审稿，史要、组织、人物、史迹分支按照修改意见完成修改定稿。继续进行全书配图、大事记、知识主题索引和条内参见系统制作，以及其他后期编辑工作。

（朴淑瑜）

【党史宣传教育工作】 多方面、多层次开展党史宣传教育活动，在全区创先争优、学习型党组织建设等活动中，发挥党史工作资政育人功能。1月至12月，以迎接党的十八大和北京市第十一次党代会召开为契机，在《西城党建研究》上开辟“喜迎党的十八大·回顾区历次党代会”专栏，分6期回顾原西城区和宣武区历次党代会情况。3月至6月，以“开门办党史”为理念，向全区300余个单位和社区党组织赠送《西城建设史》《中国共产党北京西城区历史大事记》等图书2000余册；开展青少年党史主题教育，向全区129所中小学赠送《西城改革开放30年》《西城回眸——北京西城老同志回忆》等图书。5月至12月，在《西城组工动态》刊物上开辟“红色寻踪”专栏，撰写《中共北方区委党校》《李大钊故居》《青年毛泽东在西城的足迹》等文章14篇，宣传中国共产党在西城地区的革命活动。

（朴淑瑜）

【开展“党史宣传周”活动】 贯彻市委党史研究室《关于开展“党史宣传周”活动的通知》精神，“七一”前后，区史志办举办“庆七一、读红书、忆党史”主题系列党史宣传教育活动。6月26日，在区图书馆举行《西城回眸——北京西城老同志回忆》诵读活动，由党史爱好者精选《西城回眸》中的文章或片段进行诵读或谈读后感，评选出6名读者作为代表参加交流座谈活动。7月5日，在区史志办召开“庆七一、读红书、忆党史”主题系列活动暨《西城回眸》座谈会。该书的编者、作者、读者代表，以及区史志办和区图书馆、天桥社区相关人员共40人参加会议。会上，读者代表诵读精彩片段，作者代表交流创作心得，编者代表讲述文章背后的故事，共同追忆党领导西城人民进行社会主义建设的艰苦历程。

（朴淑瑜）

【举办党史报告会】 10月30日，结合区委“结对共建，先锋同行”活动，区史志办举办“喜迎党的十八大、学党史、知党情”党史报告会，区史志办和天桥街道工委机关干部，以及天桥社区党员干部共200余人参加。市委党史研究室宣传教育处处长作题为《从一大到十八大——历史细节见证伟大辉煌》的党史主题报告。

（朴淑瑜）

【年鉴工作会议】　2月28日，2012年西城区年鉴工作会议召开。市地方志办公室副主任谭烈飞、副区长陈宁，各单位主管年鉴工作的领导、组稿人及西城年鉴编辑部成员共200余人参加会议。会议总结回顾2011年全区年鉴工作，安排部署2012年《西城年鉴》编纂工作。会上印发了《北京西城年鉴（2012）编纂方案》和《北京西城年鉴（2012）编写规范》，对在2011年《北京西城年鉴》编纂工作中作出突出成绩的38个先进集体和40名先进个人进行表彰。

（郝慧芳）

【向《北京年鉴》供稿】　4月，按照北京市地方志办公室要求，区史志办完成向《北京年鉴》供稿工作，撰写西城“区情”约4500字，组稿“北京金融街”1300余字，并提供西城图片12张，稿件刊于当年发行的《北京年鉴》，客观地反映了全区政治、经济、文化、社会等各方面的发展变化。

（郝慧芳）

【参与第一届北京市年鉴编校质量评比】　5月至10月，区史志办参与北京市地方志编纂委员会办公室、北京地方志学会年鉴工作委员会主办第一届北京市年鉴编校质量评比活动，按照《图书质量管理规定》和评比自查要求认真做好自查工作，填报《第一届北京市年鉴编校质量评比申报表》和《第一届北京市年鉴编校质量检查评比初查情况表》。全市72家单位参评，区史志办编辑出版的《北京西城年鉴（2011）》获第一届北京市年鉴编校质量评比一等奖。

（郝慧芳）

【“7·21”特大自然灾害资料征集】“7·21”特大自然灾害后，为记录历史、留存资料，区史志办在全区范围内征集各类资料122份，其中《西城信息》4篇、《西城值班快报》3篇、新闻报道10篇、照片86张、文件16篇、视频文件3个。向北京市地方志办公室报送资料101份。

（郝慧芳）

【年鉴编纂出版工作】　年内，完成《北京西城年鉴（2012）》的编辑出版工作。该书系统记述2011年区域内自然、政治、经济、文化和社会的发展变化过程。《北京西城年鉴（2012）》由201个单位参加编写，其中区属单位146个、辖区单位55个。新增供稿单位：区流管办、西城第二消防支队。泰康人寿保险股份有限公司北京分公司不再供稿。全书115万字，一级栏目20个、二级栏目96个、三级栏目214个、条目2392条，其中特载10篇、大事记149条、专文2篇、表格33张、图片101张。在年鉴图片的征集方面，创新工作思路，拓宽征集渠道。在各参编单位报送的基础上，积极与区新闻中心沟通，选取有代表性的、高质量的新闻图片作为年鉴图片部分的重要素材，图片比上年增加31张。

（郝慧芳）

【第二轮修志工作】　全区二轮修志工作以确保质量为前提，把握工作进度，按计划完成了各项工作任务。2月底，完成资料卡片的征集、审核和修订工作。志书篇目的修订和资料工作同步进行。区志编辑部根据资料收集阶段的实际情况，在对资料充分把握的基础上，处理好与一轮志书篇目衔接的关系，遵循志书体例结构要求，对志书篇目进行了修订。3月，完成地方志编委会组成人员的调整。区四套班子换届后，区地方志编委会组成人员发生变化。通过摸底核实，根据实际情况对区地方志编委会组成人员进行调整，形成《西城区地方志编纂委员会组成人员调整建议名单》。第11次区政府常务会议原则同意西城区地方志编纂委员会组成人员调整的建议。3月30日，组织召开二轮修志资料工作会议，总结全区二轮修志工作启动以来的情况，分析资料收集阶段存在的问题，安排部署资料长编编写阶段的工作任务。4月，政府办下发《关于进一步加强全区二轮修志工作的通知》，加强对修志工作进展情况的督促检查，把二轮修志工作纳入全年政府专项督办和年终考核。4月至6月，各承编单位完成资料长编初稿的编写。7月至10月，区志编辑部完成对资料长编的审核，并向各单位反馈意见，各单位根据反馈意见组织资料工作的再补充、再完善、再考证，修订资料长编。12月24日，组织召开二轮修志初稿撰写阶段工作会议。总结全区二轮修志资料长编阶段的工作情况，分析修志过程中存在的问题及其原因，安排部署初稿阶段的工作任务。截至年底，全区大部分参编单位完成资料长编报送工作，共报送资料1400余万字。

（郝慧芳）

【修志培训工作】　组织全区修志队伍学习和培训。通过组织全区专题培训、分部类培训、个别辅导等形式，加大学习培训的力度，加强对修志工作的业务培训和指导，提升全区修志队伍的工作水平。3月30日，组织召开二轮修志资料工作会议，邀请市地方志办公室市志指导处处长运子微作专题讲座。5月15日，组织举办地方志资料长编编纂方法培训。《北京市宣武区志》执行副主编牛建华以“关于资料长编的编纂方法”为题作专题讲座。12月24日，组织召开二轮修志初稿撰写阶段工作会议。市地方志办公室区县指导处处长尹树国应邀作题为“志稿竖写与行文规范”的讲座。组织区志编辑部副主编进行业务培训。通过组织业务研讨会、研读第一轮志书、参加专业培训等方式，不断提高副主编的业务水平。区志编辑部定期举行编辑部会议，汇总工作进度，研讨工作中出现的问题。全年区志编辑部共召开例会24次，参加北京市地方志办公室组织培训11次。

（郝慧芳）

【地方志信息工作】　根据全区地方志和年鉴工作进度，定期编辑《地方志工作信息》，反映全区地方志工作动态，沟通交流经验，通报工作进度。全年共编辑6期，向北京市地情资料网报送信息4条。

（郝慧芳）

巡视工作

【概况】　中共北京市西城区委巡视组

(简称区委巡视组)、中共北京市西城区委巡视工作领导小组办公室（简称区委巡视办），截至年底，在职干部11人。年内，在区委巡视工作领导小组的领导下，围绕中心，服务大局，认真履行职责、发挥监督作用，完成对区档案局、西直门管委会、信息办、区工会、区文联、区红十字会、椿树街道、白纸坊街道、展览路街道、天桥街道、区行政服务中心、区房地中心、机关服务中心、金正公司和京都文化公司等15个处级领导班子的27名党政“一把手”和71名班子成员的履职情况的监督检查；向区委、区政府提出建议11条，向区职能部门提出建议6条，向被巡视单位提出意见建议34条。促进了被巡视单位的领导班子建设、事业发展与和谐稳定，并为区委科学决策提供了真实可靠的依据。

地址：西城区二龙路27号

邮编：100032

电话：88064115

（王小麟）

【巡视工作领导小组】　区委巡视工作领导小组由区委常委、纪委书记，区委常委、组织部部长，区委常委、办公室主任，分管巡视工作的纪委副书记、分管干部工作的组织部副部长、审计局局长和各巡视组组长、巡视办主任等人员组成，下设办公室。年初，区委巡视工作领导小组召开专题会议研究全年巡视工作任务，并经区委常委会研究决定对15个处级单位进行巡视。年内，按照区委要求，领导小组以科学发展观为指导，科学统筹、周密部署、严格要求，认真审议巡视工作汇报，及时协调、妥善解决巡视工作有关问题和重要事项，保证了区委巡视工作的规范有序开展。

（王小麟）

【巡视动态】　年内，区委巡视组以加强对处级领导班子、领导干部，特别是党政主要负责人的监督，促进领导干部廉政勤政为中心，按照区委巡视条例规定的5项巡视任务，完成对区档案局、西直门管委会、信息办、区工会、区文联、区红十字会、椿树街道、白纸坊街道、展览路街道、天桥街道、区行政服务中心、区房地中心、机关服务中心、金正公司和京都文化公司等15个区属党政机关、街道和企事业单位领导班子的巡视。比较全面深入地了解被巡视单位领导班子和领导干部基本情况，发现和澄清了一些突出问题，初步解决了基层单位一些干部群众反映的热点、难点问题，向被巡视单位提出了合理的整改意见，促进了被巡视单位的党风廉政建设和领导班子、领导干部队伍建设；向区委提出了具有建设性的建议。

（王小麟）

【制度建设】　年内，区委巡视机构与社会单位进行合作，对7年来的巡视工作经验进行全面系统的归纳总结和提炼，重点从巡视工作制度、工具、流程及成果运用等方面的标准化体系进行深入的理论研究。召开5次专题会议，10月，通过了“西城区委巡视工作标准化建设”课题的中期报告，12月，邀请相关专家对区委巡视工作标准化建设课题的制度体系、工具、流程和巡视成果运用等项目进行了评审验收。

（王小麟）

【调查研究】　年内，区委巡视机构在调查研究的基础上，提出了区委巡视工作标准化流程；开发出一整套巡视工作标准化工具，其中包括对领导班子及党政主要负责人的模糊综合评价方法、调查问卷、访谈提纲、评分标准、巡视工作报告模式、前期信息搜集清单；构建了区委巡视工作制度建设的框架体系；对区委推进巡视成果运用提出了建议，形成《西城区委巡视工作标准化建设研究》调研报告。

（王小麟）

【干部挂职】　3月，区委组织部任免组分别从区人力社保局、发改委、卫生局、工商联和金融街街道抽调5名副处级后备干部到区委巡视机构进行挂职锻炼。从3月底开始，巡视工作领导小组办公室对他们进行了为期1个月的业务培训，系统学习有关文件、规章制度和巡视工作方法等内容。在巡视期间，各组注重对他们进行言传身教和实践锻炼，提高他们的综合素质能力。9月，就如何提高挂职干部的能力水平进行研讨，5名挂职干部结合半年来的经历，谈对巡视工作的认识和理解，并介绍自己的收获和体会。

（王小麟）

【培训与交流】　年内，区委巡视机构组织全体干部学习贯彻中共十八大会议精神和市、区的相关文件精神，召开巡视工作专题研讨会，邀请市委巡视组领导授课，组织部分干部赴山西省、江西省巡视机构进行学习调研，以提升巡视干部的业务水平和能力。

（王小麟）

纪检　监察

【概况】 中共北京市西城区纪律检查委员会（简称区纪委）与北京市西城区监察局（简称区监察局）合署办公。下设办公室、干部室、研究室（政策法规室）、宣传教育室、信访室（西城区人民政府举报站）、案件审理室、案件检查室（案件管理室）、执法监察室、纠正部门和行业不正之风工作室（西城区纠正行业不正之风办公室）、党风廉政建设室、绩效管理监察室、区行政投诉中心。在职人员59人。纪检监察工作主要职责是主管全区党的纪律检查工作和行政监察工作，贯彻落实党中央和市委、区委关于加强党风廉政建设和行政监察工作的决定；维护党的章程和其他党内法规，检查党的路线、方针、政策和决议的执行情况，监督检查国家政策和法律、法规以及决定、命令的执行情况；组织指导全区廉政风险防控管理、权力公开透明运行、防止利益冲突等工作；检查并处理检查、监察对象违反党的纪律案件，违反国家政策、法律、法规以及违反政纪的行为；受理党员和监察对象的控告和申诉等。年内，区纪委监察局发挥服务和保障全区中心工作的作用，加强对领导干部的教育和监督，加大案件查办力度，推进从源头上防治腐败，深化专项治理和纠风工作，不断提高纪检监察干部队伍的素质和能力。

地址：西城区二龙路27号

邮编：100032

电话：88064983

（吴　悦）

【区纪委第十一届二次全体会议暨全区党风廉政建设工作会议】 2月15日至16日，区纪委第十一届二次全体会议暨全区党风廉政建设工作会议举行。全会学习了胡锦涛的重要讲话和十七届中央纪委七次全会、市纪委十届八次全会和区委全会精神，总结上年全区党风廉政建设和反腐败工作，部署年内工作任务。全会审议通过区纪委书记作的《坚定不移推进党风廉政建设和反腐败斗争为建设“活力魅力和谐”新西城提供坚强纪律保证》的工作报告和区纪委全会决议。会议要求，全区纪检监察组织和纪检监察干部要紧紧围绕市纪委和区委、区政府各项部署，坚定信心，锐意进取，开拓创新，埋头苦干，不断开创党风廉政建设和反腐败工作新局面，创造西城区更加美好的未来，为迎接党的十八大胜利召开作出应有贡献。

（吴　悦）

【领导干部廉洁自律工作】 开展党风廉政建设责任制落实情况专项检查，促进了“一岗双责”的落实。深化防止利益冲突试点工作，对10人次需要回避的情况予以纠正。开展经济责任审计，完成14名处级领导干部及国有企业领导人员经济责任审计。加大巡视工作力度，对15家单位及27名党政“一把手”和71名领导班子成员的党风廉政及履职情况进行监督检查。

（吴　悦）

【权力公开透明运行工作】 全面梳理各类行政权力事项共6636项，绘制行政权力运行流程图2128张。开展行政处罚自由裁量权标准化建设试点工作，对109项行政处罚权的处罚标准和幅度进行规范。进一步完善区委权力公开透明运行工作机制，建立“西城党建”门户网站和“西城区行政权力公开透明运行网”等公开媒介，大力推进权力网上运行，促进权力规范行使和接受广泛监督。西城区的经验做法得到了上级领导和社会各届关注，《人民日报》《新华社每日电讯》《北京日报》《中国纪检监察报》等多家媒体进行了宣传报道。西城区被评为全国县委权力公开透明运行试点先进单位。

（吴　悦）

【党风廉政宣传教育】 举办“红莲讲堂”教育活动7场，开展预防职务犯罪案例巡展，用身边事教育身边人。开通“廉政西城”微博，加强正面舆论引导。认真执行党内监督条例，对68名新任处级实职领导干部进行集体廉政谈话。

（吴　悦）

【信访监督和案件查处】 全年共受理群众来信、来访、电话和网上举报279件次，信访办结率100%。全年共初核违纪线索45件，了结线索31件，转立案10件；共立案16件（含新立案10件），其中大要案10件（含新立案4件）；共结案12件，给予党政纪处分13人，涉及处级干部2人，科级及以下党员干部11人；涉嫌犯罪移送司法机关查处6人，通过办案挽回直接经济损失149.08万元。

（吴　悦）

【监督检查工作】 加强对党纪政纪执行情况的监督检查，着力保障加快转变经济发展方式、党的十八大服务保障以及安全生产、食品安全、保障性住房建设、大气污染防控等各项决策部署落实到位。组建“5+2”机构联合纪检监察组，强化对各机构工作运行情况和重大投资项目建设情况的监督检查。督促各机构建章立制117项，制定《西城区政府投资重大建设项目监督工作办法》，会同审计、财政等部门，加强联合执法检查，督促相关部门依法合规推进项目建设，有效防止违纪违法问题的发生。

（吴　悦）

【纠风工作】 深化“千家评政府”工作，对区属47个职能部门和15个街道办事处的作风建设、依法行政、办事效率、落实责任、政务公开等情况进行全面测评，平均满意度为92.26%，对特邀监察员明察暗访反馈的105项意见建议进行了督促整改。

围绕教育、医疗、住房保障等群众关注的热点问题，深入开展专项治理。稳步推进公车治理和“小金库”治理工作。认真办理政风行风热线信件，为群众解决实际问题398个，群众满意率98%；受理群众投诉共227件次，办结率100%，重点解决了难度较大的5件历史遗留的违法建设问题。

（吴　悦）

【行政效能工作】　结合“访民情、听民意、解民难”工作，健全社情民意联动响应机制，定期发布《西城区社情民意调查分析报告》，着力抓好自查、互查和整改落实等环节，督促政府各部门解决难点问题和群众反映强烈的突出问题。深化网上信息公开工作，梳理审核行政服务事项和相关制度共1897项，实现368项行政审批和非行政许可类服务事项统一管理。完善行政问责办法，注重绩效考评，综合运用“评价—反馈—整改—提升”的模式，促进政务能力提升的良性循环。

（吴　悦）

【纪检监察系统自身建设】　规范全区59个单位的纪检监察机构设置，任免监察科长34人、纪工委委员17人，实现社区纪检组织全覆盖。在干部选拔任用工作中严格标准和程序，同时加大轮岗交流力度，丰富干部任职经历，提升工作能力，体现人岗相适的要求。

（吴　悦）

民主党派　工商联

民革西城区委员会

【概况】　中国国民党革命委员会北京市西城区委员会（简称民革西城区委）下设6个专门委员会（经济委员会、祖国统一和平促进委员会、教科文卫体委员会、人口资源环境委员会、社会和法制委员会、老年妇女和青年委员会）。有区委委员20人，其中主任委员1人，副主任委员5人，秘书长1人。截至年底，共有党员874人，支部30个。党员中有全国政协委员2人，市人大代表6人，市政协委员6人，区人大代表2人，区政协委员26人，民革市委委员13人（其中副主委3人、常委1人、委员9人）。国家特约工作人员1人，市特约工作人员4人，区特约工作人员10人，民革中央和民革市委专委会委员30人。

地址：西城区辟才胡同宏英园17号楼

邮编：100032

电话：66179106

（王冠男）

【参政议政】　年内，民革西城区委围绕区委、区政府中心工作和全区发展全局性、战略性问题，组织广大党员参加多种形式的参政议政会议。民革西城区委参加区政协召开的议政会、执政能力建设研讨会，区委统战部召开的双月座谈会6次。召开调研工作会2次，重点课题研讨会2次，形成2篇调研报告《西城区部分社会力量办学教室照度不达标问题不容忽视》和《持续关注金融发展，新三板市场建设取得实质成果》，分获中共西城区委统战部党派调研报告三等奖和优秀奖。向区政府、统战部及民革市委等相关部门上报意见和建议类信息共计95条，编写《西城民革》刊物4期。在区政协会议上提交《关于完善西城区金融产业发展政策的建议》《关于厂甸庙会“改址”引发的问题的建议》《关于加强西城区与台湾金融合作的建议》3份党派提案，其中《关于加强西城区与台湾金融合作的建议》被区政协评为2012年度优秀党派团体提案。

（王冠男）

【思想建设】　年内，民革西城区委与西城区社会主义学院联合举办民主党派新成员培训班，组织近40名党员学习中国多党合作制度的历史发展和西城区历史文化传统。组织近30名党员参加统战部组织的民主党派信息工作培训会。组织党员参加由区委统战部组织的宣讲“爱国·同心”报告会，组织20余名党员参观《科学发展　成就辉煌——大型图片展》，组织党员以支部为单位学习十八大报告精神，并邀请十八大报告宣讲团成员、市社会主义学院副院长陈剑做题为“改革与五位一体建设”的专题报告。

（王冠男）

【组织建设】　年内，民革西城区委完成新一届支部领导班子的换届选举，选出支部委员共计134人，成立第29支部、第30支部，新发展党员32人。2名党员被选送到中央单位挂职锻炼。年内，制订《优秀支部及先进党员评选办法》并评选优秀支部11个、先进党员146人。完成各专业委员会的组建工作，配有主任1人（由区委委员担任）、副主任2至3人、秘书长1人，成员共计214人。组建信息联络小组共计34人。

（王冠男）

【祖统工作】　年内，民革西城区委祖国统一和平促进委员会7月召开座谈会，近40名老党员参加，纪念“七七事变”爆发75周年。8月组织部分党员参加由民革中央、统战部、文化部联合举办的台湾玉山《八部合音》申遗专场演出活动，民革中央副主席修福金等出席，民革西城区委党员、市中山书画社理事黄涤愆向艺术家赠送了书画作品。9月组织全体党员参观由民革中央主办的第十届“两岸传统插花艺术展”。

（王冠男）

【重要活动】 年内，民革西城区委组织全体区委委员春节前夕家访慰问50余名老党员。3月组织女党员召开“庆三八”座谈会。6月邀请北京大学和谐社会研究中心教授做题为“觉醒生命 幸福人生”的讲座。7月接待来自民革广西柳州市委组织的现代农业调研组，参观北京市顺鑫农业，并与民革西城区委主委王红等班子成员进行座谈。9月组织新一届支部委员参观昌平新农村，并召开换届工作总结大会。9月底组织近30名党员参加民革中央合唱团“迎中秋、庆国庆”联合活动。

（王冠男）

民盟西城区委员会

【概况】 中国民主同盟北京市西城区委员会（简称民盟西城区委）下设组织部、宣传部、调研部、统战理论研究室、教育委员会、文化艺术委员会、科技委员会、金融经济委员会、法律委员会、医疗卫生委员会、妇女委员会、青年委员会、老龄委员会。截至年底，共有盟员1958人，基层委员会1个，支部69个。盟员中任第十一届全国人大常委1人，第十一届全国政协委员5人（其中常委1人），第十三届市人大代表2人，第十一届市政协委员5人，第十五届区人大代表3人，第十三届区政协委员34人（其中副主席1人、常委8人），第十一届民盟中央委员10人（其中常委3人），第十一届民盟市委委员11人（其中常委2人）。民盟西城区委获西城区民主党派调研工作优秀组织奖，被民盟中央评为民盟思想宣传工作先进集体。

地址：西城区辟才胡同宏英园17号楼

邮编：100032

电话：66135911

（宋小华）

【参政议政】 年内，民盟西城区委参加区政协召开的议政会1次、区委统战部召开的双月座谈会6次、西城区统战系统各界人士“政务能力建设年”专题座谈会1次。召开调研工作会3次，重点课题研讨会1次，完成了《西城区生活垃圾分类现状调查及建议》《关于西城区青少年肥胖体质的对策与研究——以北京市14中学学生肥胖调查为例》《北京什刹海金丝套历史街区空间研究》和《北京旧城北中轴保护与发展战略的研究》等4篇调研报告。《北京旧城北中轴保护与发展战略的研究》获2012年度西城区民主党派优秀调研成果一等奖。《关于改善西城区历史文化保护区居民生活质量的建议》被区政协评为2012年度党派团体优秀提案。提交盟员反映的社情民意、信息共157篇，5条信息获西城区民主党派优秀信息。

（宋小华）

【组织建设】 年内，民盟西城区委共发展新盟员69人，其中男36人，女33人，平均年龄39.2岁，发展比例3.65%，其中高、中级职称56人，研究生以上学历32人。对15个基层支部进行换届调整，增强了支部的活力。全区69个基层支部的组织生活基本正常、健全，大部分基层支部的组织生活形式多样，并开展丰富多彩的活动。

（宋小华）

【自身建设】 年内，民盟西城区委开展《学习胡锦涛总书记在香港回归祖国15周年讲话有感征文》《学习贯彻中共北京市第十一次代表大会精神感言》活动，先后下发《民盟西城区委关于组织收听、收看中共十八大会议的通知》《民盟西城区委关于组织学习贯彻中共十八大会议精神的通知》，15篇相关文章在盟市委网站、《北京盟讯》刊载，在《西城盟讯》开辟专栏刊登盟员的心得体会。举办学习贯彻中共十八大会议精神报告会，参加中共西城区委召开的党外人士学习十八大精神座谈会和西城区政协组织的党派政协委员学习十八大精神座谈会。全年组织召开主委会议3次，全委扩大会议2次，通过邮件、电话方式征求主副委意见和建议7次；组织新盟员参加各类学习班3期，11个基层支部负责人参加区委统战部组织的基层支部负责人培训班，8人参加西城区中青年骨干学习班；组织盟员参加传达“两会”精神报告会、两岸形势、国际形势报告会以及文化论坛等十多场次，参加盟员300余人次；参加党派单月学习日5次；出版4期《西城盟讯》。

（宋小华）

【社会服务】 年内，民盟西城区委发挥教育主界别的优势，7月至8月，民盟“烛光行动”北京四中远程教育合作学校授牌暨捐赠仪式分别在贵州毕节六中、重庆彭水一中举行，通过互联网，把先进的教育理念和教学资源以及人文关怀带给农村一线教师。5月24日，与椿树街道结对子，共同开展“关爱阳光·温暖心灵”志愿帮扶活动，民盟西城区委捐赠23套书包、儿童大百科全书以及购书卡等，价值13000余元。盟员献上精彩的节目，并现场教孩子们学习乐器，深受孩子和家长的欢迎。连续6年开展“送祝福、暖民心”活动，在春节及中秋佳节前夕，走访慰问宏汇园社区2户贫困残疾家庭，为他们送去生活必需品。8月10日至13日，组织医卫专委会7名专家赴内蒙古开展“增爱献真情·民盟暖人心”义诊送药活动，共接待门诊病人1000余人次，免费发放各类药品40余箱，价值4万余元。在“7·21”暴雨灾害发生后，盟员累计捐款11600余元。

（宋小华）

【联情联谊】 年内，民盟西城区委举办迎新春电影招待会、新老主委联谊会，组织慰问离任《西城盟讯》编委会副编委、老龄委主任、副主任、区教育督导员以及老龄委书画班、舞蹈队、合唱队负责人等，走访慰问老盟员和老艺术家，为他们送上盟组织的祝福；每逢节假日，利用政务信息平台，给每位盟员送去节日的问候；举办庆祝教师节电影招待会；召开月末谈心会5次；组织春游景山、北海活动；举办“菊香雅韵、秋聚圆明”主题重阳秋游活动，200余人游览圆明园公园；举办老龄委迎新年联欢会，百余位老年盟员欢聚一堂，喜迎2013年元旦佳节；老龄委在保留传统合唱队、舞蹈队、书画班的基础上，新开设4期摄影讲座、8期旅游英语班和太极拳班，举办义卖会，得到老年盟员的称赞，增强了盟组织凝聚力。

（宋小华）

民建西城区委员会

【概况】 中国民主建国会北京市西城区委员会（简称民建西城区委）下设组织部、宣传部、参政议政部、社会服务部。3月21日，召开民建西城区第一届委员会第五次全委会议，增补区委委员1人，增补副主委1人；5月17日，召开民建西城区第一届委员会第七次全委会议，增补副主委（专职）1人；截至年底，民建西城区委共有委员23人，其中主委1人、副主委7人、秘书长1人。支部18个，其中综合性支部14个，单位支部2个、专业支部1个、老年支部1个，会员1766人。会员中有全国政协委员1人，市人大代表2人（其中常委1人），市政协委员3人（其中常委1人），区人大代表7人，区政协委员46人（其中副主席1人、常委8人），民建市委委员14人（其中常委3人），特邀监察员、监督员24人。

地址：西城区辟才胡同宏英园17号楼

邮编：100032

电话：66137941

（张 鹏）

【参政议政】 年内，民建西城区委围绕西城区中心工作组织开展调研活动，完成《整合北京金融资源配置、科学布局金融发展空间、打造具有国际影响力的首都金融中心区》《巩固总部金融优势、发展特色金融市场、建设具有国际影响力的金融中心城市》《关于西城区小微企业发展及税收情况的调研报告》《关于金融街餐饮服务及商业配套的调研报告》《关于西城区法律服务工作情况的调研报告》5个重点研究课题。在区政协十三届一次会议上，提出党派提案2件、委员提案20件，其中，《关于提升“天桥”品牌，打造中国“百老汇”的建议》被区政协评为2012年度优秀党派团体提案，《关于严格监督社会保障卡使用的建议》《关于加强自动售货食品安全监管的建议》《关于预防什刹海周边雨季排水不畅的建议》等9件提案被区政协评为2012年度优秀委员提案。在区政协第十三届委员会第一次议政会上，民建西城区委作了《关于民主党派在“全响应”模式中的作为》的发言。收集、整理、报送信息184条，其中全国政协采用1条、民建中央采用5条、市政协采用5条、民建市委采用42条、区委统战部采用10条。

（张 鹏）

【思想建设】 年内，民建西城区委组织支部和会员开展为民建市委第十次代表大会寄语活动。组织会员学习《会章》，并就会章的修改提出中肯的意见和建议。中共十八大召开后，组织支部和会员通过报告会、学习会、研讨会、座谈会等形式进行学习。在支部中积极组织开展学习胡锦涛“7·23”重要讲话精神，学习陈昌智在民建中央学习践行社会主义核心价值体系活动座谈会上的讲话，向张丽莉、吴斌、高铁成学习等活动。组织会员参加民建市委“聚焦北京风貌·展示民建风采”摄影大赛，获优秀组织奖。22人参加民建市委举办的支部主任培训班，17人参加中共区委统战部举办的西城区民主党派基层骨干培训班，10人参加中共区委统战部民主党派支部负责人培训班，60多人参加民建市委新会员培训班，23人参加中共区委统战部党派新成员培训班，30余人参加中共区委统战部信息员培训班，30余人次参加区政协区情通报会、中共区委统战部两岸形势报告会等。

（张 鹏）

【组织建设】 年内，民建西城区委发展会员79人，平均年龄39岁，发展率4.8%。会员1766人，平均年龄49岁，其中女会员占会员总数的35%；大学本科学历及以上981人，占会员总数的55%；具有中高级职称的852人，占会员总数的49%。结合社会发展和区委实际工作情况，新设立现代服务委员会、社会管理委员会、企业服务委员会3个专委会。向中共区委统战部报送各类后备干部92人，向民建市委推荐市委专委会成员86人，推荐区青联委员3人、西城区海外联谊会理事5人。5个支部被民建市委评为2009–2011年度先进支部，69人被民建市委评为2009–2011年度优秀会员。

（张 鹏）

【社会服务】 年内，据不完全统计，西城区民建会员参加各级各类捐款捐物共计37.15万元，其中向区残联捐款捐物15万元，向北京“7·21”水灾灾区捐款9.75万元，向市残疾人文化周暨“心力量”残疾人阅读会活动捐款5万元，向月坛街道残疾人特困户捐款3.9元，慰问西城区教师物品1.5万元，参与民建市委“三下乡”活动向怀柔新峰村图书馆捐款1万元。区委文艺委员会参加奋斗小学教师节慰问演出活动、区政协慰问教育界政协委员演出活动。春节、重阳节对会员中的老工商业者走访慰问，送去企业家会员捐赠的现金和书法家会员的“寿”字作品裱画合计1万多元。组织企业家会员参加2012中外投资机构暨民营企业北京投资发展洽谈会。

（张 鹏）

【重要活动】 3月21日，全国人大常委会副委员长、民建中央主席陈昌智带队调研民建西城区委工作情况。陈昌智与中共西城区委、区政府主要领导进行座谈，各专委会主任、支部主任50余人应邀参加座谈会。

（张 鹏）

民进西城区委员会

【概况】 中国民主促进会北京市西城区委员会（简称民进西城区委）下设组织部、宣传部、社会服务部、科技教育专委会、经济法制专委会、医药卫生专委会、老龄专委会。有主任委员1名、副主任委员6名，秘书长1名，副秘书长1名，委员21名。截至年底，共有基层支部46个，会员1132人。会员中有市人大代表2人，市政协委员4人，区人大代表6人，区政协委员25人，国家监察部特约监察员1人，市特约工作人员4人。年内，在“以党为师，立会为公，参政为民，服务为本”的核心价值理念指导下，围绕强化“三个责任”（广大会员对共产党领导的多党合作事业负责任，对民进事业发展负责任，对人民利益负责任），建设“三个文化”（传承创新，和谐包容，规范高效的组织文化），实现“三个目标”（增强四种能力，上参政议政水平，有效服务社会）的“三三三”目标任务体系，于传承创新中有序推进各项工作，使自身建设水平有了新提升，参政议政工作迈上新台阶，社会服务工作有了新进展。

地址：西城区辟才胡同宏英园17号楼

邮编：100032

电话：66137950

（胡　楠）

【参政议政】 年内，民进西城区委在区政协十三届一次会议上提交《进一步优化西城区产业结构的建议》《关于建立房屋租赁预警机制，实现房屋租赁科学发展的建议》《关于多措并举切实保障教育用地的建议》3件党派提案，其中《进一步优化西城区产业结构的建议》提案被区政协评为年度优秀提案。4件政协委员提案获优秀提案奖。1人在西城区政协和中共西城区委统战部召开的“社会服务全响应模式的建立与创新”议政会上，以《培育引导社会组织参与全响应格局、推动构建社会协作服务网络的几点建议》为题进行大会发言。截至年底，民进西城区委向中共西城区委提交《金融街金融文化培育与建设》《金融街教育资源保护和服务金融街能力建设》《关于西城区居民吸烟状况的调查报告》3篇调研报告；向民进市委和区委统战部报送信息280条。29个支部的会员向民进市委提交211份建议案，内容涉及教育、医疗、城建、金融、城市管理等方面。担任特约监督、监察、督导工作人员的民进会员认真完成各自任务，履行职责。22名会员参加西城区政协明察暗访工作。民进西城老龄委发挥民主党派参政议政作用，配合政协开展“关于加强金融街餐饮网点建设”的问卷调查工作。

（胡　楠）

【组织建设】 5月，成立民进西城区第五十六中学支部，西城区属民进支部共计46个。11月，民进西城区委所属38个支部向民进区委和所在单位的党政领导提交了年度工作总结和下年工作计划。年内，民进西城区委共发展新会员36人，其中男11人，女25人，平均年龄38岁，高、中级职称27人，大学本科以上学历36人。转入会员3人，调出会员1人，自然死亡4人。

（胡　楠）

【思想建设】 年内，民进西城区委基于强化“三个责任”的目标要求，面向不同层次、不同对象大力加强思想建设。2月，组织27名新会员参加与西城区社会主义学院联合举办的民主党派新成员学习班。3月，召开综合、联合支部经验交流会，开展典型示范引领教育活动。5月，召开信息培训工作会。7月，以“和谐领导班子建设”为专题举办民进西城区委委员学习研讨班。8月，在密云华韵山庄举办以“加强参政党文化建设　创建先进的党派组织形象”为专题的暑期学习班，区委委员和中青年骨干会员60余人参加学习培训。9月，举办“颂园丁、贺中秋、迎国庆”2012年民进西城区委庆祝教师节、中秋节、国庆节活动。年内，对申请入会积极分子分成两批举办“新起点、新作为、新贡献”座谈会，并于10月组织参观民进中央会史馆。年底，各基层支部按照市区要求，开展“激发道德自觉，向张丽莉、吴斌、高铁成同志学习”和中共十八大精神学习座谈活动。年内，组织会员春游、乒乓球比赛、参观国家博物馆、大兴通州滨河公园城市游、喜迎十八大摄影作品展、“庆重阳节”等多项活动。200余人次先后参加民进中央、民进市委、区委统战部等组织的北京市“两会”精神传达、民主党派中青年骨干培训、西城区民主党派支部（社）负责人培训班、主题教育等各类学习、座谈、报告会。出版《西城民进》6期。

（胡　楠）

【总结表彰】 12月20日，民进西城区委召开总结暨表彰大会，总结部署工作，表彰先进支部10个、参政议政工作先进支部2个、社会服务工作先进支部1个、基层组织工作规范先进支部3个；“西城民进”年度人物5人、先进个人56人，300余人参加。民进市委、区委统战部领导出席大会并致贺词。

（胡　楠）

【社会服务】 年内，民进西城区委继续与天堂河戒毒康复中心合作，2月，请国家疾控中心艾滋病预防控制中心主任吴尊友开展艾滋病防控知识讲座。5月，组织民主党派驻会干部赴戒毒康复中心开展“禁毒防毒教育靠大家”参观交流活动。结合结对街道白纸坊“六型”社区建设，开展“送理念、送文化、送健康、送温暖、送祝福”进社区的“五送”活动。5月，民进区委与金融二支部在信达证券公司举办经济形势暨理财报告会。7月，北京“7·21”暴雨后组织各支部共捐款10750元。9月，民进区委与三联支部联合举办体能测试活动。老龄委派代表参加对房山十渡小学捐助活动。各基层支部开展怀北老区“帮困惠农献爱心”、什刹海“关爱残疾人，真情送温暖”、贵州捐建水窖、主持参与“振豫”项目、“明德”项目、“国培计划”北京地区和四川内江地区的教师培训工作、为贫困乡镇中学女教师进行教学培训、“让传统文化走进幼儿园”、讲授北京传统文化、开展书画进乡村、进军营活动、举办书画展等社会活动。

（胡　楠）

农工党西城区委员会

【概况】 中国农工民主党北京市西城区委员会（简称农工党西城区委）下设参政议政工作委员会、老龄工作委员会、妇女工作委员会、社会服务工作委员会、青年工作委员会。共有委员21人，其中主任委员1人，副主任委员6人，秘书长1人。截至年底，发展新党员23人，有基层支部29个，党员941人。党员中市人大代表1人，市政协委员4人（其中常委2人），区人大代表1人（常委），区政协委员31人（其中常委5人、副秘书长1人），市特约监察员1人，西城区特约监察员9人。
地址：西城区辟才胡同宏英园17号楼
邮编：100032
电话：66137948

（丁　蒙）

【参政议政】　年内，农工党西城区委调研报告《关于落实家庭医生责任制提高社区卫生服务效能的调研和建议》《关于建立健全西城区餐厨垃圾收运和处理体系的建议》《西城区中学生学习压力现状的调研和建议》分获中共西城区委统战部党派调研报告三等奖和优秀奖；农工党西城区委提案《关于落实家庭医生责任制，提高社区卫生服务效能的建议》被区政协评为2012年度优秀党派团体提案；在区政协、中共西城区委统战部召开的“社会服务全响应模式的建立与创新”议政会上，作题为《关于建立人民调解、行政调解、司法调解“三位一体”的矛盾大调解格局的意见》的发言；召开信息工作会，总结部署工作，表彰先进，用以会代培的形式进行培训。向农工党市委报送信息112条，被农工党中央、全国政协、市政协、农工党市委采用14条。向区政协、区委统战部报送信息77条，其中建议类信息67条，被采用14条。

（丁　蒙）

【自身建设】　年内，农工党西城区委召开新党员见面会，介绍情况并进行信息工作培训；组织新党员参加区社会主义学院主办的“西城区民主党派新成员学习班”，组织中青年骨干参加“西城区民主党派中青年骨干培训班”，组织支部主委参加“西城区民主党派支部负责人培训班”。选举45名代表参加农工党北京市第十二次代表大会。主办《做合格党派成员，不断提高自身参政议政能力和水平》理论讲座，请农工党西城区委原主委为新党员及部分党员骨干30人进行培训。召开全委扩大会议，邀请中央社会主义学院教授作《中共中央关于加强新形势下党外代表人士队伍建设的意见》文件解读辅导，各基层支部总结并交流了各自开展的工作。召开学习十八大报告座谈会，主委作学习十八大精神主题发言。在区委统战部主办的统战系统“双十佳”演讲会上，一名党员作题为《我举起了奥运火炬》的演讲，获二等奖。年内，编辑出版《西城农工》4期。

（丁　蒙）

【重要活动】　年内，农工党西城区委召开“联情会”，农工党市委、区委统战部、区卫生工委的领导，区卫生工委所属16个独立支部主管统战工作的领导，农工党西城区16个基层支部的支部主任参加会议，会上，中共各级党组织的领导与农工党西城区委、各基层支部的领导相互交流工作情况，交流做好统战工作的体会和打算。组织部分政协委员、农工党员，到北京龙泉寺进行宗教文化考察，全国政协常委、中国佛教协会副会长、北京龙泉寺方丈学诚法师接待考察组一行人，并介绍龙泉寺的发展情况。区委班子成员一行8人到农工党青岛市委调研，双方交流参政议政工作经验，并对如何完善参政议政工作机制，发挥自身优势，提高参政议政水平的一些具体做法进行深入的探讨。召开年度工作总结会，总结部署工作，农工党市委、中共西城区委统战部领导应邀出席并讲话，70余名党员代表参加会议。

（丁　蒙）

【社会服务】　年内，农工党西城区委和市红十字会联合举办第五届《中国环境与健康宣传周》活动，到河北平山县革命老区开展义诊咨询，10名医疗专家参加义诊活动，接待咨询近500人次。邀请专家教授为广安门外街道办事处居民进行“发展绿色经济，享受健康生活”知识讲座。与农工党市委和首钢总公司共同举办第二十四届“国际科学与和平周”暨践行北京精神共建和谐社会义诊咨询活动，组织神经内科、心内科、外科、中医科、妇科、儿科、肿瘤科、肛肠科、按摩科、疼痛科的10名医学专家，义诊4个多小时，接待咨询500多人次。组织医疗专家到天津蓟县，开展以“促进科学发展，推动文化建设，共建和谐社会”为主题的义诊宣传活动，义诊和接待咨询近300人次。

（丁　蒙）

致公党西城区委员会

【概况】　中国致公党北京市西城区委员会（简称致公党西城区委）下设办公室、参政议政专委会、社会服务专委会、文化工作专委会和14个党支部，截至年底，共有党员449人。致公党西城区委由17人组成，有主任委员1人，副主任委员6人（其中专职副主任委员1人），秘书长1人（专职副主任委员兼）。党员中有全国人大代表2人，市人大代表3人，市政协委员2人，区人大代表4人（其中常委1人），区政协委员20人（其中常委4人、副秘书长1人），致公党中央委员3人（其中常委2人），致公党市委委员8人（其中副主委1人、秘书长1人、常委2人），各级特邀监察员、监督员、人民陪审员、建议人共计11人。
地址：西城区辟才胡同宏英园17号楼
邮编：100032
电话：66137949

（徐典文）

【参政议政】　年内，致公党西城区委参加区委统战部召开的双月座谈会6次，其中在3次座谈会上作专题发言；参加区委统战部和区政协召开的议政会、区情通报会各一次。在区政协十三届一次会议上提交党派提案2件、委员提案30件，其中《关于以企业创新引领产业升级，促进西城区经济优化发展的建议》被区政协评为2012年度优秀党派团体提案；《关于加快金融与社区产业融合实现西城经济创新发展的建议》《关于完善大学生社工体制，推进社会事业建设和谐发展的建议》《关于加快社区托老所软硬件建设的建议》《关于加强社区健身场所日常维护的建议》《关于区政府提高支持力度，提高社区诊疗软实力的建议》5件提案被区政协评为2012年度优秀委员提案；提交5篇调研报告，其中《发展特色孵化器提升西城区企业创新能力研究报告》获区委统战部2012年度民主党派调研成果二等奖、《创新金融发展　积极推进在西城建立首个国家级文化金融新区》和《关于“京味文化”走出去，提升首都文化国际影响力的策略研究及对策》获区委统战部2012年度民主党派调研成果三等奖、《结合传统优势　引进新内容和新举措　推动西城区文化创意产业发展》和《以民生为念　建立科学的各级医院业绩评价体系》获区委统战部2012年度民主党派调研成果优秀奖。致公党西城区委被区委统战部评为“2012年度西城区民主党派调研工作优秀组织奖”。报送各类信息231篇，其中被中央统战部采用2篇、全国政协采用1篇、市委统战部采用1篇、市政协采用3篇、市政府采用1篇、致公党中央采用15篇、致公党市委采用40篇、区委统战部采用19篇。致公党西城区委被区委统战部评为2012年度西城区统战信息工作优秀单位。

（徐典文）

【自身建设】　年内，致公党西城区委组织党员收听收看中共十八大开幕盛况，召开区委扩大会议认真学习十八大精神，致公党西城区委主委贺宏志参加中共西城区委召开的西城区各界人士学习十八大精神专题座谈会，并在会上作题为《学习、贯彻、践行十八大精神，致力为公，建设“美丽西城”》的发言。致公党西城区委副主委曾小丹、区委委员陈林参加西城区党派团体政协委员学习十八大精神座谈会。组织党员参加致公党市委学习贯彻中共十八大精神报告会、市社会主义学院举办的贯彻十八大精神报告会。传达学习致公党中央十四次代表大会精神，研究部署区委工作。6月21日至23日，致公党西城区委21名党员代表参加中国致公党北京市第八次代表大会，经选举，闫傲霜当选为副主任委员，刘学增当选为秘书长，贺宏志、董晓莉当选为常委，王晓敏、贾中华、李岱松当选为委员。40名党员参加区委统战部举办的新党员、支部负责人、信息员培训班，17名新党员参加致公党市委举办的培训班。改版复刊《西城致公》杂志，全年出版4期，编排《致公西城动态》12期。向区委统战部推选各类后备干部人选42人次。协助致公党市委在鲁迅中学接待“台湾文教界人士京鲁访问团”一行19人，就“中学校园里的传统文化教育”进行座谈。与区侨联在颐和园联合举办“庆三八，增活力，健步行”活动，40余名党员参加。组织党员观看致公党老党员、老艺术家陈爱莲“感谢党，感谢祖国——陈爱莲舞蹈艺术60周年”大型舞剧《红楼梦》演出；组织党员观看纪念马思聪百年诞辰音乐会。6月份，与区侨联协办西城区第一届侨界运动会，近40名党员参加。1月6日，与区侨办、区侨联联合举办西城区2012年侨界联谊会，近200名党员参加。春节前夕，致公党西城区委举办迎春老同志座谈会，区委主要领导和30余名老党员、老领导出席。对30余名支部主委和党员进行节日慰问。重阳节之际，组织60岁以上老党员到宣南文化博物馆参观，向老党员赠送健身手杖。接待致公党攀枝花市委交流团来访，座谈交流党派工作的做法和经验，就继续做好共建和扶贫工作交换意见。发展新党员31人，其中30岁以下3人、31岁至35岁15人、35岁至40岁5人，具有研究生学历21人。转入党员4人、转出党员1人、逝世1人。

（徐典文）

【社会服务】　年内，致公党西城区委组织党员为“7·21”特大自然灾害受灾地区捐款18120元。坚持开展与街道“共建结对子”活动，为月坛街道一名贫困家庭学生捐助高中学费3000元，元宵节还到该学生家中进行慰问，送去节日食品。重阳节到陶然亭敬老院进行慰问，送去生活用品，组织党员中的医务人员对老人进行体检和保健咨询，党员赖昌凉还为敬老院老人们捐赠近万元保健和生活用品。对四川省攀枝花市16名贫困彝族女童小学生进行一对一助学捐赠活动，16名党员捐款22400元；5名党员一对一帮扶贵州省毕节地区5名家庭贫困学生，共计捐助1500元。党员李琼先后8次进社区、赴外地，为1000多名群众提供听力知识咨询，免费测试听力，赠送生活用品。教师节第十三支部向密云县不老屯中学捐赠了体育用品，党员徐军联合北京光彩教育基金会，实施光彩助学计划，连续4年为北京地处水源保护区的密云县不老屯中学捐资总计10万元，党员曹瑞芳、仰光分别向密云县不老屯中学的2名优秀贫困生提供一对一资助。

（徐典文）

九三学社西城区委员会

【概况】　九三学社北京市西城区委员会（简称九三学社西城区委）下设组织部、宣传部、参政议政委员会、社会工作委员会、青年工作委员会、老龄和妇女工作委员会、咨询委员会。截至年底，区委委员21人，其中主委1人，副主委6人，秘书长1人。共有26个支社，社员1086人，其中具有大专以上学历占95%，高级职称占75%，退休人员占60%，平均年龄61岁，男女社员各占50%。社员中有全国政协委员1人，市人大代表2人，市政协委员5人，区人大代表8人，区政协委员29人，全国妇联执委1人，市特约监察员2人，区特约监察员11人，区青联委员3人。九三学社中央委员5人，九三学社市委常委2人、委员7人。年内，获得西城区双拥共建优秀单位称号，被九三学社市委授予社会服务先进单位称号。

地址：西城区辟才胡同宏英园17号楼

邮编：100032

电话：66137947

（安　宇）

【参政议政】　年内，九三学社西城区委向中共西城区委统战部上报调研报告4篇，其中《金融街区域停车系统的现状问题和对策》获调研报告二等奖，《发展食文化　照亮金融街——关于在西单北大街集中建设北京老字号餐厅的建议》《大力开发地下空间　创建立体化西城》获三等奖，《转变观念　发挥优势　完善业态　合力发展——关于在金融中心区打造黄金珠宝街的建议》获优秀奖。《关于加强西城区社区康复建设尽早实现“人人享有康复”目标的建议》提案，被区政协评为党派团体优秀提案。上报信息143条，采用率48%。九三学社西城区委被九三学社市委评为信息优秀单位，1人被区委统战部评为优秀信息领导者，1人被区委统战部评为优秀信息员。

（安 宇）

【组织建设】 年内，九三学社西城区委共发展社员51人，其中女社员29人，研究生以上学历28人，高级职称35人。结合区委统战部和社市委的要求，开展后备干部、中青年骨干推荐工作，各基层支社共推荐中青年骨干成员89人，经主委会研究按照区委主委、副主委、区委委员、政协委员、党外实职等不同岗位不同比例要求确定后备干部，并制订对后备干部进行分批分期培训的计划。完善社籍资料和数据库管理工作，做好组织建设的基础性工作。

（安 宇）

【制度建设】 年内，九三学社西城区委明确领导分工、岗位职责，调整完善工作机构，制订完善会议、汇报、区委联系、财务管理及档案管理等制度，健全完善全区社员资料库、大事记、文书档案。坚持主委会学习制度，紧密结合社中央、社市委和西城区工作重点，主委会成员参加各种研讨会、报告会和培训会20余次，及时传达和学习全国两会精神、中共十八大会议精神、社中央十大会议精神，坚持做到学习有主题、有中心发言。

（安 宇）

【思想建设】 年内，九三学社西城区委召开“弘扬九三优秀传统，践行多党合作制度”的学习中共十八大精神座谈会。邀请九三学社中央第一任主席许德珩的孙子许进老师，用他祖父追求民主科学而奋斗一生的一系列真实事件，以真情实感讲述中国共产党成立以来带领全国人民取得的巨大成绩，详尽回顾作为民主党派成员与中国共产党肝胆相照、荣辱与共、风雨同舟、亲密合作的优良传统，真切表达了坚持中国共产党领导和中国特色社会主义政治发展道路的意愿与决心。召开“学习十八大精神，争做优秀九三人”演讲比赛，各基层支社共推举10名选手参赛。参赛选手以中青年社员为主体，结合学习十八大精神，从工作实际出发、融汇真心真情，从不同的层面、不同的角度诠释弘扬九三精神，跟共产党走的坚定信心；赞扬敬业奉献、默默无闻却做出惊人贡献的九三人；出版《西城九三》4期，共收到社员稿件70余篇。封面进行彩色印刷，并对内容进行版块调整。

（安 宇）

【民主监督】 年内，九三学社西城区委选派20名社员参与区政协组织的明察暗访工作，召开工作会议，分解任务，责任到人。采取明察与暗访相结合的方式，明察德胜税务所、天桥司法所，暗访民政局婚姻登记处等5个单位，对明察暗访的单位给予认真的评价，形成明察暗访工作总结反馈给区政协。

（安 宇）

【社会服务】 年内，九三学社西城区委组织医学专家到天桥街道和月坛街道三里河民族团结社区开展义诊咨询服务，40余人参加，接待咨询200余人。参加街道居民代表大会参与街道建设、中医保健讲座、糖尿病讲座、科普讲座、扶贫济困等活动受到社区居民的欢迎。组织积水潭医院、丰盛医院、北京第二医院、北京肛肠医院等具有特色医疗技术的专家，利用周末休息时间赴延庆中医院义务为当地群众进行治疗，20余人参加，接待咨询300人次，受到当地群众欢迎。

（安 宇）

【特色活动】 年内，九三学社西城区委举办九三学社成员专场音乐会两次。9月9日，由九三学社西城区委主办、中央音乐学院支社承办的《凝聚——中外经典室内乐作品音乐会》在中央音乐学院教学楼七层演奏厅举行。这是区委与中央音乐学院支社联手打造的品牌活动——“献给教师节的绿色祝福”系列音乐会，已经连续举办三届。全国政协副主席、九三学社中央副主席王志珍，中共西城区委统战部领导等约300人出席音乐会。11月18日，九三学社西城区委主办、中央音乐学院支社承办“茉莉芬芳——中外名曲扬琴重奏”专场音乐会。中央音乐学院教授刘月宁带领她的学生为社员奉献了一场精彩绝伦的视听盛宴。

（安 宇）

台盟西城区委员会

【概况】 台湾民主自治同盟北京市西城区委员会（简称台盟西城区委）下设调研工作组、信息工作组和简报工作组。台盟西城区第一届委员会委员9人，主任委员1人、副主任委员3人，其中1人兼任秘书长。年内，台盟西城区委有老年支部1个、中青年支部1个，盟员93人，其中新发展盟员2人、转入1人、转出2人、去世1人。盟员中有全国政协委员2人，全国人大代表1人，市政协委员4人（其中常委3人），市人大代表1人（任常委），区政协委员8人（其中常委2人），区人大代表1人（任常委），台盟市委委员9人（其中副主委2人），台盟中央委员2人（其中副主席1人），市特约工作人员1人，区特约工作人员5人。

地址：西城区辟才胡同宏英园17号楼

邮编：100032

电话：66137952

（胡 悦）

【参政议政】 年内，台盟西城区委在区政协十三届一次会议上提交《关于促进西城区社区卫生机构康复治疗发展的建议》和《关于促进惠台政策落实的几点建议》两件党派提案，其中《关于促进西城区社区卫生机构康复治疗发展的建议》被区政协评为2012年度优秀党派团体提案；台盟盟员中的区政协委员提交6件委员提案，其中2件被区政协评为2012年度优秀委员提案。在区政协召开的议政会上，1人代表台盟西城区委作了题为《改善发展环境，促进民办社会组织融入全响应社会服务体系》的大会发言。完成并提交《建立健全西城区社会源危废回收体系，保障环境安全——西城区社区危废生活垃圾管理现状调研及建议》的调研报告，被中共西城区委统战部评为2012年度民主党派优秀调研成果二等奖。向台盟市委、区委统战部、区政协报送信息39条，被西城统战系统采用12条，被台盟市委采用13条，台盟西城区委被评为2012年度西城区统战信息工作优秀单位，2人分别被评为西城区统战信息工作优秀领导者和优秀信息员。11人向台盟市委报送17件提案线索。参加区委统战部召开的双月座谈会6次，并作3次主题发言。多位盟员参加区政协组织的明察暗访工作，对区属5个政府职能部门进行监督检查。在全区以“提能增效、群众满意”为主题的“政务能力建设年”活动中，1名区人大代表和1名区政协委员撰写了交流文章。有22人受聘担任台盟市委各专委会委员。在台盟市委组织的2007–2012年度工作表彰活动中，2人被评为创优先进人物、2个支部被评为创优基层组织、2项工作成果被评为创优成果。

（胡　悦）

【自身建设】　年内，台盟西城区委围绕全国“两会”精神、中共北京市委第十一次代表大会精神等主题，组织盟员进行文件传达和学习活动。中共十八大闭幕后，及时组织盟员深入学习领会十八大精神，向盟员发放学习材料，组织盟员进行学习讨论；骨干盟员参加各级部门召开的十八大精神座谈会和培训班，多位盟员参观“科学发展·成就辉煌”大型图片展览。组织和推荐盟员参加台盟中央、台盟市委及区委统战部等各级部门举办的围绕重大时政活动、台海形势和统战理论以及民主党派建设等领域的培训和学习等活动21项，约100人次参加。组织16名盟员填写西城区创建学习型城市工作示范区知识答卷。在纪念台盟成立65周年征文活动中，报送台盟市委10篇稿件，获得特别优秀组织奖，4位盟员获得不同奖项。全年召开主委工作会议2次、区委（扩大）工作会议4次、专项工作会议11次。审议通过10项工作制度。召开组织生活会4次，学习时政会议精神，聘请专家介绍区情等。20人参加台盟北京市第十次代表大会，6人参加台盟第九次全盟代表大会。承办台盟北京市委第四届“同心杯”趣味运动会，台盟各区级组织共120余人参加。组织开展5次剪纸兴趣班活动。春节期间组织骨干盟员慰问走访15位70岁以上老盟员。在西城区统一战线“爱国·同心”百姓宣讲报告会上，1人参加演讲，并获得西城区统战系统一等奖。编辑《西城台盟工作月报》12期，出版《西城台盟简报》4期。

（胡　悦）

【涉台工作】　年内，台盟西城区委促进盟员了解海峡两岸发展形势和对台工作方针等政策，并组织涉台活动增进两岸的交流。与中央音乐学院在什刹海联合举办台盟盟员和台生端午节晚游什刹海交流活动，促进台生对北京和西城的了解。多位盟员参加台盟市委主办的“交流与共享”研讨会，与台湾政党负责人和学者进行交流，在文化和政党交流分会场作现场发言。组织盟员到中央音乐学院，观看1名台湾学生的毕业专场演奏会，并赠送纪念品祝贺演出成功。中秋节前，与西城区台办共同邀请中央音乐学院十余位台湾学生参观恭王府，促进台生感受中国传统文化的魅力，并向每位台生赠送纪念品。

（胡　悦）

【社会服务】　年内，台盟西城区委与月坛街道开展共建活动，扶助1名贫困学生，连续第二年为其送去2000元助学款。连续第九年组织盟员参加中华环保基金会与北京娱乐信报主办的春季助学义务植树活动。连续第九年资助1名帮扶对象，送去助学款1000元及部分学习用品。在北京遭遇“7·21”特大暴雨袭击后，3位盟员捐款900元。与广内街道办事处开展共建活动，11月，以“携手同心、共建广内”为主题为社区居民举行公益健康讲座，邀请医疗专家作题为“燕麦食品对糖尿病等病症的稳定和干预作用”的讲座，并向听讲人员免费赠送燕麦食品。台盟西城区委获市妇联颁发的《首都巾帼志愿服务优秀团队》称号。

（胡　悦）

西城区工商业联合会（商会）

【概况】　北京市西城区工商业联合会（简称区工商联）内设办公室、非公企业党建办公室、会员部、经济服务部4个科室。机关行政编制18人，其中常务副主席1人、副主席3人。截至年底，共有私营企业、个体工商户、港澳投资企业等各种经济成分的会员2568户，4户团体会员（区商业联合会、区私营个体协会、科技企业协会、老北京传统小吃延续发展协会）；15个街道分会，1个直属行业协会（西单婚纱摄影商会）；1个女企业家联谊会。有区工商联名誉主席1人、主席1人、常务副主席1人、副主席22人、秘书长1人、执委105人；区商会名誉会长1人、会长1人、副会长24人、理事59人。区工商联会员中有市人大代表4人，区人大代表22人，市政协委员3人，区政协委员65人。年内，区工商联在区委、区政府的领导下，在市工商联的指导下，坚持以科学发展观为统领，学习贯彻中共中央国务院《关于加强和改进新形势下工商联工作的意见》（中发〔2010〕16号）文件精神，坚持团结、服务、引导、教育的方针，按照“活力、魅力、和谐”新西城发展要求，把促进区域非公经济健康发展和非公经济人士健康成长作为工作的出发点和落脚点。

地址：西城区月坛南街32号

邮编：100045

电话：68511995

（屈佳雯）

【非公党建工作】　年初，区工商联非公企业党委组织28个基层党组织开展“晋位升级和分类定级”，并通过“三评一考”提高党组织和党员示范作用。3月注册成立党员志愿服务队，组织党员和入党积极分子自愿开展公益性活动。5月对所有会员企业党建情况进行调研走访，共收回近400份问卷，形成《西城区工商联关于非公有制企业党组织领导管理体制现状》调研报告，并对符合条件的会员企业帮助建立党组织。全年新建党支部3个，发展党员14名，培训入党积极分子35名。2个党建项目被评为北京市社会领导创新项目，新增3个支部为示范点。

（屈佳雯）

【九届二次执委会暨商会一届二次理事会】 2月28日至29日，区工商联召开九届二次执委会暨商会一届二次理事会。市工商联副主席李燕平、张卫江，区委常委、区委统战部部长程军，副区长、区工商联主席、区商会会长李岩，区政协副主席王瑞珠出席会议。会上，区工商联党组书记皮强传达全国和北京市委统战部会议及市、区有关会议精神；副主席赵爱平通报2011年受表彰会员企业名单；副主席张兴军宣读工商联聘请顾问委员会决议，并向聘请的区发改委等16个单位颁发证书；李岩作区工商联2011年工作报告。市委党校教授张军作学习十七届六中全会文件精神、贯彻落实北京精神的报告。

（屈佳雯）

【光彩事业】 “7·21”特大自然灾害发生后，区工商联会员企业共募集救灾款项138万余元，捐赠救灾物资价值100万元。其中非公企业党委下属党支部捐款32625元；奇虎科技总裁齐向东个人捐款40万元，公司捐款70万元；富润物业为房山区受灾农村捐款10万元。年内，区工商联会员企业更香公司和金华团市委联合开展“七彩幸福小屋”建设项目，捐款100万元；累计出资48万元为贫困地区的孩子添置新衣。天泰置业公司为10名困难学生捐赠学费10万元。爱义行公司捐助10万余元帮助农民增收。秀蔓公司为执行十八大安保任务的官兵送去50套羽绒服。

（屈佳雯）

【九届二次常委（扩大）会】 9月18日，区工商联召开九届二次常委（扩大）会，程军出席，皮强传达市十一次党代会和区十一届四次全会精神。区工商联常务副主席杨秋通报北京市工商联换届情况；报告2012年上半年工作总结和下半年工作思路；表彰通报2011年度市、区文明单位。各位常委围绕市、区会议精神，工商联工作和民营企业发展情况展开讨论，在肯定工商联工作的同时提出4点意见和建议。

（屈佳雯）

【新会员培训】 11月15日至16日，区工商联举办九届二次新会员培训暨劳动关系专题培训会。132家新会员企业参加培训。会上，区工商联领导为新会员颁发会员单位牌匾。区工商联秘书长霍彦利围绕工商联章程为会员企业介绍工商联的职能、性质、五项职能和六大任务等基本情况。原北京市工商联宣教处处长江述高以“工商联的历史沿革”为主题为会员作专题讲座。区人力社保局劳动关系科科长为会员企业作劳动关系专题培训。

（屈佳雯）

【参政议政】 年内，区工商联人大代表、政协委员在市区人大、政协会上围绕促进西城非公经济的发展、改善民生等方面建言献策、履行参政议政职能，提交议案、提案。其中《关于非公有制企业税负过重，政府应给予扶持》获区政协优秀党派团体提案，《关于大力扶持企事业完善居家养老的建议》等6件个人提案获区政协优秀委员提案。区商会副会长徐忠东在以“群众文化设施建设”为主题的双月座谈会上作《突出模式创新、强化科技支撑、优化创意设计——关于如何保护和提升西城区非物质文化遗产核心竞争优势的几点建议》的发言。区商会副会长窦伟在区政协议政会上作《民营企业如何参与全响应社会服务管理之中》的发言。区工商联副主席张巍代表全国非公经济人士参加外交部召开的钓鱼岛问题座谈会。

（屈佳雯）

【服务会员】 年内，区工商联举办完善企业法人治理结构专题研讨会，组织金融机构与会员企业进行座谈，为会员企业融资牵线搭桥。组织30余家会员企业参加区发改委和金融办举办的中小企业私募债培训。协助区外办为会员企业办理APEC商务旅行卡。与中国移动政企服务中心联合召开“抢占时代先机，把握营销未来”中国移动微营销培训会。邀请市国税局专家解读营业税改增值税试点政策。

（屈佳雯）

【商贸交流】 年内，区工商联组织会员企业参加京交会、四平市在北京召开的总部经济投资推介会、“中国光彩事业宁夏行”项目推介会等商贸活动。7月5日至8日，区委统战部、区工商联和内蒙古通辽市委统战部联合举办“北京知名企业家科尔沁行”活动，区工商联18位民营企业家组成的投资考察小组参加此次活动，4家会员企业与通辽市签署初步合作意向。

（屈佳雯）

【原工商业者工作】 年内，区工商联落实2003年市劳动局等四部门文件，共向原工商业者发放困难补助及节日慰问金200人次，送去慰问金慰问品折合人民币30余万元。

（屈佳雯）

（责任编辑 马忠良 沈建平）

政权 政协

北京市西城区人民代表大会常务委员会

【概况】 北京市西城区人民代表大会是西城区地方国家权力机关，区人大常委会是本级人民代表大会的常设机关，下设办公室、研究室、代表联络室、财政经济工作委员会、内务司法工作委员会、教科文卫工作委员会、城建环保工作委员会7个办事机构。区人大常委会认真贯彻党的十八大和北京市第十一次党代会精神，按照区委和区十五届人大一次会议的要求，准确把握开局之年人大工作的特点，从强化自身建设入手，不断深化对人民代表大会制度的认识，紧紧围绕全区工作大局，抓住关系发展和民生的重点问题，切实履行各项职权，充分发挥代表的主体作用，努力增强人大工作实效，在促进地区科学发展、民生改善和法治建设方面发挥了重要作用。

地址：西城区广安门南街68号
邮编：100054
电话：83976304

（李 锟）

【区第十五届人大二次会议】 11月21日至23日，西城区第十五届人民代表大会第二次会议在天泰宾馆举行，大会以差额选举方式，选举产生西城区出席北京市第十四届人民代表大会代表88名。

（李 锟）

【区第十五届人大常委会会议】 西城区第十五届人大常委会第一次会议于2月16日召开。区人大常委会主任刘跃平主持会议。会议审议了区人大常委会主任会议提请的常委会各工作机构负责人的任职议案、区政府提请的各工作部门主要领导的任职议案、区法院提请的有关人员的免职议案，表决通过各项任免人员名单。会议审议通过区人大常委会代表资格审查委员会、内务司法委员会、财政经济委员会、教育科技委员会、文化卫生体育委员会、城建环保委员会和维权委员会组成人员名单；会议还审议通过西城区人大常委会2012年工作要点和会议议题预安排、《西城区人民代表大会常务委员会议事规则》《西城区人大常委会关于食品安全法律法规执法检查实施方案》，决定印发实施并向社会公布。会议听取区十五届人大第一次会议代表所提议案、建议情况分析及督办措施的报告；会议书面传达学习了北京市十三届人大五次会议精神。西城区第十五届人大常委会第二次会议于4月19日召开。刘跃平主持会议。会议听取区政府关于贯彻实施食品安全法律法规情况的报告，学习了食品安全法等法律法规；听取和审议区政府关于中关村科技园区德胜科技园建设与发展有关情况的报告，并听取区人大常委会教科委员会的预先审议意见；审议通过关于实施“金融强区”战略专题调研的工作方案，决定会后印发实施；审议并表决通过区政府、区法院、区检察院提请的人事任免事项。西城区第十五届人大常委会第三次会议于6月21日召开。刘跃平主持会议。会议听取和审议执法检查组关于食品安全法律法规执法检查情况的报告；听取区财政局关于西城区2011年财政决算草案的报告和区审计局关于2011年度西城区预算执行和其他财政收支情况的审计工作报告，听取区人大常委会财经委关于两个报告的预先审议情况报告，表决通过区人大常委会关于批准2011年财政决算的决议和关于批准2011年预算执行和其他财政收支情况的审计工作报告的决议；听取区政府关于优化教育资源配置情况的报告，听取区人大常委会教科委关于区政府优化教育资源配置情况报告的预先审议报告；依法确认对区第十五届人大代表张志春采取强制措施的报告；审议并表决通过区政府、区法院、区检察院提请的人事任免事项。西城区第十五届人大常委会第四次会议于8月23日召开。刘跃平主持会议。会议听取和审议区政府关于区属中医药事业建设和发展情况的报告，听取区人大常委会文卫体委员会关于区属中医药事业建设和发展情况报告的预先审议报告，会议审议中提出的意见建议，由常委会有关工作机构整理形成审议意见书，经主任会议讨论后交区政府及有关部门研究处理；听取和审议关于西城区2012年上半年国民经济和社会发展计划执行情况的报告，听取和审议关于西城区2012年1至6月财政预算执行情况的报告，听取区人大常委会财政经济委员会关于对2012年上半年计划、预算执行情况报告的预先审议情况报告；审议并表决通过区人民政府、区人民法院、区人民检察院提请的人事任免事项。西城区第十五届人大常委会第五次会议于9月20日召开。刘跃平主持会议。会议听取和审议区政府关于金融街建设情况的报告，听取区人大常委会城建环保委员会关于金融街拓展情况的调研情况汇报；听取和审议区法院关于开展多元化纠纷解决机制工作情况的报告，听取区人大常委会内务司法委员会关于开展多元化纠纷解决机制工作情况报告的预先审议报告；审议并表决通过区政府、区法院、区检察院提请的人事任免事项。西城区第十五届人大常委会第六次会议于10月25日召开。刘跃平主持会议。会议研究了区第十五届人民代表大会第二次会议有关事项，通过区人大常委会关于召开西城区第十五届人民代表大会第二次会议的决定，听取并审议区人大常委会代表资格审查委员会关于区十五届人大代表的代表资格审查报告，讨论了区第十五届人民代表大会第二次会议议程草案，主席团、秘书长名单草案和选举办法草案，决定将各项草案交各代表联组讨论；会议审议并表决通过区政府提请的人事任免事项，决定接受范宝辞去西城区人民政府副区长职务的请求，并报区人民代表大会备案，任命杜黎彬为西城区人民政府副区长。西城区第十五届人大常委会第七次会议于11月29日召开。刘跃平主持会议。会议听取和审议区政府关于加快改造大栅栏地区市政基础设施改善居民生活环境议案办理情况的报告，听取区人大常委会城建环保委员会关于区政府办理议案情况的预先审议报告；听取并审议西城区关于2012年1至10月份国民经济和社会发展计划执行情况的报告，听取并审议西城区2012年1至10月财政预算执行情况和调整预算的报告，听取区人大常委会财政经济委员会关于2012年1至9月计划、预算执行和调整情况报告的预先审议报告；会议听取关于区人大常委会实施“金融强区”战略专题调研工作情况的汇报，审议通过区人大常委会关于推进“金融强区”战略实施的建议；会议审查了区审计局关于2011年西城区预算执行和其他财政收支审计查出问题整改情况的书面报告；审查了区政府关于食品安全法律法规执法检查审议意见落实情况的书面报告；会议审议通过区人大常委会关于召开区第十五届人民代表大会第三次会议的决定。西城区第十五届人大常委会第八次会议于12月20日召开。刘跃平主持会议。会议听取并审议西城区2012年国民经济和社会发展计划执行情况及2013年国民经济和社会发展计划草案的主要内容，听取并审议西城区2012年财政预算执行情况和2013年财政预算草案的主要内容，听取区人大常委会财政经济委员会关于2013年计划、预算草案及报告主要内容的预先审议情况报告；初步审议了区政府、区法院、区检察院工作报告，研究讨论了区人大常委会工作报告，同意将这四项报告交各代表联组讨论；听取并审议了区政府关于2012年人大代表议案和建议办理情况的汇报，听取并审议区人大常委会代表联络室关于区十五届人大一次会议代表议案及建议、批评和意见办理情况的报告；听取并审议区人大常委会代表资格审查委员会关于西城区第十五届人大代表资格的审查报告，同意将审查情况向区十五届人大三次会议报告；会议讨论了大会议程草案，大会主席团、秘书长名单草案，议案审查委员会名单草案，国民经济、社会发展计划和财政预算审查委员会名单草案，同意将议程草案、各项名单草案提交各代表联组讨论；会议讨论并决定列席区十五届人大三次会议的人员范围；审议并表决通过区法院、区检察院提请的人事任免事项。

（李　锟）

【区第十五届人大常委会主任会议】西城区十五届人大常委会第二次主任会议于2月9日召开。刘跃平主持会议。会议听取区委组织部关于拟向区人大常委会提请任命的区人大常委会各室委、区政府工作部门有关人员基本情况介绍，听取区法院关于人事任免的议案汇报，决定提请区人大常委会第一次会议审议；研究了区人大常委会2012年工作要点和会议议题预安排，决定提交区人大常委会第一次会议审议；研究了《北京市西城区人民代表大会常务委员会议事规则（修订草案）》，决定作适当修改后提交区人大常委会第一次会议审议；讨论通过《北京市西城区人大常委会主任会议议事规则（修订草案）》，决定作适当修改后印发施行；研究讨论了西城区人大常委会关于食品安全法律法规执法检查的实施方案（初稿），决定提交区人大常委会第一次会议审议；听取关于西城区十五届人大一次会议代表所提议案、建议情况分析及督办措施的报告，决定向区人大常委会第一次会议报告；研究了召开“四长”联席会有关工作；研究了区十五届人大常委会代表资格审查委员会、内务司法委员会、财政经济委员会、教育科技委员会、文化卫生体育委员会、城建环保委员会、维护老年人妇女未成年人合法权益委员会组成人员名单（草案），决定提请区十五届人大常委会第一次会议审议；听取常委会第一次会议有关议题准备情况的汇报，决定于2月16日召开西城区十五届人大常委会第一次会议。西城区十五届人大常委会第三次主任会议于4月10日召开。区人大常委会副主任赵印春主持会议。会议听取区委组织部关于拟向区人大常委会提请任免的区政府工作部门有关人员情况介绍，听取区法院、区检察院关于人事任免议案的汇报，决定提请区人大常委会第二次会议审议；听取区政府关于体育设施建设情况的报告；研究了关于“金融强区”战略专题调研工作方案，决定提交区人大常委会第二次会议审议；听取区人大常委会内务司法委员会关于对《北京市少数民族权益保障条例》贯彻实施情况执法检查的报告，决定上报北京市人大常委会；研究确定区人大常委会2012年调研工作安排；听取常委会第二次会议有关议题准备情况的汇报，决定于4月19日召开西城区十五届人大常委会第二次会议。西城区十五届人大常委会第四次主任会议于5月7日召开。刘跃平主持会议。会议研究了河南省鹤岗市人民检察院关于报请对区人大代表张志春采取强制措施的决定书。西城区十五届人大常委会第五次主任会议于6月5日召开。刘跃平主持会议。会议听取区政府关于加强人口社会服务创新构建西城幸福家庭生命全周期公共服务体系的报告；听取北京市公安局西城分局关于立案公开工作情况的报告；研究了执法检查组关于食品安全法律法规执法检查情况的报告（稿），决定做进一步修改后提交区十五届人大常委会第三次会议审议；听取常委会第三次会议有关议题准备情况的汇报，决定于6月21日召开西城区十五届人大常委会第三次会议；听取区人大机关各工作机构6月份工作安排的汇报。西城区第十五届人大常委会第六次主任会议于6月19日召开。刘跃平主持会议。会议审议了区政府、区法院、区检察院提请的人事任免事项。西城区十五届人大常委会第七次主任会议于7月5日召开。刘跃平主持会议。会议听取区教委关于学前教育三年行动计划实施情况的报告；听取区检察院关于做好控告申诉检察工作情况的报告；研究确定常委会关于食品安全执法检查报告的审议意见和关于优化教育资源配置情况报告的审议意见，决定适当修改后交区政府研究办理。西城区十五届人大常委会第八次主任会议于8月9日召开。刘跃平主持会议。会议听取区委组织部关于拟向区人大常委会提请任免的区政府工作部门有关人员情况介绍，听取区人民法院关于人事任免议案的汇报，决定提请区人大常委会第四次会议审议；听取区政府关于保障房配租配售和后期管理工作情况报告；听取区政府关于进一步缓解交通拥堵工程落实情况的报告；听取常委会第四次会议有关议题准备情况的汇报，决定于8月23日召开西城区十五届人大常委会第四次会议。西城区十五届人大常委会第九次主任会议于9月6日召开。刘跃平主持会议。会议听取区委组织部关于拟向区人大常委会提请任免的区政府工作部门有关人员情况介绍，听取区法院、区检察院关于人事任免议案的汇报，决定提请区人大常委会第五次会议审议；听取区政府关于老旧小区楼房抗震加固和环境整治工程落实情况的报告；听取并讨论了西城区人大常委会关于区属中医药事业建设和发展报告的审议意见，决定作适当修改后印发区政府研究处理；听取西城区人大常委会关于推进“金融强区”战略实施的建议（征求意见稿），决定作进一步修改后，适时提交区人大常委会会议审议；听取常委会第五次会议有关议题准备情况的汇报，决定于9月20日召开西城区十五届人大常委会第五次会议。西城区十五届人大常委会第十次主任会议于10月11日召开。刘跃平主持会议。会议听取区委组织部关于拟向区人大常委会提请任免区政府有关领导人员的情况介绍，决定提请区人大常委会第六次会议审议；听取区政府落实常委会关于优化教育资源配置工作审议意见的情况报告和区政府落实常委会关于食品安全执法检查审议意见的情况报告；决定将区政府落实常委会关于食品安全执法检查审议意见情况的书面报告提交区人大常委会会议审查；研究了区十五届人大二次会议有关事项，决定提交区人大常委会第六次会议审议；研究了区人大常委会关于实施“金融强区”战略的建议，决定在征求常委会组成人员和有关部门意见后，提交区人大常委会审议；听取常委会第六次会议有关议题准备情况的汇报，决定于10月25日召开西城区十五届人大常委会第六次会议。西城区十五届人大常委会第十一次主任会议于11月8日召开。刘跃平主持会议。会议听取区法院关于人事免职的议案，决定提请区人大常委会第七次会议审议；听取区教委关于2013年部门预算编制情况的报告；听取区卫生局关于2013年部门预算编制情况的报告；听取区政府落实常委会关于区属中医药事业发展审议意见的情况报告；听取并讨论了关于对区法院开展多元化纠纷解决机制工作情况报告的审议意见书，决定交区法院办理；研究了区十五届人大三次会议有关事项，决定提交区人大常委会第七次会议审议；听取区十五届人大二次会议各代表联组活动情况汇报；听取了常委会第七次会议有关议题准备情况的汇报，决定于11月29日召开西城区十五届人大常委会第七次会议。西城区十五届人大常委会第十二次主任会议于11月15日召开。刘跃平主持会议。会议讨论了常委会第七次会议有关议题调整情况的汇报，决定取消人事任免；取消代表议案建议办理情况的报告。西城区十五届人大常委会第十三次主任会议于12月6日召开。赵印春主持会议。会议听取区委组织部关于拟向区人大常委会提请任命的区检察院有关领导的情况介绍，听取区检察院有关检察员任职议案的汇报，决定提请区人大常委会第八次会议审议；研究了区第十五届人民代表大会第三次会议有关事项，讨论了区人大常委会工作报告（初稿），决定将大会议程草案、主席团和秘书长名单草案等提交区人大常委会第八次会议审议；听取常委会第八次会议有关议题准备情况的汇报，决定于12月20日召开西城区十五届人大常委会第八次会议。西城区十五届人大常委会第十四次主任会议于12月27日召开。刘跃平主持会议。会议听取了十五届人大三次会议各代表联组活动情况汇报。

（李　锟）

【推进金融强区战略的实施】 区“十二五”规划提出实施“服务立区、金融强区、文化兴区”发展战略，常委会把推进金融强区战略的实施作为全年重点工作来抓，组织开展关于实施金融强区战略的专题调研。结合金融街建设20周年，针对金融街建设发展面临的新形势、新要求，组织代表广泛参与视察、调研活动，走访了金融监管部门、银行和非银行金融机构等20余家单位，与150余名金融及相关领域从业人员进行座谈听取意见，并邀请国家发改委、市金融局等有关部门和专家为推进金融街建设、强化金融街国家金融中心功能出谋划策。常委会听取和审议了区政府关于金融街拓展情况的工作报告，在与区政府有关领导和部门进行深入研究的基础上，汇集各方面意见建议，审议通过关于推进金融强区战略实施的建议，从九个方面提出建议41条，为区政府研究制定相关政策和措施，加快实施金融强区战略、在更高起点上推进金融街建设和金融业发展奠定了基础。

（李 锟）

【促进功能区的建设发展】 常委会听取和审议了区政府关于中关村科技园区德胜科技园建设与发展情况的报告，就完善德胜科技园发展规划，加强对高新技术企业的扶持，促进产业集聚发展，进一步增强德胜科技园的创新活力和综合实力等方面提出建议。常委会还通过组织代表视察、督办相关建议，促进什刹海文保区、天桥演艺区等功能区重点项目建设和文化品质提升。

（李 锟）

【加强计划和预算监督】 常委会听取和审议了2011年财政预算执行和其他财政收支情况的审计报告，审查批准了2011年财政决算，对审计查出问题整改情况进行了跟踪监督。加强对计划、预算执行情况的监督，听取和审议了2012年上半年和1至10月计划、预算执行情况的报告，审查批准2012年预算调整方案，对2013年计划报告和预算报告的主要内容进行了初步审议。建议区政府加强对经济发展不平衡问题的分析，深入研究“营改增”（营业税改征增值税）对区级财力产生的影响，制定应对措施。推动政府首次公开了“三公”经费。继续加强对部门预算的监督，组织部分代表视察了区规划局2011年部门预算执行情况，听取了区教委和区卫生局关于2013年部门预算编制情况的报告。通过加强预算和审计工作监督，保障了预算的顺利执行。

（李 锟）

【重视教育均衡发展】 常委会把推动基础教育均衡可持续发展作为监督重点，听取和审议了区政府关于优化教育资源配置情况的报告，对区政府开展学前教育三年行动计划的实施情况进行跟踪监督，并多次与区政府主管领导和部门沟通了解情况，广泛听取代表、群众和中小学校的意见。常委会充分肯定了区政府在优化教育结构布局、科学配置教育资源等方面取得的成绩，建议区政府建立教育用地保障机制、妥善解决入学高峰与现有教育资源空间不足的矛盾，加强普通中小学校建设、缩小校际差距、扩大优质教育资源覆盖面，完善科学用人激励机制、优化教师执教环境，保持教育整体优势，进一步推动教育可持续发展。

（李 锟）

【关注居民健康和生活幸福】 常委会听取和审议了区政府关于区属中医药事业建设和发展情况的报告，建议尽快完善促进中医药事业发展的保障措施，加快推进中医医疗机构和中医药人才队伍建设，切实为基层中医院解决发展中的困难和问题。常委会还组织代表视察区政府推进社区卫生服务综合配套改革的情况，对区政府加强公共体育设施建设情况、改进人口服务管理和构建幸福家庭生命全周期公共服务体系情况加强了监督，提出改进工作的建议，推进了社区公共服务和幸福家庭建设。

（李 锟）

【促进城市环境的改善】 “加快改造大栅栏地区市政基础设施、改善居民生活环境”议案是区十五届人大一次会议确定的代表议案。常委会围绕该议案的办理工作，加大视察调研力度，听取和审议区政府关于该议案办理情况的报告，从加强规划研究、加快重点项目建设、推进精细化施工和管理等方面提出改进工作的建议。加强对老旧小区楼房抗震加固和环境整治工程落实情况、保障房配租配售和后期管理工作的监督，听取了区政府有关工作情况报告，建议加强调研、摸清情况，及时反映工作中遇到的瓶颈问题，采取有效措施推进相关工作的开展。组织代表视察交通、绿化、街道社会服务管理工作，听取了有关工作汇报，就综合治理交通拥堵、改进城市绿化工作、推进“全响应”社会服务管理创新工作提出了建议。

（李 锟）

【加强对司法工作的监督】 常委会高度关注社会矛盾凸显期各类矛盾纠纷日益突出的问题，围绕发挥司法机关职能作用促进矛盾纠纷解决，加大监督力度。组织代表视察区法院、区司法局社会矛盾纠纷调解工作，听取和审议区法院完善多元化纠纷解决机制情况报告，从完善化解社会矛盾工作协调机制、加强对相关调解组织的业务指导、进一步提高化解矛盾质量等方面提出改进工作的建议。加强对区检察院控告申诉工作、西城公安分局立案公开工作的监督，促进司法机关落实司法为民要求，畅通群众诉求反映渠道，提高执法办案公信力和透明度，保障群众合法权益，维护社会和谐稳定，为区域经济社会发展提供更加有力的司法保障。

（李 锟）

【开展食品安全执法检查】 常委会把开展食品安全执法检查作为全年重点工作来抓，成立由常委会和有关委员会组成人员及代表共100人参加的执法检查组，把分组集中检查与抽查相结合、督促政府自查与边查边改相结合，抓住群众反映突出的重点问题，加大执法检查力度。常委会听取和审议了执法检查组关于食品安全法律法规执法检查情况的报告，形成审议意见，从广泛开展宣传教育活动、强化行业自律和从业人员教育，进一步完善食品安全监管体系、不断提高食品安全防控能力，强化对食品安全高风险行业、重点地区、事故易发场所，以及小餐馆等“六小”企业食品安全隐患排查、消除食品安全监管盲区，创新监管方式方法、建立健全食品安全长效机制和源头监管体制等方面提出建议。区政府认真研究落实常委会的审议意见，相关执法部门切实整改，保障了食品安全法律法规的贯彻落实，有效促进了全区食品安全监管水平的进一步提高。

（李 锟）

【组织开展法律法规的视察和检查】 受市人大常委会的委托，就少数民族权益保障条例、中关村国家自主创新示范区条例的实施情况开展执法检查，组织代表视察老年人权益保障法、药品管理法、消防法和消防条例等法律法规的实施情况，针对存在的问题提出改进建议，促进了有关法律法规在西城区的贯彻落实。积极参与立法工作，就市人大常委会制定规范性文件备案审查条例、修改食品安全条例等法规，组织视察、调研和座谈，及时收集并反馈各方面意见和建议，为立法机关的立法工作提供重要参考。

（李　锟）

【改进和加强代表工作】　完善代表工作格局。加强代表履职服务体系建设，形成常委会统一负责、代表联络部门综合协调、各工作委员会充分发挥作用、各街道人大代表工委密切配合的代表工作格局。调整组建财经、城建、教科、文卫体、内司、维权等6个委员会，统一街道人大代表工作机构设置，建立区法院、区检察院与街道人大代表工委联系联络机制，为代表履职服务的组织保障得到加强。保障代表的各项权利。针对新一届代表特点，围绕人民代表大会制度和人大代表履职知识以及如何提出代表议案建议等方面内容组织履职学习活动，帮助代表深化对人民代表大会制度的认识，增强履行代表职务的意识和能力。组织召开全区经济社会发展情况通报会，帮助代表了解掌握区情和区域发展形势，通过《北京西城报》《西城人大》及《西城人大信息》及时传递区情、政情信息，保障代表知情知政。邀请代表列席常委会会议，向代表征集监督议题建议，扩大了代表对常委会工作的参与。充分发挥各委员会和各街道人大代表工委的作用，组织代表参加执法检查、视察、调研等活动，拓展了代表履职的途径和渠道。年内各委员会组织代表活动共95次，参加代表1085人次；各街道人大代表工委组织代表活动共101次，参加代表1895人次；坚持代表接待选民日制度，组织代表接待选民5833人次，参加代表541人次。加大代表建议督办力度。区人大常委会高度重视代表建议办理工作，进一步完善了主管主任牵头督办、代表工作机构整体督办、各委室分类督办的工作机制，加强对代表建议的梳理分析，抓好交办、督办和检查问效。建立由15名代表组成的落实代表建议监督工作组，对代表建议办理工作全程跟踪督办，通过视察检查了解办理进度，检查代表建议落实情况。区十五届人大一次会议期间，共受理185件代表建议（含议案转建议），除5件转市有关部门研究参考之外，其余建议已办结并答复代表。从180件建议的办理情况来看，经过努力得到解决或取得一定进展和成效的142件，约占78.9%；受政策法规限制，暂时不能解决的17件，约占9.4%；列入计划解决的15件，约占8.3%；受财力或条件所限、留待以后解决的6件，约占3.3%。加强市人大代表联络服务工作。按照市人大常委会统一安排，组织市人大代表参加履职学习活动、年中集中活动和相关视察调研活动，促进市代表建议的落实，为市人大代表履职提供良好服务。完成市十三届人民代表大会西城团的总结工作。协助做好市人大代表换届选举工作，组织召开区十五届人大二次会议，依法选举产生88名出席北京市第十四届人民代表大会的代表。

（李　锟）

【加强自身建设】　年内，区人大常委会适应新形势、新任务的要求，切实加强自身建设，把深化学习调研与改进常委会工作相结合，完善制度、改进作风，努力提高依法履职的能力和水平。深化理论学习和人大工作研究。组织常委会组成人员深入学习贯彻党的民主政治建设理论和党的十八大精神，不断深化对人民代表大会制度的认识，增强在新形势下做好人大工作的责任感、使命感。加强对宪法和监督法等有关法律以及人大工作实务的学习，组织专题讲座和常委会会前学法，增强依法履职意识和履职能力，进一步坚定做好人大工作的信心和决心。坚持联系实际深化学习，建立常委会组成人员调研制度，每位组成人员围绕关系发展、关系民生的重大问题，围绕常委会重点工作，开展调查研究，完成一批调研成果。常委会组织召开了“围绕大局加强和改进人大监督工作”专题研讨会，就科学确定监督议题、突出监督重点、规范监督程序、改进监督方法、提高监督质量和实效以及增强履职能力等内容进行交流和研讨，为改进和加强常委会工作奠定了良好基础。推进制度建设。完善议事决策制度，组织修订常委会和主任会议议事规则，以区十四届人大常委会议事规则修订稿为基础，充分考虑区划调整后的工作实际，注重保持法制的统一性、保持工作的延续性，对相关条款内容进行了修改。对常委会决定重大事项、预算监督、听取和审议专项工作报告、执法检查、人事任免以及代表工作等方面的制度规定进行梳理，需要修改的列入计划适时修改，同时抓好各项工作制度的落实，促进了常委会工作的科学化、规范化。加强人大信息宣传工作，积极宣传人民代表大会制度和人大工作，及时向社会公开履职情况，使常委会工作更加公开、透明。全力加强机关建设。在常委会党组领导下，进一步加强了机关党组织建设。组织机关干部认真践行北京精神，创新工作理念，改进工作作风，提高了机关工作质量和效率。注重加强与代表和群众的联系，认真做好信访工作，全年受理群众来信来访346件（批）617人次。加强人大工作交流，组团参加了全国部分市（区）人大工作研讨会，学习借鉴兄弟省、市、区人大工作经验，进一步开阔了视野和思路。

（李　锟）

北京市西城区人民政府

概　述

年内，区政府把握稳中求进总基调，区域经济社会保持平稳较快发展。地区生产总值实现2593.49亿元，比上年增长9.9%；三级税收完成3052.5亿元，同比增长19.9%；财政收入完成309.1亿元，同比增长10.5%；社会消费品零售额实现764.3亿元，比上年增长11%；全社会固定资产投资完成198.4亿元，比上年增长6%；居民人均可支配收入达到39772元，比上年增长11.3%。

重点功能区建设和产业发展实现新突破。组建“5+2”机构，加大统筹力度，重点功能区项目建设取得实质性进展。金融街建设全面提速，月坛南街项目入市交易，国家开发银行总行办公楼等7个项目实现竣工，新增建筑面积51.7万平方米；与金隅集团等多家企业签署资源置换合作备忘录，引进全国中小企业股权转让系统有限责任公司、瑞士银行（中国）有限公司、芝加哥商业交易所（北京）咨询有限公司等70家机构，举办首届金融街论坛等庆祝北京金融街建设20周年系列活动，金融街品牌影响力进一步提升。德胜科技园扩区获得批复，被认定为首批国家级文化和科技融合示范基地，完成设计交易市场一期装修改造，与韩国设计振兴院等机构签订入驻协议，出台支持企业创新发展政策，园区产业承载力和发展品质不断提高。天桥演艺区艺术大厦、艺术中心项目进展顺利，与22家知名院团达成战略合作协议。大栅栏琉璃厂北京坊项目全面开工，杨梅竹斜街保护修缮试点稳步推进，市政基础设施建设取得明显成效，成功举办老字号体验日、北京国际设计周大栅栏展等活动。什刹海阜景街完成千秋四合院、蓝鼎晨大厦改造等项目，西海环湖外立面整治和燃气改造工程竣工，环境品质得到进一步改善。

城市环境面貌进一步改善。扎实推进“三道”（“绿道”“商道”“文道”）建设，“绿道”一期工程全面建成，“商道”重要节点的园林市政建设初见成效，“文道”完成前期论证和部分街巷整治。深入开展环境综合治理，共拆除违法建设937处，实现81条道路架空线入地，完成60个挂账脏乱点及“城中村”“边角地”环境整治。着力改善居民居住环境，启动28栋简易楼腾退工作，完成4844间平房修缮、205万平方米老旧小区抗震加固和节能综合改造，实施22处中水雨水利用工程、1.5万户供热管线和1.6万户“一户一水表”改造。通过开展“最美小区、最美街巷、最美院落、最美阳台”评选活动，调动广大市民参与绿化建设的积极性，累计新建改建绿地32.82公顷，新增屋顶绿化3.43万平方米、垂直绿化8644延长米。开展废弃油脂及餐厨垃圾专业化收运工作，完成1.2万户清洁能源改造，全区万元GDP能耗同比下降3.89%，空气中主要污染物二氧化氮、可吸入颗粒物浓度分别同比下降7.9%、3.5%。

城市功能不断完善。抓好市政道路建设，地铁7号线站点全面开工，新壁街基本完工。着力提升道路通达能力，完成月坛西街等14条道路疏堵工程、煤市街等4条道路微循环改造，实施59条道路大中修、38处道路无障碍设施改造，整修疏通16处易积水路段。加强静态交通管理，探索实行机动车单停单行、居住区停车自治管理等措施，新建5处立体停车楼（库），累计新增停车位6953个。加强重点行业和重点领域安全监管，开展“打非治违”专项行动，建立“科队合一”、社区参与的安全生产监管模式，处置突发公共事件能力进一步增强，有效应对“7·21”特大暴雨。顺利通过全国文明城区测评和国家卫生城区复审，获得“2012中国智慧城市示范城区”称号。

文化建设取得新进展。践行北京精神，推动学雷锋活动常态化，市民文明素质不断提高。启动“阳光书苑”二期工程，推进区图书馆资源共享，建立社区文化组织员队伍，开展“一街一品”群众文化活动，公共文化服务体系进一步完善。成立区历史文化名城保护促进中心，签约设立西城会馆文化保护发展基金，启动北海等19处文物保护单位外立面保养维护工作，完成区属可移动文物普查入库。制定《西城区文化创意产业发展指导目录（试行）》等政策，建立统计监测指标体系，设立专项资金，完善项目库，原创文艺作品《大碗茶》成为全市唯一入选国家广电总局“迎接党的十八大重点影片”。

公共服务能力不断增强。召开西城区教育大会，出台进一步推进教育改革和发展意见，成立以北京四中、北京八中、北京第二实验小学、北京小学为核心的四大教育集团，全面实施“三个一”工程，基本完成与市政府签订的义务教育均衡发展任务，基础教育继续保持全市领先水平。改善街道幼儿园办学条件，实施5所幼儿园新建改扩建工程，学前教育发展力度进一步加大。建立257个家庭医生式服务团队，实现社区卫生服务机构与对应的三级医院三日内预约转诊，北京市肛肠医院、新街口社区卫生服务中心竣工，卫生监管与服务水平稳步提升，被评为“国家卫生应急综合示范区”“国家慢性病综合防控示范区”。实施35个可持续发展示范项目，推进“首都科技条件平台西城工作站”建设，承办北京市青少年科技创新大赛。广泛开展全民健身活动，创建76个体育生活化达标社区。建成2个街道级人口和家庭服务中心，人口和计划生育服务水平进一步提升。妇女儿童、档案史志、防震减灾、双拥共建、公益慈善等各项事业实现新的发展，外事、民族、宗教、侨务和对台工作取得良好成绩。

居民生活持续改善。全面启动充分就业区建设，成立6个街道就业援助中心，登记失业率为0.94%，失业人员就业率达到72.6%，零就业家庭保持动态脱零。完成市属机关、事业单位公费医疗与基本医疗保险制度并轨工作，将区属机关、事业单位及社会团体职工纳入工伤保险、生育保险覆盖范围。全面落实低保政策，强化养老、助残服务，在所有街道建立老年心理关爱服务站，培育30个区级规范化养老（助残）餐桌，进一步拓宽“社区爱心服务一卡通”功能。加快推进保障房建设，昌平回龙观一期、丰台张仪村、房山长阳等3个项目实现结构封顶，丰台南苑等8个项目开工建设，完成8739户摇号配售配租任务。抓好“菜篮子”工程，与中国农垦集团、北京二商集团等单位签订战略合作协议，确定6个蔬菜供应基地，完成10家菜市场提升改造和15家便民菜店建设。加强食品药品安全监管，抽检合格率分别达到98%、99.7%。

以“全响应”为重点的社会建设成效明显。建立区“全响应”社会服务管理指挥中心和10个街道指挥分中心，整合力量搭建8条响应链，“全响应”体系基本框架初步形成，并获得“全国城市管理进步奖”。开展“访民情、听民意、解民难”工作，全年收集各类问题、需求3万余条，其中2.8万余条已解决或提出解决方案。逐步理顺区街体制，制订加强街道统筹辖区发展、规范街道社区协管员管理等意见，进一步强化了街道的属地管理职能。全面推进“六型”社区建设，完成第八届社区居委会换届选举工作。发挥社会建设专项资金带动作用，实施95个政府购买服务项目，引导驻区单位、社会组织和志愿者参与民生服务。坚持以群众工作统揽信访工作，加大矛盾纠纷排查化解力度，实现了“三无”目标。开展安全社区创建活动，深化群防群治，加强社会治安综合治理，圆满完成十八大服务保障任务，区域和谐稳定的局面更加巩固。

政府自身建设进一步加强。围绕“提能增效、群众满意”主题和“三能一评”主线，在政府系统深入开展“政务能力建设年”活动，通过自查互查和整改落实，政府履职能力、办事效率进一步提高。抓住“三定”契机，调整功能街区产业发展促进局等部门职能，开展公务员竞争上岗，完善日常量化考核机制。启动行政权力公开透明运行工作，梳理各级各类行政权力6636项，绘制权力运行流程图，推进行政权力网上运行，进一步扩大政务公开，西城政务网站在全市网站评比中名列十六区县第一名。承办“第四届全国政务（行政）服务中心创新论坛”，开展国家级行政服务标准化试点工作，实现“一个窗口对外、一条龙服务、一站式办结”。抓好勤政廉政教育，发挥“5+2”机构联合纪检监察组的作用，加强对重大工程、重点项目和重点工作的监督检查，推进电子监察系统建设与应用，政府服务效能得到进一步提升。

（潘　江）

区政府主要工作及重大活动

【政府决策会议】 年内，区政府召开政府常务会议34次，讨论议题130个。1月13日第3次常务会议，听取政府部门督查考核奖励等工作的汇报。2月1日第4次常务会，听取人口和计划生育工作要点、司法所规范化管理等工作的汇报。2月8日第5次常务会，听取人事任免的汇报。2月24日第6次常务会，听取政府会议重要议题计划、文化创意产业发展规划等工作的汇报。3月2日第7次常务会，听取政府投资计划等工作的汇报。3月7日第8次常务会，听取安全生产等工作的汇报。3月14日第9次常务会，听取实施“访民情、听民意、解民难”工程、财政预决算信息公开等工作的汇报。3月27日第10次常务会，听取“十二五”期间历史文化保护区保护与发展规划等工作的汇报。3月30日第11次常务会，听取加强“全响应”社会服务管理信息化支撑系统建设、推进行政服务体系建设以及开展政务能力建设年活动等工作的汇报。4月11日第12次常务会，听取贯彻实施食品安全法律法规、推进政府权力公开透明工作方案以及德胜科技园建设和发展等工作的汇报。4月25日第13次常务会，听取一季度城市管理、2012年义务教育阶段入学等工作的汇报。5月2日第14次常务会，听取加强街道统筹辖区发展、环境秩序综合整治、政府投资重大建设项目监督以及实施《北京市行政问责办法》若干规定等工作的汇报。5月9日第15次常务会，听取大栅栏街道办事处、椿树街道办事处工作的汇报。5月23日第16次常务会议，听取加强违法建设强制拆除联动配合工作的汇报。6月13日第17次常务会议，听取加强属地安全监管机构及执法机制建设、教育资源配置、2011年财政决算草案等工作的汇报。7月11日第18次常务会议，听取菜市口220千伏输变电及生产附属设施项目社会稳定风险评估和房屋征收等工作的汇报。7月18日第19次常务会议，听取西城区第八届社区居委会换届选举的汇报。7月26日第20次常务会议，听取落实清洁空气行动计划、食品安全违法案件举报奖励、推进全响应社会服务管理创新等工作的汇报。8月8日第21次常务会议，听取城市环境建设工作进展、德胜科技园新一轮产业政策编制等工作的汇报。8月15日第22次常务会议，听取上半年国民经济和社会发展计划执行、区属中医药事业建设和发展、1至6月财政收支预算执行等工作的汇报。8月22日第23次常务会议，听取西城区国民经济和社会发展第十二个五年规划纲要任务分解、住房保障管理等工作的汇报。8月29日第24次常务会议，听取加强街道幼儿园管理等工作的汇报。9月12日第25次常务会议，听取月坛街道办事处、天桥街道办事处、陶然亭街道办事处工作的汇报。9月19日第26次常务会议，听取金融街建设、加强2012年财政收支预算执行管理等工作的汇报。9月26日第27次常务会议，听取制定西城区促进产业发展政策、加强街道社区协管员统筹规范管理等工作的汇报。10月10日第28次常务会议，听取西长安街街道办事处、广内街道办事处工作的汇报。10月17日第29次常务会议，听取人事任免的汇报。10月24日第30次常务会议，听取什刹海街道办事处、白纸坊街道办事处工作的汇报。10月31日第31次常务会议，听取冬季供暖等工作的汇报。11月7日第32次常务会议，听取加强三季度安全生产、城市管理等工作的汇报。11月14日第33次常务会议，听取鼓励和促进企业上市办法、创建国家卫生应急综合示范区等工作的汇报。12月5日第34次常务会议，听取防震减灾等工作的汇报。12月12日第35次常务会议，听取消防安全、政府工作报告起草等工作的汇报。12月19日第36次常务会议，听取食品安全、推进依法行政等工作的汇报。

（王 丹）

【33件实事完成情况】 年初，区政府确定33件为群众拟办重要实事计划，在各主责部门的努力和各协办部门的配合下，较好地完成了工作任务。有13件实事超额完成，19件按计划完成，1件未全部完成。（1）完成部分老旧小区抗震加固、节能保温、绿化美化、街景与楼面整修等综合改造，共计163.9万平方米；启动70栋危旧楼改造工作。（2）完成对102栋楼房的综合维修，对193栋、建筑面积103.8万平方米的既有非节能建筑进行节能改造，对20栋、建筑面积1.1万平方米简易楼的综合维修，对5万平方米楼房进行屋面防水改造，对2000户直管公房住户的老旧电线更新改造。（3）完成16269户平房院一户一水表改造；为老旧小区居民家庭免费换装节水型便器水箱1500套件。（4）完成开工建设及收购大兴旧宫项目、丰台南苑项目、丰台大红门项目等保障性住房17090套，竣工大兴团河盛嘉苑项目保障房1774套。（5）建成广安门外街道荣丰社区、金融街街道丰汇园社区、什刹海街道白米社区等76个体育生活化达标社区。（6）完成7家二级综合医院接入预约挂号统一平台，提供电话预约和网络预约服务；通过居民自愿参与、专业机构培训考核等方式培养1146名家庭保健员，含中医家庭保健员119名，为慢性病患者提供健康指导服务。（7）为本区24621名学龄前儿童免费实施氟化泡沫预防龋齿项目；为本区17795名7至9岁儿童免费实施窝沟封闭预防龋齿项目；为本区55607名在校中小学生及33299名60岁以上本市户籍老人免费接种流感疫苗；为40岁以下的外来务工人员免费接种流脑疫苗9819人次、麻疹疫苗11446人次。（8）完成5063名50周岁以上居民免费脑卒中危险因素评估，并为脑卒中高危人群提供健康教育、转诊等服务。（9）在每个街道建立法律服务中心，在每个社区建立法律援助服务岗；建设30个示范调解委员会，培训400名人民调解员；组织100余家律师事务所和3家公证处与法律服务中心对接，为社区居民提供优质便捷的法律咨询、法律援助等公益法律服务。（10）实现全区三项为老服务以卡代券，为全区60至79岁低保、低收入老人无洗澡条件的提供免费洗澡服务，有需求的提供免费代换液化气罐服务，有需求的、行动不便的空巢老人提供上门理发服务。（11）为有需求的独生子女困难家庭2016名父亲、2050名母亲，开展免费生殖健康体检；为703对常住育龄夫妇开展免费孕前优生检查；为11684名有需要的流动人口已婚育龄妇女开展免费孕情、环情检查；为流动人口免费发放安全套398万余支。（12）为1.17万户燃煤取暖的平房居民实施煤改电改造工程。（13）提升园林绿化景观，推进城市立体绿化，新建天宁城市休闲公园等绿地6.48公顷，改造北京营城建都滨水绿道景观建设绿化等绿地26.34公顷，完成北京市第十五中学等3.43万平方米屋顶绿化，完成陶然亭路、右安门东街等8644延长米垂直绿化。（14）翻建修缮5150余间房屋、7.85万平方米的危旧房屋，改造1053个院落的下水管线，更换786个破损街门。（15）改造更新马连道北里等24处锅炉房和小区的供热管网设施，并按期供暖。（16）新建光大银行、市司法局、白云观地下车库等机动车停车楼库车位800个，新增、优化调整、更新老旧小区内停车位1500个。（17）完成黄寺大街、西四北头条等50条道路大中修。（18）完成15个街道办事处150个公租自行车网点的选址，并启动招投标工作，解决市民公交站点至办公地点“最后一公里”出行难题。（19）完成对月坛西街南口、东椿树等10处交通拥堵点实施常规疏堵工程。（20）完成为龙泉胡同等33处小街小巷加装路灯工程。（21）对西城区社会力量办园扩班基本建设工程、办学达标质量提升工程、教师培训工程进行补贴和奖励。（22）整合既有校外教育资源，建立广内和陶然亭地区两所社区教育学校；建设中国古动物馆、宣南文化博物馆、陶然亭公园等26个第二批市民终身学习服务基地。（23）组织公益展览50场、公益演出60场、公益讲座120场、公益数字电影放映500场次，并免费为群众艺术团体开展辅导、培训。（24）继续推进居民信息能力提升工作，免费提供信息化基本知识、操作技能等培训3万人次，发放远程帮助服务卡3000张，提供计算机操作远程帮助服务1.8万小时。（25）开展社区卫生服务机构和大型医院之间的预约转诊工作，建立专用通道，在3个工作日内安排转诊患者就医。（26）实现西城区家庭医生式服务全覆盖；实现每个家庭医生式服务团队签约600户家庭，255个社区全覆盖，对已签约的家庭提供以居民电子健康档案为核心、信息化支撑的规范化服务。（27）新建和改造金泰公司、永清、社区自营等15家便民菜店，新增永和大王国华商场店、和合谷马连道店等10家早餐规范店。（28）培育30个区级服务规范化养老（助残）餐桌；为全区76位“三无”老年人提供免费午餐服务；培育建立15个老年人精神关怀服务站；为全区90岁及以上无保障老年人实施城镇居民基本医疗保险资金补助；为入住日间托老所的老年人群体，购买人身意外集体保险。（29）为全区所有听力重度残疾人免费配发安装个性化辅助器具；为14423名残疾人缴纳社会保险，实现全区劳动年龄段内残疾人社会保险缴纳全覆盖。（30）新增垃圾分类达标小区53个，基本实现全过程专业化、密闭化的分类收集、分类运输和分类处理。（31）完成对平房院1652座户厕进行保洁管理，对重点地区40座二类公厕进行整体修缮。（32）对63条街巷胡同实施环境综合整治；对裕中西里小区实施环境综合

整治工程，改善居民居住环境。(33)回民幼儿园、北师大幼儿园分园等4所幼儿园改扩建工程基本完成；西四北幼儿园因剩余1户居民腾退问题未解决，启动司法程序。

（陈　星）

区政府办公室工作

【概况】 北京市西城区人民政府办公室（简称区政府办公室）是负责协助区政府领导处理区政府日常工作的区政府工作部门。主要职责是：协助区政府领导组织起草、审核以区政府和区政府办公室名义发布的公文。负责区政府会议的会务组织工作。研究区政府各部门、各街道以及其他机构请示（商洽）区政府的事项，提出审核意见，报请区政府领导审批；承办市政府、市政府办公厅文件。负责推进、指导、协调、监督、考核本区政府信息公开工作，承办区政府行政机关的政府信息公开事宜。负责区委、区政府总值班工作；协助区政府领导组织处理需由区政府直接处理的突发事件和重大事故，承担西城区突发事件应急委员会的具体工作，负责区政府领导交办的本区各类突发公共事件应急处置、日常管理、宣传教育和培训工作；负责组织修订本区突发事件总体应急预案；负责统筹、规划、指导、监督和检查区级专项应急预案编制修订工作和应急演练工作。负责督促检查国务院以及市政府文件的执行落实情况；督促检查区政府文件、重大决策、重要部署、会议决定事项以及各级领导重要批示的落实情况，并跟踪调研，及时向区政府领导报告。负责联系区人大、区政协的相关工作；组织区政府有关部门办理各级人大代表建议和政协委员提案；协助安排人大代表、政协委员的视察工作；为人大代表、政协委员知情知政提供服务和保障。负责各街道办事处工作的综合考核。负责全区机要通讯文件的交换工作；负责本机关以及区政府部分部门的财务、人事、固定资产管理等工作。负责区政府系统综合事务的协调工作，协助安排区政府领导参加重要政务活动。负责落实查抄政策界定善后工作及查抄办档案管理工作。负责对区政府系统行政办公室的业务指导。承办区政府领导和上级机关交办的其他事项。

地址：西城区二龙路27号
邮编：100032
电话：88064311

（于明艳）

【文书和档案工作】 年内，起草编制年内区政府重点工作目标任务分解、为群众拟办重要实事等。办理公文共7785件。其中以区政府和区政府办公室名义制发公文378件，收文7407件。办理机要文件、密码电报、内部刊物等密级文件1083件，完成3799件密级文件、内部文件的销毁以及清退工作。代转区属部门文件1280件。完成上年度文书档案归档3446件。

（于明艳）

【信息工作】 共专报市政府信息700条，《昨日市情》（专、普刊）采用180条；上报长篇经验交流类信息8篇，被政务交流采用1期、《昨日市情》特刊采用4期、国务院办公厅信息刊物采用1期，国务院领导批示1条、市领导批示4条。其中：长篇信息“西城区推进基本公共卫生服务均等化的主要作法”被国务院办公厅《专报信息》采用，并得到国务院副总理李克强的批示。《西城信息》（专刊）共编发90期，区领导批示13条；调研信息共编发43期，区领导批示11条；参阅信息共编发44期，区领导批示2条。

（潘　江）

【政府信息公开工作】 年内，全区有69个单位承担政府信息公开工作，共主动公开政府信息5713条。全区各政府信息公开工作机构共受理政府信息公开申请311件，主要涉及房屋权属登记、拆迁许可证、拆迁补偿安置资金、民政优抚办理情况等；收到涉及政府信息公开方面的行政复议10件，行政诉讼7件。建立政府信息查阅中心共42个。

（张　华）

【人大建议政协提案办理工作】 年内，西城区政府承办全国、市、区三级人大代表建议和政协委员提案共536件，其中全国政协委员提案5件，市人大代表建议25件，市政协委员提案19件，区人大代表议案1件，区人大代表建议171件，区政协委员提案288件，市区级会下平类建议、提案27件。所有建议提案全部按期办理完毕。

（张　辉）

【非紧急救助工作】 年内，北京市非紧急救助服务中心西城分中心共受理市民诉求2.73万件。其中问题类2.42万件、咨询服务类3086件，通过信息管理平台派发2.36万件，按期办结1.92万件，办结率81.3%。市民来电反映的问题主要集中在：房屋修缮4431件、公共服务3395件、市政设施2066件、市容环卫1685件、环境污染1379件、园林绿化1334件、小区配套1189件、违章建筑851件等。

（杜以虎）

【应急管理工作】 年内，成功应对“7·21”特大暴雨自然灾害，圆满完成十八大、全国“两会”等重要节点、重大活动的服务保障工作，成功创建国家卫生应急综合示范区。不断完善应急管理体制。深化“1+4+12+15”（1个应急委、4位一体、12个专项应急指挥部、15个街道）组织指挥体系建设。着力推进应急管理“全响应”工作，在街道建设城市管理和应急分中心，将应急管理向基层延伸。建立区级全响应指挥中枢，形成了“集中统一指挥、专业部门处置、上下联动、共同参与”的应急管理工作格局。有序开展应急法制宣传。继续抓好《中华人民共和国突发事件应对法》《北京市落实〈中华人民共和国突发事件应对法〉实施办法》和《北京市“十二五”时期应急体系发展规划》等法律法规的宣传、贯彻工作。平稳推进应急预案演练。完成各专项应急预案修订工作，发布18个区级专项应急预案。制发《2012年度西城区应急演练工作计划》。全区各街道、各部门、各有关单位共组织应急演练1000余次，参加人数22万余人次。创新形式开展应急宣教培训。一是开辟应急培训旅游新线路，开展应急知识进机关、进街道、进社区活动。二是组织全区应急管理干部、应急骨干队伍，深入开展应急实务培训。共举办全区规模培训4次，参加人数500余人次；全区各部门、各街道组织不同形式应急培训220余次，参加人数1.89万余人次。三是开展主题宣传活动。制作社区消防安全宣教片1部、卫生应急宣教片1部、中小学生安全宣教片1部。开展各种宣传活动500余场次，发放各种宣教材料50余种、100余万份，参加人数20万余人次，制作各种应急宣传板报、展板1000余块。四是扩大宣传覆盖面。引导学校创作安全防范歌谣、童谣，开展应急知识、公共安全知识书画评比和展览展示活动等。五是在区红十字会救护知识指导中心挂牌成立“西城区应急救护培训站”，建立自救互救培训长效机制。推进风险管理长效机制建设。开展“动物园及什刹海地区人流聚集风险管理控制体系建设”课题研究。加强重点地区突发事件人群管控平台建设，打造西直门交通枢纽地区全时空立体可视化平台。全面加强应急队伍建设。区应急办、团区委整合全区12个专项应急指挥部、区红十字会和相关单位的应急志愿者队伍资源。全区共组建16支专业应急志愿服务队和15支应急救援辅助队，在“志愿北京”平台注册人数达4000余人，为全区应急志愿者配备了应急工具包。组织应急志愿者参与培训演练。先后在金融街街道、广安门外街道、德胜街道、什刹海街道组建社区应急救援队和应急分队。建立全区灾害信息员队伍，每个街道不少于2名、每个社区不少于1名，具体负责自然灾害情况评估、统计、报送等工作。加强专业救援队伍建设。以西城消防支队为依托，成立一支由423人组成的综合应急救援队伍，并在此基础上，成立一支重型地震灾害救援队和一支轻型地震灾害救援队伍。建立健全与公安、武警、消防、医疗等专业队伍的应急联动机制，最大限度减少灾害伤亡程度。加强民兵应急连队建设。完成民兵应急连队组建工作，共有100人，分为队部、封控队、驱散队、抓捕队、保障排，配备6类、4000余件（套）装备物资。加强应急防化分队建设。组建60人的防化应急分队，分为侦察组、洗消组、保障组，配备各种车辆14部（辆），各种装备设施20余种、600余件（套）。加强应急处突分队建设。武警一支队和武警七支队分别组建一支24名队员的应急分队。提升应急指挥技术支撑体系。一是加强值班系统软件建设，改造电话系统。二是整合全区视频监控系统，区应急办、西城公安分局等单位完成了西城区公共图像四期项目建设。三是加强城市安全运行和应急管理领域物联网应用示范工程建设。加强应急物资储备管理。区民政局全面加强资金、物资、装备应急保障。加强应急避险图绘制。完成全区255个社区的应急避险图绘制工作并投入使用。进一步规范避难场所。对全区应急避难场所进行梳理、规范，全区共有一级应急避难场所8处，总建筑面积30.96万平方米，可用作应急避难场所的面积为23.51万平方米，约容纳11.85万人；二级（紧急）避难场所98处，主要分布于全区各中小学操场、公共体育场馆、道路两侧绿地等。

（任丽颖）

综合行政服务

【概况】　北京市西城区综合行政服务中心（简称区行政服务中心）是负责为企业法人、社会组织办理行政许可事项、非行政许可事项以及公共服务事项的区政府派出机构。其主要职责：负责全区行政服务体系的规划、建设、组织、实施；负责对区政府部门专业大厅、街道公共服务大厅、社区服务站的业务和服务规范进行指导、监督、考核评价；负责全区行政许可和行政服务网络的规划、建设、组织、实施和监督、检查；负责全区行政许可事项办理的统一管理；负责研究拟定中心大厅服务事项的办理程序、运行机制的整合调整方案，并组织实施；负责对各部门进驻、委托事项办理的组织协调、监督实施和效能评价，并对进厅工作人员实施管理、考核、培训等；负责跨部门审批事项和重大事项的协调会审、联审；负责对有关部门行政服务工作的业务指导；承办区政府交办的其他事项。

地址：西城区西直门内大街275号
邮编：100035
电话：82141595

（王　东）

【进驻部门完成工作情况】　截至12月31日，中心总接待量为614562人次。其中受理150531件，咨询464031人次(窗口接待咨询276308人次，400-010-7070行政客户服务热线接待咨询45859人次，前台咨询141864人次)；平均每天接待总量为3532人次，其中平均每天咨询2667人次，接待受理865件。

（王　东）

【推进行政服务体系建设】　一是起草“三级联动”行政服务体系（以区行政服务中心为龙头、中心及7个专业服务大厅为主体、15个街道公共服务大厅为支撑、255个社区服务站为基础的上下联动、层级清晰、运行顺畅、覆盖全区的政务服务网络）建设的实施意见草案，征求62家单位意见，经5轮修改，形成“三级联动”行政服务体系建设文件草案稿，提交区政府、区委常委会审议通过。二是召开“三级联动”单位政务能力建设年暨优质服务年活动推进会，对活动进行安排，对窗口效能监察工作进行布置，在全区“三级联动”体系内开展“三个一”活动（一场行政服务演讲比赛，一场行政服务知识竞赛，一场行政服务礼仪风采大赛）。三是深入推进行政服务“两集中、两到位”。推进各委办局行政审批“一科制”，逐步实现部门行政许可和行政服务向一个科室集中，部门对外服务职能整体向服务大厅集中，确保部门行政服务项目统一纳入服务大厅窗口办理落实到位，确保部门对窗口工作人员授权到位。

（王　东）

【推进标准化试点建设】　年初，西城区行政服务标准化工作被国家标准化委员会批准作为国家级的试点项目后，西城区专门组织成立区行政服务标准化试点工作领导小组和标准化工作小组指导开展工作。一是全区动员部署，夯实工作基础。区委、区政府于4月13日召开标准化启动大会，区领导对标准化试点工作提出了具体要求部署。各单位按照职权法定、程序合法的要求，依法梳理审核行政职权。经过三轮“审查——修改——上报——审查——指导——修改——上报”的过程，事项总数达695项。二是加强学习培训，提高工作效率。组织各单位进行服务事项标准的编制和转换工作，对编写人员采取授课及上机操作等形式的培训，邀请标准化专业机构对各单位上报的标准进行审查，并一对一指导，确定编写服务事项标准600余项。三是部门积极配合，梳理制度依据。制度梳理工作共涉及7个部门、15个街道，区行政服务中心将已经上报的专业大厅和15个街道公共服务大厅的管理制度与先进省市的管理制度进行梳理比对，以体现西城行政服务一体化和规范化为目标，总结归纳出西城行政服务大厅管理制度相关标准明细（草稿），确定运行管理与服务保障标准50余项。四是专家学者参与，设计体系框架。邀请行政管理、标准化及IT专家对行政服务标准化工作的范围、体系的结构层次、亮点标准的编写进行深入论证，修改完善了西城区的行政服务标准化体系框架，突出行政服务管理、三级联动、集成——易、技术应用等方面特色，对亮点标准的维度、结构、内容等方面提出建设性的意见和建议，形成体现西城特色的“行政服务通用基础标准”“行政服务提供标准”“行政服务保障标准”框架体系。

（王　东）

【承办第四届“全国政务服务中心创新论坛”】　8月8日，中国行政管理学会联合中国机构编制管理研究会、中国行政体制改革研究会在西城区联合举办以“构建政务服务体系，提升行政服务能力”为主题的全国政务服务中心创新论坛。国务院法制办、国家预防腐败局、北京市人民政府的负责人应邀出席论坛，全国各地政务服务中心主任和专家学者300余人参加会议。国家预防腐败局专职副局长崔海容、中国行政管理学会会长王澜明、中国机构编制管理研究会会长黄文平和北京市副市长丁向阳做了讲话。论坛取得的成果有：全面总结梳理了政务服务中心创新发展的举措、成效和经验；深入研讨了政务服务中心发展存在的难点问题；进一步明确了政务服务中心创新发展需要研究的重点问题。

（王　东）

【加强窗口规范化建设】　一是加强组织领导，成立区行政服务中心联席会和考核领导小组，定期开会部署重点工作任务；二是落实首席代表工作例会制度，召开首席代表会11次；三是坚持落实“靠制度管人、按制度办事”的工作机制，建立和完善区行政服务中心日常管理规章制度14项，汇编下发窗口单位试行；四是成立由区行政服务中心、区监察局、各进驻部门首席代表组成的联合巡查小组，加强日常巡查力度；五是下发《巡查周报》30期，加强工作交流和信息反馈；六是落实政务公开，通过区行政服务中心办公门户网站、智能引导系统、双屏交互评价系统、大屏幕、24小时自助服务机和进驻部门专网以及区政务网对外公示；七是发挥特邀廉政监督员的作用，建立沟通联系机制，组织召开工作座谈会，征求人大代表、政协委员的意见和建议；八是开展“展风采、树形象”优质服务创建活动，活动从6月15日至12月31日，通过组织理论知识学习、开展业务技能培训、设立窗口单位领导接待日、设立窗口党员先锋岗、下发《行政服务文明用语规范》手册、开展“优质服务窗口”和“文明服务之星”评选等方式，持续改进窗口工作作风，不断提升优质服务水平。

（王　东）

【提升行政服务效能】　一是成立行政客户分中心，建立400-010-7070行政客服热线，统一标准解答办事人业务咨询。二是成立行政事务综合受理分中心，对办理业务量较少的非行政许可事项、企业照后代理事项进行综合受理。三是设立24小时自助行政机、网络自助服务网，开发智慧导引系统，方便办事人通过电子触摸屏、智能引导显示屏查询业务流程、提交材料、办理业务事项。四是建立信息化应用系统，实现身份证取号、二维码扫描，采集信息自动录入，方便办事人，减轻窗口工作人员的劳动强度，提高工作效率。五是推进三级联动行政服务体系建设试点工作。召开区三级联动行政服务体系建设试点工作座谈会，建立沟通联系机制，进行基层服务创新实践。开厅运行至年底，区行政服务中心共收到办事人赠送的锦旗6面、表扬信29封；通过问卷调查统计，办事人满意率达95%，其中非常满意的占43%，满意的占52%。

（王　东）

【行政文化建设】　发挥行政服务文化的导向、激励、凝聚、融合、规范功能，真正使行政文化“内化于心、固化于制、外化于形”，使工作人员为了达成提供优质的行政服务这一目标而共同奋斗。一方面为进驻人员创造良好的办公条件，摆放绿植，美化环境，建立综合活动室、中午休息室、图书室，安排就餐保障，营造舒心、温馨的工作环境；另一方面加强中心文化建设，建立通讯员队伍，加强信息写作技能培训，编辑出版《西城行政服务》杂志，每月下发《西城行政服务信息》专刊，全年出版发行《西城行政服务》8期，编辑下发《西城行政服务信息》专刊42期，为各部门开展工作经验交流、展示窗口风采提供互动平台；加强窗口团队建设，成立香山读书会、瑜珈健身组、足球队、手工制作组、毽子活动组和摄影兴趣组等6个兴趣活动小组；组织开展多种多样的文体活动，举办第二届行政服务杯乒乓球比赛，“服务新形象，美丽新中心”行政服务杯摄影比赛，“赏居庸金秋，与健康同行”行政服务杯登山比赛，参加区直机关和工会组织的歌咏比赛、足球比赛，并获得好成绩。国家行政学院、北京市委党校都将西城区综合行政服务中心作为教学基地，国家行政学院新疆厅局干部培训班和中国民营企业发展战略研修班、中央机构编制委员会办公室和全国组织机构代码管理中心分别在区行政服务中心进行现场教学。北京城市服务管理广播、中国新闻网、《人民日报》《北京日报》《北京晚报》《北京青年报》等20余家媒体给予报道。年内，接待印尼国家代表团、柬埔寨国家代表团、澳门公务员研习班、中组部领导、中纪委、工信部、本市和外省市政府机构、行政服务中心以及本市有关区、县等单位、社会团体共105批次、近1700人次到区行政服务中心调研考察。

（王　东）

信息化管理

【概况】 北京市西城区人民政府信息化工作办公室（简称区信息办）既是西城区信息化工作领导小组的办事机构，又是负责本区信息化管理工作的区政府工作部门。年内，西城区信息化工作围绕建设“智慧北京”重大机遇，按照统筹、服务、精品的发展思路，坚持融合创新发展，打造了一批具有西城特色的信息化亮点和创新工程，全区信息化整体发展水平迈上新台阶。全年共获得各类荣誉十余项，主要有：西城区获“中国智慧城市示范城区”称号，街道社区办事服务平台获中国电子政务最佳实践奖，“全响应”社会服务管理模式获2012年中国城市管理进步奖，“北京西城”网站、“西城区社区办事服务系统”双双获得国家电子政务理事会“2012电子政务创新应用奖”。在北京市经济和信息化委员会2012年度区县“智慧北京”建设考评中，西城区获综合绩效奖。

地址：西城区二龙路27号
邮编：100032
电话：88064481

（陈秋怡）

【智慧西城顶层设计工作】 年内，区信息办启动“智慧西城”顶层设计，初步构建了“智慧西城”总体框架，开展“全响应”、智慧社区、电子政务等重点领域的顶层设计。

（陈秋怡）

【区信息化工作领导小组调整】 年内，西城区信息化工作领导小组组长由区长担任，领导小组办公室调整为由8个综合协调部门组成，并由主管副区长兼任领导小组办公室主任，加强对信息化工作的研究和统筹协调；成立网站建设、网上办事、电子商务等专项工作小组，研究重点领域信息化工作。

（陈秋怡）

【开展电子政务绩效评价工作】 年内，西城区从服务部门信息化发展、推动重点工作落实、促进信息资源共享的角度，优化年度电子政务绩效评价，有15家单位（占参加评价单位的20%）达到A类水平，34家单位（占参加评价单位的46%）达到B类水平。

（陈秋怡）

【完善政务网站】 年内，西城区完善网站管理制度、规范和考评机制，建成“西城党建”网，以服务为导向完善“北京西城”门户网站和区发改委等50个子网站，建设八大民生领域和四大特色服务专题，提升信息公开、服务公开的深度和广度。开展国家级行政服务标准化试点，开通网上政务服务大厅和虚拟大厅，630项行政职权和95项公共服务事项提供不同程度的网上办理服务，其中全部办事服务事项都实现了办事指南、表格下载和证照样例等信息查询类的基础服务，方便办事人了解办事流程和政策；有216个事项提供办事人在线申报服务，办事可以通过互联网直接提交申请材料，无需到大厅现场申报材料；有186个事项提供在线预约服务，办事人可以提前在网上预定区政务服务大厅办理的时间；为695个事项提供在线预审服务，办事人可将申报材料提前在网上提交给政府部门预审，通过网络与政府部门沟通，补充完善申报材料。完善信息无障碍、空间信息等公众服务。开展政务微博、在线访谈、民意征集等网上活动，加强政民互动沟通，其中“北京西城”微博是首个开通的北京市区县政务微博，粉丝数已超过32万，发帖2800余条。建成行政权力公开透明运行网，发布职权信息，4900余项行政处罚事项网上公开，5家试点单位定期发布处罚结果。

（陈秋怡）

【完善“全响应”信息化体系】 年内，区信息办制订《关于加强“全响应”社会服务管理信息化建设的指导意见》，建成“全响应”社会服务管理指挥区级中心和10个街道分中心，推广“访听解”、区街居三级服务等10余个信息系统，启动一号通服务热线建设，初步形成“全响应”信息化支撑体系。完善街道社区办事服务平台，实现30个事项的全区通办、三级联动，获得中国电子政务最佳实践奖。

（陈秋怡）

【开展信息化互助行动】 年内，区信息办继续联合相关单位面向社会开展信息化培训，全年累计培训3万人次；组建10余支信息义工队伍，提供指导、培训等信息化服务；发放远程服务卡，为居民免费电话服务3万余分钟，解决居民信息化应用过程中疑难问题。

（陈秋怡）

【搭建西城区人口信息高速路】 区信息办通过研究分析，与多部门沟通协作，创新人口信息建设思路，打破现行“条块分割”的人口信息管理模式和应用模式，开展跨层级、跨部门、跨区域人口数据建设。提出：人口信息工作的开展面临的信息化挑战不是创建或重新采集大量人口数据，而是整合管理不同部门的人口数据，提高数据的利用价值。通过市、区、街、居（社区）四级联动，通过区民政局、区社会办、区人口计生委、区流管办等多部门协同，率先在全市组织开展人口数据大范围的比对工作，对西城区的户籍人口、常住人口、流动人口等相关信息进行进一步的核实和完善，对西城区各部门面对教育、医疗、就业、救助等不同人口服务和管理工作提供信息化支撑，为西城区“服务立区、金融强区、文化兴区”的三区战略落实夯实人口数据基础。

（陈秋怡）

【完善电子商务“全方位”服务体系】　年内，西城区在全市范围内率先出台《加快西城区电子商务发展的指导意见》。建立电子商务协同管理和服务的工作机制，重点支持第三方支付电子商务业态的发展。建成西城区电子商务公共服务网和10个街道的社区商圈网。定期开展电子商务培训，引导区内商业企业开展电子商务，全年培训500多家企业、800余人。11月28日至12月4日举办第二届北京西城电子商务节，在推动电子商务与西城区资源结合、促进企业转型升级方面取得良好成效。据不完全统计，“金象大药房网上商城”“内联升尚履商城”“西单图书大厦网络书店”“西单商场igo5网”“中友买乐网”“百盛网”销售额上升15%以上，亿元商场零售额15.6亿元，同比上升11%。

（陈秋怡）

【西城十大应用成果评选揭晓】　1月，西城区启动十大信息化应用成果评选工作，对西城区公共服务、城市精细化管理、提高行政效率、经济服务能力、信息资源管理、文化旅游等方面的案例进行甄选，评选历经5个月的征集、初选、专家评选、区电子政务绩效评价小组审议、公示等环节。区“五卡合一”社区服务平台、区社区办事服务系统、广安门内街道“智慧社区”、区宏观经济与社会发展数据库系统、“北京西城”网站、“四位一体”城市运行指挥监测平台、德胜街道“智能社区”、第三代综合行政服务中心、区电子监察系统、数字西城地理空间框架等10个应用被评为“西城区十大信息化应用成果”。

（陈秋怡）

【市经信委领导到西城调研】　2月24日，副区长孙硕陪同市经信委领导到西城区调研信息化工作，听取区信息办关于2012年西城区信息化工作要点以及智慧西城建设思路的汇报，就信息化工作中存在的问题和困难及有关建议进行交流和探讨。市经信委副主任童腾飞强调信息化工作要注重体制机制的创新，加大资源整合、开放的力度；智慧西城的规划要进一步细化，政府信息要进一步开放，更好地服务社会、服务民生，并表示会大力支持西城区信息化工作，共同努力，力争在西城推出一批全市乃至全国的精品工程、示范工程。孙硕指示要学习市经信委深入基层调研的工作作风，按照全市信息化工作部署，全力完成好2012年信息化各项任务。

（陈秋怡）

【召开年度区信息化工作领导小组（扩大）会】　3月6日，区信息化工作领导小组（扩大）会召开，领导小组成员听取区信息化工作情况和开展行政服务事项梳理工作方案汇报。信息化工作领导小组组长王少峰强调，信息化对提高政府服务管理极其重要，政府改革要借助信息化手段，突出基础性和先导性，将信息化和功能区建设、城市管理、社会服务管理、政府管理等相结合，使信息化建设在全区发展中发挥更大作用，统筹推进，为信息化发展提供有力保障。区领导苏东、郭怀刚、孙硕出席会议。

（陈秋怡）

【区政府常务会听取信息化工作汇报】　3月21日，西城区政府常务会专门听取区信息办关于西城区信息化工作的汇报，会议审议通过信息化项目管理办法、2012年度信息化工作要点、政务网站工作要点、信息化项目审查情况、电子政务绩效评价等工作汇报。会议通过以区政府名义发布《北京市西城区信息化项目管理办法》，区信息办要加强信息资源和信息化建设力量的统筹协调，区政府各部门、各街道办事处要积极配合区信息办的工作，建设并不断完善信息共建共享平台，共同推进西城区信息化建设。要进一步强化信息安全意识，确保信息安全。

（陈秋怡）

【区信息化项目管理办法正式印发】　4月12日，《北京市西城区信息化项目管理办法》（西政发〔2012〕6号）正式印发，此管理办法适用于使用财政性资金建设的信息化项目、使用社会投资建设的政务领域信息化项目以及本区各级党政机关申请国家、市建设资金及其他专项资金建设的信息化项目。明确了纳入管理的项目范围和项目建设中各阶段管理的基本原则、办理程序和管理要点，对信息化项目的规划、申报、审查、建设、验收、监督等做出具体规定。

（陈秋怡）

【召开全区信息化大会】　5月17日，西城区召开2012年全区信息化大会，市经信委副主任童腾飞，区委常委、区委办公室主任郭怀刚，副区长孙硕等出席会议。全区87个单位的主要领导、信息化主管领导和信息化管理干部150余人参加会议。会上通报了2011年度电子政务绩效评价结果、2011年度信息西城十大应用评选结果、区信息化工作领导小组调整情况，总结了西城区2011年信息化工作，并部署了2012年信息化重点工作。区城管监督指挥中心、德胜街道办事处做典型发言。童腾飞强调，全面落实智慧北京、智慧西城的各项任务，要转变信息化工作的视角和思路；加强顶层设计，强化统筹协调；突出重点和亮点；加强应用和模式创新；加强市区两级协同。

（陈秋怡）

【“无线西城”信息化战略合作协议】　5月24日，西城区和中国移动通信集团北京有限公司签订“无线西城”信息化战略合作协议。区长王少峰指出：“无线西城”建设战略合作协议的签署，标志着双方合作的进一步深化，对于推动信息化建设和信息产业壮大、实现区域产业结构优化升级具有十分重要的意义。通过此次战略合作，双方将加大科技创新合作力度，加快建设无线西城信息基础设施，继续完善无线西城市民主页——缤纷西城移动互联网站，同时建设无线西城物联网相关应用，使西城区成为“无线网络覆盖全市最强、无线网络质量全市最高、无线网络接入带宽最大、百姓无线服务应用最广、城市管理技术最新”的无线核心城区。副区长孙硕出席签约仪式。

（陈秋怡）

【信息化工作领导小组办公室工作会】 5月25日，孙硕主持召开信息化工作领导小组办公室工作会，研究《西城区网络管理规定（审议稿）》《西城区政务网站管理办法（审议稿）》《西城区政务信息资源管理办法（审议稿）》《西城区信息化十二五规划（审议稿）》，区委办、区政府办、区发展改革委、区监察局、区财政局、区人力社保局、区政府法制办、区信息办的有关领导及工作人员参与讨论并提出修改意见。

（陈秋怡）

【政务云应用系统支撑平台搭建完成】 5月，西城区政务云应用系统支撑平台搭建完成。政务云应用系统支撑平台是“1+6”政务云基础体系的一部分，是各新系统快速搭建的基础，该平台的建成为区各部门的业务应用建设提供了有效支撑，能提升业务系统开发效率，减少开发成本。区各部门可依托该平台进行二次开发，结合本单位的业务需求快速方便地搭建办公、信息报送、统计分析等各类政务应用系统，有效提升各部门业务管理和协同能力。同时，区信息办组织了“政务云应用系统支撑平台二次开发”专题培训，详细讲解如何利用该平台进行本部门个性化业务应用系统建设。

（陈秋怡）

【西城云计算基础设施管理平台初步搭建完成】 5月，西城云计算基础设施管理平台初步搭建完成，这是北京市十六区县第一个云计算平台，通过采用新一代的云技术、虚拟技术，整合已有的服务器、存储设备等资源，为区各相关单位的业务提供统一的服务器、存储备份等基础设施服务。通过区云政务数据中心、区政务应用支撑平台和移动应用支撑平台“一中心、两平台”建设的实施，使西城区初步实现电子政务向云计算基础设施和服务模式的搬迁和转化，实现低碳、环保的电子政务应用，降低开发费用，减少开发周期，区内电子政务建设更加集约化，为北京市其他区县政务云建设提供了经验。该平台由西城区信息中心的专业运维人员统一管理，既保证专业性，也降低了成本。需求单位可通过区政务网访问轻松实现基础设施共享服务，无需购买相关基础设施。

（陈秋怡）

【西城区电子商务联席会召开】 6月7日，孙硕主持召开西城区电子商务联席会。通报西城区电子商务联席会议制度，汇报西城区电子商务发展情况及2012年推进思路，联席会13个成员单位讨论交流对西城区电子商务发展的设想与建议。孙硕强调：一是大力推进传统企业开展电子商务应用，通过组织培训、交流、考察等活动提高传统企业对电子商务的认识和应用意识；二是重点扶持老字号、非物质文化遗产企业开展电子商务应用，以及利用移动APP等新技术扩大影响力和品牌知名度；三是重点引入第三方支付企业到西城区发展，要加紧梳理并制定支持第三方支付企业发展的相关政策；四是电子商务发展要和西城区的资源禀赋、区域特色相结合；五是各部门要担当好电子商务的宣传者、倡导者和助推者，加大宣传推广的力度，营造好电子商务发展的氛围和气场。

（陈秋怡）

【公益性无线宽带局域网络建设】 6月27日，《西城区2012年度公益性无线宽带局域网络建设方案》通过第十六次区政府专题会审议。此方案在金融街、西单、什刹海、大栅栏琉璃厂、天桥演艺区、马连道茶叶特色商业区等人员密集区域及综合行政服务中心、部门专业办事大厅和街道服务大厅等23个公共服务场所建设无线宽带局域网络。推进文物保护区、医疗卫生场所、学校、交通站台等热点区域无线宽带网络覆盖，并继续推进公益性无线宽带网络建设，最终实现西城区域热点地区无线宽带局域网络全覆盖的目标。

（陈秋怡）

【区“十二五”信息化发展规划】 6月，《西城区“十二五”时期信息化发展规划》正式发布，与《智慧北京行动纲要》《北京市西城区国民经济和社会发展第十二个五年规划纲要》相衔接。在“十二五”时期，西城区信息化建设要紧紧围绕西城区深化区域融合、完善城市功能、提升发展品质、促进社会和谐的重大需求，全面支撑“四个服务”示范区、高端服务业发展示范区、“人文北京、科技北京、绿色北京”示范区、社会和谐示范区的建设，促进区域经济社会持续快速发展。

（陈秋怡）

【“全区通办、三级联动”新机制】 6月，西城区街道社区办事“全区通办、三级联动”系统上线试运行。“全区通办、三级联动”机制突破了办事需要去户籍地办理的障碍，让居民可以就近去任何一个街道大厅或社区服务站申请办理事项，通过数据的集成、共享和流程优化提高政府办事效率，缩短审批时间，为居民减少了办事跑腿的精力和时间，提高了事项办结效率，提升了居民满意度，也为“全市通办”奠定了基础。

（陈秋怡）

【西城区新政务门户系统试运行】 8月，西城区新政务门户系统的建成，解决了两区合并后原西城和原宣武两套办公系统并网运行造成的不便和混乱，提高了网上办公效率和西城区公共服务水平。共100个单位的162名干部分批参加新政务门户系统及OA系统培训。

（陈秋怡）

【全区电子通讯录系统试运行】 8月，西城区电子通讯录系统在区委办、区人大办、区政府办、区科协、区信息办等多个部门进行了试点应用。系统整合了全区各部门、各级工作人员的多种联系方式，为各部门内部通讯录管理以及部门间通讯信息共享提供了极大便利。该系统制定了严格的安全管理策略，并提供信息导入导出功能，以及针对苹果手机和安卓系统手机通讯录 vcf 格式的导入功能。

（陈秋怡）

【工信部调研指导西城电子商务工作】 9月6日，工信部信息化推进司副司长董宝青带队赴西城调研指导电子商务工作。市国资公司、北交所、金马甲产权网络交易、北金所、金象在线、中商联动（北京）、十一街科技、联动优势、金融街投资、图书大厦、荣宝斋、内联升等近30家企业参加调研座谈活动。副区长孙硕为西城区电子商务发展提出“顺势、引导、聚集”的六字方针。市经信委张宇航指出，近年来市里高度重视电子商务发展，很多政策和资金都对电子商务发展给予了支持，西城区应进一步抓住发展机遇，将应用、服务和创新作为重点发展方向。工信部董宝青表示会进一步加大力度推进电子商务的发展，加快出台相关扶持政策，支持西城区电子商务向综合型、创新型发展，帮助西城重点企业谋划发展路径，继续支持西城区办好电子商务节。希望把西城区作为工信部推进电子商务的综合创新示范区。

（陈秋怡）

【区域经济服务分析系统试运行】 9月，西城工商分局和区信息办共同开发建设的区域经济服务分析系统建成并试运行，该系统的建成实现了对西城区重点楼宇、重点经济功能区和各个街道社区的企业主体状况进行动态监测和统计分析，为区委、区政府和相关部门提供及时、准确、高效的信息服务和辅助决策支持。该系统与西城区信息办 GIS 系统对接，通过电子地图的方式，直观的展示西城区企业的分布情况，构建起以住所为统计指标的数据分析框架，实现对辖区街道、功能街区、社区、楼宇等不同范围内的市场主体动态监管。

（陈秋怡）

【2013年信息化项目专家论证会】 10月，区信息办会同区监察局、区财政局、区发改委组织召开西城区2013年信息化项目专家论证会，孙硕于10月17日专程听取了基于全响应模式的城市运行管理监督评价分析平台、区社区服务在线工作平台等项目的汇报和答辩。与会专家认为西城区信息化建设整体水平较高、政务服务创新意识较强，2013年申报的部分项目还需要进一步梳理业务需求，和相关职能部门做好衔接，进行信息资源共享，街景影像、电话服务中心等项目应全区统筹建设。孙硕对专家提出的意见建议表示感谢，对区信息办组织联合审查、专家论证的程序和形式给予肯定。孙硕提出，要充分发挥电子政务在改善公共服务、创新社会服务管理、强化综合监管、完善宏观调控等方面的重要作用，使全区信息化发展迈上新的台阶。区信息办整理专家意见并反馈给各单位，要求各单位进一步研究完善。

（陈秋怡）

【《电子政务十大应用丛书·北京西城卷》出版】 10月，《电子政务十大应用丛书·北京西城卷》（人民出版社）出版发行，此书是西城区信息办在电子政务理事会的指导下组织编纂的，展示了西城区主要特点和发展模式以及信息化优秀成果，此丛书是国内第一套全面系统阐述地方电子政务建设和管理经验的案例集，从不同侧面和层次总结国内电子政务建设和管理方面所取得的理论和实践成果，是推进电子政务工作的借鉴资料。

（陈秋怡）

【市专项考评组赴西城检查考评】 12月28日，市经信委电子政务处副处长一行赴西城就“智慧西城”建设工作情况进行检查考评，区社工委、区发改委、区民政局、区信息办、区行政服务中心、西城规划分局、德胜街道、金融街街道、广外街道等单位联合进行了工作汇报与现场演示。检查组对“智慧西城”建设工作给予肯定，提出应进一步深化智慧西城顶层设计，处理好创新应用与整体推进的关系，让创新应用得到推广，提升全区的信息化整体水平。

（陈秋怡）

人力资源和社会保障

【概况】 北京市西城区人力资源和社会保障局（简称区人力社保局，对外可以使用北京市西城区公务员局名称开展工作）是负责本区人力资源和社会保障的区政府工作部门。主要职责：贯彻国家和本市人力资源和社会保障的法律、法规、规章和政策；负责拟订并组织实施本区人力资源市场发展规划，依法管理人力资源市场；负责本区促进就业工作，完善公共就业服务体系；负责管理辖区社会保险工作，贯彻社会保险规定；负责管理本区机关事业单位人员工资、福利和分配制度改革工作；指导本区事业单位人事制度改革，管理本区专业技术职称工作；负责高层次人才选拔、培养和管理服务；负责本区公务员综合管理工作，落实公务员管理政策；负责制定并组织实施本区军队转业干部安置计划和培训计划，承担本区自主择业军转干部的管理服务；负责贯彻劳动关系政策，完善劳动关系协调机制等。全局下设23个内设机构，13个事业单位，在职职工650人，主要分布在社保大厦、就业大厦等8个办公地点。年内，人力资源和社会保障工作坚持“民生为重、人才优先”原则，以“政务能力建设年”活动为主线，以整合资源、完善体制、创新机制、优化服务为重点，在夯实基础工作中谋发展，在破解工作难题中求创新，在推进重点工作中促稳定，圆满完成全年各项工作任务。

地址：西城区西直门南小街20号

邮编：100035

电话：66206007

（张红　闫娟娟）

【就业、再就业】 统筹区域就业资源，强化部门联动机制，为失业人员开通单位就业绿色通道；保障促进就业资金安全投入，促进失业人员稳定就业。年内，新增城镇就业53017人，完成挑战值的101%。帮助23095名城镇登记失业人员实现就业，完成挑战值的101.7%。城镇登记失业率为0.94%，登记失业人员就业率为72.61%。社区岗位安置10366名失业人员，完成指标任务的178%；用人单位安置1864名失业人员，完成指标任务的124.2%；公共职介机构空岗信息采集112656人次，推荐10286人成功就业，完成指标的117.5%。

（宋雅丽）

【帮扶困难群体就业】 搭建社区促进就业精细化服务管理平台，建立“就业援助中心”和“就业援助站”，通过精细化就业服务与援助对象签订帮扶协议书，提供“一人一策”的就业承诺服务，制订落实“四个百分百”服务（政策送家门服务、个性化职业指导、签订就业帮扶协议书、就业跟踪服务达到百分百），加大对困难群体的就业援助力度。年内，帮助15356名就业困难人员就业，完成指标任务的180.6%。其中，帮扶164户“零就业家庭”的164名成员就业，实现动态“脱零”。

（宋雅丽）

【充分就业创建活动】 加强对街道、社区工作人员的业务培训，强化全区就业服务日常基础管理，规范区、街、社区的就业服务标准，提出就业承诺制服务。年内，全区有205个社区实现充分就业，占社区总数的80.4%；有9个街道初步认定达到充分就业街道标准，占街道总数的60%。

（宋雅丽）

【创业带动就业】 积极扶持中小企业发展，促进以创业带动就业，营造创新创业环境。贯彻落实一系列鼓励就业，扶持小型、微型企业发展的创业政策，在工商注册、税收优惠、社会保险补贴、小额担保贷款、小微企业融资、科技创新、创业园区建设等方面为创业者提供多方位的创业服务。相关部门密切配合，分类帮扶，创建创业帮扶中心，为创业者提供多方位创业服务。年内，创业带动就业4375人，完成指标的125%，发放小额担保贷款451万，完成指标的205%。

（宋雅丽）

【职业技能培训】 年内，共培训各类人员25249人，其中失业人员技能培训4411人，完成指标任务的126.03%；创业培训646人，完成任务指标的107.67%，来京务工人员培训4028人，企业在职职工培训12348人，其他人员培训3816人。

（赵 凯）

【参与市第三届职业技能大赛】 坚持“五个结合”（职业技能大赛与区“人才激励计划”相结合、与区域产业布局和特色行业发展规划相结合、与企业集团生产发展实际相结合、与优化技能人才成长环境相结合、与政府部门搭台优势相结合），妥善处理好“五个关系”（赛区总体要求与行业系统具体安排的关系、组委会督导与参赛单位自主开展工作的关系、外部激励与企业政策支持的关系、技能大赛与日常生产的关系、赛出特色与确保安全的关系），主动承揽赛区组织工作，积极挖掘理财规划师、速录师等具有区域特色的职业（工种）参赛。共组织比赛225场，组织45家单位、10508名选手参赛。516名选手进入市级决赛，86名选手取得优异成绩，其中一等奖12人、二等奖37人、三等奖37人。

（赵 硕）

【社会保险】 年内，全区五项社会保险基金累计收入260.7亿元，同比增长23.9%；累计支出五项社会保险基金228.7亿元，同比增长19.2%。审核各类医疗费用1667.8万人次，基金支付99.64亿元。

（刘东华 李赛）

【社会保险管理服务】 年内，核准退休18300人，工伤认定1806人，劳动能力鉴定964人。40万人享受养老保险待遇，31134人次领取了失业保险待遇，为18240人次支付工伤保险待遇，为39956人次支付生育保险待遇。调整基本养老金，人均养老金达到2583元。

（官瑾 刘东华 潘攀）

【定点医疗机构管理】 加强对定点医疗机构的明查暗访和集中检查，加强对医疗机构日常管理；严格拒付制度，坚决拒付不合理医疗费用支出；加强异常数据监督管理，确保基金安全。年内，共筛查异常数据15.6万人次，涉及金额2亿元；拒付1.6万名违规参保人114.88万元。

（李 赛）

【社保经办模式改革】 在全区15个街道全面推广社保业务经办向街道社保所延伸的管理服务模式试点；推行社保网上申报，开辟网上申报办理绿色通道，19169户缴费单位开通网上申报；顺利完成区划调整后社保信息系统的合并。

（刘东华）

【社会保险基金监督】 加强和完善社保基金长效监督机制，应用社会保险基金监督系统和医疗保险费用审核结算监督系统做好监督检查。年内，社会保险基金监督系统自动预警产生疑似问题5040条，按期处理完成率100%；医疗保险费用审核结算监督系统自动预警产生疑似问题14518条，按期处理完成率99.93%。加大社保稽核清欠力度，收回历年欠费1096万元，养老保险清欠指标完成112%；收回当年欠款4808.5万元。加大社保卡违规行为查处力度，下发“医疗保险告知书”389份，追回违规基金29.3万元。

（杨萍 刘东华 李赛）

【劳动关系】 稳步推进“和谐劳动关系单位”创建活动，对76家“和谐劳动关系单位”进行表彰。劳动监察“两网化”管理完成18419户用人单位信息采集工作；辖区监控企业劳动合同签订率达到100%，劳动合同续订率达到97.75%。执法检查用人单位5193户，完成市局指标115%。共受理群众投诉举报案件381件，查处率、结案率均达到100%。妥善处理突发事件58起。通过执法检查为785名农民工追讨工资403.5277万元。

（贾子辰 乔玲）

【劳动人事争议调解】 加强与区法院

的配合，建立劳动争议与基层人民法院民事调解工作对接机制。受理人事争议仲裁案件4件，调解率50%；受理劳动争议案件4107件，结案率95.2%，调解撤诉率61%。

（吴静　宋莹）

【人才引进】　积极为金融机构及公共服务单位引进人才，加大对高层次人才引进的服务力度；尝试引进高技能人才；以区金融组织、文化创意企业、高新技术企业以及区重点企业为重点，做好非京生源大学生接收工作。年内，共引进高级人才31名、高技能人才1名、非京生源大学生397名。

（李　曜）

【公务员管理】　公务员考录工作以岗位需求为基础，遵循“公平、公正、竞争、择优”的原则；进一步规范科级领导干部竞争上岗工作程序；加强科级干部的培训工作。年内，累计录用公务员185人。304名中青年干部通过竞争上岗走上科级领导岗位，竞争上岗覆盖率达到95.2%。核定科级职数434个，完成职务备案397人。组织公务员初任、科级任职、军转干部、英语人才库和人力社保干部等培训19264人次，公务员初任、军转干部参训率达到100%。

（曹丽凤　赵三春）

【专业技术人才队伍建设】　开展享受政府特殊津贴专家的选拔推荐工作，组织开展中青年专业技术骨干人才学习延安精神异地教学活动，举办中青年专业技术骨干读书班，完成“西城区中青年专业技术骨干人才培养工程”申报工作。

（段　颖）

【事业单位公开招聘】　开展事业单位公开招聘需求调查，实行网上报名，严格按照规定程序开展公开招聘工作。全区共有261家事业单位面向社会提供895个招聘岗位。共有6699余人应聘，3941人取得笔试资格，1514人进入面试环节。为197家事业单位招聘录用工作人员740名。

（甄广恩）

机构编制

【概况】　北京市西城区机构编制委员会办公室（简称区编办）是区机构编制委员会的常设办事机构，负责本区行政管理体制改革、机构改革及机构编制日常管理工作，既是区委工作机构，也是区政府工作机构，列入区委序列，与区人力社保局合署办公。年内，在区委、区政府和区编委领导下，在市编办的指导下，围绕西城区的区域功能定位、发展战略、发展目标和主要任务，有序推进区划调整后的“三定”工作，发挥编制部门服务、保障和促进科学发展的职能作用，为区域经济社会发展提供了体制和机制保障。

地址：西城区西直门内南小街20号
邮编：100035
电话：66206598

（立　昀）

【完成区划调整后全区各部门“三定”工作】　年内，按照市委、市政府《关于西城区机构设置的批复》和市编委会《核定西城区行政编制的通知》等文件要求，按时完成区划调整后西城区各部门“三定”工作。全区完成“三定”规定的行政机关和直属处级事业单位共计88个（行政机关77家，直属处级事业单位11家）。同时完成部门所属事业单位约380家（不含教育和卫生系统）的机构设置方案。最终以区委、区政府办公室名义印发了各单位“三定”规定。

（立　昀）

【创新机构编制管理】　在区委、区政府的统一领导下，发挥机构编制服务区域发展的职能作用，建立完善重点功能区和重大项目指挥协调机制，研究设立了“5+2”机构（北京金融街建设指挥部、北京大栅栏琉璃厂建设指挥部、北京天桥演艺区建设指挥部、中关村科技园区德胜科技园管理委员会、北京什刹海阜景街建设指挥部等5个指挥部，西城区重大项目建设指挥部办公室、西城区城市环境建设委员会办公室等2个办公室），保障了重点功能区和重大项目的顺利推进。

（立　昀）

【区旅游局更名】　1月6日，根据市编办《关于同意北京市西城区旅游局更名的函》（京编办行〔2012〕3号）文件精神，北京市西城区旅游局更名为北京市西城区旅游发展委员会。

（立昀　张戈）

【调整区部分事业单位机构设置】　3月7日，根据市编办《关于同意西城区部分事业单位机构调整设置的函》（京编办事〔2012〕23号）文件精神，明确区委党校、区党史资料征集办公室（区地方志编纂委员会）、区新闻中心、区档案局（区档案馆）、区环境卫生服务中心、区机关事务服务中心、区商业网点规划建设管理处、区政府投资项目建设中心、区发展服务中心和区集体经济咨询服务中心等10家事业单位的机构设置。

（立昀　张戈）

【调整区编委会组成人员】　5月23日，依据《关于调整西城区机构编制委员会组成人员的通知》（西编发〔2012〕3号）文件精神，根据人事变动和工作需要，对西城区机构编制委员会组成人员进行调整，编委会主任王少峰，副主任杜灵欣、章冬梅、苏东，委员郭怀刚、杨川、张宗禹、郁治、关山红。

（立　昀）

【北京市西城区南菜园小学更名】　5月23日，根据《关于同意北京市西城区南菜园小学更名的批复》（西编发〔2012〕4号）文件精神，区教委所属北京市西城区南菜园小学更名为北京市西城区实验小学。

（立昀　张戈）

【北京市中医药大学附属护国寺中医医院更名】　5月23日，根据《关于同意北京市中医药大学附属护国寺中医医院更名的批复》（西编发〔2012〕5号）文件精神，区卫生局所属北京市中医药大学附属护国寺中医医院更名为北京市中医药大学附属护国寺医院，挂北京市护国寺中医医院牌子，其他保持不变。

（立昀　张戈）

【成立区劳动能力鉴定中心】　5月23日，根据《关于同意成立区劳动能力鉴定中心的批复》（西编发〔2012〕7号）文件精神，成立西城区劳动能力鉴定中心，挂西城区劳动能力鉴定委员会办公室牌子，为区人力社保局所属相当科级全额拨款事业单位，并明确编制人数和主要职责。

（立昀　张戈）

【成立区委权力公开透明运行办公室】　5月23日，根据《关于同意成立区委权力公开透明运行办公室的批复》（西编发〔2012〕9号）文件精神，成立区委权力公开透明运行办公室，科级，设在区委办，并明确编制人数和主要职责。

（立昀　李可）

【调整区议事协调机构和临时机构】　为进一步加强机构管理，贯彻落实区委、区政府主要领导的指示精神，依据《北京市议事协调机构和临时机构管理暂行办法》，对区属135家议事协调机构和临时机构进行调整、备案，调整后全区共有议事协调机构108家，清理了27家。

（立　昀）

【西城区委机要室更名】　6月25日，根据市编办《关于同意西城区委机要室更名等有关事项的函》（京编办行〔2012〕91号）文件精神，区委办公室机要室更名为区委机要局，为副处级行政机构，同时设立区密码管理局，与区委机要局一个机构两块牌子，并明确领导职数。

（立昀　李可）

【加强区社会保险经办机构建设】　6月25日，根据市编办《关于同意西城区社会保险经办机构调整设置的函》（京编办事〔2012〕161号）文件精神，区人力社保局所属北京市西城区社会保险基金管理中心、北京市西城区医疗保险事务管理中心机构规格由相当正科级分别调整为相当副处级，并明确编制人数和主要职责。

（立昀　张戈）

【区人大常委会机关增设预算工作委员会】　7月5日，根据市编办《关于同意北京市西城区人大常委会机关增设内设机构的函》（京编办行〔2012〕101号）文件精神，区人大常委会机关增设预算工作委员会，机构规格为正处级，并明确编制人数。

（立昀　梁国瑞）

【区功促局更名】　12月19日，根据市编办《关于同意西城区街区产业发展促进局更名的函》（京编办行〔2012〕163号）文件精神，北京市西城区街区产业发展促进局更名为北京市西城区街区产业发展投资促进局。

（立　昀）

法制工作

【概况】　北京市西城区人民政府法制办公室(简称区政府法制办）是西城区人民政府工作部门。行政编制20人，实有24人；事业编制13人，实有9人；工勤编制2人。内设综合科、监督指导科（队）、审核科、行政复议科、行政调解指导科。负责全区依法行政工作的宣传、指导、培训、监督、检查工作，加强政府法制建设。组织起草并审核行政措施等规范性文件草案，参与有关的立法或立法协调工作，组织开展规范性文件的清理，承办行政措施及规范性文件的汇编、公布、上网公示等工作。承办行政措施的备案工作，对区政府所属部门申报备案的规范性文件进行合法性审查。负责执法监督工作，组织或参与重要法律、法规、规章的执法检查，协调重大违法案件的处理和执法中的矛盾和问题，对行政执法部门的执法工作组织考核，承办执法工作的建章建制工作，组织或督促检查执法人员的培训和执法队伍的管理工作。负责行政案件的复议和重大行政处罚、行政强制措施审批的事务性工作，受区政府委托，做好行政案件的应诉工作，做好法制宣传工作。年内，区政府法制办以政务能力建设为抓手，进一步加强班子和机关建设，规范行政行为，强化行政执法监督，努力化解行政争议，发挥政府法制机构的参谋、助手和法律顾问的作用，为区域发展创造良好法制环境，本年度获北京市行政复议先进集体称号。

地址：西城区南菜园街51号

邮编：100054

电话：83975063

（董若男）

【推进依法行政工作】　年内，根据新一届区领导班子分工情况，调整了区依法行政工作领导小组组成人员，制定下发《西城区2012年推进依法行政工作要点》《北京市西城区2012年度依法行政考核实施方案》。召开2012年依法行政工作会议。接受了市依法行政年度考核，成绩在全市名列前茅。开展了对全区各委、办、局，各街道办事处共45个单位的依法行政年度考核，在各单位自查自评的基础上，采取集中听取汇报、现场查阅资料、现场打分的方式进行。结合市依法行政考核情况，评选出15个依法行政优秀单位。

（杨叶茂）

【行政执法监督】　年内，完成5个部门121名新上岗执法人员的公共法律知识培训考试及证件核发工作。组织开展行政处罚案卷现场抽查工作，共抽查15个部门30卷。开展区级行政处罚、行政许可案卷集中评查，抽取19个单位的34卷行政处罚案卷、11卷行政许可案卷，优秀率100%。在参加市级行政处罚案卷评查中，西城区连续9年保持优秀成绩。组织开展市行政处罚上报系统的培训，完成全年行政处罚季度罚没情况上报、审核、统计工作。年内共执行行政处罚决定1273019起次，处罚金额计2.2亿元。落实行政执法争议协调制度，针对重大工程建设、违法建设查处、食品安全整治等行政管理热点、难点问题，及时协调解决相关部门在执法中产生的矛盾和争议。

（杨叶茂）

【权力公开透明运行工作】 年内，有序协助开展政府行政权力公开透明运行试点工作。全面梳理行政权力，共梳理包括区政府本级、区政府各部门、职能局、相关单位和街道办事处共6451项对外行政职权。其中行政许可187项、行政处罚4978项、行政强制162项、行政征收30项、行政给付34项、行政裁决11项、行政确认45项、审批备案登记等其它类963项，涉密不公开职权41项。

（杨叶茂）

【依法行政宣传培训】 年内，坚持组织区政府常务会会前学法和区政府理论中心组学法制度，全年完成5次区政府常务会会前学法和3次区政府理论中心组学法。配合区委组织部落实处级领导干部任职前参加法律知识考察和测试制度。在公开选拔、竞争上岗等形式的干部选拔任用考试中均设置相关法律知识，深入19个部门开展执法调研与指导、依法行政辅导培训。接待电话咨询和上门咨询百余次，均予答复。

（杨叶茂）

【完善规范性文件审查程序】 年内，制订《西城区人民政府法制办公室关于进一步加强行政规范性文件监督管理工作的通知》，明确行政机关在文件起草、送审、备案、管理等工作中应当遵循的环节、步骤、时限等程序要求，对征求意见、专家论证、合法性审查、按时备案和公布、文件有效期等重点环节突出予以强调，进一步完善、规范文件审查备案程序，为全年文件审核工作的顺利实施奠定了基础。

（仲　欣）

【行政规范性文件合法性审核】 年内，共审核拟以区政府或者区政府办名义制发、报请区政府会议审议和区政府审批的涉及法律问题的有关文件草案170件次，同比增长1倍。对涉及三定方案审核、重点产业扶持政策、政务能力建设、推进政府行政权力公开等区委、区政府重点工作的文件草案，从必要性、合法性、合理性、可行性、规范性等方面给予重点审查，为提高文件质量，辅助政府决策提供了法制保障。全年协助区政府各部门修改文件征求意见稿20件次，并及时反馈修改意见。

（仲　欣）

【行政规范性文件备案审查】 年内，共向市政府、区人大常委会报送备案区级行政规范性文件6件，均准予备案，切实做到有件必备、及时报备。接受区政府所属工作部门向区政府备案的部门行政规范性文件9件，出具准予备案文书，在“北京西城”网站予以公告，做到有备必审、依法公开。

（仲　欣）

【政府合同审核】 年内，共审核政府合同、协议60件，同比增长67%。其中以区政府名义签订的32件，以区政府办名义签订的6件，以区政府部门名义签订的22件，合同文本涉及经济产业发展、招商引资融资、民生工程建设、部门间战略合作等全区重大事项，涉及意向金额近千亿元，从条款内容、文字表述、结构格式各方面精心审核，严格把关，在确保合法、减少风险的基础上逐件出具《合同审核意见书》。

（仲　欣）

【区政府法律顾问团工作】 2月16至17日，组织召开区政府法律顾问团年度工作会议。发挥区政府法律专家顾问团专业作用和优势，全年共组织专家顾问就北京天和国际服装批发商城有限公司涉嫌违法开业经营等重大决策事项进行法律论证3次，审核牛街3号项目转让意向书等合同协议文本4件次，参与《西城区政务信息资源共享管理办法》等文件草案征求意见2次，对法制工作人员和行政执法人员进行依法行政业务知识培训2次，并就进一步推进行政规范性文件备案等工作事宜征求有关专家顾问的意见。

（仲　欣）

【法律法规规章征求意见】 年内，共完成市立法草案征求意见稿6件，其中市人大常委会地方性法规草案3件，市政府规章3件。区政府法制办征求了有关部门意见，并在认真研究的基础上，提出修改建议，及时反馈。完成市政府法制办文件征求意见反馈4件。

（仲　欣）

【公民法规规章文本自由索取】 年内，做好法律法规规章文本公民自由索取工作。共印制14种规章文本5万余份，配送至全区18个索取点，为市政府规章的宣传普及和社区群众学法用法提供了便利。

（仲　欣）

【行政复议工作】 年内，区政府法制办不断推动行政复议的规范化建设，建立健全行政复议工作制度，坚持听证制度和案件集体研讨制度，不断完善复议委员会制度，确保办案质量。全年共办理行政复议案件68件，审结51件。其中维持行政机关具体行政行为25件，复议申请人撤回申请15件，驳回复议请求7件，撤销具体行政行为1件，不予受理3件。

（张凌云）

【行政应诉工作】 8月16日，为加强西城区行政应诉工作，区政府法制办召开全区行政败诉案件分析研讨会，对败诉案件的基本情况、办理过程、败诉原因及应吸取的教训进行总结，为各行政机关进一步规范行政执法程序、不断提高依法行政水平奠定了基础。全年区政府法制办共代理以区政府为被告的行政诉讼案件59件，其中一审43件，已审结35件，裁定驳回起诉14件，判决驳回诉讼请求5件，原告撤诉12件，判决政府败诉4件；二审16件，已审结15件，驳回上诉13件，撤诉2件。代理区政府为被申请人的复议案件7件，审结5件，审理结果均为维持具体行政行为。

（张凌云）

【行政强制执行案件审核】 为确保违法建设查处工作严格依法进行，区政府法制办不断加强强制拆除违法建设的审核工作。年内，共审查强制拆除违法建设案件69件，审结38件，其中同意执行23件，退回15件。

（张凌云）

【复议委员会】 2月16日，西城区召开2012年行政复议委员会全体会议，会议新增补9名行政机关的法制工作人员为非常任委员。年内，区政府法制办多次召集复议委员会非常任委员召开复议案件研讨会，并邀请非常任委员参与复议案件审理，收到良好效果。

（张凌云）

【法制培训】 4月5日，区政府法制办到西城工商分局组织法制培训，就工商系统执法工作中存在的不足及主要问题进行指导，并结合实际案例讲解行政复议法及复议法实施条例，为进一步规范行政执法工作、不断提高依法行政水平奠定基础。

（张凌云）

【行政调解工作】 年内，区政府法制办加强了对全区行政调解工作的指导，着重探索公安、交通、城建、人力社保、卫生等矛盾多发领域的行政调解工作，在总结西城区人力社保、公安、卫生等部门成功经验的基础上，在全区推广。在办理行政复议案件及代理行政诉讼案件过程中，加大行政调解力度，使行政争议化解在基层，做到案结事了。为协助市法制办与中国人民大学宪政与行政法治中心联合组织的“北京市行政调解规范化研究”课题调研组到西城区进行调研，区政府法制办组织相关部门开展问卷调查，向课题调研组介绍西城区行政调解的具体情况，有关部门介绍各自探索行政调解的经验，并与课题调研组进行探讨与交流。为充分发挥行政调解的作用，实现复议案件立审分离，年内，区政府法制办成立行政调解指导科，负责复议案件的接待、立案审查和行政争议调解工作。

（张凌云）

【案件协商联席会制度】 为及时解决涉及区政府的各类案件中出现的问题，区政府法制办建立了与区法院的沟通研讨机制，定期召开由区法院、相关行政机关负责人参加的案件研讨会，研究化解争议的方式方法，保证案结事了。同时，通过涉诉案件总结行政执法中存在的不足，提出改进方案，推进依法行政。

（张凌云）

民宗侨事务

【概况】 北京市西城区人民政府民族宗教侨务办公室（简称区政府民宗侨办）是西城区政府负责民族宗教侨务工作的职能部门，年内有工作人员16人，其中行政编制15人，机关工勤编制1人。设民族科、宗教科、侨务综合科。主要职责是：贯彻落实国家有关民族、宗教、侨务工作的法律、法规、政策及北京市的有关规定；拟订民族、宗教、侨务工作规划并组织实施；指导、检查、监督本区相关部门开展民族、宗教、侨务工作；负责调查研究本区民族、宗教、侨务工作情况；组织民族、宗教、侨务工作学习交流活动；负责培训民族、宗教、侨务干部；联系民族、宗教、侨界人士；依法保护少数民族公民、信教群众、归侨、侨眷及华侨、华人在本区的合法利益；依法对本区民族宗教侨务事务进行管理等。年内，区政府民宗侨办贯彻市民族宗教工作会议精神、市侨务工作会议精神和全区的中心工作要求，推进民族团结进步创建，促进宗教界和谐稳定，凝聚侨心，服务侨界人士，做好“四个服务”，圆满完成年度各项任务。

地址：西城区二龙路27号

邮编：100032

电话：88064187

（吕丛阳）

【区领导检查白云观庙会筹备工作】 1月23日，区长王少峰带队实地检查白云观周边交通疏导和环境保障工作，听取白云观庙会指挥部工作汇报，并与宗教界人士座谈。区领导苏东、梁昌新、陈宁、吴铁男参加活动。

（钟 润）

【区领导会见侨商】 2月9日，区委书记王宁会见新加坡金鹰集团执行董事、侨商刘义，就金鹰集团计划将旗下部分业务总部落户西城区一事展开磋商。北京市侨办主任李印泽，副主任严卫群，西城区委常委、常务副区长苏东，区委常委、区委办公室主任郭怀刚陪同会见。

（管 琳）

【组织侨界活动】 3月8日，区政府民宗侨办、区侨联、致公党西城区委在颐和园联合组织了“庆三八、增活力、健步行”活动。西城区各街道侨联委员、归侨、侨眷和侨务干部、各侨资企业员工、区致公党党员参加活动。

（管 琳）

【区人大检查民族工作】 3月15日，由区人大常委会副主任郑然和部分人大代表组成的执法检查组，就西城区贯彻落实《北京市少数民族权益保障条例》情况，对回民医院、回民幼儿园、牛街敬老院进行实地考察。区政府民宗侨办党组书记周兴运、副主任苏素珍，牛街街道办事处主任王贺君陪同检查。

（柳 涛）

【区政协调研民族工作】 从4月开始，区政协民族宗教委员会历时半年，对西城区清真网点建设情况进行了全面调研。区政府民宗侨办干部随同调研。通过调研了解到，区域内的清真网点建设情况基本能够满足少数民族群众的生活需求，但也有个别地方的网点设置与地区人口分布不相适应，需要在下一步工作中与区有关单位进一步协商解决。

（塔 娜）

【侨务政策培训】 4月27日，西城区举办侨务政策法规培训会，培训由市侨办侨政处处长主讲。全区各街道及相关单位侨务工作主管领导和侨务干部100余人参加培训。10月16日，西城区举办侨务政策讲座，由国务院侨办国内政策司司长主讲，全区处级领导、各单位侨务工作主管领导、侨务工作干部150余人参加学习。

（管 琳）

【国宗局领导调研宗教工作】 4月28日，国家宗教局副局长张乐斌一行到牛街礼拜寺调研。市宗教局局长池维生，副局长马中璞，西城区副区长范宝，市伊协会长、区伊协会长、牛街礼拜寺阿訇薛天利陪同调研。

（钟 润）

【佛教浴佛节】 4月28日是佛教浴佛节。当日1.6万余名佛教信众分别到广济寺、广化寺、法源寺、天宁寺及居士林参加法会。区政府民宗侨办会同各相关单位按照工作部署密切协作，确保了宗教活动安全、有序。

（钟 润）

【检查民族专项资金】 5月9日，区政府民宗侨办会同区财政局、区商务委对2011年度少数民族发展专项资金（清真）绩效考核进行自查。区域内以聚德华天为主的8个单位能够按照要求落实，没有出现突出的问题。结合检查实际形成《西城区2011年度少数民族发展专项资金（清真）绩效考核自查报告》。

（塔 娜）

【民族团结日主题教育活动】 5月10日，区民族团结幼儿园开展“民族家家亲”民族团结日主题教育活动，500余名幼儿和家长参与活动。“民族家家亲”民族团结日主题教育活动是幼儿园民族艺术教育“园本课程”的启动与幼儿园“和·合”文化管理的深化，体现了民族艺术性、全员参与性、文化渗透性、亲情互动性。市民委副主任牛颂及市民族教育学会、市民族教育培训学校、区政府民宗侨办、区教委、德胜街道、区伊斯兰教协会等部门领导出席活动。

（柳 涛）

【市人大常委会领导调研宗教工作】 5月10日，市人大副主任马振川带队到西城区调研宗教工作，参观佛教法源寺、天宁寺，并与中国佛教协会会长传印法师、天宁寺监院法恩法师座谈。市宗教局局长池维生、区人大副主任郑然等陪同调研。

（钟 润）

【市政协委员到白云观调研】 5月24日，市政协副主席沈宝昌带队，市政协港澳委员、港澳台侨工作顾问一行60余人到西城区白云观调研。原市政协副主席黄承祥、市宗教局委员李胜勇、区政协副主席沈桂芬及区政府办、区政府民宗侨办等单位领导陪同调研。

（钟 润）

【市侨办领导调研】 5月25日，市侨办副主任李纲到西城区调研侨务工作，实地考察牛街街道钢院社区，听取西城区侨务工作情况汇报。

（管 琳）

【市宗教局调研】 5月30日，市宗教局委员李胜勇到西城区就市级宗教团体自管房产解危排险专项工程进展情况进行调研，市建委、区政府民宗侨办和区房地中心相关负责人陪同调研。

（钟 润）

【慰问民族团结基地校】 “六一”前夕，副区长范宝及区政府民宗侨办、区教委统战部、牛街办事处、区伊协等单位领导到回民幼儿园、民族团结幼儿园、少年宫、回民小学、民族团结小学、回民中学、第五十六中学等民族团结基地校慰问。

（柳 涛）

【民族政策检查】 6月5日至6日，区政府民宗侨办牵头相关部门，以类别分组方式成立检查小组，对“第四届全国少数民族文艺会演”各代表团驻地14个宾馆、6个演出剧场及周边清真网点开展联合大检查。

（柳 涛）

【民族政策培训会】 6月6日，区政府民宗侨办举办民族政策培训会，由市民委副主任马中璞主讲，对少数民族风俗习惯、民族政策知识、“第四届少数民族文艺会演”期间各接待单位应该注意的事项和提供的服务进行了具体讲解。区委宣传部、区委教工委、区文化委、区旅游委、15个街道办事处、会演期间涉及的区属6个剧场和13个宾馆的相关负责人70余人参加培训。

（柳 涛）

【接待美国特使参观访问】 6月11日，美国特使拉沙德·侯赛因到牛街礼拜寺参观访问，并同中国伊斯兰教协会副会长、市伊斯兰教协会会长、牛街礼拜寺阿訇薛天利座谈。

（钟 润）

【市领导检查民族工作】 6月11日，副市长程红带队到西城区天桥剧场检查“第四届全国少数民族文艺会演”期间工作情况，副区长范宝介绍了情况。市民委主任池维生，副主任马中璞、牛颂等陪同检查。

（柳 涛）

【汛期宗教活动场所安保工作】 区政府民宗侨办针对夏季汛期会同相关部门共同对佛教广化寺、广济寺、居士林，天主教宣武门教堂、西什库教堂和西直门教堂，基督教缸瓦市堂，道教白云观，伊斯兰教牛街礼拜寺等宗教活动场所安全工作进行全面检查，重点对汛期各场所管理措施、人员值班、消防设施、应急预案等落实情况进行检查。

（钟 润）

【接待海外华裔夏令营】 7月29日至8月10日，区政府民宗侨办接待了到北京参加2012年海外华裔青少年寻根之旅夏令营的39位营员，他们分别来自美国安华中文学校、荷兰乌特勒支中文学校和比利时布鲁塞尔中文学校。期间组织营员感受古都风貌，游览天安门广场、故宫、奥运场馆、什刹海，与西城区少年宫的师生们联欢交流，学习了中华文化课，参与了“水立方”杯海外华裔青少年中文歌曲大赛。

（管 琳）

【开斋节安全工作现场协调会】 8月7日，区委、区政府召开开斋节安全保障工作现场协调会。市烹饪协会介绍清真美食节筹备工作情况，区伊斯兰教协会介绍全区各清真寺开斋节活动筹备情况，区政府民宗侨办汇报开斋节活动实施方案，有关单位就开斋节筹备工作情况进行汇报和交流。区委常委、区委统战部部长程军出席会议。会议由副区长范宝主持。

（钟 润）

【清真美食节】 8月19日，北京市第五届“清真美食节”在牛街开幕，美食节持续一周时间，期间23家清真特色餐厅和老字号在牛街进行了特色食品展卖，现场还免费发放了1万份《2012版北京市清真餐厅地图》。

（塔 娜）

【伊斯兰教开斋节】 8月19日，是穆斯林传统节日开斋节，7万余名穆斯林群众汇聚在西城区各个清真寺参加节日会礼。市委常委、市委统战部部长牛有成，市人大常委会副主任马振川，市政协副主席赵文芝，市政府副秘书长马林，市委统战部副部长张洋，市民委主任池维生等前往牛街看望宗教代表人士，慰问穆斯林群众，并参加清真美食节启动仪式。区领导王宁、王少峰、刘跃平、曹长胜、梁昌新、陈思源、程军、郭怀刚、范宝、吴铁男等参加活动。新华社、中国国际广播电台、中央电视台、北京电视台、中国民族报社等20余家新闻媒体到牛街礼拜寺采访开斋节的活动。

（钟 润）

【佛教盂兰盆会】 8月31日是佛教盂兰盆会节日，1.5万余名佛教信众分别到佛教广济寺、广化寺、居士林、天宁寺、法源寺参加宗教活动。西城区相关单位在宗教活动场所周边维持秩序，确保活动安全有序。

（钟 润）

【设立侨法宣传站】 9月18日，西城区展览路街道“侨法宣传站”在展览路街道归侨侨眷书画展开展仪式上揭牌。市侨办副主任李纲、侨政处处长水潮、区政府民宗侨办和展览路街道工委领导参加揭牌仪式。

（管 琳）

【伊斯兰教古尔邦节】 10月25日是伊斯兰教古尔邦节。6300余名穆斯林群众到西城区所属的6所清真寺及北京市伊斯兰教经学院参加会礼。区委常委、西城公安分局局长陈思源，区委常委、区委统战部部长程军，副区长杜黎彬、吴铁男，市伊协秘书长丁刚等到西城区所属各个清真寺看望阿訇和穆斯林群众。

（钟 润）

【成立民族监督员队伍】 11月1日，区政府民宗侨办组织全区民族政策监督员60余人进行了党的民族政策培训，由市民委副主任马中璞主讲。培训会上为新聘任的民族政策监督员颁发了聘任书。

（塔 娜）

【组织民族宗教界人士参观】 11月5日，区政府民宗侨办组织西城区民族宗教界人士近300人到北京展览馆参观题为“科学发展、成就辉煌”大型图片展。

（钟 润）

【天主教基督教圣诞节】 12月24日，国家宗教局局长王作安，北京市领导牛有成、马振川、程红，区领导王少峰、程军、杜黎彬、苏东、梁昌新、吴铁男等到各宗教活动场所看望宗教界人士和圣诞节值勤人员，巡视场所安全保障工作。12月24日至25日圣诞节期间，西城区共有2.7万余名天主教、基督教信徒到天主教宣武门教堂、西什库教堂、西直门教堂，基督教缸瓦市堂参加庆祝活动。

（钟 润）

对外事务

【概况】 北京市西城区人民政府外事办公室（简称区外办）是区政府负责外事工作的职能部门和区委外事领导小组的办公室，主要负责外事统筹协调归口管理，具体承担因公出入境管理、以友好城市为重点的国际交流、国际语言环境建设及外国媒体、外籍人员、非政府组织等涉外管理职责。年内，西城区有住散居境外人员2499人。其中长期在住境外人员1646人，临时来华境外人员853人。友好城市总数12个。区外办全年接待（含上级交办）各级到访团组43个，外宾861人次；参与保障“2012城市可持续发展北京论坛”、北京市青少年科技创新大赛、“北京—科隆”经贸论坛等各类重点活动15项，获得外交部颁发的“2012年全国地级行政区外事工作先进单位‘服务国家总体外交突出贡献奖’”。助力区域经济发展，举办系列金融街推介活动，协助举办、参与保障区内各大国际经贸往来活动。促进文化对外交流，支持区属企业北京京都文化投资管理公司赴土耳其进行杂技演出、大栅栏—琉璃厂文化保护街区奥运会期间亮相伦敦等活动，宣武文化馆京味文化及非物质文化遗产展示小组赴韩国首尔中区，上斜街小学赴美国帕萨迪纳开展“西城文化友城行”活动，受到当地民众、政府和中国驻外使领馆的好评。教育国际化取得新进展，在校就读学历外籍学生400余人，中外合作办学机构4个，市汉语推广基地9所，国际友好校112所，在海外设立孔子课堂3个。

地址：西城区二龙路27号
邮编：100032
电话：88064597

（王婧怡）

【涉外管理】 年内妥善处置协调刚果受伤建筑工人海外领事保护，美籍华人家庭房产纠纷上访、前门地区一美国游客被杀身亡事件、中日钓鱼岛争端期间日本兄弟公司新产品发布会活动等涉外事件10余起。建立健全涉外维稳长效机制，制定《西城区涉外应急预案》和《西城区境外领事保护应急预案》，向有关区领导和全区38个相关单位征求意见。引导境外媒体宣传报道西城，先后接待阿拉伯记者采访牛街清真寺及穆斯林家庭、拉美记者采访胡同人家等采访活动。以市民讲外语活动为平台，开展市民外语普及活动，参加全市外语游园活动；举办2012年西城区市民讲外语风采选拔大赛；参加北京电视台录制市民讲外语活动颁奖大会；检查纠正什刹海、牛街、金融街地区的错误英语标识等活动。

（王婧怡）

【友好城市交流】 年内与瑞士蒙特勒市、澳大利亚杰尔顿市以及以色列塔玛市在商贸、旅游等领域建立官方交流渠道，形成初步合作意向。建立现有友城信息库，制定《西城区关于友好城市工作的管理规定》《西城区人民政府外事办公室关于支持重点民间对外交流活动的意见》等相关规定，进一步规范友城和民间交流工作。密切交往关系，巩固传统友好城市关系。3月，西城区与美国丽浪多市续签友好协议，在该市建市120周年之际拍摄视频短片表示祝贺，取得良好反响；8月，区人大常委会主任刘跃平率团访问莫斯科西区，双方就发展友好关系和交流项目进行探讨；8月，区委常委王旭在访问美国丽浪多市和帕萨迪那市期间，拜会当地市政厅、考察商业区和美国社区工作并访问居民家庭；10月至11月，副区长陈宁访问澳大利亚杰尔顿市、韩国首尔市中区期间，分别就当地学校、艺术馆及港口、商业项目进行考察，并率团与韩国首尔市中区老年人进行文化交流。多个学校赴友城进行教育交流。西城区共接待到访的友好城市代表团11批119人次，开展了丰富多彩的友好交流活动，获得由全国友协和中国国际友好城市联合会颁发的2012百城论坛城市科学发展奖。4月，接待日本东京都中野区前区长神山好市夫妇；7月，瑞士蒙特勒市市长到访，双方就发展友好关系及旅游、商贸、金融等领域的合作进行探讨；8月，组织与日本东京都中野区少年棒球访华团进行传统友谊比赛。

（王婧怡）

【因公出国（境）管理】 因公出国（境）团组的审批工作全面实施计划管理，围绕全区重点工作由区领导统筹分管领域组团。规范、简化出访审批的区内程序，修订《因公出国（境）工作办事流程（试行）》，推出外事礼品及区情介绍材料，在全市16区县中率先开发出入境管理信息系统。开展以行前教育、行中指导监督和行后总结工作为重点的流程化服务，整理修订行前教育材料，将外事规定、保密纪律、安全防范、外事礼仪、团组管理等方面培训落到实处。坚持按照“任务对口、统分结合、保障重点、压缩一般”的原则，优先保障重点团组、培训项目，支持有关部门推出国有企业负责人、社区干部境外培训和文化创意产业发展等特色境外培训项目，出访指标向街道等一线部门倾斜，加大了因公出访的覆盖面。修改完善《西城区企业人员申办APEC商务旅行卡实施细则》。3月，召开西城区APEC（亚洲太平洋经济合作组织）商务旅行卡申报培训会，年内共为区属企业申办APEC卡54张。

（王婧怡）

【外事统筹管理】 拟定《西城区加强新形势下外事工作的意见》，作为未来一段时期内统领全区外事工作的纲领性文件。承接《西城区国际化对策研究》课题工作，组织课题组与区相关单位座谈，从不同领域分析西城区国际化的现状、优势与问题，提出推进西城国际化的行动规划。恢复建立了区委外事工作领导小组，基本理顺涉外管理、国际语言环境建设、因公出入境管理等相关工作机制。

（王婧怡）

对外联络工作

【概况】 北京市西城区对外联络服务办公室（简称区外联办）是负责本区对外联络服务工作的部门。8月29日，根据《北京市西城区人民政府办公室关于印发北京市西城区对外联络服务办公室主要职责内设机构和人员编制规定的通知》（西政办发〔2012〕38号），北京市西城区对外联络服务办公室的主要职责是：贯彻执行北京市关于对外联络服务工作的方针、政策，落实区委、区政府关于对外联络服务工作的部署和要求，研究制定具体工作措施并组织落实；负责指导、协调本区有关部门做好为驻区中央国家机关、驻区部队、中央企事业单位和外省市驻京机构的综合服务工作；负责协调相关部门完成市政府下达的服务驻区中央国家机关、企事业单位、外省市驻京机构折子工程，并督促检查落实情况；负责本区与外省市开展合作交流工作，负责外省市来访的接待和区级领导出访的组织协调工作；负责友好市区间的友好交流工作，为本区经济建设和社会发展服务；负责重要会议、大型活动接待服务工作；负责对口支援联络、服务、协调工作。年内，区外联办围绕区委、区政府中心工作，以构建服务体系为基础，以创新服务方式为重点，以提高服务效能为目标，探索具有西城特色的服务模式，推动服务驻区中央单位工作向纵深发展；发挥桥梁和纽带作用，拓展友好合作新方式，为地区间友好交流搭建平台；对口支援工作取得新成绩，区外联办被北京市对口支援和经济合作工作领导小组办公室授予“北京市对口支援工作组织奖”。

地址：西城区二龙路27号

邮编：100032

电话：88064715

（闫　冰）

【服务驻区中央单位和部队】 年内，区外联办按照区委、区政府工作要求和部署，将完善服务机制与注重服务实效相结合，将强化服务管理与推进监督检查相结合，将完善调查研究与提升服务理念相结合，不断提高服务工作能力和水平。组织区四套班子领导到驻区中央单位、驻区部队走访调研，建立联动对接机制，主动做好各项服务保障工作；加强与全区各部门协调配合，完善工作联动机制，年内共受理中央单位和驻区部队服务需求48项，办结46项，2项按计划推进；加强服务中央单位制度建设和服务事项管理，制定《西城区服务中央单位和驻区部队重点单位联系机制》及《西城区服务中央单位、驻区部队职能部门和街道办事处职能分工》等服务制度，按照常规服务、主动服务、专项服务分类建立服务事项台账，对事项办理进展状态分阶段跟踪管理；加强信息工作水平，在区属职能部门和街道办事处确定联系人，及时反映各部门服务工作开展情况以及推进与中央单位和驻区部队共驻共建等方面的信息，年内共报送服务工作信息66篇，在市外联办信息报送量和采用量评比中取得第一名。年内，西城区服务中央单位和驻京部队工作成效突出，在区县绩效管理专项考核中名列16区县第一名。

（韩颖　闫冰）

【走访驻区中央单位和部队】　年内，区外联办组织区四套班子领导到驻区中央单位、驻区部队走访调研，主动做好各项服务保障工作。2月，组织区领导先后走访中共中央办公厅、中直机关工委、国家机关工委、中央编译局、国务院办公厅、国家发展改革委和国家财政部、国家水利部等8部委，向中央单位介绍西城区经济社会发展情况，征询驻区单位对西城区发展的意见建议和服务需求23项。“八一”建军节前夕，区领导走访了北京卫戍区警卫一师、武警一支队、武警北京总队第二师等驻区部队，为部队官兵送去慰问金100余万元。十八大召开前夕，区领导走访了中共中央组织部、中共中央统战部、国家财政部、水利部、国家信访局等5部委，征询其对秩序保障方面的服务需求，建立联动对接机制，主动做好服务保障工作，确保了党的十八大期间驻区中央单位重点区域安全稳定。

（韩颖　闫冰）

【落实驻区中央单位和部队服务需求】年内，区外联办共办理中央单位和驻区部队服务事项48项，其中涉及基础设施建设15项；重大项目建设9项；机关周边交通秩序整治8项；办公环境改善5项；民生需求（子女入学、就近就医）4项；总部金融机构入驻2项；驻区部队事项5项。区领导多次主持召开专项协调会、现场会，确定承办服务事项的主管部门，并通过部门联系人及时反馈事项办理情况。落实国务院办公厅新建机要交换站周边环境交通整治，中办高涉密单位周边环境整治，中共中央办公厅、国务院办公厅、国家发改委、国家财政部、国家教育部等国家机关周边交通疏导，国家发改委三里河一区旧城改建项目保障以及中央单位和驻区部队子女入托入学需求等服务需求。截至年底，办结46项，2项按计划推进。

（韩颖　闫冰）

【地区间合作交流】　年内，西城区在经济、文化、科技、教育、旅游等方面与友好城区开展多层次、宽领域、全方位合作，推动双方经济社会等各项事业又好又快发展。西城区分别于2月23日与上海市黄浦区、6月16日与云南省普洱市、7月5日与广西壮族自治区崇左市签订友好协议，与西城区签订友好协议的地区发展到74个。接待来自上海市黄浦区、天津市和平区、哈尔滨市、南宁市、大理白族自治州、武汉市、攀枝花市、福州市等地的考察团组30余批次。做好区领导和有关部门出访考察的联络服务工作。联络协调区政府代表团赴长三角、珠三角等地考察历史文化名城保护及金融服务业发展情况，区党政代表团赴柳州、南宁、崇左、百色、成都、哈尔滨、威海等地友好访问，赴武汉参加“八城区会议”，赴南宁参加“泛北部湾经济合作论坛”，赴拉萨考察并看望挂职干部等出访任务。

（刘杨　闫冰）

【搭建合作交流平台】　1月9日，西城区举办外省市政府驻京机构迎春联谊会。国管局有关领导、北京市相关部门领导、区四套班子领导、区属相关部门和外省市驻京机构的领导近300人参加联谊会。联谊会形式继承了往年的传统内容，并在表现手法和互动方式上有所创新，搭建起西城区与各驻京机构之间交流感情、增进友谊、共话发展的沟通交流平台。9月，由区外联办牵头举办为期一个月的“聚西城 品华夏 西城区外省市驻京机构美食推介月”，近40家驻京机构提供上百种美食和特产在启动仪式现场展出，30余家驻京机构的特色酒店向广大市民推出特色优惠活动，以美食为媒介，将各省市特色饮食文化与风土人情有机结合，为西城区外省市政府驻京机构的特色餐饮搭建起展示品牌形象、交流发展经验的平台。中央电视台、中央人民广播电台等近20家新闻媒体对推介活动进行报道；北京电视台“美食地图”栏目、《西城报》“西城驻京机构美食巡礼”专栏、活动期间开启的西城区外省市政府驻京机构美食推介网站分别以不同的形式对驻京机构特色酒店和特色美食进行推介宣传，网站点击率达4万余次。美食推介活动提升了特色酒店的知名度和美誉度，加大了西城区餐饮业的吸引力，对区域资源融入区域经济发展起到了积极的促进作用。建立“西城区对外交流合作展厅”，展示全国30余个省市（区）的地方志、年鉴、“十二五”规划、政府工作报告等资料共计200余册，并以图片、文字、视频和书籍的形式，全面介绍各友好城区经济社会发展、人文历史及与西城区的友好交往情况。

（刘杨　闫冰）

【对口支援工作】　年内，全面落实北京市对口支援与经济合作的工作部署，通过项目支持、智力支持、人才培训等方式，在经济建设、社会事业、旅游开发、党的建设、人才培养等方面全方位进行帮扶，改善了帮扶地区人民生产生活条件，推动了地区经济社会发展。针对内蒙古自治区赤峰市喀喇沁旗提出的帮扶项目，区外联办会同区发改委、区财政局、区教委等相关部门赴喀喇沁旗对帮扶项目进行实地考察。9月，对口支援拉萨市城关区130万元，用于城关区夺底沟乡村生态旅游景区建设项目。12月，针对赤峰市和通辽市遭受雪灾情况，对受灾地区分别给予200万元资金援助。2012年西城区外联办被北京市对口支援和经济合作工作领导小组办公室授予“北京市对口支援工作组织奖”。

（刘杨　闫冰）

档案管理

【概况】　北京市西城区档案局（简称区档案局）是西城区人民政府负责档案事业行政管理的主管部门。内设办公室、党群工作办公室、业务指导科、法制科、档案管理科、档案利用科、机关文档中心、档案编研科、展陈征集科、信息化科、监察科共11个科室。西城区档案馆（简称区档案馆）为地级国家综合档案馆，是集中管理全区档案的文化事业机构，与区档案局合署办公，一个机构、两块牌子。主要职责是：收集、保管对国家和社会具有保存价值的档案资料；开发档案信息资源，为社会提供服务；是区政府信息公开查阅场所，是市、区爱国主义教育基地。区档案局（馆）大部分科室集中在南馆办公，北馆有利用科、机关文档中心2个科室负责接待查档利用。区档案馆档案全宗206个，馆藏档案资料53.4万卷（件、册、张），其中照片5.2万张，开放档案22661卷。全区档案室全宗185个，295.7万卷（件、册、张）。年内，区档案局机关开展了“做人民满意的公务员”主题教育活动。局机关选拔了7人走上科级领导岗位，2人晋升为科级非领导职务。加强区属新成立机构建档指导，开展区县机关档案工作测评，加快馆藏档案数字化工作步伐，努力做好档案利用服务，区档案馆晋升为市级爱国主义教育基地，馆藏档案进一步丰富。

南馆地址：西城区广安门南街68号

邮编：100054

电话：83976506

北馆地址：西城区二龙路27号

邮编：100032

电话：88064613

（王振威）

【档案法制建设与宣传】　开展行政职权和公共服务事项梳理工作，共梳理出行政许可2项，非行政许可2项，公共服务2项，外部行政权力21项，绘制权力运行图21张。成为全区开展办事服务网上全流程办理试点的7家单位之一，完善区档案局行政管理、行政服务、信息化建设等标准体系。部署2012年度档案执法检查工作，对区民政局等单位进行重点检查。举办2012年度档案行政执法培训会。参加2012年全国档案法制知识有奖竞赛活动，回收答卷5000份。区档案局获国家档案局档案法制知识竞赛优秀组织奖，1人获竞赛一等奖。举办“档案法制、家庭建档宣传进社区”主题宣传活动。继续开展“12·4”全国法制宣传日活动。

（王振威）

【档案业务指导】　档案行政管理在强化服务全区中心工作中得到拓展。与金融街E区9号地项目、杨梅竹斜街疏解项目（琉璃厂—大栅栏）、白塔寺人口疏解项目、北京第三十五中学新址迁建等4个列入市重点建设项目的法人取得联系，全程跟踪档案收集情况。完成区“5+2”新建机构的建档培训。监督、指导“西城旧城保护和居民住房改善工程”919和629工程档案的整理。及时制发归档文件整理、数码照片归档、职工住房补贴档案管理等文件，指导全区各单位做好行政区划调整后第一个完整归档年的档案整理收集工作，以保证西城发展重要时期的档案不流失。138个区级立档单位基本按时完成2011年度档案归档工作。强化全区各单位档案规范化管理和专门档案管理。7个单位通过区县机关档案工作测评。指导聚德华天档案示范点、月坛街道老龄档案等专门档案管理。对未按进度完成归档任务的11家单位下发了“业务监督指导建议书”，对2家单位就归档工作进行重点执法检查。年内为北京市药品信息研究所、泰康保险公司等4个驻区单位提供档案管理技术指导。年内举办归档培训、“两员”行政执法培训、档案人员继续教育网上培训等，各层次专业培训5批，千余人次参加。

（王振威）

【档案利用服务】　年内，接待利用人次再创新高，南北两馆全年共接待社会利用者10247人次，调阅档案13517卷（件），出具证明7840份；接待政府信息公开查阅630人次1665份。为区文联举办百年街景影像展提供利用照片109张。为服务各单位编史修志，开辟查档“绿色通道”，调阅档案4000余卷（件）。为区文明城区创建工作提供档案资料，并指导材料归档。机关文档中心通过指导区委、区政府机关各单位规范整理，及时归档，为各单位提供利用107人次3635件，复印1054页。

（王振威）

【基础业务】　制发《关于调整公布西城区区属各立档单位全宗号的通知》《西城区档案馆收集档案范围的规定》等文件。加强对列入年内进馆计划的16个单位的进馆指导、培训、检查，通过开展档案进馆前指导鉴定、验收，保证进馆档案的质量和目录数据的质量。机关文档中心完成代管7号全宗档案进馆整理工作。加强民主党派档案管理，将中国国民党革命委员会北京市西城区委员会、中国民主同盟北京市西城区委员会、中国民主建国会北京市西城区委员会等8个民主党派机关的档案管理工作，纳入区档案局文档中心直接管理范围：一是设立独立全宗；二是加强监督指导；三是做好前端控制；四是科学制订归档范围和保管期限，确保档案的完整和安全。全年接收52个单位27412卷（件）档案及电子目录进馆，接收已撤销单位的作废印章55枚，接收并整理区新一届领导班子合影及个人标准照共51张。重新修订的档案征集通告在西城政务网和区档案信息网上发布，元、明、清及现代关于什刹海的4幅百米长卷接收进馆。完善黄宗汉个人全宗，征集黄宗汉口述档案。配合“走进西城”大型固定展，拍摄天桥等功能街区的照片500余张。重新修订开放档案鉴定标准，并依据新标准着手对原有开放档案进行审查。鉴定开放档案2603卷。稳步推进到期鉴定工作，鉴定到期短期档案。加强库房管理工作，清点原南区文档中心库房档案20余万件。

（王振威）

【档案信息化工作】　与外包公司签订数字化加工安全保密管理合同，实现档案数字化加工过程全程可监控，严格执行规范工作流程，确保档案实体安全。严格规范档案开放鉴定程序，做到“涉密档案不上网，上网档案不涉密”。在修改完善各项安全保密措施的基础上，南、北馆扫描档案20876卷300余万页，南、北馆馆藏婚姻档案实现全部原文扫描利用。数字化馆藏档案达到88529卷、775.4万幅、4809GB。西城区档案信息网进行改版，改版后的网站栏目设置合理，内容定期更新，成为对外宣传档案工作的重要窗口。重新修改完善文书、数码照片归档软件，提高了软件易用性，并在全区推广使用，加强了全区各单位电子文件、数码照片的收集和管理。10月30日，经区科委立项的《档案馆智能管理系统试点建设项目》启动。完成西城档案馆电子档案市局异地异质备份材料和数据的准备及移交工作。文档中心系统升级改造进展顺利。加强区档案局信息系统及网络运行维护工作，保证信息设备的正常运转和数据安全。

（王振威）

【档案开发利用】 年内，围绕全区工作重点，编发《档案传真》10期，为区领导决策提供直接及时的档案服务。编发《西城追忆》4期，弘扬档案文化。《宣南清代京师士人聚居区研究》正式出版。与区社科联合作出版图文并茂、全面介绍西城区历史文化的《西城之最》一书。围绕金融街创建20周年，与金融服务办公室、金融街街道合作，出版《金融街20年》画册。为区委宣传部主办的“金融街建设与发展20年主题展”提供大量图片和文字材料。完成新一期《北京西城往事》出版。

（王振威）

【档案宣传与基地教育】 9月5日，举办以“弘扬档案文化，践行北京精神”为主题的第四届“档案馆日”活动。活动主会场设在区档案馆南馆，并在北馆、陶然亭公园设立分会场。在区档案馆南馆一层大厅举行了“走进西城”大型固定展揭幕仪式。南馆二层举办了“《宣南清代京师士人聚居区研究》成果汇报会暨档案工作为文化发展服务研讨会”，副市长刘敬民发来贺信，本书作者岳升阳、黄宗汉，专家学者王汝丰、王政尧、于得祥发言，各方面领导、专家、媒体记者40余人出席研讨会。同时在南、北馆开展查档体验活动。活动当天发放《西城报》档案专版、家庭照片册、《北京市国家档案馆地图》、书签放大镜等各种宣传材料逾5.6万份，受到广大市民的欢迎。9月，经市委宣传部组织的专家评审团检验，区档案馆晋升为市级爱国主义教育基地。与市档案局合作，共同举办“北京的胡同四合院”展览，参观者达到60余万人。端午节期间“粽情飘香话端午”坊间茶会，请民俗专家在社区讲解端午节文化。年内，“走进西城”固定展接待社会各界专家、武警战士、档案工作者、区党校学员等2000余人次。

（王振威）

【档案安全】 指导全区各单位作好“7·21”特大暴雨后的档案安全检查工作。区档案局提前作好防汛物资准备，修改完善应急预案，保证了区档案馆安全度汛。区档案馆南馆库房更换中央空调2套，灯管全部更换为新型LED灯管。南、北馆档案数字化加工用房全部安装了监控探头，购置防磁柜4台，购买库房防虫药品，改善了区档案馆的保管条件。

（王振威）

【档案学会】 4月26日，西城区档案学会举行首届学术论坛，8名会员采用PPT的形式做了演讲，对人事档案管理、档案行政执法工作、档案征集工作、档案鉴定重要性、文档中心系统电子文件管理功能需求、档案网站建设、档案的真实性与复杂性、档案资源现状与区档案馆建设问题进行了研讨，区档案局局长、区档案学会理事长李茂福就论文写作进行了辅导。

（王振威）

信访工作

【概况】 北京市西城区委区政府信访办公室（简称区信访办）是区委、区政府受理人民群众来信来访的工作部门。根据《中共北京市西城区委北京市西城区人民政府信访办公室主要职责内设机构和人员编制规定》，区信访办内设5个科室，分别为：综合科（监察科）、办信科、接访一科、接访二科、排查调处科。办公地点在南菜园街51号，其中接访二科在二龙路27号办公。区信访办机关行政编制24名。其中主任1名，副主任4名（其中1名兼纪检组长）；科级领导职数5正4副。年内，全区信访工作以领导干部接访、信访积案化解、体制机制创新三项工作为重点，以维护社会和谐稳定、确保党的十八大顺利召开为主线，进一步畅通信访工作渠道，狠抓工作落实，信访秩序持续好转，大量的信访问题得到及时就地解决，信访形势呈现平稳可控态势。

地址：西城区南菜园街51号

邮编：100054

电话：66037903

（刘宗民　韩雨宵）

【信访工作基本情况】 全年，区信访办受理信访总量5276件次，其中群众来信1321件次5649人次，接待群众来访1925批次3489人次，受理市长信箱电子邮件2030件次。同比信访总量上升10.8%，其中来信量件次上升10.7%，人次下降67.6%；来访量批次上升28%，人次上升33.9%；网上信访量下降1.7%。集体访113批次1377人次，同比批次上升130.6%，人次上升59%；联名信120件次4281人次，同比件次上升26.3%，人次下降73.6%；群众到市以上越级集体访11批次76人次，同比批次下降66.7%，人次下降89%。区领导批示交办群众来信共301件，占来信总量的22.8%，市区领导批示信件按期办结率为100%。

（韩雨宵　王小兵）

【信访排查调处工作会议】 1月9日，区委副书记杜灵欣、副区长吴铁男听取2012年信访工作要点及2012年第一次排查情况汇报，要求各单位对信访工作高度重视，对排查出的重点信访问题明确化解方案和化解时限，将信访矛盾纠纷化解在本单位、本辖区。1月17日，在西城区分会场，区信访办组织全区各单位党政主要领导参加了全国信访工作电视电话会议，区领导杜灵欣、吴铁男出席会议；2月20日，召开西城区2012年信访工作会，会议对全年信访工作进行部署，对全年信访工作目标提出要求。杜灵欣代表区联席会议与相关单位签订《维护信访秩序责任书》和《重点矛盾纠纷化解工作责任书》；6月20日，西城区召开十八大安保工作专题研讨会，对十八大维稳安保工作进行动员部署，就全区重点矛盾化解和重点人管控工作提出意见和建议。杜灵欣、区委常委、西城公安分局局长陈思源出席会议，全区政法系统各单位及15个街道的有关领导参加会议；6月26日，区信访办召开信访重点人化解工作专题会，吴铁男听取重点人化解工作进展情况汇报，要求化解工作要下先手棋，尽快推进，为十八大创造和谐的社会环境；9月6日，区委书记王宁主持召开中共西城区第十一届委员会第十次专题会议，听取区信访办关于2012年第二次全区人民内部矛盾纠纷排查情况的汇报，研究重点矛盾纠纷和信访重点人化解及稳控工作，明确化解和稳控的10名包案区领导、21个责任单位和31个协办单位，对十八大期间信访和维稳工作提出要求。

（韩雨宵）

【信访工作调研】 2月8日，北京市信访办到月坛街道就信访工作进行调研，听取街道关于实行信访投诉中心后的工作推进和运转情况汇报。5月10日，12家全国网上信访联系点单位实地调研考察德胜街道办事处“全响应”社会管理服务系统，对西城区在城市管理服务方面以完善全面感知、快速传达、积极响应的社会服务管理响应链为抓手，实现社会服务管理全覆盖、全感知、全时空、全参与、全联动的新思路给予肯定，并就“全响应”社会服务管理系统如何与网上信访工作有效衔接进行深入探讨。6月14日，北京市信访办和北京市投诉受理中心就西城区开展重信专项治理工作情况进行调研。调研组认真听取了西城区贯彻落实国家信访局和市信访办“关于开展重信专项治理工作”的整体情况介绍，围绕西城区近一年重信问题的基本情况、形成原因、措施对策、治理成效以及办理中的困难、问题等进行分析研讨，并到牛街街道就民族地区信访工作进行实地考察。10月，区委社工委、区信访办两部门共同牵头，在全区探索开展社会组织参与矛盾纠纷排查化解专题工作。召开工作启动会，明确以广安门内街道、什刹海街道、广安门外街道、月坛街道为试点开展工作，研究制订工作计划，深入走访调研，协助各试点街道结合自身特点，制订开展社会组织参与矛盾纠纷排查化解专题工作的方案。

（韩雨宵）

【上级督导检查】 3月6日，中央督查组到西城区检查指导工作，听取西城区全国“两会”期间各项保障及信访维稳工作情况汇报，现场查看了金融街街道指挥中心。市政府副秘书长、市信访办主任薄钢参加督导检查。7月24日，北京市信访督导组到西城区督导检查信访工作，听取全区信访工作整体情况汇报及区人力社保局、西长安街街道、广安门内街道、区房地中心等4个单位信访工作的汇报，检查了广安门内街道综治维稳工作中心。8月8日，中央信访督导组到西城区督导检查信访工作，听取区委书记王宁关于西城区信访工作整体情况的汇报，听取广安门内街道、西长安街街道、金融街街道、牛街街道及陶然亭街道有关信访工作的汇报，并实地考察了广安门内街道西便门东里社区信访工作开展情况。薄钢参加督导检查。10月26日，中央信访督导组到西城区督导检查信访工作，听取西城区信访秩序维稳工作总体情况以及重点地区和中央部委机关门前信访秩序维稳工作情况汇报。薄钢参加督导检查。

（韩雨宵）

【信访积案化解年活动】 按照市委市政府关于做好积案化解工作有关要求，年内加大了信访积案化解工作力度，着眼“事要解决”“案结事了”工作目标，对一些历史遗留的疑难信访问题逐案进行再分析、再研究，在确保不引发连锁反应的前提下，动用信访救助资金1104.04万元，依法、依规、依情化解重大疑难信访事项54件。

（刘宗民　韩雨宵）

【信访工作信息化建设】 4月，西城区成为全国12家网上信访工作联系点之一，开展网上信访工作联系点工作。此工作转变仅将网上信访作为一种工作手段的传统理念，将其由单纯的操作性工作向研究性工作转变，为领导决策提供服务。

（韩雨宵）

【信访宣传活动】 5月12日，全区15个街道及255个社区开展以“包容·有序·和谐”为主题的信访宣传日活动。全区参加活动工作人员达1500余人，咨询人数达7500余人，共发放《信访条例》宣传品1.2万余件，摆放宣传展板750块。

（刘宗民　韩雨宵）

【信访干部学习培训】 全年区信访办通过以会代训形式，组织各种培训会、研讨会10次，全区各单位主管领导和信访干部380余人次参加培训。2月28日至3月1日，西城区组织为期2天的信访干部培训会。会上对上年全区信访工作进行总结，围绕确保全国“两会”和十八大顺利召开，对2012年信访工作进行动员和部署。吴铁男出席培训会。

（刘宗民　韩雨宵）

【应急劝返工作】 为了做好重要时期和敏感时期的信访工作，于2月专门成立劝返工作领导小组。按照中央、北京市“1个小时之内赶到现场”接人的统一要求，区信访办成立应急小组，切实制订方案，固定人员，做到适度戒备，随时到位，确保第一时间到达现场，协助有关单位处置各种信访突发问题，全年到重点地区、重点场所劝返非正常上访人员31件44人次。

（刘宗民　董正民）

中国人民政治协商会议北京市西城区委员会

【概况】　中国人民政治协商会议北京市西城区委员会（简称区政协）是中国人民政治协商会议的地方组织，主要职能是政治协商、民主监督、参政议政。区政协第十三届二次全会共有委员536人，常务委员99人。设提案委员会、学习指导和文史资料委员会、经济科技委员会、城建环保委员会、教文卫体委员会、社会和法制委员会、民族和宗教委员会、港澳台侨委员会8个专门委员会。机关设办公室、研究室、专委会工作一室、专委会工作二室、专委会工作三室、专委会工作四室、专委会工作五室、专委会工作六室8个办事机构，行政编制40人（不含局级）。年内，区政协团结依靠各党派团体和各界委员，牢牢把握团结和民主两大主题，坚持和发展最广泛的爱国统一战线，紧紧围绕全区中心工作履行职能，在不断推进“人文北京、科技北京、绿色北京”和“活力、魅力、和谐”新西城建设中做出新的贡献。

地址：西城区广安门南街68号

邮编：100054

电话：83976147

（康筱丰）

【常务委员会会议】　年内，区政协共召开7次常务委员会会议。2月16日，第一次常务委员会会议，审议通过《政协北京市西城区第十三届委员会常务委员会2012年工作要点（讨论稿）》及关于设置专门委员会的决定（草案）、关于任命专委会主任委员、常务副主任委员、副主任委员、委员的决定（草案）、关于任命副秘书长的决定（草案），《政协北京市西城区委员会常务委员会工作规则（讨论稿）》及关于加强自身建设的意见（讨论稿）、关于重视和加强学习的决定（讨论稿），《政协北京市西城区委员会全体会议工作规则（讨论稿）》及专门委员会通则（讨论稿）；通报《政协北京市西城区第十三届委员会关于主席、副主席、秘书长工作分工的决定》、主席会议工作规则、秘书长会议工作规则、财政预算民主监督小组工作规则、关于任命财政预算民主监督小组人员名单的决定、社会治安综合治理民主监督小组工作规则、关于任命社会治安综合治理民主监督小组人员名单的决定以及政协委员履职情况统计表及说明。3月22日，第二次常委委员会会议，审议通过《政协北京市西城区委员会提案工作条例（讨论稿）》及提案审查工作的办法（讨论稿），关于加强提案办理工作检查督办的办法（讨论稿），主席、副主席、秘书长检查督办重点提案办理工作的办法（讨论稿），评选优秀提案的办法（讨论稿）。5月24日，第三次常务委员会会议，通报《政协北京市西城区委员会主席会议关于李占文等同志任免的决定》，审议通过《政协北京市西城区委员会常务委员会关于任免经济科技委员会常委副主任委员、副主任委员的决定（草案）》，通报“社会服务全响应模式的建立与创新”议政会的筹备情况。7月19日上午，第四次常务委员会会议，听取区委常委、区委办公室主任郭怀刚关于区政协第十三届一次会议党派团体提案办理工作的情况报告，听取区委常委、副区长梁昌新关于西城区历史文物及会馆保护与利用情况的工作通报。副主席王瑞珠传达北京市第十一次党代会精神。7月19日下午，第五次常务委员会会议，就“如何发挥政协委员参政议政职能作用”进行专题研讨。9月27日，第六次常务委员会会议，审议通过《政协西城区第十三届委员会常务委员会关于加强西城区金融街服务能力建设的建议案（讨论稿）》及关于西城区小微企业发展及税收情况建议案（讨论稿）、关于西城区服装及小商品交易市场调整转型的建议案（讨论稿）、关于整合西城土地资源开发利用地下空间的建议案（讨论稿）；听取各调研课题组对调研工作的情况说明，决定将4个调研建议案报送区委区政府研究参考；通报《政协北京市西城区委员会主席、副主席、秘书长走访委员制度》。12月25日，第七次常务委员会会议，听取区纪委副书记杨建和关于西城区2012年党风廉政建设和反腐败工作情况的通报、区政府办公室主任杨川关于区政协十三届一次会议以来委员提案办理情况的通报以及统战部副调研员明木江关于十三届区政协届中调整委员的情况说明；审议通过《政协北京市西城区第十三届委员会常务委员会关于增补委员的决定（草案）》及关于表彰2012年度优秀提案的决定（草案）；审议《政协北京市西城区第十三届委员会常务委员会工作报告（讨论稿）》及关于十三届一次会议以来提案工作情况的报告（讨论稿）；听取与会人员对这两个报告的修改意见，决定提交区政协十三届二次会议审议通过；审议《政协北京市西城区第十三届委员会第二次会议议程（草案）》、会议日程（草案）、决议起草委员会建议名单（草案）、小组召集人建议名单（草案），决定提交区政协十三届二次会议预备会审议通过；审议通过《政协西城区第十三届委员会关于认真学习贯彻中共十八大精神的意见（讨论稿）》《关于召开中国人民政治协商会议北京市西城区第十三届委员会第二次会议的决定（草案）》，决定区政协十三届二次会议于2013年1月8日下午至11日上午召开。

（康筱丰）

【主席会议】　年内，区政协共召开6次主席会议。2月9日，第一次主席会议。审议通过《政协北京市西城区第十三届委员会关于主席、副主席、秘书长工作分工的决定（草案）》《政协北京市西城区委员会主席会议工作规则（讨论稿）》《政协北京市西城区委员会秘书长会议工作规则（讨论稿）》《政协北京市西城区第十三届委员会财政预算民主监督小组工作规则（讨论稿）》《政协北京市西城区第十三届委员会关于任命财政预算民主监督小组人员名单的决定（草案）》《政协北京市西城区第十三届委员会社会治安综合治理工作民主监督小组工作规则（讨论稿）》《政协北京市西城区第十三届委员会关于任命社会治安综合治理民主监督小组人员名单的决定（草案）》。审议《政协北京市西城区第十三届委员会常务委员会2012年工作要点（讨论稿）》《政协北京市西城区委员会常务委员会工作规则（讨论稿）》《政协北京市西城区委员会全体会议工作规则（讨论稿）》《政协北京市西城区委员会常务委员会关于加强自身建设的意见（讨论稿）》《政协北京市西城区委员会常务委员会关于重视和加强学习的决定（讨论稿）》《政协北京市西城区委员会专门委员会通则（讨论稿）》《政协北京市西城区第十三届委员会常务委员会关于设置专门委员会的决定（草案）》《政协北京市西城区第十三届委员会常务委员会关于任命专委会主任委员、常务副主任委员、副主任委员、委员的决定（草案）》《政协北京市西城区第十三届委员会常务委员会关于任命副秘书长的决定（草案）》，审议议题提交区政协十三届一次常委会议审议通过。会议通报关于《政协委员履职情况统计表》设置及使用情况，确定政协西城区第十三届委员会第一次常委会议的时间和议题。3月15日，第二次主席扩大会议。审议通过《政协西城区第十三届委员会关于街道政协委员联组的工作意见（讨论稿）》《政协北京市西城区第十三届委员会关于任命街道政协委员联组组长、副组长的决定（草案）》《政协北京市西城区委员会反映社情民意信息工作规定（讨论稿）》《西城区政协机关反映社情民意信息工作办法（讨论稿）》《政协北京市西城区委员会关于反映社情民意信息工作评比表彰办法（讨论稿）》《政协北京市西城区第十三届委员会关于任命特邀信息员的决定（草案）》《政协北京市西城区第十三届委员会关于发挥界别作用的意见（讨论稿）》《政协北京市西城区第十三届委员会关于成立界别活动小组任命界别活动小组组长、副组长的决定（草案）》；会议审议《政协北京市西城区委员会提案工作条例（讨论稿）》《政协北京市西城区委员会提案审查工作的办法（讨论稿）》《政协北京市西城区委员会关于加强提案办理工作检查督办的办法（讨论稿）》《政协北京市西城区委员会关于主席、副主席、秘书长检查督办重点提案办理工作的办法（讨论稿）》《政协北京市西城区委员会评选优秀提案的办法（讨论稿）》，决定提交区政协十三届二次常委会议审议通过。会议确定区政协十三届二次常委会议的时间和议题。5月17日，第三次主席扩大会议。通过《政协北京市西城区委员会主席会议关于李占文等同志任免的决定（草案）》。会议审议《政协北京市西城区委员会常务委员会关于任免经济科技委员会常务副主任委员、副主任委员的决定（草案）》，决定提交区政协十三届三次常委会议审议通过。会议通报“社会服务全响应模式的建立与创新”议政会筹备情况。会议确定区政协十三届三次常委会议的时间和议题。7月12日，第四次主席扩大会议。审议《政协北京市西城区第十三届委员会常务委员会2012年上半年工作总结及下半年主要任务（讨论稿）》，决定修改后提交区政协十三届四次常委会议审议通过；审议通过区政协民族和宗教委员会《关于西城区清真网点建设情况的调研（讨论稿）》，决定报区委区政府有关领导研究参考；会议确定区政协十三届四次常委会议的时间和议题。会上，主席曹长胜传达北京市第十一次党代会精神、刘淇代表中共北京市第十届委员会所作工作报告的主要精神以及郭金龙参加西城区代表团讨论时的讲话。9月20日，第五次主席扩大会议。审议通过《政协北京市西城区委员会主席、副主席、秘书长走访委员制度（讨论稿）》《西城区文化创意产业发展环境调研报告（讨论稿）》，决定报送区委、区政府有关领导；审议《政协西城区第十三届委员会常务委员会关于加强西城区金融街服务能力建设的建议案（讨论稿）》《政协西城区第十三届委员会常务委员会关于西城区小微企业发展及税收情况建议案（讨论稿）》《政协西城区第十三届委员会常务委员会关于西城区服装及小商品交易市场调整转型的建议案（讨论稿）》及《政协西城区第十三届委员会常务委员会关于整合西城土地资源开发利用地下空间的建议案（讨论稿）》；听取各调研课题组对调研工作的情况说明，决定对调研报告及建议案修改后，提交区政协十三届六次常委会议审议通过；会议确定召开区政协十三届六次常委会议的时间和议题。12月18日，第六次主席扩大会议。听取程军关于届中增补政协委员、补选政协常委的说明，审议《政协北京市西城区第十三届委员会第二次会议关于补选常委的选举办法（讨论稿）》和《政协北京市西城区第十三届委员会常务委员会关于增补委员的决定（草案）》；审议《政协北京市西城区第十三届委员会常务委员会工作报告（讨论稿）》《政协北京市西城区第十三届委员会常务委员会提案工作报告（讨论稿）》；审议《政协北京市西城区第十三届委员会常务委员会关于表彰2012年度优秀提案的决定（草案）》《关于召开中国人民政治协商会议北京市西城区第十三届委员会第二次会议的决定（草案）》《政协北京市西城区第十三届委员会第二次会议议程（草案）》《政协北京市西城区第十三届委员会第二次会议日程（草案）》《政协北京市西城区第十三届委员会第二次会议决议起草委员会建议名单（草案）》和《政协北京市西城区第十三届委员会第二次会议小组召集人建议名单（草案）》；会议还审议了《政协北京市西城区第十三届委员会关于学习贯彻十八大精神的意见（讨论稿）》；会议确定区政协十三届七次常委会议召开的时间和议题。

（康筱丰）

【秘书长会议】 年内，区政协共召开4次秘书长会议。3月1日，秘书长孙广俊主持召开政协西城区第十三届委员会第一次秘书长会议。孙广俊通报十三届区政协机关机构设置、十三届区政协副秘书长组成、全年秘书长会议预安排以及区政协2012年主要工作。会议学习《政协北京市西城区委员会秘书长会议工作规则》，研究“社会服务全响应模式的建立与创新”议政会筹备工作。孙广俊就加强秘书长自身建设、发挥好秘书长会议作用和调动党派团体成员中的委员参政议政积极性提出意见和要求。7月5日，孙广俊主持召开政协十三届二次秘书长会议。区政协研究室负责人通报区政协2012年上半年工作总结和下半年主要任务，听取各位副秘书长的意见建议。区政协办公室负责人通报区政协2012年上半年提案工作和反映社情民意工作情况。各位副秘书长通报本党派年内提案调研进展情况和上半年反映社情民意工作。孙广俊就做好民主党派提案调研、提高党派团体提案质量、发挥民主党派各自优势、积极反映社情民意信息提出意见和要求。8月19日至23日，由孙广俊带队，区政协秘书长、副秘书长一行14人，赴重庆、贵州等地学习考察。期间，重点与重庆渝中区政协领导、渝中区各民主党派负责人座谈交流，学习渝中区发挥民主党派优势做好政协工作的好经验好做法，参观重庆民主党派陈列馆、武隆景区、赤水丙安古镇等地。11月29日，孙广俊主持召开十三届四次秘书长会议。区政协研究室负责人通报区政协常委会工作报告的起草情况和主要内容，听取各位副秘书长对常委会工作报告的修改意见；区政协办公室负责人宣读区政协十三届一次会议以来提案工作情况的报告，听取与会人员的意见建议；孙广俊介绍区政协十三届二次全会的筹备情况。

（康筱丰）

【提案委员会】 年内，政协委员、各党派人民团体共提交提案370件。其中平时提案3件。经提案委员会审查，立案341件，截至年底已经全部办复。区委书记、区长、区政协主席亲自阅批党派团体提案，专题研究、督促提案办理工作。每件党派团体提案都有主管区领导牵头办理。提案委员会确定“关于进一步加强西城区餐厨垃圾管理体系的建议”等13件提案作为年度重点提案，由区政协主席、副主席、秘书长牵头督办。

（康筱丰）

【学习指导和文史资料委员会】 年内，组织围绕保持经济平稳较快发展、加强和创新社会管理、社会主义文化大发展大繁荣等重大课题的区情通报会。围绕西城区社会服务管理全响应模式的建立与创新工作，召开政协议政会。以“如何发挥政协委员参政议政职能作用”为主题组织召开研讨会，编印《如何发挥委员参政议政职能作用征文选编》一书。编发4期《知学》杂志。组织部分委员视察区民族宗教文化街、法源寺和礼拜寺。参观全国政协文史馆，完成《暮鼓晨钟》一书的编辑出版工作。

（康筱丰）

【经济科技委员会】 年内，召开经济科技委员会成立大会，制定经济科技委员会工作简则。成立3个界别活动小组。就西城区国有资产运营情况、德胜科技园管委会关于园区发展情况、德胜科技园设计交易市场和北京DRC工业设计创意产业基地、“新意大利设计2.0展”及“红星奖”博物馆、“菜篮子”工程建设情况以及大栅栏中华老字号集聚区等开展通报视察参观。举办“发挥金融优势促进中小企业发展”座谈研讨会。两次召开区政协财政预算民主监督小组会议，听取区财政局、区审计局等单位工作情况的通报。围绕经济发展进行专题调研，形成《关于西城区小微企业发展及税收情况》和《西城区服装及小商品交易市场调整转型调研报告》等专题调研报告。

（康筱丰）

【城建环保委员会】 年内，就政府和百姓关心的地下空间合理使用问题，与九三学社西城区委联合组成调研课题组进行调研，形成《整合开发地下空间，提高土地利用效益》调研报告，并上升为《政协北京市西城区第十三届委员会常务委员会关于整合开发地下空间，提高土地利用效益的建议案》。组织委员视察垃圾分类、垃圾楼建设、餐厨垃圾收集运输工作情况以及园林绿化工作及滨水绿道建设情况；参观“厨余垃圾处理设备”环保企业及“地热节能减排”开发利用情况；调研什刹海阜景街建设指挥部工作情况，并实地考察在施的蓝鼎晨大厦、“0.37社区”办公用房、千秋项目工地；实地查看大观园水治理工程项目建设情况和万寿西宫监测子站周边环境。

（康筱丰）

【教文卫体专委会】 年内，组织举办红十字专题知识讲座及教师节联谊慰问演出活动。围绕“优化区域文化创意产业发展环境”及“优化区域公共文化服务发展环境”2个子课题开展专题调研，形成《西城区文化发展环境调研报告》。与区体育局及15个政协街道联组共同举办首届政协委员运动会；跟随区政协领导班子先后考察天桥演艺中心、大栅栏琉璃厂文化商业区、什刹海阜景风貌保护区的建设情况；组织部分专委会委员视察北京华夏女子中学、北京外事服务职业高中、广内和德胜社区卫生服务中心、二龙路和展览路医院、月坛体育中心和后海水上训练基地等单位。组织部分教育界委员参与“走进身边的百姓学校”笔会交流、以墨联情活动。

（康筱丰）

【社会和法制委员会】 年内，成立社会和法制委员会，制定社会和法制委员会工作简则。开展《加强西城区金融街服务能力建设》专题调研，形成常委会建议案。结合西城区全响应社会服务管理创新工作，组织主席集体及专委会委员视察。对西城区社会治安综合治理、司法行政工作等情况进行通报视察。对居家养老调研建议案跟踪回访。召开年度明察暗访工作部署会，由新一届政协委员与民主党派一起成立10个明察暗访工作小组，对西城区50个政府部门进行明察暗访。

（康筱丰）

【民族和宗教委员会】 年内，组成专题调研组，对西城区清真网点建设情况进行调研，形成调研报告，并以领导参阅的形式，报送区委、区政府领导。举办宗教形势报告会以及宗教理论和实践研讨会。组织委员视察牛街清真超市、护国寺小吃阜成门店、烤肉宛、牛街礼拜寺、天主教宣武门教堂，参观天主教北京教区主教官邸。

（康筱丰）

【港澳台侨委员会】 年内，区委统战部、区台办及区政协港澳台侨委员会联合举行“台海形势”报告会。组织100余名女委员、区政协机关女干部参观中国电影博物馆，观看巨幕电影《尼罗河之谜》。

（康筱丰）

【区政府区政协联席会议】 2月13日，区政府与区政协召开第一次联席会议，相互通报2012年有关工作安排，研究协商政协调研、议政、通报、视察等课题。区委副书记、区长王少峰，区政协主席曹长胜出席会议并讲话。

（康筱丰）

【友好交流】 2月27日，接待黑龙江哈尔滨市政协考察团。5月10日，接待天津和平区政协考察团。6月27日，接待广西南宁市政协考察团。7月2日，到大兴区学习考察。7月18日，接待市政协提案委员会。8月1日，到哈尔滨市政协学习考察。9月10日，到重庆参加四市八区政协研讨会。12月12日，接待山东潍坊市政协考察团。

（康筱丰）

【社会服务管理全响应模式建立与创新议政会】 6月7日，区政协与区委统战部联合召开“区政协第十三届委员会第一次议政会”，围绕西城区社会服务管理全响应模式的建立与创新工作，听取各民主党派、工商联和政协委员的意见建议。区委副书记、区长王少峰，区政协主席曹长胜出席并讲话。区委办公室、区政府办公室、区委区政府研究室、区社工委、区信息办、各街道办事处等部门的相关人员到会听取意见。区委常委、区委统战部部长程军主持。

（康筱丰）

【发挥政协委员参政议政职能作用研讨会】 7月19日，召开政协北京市西城区第十三届委员会常务委员会第五次扩大会议，就“如何发挥政协委员参政议政职能作用”进行专题研讨。共收到研讨文章72篇，8位委员做重点发言。区政协主席曹长胜出席并讲话。副主席王瑞珠主持。会后编印《如何发挥政协委员参政议政职能作用研讨文章选编》。

（康筱丰）

【首届政协委员运动会】 8月11日，区政协第十三届委员会在月坛体育馆举行首届政协委员运动会。运动会设定点投篮、投飞镖、托球跑、沙包掷准等趣味性项目，共有15支街道联组队的325名运动员参赛。区委书记王宁出席并宣布运动会开幕，区政协主席曹长胜，区委常委、区委统战部部长程军出席并讲话，区政协副主席沈桂芬主持运动会开幕式，秘书长孙广俊主持运动会闭幕式。

（康筱丰）

【政协常委视察区旧城保护定向安置房建设项目】 10月16日，区政协组织政协常委视察西城区旧城保护定向安置房项目（融泽嘉园——昌平项目），现场召开西城区政协常委视察保障房建设情况通报会。区住建委对西城区保障性住房建设情况进行介绍，金晖公司就昌平项目建设情况进行汇报。与会委员就项目定位、配套设施等问题提出意见建议。

（康筱丰）

【全国部分市区州政协第24次工作研讨会】 9月23日至25日在京召开。会议由北京市西城区政协、天津市和平区政协合办。北京市政协副主席沈宝昌、北京市西城区政协主席曹长胜出席开幕式。中共天津市和平区委书记李金亮，中共西城区委副书记、区长王少峰到会致辞，中共北京市西城区委副书记杜灵欣进行区情介绍。天津市和平区政协主席潘庆元主持。与会人员从不同侧面、不同角度，相互交流各市、区、州政协在围绕中心、服务大局、创新履职、推动发展等方面的新经验、新体会，研讨新形势下做好政协工作的新思路、新方法，并就进一步加强各地政协间的交流合作达成共识。

（康筱丰）

【街道政协委员联组活动】 年初，相继成立街道政协委员联组，建立联组工作机制。各街道联组将工作与区委、区政府提出的“三区战略”“四个服务”“推进重点功能区建设”、开展“政务能力建设年”等重点工作紧密结合，开展活动。全年共有388位政协委员参加街道联组的各类活动，占委员总数的72.52%，共计1551人次。深入社区、深入基层，开展专题协商、专题议政、专题调研和专题视察。

（康筱丰）

【社情民意信息工作】 区政协十三届委员会重视了解和反映社情民意信息工作，组建信息员队伍。共聘请60名政协委员和党派成员担任区政协特邀信息员。全年接收委员和党派社情民意类信息738条。其中委员上报信息127条，党派上报信息611条。《利用信托资金促进我市经济发展》《建议在广安产业园区打造黄金珠宝交易中心》等8条信息被《诤友》采用，上报全国政协和市委、市政府。

（康筱丰）

【界别协商座谈会】 12月25日，区政协组织召开《政府工作报告（征求意见稿）》界别协商座谈会，就《政府工作报告（征求意见稿）》向部分政协委员征集意见建议。15位来自商业、文化、科教文卫等领域的区政协委员结合各自实际，围绕经济发展、功能区建设、民生保障、文化、城市管理等方面提出建议和意见。区委副书记、区长王少峰出席会议并讲话，区政协主席曹长胜主持。

（康筱丰）

（责任编辑　陈　艳）

群众团体

西城区总工会

【概况】 北京市西城区总工会（简称区总工会）是中国共产党领导下的职工群众自愿结合的群众组织。区总工会受中共北京市西城区委和北京市总工会双重领导，负责指导全区各行各业的基层工会工作。区总工会机关设9部室：办公室、组织人事部、财务部、经济生活部、权益保障部、基层建设部、宣教部、事业部、经审办；直属基层工会109个。区总工会所属基层工会委员会2170个，涵盖法人单位21067个，全区职工259151人，工会会员225701人。年内，领导班子带领干部职工坚持以科学发展观为指导，以维护职工合法权益为重点推进工资集体协商、调解劳动争议案件、促进厂务公开制度建立，以“全响应、社会化、普惠制”服务为重点广泛开展“八送”活动，以增强工会组织凝聚力为重点开展经济技术创新和职工素质教育活动。立足为党政分忧、为职工解难，在服务大局、服务职工、服务企业、服务社会方面做了大量工作。全年共编发《西城工人报》48期，工会信息、简报88期，《劳动午报》《北京西城报》等市、区级媒体刊载西城区工会新闻150余篇。区总工会获全国工会职工法律援助等维权服务示范单位、全国工会经审工作先进集体、首都素质建设工程优秀成员单位等称号，在北京市总工会2012年度基层工会考评中被评为优秀等次。

地址：西城区北营房东里12号楼

邮编：100037

电话：68336151

（韩悦彤）

【迎新春劳模招待会】 1月10日,西城区召开2012年迎新春劳模招待会，区领导王宁、刘跃平、王少峰、曹长胜、王旭、陈宁等出席，全区150余名劳动模范和先进人物参加。北京市劳动模范、西长安街派出所民警李国平代表劳模发言。

（李　颖）

【经费审查委员会会议】 1月18日，区总工会经费审查委员会召开一届三次会议。会议听取并通过了区总工会本级《2011年预算执行情况》和《2012年预算方案》的报告，审议通过了《西城区总工会第一届经费审查委员会2011年工作报告》。7月20日，区总工会经费审查委员会召开一届四次会议。会议听取区总工会上半年经费收支及财务管理情况的报告，审查上半年经费收支情况，总结上半年经审工作，作出下半年的工作安排。

（刘　辉）

【一届三次委员（扩大）会议】 2月1日，召开西城区总工会一届三次委员（扩大）会议，市总工会副主席王玉英、区委常委王旭、副区长陈宁出席。会议审议通过区总工会2011年工作报告和经审工作报告，传达全总十五届六次执委会会议精神，表彰2011年度直属基层工会工作目标考核优秀单位，与部分基层工会代表签订2012年工作目标责任书。

（韩悦彤）

【工资集体协商】 2月29日，召开2012年西城区推进工资集体协商工作会议，传达北京市工资集体协商工作会议精神，明确2012年工作重点和推进措施。紧抓百人以上规模企业、非公企业和区域性、行业性工资集体协商，向全区企业发出“响应工会要约开展工资集体协商，促进企业发展确保劳动关系和谐”的倡议。编辑出版11.5万余字的《工资集体协商实务》。在31家单位开展工资集体协商工作试点。年内，全区签订集体合同、女职工专项集体合同覆盖企业15799家、职工226105人，签订率达96.3%；签订工资协议覆盖企业15773家、职工219717人，签订率达96.2%，其中百人以上企业签订率达91.3%。

（贺瑞丰）

【“面对面、心贴心、实打实服务职工在基层”宣传月活动】 4月1日，西城区“面对面、心贴心、实打实服务职工在基层”宣传月活动在西单文化广场正式启动，市总工会副主席王玉英、副区长陈宁出席，成立以区委常委王旭、副区长陈宁为组长，区总工会、区委宣传部、区教委、区人力社保局、区社工委、区国资委、区体育局为成员单位的宣传月领导小组。

启动仪式当天15个会场共提供就业岗位232个，386人参加招聘，97人当场达成就业协议。宣传咨询活动共吸引1.68万名职工群众参与，受理咨询15574人次，发送宣传材料54580份。截至4月底，15个街道总工会共走访企业10435家，慰问职工43549人，发放慰问金1865395元，为企业办实事1563件，开展宣传培训389次，开展文体活动445次，召开座谈会279次。

（张燕峰）

【一届四次委员会议】 4月5日，西城区总工会召开第一届委员会第四次会议，区委常委王旭、区委组织部副部长何焕平出席。会议审议通过《关于增补马小鹏为第一届委员会委员的决定》，并选举马小鹏为西城区总工会主席。

（韩悦彤）

【庆祝“五一”国际劳动节表彰大会】 4月28日，西城区庆祝“五一”国际劳动节表彰大会召开。市总工会副主席时纯利，区领导王宁、刘跃平、曹长胜、郭怀刚、王旭、陈宁等出席，全区职工代表260余人参加大会。大会表彰了全国“五一劳动奖状”1个，“全国工人先锋号”2个，“全国五一劳动奖章”2名，“首都劳动奖状”4个，“北京市工人先锋号”7个，“首都劳动奖章”19名，“西城区工人先锋号”11个，“西城劳动奖章”36名。

（李 颖）

【工会组织建设与会员发展】 6月15日，成立全市第一家婚庆行业工会联合会，即西单特色街婚庆行业工会联合会。推动金融企业建会，制定《西城区金融业工会经费回拨补助促建会办法（试行）》。以个体商户为重点，发动街道以市场、楼宇为依托建立联合工会，年内1300余家个体户建会。开展“两模三优”“双爱双评”活动，不断完善工会和地税联动的建会常态工作机制。年内，累计建会涵盖法人单位21067家、会员225701人，其中新增建会涵盖法人单位5079家，会员2.54万人。西城区应建会企业建会率在全市领先、会员信息采集工作全市排名第一。

（刘玉霞）

【职业介绍】 6月，区总工会再就业岗位技能培训基地在职工帮扶中心挂牌成立。年内，举办就业培训班、招聘会10余场，同时利用职业介绍网站和相关报刊登载招聘信息。提供职业指导和求职服务1467人次，推荐就业1327人次，安置就业971人次。

（李 颖）

【一届五次委员（扩大）会议】 7月24日，西城区总工会召开一届五次委员（扩大）会议，北京市总工会副主席张青山出席。会上，马小鹏传达北京市总工会十二届八次委员（扩大）会议精神，并作了题为《落实市党代会精神，强化工会服务职能团结动员广大职工为建设中国特色世界城市首善之区而努力奋斗》的工作报告；区总工会常务副主席王学章通报上半年“面对面、心贴心、实打实服务职工在基层”活动情况；区环卫中心工会和什刹海街道总工会代表发言。

（韩悦彤）

【工会经费收缴】 7月27日，召开西城区工会经费（筹备金）税务代收工作推进会，制发了《街道经费大户回拨暂行办法》。加强会计核算中心规范化建设，为建会企业工会提供会计核算服务。全年收缴经费4128万元，同比增长82%，上解经费2152万元，为工会工作有序运转提供物质保障和财力支持。

（马燕红）

【厂务公开民主管理】 8月7日，2012年西城区厂务公开协调小组会议召开，调整厂务公开协调小组成员。年内，全区已建会国有、国有控股企业及事业单位厂务公开民主管理建制率达100%，已建会非公企业建制率达80%以上，保障了职工的民主权利，推进了基层民主政治建设，促进了企业发展和社会稳定。

（贺瑞丰）

【网格化建设工作】 8月20日，召开网格化服务管理系统（试点）工作部署会，确定4个街道作为试点。10月18日，召开街道系统工会网格化建设推进会，制发了《关于依托网格深化工会三级服务体系建设参与加强和创新社会管理的实施方案》和《工会工作手册》，工会网格化建设工作在全区15个街道全面铺开。年内，初步完成工会网格化社会服务管理框架建设，为全面融入“全响应”服务管理体系打下基础。

（韩悦彤）

【区政府与工会第二次联席会】 10月31日，区政府与工会第二次联席会议召开，区长王少峰、区委常委王旭、区总工会主席马小鹏、区相关委办局负责人及区总工会各部门负责人参加会议。会议通报了西城区政府与工会第一次联席会以来区总工会的主要工作情况及第一次联席会议议题的落实情况；研究讨论了西城区政府与工会第二次联席会议议题。会议研究决定：区政府有关部门要积极支持配合区总工会开展网格化社会服务管理体系建设，将工会纳入全区“全响应”工作平台中；区总工会牵头举办西城区第一届职工运动会；区总工会牵头举办西城区职工优秀技术创新成果展示活动；区总工会会同有关部门，就办公及服务用房问题提出工作建议供区委区政府研究决策；将区总工会专职工会社会工作者纳入全区社会工作者序列进行规范化管理。

（韩悦彤）

【维权机制建设】 年内，开展公益律师进社区、法制宣传活动180余次。全年共接待来电来访558人次，受理劳动争议案件700件，调解成功380件，履行金额330余万元，协调处理“12351”职工服务热线下派案件26件，为职工挽回了经济损失、保障了劳动权益，维护了区域劳动关系和谐和社会稳定。区劳动争议调解中心获“全国工会职工法律援助等维权服务示范单位”称号。

（贺瑞丰）

【劳模管理】 年内，修订《西城区总工会关于加强和改进劳模工作的意见》，提高劳模困难帮扶标准，增加劳模服务项目。4月24日，与区文联、区文委联合举办“劳动者之歌”书法名家作品展；组织劳模体检320人次；慰问困难劳模、高龄劳模766人次；组织5批劳模赴三亚休养，90人参加；为全区210名劳模订阅《劳动午报》。

（李 颖）

【送温暖工程】 年内，修订《西城区职工帮扶救助暂行办法》，积极开展各类帮扶救助活动。“两节”期间开展以“互助送温暖，服务促和谐”为主题的送温暖活动，走访慰问困难职工、劳模1371人次，共发放慰问金、慰问品200万元；深化“金秋助学”，为145名困难职工子女发放助学金26万元；为北京“7·21”特大自然灾害捐赠善款共计638748.20元，为126名受灾严重的职工家庭发放专项救助款共计19.17万元。

（李 颖）

【群众性经济技术创新工程】 年内，在职工中广泛开展岗位练兵、提合理化建议等多种形式的群众性经济技术创新活动，9.8万余名职工参与。组织3000余名职工参加北京市第三届职业技能大赛，24人取得了8个工种前3名的成绩。以农民工、劳务派遣工和出租车司机三类职工群体相对集中的直属基层工会为重点，广泛开展送清凉活动，发放3万份清凉包。以“安康杯”竞赛为平台，发动2.8万名职工参与企业安全文化教育及对各类事故和职业危害的排查治理活动。开展《职业病防治法》知识答卷活动，2000余名职工参与。

（李 颖）

【女职工工作】 年内，开展庆“三八”系列活动，对5个女职工组织规范化建设示范单位和5名先进个人进行了表彰；以“建美丽西城、创美好生活、展女性风采”为主题，展示并评选出女职工摄影、书法、手工作品247件；为88名单亲女职工发放慰问金2.6万元；发放女职工妇科疾病免费体检卡5000余张；发放《女职工劳动保护特别规定百题问答》200余册；女职工专项集体合同覆盖企业15799家。

（李 颖）

【职工书屋建设及读书活动】 年内，验收职工书屋33家，全区职工书屋达到103家，其中有6家是全国职工书屋示范点。4月23日，启动“劳动创造幸福”读书月活动，活动包括职工免费观影周、“我的小幸福”职工演讲征文、知识竞赛、北京精神大讲堂等内容，1500名职工观看免费电影、50名职工参加演讲比赛，2万名职工参加“劳动创造幸福”知识竞赛。200余人参加北京精神大讲堂。

（张燕峰）

【素质教育工程】 年内，开展“工运理论进党校课堂”活动，对区委党校中青班学员进行了工运理论培训；积极推出农民工大学生助推计划，斥资100余万元资助159名农民工圆大学梦；共有6566名学员参加通用能力培训。

（张燕峰）

【职工文体活动】 年内，引导职工加强体育锻炼、增强身体素质，组织开展了职工台球、篮球、棋牌、游泳、乒乓球、羽毛球和广播操比赛，5000人次参与；组织机关系统广播操比赛，1800人次参加；成立职工合唱团，开办舞蹈培训班，有效活跃了职工精神文化生活。

（张燕峰）

【经审工作】 年内，开展经审工作规范化建设达标活动，评选出14家经审工作规范化建设先进单位，并给予表彰奖励。召开西城区经审干部培训会，100余名基层工会经审主任和经审干部参加。对3名离任工会主席进行任期经济责任审计；对54家直属工会进行审计，审计金额达9855.41万元，完成两年一轮次对区直属工会的定期审计工作。区总工会经审会在全市经审工作规范化建设达标活动中被评为一档单位，被全国总工会评为“全国经审工作先进集体”。

（刘 辉）

【职工互助保险】 年内，发展新会员7389人，6个险种入保55835人次，金额达296万元；赔付987人次，金额达192万元；保障计划门诊及住院11404人次,赔付金额达163万元，为出险职工提供了一定经济保障，降低了职工自身承担的风险。

（马燕红）

【京卡·互助服务卡】 年内，在全市率先组建京卡宣传服务队，共有专兼职宣传员7600余人。累计开发6大类京卡服务项目，发展了45家特约服务商户;全区共采集单位信息12966家、会员信息237140人，会员信息采集率达到93.76%；累计办理京卡152776张，办卡率达到64.42%；年内新增会员信息7万余人，新增办卡4万余张。

（齐伟萍）

【婚姻介绍】 完善单身青年沟通平台，创建了婚姻家庭工作群。未婚人员库里共有1013人，年内新增单身青年351人。以“情感日记”为主题，组织9次不同类型的联谊活动，共举办12场联谊会，参加活动870人次；组织西城单身青年参加市帮扶、市妇联等举办联谊活动11场305人次。

（齐伟萍）

西城区妇女联合会

【概况】 年内，北京市西城区妇女联合会（简称区妇联）在区委区政府的领导和市妇联的指导下，各级妇联组织认真学习党的十八大会议精神，深入开展创先争优活动，扎实推进基层组织建设年工作，贯彻落实市妇联“下基层、访妇情、办实事”以及西城区委“访民情、听民意、解民难”活动要求，抓基础、强举措、创品牌、出特色，在加强基层组织建设、打造维权工作新格局、创建妇女儿童规划示范区以及参与社会管理等方面，作出积极努力，取得良好成果。

地址：西城区广安门南街68号

邮编：100054

电话：83976208

（申　骏）

【召开执委会】 1月13日，区妇联召开一届三次执委（扩大）会，区妇联执委、各街道主管领导和基层妇联干部70余人参加会议。会议传达市妇联十二届四次执委会精神，增选周行为区妇联副主席。区妇联党组书记、主席薛湘丽作题为《深入学习贯彻胡锦涛总书记“七一”讲话精神，努力把妇联工作提高到一个新水平》的工作报告，全面回顾总结2011年度工作，安排部署2012年妇女工作。区委常委王旭出席会议并讲话。

（申　骏）

【帮扶活动】 元旦春节期间，区妇联开展以“营造温暖之家、共享美好生活”为主题的2012年走访慰问活动，共向老妇救会主任、单亲特困母亲、患“两癌”妇女、纯老年人家庭困难妇女、边缘贫困妇女等748人，发放救助资金46.12万元。陪同区领导入户慰问1名单亲特困母亲和1名重病儿童，发放慰问金4000元。1月12日，举办“情牵一线，关爱儿童”西城区2012年恒爱行动捐赠仪式，向孤残儿童捐赠爱心毛衣200件。依托区妇联综合救助平台，全年向8名重病妇女、6名贫困学生、1名贫困儿童提供救助资金1.9万元。

（申　骏）

【“三八”活动】 2月23日，区妇联在区文化中心举办“拥抱春天”社区妇女工作者庆“三八”联欢会，全区近300名社区妇女工作者参加活动。3月5日，西城区各界妇女纪念“三八”国际劳动妇女节庆祝大会在区文化活动中心举行。市妇联副主席李彦梅，区委书记王宁，区委副书记、区长王少峰，区人大常委会主任刘跃平，区政协主席曹长胜等出席大会。各街道、各单位主管领导，区妇联执委，部分区人大女代表、区政协女委员，局处公司女工干部，社区妇女工作者以及全区各界妇女代表约560人参加大会。李彦梅、王宁分别代表市妇联和区四套班子致辞。大会由两部分组成，第一部分以“平凡女性·感动西城”为主题，以播放宣传片的形式，讲述10位平凡女性的感人事迹；第二部分以“杰出女性·建功西城”为主题，表彰北京市“三八”红旗集体和北京市“三八”红旗奖章获得者。3月8日，区妇联举办“智慧女性，奉献西城”全区女领导干部庆“三八”联谊活动，区四套班子主要领导、区委常委、女局级领导、副处实职以上女领导等200余人参加活动。会上讨论并通过西城区女领导干部联谊会章程和组织机构成员建议名单，区委常委、组织部长章冬梅当选会长，53人被授予第一届西城区“妇女之友”称号。

（申　骏）

【妇女之家】 3月，为表彰先进，树立典型，进一步推进“妇女之家”建设，在各街道申报的基础上，经实地检查评定后，区妇联命名31个社区示范“妇女之家”及31名“妇女之家”优秀带头人。

（申　骏）

【“三八”维权周】 3月，区妇联以“亿万家庭学法制、户户平安促和谐”为主题，在全区开展2012年“三八”维权周活动。据统计，维权周期间，全区妇联系统共组织各类普法宣传活动95次，发放宣传品1.5万余份，受益妇女达1.7万余人次。同时，承办两场由全国妇联权益部、中国妇女杂志社、全国妇联法律帮助中心联合主办的“温暖你我她，维权服务进万家”法律咨询活动。

（申　骏）

【家庭教育工作】 3月，区妇儿工委办、区教委共同组织全区中小学生参加由市妇联、市教委、团市委等单位联合举办的2012北京市家庭教育主题周大型公益活动。全区共有50余所中小学校的1500余名学生参加活动，其中在《写给爸爸/妈妈的一封信》征文活动中有7人获奖，在“亲子瞬间”摄影征集中有5人获奖。

（申　骏）

【流动妇女防艾行动】 3月至12月，区妇联联合区疾控中心在10个商务楼宇姐妹驿站和流动妇女平安之家的流动妇女中开展防艾行动。通过开展健康知识讲座、防艾知识咨询、发放防艾宣传材料和宣传品等活动，覆盖流动妇女1.3万人次。

（申　骏）

【妇女创业就业】 4月，区妇联组织动员广大群众参与“北京市第三届职业技能大赛手工技能大赛”，各级妇联组织通过张贴海报、发放宣传册、召开组织动员会等方式在广大妇女群众中进行宣传动员。经过多轮竞赛，宋玉琴的《孔雀》获得手工布艺类一等奖，杨晓康的《龙腾九州》获得雕刻工艺类二等奖。5月，联合华媖创业女性发展中心和康基恒业（北京）科技有限公司，在多个街道开展“康基——女性就业岗位推介”活动，向500余名女大学生毕业生和失业妇女推介岗位。

（申 骏）

【社区妇联换届】 按照区委、区政府关于社区“两委”换届选举工作的部署，区妇联制定下发《关于社区妇联换届选举工作的意见》，指导社区妇联换届工作。4月底，255个社区妇联换届选举工作全部结束，选举产生新一届社区妇联主席255名，全部进社区“两委”。新一届社区妇联主席与上一届比较，人员结构呈现出三个特点：一是担任社区正职的人数增多。担任社区党委书记或居委会主任的51人，占20%。二是更加年轻化。35岁以下51人，占20%；36岁至45岁76人，占30%。三是整体素质较高。中共党员170人，占67%；大专以上学历191人，占75%，其中硕士学历2人。5月31日，区妇联召开全区社区妇联换届选举工作总结暨妇女之家建设推进会，各街道主管领导、街道妇联主席、区妇联干部等40人参加会议。会上，各街道妇联主席交流社区妇联换届选举工作情况，并就下一步推进社区妇女之家建设的思路及重点工作进行汇报。

（申 骏）

【落实妇儿规划】 4月13日，区妇儿工委办公室与区统计局共同召开2012年西城区妇女儿童规划统计监测培训会，区妇儿工委24个成员单位的联络员参加培训。4月27日，由市妇儿工委办常务副主任周静带队、相关成员单位专家组成的规划考察组，调研考察西城区申报“十二五”时期妇女儿童规划示范区。区妇儿工委主任、副区长陈宁及相关成员单位领导约30人参加活动。会上，区妇儿工委副主任、区妇联主席薛湘丽作西城区自荐示范区情况汇报，各成员单位领导分别围绕学前教育发展、妇幼卫生保健重大项目、引导妇女创业再就业工作、普法宣传工作及群众文化建设和品牌文化活动创建等进行汇报。5月29日，区妇儿工委办召开2012年西城区妇女儿童工作委员会工作会，市妇儿工委办公室常务副主任周静，区妇儿工委主任、副区长陈宁到会并讲话，妇儿规划专家组专家，区妇儿工委58个成员单位的主管领导和联络员参加会议。会上，调整了西城区妇女儿童工作委员会组成人员；部分成员单位与陈宁签订《西城区“十二五”时期妇女儿童发展规划目标任务分解责任书》；区教委、区卫生局、区文化委作为“十二五”妇女儿童规划示范区的3个示范体系建设牵头单位，就“完善学前教育服务体系”“构建新型医疗卫生服务体系”“建设公共文化服务体系”作大会发言。8月10日，区妇儿工委召开“十二五”妇女儿童发展规划重点示范项目“构建新型医疗卫生服务体系”工作推进会。9月24日，召开重点示范项目“建立公共文化服务体系”工作推进会。11月29日，召开重点示范项目“召开完善学前教育服务体系”工作推进会。

（申 骏）

【专家说法进社区】 4月至8月，区妇联与西城区律师协会女律师公益团联合开展“专家说法进社区”系列活动，带领20名女律师分别深入椿树、广内、大栅栏、天桥等4个街道的社区，以反对家庭暴力、家庭财产分割、青少年维权、劳动权益保障等为内容，为350余名社区妇女和青少年答疑解惑。

（申 骏）

【巾帼建功】 5月8日，区妇联与北京凤仪轩美联集团联合举办献给“三八”红旗手母亲的爱暨凤仪轩感恩母亲节公益活动，15名北京市“三八”红旗奖章获得者参加活动。5月28日，区妇联以“感受京都文化、凝聚女性力量、共建美好西城”为主题，组织局处公司女工干部在大观楼影城，举办“巾帼建功”现场参观学习交流活动。会上，获得2012年北京市“三八”红旗集体称号的京都文化公司联合影院负责人介绍公司基本情况和开展“巾帼建功”活动情况，区卫生局和区体育局分别就深入开展“优质服务创一流、首都巾帼展英姿”活动作经验交流。

（申 骏）

【和谐家庭建设】 5月12日，区妇联组织15个街道的“五好文明家庭”代表赴平谷区谷峪园青少年户外体育活动营地开展植树活动。

（申 骏）

【百姓宣讲】 5月23日，区妇联举行西城区妇联系统百姓宣讲报告会，6名宣讲员讲述各自不平凡的人生故事，月坛街道星月艺术团表演女声小合唱《好人就在身边》《西城妇联之歌》。

（申 骏）

【儿童工作】 5月26日，区妇联举办“探索宇宙奥秘 共享快乐六一”参观北京天文馆活动，全区15个街道的120余名特困家庭孩子和家长参加活动。7月14日，区妇联在消防博物馆举行“热爱学习 平安成长 拥抱自然”暑期大本营活动，活动表彰100户学习家庭，向广大家庭发出“小手牵大手”倡议，并组织大家参观消防博物馆，进行消防和地震体验。暑假期间，区妇联联合昆虫频道举办西城区首届“昆虫夏令营”暨“蝶舞纷纷彩云飞”昆虫文化竞赛活动，全区150名品学兼优的学生及其家庭参加，由家长和孩子共同参与领养蝴蝶或彩蚕，饲养孵化，制作标本，并参加昆虫科普文化作品创作竞赛。8月9日，区妇联在首都博物馆多功能厅举办昆虫领养知识讲座。

（申 骏）

【妇联干部培训】 6月26日至27日，区妇联举办社区妇联主席培训班，全区新一届社区妇联主席及街道妇联主席、区妇联干部近300人参加培训。市妇联副主席周志军、中国妇女报社驻北京记者站站长金勇、北京中科软科技股份有限公司工程师刘森森分别作专题讲座。同时，培训班还针对北京市妇女之家信息平台的使用方法和如何写好工作信息进行业务培训，并组织参训人员参观怀柔第四次世界妇女大会主题公园。

（申 骏）

【“两癌”筛查】 6月，区妇联联合区卫生局启动新一轮“两癌”（宫颈癌和乳腺癌）免费筛查，通过张贴宣传海报、发放宣传手册、举办讲座等方式在适龄妇女中开展宣传动员工作，提高政策知晓率。全年共筛查出患“两癌”妇女20人。

（申　骏）

【女性手工艺品精品展】　6月至7月，区妇联以“巧手丹心　喜迎盛会”为主题，在全区广大妇女中开展女性手工艺品征集活动，共收到各行各业女性的手工艺品1200余件，涉及编织、剪纸、布艺、十字绣等众多手工技艺领域。8月28日，为期3天的西城区女性手工艺品精品展在区文化中心开幕，市妇联社会工作部部长陈延平等领导，友好城市内蒙古喀喇沁旗委常委、副旗长郭海龙等嘉宾，以及各街道妇联主席、妇女代表等70余人参加开幕式。展出期间，千余名来自各委办局、企事业单位的职工和街道社区居民参观展览。

（申　骏）

【市十一次党代会精神宣讲】　7月30日，区妇联举办学习贯彻市十一次党代会精神百姓宣讲团西城区妇联报告会，邀请首都师范大学教授、市十一次党代会精神宣讲团成员郭海燕进行专题辅导。区妇联中层干部代表和社区妇联主席代表结合本职工作，分别讲述学习市十一次党代会精神的心得体会。区妇联领导班子、全体机关干部、街道和社区妇联主席共150余人参加报告会。

（申　骏）

【青年联谊】　9月25日，区妇联、团区委联合在天津滨海航母主题公园举办“青春为祖国闪光”大型青年联谊活动，旨在为各界青年朋友增进友谊、交流感情搭建平台，以饱满的热情迎接党的十八大胜利召开。西城区50多家单位的近200名青年朋友参加联谊活动。

（申　骏）

【对外交流】　9月26日，土库曼斯坦妇女代表团一行在全国妇联、市妇联领导的陪同下，到牛街西里二社区了解社区妇女生活和工作情况，双方就妇女组织建设，妇女就业、妇女权益保护等问题进行交流。

（申　骏）

【港澳台侨妇女联谊会】　9月21日，区妇联组织港澳台侨妇女联谊会会员到“北京市最美乡村”——朝阳区何各庄村参观学习，了解向小康社会迈进的社会主义新农村现状，感受城郊村民的幸福生活。

（申　骏）

【学习十八大精神】　11月27日，区妇联召开全区各界妇女学习贯彻党的十八大精神座谈会。会上，区妇联执委、局处公司女工干部、港澳台侨妇女联谊会成员、外来务工妇女代表和基层妇联干部等50余人，认真学习报告提出的重大理论观点、重大方针政策、重大工作部署。在交流学习体会环节，基层妇女工作者结合自身的学习体会，畅谈开展妇女工作的新思路。

（申　骏）

【妇女理论研究会】　12月21日，西城区第一届妇女理论研究会召开会员大会，讨论通过第一届妇女理论研究会组织机构人员名单，区妇联党组书记、主席薛湘丽当选会长，同时部署安排下一阶段工作。

（申　骏）

共青团西城区委员会

【概况】　共青团西城区委员会（简称团区委）是西城区先进青年的群众组织。团区委下设办公室、组织部（社会部）、宣传部、统战部、权益部、区志愿服务指导中心6个部室，区未成年人保护委员会（简称未委会）办公室设在团区委，在职人员34人。主要职责是积极发挥党联系青年的桥梁和纽带作用，组织青年、引导青年、服务青年、维护青少年权益，指导全区各级团组织开展工作。年内，团区委紧抓党的十八大、建团90周年的契机，努力实现“一体两翼多支撑”的总体工作设计，积极推动西城共青团事业全面发展。截至年底，团区委下辖共54家直属团组织；团组织总数1534个，基层团委数100个，基层团总支38个，基层团支部1395个；全区团员总数42490名，年度入党团员数192名，推优入党117名，保留团籍的党员数862名，流出团员数390名，流入团员数481名，全区14至28岁青年为45908名。

地址：西城区北礼士路12号

邮编：100044

电话：88391826

（张　悦）

【未成年人保护工作】　1月至3月，团区委组织德胜、大栅栏、金融街、陶然亭和月坛街道的五所星光自护学校开展包括假期安全、自护常识在内的各类星光自护活动，共有900人参加了活动。3月15日，西城区综治委预防青少年违法犯罪工作协调委员会暨未成年人保护委员会全体（扩大）会议召开。副区长、区未成年人保护委员会主任陈宁出席会议。6月12日，西城公安分局、区检察院、团区委和区教委在区检察院联合举行法制教育基地揭牌仪式。区委常委、西城公安分局局长陈思源、区检察院检察长韩索华、团区委副书记岳立和各单位相关领导及部门负责人出席会议。9月1

日，根据首都综治委预防青少年违法犯罪专项组及区综治委相关工作要求，西城区综治委预防青少年违法犯罪工作协调委员会调整为西城区综治委预防青少年违法犯罪专项组。截至年底，全区15个街道的预防青少年违法犯罪工作机构完成调整。11月22日，为继续加强和推进西城区未成年人保护工作，区未成年人保护委员会主任、副区长陈宁听取区未保委办公室、团区委关于全区未成年人保护工作的专项汇报。11月26日，团区委与广安中学举行青少年法制教育基地签约暨挂牌仪式。市高级人民法院刑事审判第一庭副庭长、少年法庭工作办公室负责人赵德云、团市委权益部部长张洁、团区委员会书记王丹、区教委副主任金庆、中国政法大学刑事法律援助研究中心副主任张雪梅、区法院党组副书记、副院长祖鹏、广安中学党支部书记郝新生等参加会议。12月7日，第十三届“西检杯”西城区中学生法律知识思想道德竞赛在北京四中礼堂举行决赛。市检察院党组成员、副检察长苗生明、团市委副书记黄克瀛、团市委中少部副部长薛健、最高人民检察院未检处处长张寒玉等为决赛优胜者颁奖。同日，《西城区青少年法制教育与自护教育FLASH短片》面向全区中小学生正式发布。

（刘　潇）

【帮扶区域弱势青少年群体工作】　1月至3月，团区委开展“两节送温暖”等慰问活动，利用“希望之星1+1”奖学金、“爱心基金”“寒窗助学金”和“区综合救助基金”等奖学金助学金项目，覆盖全区受捐助青少年285人，累计发放15.22万元善款。4月15日，西城未委会办公室副主任、团区委副书记岳立及团区委权益部干部一行到区法院（南区），针对未成年人保护工作和预防未成年人违法犯罪工作进行了研讨交流。区法院副院长钱俊清携未成年人案件审判庭的法官、审判员和书记员陪同团区委调研人员参观了少年法庭，未成年庭的审判员对少年法庭的特点进行了讲解。7月3日，团区委与西城检察院共同设立的北京市首家附条件不起诉未成年人考察帮教中心正式授牌成立。最高人民检察院公诉厅副厅级巡视员史卫忠、团市委权益部部长张杰、市检察院公诉二处副处长岳慧青、西城检察院检察长韩索华、团区委书记王丹等出席授牌仪式。11月25日，“七彩梦”青少年才艺资助项目推介会暨汇报演出活动在区文化中心举行。团市委权益部、市青基会、希望工程北京捐助中心等领导观看演出。12月27日，2012年西城区“共青团与人大代表、政协委员面对面活动”座谈会在西城区少年宫召开。区政协社会和法制委员会工作室主任晏畅、区人大内务司法工作委员会副主任蒋远飞、团区委书记王丹及20余位区人大代表、政协委员参加活动。

（刘　潇）

【团建创新工作】　2月29日,组织召开共青团北京市西城区一届一次常委会。审议通过《共青团北京市西城区一届二次全委（扩大）会关于一届委员会委员、候补委员卸职递补确认案》。组织召开共青团北京市西城区一届二次全委（扩大）会。恢复直属团干部例会制度，分别于2月、4月、6月、8月、11月召开直属团干部例会，各部室传达工作任务及要求，实现团区委对直属团组织的有效管理与引导。对新建的中融信托投资有限公司团委及进行换届的园林、京都、华兴新业等基层团组织，进行一对一的对接，对成立团组织及换届的流程、文件进行指导审阅，保证团的基层组织建设的规范性和严肃性。截至年底，全区共建立“两新”团组织786家，其中非公有制经济组织745家、新社会组织41家，35岁以下青年人数18395人，团员数7880人。全年新建“两新”团组织312家，其中非公有制经济组织300家，新社会组织12家，35岁以下青年人数4962人，团员数2477人，超额完成团市委“两新”建团指标。建团的“两新”组织主要集中在餐饮服务、酒店宾馆、高新技术等中小型“两新”组织之中。

（刘　涛）

【青年统战工作】　3月1日，开展“践行北京精神，争做低碳先锋”迎“三八”妇女节活动。4月12日，开展“青联委员走进新西城”系列活动，组织青联委员参观大栅栏商业街、琉璃厂文化街老字号商铺的传统文化，了解大栅栏琉璃厂地区业务状况及未来发展规划等相关工作。8月2日，组织青联委员走访驻区部队，慰问总参谋部政治部，促进西城区的双拥工作。8月至9月，开展青联委员建议案工作，收到涉及医疗、卫生、教育、金融、环保、市政建设、公共安全、公益活动等各领域的建议案，最终评选出28个优秀建议案并汇编成册，在全会上进行展示。9月18日，区青年联合会第一届委员会第一次全体会议召开。大会听取和审议了区青年联合会（临时）常务委员会工作报告，大会选举产生了区青年联合会第一届委员会和常委会，王丹当选为区青年联合会主席，马勇明等23人当选为区青年联合会副主席，万兴亚等55人当选为区青年联合会常委。9月18日，区青联组织常委开展集中调研参观活动，分别走访了德胜街道“全响应”社会服务管理创新指挥中枢、繁星戏剧村及荣宝斋。10月27日，召开区青联委员建言西城区域发展座谈会，围绕整体发展战略、城市建设、金融创新、医疗服务、民族宗教、文化发展、资源整合等问题畅所欲言，为区域发展建言献策。12月14日，区青联开展系列活动——青联委员走进新西城之“走进德胜科技园区”主题活动。先后参观了德胜科技园区内的中国北京出版创意产业园及北京DRC工业设计创意产业基地。

（朱　博）

【开展各类志愿服务项目】　3月5日，开展学雷锋志愿服务活动，共有40余个会员单位参与活动，组织开展不同形式志愿服务活动47次，服务人数达2261人次。精品志愿服务项目评比表彰活动共评选出精品项目10个，重点孵化类项目4个，分别为夕阳共绘美景、青少年成长加油站、“向日葵”大学生社区服务及昆虫知识进校园。同时，联合会对项目采取导师全程指导，联合会工作人员协助运行的“陪伴式”运行模式，帮助项目成长，将其培育成为区志愿服务品牌项目。11月17日至12月4日，参加全市第十五批毛主席纪念堂志愿服务活动，共有10名志愿者参与了外围引导、扶老助残、“蓝立方”站点服务。“蓝立方”共开展各类志愿服务活动27次。“携手相牵 快乐成长”关爱外来务工人员子女志愿服务项目共开展活动13次，以“童心圆梦”为主题，为孩子们圆梦23个。金融法律知识进社区志愿服务项目共开展活动7次。“志愿者之家”共开展各类活动16次，接待各类参观97次。“志愿北京之白衣天使进西城社区”志愿服务项目开展各类活动12次。“青春伴夕阳”志愿服务项目开展各类活动40余次。

（李彬彬）

【青少年思想政治工作】 4月至10月，制作“90载青春年华 90载辉煌历程”系列宣教片，举办“90载青春年华 90载辉煌历程”共青团史巡展，在机关干部、医护人员、公安民警、中小学生、企业员工等各类青少年群体中宣传团史团情，广泛开展学习研讨活动，全面激发广大青年的责任感和荣誉感。5月23日，举办“爱·雷锋·青年”宣讲活动，围绕志愿服务和青年责任等主题，将雷锋精神与北京精神相结合，以身边感人的故事激励青年奋发向上、乐于奉献。7月19日，开展“青年 信仰 爱”文化沙龙走进德胜科技园活动，与企业青年互动探讨对信仰与奉献的理解，营造积极的志愿服务文化氛围，吸引了众多青年报名加入志愿服务行列。8月20日至24日，团区委联合合兴集团控股有限公司、香港狮球教育基金，依托“海联—狮球”优秀学生奖活动平台，共同开展“思想无边 梦想无限”西城区优秀中学生赴港交流活动。11月21日，团区委联合中央电视台北京科影传媒有限公司，举办“奋斗中的我们”——北京精神与西城青年文化沙龙活动，倡导各行业青年用实际行动全面践行十八大精神。来自西城区的青联委员、示范青年汇青年代表、驻区单位青年代表共100余人参加活动。全年以资金支持、导师推荐的形式，围绕“践行北京精神”等主题，深入基层举办青年先锋讲堂11期，激发青年先锋意识，打造高品质青年团队。依托团干部例会开展专题讲堂5期，内容涉及摄影培训、区情解读、团史回顾、市十一次党代会报告解析、解读十八大报告。

（宋伯宁）

【志愿者联合会文化建设】 4月,推出志愿者联合会卡通形象大使——志多多。“志多多”的外观设计同联合会LOGO采用了相同的“心、手”元素，身着蓝色志愿者T恤，头部外型上体现出新西城地图有如竖大拇指的造型。“志多多”寓意社会各界群众多多参与、多多奉献、多多收获，同时祝愿志愿服务事业花开遍地、繁荣向上。全新改版的“志愿西城”网站正式开通。改版后的网站采用“所见即所得”的页面编辑器及更加灵活的附件处理方式，提升了信息发布功能。10月，启动编排志愿者舞台剧。舞台剧中的故事原型及场景全部来自西城志愿者的故事，演员由区注册志愿者担任。12月底，舞台剧彩排结束。

（李彬彬）

【表彰树立志愿者典型】 5月底，启动第二届“西城区十大志愿者”评选表彰活动。截至9月17日，经过组委会办公室审核，符合参评条件申报者72人。11月1日，组委会召开材料评审会，最终由评审专家推荐选出20名志愿者进入网络票选环节。经过网络投票，12月底，评选出第二届西城区十大志愿者：杨雪、西英俊、王新宇、张志强、刘彤、李金明、于志泉、李明顺、陈牧云、刘伟利。还评出西城区志愿服务终身成就奖，获奖人员为：常志复、马广明、和韧、肖晓琳夫妇、江志刚、刘众望。5月底，启动西城区志愿服务时间累积及志愿者星级评定工作。各会员单位汇总上报志愿者6181人，累积723692.5小时。经联合会审定，最终评出星级志愿者623人。其中一星志愿者253人，累积服务时间32460小时；二星志愿者209人，累积服务时间51525人；三星志愿者92人，累积服务时间48500人；四星志愿者38人，累积服务时间31879小时。向市志愿服务指导中心推荐五星志愿者31人，累积服务时间31427小时。

（李彬彬）

【区志愿者联合会第一次会员代表大会】 5月29日，区志愿者联合会第一次会员代表大会召开。团市委领导常宇、熊卓及区领导王宁、王少峰、刘跃平、曹长胜、郭怀刚、陈宁慰问各界志愿者代表，杜灵欣、王旭、王都伟、范宝同时出席会议，来自驻区中央单位、金融机构、医疗机构、高等院校及区属志愿者组织负责人和优秀志愿者代表300余人参加大会。会议审议通过《北京市西城区志愿者联合会章程》，选举产生西城区志愿者联合会第一届理事会、监事会。在随后召开的第一届理事会、监事会上选举产生了常务理事、主席、副主席、秘书长及监事会监事长。区委常委王旭当选为主席，副区长范宝当选为第一副主席。

（李彬彬）

【志愿者管理】 “志愿西城”网络平台与“志愿北京”实现融合。截至年底，西城注册志愿者人数122028人，在“志愿北京”上发起项目117个，2012年在“志愿北京”平台新增西城区志愿服务团队49个。全年开展各类志愿者培训7次，培训人数500人。成立国内首支国旗志愿者服务队，首批志愿者为35名。

（李彬彬）

【服务青年成长成才工作】 围绕全区中心工作，按照政务能力建设年相关要求，在全区机关、事业单位和青年社工中开展“建一言、献一策”活动，发动基础团员青年针对个人工作实际或本单位、本部门及全区各项工作就如何提升履职能力、响应能力、创新能力提出意见建议。组织部根据稿件情况进行了评选，评出28个优秀奖，并将其中的11篇优秀稿件推荐至区政务能力建设年领导小组办公室参加全区的评选活动。组织团代表分别参加赴河北赤城、延庆、昌平等地的调研和在金融街、琉璃厂开展的第二次分团活动。

（刘 涛）

【共青团社会领域建设】 上半年和百德社区发展促进中心助力团区委“枢纽型”社会组织建设，与香厂路小学、育才学校小学部、区青少年图书馆、黄寺小学、德胜新居民学校社区青年汇接洽，开展书香伙伴行动，小学生、学生家长参加了活动，开发有创新性的“伙伴家庭、乐活社区”系列项目和信息平台，形成社区居民参与社区公共生活、社会公益事物的途径。与百德社区发展促进中心陆续合作开展了青少年非物质文化遗产体验、青少年书香伙伴活动、青年社工热线等工作项目。针对青少年社会组织负责人、社区青年汇总干事、优秀青年社区开展集中交流培训工作，培养社会领域青年人才，逐步形成了社会领域青年人才数据库。7月，悦群社工事务所和厚朴社工事务所经过前期人员筛选，对12名应聘者进行面试、招聘，并确定5名专职社工对接5家市级示范社区青年汇。8月1日，5名专职社工全部到岗。8月6日，团区委与西城区悦群社会工作事务所、西城区厚朴社会工作事务所签订《共青团西城区委员会购买社区青年汇专职青年社工岗位项目合同》。8月17日，召开5家示范青年汇专干工作推进会。联合区委社会工委、区市民总校、北京市青年宫、百德社区发展促进中心、悦群社工事务所等单位共同搭建西城区“七彩心桥”青年社工热线平台——88391783。在汇集专业资源帮助青年社工减压、助力的同时，畅通青年社工与党、团组织之间的沟通渠道。在北京历代帝王庙·社区青年汇、北京市青年宫·社区青年汇、悦读时光书城·社区青年汇、老舍茶馆·社区青年汇等社区青年汇开展非物质文化遗产体验、红色观影、青年汇相声擂台等“社区青年汇青年社工专享活动”，以文化学习专享、身心健康专享、休闲娱乐专享、志愿公益专享为内容。12月12日至13日，开展首届西城区社工风采大赛，为广大基层社工搭建一个展示才华、相互交流的平台。5个街道的36名社工参与“青年亮”“青年行”“青年辩”“青年说”4个环节的比赛。

（刘 涛）

【加强自身基础工作】 积极围绕青少年全面发展、社区青年汇建设、区志愿服务资源统筹利用等专题深入开展调查研究，着力破解影响共青团组织职能实现和作用发挥的重大课题。利用“学习文化展示窗口”“英语角”等活动平台，丰富机关业余文化生活，提高机关干部的综合素质。打造统一品牌的“青春西城”团属传媒，对外扩大影响，面向全体青年及广大市民，针对团员青年与志愿者两大群体，形成报刊、网站、微博的多元化宣传格局；对内注重交流，建立简报、手机报等交流平台，发布消息、汇集经验。全年通过外媒报道西城共青团各类新闻50余篇，向团市委报送信息1500余条，在全市团系统信息排名第一。

（宋伯宁）

西城区科学技术协会

【概况】 北京市西城区科学技术协会（简称区科协）是北京市西城区科技工作者的群众组织，是中共西城区委领导下的人民团体，是区委、区政府联系科技工作者的桥梁和纽带，是推动科学技术事业发展的重要力量，是北京市科学技术协会在西城区的地方组织。有区级学会、协会、研究会24个，街道科协15个，会员4万余人。年内，贯彻落实《中华人民共和国科学技术普及法》和《全民科学素质行动计划纲要》，围绕区域经济社会发展大局，坚持首善标准，突出重点，密切联系科技工作者，切实发挥党和政府联系科技工作者的桥梁和纽带作用，普及科学知识、倡导科学方法、宣传科学思想、弘扬科学精神，促进区域公众科学素质提升，促进科技强区、科普惠民。举办第十八届北京科技周及第十四届北京科普之夏西城区主场活动；参加全国第二十七届青少年科技创新大赛，承办北京第三十二届青少年科技创新大赛；组织相关学（协）会开展学术交流和科普服务；开展形式多样的社区科普活动；建设科技工作者之家。承办第二十二届全国部分城区（科普示范区）科协工作研讨会；推荐西便门东里社区获中国科协首批全国科普示范社区。

地址：西城区广安门南街68号

邮编：100054

电话：83976206

（樊士广）

【昆虫与生活科普活动】 年初，以“蝶舞纷飞迎新春”为主题，区科协在全区各街道和社区学校举办蝴蝶科学知识培训，通过领取蝶蛹、照料孵化、养护观察，开展羽化、摄影、标本制作和养殖心得作品征集等活动，使居民感触蕴含在昆虫身上的科学与神奇。北京电视台科教频道作跟踪采访和报道。

（樊士广）

【青少年科技活动】 3月，区科协组队参加北京市第十二届青少年机器人比赛，获得全市单项第一名2项，一等奖7项，7个项目代表北京市参加第十二届全国青少年机器人大赛，获一等奖3项、二等奖1项；组织开展以“科学教育的实践与探索”为主题的“第二十届全国科技辅导员论文征集活动”，共征集科技论文50余篇，推荐

30篇参加北京市、全国评审，获全国一等奖4项、二等奖6项；参加第十二届“明天小小科学家”奖励活动，获一等奖1项、二等奖7项、三等奖3项；选拔优秀学生参加第十二期后备人才早期培训，推荐50余名高中生进入中科院、清华、北大、中国农大的国家重点实验室，在科学家具体指导下开展科学研究和科技实践活动。

（樊士广）

【北京青少年科技创新大赛】 3月23日至25日，由区科协承办的第32届北京青少年科技创新大赛在北京育才学校举行，活动分开、闭幕式和颁奖典礼、师生论坛、答辩、展示及联欢活动。市委常委、市人大副主任梁伟，副市长洪峰，中国科学院院士陈佳耳和王乃彦，中国工程院院士陈香美和屠海令出席。各区县的20支代表队和美国、加拿大等10多个国家代表队、700余人参赛。西城区代表队获金牌总数蝉联第一，获一等奖29项、二等奖16项，北京师范大学附属实验中学学生姜江获“市长奖”，北京市第八中学学生董美麟获“市长奖提名奖”，西城区被授予特殊贡献奖。

（樊士广）

【废品创意再设计大赛】 3月，区科协在全区开展废品创意再设计大赛。以“低碳环保、创新生活”为主题，面向全区征集低碳生活和创意设计作品，共接收各街道选送作品328件，其中创意产品组269件、低碳纪实摄影组59件。6月，截稿评审，共评出10个奖项、331名获奖者。7月18日，在大观园举行颁奖仪式。《中国环境报》《北京日报》《科技日报》《大众科技报》《科技潮》杂志、新华网、人民网、新浪网、凤凰网等多家媒体对活动进行报道。8月至11月，在DRC基地（北京工业设计产业基地）举办获奖作品展。

（樊士广）

【健康科普讲师培训】 4至5月，区科协会同区疾病预防控制中心健康教育所开展培训4期，区健康教育网络专兼职干部、一级以上医疗机构医务人员344人参加。培训主要内容有社区健康教育、正确传播急救知识、健康教育人际沟通技巧应用、论文选材及数据分析。10月，举办健康大课堂优秀讲师评选，辖区二级医院及社区卫生服务中心的17人参加。11月，选派3人参加“北京市第六届社区健康大课堂优秀师资评选”，获二等奖2个，三等奖1个。12月，联合举办科研项目设计及论文写作集中培训，提高健康教育工作人员科研能力。

（樊士广）

【组织建设与人才】 4月至10月，区科协到街道、学协会和科普教育基地开展“完善基层组织、整合科普资源、提升科普能力”调研。调整席位制单位委员、全民科学素质建设工作领导小组成员单位，指导街道、社区调整和完善基层组织。在机关内设综合办公室和科普部，调整区科技协作中心为差额拨款事业单位，择优选拔和配备干部，落实人员定岗和职责区分。组织机关、街道、学协会等60名科普干部开展业务培训。通过专家授课、主题发言、座谈交流、参观考察，促进工作水平提升。组织推荐周又红获第五届全国优秀科技工作者、于敦波获第十五届茅以升北京青年科技奖、梁静等4名青年科技工作者被评为“北京市优秀青年工程师”、袁文等11名青年科技工作者为区青联委员。

（樊士广）

【科技周活动】 5月19日，第十八届北京科技周西城区主场活动启动仪式在天桥市民广场举行，活动以“携手创建创新型国家——科技惠及民生，践行北京精神”为主题。现场进行医学专家诊疗、健康体质测试、青少年动手做、创意设计推广、低碳环保和生物多样性宣传展示。副区长陈宁出席活动并致辞。科技周期间，区内各街道、学（协）会、科普教育基地及有关单位开展废品再设计创意作品征集、低碳环保大家谈、防灾减灾宣传、网络科普知识讲座、健康防病咨询等近60项科普活动。

（樊士广）

【科普之夏】 7月18日，北京“科普之夏”西城区主场活动启动仪式在大观园举行。区委常委王旭到会致辞，并与区人大副主任刘永先、区政协副主席沈桂芬等共同启动“科普之夏”活动。此次活动以“保障食品安全，服务公众健康”为主题，广泛宣传食品安全科普知识，促进科普惠及民生；组织开展多种形式的科技教育活动，丰富学生暑期生活；发动区域科普教育基地共同参与，促进科普资源共建共享。7月至9月，与区科委、区食品安全办、区新闻中心联合组织“食品安全科普知识竞答”活动，在《北京西城报》刊登竞赛试题，区内机关、街道30余个单位参与答题，收回答卷1万余份，评出、颁发单位组织奖28项；个人一等奖10名、二等奖30名、三等奖60名、纪念奖200名。8月，与金融街街道联合举办“走上科普舞台　品味健康生活”主题文艺汇演，穿插食品安全知识问答和展板展示，营造科学消费良好氛围。

（樊士广）

【全国部分城区科协研讨】 9月3日至5日，区科协承办“创新科普工作思路　提升全民科学素质”为主题的第二十二届全国部分城区科协工作研讨会，来自上海市黄浦区等12家科协的主席等30余人出席。中国科协科普部副部长纳翔、市科协副主席周立军、区委常委王旭、副区长陈宁、中国科协科普部基层处处长杨利军、市科协科普部部长阎仁浩等分别出席开幕式、座谈会和欢迎招待活动并讲话。

（樊士广）

【消防知识宣传月】 9月13日，区科协联合中国消防博物馆举办“消防科普宣传月”活动启动仪式。中国科学技术交流中心科普处处长许家军、市科协秘书长吕家香、区委常委王旭、区科协常务副主席戴卫红、区科协党组书记李英哲出席，中国消防博物馆馆长周久经主持。王旭宣布“消防科普宣传月”活动启动，与会领导向科普积极分子及有关群众赠送消防宣传资料和消防器材。仪式结束后，组织与会人员参观中国消防博物馆。在随后

1个月内，区内有关单位和街道社区集中组织员工和居民参观体验，学习消防知识和防灾避险技能。

（樊士广）

【科技下乡】 12月13日，区科协组织区医学会、老卫协、二炮总医院、护国寺中医院、二龙路医院、展览路医院等单位的13位医学专家送科技下乡到顺义区河北村，开展常见病义诊、科学健身、健康饮食推广活动，受益村民群众数百人。

（樊士广）

【社区科普益民计划】 年内，推荐西便门东里社区（2011年度北京市科普益民计划优秀科普社区）参加全国评审，获全国首批科普示范社区，获奖励资助20万元，获北京市配套奖励资助65万元。区内9个社区、2个科普场馆和25名个人获市科协、市财政局年度社区科普益民计划奖，获奖励资助112.5万元。获奖社区：新风街1号社区、铁树斜街社区、先农坛社区、丰盛社区、香炉营社区、福州馆社区、阜外西社区、汽北社区和槐柏树北里社区；获奖科普场馆：北京大观园和中国钱币博物馆。

（樊士广）

【社区科普活动】 年内，指导街道开展特色科普活动，提升民众科学素养，服务百姓健康生活。德胜街道依托社区教育学校举办为期一个月的科技节，为居民提供参与科普广阔平台。什刹海街道举办阳光少年爱海科普夏令营，激发青少年爱海、护海热情。西长安街街道依托科普教育基地，举办急救、消防安全和环保知识讲座及走进科普场馆活动。大栅栏街道举办“魅力大栅栏”摄影比赛和“科技新生活 魅力老字号”风采展，倡导科技与文化融合、促进。天桥街道举办健康养生、安全避险、节能节水等专题讲座和科普电影展演，丰富科普活动形式和载体。新街口街道以居家安全为主题，组织赴消防博物馆参观体验，开展火灾自救互救培训。金融街街道组织“激发科学兴趣 启迪创新潜能”青少年智力运动会。椿树街道以科普活动室为中心，开展“十五分钟科普服务圈”活动，方便居民参与和体验。陶然亭街道举办第二届“科技陶然”大赛，开展青少年科技实践活动。展览路街道牵手科普教育基地开展小达尔文俱乐部、“翠鸟的保护”摄影展、“我来观测星相”体验活动。月坛街道联合组织“弘扬防灾减灾文化 提高防灾减灾意识”主题巡展，突出趣味性、互动性，吸引居民参与。广安门内街道开展“倡导低碳生活、保护生态环境、共建和谐广内”主题宣传画征集活动。牛街街道开展青少年科技冬令营和科技动手做大赛活动。白纸坊街道开展居民饮食健康保健讲座及青少年科普快乐征文活动。广外街道组织“星光自护小卫士”系列活动，培养青少年防灾避险技能。

（樊士广）

【学（协）会活动】 年内，指导所属学（协）会加强自身建设，发挥专业优势，开展丰富多彩的群众性科普活动。区医学会开展“社区孤寡老人心理健康服务”。区老卫协举办健康运动科普大课堂，提高大众生活质量，促进社会和谐。区文化产业协会组织“网络科普夕阳红——欢歌喜迎十八大”活动，增设网上购物、网上挂号、网上购火车票内容。区人力资源和社会保障学会举办法规政策大讲堂，服务机关和企业。区节能减排环保促进会联合组织“自然·环境·未来”摄影比赛，激发公众参与环保热情。区图书馆管理协会组织“银发悦读俱乐部”，采用“阅读疗法”给银龄群体带来精神、心理的愉悦和知识的提高。区人力资源管理协会举办“心理压力调节和情绪管理”专题讲座。什刹海研究会继续开展文化保护区人口疏解调查研究和历史文化挖掘。区土建学会组织“古建民居园艺鉴赏俱乐部”，帮助青少年理解和汲取古建科技内涵。区统计学会加强统计学术研究和统计科普知识宣传。区科技教育学会依托社区、学校和企业，为学生开辟第二课堂，提升青少年科学文化素养。区预防医学会开展食品标签相关知识培训，促进从业人员和民众掌握食品鉴识科学知识。

（樊士广）

【科技协作】 年内，开展高新技术推广应用，完成“金桥工程”服务项目16项，促进技术交易额9300万元，获市科协“金桥工程”组织奖、二等奖、个人奖各1项，三等奖3项。

（樊士广）

西城区归国华侨联合会

【概况】 西城区归国华侨联合会（简称区侨联）下设5个专委会：维护侨益专门工作委员会、海外联谊专门工作委员会、经济科技专门工作委员会、文化交流专门工作委员会、侨情研究专门工作委员会和办公室。年内，区侨联在区委、区政府的领导下，在市侨联和区委统战部的指导下，坚持以邓小平理论、“三个代表”重要思想和科学发展观为指导，团结带领全区侨界人士，广泛汇集侨智，主动发挥侨力，为建设“活力、魅力、和谐”新西城贡献侨界力量。

地址：西城区辟才胡同宏英园17号楼407室

邮编：100032

电话：66138575

（闫丽霞）

【参政议政】 在区政协十三届一次

会议上，区侨联提交《关于加强西城区中小学校饮食卫生监督管理的建议》和《关于进一步加强〈中华人民共和国归侨侨眷权益保护法〉宣传的建议》的团体提案，其中后者获优秀奖。办理政协提案3件，其中《关于加强对新侨的宣传与联系工作的建议》提案办理过程中，联系相关部门在金融街地区开展新侨情况调研，到新侨人士较集中的楼宇进行走访，提升为新侨服务的工作水平，提出切实可行的落实措施。发挥侨界人大代表、政协委员的智力优势，结合专业特长及侨务工作的特点提出可行的提案议案，认真履行特约监督员、人民陪审员的职责，为加快西城区经济社会全面发展，提出有益的意见和建议。

（闫丽霞）

【迎新春联欢会】 1月6日，区侨联、区侨办、致公党西城区委联合举办“2012西城侨界新春联欢会”。市侨联副主席马坚，区人大副主任解建军，区民宗侨办主任王贺君等应邀出席。侨界人士200余人参加联欢活动。致公党北京市委专职副主委谢朝华，区委常委、区委统战部部长程军分别讲话并向全区归侨侨眷致以节日问候和新春祝福。

（闫丽霞）

【联情联谊】 3月8日，区侨办、区侨联、致公党西城区委联合组织300余人参加侨界人士“庆三八、增活力、健步行”活动。5月4日，区侨联组织归侨侨眷80余人参加“走进春天，拥抱自然”为主题的大兴南海子公园参观游览活动。4月22日，区侨联接待台湾晶承国际贸易有限公司董事长翁荣坤一行，区侨联主席郝寒娟陪同参观历代帝王庙、观看介绍新西城的宣传片，双方就金融街发展等问题进行了交流。11月29日，区侨联携手北京京都文化投资管理公司举办“炫舞杂技秀 献礼十八大”暨《魔幻音乐盒》舞台剧演出，该剧在国内外演出近200余场。年内，为进一步密切与侨联海外顾问的联系，相继接待了来自美国、法国、香港等海外华侨华人社团，39人次来访。

（闫丽霞）

【一届二次会议】 4月10日，区侨联召开第一届委员会第二次全委（扩大）会议。会议由区侨联副主席薛亚明主持。会上，区侨联主席郝寒娟作了《西城区侨联2011年工作报告及2012年工作部署》，薛亚明宣读西城区侨联关于任命专委会主任的决定。15个街道工委副书记，教育、卫生工委负责人、区侨联委员以及归侨小组长、街道侨联主席和侨务干部80余人参加会议。区委统战部副部长王新出席会议并讲话。

（闫丽霞）

【开展新侨工作】 5月23日，区侨联承办中国侨联“北京新侨创业发展座谈会”，会上介绍了金融街、中关村德胜科技园及区文化创意产业的发展情况。为加强与金融行业新侨人士的联系，7月6日，会同区金融服务办、金融街街道、北京海外学人中心金融街分中心等相关单位，在地区38家中央、市级金融机构中开展侨情调查，分析金融行业新侨高层次人才的需求，探索在体制外成立侨联组织的新路子。12月7日，联合区体育科学研究所对英蓝国际金融中心瑞士银行的27名工作人员进行体质测试，拓展与新侨人士的沟通和联系，为侨联开展新侨工作奠定基础。

（闫丽霞）

【第一届侨界运动会】 6月9日，区侨联举办“中友杯”西城区第一届侨界运动会。中国侨联副主席、市人大副主任、市侨联主席李昭玲，市侨联副主席苏建敏，区人大副主任郑然，副区长陈宁，区政协副主席姜立光应邀出席开幕式。各街道侨联、侨资企业组成的22支队伍近千人参加，为侨界群众搭建展示运动才能、增进友谊的活动平台。运动会由区侨联主席郝寒娟主持，区委常委、区委统战部部长程军致开幕词，李昭玲宣布开幕式。经过3个小时角逐28个运动项目，其中集体跳绳项目：大栅栏街道侨联获第一名、中友百货获第二名、华威大厦获第三名，海底捞月项目：华威大厦获第一名、中友百货获第二名、新湖财富获第三名，5人夹球接力项目：大栅栏街道侨联获第一名、致公党西城区委获第二名、展览路街道侨联获第三名。

（闫丽霞）

【一届三次会议】 6月12日，区侨联召开第一届委员会第三次全委会议。会上，区侨联主席郝寒娟传达北京市侨联关于推选第十四次侨代会代表的通知精神，推选康莉等26人为西城区出席北京市第十四次归侨侨眷代表大会的代表。区委统战部副部长王新出席会议并讲话。

（闫丽霞）

【外出考察】 6月17日至21日，区侨联12名委员赴广东省中山市、深圳市进行学习考察，通过与当地侨联、外事侨务局、港澳事务局的座谈、交流和参观，近距离、多角度地感受两地侨务工作取得的成就。在座谈中大家认识到，北京作为新侨乡，西城区作为首都功能核心区，侨务工作的重要性，需要有创新的思路和勇于挖掘的精神。

（闫丽霞）

【街道侨联工作联席会】 7月16日，区侨联在区党派楼召开街道侨联半年工作联席会，各街道侨联主席及侨务干部近30余人参加会议。会议由区侨联副主席安亚荣主持。会上，郝寒娟传达市、区有关学习贯彻市党代会精神，并结合党代会精神和工作实际部署区侨联下半年工作重点；听取各街道侨联上半年工作总结和下半年工作任务；区委统战部副部长王新参加会议并讲话。

（闫丽霞）

【海外学者团走进西城】 7月31日，区侨联举办第十二届“海外侨界高层次人才为国服务团”（简称服务团）走进西城活动。市侨联副主席马坚、李冬娟，区委常委、组织部部长章冬梅，区委常委、常务副区长苏东，区委常委、统战部部长程军应邀出席活动。服务团共邀请海外28位高层次科技人才参加活动，他们带着近50个科技项目回国交流。苏东向来宾介绍西城区区情及经济发展情况。服务团部分成员详细介绍各自的项目，与区各相关委、办、局等部门进行座谈交流。政策说明会上，北京市海外学人中心领导介绍相关人才引进政策，鼓励海外高层次人才到北京创业发展。副区长陈宁到现场与服务团成员进行座谈。

（闫丽霞）

【百名侨胞走进新西城活动】　9月27日，区侨联在湖广会馆举办“梦萦国粹·情动梨园”——“椿树梨园文化季”之百名侨胞走进新西城活动。来自28个国家和地区的120位港澳同胞和海外侨胞受邀参加活动。致公党市委副主委谢朝华，市侨联副主席马坚，致公党市委原秘书长沈小红，区委常委、区委统战部部长程军应邀出席活动。活动由区侨联主席郝寒娟主持。椿树街道工委副书记、办事处主任陈鹏程介绍京剧票友大赛的发展历程和“椿树梨园文化季”暨第十届“椿树杯”相关活动情况。湖广会馆戏曲博物馆馆长霍建庆讲述湖广会馆的历史和相关京剧起源。风雷京剧团为来宾介绍京剧常识并与嘉宾进行了互动。中国侨联副主席、市人大常委会副主任、致公党市委主委、市侨联主席李昭玲向嘉宾介绍北京市近年来在经济社会等方面的发展情况。

（闫丽霞）

【老归侨座谈会】　10月18日，区侨联举办“半世风雨一生情”老归侨回国50年座谈会。座谈会由郝寒娟主持。会上，来自印尼、泰国、日本、波兰等国的10余位老归侨回忆其在国外学习生活和回国参与西城建设的经历。

（闫丽霞）

【与法国企业家友好交流】　10月22日，区侨联海外顾问、巴黎法中友协执行主席郭凝率法国企业家协会联合会成员一行4人到区内进行友好交流访问。副区长孙硕讲话，区企业和企业家联合会会长曹增森、区侨联主席郝寒娟及相关企业负责人参加活动。考察团一行参观了大栅栏商业步行街、老北京四合院等特色建筑，大栅栏街道工委副书记桑硼飞为客人介绍了大栅栏文化。区侨联领导向客人们赠送皮影摆件和造型茶。

（闫丽霞）

【涉侨部门联席会】　10月31日，区委统战部牵头召开涉侨部门工作联席会议。区委常委、区委统战部部长程军主持会议并讲话。区人大、区政协、区委统战部、区侨办、区侨联、致公党西城区委主管侨务工作负责人参加会议。会上，各单位分别介绍各自侨务工作的主要职责和重点工作；就新侨人才的发掘与培养、进一步为侨资企业服务、关心老侨的生活现状、有效开展维护侨益工作等重点难点问题进行了交流；制定了《西城区涉侨部门工作联席制度》。

（闫丽霞）

【老归侨祝寿会】　11月2日，区侨联、区侨办在西西友谊酒店共同为9位适逢70、80、90寿辰的老归侨举行集体祝寿活动，向他们送去党和政府的关怀和问候。区委统战部副部长王新、区侨办副主任王静、区侨联副主席安亚荣等参加祝寿活动。区侨联主席郝寒娟代表区侨联向老归侨祝寿，并逐一介绍他们的回国经历。

（闫丽霞）

【加强侨联自身建设】　11月8日，区侨联全体干部通过电视收听、收看党的十八大开幕式，聆听胡锦涛总书记作党的十八大报告；学习北京市第十一次党代会精神，贯彻落实北京市委、市政府办公厅《关于加强新形势下侨联工作的意见》精神，加强侨联委员会建设，推动侨联工作的创新发展。加强侨联干部队伍建设和制度建设，以“三定”工作为契机，建立健全侨联各项工作制度，明确工作责任，规范工作流程，提高侨联干部的综合素质和工作能力。

（闫丽霞）

【学习党的十八大系列活动】　12月26日，区侨联和区社会主义学院共同举办“学习党的十八大精神报告会”，邀请中央党校党建部政党制度教研室主任祝灵君作专题辅导，围绕“如何宏观正确理解党的十八大报告”和“如何全面准确地理解十八大报告”两大主题，诠释十八大报告精神，重点把报告中十八大关于侨务工作有关精神，结合实际，给予解读；区侨联参加区委统战部组织的“爱国·同心”百姓宣讲报告会活动，演讲代表获得一、二等奖各1名；区侨联举办“侨心向党心、喜迎十八大”摄影比赛，活动共征集照片76张。

（闫丽霞）

【理论调研】　年内，区侨联重视理论调研工作，确定《加强与新侨杰出人才联系创新方法研究》调研课题，该课题被市侨联确立为年度重点课题。区侨联侨情研究专门工作委员会制订调研工作计划，召开调研小组座谈会，明确工作责任，规范工作流程，提高调研课题的可行性，为首都新侨工作的发展起到指导作用，获北京市侨联理论调研优秀成果三等奖。

（闫丽霞）

【送温暖献爱心】　年内，区侨联共走访慰问孤老病困归侨侨眷83人（次），投入专项资金7万余元，使侨界群众共享社会发展成果。区侨联还向建立友好关系的海外华侨、华人社团、各省市地区友好侨联组织、各区侨联组织、区侨联委员、海外顾问及长期支持侨联工作的各相关部门负责人发放新春贺卡1000余张。4月11日，印尼苏门答腊发生8.6级地震,西城侨界人士关注灾情变化，侨联干部通过电话慰问印尼的归侨侨眷，了解他们亲属在印尼的情况，并通过他们转达对亲人的问候。

（闫丽霞）

【完善红会机制】　年内,区侨联完善区红十字会侨联工作委员会工作机制，发挥侨界热心公益、团结互助的优良传统。在“五·八”世界红十字日及国家防灾减灾日期间，区侨联在广外马连道茶城参加大型综合应急演练活动，宣传应急避险、自救互救的知识；为加强侨联红十字会组织建设，到青岛市红十字会参观学习，探索红十字会工作新思路、新方法和新途径。区侨联委员会制定《关于对归侨侨眷及侨联职工发放救助金的实施细则》，完善区红十字会侨联工作委员会工作机制，把侨界特困群体纳入全区综合救助范围，增强为侨服务的针对性和实效性。为区内46名病困归侨侨眷提供紧急医疗援助4.1万元，组织归侨侨眷为“7·21”特大自然灾害捐款共计12495元。

（闫丽霞）

【维护侨益】 区侨联坚持把关注侨界民生作为工作重点，在全区开展了归侨侨眷失业下岗人员和归侨空巢家庭情况调查，了解实际困难和诉求，建立全区困难归侨档案。区侨联与德胜街道结对子，开展“访民情、听民意、解民难”工作，努力实现“全响应”社会服务管理工作体系。深入基层宣传党的侨务政策，加强与区侨办、区司法局等部门联系，参与区“六五”普法宣传教育工作。做好侨界群众来信来访的接待工作，全年共接待来访31件，政策咨询56人次，涉及工资待遇、房产、婚姻、诈骗等案件，帮助美籍华人吴某协商解决房屋租赁纠纷等，切实为侨排忧解难，努力促进侨界和谐。

（闫丽霞）

西城区残疾人联合会

【概况】 西城区残疾人联合会（简称区残联）是区委、区政府领导下的残疾人群众团体组织。区残联是将残疾人自身代表组织、社会福利团体和事业管理机构融为一体的残疾人事业团体；履行“代表、服务、管理”职能，即代表残疾人共同利益，维护残疾人合法权益，开展各项业务和活动，直接为残疾人服务，承担政府委托的部分行政职能，发展和管理残疾人事业。区残联接受区委领导，业务上接受市残联指导，同时指导辖区15个街道开展残疾人工作。内设办公室、组联维权部、康复部，下设西城区残疾人劳动就业服务所、西城区残疾人综合服务中心2个全额拨款事业单位。年内，完成“阳光家园”示范区创建，启动“全国残疾人文化建设示范区”申报，完成“第六届北京市残疾人职业技能竞赛初赛西城赛区”组织工作，区级残疾人职业康复中心建设取得新进展。全年为503名各类别残疾人提供康复服务；为112名残疾人子女及残疾学生发放扶残助学补助60万余元；为1508名残疾人提供职业培训和就业服务；新安置738名残疾人就业；向15530名残疾人发放各类补贴、补助；走访、帮扶地区残疾人2200余户9000余人，累计发放慰问金272余万元；为318名残疾人提供居家助残服务；为722户残疾人及12个老旧小区实施无障碍改造；为3372辆残疾人机动轮椅车车主发放燃油补贴；组织残疾人参加各种文化体育活动6000余人次。

地址：西城区西直门南小街国英园4号

邮编：100035

电话：83539004

（肖国强）

【首创温馨家园法律援助站】 3月2日，月坛街道举办“公益法律服务进家园”签约揭牌仪式，市残联副巡视员李树华等以及地区残疾人代表出席。活动中，市、区领导为月坛街道“温馨家园”法律维权工作站揭牌，北京国源律师事务所与月坛街道残联签订《法律维权服务协议书》，全市第一家“温馨家园”法律维权工作站正式成立。市残联领导在讲话中对西城区残疾人基层组织建设和维权工作给予肯定的同时，希望西城区能够积极探索完善残疾人维权工作机制，加大法律志愿助残服务水平，提高残疾人依法维权意识。年内，残疾人法律维权服务站作为西城区残疾人信访信息直报点在全区推广，实现以区残联法律援助服务中心为龙头，覆盖全区各街道、社区的法律援助及信访维权服务网络，继续加大残疾人组织建设工作力度，搭建辐射范围广泛的助残平台，提升地区残疾人服务水平。

（肖国强）

【完成“阳光家园”示范区创建】 3月26日，西城区通过由中国残联副理事长孙先德率领的全国“‘阳光家园’示范区”评估验收组实地检查，成为全国首批、北京市第一个“‘阳光家园’示范区”。在中国残联、市残联及区政府的支持下，西城区投入资金1.2亿多元，历时3年建立了相对完善的残疾人托养服务体系，依托市残联认定的31家托养机构、10家农疗基地，区民政局认定的27家养老机构，以及全区64个温馨家园、28个残疾人职业康复站、255个社区托老残所，搭建了全面覆盖辖区残疾人的托养服务网络，全年提供机构托养、日间托养、居家养护等服务5.2万人次。验收总结会上，孙先德对西城区“阳光家园”创建工作给予肯定，对北京市和西城区相继出台的残疾人托养服务政策表示赞扬，希望北京市不断加大残疾人事业发展投入力度，为残疾人谋取更多福祉。

（肖国强）

【“爱在西城”文化演出活动】 5月17日是第22个“全国助残日”，西城区在区文化中心举办“爱在西城”公益文化演出。中国残联宣文部主任王涛，市残联理事长吴文彦，区委书记王宁、区长王少峰等出席。活动中，曹雁、丁宝明、刘晓霞、石国勇等10名残疾人"自强自立榜样"和北京动物园、中国印刷总公司、金源投资管理有限公司等10家"优秀助残企业"获得表彰；区残联理事长李秀荣为助残服务类注册社会组织授牌；企业家代表现场向驻区单位发起"企业公民助残行动"倡议。演出围绕"我能·担当·行动"3个主题表现西城区残疾人事业发展日新月异的变化，残疾人表演团队表演了轮椅空竹《京调》、四重唱《手拉手》等文艺节目。

（肖国强）

【参与市残疾人职业技能竞赛】 5月29日，西城残联承办"北京市第六届残疾人职业技能竞赛"初赛西城赛区(全市3个赛区）的组织工作。西城有300余名残疾人选手参加全部23个项目的比赛，取得第一名6个、第二名7个、第三名2个，团体总分列全市第二，西城残联获"最佳组织奖"。北京市首次将"残疾人职业技能竞赛"成绩计入"北京市职业技能大赛"总成绩，在西城区取得的64个前三名中，残疾人贡献15个，占23.4%，成绩突出。

（肖国强）

【1人获全国就业创业先进个人】 7月18日，在北京人民大会举行的"全国就业创业工作表彰大会"中，西城区残疾人创业明星丁宝明获"全国就业创业先进个人"称号，并接受国务院总理温家宝等党和国家领导人的接见。因患小儿麻痹致双下肢残疾的丁宝明，历经20余载艰苦努力，将自己的小裁缝店发展壮大成为拥有员工百余名的制衣企业，在实现自身价值的同时，走出一条自强不息的奋进之路。

（肖国强）

【残疾人文化周】 9月6日，市残联主办、区残联承办的"2012年北京市残疾人文化周暨'心力量残疾人阅读会'启动仪式"在区文化馆举行。原全国政协教科文体委员会副主任韦钰、中国残联宣文部副主任邹柏林、市残联副理事长吕争鸣等领导及400余名残疾人出席活动。与会领导为"心力量残疾人阅读会"成立揭牌，发布阅读会标识，并启用阅读会官方微博。相关爱心出版企业为活动捐赠阅读基金和图书。法国盲人作家于格现场演讲并为残疾人赠送他创作的人生励志书《失去双眼　重组世界》。

（肖国强）

【启动融合教育重点工程】 教师节前夕,区残联走访辖区内的启喑实验学校、培智学校等开展融合教育的特教学校。年内，西城区依托区内优质教育资源，启动"适龄未入学残疾人儿童少年教育工程"。结合北京市残疾人融合教育工作方针，西城区在启喑实验中学建立残疾人职业教育基地，加大残疾人职业生涯规划及职业教育的工作力度，旨在积极保障残疾人教育权利的同时，全面挖掘残疾人的自身潜能，提升整体素质，体现人生价值。

（肖国强）

【职康中心建设正式启动】 11月29日，区残联与北京城乡房屋建设开发有限责任公司举行鑫城大厦物业转让签约仪式，标志着"西城区残疾人职业康复中心"（简称职康中心）建设工作正式启动。市残联副理事长吴学文、区委常委王旭等参加签约仪式。职康中心的建设是西城区落实十八大提出健全残疾人"两个体系"建设的重要举措，进一步完善了地区残疾人服务，满足残疾人更多的实际需求，把残疾人民生保障提升到更高的水平，帮助残疾人充分融入社会生活。

（肖国强）

【国际残疾人日公益演出】 12月3日是第21个"国际残疾人日"，区残联与民建西城区委共同举办"消除障碍、携手同行——奏响幸福和谐的乐章"公益演出。市残联副理事长吕争鸣，中科院声学所副所长倪宏，区政协副主席沈桂芬、李建国等领导和全区各街道残疾人代表近500人参加活动。王学兵、那威、袁慧琴、刘君侠等10余位演艺人士与西城区残疾人艺术团演员同台献艺，以义演的形式与残疾人朋友们共同庆祝节日。活动中，中国科学院声学研究所向区残联赠送20台国内自主研发的超声导盲仪，区盲人协会主席戚金友代表广大盲人接受捐赠并感谢中科院对残疾人事业的大力支持。

（肖国强）

西城区文学艺术界联合会

【概况】 北京市西城区文学艺术界联合会（简称区文联）是西城区各文艺家协会及文艺工作者组成的人民团体，是西城区委区政府联系区域文学艺术界的桥梁和纽带，是繁荣发展区域社会主义文艺事业、建设社会主义先进文化的重要力量，是北京市文联的团体会员。区文联下属区作家协会、区戏剧家协会、区美术家协会、区书法家协会、区摄影家协会、区民间艺术家协会、区音乐家协会、区舞蹈家协会、区曲艺家协会共9个文艺家协会。区文联机关下设办公室、组联部、事业发展部及"两刊"编辑部，在职人员16人。年内，区文联发挥资源优势，组织开展"文艺家进基层"系列活动，推进文艺原创作品创作，支持所属文艺家协会及基层单位开展有特色、有影响的文化活动，编辑出版《西城画报》《西城文苑》，在北京市文联组织的“2012年北京市区县行业文联优秀文艺节目展演”中获优秀组织奖。

地址：西城区北礼士路12号（北区）
邮编：100044
电话：88391730
地址：西城区育新街2号（南区）
邮编：100054
电话：83539236

（张　琛）

【文艺原创作品创作】　组织编纂《巧夺天工的北京民俗艺术》。作为“北京西城艺术大师系列丛书”的首本作品，采用图文并茂、中英文对照的方式介绍西城区民间文艺家协会会员精美的手工艺作品，系统梳理西城区民间民俗艺术的发展状况。组织“大美西城”美术作品创作活动。以西城区为主题，组织美术家进行艺术创作。共征集到200余幅作品，精选出130余幅作品在“大美西城——喜迎十八大美术作品展”中进行展出。组织创作歌曲《北京真好》。该首作品由车行作词，李昕作曲，蔡国庆演唱。与区曲艺家协会合作创作北京琴书《顺风车》，与区音乐家协会联合创作歌曲《北京的胡同》，这两件作品参加了由市文联主办的2012年北京市区县、行业文联优秀文艺节目展演并分获一、二等奖。

（张　琛）

【艺术家进社区活动】　3月1日，区文联与金融街街道共同主办“学习雷锋，践行北京精神——艺术家进社区活动启动仪式暨金融街街道曲艺专场演出”活动。邀请相声表演艺术家、区曲协副主席李立山和张德武、张蕴华、王玥波等曲艺家表演了单弦《北京精神鼓舞人》、对口快板《北京人》、北京琴书《顺风车》、西河大鼓《赞文明票房》、评书《三巴掌》等新创作的优秀作品。此次活动是市文联系统“基层文联组织艺术家进社区”活动的首场演出。与广外街道联合举办“艺术家走基层进社区”系列活动，分别于4月、5月开展两次艺术家进社区宣讲成语故事活动，与两百余名社区百姓共享国学经典。

（张　琛）

【民间民族民俗艺术进校园】　年内，区文联大力推进民间民族民俗艺术进校园，邀请了风筝、面塑、空竹、剪纸、毛猴等5个项目共14位艺术家首先进入实验二小，在校园内开展了民族民俗民间艺术传承和培养活动。4月23日，在北京第二实验小学举办“民族民俗民间文化艺术传承学校揭牌仪式”，实验二小成为北京市设立的第一家民族民俗民间文化艺术传承校。

（张　琛）

【主题文学艺术活动】　充分发挥文联资源优势，策划组织了一系列声势大、影响广的主题文艺活动。5月28日，区文联与中国戏曲学院共同主办“李鸣岩先生诞辰80周年暨舞台艺术70周年”系列活动，传播了京剧艺术，弘扬了传统文化。与大栅栏琉璃厂建设指挥部共同主办“大栅栏琉璃厂品牌宣传推广系列活动”。5月至9月，陆续举办“摄影家沙龙”“宏宝堂建店十五周年纪念”“百年丰韵——老字号清秘阁藏品展”“迎非遗中国印石文化展”等活动。8月8日，与市民协、区民协联合主办“魅力西城——第二届民俗风筝展”，展出历次风筝大赛荣获大奖的精品风筝100余件。8月25日，举办“大美西城——西城区喜迎十八大美术作品展”，130余幅美术作品描绘西城的人与景，用艺术的形式展现西城的魅力。10月15日，主办“激情翰墨——喜迎十八大西城区书协书法作品展”，汇聚了纪念《毛泽东同志在延安文艺座谈会上的讲话》发表70周年、纪念建党91周年、纪念建国63周年的百余幅优秀书法作品，为党的十八大献礼。6月15日，举办“云起时北京百年街景影像展”，收集百年来反映北京历史变迁的图片3万余张，遴选出310幅作品进行展出。

（张　琛）

【开展文艺进军营活动】　在纪念延安文艺座谈会讲话70周年之际，组织15名书画家前往空军雷达二旅部队进行慰问。书画家们将自己带来的90余幅作品赠给部队战士，并与他们合影留念。建军节前夕，再次组织15名书画家前往郊区装甲兵某部队开展文艺惠民活动，为部队官兵送去温暖和问候。

（张　琛）

西城区社会科学界联合会

【概况】　北京市西城区社会科学界联合会（简称区社科联）是中共北京市西城区委领导下的人民团体，是区委、区政府联系社会科学界专家学者和社会工作者的桥梁和纽带。履行对社会科学界团体和社会科学界人士的联络、协调、管理和服务职能，组织开展学术研究、理论宣传、社科普及、决策咨询和对外学术交流等活动，推动地区社科事业发展。区社科联下设办公室、学术活动部,编制人数10人。年内，区社科联服务区域发展战略，开展课题研究，继续推动“百名社科专家进西城”活动，编印《西城区社会科学重点课题研究成果汇编》第四辑；开展社科普及活动；建立北京大学中文系西城教学实践基地和西城区宣武图书馆社科普及试验基地；依托社科普及基地，举办展览9个、专题讲座40场次；举办西城区首届社科普及周。学习贯彻十八大精神，开展“社科知识接受倾向”专项调研和区属社团建设发展状况调研；编发《西城社科通讯》6期。

地址：西城区北礼士路12号

邮编：100044

电话：88391758

（吴艳梅）

【开展区属社团建设发展状况调研】 为全面深入了解区属社团建设发展状况，加强与各社团的沟通交流，推动社科联工作的开拓创新，1月至5月，区社科联主席吴元增，社科联党组书记、宣传部副部长徐闻带队，走访调研区统计学会、区图书管理协会、区医学会和区老医药工作者协会等全区23家区属社科类社团。全面摸清各社团组织机构、发展现状、制约社团发展的瓶颈等情况。撰写调研报告6000余字，报告从社团分类及其在社会建设中的重要作用等方面全面反应社团发展建设现状、剖析社团组织目前存在的主要问题，对社团发展进行深刻思考，提出相应的对策，为推动西城社科事业的长足发展提供了依据。

（吴艳梅）

【召开《论文化建设》座谈会】 3月15日，与区委宣传部、区文联联合举办西城区学习贯彻《论文化建设——重要论述摘编》专家座谈会，首都社科界、文化界的有关专家及市社科联党组副书记梁立新，区人大副主任刘永先，市委宣传部理论处干部冀永义，区委宣传部副部长李雪梅及区文联、区社科联的有关领导出席座谈会。与会专家学者围绕西城区文化建设的历史、现状和未来，围绕“文化兴区”战略和“活力魅力和谐新西城”目标，提出许多有启示和借鉴价值的思路和措施。3月23日，《北京西城报》用整版篇幅刊发专家发言。

（吴艳梅）

【印发《西城区社科知识普及市民读本》】 3月，区社科联启动《西城区社科知识普及市民读本》（简称《读本）编写工作。7月，编写工作完成，共印发3万册，发放至全区各街道社区、区直机关和企事业单位。《读本》紧密联系群众需求，紧紧围绕《社会发展》新知识、新概念、新现象，从思想政治、经济发展、文化现象、社会建设、信息科技、国际关系、首都发展、西城区情8个方面以问答的形式进行广泛解读。内容通俗易懂，形式生动活泼，可读性强。首都师范大学出版社总编辑杨生平及北京大学中文系主任、博士生导师陈元平、北京大学中文系党委副书记金锐和中文系部分师生参与研究、编写工作。

（吴艳梅）

【建立北京大学中文系西城教学实践基地】 4月24日，区社科联与北京大学中文系联手建立北京大学中文系西城教学实践基地，双方签订合作意向书。双方将重点围绕课题研究、学术活动、举办论坛和讲座、组织师生调研讲学等方面，开展合作。发挥高校学术优势和地方政府工作优势，进一步促进高校对西城区文化的传播和研究，推动高校优质资源服务地方经济社会发展，实现政、产、学、研、用有机结合。

（吴艳梅）

【《西城之最》编印完成】 7月，区社科联组织专家学者编写的《西城之最》一书编印完成，首次印发3000册。《西城之最》辑录了西城人民曾经在各项事业中创造出的多项“第一”“之最”，展现西城人民勤劳勇敢、积极探索、革故鼎新的精神风采，引导读者了解西城、增强区域认同感，在工作中自觉以“之最”意识创造出更多更好的“之最”。

（吴艳梅）

【贯彻市十一次党代会精神座谈会】 7月10日，区社科联与区委宣传部联合举办“贯彻落实市十一次党代会精神，建设中国特色世界城市首善之区”专家学者座谈会，首都社科界的有关专家及区委宣传部、区社科联的有关领导出席座谈会，来自首都各高校、科研院所和部分职能部门的同志参加研讨。与会专家学者就西城区如何贯彻落实市十一次党代会精神，推动区域科学发展提出意见和建议。

（吴艳梅）

【开展考察学习活动】 8月，区社科联组织区属社团负责人赴四川省成都市锦江区考察学习并举行专题座谈会，详细了解锦江区社科联开展工作的新尝试、新探索的成功经验，就如何围绕地区发展等重大问题深化社科学术研究、加强社科事业管理、强化社团服务，实现学者、学术、学会“三学”有机融合等内容双方进行交流。

（吴艳梅）

【开展社科知识接受倾向调研】 9月，区社科联在区文化中心、区图书馆（南馆）、牛街街道等地开展社科知识接受倾向调研。围绕社区群众感兴趣的社科知识、获取知识的渠道、对社科知识的认知度及对主流媒体在传播社科知识时使用的语言风格、内容材料的评价等方面开展调研，调研采取问卷调查的方式，800余人参与问卷调查，形成近6000字的调研报告，为改进工作提供了科学依据。

（吴艳梅）

【学习贯彻十八大精神座谈会】 11月20日，区社科联与区委宣传部联合举办学习贯彻十八大精神社科专家座谈会。来自中央党校、市委党校、首都师范大学、市社科联、市社科院、北京国际城市发展研究院等单位的专家学者参加座谈。区委常委、宣传部部长王都伟出席会议。与会专家学者结合西城区实际，就如何贯彻落实十八大精神，加快建设“活力、魅力、和谐”新西城等议题，展开讨论，提出意见和建议。

（吴艳梅）

【社科普及周】 11月24日，以宣传贯彻十八大精神为主线，以“社科知识让生活更美好”为主题的“北京市社科联2012年社科普及周暨西城区首届社科普及周”（简称社科普及周）在展览路街道朝阳庵社区开幕。开幕式上，市、区领导为西城区宣武图书馆等一批新确定的市级社科普及试验基地授牌，并为西城区首批社科普及志愿者颁发证书。集中了43名关心西城、热心社科普及专家的全市首支区县社科普及志愿者队伍宣告成立。当日，开展社科普及园展览、现场知识问答竞赛、社科专家咨询、义诊等活动。市委宣传部、市科委、市社科联等有关部门领导，区委常委、宣传部长王都伟以及800余名居民参加开幕式。科普周期间（11月24日至30日），在区文化中心、区图书馆、区档案馆等地举办《彭真与首都城市规划建设》《中国共产党党史上的重要会议与作用》等讲座10余场，来自市、区社科界的学术社团和专家学者们，就居民关心的历史、政治、经济、文化、哲学、法律、健康养生、教育等问题开展讲座、咨询。同时开展十八大宣讲团宣讲行动和“知识让生活更美好”有奖征文活动。

（吴艳梅）

【宣武图书馆“社科普及试验基地”成立】 11月24日，西城区宣武图书馆“社科普及试验基地”挂牌成立，成为继区文化中心之后的第二个北京市社科普及试验基地。试验基地利用地区社科资源优势，坚持普及性、社会性和公益性的原则，面向广大社区群众，宣传社会主义核心价值体系，传播文明生活方式，普及社会科学知识。

（吴艳梅）

【重点课题研究】 立足服务区域发展战略，深化重点课题研究，上年承担立项的《智慧城市的基本内涵与实践路径研究》和《西城区城市空间承载力研究》两项课题被列为北京市哲学社会科学规划项目的重点课题，年内结题，被评为市级优秀课题，并作全市典型总结。承担由区委书记王宁主持的北京市哲学社会科学规划项目的重点课题《关于西城区首善建设的理论与实践》顺利推进。

（吴艳梅）

【推动“百名社科专家进西城”活动】 “百名社科专家进西城”活动由市社科联和区委区政府共同举办，区委宣传部、区委区政府研究室、区社科联承办。共确定课题40项，以上年开展的前期工作为基础，年内，通过召开课题对接会、座谈会，矫正思路；并通过中期调度、末期修订等环节，确保课题研究质量。经课题研究评审领导小组评审，36项课题结项。

（吴艳梅）

【科研成果转化】 年内，将上年完成的《西城区学习型党组织建设的方式路径研究》《关于加强行政效能监督工作的研究和思考》等5项重点课题和《北京市智慧化城市的基本内涵与实践路径研究——以西城为例》《西城区空间承载力及功能协调研究》两项市级优秀课题汇集成册，编印《西城社科通讯——研究成果专刊》第四辑，下发各单位，供相关部门和研究人员参考。这些课题，立足首都体制和西城区情，紧紧围绕地区发展重大问题，借助最新研究成果，具有较强的战略性、前瞻性、针对性、实践性。

（吴艳梅）

【开展社科普及活动】 年内，发挥区文化中心和宣武图书馆两个“社科普及试验基地”作用优势，举办“非物质文化遗产龙文化”“北京奥运火炬传递四周年号外收藏展”“宣纸收藏”“纪念毛主席《在延安文艺座谈会上的讲话》发表七十周年文学艺术精品展”“非物质文化遗产展”等展览9个，举办“开天辟地——中共一大及出席者”“红色暗战——解放战争时期中共北平地下工作”“中共一大到十七大纵览”“彭真与首都城市规划建设”“中国共产党党史上的重要会议与作用”“民俗知识系列讲座”“饮食文化系列讲座”等专题讲座40余场，参观参与人数近3万人次。其中“走向大海”科普展览引起较大反响，14家媒体予以报道。

（吴艳梅）

【档案规范化整理归档工作】 年内，按照全区档案工作的整体部署和要求，在区档案局的具体指导下，完成2007年以来全部档案的规范化整理、归档工作。整理文字档案131件、7375页。数据全部录入数据库，并装订成册。包括重点课题研究、学术研讨活动、专项考察活动、社团服务管理、社科知识普及、重要会议组织、年度工作和专项工作计划的制订和总结及综合管理工作等内容。

（吴艳梅）

【编发《西城社科通讯》】 年内，编发《西城社科通讯》6期。开设“权威声音”“理论研究”“重点工作”“委员要论”“社团建设”“基层动态”等栏目，及时传达中央、市区领导对社科研究工作的重要指示和讲话精神，介绍专家学者的最新理论文章和研究成果，报道社科联工作动态，反映区属社团开展各项工作、活动的信息和成果、经验。全年共刊发稿件200余篇，共计37万余字。

（吴艳梅）

西城区红十字会

【概况】 北京市西城区红十字会（简称区红十字会）是中国红十字会总会的地方组织，是西城区人民政府直接联系从事人道主义工作的社会救助团体，依法取得社会团体法人资格，独立自主地开展工作。按照西城区行政区域划分，下设15个街道红十字会及区直机关、区教育、区卫生、区国资委、区侨联工委5个系统工作委员会，有基层组织402个，会员10.6万人。全年共接受各界爱心捐款425.69万元，其中接收“7·21”特大自然灾害专项募捐65.69万元。

地址：西城区南菜园街51号

邮编：100054

电话：83975517

（许伯宁）

【开展“两节”期间送温暖活动】 春节前夕，区红十字会启动“关爱困难群体，两节送温暖”活动。活动中共为2000余户困难家庭发放救助慰问款270.68万元，为26名大病患儿发放医疗救助款112.47万元。

（许伯宁）

【区人大领导调研】 2月9日，区人大副主任刘永先一行到区红十字会调研指导工作，听取区红十字会募捐救助、救护培训、志愿服务、对外交流等工作情况的汇报，对区红十字会的工作成绩表示肯定，并希望区红十字会继续加强文化传播，提升人民群众道德修养；拓宽服务领域，以实际行动树立红十字会良好形象；开展应急救护教育和培训，提高人民群众安全意识和逃生避险能力，提升区域安全系数。

（许伯宁）

【韩国同仁参观西单献血屋】 2月14日，韩国骨髓库3名工作人员在中国红十字会总会办公室工作人员的陪同下，参观位于西单文化广场的固定献血屋。区红十字会副会长付连伟向他们介绍西城区开展造血干细胞捐献移植等工作情况。区红十字会“牵手希望”服务队志愿者与韩国友人就志愿者招募、服务和管理等问题进行交流。

（许伯宁）

【市红十字会领导调研】 2月16日，市红十字会秘书长刘燕君、应急办主任张勇、救护培训指导中心主任金辉等到区红十字会调研区救护培训、应急演练及四级应急网络建设工作。3月7日，市红十字会副会长吕仕杰、志愿服务部部长郭丽洁等到区红十字会调研红十字青少年和志愿服务工作。4月24日，市红十字会党组书记、常务副会长马润海、秘书长刘燕君等在区红十字会党组书记、常务副会长王志东陪同下，到西城区与区委书记王宁，区委常委、副区长、区红十字会会长梁昌新，区委常委、区委办公室主任郭怀刚就区红十字工作座谈。

（许伯宁）

【“学雷锋日”宣传活动】 3月2日，区红十字会开展“学雷锋日”街头宣传，组织红十字专兼职工作者和志愿者，在北京图书大厦前广场设立带有明显红十字标志的宣传咨询台，为居民群众开展应急救援、防灾备灾、心理援助、健康科普宣教等方面的咨询服务和普及宣传，并发放《家庭版红十字急救手册》600本和包括红十字运动历史、自救互救技能、无偿献血和造血干细胞捐献动员等内容的宣传折页近千份。

（许伯宁）

【为外地来京女性免费体检】 3月8日，区红十字会联合天桥医院开展“真情关怀、博爱健康”为千名外地来京女性免费检查公益活动。此次活动受益对象覆盖整个西城区外地来京的务工女性和北京无医保、健康易受损人群，为其免费提供乳腺、子宫颈等妇科疾病及恶性肿瘤筛查。

（许伯宁）

【京城首家红十字书画家公益联谊会成立】 3月16日，“天使圆梦行动暨西城区红十字书画家公益联谊会成立仪式”在区综合行政服务中心举行。此次活动是区红十字会、区文联践行北京精神，发挥人道救助职能，依托区域文化优势，在全市首家成立的以公益救助为目的书画家联合体；也是区红十字会关注民生、帮扶弱势、创新救助方式的又一举措。

（许伯宁）

【“红十字与绿色同行”公益活动】 4月7日，区红十字会与中央人民广播电台、北京植物园联合举办“红十字与绿色同行”户外实践公益活动，来自全市的150个家庭参与播种树苗。区红十字会将自救互救融入其中，现场向参与活动人员传授头部外伤包扎、踝关节扭伤包扎、手背出血包扎、膝关节外伤包扎、手臂外伤包扎五项自救互救技能，并发放家庭外伤急救包和急救手册。

（许伯宁）

【“爱在西城”2011年度颁奖典礼】 4月10日，由区委区政府主办，区红十字会联合区民政局等单位共同承办的“爱在西城”2011年度颁奖典礼在梅兰芳大剧院举行，授予热心救助大病儿童的书法家魏新志“爱在西城”2010年度公益人物称号；授予希望之光红十字志愿服务队获十大公益团队称号；授予红十字会“祈愿花蕾朵朵绽放——少儿大病救助”和“捐废献爱——机关办公室及校园变废为宝环保公益”十大公益项目称号。同时红十字向社会发布2011年西城区公益数据，并启动“爱在西城”2012爱心接力项目。

（许伯宁）

【红十字志愿服务进监区】 4月18日，区红十字会副会长付连伟带领西城区“希望之光”红十字志愿服务队队员到北京市金钟监狱，开展以“警民同筑爱心之旅，携手点亮希望之光”为主题的志愿帮教公益活动，“希望之光”红十字志愿服务队队长于志泉与监狱长谷建华签订携手共建协议。志愿者们向服刑人员捐赠图书1000册，为4月过生日的服刑人员表演文艺节目，同监狱干警及服刑人员共同播种“希望之林”，希望服刑人员如同刚种下的小树，在新的土壤里重新开始新的生活，早日成为社会的有用之材。

（许伯宁）

【第一届理事会第二次会议】 4月25日，区红十字会召开第一届理事会第二次会议，市红十字会秘书长刘燕君参加并讲话，梁昌新主持会议，区红十字会第一届理事60人出席会议。会议审议通过《西城区红十字会2011年工作报告》《西城区红十字会2011年募捐款收支情况报告》《关于更换、增补理事、常务理事的决议》和《关于更换常务副会长的决议》，更换理事17名、常务理事5名，新增理事5名、常务理事3名，王志东当选为常务副会长。

（许伯宁）

【防灾减灾应急演练】 5月7日，北京市2012年“全国防灾减灾日”暨“世界红十字日”主题活动在马连道茶城举办。市政府副秘书长侯玉兰、市民政局局长吴世民、副局长陈百灵、西城区副区长吴铁男、市应急办副主任单青生、市红十字会应急办主任张勇、市红十字会应急救护教育中心主任金辉以及区相关部门领导、15个街道办事处负责民政、红十字会工作的主管领导、红十字会部分理事单位的相关人员，广外街道社区救援队、广外街道红十字应急辅助小分队，社区居民代表等共300余人参加活动。活动中，进行了社区防灾减灾综合应急演练，现场模拟地震引发火灾，马连道茶城里的商户和顾客立即开始有序疏散，在区应急办、红十字会的协调指挥下，广外街道第一时间集结社区救援队和红十字应急小分队赶赴灾情现场，协助消防队和999急救中心开展自救互救，展示人员疏散、紧急救援、医治救护、高空转移伤员、灾民安置等火灾现场逃生和救护场景，救援人员快速响应、果断处置、协同合作，完成紧急救援救护任务。

（许伯宁）

【普及自救互救知识】 5月22日（全国科技活动周暨北京科技周活动期间），区红十字会在区行政服务综合大厅门前开展“学习逃生避险，加强公共安全——红十字‘救’在身边”宣传活动，组织志愿者现场为前往大厅办事的群众和附近居民进行逃生避险、自救互救科学知识的宣传。在服务大厅地下二层的救护培训中心，现场为所有前来学习、参观的人员进行免费急救员知识培训。

（许伯宁）

【世界献血日纪念活动】 6月14日至16日，区红十字会以西单献血屋为阵地开展庆祝第九个世界献血者日纪念活动，西城区红十字志愿者共30余人参加，为献血者和过往行人提供健康知识咨询、无偿献血和造血干细胞捐献宣传、测量血压、义务指路等志愿服务。

（许伯宁）

【红十字公益活动走进公安大学】 6月15日，区红十字会在中国人民公安大学举行“博爱送万家”爱心捐赠活动启动仪式。西城区红十字会党组书记、常务副会长王志东，副会长付连伟，月坛街道办事处主任马红萍、副主任孙旺，以及中国人民公安大学党委委员、副校长席艳丽等领导参加活动。公安大学大四学生在毕业之际捐赠书籍620册和棉被560套，这些物资全部用于对口支援，为贫困地区恢复重建及正常生产生活提供援助。

（许伯宁）

【禁毒宣传教育活动】 6月26日是第26个国际禁毒日，区红十字会“希望之光”志愿服务队队员走进清河分局某监狱，开展“远离毒品，珍爱生命，励志新生”主题帮教服务。服务队邀请中国短道速滑世界冠军李佳军，为服刑人员讲述其亲身经历，鼓励服刑人员找到新的努力方向。

（许伯宁）

【“博爱送万家”物资捐赠】 区红十字会落实区政府提出的“全响应”社会服务管理理念，开展服务民生，保障民生工作。6月至7月，区红十字会组织各红十字工作委员会、各街道红十字会，在全区范围内展开“博爱送万家”物资捐赠活动，共募集到棉被950件、床垫260件、棉衣类衣物860件、各类教科书1.2万余册、各种文体用品7200余件、日常用品1650件。7月18日，区红十字会在广安门铁路住宅小区建筑工地举行“博爱送万家，关爱进工地”捐赠物品发放仪式。区红十字会“牵手希望”造血干细胞宣传志愿者们还向工友们发放外伤应急包、急救手册、造血干细胞知识宣传品、健康生活常识手册、预防艾滋病相关材料和用品等，并现场为工人们讲解心肺复苏术、外伤止血包扎等急救知识。

（许伯宁）

【“7·21”特大自然灾害募捐救助工作】 “7·21”特大自然灾害发生后，区红十字会第一时间成立临时应急领导小组，机关干部带头为灾区捐款；通过西城政务网、区红十字会网站等渠道，向各街道红十字会、各红十字工作委员会发出募捐通知，做好“7·21”特大自然灾害募捐的宣传发动和款物接收，并做好相关公开透明工作；区红十字应急救援队24小时待命，随时协助政府及相关部门做好排险救援工作。在救灾工作中，区红十字会共接受各界爱心捐款65.69万元，其中支援受灾最严重的房山区10万元，怀柔区、门头沟区各5万元，其余全部用于区受灾群众的救助。

（许伯宁）

【在全市率先建立红十字四级应急机制】 9月20日，展览路街道红十字会举行应急辅助小分队及楼门院应急辅助小组成立授旗仪式。市红十字会秘书长刘燕君、应急办主任张勇、区红十字会常务副会长王志东、展览路街道工委书记马业珠等有关领导参加活动。展览路地区红十字会应急辅助小分队和楼门院应急辅助小组由21个社区专干、楼门院组长和社区志愿者组成，主要任务是参与红十字会组织开展的群众性应急救护知识普及和技能培训，了解并掌握新时期自救互救、防灾减灾的新知识和新技能，当好防灾减灾的宣传员、信息员、救护员，在重大自然灾害和公共突发事件中，协助专业救援队进行现场救助，协助红十字会组织群众参加现场自救互救。楼门院应急辅助小组的成立完善了首都红十字应急机制，率先在全市构建起区、街、居、楼门院四级应急网络。

（许伯宁）

【敬老助老活动】 9月24日，区红十字会购买月饼、水果等节日礼物，分别送到牛街民族敬老院和金泰颐寿轩敬老院，送去红十字会对老人们的真诚慰问和美好祝福。重阳节，区红十字会带领由志愿者组成的文艺演出队，到北京牛街民族敬老院开展文艺演出和慰问活动。10月19日，区红十字会到门头沟区斋堂镇开展博爱助老帮扶慰问活动，向门头沟区红十字会捐赠5万元，专项用于为门头沟区斋堂镇敬老院的老人们改善生活。

（许伯宁）

【关爱太阳村】 11月16日，区红字会、区直机关工委联合开展“博爱送万家——情系太阳村”活动。区红十字会党组书记、常务副会长王志东和区直属机关工委常务副书记赵丽率区直机关所属各单位50余名机关干部及10余名红十字志愿者到位于顺义区的“太阳村”看望生活在那里孩子们，向他们捐赠图书、学习文具、儿童玩具及文体器材等物资。

（许伯宁）

【预防艾滋病宣传活动】 12月2日，由中央财经大学红十字会、市红十字会主办，区红十字会承办、北京十二所高校红十字会协办的“艾·拼才会赢”为主题的预防艾滋病宣传活动在后海举行。同学们通过发放宣传材料等多种形式向路人宣传预防艾滋病的知识。

（许伯宁）

（责任编辑　郝慧芳）

政法 军事

政 法

政法委员会工作

【概况】 中共北京市西城区委政法委员会（简称区委政法委）是区委领导、管理全区政法工作的职能部门，担负协调组织全区力量维护辖区安全稳定的职责。区委政法委的工作机制是委员会制，与西城区社会治安综合治理委员会办公室、西城区维护稳定领导小组办公室、西城区防范和处理邪教问题领导小组办公室、西城区流动人口管理办公室合署办公。年内，区委政法委及全区政法各单位在区委的领导下，不断提高履职能力，圆满完成了党的十八大安保等重大安全保卫任务，巩固了全区政治稳定的局面。全区社会治安保持总体平稳。不断完善区、街两级维稳工作领导运行机制，党委领导、政府各部门积极参与、社会和群众广泛支持的大政法、大维稳、大综治、大信访的工作格局逐步形成。政法维稳工作的触及点和参与面进一步拓展，政法工作通过解决一系列涉及城市建设、企业改制等带来的不稳定事件，为区域其他改革发展事业扫清了障碍。运用法律、政策、经济、教育等综合手段解决疑难矛盾纠纷的能力不断增强，排查化解涉法涉诉信访案件273件。以“面”保“点”的安保模式不断完善，信息化群防群控体系建设有了跨越性发展，信息化精确指导与群防群控动员组织优势结合更加高效，符合西城特色大型安保维稳工作机制初步建立。

地址：西城区二龙路27号

邮编：100032

电话：88064293

（王汉洲）

【维护稳定工作】 建立了重大安保工作每日情况会商制度，调整完善了全区维护稳定领导小组工作体系。区维稳办制定下发了《关于在街道建立综治维稳工作中心的意见》，在全区15个街道稳步推进综治维稳中心建设，为维稳工作提供了机构保障。全年共召开各类会议256次，妥善化解了各类社会矛盾纠纷。其中敏感节点情报会商62次；“三长会”6次；不稳定因素化解工作会56次；涉法涉诉工作专题会15次；强拆协调会36次，确保了西城区政治稳定和社会安定。

（郝　毅）

【处置突发群体性事件工作】 充分发挥情报预警功能，加强深层次、内幕性情报信息的收集研判，有效地防范了境内外敌对势力围绕中国共产党第十八次代表大会、清明节、“9·18”、涉日问题等敏感期策划闹事活动的企图，加强重点地区上访处置能力，完善依法告知和规范处置机制，全面提高处置水平。保证了中南海、中纪委、全国人大等重要党政机关的办公秩序，确保了全区政治稳定和社会安定。

（王汉洲）

【涉法涉诉矛盾纠纷化解工作】 深入贯彻落实“矛盾化解年”各项工作要求，设立“信访专项基金”，充分考虑群众实际困难与合理诉求，加大矛盾纠纷联合化解和督查督办力度。年内，共办结中央挂账案件178件，市级挂账案件95件，全部按时结案，办结率达100%。

（张国华）

【政法队伍建设】 全面开展“发扬传统、坚定信念、执法为民”主题教育活动，深入推进“听呼声、走百家、送服务”为民实践活动，不断促进公正廉洁执法及执法形成长效机制，共走访群众1.8万人次，走访单位900余家，为群众办实事1400余件，密切了警民关系，推动了政法工作好地开展。

（田瑞鑫）

【重大疑难案件协调工作】 始终坚持党对政法工作的领导，发挥政法委员会、党内联合办公会（“三长会”）和党内协调会的作用，对涉及全区和政法机关的重大疑难案件、涉及稳定事项进行研究处理。全年共召开36次专题协调会。对南礼士路46号院、右内大街28号院拆迁工程、35中学校址建设、中信城拆迁、国二招宾馆改扩建、中央警卫局四期建设拆迁、丰盛C区建设拆迁等41户个人进行了司法强拆，为西城区重点工程建设项目提供维稳保障。

（郝　毅）

社会治安综合治理工作

【概况】 北京市西城区社会治安综合治理委员会办公室（简称区综治办）是区委、区政府解决社会治安问题的办事机构，承担维护社会稳定和社会治安综合治理"打击、防范、教育、管理、改造"工作任务。年内，紧紧围绕区委、区政府的工作重点，以加强和创新社会管理为主线，以"平安西城"建设为载体，以十八大安保任务为中心，聚全区之力量，集干群之智慧，锐意进取、开拓创新、突出重点、紧盯热点、解决难点，不断创新体制机制，大力夯实基层基础，深入推进网格化建设，全面提升社会管理的精细化、科学化水平，化解了诸多影响社会和谐稳定的问题和矛盾，完成了两节、"两会"、"涉日"维稳、国庆、十八大等重大节日和重要活动期间的社会面防控任务，实现了"大事不出，小事也不出"的目标，保证了全区的和谐稳定。严格落实责任制，全区自上而下层层签订社会治安综合治理领导责任书和任务书，签订率达100%。完成了各项安全保卫任务和全年工作，确保了全区社会的和谐稳定，为全区经济社会发展提供了良好的社会治安环境。西城区获"首都社会管理综合治理先进区"称号。

地址：西城区北礼士路12号

邮编：100044

电话：88391652

（倪玉强）

【十八大安保社会面防控工作】 年内，为全力以赴做好十八大安保的各项服务和保障工作，为党的十八大胜利召开提供良好的社会环境，按照"提前入手，打牢基础"和"用平时的基础工作保战时的社会安定，在战时以全区社会面安定保会场、驻地、路线等重点部位的绝对安全"的工作思路，精心组织、广泛动员、周密部署，全面加强社会面管控，保证了全区社会的和谐稳定，完成了十八大安全保障的各项工作任务。全区成立了由区主要领导挂帅的西城区十八大维稳安保和服务保障工作"1+4+15"组织指挥体系，即1个由区四套班子主要领导牵头的区级领导小组，4个分别由区主管领导负责的工作机构（办公室、维稳安保指挥部、城市运行指挥部以及宣传文化指挥部），下设15个街道级分指挥部（依照区级领导包片负责机制，在各街道设立分指），做到了政令统一，令行禁止。制定了社会面防控、治安、交通、住宿、食品安全等各项工作方案，按照"一图一表一方案"的标准，制定了专项警卫工作方案，确保了各项工作措施落到实处。借助"平安奥运""平安国庆"安保工作的宝贵经验和工作模式，制定了《西城区十八大安保社会面防控工作方案（预案）》《中国共产党第十八次全国人民代表大会西城区驻地、路线、大会堂会场、"成就展"外围安保工作联勤方案》，明确了工作原则，规范了专群力量比例配置、治安志愿者上岗执勤的标志标识，实现了群防工作勤务化。其间，依托四级防控体系，全区制定了安保工作联勤方案，启动一级超常防控等级，投入各方面安保力量91200余人，完成了十八大安保社会面防控任务。

（倪玉强）

【社区安全月创建活动】 年内，为加强综治维稳基层基础工作，发挥西城群防群治队伍的基础保障作用，做好"两会"期间社会面安全防控工作，3月1日至31日，区综治办在全区范围内组织开展了"社区安全月"创建活动。其间，深入推进综治维稳和基层基础建设，充分发挥网格化社会面防控体系重要作用，对社会面实施无缝隙、精细化管理，不断健全群防群治网格，努力增强社会管理掌控能力，全面提升广大人民群众安全感，使平安建设工作延伸到街巷、楼院、家庭。通过开展"社区安全月"创建活动，加强了社区综治委、治保会、调委会和服务站建设，健全和完善了首都社会面防控网络体系，有效整合基层力量资源。

（倪玉强）

【综治工作专题培训】 年内，为提高综治干部队伍能力素质，先后3次组织区各职能部门负责人、各街道主管综治工作的工委副书记、综治办专职主任、副主任、治保专干等人员进行了专题培训。4月25至26日，利用2天时间组织了西城区街道综治工作培训班；8月26日，组织召开西城区十八大安保情报信息工作专题培训班；11月5日，组织召开十八大安保联勤培训会，会上，传达学习了各级关于做好2012年综治工作的指示精神和工作方案，邀请专家教授进行专题辅导，就"如何组织群防群治力量积极参与十八大社会面安全保卫，综治维稳工作如何融入全区"全响应"机制，如何进一步推进网格化社会面防控体系建设，如何做好十八大期间情报信息"等专题内容进行了讨论交流，并请先进典型做了经验介绍。

（倪玉强）

【技防建设】 年内，为充分发挥视频监控系统在城市管理中的作用，投资5000万元，增加监控摄像头262个，全区可调用监控探头达到4200个，实现了重点地区视频监控全覆盖。为推进社区物技防的建设，在各个社区因地制宜的分别修建了围墙、铁栅栏，为楼房安装楼宇对讲、平房院落安装户宇对讲及安装门磁报警和防盗锁，设立传达室，实施封闭管理并落实24小时人员值守，小区出入口、小区内的重点部位、主要道路安装视频系统。截至年底，全区居民社区技防安装率达到80%以上，全面提升了防控能力。

（倪玉强）

【治安重点地区整治专项行动】 年内，区综治委制定下发了《西城区2012年十类治安突出问题排查整治工作总体方案》和《西城区关于开展十八大安保专项行动的意见》，协调相关职能部门扎实推进各类专项行动深入开展，坚持"打整体仗、打合成仗，条块结合、属地为主，党政负责、专群结合，统筹安排、阶段推进”的原则，把开展专项打击整治与实施整体防控、整治突出问题与谋划长效之策有机结合起来，集中整治、及时解决群众反映强烈的十类突出治安和秩序问题，加大对街巷综合治理，加快推进违法建设拆除，强化对代表驻地、行车路线周边以及脏乱点的治理，消除环境死角。在2处市级、3处区级、31处街道挂账的治安重点地区，开展“治理黑车、打击无照经营、专项治理自行车被盗、夏季突出环境秩序整治、打击制假贩假医托号贩”等专项行动，开展治安和环境整治972次，查处各类公共安全隐患和违法问题3604起，查获治安拘留以上处理的各类违法人员2150人，查处非法运营的“黑车”224辆，拆除违法建设2.21万平方米，罚款120.63万元，全区发案同比下降33.8%，群众举报、投诉下降30%。

（倪玉强）

流动人口和出租房屋服务管理工作

【概况】　北京市西城区流动人口和出租房屋管理委员会（简称区流管委），负责流动人口和出租房屋指导协调和综合管理工作的议事协调机构。下设办公室（简称区流管办）与区综治办合署办公，为区流管委的常设办事机构。2012年全区流动人口服务管理工作，在首都综治办、市流管办的科学指导下，在区委、区政府的正确领导下，全区流管委成员单位及各街道的共同努力下，树立以“民生为本、服务为先、融合为要”的工作理念，以党的十八大安保工作为中心，流动人口服务保障工作取得新成效；以加强和创新社会管理为主线，流动人口管理服务水平得到新提升。

地址：西城区北礼士路12号

邮编：100044

电话：88391683

（王　钊）

【流动人口和出租房屋基础调查工作】　1月至2月，根据市流管办《关于做好2012年春节期间流动人口服务管理有关工作的通知》的要求，区流管办结合当前流动人口和出租房屋服务管理工作的实际情况，各街道开展了基础调查工作，情况如下：流动人口新登4659人，占流动人口总数的1.48%，核销5460人，占流动人口总数的1.74%，更新5916人，占流动人口总数的1.88%，迁移982人，占流动人口总数的0.31%；出租房屋新登338户，占出租房屋总数的0.55%，核销184户，占出租房屋总数的0.3%，更新1798户，离京的流动人口主要集中在商业服务业、建筑业、小门店等。出租房屋安全大检查共检查出租房屋18932处，发现并整改出租房屋各类安全隐患253处。各街道走访慰问流动人口家庭130余户。

（王　钊）

【新疆少数民族群众服务工作】　3月26日，区流管办与新疆驻京工作站召开做好新疆少数民族在京务工经商服务管理工作协调会，参会的人员有区流管办主任马京宝、副主任李文声、李成志，新疆驻京工作站站长涂四新、副站长周坤凡等。双方就如何加强联系、信息共享、矛盾化解等方面，建立长效工作机制达成了共识。4月1日，区流管办组织召开了做好新疆少数民族群众在京务工经商服务管理工作会议，会议由马京宝主持。西城公安分局、区民宗侨办等10个成员单位主管领导及各街道流管办主任、和田驻京联络处（新疆驻京工作站）、喀什市驻京联络处、乌鲁木齐市驻京联络处、克孜勒苏柯尔克孜自治州驻京联络处领导等30余人参会，会上李文声部署了《西城区关于做好新疆少数民族群众在京务工经商服务管理工作的方案》。区委政法委常务副书记李铁对如何做好流管工作提出了具体要求。

（王　钊）

【综治、流管工作会议】　3月2日，西城区综治委、流管委召开第一次全体（扩大）大会，区委副书记杜灵欣出席了会议并讲话，区综治委、流管委成员单位，各街道主要领导参加了会议。会议由区委常委、西城公安分局局长陈思源主持。会议通报了全区开展群众安全感调查的情况；通报了西城区治安形势；播放了2011年西城区流动人口服务管理工作专题片；宣读了西城区上年度社会治安综合领导责任制检查验收报告及表彰决定；区委政法委常务副书记李铁布置了2012年西城区社会治安综合治理和流管工作重点。

（王　钊）

【流管工作会】　4月11至12日，区流管办组织召开了流管工作会，各街道主管书记、流管办主任及区流管办全体人员参加了会议，会议由马京宝主任主持。会议播放了2011年流管工作回顾片；各街道汇报了前期工作、工作中存在的问题及下一步工作打算；李文声总结了2011年流管创新工作和对2012年创新工作、基础调查工作进行部署并提出要求。会上，区委政法委常务副书记李铁对上年的流管工作给予了肯定并提出了新的工作要求。

（王　钊）

【十八大专项行动部署会】　8月21日，召开了西城区流动人口服务管理专项行动部署会，会议由马京宝主持，相关部门领导和各街道流管办主任参加了会议。西城公安分局副局长王保旗部署了专项工作方案，西城公安分局人口支队、金融街街道、大栅栏街道代表作了发言。区委政法委副书记王学海在会上提出了具体要求。会上下发了《关于组织开展流动人口服务管理专项行动的实施方案》。

（王　钊）

【十八大专项行动信息报送布置会】　8月28日，区流管办召开了流管专项行动协调联络机制日常信息和工作进度报送布置会，会议由区流管办主任马京宝主持，区流管办副主任李文声对《关于建立流管专项行动协调联络机制加强日常信息和工作进度报送的通知》的内容进行了部署，并对信息简报的报送时间和专项行动统计报表的填写进行了讲解。区委政法委主管副书记王学海在会上提出了具体要求。

会上下发了《关于建立流管专项行动协调联络机制加强日常信息和工作进度报送的通知》。

（王　钊）

【十八大专项整治】　9月1日至30日，区流管办协助西城公安分局、区住建委、区房管局、西城安全分局、区民防局、区卫生局等相关部门会同属地街道集中组织开展十八大会场和驻地周边地区、出租房屋和人员租住地下空间、流动人口聚居地区专项整治工作，出动警力4650人次，查处取缔黑开旅店32家，抓获违法人员49人，行政拘留18人。

（王　钊）

【开展人房信息和“五查”工作】　8月至9月，开展了流动人口和出租房屋的大普查，流动人口新增18704人，核销16096人，更新15816人，迁移4219；出租房屋新增1974户，核销761户，更新5883户；组织开展了重点人的核查，发现影响社会治安和社会稳定的各类重点人员30人，并落实了管控措施；开展治安隐患、安全隐患大检查，累计发现治安隐患186处，排除隐患186处，发现安全隐患96处，整改96处；开展经济纠纷和矛盾问题大排查，累计开展各类排查4635次，涉及流动人口5.4万人次；排查矛盾纠纷168起，对排查出的突出矛盾和纠纷都及时进行了有效化解。开展了各类自组织的调查工作，组织各街道开展了流动人口群体自发成立的各类协会、团体，特别是以亲缘、地缘、业缘为纽带形成的各类组织，进行登记备案。

（王　钊）

【向区领导汇报流管工作】　10月16日，区委政法委副书记王学海和区流管办主任马京宝向区委副书记、政法委书记杜灵欣汇报了《关于全区社区流管站和流管员队伍及流管信息平台交接》事宜。

（王　钊）

【流管平台管理员队伍交接动员会】　10月19日，区流管办和西城公安分局联合组织召开了西城区社区流管站和流管员队伍及流管信息平台交接部署会，会议由区委政法委副书记王学海主持，西城公安分局副局长王保旗宣读了《关于全区社区流管站和流管员队伍及流管信息平台交接的意见》；马京宝主任宣读《关于全区社区流管站和流管员及信息平台交接的实施方案》；广外派出所所长张凤海、展览路街道流管委主任马业珠发言；区委副书记、政法委书记、区流管委主任杜灵欣，区委常委、西城公安分局局长陈思源，副区长吴铁男到会并讲话。

（王　钊）

【流管平台及管理员队伍交接推进会】　11月2日，区流管办召开了社区流管站和流管员队伍交接工作推进会，会议由区流管办副主任李文声主持，区流管办主任马京宝部署了《关于做好全区社区流管站和流管员队伍及流管信息平台交接工作相关事宜的通知（试行）》。西城公安分局副局长王保旗及区委政法委副书记王学海分别讲话。

（王　钊）

公安工作

【概况】　年内，北京市公安局西城分局（简称西城公安分局）把党的十八大安保工作作为压倒一切的首要政治任务，牢记“首都稳、全国稳”和“西城无小事”的特殊政治责任，完成了全国“两会”“上合峰会”“7·21”救灾维稳、“涉日”维稳等系列重大安保任务。全年共出动警力260653人次，确保了3691起警卫任务的万无一失；破获刑事案件9111起，同比上升24.5%；命案侦破率始终保持100%；抓获做拘留以上处理的违法犯罪嫌疑人6918名，同比上升24.8%。年内战时表彰中，有21人荣获个人三等功以上奖励，5个集体荣获集体三等功，101人荣获嘉奖；西城分局再次被公安部授予为“全国公安机关执法示范单位”，府右街派出所被国务院授予“人民满意的派出所”称号。

地址：西城区二龙路39号

邮编：100032

电话：83995110

（王为军）

【领导检查慰问】　1月19日，中共中央政治局常委、中央政法委书记周永康到府右街南口慰问执勤的分局民警和治安志愿者。中共中央政治局委员、中央政法委副书记王乐泉，中共中央政治局委员、北京市委书记刘淇，国务委员、公安部部长孟建柱，中央政法委秘书长周本顺，北京市委副书记、市长郭金龙，市委副书记、市政协主席、市委政法委书记王安顺，市委常委、市委秘书长李士祥，市委常委、市局局长傅政华，副市长刘敬民，以及中央政法委和北京市委、市政府有关部门领导陪同。

（王为军）

【举办警营开放日活动】　4月13日，西城公安分局“警营开放日”活动分开放点在二龙路办公区举行。活动现场共分为四个区域：一层设置咨询宣传装备展示厅、二层设置文化长廊展示厅、五层开放110勤务指挥大厅、六层开放多媒体演示厅。区委常委、分局党委书记、分局长陈思源，分局党委副书记、政委张毅，分局党委委员、副分局长何立民，分局党委委员、副分局长王保旗，分局党委委员、政治处主任肖洋，与来自西城区的人大代表、政协委员、医院、学校、大型单位的保卫干部和职工代表、社区居民群众等150余人参加了活动。

（王为军）

【组织涉外普法宣传活动】　为配合打击“三非”违法犯罪专项行动，落实“以服务促管理”的工作理念，分局由出入境管理大队和新街口派出所共同负责，于5月25日，在新街口街道双寺社区，联合举办对外国友人普法宣传活动。主管副分局长何立民参加活动，并与现场外国友人互动，重点就如何正确遵守中国法律法规、如何办理住宿登记、如何依法就业、如何避免签证过期、如何做好夏季治安防范等外国人极为关心的问题进行普法宣传和交流，同时针对北京的涉外治安维护工作，逐一回答了外国友人的提问。活动中，民警向在场的外国友人逐一发放了《致外国人一封信》《外国人在京生活手册》《外国人报警服务卡》等宣传品。

（王为军）

【建立法制教育基地】　为推进未成年人思想道德建设，加强青少年法制教育；坚持“教育为主，惩罚为辅”的原则，对犯罪的未成年人实行“教育、感化、挽救”方针，西城公安分局、区检察院与团区委、区教委等部门经过研究，决定在西城区检察院和西城区看守所分别建立法制教育基地，公安、检察机关共同开展对未成年犯罪嫌疑人在押期间表现情况进行考察工作。6月12日，在西城区检察院举行了西城公安分局、区检察院共同建设法制教育基地揭牌仪式，及《共同开展对未成年犯罪嫌疑人在押期间表现情况考察工作办法》《关于建立青少年法制教育基地工作方案》会签仪式。

（王为军）

【举办禁毒日宣传活动】　6月26日，西城公安分局牵头西城区禁毒委员会办公室在新华百货商场门前设立主会场，举办以“践行北京精神，携手抵制毒品”为主题的“6·26”禁毒宣传活动。区委常委、区禁毒委副主任、分局党委书记、分局长陈思源，区综治办主任、区禁毒委副主任王静等领导参加了活动，会同区禁毒委、各街道办事处相关领导向群众发放宣传材料，宣传禁毒知识。全区15个街道办事处也均按照要求，分别在辖区繁华街道设立分会场，举办了形式多样、内容丰富的禁毒宣传活动。活动共印制并发放禁毒宣传册3万份、禁毒钥匙链2000余个、禁毒购物袋2000余个、禁毒文化衫1000余件、禁毒宣传展板30块。

（王为军）

【启动防汛应急专项维稳工作】　7月28日，根据区委、区政府和市局部署，为做好防汛应急抢险和非法聚集防范处置工作，西城分局严密方案部署，坚持一线组织指挥，落实处突处置准备，全面启动专项维稳工作。一是全面落实应急处突措施。分局召回全局一半警力，党委主要成员以及局属各单位一名主要领导和一半班子成员在岗在位。同时强化与区应急办、交通、武警、消防等部门的联勤联动机制，一旦出现降雨，全局各派出所75部巡逻车将立即投入防汛工作。二是全面防范非法聚集活动。当日16时，分局启动西单地区维稳现场指挥部，由局领导一线指挥，并在重点区域、地段增派便衣警力，动员组织内部单位保卫力量，确保第一时间发现可疑、第一时间处置、第一时间取证、第一时间上报。三是全面强化社会面防控。启动全区社会面三级加强防控方案和重点地区加强级防控方案，投入警力1024人，巡逻车85辆加强社会面防控，并依托150人常备处突力量，确保及时发现情况、迅速抢险救灾、有效维护秩序、处置突发事件。

（王为军）

【禁毒中队正式挂牌成立】　按照市局党委关于在16分县局设置直属禁毒中队的决定，9月11日，西城公安分局召开西城公安分局禁毒中队成立大会，宣告禁毒中队正式挂牌成立。区委常委、分局党委书记、分局长陈思源，分局党委副书记、政委张毅，区委政法委常务副书记张小来，分局党委委员、副分局长杨进则，分局党委委员、政治处主任肖洋，以及分局所属各职能部门政工领导，各派出所主管禁毒工作领导和禁毒中队全体民警参加了禁毒中队挂牌仪式。

（王为军）

【马来西亚内政部秘书长到分局参观考察】　9月24日，马来西亚内政部秘书长拉希姆等一行18人在公安部国际合作局、市局外事办领导的陪同下，到分局参观考察，并与区委常委、分局党委书记、分局长陈思源，副分局长何立民以及办公室、勤务指挥处领导就警务机制、警民关系和警营文化建设问题进行了交流。

（王为军）

【开展专项打击行动】　西城公安分局相继组织开展了“打击整治零容忍”1号、2号、3号系列行动，以及打击涉黄违法问题波次行动等一系列专项行动，始终保持了强大的治安打击整治工作力度，10月份共治安拘留664人，同比上升13.6%。其中卖淫嫖娼15人、赌博28人、侵财53人（含盗窃自行车10人）、“黑车”80人、医托号贩子22人、黄牛党98人、散发招嫖卡片63人、无照游商51人、黑开旅店13人。另外刑事拘留盗窃自行车3人、赌博2人、倒卖伪造有价票证10人、非法经营5人。

（王为军）

【落实百组千人消防零点夜查行动】
10月25日，西城公安、消防多警联动，对全区涉会场所及周边单位开展了全方位、立体式消防安全大检查。其间，分局出动1000余名警力，组成330个联合检查组，共检查单位1501家，发现火灾隐患3689起，罚款105万元，实施“三停”21家，拘留2人。西城公安分局领导陈思源、何立民亲临一线组织指挥，并参加了对十八大代表驻地及周边单位的消防安全检查。

（王为军）

【十八大安保工作表彰会】　11月10日，西城公安分局召开战时视频表彰会，对十八大决战阶段涌现出的优秀集体和个人进行了通报表彰。西城公安分局党委成员，局属有关单位领导及被表彰民警在主会场参加会议。会议由分局长陈思源主持。会上，分局党委委员、政治处主任肖洋宣读了《关于十八大安保决战阶段记功嘉奖的命令》，决定授予治安支队维稳工作处置组集体三等功；授予厂桥派出所副所长任卫民、政治中心区巡特警支队民警邢继东个人三等功；授予警务督察队丁谊国等12人个人嘉奖。分局领导为获奖的集体和个人颁发了奖章与证书。

（王为军）

【西城公安分局领导到一线站岗执勤】
11月10日，分局长陈思源到十八大代

表住地——新大都饭店，替换当执民警站岗执勤两个半小时，并在执勤过程中以身作则，尽心履职，在把好驻地安全第一关的同时，也为前来求助的群众提供了热情服务。同日23时至次日凌晨1时，分局政委张毅亦到新大都饭店外围替换当执民警站岗执勤，并在执勤结束后又到首都政治中心区检查夜间防控工作落实情况。十八大、高考、“两会”等重大安全保卫期间，分局党委成员及分局所属各单位领导班子成员均多次亲临一线，替换民警站岗执勤。

（王为军）

【重大会议安保警卫工作】 11月5日至15日，中国共产党第十八次代表大会在京召开期间，西城公安分局共组织执行常委路线勤务128次，部署警力7826人次；代表路线勤务58次，警力15768人次；大会堂外围勤务17次，警力2360人次；新大都饭店等六处代表驻地勤务84次，警力1839人次；其它日常勤务50次，警力954人次，完成了十八大各项警卫勤务。

（王为军）

【快侦快破刑事案件】 12月14日，刑侦支队接报在西城区东经路19号院北侧消防工地内发生一起故意伤害致死案件。接报后，分局领导现场指挥，针对具体案情，协调刑侦、治安、巡察、派出所等多警种相关配合，快侦快破，于当日23时15分在西城区南纬路37号西侧招商银行门前将犯罪嫌疑人杨某某（男，29岁，黑龙江省泰来县人）成功抓获归案。经讯问，嫌疑人杨某某对其因琐事与工友赵某某发生口角，随即用随身携带的刀将赵扎伤致死后逃离现场的犯罪事实供认不讳。西城公安分局实现年度命案破案率为100%的目标。

（王为军）

【强化维稳处置工作力度】 年内，西城公安分局坚持“情报主导，分策处置”的思路，创新完善了“远端防控、分类管理、措施递进”的上访处置模式，针对复杂艰巨的维稳安保形势，牢固树立敏感意识和责任意识，强化各项维稳安保工作力度，在有效确保了辖区社会安定的同时，有效维护了“三办”地区607632人次正常上访秩序，妥善处置非正常上访88507人次，群体访23批；十八大安保前期，组织开展了集中劝返行动，将330名上访人员劝返分流；十八大召开期间，以会场、驻地、路线周边以及中南海、“三办”地区为重点，强化信息预警防范、严密现场控制措施，及时规范稳妥处置，共处置非正常访5029人次，正常访61391人次。

（王为军）

【治安执法检查】 年内，治安支队组织各派出所开展了持续不断的执法检查，以开展“查隐患、查责任、查措施、查整改”的“四查”为牵动，采取异地互查、便衣暗访、联合检查等多种措施，全面强化对行业场所、危险物品单位的安全检查力度，其间，共明查暗访各类场所3150余家次，对存在违规经营问题的107家旅店予以处罚，取缔“黑旅店”27家，关停歌厅、洗浴等场所48家。

（王为军）

【危险物品安全监管】 对全区54家危险物品从业单位、4家易制爆化学品销售单位、153家刀具销售商铺、以及涉及禁飞工作的94家单位，每日组织安全检查，督促企业严格落实三禁两报告、实名登记销售等安全管理制度和措施；加强对流散社会危险物品的打击收缴，年内，共检查危险物品、刀具销售单位2000余家次，查获、收缴管制刀具等危险物品4件，治安拘留1人。

（王为军）

【推广“企租房”运行模式】 年内，西城公安分局人口管理支队坚持警务创新，遵照流动人口“以房管人、以证管人、以业管人”理念，继续“企租房”管理模式的运行推广，并通过“企租房”管理模式，建立工作台账2000余份，督促37666名流动人员核录办证，检查全区1133处“企租房”，摸排整改各类安全隐患591处，降低了流动人口和出租房屋中的发案率，缓解了流动人口和出租房屋管理无序、被动、漏洞百出状况，实现了流动人口和出租房管理的常态化、规范化、制度化、机制化、长效化，全面提升了流动人口服务管理能力和水平，有效维护了地区政治稳定和治安稳定。

（王为军）

【110投诉核查工作】 年内，西城公安分局共受理110投诉229件；结办率为100%；共查实或部分查实投诉问题12件，对12个单位的12名民警给予了通报批评和警示处理，促进了减诉工作的开展。

（王为军）

【警力指挥调度工作】 年内，全局共接110各类报警178156件，同比上升17%。接报警情中刑事类警情12850件；秩序类警情2133件。进行警情分析研判，形成报告和下发提示450件。盯办各类突出敏感事件1800余件，其中进行积累、分析、汇编235件。全年为执行各类勤务，共调度警力7248次，各类勤务用警合计339238人次。其中，警卫类勤务抽调次数3696次，用警合计为219280人次；治安类勤务抽调次数3552次，用警合计为119958人次。

（王为军）

检察工作

【概况】 北京市西城区人民检察院（简称区检察院）是国家的法律监督机关，遵循“忠诚、为民、公正、廉洁”的工作精神，依法履行各项法律监督职能。年内，受理提请批准逮捕案件918件1169人，批准逮捕680件806人；受理提起公诉案件1081件1376人，起诉1007件1254人。受理立案监督案79件109人，撤销案件5件，依法纠正漏捕8人，追诉漏犯16人、漏罪261起，纠正侦查违法9件。立案侦查贪污贿赂犯罪案件30件39人，其中大案28件，要案4人，为国家挽回经济损失2045万元。立案侦查渎职侵权犯罪案件10件10人，其中特大案件9件。受理各类线索232件，接待来访咨询287件282人。依法办结民事申诉案件117件，提请上级院抗诉8件，法院改判3件；发出再审检察建议3件，促成法院再审1件；接待申诉人来访780余人次，接听咨询电话1400余次。发出纠正违法通知书11份，检察建议72份。开展羁押期限、执法监管、监外执行等各类检察监督1000余次，纠正监管活动违法情形3次，针对监管场所安全隐患提出纠正意见18件。开展警示宣传教育和预防咨询57次，制作《莫伸手》廉政短片播出，覆盖人群近700万人次。在各类媒体发表文章751篇次。中标市院课题1个。

地址：西城区新街口西里三区18号楼
邮编：100035
电话：59555832

（赵　阳）

【中央领导慰问检察干警】　1月19日，中共中央政治局常委、中央政法委书记周永康，中央政治局委员、中央政法委副书记王乐泉，国务委员、公安部部长孟建柱，最高人民检察院检察长曹建明，中央政治局委员、北京市委书记刘淇，市长郭金龙，市政法委书记王安顺，市公安局局长傅政华，市检察院检察长慕平，副市长刘敬民等领导到区检察院慰问检察干警。周永康提出检察机关在自身建设上始终要严格要求，要进一步加强检察队伍建设，全面抓好三项重点工作，特别是在深化公正廉洁执法、维护宪法权威、履行法律监督职能中，能够积极化解社会矛盾，认真办理案件，为维护社会公平正义做出贡献。

（赵　阳）

【市检院领导为一级规范化检察室揭牌】　2月9日，市检院副检察长顾军和区检察院检察长韩索华共同到西城区看守所为区检察院驻所检察室荣获的全国一级规范化检察室揭牌，区检察院副检察长许伟主持揭牌仪式，市检院监所处副处长刘秀仿和区公安分局副局长程勇、看守所所长及全体监所检察干警、部分看守所干警参加了揭牌仪式。顾军对区检察院的监所检察工作给予了充分肯定并提出三点要求：一是要认真贯彻落实市检院慕平检察长关于监所检察工作的指示精神，强化责任意识，始终以一级规范化检察室的标准扎实做好各项驻所检察工作，不断巩固、提高现有规范化水平。二是要在现有优良工作基础上多进行调查研究，加大工作创新力度，力求稳中求进，争创全国派驻监管场所示范检察室。三是西城区是党的十八大召开的重要区域，驻所检察室要认真做好监管场所的安全防范检察工作。

（赵　阳）

【采取多项措施从优待检】　年内，区检察院党组在从严治检，坚持以人为本从优待检，通过院机关党委、院工会，以多种途径全方位关心干警生活，主要是通过组织联欢会、两节送温暖等形式，送上对干警的节日祝福，通过申请爱心基金、慰问生病党员等形式，建立健全关怀帮扶机制和通过发放生日贺卡、劳保用品等形式关爱干警生活，帮助干警解决实际困难，充分调动和激发了区检察院干警爱岗敬业的热情，增强队伍凝聚力，营造温暖和谐、健康向上的检察文化氛围。区检察院以“融合聚力、和谐向上”为主导思想，实施“事业留人、待遇留人、实情暖人”的暖心工程，通过各种途径和形式，坚持做到“面对面、心贴心、实打实”，以人为本从优待检，为全院干警做实事，为实现“两个科学发展”提供坚实的保障。

（赵　阳）

【廉政宣传短片《莫伸手》对外播放】　年内，区检察院制作的廉政宣传短片《莫伸手》在全市地铁电视系统播放。该短片经过精心策划、敲定选题到多次修改，最终在全国一百多件参赛作品中脱颖而出，作为代表我国参加国际廉政宣传短片比赛的六件作品之一。为使该廉政短片发挥更大的社会效果，区检察院与北京地铁运营有限责任公司沟通协商后，将廉政短片《莫伸手》在地铁移动电视系统播放，北京地铁移动电视的14943个终端屏广泛分布于地铁站厅、站台和地铁列车内，受众为近700万人次的地铁人群。

（赵　阳）

【处理集体上访】　4月6日，区检察院检务接待中心主任白春林、公诉二处副处长陆俊钊、公诉二处检察官梅松于区检察院南办公区接待室接待了马某非法吸收公众存款案件70余名来访的被害人。面对来数众多、情绪激动的被害人，区检察院干警冷静的作出处理，让集体上访人中选出几名代表，在耐心听取了数名来访代表的意见和诉求后，由案件承办检察官及检务接待中心负责人对当事人关心的问题、案件进展情况以及区检察院所开展的后续工作进行耐心细致的答复，并结合案情进行了释法说理工作，强调要相信司法机关的公正执法，通过正常渠道反映问题，不要做出过激的行为。整个接访过程井然有序，来访人对区检察院干警的解答及工作也表示满意，集体上访得以及时妥善的化解。

（赵　阳）

【“检察开放日”走进社区】　4月13日，区检察院检务接待中心、公诉二处、控申处、民行处部分干警在院办公室、技术处的配合下，来到西城区广外街道车站西街社区居委会开展法律咨询，带领28名群众代表走进区检察院参加了检察开放日活动。活动中，来自区各单位的代表、区人大代表和媒体记者听取了对职务犯罪预防工作展板、对地下警务区和对大要案指挥中心的介绍。座谈会上，区检察院主要业务部门负责人详尽介绍了部门工作职能和部门工作特色，并与大家进行了交流互动，听取了群众对检察工作的意见和建议，有效提高了参观群众对检察工作的认知度和认同度，取得了良好的社会效果。

（赵　阳）

【恢复主诉检察官办案责任制】　年内，为贯彻2012年全市公诉工作会议精神，区检察院公诉部门恢复主诉检察官办案责任制。恢复主诉检察官办案责任制是区检察院根据最高人民检察院《关于在审查起诉部门全面推行主诉检察官办案责任制工作方案》《北京市人民检察院实施主诉检察官办案责任制暂行办法》的有关规定，结合北京市实施主诉检察官办案责任制及起诉工作的实际，修订出台《西城检察院主诉检察官办案责任制实施细则》。区检察院公诉部门召开全体人员会议，重新学习了主诉检察官办案责任制的相关规范文件，统一思想，为扎实有效地推进主诉检察官办案责任制奠定了良好基础。

（赵 阳）

【共签两项未成年人司法保护新机制】 6月12日，区检察院与西城公安分局、团区委、区教委共同举办《共同开展对未成年犯罪嫌疑人在押期间表现情况考察工作办法》《关于建立青少年法制教育基地的工作方案》会签暨青少年法制教育基地揭牌仪式。区检察院检察长韩索华指出，加强未成年司法保护工作是司法机关参与社会管理及对未成年群体开展人文关怀的重要途径。

（赵 阳）

【办理全市首例特大“地下钱庄”案】 6月24日，区检察院办理的北京市首例非法从事资金支付结算类非法经营案，即马甸邮币卡市场张某、黄某等38人涉嫌非法经营一案审查终结，依法向区法院提起公诉。该案系2009年刑法修正案（七）颁布实施后，本市首例特大地下钱庄案件，涉案犯罪嫌疑人共42人，其中逮捕24人，取保候审18人，涉案单位包括国有企业、私营企业等多种经济成分70余家，移送审查起诉的犯罪事实共计80余笔，犯罪手段为多次转账、直接提现等多种方式。涉案金额巨大，票据数量众多，社会危害性严重，经区检察院认定的非法支付结算金额达到5亿余元，涉案转账支票1000余张。对涉案的张某、黄某等38人以非法经营罪提起公诉，对黎卫齐等4人做出不起诉决定，开展诉讼监督，追诉漏罪5起，共计1048万余元。

（赵 阳）

【举办“新起点实践中心”合作协议会签暨授牌仪式】 7月3日，区检察院举办“新起点实践中心”合作协议会签暨授牌仪式。高检院、团市委、市检院、团区委领导参加了此次会签仪式，区检察院检察长韩索华与“新起点实践中心”——北京明苑投资集团有限公司董事长王毓明、区仁助社会工作事务所总干事安娜会签合作协议并举行授牌仪式。“新起点实践中心”是全市首次在“爱心企业”和社工机构成立对未成年人犯罪嫌疑人的考察帮教中心。“新起点实践中心”的成立是创新未成年人司法保护工作的有益尝试，也是在刑事诉讼法修改大背景下检察机关参与社会管理创新的积极探索。

（赵 阳）

【反渎局获“优秀反渎职侵权局”称号】 年内，区检察院反渎职侵权局获全国检察机关“优秀反渎职侵权局”称号，成为全市获得该荣誉的三家单位之一。全国检察机关“优秀反渎职侵权局”三年评选一次，旨在对全国检察机关反渎职侵权部门政治坚定、业务精通、作风优良、执法公正、成绩突出的先进集体进行表彰。

（赵 阳）

【市检院检察长慕平调研指导全市未检工作】 7月10日，市检院检察长慕平带队到区检察院调研指导全市未成年人案件检察工作。慕平就如何更好地开展未成年人刑事检察工作提出五项工作要求：一是要清醒判断全市未检工作的形势；二是要有效突破全市未检工作的难点；三是要大力培养全市未检工作的队伍；四是要始终坚持全市未检工作的指导思想；五是要广泛借助支持未检工作的社会力量。

（赵 阳）

【组织全体干警进行救灾捐款】 7月21日，北京市遭受特大暴雨自然灾害。区检察院党组对此高度重视，由区检察院机关党委第一时间组织全体干警进行救灾捐款。区检察院党组带头，全体党员群众共242名干警在3个小时内共募集捐款44470元，并通过区慈善协会送往房山受灾地区。

（赵 阳）

【区检察院成立金融犯罪检察处】 10月12日，区检察院金融犯罪检察处正式挂牌成立，这是北京市检察系统内首个金融犯罪检察处。成立金融犯罪检察处，为探索对金融领域各类犯罪案件的集中管辖，建立专门的金融犯罪检察工作机制，培养专业化的金融公诉队伍，是检察机关维护首都核心区域金融环境安全、规范金融市场秩序，促进金融行业稳定、健康发展的重要举措。区检察院金融案件检察处主要受案范围包括刑法第三章“破坏社会主义市场经济秩序罪”中第四节破坏金融管理秩序罪（第170——191条），涉及妨害信用卡管理罪、非法吸收公众存款罪等36个罪名，第五节金融诈骗罪（第192条——200条），涉及信用卡诈骗罪、保险诈骗罪等8个罪名，以及刑法第225条非法经营罪中涉及银行、证券、保险等金融领域的犯罪及上述三节罪名中涵盖金融领域的职务犯罪；还受理区检察院反贪局金融犯罪侦查处职务犯罪案件及区检察院检察长交办的其他犯罪案件；并将在工作中结合金融类案件办理情况，逐步探索建立在金融领域开展职务犯罪预防和金融犯罪防范工作。

（赵 阳）

【举办第十三届“西检杯”法制宣传活动】 12月9日，由区检察院与区教委、共青团区委联合举办的第十三届“西检杯”西城区中学生法律知识思想道德竞赛在北京四中礼堂落下帷幕。最高检未检处处长张寒玉、市检院副检察长苗生明、团市委副书记黄克瀛及来自市检院、团市委、区人大、区委政法委、团区委等单位的领导和部分区人大代表出席决赛现场，并为获奖选手及单位颁奖，区检察院检察长韩索华在开幕辞上指出：第十三届“西检杯”谋划精心，彰显宣教效果；注重细节，努力提升竞赛品质；整合资源，着力打造金字招牌。为中学生增长法律知识，培养法律意识提供了一个优秀的平台。

（赵　阳）

审判工作

【概况】 北京市西城区人民法院（简称区法院）紧紧围绕“为大局服务、为人民司法”工作主题，认真践行政法干警核心价值观和北京精神，充分发挥审判职能，着力化解矛盾纠纷，全力维护社会稳定，审判、执行和队伍建设等各项工作取得了新的成绩。全年收案37157件，审结37298件，结案率96.2%。其中刑事案件收案1026件，结案1032件；民事案件收案25547件，结案25644件；行政案件收案510件，结案473件；执行案件收案8934件，执结8944件。区法院严厉惩处信用卡诈骗、盗伐林木、非法经营等案件。完善民商事速裁机制，全年适用速裁模式审理案件18739件，占全部民商事案件的70.8%。发布行政审判白皮书，多项制度提升行政机关负责人出庭应诉工作的实效性。依法顺利完成629工程，右安门内大街28号院等一批涉中央、市、区重点工程拆迁征补案件。设立诉调对接办公室，邀请专家学者研讨诉调对接机制，并与中国互联网协会等多家单位合作实现诉调对接的多点覆盖。突出典型选树，召开巡回法官赵海先进事迹新闻通报会。职级晋升有序开展，334名干警得到晋升。开展法官六进和邀请人民代表进法院等主题活动。年内，区法院被评为北京市先进法院，荣立北京市集体二等功一次，获北京市职工广播操比赛优秀奖、区广播操比赛一等奖、区第一届机关运动会优秀组织奖。

北区地址：西城区后英房胡同1号
邮编：100035
电话：82299240
南区地址：西城区半步桥街50号
邮编：100054
电话：63543081

（张　辉）

【发布个人消费贷款审判白皮书】 6月13日，区法院召开《个人消费贷款审判白皮书》新闻发布会，《人民日报》《法制日报》等14家新闻媒体进行了宣传报道。白皮书分个人汽车消费贷款、个人住房贷款及信用卡三部分，通过对各部分案件的分析和总结，指出了消费贷款领域存在的法律风险和管理漏洞，并提出了针对性的防范对策。

（张　辉）

【举办青年干警论坛】 年内，区法院举办首期青年干警论坛，参加论坛的30名青年干警围绕论坛主题“幸福与责任”，从自身工作实际出发，畅所欲言，参加论坛的干警表示要珍惜工作岗位，不断提高综合素质和业务能力，努力使自己成为一名合格的人民法官。

（张　辉）

【开展法官六进活动】 年内，区法院选派211名干警深入机关、学校、企业、社区、军营和重点工程，担任法制宣传员、矛盾化解员、法律咨询员、调解指导员、问题调研员，定期提供法律咨询服务，就地化解矛盾纠纷。全年共走访辖区单位800余人次，召开座谈会76次，开展法律讲座82次，服务对象1.5万余人。

（张　辉）

【心理咨询师参与信访案件化解】 年内，区法院邀请中国心理学会法制心理学分会的心理咨询师参与信访案件化解，由心理咨询师根据信访当事人的特点制定心理辅导方案，定期与其沟通、辅导，使当事人更加理性的看待自己的信访行为，引导当事人息诉罢访。

（张　辉）

【廉政勤政征文活动】 年内，区法院举办廉政勤政征文活动，共收到全院干警征文投稿87篇，由院党组成员、特邀监督员、廉政监察员和干警代表组成的评选小组，对征文进行评选，评定出了组织奖和个人奖。

（张　辉）

【开展人民代表进法院活动】 年内，区法院邀请辖区15个街道联组的153名区人大代表、13名市人大代表到院视察、调研，共收集代表提出的各类意见和建议52条，内容涵盖审判执行工作、青年干警培养、对外宣传工作、科技设施建设。

（张　辉）

【推进金融街发展】 年内，区法院成立服务金融街发展工作小组，出台服务辖区金融业健康发展意见。先后走访市金融工作局、银监局、保监局等多家单位，为金融行业发展献计献策。与北京市银行业、保险业协会合作，建立联合调解工作机制，金融纠纷解决渠道进一步拓宽。

（张　辉）

【旁听职务侵占案件】 年内，区法院邀请国家改革与发展委员会、国家统计局、卫生部等100余名局处级领导旁听一起职务侵占案件。

（张　辉）

【拓展诉调对接机制】 年内，区法院设立诉调对接办公室，负责统一组织、协调诉调对接工作，并与西城区人力资源和社会保障局、西城区工商局、中国互联网协会等多家单位合作，实现了诉调对接机制的多点覆盖。中国社会科学院《2012年中国法治蓝皮书》、最高人民法院《诉讼与非诉讼衔接工作指南》，分别对区法院诉调对接工作做了专题介绍。

（张　辉）

【审理涉林案件情况】 为统一执法尺度、确保案件质量、加大林业资源的司法保护力度，北京市确立了对涉林刑事案件集中审理专属管辖的办案模式，从2008年5月1日起发生在本市的涉及森林和陆生野生动植物的一审刑事案件统一指定区法院管辖。由于涉林案件牵扯部门广、适用法律难、延伸工作多，具有突出的类型特点，如何更好地把握该类案件的特点和趋势，及时总结办理涉林案件的工作经验，对于发挥司法在林业资源保护方面的功效具有重要意义。区法院就指定管辖4年来审理的涉林案件进行深入调研。调研主要采取案件特点归纳、案件成因分析的方法，总结案件审理过程中的难点，并提出相应的对策和建议。

（张 辉）

【强化典型选树】 年内，加大亲民型法官赵海的宣传力度，先后召开巡回法官赵海先进事迹工作研讨会、座谈会和新闻通报会，宣传赵海法官6年来坚持社区巡回的先进事迹。北京市委常委、宣传部部长、副市长鲁炜作出重要批示，北京市高院人民法院作出《关于开展向赵海同志学习的决定》。中央电视台、北京电视台、法制日报、人民法院报等多家媒体采访报道。赵海被授予首都劳动奖章、“北京市优秀共产党员”和“北京市政法系统优秀共产党员”称号，当选北京市第十四届人大代表。

（张 辉）

【举办诉讼与非诉讼研讨会】 年内，区法院举办诉讼与非诉讼衔接机制研讨会，总结区法院多年来诉讼与非诉讼衔接机制的工作经验，并对以后工作进行探讨和展望。最高人民法院司改办副主任蒋惠岭，北京市高级人民法院政治部主任吴在存，西城区委副书记、政法委书记杜灵欣等领导出席研讨会。中国国际贸易促进委员会、中国互联网协会调解中心、北京市银行业协会、北京市医疗纠纷人民调解委员会、北京保险行业协会、西城区人力资源和社会保障局等对接单位的领导参加研讨会。中国人民大学、清华大学、中国政法大学的专家学者对这项机制的理论依据、法律依据、现实依据及具体的运行情况等提出了建议。

（张 辉）

【案件评查】 年内，区法院开展庭审观摩和裁判文书两评查工作，院长、庭长带头开示范庭、参与庭审评查，共开展庭审观摩50次，评选出优秀裁判文书30篇。

（张 辉）

【职级晋升】 年内，区法院完成5名正处、58名副处晋升；16名中层副职高配正科；74人晋升正科级审判员、53人晋升副科级助理审判员；13人晋升主任科员、42人晋升副主任科员；任命1名审委会委员，33名审判员，39名助审员。晋职晋级总人数达到334名，是历年来全市法院规模最大的一次职级晋升。

（张 辉）

【设立专家解难窗口】 年内，区法院与中国劳动关系学院合作在立案大厅设立专家解难窗口，邀请劳动法律专家为当事人提供专业咨询和帮助，全年共有12位专家接待群众咨询412人次。

（张 辉）

【科技强院】 年内，区法院不断加大法院智能化、信息化、科技化建设步伐，为审判工作提供技术支持。一是制定科技强院工作意见及工作规划，确保依托高科技手段助力审判工作长效化和制度化。二是成立信息技术办公室，统一信息化考核工作，整合信息化建设力量，推动科技强院进程。三是是主动为审判一线服务，开发诉讼保全系统和移动法务平台，方便法院审判和当事人诉讼。

（张 辉）

【强化指标管理】 年内，区法院按照最高人民法院和北京市高级人民法院质量、效率和效果31项指标的考核要求，将各项指标分解到审判庭和审判人员，定期发布各部门考评指标情况，召开审委会专项研究审判管理工作。年内，在市高院的考核通报中，区法院审判质量综合指数、重点工作、31项指标三项排名均位居全市基层法院第一。

（张 辉）

【举办控辩审三方论坛】 11月7日，区法院邀请西城区人民检察院、西城区律师协会共同举办了新刑诉法的进步与展望系列活动之控辩审三方论坛。区法院院长安凤德，区检察院检察长韩索华，区司法局局长李铁，区律师协会会长王立华等领导出席论坛。三方的主讲人分别从专业技术人员出庭作证、合适成年人到场制度、简易程序中证据的出示与审查等三个主题进行了深入阐述。中国社会科学院教授冀祥德、邓子滨，北京师范大学教授史立梅应邀参加论坛并做点评。北京法院网对本次论坛进行同步图文直播。

（张 辉）

【非法获取国家秘密案】 被告人付雷在任国金证券股份有限公司宏观经济分析师期间，于2009年6月至2011年1月，多次通过MSN网络聊天工具向国家统计局干部孙振（已判刑）刺探国家统计局尚未对外公布的涉密统计数据共计27项。经国家保密局鉴定，其中14项为机密级国家秘密，13项为秘密级国家秘密。后被告人付雷分别于2010年6月7日、2010年11月10日，通过MSN网络聊天工具将其从孙振处刺探所得的3项涉密经济统计数据泄露给东兴证券股份有限公司投资经理余中强，其中1项为机密级国家秘密，2项为秘密级国家秘密。区法院经审理认为，被告人付雷违法刺探国家秘密，情节严重，其行为已构成非法获取国家秘密罪，应依法予以惩处。北京市西城区人民检察院指控被告人付雷犯罪事实成立，但被告人付雷在非法获取国家秘密后，又故意予以泄露，不实行数罪并罚，应依照其中一罪从重处罚，故公诉机关指控被告人付雷构成非法获取国家秘密罪、故意泄露国家秘密罪的罪名有误，应予以纠正。鉴于被告人付雷归案后，如实供述自己的罪行，依法可从轻处罚。法院以被告人付雷犯非法获取国家秘密罪，判处有期徒刑4年。一审宣判后，被告人付雷提起上诉，二审裁定驳回上诉，维持原判。

（张 辉）

司法行政工作

【概况】 北京市西城区司法局（简称区司法局），政法专项编制142名，其中局机关67名，街道司法所75名。局机关现有干部61人，工勤人员3人。设有办公室、法制科、法制宣传科、律师行业综合指导科、公证工作管理科、基层工作科、社区矫正和帮置安教工作科、法律援助工作科、计财科、信息调研科、政工科、监察科、离退休干部科、机关党委等15个科室；另设有职能办公室3个，即西城区依法治区领导小组办公室、西城区综治委矫正帮教协调委员会办公室、西城区综治委社会矛盾多元调解工作协调委办公室（分设在法宣科、矫正帮教科、基层科）。下辖15个街道司法所、3家公证处、1个区法律援助中心、1个阳光中途之家。

地址：西城区南菜园街51号

邮编：100054

电话：83975231

（吉丽洁）

【完善公益法律服务体系建设】　年内，区司法局加强和创新法律服务体系，构建了区、街、社区三级法律服务网络，搭建法律服务平台。以区律师协会、区法律援助中心、公证处为主体的西城区公益法律服务中心的职能优势，在全区各街道成立公益法律服务中心，建立公益法律服务联席会议制度，统筹协调辖区的公益法律服务资源，开展形式多样的法律服务活动。建立健全223家社区公益法律服务室，设立法律咨询岗和法律援助岗，形成便民利民的长效机制。开展“法律服务社区行”活动，签约律师和公证员与社区达成协议，定期为社区居民提供“点对点”式的法律服务。共有100多家律师事务所的1000余名律师深入社区开展法律咨询12450余场次、开展法制讲座1560余次、代写法律文书760余件。整合“中小企业法律服务团”等专业法律服务团队力量，组建重大工程建设法律服务团，成立了“西城区重大敏感期间维护稳定律师服务应急小组”，驻区律师为全区重点功能区建设、政府依法行政、驻区中小企业和区属单位提供优质高效的法律服务。

（吉丽洁）

【普法依法治理工作】　推进“六五”普法规划落实，营造高品质的区域法治环境。全力推进“六五”普法各项目标任务落实，明确各成员单位职责任务，为年终总结验收工作提供制度依据。举办西城区第二届法治文化节，组织开展了“喜迎十八大，西城区法治书画摄影展”、“12·4全国法制宣传日”等主题活动，在全区营造了浓厚的法治氛围。深入开展“法制宣传‘四季行’主题活动”，逐步提升广大群众自觉遵法守法的意识。在《北京西城报》开设“普法家园”专栏，普法公园年内实现更新改建，重点建设了10个精品法制宣传阵地，对各社区法制宣传橱窗进行统一编号。

（吉丽洁）

【人民调解工作】　在全区广泛开展“和风”行动，发挥区综治委社会矛盾多元调解专项组办公室的职能作用，形成行业性与区域性调解组织相互补充、行政调解、司法调解、人民调解有机衔接的社会矛盾多元调解体系，最大限度地化解矛盾纠纷。成立西城区及西单商业街消费纠纷人民调解委员会，加强区、街人民调解指导委员会和区人民调解员协会建设力度。截至12月，全区各级调解组织共调解矛盾纠纷16667件，调解成功16124件，达成调解协议638件，司法确认49件。

（吉丽洁）

【社区矫正工作和帮教安置工作】　5月16日，成立区综治委特殊人群专项组及办公室，制定完善工作机制，有效解决“两类”人员实际困难和影响安全稳定的突出问题。以特殊人群“暖心”专项行动为契机，在全区开展对特殊人群的管理、关爱、救助和帮扶活动，共为11名“三无”人员、“特殊老病残”人员和无缝衔接重点人申报应急专项救助经费31.6万元。完成西城区中途之家筹建工作，建立“两类”人员公益劳动和就业基地，与多家监所达成结对协作工作模式，逐步拓展中途之家功能作用。截至12月底，全区在册矫正帮教人员2598人，其中社区服刑人员404人、刑释解教人员2194人。

（吉丽洁）

【公证工作】　公证服务主动围绕重点地区整治、政策性住房摇号分配、中小企业贷款担保等项目开展业务，积极服务城市建设、企业发展和民生需求。截至12月，3家公证处接待办证咨询358038人次，办结公证事项119364件。扎实开展公证质量检查工作，驻区3家公证处案卷质量在全市案卷检查中均为合格。加强对公证执业活动的监督指导，以建设“公证服务示范窗口”为目标，不断提升公证服务质量。

（吉丽洁）

【律师工作】　加强律师类行政许可工作的规范化建设，采取电话回访、征求意见等形式，对许可工作进行跟踪检查。进一步加强行业监管，加大对律师类投诉案件的调处力度，努力做好重大敏感案件的指导，引导驻区广大律师依法诚信执业。强化对律师事务所的巡视检查，十八大前夕共对12家重点律所进行走访，约谈重点律师23人次。

（吉丽洁）

【法律援助及“12348”工作】　开展法律援助进社区、进工地活动，不断满足社区百姓和农民工的法律需求，提高了法律援助的知晓率和影响力。加大为民办实事工作力度，设立社区法律援助服务站，作为法律援助宣传点和受理窗口，形成便民利民的长效机制，切实扩大了法律援助社会覆盖面。加大法律援助实施力度，完善共同接访机制，引导上访人通过法律途径解决涉法信访案件，从源头上化解社会矛盾。年内，接待法律咨询9271人次，受理法律援助案件357件，其中“12348”专线接听来电咨询2090人次。

（吉丽洁）

【司法行政工作会】　3月7日，西城区司法局召开2012年司法行政工作会。区委副书记、区委政法委书记杜灵欣，市司法局副巡视员马捷，副区长吴铁男出席会议并讲话。会议总结了2011年全区的司法行政工作，部署了2012年的工作任务。马捷强调要以高度责任感和使命感做好全国“两会”和十八大的安全保卫工作，要做到抓排查、抓重点、抓制度、抓检查、抓责任、抓落实。杜灵欣充分肯定了西城区司法行政工作取得的成效，并就西城区司法行政系统如何围绕中心、服务大局、发挥好职能作用提出了要求。

（吉丽洁）

【举办第二届司法行政开放日活动】 4月13日，西城区司法行政系统举办第二届司法行政开放日暨“法律服务社区行”启动仪式。西城区委副书记、政法委书记杜灵欣，区人大常委会副主任郑然，区委政法委常务副书记李铁，区人大内司委主任倪效仲及区司法局、什刹海街道的相关领导出席此次活动，司法助理员代表、社区居民代表、律师代表、公证员代表及法制宣传志愿者代表等共300余人参加此次活动。活动以“司法行政在身边”为主题，重点宣传了司法行政“法律服务、法制宣传、人民调解和社区矫正”四大职能，让司法行政更加深入百姓心中。活动中成立了西城区“公益律师法律服务中心”和重大工程建设法律服务团”，签订了《社区公益法律服务协议》。杜灵欣对做好司法行政工作提出了要求。

（吉丽洁）

【西城区社会矛盾多元调解、特殊人群专项组成立】 5月16日，西城区成立社会矛盾多元调解、特殊人群专项组。西城区综治委召开了社会矛盾多元调解和特殊人群专项组第一次全体会议，正式宣布成立了西城区综治委社会矛盾多元调解专项组和特殊人群专项组。区委副书记、区委政法委书记杜灵欣出席会议并做重要讲话，副区长吴铁男主持会议，各专项组副组长、专项组成员单位主管领导及联络员、司法所所长参加了会议。会议部署了2012年的社会矛盾多元调解和特殊人群专项组工作，在全区开展“和风”行动和特殊人群“暖心”专项行动。

（吉丽洁）

【西城区开展市民法律服务需求调查活动】 6月27日，西城区司法局、西城区依法治区领导小组办公室在全区范围内开展法律服务需求调查活动，通过被调查人填写问卷的形式，初步掌握西城区居民的法律服务需求。《西城区市民法律服务需求调查问卷》采用选择题形式，调查群众在日常生活中获得法律知识的途径、最需要了解的法律知识等问题，并征询群众对西城区法制宣传教育工作意见和建议，被调查对象达2000余人，调查结果于7月中旬由区依法治区领导小组办公室进行汇总分析。

（吉丽洁）

【西城区第二届法治文化节活动举行】 12月4日，北京市“12·4”市民普法嘉年华暨西城区第二届法治文化节活动举行。此次活动以“弘扬宪法精神，服务科学发展”为主题，西城区各单位、各部门相继开展法治文艺演出、法制大讲堂、法制宣传社区行、校园行等丰富多彩的宣传活动。北京市司法局副局长吴庆宝，西城区委副书记、政法委书记杜灵欣，区人大副主任郑然，区政协社会法制委员会主任晏畅等领导出席了活动。

（吉丽洁）

【市局领导调研什刹海街道司法所】 12月11日，市司法局局长于泓源到什刹海街道司法所调研。于泓源实地查看了司法所基础设施建设工作，详细询问了司法所的人员、装备及工作情况，并与街道及司法所相关人员进行了座谈。司法所所长李桂清向于泓源详细汇报了什刹海街道司法所硬件建设情况以及“四个一”工作，即“一线”——什刹海热线、“一室”——什刹海热线公益法律服务室、“一刊”——《胡同说法》普法刊物、“一微博”——什刹海热线微博。于泓源对司法所工作给予充份肯定，对街道给予司法所工作的支持表示感谢，并就以后如何做好基层司法行政工作提出了要求。

（吉丽洁）

【西城区阳光中途之家举行揭牌仪式】 12月20日，西城区阳光中途之家举行揭牌仪式。市司法局副局长林兆波，区委副书记、区委政法委书记杜灵欣，区人大副主任郑然，副区长吴铁男，以及区特殊人群专项组成员单位领导、司法干警等30余人参加了活动。林兆波听取了有关西城区阳光中途之家运行管理模式和工作概况的介绍，并就中途之家建设提出了意见。杜灵欣充分肯定了西城区阳光中途之家建设取得的成绩，并就做好下一步工作提出了要求。

（吉丽洁）

【市领导到什刹海街道司法所检查指导工作】 12月21日，市委副书记、市委政法委书记吉林到什刹海街道司法所检查指导工作。区委副书记、区长王少峰，区委副书记、区政法委书记杜灵欣陪同调研。吉林实地查看了司法所硬件建设以及基层司法行政工作开展情况，听取了关于什刹海街道司法所硬件建设以及“四个一”工作的汇报。吉林对什刹海司法所工作给予充分肯定。

（吉丽洁）

交通管理工作

【概况】 北京市公安局公安交通管理局西城交通支队（简称西城交通支队）是西城区道路交通安全管理的职能部门，下设8个执勤大队，共有民警696人。主要承担全区道路交通秩序管理、交通安全宣传、交通事故处理和特勤警卫等工作职责。年内，坚持抓重点、重实效、强落实，积极进取，开拓创新、精诚团结，坚持日常管理、综合治理、专项整治有机结合，管界秩序管理水平得到提升；坚持疏堵治堵工作不放松，持续推进道路优化区域、微循环、单停单行等缓堵措施落实，道路通行能力保持平稳；坚持宣管结合，强化综合施策，努力实现管界事故、宣传事故双项控制指标稳中有降；坚持突出抓党建带队建核心，大力加强政治建警、从严治警、文化育警，为完成好各项工作提供强有力队伍保障。

地址：西城区赵登禹路303号

邮编：100034

电话：68399201

（李关毅）

【交通管理重点工作】 年内，西城交通支队坚持提前谋划，细化完善方案预案，建立健全各项工作机制，精心组织指挥，落实各项勤务组织工作规范，全体干部民警共同努力，完成了全国“两会”、上合峰会、中非论坛、十八大安保等各项勤务，均做到了安全畅通、万无一失，社会交通协调运转。坚持做好事故处理工作，全力侦办重大交通肇事逃逸案件，侦破率达100%。

（李关毅）

【党支部建设工作】 年内，西城交通支队队伍内部坚持“抓班子、带队伍、促工作”思路，努力打造团结奋进、坚强有力的战斗集体，确保了队伍内部的和谐稳定。组织实施了基层支部评定等级工作，经过晋位升级，支队13个支部全部达到一级的标准。积极采取支部书记讲党课、购买书籍、组织参观展览、主题党日活动等措施，发挥支部班子战斗堡垒和党员先锋模范作用。坚持深化典型推树，组织开展了孟昆玉式岗组和窗口命名仪式，通过以点带面激发工作斗志，促进整体工作水平的提升。

（李关毅）

【组织勤务工作】 西城交通支队精心组织指挥，细化方案措施，制定了《西城交通支队十个专项中心区工作方案》，建立健全各项工作机制，创新推出接勤互核、电台互补、电视监控路面指挥互查、真空时段出勤等多项勤务制度措施，全体干部民警严格落实各项勤务组织工作规范，认真抓好每一条路线、每一个环节、每一项措施、每一个岗位的检查，确保工作措施落实到位。完成了全国“两会”、上合峰会、中非论坛、十八大安保等各项勤务，均做到了安全畅通，社会交通协调运转。据统计，全年共出动警力178567人次，出动车辆59520车次。

（李关毅）

【完善岗位部署提升处突能力】 坚持以“警情线、警力线”动态管控为导向，从科技指导警务入手，不断完善岗位部署，确保警力投量、投向科学合理。积极研提创新机制，建立应急指挥体系层级对接、交通应急联勤指挥等工作机制，细化完善“电视监控五巡五看工作法”“突发敏感事件处置流程十步法”等制度流程。强化各部门之间联勤联动及各层级指挥员之间的信息沟通，精确指挥交通警情处置，精心指导路面交通秩序管理。在“涉日”维稳、“7·21”抢险救灾等处置工作中，支队共启动应急预案130余次，采取交通疏导维护和应急保障措施190余次，动态部署警力19000余人次，确保了恶劣天气的妥善应对。

（李关毅）

【打击治理重点违法】 西城交通支队瞄准重点环节，坚持严格执法，确保路面交通秩序良好。结合区域特点，将专项行动与日常管理结合、把握重点与突出效果结合、秩序牵动与统筹推进结合，围绕长安街、西北二环、平安大街等32条主要大街，及煤市街、西外南路、北站、动物园等25处秩序乱点为重点，瞄准摩托车、货车、危化车、校车、“涉牌”、乱停车等危害安全、反映强烈的重点违法，始终保持严管高压态势，持续开展打击治理，全力打造全区良好交通秩序环境。

（李关毅）

【优化区域交通环境】 西城交通支队强化秩序管控，合理优化渠化，全面提升科学管理水平。坚持以政治中心区建设为载体，深化24小时勤务机制，严密岗位设置，提高见警率、管事率。全力打造交通秩序管理“六大工程”，扎实推进32条停车示范街创建工作，全力营造路面秩序严管氛围。争取区政府资金支持，进行道路基础设施建设改造和交通管理设施的建设。坚持以改造局部区域交通微循环为手段，全年共制定交通优化方案200余个，通过调整信号配时、采取禁限措施等手段，有效缓解儿童医院、景苑宾馆、宣武医院等5处重要地点交通拥堵，促使天桥地区、西四地区、马连道路口等17处道路通行能力得到显著提高，区域路网整体通行能力得到明显改善。加大交通设施排查完善，确保管界56家中央部局级单位、208所学校、8家三甲以上医院的周边道路交通安全设施覆盖率达到100%。

（李关毅）

【深化宣传提高安全防范能力】 西城交通支队坚持以“文明交通行动”为载体，深入管界机关单位、部队、学校、社区、居家委会，分层分类开展交通安全教育，提升安全意识和守法自觉性。年内，支队共设计制作各类宣传品11种，3万余份，组织开展专项宣传活动12次，讲安全课400次，发放宣传材料8万份，签订责任书2万份，受教育群众达到15万人次。重点对管界范围内的交通标志、标线、交通信号灯、路口渠化、夜间照明灯等进行全面排查，全部按期完成治理工作，为全区道路交通形势安全平稳、和谐运转提供了可靠保障。严格落实专业运输单位交通安全大检查活动，消除安全隐患，严防发生交通事故。严格落实责任追究，全年共对5095家社会单位及专业运输单位采取限期改正通知书，对2552家社会单位及专业运输单位采取禁驶机动车上路行驶措施，停驶校车12辆次，组织公开处理大会挂黄牌12家单位，对违法行为单位和个人起到了有效的震慑作用。

（李关毅）

【强化队伍建设提升综合实力】 西城交通支队以抓党建工作为核心，采取讲党课、参观展览、主题党日等活动，发挥战斗堡垒作用。坚持以抓思想发动为前提，重大活动战时动员落实到位，积极做好典型推树工作，营造良好内部氛围，发挥鼓舞士气作用。坚持以抓刚性管理为关键，做好队伍分析、重点人帮教转化工作，结合各时间段签订责任书、落实逐级谈话、强化督导检查，发挥队伍约束作用。坚持以抓服务保障为动力，落实各项从优待警措施，积极为民警解决实际困难，发挥激励斗志作用。通过深入细致的思想政治工作，全体干部民警始终保持了最佳的精神状态、高昂的工作斗志，为完成各项工作提供了强有力的队伍保障。

（李关毅）

军　事

武装部工作

【概况】 中国人民解放军北京市西城区人民武装部（简称区人武部），受北京卫戍区和中共西城区委、区人民政府的双重领导，是中共西城区委的军事部和西城区人民政府的兵役机关。内设北京市西城区国防动员综合办公室、北京市西城区国防教育办公室、北京市西城区人民政府征兵办公室、北京市西城区预备役军官登记工作办公室。所属街道武装部15个，企事业单位武装部49个，专兼职武装干部到290人。年内，在卫戍区党委和区委、区政府的正确领导下，以科学发展观为指导，深入贯主题主线重大战略思想，认真落实军委新时期军事战略方针和加强国防后备力量建设的指示精神，紧紧抓住“迎接十八大、保卫十八大、学习贯彻十八大”这条工作主线，围绕“服务立区、金融强区、文化兴区”战略，按照“争先进、创一流，抓重点、搞创新，强自身、保安全”的工作思路，持续推进国防后备力量建设，高标准完成了以十八大执勤维稳为重点的各项任务。区人武部在北京卫戍区年度民兵工作会议上，被评为“先进人民武装部”。

地址：西城区辟才胡同宏英园17号楼

邮编：100032

电话：88064194

（姜　峰）

【民兵政治工作】 紧紧围绕新形势下民兵政治工作遇到的新情况新问题，在加强思想教育的有效性上下功夫。围绕民兵使命职责、行为规范、专业技能等内容，编印《民兵手册》，利用民兵分队、应急分队训练时机，开展集中教育。组织民兵向“最美警卫战士”高铁成学习活动，下载了事迹材料进行学习展示，广泛开展网评活动。深化党管武装工作，先后两次召开民兵工作会，组织街道和民兵单位的党（工）委书记述职，考察调整了专武干部，组织基层专武干部进行业务培训。积极宣传民兵工作中的先进典型和经验事迹，在军地媒体刊稿60余篇，有效调动了专武干部开展工作的积极性。

（姜　峰）

【民兵整组】 根据北京军区、卫戍区综合防卫作战方案要求，按照北京市关于民兵整组工作指示精神，结合我区民兵担负的作战任务，全面加强民兵组织建设，组建了防空作战分队、应急维稳分队和勤务保障分队。

（姜　峰）

【民兵军事训练】 4月和9月，组织机关干部参加了卫戍区军事指挥业务培训考核。6月中旬，组织“2012-铸盾”军地联合战役演习，充分利用一体化指挥平台，对区域防空组织指挥进行了演练，增强了军地联合组织指挥、情况处置和临机应变能力。7月上旬，组织基干民兵进行实弹射击，有效提高了军事素质。7月下旬，组织骨干民兵参加卫戍区民兵冲锋舟操作手集训，在卫戍区考评中，获冲锋舟操作手第一名。

（姜　峰）

【参建援建】 两次召开民兵执勤专题会议，与区政法委、西城公安分局共同协商，规范民兵执勤组织领导、启动机制、器材保障、经费保障等方面的内容。“两会”“上合组织北京峰会”“九一八”事变81周年和党的十八大召开期间，共组织民兵单位，完成了立交桥、过街天桥和地下通道昼夜执勤任务，确保了区域高度安全稳定。

（姜　峰）

【应急分队建设】 5月初，成立综合检查组，按照建成“常态化、专业化、规范化”应急力量要求，采取听取汇报、实地查看、理论考核、拉动演练、物资点验等方法，对15个街道的应急力量、应急预案、应急器材等进行了检查验收。8月中旬，根据卫戍区指示要求，在确保必须具有北京市户籍的基础上，制定了人员选拔“五优先”标准，由部领导带队，逐街道进行选拔考核，精心挑选组建了民兵应急分队。区分两个批次，在卫戍区民兵高炮训练基地，采取集中居住、强化训练、考训结合等方法，组织应急维稳和防汛抢险训练演练。

（姜　峰）

【国防教育】 在全区深入开展“热爱祖国，心系国防”主题宣传，在繁华商业区、旅游区和大中院校设立了教育宣传点，营造浓厚的教育氛围。组织国防教育宣讲团进学校，与学生面对面交流。注意抓好领导干部国防教育，邀请国防大学尹卓教授给全区处级以上领导干部，围绕我国周边局势作辅导报告。组织部分委办局领导和干部过“军事日”，体验实弹射击，切身感受军营气息，强化国防观念。认真抓好国防教育主题公园建设，反复修改论证建设方案，对设计理念、主题风格和展示内容进行了补充完善，增强主题公园趣味性、实用性和教育性特点，6月12日，国家国防教育检查组审定了方案，给予充分肯定。

（姜　峰）

【征兵工作】 西城区征兵工作面临的矛盾比较突出，当兵冷、兵源少、征兵难等矛盾比较集中。面对新情况、新问题，区委、区政府十分重视，区委、区政府专题研究出台了征兵优待政策。区主要领导多次对征兵工作做出指示，亲自主持研究政策，亲自部署安排工作。部党委及时转移工作重心，不断加大宣传力度。尤其是在大学院校，持续组织动员发动，及时组织释疑解惑，澄清学生各种疑问，效果比较明显。完成征兵任务。

（姜　峰）

双拥共建工作

【概况】　西城区双拥共建工作领导小组由军地80名成员组成，下设办公室（简称区双拥办）承担区委、区政府和驻区部队领导双拥工作的参谋助手、军地关系的桥梁纽带和基层双拥工作协调指导职能。年初，西城区第七次被全国双拥工作领导小组、国家民政部和解放军总政治部命名为全国双拥模范城（县），区委书记王宁、总政直工部副政委张仁锋参加大会并受到胡锦涛等党和国家领导人接见。年内，全区兴起四次双拥热潮，区委、区政府和驻区部队召开军政座谈会和双拥工作会，总结工作，部署任务，交流经验，确立了创建有特色、高品质全国双拥模范区八连冠新目标；军（警）民共建“马连道双拥一条街”启动；举办纪念柳荫街军民共建30年暨什刹海地区双拥文化节活动，大力弘扬柳荫精神；纪念建军85周年形式多样。总结双拥机制创新、开展文化双拥和柳荫街军民共建30年经验体会，并在全国、全市作介绍。推荐74个基层单位为北京市双拥示范单位，双拥品牌网络进一步完善。优抚安置政策落实。拥政爱民工作贴近民生，军政军民关系融洽。

地址：西城区宏英园17号

邮编：100032

电话：66124993

（张贻发）

【普及全民国防教育】　国防教育以爱国主义为核心，以全民为对象，以各级干部和中小学生为重点，整体纳入全民教育、精神文明建设和先进文化建设内容。年内，围绕我国周边形势，组织两场有处级干部参加的国防教育报告会，请军事专家，详解南海诸岛和钓鱼岛主权属于中国的历史沿革及法理依据，进一步增强了“有国必防，无防不安”意识，达到了用中央对形势正确判断统一认识的目的。5000名学生到“中学生国防教育中心”参加军训。天桥街道组织地区双拥工作领导小组成员赴白洋淀接受革命传统教育和国防教育。新街口街道组织机关200余名干部参加国防教育知识问答活动。

（张贻发）

【纪念柳荫街共建30周年】　西城区委、区政府、驻区部队对弘扬柳荫精神高度重视，专门举行纪念柳荫街军民共建30周年活动，共同回顾30年共建成果和启示，什刹海街道组织了持续4个月的双拥文化节系列活动，总政群工办主任汤奋少将、总政直工部副政委张仁锋少将、区委书记王宁、区长王少峰为系列活动揭幕。汤奋、张仁锋讲话，对柳荫街军民共建取得的丰硕成果及发挥的示范引领作用给予很高评价。王宁强调，全区要学习柳荫经验、弘扬柳荫精神，希望柳荫军民发扬成绩，再创佳绩。

（张贻发）

【双拥品牌建设】　西城区委、区政府和驻区部队高度重视以典型引领双拥工作创新发展，着重总结了《探索规律建机制，推动双拥创新发展》《整合文化资源、推进文化双拥，以文化认同引领双拥工作创新发展》和《柳荫街军民共建30年实践和启示》的经验体会，并分别在全国、全市双拥工作会议和北京市双拥工作表彰大会上作介绍。评选和推荐74个单位为北京市双拥示范单位，其中社区31个、军休所12个、企事业单位31个，基本涵盖了全区各行各业。举行马连道茶叶一条街双拥一条街共建启动仪式，为西城区构建北有柳荫街、南有马连道，郊区有中学生国防教育中心、城内有万寿宫国家级国防教育示范公园的双拥网络格局奠定了基础。

（张贻发）

【落实优抚安置政策】　年内，安置175名军队转业干部；接收退役士兵307名，培训服务率和安置政策知晓率达100%；专门举办随军家属就业双选洽谈会，有450名随军家属到现场参加洽谈，其中34名达成就业意向。政府投入96万元，协调社会帮扶29万元，全区146名老烈属、老革命伤残军人、在乡老复员军人帮扶标准由每人每年1200元提高到1800元。

（张贻发）

【支持部队建设】　春节前，西城区组建9个慰问组，由区四套班子主要领导带领，分别对驻区部队和优抚对象进行慰问，为部队送去慰问款500万元。建军85周年期间，西城区组建7个慰问组，分别对武警一支队、七支队、二炮总医院和驻柳荫连队进行慰问，并赠送300万元慰问金。坚持特事特办，妥善安排驻区部队150名子女小学升初中。区领导陪同第二炮兵司令员靖志远、政委张海阳以及二级部首长瞻仰李大钊故居。年内，西城区及社会各界用于拥军优属经费累计达到3000万元。

（张贻发）

【开展拥政爱民工作】　驻区部队知西城、爱西城、建西城，为西城做了大量好事、实事，选派500余名官兵帮助学生军训，派出2000余名官兵参加扫雪铲冰，安排1000名官兵组成防汛应急分队。“7·21”北京遭遇特大暴雨,西城消防支队所属府佑街、西直门、大栅栏、广安门、东经路等消防中队官兵，紧急投入抢险救灾，并驰援房山重灾区，疏散、救护群众100余人，急难时刻展现出消防官兵为人民和崇高形象，赢得领导和群众的一致赞誉。驻区部队连续第六年开展“帮困助残送温暖”活动，筹措35万元，对西城区750户困难居民进行慰问。

（张贻发）

民防工作

【概况】　西城区民防局（简称区民防局），是西城区国防动员委员会的常设办事机构和区政府人民防空工作主管部门，承担西城区人民防空、公共安全宣传教育职能。年内，民防工作突出抓好基础建设、安全稳定、依法行政、干部队伍建设，深入推进组织指挥、城市防护、宣传教育“三大体系”建设和防震减灾工作，求真务实，开拓创新，完成了年度各项工作任务。
地址：西城区西单横二条2号华恒大厦4层
邮编：100031
电话：88064999

（宗绍杰）

【国际民防日宣传】 3月1日“国际民防日”期间，区民防局组织各街道开展以“防空防灾、民防为民”为主题的社会宣传活动。展览路街道利用民防宣教中心进行现场宣传，社区居民参观体验了居家安全、家庭消防和防震避险等项目。什刹海街道组织25个社区对制作的宣传展板进行评比。金融街街道组织各社区利用板报、横幅、宣传橱窗、展板、宣传材料、播放防灾减灾科普知识短片等多种形式进行宣传。白纸坊街道在樱桃园文化广场开展宣传活动，向过往行人发放《地震知识百问百答》《公众地震应急避险要诀》《地震安全手册》《防震减灾实用知识手册》等宣传资料。椿树街道组织社区民防志愿者20人，到金融街和展览路宣教中心参观学习。牛街街道在街道政务大厅门前设立宣传站点，向过往行人发放《防空防震防灾知识》《防空防灾应急常识》等各种宣传材料。组织各社区开展防灾减灾知识讲座、观看《人民防空警报》《发展中的北京民防》知识光盘。利用横幅、板报、展板、宣传橱窗等通俗易懂的形式宣传防空防灾公共安全知识。大栅栏街道组织9个社区居民骨干、积极分子100余人，到万寿公园公共安全宣传教育基地参观参观学习。此次宣传活动，全区1850余人参加，发放各类宣传材料5720余份。

（宗绍杰）

【应急指挥体系建设】 年内，完成了白纸坊天缘公寓、北三环中路29号国家核电技术有限公司、复兴门中化大厦、金融街交通银行4处高点监控建设。完成了808指挥所与B4指挥所之间的专线联通工程，实现了808指挥所与B4指挥所、卫星站、移动应急指挥车的音视频及数据传输功能。对808指挥所监控主机进行了更新改造，实现了与西城公安分局监控资源共享。对808指挥所投影仪拼接融合器进行了更新，提升了大屏幕显示效果。围绕“战时防空、平时防灾”分别与白纸坊、陶然亭街道研讨了协同推进街道民防指挥所与街道全响应社会服务管理指挥中心建设工作。

（宗绍杰）

【防空防灾公共安全宣传教育】 年内，以“国际民防日”“防灾减灾日”、纪念人民防空创立62周年等为载体，组织全区15个街道办事处、255个社区居民及部分中小学广泛开展防空防灾大型社会宣传活动。通过现场咨询、聘请专家、发放宣传材料（宣传品）、悬挂宣传横幅、张贴宣传画、展板、墙报、参观交流、救护演练等形式，向居民群众宣传防空防灾公共安全知识，发放各种宣传资料（宣传品）16000余册件。对防空防灾信息网进行了改版更新，共更新信息213条。编发《西城民防》7期、8400份。在《西城信息》刊发政务信息15条；在《北京民防》《华北人防》等刊物发表文章、新闻图片28篇幅；编辑《民防信息》25期。区民防局被评为“北京市民防系统通讯报道先进单位”。

（宗绍杰）

【人防工程管理】 年内，以冬春季防火、节假日、“两会”“亮剑行动”“护航行动”“打非治违”“安全生产月”十八大安保为重点，采取层层签订安全管理责任书、分组分片包干的方法，加强日常安全检查和专项治理。定期召开街道民防办（科）负责人参加的例会，及时通报、分析安全生产形势，研究部署工作任务。制作张贴各种管理规定标志牌1550块。全年检查人防地下室802处、1700余次，发现整改安全隐患2732个。与区相关部门联合执法检查5次，检查重点工程42处，清理散租人员392人。人防工程拆除4件，收取补偿款4435298元，人防工程平时利用许可47件（车库26处、仓库13处、办公等用途8处）；换发合同2份、续签合同19份、新签合同2份。依法加强工程使用收费管理，追缴欠费工程9处、200600元；收取人防工程使用费64处、5882765.74元。

（宗绍杰）

【人防工程综合整治】 年内，制定了114处人防工程清理整治工作计划；成立四个督查组，集中区、街道力量以合同到期、违规使用住人工程为重点，稳步推进清理整治工作。已对114处整治关停工程下发停用通知书，执法约谈112处，关停住人工程26处，拟转变使用用途工程22处，整治规范32处。

（宗绍杰）

【人防工程防汛工作】 年内，修订了人防工程防汛应急预案；调整了西城区人防工程防汛指挥部成员，明确了各部门职责；制定了安全迎汛工作方案；整组了7支71人的防汛应急抢险队伍；建立了防汛四色预警值班值守工作机制；准备水泵27台、发电机1台、编制袋4570条、木材100立方等防汛物资；召开防汛工作动员部署会，层层签订防汛责任书；在德胜、金融街街道，分别组织了早期人防工程防汛应急抢险和防空地下室防淹、防倒灌应急抢险综合演练。汛期，密切关注天气预报，加强应急值守和安全巡查，经受了“7·21”特大暴雨的严峻考验，治理险情工程38处（地面塌陷10处、工程结构险情6处、倒灌22处），确保了人防工程安全度汛。

（宗绍杰）

【应急组织指挥保障、演练】 年内，组织一期高点监控操作使用培训；组织应急指挥车训练28天、卫星地面站训练12天、指挥所设备操作训练8天、无线电台训练24天。应急指挥车参加节假日、“两会”、防汛、十八大应急值班共计44天、110人次，参加市区应急勤务出车14次。组织808指挥所视频会议保障2次，组织808指挥所与市民防局528指挥所联调及视频会议保障12次。10月31日，结合纪念人民防空创立62周年，展览路街道新华里和车公庄社区联合在新华里16号院，举行了人民防空人员掩蔽实兵演练，增强了组织指挥和应急行动能力。

（宗绍杰）

【人防工程维护维修】 年内，制定了《西城区人防工程治理维修工作暂行规定》。3月至5月，组织各街道开展早期人防工程和防空地下室普查登记工作，摸清了工程底数和现状。制定了22处公用防空地下室设施设备维护维修计划，完成了工程量确认，正在全面施工；制定了20处早期人防工程治理计划，治理了大栅栏百顺胡同24号早期工程出口塌陷、新街口二新干线地板拱开断裂等11处早期工程险情，其余9处仍在施工之中。

（宗绍杰）

【通信警报建设】 年内，拆除了月坛亿通大厦防空警报器，与华融基础设施投资有限公司签订了拆除补建协议，收取拆除补建项目补偿金2万元。对全区34台防空警报器进行加电测试及联调；及时为区委、区政府做好电话维修服务保障工作，维修、移机电话800余部次。

（宗绍杰）

【公共安全志愿者队伍建设】 年内，对全区民防志愿者进行了整组，梳理了已注册志愿者队伍档案，对后补的339名民防（地震）志愿者进行了重新注册、登记。全区民防应急志愿者已达1994人。制定了培训计划志愿服务活动安排。4月组织椿树、天桥、金融街3个街道召开了志愿者工作专题会议。5月聘请专家，在宏汇园社区和展览路宣教中心为300余名志愿者骨干进行急救技能培训和自救互救演练活动。在椿树街道举行了民防志愿者宣誓活动。全年培训志愿者800人，为志愿者发放应急包1501个。

（宗绍杰）

【法制体系建设】 年内，完成了区长办公会学法工作（新修订的《北京市人民防空工程和普通地下室安全使用管理办法》）。3月和5月分别组织全局行政执法人员进行了业务培训。组织3人参加市、区执法资格考试，取得了执法证件。执法检查1450人次，依法对159处使用人防工程的单位进行了执法约谈，实施行政处罚46起（一般程序执法2起、简易程序执法44起），罚款68000元。办理政协提案3件、人大建议1件，人大代表、政协委员对办理结果均满意。聘请律师担任常年法律顾问，为班子决策、风险预防、权益维护等提供法律服务。立卷归档一般程序行政执法案卷2卷。参加市、区行政执法机关执法案卷评查工作，抽查案卷1卷，取得了优秀成绩。组织一线执法人员对案卷制作进行了专门培训。

（宗绍杰）

武警第一支队

【概况】 中国人民武装警察部队北京市总队二师第一支队，前身是保卫中国工农红军前委的3个警卫连之一，组建于井冈山时期。1942年10月20日改编为中央警备团，1983年2月改编为中国人民武装警察部队北京市总队第一支队，1995年7月，改称为武警北京市第一总队第一支队。1999年2月，武警北京市第一、二总队合编为北京市总队，支队番号改为武警北京市总队二师第一支队。2012年，支队始终着眼建设现代化武警，坚决贯彻西城区委区政府和部队各级党委首长的决策指示精神，主动融入西城区“服务立区、金融强区、文化兴区”的战略，紧紧围绕提高部队战斗力这个根本，大力加强思想政治建设，深入学习实践十八大精神，广泛开展创先争优活动和“赞颂科学发展成就，忠实履行职责使命，永远做党和人民的忠诚卫士”主题教育，完成以执勤处突维稳为中心的各项任务，部队全面建设得到提升，被西城区评为“精神文明建设先进单位”。

地址：北京西城区南礼士路5号

邮编：100037

电话：52828177

（冯　魏）

【政治工作】 始终把讲政治、保一致作为特殊年份的核心政治要求，扎实开展“讲政治、顾大局、守纪律”学习教育活动，严格任务中政治考核和心理测查，确保官兵思想纯洁可靠。紧贴部队思想反映，抓好经常性思想工作，坚决抵制政治谣言，深入开展“破解发展难题，构建和谐警营”活动，有力解决了部队全面建设中的难题。积极开展双拥共建工作，区长王少峰，区政协主席曹长胜，区委副书记、政法委书记杜灵欣等领导先后到支队慰问指导工作，积极启动与金融街道“菜篮子”工程，进一步密切了警政警民关系。“无悔青春铸警魂”老兵文艺汇演，深受官兵欢迎。全年有78篇新闻稿件被《人民武警报》、新华网等多家媒体刊载。

（冯　魏）

【中心任务】 以“四勤”为抓手，深化执勤工作精细化落实，顺利完成“四防一体化”建设任务，执勤秩序更加正规。加强对首长住地的分类指导，确保了重中之重绝对安全。严密组织新训、勤训轮换、预提士官集训，狠抓特色分队及应急班建设，执勤基础更加牢固。坚持领导靠前、精心筹备、严密组织，先后完成了全国政协新年茶话会、全国“两会”、上合峰会、党的十八大安保重大临时勤务，扎实做好了“九一八”等敏感时期社会面维稳工作，积极参加“7·21”、“11·04”等抢险救灾任务。16中队被武警部队评为十大执勤标兵中队，潘文明、王存存、陈强、李明、吴飞飞等5人立个人二等功，41人在执勤中立个人三等功。

（冯　魏）

【内部管理】 依据条令条例，狠抓精细化管理，部队正规化建设质量得到提升。细化安全工作措施，重视加强党员、干部和士官队伍建设，突出重点管控、合力抓安，安全底数不断加强。扎实推进军事信息传输方式改革，按时完成密码工作区改造任务。加强网络舆情监控，配备保密手机，严格涉密载体管理，有效防止了涉警炒作和失泄密问题的发生。

（冯　魏）

【后勤保障】　积极适应任务需要，创新应急保障模式，狠抓后勤战备工作落实。严格经费管理规定，及时请领发放被装物资，加强对枪弹、车辆的管理，抓好卫生防病，分配周转住房，大力开展农副业生产，进一步提升了后勤保障质量。争取西城区建设资金260余万元，对大院路面进行硬化改造，家属区营院环境明显改善。

（冯　魏）

【班子建设】　坚持党委中心组理论学习制度，坚决贯彻民主集中制，党委常委带头作出廉洁从政承诺，公平、公正、公开处理敏感问题，风气建设得到不断加强。严密组织“四讲四比”教育活动，开展干部队伍讲评，提前完成年度转业干部安置任务，分批组织老干部郊游和随军干部旅游度假，转业干部安置和官兵休假率均达到100%。

（冯　魏）

武警第七支队

【概况】　中国人民武装警察部队北京市总队二师第七支队，始建于1949年6月，当时番号为北平市人民政府公安局公安总队第1团。1962年5月，改称中国人民武装警察总队第2团。1966年6月7日，改称中国人民解放军北京卫戍区警卫第二师7团。1969年12月27日，改称为警卫第二师第5团。1979年1月，改称为第7团。1983年2月转隶为武警北京市总队第七支队。1995年7月，改称中国人民武装警察部队北京市第一总队第七支队。1999年2月，支队番号改编为武警北京市总队二师第七支队。同年6月，后勤处调整为正营级。2005年6月，四大队十六中队撤编，运输队降为汽车运输排，成立勤务汽车中队。支队下设司令部、政治处、后勤处，下辖4个大队、15个建制中队及勤务中队、卫生队等直属分队。防区分布在西城、东城、朝阳、丰台、海淀、和大兴6个区，主要担负警卫、守卫、看押、看守以及武装巡逻等任务。年内，武警第七支队紧紧围绕迎接、保卫、贯彻党的十八大精神，牢牢把握稳中求进工作总基调，坚持“四抓三保一争”总体思路不动摇，不断深化建队理念，积极稳妥推进各项建设和工作，部队全面建设有了新的加强。

地址：西城区珠市口西大街133号

邮编：100050

电话：52824726

（左东汵）

【思想政治建设成效明显】　深入开展“赞颂科学发展成就，忠实履行职责使命，永远做党和人民忠诚卫士”教育，大力加强以政工网、笑脸墙、文化分队、学雷锋便民服务队为主要内容的警营文化建设，三中队威风锣鼓队夺得师特色分队比武第一名，一大队教导员王俊勇被总队评为“四会”优秀政治教员，支队被总队评为网络政治教育先进单位，全年外部新闻刊稿205篇，名列全师第一。十八大任务中政治工作开展活跃。

（左东汵）

【完成执勤中心任务】　“四防一体化”建设稳步推进，正规化执勤等级评定、勤务专项治理和大培训活动开展扎实，七中队被总队评为执勤训练标兵中队，广泉小区首长住地被总队评为先进首长住地。央视总部、高法申诉立案大厅上勤顺利。春运、庙会、“两会”“达沃斯论坛”“涉日维稳”十八大等重大执勤任务完成圆满，梅地亚新闻中心驻地先后2次被总队评为先进驻地。

（左东汵）

【基层建设质量不断提升】　坚持重心下移抓基层，狠抓“四个基本”建设和“四个经常”工作，基层建设质量不断提升。七中队被四总部表彰为“全军先进基层单位”，一大队被师评为先进大队，七中队被总队评为标兵中队，三、四、十、十四中队被师评为先进中队，2个连续五年未评为先进的基层单位跨入先进行列。扎实开展“学、用、守”“九个一遍”、“学模范典型、创安全佳绩”和安全隐患排查活动，狠抓精细化管理，率先完成安全管理信息化平台建设；大力开展“百日安全竞赛”活动，严格落实十八大期间安全管理规定，部队安全底数进一步增大。连续11年实现安全无事故，1名滞留长达5年的病号顺利移交；支队被师评为三季度安全工作先进单位。

（左东汵）

【后勤综合保障跟进到位】　大力加强后勤队伍建设，不断提高遂行保障任务能力，全年为部队补伙48万元，争取地方保障性经费393.84万元，机关营院新建及改造工程圆满竣工，家属院清理整治试点、违规出租出借房屋清理和不合理住房清退工作成效明显，支队被总队评为“静态枪弹管理先进单位”，军械库被总队评为年度“红旗军械仓库”。

（左东汵）

【班子和干部队伍建设得到加强】　党委机关“讲政治、顾大局、守纪律”学习教育活动开展扎实，基层党组织、党员队伍“强素质、严制度、正风气”教育和风气教育整顿活动开展扎实，上年调整的3个大队党委班子、6个中队支部班子磨合顺利，四大队党委被总队评为先进基层党组织。扎实开展干部“四讲四比”教育，先后12次组织全体干部辅导授课，表彰4类8名干部典型，司令部通信股长卜卫恩被总队树为先进典型。

（左东汵）

【编制体制调整】　1月1日，机关及直属队编制调整，司令部新增装备股，原警通中队、勤务中队、运输排合并为勤务中队。

（左东汵）

【“小散远直单位安全管理规范”录像片在总队推广】　3月15日，支队拍摄的“小散远直单位安全管理规范”录像片在总队范围内得到转发，为规范小散远直单位管理提供了依据。

（左东汵）

【完成十八大安全保卫任务】　11月8日至15日，二师七支队担负中国共产党第十八次全国代表大会安全警卫任务，处置有碍安全情况24起，完成了梅地亚新闻中心驻地、人民大会堂主会场外围、公路线、铁路线、现场、轨道交通重点车站安检维护秩序、社会面武装巡逻及侦察、处置恐怖和群体性事件等十八大等各项任务，为维护首都十八大期间社会稳定做出了突出贡献。

（左东泞）

【七中队被四总部评为“全军基层建设先进单位”】　7月17日，七中队被四总部评为“全军基层建设先进单位”。总队党委研究决定，给该中队记集体二等功。

（左东泞）

（责任编辑　华大友）

功能街区建设　重大项目建设

功能街区产业发展促进局

【概况】　北京市西城区功能街区产业发展促进局（简称区功促局）是主要负责西城区功能街区发展建设和产业促进工作的政府工作部门。3月，根据区编办关于西城区部分事业单位机构调整设置的文件精神要求，由区功促局代管区发展服务中心。5月，根据区政府关于印发五个指挥部与两个办公室组建方案的要求，中关村科技园区德胜科技园管委会剥离出去，成立独立机构。区功促局下设办公室、综合科、产业科3个科室，行政编制15人，在职人数12人。年内，区功促局贯彻落实各项工作要求，围绕“服务立区、金融强区、文化兴区”战略和“一核一带多园区”功能布局，积极谋划，统筹协调，优化服务发展环境，协调组织大型产业促进活动，推进重点项目落实，有效促进功能街区发展。

地址：西城区西直门南小街20号社保大厦520室
邮编：100035
电话：66206294

（陈　娟）

【十大功能街区经济分析】　年内，十大功能街区（金融街、德胜科技园、广安产业园、什刹海历史文化保护区、阜景历史文化街区、琉璃厂艺术品交易中心区、天桥演艺区、西单商业区、大栅栏传统商业区、马连道茶叶特色商业区）资产总计达到28.8万亿元，实现收入合计5447.7亿元，实现利润1712.3亿元，固定资产投资完成92.2亿元。文化创意产业资产总计达到612.8亿元，同比增长11.5%；实现主营收入173.8亿元，同比增长10.0%；实现利润14.5亿元，同比增长14.5%。

（赵大勇）

【调整功能街区体制机制】　年内，落实区委、区政府《关于做好西城区“三定”工作的意见》，研究确定落实区功促局新的职责和职责范围。牵头做好大栅栏琉璃厂建设指挥部、什刹海阜景街建设指挥部2个指挥部、科技园管委会体制落实工作。按照区政府要求，接管区发展服务中心，协助区编办做好发展服务中心的“三定”工作。

（赵大勇）

【启动功能街区信息化提升项目】　启动功能街区建设“西城区产业发展促进平台项目”和“西城区功能街区数据整合项目”，完成项目可行性研究和实施方案研究。通过专家论证会，并完成招投标手续。信息化提升项目旨在理清支撑西城区发展的产业空间资源、政策配套资源、公共服务资源和社会配套资源，建立信息化的管理和分析手段，为功能街区的分析和管理工作提供数据支撑。

（赵大勇）

【研究西单商业区地下空间开发】　年内，为利用西单商业区的空间资源，疏解交通与人流，增加有效商业面积，区功促局与北京市市政工程研究总院合作，完成西单商业区地下空间开发可行性研究。

（赵大勇）

【重大项目工作】　年内，推进中国出版集团5个中心项目，完善工作机制，加强与出版集团的沟通，做好服务工作；推动西单商业区重大项目建设，协调推进民族大世界文物修缮改造工程，已清退60户，拆违1400平方米；推动中国版权保护中心入驻天桥艺术大厦。天桥盛世与区机关服务中心、中国版权保护中心三方签订租赁和置换合同，区机关服务中心在天桥艺术大厦租赁5000平方米的办公用房，和中国版权保护中心物华大厦的3500平方米的办公用房进行使用权置换。

（赵大勇）

【投资考察选址接待工作】　年内，做好投资考察选址接待工作。接待卡塔尔投资局就哈罗德百货选址到西城进行的实地考察活动。接待并举办“驻京中外知名企业投资西城行”活动。接待日本罗森公司并陪同进行实地考察选址工作。接待并安排“快钱”中国区投融资总部项目选址工作，9月5日，“快钱”中国区投融资总部项目落户德胜科技园康华孵化器内，注册资本金5000万元人民币。

（赵大勇）

【招商选资工作】 年内，参与全市投资促进系统项目会商工作，与区发展服务中心共同组织召开“西城区项目会商工作专题会”，建立项目会商联络机制，定期组织相关人员召开全区项目会商会议，沟通招商信息，推动在谈重大项目，促进重大项目落地。截至第三季度，共上报市会商项目77个，其中重大招商项目49个；重大在谈项目2个，投资意向金额2亿元人民币；促成重大项目26个，其中内资项目19个，涉及金额245.5亿元人民币，外资项目7个，涉及金额近10亿美元。

（赵大勇）

【举办跨国企业西城行活动】 3月22日，区功促局与区发展服务中心、北京市投资促进局、外企团工委合作，在北京港中旅维景国际大酒店会议厅举办“驻京中外知名企业投资西城行”活动。此次活动旨在使外企党团组织负责人感受首都经济和社会建设的巨大变化，了解区县优势资源，帮助驻京跨国公司、大型民企、股权投资机构、招商中介机构等四大类企业了解西城区投资环境、产业发展规划和重点投资领域。

（赵大勇）

【参加中国国际投资贸易洽谈会】 9月8日，西城区代表团赴福建省厦门市参加第十六届中国国际投资贸易洽谈会（简称“投洽会”），组织房地产、文化创意、信息传输、计算机服务和软件业等25个项目与79家投资方进行洽谈和对接，项目涉及总金额逾200亿元人民币。当日，西城区举办项目对接会，并单独设展位参加同期举行的2012中国国际文化创意产业投资展览会（简称“文创展览会”）。西城区的印象中国紫砂大展项目参加“投洽会”精品项目路演，天桥演艺区项目参加“文创展览会”专题推介。

（王　霞）

【接待香港青年领袖国情研习班】 年内，第十四期香港青年领袖国情研习班到西城区参观交流。团中央港澳处处长陈芃、区领导白力参加，研习班一行30余人参观金融街沙盘、北京金融资产交易所并听取区情介绍，观看金融街宣传片，具体了解北京金融资产交易所发展情况。

（赵大勇）

【参加北京·香港经济合作研讨洽谈会】 11月4日，西城区代表团举办了以“合作发展、共赢未来”为主题的京港合作项目发布及交流酒会，香港各界200余位高层人士出席活动。11月5日，西城区代表团参加在香港举办的第十六届北京·香港经济合作研讨洽谈会。区长王少峰、常务副区长苏东、副区长梁昌新及区人大常委会副主任王功伟率队携总投资金额近400亿元的17个精品项目赴港参会。在港期间，参加了北京市举办的7项活动，此外，联合主办并参与了京港金融服务合作专题活动及京港文化创意产业发展高峰论坛。

（王　霞）

北京金融街建设指挥部

【概况】 根据《中共北京市西城区委 北京市西城区人民政府关于组建五个指挥部与成立充实两个办公室的通知》（京西发〔2012〕7号）要求，西城区政府于2012年组建北京金融街建设指挥部（简称金融街指挥部）。金融街指挥部内设办公室、综合规划处、项目建设处和产业发展处4个机构，是负责统筹协调推进金融街规划、建设、管理、发展工作的常设临时性机构。2月8日，在全区领导干部大会上，区委、区政府向5个指挥部及2个办公室授牌，金融街建设指挥部挂牌成立。金融街指挥部坚持“规划先行”的工作理念，从研究重大问题入手，开拓创新，推动《北京金融街建设与发展规划纲要（2011-2020）》的编制工作。针对制约金融街发展建设的难点问题，委托市交通发展研究中心、市城建院和市政设计院等专业机构，启动了金融中心区总体规划、交通规划和产业规划的前期研究。金融街指挥部发挥体制机制创新优势，年内呈现出“项目建设全面提速，资源置换稳步推进，内部建设保障有力”的良好态势。其中，丰盛西区C区项目、华嘉项目和新兴盛项目等搬迁项目快速推进；月坛南街项目完成入市交易，实现供地约3.5公顷；政协文史馆、国开行、西单美晟（老佛爷百货）及西单银座等7个项目实现竣工，新增商业金融面积51.7万平方米；与金隅集团、北京路桥集团等多家企业签订资源置换《合作备忘录》；北京黄金交易市场顺利入驻金隅大厦；依托金融中心区楼宇经济调查结果，建设金融中心区楼宇地理信息系统。完成党、团组织、工会的组建工作；将文件处理、会议安排、督查督办、档案管理等方面的工作制度汇编成册；积极做好组织人事工作，配合落实纪检监察相关工作，推进办公自动化和信息化建设。

地址：西城区金融大街1号金亚光大厦A座8层

邮编：100032

电话：63508199

（刘　洁）

【市委书记听取并研究金融街建设发展方案】 4月20日，市委书记刘淇听取并研究金融街建设发展方案，市委常委、市委组织部长吕锡文，副市长陈刚，市政府副秘书长张玉平，区委书记王宁，区长王少峰，区委常委、常务副区长苏东，区人大常委会副主任、金融街集团董事长王功伟，区长助理白力出席会议。刘淇原则同意金融中心区“一核心、四街区、两配套”的建设发展方案，认为该规划思路清晰，综合考虑了新建项目和资源置换等建设发展模式。刘淇指出，金融街建设发展时间紧迫、任务繁重，要求一是尽快完成新方案的详细规划，调整好与北京市“十二五”规划之间的衔接，纳入北京市总体规划，加快批准实施；二是金融核心区建设要调整工作思路，深入挖掘核心区资源潜力，通过适度放宽金融街核心区规划控制，进一步加大空间承载力，力争上半年完成金融街核心区规划调整，同时加快金融街区域交通规划；三是突出重点项目落地，利用好区域内已有房源，确保全国场外管理机构、国家外汇交易中心等大型金融机构入驻金融街核心区；四是加强与金融机构的信息沟通，及时向市委、市政府报告相关情况，抢抓机遇，快速提升产业聚集度和影响力；五是拓展金融街建设融资思路，深入研究各类资金利用途径，加大引入社会资金力度，实现共同建设金融街；六是以2012北京金融博览会为载体，增设金融街建设20周年专题，借此平台开展好金融街建设20周年主题纪念活动。

（刘　洁）

【市发改革委领导调研金融街建设情况】　5月23日，市发改委副主任刘印春一行到西城区调研金融街建设工作情况。听取区长助理、金融街建设指挥部常务副总指挥白力关于金融街建设发展工作的汇报。市发改委领导表示将一如既往地支持金融街建设与发展，加快推动首都建设具有国际影响力金融城市的建设工作，一是要将金融中心区建设规划纳入首都经济圈整体规划中，进一步增强金融街的产业辐射力；二是要将大兴新机场项目与金融中心区发展对接，在金融中心区规划建设城市航站楼，作为新机场快线的起点；三是要深入研究建设项目的投融资体制，加快完善金融中心区交通、市政等配套设施；四是支持西城区政府尽快启动研究编制金融中心区交通规划方案。区委常委、常务副区长苏东，副区长吴铁男，市发改委委员杨旭辉、徐小元，市发改委相关处室和区政府相关部门、项目公司负责人陪同调研。

（刘　洁）

【金融街指挥部第一次全体干部大会】　6月1日，区委常委、常务副区长、金融街建设指挥部常务副总指挥苏东，区长助理、金融街建设指挥部常务副总指挥白力出席金融街建设指挥部全体干部大会。会议介绍了《金融街建设发展规划纲要》的指导思想和重点内容，通报了重点工作和下一阶段工作安排。苏东强调，一是要统一思想、提高认识，增强建设好金融街的责任感和使命感。作为金融街建设工作者要传承老一辈建设者的理想和信念，深刻认识肩负的使命和责任，珍惜时代赋予的难得机遇，尽心竭力、恪尽职守，奋发有为、勤奋工作。二是要认清形势、明确职责，确保各项工作圆满完成。空间资源的短缺、国内外竞争激烈的环境等严峻形势，要求我们必须加快金融街建设的步伐，大力推进具有国际影响力金融中心区建设的进程。三是加强领导、强化配合，确保各项工作有序开展。要充分发挥“三敢”精神，通力合作，全力以赴，做到认识到位、部署到位、沟通到位、配合到位、落实到位，不辜负市金融街建设领导小组和区委、区政府的厚望，认真做好金融街发展规划，大力推进项目建设。

（刘　洁）

【指挥部召开月坛项目总结大会】　6月20日，区领导王宁、王少峰、苏东、郭怀刚、王功伟、白力出席金融街重点项目总结大会，庆祝月坛项目居民搬迁如期完成暨其他重点项目取得阶段性成果。区领导高度肯定在面对《征收条例》出台、项目背景复杂的不利条件下，指挥部和各相关单位发扬敢于担当、敢于碰硬、敢于创新和敢于胜利的精神，全面推进金融街建设项目，并取得阶段性进展。金融街建设指挥部对在月坛项目居民搬迁工作中做出突出贡献的7家先进单位和61名先进个人进行了表彰，并要求全体工作人员继续发扬拼搏精神，再创佳绩。

（刘　洁）

【中国政协文史馆项目竣工交付】　7月16日，位于西城区金融街E6地块东侧的中国政协文史馆项目实现全部竣工，完成向文史馆管理方的正式交接。该项目自2011年3月启动，仅用16个月的时间，完成建筑面积23418平方米，其中地上面积15190平方米，地下面积8228平方米。政协文史馆在整体建设过程中遵循“节能环保、节约空间资源”的原则，充分利用地上空间与地下空间资源的合理配比，按照绿色与智能化协调统一的标准，设计地上10层，地下4层，建筑高度达到45米。此外，项目内部采用多种新技术和新设备，如VRV水环多联变频空调系统、冷凝热回收系统、无负压系统等，使该项目成为坐落在北京金融街中心地带的一座融绿色、环保、节能科技为一体的现代化建筑，为节约区域土地资源，打造高端金融产业街区发挥了重要作用。

（刘　洁）

【指挥部所有项目平安度过强暴雨袭击】　7月21日午后至22日凌晨，北京遭遇61年以来最严重降雨袭击，金融街建设指挥部及各项目实施主体单位全力投入27个工程项目的抢险救援工作。在强降雨持续的近16小时中尽职尽责、坚守岗位，经过多方努力，指挥部各建设项目平安度过北京“7·21”强暴雨袭击，未发生一起人员伤亡和安全事故。

（刘　洁）

【市领导调研金融街发展情况】　8月16日，市委副书记吉林，市委常委、市委组织部部长吕锡文，市委常委、常务副市长李士祥，市政府副秘书长杨志强及证监会、银监会、市金融工作局等相关部门领导调研金融街发展情况，并召开专题调度会协调金融街项目建设。王宁、王少峰、苏东、郭怀刚、王功伟、白力出席会议。市领导听取了金融街建设与发展重点问题的汇报，并研究议定场外交易市场、金融博物馆、土地入市出让金返还和国寿厚朴物流发展基金筹建等多项重点问题。

（刘 洁）

【金融街重点项目——华嘉项目启动】 8月23日，北京金融街建设重点项目——华嘉项目启动大会召开。区领导苏东、白力出席启动大会。区委组织部、区政府办公室等37个相关部门参加会议。该项目预计2015年建成后可以为金融机构的入驻提供约7万平方米的办公面积，进一步提升区域产业的聚集力。

（刘 洁）

北京大栅栏琉璃厂建设指挥部

【概况】 北京大栅栏琉璃厂建设指挥部于2月8日正式挂牌成立，设办公室、规划建设处、产业促进处、环境秩序处，编制20人，实有16人。年内，成立党、团、工会组织，创建规范型、学习型和服务型机关，加强党风廉政建设，营造风清气正的氛围，保障指挥部中心工作顺利开展。结合历史文化名城保护区实际，发挥“规划、建设、管理、发展、服务、示范”六大职能，从“商、旅、文、居、行、乐”六个方面，推进大栅栏、琉璃厂区域内重点文物的腾退、保护性修缮和人口疏解等重点工作，推进基础设施建设；加强环境综合治理，创新城市管理机制；调整产业结构，提升区域内产业品质和经营业态；创新历史文化名城保护和文化创意产业发展模式；加强与市区相关单位的沟通、协调、联系以及承办区委、区政府交办的其他事项，实现打造大栅栏琉璃厂历史文化保护示范区建设目标。

地址：西城区铁树斜街113号

邮编：100050

电话：63168652

（白 雪）

【琉璃厂艺术文化馆项目】 西起万源夹道，东至南新华街，北以琉璃厂西街店铺南侧为界，南至吉祥二条胡同。规划占地面积3210平方米，规划建筑面积9080平方米，其中地上3900平方米，地下5180平方米（地下仓储式停车位64个）。3月3日，原“琉璃厂文化艺术大厦”项目名称变更为“琉璃厂艺术文化馆”，立项主体确定为区文化委。8月1日，通过市规划委组织的规划概念设计方案专家论证会。

（白 雪）

【杨梅竹斜街保护修缮试点项目】 杨梅竹斜街保护修缮试点范围北起耀武胡同、取灯胡同，南至樱桃斜街，西起延寿街、桐梓胡同，东至杨威胡同、煤市街，共涉及1326户。3月28日，启动杨梅竹斜街二次腾退工作。截至5月27日，共签订腾退协议151户，建筑面积2984.19平方米，其中公产101户，建筑面积2137.29平方米；私产50户，建筑面积846.9平方米。加上第一次腾退的351户,该区域总计腾退502户，建筑面积10272.32平方米。其中，共418户选择房源安置，总计使用房源547套。居民居住条件得到改善，疏解人口约1300人。

（白 雪）

【老字号体验日系列活动】 体验活动自4月29日开始至年底，共举办41场。张一元、同仁堂、谦祥益、荣宝斋、中国书店、戴月轩、清秘阁、一得阁、宏宝堂、老舍茶馆等单位先后推出各具特色的体验活动。吸引了区文联、人力社保局、青少年科技馆等区内单位以及外埠的大学师生、港台等地的青年学子、北京市民等3000余人参与，新华社、人民网、《北京晚报》《新京报》等京城主要媒体持续关注。印发体验活动宣传册3期，提升了区域老字号企业的品牌价值。

（白 雪）

【杨梅竹斜街等市政工程建设项目】 杨梅竹斜街、樱桃胡同和樱桃斜街等3条胡同市政工程涉及雨污水、燃气、自来水、电信、电力等市政管线施工。5月3日进场施工，5月23日完成杨梅竹斜街污水工程，7月26日完成燃气、电信施工，9月底完成电力工程和架空线入地工程，11月底完成道路路面铺装。截至年底，杨梅竹斜街市政道路、燃气、电力、电信、雨污水等市政基础设施施工和园林绿化的土建部分施工全部完成。

（白 雪）

【观音寺项目】 位于大栅栏西街、樱桃斜街和铁树斜街3条路交叉口。建筑为清代重建。寺院用地呈梯形，东西长56米，南北12至21米，坐西朝东。由于用地限制，寺院平面呈不对称形。山门、大殿、后殿各3间，后罩楼5间，南侧为民房，北侧为2层配楼。配楼东段6间、西段9间。在东立面1层门上题有“护国观音寺”牌匾。本体占地1302.3平方米，含建设控制地带占地2550.6平方米。5月15日，明确区文化委为观音寺腾退修缮项目的立项主体。年内，完成现状调查、资金测算及方案对比等工作。

（白 雪）

【钱市胡同等节点项目】 包括钱市胡同、百顺胡同40号、陕西巷52号、榆树巷1号等4个节点项目。其中钱市胡同位于珠宝市街西侧，临近著名的商业区大栅栏。胡同全长55米，平均宽0.7米，最窄处仅0.4米，2009年7月列为区级文保单位。百顺胡同40号占地713.4平方米，最早为清乾隆年间四大徽班进京时“春台班”旧址，清末为俞菊笙故居。陕西巷52号占地364.1平方米，建于清末民初，占地东西37米，南北9至16米，两层，砖木结构。榆树巷1号占地263.4平方米，2层7开间砖木结构楼房，楼房占地152平方米，坐东朝西，前面设外廊，屋顶用木桁架。5月15日，明确区文化委为钱市胡同等4个节点腾退修缮项目的立项主体，进行现状调查和资金测算。

（白　雪）

【大栅栏·北京坊】　位于大栅栏煤市街以东，原名大栅栏C地块项目，北临西河沿街、东临珠宝市街、南临廊房二条、西临煤市街，总建设用地面积约3.3公顷。5月18日启动建筑集群设计，邀请王世仁、边兰春、朱文一、崔愷、齐欣、朱小地、吴晨等国内知名设计师和文保专家对该地块城市肌理、立面形式、屋顶形态、传统元素等方面做出各具特色的诠释，开创了国内历史文化名城保护区内建筑设计的先河。6月29日案名确定为"大栅栏·北京坊"。10月，设计方案通过市名城委专家的评审。11月7日，在市规委网站上公示。

（白　雪）

【搭建区域宣传推广网站】　6月20日，在新浪网开通"大栅栏"和"琉璃厂"的官方微博并制订《北京大栅栏琉璃厂建设指挥部微博管理办法》，发布消息60余条，吸引粉丝6000余名。建设"大栅栏""琉璃厂"名片网站，采用3D遥感地图形式展示大栅栏琉璃厂区域全貌，方便访问者浏览查阅；以吃、住、行、游、购、娱为主线，介绍大栅栏琉璃厂地区的历史文化。年内，该网站已上线试运行。

（白　雪）

【劝业场项目】　北京劝业场建于1905年，复建于1923年，是近代北京第一幢综合性商业建筑，集影院、剧院等文化娱乐设施与购物于一体，为国家级文保建筑，是前门地区保护最好的巴洛克式建筑。2月14日，劝业场修缮施工取得国家文物局对消防、防雷立项的批复，施工单位招投标工作协调纳入建委招投标平台并已完成；外立面修缮、门窗安装和内部结构加固均已完成。

（白　雪）

【安徽会馆项目】　安徽会馆为第六批国家级文保单位。文物本体西至后孙公园27号院西墙，东至后孙公园胡同，南至后孙公园胡同，北至碧玲珑馆北墙—后孙公园27号院北墙。本体占地面积4144平方米周边拟规划占地面积1.17万平方米。年内，经与区文化委多次研究，由京都公司委托专业机构对安徽会馆及其周边区域开展规划研究论证工作。工作方案已制订完成，规划研究论证前期摸底调查工作顺利展开。按照区领导指示意见，协调椿树街道和京都公司研究安徽会馆原已腾退修缮部分的临时使用事宜，完成场地地面硬化工作。

（白　雪）

【起草区域管理办法】　会同有关部门，研究制订《大栅栏琉璃厂历史文化风貌保护区管理办法》（简称《管理办法》）。通过借鉴其他省市的先进经验，并反复与区法制办、区卫生局、区环保局、西城工商分局、西城公安分局等相关部门沟通，经过两轮大范围的征求意见和反复修改，完成对《管理办法》的进一步修改。

（白　雪）

【筹备组建区域商业协会】　年内，通过多种方式调研了解情况：与西单商会、德胜科技园商会等座谈；走访街道、相关协会和大栅栏投资公司、荣宝斋、张一元等区域重点企业；与京都公司、索贝国际等原琉璃厂文化产业协会的会长单位和秘书长单位沟通；与区工商联、区私个协、区商联会等区域已有相关协会召开座谈会等，完成商会成立的前期准备工作。

（白　雪）

【开展产业布局研究】　收集整理近年来相关部门对该区域的各类规划和研究，与京都公司、大投公司等单位对接区域产业研究情况，并学习外省市历史文化保护区的产业规划。年内，已确立拟定产业发展规划实施主体，并完成相关数据收集整理工作。

（白　雪）

【梳理汇总区域主要资源数据】　与区统计局多次对接，就区域特点、产业布局特点，针对不同调查用户设计调查问卷，并与西城工商分局、西城公安分局、大栅栏街道办事处、椿树街道办事处、区国税局、区地税局进行对接，梳理汇总已有资源情况，基本掌握了该区域主要资源数据。

（白　雪）

【交通秩序整治】　年内，针对大栅栏琉璃厂地区停车难问题，重点对大栅栏琉璃厂地区的社会单位、市政停车场等资源进行初步摸排梳理，定期与区内相关委办局围绕有序停车工作召开碰头会研究。制订《琉璃厂地区交通秩序整治工作方案》。利用街道和社区、单位内部的资源，通过制作宣传版面、印发宣传材料、悬挂宣传横幅等多种形式营造氛围；细化责任，落实到各职能部门，抓住重点，加强督查，在煤市街6个路口设立6个监控探头，在琉璃厂设立2个探头，利用技术手段，加强交通管理。加强静态交通管理，增设停车场。椿树停车场、宣外停车场、琉璃厂西街宣联停车场竣工并投入使用，3个车场共可容纳200个车位；同时在南新华街街面两侧重新合理施划停车位110个；利用有限空间增设停车位，缓解了该区域居民、商户、游客停车难问题。

（白　雪）

【"揽客扰序"集中整治】　经过走访、调研，制订《琉璃厂地区"揽客扰序"整治工作方案》，协调组织区文化委、大栅栏街道办事处、椿树街道办事处、大栅栏派出所、椿树派出所、城管大栅栏分队、城管椿树分队、大栅栏工商所等部门联合行动，采取常态监管和集中整治相结合的办法。深入宣传，营造氛围，对商户进行入户走访，对群众进行法律、法规宣讲；全面排查，强化监管，各街道全面排查出租房屋和流动人口情况，宣传与告知相结合，对各种问题和隐患做到早发现早处理；加强协调，完善巩固，加强巡查，并安排联合执法小分队及红袖标志愿者进行守护。先后对琉璃厂地区进行3次集中整治，4月至12月，共查处扰乱秩序人员217人，警告173人，拘留44人，批评教育580人次，查处2家无照商户，告知未备案字画经营商户2家，“揽客扰序”整治效果明显。

（白 雪）

【杨梅竹斜街等文保区拆违工作】 开展居民动员工作，对居民反映的治安问题、便民通行问题、统一拆违问题给予解答。年内，杨梅竹斜街和樱桃胡同71处违章建设已拆除61处，延寿街58处违章建设已拆除16处。拆除大栅栏地区违法广告牌124块。拆除琉璃厂西街西段违章建设27处、300余平方米，并对外立面进行统一整修，整修后与琉璃厂西街东段形成统一风格，使外观整齐划一。

（白 雪）

【东西琉璃厂改造工程】 年内，完成琉璃厂西街雨污水管线400米、电信管线400米铺设及架空线入地工程。配合区市政市容委，协调市市政市容委、市路灯管理处、区园林市政管理中心，对东西琉璃厂街面绿化、休闲空间、夜景照明系统、路灯、旅游导览系统及路面进行统筹改造，共栽植大型树木33棵；增加花钵164个；增加垃圾箱62个；铺设地雕42个；改造树池38个；增加绿化面积800平方米；改造夜景照明282套，架设照明线路342米，铺设照明电缆9650米；路面铺装长723米，面积6900平方米，铺设路灯照明管线800米，安装路灯64个。

（白 雪）

北京天桥演艺区建设指挥部

【概况】 北京天桥演艺区建设指挥部（简称天桥演艺区指挥部）于2月8日挂牌成立，隶属区委、区政府，由区政府直接管理。设立总指挥，由区级领导兼任，负责主持指挥部全面工作；设立1名常务副指挥，协助总指挥负责指挥部日常工作。下设办公室、规划建设处、环境建设处、产业促进处。行政编制20人。天桥演艺区指挥部是负责统筹协调推进天桥演艺区规划、建设、管理、发展工作的临时性常设机构。负责天桥演艺区建设的统筹协调、决策落实、指挥调度、产业培育、综合服务等工作；会同相关部门，研究制定天桥演艺区中长期发展规划、空间规划、土地利用规划和产业规划等宏观发展战略，并负责组织实施；统筹推进天桥演艺区基础设施和产业项目的建设推进工作，编制年度投资计划，监测和反馈项目进度，督促计划落实；会同天桥街道承担天桥演艺区环境规划、环境整治、环境建设工作；制定和落实演艺区发展的各项优惠政策、措施，促进演艺及相关产业聚集，引导区域金融资源支持演艺区项目建设及演艺产业发展；结合天桥演艺区功能定位，培育配套产业，协调做好地区招商引资工作；整合地区公共服务资源，完善综合服务体系，开展个性化服务；开展天桥演艺区宣传推介和品牌价值提升工作；承办区委、区政府交办的其他事项。年内，天桥演艺区指挥部加快推进天桥演艺区建设，通过规划引领，编制天桥演艺区总体策划、区域概念性规划和城市设计；通过项目带动，协调推进项目整体建设；通过环境整治，改善区域面貌；通过项目合作、院团联手、资源共享等形式，促进演艺资源有效整合和集聚，不断提高首都文化魅力和影响力。

地址：西城区西经路13号如家酒店1层

邮编：100050

电话：83152266-5114

（白 玉）

【天桥艺术中心土方施工动工】 3月30日，天桥艺术中心土方施工动工。天桥艺术中心位于天桥演艺区起步区，东临天桥南大街，西至新农街，北接天桥市民广场，南到南纬路。项目占地约1.65公顷，建筑面积7.5万平方米；地上建筑高度18米，局部20米；地上3层，地下3层；预算总投资约16亿元，预计2015年投入使用。其项目定位为现代与传统相结合的剧场群，其中包含一个1600座现代化的综合性演出中心，一个1000座的中型剧场，一个400座的小剧场，一个300座的多功能厅。

（刘 强）

【完成违法建设户拆迁拆违任务】 4月26日，协调相关部门完成天桥艺术中心项目建设场地41平方米违法建设的拆除工作。5月3日，区委常委、副区长梁昌新和副区长吴铁男主持召开违法建设户强拆协调会。5月4日，区政府联合执法，对建设场地170平方米违法建设实施强拆。5月6日，参加天桥街道维稳协调会，要求相关部门进一步做好拆违各项准备工作，摸清底数，做好各类预案与防范措施。5月7日至17日，牵头组织天桥艺术中心项目建设场地市场秩序专项整治工作。6月7日，区政府召开协调会，就剩余违法建设的拆除工作进行专题研究，最后一户于6月8日签订搬迁补偿协议，房屋于6月11日拆除。至此天桥演艺区天桥艺术中心项目拆违工作全部完成。

（刘 令）

【与22家知名院团建立战略合作关系】 6月20日，区政府在国家大剧院举办签约仪式，由市政府副秘书长侯玉兰主持，中共中央政治局委员、市委书记刘淇，市委副书记、市长郭金龙，文化部党组成员、副部长杨志今，市领导李士祥、鲁炜、陈刚、陈平、孙康林，区领导王宁、王少峰、苏东、梁昌新、郭怀刚、王都伟、王功伟出席活动。杨志今、鲁炜分别致辞，区委副书记、区长王少峰代表西城区与国家京剧院、国家话剧院、中国歌剧舞剧院、中国东方演艺集团、中国交响乐团、中国儿童艺术剧院、中央歌剧院、中央芭蕾舞团、中央民族乐团、中国对外文化集团公司、中国铁路文工团、中国广播艺术团、中华全国总工会文工团、中国爱乐乐团、国家大剧院、北京人民艺术剧院、北京演艺集团、北京京剧院、中国评剧院、北方昆曲剧院、北京市河北梆子剧团有关负责人签署战略合作协议，并于8月13日与北京曲剧团签订合作意向书，就进一步推进天桥演艺区建设达成合作意向。

（欧昕雨）

【天桥历史景观标识方案确定】 7月，天桥历史景观建设确定“桥印糅合”设计方案。设计方案以“印记”方式标示老天桥的遗址原位，将石拱桥和石碑迁至南侧绿化带的前端建造。历史文化景观延伸成为景观带，同时作为整个天桥演艺区的开端。方案突出优点是不对文物造成破坏。景观选择沿着中轴线南移，遵循中轴线的序列关系，选址与现状冲突较少，减轻施工和使用时对交通产生的影响。同时，广场紧邻地下过街通道和人行道，便于行人步行到达景观游览。该项目北起天桥历史遗址印记，南至天坛南大街与北纬路交叉口中心绿化带端头，总长约300米。

（刘 强）

【参加第十六届中国国际投洽会】 9月8日至11日，参加在厦门举办的第十六届中国国际投资贸易洽谈会（简称投洽会）。北京天桥演艺区指挥部在参展现场介绍了演艺区建设的整体情况，得到北京电视台的特别报道，并与多家有投资意向的相关机构进行接洽，互换了介绍资料。在投洽会系列活动第九届中国（厦门）国际城市市长论坛及2012中国国际文化创意产业投资展览会、中国国际文化创意产业高端商务沙龙暨中国文化创意产业金牛奖颁奖活动中，天桥演艺区项目被组委会选定参加“文创展览会”专题推介，并代表北京市西城区获得“最具投资潜力城市奖”。

（欧昕雨）

【天桥艺术中心和天桥艺术大厦项目设计方案获批】 10月12日，市长王安顺主持召开关于天桥艺术中心和天桥艺术大厦项目有关工作的方案研究会，经会议研究原则同意市规划委关于北京天桥艺术中心和天桥艺术大厦有关工作的请示（北京市人民政府会议纪要第135期，10月18日印发），原则通过项目设计方案。会议指出，建设天桥演艺区，对于发挥首都文化中心示范作用、推动文化大发展大繁荣，具有十分重要的意义。要进一步深入论证，统一思想，加快推进天桥艺术中心和天桥艺术大厦项目建设，使天桥演艺区成为弘扬北京地方文化、展示社会主义先进文化成果的阵地，成为服务全国各省区市、展示中华民族优秀传统文化和地方文化的平台。要整体统筹交通建设、基础设施、与周边环境的关系等多方因素，使演艺区整体建设风格与古都风貌相协调。

（刘 强）

【参加第十六届京港洽谈会】 11月4日至6日，北京天桥演艺区作为西城区文化创意产业的重要项目参加在香港举办的第十六届京港洽谈会，并在洽谈会上被重点推介。北京天桥演艺区指挥部在参展现场介绍了演艺区建设的整体情况，与多家有投资意向的相关机构接洽，在“北京市西城区京港合作项目发布会”上进行深度推介，并在香港会展中心举行的“北京重大项目发布会”上作为西城区唯一推出的重大项目，由区委常委、副区长梁昌新进行了详细解读和重点发布。在2012京港文化创意产业发展高峰论坛上，天桥演艺区作为西城区重点文化创意产业项目由区领导进行了推介。

（欧昕雨）

【举办2012北京天桥艺术节】 11月18日，在天桥市民广场举办“庆十八大胜利闭幕——天桥街头艺术展演活动”，展示行为艺术、非遗项目、天桥技艺、现代流行街头艺术等观赏性与技术性兼备的街头技艺。11月18、19日，在天桥剧场举办“天桥雅韵 鼓曲专场晚会”，邀请十几个曲种和不同流派的优秀传人演出，弘扬和传承老北京文化精髓，展示老天桥文化艺术新貌。11月23日，在天桥剧场举办“梦幻天桥 世界舞台——2012北京天桥艺术节综艺晚会”，邀请央视著名导演郎昆及其团队为制作班底，策划并开展了一场将传统文化与时尚文化融合、将中国艺术与西方艺术融合、将不同艺术门类融合的包容创新型演出。晚会由中央电视台进行整场录制并在CCTV音乐频道播出。12月6日，在金融街丽思卡尔顿酒店举办2012年天桥演艺区发展高峰论坛，邀请国家发展和改革委员会社会发展司副司长苏国、北京市文化局副局长吕先富、中国对外文化集团公司董事长兼总经理张宇等7位专家进行演讲，区领导梁昌新、王都伟等出席活动，天桥演艺区战略合作院团、西城区演艺及相关机构人员参加活动并听取演讲。

（欧昕雨）

【市区领导考察调研】 5月18日，区委书记王宁到天桥演艺区指挥部调研，实地查看天桥艺术大厦装修、天桥艺术中心建设、违法建筑拆除、消防中队空地等现场情况；指出天桥演艺区的建设要按精品项目来打造：以创新的理念研究产业政策，促进演艺区、演艺团体的发展；要注重统筹资源、加大协调推介力度，动员多方力量，积极出思路、想办法。5月28日，区委常委、区纪委书记王力军到天桥演艺区指挥部调研，查看天桥艺术大厦和天桥艺术中心项目，听取指挥部关于党风廉政建设及重点工作开展情况的汇报。6月8日，区委常委、区委宣传部部长王都伟到天桥指挥部调研，听取指挥部各项工作进展和重点项目建设的汇报，强调要与宣传部门密切沟通、共同配合，有效推进演艺区的宣传工作。6月18日，区四套班子领导听取“5+2”机构工作进展情况汇报。各机构及联合纪检监察组分别就组建后工作开展情况、下半年工作重点、存在的问题及工作建议进行了汇报；区人大常委会主任刘跃平、区政协主席曹长胜、区委副书记杜灵欣等出席会议。6月20日，中共中央政治局委员、市委书记刘淇，市委副书记、市长郭金龙一行考察了天桥艺术中心及天桥艺术大厦等建设情况，察看了天桥演艺区规划沙盘，区委书记王宁、区长王少峰、副区长梁昌新分别就演艺区建设的进展及规划进行了汇报。刘淇强调，要整体统筹交通建设、基础设施与周边城市环境的关系，保持中轴线道路的完整性；要将民族特色注入建筑设计之中，使演艺区建筑与古都风貌相协调，与首都历史文化名城、全国文化中心的地位相适应，充分展现中国气派、北京特色。8月15日，区政协主席曹长胜到天桥演艺区调研，指出演艺区建设要注重前瞻性、战略性，深入研究规划、定位、运营等问题，尤其是在定位研究中要做到“四个结合”，即现代与历史、文化与旅游、演艺与发展、演艺与文化产业孵化相结合。8月27日，副区长孙硕到天桥演艺区指挥部调研，指出要科学、合理做好演艺区信息化基础设施的配置与建设，满足现代演艺剧场和剧目对数字化、信息化系统的要求。9月21日，刘跃平到天桥演艺区调研，指出要在项目建设中着重体现文化的多层次与多样性，让包括社区居民在内的社会各个阶层共享演艺区建设发展成果。9月23日，市长王安顺到天桥艺术中心施工现场，查看天桥演艺园区沙盘、天桥艺术中心及天桥艺术大厦的展板及建筑模型，听取关于天桥演艺区规划建设情况汇报。11月12日，王少峰专题听取天桥指挥部工作汇报，指出要准确把握首都核心演艺区的功能定位，加大与街道、部门工作协调配合力度，统筹推进项目建设，努力实现“规划、建设、管理、发展、服务、示范”六大职能。11月16日，王都伟参观了2012北京天桥艺术节——非物质文化遗产项目专题展，听取了指挥部关于艺术节活动安排的情况汇报。强调要弘扬传统文化，把握刚性需求，充分利用小剧场，打造首演基地；建立体制机制，做好运营管理。12月20日，市政协副主席沈宝昌到天桥演艺区调研，听取指挥部关于演艺区规划建设情况的汇报，认为要做好交通规划、加强演出内容建设、处理好政府主导和市场运作的关系。东城、朝阳、丰台、通州等12区县政协领导参加。

（白　玉）

中关村德胜科技园管委会

【概况】 中关村德胜科技园管委会（简称德胜科技园管委会）于年内2月8日正式成立。设4个内设机构：办公室、规划分析处、产业发展促进处、创新能力建设处。德胜科技园管委会主任由区领导兼任，工作人员20名。年内，德胜科技园管委会围绕建设中关村国家自主创新示范区要求，以园区空间范围调整为契机，贯彻落实区委区政府决策部署，机构组建顺利完成，各项工作任务成绩显著。企业自主创新取得新突破，园区创新创业环境实现新提升，企业服务工作取得新成绩，园区产业空间得到新拓展。年内，德胜科技园高新技术企业总数达381家；从业人员55716人；工业总产值241.6亿元；总收入764.9亿元；进出口总额13.9亿美元；上缴税费37.9亿元；利润总额113.7亿元；资产总计1572.2亿元；科技活动经费支出总额28亿元；专利申请1689件，专利授权532件。

地址：西城区东桃园胡同2号

邮编：100035

电话：66205328

（王远超）

【园区空间范围调整】 10月13日，《国务院关于同意调整中关村国家自主创新示范区空间规模和布局的批复》（国函〔2012〕168号）文件，确定了中关村国家自主创新示范区空间规模和布局调整方案。按照国务院批复精神，原“中关村科技园区德胜科技园”正式更名为“中关村科技园西城园”，空间范围由原来的5.64平方公里调整为10平方公里，形成“一园三区”（“一园”即西城园，“三区”即德胜街区、北展街区和广安街区）的空间发展格局。调整后的自主创新示范区继续实施和落实《国务院关于同意支持中关村科技园区建设国家自主创新示范区的批复》（国函〔2009〕28号）的各项政策及其配套政策措施。

（于灵初）

【企业自主创新取得新突破】 年内，13家企业、科研院所参与研制的14项科技成果获国家科学技术大奖。其中，国家科技进步特等奖1项、一等奖3项、二等奖8项，国家技术发明奖二等奖2项。申请专利1689件，其中发明专利1370件，授权专利532件，注册商标216件，1件商标被认定为著名商标。

（王远超）

【提升创新创业环境】 年内，区政府发布《北京市西城区支持中关村科技园区德胜科技园自主创新若干规定》及《北京市西城区自主创新示范基地和高新技术产业专业孵化基地认定及支持办法》。落实政策兑现资金8520.6万元。与工商银行、建设银行、中国银行、交通银行北京分行、北京银行北京事业部等5家金融机构签订战略合作协议，授信额度达到500亿元，建立起德胜科技园投融资服务平台，形成投保贷联动机制，带动企业实现贷款融资2.34亿元。

（王远超）

【德胜科技园孵化器品质有效提升】 年内，普天德胜通过国家级科技企业孵化器复核，并被认定为北京市战略性新兴产业孵育基地，康华伟业和利玛自动化技术2家孵化器获得2012年度北京市大学科技园及科技企业孵化器专项支持。

（王远超）

【获中关村“十百千工程”专项支持】 年内，德胜科技园北京有色金属研究总院、北京奇虎科技有限公司、北京达博有色金属焊料有限责任公司等3家中关村“十百千工程”企业，在3项“实现跨越式发展方面”和1项“获得创新荣誉方面”，获得首批中关村十百千专项支持资金共计234万元。北京有色金属研究总院、北京圆之翰煤炭工程设计有限公司2家企业获得首批中关村“十百千工程”专项资金——企业研发支持资金共计150万元。

（单 毅）

【8家企业入选首都设计产业提升计划】 年内，德胜科技园8家企业优秀项目入选市科委2012首都设计产业提升计划。包括：北京大唐万邦复制技术发展有限公司、北京洛可可科技有限公司、北京光彩无限管理咨询有限公司、北京上拓科技有限公司、北京宇朔创意工业设计有限责任公司、北京建筑工程学院、北京城建设计研究总院有限责任公司、北京万像一兴数字科技有限公司。

（单 毅）

【入选各级人才计划】 年内，北京有色金属研究总院王立根获选第七批中央千人计划；北京奇虎科技有限公司谭晓生、北京圆之翰煤炭工程设计有限公司刘峰、北京恒华伟业科技股份有限公司陈显龙3名园区优秀科技人才获选2012年度中关村高端领军人才；北京矿冶研究总院副院长于月光、北京建筑工程学院教授徐世法，由于分别在新材料研发及城建交通领域研究的突出贡献，获选（首批）2012科技北京百名领军人才培养工程。

（单 毅）

【德胜科技园企业入选2011年度中关村十大系列评选榜单】 1月4日，中关村科技园区管委会发布2011年度中关村十大系列评选榜单。德胜科技园的北京奇虎科技有限公司的“奇虎360”品牌获选“2011中关村十大新锐品牌”；有研稀土新材料股份有限公司、北京耐威科技股份有限公司、北京维旺明信息技术有限公司、北京恒华伟业科技股份有限公司4家企业获选“2011中关村新锐企业百强”。

（王远超）

【组织召开高新技术突出贡献人才座谈会】 4月18日，德胜科技园管委会按照区委组织部统一部署，组织召开西城百名英才高新技术突出贡献人才座谈会。德胜科技园管委会介绍了负责开展首届西城百名英才高新技术人才评价推荐的工作情况，以及2011年度园区人才工作情况和2012年园区人才工作计划。各与会部门与10位首届西城百名英才高新技术突出贡献人才进行座谈，听取10位人才的意见和建议，现场解答交流人才招聘、培养等方面的问题。

（王远超）

【启动园区“1+2”规划编制】 4月23日，德胜科技园管委会启动园区“1+3”规划体系编制工作。“1”即德胜科技园产业发展总体规划，“2”即西直门外地区产业综合提升规划、广安园产业整合提升规划。

（王远超）

【开展政策培训咨询服务】 4月27日，结合全国第二十一个税收宣传月，德胜科技园管委会会同区国税局、地税局到普天德胜孵化器，与19家重点入驻企业代表以“搭建税企沟通平台共促德胜科技园发展”为题，进行解答与交流。5月17日，德胜科技园管委会配合西城工商分局邀请市工商局有关专家在中国（北京）出版创意产业园举办“德胜科技园工商大讲堂”活动，对30余家企业进行了股份有限公司登记注册专场培训。11月2日、5日，德胜科技园连续举办3场“德胜科技园新政策宣讲暨2011年度政策落实答疑会”，向园区企业宣传讲解德胜科技园新政策内容及特点，就2011年度新政策兑现申报要求等事宜进行重点讲解，近200家在孵化器入驻的中关村高新技术企业和30余家孵化器外的科研院所及其他类型的中关村高新技术企业参加。

（王远超 单毅）

【德胜科技园诞生第一家登陆上交所的高新技术企业】 4月27日，德胜科技园内的人民网股份有限公司成功在上海证券交易所上市，股票代码603000。该企业成为德胜科技园第四家上市的高新技术企业，也是首家在上海证券交易所上市的高新技术与文化创意企业，更是中国第一家在A股上市的新闻网站和第一家在国内A股整体上市的媒体企业。由于该公司上市概念新颖，被誉为“国家新闻网站第一家”，股权99%为国有股，其股东是由人民日报社、中银投资、中移动、中石化等大型国企组成。该公司股票开盘价31.01元，收盘价34.72元，当天人民网市值达95.97亿元。

（王远超）

【德胜科技园10周年成就展参加科博会】 5月23至27日，在第十五届北京科博会上，德胜科技园组织20余家高新技术和文化创意企业参加了西城展团的“德胜科技园10周年建设成就”展示，展出立体仿真模型制作3D“打印机”、低成本小型厨余垃圾处理系统、再生纸制作的“中国青花”便携式茶具等自主创新的产品。其间，西城区政府与中国移动通信集团北京有限公司签订“无线西城”战略合作协议，打造北京市首个无线核心区。

（王远超）

【区领导检查中国设计交易市场装修改造工程】 5月31日，副区长陈宁检查中国设计交易市场装修改造工程现场，检查工程进度，听取施工总包单位工程情况汇报。并就设计交易市场开业典礼、设计交易市场运营管理等相关事项与北京工业设计促进中心进行了研究讨论。

（王远超）

【德胜科技园13家企业入选中关村“双百”工程】 6月26日，2011至2012中关村信用培育“双百”工程评选结果揭晓，德胜科技园联动优势科技有限公司等9家企业获得“百家最具影响力信用企业”；北京理正软件设计研究院有限公司等4家企业获得“百家最具发展潜力信用企业”。

（王远超）

【市领导调研德胜科技园】 7月7日，市委常委赵凤桐调研德胜科技园，到中国（北京）出版创意产业园区走访了维旺明、天闻数媒等企业，在北方工业公司听取有关情况的汇报后指出：将北方工业公司扩建项目纳入中关村科学城项目中，并命名为“中关村广安军民融合特色产业园”。

（于灵初　王远超）

【设计之都核心区举办意大利设计展】 7月16日，西城区政府与北京市科委在德胜科技园“设计之都”核心区大厦共同主办“新意大利设计2.0”展览，来自中意双方科技界、设计界、设计院校的300余位代表和学生参加活动。代表意大利设计最新趋势的涵盖产品设计、平面设计、珠宝首饰设计、设计研究、美食设计、室内设计等当代设计各个门类的近300件原创设计作品参展。西城区政府与北京市科委机关领导，中国工业设计协会秘书长及意大利驻华技术与工业改革参赞、意大利三年展主席共同为展览剪彩。

（王远超）

【全国人大领导调研德胜国际中心】 7月24日，全国人大常委会副委员长路甬祥到德胜科技园区调研，视察天闻、磨铁2家数字媒体公司，并慰问企业员工，对2家公司立足德胜地区，依托政策优势和区位优势快速成长给予高度肯定，鼓励企业进一步抓住机遇，坚定发展信心，打造成文化产业发展的品牌企业。

（王远超）

【德胜科技园人力资源服务联盟成立】 9月13日，“德胜科技园人力资源服务联盟”揭牌成立，搭建起街道互联网站、微博和报刊媒介三位一体的联盟服务平台，打破人才职介、街道社保所、社会就业服务机构和用人单位信息相对独立状态，实现市、区、街道三级服务资源的联动。西城区职介中心、德胜科技园区孵化器企业、智联招聘等7家联盟成员单位代表应邀参加揭牌仪式。

（王远超）

【10部作品获得“五个一工程”奖】 9月底，中宣部组织的第十二届社会主义精神文明建设“五个一工程”评选活动揭晓，德胜科技园内企业在影视、出版等领域参与制作和发行的10部优秀作品获得“五个一工程”奖，包括：中国北京出版创意产业园区内的北京磨铁图书有限公司选题、策划和发行的《石光荣和他的儿女们》，北京十月文艺出版社出版的精品图书《大平原》，北京和声创景影视技术有限公司参与制作的影视作品《钱学森》《杨善洲》《第一书记》《大太阳》《小小飞虎队》，北京派华文化有限公司参与制作的电视作品《永远的忠诚》《永不消逝的电波》《大营救》。

（单　毅）

【德胜科技园66家高成长企业入选年度瞪羚计划】 12月6日，“中关村示范区瞪羚重点培育企业支持政策发布会”公布了2012年896家瞪羚重点培育企业名单。德胜科技园内北京三义电力电子公司等66家企业入围，其中18家企业年销售收入达到1至5亿元，8家企业年销售收入达到5000万至1亿元，40家企业年销售收入达到1000万至5000万元。

（王远超）

【韩国设计振兴院中国办事处入驻“设计之都”大厦】 12月14日，由韩国设计振兴院主办，在“设计之都”大厦举办了“韩国设计振兴院中国办事处成立仪式”。中国工业设计协会、市科委、西城区政府等相关领导以及来自中韩设计界的领域专家、行业领导、企业代表、设计院校大学生等60余人参加。设计振兴院是首家入驻该大厦的国际知名设计机构，是韩国唯一从事制定并实施国家设计政策及战略的专门机构，隶属于韩国知识经济部。该办事处占地面积近400平方米，主要是开发和推进中韩设计产业合作项目，为中韩两国企业提供当地市场信息及交易平台，促进中韩两国设计公司和中小型制造企业开展对接。

（王远超　于金东）

【中国设计交易市场落成开业】 12月27日，市科委与西城区政府合作共建的中国设计交易市场正式落成开业。建设筹备期间，交易数据库已收录1000余家设计公司、院所、企业等登记信息。经对20余家申请入驻机构进行筛选，韩国设计振兴院、北京上拓科技有限公司、叁迪网、中芬Living-Lab智慧设计联合实验室、红星梦工厂、红星原创公益基金、非常建筑设计事务所（张永和建筑事务所）及北京朗迪锋科技有限公司等8家机构当天签订入驻协议。

（王远超）

【入选中关村“十百千工程”第三批重点培育企业】 12月28日，中关村科技创新和产业化促进中心发布《中关村国家自主创新示范区“十百千工程”第三批重点培育企业名单》。德胜科技园7家企业入选：新一代信息技术领域2家，即人民网股份有限公司、北京华通伟业科技发展有限公司；航空航天及高端装备制造领域1家，即中钞实业有限公司；节能环保领域1家，即北京城市排水集团有限责任公司；新材料领域2家，即有研稀土新材料股份有限公司、北京矿冶研究总院；现代服务业领域1家，即中国电力工程顾问集团华北电力设计院工程有限公司。入选企业均是年收入超过2亿元的高成长、高科技企业。

（王远超　单毅）

【开展企业新闻发言人制度试点工作】 年内，德胜科技园管委会北京机械工业自动化研究所、联动优势科技有限公司等5家中关村示范区企业参与了“十百千企业参与企业新闻发言人制度”试点，通过设立专门新闻宣传部门、明确联络员制度，承担起了企业日常新闻发布的组织、管理及与政府宣传部门日常联络和提供新闻线索等职责。

（王远超）

北京什刹海阜景街建设指挥部

【概况】 北京什刹海阜景街建设指挥部（简称什刹海阜景街指挥部）于4月9日挂牌成立，隶属区委、区政府，由区政府直接管理。设立总指挥，由区领导兼任，负责主持指挥部全面工作；设立1名常务副指挥，协助总指挥负责指挥部日常工作。下设办公室、建设管理处、产业提升处、规划发展处。行政编制20人。什刹海阜景街建设指挥部是负责统筹协调推进什刹海和阜景街区域规划、建设、管理、发展工作的临时性常设机构。负责项目建设的统筹协调、决策落实、指挥调度、产业培育、综合服务等工作，同时承办区委、区政府交办的其他事项。年内，什刹海阜景街建设指挥部加快推进什刹海、阜景街建设，通过规划引领，以历史文化名城建设、北中轴线文脉梳理、文物建筑腾退、什刹海环湖环境治理、重点项目落地、人口疏解民生改善、区域产业业态提升等重点工作为突破口，落实人文北京的发展战略，落实历史文化名城保护和建设示范区的目标，推进什刹海、阜景街各项工作。

地址：西城区护国寺大街74号（人民剧场2号楼）

邮编：100035

电话：58060650

（王　崧）

【规划编制和前期项目策划】 按照《西城区国民经济和社会发展第十二个五年规划纲要》《北京市西城区“十二五”时期历史文化保护区保护与发展规划》《西城区什刹海“十二五”专项规划》和《西城区阜景街“十二五”专项规划》的要求，什刹海阜景街指挥部坚持定位要高，理念要新的原则，推进区域规划编制和前期项目策划工作。5月初，召开指挥部工作会议，37个相关委办局的领导和什刹海研究会、清华大学的专家参加会议，着重学习《西城区国民经济和社会发展第十二个五年规划纲要》及什刹海和阜景街两个区域的《“十二五”专项规划》。

（王　崧）

【编制指挥部工作四至范围】 5月，绘制完成“一张图”，即北京什刹海阜景街建设指挥部辖区四至范围图：西至新街口北大街、新街口南大街、赵登禹路、西二环；东至旧鼓楼大街、地安门外大街、地安门内大街、景山东街；南至阜成门内大街、羊肉胡同、西安门大街、文津街、景山前街；北至北二环，总面积约696.78公顷。在指挥部统筹规划、开展工作的基础上，经过与西城规划分局、区功促局、什刹海街道、新街口街道等部门协商，形成四至范围图，并上报区政府，区名城办纳入“5+2”工作范围。

（王　崧）

【调研北中轴沿线业态状况】 配合“文道”整治工作，对北中轴历史名城保护区的业态现状进行调研，结合市、区相关规划，5月编写完成《关于北中轴历史名城保护区的业态现状分析及整治建议》。

（王　崧）

【统筹区域内的工程建设项目】 5月，根据什刹海阜景街指挥部上半年工作会上统筹区域内的工程建设项目，制作完成“一张表”，即指挥部辖区内年度工作任务进度推进表。梳理统计出什刹海、阜景街区域内在施或准备实施的项目43项。重点加强6个在建项目工程现场管理工作。

（王　崧）

【推进2个示范项目规划设计方案】 什刹海阜景街指挥部会同华融金晖公司推进白塔寺起步区鲁迅博物馆以南片区3.8公顷地区规划编制工作，5月形成初稿。推进鲁迅博物馆以南片区和官园市场2个示范项目规划设计方案。

（王　崧）

【什刹海地区交通组织规划】 年内，分析地铁6、8号线地安门站和什刹海站开通后，给该地区带来大人流和交通拥堵的风险因素，为合理利用和配置空间资源，缓解交通压力，会同市政、公安、街道现场调研，协助区市政市容委做好《什刹海地区交通组织规划方案》的编制，提出可行性、建设性意见和建议。协调配合区应急办做好什刹海地区大客流风险评估和控制方案制定工作。

（王　崧）

【与国开行北京分行签订合作备忘录】 什刹海历史风貌保护区占地323公顷，是首都25片历史文化保护区中最大的一片，集传统居住、历史风貌保护、特色旅游三大功能为一体。按照《西城区“十二五”规划纲要》的要求，新一届区委、区政府在未来5年中，集中人力、物力、财力，将什刹海打造成为北京历史文化名城保护与发展的示范区。为解决资金问题，经与国家开发银行北京市分行洽商，就什刹海历史文化保护区保护修缮项目的金融合作事宜达成一致意见，6月28日，什刹海阜景街指挥部与国家开发银行北京市分行签订《金融合作备忘录》，国家开发银行北京市分行向北京天恒正宇投资发展有限公司递交40亿元贷款意向承诺函。国家开发银行北京市分行行长徐明，区领导苏东、吴铁男出席签约仪式。北京什刹海阜景街建设指挥部常务副总指挥王福俊，北京天恒置业集团董事长刘洪文，北京天恒正宇投资发展有限公司总经理杨威，及区14个相关委、办、局的主要领导参加签约仪式。8月，同国开金融有限责任公司就建立文物保护基金达成合作意向。

（王　崧）

【环境秩序管理】　7月，会同什刹海街道办事处、什刹海风景区管理处处理“7·21”特大暴雨后，什刹海地区的施工现场、环湖地区的设施、后海南沿个别墙体外倾等汛期安全隐患问题。8月，协助西城规划分局处理前海南沿11号市文联房屋装修违建问题。9月，调查研究串行自行车泛滥对什刹海景区环境秩序、交通安全的影响和解决办法。

（王　崧）

【什刹海文保区人口疏解示范项目有关问题研究】　8月，什刹海阜景街指挥部会同什刹海研究会，开展《关于什刹海历史文化保护区人口疏解示范项目有关问题研究》的工作，完成初稿。

（王　崧）

【白塔寺药店降层项目】　白塔寺药店降层项目于9月底签署补偿协议，完成降层改造设计方案，与区名城办共同组织专家论证会，获原则通过，进入办理项目施工手续阶段。10月，为白塔寺药店降层置换的阜成门内大街293号院装修改造项目开始施工。

（王　崧）

【护国新天地装修改造项目】　10月，护国新天地装修改造项目主体工程完成，配套设备安装调试完成，组织商户二次装修施工。同时完成与之配套的人民剧场配电增容改造工程。

（王　崧）

【千秋四合院项目】　10月，千秋四合院项目西侧市政道路疏解拆迁12户居民。12月，项目外装修基本完成，进入内装修阶段。

（王　崧）

【什刹海游船码头改造项目】　年底完成什刹海游船改造提升、什刹海码头改造提升、景区旅游标识导览设计方案，分别由区园林市政中心、什刹海风景区管理处立项，落实资金和招投标工作。与区园林市政中心研究游船日常管理经营体制、机制调整方案，上报区政府审定。

（王　崧）

【群力胡同停车场项目】　11月，什刹海阜景街指挥部协调天恒正宇公司、区房地中心就群力胡同停车场项目方案进行对接。

（王　崧）

【烟袋斜街社区活动服务用房项目】　11月，烟袋斜街社区活动服务用房项目主体工程完工。年底取得《项目建议书批复》《环境影响登记表审查的批复》。

（王　崧）

【西海环湖外立面整治及燃气改造工程】　什刹海风景区管理处立项，区财政投资3200余万元，其中外立面整治1700余万元，环湖燃气改造工程1500余万元。2011年启动，2012年3月开始施工。11月，西海环湖外立面整治工程完工，12月燃气改造工程完工。

（王　崧）

【茗苑项目】　茗苑项目2003年启动运作，由北京华方公司投资立项，总投资2亿多人民币。10月，工程基本完成。

（王　崧）

【编制完成双关帝庙文物腾退方案】　什刹海阜景街指挥部会同区文委、区住建委、区房地中心、区法制办、西城规划分局、区房管局、区信访办等部门，多次召开协调会、调度会，会商历史、政策、人口疏解、文物腾退的方式，依据区法制办出台的《关于贯彻文物保护法律法规实施房屋征收腾退工作的指导意见》，编制完成腾退方案。

（王　崧）

【完成《什刹海地区业态调整规划》】　依据《什刹海“十二五”专项规划》，在规划面积约5.8平方公里内，按照“一环、三轴、五区”的业态空间布局，围绕“功能分片、产业集聚”的总体定位，对不同区段、地块进行具体业态设计。11月，完成《什刹海地区业态调整规划》。

（王　崧）

【业态提升项目】　服务和支持社会资金参与文保区产业提升项目，什刹海阜景街指挥部分别为北京市金泰集团的2个四合院文化主题酒店项目改造、招商、项目落地做了协调、指导和服务工作。

（王　崧）

【信息工作】　全年组织召开各专项工作协调会等80余次，行政办公会20次，党组会7次，上报信息90余篇，西城信息采登率95%。编发《会议纪要》46期、《工作简报》21期、《工作专报》13期；制发《党组会会议纪要》和指挥部文件（海阜指号）19件。办理区政府、区人大及相关部门文件督查件、函件等22件。

（王　崧）

西城区重大项目建设指挥部办公室

【概况】　西城区重大项目建设指挥部办公室（简称区重大办）于3月21日成立，是主要负责全区重大工程项目统筹协调工作的常设机构。内设综合科、财审科、征收事务科、项目管理科、保障房建设管理科、执法维稳工作科6个职能科室。主要职责是组织编制本区重大项目建设总体计划；负责本区内重大项目建设的组织协调、综合调度和监督管理工作。协调有关部门和单位推进重大项目的立项、规划、用地、征收等前期工作；协调区政府有关部门按总体计划要求在项目建设各阶段加快办理各项行政审批手续；参与拟订重大项目房屋征收方面的政策措施，组织编制重大项目房屋征收年度计划，做好重大项目房屋征收的管理和协调工作；指导和协调相关部门推进功能街区、市政基础设施、轨道交通等重大项目及其他专项工程的征收工作；协调重大项目建设中产权单位的搬迁工作；负责本区房屋建筑的抗震节能综合改造和老旧小区整治工作；协调区政府主管部门监督重大项目建设，贯彻落实安全生产、工程质量、资金使用、招标与采购、合同履行等方面法律法规，落实“阳光工程”的各项要求；参与重大项目建设工程事故应急工作。组织重大项目年度资金使用计划的编制，协调、落实资金计划的执行；组织协调重大项目的竣工验收、竣工结算和决算工作；负责全区保障性住房建设和定向安置房源的统筹协调工作；承办区委、区政府交办的其他事项。年内，按照北京市统一部署，为完善城市功能，切实改善民生，区政府决定对全区老旧小区开展综合整治。整治内容包括抗震加固节能综合改造、既有非节能居住建筑节能改造、小区公共区域改造（指对抗震加固节能综合改造和既有非节能居住建筑节能改造的小区公共区域进行绿化、配套公厕、公共照明、配建信报箱、道路、无障碍、弱电架空线管沟等改造）和简易住宅楼改造。按照规定的整治内容，老旧小区综合整治资金由市区（县）两级财政按照1:1比例分担。

地址：西城区西单横二条2号华恒大厦6层
邮编：100031
电话：66021638

（高　巍）

【文书和信息工作】　办理发文共计218件，其中协调会会议纪要127件、党组会会议纪要2件、主任办公会会议纪要10件、通知3件、函43件、请示报告33件；完成信息组稿编辑共计46期，其中简报36期、项目进展专报10期。办理收文共计1048件，其中批文507、会议通知340件、阅文201件。

（高　巍）

【建立西城区重大项目库】　在项目安排上，以政府投资项目为主，重点选择对全区经济发展有重大影响、受各级各部门和人民群众关注的项目。在工作目标上，力争做到“四个确保”，即确保分阶段目标完成，确保成果惠及民生，确保项目安全稳定，确保政府投资落地。在工作重点上，突出抓好五大类重点工程项目：一是坚持服务立区，中央、市级重点项目全部纳入区级推进机制，优先保障。二是着力产业发展，围绕“一核一带多园区”空间布局，坚持服务立区、金融强区、文化兴区，狠抓功能街区建设重点工程落实，夯实产业发展基础。三是着力基础设施建设，抓好轨道交通、新建市政道路等项目建设，逐步解决交通拥堵等问题。四是坚持以人为本，加快推进教育和医疗等公共服务设施建设，确保建设成果尽早服务于民。五是推动民生工程，加快保障性住房建设，开展老旧小区综合整治等关乎百姓切身利益的惠民工程。全年项目库共列入重点项目92项，其中前期项目14项，在施项目23项，征收拆迁27项，储备库28项。

（高　巍）

【抗震加固节能综合改造】　年内，对1980年（含）以前建成的城镇房屋建筑进行鉴定，不符合现行抗震设防标准、且经评估具有加固价值的，组织进行抗震加固节能综合改造。全区1980年前建成市属、区属产权楼房共2469处，建筑面积452万平方米。

（史鹏宇）

【既有非节能居住建筑节能改造】　既有非节能居住建筑节能改造是指对1980年（不含）至1990年（含）间建成的城镇非节能居住建筑进行节能改造。改造内容主要包括外墙保温、更换节能门窗和热计量改造。全区1980年（不含）至1990年（含）建成的市属、区属产权楼房1028处，建筑面积557万平方米。年内全区共实施既有非节能居住建筑节能改造165万平方米，开、竣工率113%，在全市各区县中排名第三，超额、按时、保质、保量完成市委、市政府下达的任务。

（史鹏宇）

【简易住宅楼改造】　简易住宅楼是指20世纪50年代后期至70年代中期建设的一批低标准住宅楼，多为2至3层砖混结构，其设计使用寿命一般为20年，没有专用厨房和卫生间。大多采用外廊式结构设计，墙体采用空斗墙（立砖空心砌法）或大型炉渣砌块；楼板承载能力低，部分屋面板为钢筋混凝土薄板；房屋未进行抗震设防。在北京市政府计划解危排险的882栋简易住宅楼中，全区共有235栋，占全市总量的27%，涉及房屋12160间，建筑面积202870.25平方米，居民6054户。年内，完成市台账中235栋危旧简易楼的信息采集工作和初步治理方案，实现平面信息立体化，形成可视性强的电子档案；结合区情，明确了征拆、腾退和修缮三种危旧简易楼治理的途径；成为全市唯一完成全部危旧简易楼改造方案的区县，年内实际启动28栋危旧简易楼改造，占全市年内危旧简易楼启动改造总数的一半，名列全市第一。

（史鹏宇）

【展览馆路4号楼综合改造】 展览馆路4号楼抗震加固节能综合改造工程，建筑面积5598.34平方米（新增面积1444.19平方米），8月15日开工。通过混凝土现浇的方式对原楼体进行外套式加固，使其达到现行抗震设防标准，确保居民居住安全，同时增加使用建筑面积，户均18平方米左右；通过增加外保温层和更换节能门窗实施节能改造，冬季室温提升3至4摄氏度；对公共部分进行综合整治，拆除违章建筑，消除消防隐患；实施强弱电入地改造，改变线缆凌乱现状；安装节能灯，实现低碳环保；硬化小区道路，便利居民出行；优化有线电视线路，改造室内水表和燃气阀门；规范停车位，提供居民休闲场所。

（史鹏宇）

【建立热计量改造及资金拨付机制】 5月10日，副区长李岩、吴铁男共同主持召开西城区老旧小区综合整治工作协调会，区住房城市建设委、区重大办、区财政局、区市政市容委、区环境办的主管领导参加。各参会单位就既有非节能居住建筑节能改造的热计量实施、老旧小区公共部分整治及资金拨付机制等问题达成共识。

（史鹏宇）

【第二批节能改造启动】 9月4日，副区长李岩主持召开西城区2012年第二批45万平方米既有非节能居住建筑节能改造启动会。会议就招投标、工程质量和安全、节能改造中的群众工作、资金保障等有关问题做出部署。

（史鹏宇）

【灵境小区综合整治】 灵境小区位于灵境胡同东侧，东临309局、府右街，西至西黄城根南街；南临灵境胡同，北至“西城旧城保护和居民住房改善工程”南侧；共11栋砖混结构楼房、62个单元门、总面积55742平方米、外立面21332平方米；成套住房927套、居民927户。由于小区始建于80年代初，使用已久，存在缺少休闲健身场所、车辆混停、绿地覆盖面少、安全防控设备缺失等问题，造成居民出行不便，生活质量不高。西城区按照精品小区的标准，重点对灵境小区进行综合整治：楼房外墙保温改造，规范护栏1158个，新做隐蔽式空调罩1359个；完善公共设施，新增盲道510米、无障碍设施20个；贯彻绿色环保理念，增加太阳能照明灯9个；补充便民设施，更新信报箱和楼宇对讲设备927套；推进信息化建设，实现户户通宽带；规整凌乱线缆，小区架空线入地；规范停车秩序，新增停车位后达到100余个；美化环境，增加绿化面积1100平方米；增加休闲场地和设备，扩大居民的活动空间；弘扬文明文化，新增宣传栏和文化园地3个。

（史鹏宇）

【征收拆迁工作】 年内，区重大办负责协调、督导的遗留重点拆迁项目共9个，剩余被拆迁居民2406户，单位自管产28个。年内共签约居民1389户，单位产15个，其中半步桥南路和广莲路2个项目的拆迁工作全部完成。全区共启动重点征收拆迁项目8个，涉及居民产籍1772户，单位产40个，总建筑面积11.9万余平方米。

（狄　永）

【广莲路拆迁工作】 广莲路东起南蜂窝路，西至马连道北路，全长686米，拆迁涉及3个单位。8月6日，广莲路拆迁范围内最后一个单位109路公交总站顺利签约，广莲路工程建设全面提速。

（狄　永）

【半步桥南路拆迁工作】 半步桥南路由半步桥街至南二环，全长220米，红线宽度20米，涉及3个非住宅户。颐云轩饭店是拆迁范围内拆迁难度最大的一户，严重影响了道路及管线规划的实现。最终经法院调解成功，与颐云轩饭店达成协议。8月8日饭店交房并拆除，半步桥南路拆迁工作完成。

（狄　永）

【新北、西内大街市政道路建设】 新街口北大街和西直门内大街市政道路建设工程是西城区年内重点工程。区重大办市政道路建设工作组4月16日进入现场，共拆除居民57户，单位产4个，走访单位20余次。召开协调调度会议22次，保证了资金落实到位、道路施工单位（公联公司）及时进场。

（狄　永）

【西黄城根南街项目启动】 西黄城根南街道路拓宽及综合整治项目是为改善居民住房条件，提升区域环境整体品质，更好的服务中央单位，同时优化地区教育资源整体布局，改善社区服务用房条件而启动的西城区重点征收项目。此项目包含西黄城根南街道路微循环改造、三角地新建绿地、西长安街街道社区综合服务中心建设3个项目，征收范围北起西安门大街，南至灵境胡同，东临西黄城根南街，西至东斜街部分院落，共涉及居民产籍户158户，单位产10户。该项目为被征收居民提供大兴区盛嘉苑、丰台区张仪村、昌平区回龙观、朝阳区双合家园、房山区长阳新城、朝阳区奥运村五号地、朝阳区北苑五号地等7处房源。截至年底，已签约居民138户，完成87.3%，单位产签约7户，完成70%。

（狄　永）

【月坛南街项目拆迁完成】 月坛南街整体项目包含月坛南街一级开发项目、南礼士路46号院危改项目和区体育局扩拆项目。为实现北京市“十二五”规划的发展目标，提升区域城市功能和加快金融街建设，区委、区政府决定将本项目纳入金融街拓展范围，与北京华融基础设施投资有限责任公司开发并建设实施的“金融主中心区月坛南街金融中心土地一级开发及配套设施建设项目”（即月坛南街一级开发项目）合并为西城区月坛南街项目，进行统一规划、实施，以金融街的发展带动本项目范围内居民居住条件的改善。项目包含南礼士路46号院及月坛南街1号院1号楼，拆迁涉及居民498户，建筑面积26620平方米，涉及被拆迁单位17户，房屋建筑面积1万平方米。4月全部完成居民拆迁工作，8月完成土地入市前的审计工作，9月完成土地挂牌入市，年内开工建设。

（狄　永）

【保障房建设完成情况】　年内，房山区长阳经适房项目、丰台区张仪村项目及昌平区回龙观项目一期共14772套保障性住房全部封顶。房山区长阳限价房项目及昌平区回龙观项目二期工程进展顺利。全年实现朝阳区北苑宾馆项目、丰台区大红门项目、丰台区高立庄项目、丰台区大红门油毡厂项目、丰台区南苑项目、大兴区旧宫项目、大兴区康庄项目及石景山区酱菜厂项目共8个项目开工，合计开工建设17090套保障性住房，大兴区团河盛嘉苑项目实现2220套保障性住房竣工。

（崔　明）

（责任编辑　陈　艳）

综合经济管理

经济和社会发展

【概况】 北京市西城区发展和改革委员会（简称区发改委）是区政府主管全区经济发展和改革的工作部门，内设行政科室11个，物价检查所科室7个，下属事业单位4家（西城区经济信息中心、西城区政府采购中心、中小企业服务中心、价格认证中心），在职156人。年内，区发改委紧紧围绕“服务立区、金融强区、文化兴区”战略的实施，解放思想、开拓创新、统筹兼顾、认真履职，较好地完成各项重点工作任务，为促进全区经济社会平稳较快发展发挥了积极的作用。全年实现地区生产总值2578.6亿元，同比增长9.2%；区级一般预算收入309.1亿元，同比增长10.5%。

地址：西城区西直门内大街275号综合行政服务中心

邮编：100035

电话：82141213

（李 慧）

【中小企业服务窗口平台建设】 年内，区发改委按照服务金融发展与金融服务发展的工作思路，以满足中小企业又好又快发展和不断优化中小企业发展环境为目标建设西城区中小企业服务窗口平台，平台位于西城区综合行政服务中心3层。通过窗口平台的建设可以基本满足西城区中小微企业创立与发展过程中的主要需求。已完成《西城区中小企业服务窗口平台建设方案》并获得国家和北京市中小企业专项资金支持。

（赵 鹏）

【经济社会发展形势分析会】 年内，区发改委主持召开3次经济社会发展形势分析会，区四套班子领导出席，区委、区政府各综合部门的主要领导、主管领导参加。会议对经济社会发展的内外部环境进行深入讨论，就区内各主要指标完成情况、发展中的重点、难点问题等进行全面细致分析，确定下一步重点任务及对策措施。

（陶晓峰）

【国民经济和社会发展计划报告】 年内，完成半年及全年国民经济和社会发展计划执行情况的报告，就重点工作任务进行安排部署，加强对全区经济社会发展情况的把握，为政府开展下一阶段工作提供参考依据。将计划执行情况及下一阶段主要目标安排向区人大常委会进行工作汇报，认真自觉接受监督。

（陶晓峰）

【政府投资工作】 年内，印发西城区2012年政府投资计划，多次召开全区政府投资工作协调调度会，采取健全工作机制、分解进度目标、加强协同配合等措施，狠抓项目落地。向市发改委争取市补助资金，采取多种渠道融资，发挥政府投资的引导放大作用，有力保障投资项目的推进。严格执行《西城区政府投资管理暂行措施》，规范投资管理工作。

（傅 爽）

【医改工作】 年内，区医改办组织相关部门研究起草《北京市西城区社区卫生综合配套改革实施方案》，已在医改领导小组成员单位内征求意见，并多次组织召开协调会沟通情况，研究、解决《方案》制定过程中出现的问题。扎实推进惠民实效的社区卫生综合配套改革，开创社区卫生服务新模式，不断提升基层医疗卫生机构服务水平和能力。8月，国务院医改办批准西城区为全科医生执业方式和服务模式改革试点区，《西城区全科医生执业方式和服务模式改革试点方案》在进一步修改完善中。

（祝欣伟）

【明确区域产业发展意见】 年内，制定《北京市西城区促进产业发展若干意见》，明确提出西城区“十二五”时期产业发展总体目标、指导原则、发展重点、发展主体、发展布局、发展环境等方面的17条意见。

（李 玮）

【统筹产业政策制定与实施】 年内，制定《关于西城区产业政策制定与实施管理办法》，加强产业政策制定与实施管理，提高产业政策制定的科学性、规范性，以及政策实施的效率、效果，从政策申报、起草与前评估、合法性审查、决定与备案等方面制定

23条措施。

（李 玮）

【出台鼓励促进企业上市政策】 年内，协助制定出台《北京市西城区鼓励和促进企业上市办法》，明确鼓励和促进企业上市的范围、原则、组织机构、具体办法、重点扶持方向、资金支持事项等19项措施。

（李 玮）

【出台科技产业基地发展政策】 年内，协助制定出台《北京市西城区自主创新示范基地和高新技术产业专业孵化基地认定及支持办法》，从认定条件、专项资金的设立与使用、考核等方面提出促进高科技产业基地发展的13项措施。

（李 玮）

【出台高科技产业自主创新政策】 年内，协助制定出台《西城区支持中关村科技园区德胜科技园自主创新若干规定》，在支持企业科技研发、推进知识产权保护和技术标准建设、支持投融资服务平台建设、建立完善公共服务体系等方面提出促进科技产业发展的30项措施。

（李 玮）

【出台科技项目政策】 年内，协助制定出台《北京市西城区科技计划项目管理办法》，从立项、项目组织与管理、法律责任等方面提出规范科技计划项目管理的30项措施。

（李 玮）

【服务中小企业】 年内，研究起草《西城区促进中小微企业发展的实施意见》，加大对促进中小企业发展的政策支持。制定实施西城区“中小企业服务年”活动方案，尝试集合信托等多种创新融资方式，帮助中小企业解决“融资难、融资贵”问题。完成2011年度非公有制经济奖励工作，为非公企业创造良好的发展环境。继续落实国家和北京市2012年企业减负专项行动方案文件精神，通过自查、抽查等多种形式，对全区行政事业单位收费进行检查，组织有代表性的企业与市减负领导小组座谈。

（刘海红）

【价格监督检查】 年内，围绕稳定价格水平这条主线，开展日常检查、节日检查和专项检查。对教育收费、医疗收费、药品价格、涉企收费、烟花爆竹价格、物业收费等进行检查。全年查处各类价格违法案件31件，经济制裁总金额69.982万元，其中退还消费者0.855万元，没收价格违法所得60.855万元，罚款8.272万元。受理价格举报90件、咨询997件，针对举报时点密集化、举报事项紧急化、投诉热点敏感化的特点，在节假日及特殊时期，启动价格举报工作快速反应机制，实行24小时人工值班制度，确保及时、快速地处理价格违法问题，保障举报人的合法权益。

（刘乃雯）

【政府采购】 年内，结合《中华人民共和国招标投标法实施条例》的出台，对工程类招标文件范本进行了修改和完善。从采购方式、项目构成、行业部门分类等统计口径进行各类数据的统计和汇总，确保数据的真实性、可靠性和准确性。协助区监察局、区财政局做好《政府采购承诺书》起草工作。

（王 峰）

【价格鉴定】 年内，完成涉案财产价格鉴定案件1199件，鉴定标的金额2201.43万元。其中刑事案件1198件，鉴定标的金额2174.86万元；行政案件1件，鉴定标的金额1.41万元。

（石 英）

投资服务

【概况】 北京市西城区发展服务中心（简称区发展服务中心）是区政府直属正处级全额拨款事业单位，下设办公室、信息资源开发部、发展联络公关部及项目跟进服务部4个职能科室。主要职责是负责宣传投资政策，为投资者提供投资咨询、信息引导等综合服务；建立区域经济发展项目库和重点客商名录库；组织参与境内外有关投资促进洽谈会等活动；负责建立与境内外客商联络的渠道，反映境内外客商的意见和要求。

地址：西城区育新街2号

邮编：100054

电话：83538270

（郭 鹤）

【承办“马连道杯”全国茶艺表演大赛】 6月，承办“马连道杯”全国茶艺表演大赛。负责征集参赛队、确定场地、聘请专家、联系公证、邀请嘉宾、组织评选等具体工作。20支队伍参赛，最终评出一、二、三等奖和组织奖。

（张广勤）

【参加中国国际投资贸易投洽会】 9月，组织西城区代表团参加第十六届中国国际投资贸易投洽会。专场举办西城区项目对接会，其中印象中国紫砂大展项目和天桥演艺区项目分别被组委会选定参加“投洽会”精品项目路演和“文创展览会”专题推介。在参加此届投洽会期间，区发展服务中心组织的房地产、文化创意、信息传输、计算机服务和软件业等25个项目与79家投资方进行了洽谈和对接，涉及总金额逾200亿元。

（张广勤）

【参与第十六届京港洽谈会】 11月，

第十六届北京·香港经济合作研讨洽谈会在香港举行。区发展服务中心作为西城区京港洽谈会筹备组成员，负责会议项目的征集工作。共收集整理了17个重点项目，涉及总投资金额约395亿元。制作《2012北京西城招商项目册》，协调区金融办、金融街集团完成签约项目的征集和上报工作。与北京市投资促进局（简称市投促局）协调，做好项目签约活动的对接工作和北京市重大项目发布会的项目征集、整理及包装工作。西城区"天桥演艺区"项目被作为重大项目在发布会上发布，并与"金融街广安中心"项目一起列入《北京市重大项目册》。

（施　伟）

【配合做好中小企业融资工作】　年内，承担区政府重点工作中第38项任务（多渠道解决中小企业融资问题）。与区发改委等相关部门对接，了解掌握中小企业基本情况，征集其融资及项目合作等需求，定期举办专门针对区内外大型企业与区内中小企业对接洽谈的小型会议，推动区内大型企业再投资。利用各种渠道和平台推介招商项目，为多渠道解决中小企业融资问题提供有力保障。

（郑清江）

【参与市投促局相关会议】　年内，参与市投促局"全市投资促进系统项目会商会"；参加第四届投资北京洽谈会和市投促局举办的"2012北京投资咨询日暨文化创意产业专场咨询"；参加市投促局与区县召开的招商项目对接会，宣传西城区的区域环境和投资优惠政策。

（施　伟）

【开展区内酒店调研】　年内，根据《北京市西城区促进旅游业发展的实施意见》，委托专业公司开展西城区高端商务酒店的调研工作。通过座谈会和现场调研相结合的方式，走访近20家高端商务酒店集团，组织专家对初步成果进行讨论。通过对西城区高端商务酒店集团的调查数据进行分析，编制西城区高端酒店研究报告。报告内容包括：西城区商务住宿概况调查、西城区功能街区的高端商务酒店入驻环境及入驻支持调查（土地资源、政策资源、商务酒店客源来源等数据统计）、高端商务酒店集团入驻区域的评估标准调查等。为西城区功能街区评估是否适合引入高端商务酒店集团，以及各功能街区适合引入的高端商务酒店类型提供数据支持。

（施　伟）

【开展区内楼宇调研】　年内，针对写字楼及底商的楼宇状况、出租情况、空租面积及租金等情况开展信息搜集工作，共调研西城区楼宇项目397个。协助西城区各部门及驻区企业开展空置楼宇资源信息提供工作，对金融街指挥部的楼宇调研工作提出合理化意见。

（王　璐）

【起草马连道功能街区调研方案】　年内，对建立马连道茶叶交易指数项目和北京茶交易所项目进行前期的调研工作，起草《关于开展马连道茶叶交易指数专题调研的工作方案》，为下一步开展马连道茶叶交易指数专题调研工作奠定基础。

（刘　倩）

【协助专家调研】　年内，协助做好"百名社科专家进西城"课题《西城区投资服务网络对策研究》工作。调研从西城区投资服务网络发展的情况及存在的问题入手，提出制约发展的瓶颈问题、解决对策及保障措施。

（马一超）

【服务驻区企业】　年内，与第一太平戴维斯公司进行对接，研讨打造具有影响力的国际金融中心、投融资服务、天桥演艺区建设及其他委托招商工作，为公司的需求进行跟踪服务。为新闻出版总署信息中心成立下属全资公司以及北京吉野家快餐有限公司存在的异地办公问题，开展相关服务工作。为国家药监局、电影网、罗森公司、哈罗德集团、金鹰集团等多家单位进行跟踪服务。

（郑清江）

政府投资项目建设

【概况】　北京市西城区政府投资项目建设中心（简称区建设中心）是区政府直属相当正处级全额拨款事业单位。设办公室（含财务室）、代建及中介管理科、项目建设管理一科、项目建设管理二科、项目建设管理三科5个职能机构。主要职责是负责区政府投资项目建设的监督检查、协调和管理工作；受区发展改革委委托，负责区域内基本建设领域专项建设规划政策研究和资源调查、梳理、配置工作。

地址：西城区鸭子桥路41-1号

邮编：100055

电话：63027290

（王志伟）

【竣工项目】　6月，北京市宣武中医医院改造工程完工，该工程2010年开工建设，建筑面积8787.81平方米，总投资4394.08万元。12月5日，陶然亭街道办事处社区服务中心装修改造工程经验收交付使用，该工程2010年6月20日开工建设，建筑面积7019.59平方米，总投资3764.46万元。

（王志伟）

【项目调研】　9月，受区发改委委托对地铁织补项目4号线西四站、平安里站，8号线什刹海站、北海北站、鼓楼站，6号线平安里站，7号线菜市口站、虎坊桥站、大栅栏站的用地和规划情况开展调研。对南横街96号地块、平原里3号商住楼、牛街3号商业闲置用地项目开发情况进行调查、核实。

（王志伟）

【政府投资项目建设】 年内，区政府投资建设工程5项，总建筑面积4.75万平方米，总投资额22130.75万元。完成陶然亭街道办事处社区服务中心装修改造工程、北京市宣武中医医院改造工程2项。宣武公共卫生大厦工程、北京小学走读部综合改扩建工程、西城区6个社区卫生服务站建设3个项目仍在施工建设中。

（王志伟）

【项目前期工作】 年内，受区发改委委托完成西城区节能在线监测服务平台建设项目的前期工作。为辖区内67家年综合能耗2000吨到5000吨的重点耗能单位及公共机构，办理建设节能在线监测服务平台的前期手续。把能耗数据接入市级综合平台，为节能主管部门提供基础数据和决策支持。项目建设主要内容包括：节能数据中心、数据采集系统、能耗监测指标体系、关键应用系统以及支撑平台建设5部分。已完成可行性研究报告的编制，报送区发改委审批。

（王志伟）

【项目合同工作】 年内，完成北京市宣武中医医院改造工程、宣武公共卫生大厦建设工程、社区卫生服务站标准化建设工程3个项目11份合同的签订工作。办理前期手续11项，组织公开招投标2次，合同总金额904.15万元。

（王志伟）

【项目投资管理】 年内，完成区环卫中心办公楼装修改造、椿树街道办事处装修改造、法院第二办公楼装修改造、体育中心三期建设4个工程竣工结算审核工作，完成总投资4703万元。

（王志伟）

【项目造价控制】 年内，执行监理提供数据、现场工程师核实、工程管理科造价核算、区发改委审核、区财政直付6个工程款审核程序。区环卫中心办公楼装修改造工程超总投资10万元，占总投资的2.3%；椿树街道办事处装修改造工程节约15.87万元，占总投资的2.2%；法院第二办公楼装修改造工程节约16.96万元，占总投资的2.5%；体育中心三期工程节约66万元，占总投资的2.1%。

（王志伟）

统　计

【概况】 北京市西城区统计局（简称区统计局）是区政府负责管理全区统计工作的职能部门，北京市西城区经济社会调查队（简称区调查队）是北京市经济社会调查总队的派出机构，与区统计局合署办公，共同负责本地区的统计工作。下设20科室，在职人员148人。区统计局、调查队坚持秉承“相融共议，形成合力，促进发展”的工作原则，积极探索“统一管理、分工负责、资源共享”的工作模式，负责全区经济社会发展情况统计数据的采集整理、汇总分析及统计监测工作。年内，区统计局、调查队着力打造“四个中心”——“统计监测评价中心、统计分析研究中心、统计数据发布中心、社情民意调查中心”，全面推动西城区“十二五”时期统计事业发展规划稳步实施；开展“政务能力建设年”活动，促进统计能力再提升；把脉经济，提升数据质量，不断完善为区服务水平。完成2012年年报工作、部门统计工作、诚信统计单位评比工作等一系列重点工作，被授予“北京市政府统计系统专项调查工作先进单位”等称号。

地址：西城区太平桥大街107号

邮编：100033

电话：66523531

（韩　杰）

【提升统计服务水平】 年内，以提高数据质量为立足点，以提供高质量统计服务为出发点，开展“满足需求式”“呈现成果式”“监测分析式”和“前瞻提醒式”四式服务，全力支持区域经济社会发展。第一，致力“满足需求式”服务。以“用者为本”的思路，依据领导和社会各界的需要提供统计服务。累计接待电话、来访、网站咨询等各种形式的数据咨询151人次，累计提供统计数据47.3万笔。数据主要服务于区发改委、区金融办、区旅游局、区教委、区卫生局、功能街区建设各指挥部等重要部门，用于区域发展决策的参考；提供给社会公众、研究机构等，用于课题研究等。区统计局、调查队加强专题研究，累计完成专报23篇。第二，致力“呈现成果式”服务。加强信息的撰写和报送工作，累计撰写信息1829条，其中经济类信息655条，经济类信息采登量达到137条。定期编印《西城统计年鉴》《西城区情》《西城区经济社会发展季报》《西城统计资料汇编》《西城区社会发展资料汇编》《特色功能区经济社会发展解析（季报）》等6种数据资料，单册字数合计达到143.7万字，编印量超过5.8万册。利用“两会”服务这一平台，打造“十二五”期间以“前行”为主题的系列“两会”资料，帮助代表全方位了解区域“十二五”发展进程。第三，致力“监测分析式”服务。做好各经济领域季度分析、专题分析等，并加大统计科研力度，深入分析数据背后的现象及数据波动反映的问题、影响因素，提出解决问题的相关建议。第四，致力“前瞻提醒式”服务。通过数据的周期性研究、经济发展规律研究、重点领域监测模型搭建、景气监测、价格监测、必要的专项调查等系列举措，加强对经济社会运行趋势的前瞻性研究，并将研究成果及时向相关领导和部门反馈。推出“特色功能区手机报”，以全新的方式为服务对象提供统计数据服务。手机报通过区政务短信平台，以电子化手机报的形式直接提供给服务对象，其内容浓缩了《特色功能区经济社会发展解析》季度手册中的主要数据和文字，有机结合文字、图片和表格3种手段，图文并茂、简洁精练地反映特色功能区发展情况。

（夏浣慧）

【统计信息化建设】 年内，着力打通网络服务脉络，建立“一内一外一纵深”的全方位信息系统架构，涵盖统计网络建设、统计核心业务应用、统计信息网站、宏观数据库等主要信息化建设领域。第一，在重新规划整合南、北区统计专网的基础上，联合区信息办，实现统计专网与区政务网的两网融合，通过区政务网向区委区政府、各委办局提供统计服务。第二，通过重新构建统计信息资源综合管理系统，整合各种统计应用系统，集成各项规范性、制度化的统计业务，以资源共享的理念进行分类，形成行政办公与统计业务相互支撑的“双塔”结构，覆盖日常办公、绩效考核、基本单位名录、统计执法、统计培训等各个领域。第三，通过对统计信息网站的不断完善和改版设计，巩固其统计对外宣传和对外服务主阵地的地位。在网站结构设计和内容设计上，注重以“服务”和“互动”为主旨，增强访问者与网站管理者、政府统计人员间的交流，打造兼具数据发布、主流宣传、和谐互动的统计服务平台。第四，以近十年的统计原始数据为基础，通过数据梳理、整合，形成西城区宏观经济与社会发展数据仓库，配合先进的数据采集手段和数字西城地理空间框架系统，提升前端统计数据采集效率和后台统计分析挖掘能力，向纵深挖掘统计数据背后的经济特点与规律，为宏观经济政策提供可靠的数据支撑和决策依据。

（韩　杰）

【政府信息公开】 年内，严格按照《中华人民共和国政府信息公开条例》的要求，规范依申请提供政府公开信息工作。明确依申请公开流程，设置了依申请公开信息咨询电话，在醒目位置悬挂依申请提供政府公开信息《收费许可证》和《依申请提供政府公开信息收费标准》，并设置政府信息公开申请受理点1个，兼职工作人员8名。致力于打造“统计数据发布中心”。一方面加大对统计数据质量评估、统计信息发布管理制度、部门统计工作等方面的规范力度，从源头确保数据质量；另一方面加大统计数据的开发力度，创新方式开拓数据发布渠道，除定期在西城统计信息网发布相关数据外，全年还编撰了《西城统计年鉴》《西城区情》《西城区社会发展资料汇编》《西城区经济社会发展季报》等多种统计数据资料。

（韩　杰）

【特色功能区监测】 年内，采取四项措施加强对辖区重点单位、特色功能区的调研监测力度，提升监测工作的科学性、覆盖性，强化监测产品的作用。第一，加强重点单位培训，提升专业报表的准确性。召开驻区金融业重点单位的座谈会，对财务、劳资统计报表的重点指标和易错指标进行讲解，使企业统计人员理解报送口径和方法，保证统计数据上报质量；面向企业统计人员宣传统计法律法规，提高其依法统计意识；对德胜科技园内企业进行专项执法检查，结合其企业特点对易错指标和所涉及的法律条款进行讲解，并主要以当场警告的处罚形式对存在问题的企业进行了处罚。第二，优化监测指标体系，提升监测工作的科学性。通过部门联席会议、座谈调研等方式，征集决策部门、数据提供部门和数据需求部门的意见和需求，并根据针对性、操作性、可行性的原则，优化监测指标体系。第三，加速特色功能区调研，扩大监测工作的覆盖面。对监测评价体系比较成熟的特色功能区，包括北京金融街、西单商业区、什刹海历史文化保护区、德胜科技园，坚持以“巩固”为核心，优化和完善监测指标体系，力求全方面、多角度反映特色功能区经济社会状况；对还未建立或监测体系比较薄弱的特色功能区，包括马连道茶叶特色商业区、天桥演艺区、大栅栏传统商业区和琉璃厂艺术品交易中心区等，坚持以“充实”为核心，加快重组和完善监测指标体系的进程，扩大统计监测的覆盖面。对天桥演艺区、大栅栏—琉璃厂文保区进行重点调研，了解各方需求和反馈意见，初步完成大栅栏—琉璃厂文保区调查的企业问卷、游客问卷以及客流量监测的设计工作、天桥演艺区的监测指标筛选工作、马连道茶叶特色商业区监测体系的框架搭建和指标筛选工作。第四，改版《特色功能区经济社会发展解析》季度手册，提升监测产品的精准性。

（韩　杰）

【专项调查和调研】 年内，开展各类制度外统计调查项目，全年共完成国家、市、区专项调查任务21项（次），其中完成国家及市局、总队布置的调查7个，区级调查14个。调查项目内容包括全国组织工作满意度调查、西城区组织工作满意度调查、国有企业反腐倡廉民意调查、党风廉政建设民意调查、北京市部分单位反腐倡廉建设民意调查、北京市区县反腐倡廉建设民意调查工作等重大专项调查，北京市企业发展状况调查、北京市社会管理满意度调查、西城区环境秩序满意度调查、西城区群众安全感调查、西城区区域人才资源专项调查、西城区社情民意调查、西城区流动人口生活状况调查、西城区人口和计划生育服务需求调查等常规和区委办局委托的临时性调查。全年共完成调查样本量近2万个。

（韩　杰）

【诚信统计】 年内，不断完善诚信统计单位评估体系建设，并修订《北京市西城区诚信统计单位评选办法》。该办法立足“细化评估、保障示范、创建培育”三个工作方向，在新的高度对诚信统计单位评估工作内涵进行了丰富和创新。第一，细化筛选评估条件，提升诚信权威形象。依据“严进严出、树立形象”的原则，对诚信统计单位的评估依据范畴进行立体规划，对评估标准进行更新、完善，在法规制度建设、机构设置、职业资格教育、统计业务工作质量及模范度等诸多方面对申报标准和流程进行细化和明确。在严格筛选申报企业的基础上，与相关专家组成评估组，深入入选企业开展书面材料审核、材料实地核查、现场科学评估论断等工作。特别关注结果公示阶段的意见反馈和收集工作，确保构建透明公开的评估机制。第二，完善科学管理机制，“1+1”着眼梯队管理建设。建立“1+1”（申报单位培育高效化+诚信单位管理常态化）综合管理机制。对申报成功的单位，建立诚信统计单位台账，通过电话、走访、交流等方式，密切企业联系，挖掘内部统计管理的优秀经验，并向全区其他单位进行推广。对已申报诚信统计单位评估，但不完全符合申报条件的驻区单位，经评选领导小组批准，纳入1到2年的培育期。在培育期内，开展“一对一”式的追踪联系，安排专人形成工作组，与各参与培育单位进行沟通。对其在参与年定报工作、接受专项调查、配合经济普查等统计工作中的具体表现进行量化记录，并不定期通过统计督导和执法检查的方式，查看其统计台账、原始记录、内部统计管理等统计基础工作的情况，并按照诚信统计单位申报标准，对其进行个性化的技术指导，使其尽快达到评估标准。第三，打造诚信统计品牌，“1×N”形成宣传辐射效应。召开西城区诚信统计单位表彰会，对13家诚信统计单位进行授牌表彰。通过深入沟通、交流，开阔统计人员的视野，进一步增进基层单位对统计工作的主动参与程度，从而提高统计数据的可靠性，形成“一方带动、全面提升”的“1×N”宣传辐射效应。

（韩　杰）

工商行政管理

【概况】 北京市工商行政管理局西城分局（简称西城工商分局）主要负责市场准入，市场主体竞争监管，消费者权益保护及流通领域食品质量安全监管。设有办公室、登记注册科等18个科室，金融街、牛街等11个工商所，1个执法检查队，直属管理事业单位有信息档案中心、机关后勤服务中心、西城工商行政管理学会，代管单位有西城区私营个体经济协会、西城区消费者协会。有在职公务员、工作人员535人。年内，开展“营造良好消费环境，打造西城消费品牌”活动，完善具有西城特色的工商依法监管、社会有力监督、行业自律规范、群众广泛参与的工作格局。采取个性化考核、社会化评价等多项措施，加强干部队伍建设，提升大局意识和统筹能力。做到服务发展主动、工作特色清晰、社会管理深入、干部队伍和谐，确保了工商行政管理职能在西城的贯彻落实和辖区市场秩序的稳定。

地址：西城区南草场街冠英园西区6号（5月迁入）

邮编：100035

电话：88087657

（郭庆龄）

【工商登记注册】 年内，登记注册科共受理各类企业行政许可申请13853件，其中开业3119件、变更8956件（其中住所变更2211件）、注销675件、换补照700件、其他403件。迁出企业573户。贯彻落实市工商局《进一步支持产业优化升级加强业态调整促进经济发展方式转变工作意见》，并根据文件精神建立与市规划委西城分局、区房管局、区住建委、区国资委等部门沟通和协调机制，保证工作运行平稳。在区政府主导下，重新进行住所认定，朗琴园、物华大厦、国英园1号可以作为经营场所投入使用。落实区政府行政事项梳理工作，完成76项有关登记工作程序、步骤、要求的梳理和归纳。开展国家行政服务标准化试点工作的梳理和制定。贯彻落实国家工商总局关于为台湾居民办理个体工商户营业执照的政策，为林素兰等4名台湾居民办理个体工商户营业执照。对89户新设立企业免征注册费35600元，对178户企业免征变更登记费17800元。

（郭庆龄）

【企业及个体、私营经济监督管理】 年内，突出精细化工作理念，继续完善“网格化”监管模式，强化基础工作，强化痕迹化管理，提高监管能力和服务水平。有市场主体89768户，其中内资企业45426户、个体工商户44342户。检查内资企业及个体工商户61794户次。加大案件查办力度，立案138件，结案124件，销案7件，罚没款1258807.46元。应参加年检内资企业42764户，申报年检企业40592户，申报率94.92%。其中通过年检企业40141户，年检率93.86%。应参加验照个体工商户43288户，申报验照40098户，申报率92.63%。其中办理验照手续39992户，验照率92.39%。加大对涉网大案、要案的查处力度，立案122件，结案121件，罚没款726.15万元。创新监管方式，完善网格监管机制，实现监管与社区工作站、派出所、城管等部门的对接。围绕十八大市场秩序保障工作，组织开展37项专项整治。辖区挂账无照经营379户，销账74户，立案8起，罚没款6.4万元。

（郭庆龄）

【外资企业监督管理】 年内，以为外资主体营造良好的市场生态环境为中心，强化监管和服务职能，完善外资主体日常监管机制、外资主体风险防控机制、商务楼宇监管服务机制，开展社会化管理创新工作。参加年检外资企业1555户，年检率96.76%。应参加年报外国企业驻京代表机构489户，实报248户，参加年报率50.72%。加大对违反国家外资产业政策的超范围经营和未按期缴付注册资本行为的查处力度，严厉打击无证无照经营的违法行为。外资主体监督类案件立案38件，结案31件，罚没款151.82万元，立结案数量比上年提高93.75%，罚没款比上年提高57.9%。把行政指导作为服务企业、普法宣传、履行职能的抓手，推进行政指导工作，促进行政指导工作的业务化、日常化、规范化和常态化。发放行政指导文书219份，上门走访企业15次，接受行政指导的相对人180人（户）次。

（郭庆龄）

【商标监督管理】 年内，商标案件立案142件，结案138件，罚没款278.84万元，没收侵权商品7681件。其中查处涉外案件105件，涉网案件4件，销售酒类商标侵权案件6件、化妆品案件2件。追根溯源，取缔窝点5个。向公安机关移送案件1件，移送犯罪嫌疑人11人。有注册商标40713件，占全市注册商标总数的12%，排北京市第三位。有北京市著名商标52件，中国驰名商标19件。其中新增中国驰名商标2件，分别为“六必居”和“动感地带”。区内有无假冒商标示范店17家。

（郭庆龄）

【广告监督管理】 年内，开展广告经营资格检查工作，辖区持有广告经营许可证的媒介单位339户，其中通过资格审查319户，办理注销2户，公告吊销5户，检查完成率96.17%。监测辖区媒体发布广告42.54万条次，发现违法广告发布2154条，办结广告案件101件，罚没款276.14万元。有户外显示屏275块，未经登记户外广告48处；立案查处擅自发布户外广告行为25件，办结11件，罚没款22万元；发布单位自行拆除户外广告牌4块。向区市政市容委制发《行政建议书》，建议对擅自设置的42处户外广告依法处理。办结药品、医疗器械等重点商品和服务类违法广告案件33件，罚没款57.06万元；办结虚假违法广告案件12件，罚没款68.34万元；做好对含有“特供”“专供”等内容广告的日常监管，办结案件2件，罚没款3.86万元。

（郭庆龄）

【合同监督管理】 年内，与区法院建立西城区合同纠纷行政调解与司法确认衔接机制，并出台《合同纠纷行政调解与司法确认衔接机制实施意见》。成立西城工商分局合同监管专家论证委员会，聘请区法制办、区法院专业人士及资深法学专家学者、执业律师出任委员。全年办理合同争议行政调解63件，涉及合同金额129.2万元，解决合同争议金额99.97万元，履行率100%。办理拍卖企业备案556次，现场监拍101次。办理动产抵押登记12件，主债权金额171155.44万元，抵押物价值194588.11万元；办理动产抵押变更3件，注销1件。发放合同文本2827份。

（郭庆龄）

【市场监督管理】 年内，共注册各类商品交易市场93个，其中暂时停业的市场9个，实际经营的市场84个（农副产品市场44个，工业品市场31个，生产要素市场2个，文化市场7个）。市场年交易额647477万元，年纳税额15301万元。市场注册资金30338万元，市场经营面积613443平方米。市场共有经营商户22844户，其中食品经营户3665户。共办理市场类案件122件，罚没款105.603万元，行政指导520余次。

（郭庆龄）

【经济检查】 年内，以打击传销和查处严重扰乱经济秩序的违法行为为重点，开展经济检查执法工作，维护辖区公平竞争的经济秩序。累计立案31件，结案27件，罚没款681.9万元，罚没款入库404万元。已经办结的案件中，商业贿赂案件1件，销售不合格产品17件，虚假宣传和商业欺诈4件，商标侵权案件1件，涉及传销案件4件。涉及传销案件全部移送司法机关，其中8名传销骨干分子被追究刑事责任。制止传销集会1起并驱散参会人员1000余名。单案案值最高480万元，平均案值21.9万元。办结耐克体育（中国）有限公司侵害消费者合法权益的案件，在北京市范围内第一次适用《消费者权益保护法》第五十条的规定处理案件，此案在以“查处不正当竞争行为、维护市场竞争秩序”为主题的第二次工商开放日活动中，作为典型案件以案件披露方式向全社会进行公示。

（郭庆龄）

【消费者权益保护】 年内，以“营造良好消费环境　打造西城消费品牌”为中心，为消费维权创造和谐的社会环境。西城区消费争议快速解决绿色通道（以下简称绿色通道）成员单位328家。绿色通道成员单位自行解决消费纠纷191573件，其中有争议的消费纠纷1892件，为消费者挽回经济损失40余万元；办理工商部门转办纠纷550件。西城工商分局共接到消费者申诉1890件，同比上升15.80%，调解成功率92.99%，为消费者挽回经济损失154.52万元。共接到消费者举报1274件，同比下降7.88%。启动“消费者即时维权自助终端”（集视频投诉处理、绿色通道企业介绍、法律法规查询等多种功能为一体的信息服务系统），消费者即时维权自助终端共受理消费者咨询600余人次、投诉120余起，为消费者挽回经济损失6500元。

（郭庆龄）

【食品安全监管】 年内，以完善食品安全监管体系为基础，以深入开展食品安全专项整治为重点，以加强食品安全宣传教育为先导，全面提升食品安全保障能力，构建层级有责、层级负责、层级履责的食品安全管理体系。全年未发生食品中毒事件。全区共有食品生产经营主体14880户，其中食品生产企业36户，食品流通经营主体8796户，餐饮服务单位5365户，保健食品生产经营主体683户。共查处食品安全违法案件369件，罚没款701.74万元。其中工商部门查处228件，罚没款659万元；卫生部门查处133件，罚没款41.8万元；质监部门查处6件，罚没款2000元；药监部门查处2件，罚没款7447元。共监督抽检4081例，其中工商部门日常检测874例，合格率98.0%；快速检测1694例，合格率98.0%。卫生部门日常检测695例，合格率95.35%；快速检测680例，合格率99.9%。质监部门检测104例，合格率99%。药监部门检测34例，合格率100%。

（郭庆龄）

【法制建设】　年内，开展“3·15”国际消费者权益保护日、“4·26”世界知识产权宣传日等法制宣传活动47次，组织座谈会和讲座20次，发放各类宣传材料30000份。开展执法检查2次；案卷评查2次，集中评卷300卷；组织听证会8次；召开案审会9次；组织案件研究会商会20余次。全局共立案1125件，罚没款实际入库2492.04万元。共开展行政指导8875次，其中行政提示5250次、行政告诫483次、行政约见38次、行政建议29次、责令改正3075次。共办理行政诉讼案件16件，全部以胜诉结案；行政复议案件24件，结案22件，经过复议后不服提起诉讼的案件4件。围绕消费纠纷、合同纠纷、行政纠纷开展行政调解1836件，其中达成协议的974件，调解成功的1416件。

（郭庆龄）

【流通领域食品安全监管】　年内，食品安全从业人员培训学校共举办8期培训班，培训食品从业人员552名。12名社区食品安全风险监控员共送检样品103个，发现问题食品2个。推行社区食品安全风险监控员试点，强化社会监督。开展“打造西城消费品牌　食品安全行动在您身边”活动。加强指导，推动社会化检测机制建设。对27家企业自检实验室人员近50人进行“吊白块”（甲醛合次硫酸氢钠）、亚硝酸盐、甲醛、农药残留等常规检测项目快速检测技能培训。建立起基于互联网和3G技术的“食品安全信息发布系统”，发布食品安全知识、不合格食品下架信息、食品安全事件等相关内容，由工商部门统一规划负责，做到“三统一”（统一发布时间、统一发布内容、统一发布形式）。针对一些食品安全事件（“注胶虾”“煌上煌”酱卤制品、“鸭血”“明胶”等）组织食品安全排查及抽样监测工作，做到风险排查与防范到位。根据媒体披露《猪血勾兑假鸭血稻香村店铺销售》的相关内容及市局紧急通知要求，开展对稻香村“鸭血”的追根溯源工作。对北京稻香村食品有限责任公司、北京稻香村食品有限责任公司第十四营业部、北京周堂食品有限公司的违法行为，分别立案进行查处。

（郭庆龄）

国资监管

【概况】　北京市西城区人民政府国有资产监督管理委员会（简称区国资委）是区政府直属特设机构，受区政府委托履行出资人代表职责，不承担其他社会公共管理职能。内设10个科室：办公室、综合科、产权管理科、统计评价科、预算考核科、董事会监事会工作办公室、企业领导人员管理科、党建工作科（党委办公室）、监察科（审计科）、人事科。有干部职工47人。正处级领导2人，副处级领导4人。截至年底，区国资委系统所辖国有及参控股企业276家，直接监管企业14家，所属企业资产总额1987.2亿元，同比增长9.6%；负债总额1436.3亿元，同比增长11.8%；所有者权益总额541.9亿元，同比增长4.1%；实现营业收入477.8亿元，同比增长53.1%；实现利润总额62.3亿元，同比增长58.1%；实现归属于母公司净利润14.9亿元，同比增长73.3%；缴纳税金44.2亿元。职工人数61761人，其中在岗职工22966人，离退休职工38795人。

地址：西城区华远北街1号

邮编：100032

电话：66117164

（管　斌）

【2012年工作会议召开】　2月9日，召开西城区国资委2012年工作会议。会议由区国资委党委书记主持，区国资委领导班子及全体机关干部，38家区属国有独资企业、参控股企业、事业单位及区委委托管理企业的董事长、党委书记、总经理参加会议。市国资委综合处处长雷海波，区委常委、组织部长章冬梅，区委常委、常务副区长苏东出席会议。会议总结了2011年区属国有企业发展、国资监管及企业党建工作情况，部署了2012年工作。

（管　斌）

【领导调研】　3月19日，区长王少锋、常务副区长苏东听取区国资委关于2011年度区属国有企业业绩考核情况汇报。4月26日，苏东出席区国资委一季度经济形势分析会议暨企业经营者业绩考核责任书签订仪式。区国资委领导班子、科室负责人及14个直管企业的董事长、党委书记、总经理参加会议。6月6日，由区人大副主任赵印春带领的西城区政务能力建设年活动第二检查组到区国资委检查指导活动开展情况，听取了区国资委关于监管工作基本情况和开展政务能力建设年活动有关情况的汇报。11月22日下午，副区长孙硕带领区外办和区政府信息办领导一行到区国资委进行调研，考察区国资委信息化建设和外事工作情况。11月30日，区委常委、区委组织部部长章冬梅带队检查区国资委党风廉政建设和反腐败工作任务落实完成情况。

（管　斌）

【北京金融街资本运营中心挂牌成立】 3月，北京金融街资本运营中心挂牌成立并正式运营。与中国建设银行股份有限公司北京市分行、中国工商银行股份有限公司等12家优质金融机构签订战略合作协议，综合授信额度达600亿元；与北京市国管中心与中信建投签订战略合作协议，建立长期战略合作关系。运营中心探索各种融资途径，努力降低融资成本，解决政府重点项目资金需求，2012年设计各种融资方案共计划融资299亿元，已完成融资34亿元。

（管　斌）

【推进政府重点建设项目】 年内，区国资委系统企业承担了46项政府重点建设任务，项目总投资额1361亿元。金融街集团、天恒集团、广安控股、北京宣房投资管理公司等企业主动融入区域发展，全力推进项目建设，一级开发和腾退工作拆迁比例达到71%，累计开复工面积205万平方米，预售签约面积9万平方米。

（管　斌）

【功能街区建设】 年内，金融街拓展项目全面推进，月坛南街项目土地挂牌上市并启动二级开发施工，丰盛项目拆迁率达90%以上。天桥演艺区的规划建设取得突破性进展，确定了天桥演艺区整体城市规划方案，并启动了剧场运营管理前期筹备工作。实施杨梅竹斜街精品示范工程，同步开展市政基础设施建设和景观立面修缮工作。加大大栅栏CH地块项目前期工作推进力度，C地块取得供地、立项批复等成果，确定“大栅栏—北京坊”为案名，沿街建筑集群设计方案完成专家论证并进行公示。什刹海文保区项目具备规划、国土意见复函以及立项、环评批复的试点项目；白塔寺药店降层项目已签订补偿协议。

（管　斌）

【民生工程与基础设施建设】 年内，保障房建设任务全面展开，建筑面积达400万平方米。大兴海户、丰台南苑、石景山酱菜厂等项目探索采取社会化模式运作，房山长阳项目在全市同批次保障房中第一家取得经适房预售证，丰台张仪村项目完成结构封顶，昌平回龙观、大兴旧宫项目进展顺利。推进平房翻建、雨污水户线改造、老旧电线改造、房屋排险拆迁征收腾退等23项政府民生工程任务，太平街二期、地铁7号线、前门西河沿街、北纬路、槐柏树后街等代建市政工程逐步实施。太平街二期市政道路工程受拆迁影响较大，中央芭蕾舞团及所属营业门面房的拆迁安置问题突出；完成地铁7号线西城区范围内4个站点施工区域内涉及的77户居民、22个非住宅的拆迁工作，实现施工单位按时进场施工；开展前门西河沿街市政道路实施模式研究论证工作，按照旧城风貌保护控制原则，提出道路规划调整建议案报送市规划委，进行管线、雨污水等分项专业设计，继续推动剩余拆迁工作，完成105户居民、7个单位的拆迁任务；北纬路、槐柏树后街等一批微循环道路基本完成前期手续并具备征收条件。

（管　斌）

【区属企业融资197.9亿元】 年内，指导区属企业通过多种渠道筹集低成本资金，为重点项目建设和企业改革发展提供资金保障。全年共融资197.9亿元，其中间接融资（银行贷款）125.9亿元，直接融资（包括企业债、特定资产收益权信托、保险资金债权投资计划等）72亿元。

（管　斌）

【规范产权管理】 年内，对华天集团、菜百公司、张一元等拟上市公司进行摸底调查，指导华天集团完成改制重组方案和聚德华天重组上市方案。全面推进企业不动产信息数据库建设，对所属企业持有房产、名人字画等资产情况进行普查，统计汇总相关企业无证房屋情况，为加强产权管理奠定基础。调整广安控股、京都公司的产权及管理关系，明确7家国有参控股企业作为金正公司的重要子企业，进一步规范股权管理模式。推进区属企业实物资产转让工作，探索文保区改造资产划转新模式。

（管　斌）

【完善国有资本经营年度预算管理】 年内，实现国有资本收益9313.3万元、支出7650万元。支出主要用于支持企业发展投资、文化创意产业、“老字号”企业和金融服务业发展等。对各支出项目预算执行情况进行监督检查，组织开展项目后评价工作。编制完成2013年度国有资本经营预算建议草案。完成西城区国资委项目库管理系统建设，实现预算项目申报、审核、推荐、监管和评价的全方位管理。

（管　斌）

【强化董监事会建设】 年内，建立企业董事会年度工作报告制度，听取金融街集团、华远集团和广安控股2012年度董事会工作报告。规范企业董事会监事会换届工作，建立换届工作流程图，对届满的华远集团董事进行任期工作情况测评，听取董事会任期工作汇报，召开外部董事、监事座谈会了解董事会的工作情况和对换届工作的建议。加大对外部董事和外派监事的管理力度，通过履职评议、分层分类培训、座谈研讨等方式，提高董事和监事的工作水平。

（管　斌）

【提升风险防控能力】 年内，加强财务预、决算管理和财务状况动态监测分析等，实现2011年度全区国有企业财务决算全口径、全级次上报，建立报表审核制度，进一步健全统计评价工作体系。在天恒集团和华兴新业公司开展总法律顾问制度试点，举办法律专题培训，初步建立企业法律人才储备库。严格执行重大事项管理办法，加大对重点项目融资的监督管理力度。

定期召开季度分析会，把握企业经济运行态势，及时警示经营风险。

（管　斌）

【加大开放合作力度】　年内，鼓励具备条件的企业稳步实施“走出去”战略，支持企业加大与央企、市企及全国各地国有企业的合作力度。与哈尔滨市国资委签订战略合作协议，促成金融街物业公司与哈尔滨投资集团签订合作意向书。支持北京金融街资本运营中心与多家中央金融企业开展投融资合作。金融街集团、华远集团、天恒集团等企业外埠投资合作成效显著。

（管　斌）

【提升机关服务效能】　年内，坚持深入基层调研，主动靠前服务，继续落实领导干部联系企业制度，提高办文办会效率。帮助企业排忧解难，为企业申请各类专项资金3亿多元，为企业177处无证房屋出具证明，开展各类培训33次。全年上报动态信息176篇，各类报刊杂志及《西城信息》共刊发采用86篇，全年编辑发行《西城国资》13期。全面改版西城区国资委政务门户网站。

（管　斌）

【深化人才建设】　年内，明晰管理权责，拟定企业领导人员管理办法和实施细则，进一步规范企业领导人员管理。建立领导力胜任特征素质模型，开展全系统优秀人才选拔测评工作，共129人完成全部测评。以“经营管理创新”和“中华老字号的传承与发展”为主题，完成赴德国培训和赴台湾考察任务。抓好企业领导班子建设，完成7名企业领导人员的职务调整工作，开展企业领导班子民主生活会、述职述廉、民主测评等工作，客观了解企业领导班子的履职情况。

（管　斌）

【加强企业党建】　年内，在区国资系统开展各种形式的十八大精神学习活动，特邀市委十八大精神宣讲团作专题报告。全面总结2010年至2012年区国资系统开展创先争优活动的成功经验，并进行表彰与经验交流。围绕基层组织建设年活动，提升企业党建科学化水平，完成381个企业党组织分类定级和晋位升级工作。组织开展优秀党建创新项目评比，建设学习型党组织示范点、品牌活动申报等系列工作。

（管　斌）

【确保权力公开运行】　年内，严格做好行政权力公开透明工作，梳理上报17项行政权力。开展基层党组织党务公开专项检查工作，区国资系统通过各种形式进行党务公开946次。做好防止利益冲突试点工作，制定并下发《西城区国资委“防止利益冲突三项制度”的实施方案》。建立企业纪检干部信息库，举办国有企业职务犯罪预防与效能监察实务高级研修班，加强对纪检监察干部的专业培训。

（管　斌）

【营造和谐稳定氛围】　年内，将安全生产、信访维稳与企业日常经营管理相结合，与企业健康和谐发展相统一，多次深入基层检查指导安全生产工作，采取综合措施积极解决信访事项和化解矛盾纠纷。全年组织召开信访专题会议7次，共办结信访事项18件。

（管　斌）

安全生产监督管理

【概况】　北京市西城区安全生产监督管理局（简称区安全监管局）内设7个科室，有事业单位4个（执法监察综合队、执法监察一队、执法监察二队、执法监察三队），有干部职工73人。年内，以强化落实“两个主体”责任为目标，加强组织领导，强化宣传教育、加大安全监管和应急管理力度，严厉打击非法违法生产经营建设行为，集中整治安全生产事故隐患，严肃查处事故，辖区安全生产形势持续平稳。被评为“2012年元旦、春节烟花爆竹安全管理工作先进集体”，获“安全生产月”活动优秀组织奖。

地址：西城区南菜园街51号
邮编：100054
电话：83975375

（何爱民）

【安全执法工作调研】　3月26日，区安全监管局局长调研朝阳区街道、乡镇安全生产监管机构设置及执法检查工作情况。了解朝阳区街乡安监科（队）编制情况、主要职责、工作制度等基本情况。调研组就街道一级安全生产监管工作相关问题与朝阳区安全监管局主管领导进行研讨。通过调研，了解朝阳区街乡安全执法工作模式，为西城区进一步完善街道安全生产机构建设、加强街道安全执法力量、突破委托执法模式限制奠定了工作基础。

（何爱民）

【安全生产表彰大会召开】　3月29日，召开2012年安全生产工作表彰大会。会议回顾总结了2011年安全生产成果，安排部署2012年工作。会上通报表扬安全生产先进监管机构21家，先进个人71人；生产经营单位先进集体69家，先进个人69人；安全生产先进社区30家；优秀信息员39人。市安全监管局副局长汪卫国，区委常委、常务副区长苏东，区委常委、副区长梁昌新参加会议。区安委会成员单位主管领导，先进单位、个人及辖区生产经营单位代表共260余人参会。

（何爱民）

【安全生产月宣传日活动】　6月10

日，区委宣传部、区安全监管局、区文明办、西城公安分局、区文化委、区教委、区总工会等部门在西城区文化中心共同主办以“践行北京精神，弘扬安全文化，推进西城安全发展”为主题的安全生产月宣传咨询日活动。副区长吴铁男出席启动仪式。区领导及众多市民参观宣传展板，参与安全生产宣传灯谜竞猜活动，并领取安全生产宣传材料。咨询日当天主会场共有321人次参加活动，接待咨询7102人，摆放展板135块，发放宣传材料162150份。区有关领导参加了15个街道的“安全生产月”宣传咨询日分会场活动。

（何爱民）

【危险化学品事故应急救援演练举行】 6月20日，联合区应急办、区委宣传部、区卫生局、区环保局、西城公安分局、西城交通支队、西城消防二支队、广外街道、预备役防化团在广外马连道粮库中路举行2012年危险化学品事故应急救援综合演练。此次实战演练按照“立足实际，整合资源，发挥部门联动优势”的指导思想，结合地区安全维稳特点，设置应急侦检和堵漏、火灾扑救、救助伤员、事故现场安全警戒、交通管制和疏导、事故现场周边空气环境的实时监测等环节。市安全监管局副局长唐明明、区人大副主任周慧来、副区长吴铁男、区政协副主席姜立光到现场观摩指导。

（何爱民）

【十八大安全保障任务】 8月31日，召开十八大安全生产保障工作动员部署会，30家行业监管部门和属地监管部门参会。会上，部署了十八大安全生产隐患排查整治工作，相关单位汇报了安全生产保障筹备情况。确立以十八大会场、驻地周边200米范围及代表行车沿线为安全生产保障的核心区域，梳理生产经营单位台账199家，制定十八大安全生产保障方案，开展十八大“一对一”督查活动。十八大期间，共检查生产经营单位591家次，下达整改指令书175份，查出安全隐患727处。

（何爱民）

【安全生产事故指标】 年内，北京市政府下达安全生产控制考核指标23人，其中生产安全8人，道路交通14人（包括生产经营性道路交通5人），火灾1人，铁路交通0人。截至年底，全区发生道路交通死亡、生产安全、火灾和铁路交通事故共168起，死亡16人。其中发生道路交通死亡事故9起，死亡9人；发生火灾152起，死亡2人；发生生产安全事故7起，死亡5人；未发生铁路交通事故。各项事故死亡人数均未超过控制指标。

（何爱民）

【安全生产综合监管】 年内，调整西城区安全生产委员会（简称区安委会）格局，由区长王少峰担任主任，各副区长担任副主任，各单位行政主要负责人担任委员。与58家成员单位签订安全生产责任书。制定《关于进一步加强街道社区安全生产监督管理工作的意见》。全面落实安全生产形势分析制度和街道联席会议制度，进一步完善安委会考核工作制度，制定《2012年度西城区政府有关部门和属地安全生产综合考核工作方案》，建立健全综合考核体系。

（何爱民）

【烟花爆竹安全监管】 年内，制定《2012年烟花爆竹经营（零售）网点工作方案》，严把“四关”做好烟花爆竹安全监管工作。一是严把行政许可关，按照“街道报名初选，部门联合审查，安监公开许可”的机制开展烟花爆竹网点设置工作，全区共确定41个烟花爆竹销售网点；二是严把培训教育关，对销售网点主要负责人和安全管理人员进行专项业务知识培训，433名从业人员经考试合格后取得从业人员上岗证书；三是严把安全监管关，采取日常检查、夜间抽查和相关部门联合检查等多种形式对41家销售网点进行监管，重点时间段执法检查人员分9组对8个片区进行拉网式检查，确保销售期间安全；四是严把回收、撤点关，按照时间节点，全力做好烟花爆竹零售网点回收、撤点工作，采取全程监控保障烟花爆竹监管工作顺利完成。

（何爱民）

【有限空间和高处悬吊作业纳入网格化管理】 年内，将有限空间和高处悬吊作业纳入网格化管理。与区城市运行管理指挥中心进行研讨、研究制定工作方案，并对工作方案进行会签。10月22日正式运行。截至年底，完成网格化平台搭建和城管监督员的培训，通过城管监督员上报的有限空间和高处悬吊作业案件22件。

（何爱民）

【加强职业卫生管理】 年内，结合区域经济特点，深化对医疗机构职业卫生的管理，同时着手对传统行业的职业危害进行梳理。编制《西城区职业卫生管理现状分析》，从西城区作为世界城市的核心功能区的区域定位入手，分析西城区的产业结构特点以及职业卫生管理的状况，深度剖析在职业卫生工作中存在的问题，并提出意见和建议，为西城区的职业卫生管理工作奠定理论基础。全年进行职业卫生检查100余户次，立案2起，处罚金额6万元。

（何爱民）

【生产安全事故查处】 年内，共调查处理7起生产安全责任事故，5人被追究刑事责任，对责任单位和责任人罚款84万元。对区政府2012年初批复的2011年底发生的3起生产安全事故进行了处罚。

（何爱民）

【安全生产标准化建设】 年内，依据《西城区安全生产标准化建设实施方案》，率先在危险化学品、人员密集场所、地下空间、工程建筑等领域推行标准化建设工作。确定北京市劳动保护科学研究所（简称市劳保所）等3家中介机构作为西城区安全生产标准化建设工作的咨询评审机构。联合市劳保所制定《西城区商贸类综合楼宇安全管理办法》。推广《高处悬吊作业安全管理办法》，规范西城区高处悬吊作业安全生产，减少高处悬吊作业行业生产安全事故，拍摄高处悬吊作业安全生产操作规范宣传片。截至年底，17家加油站和40家企业完成安全标准化三级达标工作。

（何爱民）

【安全社区创建】 年内，以社区为基础，以市民为主体，以社区系列活动为载体，把安全生产知识广泛深入到社区之中，推进社区安全文化建设。组织安全社区建设相关人员参加国内外经验交流会及业务培训会，不断完善安全社区建设管理体系。广州市和成都市安全社区建设工作考察团先后来到西城区学习安全社区建设优秀做法及先进经验。截至年底，共有8个街道获“全国安全社区”称号；德胜、新街口、金融街、月坛、展览路5个街道通过世界卫生组织“国际安全社区”认证，成为国际安全社区网络成员。

（何爱民）

【“打非治违”专项治理】 年内，多次开展重点行业和领域专项执法行动，把违法建设、人员密集场所及周边重点区域、违规翻建工程、高层建筑通道、地下管网运行、区属单位违规生产经营建设行为等14项内容作为“打非治违”行动的重点整治对象。按照“四个一律”的要求（对非法生产经营建设和经停产整顿仍未达到要求的，一律关闭取缔；对非法违法生产经营建设的有关单位和责任人，一律按规定上限予以经济处罚；对存在违法生产经营建设行为的单位，一律责令停产整顿，并严格落实监管措施；对触犯法律的有关单位和人员，一律依法严格追究法律责任），对排查发现的违法建设依法予以拆除，共排查发现违法建设28387平方米，累计拆除9280平方米。各部门、街道共组织执法力量23991人次，检查生产经营单位17248家，打击非法违法、治理纠正违规违章行为8047起，罚款111.185万元。

（何爱民）

【安全生产举报投诉查处】 年内，梳理举报投诉办理流程，强化办理实效，提高办理质量。对市安全监管局“12350”平台、区城市运行管理平台转办的投诉批件，来信、来人、来电等信访线索逐一进行登记，由局长批复意见，督促业务科室抓好落实。共接举报投诉103件，其中“12350”平台转办投诉批件72件，区城市运行管理平台转办投诉批件11件，其他20件。

（何爱民）

【安全监管机构及执法机制建设】 年内，建立“科队合一”（指街道安全生产办公室和区安全监管局街道执法分队）社区充分参与的监管工作模式，实现街道安全生产监督机构与区安全生产执法机构有效联动。征求区编办、区社会办及15个街道主管领导的意见，在15个街道设立区安全监管局街道执法分队，设置人员编制3至4人，8月在大栅栏街道办事处举行挂牌仪式。对区安全监管局执法队机构及编制设置进行调整，将1个执法队调整为4个执法队，即综合执法队、执法一队、执法二队、执法三队。拟定《西城区街道安全生产执法监察分队行政执法管理办法》，明确了属地安全监管职责，理顺了综合监管与属地监管的关系，建立了属地安全监管各项工作制度及流程。

（何爱民）

【重要时段、重大活动期间安全生产监管】 元旦、春节、“两会”“五一”“十一”、开斋节、北京第十一届什刹海文化旅游节、美食节、2012年上海合作组织峰会、第四届全国少数民族文艺汇演等重要时段、重大活动期间，着重加强应急值守，加大安全巡查，排查各类隐患、全力减压事故。制定各类保障方案23份，及时梳理健全“两会”会场及代表驻地周边200米范围内生产经营单位台账，根据工作任务组织开展专项执法检查和夜间巡查。

（何爱民）

质量技术监督

【概况】 北京市西城区质量技术监督局（简称区质监局）主要以服务区域经济发展，维护企业及消费者合法权益为重点。内设办公室、标准化科、法制科、产品质量监督科、食品监督科、计量管理科、特种设备监督监察科7个行政科室，西城区计量检测所、西城区特种设备检测所及西城区组织机构代码管理中心3个事业单位，西城区质量技术监督稽查队1个执法机构。年内，全面完成产品质量监督管理、食品安全监督管理、标准化管理、计量监督管理与检验、特种设备安全监察与检验、综合行政执法、代码管理与行政许可工作任务。被国家质检总局授予“民生计量工作先进单位”称号。

地址：西城区展览馆路8号

邮编：100044

电话：52618080

（朱　宇）

【法制工作】 年内，依托区政府行政权力公开透明工作职责梳理标准，制定行政执法工作制度，落实执法责任制，严格按照法定职责、法定权限、法定程序履行职能，加强日常执法检查的监督，完善监督机制，提高法律法规的执行力。开展法律宣传教育主题活动、“12·4”全国法制宣传日活动，利用“3·15”消费者权益日、质量万里行、质量月、世界标准日、世界计量日、世界认可日、安全生产月、科技周等活动开展咨询宣传活动，发放宣传资料20余种2000余份。全年共检查企业户次1203起（完成率100.3%），办理行政执法案件25件，办理投诉举报133起。

（朱　宇）

【产品质量监管】　年内，完成对工业产品质量分类分级，合理安排检查频次，实现高风险产品及工业生产许可证获证企业监管的全覆盖。已确定工业产品极高风险重点监管产品企业8家（属地1家），高风险严格监管产品和纳入生产许可证监管产品企业110家（属地89家），中低风险产品企业98家（属地10家）。作为市质监局试点单位，开展企业分级管理工作。截至年底，完成工业企业分级工作，有A类企业2家、B类企业197家、C类企业13家。加强对生产许可证获证企业和强制性产品认证企业的监督管理，对生产许可证获证企业开展宣传培训、自查报告材料审查和实地核查。完成对工业产品生产许可证获证企业101家次的日常监督检查，监督检查覆盖率100%；完成对25家强制性产品认证企业的监督检查，重点检查企业的注册相关资质和强制性产品认证证书的有效性，监督检查覆盖率100%。截至年底，全区市级工业产品质量监督抽查共53批次，产品合格51批次，合格率96.2%。开展对6家蜂窝煤生产加工经营部自检情况和市级抽查情况的检查。协调解决百姓冬季供暖蜂窝煤投诉2件。

（朱　宇）

【食品监督管理】　年内，重点监测，强化食品生产证后监管。根据市级抽查计划和分级分类管理规范，将36家食品生产获证企业分为A、B、C三级（A级27家、B级8家、C级1家），规定每3个月、6个月、12个月巡查一次的量化管理目标。制定详细的区级监督检查、巡查等计划，共抽查涉及饮用水、调味品、糕点、茶叶、食品添加剂等产品104批次，样品合格率99%。开展打击违法添加非食用物质和滥用添加剂、茶叶专项检查、明胶专项整治等活动。全力做好十八大食品安全保障工作，成立食品安全领导小组，制订食品安全保障工作方案，对辖区23家食品及食品相关生产企业进行食品安全隐患排查，严格把关从原材料进货到产成品出厂的各个环节，共出动执法人员70人次，检查企业34户次，抽取样品17批次，经检验样品均为合格。开展生产许可证年度审核工作，对在西城区注册的23家获生产许可证企业进行年度审核的实地核查工作，对存在问题的企业，要求其立即整改。在西城区人民政府食品安全协调办公室的组织协调下，多部门联动，打击取缔违法加工窝点。共受理涉及食品安全的投诉举报17起，均已办理且全部回复举报人。其中查处立案案件3起，取缔违法加工窝点8个，不在本辖区的有2个，经确认不属实的有4个。

（朱　宇）

【标准化管理】　年内，牵头研究落实市质监局布置的标准化战略工作。对该项工作进行专题研究，制定工作方案，对相关部门进行调研，就“首都标准化战略纲要”的实施工作对全区职能部门开展网上调查并征求意见，完成《西城区实施首都标准化战略纲要的意见》初稿。开展区综合行政服务中心国家级试点建设工作，已进入第二阶段，即标准编写和体系建设阶段。与德胜科技园管理委员会研究如何对园区企业进行政策支持等相关问题，共同完成对参与制定国际标准、国家标准、行业标准起草的园区企业进行补助。与区旅游委对2个旅游标准化试点单位进行指导，并配合市旅游委在6月底完成终期验收。配合区民政局开展养老机构的星级评定工作。上半年，对2家养老机构进行验收，完成西城区第一批养老机构的星级评定工作。完成企业制修订国家标准、行业标准、地方标准资金补助工作。共受理20家企事业单位申请的49项标准，申请补助资金985.24万元；共批准18家企事业单位的32项标准，补助金额214万元。

（朱　宇）

【计量监督管理与检验】　年内，开展“推进诚信计量、建设和谐城乡行动”。与区卫生局联合下发《西城区开展推进诚信计量、建设和谐城乡行动的通知》，帮助企业完善管理制度，引导行业自律，营造行业诚信经营、公平竞争的市场计量环境。44家医疗卫生机构、29家眼镜店在显著位置张贴诚信计量承诺书，公开向社会做出诚信计量的承诺。16家医疗卫生机构、2家眼镜店通过验收，成为诚信计量示范单位。开展关系民生方面的专项执法检查。开展电子计价秤专项整治活动，检查集贸市场、餐饮、商贸企业205家，检查计价秤612台件，立案处罚使用计价秤未经检定或超检定周期的企业10家；开展热量表计量专项监督检查工作，多次与区市政市容委沟通协调，组织执法人员对新建居住建筑和既有改造建筑进行检查，及时向存在问题的建设单位发出整改通知；对全区加油站摸底检查，督导部分加油站完善验量记录、投诉记录，并公开向社会做出诚信计量承诺，共检查加油站10家、加油机36台、加油枪124条，所查加油机均在检定周期内使用，所抽查的加油机铅封完好，未发现使用超检定周期、未经检定或使用检定不合格计量器具和破坏计量器具准确度的现象。首次对辖区内典当行进行计量监管，上半年，检查典当行28家，督促典当行对在用计量器具进行检定，约谈连锁典当行的负责人，督促企业设专兼职人员负责计量工作、完善计量管理制度。在“菜蓝子工程”建设中，继续推进集贸市场的管理模式，在平抑物价、加强药品安全监管等方面，发挥计量在保障民生中的重要作用。计量检定测试所共检定强检计量器具39488台件（其中贸易结算9538台件，安全防护16963台件，医疗卫生12287台件，环境监测694台件）。完成市质监局下达的第一季度定量包装商品监督抽查任务。共抽查与检测定量包装商品34个批次，覆盖北京市7个区县、10类商品、18家生产企业。

（朱　宇）

【特种设备安全监察与检验】　年内，完成重要时期重点单位的特种设备安全保障工作。完成“全国政协新春茶话会”“全国两会”“上海合作组织峰会”“政协第十一届全国委员会常务委员会”等14次重大会议活动及多次中央领导视察期间特种设备安全保障工作。完成十八大“核心区”（代表驻地和会场）及周边200米范围内的特种设备安全保障。对十八大1个会场及6个代表驻地进行监督检查，对所有特种设备进行保障性检验。向“核心区”内7家单位发出《特种设备使用单位安全告知书》，并与“核心区”内有关单位签订《特种设备安全保障工作承诺书》。完成701台使用年限超过12年的居民住宅电梯的安全检查，开展轨道交通专项检查、燃气专项检查、批发市场专项整治、重点场所电梯安全检查和电梯维保单位的监督检查。贯彻实施自动扶梯和自动人行道新国家标准。启动应急预案，赶赴现场妥善处理西单新一代商城自动扶梯突发事件、马兰拉面快餐北京天宁寺分店燃气爆燃事故、广安门外大街西豪逸景小区电梯安全隐患引发的小区居民聚集等7起事件。组织开展“安全生产月”各项活动，参加区安全生产委员会组织的现场宣传咨询活动；开展对电梯安装、改造、维修单位的监督检查，预防和消除事故隐患；督促相关企业编制应急预案并开展有针对性的应急演练，提高处置突发事件的能力。全年完成锅炉内部检验680台，压力容器全面检验360台，电梯检验9934台，起重机械检验33台。检验特种设备11007台，完成全年总任务量的103%。

（朱　宇）

【代码管理及行政许可】　年内，完成组织机构代码登记15509份，发放代码证书14114份、制作IC卡10070张、扫描电子档案15509份、年审代码证书1370份。电子档案当日上报率100%，原件扫描率95%以上，抽审问题档案改正率100%。完成行政许可及非行政许可审批事项受理984份。其中行政许可受理382份，送达355份；非行政许可审批事项办结649份。

（朱　宇）

财政管理

【概况】　北京市西城区财政局（简称区财政局）是负责全区财政收支、财税政策和财政监督的区政府职能部门。全局内设22个科室、6个事业单位，共有干部职工195人。年内，以开展政务能力建设年活动、喜迎十八大胜利召开为契机，以支持区域经济增长方式转变、经济结构调整为重点，全面加强财政科学化、精细化管理，充分发挥财政职能作用，为建设“活力、魅力、和谐”新西城提供了财力保障，有力地促进了全区经济社会平稳较快发展。全年区公共财政收入累计完成3091077万元，同比增加292741万元、增长10.46%；公共财政支出累计完成2589944万元，同比增加278398万元、增长12.04%。

地址：西城区丰盛胡同39号
邮编：100032
电话：66218006

（陈建鹏）

【财政组收】　年内，区财政局克服经济增速放缓、结构性减税政策等各种不利因素，采取多种措施强化依法征管，努力做到应收尽收，超额完成全年收入任务。一是提高收入质量，综合运用各种财政政策，促进经济平稳健康可持续发展，实现财政收入增长与经济发展的良性互动。二是加强收入分析，建立收入规划动态调整机制，加强财税部门的沟通协调，及时明确各部门的任务目标，严格落实收入责任制。三是强化税源管理，吸引新企业落地西城，努力培育新兴税源；增强街道协税护税动力，开展定期走访活动，加大对重点税源户的管理和服务；完善税源监控体系，加大稽查和检查力度，有效堵塞征管漏洞。四是完善组收工作机制，加强国税、地税、工商、财政、街道之间的协调配合，形成信息共享、决策及时、执行有力的联动工作格局，做到依法征收、应收尽收。五是加强非税收入管理，提高非税收入规范化管理水平，将更多的非税收入执收单位和非税收入项目纳入非税收入收缴管理，并督促各执收单位及时、足额上缴非税收入。

（陈建鹏）

【保障和改善民生】　年内，优先保障和改善民生，提高基本公共服务保障水平，促进社会和谐发展。教育事业投入453085万元，保障教育优先发展，建立街道幼儿园经费保障机制，落实教师绩效工资调整及建立教师激励机制的资金需求；科技、文化体育事业累计投入76285万元，大力支持各类活动的开展；医疗卫生、社会保障与就业累计投入477406万元，大力支持医改各项工作，落实社会保险、就业和民政福利等政策；公共安全类项目累计投入106813万元，重点落实公检法部门装备配备标准。

（陈建鹏）

【保障重点项目建设】　年内，合理安排财政资金，集中财力做好重点工程、重大项目等资金保障工作，促进建设项目顺利推进。政府投资累计完成区级资金拨付798988万元，占年度公共预算支出的30.85%，同比增加235995万元。其中投入惠民工程项目资金150700万元，主要用于老旧小区抗震加固及节能改造、平房居民煤改清洁能源工程；投入保障房建设及产业发展等项目资金342100万元，主要用于昌平回龙观二期等保障房建设项目，金融街西拓、天桥演艺区等建设项目和产业发展项目；投入社会事业发展建设和大型修缮项目资金78300万元，主要用于北京市第三十五中学迁建、街道办事处公共服务用房、卫生医疗机构用房建设与装修改造；投入城市基础设施建设及环境品质提升等资金227900万元，主要用于“三道”（绿道、文道、商道）景观提升项目，市政基础设施建设和环境绿化美化、综合整治等城市建设改造项目。

（陈建鹏）

【预算执行管理】 年内，建立预算执行动态监控体系，按照规范程序加快资金审核拨付进度，确保预算支出安全及时均衡有效，为落实各项重点任务提供了高效的资金保障。加强项目资金管理，特别是基本建设项目资金管理，草拟《北京市西城区基本建设项目资金管理办法》和《北京市西城区城市环境综合整治项目资金管理办法》；认真梳理各项目工作进度和用款计划，对于具备实施条件的按照项目执行进度做好资金保障，增强支出项目和资金来源的匹配，支出进度明显加快；建立预算调整机制，规范投资计划调整事项，根据预算执行情况和项目进展程度定期对已下达预算资金实施调度；加强项目资金审核，严格审核把关，提高资金的使用效益。

（陈建鹏）

【营业税改征增值税改革】 年内，开展营业税改征增值税改革试点工作，加强调研分析、政策研讨，强化与国税、地税的实时沟通及信息共享，确保了营业税改征增值税各项工作顺利推进。西城区营业税改征增值税户数累计达到11916户，改征增值税开票的企业涉及区级收入28459万元。

（陈建鹏）

【国库集中支付制度改革】 年内，加大国库集中收付制度改革力度，建立新型的财政资金收付机制。启动非税收入收缴改革试点工作，开展非税收入收缴信息系统的试运行；推进政府会计改革，完成政府综合财务报告试编工作，并通过试编提出完善建议；建立预算执行动态监控机制，启动预算执行动态监控体系，试运行状况良好。

（陈建鹏）

【预算绩效管理】 年内，不断扩大绩效评价范围，坚持事前、事中和事后等多种评价方式并举，将预算绩效管理的理念融入预算管理全过程，选取西城区商务委员会“社区菜市场提升改造试点工程”作为全过程绩效管理试点项目，为逐步建立全过程预算绩效管理体系奠定了基础。全年绩效评价项目包括部门整体支出项目4个、大额专项资金项目4个、一般项目5个、全过程预算绩效管理试点项目1个，涉及金额44154万元，比上年的25511万元增长73%。

（陈建鹏）

【国有资本经营预算管理】 年内，加强国有资本经营预算管理，努力提高国有资本收益增长质量，严格规范国有资本经营预算支出。拟定《西城区国有资本经营预算编报和预算执行暂行规定》。完成国有资本经营预算收入任务及结余资金上缴工作；加大对重点项目资金使用情况的监管力度，确保了支出进度按时完成。国有资本经营收入累计完成9313万元，完成年度收入预算7822万元的119%；支出累计完成7650万元，完成年度支出预算7650万元的100%。

（陈建鹏）

【政府采购管理】 年内，采取多种形式加快政府采购执行进度，完善政府采购限额标准，规范政府采购程序，探索规范采购行为的新模式，建立政府采购承诺书制度，开展在政府采购活动中行贿犯罪档案查询的调研，并落实政府采购政策功能。完成政府采购预算110040万元，合同金额105630万元，节约资金4410万元，资金节约率4%。

（陈建鹏）

【行政事业单位资产管理】 年内，对383家行政事业单位进行资产清查，摸清全区行政事业单位家底，核实国有资产占有和使用情况，促进了行政事业单位国有资产的规范管理和财务核算水平的进一步提高。完善资产动态数据库，开展数据分析和调研，促进清查结果的有效利用，为完善固定资产配置标准、加强财政预算管理等方面提供重要参考。继续做好资产处置工作，在公开处置的基础上探索多元化处置方式，拓宽资产处置渠道，进一步优化工作程序，提高处置工作效率。

（陈建鹏）

【政府性债务管理】 年内，加大政府性债务综合管理力度，确保政府融资安全，开展政府隐性债务调查研究，完成《关于西城区政府隐性债务情况的报告》，提出加强风险防控、隐性债务显性化、建立沟通协调及监控机制等工作建议，逐步将隐性债务纳入监管范围。西城区隐性债务主要涉及保障房建设、文物保护修缮和土地开发等政府性项目。

（陈建鹏）

【财务会计管理】 年内，推进统一财务核算软件应用，完成财务核算软件升级和培训工作，覆盖了除卫生系统以外的全部行政机关和全额拨款事业单位。建立西城区财务管理考评机制，制定《西城区财务管理年度考评工作实施细则（试行）》。完成会计从业资格无纸化考试改革，首次承担中级会计专业技术资格考试的考务工作。加强西城区财政会计学会平台建设，扩大学会影响，活跃会计学术交流，组织部分学会成员单位会计人员分批次赴外地考察学习。

（陈建鹏）

【财政监督管理】 年内，将财政监督工作贯穿于财政管理的全过程之中，逐步实现对财政资金运行全过程的监督。不断提升检查质量，逐步扩大监督检查范围，加大检查的深度，提高检查报告水平，将检查结果向预算部门、相关科室及时反馈，注重落实整改及与部门预算编制相结合，实现专职监督与业务管理的协同配合。建立健全“小金库”治理长效机制，将“小金库”检查纳入到会计信息质量检查和专项检查范围，并与财政日常检查相结合。共完成了市、区专项检查9项，行政事业单位的专项资金检查8户，会计信息质量检查单位5家。

（陈建鹏）

【财政法治】 年内，加大法制宣传教育力度，全面学习贯彻《行政强制法》，编制《西城区财政局行政执法责任制工作手册》。推进政府行政权力公开透明运行和行政服务标准化，共梳理确认行政职权249项、内部管理权7项，编写区财政局行政服务事项标准10个，绘制流程图25个。

（陈建鹏）

【财政预决算信息公开】 年内，加大政务信息公开力度，增强预算透明度，制订《西城区2012年财政预决算信息公开工作方案》，强化部门主体责任，细化公开内容。首次公开54家预算单位的2012年部门预算和西城区2011年财政决算草案的报告，同时公布西城区党政机关、全额拨款事业单位的“三公”经费支出情况。

（陈建鹏）

税　务

国家税务

【概况】 西城区国家税务局（简称区国税局）主要负责西城区域内按规定由国家税务局征收的中央税收、中央与地方共享税和部分地方税收的征收管理工作。有干部职工631人。全局设有办公室、政策法规科、货物和劳务税科、所得税科、收入核算科、纳税服务科、征收管理科、财务管理科、人事科、教育科、监察室、大企业和国际税务管理科、进出口税收管理科共13个科室；设有机关党委办公室；设有离退休干部科。设有信息中心、机关服务中心、票证中心3个事业单位；设有副处级单位稽查局；设有17个派出机构税务所。7月1日起，区国税局整合了位于西城区南华里、西城区二龙路的2个办税服务厅，全区纳税人涉税事项统一到位于西城区二龙路的办税服务厅办理。此外，区国税局在西城区综合行政服务中心设有国税局税务登记窗口。截至年底，区国税局共管辖各类纳税户98218户，其中开业状态纳税户64103户，各类集贸市场93个。共组织各项税收收入2564.3亿元，同比增加482.5亿元，增长23.18%；区级税收完成127.34亿元，同比增加28.63亿元，增长29%。

地址：西城区二龙路己33号

邮编：100032

电话：66027660

（王　超）

【组织收入】 年内，加强税收政策效应分析和经济税源分析，对各项具体税收政策变动情况做出快速反应，科学测算政策影响税收收入额度，全年按月税收预测准确率平均达到99.5%以上。通过《国税收入月报》全面解读税收收入情况；完成《“营改增”政策实施后对增值税收入规模影响的测算调查报告》《深刻把握区域税源特点　全力做好国税组收工作》等多篇政策效应分析调研报告。不断完善税源分析机制、税源监控分析机制、重点税源联系机制、深度纳税评估机制，深挖组收增长点，把控组收工作进度。制定重点税源企业“一揽子”工作计划，由局领导带队走访重点税源企业，进行风险提示和遵从指导，保证税款足额入库。结合区域税收收入特点，密切关注三级税收收入、地方级税收收入、区级税收收入情况，深入分析税源变化、收入变化情况。强化与区属相关经济部门的沟通，全面构建协税护税新格局。围绕西城区域特点，按月、按季度对金融街等重点功能街区进行税收收入分析，找准组收关键点。金融街功能区实现国税收入2271.7亿元，同比增长31.9%，占全部税收收入的88.6%。

（王　超）

【营业税改征增值税】 年内，全方位做好“营改增”（营业税改征增值税）试点各项工作。成立涵盖区国税局26个部门的“营改增”工作领导小组、6个专业化工作小组，召开专题会议20余次，完成税源接收、税种鉴定、票种核定等8环节工作。加强与区财政局、区地税局等部门的协调配和，确保税收征管事项衔接有序。面向8000余户次“营改增”纳税人开展30余场专题培训。重点关注发票供应、代开、购领等涉票环节，全面强化申报培训、催报催缴、税款监控工作，从纳税服务、应急管理、技术支持3个层面保障试点推进平稳有序。开展对“营改增”典型企业的税负跟踪调查，研究政策实施后对增值税税源结构及收入规模的影响；开展数据采集工作，为财政部门超税负返还提供准确依据。加强“营改增”后发票开具、业务核算及内部控制等方面的涉税风险提示。实现“营改增”纳税人连续3个月申报率100%，改征增值税收入5.7亿元。

（王　超）

【税收征管】 年内，以优化、简化涉税事项审批流程为突破口,进一步细化分解纳税人依申请事项，将事项分为即办、批办、转办等类型，提高审批效率；编写120个事项办理流程模板，形成涵盖全部征管业务的近30万字的流程操作指南。合并南、北办税服务厅，设置办税厅内审批核查组，对一般纳税人“一窗式”比对不符等日常申报数据核查以及特种普通发票核定审批等14项依申请事项进行审批，提高涉税事项在办税服务厅办结的比例。完成税务所按事设岗工作，统一12个中小税源管理所工作流程、岗位设置和岗位职责。试行网格化管理模式，联合区属相关部门，完善协税护税机制。开展纳税评估工作，对北京市国税局涉税第三方信息涉及的41户企业进行信息核查，完成各类专项纳税评估工作任务，对7户保险业及保险辅助业企业进行评估模型验证工作。提高个体集贸税收管理水平，落实个体工商户起征点调整政策，辖区内九成以上个体工商户减免税金4000余万元。

（王　超）

【纳税服务】 年内，制定完善《规范化服务工作标准》《纳税服务评价考核办法》《纳税人需求响应管理办法》等制度。通过完善知识库，加大咨询人员培训力度、咨询质量检查力度，建立咨询跟踪反馈机制，提高纳税咨询受理质量和效率。纳税服务咨询热线共计接听咨询电话1.4万余个。面向2.3万余人次纳税人共计组织各类培训101期。利用网络、触摸屏、宣传展板等向纳税人发布涉税信息50余项，发送电话语音提醒、手机短信提醒15万余条，各类税法宣传资料8万余份，其中涉及“营改增”宣传资料3.8万余份。

（王　超）

【税收法制】 年内，修改、完善重大事项集体审批制度，注重重大审批事项的实体审查。通过集体审批会议审理重大涉税事项17件，涉及税款263.14亿元。开展执法督察工作，注重挖掘执法督察过程中的典型案例，提升税收执法规范化水平。将税收执法电子化考核方式与提醒机制相结合，及时反馈过错预警情况，提示一线执法部门重点执法环节，有效避免执法过错。强化税收政策效应分析，共计发布《政策导读周报》22期，通过政效分析解读平台发布政策解读43件、政策执行情况302项。充分发挥公职律师团队的作用，开展涉税法律关系实践活动，提高具有律师资格税务干部的应诉实践能力。

（王　超）

【货物和劳务税管理】 年内，继续推行增值税一般纳税人分类管理，将纳税人申报数据监控常态化。对申报“前期认证、本期抵扣”企业、申报减免税企业、“申报收入为零，且有发票领购”的小规模纳税人进行专项核查，有效降低增值税专用发票使用风险。在落实增值税优惠政策方面，共计办理软件企业、福利企业及其他类型退税1.19亿元。

（王　超）

【所得税管理】 年内，加强企业所得税制度建设，集中抓好所得税预缴和汇算清缴两项核心工作。企业所得税累计入库2403.83亿元，同比增加457.03亿元，增长23.48%。对按月预缴企业实施动态管理，加强汇算清缴五率指标监控，实现企业所得税汇算清缴申报率、盈利面、有税率全面提高。加强汇算清缴过程监控和后续管理，对重点税源企业特定事项和汇算清缴附送资料进行事后审核。落实中关村、文化转制企业、支持小微企业发展等各项税收优惠政策。为办理中关村国家自主创新示范区内科技创新创业企业减免税金1.34亿元；为享受转制文化企业优惠的企业减免所得税1.53亿元；为3052户小微企业办理所得税减免418万元。

（王　超）

【国际税务管理】 年内，加强对“走出去”企业税收服务与管理。逐户落实文体演出、承包工程和劳务、上市公司、股权转让等外部信息核查任务，对非居民股权转让行为进行重点核查。完成受控外国企业管理调研、对外资参股盈利企业派息扣缴预提税情况清理工作。实现关联交易申报、非居民企业汇算清缴申报率100%；实现非居民税收收入82.7亿元。

（王　超）

【进出口税收管理】 年内，落实出口退税政策，重点监控大型退税企业，把握退税政策调整对企业的影响情况，科学制订退税计划。广泛推行退税网上申报和预审，加强退税政策宣传，完成退税109批次，涉及税款3661万元，退税任务完成率100%。

（王　超）

【税务稽查】 年内，全面落实一级稽查管理要求，加强案源接收与分配，落实案件跟踪与反馈制度，规范稽查日志填写，实现稽查动态化考核。召开稽查工作例会，稽查集体审议、审理会议，解决重大疑难案件。细化一级稽查征管建议移交制度，深入促进以查促管。成立7个稽查重点课题小组，研究探讨电子稽查检查预案制度、稽查案例库建设机制等理论问题，将调研成果有效运用于稽查工作实际，创新稽查检查方式方法。共计完成稽查检查144户，查补入库税款及滞纳金等共计5655万元；组织企业开展自查43户，入库税款2168万元。

（王　超）

【重点税源管理】 年内，对重点税源日常管理和风险管理事项进行明确；继续推进以风险管理为导向的重点税源专业化管理模式，通过局领导带队走访重点税源企业、选取8个行业参与企业涉税鉴证、深入企业开展驻厂调研等方式，帮助企业自觉建立税务风险内控机制，引导企业自我遵从。通过大企业税收服务需求研讨会、税收风险管理工作银行业同业交流会等形式，畅通税企沟通交流渠道。税收收入排名前20名的重点税源企业实现税收收入2309.84亿元，占全部税收收入的90.08%。

（王　超）

【信息管税】 年内，纳税人网上申报推广率为93.42%，电子税票使用率98.18%，网上认证比例达85.7%，防伪税控远程抄报比例78.55%。研发企业所得税按月预缴动态监控管理程序、“营改增”纳税人资料审核程序；对CTAIS（中国税收征管信息系统）外挂系统中的涉税文书管理系统进行优化完善，建立覆盖119件事项的多层级分类管理体系，全面提高涉税业务处理效率。

（王 超）

【干部队伍建设】 年内，逐步完善分类培训、分级管理的教育培训工作格局，全面拓展干部职业发展空间，组织干部参加“营改增”政策、小企业会计准则解读等专题培训共计53次，参训干部4503人次。

（王 超）

【党风廉政建设】 年内，完善内控机制建设，加大源头预防力度。落实党风廉政建设责任制，开展执法监察和效能监察工作；落实民主评议工作要求，梳理规范出5类84项行政职权事项，构建行政权力规范化运行机制。聘请10名来自民主党派的特约监察员，对各项税收工作和干部廉政情况进行监督。在税收征管信息系统中嵌入廉政风险提示模块，提高廉政建设信息化管理水平。

（王 超）

地方税务

【概况】 北京市西城区地方税务局（简称区地税局）共设18个职能科室、1个监察科、1个稽查局（内设11个科）、21个税务所、1个机关后勤服务中心和1个纳税服务中心，共计54个职能部门（其中已成立部门48个）；共有干部职工745人。全局共有正常税源户76054户，其中全年纳税额超过百万元企业共有2690户，占总户数的3.5%；入库税款442.8亿元，占全局整体税收的比重达到92.5%。年内，区地税局共组织各项税费收入510亿元，同比增长6.6%；其中地方公共财政预算收入完成400.7亿元，同比增长6.7%，完成市地税局年度计划398.6亿元的100.5%；区级收入完成196.2亿元，同比增长8%，完成区级年度计划195亿元的100.6%。

地址：西城区新街口珠八宝胡同23号

邮编：100035

电话：62272820

（黎 阳）

【营改增试点工作】 年内，成立营业税改增值税试点工作领导小组，制订实施方案，明确责任，层层落实。加强与区国税局的沟通，全力做好税源核实工作，共分三批核实税源户7148户，其中符合试点范围7128户。在各办税服务厅设立专人专岗负责解答咨询，设置资料专区，利用网站、触摸屏、电子显示屏加强对营业税改增值税试点工作的宣传。出台试点期间纳税服务工作督导方案，成立由局领导任组长的督导工作组，参与系统调整，全面测算“营改增”对收入的影响，及时提出合理化建议。

（黎 阳）

【发票换版】 年内，前期进行充分调研，广泛征求税控服务商和纳税人意见，多渠道强化对外宣传；分类形成工作流程图和培训课件，制作《西城地税局发票换版工作问题解答》系列资料；做好税控读卡器、水牌、路线指引图等硬件配备工作。发票换版工作开展后，组织局机关科室35周岁以下青年干部，按照“5人一组，每周轮换”的方式，在为期3个月的时间内支援窗口工作。全年累计升级国标税控器14609台，完成整体升级工作的65%；非国标税控器更换780台，完成整体更换的12%。

（黎 阳）

【优化政务流程】 年内，全面启动“优化政务流程、完善管理制度”工作。确立工作组织机构，明确职责，层层深入，有效调动全局各部门参与制度流程优化工作的积极性。设定部分科、室、所为制度建设示范部门，制作部门政务流程目录和制度范本；建立“一个环节一次督查”的工作制度，将督导工作延伸到每一个工作环节。优化政务流程和管理制度共计180个，其中包含制度127个（废止类31个，修订类5个，制定类76个，保留类15个），流程53个。将优化政务流程与优化业务流程、廉政风险点查找等工作有机结合，相互对照，多角度、全方位分析各项制度流程的可行性、严谨性与衔接性；将制度落实与效能考核结合起来，加强对执行落实情况的监督。

（黎 阳）

【征收管理】 年内，持续推进科学化、精细化、专业化管理，不断提高征管工作质量。开展税源户清理，强化源头控管，杜绝后期可能出现的管辖权争议或出现漏征漏管户现象。组织395名税收业务人员进行税收业务流程考试，并抽调小教员对72名业务骨干进行集中培训。在梳理整合相关数据、统一相关工作标准的基础上，组织完成100份委托代征协议的签订工作。与区流管办协调配合，研究个人出租房屋管理方式、方法，制定相关管理规程。有序推进税源专业化管理试点工作，实施税源分类分级管理，合理界定各层级税源管理部门职责，在税务登记、受理申报、税款入库级次不改变和管理机构暂不调整的前提下，集中在服务窗口办理纳税人发起的涉税事项，集中审批核查，集中评估稽查高风险税源。深化信息管税，加强内外部信息采集分析挖掘，为税源专业化管理提供重要支撑。

（黎 阳）

【依法治税】 年内，把依法行政作为基本准则贯穿于重大决策、税收征管和内部管理各环节。严格执行领导班子集体决策相关制度，分类研究决定各类事项。统一规范税务行政处罚程序，执行税务行政处罚裁量基准，推广发票处罚示范案卷，研究免于和减轻处罚的适用。开展行政调解，探索网上复议新型救济方式。全年接到并成功化解2起行政复议申请，妥善处理首起网上行政复议案件，处理4起企业破产案件。开展内部审查堵塞执法漏洞。采取系统比对、实地核查、集中案卷检查、全面检查、重点抽查等方式，重点检查欠税、退税、注销清算、发票等11个项目并组织企业自查。加强重控票证管理，对代开发票及完税证管理进行专项检查，对发现的问题及时进行纠正。结合市局开展的自查、交叉互查工作，采取科、所自查与局检查组重点抽查相结合的方式，对征收、缓征减免欠缴、入库退库、会计统计日常管理、税收票证等

5方面工作内容进行检查。

（黎　阳）

【稽查评估】　年内，就税务违法案件检举工作，探索与评估、征管、税政等部门建立协作机制，完善健全工作职责，提高稽查办案质量，初步构建了“大举报”格局，实现了检举案件的分级分类管理。全年受理各类涉税举报案件659件，查补收入328.3万元，答复举报人929人次。全年实施专项检查128户，查补金额9003.25万元。重点推进重点税源企业检查，共计对96户重点税源企业及在京分支机构进行检查并组织企业自查，组织入库税款7124.03万元。探索推进稽查、评估联动机制，注重其作用的发挥。全年立案346件，查办案件511件，办结310件，查补入库1.61亿元；全年评估3169户，入库8041万元。在稽查工作中做到查案必查票，全年查处各类发票违法案件78件，非法发票9745张，非法开票金额2836.46万元，罚款7.65万元。全面梳理业务流程，统一评估标准、明晰评估规范，加强业务培训，提升人员素质。组织开展行业评估，为全市行业评估工作的开展提供了借鉴。

（黎　阳）

【落实税政】　年内，对大额退税、土地增值税清算等涉税金额较大、业务复杂的重点工作，采取相关部门联合办公的集体审议制度，降低执法风险性。全年经集体审议的大额退税25笔，退税金额25294.5万元，占全局退税总额的76%。增强与相关部门沟通，与区住建委协作打击假契税税票，增强契税核查力度。加强内部横向联合，多部门协同开展2011年度企业所得税汇算清缴中涉及不征税收入、业务招待费扣除等项目的纳税评估工作，协同进行2011年度个人工资薪金所得与企业工资费用支出的比对等工作。完成残疾人保障金和工会经费代征工作。残疾人保障金征期入库金额率、入库户数率“双率”指标位居城六区首位，工会经费代征年平均申报率提升了8个百分点。针对各项重点和难点工作，组织开展关于汇算清缴、资产损失、后续管理核查要点等内容的多场内部专题培训。在企业所得税汇算清缴期内，组成多个小组深入各个地区税务所实地解答疑难问题，收集第一手资料，确保政策执行到位。采取以干代训、针对性政策培训等方式开展全方位的业务培训工作。

（黎　阳）

【纳税服务】　年内，推进纳税服务规范化、标准化、专业化、信息化建设步伐。在按标准化要求建设办税服务厅的基础上，统一规范纳税服务软、硬件设施，制定纳税服务场所12个硬件项目和税容风纪项目管理办法，在全局16个办税服务厅及场所全面实行；将办税服务触摸屏查询系统与纳税人自助办税机的服务内容进行整理规范，方便纳税人查询；在区有关部门协助下，规范设置了税务所指示标牌。进一步加强“12366”远程坐席管理，全年共答复处理99000余次咨询。加强和完善网站建设，全年更新外网信息540余条；网站累计登录240万余人次；全年新建纳税人免费邮箱1058个，总数达到69520个；发布网上告知信息20份；通过信息机共向纳税人发送宣传信息及通知71.8万条。拓宽纳税服务渠道，每月向重点纳税人及中央在京单位邮寄赠阅税务公告2700余份，受理网上预约发票购领35户次。完善投诉管理，在处理纳税服务投诉中调解争议、化解矛盾，全年妥善处理纳税服务投诉32件。强化纳税人诉求调研，有针对性地调整和部署各项税收宣传工作，策划开展“在京金融机构座谈会”“打防经济犯罪　共建美好生活”“重点税源涉税诉求走访”等8个分类主题税收宣传活动。

（黎　阳）

【基层党建】　年内，适时启动了基层党组织组建工作。全局组建46个党支部，选举产生129名党员代表，召开了党员代表大会，并选举产生了新一届中共西城区地方税务局机关委员会，完成机构整合后基层党组织建设和选举工作。

（黎　阳）

审　计

【概况】　北京市西城区审计局（简称区审计局）是负责西城区审计工作的政府工作部门。受本级政府和上级审计机关的双重领导，对本级人民政府和上一级审计机关负责并报告工作，审计业务以上级审计机关领导为主。区审计局人员编制71人，在编67人。设有综合科等15个科室。年内，围绕政府中心工作和社会重点、热点问题，把握形势，认真履行审计职责，加快推进审计转型，逐步体现审计“免疫系统”功能。完成审计项目35个，查出违规金额638万元、管理不规范金额589277万元；应上缴区财政407万元，已上缴区财政116万元；应减少财政拨款1009万元，已减少财政拨款1009万元；应归还原渠道资金41万元，已归还原渠道资金716万元；应调账处理金额8212万元，已调账处理金额2639万元。提出审计建议98条，被采纳80条；提交审计信息和信息简报276篇，被采用208篇。

地址：西城区复兴门外真武庙四条六里6栋（11月迁入）

邮编：100045

电话：68014042

（宋　楠）

【预算执行审计】　年初，在开展审前

调查的基础上，制定审计工作方案，并及时向区人大财经委汇报了审计范围、内容、重点，听取区人大的指导意见。组织召开科级干部、审计组长培训研讨会，提出工作要求。整合力量组成13个审计小组，以促进完善公共财政体制为目标，围绕资金分配和预算管理这一主线，重点对区级财政预算执行管理、部门预算执行和地方税收征管情况等3个方面开展审计。在预算执行审计中，关注预算分配、资金拨付的合规性，财政支出结构的合理性和资金管理的效益性，强化对财政管理制度和财政资金效益的审计监督。审计结果表明西城区预算执行情况良好，实现了财政收支平衡，略有结余，保证了重点支出的需要，提高了财政资金的使用效益。针对审计中发现的问题，提出建议15条，均被采纳。区人大常委会审议通过预算执行审计工作报告，要求区政府督促有关单位对审计发现的问题认真整改。

（宋　楠）

【经济责任审计】　6月，区经济责任审计联席会议审议并通过《北京市西城区处级党政主要领导干部和国有企业领导人员经济责任审计实施办法(征求意见稿)》《西城区经济责任审计联系会议制度》《西城区经济责任审计联席会议部门职责》《西城区经济责任审计联席会议办公室工作细则》。其中《北京市西城区处级党政主要领导干部和国有企业领导人员经济责任审计实施办法》经区政府常务会和区委常委会审议后，以区委办、区政府办发文形式在全区颁布实施。年内，受区委组织部的委托，完成经济责任审计14项。在审计过程中，全面审计单位的财务收支情况，对领导干部履行经济决策、经济管理、经济监督的情况，国有资产的保值增值情况，经济社会目标的完成情况等进行了解，更加全面评价领导干部履行经济责任的情况。

（宋　楠）

【固定资产投资审计】　年内，对西城区月坛南街土地一级开发项目等7个重点建设项目开展跟踪审计。在审计工作中，重点关注建设单位内控制度、招标投标和合同、施工现场签证和跟踪隐蔽工程、材料设备采购、项目资金使用、工程竣工结算6个关键环节。针对审计人员少，工作量大的问题，采取混合编组、互为组长、交叉作业的方法，将审计项目按照轻重缓急程度排序，合理安排时间，提高审计工作效率。在互相带组的过程中，对各项目审计中发现的问题，分析问题形成的原因，思考解决问题的关键环节，提出切实可行的审计意见。

（宋　楠）

【专项资金审计与审计调查】　年内，开展对教育、卫生等部门的审计和审计调查。在对区卫生局2011年度预防保健、社区公共卫生审计调查中，重点对该项资金的申报、拨付、管理、使用和结余情况进行审查，对内控制度的健全性、符合性进行了测试；延伸审计了全区15个街道社区服务中心。在对区教委2011年度科技艺术经费、助学工程经费、抗震加固配套资金等审计调查中，重点审查项目支出是否真实、合法，有无截留、挪用、转移和损失浪费等问题，从体制上、机制上发现和分析问题，促进主管部门、资金使用单位管好用好财政资金，更好地发挥资金的使用效益。

（宋　楠）

【配合审计署、市审计局完成专项审计】　年内，配合审计署长春特派办对西城区开展社会保障资金审计和北京市审计局对西城区开展保障性住房审计工作：制定迎检方案，明确领导小组及各相关单位责任，保证提供资料准确、及时、完整。实行首问负责，对审计事项协调配合，一包到底；加强业务配合，发挥区审计机关熟悉审计流程，掌握区域实情，联系协调方便的作用，派专人随署、市审计组值班服务；落实整改，结合审计署长春特派办对我区社会保障资金审计报告中反映出的问题，督促相关部门落实整改，形成报告向政府常委会专题汇报。

（宋　楠）

【内部审计】　年内，组织召开2次西城区内部审计协会会长会，召开西城区内部审计协会三届一、二次常务理事大会。开展对全区一级预算单位和区国资委管理的国有大中型企业的内部审计情况摸底调查工作。调查主要通过报表形式开展，共回收调查问卷62份，重点调查各单位截至2012年10月底的内部审计制度建立情况及工作开展情况。组织开展面向全区内审人员的审计业务培训4次。与房山区内部审计协会进行交流，了解其在制度建设和宣传方面的工作情况。

（宋　楠）

【信息化建设】　年内，研究制定《西城区审计局2012年审计信息化实施意见》，将信息化建设工作纳入领导班子业务议事范围，定期听汇报、议重点、督进度，成立课题攻关组解决难点问题。加强审计干部队伍建设，实行梯队管理。要求取得计算机中级职称的干部，承担攻关课题，积累经验；鼓励中青年干部参加相关职称考试，适当安排项目，鼓励运用计算机辅助审计技术；要求其他干部能够熟练使用办公软件进行无纸化操作，熟练使用“现场审计系统”的各类功能。完善办公系统功能，审计项目全面使用“京OA”系统；对于具备条件的项目，全面使用“现场审计系统”。完善内部管理制度，增加信息化建设工作考核奖惩内容。总结审计经验成果，对形成的专家经验和计算机辅助审计语句进行汇总，形成经验库。

（宋　楠）

【中标市审计局重点科研课题】　年内，市审计局首次通过招标方式确定审计重点科研课题承办单位，区审计局申报的《财政审计大格局下的政府效益审计项目操作指南研究》课题中标。该课题通过分析和研究财政审计大格局与绩效审计的理论关系，建立“财政审计大格局下的政府绩效审计管理”模型，包括绩效审计选项标准、基本方法、评价依据、文书模板、应用途径。制作《绩效审计项目管理操作指南》，在日常审计项目中推广使用。

（宋　楠）

烟草专卖

【概况】 北京市西城区烟草专卖局（公司）实行双重领导、垂直管理体制，在北京市烟草专卖局（公司）和区政府的双重领导下，主管辖区内的卷烟营销和烟草专卖管理工作。下设5科1室，即营销网建科、专卖监督管理科、财务科、人事劳资科（政工科）、法制科和办公室（安保科）。在职人员134人。年内，共销售卷烟59752箱，同比增长5.99%；全年实现税利23182万元，同比增长12.35%。被北京市烟草专卖局（公司）评为“知名品牌建功立业”先进单位。

地址：西城区南菜园街甲1号
邮编：100054
电话：63563385

（陈　乐）

【重点品牌建设】 年内，有侧重地进行市场调研，依据市场表现采取主动调控，合理调整产品结构，突出重点品牌建设。黄鹤楼（软蓝）销售616箱，同比增长45.2%；中南海（软蓝色时光）销售244箱，同比增长47.03%；红塔山（经典100）销售1143箱，同比增长43.16%。七匹狼系列共销售1383箱，同比增长46.05%。

（陈　乐）

【开展体验推广活动】 年内，结合茶文化与福建中烟开展“品好茶、品通仙好烟”体验推广活动，组织零售户到工厂、烟田和茶园实地参观，了解和感受企业文化和品牌文化，并携手零售户开展共建“通仙林”植树活动。

（陈　乐）

【创新营销管理方式】 年内，引导零售户提升主动营销能力，扶持困难户提高盈利水平，针对弱势零售户开展“服务标兵对标”活动，根据零售户自身实际情况，为其量身制定提升方案，提升客户经营信心。截至年底，终端形象店达283户。

（陈　乐）

【市场监管】 年内，共处理“12313”电话举报案件275起，查处各类涉烟案件123起（一般程序105起，简易程序18起），其中案值5万元以上的案件28起，由其他区县立案侦办7起。查获违法卷烟313.66万支，总案值300.7万元，实现罚没收入38.9万元。其中假烟64.18万支、标值96.66万元，走私烟40.62万支、价值15.63万元，真烟208.86万支、价值188.41万元。依法移送涉嫌刑事犯罪案件28起，拘留17人，追刑14人。打假破网取得新成效，继续坚持“大打、打大”的工作方针，加强联合执法，成功破获“1·17”网络案件和“8·16”非法贩卖假烟网络案件。

（陈　乐）

【开展零售户法制宣传教育】 年内，利用网络资源将烟草专卖法律法规编制成短信发给零售户，引导零售户规范经营，拓展零售户学法新渠道。以“自觉守法、诚信经营”为主题，向零售户发放法制宣传牌，强化零售户诚信经营意识。协同西城工商分局广安门工商所，走进社区开展以“春风送暖”为主题的法制宣传活动，采取发放宣传资料、设立真假烟鉴别咨询台等方式进行宣传，现场解答群众关心的问题。全年共开展法制集中培训3次，约1100名卷烟零售户参加。

（陈　乐）

【公益事业】 年内，组织“共产党员献爱心”捐款活动，筹集爱心捐款3670元。开展向北京“7·21”特大暴雨受灾群众爱心捐款活动，筹集捐款14900元。开展“扶贫助残送温暖”活动，走访帮扶对象，与居委会共同开展“结对共建、先锋同行”共建活动。

（陈　乐）

（责任编辑　杨桂敏）

工业　商务

工　业

北京世纪金工投资有限公司

【概况】　北京世纪金工投资有限公司（简称世纪金工）注册资金1000万元，在职员工721人，主营投资管理，汽车、纺织机械零部件加工，固体继电器生产及写字间出租。公司内设9个职能部室，下设6家子公司。工业、物业、资本运营是公司支柱产业。其中北京市科通电子继电器总厂是高新技术企业和国家定点军民用固体继电器专业厂家，承接国家重点项目，为“神舟”系列航天器和“嫦娥”登月工程等配套；北京第三纺织机械有限公司是国内汽车整车配套件重点企业，具有ISO/TS16949等国际认证资质；北京无仪美达公司拥有国家、国防“校准实验室”的电子201计量站；北京塑料十三厂有国家特种劳动防护用品生产许可证资质和安全标志证书；世纪金工宏洋大厦是西城区文化创意产业孵化基地和西城区电子商务创业孵化基地；鼎盛陶琦公司生产的市级非物质文化遗产项目京彩瓷（仿古瓷）产品屡获国家工艺品大奖；离退休和岗下职工管理中心为公司7329名离退休人员提供统一服务与管理。年内，党委书记、董事长袁海旺被评为“2011-2012年度北京优秀企业家”。公司工会被区总工会评为优秀单位、模范职工之家。公司被区财政局评为年度企业财务决算编制工作、年度国有资产统计报表先进单位。

地址：西城区培育胡同15号

邮编：100052

电话：63524785

（梁乃康）

【2012年工作会议】　2月22日至23日，公司召开2012年工作会议。董事会、监事会、经理层全体成员，所属单位党政正职、总部各部室负责人参加会议。会议通过公司《2011年度经营工作总结报告》和《2012年经营工作计划报告》。

（梁乃康）

【北京电视台报道鼎盛陶琦】　2月27日，北京电视台新闻频道《这里是北京》栏目播出《北京仿古瓷》电视专题节目，对鼎盛陶琦公司生产的市级非物质文化遗产北京仿古瓷予以报道。

（梁乃康）

【二届二次职代会】　3月28日，公司召开二届二次职工代表大会，出席大会的正式代表62人。大会听取了总经理赵钢关于《北京世纪金工投资有限公司2012年经营工作报告》，各代表团长汇报了各团对报告的讨论情况。董事长袁海旺讲话。

（梁乃康）

【党建工作研讨会】　4月26日至27日，公司党委召开党建工作研讨会。公司党委委员、直属党组织书记、党办主任以及公司所属基层党支部书记共25人出席会议。会议内容是研讨交流、统一思想、明确任务、共同促进。

（梁乃康）

【区科委到公司调研】　5月21日，区科委主任张炳田等一行到公司所属石景山工业园区进行调研。重点观看了塑料十三厂、美达公司开发研制的新产品及产品演示，对园区企业的科研与发展表示肯定，同时鼓励企业进行项目申报、争取政策支持。赵钢陪同参加调研。

（梁乃康）

【为神舟飞船生产配套元件】　6月16日，长征二号F遥九火箭运送神舟九号飞船执行中国首次载人交会对接任务，公司下属企业北京市科通电子继电器总厂圆满完成为飞船生产固体继电器配件任务，科通厂法人代表赵钢受邀到酒泉卫星发射基地现场观摩发射盛况。

（梁乃康）

【二届三次职代会】　6月29日，公司召开二届三次职工代表大会。工会主席刘希茂主持会议。大会号召职工代表积极贯彻会议精神，督促《集体协商制度》《集体合同》《2012年度工资集体协商协议书》的有效履行，切实保障职工合法权益。会议举行了签字仪式，劳资双方首席代表在合同、协议文本上签字并握手庆贺。

（梁乃康）

【经济工作研讨会】 7月9日，公司召开经济工作研讨会。经理层、相关企业和部室领导参加。会议听取各企业经济发展情况汇报，并对各企业和部室工作提出要求。

（梁乃康）

【团员代表座谈会】 7月28日，公司党委召开团员代表座谈会，袁海旺到会并讲话。党委委员李希刚主持会议，17名团员代表参加座谈。会议探讨了团员青年如何立足岗位发挥党的助手和后备力量作用，团员代表们发言踊跃。

（梁乃康）

【举办职工培训】 8月2日、7日和9月3日、5日，公司总部相关人员、优秀人才及子公司中层以上管理干部共134人次，参加了公司举办的“创新与超越”“沟通与服务”为主题的企业管理创新培训班。

（梁乃康）

【离退休职工才艺大汇展】 8月30日，公司举办以“展你我风采 创和谐家园”为主题的离退休职工才艺综合大汇展活动。近30名离退休职工参加了书法、绘画、摄影、手工刺绣、编制、篆刻等才艺汇展。袁海旺为这次活动题写了“星光大道请不去 自家才艺大比拼”字幅。汇展活动轻松祥和。

（梁乃康）

【廉政建设专题培训】 11月9日，公司纪委举办反腐倡廉专题讲座，特邀区检察院职务犯罪预防处处长王岩对公司管理人员及企业财务科长共38人进行《预防职务犯罪》培训。培训从职务犯罪特点、教育、监督、制度建设等方面，围绕当前腐败现象及中央有关要求以及《建立健全教育、制度、监督并重的惩治和预防腐败体系实施纲要》落实、党风廉政建设责任制等方面，结合实际以案施教。围绕《国有企业领导人员廉洁从业若干规定》及处罚力度，剖析职务犯罪在企业存在的可能性和危害，并以身边实例和区内案例教育大家。

（梁乃康）

【北京仿古瓷艺术馆开馆】 12月26日，北京仿古瓷艺术馆正式开馆。多名知名非物质文化遗产保护专家、工艺美术专家、老字号专家莅临，区文创办、非遗办有关领导参加庆典仪式和剪彩活动。与会专家听取了主办方关于北京仿古瓷传承保护工作的汇报，对这项百年技艺的传承发展工作表示赞赏。专家学者积极建言献策，从定位、人才、机制、市场等多方面提出中肯建议；区文创办和非遗办有关领导讲话。赵钢代表公司对艺术馆开馆表示祝贺，并感谢领导和专家光临指导。

（梁乃康）

【科通电子继电器总厂工作】 年内，公司所属北京市科通电子继电器总厂销售收入6016万元，同比增加17%；实现利润1481万元，同比增加30%。宇航高可靠固体继电器、270伏固体继电器型谱系列立项成功，签订技术协议总额860万元。获国家科研拨款支持444万元，区人才支持资金5万元。

（梁乃康）

【工业园区工作】 年内，公司重要工业发展基地、位于石景山区的工业园区，入驻有科通继电器总厂、无仪美达公司和塑料十三厂等儿家重要工业生产企业，有员工400余人。生产宇航系列配套高科技术产品、出租车计价器、精密测量仪器、新型防毒防尘面具、口罩等等一系列新技术、新产品。公司所属第一低压电器公司调整转型为物业经营，为园区企业做好后勤保障服务工作。园区注入资金装修改造、增添配套设施、种植花草树木、铺设草坪、新建标准篮球场和多功能活动场地等，成为一个美丽的花园式工业生产园区。

（梁乃康）

【获市区级荣誉】 年内，陈元获2012年首都劳动奖章；谭守培获北京市非物质文化遗产保护先进个人；李文兵获首届西城“百名英才”称号；韩蕾获“西城区优秀工会工作者”称号；贺爱民获“西城区优秀工会积极分子”称号；赵钢获“西城区优秀职工之友”称号；科通厂举办的“管理能力系列培训”获区成人教育培训优秀项目奖；崔晓峰获区成人教育工作先进个人称号；双美玲被评为区成人教育工作优秀信息员。

（梁乃康）

国有资产经营公司

【概况】 北京市西城区国有资产经营公司（简称国资公司）有干部职工18人，设综合办公室、计划财务部及西城区企业离休干部管理服务中心、西城区企业退休干部管理服务中心。主要承担区政府融资平台及区属企业离退休人员管理服务职能。年内，国资公司离休中心党支部被评为区国资委系统创先争优活动先进基层党组织和西城区创先争优先进离休干部党支部。

地址：西城区鼓楼西大街甲50号

邮编：100009

电话：83229155

（杜京民）

【执行企业会计准则】 1月1日，国资公司按照区国资委《关于执行〈企业会计准则〉有关事项的通知》精神，经公司办公会研究决定，公司本部及全资子公司北京东方正信实业投资有限公司开始执行《企业会计准则》。

（范志梅）

【老干部团拜会】 1月5日，国资公司在四川饭店召开迎新春老干部团拜会，公司离休老干部代表及国资公司工作人员40多人参加。区老干部局局长王晓谦，区国资委党委书记涂云国、副书记刘海涛等领导分别代表区委老干部局和区国资委向老干部拜年。

（杜京民）

【走访慰问活动】 新春佳节前夕，国资公司主要领导亲自带队，走访慰问生活困难党员、老党员、优秀党员、长期患有重病的和年事已高的离休干部22人，送去慰问金和慰问品合计1万余元。

（杜京民）

【离休干部健康疗养】　3月16日至22日，国资公司组织离休干部及家属一行7人，参加为期7天的第七批海南旅游疗养活动。

（杜京民）

【离休老干部举办展览】　3月至6月，国资公司优秀共产党员、离休老干部赵程久在自己居住的三里河社区举办《学雷锋看名人题字书法作品展》，纪念毛主席“向雷锋同志学习”题词49周年，国资公司领导、部分党员干部和社区居民等参观了展览。

（杜京民）

【退休人员赴金海湖休养】　5月6日至10日和10月28日至11月1日，国资公司退休中心分两批、各组织24名退休人员赴金海湖参加健康休养。

（杜京民）

【离退休老干部体检工作】　5月15日，国资公司组织离退休中心35名离休和处退老干部在北京市第二医院体检中心进行健康体检，安排血液化验、胸透、B超及内外科等多个项目。

（杜京民）

【主题党日活动】　6月14日，国资公司离休党支部举办“缅怀先烈　重温誓言”主题党日活动纪念建党91周年，组织14名老干部到密云白乙化烈士纪念馆参观学习，向白乙化烈士塑像敬献花篮，重温入党誓词。

（杜京民）

【走访慰问老干部老党员】　“七一”前夕，国资公司领导及公司离休工作人员对公司离休中心部分入党早、长期有病和生活困难的4名老党员、老干部分别进行走访慰问，征求意见，询问情况，并送上慰问金4000元。

（杜京民）

【学习市十一次党代会精神】　7月17日，国资公司组织离休老干部学习中共北京市第十一次党代会工作报告。公司经理石志刚做动员。公司将《工作报告》中今后5年工作的指导思想、基本要求和主要任务进行摘编打印，编制成“学习市十一次党代会报告辅导材料”，发给老干部们人手一份。通读报告之后，老干部们进行讨论并形成共识。

（杜京民）

【共产党员献爱心捐款活动】　7月17日，国资公司机关党支部和离退休党支部共同组织“共产党员献爱心”捐款活动，20人共计捐款2670元。

（杜京民）

【为“7·21”受灾地区捐款】　7月24日，国资公司组织为“7·21”特大自然灾害受灾地区捐款，全体在职党员、群众共计18人捐款2000元，送交区慈善协会。

（杜京民）

【大病救助工作】　8月10日，国资公司党委、离休中心一行3人到王守成家中，进行“春雨”大病救助工作，送上1000元现金。84岁的王守成因腿部伤残行动非常不便，加上患有严重的心血管病，经常住院治疗，给家庭生活带来了较大困难。

（杜京民）

【离休老干部座谈会】　9月26日，国资公司召开主题为“弘扬北京精神　欢度中秋国庆”的离休老干部座谈会，近20名老干部参加。座谈会上，大家学习了阐释北京精神丰富内涵的《北京精神50题》，公司领导向老干部们祝贺中秋、国庆节日快乐。

（杜京民）

【参加党校读书班】　10月9日至10日，国资公司离休中心党支部组织离休和处退10位老干部，参加区老干局举办的老干部党校读书班。

（杜京民）

【参加金秋趣味运动会】　10月14日，国资公司组织12名离休和处退老干部，参加区老干局在月坛体育场举办的老干部金秋趣味运动会。

（杜京民）

【收看十八大开幕现场直播】　11月8日，国资公司组织公司离休老干部和公司职工收看党的十八大开幕现场直播并进行座谈，24人出席。

（杜京民）

【参加老干部麻将比赛】　11月29日，国资公司组织11名离退休干部，参加区老干部局在区文化中心举办的老干部麻将比赛，4名老干部获优胜奖。

（杜京民）

【为老干部订阅党报党刊】　年内，国资公司党委给55名离休干部、处退干部每人订阅《北京日报》和《北京支部生活》各1份。

（杜京民）

【基层党组织分类定级工作】　年内，国资公司党委根据国资委党委要求和部署，按照“党支部自评、党员群众测评、公司党办测评、公司党委评定”等程序对党组织进行分类定级。公司所属2个基层党支部，通过召开支部会、党员大会、座谈会等多种形式，在党支部自评、党员群众测评的基础上，公司党委评定结果1个为较好，1个为一般。

（杜京民）

北京华方投资有限公司

【概况】　北京华方投资有限公司（简称华方公司）是国有独资公司，注册资本3.06亿元，主要从事国有资本投资、管理业务。华方公司拥有18家企业的全部或部分国有产（股）权，对其履行投资、监督、调控、服务职能。同时承担与华方公司没有产权和隶属关系的其他13家工业企业的管理责任。投资涉及房屋租赁、企业孵化器、高端会所、养老产业、品牌医药批发零售、工业生产、文化创意、特色餐饮、金融证券等领域。截至年底，华方公司总资产（含18家企业）20亿元，归属母公司净资产8.5亿元。年内，华方公司紧抓“战略统领定好位、有进有退布好局、流程优化奠好基、养老产业重点推”的年度工作主题，全年实现利润总额4324万元；净资产收益率6.18%；成本费用利润率5.18%。

地址：西城区月坛西街乙2号5号楼

邮编：100045

电话：68037853

（王　涛）

【编制规划】　年内，华方公司编制完成《华方公司（2012—2016）发展规划》。对华方公司未来五年的发展进行定位：在业务取向上，以拓展商业地产为核心，形成商业地产、品牌医药、工业生产和文化创意“四轮驱动型”业务的有机组合；在发展路径上，从主要依靠外延扩张转向依托已有资源的内涵集约发展上来；在企业文化建设方面，秉持“以人为本，本以人为”的核心价值观，以“保值增值、诚信开拓、持续发展”为企业使命；到规划期末，将华方公司打造成颇具特色和实力的产业集团，并致力于成为“都市生活综合服务商”。

（王　涛）

【房屋租赁】　年内，华方公司新组建商业地产投资部，将华方公司所管理的144处租赁房屋，按区位划分4个管片，每2位专管员共同负责同一个管片，实行“双人一岗”制度，制订房屋租赁合同过程管理流程，并针对房屋租赁中存在的各类问题，分别制订统一处理原则，有效避免房屋租赁管理的随意性。全年共收缴房租5265余万元，同比增长47%，其中收缴历史欠租2100余万元。

（王　涛）

【文化创意产业】　年内，华方公司制订《华方公司拓展文化创意产业思路暨投资开发北京雕漆艺术方案》，成立以董事长徐军为组长的华方公司拓展文化创意产业领导小组。华方公司出1000万元，注册北京华方文化发展有限公司；文化发展有限公司出资500万元，注册成立北京华方雕漆艺术设计有限公司；利用闲置的电讯工具厂约1200平方米的旧厂房，改造成华方雕漆生产基地。

（王　涛）

【孵化器工作】　年内，华方公司重视孵化器的发展，多次现场调研，召开专题会议研讨相关工作。北京康华伟业孵化器有限责任公司和北京金丰和科技企业孵化器有限责任公司挖掘潜力，不断提升企业孵化器的品质。吸引入驻的科技及文化创意企业近300家，其中国家高新技术企业31家，中关村高新技术企业87家。

（王　涛）

【工业企业管理】　年内，华方公司制订《华方公司关于开展“强化监管、优化管理流程”专项工作的方案》，所属工业企业贯彻落实《物业经营管理办法》和《国有（集体）资产重大事项管理办法》等制度，不断完善工业企业物业管理，制订《房屋出租审批表》和《房屋维修改造工程立项审批表》，规范工业企业管理工作。实现物业收入7375万元，利润总额471万元。

（王　涛）

【帕米尔食府】　年内，华方公司所属帕米尔食府克服原材料涨价、用工成本增加和餐饮业竞争日趋激烈等不利因素，实现营业收入953万元，同比增长22.2%。

（王　涛）

【金融投资】　年内，华方公司出资1500万元，购买了“浙金信托·滨湖城投宏源纺机退城进园”信托产品。该信托产品年化收益率为9.8%，按季派息。4月、7月、10月三次利息收入合计103.75万元。华方公司的金融证券投资按照历年同口径统计（所持筹码变现的净收益）全年盈利479.88万元，账面浮盈2.15亿元。

（王　涛）

【企业培训】　年内，华方公司加强高管人员业务培训。7月，安排公司副总经理继福来、经理助理任丽娟参加了区商业联合会组织的商业企业管理培训；9月，安排总会计师陈冬萍参加区国资委组织的赴德国专题培训；12月，安排总经理张志强参加区委组织部组织的赴英国专题培训；为工业企业举办了“企业内部控制与风险管理体系的建设与运行”的专题培训；组织财务人员共5次分别参加区财政局、地税局、国税局等组织的业务培训；对商业地产投资部人员进行房屋租赁计算机管理专项培训；安排企管部负责人和工业企业负责人参加区国资委开展的劳动法规与合同管理培训；组织部分职工参加人力资源协会举办的心理压力调节培训和区人力社保局组织的博客微博知识讲座；在华方本部员工范围，组织《自我发展与团队管理》专题培训。

（王　涛）

【慈善捐款】　年内，华方公司慈善捐款共计1136267元。其中一次性慈善捐款100万元人民币，主要用于帮助西城区对口支援灾区和贫困地区，以及帮扶西城区的贫困群众；向北京市群众体育专项基金捐赠10万元；华方系统党员和群众个人参与的各类献爱心捐款共计36267元。

（王　涛）

【党建工作】　年内，华方公司党委完善党建工作制度，加强党风廉政建设，开展华方公司系统党组织“基层组织建设年”分类定级工作，开展“党风廉政宣传教育月”活动、“向党说句心里话”活动、“共产党员献爱心”捐献活动、“同舟共济众志成城”“7·21”捐款活动以及“七一”赴斋堂接受革命传统教育活动等丰富多彩的主题教育活动，实现慰问常态化，促进企业和谐稳定。

（王　涛）

商业服务业

【概况】　北京市西城区商务委员会(简称区商务委)是区政府主管全区内外贸易和对外经济合作的工作部门。内设科室9个，下属事业单位3家(区经济合作信息中心、区商业网点规划管理处、区集体经济咨询服务中心)。年内，辖区商务发展品质进一步提升，国际商贸中心示范区建设进一步推进。累计实现社会消费品零售额764.3亿元，同比增长11%。新增18家社区便民菜店，10家早餐规范店。
地址：西城区广安门北滨河路9号
邮编：100055
电话：83509319

(柴晓虹　王雪婷)

【制订出台文件】　年内，区商务委在全市率先出台《西城区“菜篮子”工程蔬菜零售网点建设规划》，提高辖区“菜篮子”供应水平；编制《西城区购物中心统计调查报表制度》，深入进行走访服务与统计挖潜工作，推进全区促消费工作的落实；制订《西城区支持老字号发展专项资金管理办法》推动区域老字号保护和发展。

(柴晓虹　王雪婷)

【社区生活性服务业发展调研】　年内，区商务委按照“保障供应、便利百姓、提升服务、促进繁荣”的原则，启动与居民生活密切相关的菜篮子、早餐、便利店、再生资源、美发美容、洗染和家政7个行业生活性服务业发展情况调研。成立全区调研工作领导小组，区领导王宁、王少峰任组长，20多个部门和15个街道主要领导为领导小组成员，领导小组办公室设在区商务委。区商务委制订了工作方案，成立本部门的社区生活性服务业调研和试点工作领导小组，和北京财贸职业学院组成调研课题组对辖区典型街道社区和重点企业进行实地调研，牵头组织召开专题座谈会，听取区相关委办局、街道社区、重点企业意见和建议，探讨如何更好地服务百姓生活需求，提高城市管理质量和服务民生水平，年底完成调研报告初稿。

(柴晓虹　王雪婷)

【促消费保增长繁荣市场】　年内，区商务委成立促消费联席会议制度及重点商业企业联络领导小组，每周对辖区重点商业企业、市场、超市及连锁餐饮企业进行走访调研，帮助企业解决困难，调动商业企业积极性，深挖增长潜力，确保区域社会消费品零售额平稳增长。先后筹办了2012北京西单国际时尚节、2012北京马连道国际茶文化节、2012北京西城电子商务节等10余项主题促消费活动。2012北京西单国际时尚节活动期间，大悦城、中友百货等19家参与时尚节的零售企业实现零售额24.8亿元，同比增长9.8%，占西单被监测的26家单位当月零售额25.5亿元的97.2%。2012北京马连道国际茶文化节马连道区域消费超过2亿元，客流量超10万人次，总成交额6.6亿元，创历届之最，其中达成合作意向754个，成交额4.6亿。2012北京西城电子商务节共有12个项目成功签约，金象大药房网上商城、内联升尚履商城、西单图书大厦网络书店、西单商场igo5网、中友买乐网、百盛网销售额上升15%以上，亿元商场零售额15.6亿元，同比上升11%。

(邵自军　李小丽)

【推进“菜篮子”系统工程建设】　年内，区商务委创新政企合作模式，分别与河北省农业厅、中国农业发展集团、北京二商集团、北京金泰集团签订西城区“菜篮子”工程建设战略合作协议。利用原有煤炭网点经营便民菜店，引进蔬菜车进社区，推进基地对接和公司化经营，新模式保供稳价示范效果显著。新增18家社区便民菜店，引进12辆车载蔬菜直销车服务29个社区。启动建设西城区蔬菜配送和市场供应监测系统，对重点社区菜市场和蔬菜供应企业蔬菜供应情况进行监测，为实施有效调控措施提供数据支持。积极争取市、区财政资金支持，全年累计投入“菜篮子”工程建设资金690万元，带动蔬菜零售主体企业增加资金投入约700万元。

(鲁旭辉)

【早餐规范管理】　年内，区商务委完成新增早餐规范店10家折子工程。截至年底，辖区有市级早餐示范店172家，区级早餐规范店100家，规范早餐车59辆。形成以聚德华天、翔达公司、和合谷、嘉禾一品等大型连锁企业为主，社会早点规范企业及早餐车为补充的格局。

(赵杰平)

【项目资金申报】　年内，区商务委完成多个专项资金的申报和兑现工作。其中市商业流通发展专项资金项目43个，包括老字号项目16个。做好北京市鼓励批发、零售企业资金兑现工作，共为辖区24家批发企业兑现鼓励资金1700万元，11家零售企业鼓励资金1000万元。

(马　岩)

【家电以旧换新及节能补贴审核】　年内，区商务委做好家电以旧换新材料审核工作，2009年9月至2012年4月，累计审核家电以旧换新材料12829份，审核节能补贴材料3033份，审核补贴金额总计563.2万元。

(赵杰平)

【典当行业管理】　年内，辖区典当企业累计达45家，其中本部32家，分支机构13家。截至年底，32家典当企业本部注册资金累计7.7亿元。辖区典当行业资产总额达10.2亿元，同比增长27.8%。32家典当企业本部典当总额20.8亿元，其中动产业务5.4亿元、不动产业务14.1亿元、财产权利业务1.3亿元，三大业务结构保持稳定。

（马　岩）

【信息监测】　年内，区商务委指导辖区81家商业企业填报市场信息监测数据，反映辖区零售、餐饮、专业店、生活服务业等各类市场发展动态。向市商务信息中心报送市场动态信息230余条。基本完成辖区商务信息资源管理和信息监测系统项目开发工作，推进商务管理和市场监测信息化进程。

（马　岩）

【再生资源回收行业管理】　年内，区商务委按照《北京市2012年为群众拟办重要实事》确定的工作任务，根据市商务委统一部署，完成5个再生资源回收网点提升改造工作。制订《西城区再生资源回收行业管理办法》，主要内容有从事再生资源行业的经营条件、范围、规范及管理规定和管理机制等。选择50多个网点开展12次再生资源回收日活动。

（鲁旭辉）

【老字号保护与发展】　年内，区商务委协调中国式生活方式馆建设；推动大栅栏中华老字号聚集建设，引入老字号企业，实现正兴德大栅栏街店、张一元“清味儿”老茶庄、天蕙斋鼻烟铺3家老字号入驻；12月12日至16日，“中国中华老字号博览会(2012·北京)”在北京展览馆举办，辖区26家企业参展，11家获得14个奖项；在中国商业联合会中华老字号工作委员会第五次工作会上，区商务委被授予全国唯一一个“支持中华老字号发展卓越贡献单位”奖。

（杨缜钊）

【第三届职业技能大赛】　年内，区商务委组织35家辖区重点企业参加北京市第三届职业技能大赛，3名选手挺进市级决赛前十名。张一元公司张洁在商品营业员决赛中取得第一名，被市大赛组委会授予“北京市技术能手”荣誉称号。区商联会被大赛组委会和西城赛区组委会分别授予“优秀组织奖”。

（赵杰平）

【执法检查】　年内，区商务委开展商务行业综合执法检查529次，依法进行安全生产和食盐行政处罚4起，检查生产经营单位1348家次，出动执法检查人员3407人次，达到对全区538家规模以上企业的全覆盖。开展食盐专项检查246次，检查企业528家次，出动执法检查人员554人次。在市商务委专项食盐市场集中整治行动中，抽查辖区10家菜市场的280多个档口和46家餐饮企业，未发现违法经营食盐情况。处理市民投诉假盐举报2起，行政处罚未从具有盐业批发经营许可证企业购进食盐单位1家，罚没食盐58公斤，罚款379.32元。

（廖海林）

【安全生产联组建设】　年内，区商务委对区域规模以上商业零售企业、餐饮企业安全生产规范和服务进行指导，制作下发《安全生产联组经费使用规范办法》、联组活动记录本、规范各联组开展安全生产互查、演练观摩、业务学习、经验交流等活动形式和内容。聘任24名来自不同行业、不同领域的人员担任商务行业安全生产社会监督员。完善激励共建平安机制，提升联组长工作能力和执行力。

（廖海林）

【促销备案】　年内，区商务委开展促销安全专项检查63次，申报促销报告174家次，合格备案企业169家次，备案合格率97.13%。

（廖海林）

【酒类流通备案登记】　年内，区商务委开展酒类流通溯源检查147次，检查售酒企业558家次，酒类流通备案登记累计6740家，新增酒类流通备案企业387家，购买随附单的酒类批发企业共47家。

（廖海林）

【安全生产教育培训】　年内，区商务委开展大型宣传活动2次；组织商务行业安全生产“打非治违”“护航行动”“安全月活动”部署暨安全保卫培训大会等，培训人员超过1000人，发放教育培训材料近5000份；与区饮食协会、德胜街道、展览路街道、聚德华天和凯德嘉茂西直门购物中心等多家单位开展联合安全生产培训，培训企业负责人480余人；组织开展西城区商务行业第五届安全生产知识竞赛，辖区500多家规模以上企业参加；编制并印发2013年安全生产宣教台历和手册8000本。

（廖海林）

【安全生产标准化建设】　年内，区商务委推进商业零售及餐饮规模以上单位的安全生产标准化建设，召开多次研讨会，就标准化评定标准进行研究讨论，委托市劳保所制订《西城区餐饮经营单位安全生产标准化评定标准》，选取2家单位对标准的科学性、可操作性和可行性进行实践验证，并研究制订申报、评审等相关管理办法。

（廖海林）

【新三定及竞争上岗】　年内，区商务委按区政府要求明确主要职责，重新进行科室设置和人员定岗定责。下设办公室、商务发展规划科、流通发展科、流通管理科、外经贸发展科、外经贸管理科、综合执法科、党群办公室、纪检监察科9个科室。采取竞争上岗的方式，选拔任用6名科长、3名副科长。

（唐　勇）

北京金源投资管理有限公司

【概况】　北京金源投资管理有限公司（简称金源公司）内设商品运营部、物业部、财会审计部、人力资源部、办公室，下辖金源千业超市有限公司、牛街清真超市有限公司、正兴德茶叶有限公司、永安茶叶有限公司，拥有直营门店16家，建筑面积3万余平方米，主要从事商业超市及茶叶、服务业经营；控股企业1家（金诚信恒再生资源利用有限公司），回收站点68个，主要从事再生资源利用与回收。年内，金源公司以转变经济增长方式、提高经济运行质量为重心，深化体制机制改革和企业文化建设，实现企业全面发展，销售收入同比增长10%，利润同比增长近50%。
地址：西城区广安门南街60号
邮编：100054
电话：63546018

（付淑梅）

【持股会三届三次会员代表会】 1月12日，金源公司召开内部职工持股会三届三次会员代表会，审议通过2011年董事会工作总结和2012年工作思路的报告、2011年财务预决算、利润分配方案的报告及2011年监事会工作报告，公司总部和门店的50名会员代表出席。

（付淑梅）

【慰问在职员工】 1月22日，金源公司董事长、党委书记、总经理及领导班子成员到公司各门店进行节前走访慰问，为521名员工发放春节红包5.21万元。

（付淑梅）

【慰问离退休干部和困难员工】 1月30日，金源公司在南来顺饭庄召开新春团拜会，51名离休、处退干部及劳动模范参加，公司领导与大家欢聚一堂，共贺新春，共话企业发展。春节期间，党政工领导走访慰问离退休及困难员工46人，发放慰问金、慰问品2.96万元。

（付淑梅）

【元旦春节劳动竞赛】 1月至2月，金源公司以“龙腾虎跃闹新春，争创销售开门红”为主题，开展为期60天元旦春节营销服务劳动竞赛，竞赛期间，公司销售额增长551.07万元，增幅9.74%。

（付淑梅）

【经济工作总结汇报会】 2月14日，金源公司召开2011年经济工作总结汇报会，各部室副职以上人员、各门店店长参加会议，党委副书记刘德明主持。

（付淑梅）

【党政工作会】 4月6日，金源公司召开2012年党政工作会，公司党委书记张维杰总结2011年党政工作，总经理平国栋部署2012年工作任务，董事长时文生主持会议并讲话。

（付淑梅）

【正兴德第十届春茶节】 4月20日至5月7日，正兴德茶庄举办第十届春茶节，并参加中国茶叶流通协会等6单位在大观园举办的以“京城飘茶香，品茗惠万家”为主题的北京春茶节。春茶节期间，实现茶叶销售86.5万元，同比增长11%。

（付淑梅）

【二届三次职代会】 4月26日，金源公司召开二届三次职代会，60余名代表出席，审议通过公司2011年经济工作总结和2012年工作思路的报告、2011年公司招待费使用情况的报告、公司集体协商制度（草案）和工资集体协商职工方代表资格的报告。

（付淑梅）

【服务职工在基层宣传月活动】 4月，金源公司开展以“服务职工、凝心聚力、快乐工作、和谐发展”为主题的“面对面，心贴心，实打实服务职工在基层”宣传月活动。成立由公司领导任组长、公司工会委员会委员为成员的领导小组，为45名新入会会员办理了入会手续并发放京卡互助服务卡，使其享受京卡提供的多种服务。

（付淑梅）

【团总支换届选举】 5月3日，金源公司召开团总支换届选举大会，28名团员参加，选举产生5人组成的新一届团总支委员会。会上，还举行了超龄团员退团仪式，张维杰、刘德明为14名老团员颁发纪念品并提出希望。

（付淑梅）

【建立后备人才库】 6月19日至20日，金源公司在红旗大学举行为期2天的后备人才考评和选拔考试，51名35岁以下、大专以上学历的员工报名，经过自荐、推荐，47名员工获准参加考试，通过笔试、面试等程序，经公司后备人才推荐选拔工作领导小组审定，确定41名员工入选后备人才库。按照“定期考察，动态管理”原则，公司后备人才推荐工作每年进行一次。每三年确认更新一次。

（付淑梅）

【创先争优表彰会】 6月28日，金源公司党委召开庆“七一”暨创先争优表彰大会。会上，新党员面对党旗庄严宣誓，全体党员统一佩戴党旗徽章，并为3个先进党支部和20名优秀共产党颁发荣誉证书。公司80余名党员参加会议。

（付淑梅）

【举办超市店长培训班】 7月至12月，金源公司与上海尚益企业管理咨询有限公司合作，在红旗大学举办名为“卓越店长魔鬼训练营”的超市店长培训班，共34人参加，培训课程为提升领导管理能力和业务素质两部分。

（付淑梅）

【持股会三届四次会员代表会】 8月17日，金源公司召开内部职工持股会三届四次会员代表会、会议审议通过公司内部职工持股会章程修正案、内部职工持股会理事会增资实施方案。

（付淑梅）

【两家新店开业】 8月17日，正兴德茶庄大栅栏店和天蕙斋鼻烟铺在大栅栏街3号新张迎客。两家新店共有营业面积300余平方米，分上下两层，一层以经营茶叶为主，有7大类200余个品种；二层为多功能区，主要经营各种茶具，并设有茶座。副区长梁昌新、区商务委主任郭新等有关领导出席开业仪式并剪彩。

（付淑梅）

【开斋节爱心捐助活动】 8月19日，金源公司旗下牛街清真超市、正兴德茶庄举办“恭贺开斋奉献爱心”系列活动。为回民小学、回民中学30名贫困家庭捐助爱心助学金6000元，为牛街礼拜寺捐赠乜贴4000元及乜贴枣10斤，公司董事长、党委书记、总经理为牛街敬老院和回民小学学生颁发了节日礼品和助学金。开斋节当天，实现商品销售71.7万元，同比增长

12.7%，茶叶销售11.5万元，同比增长13.9%。

（付淑梅）

【捐资助教】　9月14日，金源公司总经理率工会、办公室有关人员前往大兴区崔指挥营民族小学捐资1万元，用于学校改善办公条件和教师生活，大兴区崔指挥营民族小学回赠“关爱学子情深，爱心助学意浓”锦旗一面。

（付淑梅）

【首届供应商大会】　9月17日，金源公司以“同贺司庆13周年——携手共进、零供双赢”为主题，举办首届供应商大会，共有150家供应商参加，会上，供应商一致表示要保持良好合作关系，携手共进，共创未来。

（付淑梅）

【正兴德第十一届茉莉花茶节】　9月20日至10月6日，正兴德茶庄举办第十一届茉莉花茶节，开展2012年新花茶展卖促销活动，各茶庄开展买茶送茶、购茶送礼、特价销售、团购优惠等酬宾活动。促销期间，销售收入同比增幅60.43%。

（付淑梅）

【公司13周年司庆】　10月15日，金源公司在宣武文化馆召开以“变革发展中的金源”为主题的成立13周年庆祝大会，张维杰主持，平国栋宣读公司《2012年至2016年企业发展规划（草案）》，时文生讲话。各部室、各单位组成的六支合唱队进行了文艺合唱汇演。

（付淑梅）

【国家民委领导调研清真超市】　10月19日，国家民委有关领导率各省市民委主任一行50余人到牛街清真超市调研，平国栋详细介绍了超市成立13年来的成长发展、经营特色等情况。市民委、区民宗侨办有关领导和牛街街道工委书记陪同。

（付淑梅）

【党风廉政教育会】　10月23日，金源公司召开党风廉政教育会，平国栋宣读《廉政风险防范实施细则》，张维杰作《坚定理想信念，保持党的纯洁性》主题党课，13名员工被聘为党风廉政监督员，并向他们颁发聘任证书。

（付淑梅）

【消防安全教育】　10月，金源公司组织各门店员工140人进行消防器材现场讲解及实操演练，模拟火灾现场体验灭火器的使用，并组织门店主管安全店长16人参观北京消防博物馆。

（付淑梅）

【劳动竞赛表彰会】　11月，金源公司召开“金九银十”两节劳动竞赛表彰会，对完成和超额完成任务的12个单位进行表彰。

（付淑梅）

【市领导调研清真超市】　11月26日，中央政治局委员、市委书记郭金龙到金源公司牛街清真超市调研。公司领导详细介绍了牛街清真超市的经营情况，郭金龙听后给予充分肯定，并称赞牛街清真超市“店小名声大”。市领导吕锡文、赵凤桐、市商务委主任卢彦、区委书记王宁、区长王少峰等领导陪同。

（付淑梅）

北京金座投资管理有限公司

【概况】　北京金座投资管理有限公司（简称金座公司）所属企业有志同达劳务服务有限公司、德寿堂医药有限公司、大栅栏自行车有限责任公司3家子公司和劳务服务分公司；公司控股、参股企业7家，包括内联升鞋业有限公司、瑞蚨祥绸布店有限公司、瑞蚨祥（北京）投资管理有限公司、鹤年堂医药有限公司、菜市口医药有限公司、金鑫然医药有限公司、鹤鸣堂医药有限公司。职工总数3790人，其中在职职工1975人，离退休1815人。年内，金座公司及参控股企业经营收入86702万元，实现利润6294万元，同比增加25.1%；上缴税金3554万元，同比增加32.9%。

地址：西城区南横西街27号

邮编：100052

电话：63522526

（王继红）

【三届二次股东大会】　1月16日，金座公司召开第三届第二次股东大会，会议审议通过公司2011年经济工作报告、财务决算报告、利润分配方案报告、监事会工作报告。

（王继红）

【经济工作会议】　2月23日至24日，金座公司召开2012年度经济工作会议。公司党政领导班子成员、各部室主任及全体员工出席会议。各部室主任和每位员工围绕落实公司2012年“折子工程”列出的重点工作，分别介绍了本部室具体落实的计划和措施安排。各主管经理分别对所管部室的发言进行综合点评，提出改进意见和要求。公司董事长薛国强作总结讲话。

（王继红）

【参加京味儿非遗展】　6月9日至17日，内联升应中国非物质文化遗产保护中心邀请，参加了在国家博物馆举办、由市委宣传部、市文化局、市文物局等单位主办的“京味儿非物质文化遗产展”。内联升千层底布鞋制作技艺国家级传承人何凯英作现场演示和介绍。参展期间，副市长、市委宣传部部长鲁炜到内联升展台参观千层底布鞋制作技艺展演，并与何凯英亲切握手。

（王继红）

【安全维稳专题培训】　7月11日，金座公司党委邀请区国家安全局领导为所属基层支部书记进行安全和维稳专题培训，了解安全形势，提高防范意识，提升维稳工作水平。

（王继红）

【安全生产实践活动】　7月19日，金座公司工会召开基层工会主席会议，布置“学知识、强意识、重实践、保安全”，为党的十八大胜利召开做贡献的主题宣传实践活动。活动共有6项内容：在职工中开展一次安全生产法规知识的专题培训或进行安全生产案例展览参观活动；对企业内部安全生产责任制落实情况进行一次全面检查；对企业安全生产特殊作业岗位、安全生产重点部位进行一次安全检查和隐患排查；组织开展一次班组之间、职工之间的安全生产竞赛活动；在工会骨干中开展一次做一日安全生产监管员活动；组织一次职工为企业安全生产提一次合理化建议活动。

（王继红）

【内联升获多项殊荣】 8月9日至10日，内联升受邀参加中国商业联合会中华老字号工作委员会的第五次工作会议，内联升董事长程来祥被聘请担任常务理事，授予其为“中华老字号传承创新优秀掌门人”称号，授予内联升“中华老字号传承创新先进单位”称号。

（王继红）

【组建新公司】 9月5日，金座公司和瑞蚨祥控股组建了瑞蚨祥（北京）投资管理有限公司，注册资本1000万元，金座公司出资占注册资本的60%。新公司聘请品牌策划运营专家团队进行合作，开展瑞蚨祥品牌延伸和品牌资本化经营活动。

（王继红）

【深入基层讲党课】 9月14日，公司党委副书记张山树到志同达劳务派遣公司，为青年职工讲主题为“树理想、讲奉献、重实干、求创新”的党课，从青年员工必须培养勇于担当的责任意识、做一个负责任的人等五个方面，结合企业实际和迎接十八大召开等内容进行宣讲，使参加党课的青年职工获益匪浅。

（王继红）

【职工秋季登山比赛】 10月18日，金座公司工会在百望山公园举办第七届职工登山比赛，8个单位的105名职工参加，16名职工获得奖励。

（王继红）

【瑞蚨祥再创佳绩】 年内，百年老店瑞蚨祥销售收入同比增长20%；利润同比增长30.25%；上缴税金同比增长33.6%；职工人均收入同比增长13%，取得四项指标均创历史最高水平的优异成绩。

（王继红）

【企业精细化管理】 年内，金座公司机关各部室、直属及投资企业，落实党委“制度建设年”工作部署，开展企业精细化管理，各企业、各部门和岗位的综合管理效率不断提高。

（王继红）

北京市金工投资管理公司

【概况】 北京市金工投资管理公司（简称金工公司）主要任务及职责是：依法依规做好企业经营管理；认真履行国有资产保值、增值的职责；承担企业安全稳定工作第一责任；妥善处理解决历史遗留问题；完成区国资委布置的各项工作任务。主要经营项目为出租房屋。公司设综合办公室、人力资源部、经营计划部、财务部、安保部、离退休职工管理服务中心。年内，在职职工124人，离退休职工4898人。

地址：西城区白广路二条甲8号

邮编：100053

电话：63582366

（李国庆）

【增设安保部】 1月30日，金工公司调整各部门职能，增设安保部，加强基础管理，落实安全责任。

（李国庆）

【2012年工作会】 2月16日至17日，金工公司召开2012年工作会，公司领导班子成员、助理、部门副职以上中层管理人员、各企业党组织负责人（经理）、区国资委党委副书记张志强参加会议。2月16日，公司党委与各党（总）支部签订《2012年党建工作目标责任书》。2月17日，公司与各部门签订《部门百分目标责任书》。

（李国庆）

【双金属轴瓦厂剥离】 9月，金工公司完成北京双金属轴瓦厂剥离改制工作，不再为其支付任何费用，每年可节省180万元左右费用，同时排除了潜在不稳定因素。

（李国庆）

【安德里路亿万利达大厦清退】 年内，金工公司经过3个多月的努力，使亿万利达大厦方主动提出解除租赁合同，并于6月30日提前半年正式退出。金工公司接管后，全力做好其后续管理及亿万利达大厦出租户的清退工作，除一户特殊情况外，完成其他25户的清退工作。管理期间收回26户租金104万元、水费13万元、供暖费2.77万元。

（李国庆）

【半步桥14号院南楼清退工作】 年内，金工公司完成半步桥14号院南楼二三层枣园宾馆及四五层华夏伟业公司的清退工作，连同腾出南楼一层及院内平房的金工公司办公用房，全部租给富力邦公司，每年新增租金收入87.18万元，比原租提高了两倍以上，解决了原租户经营不善不能按约缴纳租金及租金低廉的历史遗留问题。

（李国庆）

【半步桥14号院水电管网改造】 年内，金工公司利用国有资本金项目资金200万元的支持，完成半步桥14号院水、电基础设施改造工程，解决了南楼二层以上多年缺水的难题，满足了富力邦公司新增100余间客房的用电需求。

（李国庆）

【公司办公地点搬迁】 年内，金工公司由西城区半步桥街14号搬迁到西城区白广路二条甲8号北京市大华陶瓷厂锅炉房附属用房，为14号院增收创造了条件。一二期修缮改造工程完成后，办公面积580平方米，改善了办公条件。

（李国庆）

【安全维稳工作】 年内，金工公司接待电话访68人次、重要信访9件，未因工作不当出现非正常的越级访。公司有关领导先后两次在区国资委举办的庆“七一”总结表彰大会和迎接十八大召开确保稳定安全总结大会上作为典型单位代表进行经验交流。公司安保部在西城公安分局工作评比中获集体嘉奖。

（李国庆）

【建立自管房信息库】 年内，金工公司退管中心经过6个月的努力，获取很多有价值的房产材料，根据这些依据和凭证，建立了自管房信息库。

（李国庆）

【亿万利达大厦划拨华方公司】 年内，金工公司与华方公司双方通过商谈取得一致性意见，并经区国资委批准，将亿万利达大厦划拨给华方公司。华方公司以亿万利达大厦的资产评估值作为参考和依据，分三至四年将款项拨付给金工公司，帮助解决金工公司遇到的资金困难。

（李国庆）

【北波公司股权收回】 年内，金工公司通过签约，收回北京波罗努斯涂装设备有限公司股权。

（李国庆）

北京市金正资产投资经营公司

【概况】 北京市金正资产投资经营公司（简称金正公司）是国有独资企业，作为国有资本出资人的市场化代表，以法人股东的身份进行国有资本产权运作，并对中小企业及个体工商户提供融资担保、小额贷款、投资管理等金融服务。金正公司设2部1室，下设3家子公司，有员工43人。注册资金66994万元，对外投资企业19家。年内，金正公司实现归属母公司净利润4301.68万元，主营业务收入2012.86万元。

地址：西城区广安门内大街6号枫桦豪景西配楼3层

邮编：100053

电话：83516692

（田　媛）

【追加投资工作】 3月20日和5月7日，金正公司对北京翔达投资管理有限公司分别追加投资95万元和5万元。9月27日，金正公司对北京金源投资管理有限公司追加投资332.55万元。

（田　媛）

【融资担保工作】 3月29日，北京金正光彩担保有限公司取得五年期《融资性担保机构经营许可证》。9月10日，该公司名称变更为“北京金正光彩融资担保有限公司”。

（田　媛）

【金正融兴成立】 6月7日，金正公司出资5301万元成立北京金正融兴资产管理有限公司。金正融兴经营范围包括资产管理、投资管理、投资咨询、企业管理咨询，并受托管理金正公司的股权投资项目及8家重要子企业的资本运营管理工作。

（田　媛）

【全国政协领导到企业考察】 6月29日，全国政协提案委员会领导一行20人到北京金正融通小额贷款有限公司进行考察。市金融局副局长沈鸿与区金融办副主任聂杰英等陪同考察。

（田　媛）

【股权划转】 7月4日，金正公司将投资北京国翔资产管理有限公司的649万元、投资北京金银建出租汽车有限公司的500万元及其相应权益无偿划转至北京金正融兴资产管理有限公司。11月27日，金正公司国有资产无偿划转至北京金融街资本运营中心。

（田　媛）

【注册资金变动】 9月27日，金正公司完成北京广安控股有限公司和北京京都文化投资管理公司的资产剥离。金正公司注册资本金由371869.5万元变更为66994万元。

（田　媛）

【重要子企业管理】 10月18日，金正公司召开“金正公司及其重要子企业经济情况分析会”，明确金正公司与8家重要子企业之间的管理关系。会上，金正公司重要子企业——北京菜市口百货股份有限公司、北京张一元茶叶有限责任公司、北京翔达投资管理有限公司、北京世纪金工投资有限公司、北京金源投资管理有限公司、北京宣兴房地产开发股份有限公司、北京金正光彩融资担保有限公司、北京金正融通小额贷款有限公司分别作工作汇报。

（田　媛）

【股权投资】 11月28日，金正公司收购北京富龙佳投资有限公司持有的北京金成锦华融资担保有限公司5%股权。

（田　媛）

【对外提供融资担保】 年内，北京金正光彩融资担保有限公司为中小企业及自主创业人员提供融资担保共计21423万元，包括为市内48户中小企业及个人的59个融资项目提供担保21080万元，与区人力社保局合作为34户下岗人员、创业大学生及复转军人提供全额贴息贷款担保343万元。

（田　媛）

【对外提供小额贷款】 年内，北京金正融通小额贷款有限公司为区内中小企业、个体工商户及自然人发放小额贷款55笔，共计14250万元。其中企业贷款7150万元，个人贷款7100万元。

（田　媛）

【对外投资】 年内，北京金正融兴资产管理有限公司共投资5家企业的6个项目，累计投资额2亿元。

（田　媛）

北京翔达投资管理有限公司

【概况】 北京翔达投资管理有限公司（简称翔达公司）是国有法人参股的有限责任公司。注册资本5000万元人民币，主要经营范围涉及餐饮业、饭店业、洗浴业、美容美发业、摄影业、旅游文化业、物业管理业等经营业态。内设办公室、人力资源部（安全保卫部）、经营策划部、财务部、审计部、集采部和党务工作部7个部室。拥有翔达晋阳饭庄、翔达晋阳白广路饭庄、翔达晋阳银谷饭庄、翔达晋阳马西路饭庄、翔达吐鲁番餐厅、美味斋饭庄、致美斋饭庄、清华池浴池、虎坊路清华池浴池、清华池会所、翔达白鹭美容美发店、首都照相馆、翔达恒兆饮食服务分公司、博兴饭店14个分公司制企业，投资设立了翔达国际商务酒店有限公司、翔达海鲜大酒楼有限公司、中兴世纪物业管理有限公司、晋雅信达文化发展有限公司、翔达旅行社有限公司5家全资子公司和翔达南来顺饭庄有限公司、翔达高球体育休闲俱乐部有限公司2家控股子公司，出租网点32处，建筑面积近9万平方米。年内，翔达公司完成营业收入同比增长5.3%，实现利润同比增长7.6%，资产总额54400万元。

地址：西城区教子胡同28号

邮编：100053

电话：63521731

（牟星玮）

【述职述廉测评会】　年初，翔达公司召开领导干部述职述廉测评会。区国资委有关领导、翔达公司领导班子成员、各单位书记、经理、工会主席及公司总部管理人员参加会议，董事长孙勇、总经理李卫民、党委书记冯双利分别述职述廉，参会人员对企业领导班子成员及干部选拔任用情况进行民主测评。

（牟星玮）

【春节联欢会】　1月16日，翔达公司在北京市工人俱乐部举办第八届春节联欢会。联欢会上表演了由员工自编自演、体现企业品牌建设和老字号文化底蕴的文艺节目，表彰了获公司级以上先进单位和先进个人，并进行抽奖活动。

（牟星玮）

【慰问老干部】　春节前夕，翔达公司在晋阳马西路饭庄举办老干部迎新春团拜会，20多名离退休干部欢聚一堂。翔达公司领导班子成员向离退休老干部致以节日的问候，李卫民报告企业生产经营情况。会后，组织专人对因病或路途较远未参加团拜会的老干部分别进行入户走访慰问。

（牟星玮）

【美食班车进翔达】　3月1日，由市旅游委和《北京晚报》共同举办的“2012北京旅游美食班车”在翔达公司启动。“美食班车”首站开进翔达南来顺饭庄，开启“游大观园、品南来顺、享清华池”的美食之旅。之后，分别开展“游纪晓岚故居、品传统韵味”“游陶然亭、品致美斋、享清华池”系列旅程。

（牟星玮）

【时尚美食节】　4月16日，2012北京国际美食盛典暨西城区时尚美食节开幕式在中国职工之家酒店开幕，翔达旗下南来顺饭庄、吐鲁番餐厅和翔达海鲜大酒楼参加了时尚创新菜品展示活动。

（牟星玮）

【员工运动会】　5月15日，翔达公司在广安体育场举办第五届员工运动会。运动会设立2个集体项目和6个个人项目比赛，翔达公司所属各单位700余人参加入场式、第八套广播体操比赛和各项赛事活动。

（牟星玮）

【旅游美食大集】　6月25日，由市旅游委举办的2012年北京旅游美食文化季“北京旅游美食大集”在国家奥林匹克公园举行。翔达公司旗下翔达晋阳银谷饭庄的山西特色风味菜品和精美面点参展。

（牟星玮）

【创先争优总结表彰会】　6月27日，翔达公司党委召开“纪念建党91周年暨创先争优活动总结表彰大会”，会上表彰了评选出的创先争优先进党支部和优秀共产党员，全系统党员、团员、业务骨干100余人参加会议。

（牟星玮）

【职业技能大赛】　年内，翔达公司128人参加北京市第三届职工职业技能大赛，其中33人进入复赛，8人晋级决赛，并取得历届以来最好成绩。

（牟星玮）

【档案测评工作】　12月21日，由区档案局组成的档案工作测评组对翔达公司档案管理工作进行测评，确认翔达公司档案工作达到优秀标准，并被评为北京市区县机关档案工作市级优秀单位。

（牟星玮）

【大学生联欢会】　12月24日，翔达公司和中国人民大学公共关系协会在翔达国际商务酒店共同举办北京大学生圣诞联欢会，清华大学、北京大学、人民大学、北京工商大学等10余所高校的近200名大学生欢聚一堂，共度圣诞良宵。

（牟星玮）

【经营结构调整】　年内，翔达公司加大资金投入，推进经营结构调整，培育经济增长点。翔达国际商务酒店一层西侧日式料理餐厅装修改造工程完工并投入运营。翔达晋阳饭庄纪府草堂名人宴经营环境改造工程有序推进。翔达会馆的资产整合、机构调整、整体改造装修工程完成。

（牟星玮）

【信息化建设】　年内，翔达公司财务集中核算（NC）系统、收银系统、会员管理系统投入使用，集中采购供应链系统上线运行，初步形成收入结算一体化，信息录入规范化，数据分析标准化，后台管理科学化的财务核算体系和集约化管理格局。

（牟星玮）

【十八大主题活动】　年内，翔达公司党委举办喜迎中共十八大爱国教育演讲会；召开后备人才学习宣传贯彻十八大精神座谈会；制订《关于学习宣传贯彻党的十八大精神的安排意见》；召开学习宣传贯彻十八大精神专场报告会，邀请区十八大精神宣讲团成员、市委党校经济部主任赵莉作专题报告。

（牟星玮）

【后备人才培训】 年内，翔达公司举办后备人才培训班，邀请全国五一劳动奖章获得者李金明、负责原子弹氢弹研发制造的原221厂厂长王菁珩、宣武红旗大学三位专业讲师，进行弘扬北京精神、树立爱国情操和经营管理专业知识讲座，并组织业务骨干参加首都职工素质教育工程培训。全年培训后备人才和业务骨干600人次。

（牟星玮）

【团委主题活动】 年内，翔达公司团委开展"践行北京精神，促进文化兴企"系列主题活动，组织团员青年参观"科学发展、成就辉煌"大型图片展。

（牟星玮）

北京贯通资源投资有限公司

【概况】 北京贯通资源投资有限公司(简称贯通公司) 设立股东会、董事会、监事会机构，设置3部1室，计11人。有职工264人。贯通公司以项目开发、物业管理、宾馆酒店、餐饮娱乐为主业，注册资本金3000万元。拥有贯通大厦、世通大厦、亿通大厦、科环大厦、中储棉办公楼等10万平方米的物业项目及贯通现代酒店前门店、和平里店、贯通大厦店3家经济型酒店，同时经营运作华南大厦、华远大厦、甘雨桥小区的部分房屋资产。全年实现销售收入6405万元；实现利润1700万元；实现利税2073万元。
地址：西城区百万庄大街8号中楼
邮编：100037
电话：68310511

（温 烈）

【签订目标管理责任书】 1月，公司与各基层经理签订目标管理责任书，各基层经理在充分征求员工意见的基础上，都认领了高档指标。

（温 烈）

【写字楼出租】 年内，贯通大厦根据周边写字楼市场调研结果，租赁单价上调每天每平方米0.1至0.4元。共出租写字间865.4平方米，续租3924.8平方米，出租率100%。

（温 烈）

【续签物业管理合同】 年内，贯通公司与国家电力公司续签科环大厦6万平方米物业管理合同，收入208万元。

（温 烈）

【安全生产】 年内，贯通公司针对各企业分布点多、面广、线长、高度分散、管理难度较大的特点，与各企业签订安全责任书，层层落实责任制，组织应急预案演练，开展以防火、防盗为主要内容的安全检查，主要领导不定期地进行抽查，确保安全无事故。

（温 烈）

【经营管理活动】 年内，贯通公司规范管理，建立人力资源管理体系，推行绩效考核管理办法，建立"三级员工制"、"干部员工考核标准"，把月考核与干部员工工资、奖励有机结合，做到奖优罚劣，培养有目标、工作有标准、考核有内容，为干部员工培养发展提供平台，调动了干部员工的积极性，促进了各项服务管理工作的开展。抓住企业管理的难点、重点推行"五常法"（常组织、常整顿、常清洁、常规范、常自律），编写成作业指导书，取得明显成效。

（温 烈）

北京华兴新业商贸有限责任公司

【概况】 北京华兴新业商贸有限责任公司（简称华兴新业公司）是区属国有独资公司，由北京市复兴商业城有限公司、北京市新街口百货有限公司、北京地百商贸有限公司、北京西西友谊商城有限公司等12家全资、控股、参股企业组成，注册资本金10800万元人民币。华兴新业公司以百货零售、批发经营为主，酒店、餐饮、婚庆服务、服装制售、化工、物业等经营为辅。截至年底，在职1500人，退休3776人，离休干部16人。年内，华兴新业公司实现营业收入86751万元，同比上升3.64%；实现利润6047万元，同比上升7.33%；考核口径归属母公司净利润2732万元，同比上升11.51%；净资产收益率5.07%；成本费用利润率7.45%。党委书记、董事长刘琦被北京市企业联合会评为2011—2012年度北京优秀企业家。
地址：西城区华远北街1号楼7层
邮编：100032
电话：66184460

（王 旸）

【成文厚帐簿卡片公司】 2月，成文厚帐簿卡片有限公司首次向市场推出以成文厚品牌命名的印台、印油等系列产品，充实自有品牌产品组合，拓展自有品牌发展之路。

（王 旸）

【华兴清华商贸公司】 4月，华兴清华商贸有限责任公司调整经营方向，制订整体出租方案，将地下商场及地上西侧的经营面积整体出租，年底前正式对外出租。

（王 旸）

【捐资助学】 "六一"前夕，复兴商业城派人前往位于辽宁省丹东市的毛岸英学校，送去价值近2万元的学习用品及体育器材。毛岸英学校校长为复兴商业城颁发"捐资助学 大爱无疆"锦旗，县教育局党委书记为总经理刘琦颁发"名誉校长"聘书。

（王 旸）

【变更产权登记】 9月24日，华兴新业公司国有产权登记由西城区人民政府国有资产监督管理委员会国家资本，变更为北京金融街资本运营中心法人资本，完成工商登记变更。

（王 旸）

【二届一次董事会】 9月，华兴新业公司召开二届一次董事会，董事会由刘琦、陈立平、路曦、周伟丽、段莉彩、周建成、阴亚宾7人组成，其中陈立平为外部董事，曹伟任董事会秘书，区国资委领导出席会议。

（王 旸）

【复兴商业城20年城庆】 10月，复兴商业城制作主题为"风景这边独好"

的复兴商业城20年回顾专题片，举办图片展，举行大型专场促销活动，喜迎20周年城庆。

（王　旸）

【劳动技能大赛】　10月，华兴新业公司成立参赛组委会，确定收银员、服务员、中烹三个参赛工种，选派60名选手，参加北京市第三届职工职业技能大赛，2人分获中烹比赛第七名、第八名，1人获收银员比赛第八名。

（王　旸）

【团员代表大会】　12月，华兴新业公司召开团员代表大会，总结团委工作并进行改选，选举产生华兴新业公司第二届团委委员7人，选举郭英为团委书记。

（王　旸）

【开展餐饮调研】　年内，华兴新业公司开展专题调研，培育以“北平居”为品牌的高端商务餐饮品牌，探寻高端商务餐饮集群发展模式，打造新派京味儿菜特色，丰富京味儿内涵，为规模经营进行规划，完成《华兴京味儿餐饮企业调研报告》。

（王　旸）

【无障碍设施改造升级】　年内，新街口百货商场利用销售淡季，对原露天后院进行整体改造，形成封闭式综合服务区，包括总服务台、服装修改等便民服务项目，无障碍卫生间、低位服务台、低位洗手池等无障碍设施全面升级。

（王　旸）

【职工书屋】　年内，华兴新业公司工会丰富职工精神文化生活，搭建职工读书学习平台，协助基层企业建设4个区级职工书屋，购置多组图书柜和近万本书籍，专项补助支出17300余元。

（王　旸）

北京恒达宏业经贸有限公司

【概况】　北京恒达宏业经贸有限公司（简称恒达宏业公司）设有3个职能部室，所属5个分支机构，在职62人，离退休357人。主要经营炊事机械、不锈钢制品、土产、建材、日用杂品。年内，实现商品销售收入5177.8万元，同比减少585万元；实现利润32.2万元，同比增加11万元；年资金回报率5%。

地址：西城区盆儿胡同62号院旁门
邮编：100054
电话：63522045

（王立国）

【职业道德活动动员会】　1月12日，恒达宏业公司召开“开展职业道德活动”动员大会，公司经理部署活动实施方案和具体要求。

（王立国）

【二届三次职代会】　3月9日，恒达宏业公司召开二届三次职工代表大会，总结2011年工作，部署2012年工作思路，讨论通过2011年业务招待费使用情况和集体合同执行情况的报告。

（王立国）

【基层组织建设工作会】　4月9日，恒达宏业公司党总支召开各基层支部书记及党外干部工作会，党总支书记布置关于开展基层组织建设工作，同时对党总支工作进行测评。

（王立国）

【区工会检查服务基层落实情况】　4月12日，区工会经审科牛莉到恒达宏业公司检查“面对面、心贴心、实打实”服务基层落实情况，恒达宏业公司工会主席汇报贯彻执行情况。

（王立国）

【深化企业改革工作会】　4月20日，恒达宏业公司召开深入企业改革工作会，恒达宏业公司领导强调，深化改革方面要有新的探索，制定改革措施，要对阻碍企业发展的一些现行规定有所突破，保持改革的连续性和稳定性。

（王立国）

【建党91周年庆祝会】　6月29日，恒达宏业公司党总支召开“庆祝建党91周年”大会，党总支书记带领新党员进行宣誓，会上总结了开展创先争优活动情况。

（王立国）

【十八大期间安全维稳工作】　10月28日，恒达宏业公司召开大会，传达区国资委关于做好十八大期间安全维稳工作的通知，结合企业情况进行布置安排。十八大期间，上报了值班表，做到领导带班，坚持每天向区国资委汇报企业安全维稳情况，确保了十八大期间企业各方面的安全。

（王立国）

【董事会监事会换届】　12月26日，恒达宏业公司在万寿商务酒店二楼会议室召开三届一次股东大会，恒达宏业公司董事长报告三年工作情况，选举产生了新一届董事会和监事会成员。新一届董事会、监事会的代表，提出了企业发展方向和奋斗目标。

（王立国）

【多元化营销】　年内，恒达宏业公司坚持商品经营和资产经营方针。炊机公司加强市场信息分析，研究商品的发展势态，跟踪客户需求动态，及时调整经营策略，抢占市场先机。宣武建材商场，坚持资产经营过程的管理，努力提高资产的使用效益，最大限度发挥资产的使用价值，确保资产经营的运行质量。菜市口厨具中心发挥厂商联营的优势，实行优势互补，畅通销售环节，提高经营质量，提升经济效益。红星炊具商店坚持做好烟花鞭炮的供应，确保安全销售。宏盛兴炊机分公司坚持品牌经营，不断提高企业在市场的占有率。

（王立国）

北京华天饮食集团公司

【概况】　北京华天饮食集团公司（简称华天集团）由华天集团母体和2个改制子公司组成。华天集团以庆丰包子铺、同和居饭店、同春园饭店、惠丰饺子、延吉餐厅等餐饮为主业态，兼营副食零售、宾馆等业态。所属2个重要子公司：聚德华天控股有限公司（简称聚德华天公司）以经营鸿宾楼、烤肉宛、烤肉季、砂锅居、护国寺小吃等中华老字号餐饮品牌为全业态；北京万方有限公司以经营天福号酱肘子、桂香村糕点、元长厚茶叶等食品加工和零售业态为主。华天集团及所属2家重要子公司有在岗职工5000余人，离退休职工9000余人。年内，华天集团及所属2家重要子公司（含加盟店）实现营业收入16亿元，其中直营店实现营业收入11.63亿元，实现利润1.84亿元。华天集团母体实现营业收入3.64亿元，利润实现5430万元；聚德华天公司实现营业收入4.28亿元，实现利润5783万元；北京万方有限公司实现营业收入3.71亿元，实现利润7228万元。

地址：西城区二七剧场路乙6–2号

邮编：100045

电话：68059875

（陈　涛）

【老字号连锁店不断发展】 年内，华天集团所属北京庆丰包子铺拓展餐饮连锁市场，规范连锁经营，连锁店总数达165家。庆丰包子铺位于顺义区李遂镇的庆丰馅料配送中心二期项目竣工并投产，日均生产配送馅料产量超过10吨，全年累计配送馅料超过4000吨，实现产值7200万元。华天集团所属的华天凯丰公司承接了北京市国家税务总局、区财政局、区社保大厦、什刹海与陶然亭街道办事处5家机关餐厅，连锁服务规模达23家。护国寺小吃连锁店达25家。峨嵋酒家发展到8家。延吉餐厅连锁店6家。香妃烤鸡快餐连锁店7家。柳泉居豆包网点28家。新川面馆11家。烤肉宛饭庄3家。砂锅居饭庄、西安饭庄、烤肉季饭庄在外区开了分店。

（陈　涛）

【参加市职业技能大赛】 6月，在市旅游发展委员会、市人力资源和社会保障局牵头组织举办的2012年北京市第三届职工职业技能大赛中，华天集团、聚德华天公司选派的选手取得优异成绩，华天集团获团体二等奖、优秀组织奖；参加决赛的12名选手获一等奖1名、二等奖7名、三等奖4名。在市烹饪协会组织的冷荤、艺术雕项目比赛中，华天集团、聚德华天公司有7名选手获奖，其中砂锅居饭庄1人获得第一名，被授予“北京市冷荤、艺术雕大师”称号。

（陈　涛）

【早餐示范网点建设】 年内，华天集团、聚德华天公司所属餐饮企业参加北京市早餐示范工程建设试点示范企业项目投标。华天集团及所属子公司参加该项目的网点涉及74个固定早餐门店、2家生产配送中心、80家“好邻居”早餐便利店。9月24日，中央政治局委员、国务院副总理王岐山，代市长王安顺到护国寺小吃总店调研便民餐饮服务工作。11月27日，区委书记王宁，副区长梁昌新、孙硕，区国资委主任牛明奇等领导到护国寺小吃、新川面馆等华天所属餐饮门店进行调研。

（陈　涛）

【营销宣传】 年内，华天集团在北京电视台《身边》栏目、《北京晚报》美食版、《法制晚报》和《劳动午报》、北京交通广播电台等电视、广播、报刊等媒体发布广告宣传信息。投入300余万元广告费，对庆丰包子铺连锁企业进行宣传。继续与“大众点评网”“赶集网”“58同城”等网站合作，以网络“优惠券”“微博”、手机“微信”等多种形式开展网络平台促销活动。在春节、国庆节、清明、重阳、中秋等节假日及时令节气，采取宣传“老字号、老讲究、老食俗”的营销策略，销售业绩大幅上升，华天集团、聚德华天公司所属餐饮企业销售额同比上升15%。华天集团企业刊物《北京华天》报、《聚德华天》报共出刊10期。

（陈　涛）

【菜品创新】 6月和9月，华天集团、聚德华天公司先后举办夏季和冬季华天老字号创新及流行菜品展示活动，活动分别围绕“少油、低盐、安全、美味”和“冬季温补、营养配餐”两个主题，推出创新菜品、镇店名菜名点150余道。展示菜品在保持老字号传统特色的基础上，强调时尚与健康特色。

（陈　涛）

【老字号传承人队伍建设】 年内，华天集团、聚德华天公司所属的18家老字号餐饮企业的31名传统技艺传承人及烹饪、服务大师（名师）在华天集团、聚德华天公司的见证下举行了收徒拜师仪式，共收徒88人。使华天老字号传承后继有人，为老字号传承及创新发展奠定了人才基础。

（陈　涛）

【提高员工收入及福利待遇】 年内，华天集团一线在岗正式合同制职工年人均收入同比增长19%，外来务工人员年人均收入同比增长15%。子公司聚德华天公司一线在岗正式合同制职工年人均收入同比增长12%；外来务工人员年人均收入同比增长19%。开展“冬季送温暖、夏季送清凉”活动，春节、国庆等重大节假日走访慰问在岗职工、离退休职工、患大病重病人员1.5万人次，支出送温暖资金300余万元；公司工会为4600名干部员工送清凉支出22万元；春节期间向全体职工发放过节费100余万元；进一步落实在职职工医疗互助保障计划，共有750名外来员工入会并新办了北京银行互助卡；落实“农民工大学生助学资助计划”，组织并资助110名外来员工参加成人高考；继续为在岗正式老员工办理补充医疗保险，提高报销比例，支出90余万元。

（陈　涛）

【工程管理】 年内，华天集团完成庆丰顺义配送中心二期车间、新奥购物中心4家新店、惠丰酒家西外店、庆丰包子铺月坛店及新街口店等装修改造工程；平安里小吃配送中心建设工程进入收尾阶段。在“7·21”特大暴雨灾害中，华天集团所属网点及员工宿舍安全度汛，全部突发险情均得到及时妥善解决。企业工程资金执行企业内审与建设银行外审相结合的“双审制”，共12处工程项目核减工程款257.2万元。

（陈　涛）

【企业文化及公益活动】　6月，华天集团与聚德华天公司共同举办“真情爱华天，颂歌献给党”——纪念建党91周年职工文艺汇演，有500余名员工参加汇演。区国资委、区商务委、区工会、区团委等领导出席观看演出并与演职人员合影留念。7月，2100名党员、职工和积极分子参加共产党员献爱心捐款活动，总计捐款5.8万元；466名党员、32名入党积极分子为“7·21”受灾群众捐款2.8万元。

（陈　涛）

【党务及工会工作】　年内，华天集团公司党委被评为西城区先进基层党组织；有249人次被评为华天集团优秀共产党员、优秀党务工作者；峨嵋酒家经理侯秀琴获全国五一劳动奖章，9人分别获首都劳动奖章、西城区经济技术创新工程标兵、优秀首席员工称号。组织开展企业领导班子、领导干部述职述廉、民主测评和党员民主评议活动，所属企业969名党员群众参加对83名中层以上领导干部的评议，优秀称职票占98.08%；对198名党员进行群众承诺评议，优秀合格票占99.01%。公司纪委认真贯彻落实领导班子“防止利益冲突三项制度”工作，开展“以案为鉴、警钟长鸣”主题警示教育活动，坚持对新聘任干部进行任前廉政谈话，做好党务公开工作。年内共发展新党员21名，输送34人参加西城区入党积极分子培训班。开展群众性劳动竞赛活动，评选表彰27名优秀华天人标兵、205名优秀华天人、192名工会积极分子、29名先进女工。

（陈　涛）

北京华利佳合实业有限公司

【概况】　北京华利佳合实业有限公司（简称华利佳合公司）是国有控股集团企业，以连锁饭店和商务写字楼为主业态，兼营商品零售、餐饮娱乐、洗浴照相、装饰装修、珠宝市场、出租汽车、旅游服务等业态。在岗员工511人，离退休员工4427人。华利佳合连锁饭店为华利佳合公司自主品牌，有商务型、度假型、特色型、经济型四类14家，其中三星级1家，二星级9家，经济型4家，房间数715间，床位数1400张。年内，华利佳合公司围绕“主业发展重特色，品质提升重文化，资源整合重效益，服务管理重创新”的年度工作主题，抓基础、强管理、保增长，经济效益平稳增长，品牌实力快速提升。实现主营业务收入1.16亿元，同比增加1100万元；实现利润总额3265万元，同比增加1465万元；实现净资产收益率8.5%；实现国有资产保值增值率109%。正式在岗员工月人均收入同比增长14%；一线在岗正式员工月人均收同比增长19%；外来务工人员月人均收入同比增长12%。华利佳合公司连续5次被评为“纳税信誉A级企业”，连续10年享受地税免稽查的优惠待遇，并获市公安局2012年度单位内部安全保卫工作集体嘉奖。

地址：西城区月坛南街32号

邮编：100045

电话：68522551

（冯　蔚）

【接收改制企业】　3月，华利佳合公司接收原“双脱离”改制企业北京市国泰照相中心4处经营房产、12名在职职工和24名退休人员。在职职工结合本人意愿安排到适合的岗位工作，实现照相中心股东满意、员工满意、国有资产保值增值的多方共赢。回归公司后的员工既实现了国有员工身份，又增加月收入近1300元。

（冯　蔚）

【开展品牌提升主题活动】　3月至12月，华利佳合连锁饭店开展“弘扬北京精神，强化服务内涵，提升品牌实力”主题活动，分教育培训、品牌宣传、技能比武三个阶段进行。举办新员工岗前培训，内容为一线员工管理制度、服务规范、岗位技能、应急预案、2010版《旅游饭店星级的划分与评定》和《标志用公共信息图形符号》，举办特种设备作业人员取证培训，连锁饭店书记、经理、保卫干部《安全生产法》、《北京市安全生产条例》培训，财务审计人员政策法规培训。利用《西城国资》《西城商务》、公司网络等媒体报道重要新闻及连锁饭店客房环境、经营活动、企业文化；制作《华利佳合宣传册》《连锁饭店住宿指南》、宣传彩页；更新饭店数字电话机，统一录制专业语音播报提示。组队参加2012年北京市饭店行业职业技能大赛，客房服务项目进入市级决赛；组队参加2012年西城区旅游行业安全技能大赛，获最佳组织奖。开展“我爱我家感言征集”“华利佳合魅力微笑”“岗位技能大比武”活动，凝聚员工力量，推动服务升级。

（冯　蔚）

【董事会监事会换届】　6月5日，华利佳合公司召开2012年度第二次股东会，审议批准第二届董事会工作报告，选举产生第三届董事会董事和第三届监事会监事，高德源当选第三届董事会董事长，王卫国当选监事会主席。6月19日，召开第三届董事会第一次会议，聘任高德源为总经理，区国资委向外部董事颁发聘书，与6名国有资产股权代表董事签订《履职承诺书》。

（冯　蔚）

【市领导到连锁酒店调研】　9月25日，副市长丁向阳在市旅游委主任鲁勇、副区长陈宁等领导陪同下，到华利佳合连锁饭店平安里快捷酒店调研，华利佳合公司领导汇报连锁饭店创建发展过程和经营运行情况。随行的市公安、消防、卫生等部门对酒店安全、卫生、服务情况进行检查。丁向阳肯定了平安里快捷酒店各项工作，对如何支持和帮扶国有中小型连锁企业做出重要指示。

（冯　蔚）

【实施企业年金制度】　年内，华利佳合公司完善企业人才长效机制和激励约束机制，践行“发展成果由全体员工共享”的承诺，经过务虚调研，并经职代会、董事会审议，区国资委、区人力资源和社会保障局审核批复，经理办公会研究决定，从1月1日起，在华利佳合公司范围内实施企业年金制度。

（冯　蔚）

【德胜门胡同主题酒店】 年内，华利佳合公司投资1400万元，将德内西顺城街46号自有房产打造为传统京味文化与时尚旅游生活相结合的德胜门胡同主题酒店。11月5日对外营业。经营面积2000平方米，各类客房40余间，装修风格体现老北京明清建筑特色，成为华利佳合连锁饭店新的服务亮点。

（冯 蔚）

【实行综合绩效考核】 年内，华利佳合公司按照“工作有目标、管理全覆盖、考核无盲区、奖惩有依据”的基本原则，研究制订《权属企业绩效考核管理办法》，考核内容涵盖经济指标、管理制度、业务流程、安全保卫、各项服务和环境卫生等6个方面。成立由相关职能部室负责人组成的考核管理领导小组，测算下达考核指标，监督检查完成情况，统计审核完成结果，作为经营者年终奖励标准依据。

（冯 蔚）

【加强内控管理】 年内，华利佳合公司对权属企业资金管理、资产管理、收支管理、会计档案管理等事项进行实地检查和业务指导，重点对出租房屋租金、相关费用收取结转、大额低值易耗品、宾馆饭店备品、消耗品的使用和结存情况进行清查，防止企业收入和无价财产的流失。同时，开展宾馆饭店物品管理专项审计，实现备品及消耗品库存价值、实物数量及消耗控制的三级管理。

（冯 蔚）

【建立档案三级管理】 年内，华利佳合公司健全、规范档案工作管理体系和管理职责，搭建以集团公司为中心，以职能部室为重点、以权属企业为补充的三级档案管理网络。在完善一级、二级档案管理的基础上，制订三级档案管理制度，组建三级档案员队伍，负责权属企业档案资料的形成、立卷、保管和利用工作，并对三级档案员进行专业培训。

（冯 蔚）

【引进环保清洁能源】 年内，华利佳合护国寺快捷酒店在装修改造中注重从源头节能降耗，引用天然气和太阳能作为酒店能源资源，在确保服务质量的前提下，最大限度降低基本能耗，提高企业营业利润。太阳能供电系统全年发电5661度，太阳能热水系统全年节约燃气8031立方米，经区旅游委及专家组的实地考察和评估，获得认可，并给予80万元专项奖励资金。

（冯 蔚）

【连锁酒店实施垃圾分类】 年内，华利佳合商务酒店、天锋宾馆、银岛饭店、鼓楼鑫园客栈、西单快捷酒店、鼓楼快捷酒店、西直门快捷酒店、平安里快捷酒店、新街口快捷酒店9家饭店成为区旅游委生活垃圾分类工作试点单位，各店在学习培训、参观交流的基础上，编写工作文件、确定责任人、摆放分类容器，做好日常记录，并通过展板宣传，教育员工、提示宾客自觉做好源头分捡、分类投放。

（冯 蔚）

【变更出资人】 年内，华利佳合公司按照区国资委要求，将区国资委持有的华利佳合国有股权及权益，通过北京产权交易所无偿划转至北京金融街资本运营中心，以增强资本运营中心的投融资能力，保证区重点工程项目建设的资金需求。截至年底，华利佳合公司注册资本13909.90万元，其中，北京金融街资本运营中心出资11823.42万元，占总股本的85%；区服装公司集体资产管理协会出资2086.48万元，占总股本的15%。

（冯 蔚）

【党员亮牌承诺】 年内，华利佳合公司开展“践行北京精神，从我做起”共产党员亮牌承诺活动。党委统一承诺内容，统一订制标牌，统一摆放标准，将党员的一举一动置于群众监督之下。承诺内容落实情况写进党员测评标准，据此评选先进党组织和年度“十佳”党员。领导班子成员签订《领导干部廉政承诺书》，权属企业负责人签订《党风廉政建设责任书》。

（冯 蔚）

北京金象复星医药股份有限公司

【概况】 北京金象复星医药股份有限公司（简称金象复星公司）以药品流通产业为经营主线，拥有医药（含中药饮片）批发配送、金象连锁药店、中医诊所、网上药店等主营业务板块，涉及经营商品规格达万余种。年内，实现销售收入突破14亿元。年内，在中国医药商业协会主办的“2012中国药品流通行业年度大会”上，金象复星公司被评为“AA级信用企业”，金象连锁公司被评为“AAA级信用企业”；在北京市药品安全百千万工程质量管理示范企业评选中，金象复星公司及所属企业白塔寺药店、西单金象大药房、天利金象大药房、魏公村金象大药房被评为北京市首批药品质量管理示范企业；金象大药房获“2012中国药店最具价值品牌五十强”、金象网获“最受欢迎的网上药店”、白塔寺药店获“北京地区药店十强门店”奖；金象大药房连锁公司获“2012年中国药品零售企业竞争力排行榜百强企业”称号；在市企业联合会、市企业家协会等十家单位联合主办的评选表彰大会上，总经理徐军获“2011—2012年北京优秀企业家”称号。

地址：西城区阜成门内大街165号

邮编：100034

电话：66160159

（董 斌）

【区领导检查药品供应安全】 1月19日，区委常委、副区长梁昌新率领区卫生、药监等部门人员，到白塔寺药店走访检查节日期间药品供应安全工作。金象复星公司主要领导陪同检查并汇报工作，梁昌新对公司规范的药品质量管理工作表示肯定。

（董 斌）

【四届三次董事会】 3月27日，金象复星公司召开第四届三次董事会，对企业2012年新一轮药品招标、白塔寺药店发展、医院中成药房托管、商品采购管理、物流改造规划、企业人力资源预算管理等工作进行部署。

（董　斌）

【年度工作会】　4月10日至11日，金象复星公司召开2012年度工作会。会议根据公司四届三次董事会精神，提出“深化批发整合、力推饮片配送、彰显老店活力、完善管理内控”的工作主题，并对公司各项经营管理工作进行部署。

（董　斌）

【信息工作会】　5月18日，金象复星公司召开2012年度信息工作会，总结2011年度信息工作的成绩，通过对信息工作在质量与价值、写法技巧、信息员对于信息采集敏感度等方面的问题进行剖析，重申有关信息写法及基本要求和详实信息写作案例分析，对信息员进行培训。

（董　斌）

【西单金象大药房重张开业】　6月8日，西单金象大药房举行重张开业暨百千万健康公益工程启动仪式。国务院参事、中国非处方药物协会名誉会长张鹤镛，市医药行业协会会长冯国安，梁昌新、区国资委、公司股东双方领导等出席。仪式上，金象大药房百场健康公益讲座正式启动，并公开招募爱心人士组成千名公益传播者队伍，为万名慢性病患者提供专业细致的药学服务。

（董　斌）

【现代物流改造项目启动】　8月1日，金象复星公司与北京伍强科技有限公司、北京英克科技有限公司签订《金象复星公司现代医药物流中心项目物流系统总承包商务合同》，公司现代化物流改造项目正式启动。

（董　斌）

【第八届金象会员节】　9月15日，金象大药房在北海公园举办第八届金象会员节。张鹤镛、区国资委等单位与公司股东方领导出席开幕式。本届会员节共设有主场舞台区、健康咨询区、会员服务区、专家义诊区、展板展示区、厂商产品宣传区6个专区，近万名金象会员参加现场活动。活动中，金象大药房向房山“7·21”受灾群众捐赠大批应急药品，被团区委授予“金象大药房健康公益志愿服务团队”荣誉队旗。

（董　斌）

【人力资源管理专题会】　10月23日，金象复星公司召开2012年人力资源管理专题会议。会议通报公司1月至9月人力资源总体状况分析；分享交流人力资源各模块工作中遇到的问题及好的工作方法；征求对《金象复星公司关键岗位人才培养的指导意见》的意见。公司主要领导讲话。

（董　斌）

【哈尔滨市国资委到企业参观】　10月25日，哈尔滨市国资委主任朱海等人到金象连锁公司参观座谈，区国资委、金象连锁公司主要领导陪同参观，并对金象大药房从历史沿革、发展变化等方面做了详细介绍。金象连锁公司还与随行来访的哈药集团就医改政策下医药零售行业所面临的压力、可能的项目合作领域进行交流。

（董　斌）

【参加中华老字号博览会】　12月12日至16日，白塔寺药店参加由商务部、中国商联会、北京市商务委员会、中华老字号工作委员会、北京老字号协会等单位在北京展览馆联合举办的中华老字号博览会。会上，白塔寺药店展示中医药文化、展销和推介中医药产品、现场熬制阿胶固元膏、邀请中医传统推拿专家和中医特色诊疗专家为来宾免费提供中医推拿正骨及中医诊疗、健康咨询及养生保健的医疗服务，受到中外宾客的广泛称赞。

（董　斌）

【员工获技能大赛冠亚军】　12月17日至19日，在商务部市场秩序司主办、中国医药商业协会和中国医药教育协会承办的“国药杯”首届全国药品流通行业岗位技能竞赛暨第二届全国医药行业特有职业技能竞赛中，金象复星公司选派两名参赛员工包揽了医药商品购销员总决赛的冠亚军，分别被授予特等奖和一等奖，并获全国技术能手称号。

（董　斌）

【财务金蝶软件升级】　年内，金象复星公司完成对财务金蝶软件的升级。升级后的金蝶软件增加网上银行、费用报销、资产管理、单据自定义个性化等功能模块，在总账、报表、固定资产管理及现金管理等方面都有不同程度的提升，使财务数据的查询更加方便和灵活，并提高了数据的稳定性及网络安全性。

（董　斌）

北京金泰集团有限公司西城分公司

【概况】　北京金泰集团有限公司西城分公司隶属于北京金泰集团有限公司，由北京金泰宏达商贸有限责任公司、北京金泰惠达商贸有限责任公司、北京通华商贸有限责任公司、北京市金泰永安商贸有限责任公司、北京金泰之家通华苑饭店有限公司、北京金泰华云商贸有限公司、北京金泰开阳物业管理有限责任公司、北京金泰颐寿轩敬老院、北京金泰长安市场有限责任公司、北京天宁寺驻青园农副产品市场有限责任公司、北京金泰广安商贸有限责任公司11家权属单位组成，是一家从事房产物业、四合院宾馆、敬老院、超市、农贸市场、金泰菜篮子、饭店管理、民用煤生产销售等多业态、跨行业经营的商业企业。年内，分公司资产总计55175万元，实现销售收入17392万元。

地址：西城区半步桥街48号金泰开阳大厦

邮编：100054

电话：63548097

（韩　峥）

【走访慰问工作】　1月5日，分公司开展春节前走访慰问工作，慰问处退老领导13人，送慰问品和慰问金合计支出1.5万元。“五一”劳动节前，分公司慰问离退休干部7人、处退老领导18人，送去慰问品和慰问金合计支出1.4万元。9月24日至28日，分公司走访慰问离休干部7人、处退老领导18人，送去慰问品和慰问金合计支出1.5万元，并向他们通报分公司经营发展情况，感谢他们为企业发展做出的贡献。

（韩　峥）

【职代会暨工作会】 2月8日，分公司召开2012年职代会暨工作会。金泰集团党委常委、常务副总经理章琳出席并讲话。分公司经理任保明作《全面落实金泰集团“十二五”发展规划，加速转变经济发展方式，彰显区域经营特色活力，努力推动分公司科学发展再上新台阶》的工作报告。分公司党委书记张龙江就分公司如何实现创新发展，提出工作要求。

（韩　峥）

【社会各界慰问敬老院】 2月9日，市育民小学的学生及家长组成的40人爱心慰问团队一行，到颐寿轩敬老院开展慰问老人活动，表演了精彩的文艺节目。2月29日，丰台区马家堡街道角门东里西社区的老北京艺术团受邀到颐寿轩敬老院，为老人演出了京味十足的文艺节目，与老人们共同感受老北京深厚的文化底蕴。3月7日，央企中国恒天集团团委及一师附小的学生组成爱心活动团队，到颐寿轩敬老院开展学习雷锋精神慰问活动，送上了慰问品，表演了文艺节目。3月27日，北京宣武思八达企业管理公司员工爱心慰问团队，到颐寿轩敬老院向老人传授保健操，并演出了精彩的文艺节目。9月24日，区红十字会常务副会长王志东、秘书长李晖等一行7人，到颐寿轩敬老院开展中秋节慰问，送上5盒月饼、12箱水果等慰问品。

（韩　峥）

【金泰菜篮子店运营】 3月15日，金泰长安公司第一家菜篮子011号店在白菜湾社区正式运营，开业当天营业额突破2000元。7月15日，金泰菜篮子003号店、区政府菜篮子015号店白纸坊街道里仁街菜店试营业。开业当天003号店营业额高达7036元，客流量约1600人次。9月10日，金泰菜篮子7号店校场口店试营业，当日销售额破万元。

（韩　峥）

【参加授牌仪式】 3月22日，金泰宏达公司容园宾馆，应邀参加中国酒店联盟委员会授牌仪式。中国酒店联盟委员会秘书长为容园宾馆颁发奖牌及证书，为四合院宾馆在国内、国际市场进一步拓展营销渠道，提供了空间和舞台。

（韩　峥）

【接受电视台采访】 4月16日，北京卫视生活频道到金泰广安连锁便民菜店白菜湾店采访响应政府“菜篮子”工程建设的指示精神，实现煤炭网点经营转型的新举措。5月14日，北京卫视《今日京华》栏目的记者到金泰广安连锁便民菜店001号白菜湾店进行采访，详细询问了便民菜店的成立初衷和运营情况。

（韩　峥）

【参加国际旅游展会】 6月13日至19日，宏达公司受邀出席2012年第二十六届香港国际旅游展（即ITE），与各国近40余家旅游机构进行商务洽谈，向有直接消费需求的30余名香港市民进行宣传推广。6月15日至17日，宏达公司参加2012北京国际旅游博览会，展示四合院宾馆的相关情况。

（韩　峥）

【组织爱心捐款】 7月，分公司组织“众人捐款显真情，凝聚力量献爱心”为京煤集团“7·21”受灾职工捐款活动，158名党员、78名积极分子和169名职工群众共捐款1.03万元。

（韩　峥）

【老干部体检】 7月，分公司组织老干部在北京第二医院体检中心和北京市医疗护理服务中心进行健康体检，19名离退休老干部参加。

（韩　峥）

【农副产品发展研讨会】 8月16日，分公司举办农副产品经营项目发展研讨会，与会人员围绕《金泰广安农副产品经营项目发展规划（讨论稿）》，针对企业使命、发展愿景、经营定位、发展目标和相关保障措施进行研讨。

（韩　峥）

【国务院领导到金泰菜篮子调研】 9月24日，中共中央政治局委员、国务院副总理王岐山到金泰菜篮子校场口店调研，深入社区了解百姓的民生问题，并亲切看望慰问一线职工。京煤集团董事长付合年、分公司经理任保明向王岐山介绍了金泰菜篮子建设情况。王岐山对煤炭公司成功转型并拓展到民生保障领域的举措给予充分肯定，鼓励大家要用心做好，惠及百姓，以规模求效益。代市长王安顺、副市长程红及市区其他领导陪同调研。

（韩　峥）

【完成冬煤预售任务】 11月4日，分公司完成2012年度冬煤预售“户户点到”工作任务，并实现服务“零”投诉的目标。9月1日至11月4日，累计为居民运送冬煤4282吨，占冬煤预售总量的85.2%。

（韩　峥）

【获得多项荣誉】 11月23日，金泰颐寿轩敬老院获市政府颁发的“敬老爱老为老服务”示范单位称号。12月6日，长安公司农副产品经营部在2012年度全国煤炭行业共青团工作会议上，获“全国煤炭行业青年文明号”称号。

（韩　峥）

【2013年工作研讨会】 11月23日，分公司召开2013年工作研讨会。领导班子、各权属单位党政正职及各部室负责人参加会议。会上，分公司经理任保明全面总结2012年度经营工作，部署2013年经营工作。与会人员就报告内容进行分组讨论，并达成共识。

（韩　峥）

【学习贯彻十八大精神】 11月8日，分公司两级领导班子成员与党员、员工分别利用网络、电视等载体，共同观看党的十八大开幕式。12月7日，分公司召开学习党的十八大精神暨全面开展学习宣传贯彻十八大精神活动动员会，权属单位党群工作负责人参加会议，会议通报京煤集团学习贯彻党的十八大精神培训班情况，总结分析分公司党建工作情况，部署学习宣传贯彻十八大精神活动安排。12月14日，分公司党委中心组学习十八大精神，为全体170名党员发放学习专刊，并通过党群工作会，由基层班子成员对全体职工进行传达贯彻，覆盖面达100%。

（韩 峥）

西城区校办产业管理中心

【概况】 北京市西城区校办产业管理中心（简称校产中心）负责教育系统中校办企业国有资产部分和经营性国有资产的监督管理；教育资产经营行为和部分教育内部消费服务行为的行政管理；教育风险管理服务；育荣国际教育园区的管理；非教育用房可出租规范管理并保值增值；解决原校办企业历史遗留的相关事宜。截至年底，校办企业资产总额6.99亿元，营业收入7821.58万元，净利润308.31万元。

地址：西城区中京畿道1号院2号楼

邮编：100032

电话：66179057

（赵 侃）

【中心办公地址变更】 7月，校产中心办公地址由原西城区育强胡同1号变更为西城区中京畿道1号院2号楼。

（赵 侃）

【益生来公司工作】 年内，益生来公司新开设一家校园连锁超市（214中学）。在已开设营业网点的学校，配合学校的管理工作，严格控制售货质量、品种与售货时间，寓教于服务中，做到服务于师生。营业员上岗前一律进行健康体检并持证上岗。主管人员定期进行巡查培训，做到账目清楚，定期盘点，按时报送各种报表，现金及时存入银行。全年实现营业收入211.96万元。

（魏素娟）

【育荣物业工作】 年内，育荣物业清退9个租户，收回出租房屋面积1485平方米。有22个租户处于清理过程中，有6户已经上诉法院，通过法律途径进行清退。共收缴租金2241.91万元，上缴返还款1375.4万元，缴纳各项税费合计343万元。

（王 雪）

【出租房屋管理工作】 年内，育荣物业提高服务意识，把安全管理落到实处，坚持下户检查不松懈，各区域经理对自己管辖范围内的出租房屋的水、电、结构等进行安全检查，并根据租户经营性质的不同，有针对性地检查租户的安全情况，发现隐患及时清理，并根据冬季防火期、夏季防汛期等特定时期，提前对出租房的使用情况进行安全检查，发现问题及时处理，并与每个租户签订安全责任书，定期检查并记录在案。配合基建处做好危旧房屋的安全检查和维修改造工作，消除安全隐患。节假日及大型活动期间，反复检查，逐一落实，全体物业人员24小时保持通讯畅通。年内未发生一起安全事故，确保了出租房屋的安全使用。

（王 雪）

【新至物业工作】 年内，新至物业对所有教学楼进行抗震加固并按期交付使用。对4号学生公寓进行配套设施的完善。对在抗震加固过程中移栽的绿植进行恢复。解决园区内污水处理及排放问题，并对地下管线及园内建筑进行维修。排除安全隐患，保障安全。对2011年完工的锅炉房工程进行结算、审计，审计结果认定工程项目与资金收入及费用支出符合国家会计政策，项目造价与支出合理。

（高大明）

【UIB西城营业部】 UIB西城营业部本学年度（2011年9月1日至2012年8月31日）校方责任保险的投保率为100%。学校上报校方责任险案件25件，共赔付93363元。学生平安保险共向保险公司提交学意险索赔案例2479件。申请索赔总金额3168908.92元。赔付案件2159件，已赔付金额2215343.97元。教工责任保险投保316人，收取保费15800元；短期责任保险投保7133人，收取保费19197元；实习责任保险投保369人，收取保费18265元。

（郝文秀）

北京首商集团股份有限公司

【概况】 北京首商集团股份有限公司（简称首商集团）是以百货零售、连锁经营为主的大型商业企业集团，总资产65.8亿元，总经营面积约100万平方米，年销售额超过100亿元，市值近100亿元。作为北京首都旅游集团旗下的旅游商业板块，首商集团拥有燕莎友谊商城、燕莎奥特莱斯、西单商场、贵友大厦、新燕莎MALL、友谊商店、法雅体育等一批享有知名度的企业和驰名品牌，涉足都市高端精品百货、奥特莱斯、大众时尚百货、社区购物中心、大型购物中心和专营专卖等多个业态，主营门店遍布北京以及成都、兰州、乌鲁木齐、太原等多座大中城市，形成了多品牌、多业态并存和立体化协同发展的新格局，成为京城具有较强区域优势和突出影响力的企业。

地址：西城区北三环中路23号

邮编：100029

电话：82270200

（吴 江）

【成立西单商场品牌企业总部】 1月4日，首商集团根据集团总部、品牌总部、门店的三级管理架构，成立西单商场品牌企业总部，下辖首商集团内7家以“西单商场”冠名的门店，实现统一发展战略、财会核算、行政管理、企业形象、商品采购、营销策略、信息平台的集约化、连锁化管理。

（薄俊卿）

【慰问困难团员】 1月17日，团市委企业部干部和首旅集团、首商集团团委书记一行到西单商场慰问2名困难团员青年，并送上慰问品。

（薄俊卿）

【市区领导调研检查】　3月8日，副区长梁昌新与区商务委、区文委、西长安街街道办事处等领导到西单商业区调研并召开企业座谈会。会上，西单商场、大悦城、中友百货等企业分别汇报工作，并结合本企业经营实际，对西单商业区的公共服务、营销环境及城市环境改造等方面提出意见建议。梁昌新表示要加快对西单商业区的规划研究，并提出切实措施。5月9日，市服务工会主席王丽明、副主席冯丽君，首旅集团工会副主席马建国、首商集团工会主席李春滨等领导到西单商场调研信息员工会建会情况。7月26日，西城工商分局纪检书记江静、主管局长易勇等一行10余人到万方店，对食品安全管理制度和不合格食品下架信息公示情况进行专项调研和检查，门店负责人介绍情况。江静等领导对万方店在食品安全工作方面所做的工作给予肯定。7月31日，市质监局副局长陈言楷率市食品安全督查组一行5人到万方店对上半年食品安全工作进行督查，副区长、区食品安全委员会副主任孙硕，区食品安全监督协调办公室主任方葆青，区质监局局长钱希杰，以及工商、卫生、质监、监察等部门领导参加督查。市督查组实地检查了万方店各项食品安全制度落实情况和食品安全信息公示情况，重点查看了水产品、生鲜食品的检验检疫票据和进销货台账，并就食品安全监管过程中的相关细节与企业负责人进行交流。市督查组对万方店的食品安全管理工作给予肯定。9月27日，区长王少峰、常务副区长苏东、副区长李岩、区长助理白力及区政府相关委、办、局的负责人到西单商场指导工作并召开座谈会。首旅集团总裁刘毅，首旅集团副总裁高飞，首旅集团副总裁、首商集团董事长于学忠，首商集团总经理祖国丹，首商集团副总经理、西单商场总经理尹阿奇以及西友集团班子成员参加座谈。王少峰感谢首旅集团、西友集团对西城区经济发展做出的突出贡献，感谢西单商场为繁荣西城商业、打造西单商业街所做出的历史贡献。他介绍了区政府拟打造从新街口到开阳桥商业轴线的构想，表示要将城市区域发展与属地企业发展结合起来，给予企业充分的支持。10月12日，市工商局局长杨艺文到西单店检查绿色通道自律联盟工作。市、区工商局的领导听取了西单店消费争议快速解决绿色通道管理制度及落实情况的汇报，查阅了《“消费维权绿色快速解决通道”受理和处理消费者投诉登记簿》，对西单店的消费维权绿色通道工作给予肯定。

（薄俊卿）

【“两会”安保维稳工作】　西单商场在“两会”期间，顺利通过区公安、消防、商务委、安监局等部门的11次检查，确保企业安保维稳工作万无一失。

（薄俊卿）

【首席收银员评选】　5月17日，西单商场召开2011年度首席收银员及收银员岗位能手评审委员会会议，评选出李静等4名首席收银员、张春静等10名收银员岗位能手。本次评选经过收银培训、专业考核、实操考核和民主测评等环节，历时3个多月，西单商场所属4家门店的52名收银员报名参加。

（薄俊卿）

【西单商场旅游购物节】　7月至8月，西单商场举办以“北京礼物”为主题的第八届旅游购物节，店内设置老北京特色商品展示柜，陈列北京烤鸭、京八件、杏仁茶等老北京特色食品，以及丝绸、旗袍、布鞋、皮帽等北京老字号商品。购物节期间，门店总销售11319.25万元，客流95.16万人次。

（薄俊卿）

【西单商场82周年店庆】　12月7日至17日，西单商场7家门店以“西单商场　伴我成长”为主题，开展为期11天的82周年店庆促销活动，活动期间，累计实现销售1.7亿元。

（薄俊卿）

北京王府井百货集团
长安商场有限责任公司

【概况】　北京王府井百货集团长安商场有限责任公司（简称长安商场）隶属于北京王府井百货（集团）股份有限公司，经营面积2万平方米，包括23个大类、10万余种商品，是一座以时尚服装服饰用品为主，集超市、餐饮于一体的时尚生活百货店。长安商场服务商圈覆盖月坛街道26个社区近15万居民、22个副部级以上单位和63个市级单位，拥有27万余会员顾客，年零售额近9亿元。年内，商场提出“诚信、便捷、亲和、专业”的服务价值观，创新举措，联系供应商、消费者以及企业，实现多赢局面。长安商场曾多次获全国优质服务商场、全国商业信誉企业、首都精神文明单位、北京市纳税信用A级企业等荣誉。年内，被国家统计局评为全国重点商业企业统计调查先进单位、被市妇联等单位评为三八红旗集体、被市国资委评为先进基层党组织。

地址：西城区复兴门外大街15号

邮编：100045

电话：68010411

（王云霞）

【完成调整改造工作】　年内，长安商场经过为期7个月调整改造，物业环境、就餐环境、卖场通透性得到大幅改善，动线调整后，品牌布局更合理。梯井施工改造后，使商场原208平方米空闲之处成为经营面积。

（王云霞）

【社区夏日文化广场】　年内，在“八一”建军节到来之际，长安商场与月坛街道共同筹划举办“2012年社区夏日文化广场”活动，慰问驻地的二炮部队官兵，月坛地区合唱队、舞蹈队奉献上歌舞、京韵大鼓、京剧等节目，二炮部队官兵带来了小品表演等。商场组织慰问答谢活动，为参与活动的全体官兵和社区邻居们赠送保温杯、旅行杯和舒适靠垫等。

（王云霞）

【为老年人服务】　年内，长安商场在超市设立老年收款绿色通道，在食府设立老年餐桌，使用养老助残卡消费，为老人提供特殊的服务，加强食品安全管控，被月坛街道办事处评为2012

年度“为老服务”三等奖。

（王云霞）

【成立“爱心公社”】 年内，长安商场成立“爱心公社”，发挥社区型百货店的区域影响力，发动和组织顾客参与到公益活动中。“爱心公社”成立后，多次举办爱心讲座、参观博物馆等公益活动，受到商场会员顾客及周围社区居民的好评。8月6日，“爱心公社”举办慈善募捐活动，共募集善款2000元，善款由区慈善协会月坛街道分会全部用于改善社区贫困老人生活。

（王云霞）

【“五四”青年节座谈会】 年内，长安商场团委召开纪念“五四”青年节座谈会，商场党委书记张秀丽、总经理张美玲出席会议，30名青年团员就职业定位、企业发展、如何发挥青年人先进作用进行座谈。

（王云霞）

【食品安全获区领导赞扬】 年内，长安商场对食品安全工作高度重视，区委书记王宁等主要领导到商场检查超市食品种类、价格及各项安全管理工作时，对商场食品安全工作、监控设施、按要求巡逻给予肯定。

（王云霞）

【安保监控报警系统升级】 年内，长安商场投资232万元，全面改造和升级安全监控报警系统，按照北京市安防要求，对商场重点安全防范区域全面覆盖不留隐患，商场营业区域画面自动录制存储期限增加至30天。

（王云霞）

【拓宽营销思路】 年内，长安商场结合微博、微信拓宽营销渠道，价值型营销与价格型营销相结合。在重点期段组织线上活动，积聚人气，吸引微博粉丝1.7万余名，扩大网络营销影响力。情人节期间，官方微博尝试情人节拍卖活动，精挑拍卖商品，9位竞拍成功顾客全部到商场成交。自创营销节日，开展第三届“亲邻惠”活动，11月29日至12月2日，销售额1388.33万元。向邻里会员推出“邻里满额享”、“好礼亲自选”活动。

（王云霞）

【夯实绩效管理】 年内，长安商场夯实绩效管理，聘请清华大学、北京大学总裁班特约教授、中国著名绩效管理权威专家徐剑，围绕如何建立基于企业战略的绩效管理体系、实施绩效管理七个步骤、成功实施绩效管理十个关键点及各岗位职责与分工等进行培训。场领导、管理人员参加培训。

（王云霞）

【落实会员三级维护体制】 年内，长安商场将会员维护工作延伸至销售的最前沿，规范各品牌会员维护流程，召开专柜会员维护评比表彰会。大力提高各品牌自有VIP会员忠诚度、贡献度和拥护度，提高专柜会员维护水平。

（王云霞）

【促销活动】 年内，长安商场开展多项促销活动。1月13日至28日，开展“祥龙赐福迎新春”主题活动，实现销售8417.3万元。2月17日至26日，开展“节后出清，冬季商品5折起，春季商品抢鲜上市”营销活动，销售2101.38万元。3月16日至25日，开展“长安商场第四届生态节——绿色保卫战”营销活动，实现销售1936.93万元。4月12日至22日，在2012年北京国际电影节开幕之际，开展“新‘影’生活”营销活动，销售1838.76万元。5月场庆期间，开展“We are Family 相亲相爱一家人——22载·新演绎”营销活动，21天共计实现销售7949.82万元。7月12日至29日，开展“长安商场第四届淘宝节”营销活动，累计销售3009.92万元。此外，还开展了倡导“低碳、节能”环保理念、“光合作用”购物满额赠绿植活动。

（王云霞）

【会员活动】 年内，长安商场开展多项会员活动。4月14日，邀请44位VIP顾客、微博粉丝到玉渊潭公园参加“长安商场寻宝赏樱会”，活动参与者凭借专门为此次活动设计的藏宝图寻找宝物，每找到一处均能获得精美小礼品一份。通过活动，拉近与会员之间的距离，利用微博平台吸引年轻顾客。10月21日，组织10个会员家庭前往奥林匹克森林公园南园开展重阳健步走活动。

（王云霞）

北京中友百货有限责任公司

【概况】 北京中友百货有限责任公司（简称中友百货）是一家拥有众多国内外知名品牌，集购物、休闲、美食、超市于一体的大型综合性百货公司，汇聚了近千个知名品牌，囊括了化妆品、男女装、珠宝配件、童装、床品、家品、家电等各类商品，使顾客在这里能够“一站式”购齐全家所需。年内，中友百货被区防火安全委员会评为2012年防火安全先进单位；被区城管监察大队评为门前三包先进单位；被区交通安全委员会评为年度交通安全先进单位。

地址：西城区西单北大街176号
邮编：100032
电话：66018899

（江　琴）

【维修设备升级网站】 年内，中友百货对制冷系统冷却塔进行大修，保障供冷季正常运行并降低能源消耗；在所有扶梯围裙板上安装防夹装置，提高乘用电梯安全性；中友百货官方购物网站买乐网和中友百货官方网站实现用户联合登陆，方便会员网上消费和积分查询兑换。

（江　琴）

【引进新品牌】 年内，中友百货相继引进Burberry彩妆、雪花秀、娜露可、米茜尔女装、Fossil配饰、江南布衣童装等新品牌，巩固了中友百货作为时尚潮流领跑者的地位。

（江　琴）

【提高服务水平】 年内，中友百货在各专柜和会员中心增加快递服务，方便外地来京客人购物。通过电话、短信、报纸、网络等平台，使顾客对商场活动、品牌促销、商品信息有全方位的了解。定期在9层天幕大厅为顾客举办美妆课堂、户外讲堂、品牌走秀、有机农夫市集等活动，传播精致、精彩的生活态度。

（江　琴）

【特色促销活动】 年内，中友百货先后推出周年庆、化妆品节、大抢节、购物节、圣诞节等传统主题活动，并参与熄灯一小时、地球日等公益性活动，推出化妆品空瓶回收换礼品、自带水杯到店享赠饮等环保主题活动。“六一”儿童节在天幕大厅开展了多种形式的儿童互动游戏。还首次推出月度会员加码优惠活动，受到会员欢迎。

（江　琴）

北京菜市口百货股份有限公司

【概况】 北京菜市口百货股份有限公司（简称菜百公司）是北京最大的以经营黄金珠宝首饰为特色的专营公司，营业面积8800平方米，在岗员工1411人，包含合同制职工、劳务派遣、信息员、合作方等多种用工形式。设有经理办公室、财务管理部、人力资源部、业务拓展部、品牌推广部、质量管理部、安保物业部、经营管理部、连锁经营部、物流中心10个部门。年内，实现销售124.5亿元，同比增长6.8%，利税同比增长10%以上。在北京市商业中位居前茅，黄金珠宝销售连续23年在北京保持第一，全国单独门店销售第一。公司连锁经营分店总计15家。公司获中华老字号传承创新先进单位、北京市优质产品、首都慈善奖、北京十大商业品牌金奖、企业信用评价AAA级信用企业等多项市级以上荣誉称号，公司党总支书记、董事长赵志良获“中华老字号传承创新优秀掌门人”称号，公司总经理王春利被授予“全国珠宝饰品诚信经营服务十大功勋人物”称号。

地址：西城区广内大街306号

邮编：100053

电话：83520468

（吕俊洁）

【城乡华懋菜百首饰店开业】 1月13日，菜百首饰城乡店开业，营业面积40平方米，经营贵金属饰品。

（吕俊洁）

【菜百首饰晋升品牌金奖】 1月15日，菜百首饰因连续四届以上获“北京十大商业品牌”，晋升为“2011年度北京十大商业品牌金奖”。公司副总经理关强出席颁奖仪式，副市长程红为十大商业品牌及金奖企业颁奖。

（吕俊洁）

【总结表彰大会】 1月20日，菜百公司2011年度总结表彰大会在广安门电影院召开。会上以视频形式总结2011年工作，宣布2011年先进集体及个人表彰决定，总经理王春利部署2012年工作，董事长赵志良讲话。

（吕俊洁）

【职工研讨年会】 2月2日至5日，菜百公司在九华山庄召开职工研讨年会，领导班子成员和全体职工分三批参加，研讨会上，公司员工从不同方面交流工作、学习心得及经验，王春利讲话。

（吕俊洁）

【上海世博投资金条首发】 2月3日，上海世博会主题投资收藏型金条在菜百公司首发。世博投资金条系列产品是全球首次发行的世博会主题投资金条，由三个世博会主题元素——上海世博会会徽、吉祥物和中国馆三个分画面设计组成，背面统一由“中国2010年上海世博会”中英文字体组成。

（吕俊洁）

【“三八”表彰会暨劳动竞赛总结】 3月6日，菜百公司召开“庆三八表彰暨劳动竞赛总结大会”，工会主席付颖做劳动竞赛总结报告，公司对劳动竞赛中表现优秀的员工和被评为“巾帼标兵”、“四自”先进女工、“和谐家庭”的员工进行表彰，赵志良讲话。

（吕俊洁）

【第四届股东大会】 4月17日，菜百公司在五层会议室召开第四届股东大会，赵志良主持，审议通过公司2011年工作报告、财务决算报告、监事会工作报告、利润分配方案以及2012年财务预算说明。

（吕俊洁）

【注册高级钻石咨询师授牌】 4月18日，全国首届注册高级钻石咨询师授牌仪式在菜百公司举行。公司首批参加培训的学员被授予注册高级钻石咨询师，中宝协秘书长孙凤民、国家珠宝检测中心培训部主任杨立信、王春利参加授牌仪式。

（吕俊洁）

【获十大商业时尚领军企业】 4月26日，2012北京西单国际时尚节开幕，菜百公司获“十大商业时尚领军企业”称号。世界黄金协会远东区董事、总经理郑良豪向公司颁发“热烈祝贺菜百公司年营业额超过100亿”特制奖杯。

（吕俊洁）

【表彰公司优秀共产党员】 6月28日，菜百公司召开优秀共产党员表彰大会，对王瑾等20人进行表彰。区国资委党委书记涂云国到会并讲话。

（吕俊洁）

【人民币纯金微缩金条首发】 7月28日，菜百公司全国首发第二套人民币纯金微缩金条。这套金条经中国人民银行批准，以纯金重现第二套人民币历史价值和货币文物魅力，是集权威性、开创性、艺术性、纪念性、收藏投资性于一体的完美收藏艺术珍宝。

（吕俊洁）

【干部聘任大会】 9月11日，菜百公司2012年干部聘任大会在广安门电影院召开。大会由公司副总经理陈捷主持，副总经理关强宣读聘任的83名干部名单；总经理助理谢华萍宣读各部门新组合员工名单；王春利讲话。

（吕俊洁）

【区领导到公司检查调研】　9月21日，区长王少峰、副区长梁昌新、区长助理侯秉乾、区商务委主任郭新、区安监局局长陈国红、西城消防支队队长周士涛、牛街街道工委书记沙秀华到菜百公司进行“十一”节前商业安全检查，并召开促销费工作座谈会。赵志良汇报企业经营情况，郭新汇报全区节前促销费工作情况，王少峰、梁昌新讲话。

（吕俊洁）

【集体协商工资会议】　9月28日，菜百公司召开2012年集体协商决定工资会议，赵志良主持，到会的企业方代表和工会方代表讨论通过了2012年工资增长方案。

（吕俊洁）

【十二届五次职代会】　9月28日，菜百公司召开十二届五次职代会，审议通过《菜百公司2012年上半年业务招待费使用情况报告》《菜百公司2012年集体协商工资方案》。陈捷通报《菜百公司1月至9月安全生产情况》、人力资源部副经理许洁通报《菜百公司员工外出自费学习管理办法》，赵志良讲话。

（吕俊洁）

【十五中校庆赠礼仪式】　9月28日，菜百公司举行贺北京第十五中学60周年校庆赠礼仪式。赵志良、王春利、陈捷、付颖、谢华萍，十五中校长郤亚臣、党总支书记苏冰、工会主席杨永利、副校长邱红出席。公司赠送十五中千足金校徽300件、文化讲坛千足金工艺摆件400件。赵志良、郤亚臣在仪式上讲话，双方签订校企共建协议。

（吕俊洁）

【重阳节茶话会】　10月10日，菜百公司离退休老职工315人欢聚一堂，在贵都大厦三层共度重阳佳节。王春利向老职工汇报公司工作及领导班子分工情况，10个管理部门经理与老职工见面。区总工会主席马小鹏、区国资委党委副书记刘海涛和公司领导为老职工送上问候和祝福。

（吕俊洁）

【哈尔滨国资系统到公司考察】　10月25日，哈尔滨市国资委系统考察团到菜百公司考察参观，王春利向哈尔滨市政府党组成员赵坤、国资委主任朱海及考察团成员介绍企业情况，陪同参观公司卖场，并向考察团成员赠送纪念品。区国资委主任牛明奇、副主任郭欣陪同。

（吕俊洁）

【学习型企业验收合格】　10月25日，菜百公司学习型企业验收、创建学习型企业员工座谈会在公司召开。市专家组李延芬、杨树雨通过听取企业汇报、查阅档案材料、召开员工座谈会、领导访谈等形式，确定菜百公司验收合格。

（吕俊洁）

【十年·有声首饰展】　11月11日，由菜百公司与中央美术学院共同承办的与大师同行——“十年·有声”国际当代首饰展菜百公司分展区正式启动。本次展览邀请24位国际著名首饰艺术家、11位艺术大师，与公司领导共同启动菜百与国际大师同行活动。活动期间，以“当代首饰艺术与教育”为主题举办研讨会、专题首饰讲座，展开高端学术对话与交流。

（吕俊洁）

【足金商品部一分为二】　12月1日，菜百公司足金商品部分为足金一部、足金二部。一部含项链专柜、项坠专柜、转运珠专柜、贺岁专柜、耳环专柜；二部含手链专柜、戒指专柜、精品专柜、儿童专柜。

（吕俊洁）

【菜百商学院成立】　12月22日，菜百公司与北京财贸职业学院签订菜百商学院校企战略合作意向书，设立奖学金人民币100万元，王春利被聘为北京商贸职业教育集团副理事长。通州区副区长崔志成、教育部职成司司长葛道凯、市委教育工委副书记、市教委主任姜沛民讲话。赵志良、学院院长王成荣参加大会。

（吕俊洁）

北京国华商场有限责任公司

【概况】　北京国华商场有限责任公司（简称国华商场）是北京市珠宝首饰专营店之一，营业面积5000平方米。国华商场设有党支部委员会、工会、共青团支部、经理办公室、人力资源部、业务企划部、财务部、安保行政部、现场服务办公室、计算机管理中心。主要经营黄金、铂金、K金、钻石镶嵌、翡翠、玉石、珍珠、珊瑚、银饰和纪念收藏类等30大类40余万个品种的商品。年内，国华商场实现销售收入8.30亿元。继续保持“首都精神文明单位”“中国珠宝首饰业驰名品牌”“北京市诚信服务示范单位”“AAA级企业信用等级”等荣誉，并被中国珠宝玉石首饰行业协会、国土资源部珠宝玉石首饰管理中心等单位授予“2012年度中国珠宝业最具竞争力品牌”。

地址：西城区宣武门西大街18号楼

邮编：100053

电话：63022531

（许恒宽）

【股东会和职代会】　2月1日，国华商场召开六届九次股东代表大会、七届八次职工代表大会，通过公司《2011年工作总结报告》《2012年工作计划报告》《2011年度公司完成各项经济指标及利润分配的审计报告》《2011年厂务公开报告》。

（许恒宽）

【经济工作研讨会】　2月6日，国华商场召开2012年经济工作研讨会，公司一线、科室24人参加。围绕商品精细化管理、打造高绩效团队两大主题，根据首饰市场的消费趋势、现有商品结构的薄弱点，制订A、B、C主流商品和非主流商品分类管理法，提高商品等级进销标准，突出专业化经营特色的企业品牌发展方向，同时下达

2012年度各项经济指标。

（许恒宽）

【构建和谐企业】 年内，国华商场针对员工队伍年轻化、女工占总人数82%的特点，开展多种形式的生育政策、生育津贴、医疗期休假等劳动保护政策及《劳动合同法》宣传，特别对社保卡的正确使用，异地就医进行一对一的指导、讲解、办理；采购无农药蔬菜供应员工食堂免费用餐；组织职工体检和草原三日旅游；美化员工更衣间的更衣环境；职工劳动合同续签率达到98%；带薪年休假100%落实；职工满意度调查满意率95.6%；30名员工被评为场级、区级各类先进。

（许恒宽）

【启用电子管理系统】 年内，国华商场启用五大项电子管理系统：电子商务网站系统4月开始运行；投资型金条交易管理系统升级；镶嵌类珠宝首饰单品管理进、销、存、盘系统升级；黄铂金单品管理系统经过18次调试升级，6月正式上线，可同时进行6笔单品一张水单交易；与银行间搭建mis系统联网，采用B2C直接支付模式，搭建出专业的电子商务平台，为消费者提供更加便捷体贴的购物体验，提高了管理效率和劳动效率，杜绝商品差错，盘存程序彻底甩掉手工帐，实现系统管理。

（许恒宽）

【竞聘上岗】 年内，国华商场商场进行管理岗位和技术岗位竞聘。按照公开、公平、公正、择优的原则，对竞聘人员作全面考察和现场答辩。经过竞聘人陈述自荐理由、现场案例分析、限时必答命题等程序，评委现场打分、择优任职。竞聘任职的年轻员工平均年龄23岁，均为大专以上学历。

（许恒宽）

【首饰设计加工上柜台】 年内，国华商场将珠宝设计工作室和首饰加工制造厂直接设立在销售柜台旁，让顾客面对面地与设计大师沟通，亲自参与首饰的设计、生产和加工过程，既满足了“独此一件”的个性化需求，又享受了亲自参与的乐趣，受到白领一族的青睐。

（许恒宽）

【促销活动】 年内，国华商场举办8场新闻发布会，19个主题促销活动，215次宣传首饰文化系列活动。报纸、电视台、交通台、网站等20家新闻媒体对国华商场活动报道116次。约“惠”情人节、彩宝盛宴、“魅惑”狐狸让单身找到幸福等恋爱题材，均推出黄铂金、钻石、彩宝对戒新品；“兰亭序”插屏、“辛亥革命100周年”等历史题材，推出限量版金银条；感恩母亲、九九重阳等感恩题材，推出“女人花”项坠系列；时尚题材“钯金”名模走秀，首饰家族添新贵；“微投资”金条最轻不足一克，开创了小克重投资市场的先河；90.70克拉坦桑石裸石，标价118万再现蓝色“海洋之心”。全年首饰类销售占商场年度总销售额的94.6%。

（许恒宽）

【国华商场延庆分店开业】 7月1日，国华商场延庆分店正式开业。分店坐落在延庆县城中心妫水北街，经营面积500平方米，商品品类：黄金、铂金、翡翠、钻石、银饰、投资收藏品等近十类。经过6个月的良性运转，年内实现盈利。

（许恒宽）

【企业文化活动】 年内，国华商场举办4次职工劳动竞赛，3次消防、疏散、突发预警演习；举办技能大赛、征文比赛、春冬季运动会、“美丽北京”职工摄影作品展；开展爱岗敬业、服务礼仪标准、先进个人演讲等。

（许恒宽）

【全员培训】 年内，国华商场举办36批次培训、12期专题讲座，2152人次接受不同内容培训。其中有中高级营业员专业技能培训，大学生专项培训，职业化团队培训，管理智慧、经营理念培训及技术人员再教育培训等。由国际铂金协会主办的“铂金网校”和“金牌店长”培训，“首饰销售七步骤”“消费隐形和显性需求”“从销售、导购到销售顾问——对面与同行”专业的培训，提升了员工的服务意识和销售技能。通过铂金网校培训的员工，占珠宝销售员工总数的92%。

（许恒宽）

【党团开展主题活动】 年内，国华商场党、团组织开展6大主题活动。一是党员形象主题：1月和2月，“党员干部下一线”服务顾客，让职工在创先争优活动中看到党员的形象；“我是党员我承诺”，面对300多名员工，党员站出来“一句话郑重承诺”，哪儿忙哪儿累就有党员的身影，哪儿有困难有问题就有党员的足迹。二是信念主题：3月和5月，党组织举办两期的党课，党课教育使年轻人加深了对党组织的追求与热爱。1月至5月，向党组织提出入党申请的年轻人有12人，是国华商场历史上最多的。三是影响力主题：年内转入高学历党员1人，按期转正预备党员2人，发展新党员2人。党员总数23人，申请入党20人，共青团员40余人。区国资委对国华商场党支部全面考核后，被评为较好级别。四是爱心主题：7月，特大暴雨袭击北京，商场党组织发出“大雨无情、国华有爱”的爱心募捐活动，200多名党员、团员、群众捐出善款1.3万余元，并在灾后多次到韩村河进行对口支援。五是学习教育主题：年内，开展学习十八大报告、写学习体会活动，对20名党员进行民主评议，推荐4名积极分子参加区委党校的专题培训，组织党团员参观“科学发展 成就辉煌”展览。

（许恒宽）

北京张一元茶叶有限责任公司

【概况】 北京张一元茶叶有限责任公司（简称张一元）拥有200余家品牌连锁店，31个优质茶生产基地，3家大型茶馆，同时拥有现代化的饮品生产厂、茶叶科研所、茶叶配送中心、印刷厂、茶文化休闲园等多家机构，成为集产供销、科工贸、旅游文化为一体的现代化企业。
地址：西城区西砖胡同2号院7号楼
邮编：100052
电话：83512713

（刘姒千）

【大栅栏店销售再创纪录】 1月16日（农历小年），张一元大栅栏店日销售额突破268万元，销售数量突破8.9吨，再创全国茶叶店单店茶叶销售量和日销售额两项纪录。

（刘姒千）

【两节供应表彰会暨新春联欢会】 2月2日，张一元召开以“美丽北京茶贺岁，龙马精神迎新春”为主题的2012年两节劳动供应表彰大会暨新春联欢晚会，区国资委、区总工会、区商务委等领导应邀出席。

（刘姒千）

【获得多项荣誉】 2月15日，张一元获“2011年度北京十大商业品牌金奖”称号。2月28日，董事长王秀兰获西城区首届“百名英才”突出贡献人才称号。3月21日，张一元获“食品企业信用等级AAA级”称号。4月24日，茶艺师郭璐获“百万青工，岗位建功”行动金奖。同日，张一元金奖惠明、洞庭（山）碧螺春、西湖龙井等13种茶品获“质量合格、质价相符产品”称号。4月26日，张一元获“2011年度北京西城十大商业时尚领军企业”称号。4月28日，包凤山获“2012西城劳动奖章”称号。5月9日，张一元获“2011中国特许连锁120强”及“2011-2012年度中国特许经营最具成长力奖”，张一元加盟商获“2011-2012年度中国优秀加盟商（单店）”及“2011-2012年度中国优秀加盟商（区域）”称号。6月8日，张一元获“2011年度首都居民最喜爱的茶业品牌”，王秀兰获“2011年度首都杰出茶人”称号。6月14日，张一元2名职工在西城区“我的小幸福”演讲比赛中分获三等奖和优秀奖。6月19日，张一元茶艺表演队“茶香清茗——花茶茶艺表演”获2012年马连道杯全国茶艺大赛银奖。“七一”前夕，张一元党支部被中共北京市委评为“创先争优先进基层党组织”。9月11日，张一元5名职工在第三届职工技能大赛茶艺师项目比赛中分获二等奖、三等奖和最佳创意奖。10月18日，张一元获“2012年度中国茶叶行业百强企业”称号。10月19日，王秀兰出席中国茶叶流通协会第五届会员代表大会，全票当选副会长一职。10月25日，张一元获“中国茶行业最具知名度老字号品牌”称号，王秀兰获“国际十大杰出贡献茶人”称号。

（刘姒千）

【参加多项活动】 2月27日，王秀兰出席“弘扬老字号文化，践行北京精神”论坛，并代表西城老字号企业向全市老字号发出倡议。4月20日，张一元参加在宋庆龄故居举办的“第十一届什刹海文化旅游节”。5月11日，张一元天津分公司参加中国天津茶业及茶文化博览会。5月11日，张一元参加第14届中国特许加盟展览会。5月19日，张一元参加以“树立绿色消费理念倡导科技生活方式”为主题的第十七届北京商业科技周活动。6月16日，张一元参加以“弘扬茶文化、繁荣茶经济、促进国际化、推动茶发展”为主题的2012北京国际茶业展。8月24日，王秀兰出席2012全国茉莉花茶产销形势分析会并发表主题演讲。9月15日，张一元参加“龙舞科隆——2012北威州中国节”活动，中国茶成为热销产品。11月25日，张一元参加以“古韵大栅栏，美丽新街区”为主题的2012大栅栏老字号旅游购物节，展示国家级非物质文化遗产张一元茉莉花茶制作技艺。11月28日，张一元参加“E时代I西城——2012北京西城电子商务节”。12月12日，张一元参加中国中华老字号博览会，并获“最受消费者欢迎的中华老字号品牌奖”“最佳展位设计奖”及“最佳技艺表演奖”。

（刘姒千）

【各级领导视察调研】 3月8日，市旅游发展委员会副主任孙维佳一行参观张一元大栅栏店。3月22日，顺义区区长王刚一行到张一元大栅栏店参观调研。4月11日，区总工会杨广宏主席一行参观调研张一元大栅栏店。10月25日，区政协副主席王瑞珠及政协经济界委员们参观张一元大栅栏店及张一元诞生地观音寺店。同日，哈尔滨市国资委考察团一行参观张一元大栅栏店及张一元诞生地观音寺店。11月8日，副区长孙硕一行参观张一元大栅栏店，了解企业发展情况。12月21日，直辖市发改委主任一行参观张一元大栅栏店。

（刘姒千）

【特色促销活动】 3月8日，张一元举办以“祝她健康美一天”为主题的促销活动。5月13日，张一元举办以“香茗敬慈母·为她为全家”为主题的母亲节促销活动。6月17日，张一元举办“父爱如山”为主题的父亲节促销活动。12月22日，张一元举办“新年购茶有好礼·就到张一元”为主题的圣诞新年促销活动。

（刘姒千）

【举办民俗风情节】 4月2日，张一元以“明前西湖龙井鲜·春来洞庭碧螺香”为主题的清明民俗风情节在大栅栏店开幕，现场展示“西湖龙井”及“洞庭碧螺春”的炒制过程。6月21日，以“相聚张一元·茶话端午情”为主题的端午民俗风情节在大栅栏店开幕，现场包粽子并且赠送特制的端午茶香囊。9月15日，张一元举办以“佳节选茶礼，就到张一元”为主题的中秋国庆民俗风情节，在店内增设“茉莉花茶文化体验区”。

（刘姒千）

【张一元2012春茶节】 4月21日，张一元2012年春茶节在大栅栏总店开幕，主题为“寸草春晖又一年·新茶真味张一元”。活动期间，从西湖龙井茶原产地空运的珍贵茶树品种，让消费者对茶文化有了更直观的了解。

（刘姒千）

【举办回馈消费者京剧专场演出】 4月30日，张一元在天桥茶馆举办“品好茶　听好戏”回馈消费者京剧专场演出，表演的《四郎探母》《野猪林》等精彩唱段让现场掌声不断，此次活动受到广大老年消费者的喜爱，也为节日文化市场增添了气氛。

（刘姒千）

【特色体验行】 4月29日，大栅栏店举办“张一元里品春茶”活动，开启大栅栏琉璃厂老字号体验日的系列活动。5月24日，张一元天桥茶馆举办了“庆六一·观皮影”活动，同学们亲自动手体验皮影戏表演。6月17日，张一元大栅栏店作为“行走识北京”系列活动之“行走前门外、探访老字号”的重要一站，接待了区科技馆的小队员们。

（刘姒千）

【献爱心捐款】 7月25日，张一元参与“7·21”救灾捐款献爱心活动，共计捐款人民币18130元。

（刘姒千）

【张一元首届中国茉莉花茶节】 8月22日，“张一元·首届中国茉莉花茶节”开幕，主题为“花茶领群香·中国张一元”。

（刘姒千）

【张一元清明老茶庄重装开业】 8月22日，张一元“清明老茶庄”在张一元诞生地大栅栏观音寺街重装开业。

（刘姒千）

【慰问牛街敬老院】 9月26日，王秀兰一行前往牛街敬老院，为老人们送上中秋节日祝福和礼物。

（刘姒千）

【职工羽毛球比赛】 10月30日，张一元公司举办2012年职工羽毛球比赛，近50人参加。

（刘姒千）

北京新月联合汽车有限公司

【概况】 北京新月联合汽车有限公司（简称新月公司）是国资参股的股份制企业，注册资金13130万元。拥有12个分公司、2个全资子公司和1个参股公司，有各种车辆9179部，员工12522人。经营范围涉及出租客运、旅游租赁、救援物流等多个领域。年内，新月公司实现营业收入8.82亿元，同比增长0.7亿元，增速8.6%；实现净利润5400万元，净资产收益率8.2%，资产规模33.5亿元；上缴利税4425万元。新月公司获“2012年度中国道路运输百强诚信企业”“首都文明单位”“北京市交通安全先进单位”“北京市出租行业治安防范先进单位”等称号；董事长刘长青获“北京市出租汽车行业治安防范工作先进工作者”“北京市交通安全优秀管理干部”称号，总经理刘长江获“北京市出租汽车行业治安管理先进个人”“北京市交通行业窗口单位‘创服务品牌、树党员形象’活动先进个人”等称号。

地址：朝阳区王四营乡马房寺368号

邮编：100023

电话：67378888

（吴治英）

【市政协会议交通服务】 1月10日至15日，新月公司执行市政协十一届五次会议住五洲大酒店委员和工作人员交通保障服务任务，共派出大客车23部、奥迪车16部、司机及工作人员43人，发车160车次，圆满完成任务。

（吴治英）

【年度工作总结会】 2月25日至27日，新月公司召开2011年度工作总结大会。区国资委副主任卢五星出席会议并讲话。公司领导和公司管理干部及受表彰先进典型共288人参加会议。刘长江代表总公司总结2011年工作，部署2012年任务；公司工会主席庞有利、公司纪委书记岳丽生分别就公司工会工作和党风廉政建设作专题发言。

（吴治英）

【全国政协会议交通服务】 2月28日至3月14日，新月公司执行全国政协十一届五次会议住铁道大厦委员和工作人员交通服务保障任务。历时15天，共派出管理和驾驶员49人、投入车辆44部，发车775车次，接送委员及工作人员3081人次，安全行驶16503公里。

（吴治英）

【职工代表暨工会会员代表大会】 4月27日，新月公司召开第三届职工代表暨工会会员代表大会。市总工会交通运输工会副主席张秀萍、区总工会副主席程文光出席会议并讲话，新月公司领导、职工代表、工会会员代表共167人参加会议。大会审议通过新月公司2011年工作报告、工会工作报告、经审工作报告等，选举产生新月公司第三届工会和经审委员会。

（吴治英）

【共产党员示范车挂牌运营】 6月28日，新月公司举行“流动的党员先锋岗——共产党员示范车”主题实践活动启动仪式，111部张挂有“共产党员示范车”标志的出租车和班车等正式上路运营。市交通委运管局副局长黄建军、市交通委运管局出租处副处长刘继英、区国资委党委书记涂云国等领导出席启动仪式。

（吴治英）

【为职工送清凉活动】 7月10日，区总工会主席马小鹏、副主席傅立红等带着清凉包等防暑降温用品到新月公司，为一线出租车驾驶员送清凉。同时，新月公司出资110万元，为一线出租车驾驶员发放防暑降温用品。

（吴治英）

【市交通委运管局到公司调研】 9月19日，市交通委运输管理局党组书记冯建民等，到新月公司就如何加强出租行业党建工作进行专题调研，听取公司党委书记刘俊德关于公司基本情况和开展党建工作情况汇报，并进行座谈。

（吴治英）

【市交通委领导到公司调研】 11月22日，市交通委员会主任、党组副书记刘小明带队，到新月公司调研出租行业建设与发展问题。刘小明等在调研中，实地查看了新月出租分公司、修理分公司的经营管理情况，看望正在参加例会的出租车驾驶员，并向分公司管理干部详细询问工作职责、驾驶员培训、乘客服务等情况。

（吴治英）

【成立20周年庆典】　12月28日，新月公司举行主题为“一路同行，再创辉煌”的公司成立20周年庆典活动。公司领导、管理人员及出租司机代表近300人出席。刘长青致辞，并表彰一批功勋员工。

（吴治英）

对外经济贸易

【概况】　西城区商务委员会（简称区商务委）负责全区经济的对外交流与合作；负责进出口贸易的促进与管理；负责辖区内外商投资企业的审批与管理及全区投资促进工作。年内，新增外商投资企业39家，吸收合同外资5.58亿美元，实际利用外商直接投资6.07亿美元；实现进出口总额1149.35亿美元，同比增长16.8%，占全市进出口总额28.11%，在16个区县中位居第二；其中进口额1044.24亿美元，同比增长17.3%，占全市进口总额29.9%；出口额105.11亿美元，同比增长11.98%，占全市出口总额17.62%。英蓝国际金融中心、凯晨世贸中心、西环广场、凯旋大厦四家楼宇获北京市首批“商务服务业示范楼宇”命名。在“光耀香江”香港回归15周年大型评选活动中，西城区荣获“香港内地投资热点奖”。

地址：西城区广安门北滨河路9号

邮编：100055

电话：83509359

（李小丽　张贯中）

【利用外资】　年内，辖区新批外商投资企业39家，同比下降36.07%；吸收合同外资5.58亿美元，同比下降9.86%；实际利用外商直接投资6.07亿美元，同比增长7.94%。新批及增资合同外资500万美元以上的大项目16个，其中人资额达千万美元以上的企业7家，实际人资额5.28亿美元，占实际利用总额87.1%。吸收合同外资及实际利用外资按国别和地区位列第一的均是香港，合同外资为3.09亿美元，比重为55.3%，实际利用外资为5.03亿美元，比重为83%；按行业位列第一的是金融业，合同外资额为2.78亿美元，比重为49.89%，同比增长442.73%。

（张贯中　郝佳莹）

【第三产业成投资热点】　年内，新设39家外商投资企业全部为第三产业企业。合同外资5.57亿美元，实际利用外资3.57亿美元。

附：2012年西城区新批39家外商投资企业

东方资产管理（中国）有限公司、金禧茂（北京）科技有限公司、博裕投资顾问（北京）有限公司、威猛（北京）商贸有限公司、亚富梦贸易（北京）有限公司、中航汇酒店管理有限公司、金运来（中国）钻石技术开发有限公司、北京科岚纳科技有限公司、康华永泰健康科技（北京）有限公司、北京大洋华文文化传媒有限公司、爱摄汇（北京）信息技术有限公司、汇进港讯科技（北京）有限公司、柯莱特教育咨询（北京）有限公司、摩根大通投资咨询（北京）有限公司、晋威（北京）房地产咨询服务有限公司、北京鑫瑞增益国际贸易有限公司、中合中小企业担保股份有限公司、北京原量信息技术有限公司、北京诚契国际贸易有限公司、克莱亚管理咨询（北京）有限公司、北京彩云之南餐饮管理有限责任公司、北京世界风情旅行社有限责任公司、中诚信资讯科技有限公司、北京红日天创科技有限公司、北京瑞麒思珂国际咨询有限公司、北京普华道格特医院管理有限公司、北京艺动创新科技有限公司、汇泰融资租赁有限公司、合一科创（北京）环境科技有限公司、鸿毅聚元（北京）投资管理顾问有限公司、北京时尚时代商贸有限公司、北京盈科泛利科技有限公司、娜韵美业（北京）医疗投资管理有限公司、斯迈易（北京）咨询有限公司、北京月坛现实信息咨询事务所有限公司、北京吉美商务航空管理咨询有限公司、北京中港佳邻商业咨询有限公司、北京凯爱迪匹工业设计服务有限公司、北京金马人杰国际商贸有限公司。

（张贯中　郝佳莹）

【独资企业占投资比重大】　年内，新设立外商独资企业26家，实际利用外资5.5亿美元，占外商投资总量比重为90.61%。新设立的中外合资、合作企业12家，实际利用外资0.25亿美元，占外商投资总量比重仅为2.15%。其它投资则来自外资股份制企业。

（张贯中　郝佳莹）

【部分行业外资利用下降】　年内，外商分行业投资情况显示，在房地产业、制造业、批发和零售业，吸收合同外资和实际利用外资同比下降均高于53.12%，其中最高为房地产业的合同外资，下降105.37%。

（张贯中　郝佳莹）

【境外投资】　年内，区商务委办理企业境外投资初审22家，同比增长70%；总投资额9486万美元，同比增长90%。主要投向印度尼西亚、新加坡、加拿大、香港等国家和地区。主要投资市场开发、投资管理、项目投资及以货物进出口等数十个行业。

（李小丽　史倩）

【服务外包】　年内，区商务委为1家企业的3个项目申报2012年度国家服务外包专项资金 39.65 万元人民币。

（李小丽 史倩）

【经贸往来】 年内，区商务委为来自俄罗斯、英国、德国、印度、新加坡、孟加拉、哈萨克斯坦等 10 多个国家的外商，办理来华商务邀请 46 件 70 人次。

（李小丽 史倩）

【对外贸易审批管理】 年内，区商务委共受理对外贸易自营进出口备案登记 322 件，同比增长 57%。为 2 家企业办理 8 件加工贸易业务，实现进出口料件总值 125 万美元。

（李小丽 史倩）

【招商活动】 年内，区商务委引进辖区第一家跨国公司地区总部——农银国际（中国）投资有限公司，投资总额、注册资本均为 5 亿元人民币。参与首届“京交会”各项活动，有 3 个项目成功签约，签约金额 211 亿元。参与京港洽谈会等投资促进活动，京港洽谈会共推出 17 个项目，成功签约 2 个项目。

（李小丽）

【交流活动】 年内，区商务委努力搞好各项交流活动。1 月 6 日，在人民剧场举办西城区国际企业新春联谊会，市、区领导及外国驻华使领馆、驻京代表机构、行业协会、驻区外经贸企业代表 300 余人出席。3 月 22 日，举办驻京中外知名企业投资西城行活动，110 余家驻京跨国公司、大型民企、股权投资机构、招商中介机构、外省市企业商会的 120 余名高层管理人员应邀参加。10 月 17 日，接待美国休斯顿商务代表团到西城区考察。

（李小丽）

【贸促会西城支会成立】 12 月 20 日，中国国际贸易促进委员会西城区支会（中国国际商会西城区商会）成立，同时第一届会员代表大会在港中旅维景国际大酒店召开。新的贸促会西城支会在原贸促会宣武支会、原贸促会西城支会基础上整合而成，是政府、企业之间的桥梁和纽带。

（郭艳芳）

（责任编辑 沈建平）

金 融

金融服务

【概况】 北京市西城区金融服务办公室（简称区金融办）是负责西城区金融业及金融街地区发展与服务的区政府工作部门。有干部职工10人，内设科室4个（综合科、发展规划科、产业促进科、市场服务科）。年内，区金融办落实区委、区政府各项工作部署，加强金融业形势分析和研判，优化金融发展环境，提升金融服务水平，积极推进各项工作，促进全区金融业快速健康发展。全区金融业增加值达到1071.4亿元，同比增长14.1%，占全区GDP的比重41.6%，占北京市金融业增加值的41.3%；金融机构资产61.8万亿元，同比增长7.9%，占全区第三产业资产总额的92.3%；金融业实现营业收入5066.4亿元，同比增长12.2%，占全区营业收入总额40.0%；实现利润2338.8亿元，同比增长33.9%，占全区利润总额55.3%；实现三级税收2362亿元，同比增长32.4%，占全区77.4%，占全市三级税收27.1%；实现区级税收126.3亿元，同比增长23.0%，占全区区级税收40.0%。金融街实现三级税收2484.8亿元，同比增长29.0%，占全区三级税收比重81.4%；实现区级税收151.7亿元，同比增长17.9%，占全区49.1%。

地址：西城区金城坊街1号金融街公寓C座601
邮编：100033
电话：66290670

（刘 波）

【金融街标识发布会】 6月26日，区委、区政府召开北京金融街标识发布会，标识以北京金融街经典雕塑所采用的春秋战国时期“布币”形象与“金”字造型相互融合，图形暗含“人”字变形，寓意北京金融街“汇金天下，人和政通”。

（刘 波）

【首届金融街论坛】 11月18日，由市金融工作局、区委、区政府共同主办的首届金融街论坛在金融街开幕。论坛为期一天，以“金融业发展与金融中心建设”为主题，围绕全球经济变革中的金融业创新与发展、金融市场完善与制度创新、金融机构创新发展与综合化经营、金融中心的发展与建设4个议题进行讨论。市委常委、常务副市长李士祥，中国人民银行行长周小川、中国银监会副主席郭利根、中国证监会副主席庄心一、中国保监会纪委书记陈新权、国家开发银行董事长陈元等先后为论坛致辞并演讲，市委副书记、代市长王安顺出席论坛。

（刘 波）

【北京金融街研究院成立】 11月18日，在首届金融街论坛上，王安顺与北京金融街研究院院长陈元共同为北京金融街研究院揭牌。研究院定位为开放、国际化的学术交流平台，依托金融街国家金融中心的有利条件，探索金融发展战略，为金融企业、金融监管部门、政府部门提供研究和咨询服务，是促进金融街发展、推动中国金融体系现代化的思想库和智囊团，是金融街对外的学术交流平台。

（刘 波）

【提供决策参考】 年内，区金融办加强对区域金融业发展状况的监测力度，深入分析金融行业发展情况及趋势，撰写季度金融产业分析报告，编辑《金融业要闻》31期、金融街建设和人才专报12期，撰写2012年财富500强金融街上榜情况等专题性报告25篇、重点机构背景介绍及相关材料30篇、工作动态信息80余条，为区领导提供决策参考。

（刘 波）

【建立信息共享机制】 年内，区金融办与区统计局、国地税等部门建立信息共享机制，加强与金融监管部门及行业组织的业务沟通，加强对区域金融相关统计指标的监测和分析。形成全区金融机构数据库和重点金融机构通讯名录、金融街入驻机构台帐等。

（刘 波）

【促进产业项目对接】 年内，区金融办按照拓展建设与资源置换并重的思路，促进空间资源与产业项目对接，建立企业需求及项目资源台帐，为40余家企业进行项目对接。

（刘 波）

【落实产业政策】 年内，区金融办为48家机构兑现政策资金29978.7万元，其中区财政兑现政策资金20959.4万元，完成10家金融机构职工住房公积金政策服务支持。

（刘 波）

【引进金融机构】 年内，区金融办引进全国中小企业股份转让系统有限责任公司、瑞士银行（中国）有限公司、中国移动通信集团财务公司、中合中小企业融资担保股份有限公司等重点企业70家，其中法人单位25家，注册资本近180亿元。包括货币金融服务类33家，资本市场服务类24家，保险类11家，其他金融服务类2家。

（刘 波）

【促进企业上市】 年内，区金融办对高新技术、文化创意、商贸服务、旅游等行业的企业给予重点扶持，推动区域重点产业领域所属企业上市。与区发展改革委、区文创办、德胜园管委会等相关单位建立拟上市企业信息共享平台，多渠道汇集拟上市企业信息。11月京港洽谈会期间，区政府与港交所签订战略合作备忘录，12月北京国际金融博览会期间，区政府与上交所、深交所签订战略合作协议。

（刘 波）

【开展机构走访】 年内，区金融办建立沟通联系机制，组织区领导走访驻区监管机构及重点企业，先后走访中国人民银行、中国保险业监督管理委员会等2家监管机构，以及中国人寿集团、东方资产管理公司等8家重点企业。通过机构走访建立沟通渠道，了解企业发展情况，获取企业新设机构信息，促成优质机构落户。

（刘 波）

【小额贷款公司业务监管】 年内，区金融办推行小贷公司高管约谈及公司自查报告制度，及时纠正企业经营中出现的各类问题。新设小贷公司3家。全区5家小贷公司累计发放贷款373笔65198万元，累计收回168笔合计21858.4万元，贷款余额43339.6万元。

（刘 波）

【规范融资性担保公司】 年内，区金融办加强与专业信用评估机构合作，组织辖区融资性担保机构经营许可证的审批及检查工作。建立企业自查与监管抽查相结合、日常检查与集中检查相结合的管理模式，有效防控管理风险。全区有16家企业获得融资性担保经营许可。

（刘 波）

【交易场所监管】 年内，区金融办与市金融局共同对辖区内12家交易场所进行检查，限期整改各类违规交易行为。对北京金融资产交易所、北京兰格钢铁电子交易有限公司等8家交易场所整改工作进行辅导，并对各交易所整改情况报告进行监督审核。

（刘 波）

【服务区域发展】 年内，区金融办搭建政银企沟通平台，服务区域发展。区政府分别与国家开发银行北京分行、招商银行北京分行、北京农商银行签署战略合作协议，利用金融资源为区域经济社会发展服务。开展融资项目需求梳理对接工作，满足区域内安置房建设、旧城保护拆迁、拓展建设等项目的融资需求。与北京控股集团有限公司签订战略合作协议，研究设立北京会馆文化保护发展基金，促进会馆文化保护、开发与利用。

（刘 波）

【金融街建设与发展20周年活动】 年内，区金融办以“金融街建设发展承载中国金融改革发展20年”为主线，完成金融街标识征集及发布活动、金融街建设与发展20周年座谈会、首届金融街论坛、金融街建设与发展20周年文艺演出及金融街建设和发展20周年主题展等系列活动。

（刘 波）

【促进对外交流合作】 年内，区金融办加强与上海、深圳、港台等国内金融区的交流，借鉴发展经验，搭建沟通平台，促进机构合作。扩大国际交往，借助西城区15个友好出访团组的渠道，向美国、加拿大、英国等近30个国家和地区的友好城市宣传推介金融街，与相关政府部门进行座谈，对知名金融机构进行拜访。加强与纽约、新加坡等国际金融中心和法兰克福等区域金融中心的联系沟通，促进金融街与英国贸易投资总署交流合作。7月，区长王少峰与伦敦金融城政策与资源委员会主席包墨凯座谈交流。10月22日，区政府与德国黑森州经济、交通和地区发展部签署战略合作协议。

（刘 波）

银 行

国家开发银行股份有限公司北京市分行

【概况】 国家开发银行股份有限公司北京市分行（简称国开行北京市分行）内设处室20个，在职正式员工206人。截至年底，国开行北京市分行表内外贷款余额3408亿元，同比增长13.1%。

地址：西城区复兴门内大街158号

邮编：100031

电话：63223100

（常 江）

【签订协议开展合作】 年内，国开行北京市分行与北京市各层面累计签订开发性金融合作协议24项，协议金额2470亿元；开展规划合作项目15项，推动实现保障房、重大基础设施及产业功能区建设、科技文化“双轮驱动”、基层民生等领域项目开发储备，从顶层和源头确保资产结构合理优化。

（常 江）

【保证首都重点领域资金需求】 年内，国开行北京市分行加强资源优化配置，全年实现表内贷款发放945亿元，余额新增210亿元，增长8.96%；受托业务工作量296亿元，同比增长174%，余额新增182亿元，增长27.24%。实现重大项目贷款发放512亿元，保障性安居工程建设贷款84亿元，高科技产业贷款59亿元，重点村改造等涉农贷款128亿元，文化产业贷款27亿元。

（常 江）

【支持重大项目和重点产业】 年内，国开行北京市分行与首钢国际、国药集团、中融、华彬、中坤、中铁建、万达文化、昊华能源等战略企业建立新的合作关系；第一时间向“7·21”特大暴雨受灾地区提供捐赠、应急贷款和重建规划建议等支持；围绕科技、文化“双轮驱动”战略实施，设计版权质押、股票托管、“银团+信托”等信用结构，推进模式创新，向经开光谷、二十一世纪小卫星星座系统、普天科创、新立基真空玻璃、乐视网等科技型企业提供贷款8.22亿元；与市文资办搭建文化创意统贷平台，完成中广传播全国移动网络建设项目、华谊兄弟影片摄制流动资金贷款等文化创意项目融资总量21.5亿元。完成京东方鄂尔多斯5.5代线项目、中芯国际（天津）D组授信。发放京东方八代线银团贷款、中芯国际一期增资扩产项目银团、亦庄数字显示产业园、北工大软件园二期等产业项目共计85亿元。对北京高端制造业基地03街区4个项目承诺贷款7.42亿元，发放5.92亿元。

（常 江）

【支持民生领域发展】 年内，国开行北京市分行完成张仪村对接安置房、丰台高立庄对接安置房、西城区桃园二期危改小区Ⅱ期工程土地一级开发、新兴盛危改小区扩大用地土地一级开发、丰台科技园西一区等26个项目评审承诺；发放京煤集团工矿棚户区改造项目贷款4.8亿元；发放委托贷款45亿元。保障性住房贷款余额261亿元，余额新增75亿元，累计支持北京市保障性住房建设面积732万平方米，解决约11万户、32.6万人的住房困难。构建邦信资产下属中小企业转贷模式，实现评审承诺1亿元；以高创中心为统贷平台支持三家科技型中小企业，累计放款7000万元。中小企业贷款余额37.8亿元，新创造20余万个就业岗位。创新中央彩票公益金存单质押小额扶贫贷款，累计放款5.1亿元，支持农户20万户。支持首农集团流动资金贷款、现代化肉鸡养殖科技示范区、峪口禽业蛋种鸡养殖等一批“菜篮子”项目，承诺贷款13.1亿元，发放贷款6.27亿元；发放新农村建设贷款122.2亿元，“三农”贷款余额350.78亿元。实现援藏项目评审承诺7617万元，援疆项目评审承诺5.2亿元。

（常 江）

【创新金融产品和服务】 年内，国开行北京市分行银团工作量204.78亿元。支持丰台科技园西区园区建设、昌平区东小口镇旧村改造、顺义区板桥村土地一级开发等项目。采取“债贷结合”模式，累计发行全国规模最大的保障房私募债、国内首支涉农中小企业集合票据、清华同方、北大方正等10支债券，发行额度208.8亿元。实现信托贷款发放10亿元，完成9笔信托业务，累计到位资金36.6亿元，支持北京市50个重点村中的丰台区城乡一体化槐房村和新宫村旧村改造等项目。

（常 江）

【开展国际合作业务】 年内，国开行北京市分行实现汉能希腊光伏电站、拓富散货船等项目评审承诺36.8亿元，发放中信集团、中信泰富、华锐风电巴西、中国水产公司并购莫桑比克渔业公司、信威通信等重大项目贷款16.3亿美元。与市发改委、国资委建立“走出去”沟通渠道，调研中工国际等一批潜在客户需求，推动与巴西石油公司新一轮合作。

（常 江）

【风险管理】 年内，国开行北京市分行加强与银监局、金融局、发改委的沟通协调，在难点项目前端即与监管部门沟通意见，配合北京市深化平台规范。46户平台贷款实现全覆盖。成功化解良乡高教园不良贷款1.78亿元。提升内控合规管理水平，加强担保公司分类管理，将中小企业贷款风险防范前移至上会和审议环节，采取背对背发送廉政建设和金融服务征询意见函方式，从源头上防范道德风险。

（常 江）

【通州国开村镇银行业务】 截至年底，通州国开村镇银行资产总额146963.16万元，贷款余额12234.01万元；负债总额136837.09万元，其中存款余额136518.33万元。累计本息回收率100%，贷款不良率0，资本充足率86.60%，单一客户贷款集中度8.42%；流动性比例71.53%。

（常 江）

中国农业发展银行北京市分行

【概况】 中国农业发展银行北京市分行（简称农发行北京市分行）共辖13个支行（部），在岗员工412人。截至年底，贷款余额330.07亿元，实现利润8.41亿元，人均利润206.02万元。

地址：西城区月坛北街甲2号

邮编：100045

电话：68081842

（李灵毓）

【政策性粮油信贷业务】 年内，农发行北京市分行贯彻落实国家宏观调控和保供稳价政策，累计发放和收回粮油贷款119亿元，同比增加38亿元。累计发放粮食收购贷款1.72亿元，支持本地郊区粮食收购。支持国家级龙头加工企业发展，促进首都农产品价格平稳。坚持做好夏、秋粮收购资金的供应与管理，连续9年实现“双结零”。

（李灵毓）

【政策性中长期信贷业务】 年内，农发行北京市分行累计发放续贷资金27.3亿元，用于支持大兴、昌平等地区新农村建设项目。新发放贷款14.94亿元，用于支持中关村创新园土地整治项目、石景山区刘娘府旧村综合改造项目及通州文化旅游区项目。

（李灵毓）

【中间业务】 年内，农发行北京市分行中间业务收入499.71万元，人均中间业务收入12555.61元。

（李灵毓）

【票据业务】 年内，农发行北京市分行共办理买断式票据业务72笔，累计票面金额277亿元；办理卖断式票据业务2笔，累计票面金额13亿元。票据资产余额36.2亿元，实现利息收入7.16亿元。

（李灵毓）

【国际结算业务】 年内，农发行北京市分行共办理国际业务280笔，国际业务营销量24276.53万美元，国际业务实现收入99.99万元，币种主要以美元和欧元为主，开立外币户数56户，单位存款余额49万美元。

（李灵毓）

【金融产品和服务创新】 年内，农发行北京市分行开办投资业务，取得了现代种业发展基金托管承办行地位，获得一期15亿元托管基金存款。开办企业常年财务顾问业务。

（李灵毓）

【不良贷款清收】 年内，农发行北京市分行完成3笔不良贷款的核销工作，存量不良贷款实现“清零”。清收工作取得新进展，现金清收附营业务停息挂账贷款1096万元。完成3600万元风险贷款的清收化解工作，继续保持新增不良贷款的“零增长”。

（李灵毓）

【人力资源管理】 年内，农发行北京市分行深入开展创先争优活动，评选出先进基层党组织8个、窗口和服务单位优秀共产党员26名；健全和发扬党内关怀机制，对16名生活困难党员进行补助；加强支行领导班子建设，通过公开选拔和公开竞聘，选任支行行长2名、支行副行长9名；加大干部交流力度，17名处级干部进行岗位交流；加大教育培训力度，举办高管人员赴港培训、复合型人才培训、专家型人才培训、实用性人才培训等多类型的培训班，适应业务发展需要。

（李灵毓）

【企业文化建设】 年内，农发行北京市分行加强企业文化建设，举办“至诚金农发”第五届职工文艺汇演，近200名员工参加汇演演出。组织分行第三届、第四届职工运动会，组队参加农发行华北地区第十四届职工运动会。举办“北京分行青年礼仪之星”行为礼仪竞赛活动，对全行30名青年进行礼仪培训。组织分行合规风险防控业务知识竞赛，组队参加总行“金农发行”杯合规风险防控业务知识竞赛，获集体三等奖。组织职工参观“科学发展成就辉煌”大型图片展览、小微企业贷款成果展、昌平国际草莓博览园等。

（李灵毓）

中国工商银行股份有限公司北京市分行

【概况】 中国工商银行股份有限公司北京市分行（简称工行北京分行）下设37家二级分行（含分行营业部），642家营业网点（含自助银行90家），员工总数18415人。截至年底，本外币资产总计2.39万亿元，同比增长13.27%。实现拨备前利润340.51亿元，拨备后利润333.15亿元，同比分别增长6.8%和6.1%。本外币全部存款余额达到2.3万亿元，较年初增加2616亿元。本外币各项贷款余额4505亿元，较年初增加418亿元。中间业务收入79亿元，同比增长6.76%。区境内设长安、新街口、南礼士路、金融街、宣武、广安门6家支行。

长安支行下设1个营业室、11个网点支行、1个分理处、2个储蓄所、1个附属机构，在岗员工476人。截至年底，实现拨备前利润25.7亿元；本外币各项存款时点余额1145.42亿元，同比增长13.21%；本外币各项贷款余额（含票据）708.89亿元，增长24.27%；实现中间业务收入2.87亿元。

新街口支行下设1个营业室、12个网点支行、3个储蓄所，在岗员工617人。截至年底，实现拨备前利润26.6亿元；本外币各项存款时点余额1009亿元，同比增长3%；本外币各项贷款余额（含票据）253亿元，增长6%；实现中间业务收入3.4亿元，同比增长12%。

南礼士路支行下设1个营业室、18个网点支行、1个附属机构，在岗员工655人。截至年底，实现拨备前利润22.45亿元；本外币各项存款时点余额1243.34亿元，同比增长8.9%；本外币各项贷款余额（含票据）275.41亿元，同比增长6.7%；实现中间业务收入2.4亿元，与上年同期持平。

金融街支行下设1个营业室、5个网点支行，在岗员工216人。截至年底，实现拨备前利润9.79亿元；本外币各项存款时点余额523.18亿元，同比减少22.39%；本外币各项贷款余额（含票据）82.88亿元，同比减少10.14%；实现中间业务收入0.59亿元，同比增长21.99%。

宣武支行下设7个网点支行、2个分理处、1个储蓄所，在岗员工309人。截至年底，实现拨备前利润14.23亿元；本外币各项存款时点余额1,611.64亿元，同比增长34.54%；本外币各项贷款余额（含票据）94.47亿元，增长29.60%；实现中间业务收入1.09亿元。

广安门支行下设1个营业室、10个网点支行、1个附属机构，在岗员工466人。截至年底，实现拨备前利润9.06亿元；本外币各项存款时点余额475.83亿元，同比增长18.85%；本外币各项贷款余额（含票据）115.56亿元，增长12.91%；实现中间业务收入2.83亿元，同比增长22.21%。

地址：西城区复兴门南大街2号
邮编：100031
电话：66410579

（夏仲尼　杨燕英　杨微　马进　张弛　梁谦　金鑫）

【信贷业务】　年内，工行北京分行本外币各项贷款余额4505亿元，较年初增加418亿元。先进制造业、现代服务业、文化产业和战略性新兴产业新增贷款180亿元，占新增贷款比重43%。小企业贷款累放额达189亿元，中型客户贷款增加166亿元，户数增加153户。贸易融资增加62亿元。个人贷款增加73亿元，贷款余额突破700亿大关，达716亿元。

（夏仲尼）

【存款业务】　年内，工行北京分行人民币全部存款增加2474亿元，增量居北京同业首位。人民币日均存款（不含同业）增加1011亿元，其中人民币储蓄存款增加806亿元，余额突破7000亿元，达7166亿元；人民币对公存款（不含同业）增加1466亿元。储蓄存款和对公存款日均增量分别达325亿元和690亿元。

（夏仲尼）

【中间业务】　年内，工行北京分行销售个人四项理财产品和法人理财产品5780亿元和2871亿元。新增信用卡164万张，总量突破800万张，发卡量、消费额和中间业务收入三项核心指标全面领跑同业。新增个网、企网和手机银行证书客户132万户、2.1万户和133万户，电子银行交易额55万亿，同比增长7.5%，客户总量和交易规模均居同业首位。主承销债务融资工具2089亿元，系统内占比68%。国际结算量1606亿美元。新增对公结算账户6万户，总量达24.7万户。销售实物贵金属13.4吨，账户贵金属6061吨。资产托管规模达到8980亿元，同比增长43%。养老金企业客户总量876户，服务职工达396万人。

（夏仲尼）

【风险管理】　年内，工行北京分行清收处置不良贷款7.9亿元，压降潜在风险贷款53亿元。不良贷款连续12年保持“双降”，不良贷款余额和不良贷款率分别比年初下降1.7亿元和0.08%。全年未发生重大安全事故和风险案件，获“北京市银行业合规管理十佳银行”称号。

（夏仲尼）

【渠道建设】　年内，工行北京分行新建、迁建、升格网点51家，新建自助银行26家，网点总量达642家（含90家自助银行）。全行贵宾理财中心以上网点达341家，占网点总量的62%。全年新增自助机具1250台，总量达5944台，柜面业务可分流率降至35.7%，同比下降3.6%。

（夏仲尼）

【改革创新】　年内，工行北京分行在327家贵宾理财中心以上网点推广运营标准化改革，其中161家网点通过标准化改革验收，完成20个流程优化项目，解决94个紧迫性流程问题，稳步推进现金业务与2700台自助机具的集中管理。全年客户投诉量同比下降71%。四季度，贵宾和普通客户平均等候时间分别降至10分钟和18分钟；根据第三方测评结果，四季度工行北京分行服务规范度同比提高7.2分达到90.8分，客户满意度提高到88.8分，居同业四大行首位。在中国银行业文明规范服务千佳示范单位评比中，工行北京分行申报的10家网点全部入围，4家网点获“2012年度北京市银行业特色服务示范单位”称号。

（夏仲尼）

中国农业银行股份有限公司北京市分行

【概况】　中国农业银行股份有限公司北京市分行在区境内有西城支行、宣武支行。西城支行共有基层网点17个，其中包括14个二级支行、2个分理处、1个营业部，支行机关下设7个部室，全行在岗员工349人，其中合同制员工283人，劳务派遣员工66人。宣武支行共有基层网点13个，其中包括12个二级支行、1个营业部，支行机关下设8个部室，全行在岗干部职工319人。

西城支行
地址：西城区车公庄北街新华里16号院1号楼
邮编：100044
电话：88319695

西城支行
地址：西城区宣武门西大街28号院10门
邮编：100053
电话：63601625

（刘莉　董誓）

【西城支行业务】　年内，农行西城支行以科学发展观统领全局，以有效发展为中心，以客户建设为抓手，以内部结构优化为重点，强化各项工作措施，提升综合竞争能力，健全内部控制体系，主体业务发展良好。截至年底，农行西城支行大口径存款余额298.77亿元，同比增加75.7亿元，其中各项存款219.3亿元，同比增加50亿元；本外币储蓄存款余额89.8亿元，同比增加13.2亿元。各项贷款128.3亿元，同比增加29亿元；个人贷款19.2亿元，同比增加3.2亿元。实现拨备后利润5.38亿元，实现中间业务收入1.19亿元，国际结算量实现22.6亿元。不良贷款和占比实现双下降。西城支行辖属北三环支行获“2012年中国银行业协会文明规范服务千佳示范单位”称号，西城支行辖属民航大厦支行被评为总行级“平安农行”。

（刘　莉）

【宣武支行业务】　年内，农行宣武支行深入贯彻落实科学发展观，把握稳中求进的发展基调和“稳发展、促转型、活机制、控风险、强基础”的总体要求，较好地完成了各项工作任务，呈现发展稳健、质量提升、活力增强、基础夯实的良好局面。截至年底，农行宣武支行本外币大口径存款余额206.77亿元，各项贷款余额145.29亿元。实现经营利润5.27亿元。实现中间业务收入11093万元，同比增幅22.06%。国际结算量6.09亿美元，同比增幅45%。

（董謦　刘涛）

中国银行股份有限公司北京市分行

【概况】　中国银行股份有限公司北京市分行在区境内有西城支行、宣武支行。西城支行下设九部一室（含支行营业部）、19个经营性支行（区境外6个），在职员工550人。年内，阜成门内支行迁至太平桥大街18号与丰盛支行合署办公；华贸中心支行、西海大厦支行及车公庄西路支行3家网点迁址开业。宣武支行下设8部1室、16个经营性支行。

西城支行
地址：西城区阜成门外大街5号
邮编：100037
电话：68002129

宣武支行
地址：西城区南新华街1号
邮编：100052
电话：63175972

（杨杰茜　王卫）

【西城支行业务】　年内，中行西城支行本外币存款余额1550.07亿元，同比增长235.24%，实现利润20.04亿元。

（杨杰茜）

【宣武支行业务】　年内，中行宣武支行拓展思路，调整结构，开发个人经营贷款业务新模式。加强专业化队伍建设，实施派驻业务经理制。在网点成立专职公司客户经理队伍，充实大堂经理队伍，调整理财经理队伍，组建账户经理队伍，初步完成消贷经理队伍组建。制订《宣武支行员工内控合规档案》，采取宣传展板、晨会视频短片、开办合规主题视频比赛、内控合规专刊、开展主题宣讲活动、举办内控知识竞赛等多种形式加强宣传力度，并自主开发内控管理系统，使内控管理实现信息化。通过实行综合柜员制，提高工作效率，改善柜台忙闲不均情况，缩短客户排队等候时间。截至年底，实现考核利润57611万元，同比增加9361万元。人民币公司存款日均余额145.05亿元，同比增加19.07亿元；人民币储蓄日均存款余额99.87亿元，同比增加8.33亿元；外币公司存款日均余额5.74亿美元，同比增加3.95亿美元；外币储蓄存款日均余额2.91亿美元，同比增加0.18亿美元。零售贷款同比新增5.13亿元。

（王　卫）

中国建设银行股份有限公司北京市分行

【概况】　中国建设银行股份有限公司北京市分行在区境内有西四支行、西单支行、宣武支行。西四支行下设3个部室，有中长期劳动合同人员121人。西单支行下设5个部室、4个营业中心、3个储蓄所，有中长期劳动合同人员181人。西单支行获分行保险营销竞赛“冠压群雄”奖、私人银行旺季营销竞赛“最佳拓展支行”奖。宣武支行内设公司银行部、综合部、消费信贷中心和营业部4个部室，员工118人。宣武支行被总行授予2012年“增客户、促应用、提能力”电子银行专项营销活动先进集体、被分行授予“五星级荣誉团队提名奖”、被评为分行级“会计基础工作等级一级单位”“印章工作先进集体”“分行档案工作先进集体”、2012年度“平安示范网点”、分行对公人民币账户新增和代发工资账户新增“年度销售金星”称号。

西四支行
地址：西城区阜成门外大街甲26号
邮编：100037
电话：51999930

西单支行
地址：西城区西单北大街34号
邮编：100032
电话：66011802

宣武支行
地址：西城区广内大街314号
邮编：100053
电话：63209518

（徐铭泽　李烨　刘一）

【西四支行业务】　年内，建行西四支行在年初机构调整完成后，转变经营理念，调整经营策略，拓宽经营渠道，优化运营机制，坚持“一个中心，三个基本点”即以客户拓展为中心，以存款增长、中间业务收入增长和产品覆盖度为基本点，各项业务稳步推进。截至年底，实现本外币账面利润5.56亿元。本外币全口径存款时点余额180.25亿元；本外币各项贷款时点余额45.09亿元；中间业务收入22915万元；五级分类不良贷款余额0亿元，不良率0%。储蓄存款89.28亿元，新增10.16亿元。销售基金3.56亿元；保险1.44亿元；黄金3.67亿元；信用卡发卡17000张。金融市场产品实现中间业务收入5872.95万元。成功营销中合中小企业担保股份有限公司，存入初期注册资金38.5亿元；成功营销国开精诚（北京）投资基金有限公司，存入首笔验资款57.4亿元；成功营销中建材国际贸易有限公司1.5亿欧元乌克兰光伏出口特定合同险项下应收账款买断，即“融信通”业务，实现中间业务收入 3600 万元。

（徐铭泽）

【西单支行业务】 年内，建行西单支行实现本外币账面利润 26617.24 亿元。本外币全口径资金总量 141.25 亿元，同比新增 19.96 亿元；本外币各项贷款时点余额 62.61 亿元（含直营客户贷款 45.6 亿元）；实现中间业务收入 11223 万元。五级分类不良贷款余额 0.27 亿元，不良率 0.43%。本外币企业存款年末时点余额同比新增 17.4 亿元。新增开户 5 户，完成供应链产品案例 6 个。获中国铁路物资股份有限公司 150 亿超短融分期主承销行资格。实现对公中间业务收入 8004 万元。新开立对公账户 768 户，代发工资客户新增 560 户，新增信贷客户 15 户，签约第三方公司 3 户，签约企业年金 1 户。新增发放贷款 17 笔，金额 8.3 亿元。储蓄存款新增 41043 万元，信用卡发卡 12632 张，分期交易额过亿元，实现对私中间业务收入 3219 元。消贷信贷业务累计发放个人贷款 212 笔、13406.18 万元；小企业贷款同比新增 1580.91 万元，客户数同比新增 9 户。

（李 烨）

【宣武支行业务】 年内，建行宣武支行以“一个中心，三个基本点”，即以客户拓展为中心，以存款增长、中间业务收入增长和产品覆盖度为基本点，统一思想，精耕细作，深入挖掘，实现各项业务快速发展。截至年底，实现本外币账面利润 4.75 亿元。本外币全口径存款时点余额 165.46 亿元；中间业务净收入 2.07 亿元。本外币各项贷款时点余额 162.77 亿元；五级分类不良贷款余额 0 亿元，不良率 0%。

（刘 一）

交通银行股份有限公司北京市分行

【概况】 交通银行股份有限公司北京市分行（简称交行北京市分行）机构网点总量 113 家，其中分行营业部 1 家、中心支行 18 家、直属支行 1 家、专业支行 8 家、二级支行 85 家，共有员工 4769 名，平均年龄 32 岁。截至年底，本外币资产总规模 6794.68 亿元，同比增加 0.99%。本外币全口径存款余额 6689.67 亿元，同比增加 1.35%，其中人民币各项存款 5065.74 亿元，同比增加 5.51%。本外币各项贷款（含买断式转贴现）2831.08 亿元，同比增加 4.37%。实现本外币经营利润（含资金业务）92.77 亿元，同比同口径减少 1.82 亿元，减幅 1.92%。实现本外币拨备后利润（含资金业务）92.61 亿元，同比同口径减少 0.90 亿元，减幅 0.96%。交行北京市分行被中国人民银行评为“2012 文化金融服务年”先进单位。

地址：西城区金融大街 22 号
邮编：100033
电话：88668866

（徐 丹）

【公司金融业务】 年内，交行北京市分行优先支持地方优势产业及中小企业客户，新增贷款向短期融资、贸易融资、供应链融资等倾斜，截至年底，对公实质性贷款中，中型客户贷款占比 28.62%。扩大金融服务覆盖面，推广银卫安康产品，先后与协和医院等 4 家医院签订合作协议；营销路易达孚、TESCO 集团、嘉能可（中国）等国际大型企业客户，填补业务空白；推动与锦州银行的银银合作业务，营销其结算代理、银团贷款、资产转让、第三方存管等业务。利用系统内“香港分行+离岸中心+交银国际”综合化平台，提供全面金融服务，抢抓首批超短期融资券业务，全年累计参加 20 家企业的超短期融资券主承销团。

（徐 丹）

【个人金融业务】 年内，交行北京市分行开展品牌客户“开户有礼”、“友福齐乐”活动，拓展个人中高端客户，个人资产 AUM 新增 217.5 亿元，增幅 13.04%；新增私人银行客户 813 户、沃德财富客户（个人高端客户）17961 户。发挥电子渠道便捷特点，开拓手机银行市场，新增手机银行客户 18.2 万户，同比增长 109.2%。优化收单业务流程，拓展收单客户，实现收单业务净收入 1.15 亿元。完善个人金融服务产品体系，发售“京品”个金理财产品 97 期；针对代发客户定向发售专属理财产品，提升 2.65 万户代发客户为达标交银理财客户；深化投资移民机构业务合作，提升高端个人客户跨境财富管理服务水平；推动经营类个贷业务加快发展，个人商铺贷款及经营性物业、小型设备贷款占比分别较年初上升 2.28%、1.24%。

（徐 丹）

【国际业务】 年内，交行北京市分行重点发展代付业务及“优汇通”业务，拓展中长期出口贸易融资业务，推动资本项目跨境人民币业务。发挥贸易融资、离在岸联动对国际结算的带动作用，全年国际结算量 921.39 亿美元，增幅 28.94%。设计一揽子外汇理财服务方案，成功办理交行系统内首笔人民币外汇期权组合业务，业务金额 3.7 亿美元，成为人民币外汇期权银行间市场成立后成交金额最大的代客业务。

（徐 丹）

【基础管理】 年内，交行北京市分行完成营运组织架构调整工作，推进零贷部、小企业部管理职能及组织架构的调整完善，加强前、中、后台分工协作；建立个人外汇交易中心、贵金属交易及回购中心，丰富专业服务渠道；加强信息系统建设，上线绩效考核系统一期及模拟计结息系统，研发法律审查系统；提升服务水平，开展客户意见调查工作，推进网点亮丽工程，提升客户体验。

（徐 丹）

【业务创新】 年内，交行北京市分行联合平安财险公司、人保财险公司推动国内贸易信用险项下小微企业融资业务。加大科技应用，开展银联直联在线支付业务，完成 9 家商户接入工作；上线手机魔卡，提高手机银行业务的安全性；与京东商城联合开发“PDA POS 一体机”，满足 B2C 类商户及物流类商户的特殊需求；调整石油企业清算路径，开通石油企业付款清算专用通道，提高付汇清算速度；完成电子回单自助打印系统上线推广，促进电子回单柜签约率提高约 2.5%；优化 POS 直联商户清算流程，将消费款项清算入账时间缩短 1 天。

（徐　丹）

【阜外支行金融业务】　阜外支行下设 1 个营业室和 5 个支行，在职员工 173 人。截至年底，人民币存款余额 143.34 亿元，同比增加 9.25 亿元，其中储蓄存款 55.31 亿元，对公存款 88.03 亿元；人民币贷款余额 127.5 亿元；实现各类中间业务收入 10468 万元；实现国际结算量 42 亿美元；实现本外币利润 20687 万元，人均创利 120 万元。

（詹　垚）

【西单支行金融业务】　西单支行下设 1 个营业室和 2 个支行，在职员工 105 人。截至年底，人民币存款余额 277.43 亿元，同比增加 75.32 亿元，其中储蓄存款 27.75 亿元，对公存款 210.05 亿元，同业存款 39.63 亿元；人民币贷款余额 46.69 亿元；实现各类中间业务收入 10902.06 万元；实现本外币利润 27052 万元，人均创利 257.64 万元。

（杨　慧）

【官园支行金融业务】　官园支行下设 1 个营业室，在职员工 54 人。截至年底，人民币存款余额 83.4 亿元，同比增加 27.85 亿元，其中储蓄存款 3.82 亿元，对公存款 79.58 亿元；人民币贷款余额 107.43 亿元；实现各类中间业务收入 9369.22 万元；实现本外币利润 21617 万元，人均创利 400.3 万元。

（林　磊）

中信银行股份有限公司总行营业部

【概况】　中信银行股份有限公司总行营业部（简称中信总行营业部）下设 1 个营业结算部，56 家支行，员工 2283 人。截至年底，本外币资产总额 4103 亿元，本外币存款（含金融机构存款）折计人民币 3954 亿元。本外币贷款折计人民币 1797 亿元（含贴现），同比增加 5%，其中人民币贷款 1702 亿元（含贴现），同比增加 8%。实现账面利润 57 亿元，同比增加 9%。不良贷款余额 3.5 亿元，不良率 0.2%。

地址：西城区金融大街甲 27 号投资广场 A 座

邮编：100033

电话：66211809

（柏宏君）

【公司银行业务】　年内，中信总行营业部负债业务方面，本外币公司一般性存款余额 2825 亿元。资产业务方面，本外币公司一般性贷款余额 1236 亿元。投资银行业务方面，共发行 28 家企业的 37 支债务融资工具，承销规模突破 731.6 亿元，同比增长 119.04%；银团贷款和项目融资累放 50.56 亿元，资产余额 138.44 亿元，同比增长 12.2%，蝉联“北京市十佳银团贷款银行”称号。票据业务方面，实现票据直贴累计发生额 820 亿元，增幅 40%，全年直贴总量市场占比超过 25%，稳居北京各行之首；累计实现票据直贴利息收入 10 亿元。托管业务方面，托管规模达到 663 亿元，在北京市场排名前列。企业年金成功中标首农集团、信达资产等年金托管项目，通过增强年金估值运营、增值营运服务实现年金托管能力提升。汽车金融业务方面，涉足 27 个汽车主流品牌，主办全国 9 大汽车品牌网络，有效经销商达 301 户，其中新增 77 户；经销商日均存款 44.36 亿元，同比新增 16.36 亿元；累计融资额 466.75 亿元，新增 151.75 亿元，不良率为 0。

（柏宏君）

【零售银行业务】　年内，中信总行营业部零售贷款余额 451.5 亿元，同比增加 55.7 亿元。其中一手房按揭贷款余额 283.33 亿元，同比增加 31 亿元；二手房贷款余额 119.91 亿元，同比减少 10.77 亿元。本外币储蓄余额日均余额 373.6 亿元，同比增长 16.73%。管理资产余额 882.65 亿元，同比增长 28.22%。开发银—证—信（SOT）合作的新模式，开展“代动 2012”代发工资客户及富裕客户营销活动，推出“中信银行·陆虎俱乐部联名钻石卡”，推出 ATM 机联营的新型合作运营模式，上线多媒体自助终端一卡通充值和圈存、阶梯电价改造、社保代发系统（一期）等项目。全年个人电子银行交易量达 4291.76 亿元，公司网银累计交易量 3.1 万亿元，银行卡累计交易 874.56 亿元，POS 机收单业务累计有效商户达 1.5 万户，装机 5000 台，市场占有率提升到 5%。

（柏宏君）

【国际业务】　年内，中信总行营业部完成国际业务收付汇量 787 亿美元，同比增长 7.4%，占北京地区市场份额达 22.5%；办理国际结算业务 9.8 万笔。

（柏宏君）

【中间业务】　年内，中信总行营业部实现中间业务收入 11.2 亿元，成为盈利增长的重要支点。

（柏宏君）

【营业结算部业务】　营业结算部内设营业部、公司营销部、零售营销部等部门，共有在职员工 46 人。截至年底，营业结算部一般性存款达 1420.3 亿元，其中公司一般性存款 1402.0 亿元，储蓄存款 18.3 亿元；各项贷款 204.2 亿元，其中公司一般性贷款 180.7 亿元，对私贷款 23.5 亿元。

（柏宏君）

【阜成门支行业务】　阜成门支行内设营业部、公司营销部、零售营销部等部门，共有在职员工 31 人。截至年底，阜成门支行一般性存款达 28.7 亿元，其中公司一般性存款 17.9 亿元，储蓄存款 10.8 亿元；各项贷款 52 亿元，其中公司一般性贷款 46.3 亿元，对私贷款 5.7 亿元。

（柏宏君）

【西单支行业务】　西单支行内设营业部、公司营销部、零售营销部等部门，共有在职员工 30 人。截至年底，西单支行一般性存款达 52.5 亿元，其中公司一般性存款 39.5 亿元，储蓄存款 13.0 亿元；各项贷款 36 亿元，其中公司一般性贷款 15.8 亿元，对私贷款 20.2 亿元。

（柏宏君）

【广安门支行业务】 广安门支行内设营业部、公司营销部、零售营销部等部门，共有在职员工24人。截至年底，广安门支行一般性存款达22.5亿元，其中公司一般性存款13.8亿元，储蓄存款8.7亿元；各项贷款3.3亿元，其中公司一般性贷款0.4亿元，对私贷款2.9亿元。

（柏宏君）

【凯晨广场支行业务】 凯晨广场支行内设营业部、公司营销部、零售营销部等部门，共有在职员工17人。截至年底，凯晨广场支行一般性存款达23.7亿元，其中公司一般性存款17.9亿元，储蓄存款5.7亿元；各项贷款22.9亿元，其中公司一般性贷款16.6亿元，对私贷款6.3亿元。

（柏宏君）

中国光大银行股份有限公司北京分行

【概况】 中国光大银行股份有限公司北京分行（简称光大银行北京分行）共有营业网点58家，员工2300多人。截至年底，资产总额3560亿元，同比增长30%；一般存款余额2298亿元，同比增长17%。其中储蓄存款余额370亿元，同比增长37%；对公存款余额1928亿元，同比增长14%。实现风险调整前利润42亿元。

地址：西城区宣武门内大街1号

邮编：100031

电话：66567699

（李文韬）

【公司银行业务】 年内，光大银行北京分行对公时点存款余额同比增长16%。主承销债务融资工具47支962亿元，办理高资业务委托债权680亿元，理财产品累计交易量805亿元。贷款平均利率水平较年初提高15.1%。综合运用公司、贸金、资金、投行、理财等业务产品深度绑定客户，变一种服务为一揽子服务，客户综合服务能力不断提高。

（李文韬）

【零售银行业务】 年内，光大银行北京分行储蓄存款达到370亿元，增幅超过37%。零售客户总量达到301万户，对私优质及以上客户增长率超过50%。信用卡客户突破百万，交易额同比增长64%，社区维修资金卡、存贷合一卡、“出国金融+卡”等业务发展迅速。

（李文韬）

【业务转型工作】 年内，光大银行北京分行设立中小企业业务部，指定15家中小微专业支行，依托“圈”、“链”（“圈”为商圈，“链”为供应链和产业链）推动中小微业务模式化经营，开发了西联国际石材资金池模式、棉花交易市场模式、雅宝路商圈模式等多个模式化项目。中小微贷款余额222亿元，同比增长46%。中间业务净收入14.2亿元，增长26%，中间业务收入占总收入的比例为24%，占净利润比例达到44%，收入结构进一步得到调整。

（李文韬）

【风险管理及合规建设】 年内，光大银行北京分行连续第三年被北京银监局监管评级为一级行，并被总行评定为全系统一级行。对近年发生的51000多笔贷款逐笔进行风险排查，特别是对政府平台、房地产、钢贸、货押等业务展开重点检查，清理不规范收费和私自代售行为，实现全年无案件、无事故、无大的违规行为、无重大业务差错。

（李文韬）

【服务管理】 年内，光大银行北京分行推进“阳光服务精益管理”，在全行重点推进“两进四优”工作，即“改进服务设计，改进服务管理”、“优化渠道结构，优化内部布局，优化资源配置，优化服务流程”，实行“分行为基层服务，后台为前台服务，全行为客户服务”，不断提升服务效率。北京分行连续三年在光大银行系统“阳光服务”工作综合评比中名列第一名，2家支行获中国银行业协会“百佳示范单位”和“百佳示范单位创建鼓励奖”，5家支行入选“千佳示范单位”，3家支行获“北京市银行业协会特色服务示范单位”。新开设姚家园路、马连道西、亦庄、安慧4家支行，新布设现金自助设备122台，新开发4家离行式自助银行，与电信、电商、网络支付公司的合作不断深入，整体服务能力稳步提升。

（李文韬）

【企业文化建设】 年内，光大银行北京分行以党建工作为基础，以企业文化为抓手，强化作风建设。深入开展创先争优活动，海淀支行党支部被中组部评选为全国“创先争优先进基层党组织”。分行发挥工会作用，召开职代会解决员工关注的问题；提倡员工不加班，合理定岗定编，提高效率；加强员工健康管理，推行员工健康咨询，组织员工体检；建立阳光关爱基金，救助困难员工家庭；开展员工喜闻乐见的文体活动，组织大龄青年联谊。推动行务公开，征求员工意见。分行被评为总行学习型组织标兵单位、集团联动先进工作单位、金融教育先进集体，被中华全国总工会授予“模范职工之家”称号。

（李文韬）

华夏银行股份有限公司北京分行

【概况】 华夏银行股份有限公司北京分行（简称华夏银行北京分行）下辖81个所属机构，其中支行53个、行业公司业务部11个，分行部室17个。全行共有正式员工1813人。截至年底，资产总额2163.76亿元，比年初增加291.36亿元；贷款余额861.05亿元，比年初增加69.27亿元；负债总额2141.99亿元，比年初增加288.52亿元；一般性存款余额1479.83亿元，比年初增加62.7亿元；一般性存款日均1257.07亿元，比年初增加74.1亿元；不良贷款余额6.4亿元，比年初下降1.19亿元，不良贷款率0.74%，比年初下降0.22个百分点；实现中间业务收入5.8亿元，同比增加1.4亿元；实现利润24.2亿元，同比增长15.46%。

地址：西城区金融大街11号

邮编：100032

电话：58598578

（张 文）

【公司金融业务】 年内，华夏银行北京分行用信户增加335户，其中小型企业客户净增300户，大中型客户净增35户；发展银团贷款，入选北京市银行业协会“北京市十佳银团贷款银行”。通过加强供应链金融、票据融资、资产托管和企业网银等重点产品营销，加深与北车、中交、中铁物资北京公司、中铁十六局、大唐燃料、金隅股份、中建土木、中国铁物、中铁现代物流、五矿物流、五矿钢铁、中国工艺艺术品交易所、北京国际葡萄酒交易所、北京林权交易所等客户的业务合作。截至年底，对公用信客户数1223户，同比增加335户；对公有效客户数4371户，同比增加497户；贸易融资客户数345户，同比增加173户；小微企业授信客户数（含个人经营性贷款客户）1494户，同比增加644户。

（张 文）

【个人金融业务】 年内，华夏银行北京分行推出老年人金融特色服务，为老年客户减免华夏卡挂失等3项手续费，推出7期老年特供理财产品。启动拆迁项目4个，吸收存款超过10亿元。储蓄存款余额达到255亿元，一般性存款占比17.28%。个人理财产品销量达695亿元，同比翻番，拉动个人金融资产总量新增过百亿。截至年底，个人金融资产总量612.83亿元，同比增加129.77亿元，增长率27%。新增个人客户30.60万户，其中个人贵宾客户增加14822户。华夏速通卡发行突破42万张，北京地区市场占有率67%，位居同业第一。启动个贷集中管理工作，个贷五级不良余额压降至7981万元。

（张 文）

【中间业务】 年内，华夏银行北京分行中间业务实现国际结算量146.58亿美元，同比增长20%，国际业务中收10911.65万元。注册非金融企业债务融资客户数量为13家，同比提高160%，注册非金融企业债务融资工具15支，主承销发行华夏银行第一支超短期融资券，参与北京市保障性住房建设投资中心保障房非公开定向债务融资工具的发行。

（张 文）

【网点建设服务管理】 年内，华夏银行北京分行新开业支行3家，网点总数达到53家；筹建支行4家；完成了20余家支行网点改造。新增自助设备41台，布放总量为598台，覆盖北京12个城区，其中远郊县设备92台，占比15.38%。银行卡特约商户10104家，比年初净增2686户；布设POS机具14064台，比年初净增2960台；布放TPOS机具10600台，本年新增2580台。企业网上银行客户数14472户，个人网银签约客户21.39万户（证书版13.93万户），比年初净增12.65万户。开展唐装迎宾、社区客户服务、客户座谈会等客户服务活动，设立老年人和残障人士优先服务窗口，为特殊群体提供专属金融服务等；设立“文明优质服务大看台”，启动分行投诉联动机制，成立由分行行长任主任的客户投诉管理委员会，成立服务办公室，构建起“分行统一领导、各业务条线组织推进、营业网点具体实施、员工广泛参与”齐抓共管的服务工作格局。

（张 文）

【合规与风险管理】 年内，华夏银行北京分行开展“七不准、四公开”、“不规范经营”专项治理活动、民主评议行风建设活动、“合规操作年”活动，建立“三个不放过”整改工作机制，防止差错重犯。成立案防工作领导小组，健全案防协调会和案防联席会工作制度，实行员工100%异常行为排查，100%交心谈心，全年未发生案件，未出现违法和重大违规现象。

（张 文）

【企业文化建设】 年内，华夏银行北京分行举办摄影书法展、演讲征文活动、“感动服务、情满华夏”服务竞赛、会计专业技能比武等活动；开展“创先争优”活动、“创先争优五星”评比表彰活动；召开党员大会，选举产生新一届中共华夏银行北京分行委员会和纪律检查委员会；开展“三重一大”检查活动，建立廉政风险防控管理体系。

（张 文）

【履行社会责任】 年内，华夏银行北京分行支持保障性住房建设和旧城改造项目，保障性安居贷款、50个重点村改造项目贷款余额共计37.8亿元；推广ETC速通卡；组织反假货币及防金融诈骗宣传活动；参加唐山市丰润区姜家营乡郭庄子小学捐赠暨奠基仪式，并捐赠25台电脑及60份新年爱心大礼包；“7·21”北京特大暴雨灾害后，向房山区十渡镇捐赠爱心款100万元，免费赠送总价值1200万元的ETC电子设备3万个。

（张 文）

广发银行股份有限公司北京分行

【概况】 广发银行股份有限公司北京分行在区境内有月坛支行、金融街支行、宣武门支行、甘家口支行、西单支行。月坛支行内设营业部、公司银行部、个人银行部、办公室等部门，月坛支行有正式员工24人，总人数30人。金融街支行内设营业部、公司银行部、个人银行部、办公室等部门，有正式员工28人。宣武门支行内设营业部、公司银行部、个人银行部、办公室等部门，有正式员工21人。

月坛支行

地址：西城区月坛北街2号

邮编：100045

电话：68083556

金融街支行

地址：西城区金融大街16号

邮编：100033

电话：88088122

宣武门支行

地址：西城区宣武门外大街甲1号环球财讯中心A座

邮编：100052

电话：83153358

（吕欣 陈玉颖 赖晓敏）

【月坛支行业务】 年内，月坛支行开展多种个人金融业务，包括生意金、生意红、自信一贷、贵金属（黄金、白银）延期交易业务及现货业务。资产总额58.57亿元，其中信贷类资产41.6亿元，中间业务收入779万元，全年实现利润总额8007万元，人均利润267万元。人民币一般性存款日均43.9亿元，其中储蓄存款日均2.9亿元。截至年底，人民币一般性存款余额48.33亿元，贷款收息率100%。各项经营指标在广发北京分行辖内名列前茅。

（吕 欣）

【金融街支行业务】 金融街支行的前身是2002年成立的，2007年迁址至金融大街33号通泰大厦后，更名为金融街支行，2012年7月再次迁址至金融大街16号。重张开业的金融街支行定位于广发银行率先进入智能银行时代的首家智能网点，采用大量首发或尖端的智能设备，厅内设置“全天候咨询墙”，实时播出各类新财经信息以及银行产品；设置智能叫号机，采用刷卡叫号方式，使银行工作人员提前了解等候客户的基本情况，节省客户的等候时间；设置智能填单台，可以在触摸屏上填写有关单据，信息直接录入柜员操作系统，为客户节省业务办理时间；一台24小时远程人工服务的智能银行设备，即使在银行非营业时间，客户也能通过远程操作完成储蓄卡、信用卡申请流程；自助设备和上网体验设备前配备免拨服务电话，厅内设置大量“咨询一点通”，具有触摸互动功能，让客户方便地了解各类金融信息。

（陈玉颖）

【宣武门支行业务】 宣武门支行于2011年底成立，截至年底，一般性存款8.64亿元，其中对公存款7.86亿元，储蓄存款7798万元，实现利润580万元。年内，作为南城CBD地区的第一家广发银行，为各类企事业单位、社区居民提供特色化、差异化、多元化的金融服务，对公有各类存贷款业务包括好融通、市场贷、盈利贷等，个人业务包括生意金、生意红、理财产品、基金、保险、贵金属延期交易业务及现货业务等。

（赖晓敏）

招商银行股份有限公司北京分行

【概况】 招商银行股份有限公司北京分行（简称招商银行北京分行）共设营业机构60家，其中年内新开业营业网点3家。全年新增员工240人，员工总人数达3367人。截至年底，总资产达3479.19亿元，同比增幅14.13%；本外币自营存款余额2867.42亿元，同比增幅12.91%；本外币自营贷款余额1317.80亿元，同比增幅11.72%。按“五级分类”口径不良贷款率0.17%，不良贷款拨备覆盖率1071%。资本回报水平、人员效能、费用效率、贷款定价、价值客户增长等核心指标进一步提升，经风险调整后的资本回报率（RAROC）89.3%，资产利润率（ROA）2.83%，人均创利319万元，网均创利1.61亿元。全年实现利润94.2亿元，同比增幅12.71%。招商银行北京分行被北京市银行业协会评为合规十佳银行。

地址：西城区复兴门内大街156号
邮编：100031
电话：66427107

（金 晶）

【批发银行业务】 年内，招商银行北京分行取得多项财政类资格，在大客户直营上取得明显成效；推进小企业批量化拓展，创新开发“央采贷”“商采贷”“上市贷”“影视贷”等产品，推动“千鹰展翼”计划项下综合金融服务体系建设，小企业一般性贷款余额增幅达112%。推动重点业务快速发展，承销36支债务融资工具，金额达603亿元；设计代销集合信托计划27支，金额达85亿元；销售公司理财产品430余期，累计销量超过2700亿元；托管资产规模达1070亿元。

（金 晶）

【零售银行业务】 年内，招商银行北京分行推动客户精细化管理，客户满意度和贡献度得到进一步提升，加强产品创新和营销创新，提升队伍销售能力。基金业务多支首发重点产品屡创佳绩；保险业务量稳步提升；销售理财产品4663亿元；黄金业务首创“网上预约”销售模式；加快小微企业业务发展，小微企业贷款余额增幅达187%。截至年底，招商银行北京分行管理客户总资产4167亿元。

（金 晶）

【风险管理与内控管理】 年内，招商银行北京分行以“控风险、促发展、带队伍”为思路，开展风险排查，充实风险经理队伍，完善考评办法。开展“不规范经营”专项治理活动，加强员工行为管理，开展“一把手讲合规”和合规短信大赛等活动。推动风险事前防范，有效防范和化解了多项风险。开展执法监察，加强警队建设。明确部门管理职责与应对流程，提升全行风险防范意识。完成多项基础网络改造和应急演练，保障了信息系统安全平稳运行。

（金 晶）

【服务渠道与队伍建设】 年内，招商银行北京分行天通苑支行、西翠路支行、太阳宫支行三家新支行开业，营业机构达60家；企业网上银行新增4754户，对公非柜面渠道结算类业务替代率95.53%，非结算类业务替代率49.03%；零售网上银行专业版、快易理财、手机银行客户进一步增长，非柜面交易笔数替代率91.04%。构建特色化、专业化的培训体系，举办各类培训282期，累计培训1.9万人次。

（金 晶）

中国民生银行股份有限公司总行营业部

【概况】 中国民生银行股份有限公司总行营业部（简称民生总行营业部）下设52家支行，有员工2000余人。截至年底，本外币总资产余额5600.26亿元，同比增加1224.48亿元，增长27.98%。

地址：西城区复兴门内大街2号
邮编：100031

电话：58560088-6010

（姜　灿）

【对公业务】　年内，民生银行总行营业部公司贷款余额906.28亿元，同比减少13.88亿元；本外币公司存款余额3394.13亿元，同比增加18.87亿元。对公贷款重点投向公共管理、社会保障和社会组织、制造业、租赁和商务服务业、批发和零售业、建筑业，贷款余额占公司贷款余额的79.24%；民营企业客户数占公司客户数的89.61%，贷款余额占公司贷款余额的55.14%；中小企业贷款余额61.38亿元，同比增长14.88%。

（姜　灿）

【零售业务】　年内，民生银行总行营业部储蓄存款余额488亿元，同比增加24.34亿元，增长5.25%。个人贷款余额530.94亿元，同比增加64.93亿元，增长13.93%。金融资产余额1052.4亿元，同比增加219.2亿元，增长26.3%。高端零售客户增长较快，贵宾客户11.4万户，同比增加1.66万户。全年发卡30.44万张。电子银行业务稳步增长，个人网银客户75.61万户，同比增加14.19万户，增长23.10%；个人网银替代率86.58%，同比提高8.69%。手机银行有效客户8.71万户。

（姜　灿）

【小微企业互助基金】　年内，民生银行总行营业部以小微企业或实际控制人“自愿互助、风险共担、利益共享”为原则，发起成立小微企业互助合作基金。北京地区首支小微企业“中关村科技创新互助基金”正式启动，发放贷款1.8亿元。全年牵头组建小微企业互助基金21支，提供授信34亿元。

（姜　灿）

【服务实体经济】　年内，民生银行总行营业部服务实体经济，支持区域发展。高新技术企业贷款余额92.44亿元，文创类企业贷款余额31.58亿元，绿色金融贷款余额22.97亿元。支持南水北调工程、四惠公交枢纽、宋家庄公交枢纽等重点项目建设，贷款余额25.17亿元，累计发放保障性住房开发贷款16.56亿元。

（姜　灿）

【风险管理】　年内，民生银行总行营业部对14家评估公司进行规范化管理；水泥、多晶硅、有色金属等产能过剩贷款退出3亿元；政府融资平台贷款余额197.66亿元，同比减少5.9亿元，全额退出平台贷款4户，涉及金额21.7亿元；调出平台贷款4户，贷款余额12亿元，纳入一般公司类贷款管理。全年新发放贷款受托支付比例达99.12%。

（姜　灿）

【小微金融】　年内，民生银行总行营业部大力发展小微、中小及私人银行业务。信贷资源向小微企业倾斜，为其提供资产、负债、结算、理财、专业服务、非金融增值服务等综合金融产品与服务。小微企业贷款余额380.51亿元，增长76.2%，在个贷余额中的占比达71.67%。与155家商会、行业协会开展业务合作，扶持商圈项目360个，成立城市商业合作社近300家，覆盖一万多家商户，促进北京地区30多万人就业。民生银行总行营业部获“最佳小微金融服务银行”“年度最佳服务实体经济银行”“最佳中小企业服务银行”“金牌品牌银行”等荣誉。

（姜　灿）

北京银行股份有限公司

【概况】　北京银行股份有限公司（简称北京银行）在北京、天津、上海、西安、深圳、杭州、长沙、南京、济南、南昌等10个城市设立240多家分支机构，员工总数8500余人。截至年底，资产总额1.12万亿元，实现净利润117亿元，人均创利140万元，资产利润率1.13%，资本利润率19.14%，不良贷款率0.59%，拨备覆盖率420%，资本充足率12.9%，品牌价值106.39亿元。

地址：西城区金融大街丙17号北京银行大厦

邮编：100033

电话：66426500

（王维言）

【公司业务】　年内，北京银行重点推进大客户营销，提升产品创新和交叉销售。启动集团客户存款工程，实施重点集团客户名单式营销；举办北京市国资委企业金融产品推介会、“京医通”揭卡仪式、债券承销业务高端客户研讨会等。截至年底，人民币公司存款余额5196亿元，人民币公司贷款余额3089亿元，实现公司业务中间业务收入12.69亿元。

（王维言）

【零售业务】　年内，北京银行深入推进“赢在网点”项目，推动“赢在网上”项目，紧密围绕提升“网点业绩、服务效率、客户满意度”三大目标，开展客户分层服务工作；创新零售产品，发行金融IC卡；开展私人银行业务，组建私人银行部，成立3家私人银行。截至年底，零售客户资金量余额1889亿元，储蓄存款余额1393亿元，个人贷款余额855亿元，零售客户达960万户，私人银行达标与潜力客户实现增长40%。

（王维言）

【中小企业业务】　年内，北京银行坚持“服务中小企业”这一核心战略定位，加大倾斜支持力度，创新求变、加快转型，推动中小企业业务实现又好又快发展。截至年底，本行中小企业人民币贷款余额1908亿元，户数7072户，小型微型企业人民币贷款余额1280亿元，户数6034户。

（王维言）

【金融市场业务】　年内，北京银行积极开展各项资金业务、同业业务和国际业务，金融市场业务整体发展势头良好。推出天天盈系列理财产品，获批保险资金托管资格，推出“保管家”产品。截至年底，本行本外币投资规模达到2215亿元，同业资产余额2548亿元，同业负债余额3002亿元，实现国际结算量规模408亿美元。

（王维言）

【信用卡业务】 年内，北京银行信用卡业务坚持“以市场为导向，以客户为中心”的经营理念，新发行三款新信用卡产品：中荷人寿联名卡，尊尚白金卡，北京旅游卡；开展特色分期业务；举办大爱卡“大爱圆梦行动”。截至年底，本行信用卡发卡28万张，累计发卡139万张；全年新增信用卡客户24万户；信用卡交易额突破148亿元。

（王维言）

【信息化建设】 年内，北京银行全力打造“京彩生活”手机银行移动金融服务平台；大力拓展“新e代”网上银行产品服务；建立西安客服分中心，推出远程智能柜员机和电话银行“人工智能导航”服务。

（王维言）

证 券

中国证券监督管理委员会北京监管局

【概况】 中国证券监督管理委员会北京监管局（简称北京证监局）辖区年内有23家公司实现IPO共融资196.94亿元，有17家公司通过增发、配股等方式再融资508.49亿元，股权融资705.43亿元，占全国的15.29%。有2家公司发行可转换债92.55亿元，有11家公司发行公司债融资634.8亿元，通过交易所债券融资727.35亿元，占全国的27.1%。辖区证券市场共计融资1432.78亿元，占全国的27.1%。217家上市公司总市值108299.26亿元，占全国的40.60%；上市公司总股本20168.14亿股，占全国的52.57%。新增2家基金公司，新设21家证券营业部、4家证券分公司和9家期货营业部。18家证券公司总资产为2320.91亿元，净资本为677.56亿元；11家法人基金管理公司管理基金份额5695.56亿份，公募基金规模合计5241.46亿元；20家期货公司资产总额为415.3亿元，期货代理交易额45.6万亿元，约占全国14%，代理成交量4.5亿手，约占全国15%。辖区有证券期货业务资格的会计师事务所24家，资产评估事务所33家，境外上市公司及各类股权投资机构数量均居全国前列。

地址：西城区金融大街26号金阳大厦6层
邮编：100033
电话：88088060

（张 靖）

【拟上市公司监管】 年内，北京证监局按照《拟上市公司辅导工作监管指引（试行）》的要求，对辖区拟上市公司进行辅导备案登记工作。截至年底，辖区辅导备案公司共计204家，其中已过会未发行公司16家，证监会在审公司98家，尚未辅导验收公司90家。根据证监会公示信息，北京辖区IPO在审企业数量居全国第一。

（张 靖）

【上市公司监管】 年内，北京证监局强化上市公司现场检查，开展包括年报、内控、承诺履行情况等专项检查共53家次。督促保荐机构履行持续督导职责，落实现场核查任务，对持续督导工作开展飞行检查、问核、现场复核共28家次。综合运用监管意见、警示函、责令改正、监管谈话、责令公开披露等监管手段，推动问题整改。组织辖区主板上市公司全面启动内部控制基本规范及其配套指引的实施工作。引导上市公司规范现金分红政策并修订公司章程，推动上市公司解决同业竞争、规范关联交易。加强打击内幕交易的宣传和教育，举办内幕交易防控展览，集中展示内幕交易案件查处成果，对上市公司董事、监事、高级管理人员等进行警示教育，参展人数超过4000人。

（张 靖）

【证券机构监管】 年内，北京证监局坚持“放松管制、加强监管”的理念，积极推动行业改革开放和创新发展，努力维护辖区证券市场的健康、稳定。深入开展现场检查，推动公司合规经营，规范发展；加强投资者教育和保护工作，有效遏制损害投资者合法权益的行为。坚持依法行政与行业服务并重，做好各类行政许可工作。加大证券投资咨询公司的监管力度，有效遏制违法违规行为。北京辖区参加分类评审的14家证券公司中，有3家公司被评为AA类，2家公司被评为A类。

（张 靖）

【期货市场监管】 年内，北京证监局对9家期货公司、19家营业部进行现场检查，下发监管提示函3份、约谈高管10余家次。共处理8起保证金预警、13家次公司净资本接近预警事件，有效化解了风险。共处理12起期货信访投诉，对其中的典型案例在《期货监管动态》中进行分析、通报。持续督促辖区期货公司完成信息系统备份能力建设及信息安全等级保护工作，采取查演结合的方式开展期货业信息安全专项检查，增强公司应对技术故障、灾难灾害等突发事件的处置能力。开展辖区营业部分类评价工作，引导督促辖区期货营业部自我管理、规范经营。有4家公司获得期货资产管理业务资格，新增9家公司获得期货投资咨询业务资格，辖区期货公司的盈利模式逐步从单一经纪业务向多元化发展。在期货公司分类评审中，北京辖区有2家公司被评为AA类，1家公司被评为A类。

（张 靖）

【基金行业监管】　年内，北京证监局以现场检查为手段，高效完成各类检查任务37次，及时发现并处理违规风险，推动基金公司不断提升内控风控水平。以产品线监管为切入点，通过组织培训、专项检查、摸底排查、座谈研讨等措施，强化对固定收益类业务和产品的监管。以监察稽核为抓手，通过督察长联席会及时传导监管理念、增进行业交流，并结合稽核报告审阅分析、报告质量反馈、稽核任务下达三项机制，加大外部监管压力，促进公司自身合规建设。坚持监管与服务并重，不断增强监管服务能力，针对发挥机构投资者作用、固定收益投资管理业务、投资咨询业务、改进信息披露、货币市场基金融资机制和流动性救助机制等问题进行调研，提出多项意见建议，积极为辖区行业创新发展建言献策。鼓励市场竞争，推动公司创新转型，新设5家基金公司专户子公司和7家独立销售机构。

（张　靖）

【审计与评估业务监管】　年内，北京证监局认真落实《会计师事务所与资产评估机构证券期货相关业务辖区监管责任制》的要求，以年报监管为抓手，以现场检查为手段，加大审计与评估业务监管力度，切实提高辖区中介机构执业质量。结合辖区上市公司、证券公司、基金公司、期货公司业务监管，各业务处室分别向辖区执业会计师事务所下发通知，传达年报审计工作要求，分类指导并全面部署年报审计工作。通过约谈注册会计师、审阅审计计划等方式对执业质量进行全程监督。结合日常监管及年报审核情况，对辖区上市公司进行风险分类，针对高风险公司组织现场检查，对事务所执业质量进行延伸检查，并根据延伸检查情况采取相关行政监管措施。

（张　靖）

【打击证券期货违法违规】　年内，北京证监局配合公安机关开展查办非法证券咨询案件“破案会战”专项行动，破获金讯易腾、兴盛科技等8起案件，对20余名违法犯罪分子采取强制措施。与市公安局签署打击非法证券的合作备忘录，在线索移送、意见认定、情报共享等方面完善协作机制。与市金融局等单位合作举办预防金融犯罪宣传活动，编纂《打击证券期货违法犯罪两个司法文件》宣传手册，普及防范内幕交易基础知识，用形象生动案例介绍近年来防范打击内幕交易的成果，累计向市国资委、金融局、公安局、监察局以及辖区监管对象发放3200本。共受理信访投诉379件，接听投诉电话5000余个，接待来访200人次。查办各类证券期货违法案件50件，移送市公安机关各类非法证券经营案件10件。

（张　靖）

保　险

中国人民财产保险股份有限公司北京市分公司

【概况】　中国人民财产保险股份有限公司北京市分公司在区境内设西城支公司和宣武支公司。西城支公司内部设有综合部、德胜门出单分中心及5个营销部，有正式员工46人，劳务派遣人员46人。宣武支公司下设8个营业部，1个综合部，有职工69人，其中正式职工47人。

地址：西城区德胜门外大街73号
邮编：100088
电话：62370120
地址：西城区菜市口大街平原里20号楼
邮编：100054
电话：63559066

（严娟娟　顾惠潼）

【西城支公司业务】　年内，西城支公司制订车险和非车险发展规划和重要举措，提高原有合作渠道增量、渠道份额、续保率，保足保全率；推广展业地图应用，拓展新的合作渠道，开发新的非车险产品；制订季度增量奖、新渠道、新业务开拓奖励等考核奖励政策；组建经纪、专代、银保、电网销业务团队；进行党支部改选，开展支部分类定级活动、标准化党支部建设活动、创建党员先锋岗活动，基层党建创新项目活动等，建立党员活动室；改选职工代表，成立新一届职工代表大会，选举新一届工会委员会，完善女工委员会、工会经费审查委员会等机构；落实员工幸福感工程，改善优化职场环境，增加员工福利，开展丰富多彩的娱乐活动，被北京市总工会评为“模范职工小家”。截至年底，实现保费收入43627万元，扣除专管因素4429万元，同比增长8.15%，全险种赔付率66.72%；上缴税金2652万元。车险产品线累计完成保费收入36629万元，保费收入同比增幅9.3%；财产险产品线累计完成保费收入3863万元，保费收入同比减少375万元；责信险产品线累计完成保费收入971万元，保费收入同比增幅33.8%；船货险产品线累计完成保费收入1312万元，保费收入同比增幅58.35%；意健险产品线累计完成保费收入390万元，保费收入同比增幅19.67%。

（严娟娟）

【宣武支公司业务】　年内，宣武支公司把优化服务作为全年工作的突出重点，加强有关制度建设和对员工的技能培训，践行“严格、规范、谨慎、诚信、创新”的金融系统十字行风和北京保险行业“诚信为本，客户至上，合规经营，服务取胜”的文明服务公约，规范自身行为，实践“尊重客户，以诚相待，让客户满意是我们最大的追求”的服务理念，开拓创新，优化服务，增强市场竞争意识和能力，努力提高管理、业务、服务水平，实现社会效益、企业利益、员工利益的最大化，取得较好的经营成果。探索和发展分散型财产保险市场，在推出“金锁”“金牛”等家庭财产保险业务后，又推出多项具有社会保障功能的保险业务；加强非车险险种的展业力度，加大对海上货物运输、航空货物运输及国内铁路、公路运输的展业、承保力度，拓展责任险、意外险业务险种；完善业务流程，提高工作质量和效率；对薪酬分配和奖励办法的进行细化考核，发挥员工积极性；推出“YIP客户”和“等级差异”等服务新举措，促进企业与代理人、客户之间的密切关系，推动业务发展；加大对保险代理人的管理力度，提高承保质量；95518保险服务专线为客户提供24小时电话服务，内容包括保险咨询、预约，受理各类事故报案及投诉。截至年底，实现保费收入3.76亿元，保持正增长。

（顾惠潼）

中国平安财产保险股份有限公司北京分公司

【概况】 中国平安财产保险股份有限公司北京分公司（简称平安产险北京分公司）设有2个营业部、4个支公司、4个营销服务部，从业人员1777人，其中正编员工1487人，劳务派遣290人。截至年底，实现保费收入60.62亿元，同比增长14.6%。其中车险保费收入42.05亿元，同比增长9.4%；财产险保费收入17.26亿元，同比增长27.8%；意健险保费收入1.31亿元，同比下降34.6%。平安产险北京分公司获合规之星称号。

地址：西城区金融大街23号平安大厦15层

邮编：100033

电话：59700010

（王丹薇）

【团体中心业务】 年内，平安产险北京分公司团体中心按照总部要求完成深化转型工作，直销升级转型工作取得实效，直销年化人均产能位居全国首位。制订《2012年团体中心直销渠道基本管理办法实施细则》《2012年重客渠道基本管理办法实施细则》《2012年银保渠道基本法实施细则》等制度。新增E行销工作，结合新上线的项目拓展费申请、财产险询报价、车险询报价等功能应用E行销系统，促进团体业务及客户数的增长。

（王丹薇）

【个人中心业务】 年内，平安产险北京分公司个人中心实现由绩效提奖制向责任月薪制的平稳过渡；落实减损，加强品质管控，有效抑止亏损车行历年制赔付率的提高。制定分公司派修管理办法，细化推修产值数据，完成派工试点车行调整，定期提取合作车行推修数据清单，协助处理各车行推修投诉件。

（王丹薇）

【运营中心业务】 年内，平安产险北京分公司车险意健险理赔部车险查勘在按片区分组推行网格化7天24小时工作制度的基础上，查勘定损分离，单独组建现场查勘队伍；查勘区域整合成5个作业区域；开展百日打假减损活动，车物减损率5.23%，同比增加2.35%，人伤减损率38.24%，同比增加12.83%；对公估公司、合作律所、调查公司均制订考核指标及奖惩方案，激励合作单位提高服务质量。财产险理赔部陪同展业共66次、理赔培训共102次、主动预赔共29笔；调整分险种分组作业，分设7个作业组；组织周培训17次，进行制度培训30个，讲解条款案例10个，外请后援2次、公估专家4次，部门上岗考试通过率97%。客户服务部举办多期VIP客户活动，推出短信关怀服务、免费年审、酒后代驾和机场泊车服务；运营支持室运营前置，分成个人中心、团体中心、郊县业务部三个支持小组；配合业务部门做好项目推动工作，包括NBA系统上线推广、业务员减负项目、学平险集中出单项目、公交集中出单项目支持等；在远郊区县建设三级机构客服理赔部，方便远郊客户承保、理赔全流程服务。

（王丹薇）

【资源支持中心业务】 年内，平安产险北京分公司办公室获得总公司“最佳内控推动奖”“反洗钱优秀奖”，内保工作受到北京市公安局集体嘉奖。财务部在财务年终KPI得分104.80分，位居全系统第二。人力资源部根据总公司《2012年机构个团分设架构调整指引》，完成组织架构调整。企划部牵头，协同相关部门，设立怀柔支公司，实现北京市场全覆盖。培训部举办43期7个小时以上的面授培训班；组织销售技能大比武活动，分为笔试及现场知识竞赛两个阶段，两大中心、27个前线业务部门、692名一线人员参加；抢注平安大学培训班22个，推送72名干部员工参加大学培训班；组织两核上岗、初级考试56场，考生320人。

（王丹薇）

【重大承保与赔付】 年内，平安产险北京分公司承保梅赛德斯—奔驰（中国）有限公司安装工程一切险及第三者责任险，保额994亿元；承保中国港湾工程有限责任公司建筑工程一切险及第三者责任险，保额71亿元；承保渤海船舶重工有限责任公司船舶建造险，保额23亿元；承包海航集团机场责任险，保额13亿元。重大理赔：中国石油天然气集团公司等单位公众责任险项下，一笔大额赔案，赔付金额3948万元；南水北调中线干线工程建设管理局等建筑工程一切险及第三者责任险项下，一笔赔案赔付金额1220万元；Electrolux (China) Home Appliance Company Ltd.等财产一切险项下，一笔赔案赔付金额961万元。此外，“7·21”北京暴雨灾害期间，车险提供免费道路救援1867次，完成客户回访5477人次；财产险理赔4897.68万元，车险理赔超2亿元。

（王丹薇）

中国平安人寿保险股份有限公司北京分公司

【概况】 中国平安人寿保险股份有限

公司北京分公司（简称平安人寿北京分公司）设有34个营销服务部，在职内勤员工711名，银保外勤151名，保全外勤95名，个人代理人19830名。区境内设平安人寿北京分公司及分公司下属西单、北三环中路、新街口北大街、宣武门4个营销服务部。年内，实现规模保费收入112.42亿元，同比增长9.84%。其中个险实现规模保费收入93.69亿元，团险规模保费收入0.40亿元，银保实现规模保费收入18.33亿元。拥有客户400万余名，保单563万余件。赔款与给付支出（个团银）32.69亿元，审结理赔案件5.49万件。

地址：西城区金融街大街23号

邮编：100033

电话：95511

（缪　进）

【个人营销业务】 年内，平安人寿北京分公司坚持开展“开门红”“四五连动”“七八连动”和“收获金秋”四大业务竞赛活动，通过充分宣导、设置多项奖励标准，业务竞赛取得良好效果。开展“辉煌平安18年　幸福北京总动员”“春天有约　爱与责任同行”“缤纷夏日　百万客户百万保障”“爱在金秋温暖行”“新年平安礼　福进千万家”等多项主顾开拓活动，个险实现规模保费收入93.69亿元。

（缪　进）

【银行代理业务】 年内，平安人寿北京分公司银行代理业务坚持“弯道超越　业务转型”的经营方针，通过追踪、督导等方式，提升关键品质指标；坚持以期交分红险产品和趸缴长险为主打，通过绩效政策、竞赛激励、考核约束、品质管理和日常管理等，推动业务发展。银保业务实现规模保费收入18.33亿元。

（缪　进）

【重大承保与理赔】 年内，平安人寿北京分公司承保3件超千万元保额保单、599件超百万元保额保单、4739件超五十万元保额保单，理赔3日时效承诺率达99.9%。高效处理“7·21”暴雨灾害、尼日利亚空难等事故理赔工作，启动理赔应急响应与绿色通道，完成首笔北京暴雨灾害寿险赔款。客户王某因意外身故，其受益人获得身故保险金近216万元，成为平安人寿北京分公司2012年度最大单笔理赔款。43岁的史某投保寿险保额600万元、意外险保额1000万元，年度累计承保保额1600万元，成为平安人寿北京分公司2012年最大承保契约。

（缪　进）

【客户服务】 年内，平安人寿北京分公司启动历时4个月的“平安有约·健康同行”第十七届客户服务节活动，5月12日举办“平安行风监督员聘任仪式”，参与人数3580人；6月至8月，举办少儿系列比赛，参与人数4932人，专家巡讲参与人数2133人；5月至8月，举办社区活动、电影晚会，参与人数47500人；8月，举行闭幕式暨夏令营活动。VIP俱乐部举办“春天嘉年华”高尔夫体验沙龙、“梦幻之城”儿童梦想课堂少儿职业体验沙龙、“童话世界·梦游仙境”大型梦幻动漫卡通童话剧观赏、“平安喜乐会·快乐你我他”相声专场演出等活动，2040名VIP客户参与。

（缪　进）

【社会公益】 年内，平安人寿北京分公司向消费者免费赠送《保险知识普及丛书》4000套；印制60余万份保监会的《关于合理购买人身保险产品的公告》赠送消费者。10月至11月，选拔4批志愿者，赴房山区蒲洼乡平安希望小学支教，实施“中国平安希望小学维护计划”向学校捐赠5万元。儿童节和教师节，向房山区蒲洼乡平安希望小学捐赠20台电脑、230件T恤和8000余元善款。在“城乡共建”活动中，向房山区阎村镇和青龙湖镇坨里村捐赠1.8万元现金，大米、面粉100袋，食用油40桶，受益人近300人。组织中国平安大学生励志计划论文奖、励志奖学金、励志论坛、励志同学会四项活动，与北京9所高校合作，征集论文嘉奖38篇，北大、清华、人大的135位同学获得平安励志奖学金。开展“关爱留守儿童家庭”活动，向在京打工的任女士送出了北京至长沙的往返机票。

（缪　进）

中国太平洋财产保险股份有限公司北京分公司

【概况】 中国太平洋财产保险股份有限公司北京分公司（简称太平洋产险北京分公司）下设支公司9家，正式员工984人，在西城辖区内设西城支公司。截至年底，太平洋产险北京分公司保费收入417140万元，同比增长18.62%，赔款支出共计245501万元，综合赔付率63.02%。非车险保费收入76280万元，同比增长10.03%。车险保费收入340860万元，同比增长20.74%；西城支公司保费收入41228万元。太平洋产险北京分公司被首都精神文明建设委员会授予“首都文明单位”称号。

地址：西城区复兴门内大街158号

邮编：100031

地址：66428888

（祝　涛）

【基础管理工作】 年内，太平洋产险北京分公司开展以销售体制改革为核心的系列改革，完成对车商、营销、电网销、交叉销售渠道的整合；按照“个人业务渠道化，法人业务专业化”原则，分步进行销售体制改造，建立专业销售团队，激活销售队伍的展业热情；新建经济技术开发区支公司、CBD营业部、石景山营销部3个新机构，组建3个综合业务部、4个车险拓展部、两个车险营销部、两个车商专业化团队；转变机关工作作风，明确综合管理部室职能，推行干部交流与轮岗，提高工作效率。

（祝　涛）

【客户服务工作】 年内，太平洋产险北京分公司客服、理赔条线以综合服务平台建设为中心，通过星级示范门店建设、理赔区域服务中心建设，搭建以“大客服”为建设目标的综合服务平台。“7·21”特大暴雨期间，车险报案量达到全年月度最高值47030件，救援数近3000辆次；北京保监局局长丁小燕亲临95500职场，与一线员工并肩作战，指导部署抗灾工作；客户服务部呼叫中心所有员工连续奋战，经历了严峻考验，展示了95500过硬的业务水平和良好的服务质量。星级示范门店建设、95500窗口体验活动、“优享汇”建设、VIP客户增值服务等工作细致、扎实，客户服务部被总公司评为卓越服务团队。

（祝 涛）

中国太平洋人寿保险股份有限公司北京分公司

【概况】 中国太平洋人寿保险股份有限公司北京分公司（简称太平洋寿险北京分公司）下辖10个支公司，2个营销服务部，在职内勤员工329人，个人营销员4543人，银行保险系列外勤员工342人、团体业务系列外勤员工58人。截至年底，实现保费收入44.76亿元。其中个人营销业务实现新单保费收入3.64亿元，银邮业务实现保费收入13.47亿元，团体业务实现保费收入4.94亿元，续期业务实现保费收入22.71亿元。太平洋寿险北京分公司被首都精神文明建设委员会授予“首都文明单位”称号。

地址：西城区复兴门内大街158号

邮编：100031

电话：83955555

（多玲辉）

【个人营销业务】 年内，太平洋寿险北京分公司发展个人营销业务渠道，“聚焦营销，聚焦期缴”，注重差异化管理，立足增援，严格考核，加强合规经营，提升队伍销售能力。个人营销业务实现新单保费收入3.64亿元。

（多玲辉）

【银邮业务】 年内，太平洋寿险北京分公司面对政策及市场变化，积极转型谋求突破，深层挖掘客户需求，注重渠道经营，规范培训指导，强化队伍建设，银邮业务实现保费收入13.47亿元，其中期缴保费3.9亿元。

（多玲辉）

【团体业务】 年内，太平洋寿险北京分公司不断探索转型模式，以客户需求为导向，提升细分客户的专业化经营能力，综合开拓，培植创新项目，巩固扩展渠道客户，实现个人客户的不断延伸和渠道价值的不断积累。团体业务渠道实现保费收入4.94亿元，其中意外险保费收入0.61亿元。8月29日至9月9日，为参加伦敦第十四届夏季残奥会的中国残奥代表团提供包括意外伤害身故、突发急性病身故、医疗保障及境外救援等方面的保险保障，总保险金额1.68亿元。

（多玲辉）

【企业文化】 年内，太平洋寿险北京分公司坚持以客户需求为导向，坚持“聚焦营销、聚焦期缴”的发展战略，加强干部队伍培养，锻造履职承担的企业文化，实现稳健经营、合规管理、转型突破、价值提升。6月1日，太平洋寿险北京分公司联合中国儿童中心联合举办“庆六一‘我是太保小能手’趣味运动会”，树立太平洋保险品牌形象，拓宽客户积累渠道。12月8日，太平洋寿险北京分公司立足客户需求，打造“在你身边的保险公司”，在国家会议中心承办“健康在你身边”全国巡讲北京站活动。

（多玲辉）

【品牌建设】 年内，太平洋人寿北京分公司通过各类媒体宣传平台树立品牌形象。在《北京青年报》举办的“北青财星榜”评选活动中，获2012年度金牌社会责任奖，红福宝两全保险产品及鸿发年年保险产品分获2012年度金牌口碑产品奖。在《新京报》举办的“第五届金保单”评选活动中，获“年度综合实力十强”，并蝉联“北京保险行业最值得信赖保险企业”奖项，“太平洋鸿发年年保险产品”及“太平洋安享系列保险产品”获“北京保险行业十佳保险产品”。在《大众理财顾问》杂志社主办的第八届中国大众理财年会“金理财奖”评选活动中，“鸿发年年全能定投理财计划”获2012年度保险产品金理财奖。在北京信报社及搜狐理财联合举办的“2012·第四届首都金融业服务创新大赛”中，获“年度最受信赖的保险公司”大奖，太平洋寿险产品金佑人生获“年度最佳健康险”称号。

（多玲辉）

（责任编辑 沈建平）

城市建设

规划管理

【概况】 北京市规划委员会西城分局（简称市规划委西城分局）是北京市规划委员会派出机构。下设办公室、综合科、规划科、建设工程管理科、市政交通工程管理科、建设用地管理科及法制监察科7个职能科室，行政编制31人；所属西城区规划监察执法队，为正科级规划监察执法机构，执法编制15人；所属北京市西城规划管理信息中心、宣武规划信息服务中心为2个差额拨款事业单位；所属宣武建筑设计所为自收自支事业单位。市规划委西城分局主要职能是：负责城市规划建设问题的研究，参与研究本区经济和社会发展规划，城市规划与近期和年度建设计划的衔接问题；负责组织本区分区规划，控制性详细规划及主要地区城市设计的编制和修订工作；负责各类建设项目的规划管理工作；负责全区测量标志的管理及全区地理信息系统的建设和管理工作；负责全区地名规划和地名命名、变更等管理工作；对违反规划管理法律、法规的行为进行查处等。年内，市规划委西城分局按照《北京城市总体规划（2004-2020年）》要求，围绕区域《"十二五"期间经济和社会发展规划》，以开展创先争优活动为契机，发挥城市规划在各项事业发展中的科学性、前瞻性和综合性作用，坚持主动服务、依法行政和阳光规划，注重工作方式创新，在规划调研、规划服务、规划审批、规划监督、信息化建设等工作中取得新成效，提升了规划管理质量和水平，年度任务完成顺利，整体建设水平有了新突破。

地址：西城区西直门南小街国英园5号楼
邮编：100035
电话：66139475

（王鹤璇）

【区"十二五"时期基础设施发展建设规划发布】 2月，《西城区"十二五"时期基础设施发展建设规划》通过西城区政府专题会及常务会审议并发布。该规划提出了"十二五"时期市政、交通各专业发展和建设的指导思想、主要目标和重点任务，是指导各专业、各部门编制相关专项规划、制定年度计划及相关政策的重要依据。

（吴旻旻）

【市规划委西城分局网站开通】 2月，北京市规划委员会西城分局政务网站（http://xch.bjghw.gov.cn）正式上线开通，该网站围绕规划宣传、政务公开和服务社会三大功能目标，向服务对象提供规范性的在线服务，是推进政务公开、改善公共服务、增强阳光规划透明度及公众参与意识的有效平台。

（李素华）

【召开西城区名城委二次全会】 7月，市规划委西城分局协助北京市历史文化名城委员会（简称名城委）召开西城区名城委2012年会，会议审议通过《西城区历史文化名城保护委员会工作规则》和《西城区历史文化名城保护工作委员会专家工作制度》，并为全市首家名城保护机构"北京市西城区历史文化名城保护促进中心"揭牌。

（吴旻旻）

【市规划展览馆西城展区完成内容更新】 7月，北京市规划展览馆西城区展区完成内容更新工作，面向公众公开展出。展览以触摸屏查询形式，通过丰富的图片、示意图、文字和视频资料，向公众介绍西城区概况，展示历史文化名城保护工作和重点区域建设成果。

（李素华）

【组织课题研究】 年内，市规划委西城分局委托北京市城市规划设计研究院完成《西城区历史文化资源整合及保护工作行动纲领（2011-2020）》课题研究。该课题对西城区历史文化资源系统进行梳理，为西城区历史文化名城保护工作搭建起总体框架。

（吴旻旻）

【"历史文化名城设立30年"活动】 年内，市规划委西城分局结合北京名城委关于"历史文化名城设立30年"系列活动安排，对全区名城保护项目进行梳理汇总，重点跟进琉璃厂艺术馆、杨梅竹斜街景观与街景立面整治、法源寺试点地块等项目；协助开展以什刹海烟袋斜街为试点的"北京旧城历史文化探访路"活动，组织公众参与，多层面多角度地宣传西城区历史文化名城保护的经验和成就。

（吴旻昊）

【修改完善《综合交通规划》】 年内，市规划委西城分局继续推进《综合交通规划》编制工作，协助编制单位——北京交通发展研究中心搜集相关资料，并进行多次阶段性成果汇报。该规划范围为西城区行政辖区范围，规划面积50.6平方公里；为西城区明确交通发展方向、制定交通发展目标、指明交通发展途径及发展策略，提出城市道路、轨道交通、公交场站等基础设施布局方案，为交通基础设施建设、管理提供依据。

（吴旻昊）

【老旧小区综合改造】 老旧小区综合改造包括老旧小区抗震节能综合改造以及简易楼排险腾退工作。根据项目工作安排，市规划委西城分局选派党员干部负责展览路街道万明园小区节能改造联合党支部工作。工作中，现场踏勘、规划研究以及改造利用设计方案等前期工作受到上级部门的肯定。

（王智强）

【政府投资项目规划审批】 年内，市规划委西城分局按照“提前介入、主动服务”的工作原则，协调推进什刹海消防指挥中心、园林市政管理中心、燕翅楼、宣武艺园垃圾楼、月坛社区卫生服务中心等建设项目的审批进展；对北京三十五中遵义楼、图书馆建设工程、北京第二实验小学违法建设补证、后广平小学设计方案调整、北京第四幼儿园改扩建、北纬路中学改扩建、北京教育学院宣武分院二部新建热力站以及黄城根小学翻建教学附属用房等其他校舍改造项目加大服务力度，保证了项目的有序推进。

（王智强）

【私房审批工作】 年内，市规划委西城分局以“维护城市传统风貌、切实解决居民需求”为原则，坚持绿色通道审批机制，全年核发私房建设工程规划许可证205件。

（王智强）

【重点项目规划管理】 年内，市规划委西城分局坚持依法行政，主动为学校、机关、企业等提供规划服务。办理完成顺城街一小翻扩建工程、后广平小学及曙光幼儿园改建项目、北京第六十六中学改扩建项目、北京一五六中学操场扩建项目、北师大附中西校区项目，区园林市政管理中心防汛抢险设施工程、百万庄园东侧绿地，西城公安分局地安门派出所选址项目，健宫医院改扩建项目，永兴置业大栅栏C1、C2地块土地二级开发等项目的前期规划手续。

（李　丹）

【五大功能区建设】 年内，市规划委西城分局实现与“5+2”指挥部无缝对接，完善了烟袋斜街社区用房和鼓楼西大街景区配套管理用房项目前期相关手续；白塔寺药店降层改造方案已经专家论证会审议；天桥指挥部的历史文化建筑展示进行了方案讨论并公示；广安产业园方案征集完成专家评审会前期准备工作。中国出版创意产业园区建设、中国设计交易市场、华龙大厦、企业孵化器等德胜科技园区重点项目推进顺利。

（李　丹）

【西黄城根南街环境整治】 西黄城根南街环境整治项目是西城区服务中央单位、优化民生环境的重点项目。为保证项目尽快启动，市规划委西城分局快速办理西黄城根南街社区综合服务中心项目、西侧三角地绿化工程、西黄城根南街道路拓宽改造3个项目前期规划手续，为项目进入房屋征收环节提供了保障。

（李　丹）

【重点工作前期规划研究】 年内，市规划委西城分局对区重点工作开展前期规划研究，主要包括：右内一小、华夏女中、回民中学、顺城街一小翻扩建工程；区卫生局新建南线阁社区卫生服务站项目；棉花危改A-6地块设计方案；青岛驻京办装修扩建工程；大栅栏珠宝市街粮食店街B19地块规划指标调整；大栅栏三井胡同26号土地使用性质；研究推进了丰盛C区、地铁6号线和8号线织补、百万庄危改、安德路77和75号危改、庄胜危改二期等项目。

（李　丹）

【旧城人口疏解对接安置项目】 年内，被列为西城区保障性住房计划开工项目共11个，其中广安门场铁住宅小区定向安置房项目完成规划审批；朝阳区北苑宾馆、北京电力项目进入方案审定阶段；大兴区海户新村项目办理规划意见书；丰台区南苑、大红门油毡厂、石景山区酱菜厂、丰台区大红门16号院、丰台区高立庄、大兴区旧宫项目按程序进行控制性详细规划调整。

（李　丹）

【“数字西城”地理空间框架项目】 年内，制定完成《“数字西城”地理空间框架“十二五”发展规划》；发布《西城区地理信息公共平台管理办法（试行）》《西城区地理信息公众服务系统管理办法（试行）》和《西城区基础地理信息数据库管理办法（试行）》等地理空间框架管理机制；启动南区三维数据扩展项目，以建立与北区精度相等的三维景观数据模型，实现三维数据的全区覆盖；对地理信息公共平台功能进行扩展，加强查询、统计和分析能力，为政府决策提供精确信息支撑。

（钟　钫）

【查处违法建设】 结合西城区违法建设特点，市规划委西城分局加强与相关执法部门的配合，与街道建立规划行政许可信息共享机制，通过将违法建设情况及时函告工商部门，阻断违法建设所有人通过违法建设获利的渠道。年内，通过卫星查违、信访举报、巡查发现等方式，立案查处板桥二条、南官房胡同、厂桥胡同等地区违法建设案件24件，下发《停工通知书》等执法文书51份；完成行政处罚案件3件，共罚款73万余元；配合城管部门核查建筑物、构筑物是否依法取得建设工程规划许可证731件。

（张　亮）

【规划监督检查】 年内，市规划委西城分局坚持规划监督定期巡查，对辖区内四合尚院、和平门商务办公楼、公共卫生大厦、大吉危改、北京第三十五中学迁建、北京建工学院科研楼等在施建设工程及其他私房翻建工程进行现场检查，以引导和监督建设项目按照建设工程规划许可证内容进行施工。年内，共计完成建设项目规划验线、验收173件，建筑面积共计约39.9万平方米。

（张　亮）

【法制建设】　年内，结合西城区“政务能力建设年”，采取会前学法、案例分析会、专家讲座等多种形式，开展了“六五普法”及“12·4”法制宣传日等活动，为进一步做好规划服务提供了法律保证。

（马彦明）

【建议提案办理及信访工作】　年内，共接人大代表建议和政协委员提案54件，全部提前办结且代表委员满意率100%。同时，继续加大信访工作力度，共接信访案件406件，立案345件，答复率100%，避免了重点矛盾激化和群体性事件的发生。

（王鹤璇）

建设管理

【概况】　北京市西城区住房和城市建设委员会（简称区住房城市建设委）是西城区政府的职能部门，代表区政府行使城市建设的工作职能，负责全区城市建设工作。年内，全区开复工面积574.58万平方米，其中新开95项、162.04万平方米，竣工109项、185.56万平方米。危改开复工面积156.8万平方米，新开工面积2.75万平方米，竣工面积70.17万平方米。地铁6号线、8号线实现通车；地铁7号线站点施工面征收拆迁任务完成。大兴团河盛嘉苑项目竣工，昌平区回龙观一期、丰台区张仪村、房山区长阳经适房3个项目均已结构封顶，可提供14772套保障房；朝阳区北苑项目、丰台区大红门项目、丰台区高立庄项目、石景山区酱菜厂项目开工建设。完成“三定”方案落实工作，区住房城市建设委内设办公室、综合科、法制信访科、综合服务审批科、建筑节能管理科、危改科（危旧房改造办公室）、保障房建设管理科、施工安全质量管理科、企业管理科、招投标管理科、政工科等11个部门，另设监察科，不再承担原宣武区住房城市建设委的房屋征收拆迁管理职责。

地址：西城区长椿街甲24号

邮编：100053

电话：63027019

（尹　申）

【华正大厦竣工】　华正大厦位于西城区西直门外大街，建筑面积196274平方米，2006年9月开工建设，2011年12月28日竣工。北京华正房地产开发有限公司建设，北京环洋世纪国际建筑顾问有限公司设计，北京韩建集团有限公司施工，北京建工京精大房工程建设监理公司监理。

（尹　申）

【签署安置房合作协议】　1月11日，北京市保障性住房建设投资中心与西城区对接安置房投资建设战略合作签约仪式在北京全聚德饭店五层宴会厅举行。市住房城乡建设委副主任、市住房保障办公室主任李荣庆；市保障房建设投资中心总经理金焱、副总经理安国勇；区长王少峰，副区长李岩、吴铁男出席签约仪式。

（尹　申）

【通过文保区“十二五”规划】　3月21日，区政府审议通过《北京市西城区“十二五”期间历史文化保护区保护与发展规划》，该规划系统总结了“十一五”时期主要工作成效，提出“十二五”时期指导思想、目标、工作原则及重点工作内容，同时对重点项目进行了统筹安排。

（尹　申）

【北京燕广置业有限公司成立】　4月27日，区政府与市保障性住房建设投资中心共同注资成立的北京燕广置业有限公司揭牌仪式在北京逸林希尔顿饭店三层宴会厅举行。市住房城乡建设委副主任、市住房保障办公室主任李荣庆，市保障房建设投资中心总经理金焱、副总经理安国勇，区委书记王宁，区委常委、常务副区长苏东，区委常委、区委办主任郭怀刚，副区长李岩出席签约仪式，市保障性住房建设投资中心相关部室和西城区相关委办局主要领导参加了仪式。

（尹　申）

【大兴团河盛嘉苑项目竣工】　5月9日，位于大兴区团河的盛嘉苑项目竣工。该项目2011年3月2日开工建设，总建筑面积15.5万平方米，建设单位为北京诚通圣邦房地产开发有限公司。该项目可提供限价房1774套、廉租房446套。

（尹　申）

【市住保办调研】　5月29日，北京市住房保障办公室（简称市住保办）到西城区调研文物保护区保护及直管公房上市交易有关工作。6月19日至20日，市住保办到西城区已开工的保障性住房工地和年内计划开工的项目进行实地调研。

（尹　申）

【长阳经适房项目取得预售许可】　5月31日，房山区长阳经济适用房项目预售许可证办理完成，具备摇号居民付款对接条件。

（尹　申）

【回龙观一期获得长城杯】　7月18日，西城区定向安置用房项目027地块工程（回龙观）1–7号住宅楼及地下车库工程，被评为2011至2012年度结构长城杯金质奖章工程，此项目建设单位为北京华融金晖置业有限公司。

（尹　申）

【高立庄项目完成土地交接】 7月23日，北京广安融达置业有限公司与北京寅丰房地产开发有限责任公司正式完成丰台区高立庄新村项目宗地（南地块）交接工作，该项目可为西城区提供4500套定向安置房。

（尹　申）

【市规划委调研】 8月30日，市规划委调研西城区老旧小区综合整治及无障碍环境改造工作。市重大办、市残联、市市政市容委、区住房城市建设委、区重大办、区残联、区市政市容委等相关单位领导参加调研活动。

（尹　申）

【百万庄21号院竣工】 9月12日，百万庄大街21号院危改项目竣工，建筑面积30130.77平方米，地上14层，地下3层，剪力墙结构，工程总投资4893.223万元。该项目2010年12月20日开工，北京建创诚信房地产开发有限公司建设，北京中天正通工程设计有限公司设计，北京住总第一开发建设有限公司施工，北京日日豪工程建设监理有限责任公司监理。

（尹　申）

【鸭子桥北里13号楼启动登记】 9月26日，鸭子桥北里13号楼危旧房改造项目启动意向登记工作。该项目共涉及103户居民的搬迁工作。

（尹　申）

【市住建委调研】 12月6日，市住房城乡建设委调研西城区城市建设主要工作情况和下年工作思路，对西城区2012年在住房保障工作、老旧小区综合整治、建筑领域安全生产等方面取得的成绩给予肯定。

（尹　申）

【开展保障性住房审计】 12月，国家审计署委托北京市审计局对西城区保障性住房建设及分配工作进行审计，提出审计评价意见。

（尹　申）

【保障性住房结构封顶】 12月，丰台区张仪村项目、昌平区回龙观一期、房山区长阳经济适用房地块实现结构封顶。

（尹　申）

【无障碍设施改造完成】 年内，完成拓宽改造、大中修道路65条；改造中、小学5所；改造户外公厕278座；改造医疗机构4家；改造老旧小区12个。继续开展“无障碍进家庭送温暖”活动，为800户残疾人家庭和100户残疾老年人家庭进行无障碍改造，为1200户具备改造条件的盲人家庭配发、安装可视门铃。

（尹　申）

建筑行业管理

【概况】 年内，区住房城市建设委窗口受理施工许可证初审27项，完成工程竣工验收备案74项，核发夜间施工许可证312次，办理各类企业资质核定149项，办理二级建造师初始注册及变更注册523人次。全年，区住房城市建设委安全质量监督部门共出动7545人次，检查工地3533个次，排除安全质量隐患4203个，下发责令整改通知书32份，实施简易处罚22起，立案处罚10起，对24个施工监理单位实施罚分处理。组织开展工程防汛演练，加强应急队伍建设和物资储备，各项目共储备防汛物资袋子4.8万条、砂石料696立方米、水泵260台、木材382立方米、各类运输车辆106台。完成“三定”方案落实工作，区住房城市建设委事业单位调整为5个，分别是：施工现场管理办公室、安全监督站、质量监督站、房屋改造发展中心（建房办）、承发包交易中心（自收自支事业单位）。

（尹　申）

【春节期间烟花爆竹管理工作】 区住房城市建设委采取多项措施，确保全区建筑工地春节期间烟花爆竹燃放安全。共153个项目列入烟花爆竹安全管理工作台账，与项目负责人签订《2012年烟花爆竹安全管理工作责任书》。组织开展清理可燃物和消防安全专项检查工作，完善春节期间应急预案，安排2支应急抢险队伍、多台抢险设备24小时备勤待命。

（尹　申）

【举办施工现场安全管理培训】 3月2日，区住房城市建设委邀请市住房城乡建设委专家库成员，对区域内施工现场负责涉及施工机械、脚手架、卸料平台等工程的项目安全经理、安全员和监督员进行培训。培训以北京市安全文明施工标准化要求为基本内容，结合近年本市发生的建筑施工安全生产典型事故案例，详细阐述和解析了深基坑、起重机械、高大脚手架、模板工程和消防安全等重大风险源的安全管理工作。通过培训，督促施工企业严格落实安全生产主体责任，及时查找和反思管理中存在的问题与不足，进一步改进管理方法，预防群死群伤事故发生。

（尹　申）

【全国“两会”服务保障工作】 区住房城市建设委制定《区住房和城市建设委员会关于2012年全国“两会”期间维护稳定工作实施方案》。以“两会”驻地、“两会”代表行进路线周边工地为重点，加强安全隐患排查。共出动584人次、车辆96台次，对全区220个建设工地和25个拆迁工地进行安全检查和巡查，并运用网络、对讲机等通信设备及时发布预警短信和工作通知600余条。

（尹 申）

【区人大督查工地食品安全情况】 4月23日，区人大常委会副主任俞强带队，就建筑工地落实食品安全法律法规情况进行检查。实地查看了地铁7号线02标项目食堂。

（尹 申）

【开展防灾减灾日活动】 5月，区住房城市建设委在防灾减灾宣传周期间，通过展板、宣传画、横幅、培训班等方式加强对建设工程防灾减灾相关知识的学习、培训和宣传，利用短信、文件等形式发出工作通知类短信600余条。活动期间共出动129人次，检查建筑施工单位37家，先后排查出各类安全质量隐患62个，简易处罚2起、罚款2000元，发出责令整改通知书4份。

（尹 申）

【区建筑行业协会成立】 6月12日，西城区建筑行业协会成立暨第一届会员代表大会在区政府第二办公区2号楼10层报告厅召开。副区长李岩、区住房城市建设委主任王乐斌、市区相关部门负责人和148家会员代表参加会议。会议选举出理事、监事、监事长、会长、副会长、秘书长和副秘书长。

（尹 申）

【举办建设工程防汛演练活动】 6月14日，区住房城市建设委在地铁7号线02标段项目部施工现场举办建设工程暨轨道交通工程防汛演练。演练内容：在黄色汛情预警气象条件下，某工地进行主体暗挖扣拱作业时暴雨突降，雨水漫过竖井挡水墙进入横通道致暗挖扣拱掌子面被软化，造成道路交通中断场景。5分钟内，抢险人员、应急车辆和防汛设备物资全部到位，经过30分钟抢险，消除了安全隐患。

（尹 申）

【开展资质人员专项核查工作】 上半年，区住房城市建设委开展了建筑装修装饰专业承包壹级、贰级企业资质人员专项核查工作，在实际参加核查的61家企业中，51家企业达标；7家企业因建造师数量达不到规定要求，被责令限期整改；3家企业被注销资质证书；企业合格率为83.6%。

（尹 申）

【十八大服务保障工作】 9月上旬，区住房城市建设委制定《关于做好十八大安保维稳工作的实施方案》，下发《十八大期间西城区建设工程施工现场保障工作方案》，签订《十八大期间西城区建设工程施工现场安全工作目标管理责任书》。开展建筑工地环境建设工作，做好施工现场扬尘污染控制和重点部位固化美化工作，做好劳务管理、施工扰民、重点部位防护防范和应急值守工作。加强1个会场、6个代表驻地及周边500米范围内14处工地的安全质量监管。

（尹 申）

【开展绿色施工夜查工作】 10月29日夜间至30日凌晨，区住房城市建设委联合区市政市容委、区环保局、区城管大队、西城交通支队等部门，对土方运输车辆实施了专项夜查，对发现的1个不合格项目提出整改要求。

（尹 申）

【招投标管理】 年内办理完成建设工程招投标项目181项，总建筑面积约37.4万平方米，合同额9.48亿元。完成合同备案144项。

（尹 申）

【企业资质及人员管理】 年内，办理新设立建筑业企业13家，资质升级企业5家，资质增项企业8家，资质变更企业113家；办理新设立房地产开发企业2家，资质重新核定7家，资质变更企业1家；办理二级建造师初始注册及变更注册523人次。

（尹 申）

房地产开发与建筑业

北京金融街投资（集团）有限公司

【概况】 北京金融街投资（集团）有限公司（简称金融街集团）是西城区国资委所属的综合性投资集团公司。共有员工8991人。年内，金融街集团各所属公司合计实现营业收入231.3亿元，同比增长60%，实现净利润23.7亿元，同比增长43%；截至年底，集团总资产达1150亿元，净资产322亿元，同比分别增长11%、12%；上缴各级税收30亿元。全系统企业及员工共获得各项荣誉75项，其中市级荣誉11项，区级荣誉60项，行业荣誉4项。

地址：西城区金融大街33号通泰大厦B座11层
邮编：100033
电话：88088080

（董进东 郭岩松）

【政府重点工程建设任务】 年内，金融街集团全力推进政府重点工程项目。金融街拓展取得重大突破，提出在金融街基础上建设“北京金融中心区”的范围概念，明确了“一核心、四街区、两配套”的中心区规划范围和产业定位，把广安片区纳入金融街拓展范围；金融街拓展第一个项目——月坛南街项目土地挂牌上市，金融街控股股份有限公司摘牌中标。金融街拓展进入开工建设阶段。天桥演艺区建设工作全面展开，天桥艺术中心和艺术大厦项目设计方案分别获得市政府办公会、市委常委会审批通过，重点项目建设按计划推进；确定了天桥艺术中心的投资模式、投资总额和运营模式，加强与演艺经营机构合作，与20余家演艺团体确定战略同盟关系。昌平保障房项目一期主体结构及二次结构工程全部完成，取得2项群体结构长城杯金奖、1项银奖，获得AAA级安全文明标准化工地称号。白塔寺风貌保护区改造项目取得了标志性进展，完成白塔寺药店降层置换工作，并启动药店降层施工工程，实现白塔寺地区保护利用的形象突破。

（董进东　郭岩松）

【房地产开发业务】　年内，金融街集团房地产开发业务营业收入180亿元，同比增长86%，净利润同比保持增长，实现开复工473万平方米，其中新开工137万平方米，竣工149万平方米，增加土地储备46.6万平方米，落实新增项目2个。

（董进东　郭岩松）

【物业经营业务】　年内，金融街集团物业经营业务实现总收入14.3亿元，同比增长16.3%，实现息税前利润4.67亿元，同比增长22%，上缴业主利润7.7亿元。其中金融街购物中心销售额同比增长7%，增长率居全市前列；写字楼经营稳步提升租金水平，北京地区项目新签约租金标准提升50%以上。

（董进东　郭岩松）

【物业管理业务】　年内，金融街集团物业管理业务初步形成公建、住宅物业管理与酒店经营管理三类业务跨区域规模化的经营格局。实现营业收入4.3亿元，净利润1100万元；新增管理项目20个，新增管理面积212万平方米，其中市场化项目6个，共计38万平方米。

（董进东　郭岩松）

【保险业务】　年内，金融街集团所属长城保险提前一年首次盈利，实现营业收入34亿元，其中已赚保费28亿元。长城保险总资产149亿元，年化投资收益率6.12%。

（董进东　郭岩松）

【证券业务】　年内，金融街集团所属恒泰证券明确转型发展方向，发展政策支持的新业务，实现营业收入8亿元，证券投资实现浮盈1.2亿元。实现净利润1亿元。

（董进东　郭岩松）

【文化产业】　年内，金融街集团所属文化公司实现营业收入1.1亿元，净利润542万元；所属首都电影院西单店继续保持票房收入全国领先的优势，首都电影院金融街店开业并实现首年盈利；广告业务完成营业收入1700万元，同比增长55%。

（董进东　郭岩松）

【金融街建设20周年系列活动】　年内，金融街集团承办“感谢有你·北京金融街建设与发展20周年文艺晚会”“北京金融街建设与发展20周年座谈会”等大型活动；制作金融街建设20年纪念邮册等宣传纪念品；编纂《金融街·二十年》《金融街二十周年征文精选》《金融街建筑图集》等资料图书；创作《金融街之歌》；举办“金融街原创对联大赛”等系列活动；制作《北京金融街》宣传片，并通过北京电视台等主流媒体宣传金融街建设20年所取得的成就。

（董进东　郭岩松）

【制订三年战略规划】　年内，金融街集团研究制订《2013–2015年发展战略规划》，明确未来三年的目标和路径，界定集团及各所属公司定位，提出“统筹资源，协同发展；转变方式，创新发展；精细管理，高效发展；依法合规，持续发展”的发展模式。

（董进东　郭岩松）

【公益活动】　年内，金融街集团与北京市温暖基金会、西城区慈善协会、北京金融街慈善基金会开展合作，参与各种公益捐赠活动，履行企业社会责任。共捐赠150余万元，其中集团总部向市民政局捐赠100万元用于公益事业，长城保险捐赠33座图书室用于“萌芽100”公益活动。金融街集团及所属公司共38人次参加无偿献血活动。

（董进东　郭岩松）

【安全维稳】　年内，金融街集团制订《突发事件应急响应及分级管理办法》等制度；加强重要敏感时期、汛期、法定节假日的安全维稳工作力度；开展安全生产专项检查和隐患排查工作，遏制安全管理责任事故发生。金融街集团及所属公司未发生主体责任事故和安全生产突发事件。

（董进东　郭岩松）

北京市华远集团

【概况】　北京市华远集团（简称华远集团）业务经营以房地产业为主，在金融、商业、高科技、国际旅游、物业管理、餐饮诸领域均具较强实力。年内，华远集团根据公司年度发展经营计划，以“整合资源、盘活资产、优化结构、做强主业”为主线，采取“稳中求进、顺势发展”的开发经营策略，妥善应对宏观经济结构调整。继续利用“华远”品牌优势，加大资本运作探索力度，着力构建集团新的金融投资体系，为集团形成多元化稳定发展态势、确保国有资产的保值增值奠定基础。资产总额168.9亿，净资产55.25亿（归属于母公司37.1亿），营业收入32.87亿，利润总额8.49亿，净利润6.23亿（归属于母公司2.69亿）。资产总额增长37.18%，净资产增长14.29%，营业收入增长7.3%，利润总额增长14.68%。较好地完成了国有资产保值增值任务及各项工作目标。

地址：西城区南礼士路36号华远大厦7层

邮编：100037

电话：68037022

（李南南）

【华远·君城（西安）项目】　1月3日至9日，项目二期C区（6号楼及7号楼北段）、7号楼南段完成结构封顶。3月10日至12日，4号楼集中收房。5月26日，三期A区项目举行车位开盘活动。5月31日，面积区间为88至180平方米的纯板楼小高层13号楼全面接受认购。6月20日，项目三期B区9号、15号楼取得西安市住房保障和房管局核发的商品房预售许可证。6月29日，项目三期A区19、24号楼完成四方验收和园林景观施工，开始办理入住。7月12日至15日，项目三期A区14号、20号、25号楼交房。10月13日，项目三期B区项目（1号、2号楼）完成32层主体结构封顶。11月24日至25日，项目二期C区6号楼正式办理入住。12月27日，项目二期B区、C区和三期A区取得西安市建设工程竣工验收备案表。截至12月31日，君城年度整体入住情况为：一期住宅7户、建筑面积684.5平方米；二期A区住宅8户、建筑面积834.8平方米，商铺15户、建筑面积1699.28平方米；二期B区住宅706户、建筑面积58321.2平方米，商铺30户、建筑面积5280.81平方米；二期C区住宅354户、建筑面积27782.8平方米，商铺30户、建筑面积2577.03平方米；三期A区住宅958户、建筑面积94171.06平方米，商铺5户、建筑面积273.34平方米。

（李南南）

【向西拓担保公司增资】　3月1日，北京市华远集团有限公司董事会第一届第十九次会议召开。会议讨论通过关于北京市华远集团有限公司向北京市西拓中小企业担保有限公司（简称西拓担保公司）增资的议案，决定首期增资4500万元，增资后担保公司的注册资本为6000万元。11月，西拓担保公司更名为北京华远担保有限公司。

（李南南）

【华远·九都汇（北京）项目】　3月6日，华远·九都汇（北京）项目取得1–3号楼、5–7号楼、地下面积的房屋所有权证。8月25日，华远·九都汇（北京）项目6号楼样板间正式开放，以九都汇·燕会所名义推出市场。截至年底，整体入住情况为：全年入住438套，累计入住实测建筑面积65403.91平方米。

（李南南）

【华远·华中心（青岛）项目】　3月9日，取得华远·华中心项目一期房屋预售许可证。3月10日，售楼处正式向公众开放号，B塔样板间开放。3月10日，与青岛海信签订华中心商业合作协议。4月15日，项目一期正式开盘销售。4月30日，零散土地拆迁工作正式启动。5月18日，项目三四期，提前取得临时开工证，并正式开工建设。6月12日，项目一期主体结构封顶。6月30日，项目一期A塔样板间对外开放。7月27日，项目北区总图取得市政府批示。8月31日，项目三四期建筑方案设计完成审批。9月25日，完成规划部门的单体方案报审。10月28日，项目三四期总承包单位确定，进场开始结构施工。11月30日，项目一期开始车位销售。12月，一期裙房招商信息发布，正式启动商业招商工作。

（李南南）

【华远·铭悦（北京）项目】　3月15日，华远地产华远·铭悦（北京）项目售楼处正式开放，具备接待条件。4月6日，项目167地块（安置房）、158地块（商品房）正式开工。5月19日，华远·铭悦（北京）项目样板间开放。6月22日，华远·铭悦（北京）项目开盘，当天认购金额超过1亿元。10月15日，项目159限价房地块1号楼完成结构施工封顶。11月21日，项目159限价房地块3号楼（27层）结构施工封顶。11月23日，项目159限价房地块4号、5号楼（28层）结构施工封顶。12月3日，项目159限价房地块2号楼（27层）完成结构施工封顶。12月3日，项目159限价房地块1–5号楼全部完成结构施工封顶，并提前完成公司一级计划。12月13日，项目158商品房地块15号楼（17层）完成结构施工封顶。12月28日，项目158商品房地块13号楼（17层）完成结构施工封顶。

（李南南）

【华远·海蓝城（西安）项目】　3月21日，华远·海蓝城（西安）一期项目三批次房源（1号、2号、4号、5号、11号、13号、14号、15号、16号、17号、18号、19号楼）取得由西安市房屋管理局核发的西安市商品房预售许可证，证书编号为市房预售字第2012037号。3月24日，华远·海蓝城三批次房源（4号、5号楼）开盘。4月28日，华远·海蓝城（西安）二期项目取得由西安市人民政府、西安市国土资源局浐灞分局核发的国有土地使用证，证书编号为西浐灞国用〔2012出〕第020号。5月19日，华远·海蓝城一期商铺和车位开盘。5月28日，华远·海蓝城（西安）二期项目正式开工。6月15日，华远·海蓝城（西安）一期东区实现结构封顶，开始办理入住。7月27日，华远·海蓝城（西安）二期项目取得由西安市规划局浐灞生态区分局核发的方案报审初审意见章。7月30日，经过与西安市后宰门小学多次沟通谈判，华远·海蓝城（西安）项目最终达成一致意见并签署合作框架协议，共同合作建设海蓝城后宰门小学。8月24日，华远·海蓝城二期“尚苑”揭幕暨后宰门小学签约仪式在华远·海蓝城品鉴中心举办。同日，华远·海蓝城（西安）二期项目取得由西安市规划局核发的建设工程规划许可证，证书编号为浐灞规建字第〔2012〕024号。10月19日，华远·海蓝城二期项目取得由西安市城乡建设委员会核发的建筑工程施工许可证，证书编号为浐灞〔2012〕029号。10月26日，华远·海蓝城二期项目开盘。11月4日，华远·海蓝城品鉴中心举办华远·海蓝城与美国慧才苑幼儿学苑签约仪式。12月26日至30日，华远·海蓝城一期西区18栋楼开始办理集中交房。截至12月31日，海蓝城年内整体入住情况为：入住户数共计523户、建筑面积64005平方米。

（李南南）

【红塔红土基金管理有限公司获批成立】　5月30日，中国证监会发布《基金管理公司设立申请审核情况公示表》，公示显示：5月10日，中国证监会批复同意设立红塔红土基金管理有限公司。公司注册地在深圳市，股东分别为红塔证券股份有限公司、深圳市创新投资集团有限公司和北京市华远集团有限公司，持股比例分别为

49%、26%和 25%。红塔红土基金管理有限公司成为全国第七十二家公募基金管理公司。

（李南南）

【完成十八大安保工作】 9月17日，华远集团召开十八大安全生产工作紧急会议，向各企业提出十八大期间安全生产工作具体要求，并向各企业下发红头文件，传达上级领导精神；成立安全稳定工作督查组，组长由集团总裁、集团有限公司董事长、总经理杜凤超和集团党委书记于锦义担任，下设办公室，由集团工会主席哈保民、党委副书记胡德刚、集团有限公司办公室主任林堃和庞连元组成。各企业下设分组督查联络员，督促各企业将十八大期间安保工作放在首位，层层落实，人人负责，杜绝危险和不安定隐患。华远西单购物中心股份有限公司（简称华购公司）在公司党支部的部署下，各职能部室将安全责任制层层落实。从10月底至十八大结束，西单购物中心全场执行黄色预警预案，通过演练、广播培训等形式，提高员工的安全意识和防范能力。华购公司严格执行网格化安全检查签字制度，不仅加强对卖场的综合检查，而且对外围出租场所进行了细致检查。安保期间，公司签署安保承诺书11份，接待西城公安分局内保支队、西单大街派出所、西城消防支队、区国资委等上级单位各种检查15次，接待十八大代表3人。11月18日，华远集团圆满完成十八大期间安全保卫工作。

（李南南）

【华远·锦悦项目】 10月18日，华远地产下属西安市太华路新项目（华远·锦悦）公司完成工商设立，公司名称为西安鸿华房地产开发有限公司，并取得由西安市工商行政管理局核发的企业法人营业执照。11月15日，华远·锦悦项目售楼处正式开工。

（李南南）

【北方泰格公司更名】 10月19日，经北京市工商行政管理局登记备案，“北京北方泰格投资有限公司”更名为“北京华远资产管理有限公司”，公司法定代表人为杜凤超，注册资本为10287万元，杜凤超任公司董事长，沈健任公司总经理，公司注册地址为北京市西城区北展北街17号901室，公司经营范围不变。

（李南南）

【向昆仑信托贷款13亿人民币】 12月28日，华远地产发布公告，华远地产控股股东北京市华远集团有限公司（简称“集团公司”）向昆仑信托有限责任公司（简称“昆仑信托”）贷款13亿元人民币，以持有的本公司限售流通股728150373股质押给昆仑信托作为担保，质押期限与贷款期限相同，为36个月。上述股份质押登记手续于12月27日在中国证券登记结算有限责任公司上海分公司办理完毕。华远集团持有公司股份728150373股，占公司总股本的46.07%。

（李南南）

北京天恒置业集团

【概况】 北京天恒置业集团（简称天恒集团）为西城区所属的全资国有企业，注册资金35.04亿元人民币，资产总额约149.82亿元，净资产近44.23亿元。天恒集团以房地产开发为龙头、以资产管理为核心，实行资本运营与资本运作并进的经营模式，综合开发能力强，产品系列齐全，旗下拥有十余家企业，形成土地一级开发，危旧房改造，商品住宅、公寓、别墅、高档写字楼项目开发销售，物业经营管理，住宅高科技产业等整个产业链多点布局，并以环保产业、实业投资为辅的全面发展结构，已通过IS09002国际认证。天恒置业集团年建设规模约60万平方米，累计竣工房屋面积500余万平方米。天恒集团拥有天恒股份、西都、嘉鸿、康都、山天等控股房地产开发企业，年均房地产开发竣工面积13余万平方米；拥有以正业公司、瑞海物业、鼎泽物业为骨干的物业经营管理企业，管理的住宅总面积约173万平方米，写字楼、商业面积约16万平方米。天恒集团资产和经营规模不断壮大，品牌形象和知名度明显提升，综合竞争力和抗风险能力显著增强，以房地产开发经营为主，以物业管理为辅，创科技、环保、节能住宅品牌的发展格局基本形成。

地址：西城区阜成门外大街31号天恒置业大厦

邮编：100037

电话：52609100

（张小弟）

【威海天恒·龙泽府项目】 上年12月，威海天恒·龙泽府项目获得《国有土地使用证》。4月，威海天恒·龙泽府项目省地节能环保型住宅国家康居示范工程评审会在威海塔山宾馆召开，威海嘉鸿公司开发建设的天恒·龙泽府项目接受全面的考察与评价，并通过国家康居示范工程评审，成为威海市区首个康居示范工程项目。6月，由天恒集团投资，所属威海嘉鸿房地产开发公司建设的天恒·龙泽府项目举行奠基仪式，区委书记王宁、住建部住宅产业化促进中心副主任梁小青、区人大常委会主任刘跃平、区政协主席曹长胜、区常务副区长苏东、区委办公室主任郭怀刚、区国资委主任牛明奇，威海市副市长房德阳、山东省建设厅住宅与房地处副处长刘春藏、威海市环翠区委副书记刘光辉、副区长陈学凯等出席仪式。8月，天恒·龙泽府项目举办“惟有京韵”首次客户见面活动。9月，项目参加北京市房展会，并在威海幸福门广场启动“京城嘉年华携梦想夺金计划”，随着各项准备工作的完善，天恒·龙泽府项目市场营销工作全面展开。

（张小弟）

【区检察院新业务大楼通过竣工验收】 1月，天恒集团所属西都公司组织召开西城区人民检察院新业务大楼竣工验收会议，该楼顺利通过竣工验收，并于2月22日取得竣工验收备案证明。

（张小弟）

【康都公司获市、区表彰】 2月，在2011年北京市住房保障工作大会上，天恒集团所属康都公司被评为“北京市2011年保障工作先进单位”。同月，康都公司作为西城区的形象单位，肩负着融洽西城、房山两区关系，支持房山经济发展，服务西城百姓的责任，全力推进房山项目建设，被房山区长阳镇政府授予2011年度经济发展突出贡献奖。

（张小弟）

【鼎泽物业通过ISO9001/14001体系认证】 3月15日至16日，鼎泽物业公司龙泽苑项目和天恒置业大厦项目完成外审认证工作。在此次ISO9001/14001管理体系认证工作中，鼎泽物业公司各部门根据认证公司要求提前准备好文件记录，经过良好沟通配合，顺利完成2012年体系认证工作。

（张小弟）

【天恒集团推动什刹海文保区发展】 6月18日，《什刹海历史文化保护区烟袋·白米保护与发展示范区项目建议书》获区发改委批复，标志着什刹海历史文保区保护修缮项目前期工作取得实质性进展。该示范区地处什刹海历史文保区东侧，总用地面积15.56公顷，预计项目总投资约61亿元，建设期4年，主要将更新和完善区域内老旧排污管线及污水处理设施，对老旧房屋进行修缮复建，利用地下空间建设大规模集中停车场，调整和规范区域内商业业态，引入文化创意产业、高端精品化旅游业。6月28日，北京什刹海阜景街建设指挥部与国家开发银行北京市分行《金融合作备忘录》签约仪式在什刹海会馆举行。根据《备忘录》，国家开发银行北京市分行向北京天恒正宇投资发展有限公司递交40亿贷款意向承诺函。《金融合作备忘录》的签订标志着双方正式结成长期、全面的战略合作伙伴关系，并将以推动北京历史文化名城保护为出发点和落脚点，围绕保护传统中轴线完整体系，统筹安排历史文化保护区综合整治项目，带动历史文化保护区整体保护和发展工作顺利推进。

（张小弟）

【天恒·龙泽府获人居环境典范楼盘金奖】 8月，第五届博鳌论坛中国房地产业高峰会在海南博鳌召开。峰会期间，以“寻找房产企业及项目竞争力序列，探索企业竞争力内核，打造中国房地产最具影响力榜单”为主旨对中国房地产建设有杰出贡献的企业与个人进行了表彰。威海嘉鸿公司的“天恒·龙泽府”项目获得2012中国地产年度总评榜人居环境典范楼盘金奖。

（张小弟）

【天恒乐活城D5开盘热销】 9月22日，天恒乐活城D5地块首期开盘，千余人到访，当期推出的252套房源认筹近80%，认购金额约2亿元。10月13日，项目加推90套户型为79平方米两居和88平方米三居房源，认筹约80套，成交金额近7400万元。

（张小弟）

北京华康欣和建筑工程有限责任公司

【概况】 北京华康欣和建筑工程有限责任公司（简称华欣公司）为房屋建筑工程施工总承包二级资质、建筑装修装饰二级资质企业。具有独立承揽28层以下、36米跨度以下建筑工程和高度120米以下构筑物工程、管道工程、送变电工程及拆除工程施工的能力和水平。企业注册资金3000万元；资产总额1.44亿元；从业人员近200名，拥有同企业资质要求相适应的工程技术、经济管理人员。年内，华欣公司完成营业收入1.83亿元，实现利润15.3万元，上缴国家税金664.2万元，工程合格率100%，合同履约率100%，实现安全生产和文明施工。接受认证部门对质量、环境、职业健康安全管理体系再次认证并顺利通过。通过“北京建设行业AAA信用企业”年检并取得证书。

地址：西城区西直门内后半壁街11号
邮编：100035
电话：66160591

（王　珊）

【公司三届十次董事会】 2月17日，华欣公司召开第三届第十次董事会，研究关于江苏扬州邵伯镇土地开发建设合作事项。会议决定：同意公司购买扬州邵伯镇90亩拟开发土地进行开发建设。

（王　珊）

【第一次临时股东会】 2月23日，在华欣公司中会议室召开2012年第一次临时股东会，全体股东经酝酿协商，通过以下决议：同意向江苏省扬州市京州润源房地产开发有限公司投资，行使股东权利，履行股东义务；总投资额人民币770万元，占扬州市京州润源房地产开发有限公司77%股份，该笔投资款一次付清；同意杨玉良代表华欣公司在扬州市京州润源房地产开发有限公司中行使股东权利。

（王　珊）

【股东会暨工作会】 3月7日至9日，召开2012年股东会暨工作会。会议分别审议通过2011年董事会工作报告、监事会工作报告、财务工作报告、行政工作报告、党委工作报告；华欣公司与各基层单位签订生产经营承包合同及安全生产、综合治理、计划生育责任书。

（王　珊）

【扬州邵伯镇开发项目启动】 4月24日，江苏扬州邵伯镇土地招拍挂揭晓，华欣公司顺利摘牌并于4月30日在江苏扬州举行“扬州市京州润源房地产开发有限公司”揭牌仪式，扬州邵伯镇开发项目正式启动。华欣公司董事会、监事会成员及部分相关人员参加。

（王　珊）

【安全生产工作会】 6月13日，在华欣公司大会议室召开2012年安全生产工作会。总经理吴志刚作前5个月生产情况总结，传达市建委关于安全生产相关文件并提出具体要求。公司领导、基层单位党、政、工、安全员等相关人员参加。

（王　珊）

【第二次临时股东会】 10月26日，在华欣公司大会议室召开2012年第二次临时股东会。会议讨论关于董事会、监事会延期一年换届之事，全体股东一致同意并在临时股东会决议上签字。

（王　珊）

【重点工程项目】 年内，华欣公司先后完成建筑安装、装饰装修等工程项目130余项，合同价款1.6亿余元。包括西长安街、前门大街、阜成门内大街及其延长线环境整治规范和景观提升，重点宾馆、饭店周边综合整治，“三道”（水道、文道、商道）景观提升，北京市保安培训中心改扩建及装修等一批政府工程。

（王　珊）

北京广安控股有限公司

【概况】 北京广安控股有限公司（简称广安控股）隶属于西城区国有资产监督管理委员会，是以文保区保护修缮、对接安置房建设、市政基础设施建设为主营业务的区属国有企业。公司注册资金为14.3亿元，截至年底资产总额183.49亿元。在岗职工246人，离退休168人。广安控股下设3个子公司及1个代管公司，即以实施文保区改造修缮项目为主的北京大栅栏投资有限责任公司，以保障房建设、房地产开发为主营业务的北京广安置业投资公司，以实施政府市政基础设施为主的北京广安基础设施建设投资公司（代管），以资产经营管理为主业的北京广安资产管理公司。广安控股自身主要承担全公司整体宏观管控、总体战略规划和品牌推广职能。1月，广安控股获“北京市2011年住房保障工作先进单位”称号；10月，获“2012北京国际设计周城市品质设计应用奖”。全年主要工作有:杨梅竹斜街保护修缮、CH地块土地一级开发、张仪村等保障房建设、大栅栏地区北京坊项目等。

地址：西城区宣武门外大街10号庄胜广场中央办公楼北翼13层

邮编：100052

电话：63108908

（李　晶）

【张仪村项目】 11月，张仪村项目主体结构全面封顶，累计完成200套住宅的签约工作，签约面积15108.86平方米，协议总额1.76亿元，实收首付款1.67亿元，贷款932万元。

（玉　芳）

【旧宫东站项目】 旧宫东站项目规划方案经过多轮次的调整完善，形成了项目的最终实施方案并取得相关部门的认可。上半年，广安置业投资公司注册成立项目公司——北京广安融通置业有限公司，并将旧宫东站项目实施主体变更为该公司独立运作。

（玉　芳）

【高立庄项目】 年内，成功收购石景山酱菜厂项目并将海户新村项目、南苑项目共同与保障房投资中心进行合作，创新了保障房项目的合作模式，为未来的保障房项目取得及运行奠定了基础。

（玉　芳）

【杨梅竹斜街立面修缮项目】 依据《北京市旧城历史文化街区房屋保护和修缮工作的若干规定（试行）》《北京市西城区发展和改革委员会大栅栏地区旧城改造项目（杨梅竹斜街保护修缮项目）投资任务书》（西发改〔2010〕462号）等文件精神，北京大栅栏投资有限责任公司于6月1日起对杨梅竹斜街、广东门、樱桃胡同北口沿街外立面进行整饰。立面修缮工作按照原汁原味保护、按照历史风貌修缮以及风貌协调适度改造原则进行实施。截至年底，立面修缮工程需要与160户洽谈并签订修缮协议，已签约146户，占需签约数的91%。沿街房屋135处中，在施工程109处，占总数的80%。

（魏　一）

【劝业场修缮加固项目】 国庆节前夕，完成外立面亮相，同时拆除外围护结构，使劝业场外立面整体亮相于现场；内部结构加固（混凝土板墙、碳纤维等）工作于年底全部完成，完成了屋面防水工程，屋面穹顶的修复工程。

（李　璐）

【北京坊建设项目】 6月4日取得土地中标通知书，当日现场正式开始基础施工。11月，京银宾馆的拆除标志着C2地块工作面的全面展开，于年底完成护坡桩施工，完成C2-07位置处的土方出土，并进行主体结构的施工，C1地块的南侧无量门头的拆除及保护工作全部结束后，保证了南侧土护降施工的安全，于年底完成C1-04-05处土方出土。

（李　璐）

北京陶然建筑有限公司

【概况】 北京陶然建筑有限公司（简称陶建公司）是具有年施工面积50万平方米以上、竣工面积20万平方米以上、施工产值3亿元以上施工总承包能力的土木工程建筑企业，建筑资质为房屋建筑施工总承包二级。在项目施工过程中，陶建公司建立了产品实现策划管理规定、产品防护管理办法等相关产品质量管理制度，对特定的产品或合同及顾客的要求，制定专门的质量监督措施、资源管理规定和生产制造程序，确保顾客满意。陶建公司本着严守信誉、诚实经营的宗旨，多次被评为“守信企业”，连续两年被北京市建筑联合会评为建筑业“诚信企业”。

地址：西城区广安门外天宁寺前街2号C座

邮编：100055

电话：63263613

（王　芳）

【加强维权能力】 年内，为了在处理各类经济纠纷和法律纠纷的过程中，能够通过法律武器维护企业的合法利益，陶建公司专门设立了法务部门，并聘请专职法律顾问负责处理相关事宜，规范了各类涉及法律、法规事件的处理方法和措施。在有专人负责处理各类纠纷案件的基础之上，陶建公司还组织人力资源、物业、项目部等相关部门人员学习专业法律条文，提高了相关责任部门处理纠纷的能力。同时建立健全一套符合公司现状的应对各类纠纷案件的处理流程和制度，为更加快速、有效地面对各类突发事件做好了准备。

（王　芳）

【鸭子桥13号楼危改工程】 9月26日，鸭子桥13号楼危改工程项目工作人员进驻拆迁登记现场，回迁安置登记工作正式启动。第一阶段的工作内容主要是登记13号楼的住户情况以及回迁意向和要求。截至年底，103户居民中已有84户办理了回迁安置登记手续，住户未办理登记的原因主要有：原住户已经搬至其他地区居住，且交通非常不方便，不能及时到现场办理；有部分住户对本次拆迁执行的相关政策有意见；家庭困难的住户对增加面积的需缴房款在经济上有困难。陶建公司针对以上问题，积极与政府相关部门协调，同时加强对回迁住户的宣传和解释工作，努力满足居民的要求。

（王　芳）

【昌平政府街危改商住楼项目】 11月，昌平政府街危改商住楼项目负责人与河北琪珑房地产开发公司的代表进行多次洽商，确定开发昌平区政府街危改项目的合作意向。截至年底，双方签订合作协议，并对项目下一步的工作目标做了部署。双方为加快项目推进，做好各项准备。

（王　芳）

【加大收缴以往工程欠款力度】 年内，陶建公司下大力抓紧收缴以往工程的欠款，建立了由生产经营部主抓，财务部、综合办公室协助的工作组。工作组针对各个欠款项目的收缴情况和特点，分别推进工作。截至年底，共有丽泽雅园项目、东柳康惠园项目、世纪星城项目、中国第一商城二期项目等4个项目收回部分拖欠工程款，收回款项共计21笔。

（王　芳）

北京市鑫宣市政工程有限公司

【概况】 北京市鑫宣市政工程有限公司（简称鑫宣市政公司）是具有独立法人资格的有限责任公司，注册资本金2000万元。主要承揽单项合同额不超过企业注册资本金5倍的城市道路工程，单跨跨度40米以内桥梁工程，断面20平方米及以下的隧道工程，公共广场工程，10万吨每日及以下给水、污水泵站，15立方米每秒及以下雨水泵站，各类给、排水管道工程，总储存容积1000立方米及以下液化气贮罐厂（站），供气规模15万立方米每日燃气工程，中压及以下燃气管道、调压站，供热面积150万平方米每日燃气工程，各类城市生活垃圾处理工程，同时担负着区属道路的养护、翻修改造任务。年内，鑫宣市政公司有职工160人、离退休员工60人，其中高级工程师4人、初级职称人员77人、中级职称人员25人、一级注册建造师1人、二级注册建造师10人，各种综合性、专业施工机械设备100台。拥有由鑫宣市政公司控股有独立法人资格的北京市鑫宣园林绿化工程有限公司（简称鑫宣绿化公司）、北京市鑫宣世纪能源科技应用有限公司（简称鑫宣能源公司）以及5个市政工程项目经理部。鑫宣市政公司实行总经理负责制，下设总工程师、总会计师和总经济师。职能部室有：党群部、办公室、财务部、人力资源部、市场部、经营部、工程部、安保部、物业部、信息部、设管部、车管部、养护项目部、机械运营部、亮丽项目部和职工服务中心。鑫宣市政公司连续11年通过“市政公用工程施工总承包二级”资质和GB/T19001-2008/ISO9001:2008质量管理体系认证、ISO14001:2004 GB/T24001-2004环境管理体系认证和OHSAS18001:1999 GB/T28001-2001职业健康安全管理体系认证。并获得“守信企业”称号。

地址：西城区培育胡同甲7号

邮编：100052

电话：63546948

（吴　玥）

【道路大中修工程】 年内，完成工程29项。包括槐柏树西街、广安门北街、前门西河沿、北线阁、顺河二巷、校场小六条、校场大六条、校场小七条、校场小八条、校场小九条、西便门西里小区西门前道路、福长街、香炉营头条西段、红莲南路西段、广外邮袋厂小区西侧路、手帕口南街、白云路医院东侧路、陕西巷、棕树二条、琉璃厂西街、石头胡同、博兴胡同、燕家胡同、朱家胡同、万福巷、大力胡同、广安门中医院西侧路、自新路、延寿街。累计翻修沥青路面80978.96平方米，人行步道铺装34417.65平方米。

（吴　玥）

【胡同新增市政排水管线改造工程】 年内，完成工程19项。包括臧家桥、天宁寺东里、培英胡同、寿长街、百合园胡同、弓子胡同、右安胡同、太平街西巷支线、新兴里支线、新安北里、新安北里一巷、鸭子桥南里一支、永定门西街北里、南菜园二支、沙栏胡同、廊坊三条、佘家胡同、崇效胡同、腊竹胡同。累计新建排水管线2511.03米，恢复沥青路面15197.59平方米，人行步道铺装10062.71平方米。

（吴　玥）

【小区道路整治工程】 年内，完成小区道路整治工程，涉及4个街道办事处。包括广外街道办事处、广内街道办事处、陶然亭街道办事处、牛街街道办事处的30条小区道路。累计铺设沥青路面13645平方米，人行步道铺装5571平方米。

（吴　玥）

【环境整治工程】 年内，完成工程3项。其中前三门大街续建工程累计铺设沥青路面1216平方米、人行步道9703平方米；南滨河公园绿道工程累计铺设人行步道3560平方米；琉璃厂东街工程累计铺设石材块料3478平方米。

（吴　玥）

【雨水中水收集利用工程】 年内，完成雨水中水收集利用工程，涉及3个街道办事处。包括椿树街道办事处、大栅栏街道办事处、广外街道办事处的202个院落。累计铺设环保透水砖8298平方米、管线720米。

（吴　玥）

【雨污水支线改造建设工程】 年内，完成大栅栏地区、牛街地区、广内地区、椿树地区工程共79条。累计新建排水管线2518米，铺设人行步道3850平方米。

（吴　玥）

【微循环疏堵改造工程续建工程】　年内，完成首特钢周边道路、红莲南路69号院周边道路、马连道周边道路、煤市街道路改造工程续建工程。累计铺设沥青路面76844.08平方米、人行步道23985.11平方米。

（吴　玥）

【疏堵工程】　年内，完成2010年常规交通疏堵工程续建工程2项，包括茶马北街、丽源路工程。累计铺设沥青路面4915.1平方米、人行步道2193平方米。完成2011年常规交通疏堵工程续建工程3项，包括家乐福口、马连道中口、湾子路口工程。累计铺设沥青路面683.24平方米、人行步道696.14平方米。完成年内常规交通疏堵工程6项，包括前青厂、西草场、东椿树、里仁街、莱户营西街、鸭子桥路南北段工程。累计铺设沥青路面15193.5平方米、人行步道9405.07平方米。

（吴　玥）

【后期养护工程】　年内，完成后期养护工程5项。包括北医三院屋顶花园工程、朝阳区何各庄北入口道路环境整治工程、马连道十三号院环境整治工程、红居东街绿化工程、红居街隔离带绿化工程。累计养护面积3663.6平方米。

（吴　玥）

【绿化工程移交】　年内，完成绿化工程移交5项。北医三院屋顶花园工程移交给北京大学第三医院，朝阳区何各庄北入口道路环境整治工程移交给朝阳区崔各庄乡何各庄村民委员会，马连道十三号院环境整治工程移交给北京市西南郊粮仓库，红居东街绿化工程和红居街隔离带绿化工程移交给西城区广安门外街道办事处。

（吴　玥）

【绿化工程】　年内，配合公司市政第三项目部，完成红莲路69号院周边道路疏通工程中的绿化工程。累计绿化面积594.75平方米，栽植各类植物276株、草坪108.2平方米、花卉42平方米，砌筑花坛128立方米，并进入养护管理阶段。

（吴　玥）

【太阳能工程】　年内，完成朝阳区东坝100千瓦太阳能电站收尾工程，朝阳区新农村2170盏太阳能路灯维修更换工程，西城区（南区）小街小巷116盏太阳能路灯安装工程，椿树园小区环境1186立方米管线改造工程，西便门环境305.1立方米管线改造工程，西便门环境34盏路灯照明工程，红居斜街7盏太阳能路灯安装工程，东经路消防支队374.4立方米管线改造工程，东经路消防支队29盏路灯照明工程，广安门南街沿护城河路灯拆除工程，天桥市民广场日常亮丽养护工程，大栅栏西街日常亮丽养护工程，南莱园街日常亮丽养护工程，西城区(南区)户外广告牌匾标识日常巡视及应急抢险工程。

（吴　玥）

【公益捐款】　年内，鑫宣市政公司通过枫桦豪景社区，向区红十字会捐款1万元。在“共产党员献爱心”活动中捐款1万元。在“7·21”特大自然灾害救灾捐款活动中捐款2000元。为房山区私营个体经济协会捐款2000元。

（吴　玥）

北京昊都建筑工程有限责任公司

【概况】　北京昊都建筑工程有限责任公司（简称昊都公司）为区属国有企业，主要经营工业与民用建筑项目、地基与基础工程的施工、设备租赁、建筑材料的技术开发、锅炉安装及热力、防水管线工程的施工等。

地址：西城区白纸坊西街22号楼1602号

邮编：100054

电话：67504923

（杨惠娟）

【人事档案管理】　年内，根据区相关部门要求，为加速公司改制工作进程，退休人员人事档案转出整理工作基本结束，截至年底，公司退休人员515人。年内，为2人办理了有毒有害工种提前退休和1人的正常退休手续。

（杨惠娟）

【退办工作】　年内，先后追回7人（死亡）养老金26192.67元；为20名退休人员变更医疗机构，保证退休人员及时就医。全年完成异地安置10名退休职工身份认证及医疗保险异地选择的申报工作，为9名人员审核并办理异地医院医疗费报销。

（杨惠娟）

【职工利益保护】　年内，根据北京市人力资源和社会保障局京劳社养发〔2011〕49号“关于进一步加强基础管理，规范退休核准工作有关问题的通知”精神，向西城区人力资源和社会保障局社会保险科请示补充抹灰工(特别繁重体力劳动)、油毡工（有毒有害、高温）工种为提前退休工种并得到批复。

（杨惠娟）

【投资工程】　年内，昊都公司投资广东中山工程诉讼案件尚未结案，诉讼保全后的房产及银行账户按季度继续进行了续封工作。

（杨惠娟）

【提升服务水准】　年内，接待外调、公证及为企业调出人员出具各种证明、公示材料88份，到市、区所属的职业介绍所、派出所、人才管理等部门，查询人事档案、咨询和处理涉及案例57件。

（杨惠娟）

北京房开置业股份有限公司

【概况】　北京房开置业股份有限公司(简称房开置业公司)，注册资金5000万元，属三级资质房地产开发企业，并通过ISO9001国际质量管理体系认证。主要经营房地产开发、商品房销售、城市危旧房改造和开发建设等项目。年内，房开置业公司全面启动牛街二期危改区回迁楼居民产权证发放工作。完成ISO9001认证监审工作，审查结果合格，证书继续有效。

地址：西城区广安门内大街210号西华经典2层

邮编：100053

电话：63577515

（闫　欣）

【牛街二期危改小区产权证办理】　年内，房开置业公司按照副区长李岩召开专题会议的精神，通过半年的归集、整理、审核、申报等工作，在区相关部门的配合下，完成牛街二期回迁楼居民产权证的办理工作。

（闫　欣）

【启动牛街二期危改居民产权证发放工作】　年内，房开置业公司全面启动牛街二期危改居民产权证发放工作，组织专人整理、审核、解答产权证发放工作。

（闫　欣）

【小寺街片危改摸底及方案报送工作】　根据副区长李岩专题工作会的会议精神，房开置业公司按照工作会会议要求，在年内完成了牛街危改二期小寺街片危改摸底及方案报送工作，为牛街危改二期小寺街片危改下一步工作奠定了基础。

（闫　欣）

【举办创先争优表彰活动】　年内，房开置业公司按照区国资委统一安排部署，完成房开置业公司创先争优总结、表彰活动，有1人获得区国资委系统优秀共产党员称号。通过总结、表彰活动，全体党员职工重温了身边优秀党员的先进事迹。

（闫　欣）

【防汛工作】　经历“7·21”特大暴雨灾害后，房开置业公司克服人员少、资金紧的困难，专门成立防汛工作领导小组，划拨专项资金，指派专人24小时值守，处理应急突发情况。做到加强日常检查，及时发现问题，采取措施将隐患消灭在萌芽状态，确保无人员、财产损失发生。

（闫　欣）

北京宣兴房地产开发股份有限公司

【概况】　北京宣兴房地产开发股份有限公司（简称宣兴公司）为综合性房地产开发企业，注册资本5420万元，房地产行业等级为二级，其股份由国有、社会法人及自然人多元股东集合构成。宣兴公司主要经营房地产开发、商品房销售，自有房产的物业管理和出租，是通过ISO9002国际质量标准认证的企业。

地址：西城区枣林前街35号

邮编：100053

电话：63585100

（高　莉）

【宣兴商厦项目拆迁工作】　宣兴公司实施一级开发的项目宣兴商厦位于西城区广安门外大街湾子路口西南角，占地1.33公顷，建设内容为商业金融。拆迁工作任务繁重，情况复杂，难度很大，宣兴公司对拆迁工作加强领导，多方协调，为居民解决实际问题，维护稳定。截至年底，已完成拆迁户数100余户。

（高　莉）

【慰问离退休老干部】　宣兴公司是西城区为数不多的由企业负责管理离退休老干部的单位之一，年内对管理的13名离退休老干部进行了每年一度的体检，并一直坚持开展节假日慰问活动，还利用企业自有资金为病逝的离休人员发放补助金14万余元。

（高　莉）

【房屋修缮管理】　宣兴公司控股设立的物业管理公司，房屋管理面积达30万平方米，这些房屋均为十几年前所建，多处屋面，上、下水管道和电梯进入大修期，宣兴公司为了提高物业管理水平，保障居民生活不受影响，多方筹措资金数十万元，重点多期对小红庙车站西街17号院的5号、6号楼的外墙饰面脱落开裂和4号楼的地下暖气管道进行了修缮改造。

（高　莉）

（责任编辑　陈　艳）

交通　邮电　公用事业

交　通

交通行政执法

【概况】　北京市交通执法总队（简称市交通执法总队）是北京市交通委所属副局级行政执法机构，下设8个职能处室和10个执法大队，主要负责全市公共交通、公路和水路交通运输行业的交通行政执法工作。年内，市交通执法总队共查处各类违法违章3.56万起，其中查处行业违章行为22265起。市交通执法总队直属大队李波车组被交通部评为全国交通运输行业文明示范窗口；市交通执法总队首都机场大队被交通部授予全国交通运输依法行政先进集体称号；市交通执法总队被评为首都全民义务植树先进单位；市交通执法总队获北京市敬老爱老为老服务示范单位称号。

地址：西城区北礼士路22号

邮编：100044

电话：68367578

（陈朝晖　王海燕）

【春运交通运输市场秩序保障】　1月8日至2月16日春运期间，市交通执法总队共出动执法人员1.2万余人次，检查运输车辆14.5万余台次，重点对北京站、北京西站和首都机场地区实施24小时不间断监管，维护了春运期间交通运输市场秩序。

（王海燕）

【“两会”交通运输市场秩序保障】　2月21日至3月16日全国“两会”期间，市交通执法总队启动专项勤务开展运输市场集中整治行动，共出动执法人员5300余人次，检查运输车辆6.2万余台次、查处违章906起、查扣“黑车”1047辆；受理群众来电1.2万个，全部妥善处理。

（王海燕）

【大货车尾气治理专项行动】　2月起，市交通执法总队会同交管、环保、城管、巡特警等部门开展60余次联勤联动联合执法行动，全面落实市政府关于全面整治车辆违法及尾气PM2.5超标多部门多警种24小时联勤联动工作部署，并指导各区县交通执法部门在进京检查站、区县主要道路开展集中整治。

（王海燕）

【装备信息中心更名】　3月6日，市交通执法总队所属事业单位北京市交通执法装备信息中心更名为北京市交通信息中心执法总队分中心。6月，总队信息中心28人纳入工资规范管理。

（王海燕）

【安全培训月活动】　3月，市交通执法总队组织开展“安全培训月”活动。邀请专家就“公路交通突发公共事件应急管理”和“交通执法在交通安全应急体系中的职责与实践”进行授课，并组织各执法大队开展安全应急知识、运输安全监管法律法规、执法技能等学习交流活动和安全知识竞赛，共计800余人次参加。

（王海燕）

【清明节交通运输市场秩序保障】　4月2日至4日清明节期间，市交通执法总队共出动执法力量480余人次、执法车辆150余台次、检查运输车辆2300余台次、查处违章34起、查扣“黑车”30辆、对120余起轻微违章进行批评教育，50个重点监管地区周边运输环境秩序总体良好。

（王海燕）

【“五一”交通运输市场秩序保障】　4月29日至5月1日“五一”节期间，市交通执法总队共出动执法力量520余人次、执法车辆180余台次、检查运输车辆6300余台次、查处违章28起、查扣“黑车”17辆、对210余起轻微违章进行了批评教育。

（王海燕）

【出租汽车运营市场秩序专项整治】　5月1日至31日，市交通执法总队会同市公交保卫总队开展为期1个月的“联合规范出租汽车运营市场秩序专项工作”，重点对40个重点区域出租汽车严重违章和“黑车”“克隆车”进行查处。期间，总队共出动执法力量4695人次、检查车辆7万余台次，查处出租汽车违章2193起，查扣“黑车”1168辆，其中“克隆车”42辆，向公安机关移交案件14起，有效规范了出租运营市场秩序。

（王海燕）

【服务贸易大会交通运输秩序保障】 5月27日至6月1日中国服务贸易大会期间，市交通执法总队启动专项勤务，共出动执法力量1100余人次，检查运输车辆8000余台次，查处违章358起，查扣“黑车”315辆。

（王海燕）

【“安全月”整治活动】 6月，交通执法总队开展“安全月”整治活动。期间共出动执法人员6900余人次，检查各类运输车辆8.3万余台次，查处运输车辆违章2517起，查扣“黑车”1305辆，消除安全隐患150余个，期间组织开展了“安全生产隐患集中排查整治周”专项行动，在京开高速等10条省际客运车辆主要行驶线路、颐和园等10个主要旅游景区、簋街等10处化学危险品运输车辆主要运送区域，组织开展了针对省际客运、旅游客运、危险化学品运输的全市性集中行动，成效显著。

（王海燕）

【端午节交通运输秩序保障】 6月21日至24日端午节期间，市交通执法总队共出动执法力量520余人次、执法车辆180余台次，检查运输车辆6300余台次，查处违章57起，查扣“黑车”4辆，对190余起轻微违章进行了批评教育，为群众提供咨询等服务600余次。

（王海燕）

【市党代会交通运输秩序保障】 6月28日至7月3日市十一次党代会期间，市交通执法总队共出动执法人员1900余人次，检查运输车辆2.2万余台次，查处违章365起，查扣“黑车”149辆，受理群众来电8900余个，全部妥善处理。

（王海燕）

【中非合作论坛部长级会议交通运输秩序保障】 7月17日至21日中非合作论坛第五届部长级会议期间，市交通执法总队共出动执法力量1600余人次，检查运输车辆1.3万余台次，查处运输车辆违章336起，查扣“黑车”211台。

（王海燕）

【治理黑车“波次行动”】 7月28日至30日、8月28日至30日、9月28日至30日，市交通执法总队开展三轮集中整治黑车“波次行动”，重点对“四站两场”及市级挂账地区“黑车”开展集中治理。行动期间，共出动执法力量2500余人次，检查运输车辆3.1万余台次，查扣“黑车”137辆，有效净化了重点地区的运输市场秩序。

（王海燕）

【省际客运市场秩序专项行动】 8月至10月，市交通执法总队会同市公交保卫总队刑侦支队开展联合整治省际客运市场秩序专项行动，对省际客运车辆、人员、物品进行全面检查、核录，对违规运输易燃易爆物品、危险化学品、非法出版物及毒品等行为进行重点检查。通过联合整治，打掉木樨园、西二旗桥等20余处省际客车私揽点，查处省际客运车辆违法扰序行为330起。

（王海燕）

【出租汽车主题服务季活动】 8月中旬至12月底，市交通执法总队会同市交通委运输局共同组织开展为期4个半月的“车净人和服务好，展现行业新风貌”出租汽车主题服务季活动，期间组织6个执法大队会同市交通委运输局六城区管理处，每周开展三次“早、晚、夜”联合集中整治，共查处出租汽车各类违法违章7732起，对在东直门交通枢纽、西单、公主坟等地区长期严重扰乱秩序的220辆出租汽车进行查处。

（王海燕）

【中秋、国庆交通运输秩序保障】 中秋、国庆两节期间，市交通执法总队检查运输车辆2.1万余台次、查处违章16起、查扣各类“黑车”21辆，对361起一般违章进行了批评教育，“四站两场”和重要旅游景点地区秩序良好。

（王海燕）

【十八大交通运输秩序保障】 8月22日至11月15日十八大会议期间，市交通执法总队检查运输车辆26万余台次、查处运营车辆违章5964起、查扣各类“黑车”2688辆。总队便民电话共受理投诉2139个，同比下降25.4%，出租汽车违章投诉同比下降25.5%。

（王海燕）

境内交通执法

【概况】 北京市交通执法总队第二执法大队（简称市交通执法二大队）是北京市交通执法总队下设的执法大队，北京市交通执法总队隶属于北京市交通委员会。市交通执法二大队主要负责西城辖区内交通运输行业执法的具体工作，具体管理的行业有出租汽车、小公共汽车、省际长途客运、旅游客运汽车、道路货物运输、货运服务、汽车维修、汽车租赁及水域运输（游船）等行业。截至年底，二大队共出动执法人员9312人次，检查各类车辆78046车次，查处违法违章2970起；查处各类非法机动车经营案件1053起，收缴罚没款653万元。

地址：西城区南礼士路44号

邮编：100037

电话：68013973

（王平海　龙永东）

【出租汽车行业监管】 年内，市交通执法二大队在做好路面执法检查工作的同时，着重加强出租车的信访投诉处理工作。西城区注册登记的出租汽车企业36家，运营车辆近1.5万辆，占全市出租运营车总量的22%，全年共受理乘客投诉3400件，处理率100%，案件办结3332件，办结率98%。为214位因乘坐出租车而利益受损乘客挽回了经济利益。对328名因服务违规违法的出租汽车驾驶员，按违法行为的轻重，分情节的不同，给予了相应的处罚。在路检稽查中，着重加强北京北站早间、西单商业街晚间、故宫北门中午、天安门广场西侧白天出租汽车运营秩序的监管工作，主要查处出租车拒载、议价等严重违法行为，规范出租汽车运营秩序和驾驶员仪表仪容。实行精细化管理，强化企业法人的管理责任，对车辆运营不规范，多次有驾驶员在本辖区内违法运营的企业管理人员进行约谈，共约谈出租汽车经营企业42家（全市范围）。9月，联合辖区相关职能部门，召开4次辖区重点街区出租汽车运输秩序整顿会，为国庆及党的十八大创造良好的出租汽车运输服务环境。

（王平海　龙永东）

【打击非法营运行为】 年内，市交通执法二大队工作重点是打击非法出租车的运营行为及非法的“危化”运输行为。“黑出租车”的整顿重点在北京北站、动物园公交枢纽以及西单、积水潭、德胜门等地铁站口等交通场站周边。共查处机动车非法经营案件1053起，其中“黑出租”947起、“黑货运”57起、“黑旅游”21起、“黑长途”19起、“黑化危”9起，查获“克隆”出租汽车13辆。为出租汽车企业收缴回丢失的出租汽车专用发票43卷（每卷100张），为企业挽回了经济损失。探索解决“痼疾顽症”的新思路，解放思想，与公安部门密切协作，整治德胜门地区冒充公交职工对外来游客招摇撞骗、严重侵害游客合法权益的“黑车”驾驶员的非法经营行为，开展两次“围剿”行动，行政拘留情节恶劣的“黑车”驾驶员13人，劳动教养1人，查扣非法运营的“黑车”16辆，取得良好的社会效果。

（王平海　龙永东）

【汽车修理行业监管】 “7·21”特大暴雨灾害发生后，市交通执法二大队按照上级统一部署，积极协调辖区运输管理处，开展了为期一个月的对汽修行业的入户检查工作，共出动执法人员476人次，出动执法车辆93台次，对区内34家一二类汽修企业进行入户检查。

（王平海　龙永东）

【旅游客运行业监管】 年内，市交通执法二大队除与区旅游委联合开展多次联合检查外，还根据往年的执法经验，在重点时段和重点点位、严防死守，坚决杜绝安全事故隐患的存在，严查超员载客、无证运输等行为和不与旅行社签订用车合同的行为，规范旅游客运市场的经营秩序；联合公交保卫队打击“黑旅游客运”，在天安门、恭王府、德胜门等旅游景点开展执法检查中，共查扣“黑旅游”经营行为21起；给相关旅游客运企业发出加强旅游客运车辆管理建议书13封，要求旅游客运企业加强管理，堵住非法“一日游”用车渠道，提升旅游客运服务水平，共处罚43起旅游客运车辆不规范运营行为。

（王平海　龙永东）

【化学危险品运输专项整治】 年内，市交通执法二大队每月均组织相关部门联合开展危险化学品运输专项整治工作。严格管理在本行政区域内运输的危化车辆的运输行为，确保人、车的资质、证照齐全、合格、有效，各种安全防护措施执行，保证安全运输。重点加强对辖区内医院医疗垃圾清运的管理，按照市政府的有关规定，由统一具备运输资质的专业公司进行承运，确保产生的医疗垃圾可以按照规定进行无害化处理，保护北京周边环境安全。

（王平海　龙永东）

【巩固闭环执法协作机制】 年内，市交通执法二大队与公安、交管以及城管等部门密切协作，在区综治办的统一协调和领导下，各部门及时通报相关情况，共同研究行动方案，协作开展阶段性整治行动，建立了社会面监管协作机制的新局面。成立了专项整顿“黑车”的执法小分队，负责对在长安街沿线的非法运输车辆的整治行动，取得良好的整治成果；在德胜门地区的“围剿”行动也逐渐制度化，对维护好场站运输秩序，保护广大乘客的合法权益起了重要作用。建立健全与区交通委的联席会议制度，及时参加区内的各项行动，加强与辖区各委、办、局的融合度，及时堵塞监管漏洞，确保辖区道路运输行业健康可持续发展。

（王平海　龙永东）

交通行业管理

【概况】 北京市交通运输管理局西城管理处（简称西城管理处）是受北京市交通委运输局委派，负责西城区境内公共交通、公路和水路运输管理的专门机构。年内，西城管理处全力做好辖区交通运输行业监管工作和交通运输服务保障工作，全年出动执法人员2463人次，检查辖区交通运输单位1099户（站）次。其中客运行业出动执法人员1492人次，检查企业663户（站）次；货运行业出动执法人员300人次，检查企业149户次；机动车维修行业出动执法人员434人次，检查企业202户次；水域游船行业出动执法人员215人次，检查企业74户次；停车行业出动执法人员22人次，检查企业11户次。采取行政措施89件次。其中开具限期整改通知书62件次；采取吊销处罚措施3件次；采取注销措施20件次；办理案件移送4件次。

地址：西城区平安里西大街玉廊东园5号楼1单元

邮编：100034

电话：59701075

（赵桂舒）

【组建新的西城管理处】 年内，完成原西城管理处和原宣武管理处的合并，组建了新的西城管理处，共设10个科室。在组建中科级干部全部实现轮岗、交流，其中交流派出干部8人，调入干部2人。制订《西城管理处2012年度执法责任制和评议考核制实施方案》，完善修订《2012年西城管理处执法责任制评议考核办法》，各科室工作分解细化，责任落实到岗位。

（赵桂舒）

【境内交通行业情况】 截至年底，西城辖区出租汽车行业在册户数36户（含个体出租汽车管理站1个），营运车辆14652辆；省际客运企业2户，营运车辆170辆；旅游行业在册户数13户，营运车辆1619辆；汽车租赁行业在册户数45户，营运车辆2626辆；轨道交通29站；货运行业在册户数403户，营运车辆3620辆；汽车维修行业在册户数73户；水运游船行业在册户数3户，营运游船1029艘。

（赵桂舒）

【出租车行业管理】　年内，西城管理处加强辖区出租汽车行业的运营服务管理工作。开展2012年度出租小轿车营运证换发工作，召开出租汽车企业会议，传达文件精神，部署工作安排。对13家出租汽车企业的规章制度落实情况、燃油补贴发放情况、工装配发情况等进行检查，对4143辆出租车和5446名出租车驾驶员车容车貌仪容仪表进行检查，针对检查中发现的问题，督促企业进行整改并复查合格。8月至9月，联合交通执法二队，对辖区大悦城、金融街等重点地区出租汽车运营秩序进行9次检查。共检查问题车辆124辆，其中严重违章14辆，一般违章110辆。

（赵桂舒）

【安全生产管理】　年内，西城管理处在安全生产月活动中，处领导分别带队，于轨道交通西单1号线车站、北京西站出租调度站、新街口缤纷剧场、什刹海后海野鸭岛游船码头4个宣传点开展宣传活动，发放宣传材料3000余份；与区园林市政工程服务中心、什刹海街道办事处、什刹海旅游开发公司在什刹海共同举办2012年什刹海水上应急救生演练；在陶然亭公园进行游人落水救生演练；组织省际客运、旅游客运、汽车修理、地铁公司等企业开展火灾逃生、重大行车事故救援等不同形式的演练，取得良好效果。6月21日晚，什刹海水域遇强阵风7级，夜航电瓶游船本身动力失效船舶无法控制，10艘巡逻救护艇全部投入紧急水上救援，20分钟内遇险船舶全部被巡逻救护艇就近拖到岸边或码头，使此次险情有效化解。加强消防安全检查，出动执法人员184人次，检查企业72户（站）次，各企业均加强了对驾驶员消防安全教育和运营车辆技术状况的检查，为车辆配备了合格的灭火器，未发现消防安全隐患。

（赵桂舒）

【行政许可受理】　年内，西城管理处完成辖区日常行政许可（服务）事项2437件次；完成辖区14652部出租汽车的年度换证工作；完成辖区出租汽车企业运营车的年审换证14652张；完成辖区旅游企业1784部运营车旅游包车证的换发。

（赵桂舒）

【喷烤漆房治理】　年内，西城管理处联合区安监、消防等部门对12家机动车维修业户进行检查。共检查喷烤漆房19座次，检查举升机设备66架次。对检查中发现经营规模较小的二三类企业一人多岗、安全制度不健全、安全检查记录欠缺等情况，采取限期整改措施，并通过复查验收。

（赵桂舒）

【游船行业船舶检验】　年内，西城管理处完成对北海、什刹海、陶然亭所有非自航船舶的开航前安全检验工作。其中北海申请投入运营461条非自航船舶，什刹海申请185条非自航船开航运营，陶然亭申请275条非自航船开航运营，经开航前船舶检验，批准投入开航运营。完成对北海30艘自航运营船舶签证；完成对什刹海28艘自航运营船舶签证。

（赵桂舒）

【重要时期重点行业监管】　年内，西城管理处在“春运”“两会”“五一”等重要时期，每天安排专人对辖区轨道交通、代表驻地等重点区域和重点交通运输企业进行现场检查。9月30日至10月7日黄金周期间，处领导分别带队，出动执法人员160人次，对辖区地铁车站、公交枢纽、水域游船、汽车维修、化危运输、省际客运等行业企业安全运营情况，以及北京西站、北京北站出租车运营秩序情况进行巡查。10月26日至11月14日十八大期间，出动执法人员189人次，对辖区内代表、会议驻地周边和政治中心区周边的公共安全、交通安全、公共交通和轨道交通以及出租汽车运营秩序进行检查巡视，出租车运营秩序良好，未发现安全隐患。

（赵桂舒）

【开展行业培训】　年内，西城管理处组织辖区客运企业参加由局组织的“北京市运输企业百名经历安全管理大讲堂活动”；组织辖区一、二、三类机动车维修企业负责人对2012年开始实施的《机动车维修服务规范》进行学习；组织辖区3家危险货物运输企业及规模专业运输企业从业人员学习《北京市道路运输条例》，参加活动的人员达1000余人；4月28日举行《北京市汽车租赁管理办法》的宣传活动，辖区6家优秀企业设立了宣传站点，悬挂宣传横幅6条，发放宣传材料260余份，接受现场咨询150余人次；举办2012年西城辖区非机动船船员、驾机员新增、换证培训班，21名船员参加，经考试全部合格上岗。

（赵桂舒）

【行业质量信誉考核】　年内，西城管理处完成西城辖区货运行业质量信誉考核；完成辖区机动车维修行业年度质量信誉考核；完成辖区旅游客运行业2011年度质量信誉考核；完成辖区省际客运行业2011年度质量信誉考核；完成辖区汽车租赁行业2011年度监管考核。

（赵桂舒）

【出租行业党建工作】　年内，西城管理处成立以处长为领导的党建工作推进小组，召开会议确定工作目标和要求。经调查了解，西城区出租汽车企业37家（含1户个体出租汽车管理站），运营车辆14652辆，从业人员19249人，党员1403人，已组建党组织的企业21家，未建立党组织的企业16家，其中12家企业有党员22名，但均暂不具备单独组建党组织条件，4家企业无党员。根据调查汇总的情况，将未建立党组织且具备成立临时联合党支部条件的企业，组成3个临时联合党支部，10月15日，召开西城辖区出租汽车企业临时联合党支部成立大会，完成西城辖区出租汽车行业党组织全覆盖工作。

（赵桂舒）

【在西站设出租车调度站】　年内，西城管理处在调研的基础上提出建议，经过与西站管委会、丰台区太平桥街道沟通，在北京西站南广场建立出租车调度站，并正式投入使用。这是西站南广场首个设立的固定出租车调度站，启用后实现旅客打车不再绕路，方便了旅客出行。《北京青年报》3次做了相关情况报道。

（赵桂舒）

地下铁道管理

【概况】 北京市地铁运营有限公司（简称地铁公司）是国有独资的特大型专门经营城市轨道交通运营线网的专业运营商。拥有职工25809名。年内，公司共运营14条地铁线路，分别是1号线、2号线、5号线、6号线、8号线、9号线、10号线、13号线、15号线、八通线、昌平线、房山线、机场线、亦庄线，运营线路总里程393公里，共有226座运营车站。地铁公司运营业务涉及专业有车辆运输、客运组织、行车电力调度、供电、通信信号、机电和线路等。还经营以地铁相关资源开发为主的多角化业务，主要包括车辆制造、工程监理、设计研究咨询、广告、地下通信、文化产业、商贸、旅游度假、教育培训、建筑安装及物业等。

地址：西城区西直门外大街2号地铁大厦

邮编：100044

电话：62293714

（张华兵）

【进入交流车时代】 4月12日，在中国第一个地铁车辆段——古城车辆段的停车列检库门前，举行北京地铁最后一组直流车退役仪式。全国劳动模范、安全行车80万公里第一人张晓雨驾驶着最后一组上线运营的直流车G124缓缓驶入库内，这一刻宣告曾经在北京地铁驰骋42年的直流车完成了历史使命，标志着北京地铁全面进入交流车时代。据统计，直流车自从1971年服役接待乘客，截至1999年交流车在1号线上使用，共运送乘客约62亿人次。北京地铁自1998年首组DKZ4型地铁列车在1号线上开始运营服务以来，公司所辖13条运营线上共有14种类型366组交流列车。

（张华兵）

【官方微博开通】 5月28日，北京地铁正式开通官方微博。地铁微博开通后，发挥“短平快”作用，融入日常运营工作，动态传递一线信息；融入应急管理体系，应对地铁突发事件；融入乘客工作生活，适时做好出行提示；融入地铁历史文化，展示员工队伍风采。地铁微博在提供服务信息、引导乘客出行、应对突发事故、传播地铁文化等方面取得明显成效，截至年底，粉丝量已突破45万人。

（张华兵）

【应对“7·21”强降雨】 7月21日，北京出现61年来的最强降雨天气。地铁公司启动防汛预案，迅速行动，全员抢险，加强通讯、信息设备的维护和应急保障，确保13条线路运营不中断，确保城市交通大动脉的畅通，得到市政府和市民的高度评价。当日全路网共运送乘客472.70万人次，开行列车4081列，列车运行图兑现率为99.37%，正点率99.39%，加开临客91列。降雨期间，加强行车调度及运力，各线共加开临时列车47列；机场线延长运营时间80分钟，加开列车10列；取消10号线软件升级施工，恢复正常运营时间。此次降雨过程各线运营情况基本稳定，因雨量大，造成全网8个出入口临时封闭，15号线顺义站封站。截至7月21日运营结束，投入抢险值守人员8051人次，所辖各条线路上的洞口及部分车站共计排水约41883吨，使用防滑垫1700个、防滑提示牌1500个、向乘客提供一次性雨衣3万余件。暴雨过后，地铁公司广大干部员工帮助受灾群众共度难关，地铁公司将789070.5万元全员捐款捐赠到北京市慈善协会，以实际行动践行北京精神。

（张华兵）

【车站屏蔽门加装工程】 9月13日，八通线管庄站、13号线北苑站两座试验站屏蔽门门体主体安装工程完成，共安装固定侧盒192个、滑动门192扇、固定门64扇、应急门23个。屏蔽门加装工程规模庞大，各专业相互交叉，边运营边施工，难度极大。地铁公司各单位按照新体制机制要求，落实主体责任，严格合同管理，加强现场监管和过程控制，确保运营安全和施工质量。截至年底，13号线试点站北苑站已完成屏蔽门安装及单个门体带电调试；八通线试点站管庄站及八里桥站已完成屏蔽门门体安装工作；临河里站和土桥站屏蔽门已完成定位打孔和站台板剔凿切割工作；八通线、13号线各4座车站屏蔽门加装工程门体安装和单体调试完成。完成1号线信号系统、5号线车辆段改扩建和供电系统扩容改造工程招标，以及1、2、5号线车辆购置工作等新一轮设备更新改造工程。

（张华兵）

【十八大安全运营服务保障】 11月8日十八大召开首日，地铁公司各单位安排人员在重点车站、重点机房进行值守。两级机关管理人员到一线补充值守力量。地铁公司加强行车调度指挥和客运组织，增强换乘通道、电梯等关键部位值守力量。视客流情况，适时增加运力。截至8日12:00全路网运营安全有序，未出现停运和晚点情况。期间，加开临客3列，列车运行正点率、运行图兑现率均达到100%。7日下午至8日上午安检情况良好，安检工作坚持“逢包必检，逢液必查”，做到安检率100%标准，共检查物品数281.15万件，查获违禁品总数333件，劝离车站175人，占检查物品的0.11‰。治安志愿者加强站车秩序维护，确保现场力量充足、秩序井然。实现“大事不出，小事也不出”的工作目标。

（张华兵）

【4条新线（段）开通试运营】 12月30日，北京地铁6号线一期、8号线二期（南段）、9号线北段、10号线二期开通试运营，4条新线（段）开通使北京市轨道交通线路增至16条，运营里程达到442公里，居全国首位。其中北京地铁公司所辖线路14条，运营里程393公里，车站226个，换乘站36个。6号线、8号线南段、9号线北段、10号线二期开通首日运营情况：6号线客运量21.06万人次，开行列车414列，运行图兑现率100%，正

点率 99.76%；8 号线客运量 10.98 万人次，开行列车 304 列，运行图兑现率及正点率均为 100%；9 号线客运量 11.59 万人次，开行列车 386 列，运行图兑现率 100%，正点率 99.74%；10 号线客运量 74.54 万人次，开行列车 628 列，运行图兑现率及正点率均为 100%。4 条新线接入路网后，全线网整体运营情况稳定，共运送乘客 463.89 万人次，开行客运列车 5099 列，运行图兑现率达 100%，正点率 99.94%。

（张华兵）

【客运量突破 21 亿人次】 年内，北京地铁公司所辖线路共运送乘客 21.02 亿人次，同比增长 12.4%，北京地铁公司年客运量首次突破 21 亿人次。其中 9 月 29 日，公司所辖 13 条线路日最高客运量突破 716 万人次，所辖线路运量达到全市公交出行比例的 16.8%。创新行车组织方式，视客流采取大小圈套跑、大站空车、加开临客等措施缓解客流压力。全年 11 次缩小行车间隔，提高平峰和晚高峰运力。

（张华兵）

铁路管理

【概况】 北京北站（西直门车站）处于西城区与海淀区交界处，东临学院南路，西以高粱桥路东侧为界，南讫西直门地铁站，北与清华园东站相临，为京通、京包线的起点。按等级为西客站下属二等客运站，其中车场有到发线 10 条、牵出线 1 条、专运线 3 条。站内道岔 64 组、专运线道岔 3 组。闭塞方式采用的是单线半自动。联锁为 JD–IA 计算机连锁，车站总面积为 22008 平方米，设有旅客候车室（面积为 8244.5 平方米）、售票室（面积为 973 平方米）、行李房（面积为 565.8 平方米）。行政管理机构为综合室、客运部、运输部、物业部、科贸公司。

地址：西城区西直门北滨河路 1 号

邮编：100044

电话：51866852

（刘津京）

【安全生产】 年内，推进安全生产整治工作，取得安全生产的持续稳定，围绕人身、行车、消防、车机联控、防溜、进路等环节，加强职工素质培训，提高全员安全意识，落实安全逐级负责制。制定和完善车站安全教育的制度；学习人身安全卡控措施和事故案例，开展“安全生产月”大检查、“防非控非”等活动，进行安全检查 313 次，发现问题 745 件，解决 745 件；防火防暴检查 94 次，发现问题 72 件，解决 72 件，保证安全运输的有序可控。截至年底，实现无一般行车事故 8263 天，无重大、大事故 20846 天，无险性 16860 天，无轻伤事故 5472 天，无重伤事故 9811 天，无死亡事故 12044 天，无火灾事故 23111 天，无事故苗子 5028 天，无特种设备事故 4017 天。

（刘津京）

北京北站列车时刻表

始发				到达			
车次	终到站	开点	到点	车次	到点	始发站	开点
S201	延庆	6:12	7:49	2622	5:28	赤峰	19:40
1455	呼和浩特	6:48	19:13	2560	5:59	赤峰	21:10
K275	满洲里	7:39	次日 14:47	1458	6:29	通辽	17:25
S287	沙城	7:58	10:16	k274	7:07	呼和浩特	21:22
S205	延庆	8:34	10:05	S202	7:35	延庆	6:00
S207	延庆	9:02	10:33	S204	8:13	延庆	6:29
4471	承德	9:12	19:06	S206	8:31	延庆	6:59
2621	赤峰	10:15	19:20	K1016	9:30	通辽	20:40
S209	延庆	10:57	12:31	S208	9:47	延庆	8:07
S211	延庆	12:42	14:19	2102	10:09	阜新	18:48
S213	延庆	13:14	14:43	S210	12:12	延庆	10:35
S215	延庆	13:35	15:15	1802	12:28	齐齐哈尔	13:40
1801	齐齐哈尔	13:47	次日 13:09	S288	12:41	沙城	10:35
2101	阜新	15:14	次日 6：20	S214	13:12	延庆	11:34
S217	延庆	15:24	17:01	S216	14:23	延庆	12:46
S219	延庆	17:11	18:48	4472	16:30	承德	6:58
S221	延庆	17:41	19:15	S218	16:43	延庆	14:45
S223	延庆	18:39	20:16	S220	17:25	延庆	15:30
k1015	通辽	18:18	次日 7：50	S222	17:39	延庆	16:01
S225	延庆	19:11	20:40	S224	18:54	延庆	17:17
1457	通辽	20:21	次日 10：00	1456	20:05	呼和浩特	7:58
2559	赤峰	20:49	次日 5：59	S226	21:11	延庆	19:18
S227	延庆	21:28	23:02	S228	21:43	延庆	19:42
S229	延庆	22:03	23:35	S230	22:19	延庆	20:42
S231	延庆	22:36	23:59	S232	23:03	延庆	21:18
K273	呼和浩特	23:47	次日 08：55	K276	23:29	满洲里	15:56

2012 年 S2 线新运行时刻表							
始发				到达			
车次	终到站	开点	到点	车次	到点	始发站	开点
S201	延庆	6:12	7:49	S202	7:35	延庆	6:00
S203	延庆	7:58	9:38	S204	8:13	延庆	6:29
S205	延庆	8:34	10:05	S206	8:31	延庆	6:59
S207	延庆	9:02	10:33	S208	9:47	延庆	8:07
S209	延庆	10:57	12:31	S210	12:12	延庆	10:35
S211	延庆	12:42	14:19	S212	12:40	延庆	11:03
S213	延庆	13:14	14:43	S214	13:12	延庆	11:34
S215	延庆	13:35	15:15	S216	14:23	延庆	12:46
S217	延庆	15:24	17:01	S218	16:43	延庆	14:45
S219	延庆	17:11	18:48	S220	17:25	延庆	15:30
S221	延庆	17:41	19:15	S222	17:39	延庆	16:01
S223	延庆	18:39	20:16	S224	18:54	延庆	17:17
S225	延庆	19:11	20:40	S226	21:11	延庆	19:18
S227	延庆	21:28	23:02	S228	21:43	延庆	19:42
S229	延庆	22:03	23:35	S230	22:19	延庆	20:42
S231	延庆	22:36	23:59	S232	23:03	延庆	21:18

注：2012 年 7 月 1 日起实行

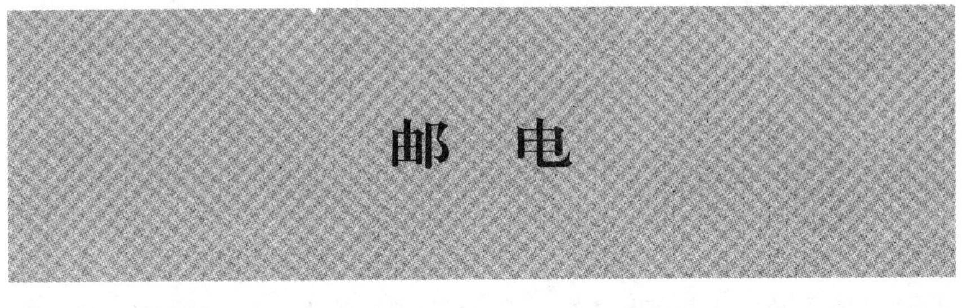

邮　电

北京市西区邮电局

【概况】 北京市西区邮电局（简称西区邮局）是北京市邮政公司直属的二级通信企业。服务范围东起天安门，西至石景山五里坨，南接莲花池北路，北到西直门北下关。服务区域包括西城区、石景山区、海淀区南部和丰台区部分行政区域，服务面积 156 平方公里，服务人口 230 余万人。承担着为党中央、国务院、全国人大、全国政协、中央军委、各军兵种司令部等重要的党政军机关，及金融街众多企业总部提供邮政通信服务的重要职责。区局机关设办公室、党群工作部、人力资源部、计划财务部、监督检查与安全保障部、市场经营部、监察室、运行维护部、工会 9 个职能部室；下设商函分局、集邮公司、报刊发行分局、代理业务分局、电子商务分局、策划中心 6 个专业公司。经办国际国内函件、包裹、汇兑、报刊发行、电报、长话、传真和集邮等传统业务，以及国际国内特快专递、同城礼仪、邮政储蓄、物流、代发工资、代收电话费、代理保险、商业信函、企业明信片及电子商务等新型业务。全年实现业务收入 7.52 亿元，在全市邮政公司名列第一。

地址：西城区南礼士路头条 5 号

邮编：100820

电话：68023282

（张桂霞）

【重点专项工作】 年内，西区邮局确保全国“两会”及十八大期间通信生产、交通、防火防盗等安全工作万无一失。“两会”服务，实现业务收入 4561 万元，十八大服务创收 2018 万元。西区邮局“好、快、诚、细”的服务得到与会代表高度的评价，两次会议服务工作共获表扬信、感言 213 件。

（张桂霞）

【特色品牌营销】 年内，西区邮局特色品牌营销不断发展。与完美世界网络技术公司签约合作，开通“完美邮局”，作为全国首家虚拟邮政服务平台，在“完美时空”游戏网站，点击率已超过 300 万人次，同时推出《十全十美》纪念封等专题产品，提升品牌知名度。中南海邮局品牌在党、政、军市场形成较强营销竞争力；中南海邮局网站成立以来，点击量 3.5 万人次，直接创收 205 万元；成功开发了北京军区、人保寿险等大单项目；以上海合作组织北京峰会驻会服务为契机，与外交部等政府部门深入合作，实现收入 1895 万元；依托中南海品牌开发的《新华通讯社 80 周年纪念邮册》《中国银行百年纪念邮册》等邮品定制大单项目，实现收入2051万元。动物园邮局作为北京市第一家公园主题邮局，在青少年市场和动物题材产品开发上初见成效。

（张桂霞）

【开展共建活动】 年内，西区邮局加强与地方的沟通共建活动。6月6日，西区邮局邀请西城区人大代表一行10余人，参观中国邮政邮票博物馆，参观后，代表们表示要加强与西区邮政的沟通与合作，支持西区邮政工作。西区邮局团委响应团市委造林、植绿、护绿的号召，与月坛公园签订树木认养协议，认养园内21棵银杏树。

（张桂霞）

【财务管理工作】 年内，西区邮局加大财务预算管理和成本管控力度。细化成本费用管理，严格执行归口管理审批流程；强化资金管控，加强用户欠费管理；严格执行资金预算，保证生产经营正常运行；加强资金上缴监控和测算，确保资金应收尽收；加强产品效益核算，提高收入质量；提高损益核算质量，利用远程报账系统，从源头加强成本管控；规范房屋资产经营管理，提高资产使用效益。

（张桂霞）

【企业党建工作】 年内，西区邮局开展“为民服务创先争优”活动，建立健全党支部工作规范体系，全面推行党务公开，发挥党员在党内生活中的主体作用。推进廉政风险防范管理，落实党风廉政责任制，开展监督检查，做好信访工作。西区邮局在北京市厂务公开联合检查组的检查中，获得高度评价。

（张桂霞）

北京市南区邮电局

【概况】 北京市南区邮电局（简称南区邮局）是北京市邮政公司所属的二级通信企业，承担北京市丰台区和东城区、西城区、朝阳区、大兴区部分行政区、北京西站地区以及北京经济技术开发区（亦庄开发区）、中关村科技园丰台园（总部基地）2个大型总部经济区的通信服务任务。南区邮局服务面积480平方公里，服务人口约400万人。南区邮局机关设办公室、计划财务部、人力资源部、党群工作部、监察室、市场经营部、监督检查与安全保障部、运行维护部、工会9个职能部室，账务中心、培训中心、大客户中心、信息技术中心4个挂靠单位（账务中心挂靠计划财务部、培训中心挂靠人力资源部、大客户中心挂靠市场经营部、信息技术中心挂靠运行维护部）。全局下辖23个邮政支局、71个邮政所、7个便民服务站，下设函件分局、邮票公司、报刊发行分局、代理金融业务分局、电子商务分局，员工1597人。经办国际和国内函件、包裹、特快专递、汇款、报刊订阅和零售、集邮业务和集邮品制作、商业信函制作、邮政贺卡、定制邮资封片、邮送广告、邮政物流、代理保险、代办电信以及金融类代办业务，邮政短信（彩信）、代收代缴业务、代售机票和火车票业务、自邮一族业务等。南区邮局为周边企事业单位、个体商户及社区居民提供普遍用邮服务，并与国家监察部、水利部、国家体育总局、北京市国资委、新华人寿保险股份有限公司、中国全聚德（集团）股份有限公司、北京同仁堂（集团）有限责任公司等大型企业建立业务合作关系。年内，成立国内首个以汽车和禁毒为题材的流动式临时邮局——中国禁毒万里行临时邮局。

地址：丰台区方庄蒲芳路22号
邮编：100078
电话：67661123

（步安娜）

【开设中国禁毒万里行临时邮局】 6月至7月，南区邮局配合北京市禁毒委员会办公室和北京市禁毒教育基地共同发起的“中国禁毒志愿者汽车万里行”活动，开设国内首个以汽车和禁毒为题材的流动式临时邮局——中国禁毒万里行临时邮局，启用“中国禁毒万里行（临）”字邮政日戳，并推出个性化邮票及邮资明信片。6月2日，在永定门城楼下，北京市邮政公司副总经理郭荣寰和中国药物滥用防治协会会长李宝惠为中国禁毒万里行临时邮局揭牌。中国禁毒万里行临时邮局实体店设在里仁街邮政支局内，万里行车队中专门设置了一辆禁毒万里行临时邮局流动车，随行一名邮政禁毒志愿者，在途经的15个城市（济南、淄博、潍坊、青岛、临沂、徐州、南京、扬州、苏州、南通、嘉兴、宁波、金华、杭州、上海）开展禁毒宣传，办理邮政业务，并为志愿者们全程提供邮政服务。在历时29天、5600公里的行程中，该临时邮局为广大集邮爱好者加盖临时邮局日戳及纪念邮戳4万余次。

（步安娜）

【成立红十字会预备役】 9月，南区邮局成立南区邮电局红十字会预备役，建立健全组织机构和规范管理制度，并确立以党员先锋岗、青年文明号为载体的红十字应急救护网点。常态化开展爱心包裹、母亲包裹等公益捐助，以及红十字志愿服务特色活动。在红十字应急救护网点志愿者服务台设立紧急救助便民箱。

（步安娜）

【奥运纪念邮品】 年内，南区邮局与国家体育总局和北京奥运城市发展促进会合作开发了《奥运梦想　照亮世界》专题邮册。该邮册采取个性化邮票与主题邮票相结合的形式，集文化性、观赏性、收藏性与纪念性于一体。该邮册为北京奥促会唯一指定的奥运纪念邮品，共制作3000册，作为国礼在2012伦敦奥运会及残奥会馈赠使用。

（步安娜）

【纪念纪晓岚诞辰288周年】 年内，南区邮局与纪晓岚故居纪念馆和中国国家民俗协会联合制作1000版十二生肖岁岁平安个性化邮票，纪念纪晓岚诞辰288周年，邮票主票为中国邮政岁岁平安邮票，附票为纪晓岚故居纪念馆馆长李新永书写的十二生肖篆字。边饰为纪晓岚肖像画照及故居收藏的阅微草堂、耿耿其心、人寿年丰等多款由清代中期至民国的多名篆刻家的

16款印章图案。

（步安娜）

【电商小包业务】 年内，南区邮局扩大国际小包的收寄范围，服务对象在原个人小件物品寄递的基础上，扩大到国际电商、邮购类客户，开始实行“整体称重、按公斤计费”的计费方式，并增加网上客户自助服务功能。11月11日，正式开办国内电商小包业务，主要服务于国内网络购物市场寄递公司、邮购类企业和其他有刚性寄递需求的企业。该业务主要针对轻小件物品寄递市场，在用户使用、邮件收寄、分拣运输、投递签收等环节优化了作业流程，依托信息化系统支撑，提供时限稳定、信息可跟踪、价格贴近市场的轻小件邮件批量寄递服务，投递范围通达全国（含县以下农村地区）。邮局为电商小包邮件提供收寄、出口封发、进口接收和投递等实时跟踪查询信息及邮件短信通知等服务。截至年底，南区邮局共与14个商户签约，累计发寄国内小包18113件。

（步安娜）

【服务第九届北京园博会】 年内，南区邮局先后推出《园博缘》邮册和“中秋慰问亲人祝福卡”等邮政产品。其中《园博缘》纪念邮册作为第九届园博会组委会馈赠的纪念礼品，已制作1000册；“中秋慰问亲人祝福卡”作为对园博建筑工人表示祝福慰问的特殊节日礼物，于中秋前夕发到了园博建筑工人手中。12月25日，中国邮政和其他6家企业，作为北京园博会首批合作伙伴正式与园博会方签订2013年第九届中国（北京）国际园林博览会合作伙伴赞助协议书。中国邮政为园博会提供的服务主要有特许产品生产销售、门票代销和园区内的邮政服务。双方共同合作开发、销售系列邮政特色特许产品，在园博园内按照一局多点规划建设临时邮局与流动服务点，提供园博会筹备期及展期内的各类邮政服务。

（步安娜）

电 信

中国联合网络通信有限公司北京市分公司

【概况】 中国联合网络通信有限公司北京市分公司（简称北京联通）隶属于中国联合网络通信有限公司，致力于北京市信息化基础设施建设，在全市范围内为公众客户、商企客户和政府机构等客户提供包括固定电话、移动电话、数据传输、互联网、宽带接入等基础电信业务和增值电信业务，以及与上述业务相关的行业应用、系统集成、技术开发、技术服务、信息咨询、工程设计施工等相关服务。固定电话客户、移动电话客户、宽带客户超过1000万，拥有第三代移动通信网络（WCDMA）。北京联通下设6个市区分公司，其中北京联通公司二区、三区、八区分公司为西城区提供服务，分别是二区分公司的西直门局；三区分公司（新安北里一巷11号）的西单局、厂甸局、樱桃园局、广外局；八区分公司的展览路局。

地址：西城区骡马市大街9号
邮编：100052
电话：66197776

（佟 玲）

【网络建设工作】 年内，北京联通从“无线覆盖、网络质量、运行指标、客户感知”四个维度推进全网性优化、扩容建设、核心网整治等工作，取得阶段性成果。结合西城区无线城市建设和酒店、金融等行业客户覆盖需求，推进光纤入户战略布局，光纤覆盖率大幅度提高。扩大3G网络覆盖和WLAN战略布局，3G六环内实现广泛覆盖，特别加强医院、金融营业网点、公众服务等候区域和重要餐饮场所等热点的网络覆盖，提高重点地区的无线网络质量。打造覆盖良好、有竞争力、体现差异化优势的精品网络。

（佟 玲）

【宽带提速工作】 年内，北京联通作为西城区信息化牵头单位，加速光纤入户工作的完成。完成千余个宽带升速改造项目，实现服务区域内2M带宽全覆盖。宽带速率大幅度提升，为首都信息化建设奠定坚实的网络基础。

（佟 玲）

【全业务经营工作】 年内，北京联通所有营业厅全部具备移动业务及固网业务的受理能力；扩大社会渠道直销网点规模，方便客户。开展“打造智慧社区 畅享光速新生活”为主题一条龙营销服务活动，为客户提供移动电话、固定电话、宽带上网业务等全方位的咨询、受理、安装、维修服务。

（佟 玲）

【完成多项重点通信保障任务】 年内，北京联通圆满完成党的十八大、全国“两会”、神九发射、特大暴雨暴雪抢险抗灾等重要通信保障任务，验证了应急预案及各项保障措施，确保了通信网络畅通和信息安全。

（佟 玲）

【客户服务电话】 年内，北京联通客户服务电话“10010”为使用中国联通业务的客户免费提供7×24小时的业务咨询、信息查询、投诉建议、业务办理等人工与自助的综合服务。“10011”为中国联通客户提供全国“一卡充”充值服务。“116114”信息导航平台，全方位提供查号、订餐、机票等各种便民服务，以及就医预约挂号等惠及民生的信息服务。

（佟　玲）

【界内营业厅】　年内，北京联通在西城区有14个营业厅和1个品牌店：西单营业厅，地址：西单北大街129号；西单3G品牌店，地址：西单北大街129号；长话大楼营业厅，地址：复兴门内大街97号；电报大楼营业厅，地址：西长安街11号；长椿街营业厅，地址：槐柏树街13号；广外营业厅，地址：广安门外大街383号；樱桃园营业厅，地址：新安北里一巷11号；西单北大街营业厅，地址：西单北大街甲133号；马连道路营业厅，地址：马连道路甲10号楼西102号；陶然亭营业厅,地址：南纬路35号院住宅小区D、E办公楼1层；金融街营业厅，地址：金融大街21号；护国寺营业厅，地址：新街口南大街139号北向南第2第3门内；车公庄营业厅，地址：西直门南大街06乙号楼；展览路营业厅，地址：展览馆路7号；西直门营业厅，地址：西直门外大街1号院1号楼首层。

（佟　玲）

【服务承诺】　年内，北京联通聚焦服务承诺兑现，社会责任全面履行。宽带业务服务“三限时”承诺有效落实。移动业务服务“两改善”持续推进。开展压缩营业厅等候时长等专项治理工作，落实服务热点问题“及时改”。电子自助便民服务占比不断提高。积极承担净化信息网络环境、推进农村信息化等社会责任。

（佟　玲）

公用事业

燃气供应与管理

【概况】　北京市燃气集团有限责任公司（简称市燃气集团）承担着北京市各类用户的燃气销售服务工作，注册资金39.8亿元。年内，天然气购入量84.1亿立方米，液化气购入量16.4万吨，截至年底，管道天然气、液化气用户606万户，运行的管线15231公里，调压站（箱）15775个，供应区域覆盖北京各城区和除延庆以外的所有郊区县，天然气的应用范围也从民用炊事发展到工业、采暖、制冷、发电、燃气汽车、分布式能源等诸多领域。

地址：西城区西直门南小街22号
邮编：100035
电话：66205589

（曲慧明）

【境内燃气供应与管理】　北京市燃气集团有限责任公司第一分公司（简称第一分公司），经营范围包括燃气供应与销售，销售燃气设备用具、燃气专用设备和施工材料，检测、检修、安装燃气设备，燃气及热力技术的开发、转让、咨询、服务。担负市场开发管理，新用户发展管理，用户服务管理，燃气销售管理，区域内管网的运行、维护、带气作业及急抢修作业（中压A级以下压力级别）、基建和技改工程以及外线拆改迁工程管理等职能。管辖范围为北京市二环以内地区。市燃气第一分公司西城一所（简称西城一所）设8个职能岗位，下设西直门客户服务站、营业收费站、北城急修班、3个班站以及西直门5S店，职工61人（不含5S店工作人员），管辖区域为二环以内原西城区范围。市燃气第一分公司西城二所（简称西城二所），设8个职能岗位，下设温家街、前三门（2个地址为1个服务站）客户服务站、营业收费站及白纸坊和菜市口2家5S店，职工49人（不含5S店工作人员），管辖区域为二环以内原宣武区范围。年内，西城一所、西城二所承担二环以内西城区共162108户民用户和3316个公共服务用户（简称公服用户）的燃气设备维报修、巡检、通气、计量任务，和二环以内燃气用户的收费业务以及二环以内西城区的突发抢修任务。

西城一所
地址：西城区黄城根北街5号
邮编：100034
电话：66111777

西城二所
地址：西城区法源寺西里5号楼甲2号
邮编：100054
急修热线：63569777

（王金屏）

【用气服务】　1月12日，西城一所完成辖区内4个小区共125个单元2848户民用卡表农业银行售卡点转北京银行的工作。年内，西城二所党支部成立“燃气人雷锋服务队”，为牛街西里二区的6位长期家中无人照顾的空巢老人义务服务，为老人打扫室内卫生、节假日走访慰问、聊天谈心补燃气知识、免费检修燃气设施等，保证他们的用气安全。

（王金屏）

【安全用气检查】　1月13日，西城二所按照节前安全大检查的工作要求，对辖区内的大观园、陶然亭公园、全聚德和平门烤鸭店及各大医院进行全面的安全隐患排查工作。7月23日，为了有效防止强降雨引发的各类安全事故的发生，及时消除安全隐患，西城一所对所部、营业收费站、西直门站、西直门5S店、西苑材料库开展强降雨过后安全专项大检查。主要检查仓库、庭院排水沟是否畅通、房屋情况是否存在大的安全隐患，包括房屋是否出现滴、漏现象，并对供水、供电设施进行逐一检查，对检查中发现的问题逐一登记。

（王金屏）

【安全用气宣传】　3月15日，西城二所所部职能人员以及5S店部分员工在牛街东里社区举办以“燃气安全无小事，高效服务送万家”为主题的燃气安全宣传活动。现场发放燃气安全宣传手册500余本、宣传礼品100余份。宣传人员回答了用户提出的问题，现场维报修5个。4月13日，西城一所代表市燃气集团受邀参加西城区民政局“爱民月”和“开放日”现场咨询服务活动。通过现场悬挂宣传条幅、摆放文图展板、面对面解答问题等多种形式，宣传燃气安全使用常识；提示居民安全用气的注意事项。向用户展示市燃气集团统一印制的巡检通知单，杜绝用户因虚假广告上当受骗。活动共接待用户400余人，发放《客户服务指南》《燃气集团报》等宣传材料500余份。5月11日，西城二所13名工作人员在辖区法源寺西里开展燃气安全宣传及业务咨询活动，有针对性地选择老旧小区开展安全咨询活动，受理用户咨询，现场发放安全用气手册100余份、小礼品100余份，现场答疑50余人次。9月29日，西城二所与管辖范围内的法源寺社区联合举办配合家庭用户巡检工作的燃气安全宣传活动，对法源寺西里3号楼到5号楼开展家庭用户巡检工作，发出宣传材料200余份，为用户解答燃气用气问题10个。西城二所党支部走进社区开展燃气安全大讲堂活动，免费给敬老院检查燃气设施，定期为社区80岁以上老年用户进行安全巡检等活动。

（王金屏）

【折子工程】　年内，第一分公司继续完成北京市为民办实事工程——老楼通气工程。截至年底，西城二所辖区内共有2351户老楼居民新通天然气，新发展公服用户37户。

（王金屏）

【社区服务协作网】　西城一所以巡检、宣传两相依托，推行燃气志愿服务模式；西城二所联合社区，推行居家养老上门服务模式。每年进行一次安全巡检工作，年内巡检入户率达72%，较好地解决了老年用户入户难的问题。通过与“居家养老服务中心”建立合作模式，在当地敬老院开展系列活动，关注老人生活、老人安全、老人健康，营造温馨和谐的社会氛围，切实保障弱势群体用气安全。年内全区已有109个社区加入到社区协作网之中。分公司巡检入户率达到64.01%，其中71个社区的入户率达到74%以上。隐患消除工作也有较大的突破，全年民用户巡检121843户，更换胶管15715根。

（王金屏）

【管网信息】　年内，二环以内的西城区管线总长度为547公里，调压站99座，调压箱444座，闸井704座。

（王金屏）

【用户巡检】　年内，西城一所完成原西城区内50350户的安全巡检工作，更换胶管6697根，发现问题3031个，发放巡检告知单2890张，现场维修33个，完成公服计量巡检1786块表，完成用户维报修2890次。西城二所完成原宣武区内71493户的安全巡检工作，更换胶管9018根，发现问题4100个，发放巡检告知单3584张，现场维修521个，完成公服计量巡检1503块表，完成用户维报修2269次。

（王金屏）

【客户服务站】　西城一所西直门客户服务站负责二环以内西城区55449户管道燃气用户的安全巡检工作。地址：西城区西直门南小街16号院，电话：66183948。西城二所前三门客户服务站负责二环以内原宣武区106657户管道燃气用户的安全巡检工作。地址：西城区温家街2号院，电话：66026581。

（王金屏）

【营业收费站】　西城一所营业收费站负责分公司二环以内原西城区用户的查表收费业务。地址：西城区黄城根北街5号东小楼二层，电话：66130930。西城二所玉林里营业收费站负责分公司二环以内原宣武区用户的查表收费业务。地址：丰台区玉林里47号楼对面，电话：63052598。

（王金屏）

【燃气5S店】　西直门5S店地址：西城区西直门南小街国英园1号楼一层北侧6-9号，电话：58562963。白纸坊5S店地址：西城区白纸坊西街都市晴园底商22-2号，电话：63516895。菜市口5S店地址：西城区菜市口大街6号院2-6号，电话：83985631。

（王金屏）

【液化石油气供应】　截至年底，北京市液化石油气公司在西城区境内有9座供应站。六铺炕站供应户数16583户，年供气量1439.55吨；西直门站供应户数30511户，年供气量2222.88吨；东太平站供应户数11053户，年供气量865.60吨；右安门站供应户数13884户，年供气量1390.89吨；香炉营站供应户数9372户，年供气量798.915吨；红土店站供应户数12342户，年供气量1348.785吨；马连道站供应户数14238户，年供气量1472.85吨；市府站供应户数15187户，年供气量1429.56吨；虎坊路站供应户数17345户，年供气量1462.05吨。境内液化石油气总供应户数140515户，全年总供气量12431.08吨。与此同时,完成区境内9座供应站设施的标准化改造，并对存在的安全隐患问题进行了整改。

（高　阳）

【为困难用户提供免收送气费服务】　年内，北京市液化石油气公司在继续为境内困难用户提供免收送气费服务的基础上，与区民政局就免送气费服务工作开展情况进行协调沟通，听取民政部门的建议和意见，探讨继续深化合作事宜。全年西城区完成档案登记的免费送气用户为6856户，其中六铺炕供应站166户，西直门供应站551户，东太平街供应站167户，右安门供应站526户，香炉营供应站1302户，红土店供应站1046户，市府供应站1446户，虎坊路供应站1652

户，累计免费送气量32708瓶。

（高　阳）

【境内燃气用具维修】　位于区境内虎坊路地区的北京市京华源燃气技术开发中心虎坊路销售部成立于2010年，其前身是范进卯灶具维修中心。主要经营业务范围是燃气灶具、热水器修理及燃气用具销售、安装维修服务等。该部门隶属北京市液化石油气公司管理。年内虎坊路销售部为居民用户修理燃气灶具2680台、热水器360台。

（高　阳）

【进社区开展公益活动】　年内，采取多种方式加强对用户的安全宣传，组织所属单位员工深入社区开展公益活动。年内，虎坊路销售部共为天桥街道办事处下属8个社区居委会举办燃气安全知识讲座8次，与天桥街道联合举办义务修灶现场会3次，与天桥街道安全科联合对留学路社区、万明路社区的工商户进行免费的安全检查并查出安全隐患百余起，为96户社区居民义务修理灶具、热水器，宣传安全知识5000余人次，向居民发放《燃气安全使用规范》宣传手册900份，就居民日常生活中可能会遇到的燃气用具突发故障情况，进行排险演示操作12次。

（高　阳）

热力供应与管理

【热力站管理及服务】　截至年底，北京市热力集团有限责任公司销售分公司负责西城区内统管站64座，面积467万平方米；代管站160座，面积989万平方米；自管站433座，面积1867万平方米。分别由销售一、四所、房十、黄龙、开诚、特力昆、创合、天禹公司负责。

（宋晓楠）

【热力管网管理及供热管网】　境内的热力管网管理由北京市热力集团有限责任公司输配分公司管网二、三所负责。主要负责境内管网的运行、维护、抢修、检修等工作。二所位于海淀区莲花池东路三号，电话63367013。三所位于海淀区西八里庄北里，电话88152548。截至年底，设在境内的供热管网管径500毫米以上管线总长度74.85公里。

（宋晓楠）

电力供应与管理

【概况】　国家电网北京市电力公司（简称北京电力）是国家电网公司所属的省级电力公司，负责北京地区1.64万平方公里范围内的电网规划建设、运行管理和630余万用电客户的供电服务工作，承担着为首都党政军机关、重大政治活动和城市运行安全供电的任务。截至年底，北京电力本部设置23个部门，下设16个供电公司、10个业务支撑与实施机构以及3个其他单位。北京电力全民制在职职工平均年龄42.7岁，具有大学专科及以上人员6406人，占比74.7%，副高及以上专业技术资格为852人，占比9.9%，中级专业技术资格1507人，占比17.6%，高级工3587人，占比41.8%。国家电网公司级专家14人。人才当量密度1.0071。年内，北京电力完成售电量792.06亿千瓦时，资产总额达到720.82亿元，城市供电可靠率达到99.985%，当年电费回收率达到100%。

地址：西城区前门西大街41号

邮编：100031

电话：63129201

（吴国健）

【电网建设与发展】　年内，结合首都“世界城市”建设需求，创新提出“网格化布局、精细化保障、便利化接入”的电网发展思路和远景设想。滚动修改《北京电网“十二五”规划》，完成“2030年电网发展空间布局规划”和“应急抢修服务网点空间布局规划”，预留变电站611座，线路走廊约1000公里，布设各级指挥中心、智能监控中心、应急抢修服务网点406个，打造“1+4+17+N+X”（以1个调控指挥中心为核心，以4个中心城区应急抢修中心、17个区县调控指挥分中心、N个智能监控站、X个应急抢修服务网点为网络节点，为城市提供层次分明、功能完备的应急抢修服务）的应急抢修和服务网络，完成220千伏及以下工程可行性研究64项，取得35千伏及以上输变电工程立项核准45项，规划意见书48项。滚动调整“十二五”配电网发展规划，开展未来科技城等28个热点发展区域电网规划专题研究，在通州环渤海总部基地、丽泽商务区试点建设高可靠性配网；开展配网“统一规划、集中建设”试点工作。新建35千伏及以上变电站14座，35千伏及以上线路369.38公里。共批复清洁能源接入申请31个，总装机容量561.49万千瓦，已接入和待接入的分布式电源达到28.7万千瓦。后勤规划入选国家电网公司推广范本。完成电网基建项目储备371项。新开工输变电工程42项，新建35千伏及以上变电容量359万千伏安、线路326公里。投产输变电工程28项，投产35千伏及以上变电容量285万千伏安、线路288.36公里。完成35千伏及以上电力设施迁改工程13项，投产电缆11.65公里、线路21.35公里。新开工充（换）电站47座，竣工37座。完成重点附属设施工程5项。非生产性工程项目建设，全年安排下达87项资金计划。

（吴国健）

【经营管理】　加强经济运行监控，建立“横向统筹平衡、纵向专业审核、全面深入覆盖”的计划管理新模式，向基层单位分解下达综合计划指标23项；合理安排电厂年度发电量计划，实际节约购电成本2.81亿元。制定《深化财务集约化管理实施方案》《关于“五大”体系建设期间加强财务管控的意见》等管理制度。开展以内部利润管理为导向的绩效考核。加强子公司预算管理，优化指标考核与计分方法。实施财务管控标准流程，固化标准流程224个。完成会计主体撤并，会计主体由34个减少到29个。推进财务与业务的协同融合，集中配置45类业务集成方案，开发完善财务与业务系统接口共计17个。推广内部交易业务协同上线，自主研发全业务单据处理平台，实现业务信息与核算信息线上转换。实现试点单位门收电费直接缴存工行、农商行一级账户，电费退费全部实现电子支付。建立集中支付“日清日结”管理体系，实现备付、支付、过账和对账的全过程闭环管控；平稳实施35千伏及以上资产的集中管理，开展涉及16家供电公司约40亿元用户资产的评估入账工作。社保资金纳入财务专业化管理。整合仓库资源，搭建物资公司区域库、二级单位周转库两级仓库管理模式，加强对基层末端的实物管控，形成纵向到底的“一本账”管理。完成物资和非物资采购53.817亿元，节约资金约1.8亿元。北京电力全年共对外签署经济合同18043份，未发生重大履约纠纷。作为国家电网公司试点单位，实施案件管理信息化工作，起诉状、答辩状等核心法律文书全面上线。在石景山公司试点开展供电公司法律风险防范体系建设，并将试点经验在各供电公司推广。完成《首都经济结构变化与电力公司经营效益关系研究》等9个战略课题、20个专项课题和135个基层课题，《北京市电力公司营销与服务模式优化调研》获国家电网公司优秀调研成果二等奖，北京电力获国家电网公司年度政策研究先进单位荣誉称号。在国家电网公司发布的2012年度同业对标指标评价结果中，北京电力同业对标综合排名第8，业绩对标排名第7，管理对标排名第8，规划管理专业进入华北区域专业管理标杆，1项典型经验入选国家电网公司典型经验库。构建起覆盖全业务、全流程和全岗位的企业标准体系，建设标准总数7713项。标准体系建设通过国家电网公司“三集五大”建设专业验收。北京电力承担国家电网公司1项重大和3项重要管理创新项目。《依托内控平台，实现安全的全过程信息化管理》获得全国电力行业企业管理创新成果二等奖，《实施“电靓京城”品牌塑造工程，努力提升公司软实力》获得全国电力行业企业管理创新成果三等奖。《重要客户差异化服务保障模式创新与实践》获得全国电力行业企业管理创新成果三等奖。1人获得全国电力行业优秀企业家称号。规范全面质量管理QC小组活动，编制《北京市电力公司全面质量QC小组活动管理标准》。有5个单位QC小组获得全国优秀质量管理小组称号，1个单位班组获得全国质量信得过班组称号。清理原有规章制度，组织修订337规章制度，共建成管理制度803项，基本建成全面覆盖、上下一致的规章制度体系，实现与国家电网公司管理制度全面对接。推进运营监测（控）中心建设工作，开展组织机制、业务体系、场地环境及信息支撑系统建设。建成拥有监测展示、决策会商、独立监测、互动体验、设备控制及设备部署等5大功能分区的运营监测中心。完成运营监测（控）信息支撑系统建设。北京电力全年签订20份购售电合同，合同签订率100%，合同备案率100%。完成电量交易和电费结算，全年累计购电量841.51亿千瓦时，同比增长6.85%。推行购电全周期管理，初步实现购电业务“事前预测、事中监控、事后分析”的全周期管理。主多分开工作通过国家电网公司验收。初步形成主业与产业的一体化发展格局，形成各具特色，优势互补的产业布局。

（吴国健）

【安全生产】　树立“大安全”理念，以“安全年”活动为主线，以“大运行”“大检修”体系建设和十八大政治供电保障为核心，统筹开展安全管理、运维检修、调度运行、科技信息、应急建设等各方面工作，成功应对“7·21”“11·4”特大自然灾害，十八大供电保障实现零闪动，完成全年安全生产任务，安全生产形势总体保持平稳。北京电力全年未发生电网大面积停电事故，未发生误操作事故，未发生重特大设备损坏事故。完成迎峰度夏度冬和防汛任务，完成十八大等重大保电任务201项。公司全面实现政治供电“零闪动”、安全生产“零死亡”目标。连续11年获得北京市交通安全先进单位。全年确立“安全年”督办任务330项，逐项落实责任部门和责任人，分阶段推进任务落实；开展专项督查，将落实情况纳入安全审计。修订公司隐患排查治理实施细则和排查标准；依托日常工作开展隐患排查，初步构建风险与隐患排查联动机制；结合安全生产分析会等工作载体开展隐患评估，制订差异化运行管理措施和保障方案。对6000余名生产人员开展业务技能水平考试，实现生产人员安全准入；成立评估专家组，建设承发包安全管理信息系统，对承发包企业的经营资质、安全管理等11个方面进行综合评估，杜绝不合格企业承揽公司工程项目，实现承发包企业的安全准入。建立外力故障考核机制，加强专业护线管理和电网反外力差异化管控，对重点线路实施环境隐患定点看护和不间断巡视；深化政企、警企合作，加强反外力宣传，推动电力设施保护地方立法工作。按照“国家电网公司大检修体系建设指导意见”梳理现行92项生产管理制度，绘制82项运维检修业务流程，修编53项运维检修规章制度。制订《输变电设备状态检修工作达标评价细则》，编制状态检测项目带电检测现场工作导则，制定带电检测工作年度计划。修订完善输变电设备投产验收规范和管理要求。修订物资抽检目录，对配变等23种物资修改抽检范围及比例；制订配网状态检修推进方案和实施细则；编制印发《输变电设备差异化运行维护管理标准》，采取差异化的运维管理措施，完善管理制度。建立健全事故隐患排查治理的长效机制，开展差异化设计和专项改造等措施。组织运维单位深度参与工程设计、设备采购和建设施工全过程，提前进行隐蔽工程随班验收，执行电气设备交接试验规程和验收规范，实现输变电设备“零缺陷”投运。全年累计消除输变电设备缺陷4346件。完成输变配电设备检测50562件。提升状态评价质量，优化检修策略。加强度夏电网薄弱环节管控；突出运维管理责任，强化检修现场监督检查；将有限运维检修资源优化配置到关键环节和重点部位；下达大修项目（包括运维项目）1421项、技改项目422项、大型技改项目118项。组织实施混网线路中电缆、设备短时停电检修作业；研究探索10千伏电缆线路不停电作业工作方法，规范开展北京地区电缆线路不停电作业。推广应用10千伏电缆OWTS状态检测。实施对电缆接头进行包括OWTS

试验在内的四项关键环节管控；对重要客户和保电客户的外电源电缆实施差异化管理，优先实施状态评价管理措施。完善“无缝隙、无死角”的防汛责任制。修订防汛预案和现场处置方案，组织演练，提升汛期应急处置能力。共安排防汛专项大修项目66项。会同北京市相关部门和单位，推进城市核心区雨水泵站改造和外电源可靠性提升。

（吴国健）

【营销工作】 年内新增用电客户36.11万户，新增容量809.7万千伏安；完成售电量792.06亿千瓦时，500千伏及以下线损率完成6.49%，同比下降0.05个百分点；节约电力6.67万千瓦，节约电量3.36亿千瓦时。开展以“改革创新、开拓进取，推动营销服务工作又好又快发展”为主线的营销系列工作。同步推进营销城乡一体化标准制度体系建设。推进“百日攻坚”和规范报装管理，使增供扩销取得明显成效。开展电费一级账户、拓展缴费渠道、加强计量关键业务环节管控，提高营销基础管理水平。推广热泵项目应用98项，应用面积183.5万平方米；推广电采暖应用增加用电量3.10亿千瓦时；开拓电动汽车充电市场引发增加用电量0.12亿千瓦时。累计受理新增申请容量200.5万千伏安，完成新增接电容量177.58万千伏安，累计结存容量348.98万千伏安，累计消化热点用电需求248.19万千伏安。推动居民阶梯电价政策出台，制定《北京市电力公司居民阶梯电价政策实施方案》。研究并制订有偿供电服务收费项目、标准及管理办法。落实居民峰谷时段调整等销售电价政策，实施购网电价调整、脱硝电价、垃圾焚烧等电价政策。推进电价集约化和信息化，细化购售电预算管理，研究电价变化趋势和特殊电价政策对北京电力经营影响。加强电费回收管理，一级账户的电费资金归集50%左右，通过律师函、诉讼等法律手段实施电费催收62例，成功回收电费649.4万元，获得债权1415.2万元。提高反窃电工作，追补电费和违约使用电费共计4421.57万元。推进智能电能表全过程质量管理，实施贯穿计量设备采购、检定、配送、安装、验收、运行、返修、报废各环节的闭环管理和质量监控。制订《智能电能表安装调试工作规范》《用电信息采集运行维护管理办法》等系列标准规范。安装智能电能表约99.8万具，总采集户数达200.94万户，采集覆盖率达29.56%。全年建成蓄冷空调、地源热泵项目121项，累计增加电量约1.34亿千瓦时；推广应用70万具智能电能表。全年查处违约用电、窃电2309起，追补电量2954.37万千瓦时。运用法律手段，回收欠费275.22万元。推动电动汽车充换电服务网络建设、创新运营模式。建设完成60座充换电站、1080个充电桩。签订电池租赁合同35项和充换电服务合同4项。开工建设集中式换电站4座，分布式充电站16座。选取2万户开展电力光纤到户试点，建成6700户，并配套开展智能小区和电力光纤入户商业运行模式的课题攻关。完成营销稽查监控大厅建设及营销稽查监控系统上线工作，完成稽查业务培训并同期开展稽查工作。实现对营销关键指标、工作质量和服务质量的实时在线监控。

（吴国健）

【科技与信息化】 完善科技创新体系建设，开展科技发展方向顶层设计。形成以电科院、经研院为核心的技术研究体系，形成配网自动化、状态监测、电动汽车等8个重点技术方向和项目储备。开展技术攻关和群众性创新活动，承担的国家级863项目、科技支撑项目和22个省部级科技研究项目有序推进，“政治供电技术研究”取得重大进展，无人机在电网巡线和抗灾抢险中深化应用。在电网零闪动、设备分析与评价、带电检测等专业领域保持国内领先技术水平。加强试验研究能力建设，北京电力与北汽集团、北京理工大学、北京交通大学、北京工业大学、北京信息科技大学6家单位共同组建的“新能源汽车北京实验室”获得北京市认定。“国家能源主动配电网技术研发中心”通过国家能源局认定评审。城市电网仿真、定制电力等实验室建设取得成效。全年取得专利申请380项、专利授权200项。获得国家电网公司科学技术进步一等奖2项，二、三等奖各1项，获得国家电网公司专利技术三等奖1项。推进信息调度能力建设，规范设备台账与运维流程，系统计划停运次数同比减少61%，计划停运时长减少91%，信息系统故障次数同比减少90%，故障时长缩短96%。完成信息化项目74项，电网GIS（气体绝缘开关设备）平台、信息系统等级保护建设与全生命周期安全建设取得阶段性成果。完成十八大信息通信安全保障任务。加强信息通信融合，支撑“三集五大”体系建设，完成105项信息系统适应性调整，获国家电网公司信息化优质项目称号。优化完善一体化信息平台。电网GIS平台、海量实时数据管理平台的研究与应用分别获2012年中国电力行业信息化成果二、三等奖。

（吴国健）

【优质服务】 继续开展“塑文化、强队伍、铸品质”供电服务提升工程和居民用电服务质量提升专项行动。集约10千伏重要客户和重大项目业扩报装业务，为重要客户提供细致全面的差异化服务。强化95598热线服务能力建设，实现电源信息、客户信息“双向追溯”，推广营业窗口视频监控系统，委托第三方监督机构开展客户服务满意度调查。全市售电网点达20760个，基本建成城镇“十分钟交费圈”。将116台自助交费终端引入营业网点，开通招商银行、工商银行网上交费服务。完成22个保障房项目的外电源工程，建成12座轨道交通配套变电站。编制保障房供电方案257份，将北京市下达的年内竣工入住的保障性住房涉及的80项供电工程全部送电到表，惠及居民用户8.85万户。完成2.1万户“煤改电”工程。推进老旧小区配电设施改造，解决并实施71处老旧小区用电问题，惠及百姓6.1万户。推进国家电网首都电力共产党员服务队党建品牌建设，开展“六进三送”（进社区、进机关、进企业、进学校、进医院、进乡村；送亲情服务、送阳光服务、送增值服务）活动。共产党员服务队注册队员已达996名，新建党员服务站105个，服务站累计达244个，“爱心卡”用户达1082个，累计开展便民活动1903次，投入“爱心基金”38.44万元，惠及居民、单位共计35万余户。开展电力交易服务品质提升专项活动。建设面向发电企业的优质服务窗口，开展北京地区发电企业“电力交易服务咨询日”活动，对不同发电企业探索开展个性化、差异化服务。编制发布《北京市电力公司2011社会责任实践报告》，成为首家发布报告的央企在京分支单位。建立品牌建设与新闻宣传业务运转新机制，品牌建设专业进入一体化管理运作阶段。筹建公司社会责任管理典型案例库，评选出北京电力社会责任“十大典型案例”及“十大感人故事”。形成34个业务工种、共90余个场景的社会责任形象展示图片，形成由289张图片组成的服务国家电网公司的履责形象素材库，为国网系统内首创。

（吴国健）

【城区供电】 城区供电公司是北京市电力公司的直属供电企业，共有职工618人，担负着东城、西城两个行政区，93平方公里的供电任务。负责110千伏、35千伏变电站的运行，负责10千伏及以下架空线路、电缆线路、电缆架空混合线路和开闭站、配电室的调度、运行、检修及事故处理；负责辖区内的业扩报装、用电检查、营业电费抄核收及日常杂项营业工作。年内，城区供电公司完成全国“两会”、十八大供电保障等92项政治保电任务，城区共产党员服务队服务社区百姓和特殊群体，开展特色活动495次，受益人群1.9万余人次。城区供电公司全年实现售电量96.65亿千瓦时，城市供电可靠性达到99.9893%。

地址：西城区西直门南小街174号
邮编：100034
电话：63660123

（齐 威）

【境内供电及用电量】 西城供电营业所、宣武供电营业所与黄.寺供电营业所共同负责西城区供电任务。西城区全年售电量51.29亿千瓦时，其中工业电量1.64亿千瓦时，商业电量8.17亿千瓦时，交通用电量3.35亿千瓦时，建筑业电量0.73亿千瓦时，信息传输、计算机服务电量1.71亿千瓦时，金融业用电量14.47亿千瓦时，公共事业及管理组织用电量9.75亿千瓦时，居民电量11.47亿千瓦时。

（齐 威）

自来水供应与管理

【概况】 北京市自来水集团有限责任公司（简称市自来水集团）是北京市政府所属的国有独资公司。主营业务是负责北京市区和部分郊区、县的自来水生产和供应，兼营再生水、部分郊区污水处理、供水工程设计、施工、安装、管网抢修、管件器材、水表制造、供水材料贸易等业务。截至年底，市区日供水能力300万立方米，全年自来水销售量8.31亿立方米，实现营业收入26.68亿元，利润4579万元。完成再生水销售量3750万立方米，污水处理量2619万立方米。水质综合合格率99.99%，管网压力合格率99.90%，管网修漏及时率100%，市区居民自来水普及率100%，实现安全生产无事故。

地址：西城区宣武门西大街甲121号
邮编：100031
电话：66410088

（李云峰）

【供水情况】 圆满完成党的十八大供水服务保障任务，强化组织领导，制定保障工作总体方案，编制管网安全保障手册，逐一开展会场和驻地供水设施、水质隐患排查，优化改造管线，建立逐点对接，加强周边管线24小时不间断巡视，协调武警驻守、看护涉氯场所。更新第八水厂牛栏山水源地水源井。增设管网测压点，消除牛街等水压不利点，以小时为单位追踪水量供需变化，实施精细化调度。协调环卫、绿化等部门错峰合理用水，成功应对285.5万立方米的高日水量。妥善应对“7·21”特大自然灾害，及时启动预案，各级领导靠前指挥，2000余名供水职工坚守岗位，应对个别水厂的供电系统和供水设施故障、输配水管线悬空险情以及个别原水瞬时浊度增加的极端变化，确保了供水安全，集团抢险大队按照市防汛办的指令，及时妥善完成8处积水抢险任务，得到市政府嘉奖。郭公庄水厂工程进入全面施工阶段，第十水厂工程正式开工，第三水厂地表水应急扩建工程及孙河供水站工程有序推进。协助郊区县政府实施门头沟、延庆、通州水厂改造扩建工程，统筹调配市区、郊区供水能力，优化控制用水需求，确保郊区新城供水安全。

（李云峰）

【水质管理】 加强水源在线监测预警设备的维护与管理，动态监测原水水质。密切与石家庄水司、市水文总站的沟通协作，共享河北水源水质数据信息，有效控制工艺与水量调度。首次召开集团工艺运行与水质管理工作会，明确水质保障工作形势及主要任务。修订水质预警指标和出厂水消毒剂余量控制标准，全年水质检验超过120万项次，确保出厂水水质合格。开展微砂沉淀、高密度沉淀池、超滤膜、预臭氧等净水新工艺、新技术的优化运行研究，总结工艺运行特点。加强运行数据分析，逐步摸索工艺适应性，优化运行参数，对运行中出现的问题加以改进和优化，确保各工艺安全稳定运行。优化市区管网水质监测点布局，监测点由243个增至302个。制订突发性污染处置办法，提升现场应急处置能力。做好水质信息公开工作，妥善应对水质问题舆情热点。

（李云峰）

【管网安全】 全面开展管网普查，检查设施设备井。实施天安门广场及周边管网优化工程。配合轨道交通建设等重点工程完成管线改移。全年市区发生管网破损事故首次降到千处以内。市区管网破损隐患检出同比增加19%，管网破损隐患检出率达61%，节水3900万立方米。修订管网抢修、供水服务流程，进一步理顺和明确了工作流程、节点控制和时限要求。9家郊区公司实现与用户呼叫服务系统并网管理。优化抢修站点布局，成立永丰维修所，缩小抢修半径。固化管网应急抢修备勤机制，提高抢修效率。

（李云峰）

【安全生产】 严格执行安全生产责任制，集团内部逐级签订安全稳定责任书。开展“安全生产月”“消防平安三号行动”等活动，强化安全意识。全年常态开展安全检查与自查675次，组织危险化学品（简称危化品）、消防等应急演练112次。在第三水厂试点建立电气模拟操作安全培训基地，加大供水运行岗位培训力度。开展有限空间作业现场监护人员培训和特种作业培训。落实上级“打非治违”工作要求，拆除违章建筑。严格执行危化品“五双”管理制度，强化危化品运输车辆的GPS定位监控，坚持武装押运和看护，实现全年安全运输液氯。修订有限空间作业安全规范，严格执行作业审批和现场交底制度，提升有限空间安全作业水平。安全生产指标顺利完成，未发生各类生产人身伤亡事故，工伤频率控制在2‰以下。

（李云峰）

【对外服务】 开展“金牌服务”创建活动，完善“金牌服务”体系和标准，制订评比奖励办法，开展金牌营业厅和金牌服务员工评比，并进行命名表彰及经验交流。新制订2个岗位和1个单位的“金牌服务”标准，加大“金牌服务”培训力度，初步形成“金牌服务”品牌效应。客户呼叫中心CCCS通过五星级认证。升级报装管理服务系统，强化对客户发展业务92个流程节点的控制。与工商银行、支付宝合作，开发居民水费自动缴费业务。营销系统综合信息管理服务平台开发完成，长辛店分公司与营销管理服务系统实现联网。整理完善总分表对应关系，开展楼房总分差分析研究，完成大水量用户的二次全覆盖抽查和网格普查，查表质量与基础工作进一步提高，连续6年实现当年欠费负增长。

（李云峰）

【境内自来水营销情况】 西城区用户的查表、收费工作，以及相关业务的办理由市自来水集团市区营销分公司负责，公司位于丰台区菜户营天伦北里小区13号。截至年底，西城区计量水表数量505315支，全年区内售水量10021万立方米，其中居民家庭售水量4209万立方米，公共服务售水量5083万立方米，生产运营售水量729万立方米。

（李云峰）

【境内管网维修】 市自来水集团禹通市政工程有限公司西城维修所位于西城区宣武门西大街113号。主要负责西城区的自来水管网抢修、维修及大小口径管线安装工作。年内抢修供水管线发生的明漏198处、暗漏242处；因加大自查力度，暗漏自检达143处，占暗漏总数的59%。完成零活修理2938户，更换故障水表690只，更换闸门231个，更换消火栓62个，解决居民无水、水微问题156处；大小在施安装工程232户，安装长度合计6371米。“两会”期间圆满完成保驾任务，抢修及时。完成规划内的一户一表改造工作，解决老城区居民用水问题。

（吴雨霏）

（责任编辑　沈建平　陈艳）

城市管理

城市环境管理和综合整治

【概况】 北京市西城区城市环境建设管理委员会是区政府统筹城市环境建设发展、环境建设重大项目、督查全区环境建设工作任务实施、协调环境建设重大问题的职能部门。主任由区委副书记、区长王少峰担任，成员部门由区委、区政府相关的委、办、局和15个街道办事处和中央直属机关事务管理局、北京市交通委员会运输管理局等84个部门组成。委员会下设办公室（简称区环境建设办），承担日常工作。3月，区委、区政府研究决定充实西城区城市环境建设委员会办公室力量,将区环境建设办设为常设机构，隶属区委、区政府，由区政府直接管理。机构为正处级班子，按独立处级领导班子进行考核。下设综合协调科、总体策划科、项目管理科、环境秩序科、宣传动员科5个科室。区环境建设办负责组织编制西城区环境建设中长期发展规划及专项规划；组织拟订西城区城市环境建设标准；监督检查西城区城市环境建设委议定事项的落实情况，协调解决工作中遇到的问题，承担西城区城市环境建设委的日常工作。年内，区环境建设工作围绕“一核一带多园区”的产业发展空间布局，整合资源、创新工作，重点落实了老旧小区和居民住宅楼整治、文保区环境景观提升（中南海周边环境整治）、十八大环境保障、环境秩序整治、“三道”（文道、商道、绿道）环境建设、城市环境建设宣传动员等城市环境建设工作任务，西城区城市环境建设水平得到了新的提升。

地址：西城区新街口外大街甲14号

邮编：100088

电话：62036286

（杨桂珍）

【城市环境建设大会】 3月22日，区环境建设办在区政府召开西城区2012年城市环境建设工作大会。区委书记王宁、区长王少峰出席会议并讲话。会议重新调整西城区城市环境建设委员会组成人员，总结西城区2011年城市环境建设工作，部署2012年环境建设工作任务，并对西城区2011年城市环境建设、绿化工作先进单位、个人予以表彰。

（杨桂珍）

【老旧小区和居民住宅楼整治】 区环境建设办从着眼民生入手，实施老小区综合整治、平房区修缮等一系列解决群众身边环境问题的惠民利民工程。副区长吴铁男先后多次调研，了解工作进展情况，现场办公解决实际问题；区环境建设办统筹协调各项环境整治工作的实施，检查督办工程质量，进行严格审核验收。年内，完成27个老旧小区整治工作，开展10个精品小区整治，拆除违法建设1120平方米，粉饰外立面6.55万平方米，修整道路9.4万平方米，完善公共照明146盏；对753个院落的下水管线进行改造和地面硬化，更换786个破损街门；完成51条胡同环境整治工作；更新虎坊路12号楼、小红庙8号楼等8栋楼房的上下水管线；为龙泉胡同等无路灯的胡同安装太阳节能灯326盏；为辖区2000户居民更换室内电线；为38栋老旧楼房实施节能改造；对宣武门外东里1号楼、双槐里2号楼等20栋楼房外装饰检修排险。对三义西里1号、马连道北街1号等20万平方米既有建筑实施节能改造；翻建修缮2650间、4.1万平方米的四类房；综合维修20栋、建筑面积1.1万平方米的囤积简易楼。

（杨桂珍）

【文保区环境景观提升试点工程】 6月，西城区启动文保区（中南海周边）环境景观提升试点工程。区委书记王宁、区长王少峰先后进行调研并提出工作意见；区环境建设办领导现场检查指导工作。经调研，确定辖区“两横四纵”，即西安门大街（文津街）、灵境胡同、南北长街、府右街、西黄城根南街、人民大会堂西侧路等6条重点大街为重点街巷，建筑立面及广告牌匾、市政道路、园林绿化、景观照明、架空线等为重点整治内容。年内，投资5.31亿元，基本完成建筑立面及牌匾标识改造，粉饰外立面3.13万平方米，改造牌匾748平方米。完成府右街西侧450平方米试验段人行步道建设，铺设路缘石186米，铺装石材400平方米。完成府右街绿化项目，占全部工程任务量的20%，绿化面积1264平方米，移植乔木13株，栽植乔木34株、灌木9536株；其余街道绿化因现场拆迁以及土建施工等原因未完工。实施北大医院、灵境胡同景观照明工程，完成铺装管线、试验灯具等项工作。实施西黄城根南街等处架空线入地和景观照明及设施改造。

（杨桂珍）

【北京北站周边环境整治】 落实2012年第7次西城区政府专题会议精神，突出治“差”，全面提升进京第一印象。开展北京北站周边地区环境整治行动，拆除违法建设124间计2306平方米、清运渣土垃圾2340吨；站前广场种植桶栽小乔木38株，摆放花卉5500盆，安装树桶附带休闲坐凳64组计100延长米，小区绿化铺装3万平方米；拆除西环广场凯德商场竖式刀牌广告、连廊下不规范灯箱、大型集约广告牌、主板广告43处，安装高品质连廊下灯箱20个，新建公共导视牌6个；对站前广场及凯德商场前道路进行微循环改造，72延长米道路平均拓宽约3米，新铺沥青路面214平方米，改造人行步道17平方米。京铁房地产小区东南入口拆违清渣后，105延长米道路平均拓宽约7.5米，铺设人行步道65平方米。

（杨桂珍）

【环境秩序整治】 组织开展迎十八大城市环境建设百日集中整治活动。实施“五大行动”，即整治提升行动、环境秩序规范行动、保障添彩行动、地下管线排查治理行动、宣传动员行动。对天安门周边、中央和驻京部队单位、交通枢纽、繁华商业区、旅游文保区、群众生活区等环境脏乱点进行重点整治。年内,共检查督办乱堆乱放、私搭乱建、占道经营等各类环境问题600余件。协调督促各街道和区有关部门开展60个市、区、街挂账脏乱点和环境薄弱地区整治工作,成立以主管副区长为组长的专项治理工作领导小组，积极探索和创新城市环境秩序管理的新途径，试行环境问题告知、专项督查、联合督查、行政问责等“四级督查”制度；全面治“脏”，各街道每半月组织辖区单位和居民开展1次“清洁日”活动；重点治“乱”，采取重点地段重点整治、重点区域跟踪清理的办法，强化“门前三包”执法检查，整治占道经营、店外经营等现象；督查治“反弹”，建立区、街、社区三级重大活动环境保障体系，对每个“脏乱点”和领导专项督办的5条道路车辆乱停乱放情况进行突击检查，对4个部门和15个街道办事处发出19个环境督查通知单，对4大类35个整改不彻底或出现反弹的环境秩序问题进行重点整改督办，取得初步成效，所有挂账脏乱点问题得到了较好解决，完成十八大环境保障工作任务。

（杨桂珍）

【“三道”环境建设工程】 按照“传承文化、改善民生、提升品质、塑造形象”的目标定位，实施永定门至鼓楼中轴路（文道）、积水潭桥至开阳桥（商道）、木樨地至永定门滨河沿线（绿道）景观提升工程。截至年底，“文道”和“商道”建筑立面综合整治通过财政预算评审，完成招投标工作；园林市政建设项目全面开工，完成天桥演艺区施工围挡建设，绿化面积5327平方米，栽植乔木、灌木6.57万株，铺装石材840平方米，铺设管线1400米，外立面粉刷1.77万平方米。

（杨桂珍）

【城市环境建设先进评选】 为推进西城区城市环境建设，提高区域内社会单位、环境志愿团体、家庭等积极投入西城区城市环境建设和绿化美化工作的参与度，西城区根据首都环境建设办“关于开展环境优美居住小区街巷胡同评选工作”的通知精神，依照评选工作方案，年内共评出“首都环境建设先进街道”2个、“首都环境建设先进社区”5个、“北京市环境优美居住小区”3个、“北京市环境优美街巷胡同”4个、“环境建设达标示范大街”5条、“北京市西城区环境建设先进单位”4个、“北京市西城区环境建设先进街道”4个、“北京市西城区环境建设先进社区”10个。

（杨桂珍）

【环境建设宣传】 开展城市环境建设宣传动员工作，采取重点大街设置宣传站、电视节目引导、报刊撰文、制作环境建设专刊、信息编发、走访动员等宣传方式，围绕各阶段区城市环境建设重点工作，对西城区城市环境建设工作进行宣传。特别注重向民众宣传北京精神与城市环境建设之间的内在联系，引导其积极参与城市环境建设，做北京精神的实践者、做西城环境的建设者、做优美家园的维护者。年内，在开展环境总体策划、项目管理、秩序整治各项工作的同时，及时编发信息稿件，报送市区宣传部门，宣传报道西城区城市环境建设工作动态。通过电视、报纸等宣传小广告的社会危害性；动员社会单位、社区、商户共同抵制小广告；组织社会志愿者，开展清除小广告志愿服务活动。整合市民劝导队、垃圾分类指导员、城管监督员和12319、96310志愿参与者等环境建设志愿服务资源，形成相互促进、相互支持，共同服务城市建设的良好氛围。

（杨桂珍）

市政管理

【概况】　北京市西城区市政市容管理委员会（简称区市政市容委）是西城区政府主管全区市政基础设施、公共事业、环境卫生和城市市容综合整治的职能部门，下设18个职能科室。所属事业单位3个（临时），即西城区人民政府节水防汛办公室、市政监察所和西城区个体出租汽车管理站。机关干部75人、工勤人员7人、“5+2”机构借调11人、事业单位人员52人。区市政市容委贯彻执行北京市关于市政基础设施、燃气、供热、市容环境、爱国卫生等方面的地方性法规和规章；研究制定全区市政基础设施、燃气、供热、市容环境、爱国卫生等方面的行政措施，并监督实施；制定相关标准化工作规划、计划，并组织监督实施。负责编制全区市政基础设施、燃气、供热、市容环境、爱国卫生等方面的维护费及城市管理专项经费的年度计划并监督使用。承担全区城市容貌管理责任；负责管理户外广告、牌匾标识、标语、宣传品设置；组织协调落实重点地区、重点街道的景观建设和治理工作；组织协调、管理城市道路公共服务设施设置；负责城市照明管理工作，会同区规划部门编制夜景照明专项规划并组织实施，监督照明设施的维护管理；负责市容环境综合整治工作。负责全区环境卫生的组织管理和监督检查工作；承担生活垃圾清扫、收集、贮存、运输的监督管理责任。承担全区市政基础设施、燃气、供热、市容环境卫生等方面的安全监管责任；负责相关重要设施建设工程质量和安全运行的监督管理；督促行业内重点单位建立安全管理制度和应急预案，落实安全防范措施，消除事故隐患，并在职责权限范围内负责监督检查和依法处理；承担区内城市公共设施事故应急分指挥部的日常工作，负责组织、协调、指导、监督城市公共设施事故的预防和应对工作。承担综合协调、督促落实全区环境建设、环境秩序整治责任。负责全区交通战备办公室工作。负责组织全区的城市防汛抗灾及抢排险工作；制定全区内非居民单位的用水、节约用水计划及管理工作。负责全区个体出租汽车、个体人力三轮车统筹运营管理工作。承办上级机关和区政府交办的其他事项。

地址：西城区北礼士路12号

邮编：100044

电话：88391564

（郭彦博）

【开展夜查遗撒行动】　2月17日晚，区市政市容委协调区城管大队、区交通支队、区环保局、区住建委、区渣土所等单位，分3个组在西城区多条重点路段对渣土运输车辆设卡检查。查处不规范的违规建筑垃圾运输车辆，对使用不规范车辆的运输企业责令限期整改；查处无资质运输企业和不规范运输车辆、对使用的企业和施工单位进行曝光，纳入企业信用登记系统，并对不符合标准的车辆当场查扣并处理。共出动人员43人、执法车12台，立案查处渣土运输违章行为2起，罚款2000元。

（郭彦博）

【错时停车先进单位表彰大会】　3月1日，区市政市容委联合区委社会工委在区文化中心二层多功能厅召开错时停车先进单位表彰大会，对市府大楼、北京丰汇物业公司、什刹海体校、北京普天建德公司、北京普天德胜科技公司、北京光环正信物业公司、北京北灯公司等7家错时停车试点工作先进单位予以表彰，共发放奖励资金70万元。

（郭彦博）

【建筑垃圾“百日专项整治”工作】　3月1日起，西城区集中开展建筑垃圾运输“百日专项整治”行动。3月1日至3月31日，在督导检查组的检查督导下全区共办理渣土消纳许可证132张。4月1日，行政许可审批权限下放到各区县。截至6月15日，按照修改后的行政许可要求，全区发放消纳许可证32张，核发车辆准运许可证557张。3月1日至6月21日，区市政市容委牵头联合各执法部门共开展联合夜查35次，出动检查人员1050人次，发现未按“四统一”（顶灯、车厢盖、车尾部号牌放大样、车门处单位名称）标准的违规运输车辆294车辆，劝返违规车辆100余辆，受罚车辆27辆、罚款4.5万元。按照“四统一”要求，共规范渣土运输车辆243辆。7月9、10日，区市政市容委组织区住建委、西城交通支队、区环保局、区城管大队、区环卫中心、区渣土所和各街道办事处相关人员对活动进行阶段性小结。

（郭彦博）

【组织扫雪铲冰工作】　3月18日凌晨，北京普降中雪，西城区扫雪铲冰指挥部在第一时间向各扫雪铲冰分指挥部下发《启动扫雪铲冰应急预案的通知》。区市政市容委副主任带队对区内主要大街扫雪铲冰工作进行现场检查指导。各扫雪铲冰分指挥部在接到通知后，立即启动应急预案。全区共出动人员5000余人、车辆400余台，动用融雪剂50余吨。12月14日凌晨，北京普降中到大雪，区扫雪铲冰指挥部立即启动扫雪铲冰工作预案，区长王少峰和副区长吴铁男赴一线指挥调度，各街道办事处、环卫中心、城管大队、区交通支队和政府有关部门立即行动，组织开展扫雪铲冰工作。截至12月14日早6点，全区出动专业作业人员5904人，抛撒融雪剂174吨，出动专业车辆729台，出动执法人员526人，发动社会单位600余个，动员社会力量3540余人，出动驻区部队204人。

（郭彦博）

【2012年城市环境建设工作大会】　3月22日，西城区召开2012年城市环境

建设工作大会。区委常委、常务副区长苏东宣读《关于调整北京市西城区城市环境建设委员会、环境保护委员会、绿化工作委员会组成人员的通知》《关于表彰西城区城市环境建设、绿化工作先进单位、个人的决定》。副区长吴铁男总结上年工作，部署年内环境建设任务。国务院机关事务管理局副司长陈占国、首都环境建设办副主任吴亚梅、市环保局副局长冯惠生、区委书记王宁等讲话。区长王少峰主持会议。区委常委、区委办主任郭怀刚，区委常委、区委宣传部长王都伟，区人大副主任俞强，区政协副主席姜立光等出席会议。

（郭彦博）

【防灾减灾日宣传活动】 5月12日，区市政市容委、区园林市政管理中心和万寿公园管理处在万寿公园应急避险指挥中心门前广场举办“弘扬公共安全文化、倡导应急志愿精神、建设安全和谐西城”为主题的防灾减灾日宣传教育活动。在活动现场悬挂防灾减灾宣传横幅，摆放宣传台和展板；向市民发放防灾减灾宣传资料；播放防灾避险和安全度汛的宣传片，介绍应急避难场所内所具备的功能、配套设施及安全度汛的基本常识。此次活动共投入人力60余人次，制作摆放展板10块，悬挂主题横幅1条，发放宣传材料600余份、宣传品300余份。

（郭彦博）

【户外广告和牌匾标识设置整治工作】 5月起，区市政市容委在全区范围内开展以清除影响城市容貌的违规户外广告设施，遏制新生违规户外广告反弹，有效改善部分地区户外广告、牌匾标识设置混乱状况，提升主要大街、重点地区户外广告和牌匾标识整体设置水平为主要内容的清理整治工作。完成556块牌匾标识规范整改、违规户外广告、违规宣传栏、指路牌拆除工作。撤除与北京精神、“卫生城区”无关的标语宣传品569条（处），更换破损褪色条幅、图板235条（处），拆除非法广告宣传栏6块，清理非法指路牌7处。9月26日，区户外广告和牌匾标识设置整治工作通过北京市相关部门组织的验收。

（郭彦博）

【开展行业安全宣传活动】 6月10日是北京市安全生产宣传日，区市政市容委在区文化中心广场开展以“践行北京精神、弘扬安全文化、推进西城安全发展”为主题，以市政市容行业领域安全常识为主要内容的宣传活动，北京市燃气集团一分公司协助举办此次活动。活动制作摆放展板8块，发放《北京市燃气客户服务指南》《预防燃气热水器一氧化碳中毒常识》《液化石油气居民用户须知》《安全度汛常识》等2000余份、宣传品500余份，受众共计1000余人次。

（郭彦博）

【西二环南侧楼体外观夜景照明工程】 7月5日，区市政市容委启动西二环南侧楼体外观夜景照明工程。该工程是迎接十八大的环境综合保障工程，涉及广内、白纸坊、牛街、广外4个街道。工程于9月20日竣工，完成46栋楼体外立面的夜景照明。经验收，基本达到设计要求。

（郭彦博）

【长安街及前三门景观照明工程】 7月中旬，区市政市容委实施长安街、前三门大街景观照明提升工程。施工前向沿街业主宣讲政府相关支持政策，阐明规划设计意图，得到了物业公司及业主方的理解与配合。两项工程均于9月20日竣工。经调试，9月28日正式运行。

（郭彦博）

【煤市街道路两侧配电箱美化改造工程】 8月初，为消减城市道路两侧立地变电箱对周围环境的影响，在前期调研的基础上，区市政市容委选择煤市街为试点，对其道路两侧36个配电箱及灯杆实施美化改造工程。工程主要是对其表面进行清理和装饰，对平面凹凸不平的配电箱，采用干混砂浆方法抹平，再选用新工艺涂料进行涂刷，实现防污染、防小广告粘贴的同时，做到与周围大栅栏文化环境相和谐。工程于9月7日竣工。

（郭彦博）

【市领导调研停车设施建设和停车管理工作】 8月10日，副市长苟仲文率市交通委、市发改委、市财政局、市规划委、市住建委、市交管局、市城管执法局、市交通委运输局及城六区交通委的主管领导到西城区调研停车设施建设和停车管理工作。调研组参观了和平门小区停车设施增量改造运行情况，西四北6条、西四北7条胡同停车自治管理情况。现场调研结束后，调研组到区政府一号楼三层常务会议室召开本市居住区机动车停车设施建设工作会。副区长吴铁男就西城区停车设施建设和停车管理工作情况进行专题汇报。

（郭彦博）

【开展环境脏乱点治理】 8月15日至9月4日，区市政市容委组织协调各部门开展环境脏乱治理工作，保障十八大的顺利召开。拆除琉璃厂西街违法建设24处307.82平方米；开展什刹海地区联合执法行动，处理无照经营464起、占道经营596起、没收小广告7997张，清理堆物堆料及渣土220余吨；开展百盛购物中心周边、动物园周边、真武庙地区、木樨地地区、白云观地区、马连道家乐福及茶城周边、马连道南街、鸭子桥47号周边等重点部位环境秩序整治，治理交通秩序10973次，打击黑车11起，查处人力三轮396起、无照经营1277起；规范门前三包1091起、查处露天烧烤20余起。

（郭彦博）

【垃圾分类主题宣传活动】 8月16日，区市政市容委组织德胜街道和中华环保基金会联合开展“做文明有礼的北京人，小手拉大手，垃圾分类大比拼”周四垃圾减量日主题宣传活动，通过知识竞赛的方式普及垃圾分类常识，德胜街道辖区内23个社区的130余名青少年学生参加活动。比赛的内容为北京市垃圾分类工作的常用知识。比赛安排每个社区挑选1名代表上台，共24人，编成6组进行比赛，分个人必答、小组必答、抢答三轮进行。最终由裕中西里、新康、黄寺西、安北4个社区联合组成的第六组取得总分第一名。

（郭彦博）

【紧急处置污水管线堵塞问题】 8月21日下午，区市政市容委管线科接到广外街道报告：8月20日广外南街6号楼三层居民家中污水淹地面。区市政市容委第一时间到现场勘察情况，经了解核实，此倒灌现象是由于市政道路翻修，找不到排污管道户线井口（原管线图纸标定该井口的位置在高新大厦南侧马路上），导致污水管线无法疏通。如不及时疏通，遇有暴雨等恶劣天气，广外大街4、8、10号楼，广外南街3、5、7号楼的地下室和人防设施都会受到严重影响，存在重大安全隐患。8月22日上午，区市政市容委协调市路政局、广电总局、中国工商银行广外支行等产权单位，相关物业单位，市排水集团四分公司、区环卫中心、鑫宣市政等单位，在事故现场（高新大厦南侧路）召开现场协调会，研究制定具体措施。下午1时，市排水集团和区环卫中心的3台大型抽粪车、大型抽水机和管道冲洗车对管道污水进行导流、降水，冲洗工作，历时4小时，管道污水得到清理，缓解了近两万人的污水排放及倒灌问题。针对此次管线堵塞的原因，安排鑫宣市政进行全面检查，彻底解决。此次抢险共出动车辆8台（环卫四队作业车4辆、排水集团工程车2辆、街道保障用车2辆），工作人员32人。

（郭彦博）

【处置车公庄大街自来水管线破裂事故】 11月20日12时30分，西城区车公庄大街发生一起自来水管线破裂事故，造成1000余户居民断水。事故发生后，区市政市容委迅速启动应急预案，积极协调市自来水集团实施抢修。市自来水集团调集20部抢险车辆和相关设备，出动了50人的专业抢险队伍，经过近5个小时的抢修，成功更换破损管线，恢复了对周边居民的正常生活供水。

（郭彦博）

【西城区市级达标大街创建通过验收】 12月14日，首都环境建设办组织专家组采取实地查验、听取汇报、专家点评的方式对西城区创建的西单北大街、南新华街、虎坊路、西南二环、槐柏树街5条市级重点大街进行达标验收。专家组严格按照《首都城市道路环境建设十条标准》逐一对照检查，原则上通过验收。

（郭彦博）

【通过市级3个专项检查】 12月28日，市市政市容委、市交通委、市水务局对西城区市政市容管理、交通管理、水务工作3个列入政府绩效考核的指标任务进行专项检查，通过听取汇报、查阅资料、实地察访，检查组对西城区这3项工作完成情况表示肯定。区市政市容委列入政府绩效考核的6个指标任务全部完成目标值，5个超过挑战值。其中机动车停车位增长率与居住区停车场建设数超额完成目标值128.5%，挑战值102.8%；市容环境干净指数超额完成目标值102.5%，挑战值100%；城市容貌指数超额完成目标值132%，挑战值117.9%；万元地区生产总值水耗降低率超额完成目标值175%，挑战值105%；用水总量超额完成目标值115.3%，挑战值112.6%；生活垃圾资源化率超额完成目标值101.78%；完成挑战值95.42%。

（郭彦博）

【整治老旧小区停车秩序】 年内，区市政市容委采取多种措施进行小街小巷综合治理，有效推进区域停车秩序管理进程。针对区内老旧小区停车位严重不足，小街小巷道路狭窄，文保区胡同多的状况，实地走访、分类梳理、摸清情况，并根据具体情况制定详尽的解决方案。截至年底，完成广内街道樱桃二条、三条道路规划，施划完成125个停车位，并为居民办理“优惠停车证”；完成展览路地区文兴街、文兴东街、天桥地区的留学路、仁民路、香厂路、板章路、广外莲花河西侧路、国资委周边等14处道路的单行单停方案和居民问卷调查，对具备条件的道路由市交管局施划车位。

（郭彦博）

【城市基础设施建设】 年内，区市政市容委完成五路通北街、大力胡同等59条道路大中修，共铺设沥青混凝土路面17.33万平方米，铺装步道砖6.77万平方米；改造9条38处无障碍道路设施，更换盲道及步道砖9887平方米；改造60条老旧小区胡同道路排水管线，铺设管线1.17万平方米，砌筑雨水检查井550座；整修羊肉胡同、鸭子桥等16处道路积水点，新建管线119.8米，疏通雨水管线91.3米，新建、改造各类雨水井28座；加强道路日常养护管理，完成沥青混凝土路面掘路修复2.58万平方米，人行步道掘路修复1.35万平方米。

（郭彦博）

信息化城市管理

【概况】　西城区城市管理监督指挥中心（简称区城管监督指挥中心）是区政府负责城市管理监督评价与指挥协调工作的正处级行政机构。内设办公室、监督员管理科、信息管理科、指挥调度科、综合协调科等16个职能科室，行政编制90人。主要职责为：负责研究拟定城市管理监督与评价工作，建立科学完善的监督评价体系，有效提升城市精细化管理。负责对全区城市管理全方位、全时段视频监控管理，对出现的问题进行处置指挥、协调和督办。负责各类城市管理信息的整理、分析，对城市管理工作中各有关部门履行城市管理职责的情况进行监督检查。负责领导和管理城市管理监督员队伍，负责城市管理监督员的装备配置、招聘、培训、考核及日常管理。负责组织建立城市运行管理信息化系统；负责组织城市运行管理信息传递系统、处理系统的日常维护与管理，建立城市管理工作电子档案。负责对北京市12345非紧急救助服务中心电话的日常处理；负责对城市服务管理广播、区长信箱等多种渠道的各类群众和企业诉求进行登记、受理和反馈工作。负责承办区政府交办的其他事项。年内，区城管监督指挥中心着力推进重点项目建设，强化数据分析手段，加强城市运行管理决策依据支撑力度，加大科技成果转换应用，开展政务能力年主题实践活动，推进“访民情、听民意、解民难”工作，发挥城市管理监督指挥协调的中枢作用，提高自身建设能力和可持续发展能力。

地址：西城区二龙路27号

邮编：100032

电话：88064954

（史智颖）

【网络融合改造项目】　网络融合改造项目（简称项目）以大栅栏、金融街两个街道为试点，旨在探索提高街道级政府部门的事件处置响应能力，为街道级政府清晰掌握辖区资源提供手段。上年12月项目启动，年内7月建设完成，稳定运行3个月后，10月29日正式通过验收。该项目具有推广新管理模式和信息化系统建设的双重意义，并为同类系统研发提供可直接复制的成果；帮助街道实现辖区内人、地、物、组织等各项资源标准分类管理，在处理辖区社会服务管理、城市管理问题时，可随时查询调用各类资源，减少管理成本，提升服务能力。

（史智颖）

【全响应社会管理指挥中枢项目】　全响应社会管理指挥中枢项目（简称项目）以支撑西城区全响应社会服务管理工作为目标，建设具备社会服务、行政服务、城市管理、社会管理、应急处置五大功能的区级全响应社会服务管理指挥中心。年内，区城管监督指挥中心整合社会服务管理数据资源，对接区行政服务大厅、区应急办数据，完成区民政局社区服务中心数据表结构建设，与区综治办研究确定数据交换项目，初步实现各业务部门与街道平台数据共享。对接项目系统与西城区CA（身份验证）系统，统一全区组织机构目录和用户体系，实现了区行政服务大厅、区民政局社区服务中心、区城管监督指挥中心、区应急办的单点登录。年底注册项目门户框架域名（http://qxy.bjxch.gov.cn），完成云平台部署。

（史智颖）

【城市运行管理分中心平台建设】　年内，区城管监督指挥中心持续推进大栅栏分中心系统平台建设。结合城市管理与社会服务管理内容，依据大栅栏地区的城市管理特点，在上年《大栅栏街道分平台系统建设方案》的基础上，搭建系统框架，建设人流量预警系统，配备指挥中心硬件设施。大栅栏分中心系统平台于10月验收完毕并投入使用。完成德胜、大栅栏、金融街、广内、月坛、什刹海、白纸坊、陶然亭、椿树和广外10个试点街道的城管分平台搭建，并与全响应街道指挥中心进行对接，实现单点登录及数字视频监控。

（史智颖）

【城市运行基础数据库普查】　年内，启动城市运行基础数据库普查。此次普查是2010年区划调整后，第一次大规模补充、更新、完善城市基础数据，包括城市部件数据普查、地址数据库、应急园林环卫安监等部门业务数据、行政区划更新、雨污水管线等13项工作，进一步完善区属部件编码规则、数据字典、在线维护机制及监督员日常巡查机制，保障城市部件数据的现势性和准确性。区城管监督指挥中心严格监控普查进度、质量和安全，年底完成市属、区属部件、道路绿地养护、道路、院落、兴趣点（根据城市特点增加的在局部范围内具有地理标识作用的建筑物，包括各类机构、沿街店铺和单位等）、地形图修补测以及小区内部件等数据普查60%，为全响应指挥中心建设提供支撑。

（史智颖）

【拓展城市运行监测功能】　年内，在上年全区25个雨量计的基础上，陆续增加9个雨量计硬件设备，形成由34个监测点组成雨量监测网络，进一步提高监测精度。在6月25日、7月21日强降雨防汛工作中，雨量监测网络与监控预警系统及时发布了准确的降雨监测信息，为西城区开展防汛应急工作提供了支持。

（史智颖）

【拓宽信息化城市监管范围】　年内，将过街天桥、地下通道纳入信息化城市监管。根据北京市市政市容委《完善环境卫生综合考评工作专题会会议纪要》和《关于完善市容环境卫生综合考评有关工作的通知》，全市把过街天桥、地下通道、3A景区环境卫生纳入各区环境卫生考核。6月1日，区城管监督指挥中心将上述项目纳入西城区信息化城市管理。巡查21家重点旅游景区、40座过街天桥、47座地下通道周边环境和沿线卫生，环境脏乱问题派发区环卫中心处置，设施破损、地面坑槽、积水过深、照明灯损坏等问题派发市级平台处置。将有限空间作业、高空悬吊作业纳入信息化城市监管。9月25日，与区安全监管局联合召开西城区有限空间高处悬吊作业纳入网格化管理工作启动会，针对有限空间违章作业、高处悬吊违章作业监管难问题，共同研究制定业务整合方案。10月，新增安监局分中心系统，配备监督员上报有限空间作业、高处悬吊作业处置流程和查询统计功能。同时组织监督员学习有限空间作业及高处悬吊作业相关知识，讲解案件上报业务及数据传输方法。截至年底，监督员发现并上报有限空间违章作业39件，高处悬吊违章作业48件，将“早发现、重监管、消隐患”落到实处。

（史智颖）

【3G和物联网在城市管理领域的应用】 年内，继续推进“二维码”技术在城市管理领域的应用。将早餐车和报刊亭两类典型城市部件作为切入点开发“城市部件二维码监管系统”，并进行物联网电子标签化；研发基于安卓系统的手机客户端，巡查员扫描二维码后可以图片、录像等多媒体方式记录巡查结果并上报；研发二维码城管公众版服务平台，普通公众无需下载任何软件，通过手机扫描二维码上网即可了解城市部件详细信息，发现问题可投诉举报，为群众参与城市管理提供新途径。推进城市运行实景影像管理平台开发建设。采集街景影像250余公里，胡同影像50余公里，连续全景影像长度约15公里，区内全部教堂、加油站周边全景数据共24处，提供多源实景影像服务，在绿地、道路养护、牌匾管理、案件管理等方面开展功能应用，实现对城市部件、城管案件可视化、可量测的精细化管理。

（史智颖）

【参展第十五届北京国际科技博览会】 5月23日至27日，区城管监督指挥中心作为西城展团的单位代表之一参展第十五届北京科博会。中心以“为辖区群众提供更好的城市管理服务”为出发点，以“精细化智能城市管理”为主题，围绕“科技提升城市管理工作”主线，将实景影像技术、物联网技术、3G无线通信技术相交互，展示智慧城市运行管理的相关研究成果，诠释西城区“建设活力、魅力、和谐的智慧城市”的参展理念。交通运输部部长李盛霖，西城区委书记王宁、区委常委郭怀刚、副区长陈宁等先后参观中心展台。区城管监督指挥中心获“科博会最佳展示奖”。

（史智颖）

【共建大学生实习基地】 大学生实习基地由区城管监督指挥中心和首都经济贸易大学经济与公共管理学院共同建立。6月13日，实习基地授牌仪式暨实习基地座谈会在首都经济贸易大学博纳楼五层会议室举行。区城管监督指挥中心主任海峰、副主任刘宗强等参加仪式。首都经济贸易大学每年暑期选派6名本科生到中心开展为期20天的实习活动，全面参与西城区信息化城市管理工作。基地的建成进一步推进了政府与高校的合作，促进了城市管理专业理论与实践相结合。

（史智颖）

【城市管理联动机制】 年内，区城管监督指挥中心联合区市政市容委组织4次城市管理工作联席会，进一步细化作业标准，明确责任主体，巩固会商机制，加强横向联合，完善协作配合。推进专项工作，共同研究并组织实施城管监督员巡查垃圾分类小区工作；巩固重点工作，通报城市管理工作履职评价情况，回顾总结城市环境整治工作；加强部门协作，继续推进城市管理工作联动机制，整合工作资源，提高工作成效。

（史智颖）

【城市管理履职评价】 年内，依照高标准、精细化、全方位城市管理的总体要求，注重夯实评价工作基础，持续推进城市管理履职评价工作。一是协助配合被评价单位提升履职能力。结合全区“政务能力建设年”活动，强化服务意识，主动与被评价单位沟通了解业务需求，查找存在问题。全年为区城管大队、区住建委、椿树街道、广内街道等单位出具履职评价情况分析报告6次，走访椿树、广外、白纸坊等街道，了解街道工作情况，协助做好信息化城市管理案件办理工作。二是拓展数据利用渠道，丰富数据分析手段，推进满意度数据分析系统建设。在上年研究外部评价数据在GIS系统上展现的可行性、操作性和调研区统计局数据录入系统的基础上，协调系统开发公司加快满意度数据分析系统的研发，实现满意度数据电子化继而形成数据库并以图表形式直观展现。该系统于年内二季度投入使用。三是引入“加权满意度数据分析”提升城市管理满意度调查精度。联合区统计局于二季度开始加权处理城市管理满意度调查结果，将调查选项“非常满意”“比较满意”“基本满意”“不太满意”和“不满意”分别按照100%、80%、60%、30%和0%的权重进行加权处理，沿用满意度数据加权前、后共同分析的方式，探讨数据间的连续性与稳定性。在提升评价精细度的同时，显现出各地区发展现状及日常管理差异。

（史智颖）

【城市管理问题研究】 年内，坚持理论与实践并重、热点与难点并重，完成《提高认识、转变观念、理顺关系，不断提高信息化城市管理工作水平》《精细化雨量监测，确保汛期城市安全稳定运行》和《关于西城区全响应社会服务管理平台建设与运行的思考》等调研课题。5月14日，北京创新学会会长路宁、秘书长申焰与区城管监督指挥中心就《城市管理与社会服务创新关系研究》课题内容进行首次沟通。课题将结合北京市大力发展社会服务和西城区建设“全响应”工作机制的形势，形成对信息化城市管理工作有指导意义调研成果。此次合作是西城区委区政府、北京市社科联主办的“百名社科专家进西城”活动的组成部分，为首都社科事业发展搭建了新的理论研究平台、提供新的实践转化渠道，形成社科专家资源与地方发展“研用相长”的新局面。

（史智颖）

【发挥城管监督员作用】 年内，组织监督员开展3项专项普查工作。一是2月11日至14日开展全区果皮箱普查。此次普查涉及区内各主次干道、街巷胡同、公共绿地配备的各类果皮箱，采用“图物比照、核实增减、更新上报”的普查方式，梳理果皮箱分布状况，确保底数清、权属清、维护保养到位。经统计核实，全区新增果皮箱635个，删减果皮箱450个，实有数量3925个。二是5月开展垃圾分类小区垃圾桶和公式牌普查。出动监督员180人次，统计西城区195个已实施垃圾分类小区配备垃圾收容设施、垃圾分类公示牌情况。共上报垃圾分类桶（站）1114处、垃圾分类公示牌81个，为建立“垃圾分类小区”部件图层打下基础。三是5月至6月开展西城区井盖普查，杜绝事故隐患。共检查井盖76654个，其中有损井盖46个，并督促权属单位进行了处理。此次普查摸清了全区井盖部件的数量、点位等，掌握了井盖权责单位情况。

（史智颖）

【直属督察队工作】 年内，直属督察队以组织环境保障监督为重点，以全面开展文明城区、卫生城区复检工作为主线，继续深化二级督查网络建设。一是监督检查全区监督队工作，共开展现场检查105次、系统检查534次、检查监督员累计4.3万余人次；二是监督检查环境秩序状况225次；三是对监督员5次核查未通过案件进行再核查124件；四是指导二级督查网络督察员检查街巷16765条次、重点地区6155次，发现问题5912件，其中监督员已上报3921件、督促监督员上报1968件、自行解决23件。

（史智颖）

【城市管理问题情况通报】 年内，撰写《典型案例》2期，其中《加强城市牌匾标识规范管理的思考》得到副区长吴铁男批示，城市牌匾标识管理被列为2013年重点工作。为落实区政府第13次常务会“进一步加强城市环境综合治理力度”的工作要求，5月1日，区城管监督指挥中心建立城市环境综合治理周报制度。全年编撰《城市环境综合治理周报》32期，全面收集反映各街道综合执法情况，使区领导及时了解各街道执法小分队工作，为各街道提供学习交流平台。

（史智颖）

【城市管理案件业务办理】 年内，坚持以建立健全城市管理联动及长效机制为核心，主动做好部门融合工作，统一工作标准，进一步提高城市信息化管理水平。全年中心共受理各项城市管理问题信息284784件，其中立案283215件，立案率99.45%，结案279769件，结案率98.78%；共派遣城市管理问题信息205969件，各部门处理完成204672件，其中紧急案件416件；协调处理疑难案件296件，督办多次核查未通过案件81件。

（史智颖）

国土资源管理

【概况】 北京市国土资源局西城分局（简称市国土局西城分局）是北京市国土资源局（简称市国土局）设在西城区负责本行政区域内土地与矿产资源行政管理的派出机构，下设办公室、综合科、地籍科、国土资源利用科、重点工程科、财务科、政工科、执法监察科、纪检监察科9个职能科室和北京市西城区土地权属登记事务中心、北京市西城区土地利用事务中心、北京市土地整理储备中心西城区分中心、北京市土地整理储备中心金融街分中心4个事业单位。在职人员81人。年内，推进月坛南街、大栅栏C1C2地块3个项目成功入市，全面摸清辖区可利用土地资源底数，完成德胜科技园区土地集约利用更新调查，深化土地登记规范化工作，完成《西城区土地储备和征收工作调研》等多项调研，开展“6·25”土地日等执法宣传活动，推进廉政风险防控“三个体系”建设。节约集约用地成效获国土资源部肯定，西城区被授予首届国土资源节约集约模范县（市）荣誉称号；正式挂牌全国首个“国土资源地籍管理和土地集约节约利用国际合作示范基地”；获市“2012年度土地登记规范化建设先进单位”等荣誉称号。

地址：西城区北滨河路9号
邮编：100055
电话：68020198

（季　美）

【节约集约模范县（市）创建活动】 2月14日，西城区被国土资源部授予首届国土资源节约集约模范县市荣誉称号，《人民日报》刊登西城区国土资源节约集约专刊，副区长李岩作为模范集体代表，受到国务院副总理李克强接见。

（季　美）

【中瑞地籍管理教育培训团来访】 4月24日，中国—瑞典地籍管理教育培训代表团一行40人来访交流地籍管理工作。中国土地勘测规划院副院长高平、市国土局副局长谢俊奇参加，市国土局西城分局接待。市国土局介绍北京市地籍管理工作，市国土局西城分局介绍西城区域概况、地籍管理和土地登记工作，双方交流探讨了各自工作方法和业务问题。

（季　美）

【测绘控制点维护】　4月，在全市率先启动测绘控制点维护工作。深入德胜、什刹海、西长安街街道实地检查控制点维护情况，检验项目阶段性成果，重点核实土地利用现状变化较大区域，掌握一手土地利用现势资料，为日常地籍工作提供数据支持。全年共完成7个街道任务。

（邢思铭）

【区域行政界线核查】　4月，现场踏勘西城行政区划边界界碑、周边控制点，明确新西城行政界线，确保调查数据应用现势性。

（邢思铭）

【OA办公系统深化应用】　5月17日，综合监管平台——OA办公系统试运行。8月23日，总结试运行情况，加强系统培训，全面实现无纸化单轨运行，在全市国土系统率先实现内部事务管理无纸化办公。

（季　美）

【廉政风险防控“三个体系”建设】　5月，启动国土资源系统权力结构科学化配置、权力运行规范化监督、廉政风险信息化防控“三个体系”建设。围绕行政许可、服务等外部事项和财务管理、领导班子权力公开等内部事项，梳理涉权事项74项，查找廉政风险点177个，制定防控措施219条，在区行政权力运行公开透明网公开31个行政许可、服务事项，接受社会监督。

（饶　松）

【土地储备开发情况】　6月4日，大栅栏煤市街以东C1C2地块邀请招标入市，约2公顷，成交价款10.19亿元，政府收益1.85亿元；9月24日，月坛南街地块三商业金融用地和体育用地招标入市，约1.62公顷，成交价款34.25亿元，政府收益8.68亿元；9月28日，月坛南街地块二商业金融用地招标入市，约1.85公顷，成交价款29.5亿元，政府收益10.95亿元。3个项目实现供地面积共约5.47公顷，成交价款73.93亿元，政府收益21.48亿元。完成开发未实现供应项目1个，为西单东南D西项目，约0.3公顷。其它项目处于一级开发实施阶段。全年实际完成投资约23.61亿元，为计划投资比例的2.36倍。

（季　美）

【土地供应计划编制】　9月，编制西城区2013年度土地供应计划，共申报建设项目17个，约13.29公顷。其中交通运输用地5宗，约6.97公顷；公共管理与公共设施用地9宗，约5.32公顷；商服用地2宗，约0.88公顷；特殊用地1宗，约0.12公顷。

（郭　冰）

【土地集约利用更新调查】　9月，完成德胜科技园853.51公顷土地集约利用更新调查，为园区扩区提供土地资源基础数据和详实资料。共核实数据库中4261块图斑的用地结构、供应状况、建设情况、效益等基础信息81项，调查400多家企业的落地情况，收集10家典型企业的基本情况、投入、产出、用地和建设情况23项基础数据，收集81家抽样企业的基本情况、投入、产出、用地和建设情况21项基础数据。

（季　美）

【国土资源国际合作示范基地挂牌】　10月25日，作为全国首个试点单位，正式挂牌“国土资源地籍管理和土地集约节约利用国际合作示范基地”，国土资源部科技与国际合作司副司长孙宝亮与市国土局副局长谢俊奇共同授牌。

（季　美）

【土地储备开发计划编制】　11月，编制西城区2013年度土地储备开发计划。共申报建设项目22个，约69.71公顷。其中结转项目18个，约58.46公顷；新增项目4个，约11.25公顷。计划完成开发项目5个，约8.51公顷；计划供应经营性用地项目6个，约8.76公顷。

（胡　园）

【土地储备开发项目监管】　年内，加强西城区34个土地一级开发、25个“城中村”环境整治项目月监管。建立区土地储备开发数据库和“城中村”基础信息资料库，梳理项目信息、进展情况及存在困难；广安联储一期项目纳入金融街拓展范围，拆迁工作完成78%，配合调整实施方案；筹划159中学、月坛体育场—建工学院项目土地收储；华嘉土地储备项目拆迁工作完成73%；完成手帕口南街64号项目授权延期；推进庄胜二期H、J、K、L地块一级开发；推动西便门内大街东西两侧、南菜园街72号等历史遗留项目收储进展；做好西长安街拓宽、919工程后续收尾及629工程的配合工作。

（季　美）

【保障房土地储备及建设供地】　年内，参与西城区旧城保护定向安置房用地项目工作，协调昌平回龙观一、二期和房山长阳7号地保障房土地储备及建设供地，确保工程进度，推进保障房建设顺利开展。

（季　美）

【建设项目用地预审】　年内，西城区40个建设项目通过用地预审，约72.71公顷。其中公共管理与公共服务用地13宗，约4.13公顷；商服用地6宗，约12.82公顷；交通运输用地13宗，约16.59公顷；住宅用地5宗，约34.38公顷；储备用地2宗，约4.67公顷；特殊用地（宗教）1宗，约0.12公顷。

（郭　冰）

【国有土地使用权划拨】　年内，办理国有建设用地使用权划拨供地方案2件，1.75公顷。其中公共设施用地1件，0.44公顷，办理划拨决定书；城市道路用地1件，1.31公顷。划拨用地审批2件，1.37公顷。其中市政公用设施用地1件，0.44公顷；科教用地1件，0.93公顷。

（郭　冰）

【土地供应情况】　年内，实现供地项目7个，7.64公顷。其中公共管理与公共服务用地3宗，约1.89公顷；住宅用地1宗，约0.28公顷；商服用地3宗，约5.47公顷。

（郭　冰）

【涉嫌出让闲置项目梳理】　年内，梳理涉嫌出让闲置项目42宗，约67.58公顷，涉及30家开发单位。其中已完工项目8个，约9.62公顷；已开工项目10个，约20.16公顷；预开工项目3个，约3.66公顷；仍不具备开工条件项目21个，约34.14公顷。建立土地批后监管动态台账，了解项目进展、存在问题，提出处置意见，推动21宗地启动开工建设。

（史玉琴）

【划拨闲置待认定项目梳理】　年内，梳理划拨闲置待认定项目11宗，约39.88公顷。其中已完工项目3个，约15.15公顷，分别为南横东街、右内大街和马连道1号地项目；预开工项目3个，约10.55公顷，分别为前门西河沿街、北纬路和太平桥项目；未开工项目5个，约14.18公顷，分别为大安澜营胡同、厂甸胡同、延寿街、韩家胡同和吴家桥项目。

（史玉琴）

【土地权属登记】　年内，办理各类国有土地使用权登记839件。其中国有土地使用权初始、变更登记460件，他项权利登记379件。主动服务在京中央单位，受理央产、军产、保密产土地登记17件；先易后难分批办理市电力公司土地登记，发放全市首宗电力公司国有土地使用证；专题研讨解决文保区重点项目土地登记难题；高效推进金融街西拓、和平门中学等项目的权属审查和土地登记；办理土地权属争议调解、裁决案件3件，全部胜诉。

（季　美）

【地籍管理数据应用深化】　年内，深化第二次全国土地调查数据应用，为金融街区域楼宇调研、区教育基础设施专项规划、区军事设施重新划定申报等工作提供数据支持。

（王　峥）

【政府信息公开】　年内，通过网站、行政服务大厅、大众媒体等途径，主动公开、更新政府信息2304条。受理依申请政府信息公开346件，办结率100%，申请内容主要包括土地权属、抵押、查封等土地登记类信息和土地预审类信息。其中土地权属信息330件，占依申请政府信息公开总数的95.4%。在全市率先主动公开历史土地登记结果，逐周更新公开新增登记结果，满足公众需要。

（季　美）

【土地执法宣传活动】　年内，开展“4·22”地球日、“6·25”土地日、“12·4”法制日等执法宣传，开展“六五”普法宣传活动，宣传国土法规政策，发放宣传资料4000余份、宣传品1500余个。

（郝占立）

【调查研究】　年内，全面调查辖区闲置地、一级开发项目、“城中村”项目、地铁周边用地情况，摸清可利用土地资源底数，为提升区域空间承载力提供准确数据支撑；配合国土资源部完成《北京市地上地下土地空间权利研究》，代拟确权登记意见，为相关政策出台提供参考；《浅谈城镇共有土地使用权分摊问题》被《北京土地》刊登；开展西城区土地储备和征收工作调研、划拨土地改变用途问题研究等调研。

（季　美）

房屋行政管理

【概况】　北京市西城区房屋管理局（简称区房管局）是西城区房屋行政管理和住房制度改革工作的行政机构。年内，区房管局认真学习贯彻党的十八大精神，坚持服从和服务于全区区域发展，围绕建设“活力、魅力、和谐”新西城的目标，以政务建设年活动为契机，扎实履行房屋管理的行政职能，重点工作取得积极进展，民生需求得到有效保障，行政监管进一步加强，整体工作实现稳中有进。区房管局公开政府信息59条，按时办结政府信息公开申请140件，接待政府信息公开类咨询500余人次。被评为全国房屋交易与房屋登记规范化管理先进单位和市住建委房屋交易和权属登记规范化管理先进单位。

地址：西城区西安门大街115号

邮编：100034

电话：66175570

（李　冉）

【房屋征收（拆迁）】　年内，启动房屋征收项目9项，征收居民1416户，与1791户居民达成协议，协议比例达83%。其中西黄城根南街道路微循环、三角地绿化和西长安街街道办事处社区综合服务中心项目于8月26日启动，共征收居民158户，与143户居民达成协议。十七部委联建办三里河三区旧城改建项目征收居民474户，与366户居民达成协议。国家发改委三里河一区E区旧城改建项目征收居民153户，与105户居民达成协议。北京市电力公司菜市口220千瓦输变电站项目、国家保密局东绒线49号院北院项目逐步推进中。北纬路、槐柏树后街、北新华街3个市政道路均张贴暂停公告，制定征收补偿方案。实验二小王府校区西扩工程完成公益性质论证。在征收工作实践中逐步摸索创新，建立了公共利益论证会和风险评估论证会两个制度，通过调查走访，开展风险评估，提前制定化解方案和措施，会同各相关部门共同分析论证，确保征收工作顺利进行。通过明确征收补偿方案制定和评估机构选定两大程序，最大限度地取得居民的理解与支持，征收工作稳步推进。加大拆迁遗留项目收尾工作力度，完成国管局办公用房、国二招周边环境整治、南礼士路46号院危改、右内28号院危改、金融街E2、月坛南街金融中心土地一级开发、官园危改市政代征路7个项目和宣武医院主楼楼座范围的拆迁工作。中央警卫局81号工程四期、35中迁建、丰盛四期道路、丰盛C区、广安联储一期A地块、大栅栏CH地块一级开发、地铁7号线等项目进入拆迁收尾阶段。

（李　冉）

【征收（拆迁）工地监管】 年内，加强征收（拆迁）项目现场管理，加大安全管理和扬尘治理的力度。做好征收（拆迁）工地防汛、成套楼冬季供暖工作。向全区各在施征收（拆迁）工地的建设单位、拆迁单位、拆除单位下发《关于加强汛期拆迁工地房屋安全工作的通知》（简称《通知》），要求各单位填报《拆迁工地汛前查房登记表》，将工作机构、委托协议、排查情况、防汛抢险排危预案以书面形式备案。进入汛期后，组织工作人员对全区各在施征收（拆迁）工地开展抽查工作，督促各征收（拆迁）工地及时修护危险房屋。对于个别问题较集中的项目，召集建设单位就汛期房屋维修工作召开专题会议，要求其按照《通知》精神履行相关职责。进入供暖季后，向全区涉及成套楼征收（拆迁）的工地下发《关于做好成套楼拆迁工地冬季供暖工作的通知》，成立冬季供暖工作领导小组，开展对居民供暖、用电、用气、用水设施的检查，消除安全隐患。研究制定各项目成套楼拆迁冬季供暖问题解决方案，建立健全供暖应急预案，保障被征收（拆迁）居民温暖过冬。

（李　冉）

【住房保障配租配售】 年内，实施区关于“出租型”（公租房、廉租房）、“出售型”（经适房、限价商品房）保障房管理方案，长效管理机制逐步建立。严把资格审核关，截至年底，4284户新增备案家庭纳入住房保障范围。积极筹措房源，全年组织4次摇号和配租配售工作，解决了8739户已备案轮候家庭的住房困难问题。廉租房租金补贴家庭新签573户，续签3537户，发放廉租房租金补贴3987.242万元。严格落实保障房家庭资格复核制度，终止超出准入标准家庭898户，其中廉租房206户、经济适用住房394户、限价商品住房284户、公共租赁住房14户。通过区住房保障工作领导小组联席会议的方式研讨部分特殊申请家庭的实际情况及解决方案，解决了部分特殊困难家庭的住房困难问题。组织区相关单位研究拟定《西城区外省市来京人员申请、审核及配租公共租赁住房暂行办法》并经区政府专题会议原则通过。

（李　冉）

【商品房预售管理】 年内，坚持商品房价格监测、约谈制度和商品房预售许可、现房销售三审制度。通过对拟售项目价格监测表的数据进行分析，参照项目周边价格及前期价格等因素，引导新建商品房项目合理定价；坚持商品房预售和现售三审制度，严格把关，重点审查拟售均价，有效控制商品房房价上涨速度。年内，共约谈开发企业4家，办理预售许可3件、现房销售48件，引导3个项目下调申报价格。

（李　冉）

【房地产开发企业监管】 年内，对开发企业无证售房、虚报销售进度、捂盘惜售等违规行为进行查处，对开发项目的售楼处进行检查，督促销售公司按规定公示项目情况及销售人员情况，对销售公司的网上认购和合同管理进行检查，共检查开发企业12家65次。

（李　冉）

【房地产经纪机构监管】 年内，办理房地产经纪机构各项备案334起；对辖区内的283家经纪机构进行了305次现场检查，受理并调解开发企业投诉24件，经纪机构投诉415件。健全多部门联动监管机制，和西城工商分局共同签订《推动房地产经纪市场健康发展协作书》，发布房地产经纪行业预警提示信息。通过对小区内大型连锁机构和投诉量大的机构开展联合执法，以从事违规租赁代理、打隔断群租为经营模式的瑞祥房地产经纪公司停止了在辖区的经营行为。加大监管信息对外公示力度。通过市住建委网站将沃居、明润置地两家机构的违规行为记入信用档案警示信息，并通过媒体向社会公开发布。针对房屋租赁投诉量大的情况，与区工商分局在城市管理广播“消费直通车”栏目录制“科学租房三步走”节目。

（李　冉）

【房屋安全管理】 年内，落实房屋防汛各项保障措施，完成私有房屋安全检查63.78万平方米，单位自管产、物业管理房屋安全检查4059.85万平方米，向私有房屋产权人下发《致居民的一封信》3500余份，向自管房单位、物业管理单位下发《关于做好汛期房屋安全管理工作的通知》1200余份，在新闻媒体刊登《西城区房屋管理局关于房屋防汛的公告》，加强房屋防汛宣传力度。汛期，根据天气状况合理调配防汛值守力量，做好雨中雨后巡查，共出动查房人员2164人次，检查私有或单位自管房屋5000余间次，处理各类险情550余起，解危修缮房屋89处，经受住“7·21”特大雨情考验，实现“少塌房、不死人、少损失”的年度防汛目标。做好区房屋抗震节能等重点工程前期准备工作，向市抗震节能综合改造领导小组办公室上报需鉴定清册4批，涉及房屋1181处339万平方米。引导产权单位、物业公司发挥房屋装修拆改结构投诉的处置作用，有效制止违规行为。

（李　冉）

【标准租私房腾退】 年内，突破固有思路，对剩余标准租私房家庭分门别类、制定方案、采取房源安置等有效措施，解决了11户家庭的腾退问题。

（李　冉）

【房产登记发证管理】　年内，按照住建部《房地产登记技术规程》要求，及时调整房屋登记工作程序，科学设置工作岗位，窗口业务分类更加合理。加强登记业务审核工作，审核类业务全都由登记官承担，有效规避登记风险。加强登记人员政策、业务培训力度，全局45名登记工作人员通过考试取得住建部房屋登记官合格证书，占总登记人员的68%。开辟绿色通道、提供上门服务，落实便民措施。全年共办理房屋登记37481件，其中初始登记47件、转移登记20382件、房屋他项权利登记12030件、其他类登记5069件。办理法院协助执行房产查解封808起，协助办理房产执行过户281件。

（李　冉）

【物业管理】　年内，完成物业企业资质变更登记、核查，全面掌握全区物业企业和管理项目的基本信息，初步实现对物业企业和管理项目的动态监管。指导全区500余个物业项目开展物业服务质量年活动，18个物业项目获得北京市和全国物业管理示范项目称号。编印《物业管理文件汇编》。邀请市住建委专家对全区街道办事处分管领导和相关工作人员进行专题培训，提升街道办事处指导业主大会、业主委员会成立、运作和协调处理物业项目交接纠纷的能力。配合街道办事处指导3个物业小区完成业主委员会组建工作。

（李　冉）

【普通地下室租赁登记备案】　年内，共办理非居住性质房屋租赁登记备案68件，均为自行成交备案件，建筑面积85002平方米，月平均租金每平方米129元。其中作为办公用途使用的房屋租赁备案57件，备案建筑面积64924平方米，月平均租金为每平方米87元；作为商业营业用途使用的11件，建筑面积20078平方米，月平均租金为每平方米156元。

（李　冉）

【普通地下室使用登记备案】　年内，根据新修订的市政府152号规定，全区重新办理普通地下室使用登记备案共25件。其中作为生产经营类的普通地下室使用共20件，建筑面积15.80万平方米；作为办公教学类普通地下室使用共3件，建筑面积1.5万平方米；作为其他用途的普通地下室使用共2件，建筑面积1500平方米。

（李　冉）

【普通地下室安全监管】　年内，开展普通地下室安全生产“护航行动”、全区普通地下室综合整治、“十八大安保”安全隐患排查等一系列整治活动，同时配合全区“打非治违”行动，全面部署开展全区普通地下室“打非治违”工作。强化部门间执法联动，共出动检查人员9242人次，发限期整改通知书562份次，约谈相关单位负责人25人，全区2712处普通地下室检查覆盖率达100%。重新办理普通地下室登记备案25件，召开普通地下室产权管理责任人会议5次。新的房屋租赁网上登记备案管理系统与地税系统登记备案的单位、企业及有关个人的租赁记录实现全面共享。

（李　冉）

【房改售房和工作】　年内，核准房改售房单位共138家，累计售出住宅1932套。办理房改调房单位共39家，累计调整住宅201套。完成区属相关企业房改售房批复10项。

（李　冉）

【售房款和专项维修资金支取工作】　年内，审批4家单位使用售房款283.11万元，审批9家单位支取使用售后公有住房住宅专项维修资金189.18万元。

（李　冉）

【矛盾纠纷排查调处】　年内，深入推进房屋管理领域“全响应”服务管理创新工作，把人大建议政协提案办理工作作为“访民情、听民意、解民难”的有效抓手，全年共办理建议提案29件，办理工作满意率继续保持100%。稳妥处理经租产、文革产、代管产、献产等与落实私房政策相关的原产权人或其亲属集中要求查询有关房屋权属信息的问题，共计520户，涉及门牌1226处。落实领导接访和包案制度，加大信访调处和陈年积案化解力度，牛街东、西里和新街口西里二区居民办理产权证的难题取得突破，立恒名苑5个小区（大厦）长期欠缴电费和枣林前街119号楼电梯的更新改造问题得到妥善解决，佘家胡同16号等4件标私信访难题得到妥善处置。全年累计接待群众来访924批2130人次，办理来信2488件，做到事事有答复，件件有结果，处理率、回复率达100%。

（李　冉）

区房屋土地经营管理中心

【概况】　北京市西城区房屋土地经营管理中心（简称区房地中心）属于区政府自收自支的事业单位。根据区划调整有关文件精神，经区编委会审议通过，2012年将区房地中心重新调整设置，机关11个部室：办公室、资产经营部、危改征收部、物业管理部、工程部、党委工作部、工会委员会、人力资源部、计划财务部、信息法务部、监察室，定编60人。下属20个基层单位：7个房管所、兴地分中心、供暖管理所、物业管理中心、房地产交易所、房地产测绘一所、晟佳分中心、修建队、建设拆迁所、职工学校、房屋安全鉴定一站、房屋修建行业劳动力调剂服务中心、水电工程队、房地产价格评估所。年内，区房地中心以规范服务程序、提高服务质量为抓手，完成各项为民办实事工程和区委区政府交办的重点工作任务。项目包括平房修缮改造工程，楼房综合改造和节能保温工程、灵境小区综合改造工程，展览路4号楼抗震节能综合改造工程等。完成东绒线胡同49号北院项目施工红线内全部征收工作，启动西黄城根南街建设整治工程征收项目，启动实验二小周边建设用地疏解项目。

地址：西城区平安里西大街10号

邮编：100035

电话：66168099

（崔　蕊）

【所属事业单位机构调整设置】 西长安街管理所、金融街管理所、新街口管理所、德胜管理所、什刹海管理所、展览路管理所、月坛管理所负责管辖区域内房屋的安全、装饰装修，公房产权产籍管理，房屋及其设备修缮和房屋供暖。兴地分中心负责所辖商品房的预售，房地产租赁、登记备案，房地产交易服务、房地产咨询，房地产拍卖，房地产展览。供暖管理所负责全区直管、托管、代管住宅楼的供暖、设备检修、收费和锅炉安装工作。物业管理中心负责管辖公房的物业管理，房屋租赁产权户籍的管理，政策宣传，房屋修缮等工作。房地产交易所受委托进行房地产的咨询、评估、置换、信息收集发布、展示展览。房地产测绘一所受委托进行房地产的测绘、房屋面积核算、测绘成果利用。晟佳分中心负责所管辖房屋的安全、装饰装修、产籍等管理工作和房屋及其设备的维护修缮、供暖工作。修建队受委托对12层或25米以下房屋及高50米以下水塔、烟囱的修缮和建筑工作。建设拆迁所接受征收拆迁人的委托对被征收拆迁人进行安置补偿，处理征地范围内的地上物。职工学校负责职工素质教育和专业技术培训，对土建、房地产、物业管理、计算机等相关专业进行培训。房屋安全鉴定一站受委托进行房屋安全鉴定，提出危房处理意见。房屋修建行业劳动力调剂服务中心负责房地产及建筑业职业信息咨询，组织劳务输出与输入；受相关单位委托组织职业技能培训。水电工程队负责水、暖气、电气设备安装，直管公房供暖管理和代管服务。房地产价格评估所受委托进行房地产咨询、评估、城镇基准地价评估、出让宗地评估、标定地价评估、转让地价评估、抵押地价评估、征收地价评估、企业兼并与股份制改造土地资产测算、地产招标与拍卖地价评估、房地产信息服务等工作。

（崔　蕊）

【直管公房经营管理】 区房地中心共管理直管公房113.13万平方米，房改售房面积50余万平方米，物业管理房屋142.2万平方米。年内，完成245件直管公有住宅承租人变更手续审批，对600余处经营性房产的租赁手续进行审批备案。进一步完善监管程序，全年完成房产经营合同审批121件，使自有房产经济发挥最大效益并且有效的降低了房产经营风险。严格执行房改售房政策，年内累计完成200户居民的售房工作。建立中心物业管理信息系统，建立健全物业管理基础资料。在上年接管宋家庄保障房项目的基础上，年内接管保利家园、北辰福地及团河等保障房项目，累计达1200余户。组织所属物业管理单位人员进行专业培训。完成2012年租金收缴任务，完成租金定收指标的117%，租金收缴率达95.85%。

（崔　蕊）

【直管公房安全度汛】 区房地中心全面检查辖区内房屋，确保直管公房在汛期的住用安全，共检查直管公房平房82.64万平方米、楼房94.25万平方米、私房28641间。根据查房情况，制定维修计划，按照修缮标准对四类房进行解危及抢修加固。在“7·21”特大降雨后，区房地中心紧急启动房屋巡查，对管辖房屋进行排查，对因降雨造成的危险隐患及时抢险加固。成立10支防汛抢险队伍，应急抢险人员达300余人。汛期共接报险电话1325个，出动抢险人员2216人次，苫盖漏雨房屋1105间，排除积水、疏通下水197处。明确应急避难场所和各类防汛抢险物资的储备地点，第一时间组织数台抽水设备支援房山区抗灾。

（崔　蕊）

【供暖工作】 区房地中心为改善辖区内锅炉和外网管线设备老化、临近使用年限的情况，改造锅炉房6处，更换锅炉6台；铺设内外网管线8442米，电设备改造16台、水泵26台、交换器6台、软水器4套、水箱7座、烟囱消音器2架；修建表井19处，安装户表20块。按照全市统一规定，供暖管理所辖区内的33个锅炉房、6个热力站提前点火，保障了供暖工作顺利展开。居民室温合格率达99.8%，维修及时率100%，居民群众对供暖工作的满意率达99.8%。

（崔　蕊）

【拆迁征收工作】 年内，完成东绒线胡同49号北院项目施工红线内全部征收工作。启动西黄城根南街建设整治工程征收项目、南闹市口消防站建设用地拆迁项目、天主教若瑟修女院腾退项目、羊肉胡同49号院腾退项目，重新启动中办警卫局81号四期拆迁收尾工作。启动拔除危楼19处23栋，其中续开项目10处12栋，新开项目9处11栋。年内新开项目中启动2处2栋，另有7处9栋未启动，年内共疏解57户。

（崔　蕊）

【平房整治修缮工程】 年内，完成四类房翻建修缮2650间4.1万平方米，受益居民1694户，确保了居民汛期安全。完成753个平房院下水管线改造和地面硬化工程，解决了管线堵塞和雨天积水问题。更换786个破损街门，从局部入手改善平房区居民生活环境。对东松树胡同、阜内大街、西四北三条、西四北四条、定阜大街5条街巷实施街景整治，有效提升了该区域整体环境水平。

（崔　蕊）

【楼房综合改造工程】 年内，完成87栋老旧楼房的综合维修，工程项目包括：内墙粉刷、塑钢窗更换、上下水更新、楼梯扶手更新、消防设施改造等。完成65栋老旧楼房节能改造，环保效果和居住条件改善效果明显。完成20栋简易楼的综合维修，在保障简易楼居民住用安全的同时，着力解决居住环境问题。

（崔　蕊）

【灵境小区综合改造工程】 项目包括对小区内11栋楼房进行外墙节能保温工程，安装热计量表989块；更换塑钢窗6193平方米；规范护栏1158个；新做隐蔽性空调外机护罩1359个；新增盲道510米，新做无障碍设施20个；增加太阳能照明灯9个，更新信报箱927个等。通过增设空调冷凝水收集再利用系统，院内小市政雨水并入市政管线，架空线入地等改造工程，达到现代城市管理的标准。改造后增加小区绿化面积1100平方米，增加停车位近50个。

（崔 蕊）

【展览路4号楼抗震节能综合改造工程】 年内，启动涉及居民81户、建筑面积5598平方米的抗震节能综合改造工程。改造内容包括老楼加固、外墙保温、塑钢窗更换、安装热计量表。年内工程进展顺利。

（崔 蕊）

【“一户一水表”改造工程】 年内，配合区市政市容委完成6673户“一户一水表”户内改造施工。

（崔 蕊）

【“煤改电”工程】 年内，配合区环保局做好“煤改电”工程的户内施工。全年累计完成“煤改电”8117户，其中西长安街地区4774户、新街口地区1203户、什刹海地区384户、德胜地区544户、月坛地区562户、展览路地区650户。

（崔 蕊）

【平房院户厕保洁管理】 年内，保洁中心共接管户厕1657座。组织专业人员新做户厕屋面防水389座，面积2743.79平方米。高压疏通35个院落的管线，协助环卫疏通129条管线，第一时间解决户厕疏通问题。针对污水管线老化、塌陷、无法疏通的94个院落的下水管线进行了翻新改造。改造户厕地线1583座。

（崔 蕊）

【安全生产工作】 年内，区房地中心共召开20余次安全生产大会；组织农民工培训30余次；制作悬挂安全生产标语500幅、发放相关材料2000余份；进行安全检查216次、710人；查出隐患35处，全部按期整改。全年用于安全生产的教育经费达23.6万元。

（崔 蕊）

【信息化工作】 年内，开展《新街口地区房屋安全工程管理信息系统》项目的研发，完成房屋安全检查模块的研发并进入现场试验阶段。修正300余条房屋基础信息。完善小区楼房物业管理功能模块，配套接管的物业小区，研发出一套有针对性的、适合老旧小区多产权化特点的管理手段，完成近10个小区，5000余户业主的基本资料采集工作。

（崔 蕊）

【信访、建议提案办理与信息公开】 年内，区房地中心累计接到信访件84件次：普通信访件34件、领导批办件6件、信访综合办公系统转送件41件、市长信箱转送件3件，其中重信12件次、领导批阅群众来信6件、领导包案数8件。化解突出问题3件次，召开协调会25次。累计接到群众来访132批次198人次，集体访2批次30人次。领导接待群众来访13批次36人次。承办人大代表建议和政协委员提案共4件，其中单办件3件、会办件1件，均在规定期限内完成办复。主动公开信息22件，未接到信息公开申请。

（崔 蕊）

【法务工作】 年内，累计审核合同、协议30余件，提出意见80余条，涉及面积2万余平方米，涉及金额1千万余元。对5起涉访、涉信案件提出法律意见。延续或新接诉讼案件5起，涉及金额800万余元。

（崔 蕊）

北京宣房投资管理公司

【概况】 北京宣房投资管理公司下辖北京宣房房屋经营公司、北京宣房楼宇设备公司、北京宣房物业管理有限公司、北京宣房大厚投资管理有限责任公司、北京市红义物业管理公司、北京市正阳经济贸易公司、北京市宣武区宣房建筑工程处、北京市宣武区房地产交易所、北京轩方装饰工程有限责任公司、北京宣房拆迁有限责任公司、北京宣房鑫兴商贸有限公司11个全资子公司，在职员工845人。年内，以科学发展观为统领，按照“抓班子，带队伍，求生存，谋发展”的总体思路，倡导“服务服务再服务”的企业精神，完成辖区直管公房管理、修缮、防汛、锅炉供暖、电梯运行、服务承诺等社会公共服务任务和直管公房解危式修缮、既有建筑节能改造、楼房老旧电线改造、雨污水户线改造、老旧供热管网改造等政府惠民工程及物业服务管理任务，实现经济总收入51568万元。共管理直管公房193.91万平方米；锅炉房32处、锅炉76台，供热面积235.12万平方米；管理电梯85部，高层楼房二次供水26处；管理辖区老旧小区、托代管小区物业19个，面积近100万建筑平方米。

地址：西城区右安门内大街15号

邮编：100054

电话：63523001

（周 乾）

【直管公房安全检查】 2月，公司所属北京宣房房屋经营公司完成2011年至2012年度辖区直管公房房屋安全检查工作，检查直管房屋192.84万平方米。按照房屋完损等级评定标准划分：基本完好房94.46万平方米，占总查房面积的48.98%；一般破损房62.90万平方米，占总查房面积的32.62%；严重破损房35.49万平方米，占总查房面积的18.40%。管理房屋中有住宅房屋178.96万平方米，其中平房41890.5间55.33万平方米、中式楼171幢2162间3.22万平方米、简易楼158幢2303套12.74万平方米、多层正规楼241.5幢15409套93.14万平方米、高层楼17幢2161套14.54万平方米。平房中有严重破损房15877间21.48万平方米，占住宅平房面积的38.82%；中式楼中有严重破损房99幢1313间1.63万平方米，占住宅中式楼面积的50.62%；简易楼中有严重破损房85幢6.79万平方米，占住宅简易楼面积的53.29%；多层正规楼中有严重破损房11幢3.29万平方米，占住宅多层正规楼房总面积的3.53%。检查中未发现危险平房、中式楼、简易楼和正规楼房。

（周 乾）

【完成冬季供暖任务】 3月18日，

公司所属北京宣房楼宇设备公司完成所管理的32处直管锅炉房、76台锅炉，235.12万平方米居民住宅供热面积的供暖任务，被市政市容管理委员会和市人力和社会保障管理局授予“2009—2012年度供热优秀单位”。年内，更换永安路、高家寨、四平原、车站西街等13处室内外老旧管线及部分阀门、除污器、循环泵等设备，配合区质监局完成里仁西街、小红庙、高家寨、车站西街等29处锅炉的内检工作，保证所管锅炉按时点火、送暖、室温不低于18度3个100%。

（周　乾）

【直管平房修缮改造工程】 3月20日，根据辖区直管公房安全普查状况和区政府为民办实事折子工程任务编制计划，公司所属宣房房屋经营公司启动辖区居民直管危旧平房修缮改造工程。6月25日前，完成平房屋面防水5042间53675.76平方米，涉及居民2801户。6月30日前，完成平房安全加固348间5739.72平方米，涉及居民222户。8月30日前，完成平房维修467间8267.34平方米，涉及居民291户；完成平房改善282间4757.15平方米，涉及居民188户。11月30日前，完成平房翻建2485间35969.63平方米，涉及居民1446户；完成解危式修缮453间6848.99平方米。上述工程共计投资15239万元。

（周　乾）

【更新改造直管电梯】 4月1日，公司所属宣房楼宇设备公司电梯分公司配合厂家，对区政府2011年度投资采购的广外地区马连道中里一区2、6、7、11号、红莲中里16号5栋高层楼房的10部超期服役直管电梯进行了更新改造，工程于6月30日竣工。

（周　乾）

【老旧小区雨污水改造】 4月1日、5月20日，根据区政府为民办实事折子工程任务编制计划，公司所属宣房房屋经营公司分别对天桥地区腊竹胡同、小腊竹巷、椿树地区魏染胡同、红线胡同等300个平房院和天桥地区虎坊路、广外地区小红庙两个居民楼小区实施了雨污水户线改造，工程分别于6月16日和10月15日竣工，共计投资1770万元。

（周　乾）

【老旧小区居民楼电线改造】 4月10日，根据区政府为民办实事折子工程任务编制计划，公司所属宣房房屋经营公司对天桥地区禄长街1、8号、白纸坊地区双槐里2—16号、里仁街6号院、广外地区红莲北里等59栋老旧小区居民楼房的室内电线进行了更新改造，消除了用电隐患，改善了生活条件。工程于7月30日竣工，总投资865万元，受益居民2000户。

（周　乾）

【直管楼房综合整修改造】 5月15日，根据辖区直管公房安全普查状况和区政府为民办实事折子工程任务编制计划，公司所属宣房房屋经营公司启动直管居民楼房综合整修改造工程。6月20日前，完成陶然亭地区黑窑厂西里、白纸坊地区建功北里二区、广外地区小红庙1—5号楼等68栋、5万平方米建筑面积的楼房屋面防水工程。8月26日前，完成椿树地区魏染胡同36号，天桥地区禄长街头条1、2、8号，广内地区长椿里2、5、7、8号等16栋110725平方米建筑面积的楼房综合维修工程。8月30日前，完成白纸坊地区双槐里2、3、8号，广内地区槐柏树南里1、2、7号，槐柏树北里2、4、7号等16栋102187.50平方米建筑面积楼房的外装饰检修工程；完成天桥地区虎坊路12、16号、椿树地区魏染胡同36号、牛街地区法源寺西里3—5号、广内地区长椿里3—5号、广外地区小红庙3号等10栋楼房的上下水更新工程；完成牛街地区法源寺西里一处高层楼房自来水二次供水改造工程。上述工程共计投资3043万元。

（周　乾）

【一户一水表改造】 5月15日，公司所属宣房楼宇设备公司、轩方装饰工程公司配合区市政市容委对平房比较集中的大栅栏、椿树、天桥等地区的居民实施了自来水一户一表改造。工程于10月30日完工，投入资金1172万元，受益居民3552户。

（周　乾）

【应对“7·21”特大自然灾害】 7月21日，北京地区出现了60年一遇的强降雨天气，辖区内积水盈尺，直接影响了居民群众房屋的住用安全。公司上下团结一心、众志成城，广大干部职工发扬“雨声就是命令”的光荣传统，主动出击，应对险情。冒雨外出巡查531人次，接到处理居民报修电话483个，出动抢修抢险人员586人次，出动抢排险车辆2台次，苫盖加固房屋226间，疏通排水积水院落47处，排除民房和地下室积水25处。7月22日，广大员工放弃假日休息，连续作战，认真接待群众报修，加紧开展房屋巡查以及漏雨房屋处置工作，共出动检查人员460人次。7月23日下午，公司积极响应市委、市政府号召，组织车辆、人员将8台抽水泵送往市住建委，并按照指令于晚间将水泵送达房山区，支援重灾区防汛抢险工作。由于准备充分、应对及时，公司所管理的193.81万平方米直管公房在此次特大自然灾害中，未发生房屋倒塌和死伤人事故。

（周　乾）

【既有建筑节能改造】 7月26日，为落实各级政府倡导的低碳、环保、节能要求，根据区住建委的安排，公司作为辖区既有建筑节能改造工程的实施主体，对各项工程进行了公开招标。经过相关程序，北京市宣武区宣房建筑工程处、北京轩方装饰工程有限责任公司、中城建第五工程局有限公司3家单位中标，承担改造施工任务。所属宣房房屋经营公司积极配合，对辖区广内地区西便门西里、感化胡同3号院1—4号、6—9号、广外地区三义里1—8号、小红庙1—10号、15—17号、白纸坊地区右内西街甲10号院等共计134栋72.20万平方米建筑面积的楼房门窗进行了节能材料更换、外墙加装保温层并进行了粉刷、部分楼房屋面增加保温层并重做防水。工程于11月30日完工，总投资37960万元。

（周 乾）

【老旧小区锅炉房供热管网改造】 9月10日，公司所属宣房楼宇设备公司根据区市政市容委安排，对辖区广外马连道供热厂南区、三义里换热站、陶然亭地区红土店换热站、白纸坊地区建功东里4处、10个居民小区、50余栋居民楼的1.25万米老旧供热管网进行大修更新改造，受益居民房屋面积120万平方米。工程于11月1日竣工，总投资6500万元，较好地解决了“跑冒滴漏”问题，节约了能源，改善了居民群众的采暖条件。

（周 乾）

【辖区房屋安全度汛】 9月15日，全市正式下汛。公司完成直管公房防汛任务，连续27年实现市政府提出的“少塌房、不死人、安全度汛”的防汛工作目标。为保障汛期辖区直管公房的住用安全，公司成立防汛领导组织指挥机构，明确防汛责任区域、责任人和现场指挥人员以及出现场的时间，组建了9支300人的防汛抢险队伍，组织抢险实战演习，坚持雨前检查、雨中巡查、雨后复查和出现雨情领导、防汛队员在岗值守等制度，做到了任务、组织、措施、监督四到位，责任、队伍、预案、物资四落实，较好地应对了60年一遇的“7·21”强降雨极端天气造成的自然灾害。汛期共有3202人次参加值守，出动抢险车辆12车次，抢修公房196间次2616平方米、私房31间次376平方米，修补漏雨公房9366间次72708平方米，检查公房23942间次329444平方米、私房10459间次132084平方米，完成年度防汛任务，保证了辖区居民汛期房屋住用安全。

（周 乾）

【辖区“煤改电”工程】 9月27日，公司受区环保局的委托，安排所属轩方装饰工程公司对天桥地区大川路、腊竹胡同等1731户平房居民冬季取暖实施煤改电工程。10月25日工程竣工，投资345万元。

（周 乾）

【直管电梯、高压水泵安全运行】 年内，宣房楼宇设备公司加大对辖区直管电梯、高层楼房二次供水设备的维修管理和养护力度，更新有关部件，维修了相关设施，保证了56部直管电梯、22处高压泵组安全运行。在每年一次的北京市城镇房屋及设备安全检查中，56部电梯和22处二次供水设备全部达标。清洗22处高层楼房二次供水的所有水箱，实行封闭管理，消除了安全隐患。

（周 乾）

【直管公房租金收缴】 年内，公司所属宣房房屋经营公司在房屋租金收缴工作中，进一步巩固房屋“两清两建”（清理房屋基数账和租金账；建立房屋基数和租金账）工作成果，规范业务，堵塞漏洞，提高了收缴额度。全年租金收入实现2191.42万元，超出计划租金收缴额338.19万元，占年应收租金2198.66万元的99.67%，比上年上升了0.05个百分点。所管理的39个直管公房管片，30个租金收缴率达到了100%，占76.92%。收回旧欠租金24.74万元，占年应收旧欠额90.42万元的27.36%。

（周 乾）

【供暖收费工作】 年内，公司所属宣房楼宇设备公司在继续聘请两名律师对欠费单位诉讼追收的同时，改革收费员的工资。在保证基本工资的基础上，奖金和收费率直接挂钩，激发了员工的工作热情，大幅提高了供暖费的收缴额度，当年供暖费收缴6461.37万元，比上一供暖季的4746.82万元高1714.55万元，比上年全年供暖收费5396.47万元高1064、90万元，增长率118.73%。

（周 乾）

【实行锅炉供热管理改革】 年内，公司所属宣房楼宇设备公司积极探索创新锅炉供热管理模式，将锅炉管理、司炉、维修人员整合，实现锅炉“管、烧、修”一体化，有效避免了工作衔接上的漏洞，降低了人工和燃料成本，提高了故障排除的及时率，全面提升了服务质量，实现了良好的社会和经济效益，整个采暖季居民投诉率降低了40%，消耗燃气2523万立方米，在增加了15天供暖时间的情况下，用气量与上一供暖季基本持平，节省燃料费支出340万元。

（周 乾）

【广外简易楼排险解危腾退】 年内，受区重大办的委托，公司以所属宣房房屋经营公司四分部为主要力量，对广外大街355、359、367号3栋简易楼实施排险解危腾退工程。工作人员深入居民家中宣讲相关政策，共有115户居民签订了腾退协议，签约率占144户直管公房居民总数的79.86%。组织签约居民完成大兴区团河、昌平区回龙观、丰台区张仪村政府对接安置房的选房认购工作。

（周 乾）

【物业管理工作】 年内，公司所属宣房房屋经营公司结合市、区政府老旧小区综合整治和既有建筑节能改造等民生工程，对所管理的部分老旧小区物业进行了升级改造。安装节能门窗，更换高层楼房居民生活用水箱，实施雨污水户线、室内电线、供暖管网、屋面防水、上下水更新改造以及小区环境整治等综合治理，涉及虎坊路、禄长街、黑窑厂、长椿里、双槐里、槐柏树、法源寺西里、三义里、小红庙、感化胡同3号院等小区，进一步改善了人民群众的生活条件和居住环境。公司所属宣房大厚投资管理公司、红义物业管理公司、正阳经济贸易公司分别在相来家园商品房和新安中里危改回迁物业、广外马连道小区托代管物业、正阳商业楼房屋租赁物业等服务中积极探索，扎实工作，不断提高工作水平。

（周 乾）

【完成国有资产保值指标】 年内，公司在完成好直管公房管理、修缮、防汛、锅炉供暖、电梯运行等社会公共服务职能任务，实现社会效益的同时，把追求经济效益、实现经营利润作为企业发展目标的重要内容，狠抓所属企业的经营创收，取得了较好的经济效益。全年公司经营总收入51568万元，利润总额856万元，上缴税金1411万元，实现国有资产保值增值率101.91%，社会贡献率8.81%，超额完成区国资委下达的任务指标。

（周　乾）

【落实社会服务承诺】 年内，公司弘扬“爱国、创新、包容、厚德”的北京精神和“服务服务再服务”的企业精神，以向全区居民公开承诺的房屋维修、水电急修、防汛、锅炉供暖、电梯安全运行5项服务内容为载体，强化服务意识，狠抓行风建设，提升服务能力。所属宣房房屋经营公司一至四分部和红义物业管理公司水电急修队、宣房楼宇设备公司供暖电梯急修队24小时坚守岗位，及时解决居民报修的水、电、暖、电梯问题，重点开展了对军烈属、孤寡老人、残疾人、低保户等特殊社会弱势群体的服务。全年共收到表扬信97封、锦旗46面。

（周　乾）

园林绿化管理

园林绿化局

【概况】 北京市西城区园林绿化局（简称区园林绿化局）挂北京市西城区绿化委员会办公室（简称区绿化办）牌子，是负责本区园林绿化工作的区政府工作部门。下设科室7个，在职人员35人。区园林绿化局（区绿化办）的主要职责是制定本区园林绿化发展中长期规划和年度计划并组织实施；组织、指导和监督本区城市绿化美化和植树工作，组织、协调重大活动的绿化美化及环境布置工作；管理和保护本区绿地和林木资源；负责本区公园、风景名胜区的行业管理；承担西城区绿化委员会的具体工作等。年内，完成绿化面积32.82公顷，其中新增6.48公顷、改造26.34公顷，栽植树木10.59万株，铺草坪10.56万平方米；完成北京营城建都滨水绿道一期工程；建成天宁城市休闲公园、西堤红杉B区附属绿地和人大办公楼西侧林荫停车场。结合街巷胡同、老旧小区的拆违整治，完成20条街巷胡同景观提升工作，打造出义达里、西四北六条、西四北七条等精品胡同；实施右内大街、府右街中南海西门等绿化改造，布置节日花卉景观。以校园建筑、公共建筑为重点，完成北京市第十五中学等23处屋顶绿化3.43万平方米，陶然亭路等40处垂直绿化8644延长米、临街办公楼窗台美化200余个。组织宣传活动3场次，制作展板30块，悬挂宣传挂图40幅，接受法律咨询280余人次，发放环保袋2800余个、各类资料5800余份。在沿河公园内应用WiFi信息服务，开展“四个最美”评选活动。截至年底，全区园林绿地面积1044.95公顷，人均7.54平方米；公园绿地面积459.99公顷，人均公共绿地3.32平方米。区园林绿化局被中华人民共和国住房和城乡建设部授予“全国住房城乡建设系统先进集体”称号。

地址：西城区南礼士路乙9号院2号楼（10月迁入）
邮编：100045
电话：68021036

（范慧英）

【全国“两会”的园林绿化环境保障工作】 2月27至28日，区园林绿化局联合区园林市政管理中心，对“两会”代表驻地及沿线周边绿地的卫生、设施维护、树木防寒、病虫害防治及重要公园、景区的安全、卫生和服务工作进行综合检查。针对在检查中发现的个别绿地保洁不到位、有树挂、公园设施破损等问题，及时向管护单位下发整改通知，并提出具体要求。

（范慧英）

【开展公园和居住区绿化养护综合检查】 年内，区园林绿化局3次会同区园林市政中心对全区的公园、绿地、居住区进行绿化养护综合检查。3月30日，对顺成公园、德胜公园、人定湖公园、宣武艺园、阜成门北大街、法源寺门前、火神庙周边、车公庄1号院、宣东花园、四平园小区、三义西里小区等公园绿地和居住区绿地的养护工作进行综合检查，对绿地卫生清理不及时、植物缺株、设施破损、行道树树挂和小区绿地堆物等问题提出整改要求。5月底，对月坛公园、人定湖公园、玫瑰公园、阜成门桥区、法源寺门前、火神庙周边、先农坛神仓、金融街中心区和第十四中学等绿地的养护管理工作进行综合检查。针对个别绿地存在的草坪斑秃、绿地杂草和绿地卫生等问题提出具体整改意见和工作要求。6月28日，对阜成门外大街、三里河路、车公庄大街、德胜门外大街、德胜门内大街、裕民路和西什库大街等主要道路以及爱民里等小区绿地的修剪、补植、卫生、病虫害防治等养护管理工作进行检查。对存在的问题责成各管护单位及时整改，以整洁优美的园林绿化景观迎接市园林绿化局的评定检查。

（范慧英）

【全民义务植树日活动】 4月1日是首都第28个全民义务植树日，区绿化委员会在天宁城市休闲公园举办主题为“弘扬生态文明·共建绿色家园”的义务植树活动。市长郭金龙，市委常委、组织部长吕锡文，市人大常委会副主任刘晓晨，市政协副主席赵文芝，市政府秘书长孙康林，市园林绿化局副局长史贵升，首都绿化办有关领导，区领导王宁、王少峰、刘跃平、曹长胜等与机关干部、小学生和居民家庭等一道参加植树劳动，共栽植银杏、玉兰、海棠等树木200余株。区园林绿化局在延庆县康张路两侧、八达岭地区以及怀柔区怀北镇大水峪村北山设置植树点，接待社会单位和市民个人植树，安排技术人员进行种植技术指导和绿化美化常识的讲解。全区各机关单位、社会团体、企事业单位开展形式多样的植树日活动。区园林绿化局和各街道办事处分别设立宣传咨询站，向群众普及《北京市绿化条例》、义务植树、建设生态园林城市及病虫害防治等方面的知识，提高群众的生态文明意识。各街道办事处以社区为单位，发动社区居民清理绿地卫生。当日，全区10万余人参加植树活动，植树5100株，清扫绿地45.3万平方米，养护树木71万株，设宣传咨询站46个，悬挂横幅标语260幅，出动宣传车20辆，发放宣传材料3.8万份。

（范慧英）

【西城区绿化美化工作专题会议】 4月8日，西城区绿化美化工作专题会议召开，贯彻落实胡锦涛总书记对于北京工作的重要指示，传达北京市区县委书记会议精神，部署区绿化美化工作。区长王少峰在讲话中指出，要多、快、好、高地做好绿化工作；要启动身边见绿工作，开展最美阳台、院落、街巷、小区的评选活动；绿化工作应协调各方力量、听取各方意见、调研各方需求，要有法可依，要出精品。区委书记王宁在讲话中强调，主管区领导要挂帅，各单位一把手要把绿化工作作为一项主要工作抓好。

（范慧英）

【绿化种植养护业务指导】 4月16日，在金融街街区绿化种植养护管理技术培训会议上，区园林绿化局园林科负责人开展“绿化种植与养护，空间与垂直绿化”专题讲座，对园林行业常见病虫害的发生与防治、园林树木修剪程序、大树栽植细节及养护技术、现代城市园林动态产业展望等相关知识进行培训指导，街区各单位绿化部门负责人就绿植养护中遇到的技术问题与专家进行技术交流。

（范慧英）

【绿地树木认建认养工作】 年内，全区各单位、企业、学校积极参与绿地树木认建认养活动。4月28日，区绿化办和北京西区邮电局团委在月坛公园开展认养树木活动，西区邮局团委与月坛公园签订树木认养协议书，向全局团员青年发出倡议（爱护每一片绿叶，珍惜每一寸绿土，以实际行动践行北京精神，为打造绿色北京、建设园林城市奉献首都邮政青年的力量，向建团90周年献礼！），并为认养树木悬挂认养树牌。9月，区绿化办、区园林绿化局联合广外街道办事处、华润置地（北京）股份有限公司在广外西提红山小区举办绿地认养签约仪式，华润置地（北京）股份有限公司认养了西提红山小区内约8000平方米的公共绿地，并发动社区居民积极参与社区绿化美化。全年社会单位、个人认养绿地7.46万平方米、树木2500余株。

（范慧英）

【区领导调研园林绿化工作】 5月3日，区委书记王宁、区长王少峰带领区委办、区园林绿化局、区园林市政管理中心和区环境办负责人调研园林绿化工作。实地考察“绿道”建设、前三门大街绿化、十四中学屋顶绿化和右内大街道路绿化情况。

（范慧英）

【花卉进社区活动】 5月31日，由区绿化办、德外街道办事处、北京花卉协会和《中国花卉报》社联合在新风中直社区举办主题为“市花扮靓社区，月季装点生活”的花卉进社区活动，同时也是西城区花园式社区创建活动的一项重要内容。活动现场，北京花卉协会向新风中直社区赠送百余株月季花，向德胜街道办事处辖区内的23个社区居民代表赠送500册《养花知识手册》。北京植物园高级工程师成雅京讲授室内常见植物及多肉植物的养护技巧，社区居民中的养花爱好者将自养的各种花卉搬到现场，交流养护经验。

（范慧英）

【天宁城市休闲公园建成】 天宁城市休闲公园位于天宁寺桥东中国移动创新大厦门前，总占地面积8600平方米。于上年6月20日开工，年内6月10日竣工，由北京滨河公园管理处组织施工。共铺设园路1218平方米，砌筑条石挡墙221延长米，安装条石座凳28个，敷设喷灌管线1611米、球阀36个、喷头103个，砌筑集水井2座；栽植乔木263株、灌木1008株、色带295平方米、月季等宿根花卉439平方米、各类时令花卉507平方米，铺设草坪4685平方米。绿地以油松、白皮松、银杏、悬铃木、栾树以及花灌木为造景元素，结合自然式种植，配以草花点风石景小品，丰富场地的景观效果，为附近市民提供憩息、娱乐场所。

（范慧英）

【古树保护复壮工作】 区园林绿化局加大人力物力投入，对古树名木进行保护复壮工作。各街道办事处、区园林市政管理中心对辖区内古树的实际情况进行现场调查，综合分析，制订计划，并有步骤地对处于濒危、长势弱及遭遇极端天气易出现危险的古树，采取补洞、修剪、病虫害防治、支撑、更换安装围栏等复壮保护措施。6月，安排落实20余株古树复壮工作。开展社会单位、宿舍和小区的古树保护专项检查，对因受养护资金、技术队伍等条件限制，古树管理不及时、长势趋于衰弱的单位和小区，区园林绿化局和区园林市政管理中心给予技术指导，同时向古树管理不到位的单位致函，要求责任单位落实古树管护责任，争取专项资金，安排古树复壮保护工作，并加强古树的日常养护管理工作，确保古树的正常生长。

（范慧英）

【“四美”评选活动】 6月28日，区绿化办联合区委宣传部、区文明办、区社会办和区环境建设办举行“西城区绿化美化最美小区、最美街巷、最美院落、最美阳台”（简称“四美”）评选活动启动仪式。7月25日，组织西城区“四美”观摩交流活动，各街道相关干部30余人参观部分入选“四美”的小区、街巷胡同和阳台。经观摩交流、实地检查、专家评审、社会公示等程序，最终评选出1028个最美阳台、142个最美院落、10个最美街巷、10个最美小区。

（范慧英　杨桂珍）

【屋顶绿化推进工作】　7月27日，区园林绿化局组织召开西城区屋顶绿化工作推进会。邀请市屋顶绿化协会会长谭天鹰参会，区园林市政管理中心、设计公司、监理公司、施工单位和屋顶荷载检测单位相关人员参加。会议听取了区园林市政管理中心的工程进度汇报，并对屋顶绿化安全保障、设计规范、施工质量和档案管理等事项提出具体要求。聘请中电投工程研究检测评定中心工程师讲解屋顶承重检测原理和工作方法。谭天鹰从安全、设计、形式、材料、植物和后期维护等方面提出了要求和意见。

（范慧英）

【完成《西城区绿地系统规划》编制工作】　在上年完成《西城区绿地系统规划（2010—2020）》（简称《规划》）初稿的基础上，8月21日，区园林绿化局召开征求意见会，邀请部分区人大代表和政协委员听取规划，听取意见和建议。经与市园林绿化局进行深度研讨、广泛征求区有关单位意见后，最终完成《规划》编制工作。

（范慧英）

【第三代美国白蛾防控工作】　根据第三代美国白蛾幼虫网幕发生、发展形势，采取多种措施，进一步加大防控管理工作力度。9月12日起，持续一周分别对15个街道美国白蛾防控工作情况进行检查督促。重点检查居住小区、单位庭院、街巷胡同、建设工地等60余处的臭椿、榆树、白蜡、桑树、泡桐、法桐、复叶槭、柿子等美国白蛾喜食树种。9月20日，区园林绿化局局长高兴春带队，再次对重点街道和重点区域进行检查督促、落实管理责任。组织15个街道办事处和园林市政管理中心所属6个绿化队专题防控工作会，安排部署第三代美国白蛾幼虫普防和普查工作，并下发《关于全面做好第三代美国白蛾幼虫防控工作的紧急通知》。各街道根据辖区情况也作了进一步安排部署。区园林绿化局安排专业人员与各街道积极配合，对辖区臭椿、法桐等美国白蛾喜食树种进行地毯式普查，安排普防打药工作，储备必要的应急防控物资，提高应急处置反应能力。

（范慧英）

【节日花卉布置】　年内,区园林绿化局组织规划实施以“喜迎国庆、十八大，鲜花装扮和谐西城”为主题的花卉景观布置，通过形式多样的花卉布置表现手法,展现西城区活力、魅力、和谐的城市气氛和独特的文化内涵。位于西单文化广场“经济腾飞”花坛以10年来中国经济总量增长柱状图为内容，位于复兴门东北角的“科学发展”花坛将祖国锦绣河山、鸟巢、上海世博中国馆等标志性景观融为一体。节日期间，长安街沿线、前三门大街、广安门南街、平安大街等10处主要区域共布置主题花坛17座，花钵点缀30条大街；地栽花卉3.6万平方米、160万株。

（范慧英）

【“城乡手拉手，共建新农村”活动】　11月28日，西城区、怀柔区和延庆县3区县人民政府、绿化委员会联合主办首都绿化美化“城乡手拉手，共建新农村”活动，并举行签约仪式。首都绿化办副巡视员张建民、西城区区委常委王旭、西城区人民政府副区长杜黎彬、怀柔区人民政府副区长朱淑霞、延庆县人民政府副县长武岗、首都绿化办义务植树处处长以及3个区县绿化办、街道、乡镇、相关委办局领导应邀出席。自2006年起至2012年底，全区有24个义务植树单位和9个街道与延庆县、怀柔区乡镇、村庄结成了“手拉手”帮扶对子，直接帮扶资金累计达600余万元，实现全区15个街道与怀柔区、延庆县相关村镇全面对接。其中2012年帮扶资金为145万元，植树5400余株，绿化面积6700平方米。

（范慧英）

园林市政管理中心

【概况】　2011年10月27日，北京市西城区机构编制委员会西编字〔2011〕51号文件批复：根据京编办事〔2011〕94号文件精神，撤销原北京市西城区园林市政管理中心、原北京市宣武区园林绿化服务管理中心，组建北京市西城区园林市政管理中心。原北京市西城区园林市政管理中心、原北京市宣武区园林绿化服务管理中心所属事业单位的隶属关系调整到北京市西城区园林市政管理中心(简称区园林市政管理中心)，同时确定新组建的西城区园林市政管理中心为西城区人民政府直属相当正处级全额拨款事业单位。其主要职责是：承担全区园林绿化养护和市政道路、设施维护工作，受区有关部门委托承担区属园林市政工作项目立项、工程质量监管、掘路费收取等工作，组织实施园林市政道路应急抢险、重要节假日和重大活动花卉布置等事务性、服务性工作，负责部分区属公园的管理工作，承办区政府交办的其他事项。区园林市政管理中心机关核定编制80名，内设14个科室。中心下辖北京市西城区德外绿化队、北京市西城区月坛绿化队、北京市西城区苗木园艺队、北京市西城区市政工程管理处、北京市西城区月坛公园管理处、北京市西城区人定湖公园管理处、北京奇石馆、北京市西城区万寿公园管理处、北京市西城区和平门绿化队、北京市西城区广外绿化队、北京市西城区宣武艺园管理处、北京市西城区滨河公园管理处12个正科级事业单位，附属有北京三海投资管理中心、北京什刹海旅游开发有限公司、北京市绿美园林工程服务中心、北京市鑫雅市政建设工程处、北京紫光绿化工程有限责任公司5家企业和东坝苗圃、顺义苗圃两处苗木基地。

地址：西城区右内西街18–1号

邮编：100054

电话：52684005

（付振平）

【北京营城建都滨水绿道景观建设（一期）工程】 4月30日，北京营城建都滨水绿道景观建设（一期）工程开工建设。区政府成立了以副区长吴铁男、区政协副主席姜立光为总指挥，各相关委办局参与的绿道建设工程指挥部，明确任务，落实责任，制定施工方案，倒排工期，建立例会制度。就方案多次征求市级相关部门的意见，达成共识。工程于9月30日竣工，全长4.2公里，总建设面积13.6万平方米。实施从木樨地至白纸坊桥段，包括“木樨渔趣、白云叠翠、蓟碑霞蔚、铜阙微澜”4个景点。此次建设，新增绿地达1.41万平方米，新植各类乔灌木4882株、色带花卉33170平方米，铺装各类广场道路合计6.6万平方米，新建19座观景平台和2座休闲驿站，改建卫生间2座，设置了40个WiFi接入点，安装各种栏杆8907延长米，安装各类灯具16349盏，沿河规划建设16.2公里慢行步道和3.5公里自行车骑行线路，结合监控设施增设广播系统，在绿道建设的同时以“水线珍珠、绽放光彩”为主题的亮丽工程也同期完工，营城建都滨水绿廊成为北京市首条集“展示城市新面貌的都市干道风景、服务于百姓的城市景观休闲、承载北京古都史迹、寻根北京的特色文化”等功能于一体的滨河绿色生态景观带。

（付振平 范慧英）

【市政道路养护】 年内，完成50条道路大中修工程：南礼士路头条、南礼士路二条、真武庙四条、月坛西街、白云观街前街、辟才大街、皮库胡同西段、西斜街、民康胡同、北草厂胡同、中廊下胡同、晓安南巷、西四北头条、姚家胡同、西四北七条、大兴隆胡同、永祥胡同、黄寺大街、五路通北街、西单北大街、百万庄北街、槐柏树西街、广安门北街、前门西河沿街、北线阁街、顺河二巷、校场小六条、校场大六条、校场小七条、校场小八条、校场小九条、西便门西里小区西门前道路、福长街、香炉营头条西段、红莲南路西段、广外邮袋厂小区西侧路、手帕口南街、白云路医院东侧路、陕西巷、棕树二条、琉璃厂西街、石头胡同、博兴胡同、燕家胡同、朱家胡同、万福巷、大力胡同、广安门中医院西侧路、自新路、延寿街，共计摊铺沥青混凝土173269.73平方米，步道砖67669.9平方米。

（付振平）

【绿化养护】 年内，绿化养护绿地面积502.5万平方米。其中特级绿地265.3万平方米，占总面积的52.8%；一级绿地84.4万平方米，占总面积的16.8%；二级绿地152.8万平方米，占总面积的30.4%；完成“五一”“十一”及十八大环境布置和保障工作，为4条重点大街摆放花钵，共栽摆花卉378万盆，在城区主要节点摆放主题花坛5座。为防控林木有害生物侵袭，建立10支专业防控队伍，专职监测人员54名，投入人工防控5132人次，投入防治药剂5.02吨，悬挂美国白蛾成虫诱捕器575套、国槐叶柄小蛾诱捕器1.2万套，诱捕美国白蛾越冬代成虫6748头。全年对管辖的园林古树、苗木进行日常养护，完成古树复壮58株，补植各类乔木1122株、绿篱及灌木13万株、草坪95693平方米、月季及其他宿根花卉80961株。完成83561平方米的屋顶绿化和8820延长米垂直绿化养护，更新安装树篦子2250套，安装绿化分车带防寒挡盐设施53961延长米，完成什刹海风景区34公顷水域湖面水草打捞、清运及日常保洁任务。组织完成《绿化养护作业（管理）考核评比办法》的颁布实施，通过市园林绿化局对区属绿地等级评定和争创全国文明城区及卫生城区的检查。

（付振平）

【绿地建设】 全年绿化建设新增绿地面积291061平方米，栽植乔木6263株、灌木40209株、绿篱2063.5米、色块26648.2平方米、攀缘植物4959.6米、宿根花卉20931.7平方米、摆花38753.2平方米，铺设草坪112212平方米；特级绿地达到265.33万平方米，占全部绿地面积的52.7%；一级绿地达到84.39万平方米，占全部绿地面积的16.8%；一级以上绿地达到349.72万平方米，占全部绿地面积的69.5%；与上年相比，新增特级绿地9.28万平方米、一级绿地2.49万平方米，新增养护面积13万平方米。

（付振平）

【应急抢险】 全年应急抢险工作历经多次考验。3月23日大风、6月3日强风暴雨、6月9日短时大暴雨、7月21日特大暴雨和11月4日大风雨雪等极端天气，面对突发的园林植物、树木倒伏、折枝和市政道路塌陷、积水等险情，区园林市政管理中心做到反应快捷，指挥顺畅，措施有力，处置得当。全年共处理倒伏和折杈树木1115株，处理路面塌陷和积水345处，出动抢险人员11317人次，出动专业车辆、大型机械2262台次。

（付振平）

【公园管理】 坚持以人为本、科学发展，实施精品战略，努力建设“生态园林、科技园林、人文园林”。在月坛公园、万寿公园举办主题为“践行北京精神，弘扬公园文化”的第七届公园文化节宣传咨询活动，打造“一园一特色，一园一品牌”精品项目；在月坛公园和宣武艺园组织开展“爱鸟护鸟”主题宣传活动；组织辖区各公园开展绿地认养、防灾避险宣传等科普宣传活动，增强游人爱护绿地、文明游园的自觉性；组织各公园开展职工岗前培训和职业道德及业务素质培训，增强干部、职工服务意识、服务精神、服务能力。年内，区属19个公园接待游人1950万人次，月坛公园通过全市精品公园复查，什刹海风景区被评为北京市第十批精品公园。

（付振平）

【雨水收集、中水利用节能改造工程】 年内，对玉桃园二区北院、琉璃厂文物保护区、百万庄东社区、百万庄西社区、宣武艺园二期、北滨河公园等22处老旧小区、居民平房院和公园进行铺装透水砖，铺设排水管线、渗水管，修砌渗水井，设置微喷系统等方式改造雨水、中水收集利用系统，此工程共铺装透水砖32856平方米，新砌道牙8650米，铺设水线3734.7米，砌井87座。

（付振平）

【基建项目】 年内，实施基础建设项目8项，竣工3项，包括：北滨河公园奇石馆装修改造工程、北滨河公园管理用房及配套附属设施、白云观B地块地下停车库，建设面积15785.05平方米。

（付振平）

【东坝绿化废弃物加工处理项目】 年内，东坝绿化废弃物处理加工厂经过改造建设，绿化废弃物加工处理工艺日臻完善配套，对有机垃圾的收集、处理和循环利用技术更加纯熟。年内消纳树枝、树叶1万立方米，处理发酵后形成土壤改良基质3000立方米，全部用于日常绿地补植和新工的土壤改良，实现绿化废弃物的循环利用。

（付振平）

【什刹海环湖周边道路及排水整治工程】 此工程4月8日开工，10月13日竣工。共计摊铺沥青混凝土面积30538.5平方米、修缮步道面积18551平方米、新做管线1903.4米、新建检查井801座。改造前海、后海和西海周边的10条道路：前海东沿（有新增雨水管线）、前海南沿（有新增雨水管线）、前海北沿（有新增雨水管线）；后海南沿（有新增雨水管线）、后海北沿（有新增雨水管线）、后海西沿；西海东沿、西海南沿、西海西沿、西海北沿。

（付振平）

【煤市街道路疏堵工程】 煤市街位于西城区大栅栏地区，北起前门西大街、南至珠市口西大街，全长1035.814米。煤市街与前门东侧路，作为市中心重要道路，承载大量公交车及社会车辆，道路路面破损严重，交通设施不完善，路边乱停车现象严重，给居民出行、车辆行驶带来安全隐患。此工程于5月12日开工，5月18日竣工，通过完善道路交通设施、增加机非隔离带护栏、标志标线，增强单向行驶通行功能，完成摊铺沥青混凝土路面18060平方米。

（付振平）

【老旧胡同小区新建及改建排水管线工程】 年内，完成59条老旧胡同小区新建及改建排水管线工程：东明胡同、金奖胡同、前毛家湾、后毛家湾、西魏胡同、大新开胡同、小新开胡同、前口袋胡同、大半截胡同、八部口胡同、辛勤胡同、白米北巷、白米斜街、糖房大院、前车胡同、南兴胡同、大乘巷、八道湾胡同、羊皮市胡同、新建胡同、井楼胡同、铜井大院、东栓胡同、力学胡同、新风北街、五路通北街、百万庄北区1号楼门前、文兴街、百万庄北里路、市委党校南门路西侧、百万庄北街、东铁匠胡同、手帕胡同、西斜街、小院胡同、小院西巷、东兴盛胡同、皮库胡同、月坛北小街、地藏庵北巷、臧家桥、天宁寺东里、培英胡同、寿长街、百合园胡同、弓子胡同、右安胡同、太平街西巷支线、新兴里支线、新安北里、新安北里一巷、鸭子桥南里一支、永定门西街北里、南菜园二支、沙栏胡同、廊坊三条、佘家胡同、崇效胡同、腊竹胡同。共计铺设管线11658.93米，修复管线1855米，砌筑雨水检查井550座。

（付振平）

【数字化城市网格管理】 区园林市政管理中心履行辖区园林绿化和市政管理职责，做好数字化城市网格化管理协调等工作，全年处理园林绿化、市政设施案件4099件，权属范围案件处理率100%，在“城市管理单位履职情况内部评价分值排名”中平均分值99.66分，排名第二。

（付振平）

【屋顶绿化】 年内，完成中古友谊小学、复兴门外第一小学、奋斗小学、中华全国总工会、第六十三中学、第十五中学、宣武外国语实验学校、宣武回民幼儿园等屋顶绿化项目15处等。其中复式9处、简式6处，总面积25867平方米。

（付振平）

环境卫生管理

【概况】 北京市西城区环境卫生服务中心（简称区环卫中心）为处级事业单位，承担区内环境卫生方面的服务性、事务性、技术性工作，并负责下属环卫作业队伍的管理工作。区环卫中心直属企业单位11个、事业单位8个，承担全区主要大街的清扫与保洁、垃圾清运及密闭式清洁站管理、公厕保洁与管理、化粪池的挖掏与粪便清运、部分街道办事处街巷清扫保洁及各种环卫应急保障任务。年内，区环卫中心在全面提高的基础上突出重点、打造精品，在作业方式、作业工艺、作业形象和管理模式四个方面取得了创新突破，进一步发挥了示范作用和品牌效应。全面推广新工艺，逐步实现干路清扫保洁精品化。充分发挥专业优势，进一步提高街巷胡同保洁的专业化水平和干净程度。在逐步实现均衡发展的同时，进一步提高环卫设施设备的现代化水平，服务功能和品质、效率得到完善和提升。着力实现环卫管理的精细化和服务的规范化，在全市环境卫生测评检查中获得全年业务专业第一名的成绩，作业质量继续保持领先水平，完成重大活动、重大节日和特殊情况的环境保障和应急保障任务。

地址：西城区北营房中街7号

邮编：100037
电话：88378410-2021

（李　玮）

【业务调整】　年内，区环卫中心根据业务发展的需要，调整部分街巷保洁作业单位的分工，裕远达中心将西长安街地区交付城市之洁中心，专门从事分类垃圾的收运工作。晟月洁中心除继续负责展览路地区保洁工作外，接管城市之洁中心负责的月坛地区保洁业务，为进一步实现街区作业一体化和加强分类垃圾收运工作做准备。针对有些基层单位作业区域广、面积大、任务重、压力大等实际情况，经中心党委会研究，对环卫三队、环卫四队、环卫五队、环卫六队等4个单位所承担工作任务职责进行调整。将环卫三队承担的公厕维护管理工作任务调整由环卫五队承担。将环卫三队承担的粪便抽运工作任务调整由环卫四队承担。将环卫六队承担的8个街道办事处中的大栅栏、椿树、天桥、陶然亭等4个街道办事处街巷保洁工作任务调整由环卫三队承担。调整后，环卫六队承担宣武门外大街至菜市口大街以西地区的广内、牛街、白纸坊、广外等4个街道办事处街巷保洁工作任务。

（李　玮）

【道路清扫保洁】　年内，区环卫中心推广新工艺、打造精品工程，全面提高道路清扫作业保洁水平，完成清扫保洁面积827.4万平方米，其中机械化清扫率达99.36%，机械化保洁率达99.36%。进一步完善夜间洗地、白天保洁作业制度，主要道路除冬季外，实行洗地、冲刷和喷雾降尘作业，洗地率96.45%、冲刷率96.14%、喷雾降尘率100%，全面提高道路机械化作业水平和洁净度。道路污物滞留时间普遍达到10分钟以内，特殊区域控制在5分钟以内，达到道路保洁的等级标准。特别是特殊地区实行机械清扫和人工保洁无缝连接，24小时运转，杜绝作业真空时间和作业段。扩大道路夜间机械化洗地冲刷作业区域，实现全面覆盖，整体水平提升。充分发挥机扫优势，扩大夜间机扫作业区域，对陶然亭路等55条大街实行夜间洗地冲刷作业，新区域洗地作业面积173.22万平方米，冲刷作业面积114.74万平方米，并实现白天喷雾降尘全覆盖。根据新作业区域的需要，建成菜户营停车场，并在新作业区域创立“六全班组”管理新模式（全员有责、全员参与、全员提升、全员管理、全员创新、全员达标）和全区夜间机械化洗扫一体化新模式，提升整体水平。不断提高机械化除雪能力及应急能力。年内，区环卫中心全面实行道路清扫保洁新工艺，不断创新出精品。在完善提高28条精品道路的同时，全面推行冲、刷、洗、拖（吸）一体化联合作业、分项保洁的新工艺，并将隔离带冲刷作业创新成果纳人新工艺。各作业单位按照分级分类管理的原则，根据不同区域的功能特点和要求，打造各具特色的精品工程。环卫一队在普遍实行新工艺的基础上，对三条主干道、四个文化街区、一条沿滨河景观大道打造“三、四、一”精品工程；环丽中心启动西长安街“神舟第一街精品工程”；环雅中心全面推广“三清三全”（清扫、清洗、清刷，全天候、全方位、全时段）作业管理模式；西杰物业中心进一步完善西单商业街全方位、立体化、无缝隙保洁服务品牌。对新承接的全区47座地下通道和44.5座过街天桥保洁新业务，根据不同区域的不同情况制定措施，采用量体裁衣式的作业方式，确保了新业务的有序交接和质量提高。

（李　玮）

【街巷保洁】　年内，区环卫中心逐步实现街巷作业专业化，街巷胡同的环境卫生水平进一步提高。根据全中心业务发展的需要，调整部分街巷保洁作业单位的分工，为进一步实现街区作业一体化和加强分类垃圾收运工作做准备。按照中心年初提出的“着力实现街巷保洁专业化，进一步改善街巷胡同卫生面貌”的要求，不断提高机械化作业程度，在道路条件允许的街巷道路利用小型电动机扫设备和小型封闭垃圾车作业，逐步形成街巷保洁新工艺，进一步建立健全街巷保洁的管理系统、质量保证体系，在质量标准、作业方式、工艺设备、作业形象等方面创立和完善新模式。街巷保洁各作业单位不断探索和创立各具特色的精品街巷，彰显区域特色，提高环境品味。西四北平房区和阜西社区、万明园社区楼房区的垃圾收集方式，完善提高为精品，产生品牌效应。西长安街“分项作业、联合保洁”的经验，被一些单位借鉴、推广。环卫三队和六队加大对8个分队的管理力度，实行“街巷保洁业务质量检查考核奖励办法”，并采取定期走访社区、公开投诉电话、主动接受市民投诉和意见反馈等办法，不断改进工作，做到“遇事不过夜、事事有回复”，管理和服务进一步精细化和规范化。专业化优势得到发挥，街巷卫生面貌得到改善。

（李　玮）

【公厕设施建设与服务】　年内，区环卫中心不断加大公厕建设及改造力度。继续按照“四个统一”（统一设施设备、统一作业模式、统一质量标准和统一服务规范）的要求，对区域内环卫设施进行建设和改造，完善设施服务功能，逐步实现设施建设的现代化、科技化、人文化水平。完成40座二类公厕、200座达标公厕、38座三类公厕修缮及改造工程阶段性任务。更换18座损坏严重的可移动式环保和生态公厕，对106座二类公厕进行除臭改造，更换1000个普通井盖为五防井盖，加大环卫设施科技含量。配合区政府重点项目整治工程，完成滨水绿道景观工程配套公厕、西豪逸景小区配套公厕建设。配合大栅栏和什刹海5A级景区建设，完成煤市街东口新建公厕前期筹备工作，制定《什刹海阜景街“十二五”期间环卫工作计划》，逐步提高景区内环卫设施建设和管理水平，与“世界城市”生态环境要求相协调。区环卫中心在工作中发挥创新意识，探索环卫作业和日常管理的新途经、新方法，提高公厕保洁质量。提出“快速巡回保洁”作业模式，缩短公厕间路程消耗时间，确保滞留物在30分钟以内得到有效清理；制作并安装二类公厕吊装洗手盆支架及二类公厕外墙灯箱支架，从细节入手，全力打造新环境、新标准下“使用一次公厕，享受一次服务”的环卫理念。二类以上公厕全部做到24小时为居民开放，建立定期征求居民意见建议制度，为百姓提供干净、舒适的如厕环境。全年共完成1201座公厕管理与保洁作业，其中二类363座、达标714座、三类68座、户厕56座。在粪便抽运作业中，按照“不满、不冒、不遗撒”的要求开展日常工作。成立应急保障队、加大设备投入、完善服务保障方案，全面部署工作，为确保公厕正常运转及各类突发事件的及时有效处理、解决提供有力保障。全年共清运粪便310152.12吨。

（李　玮）

【清洁站设施建设与管理】　年内，区环卫中心探索全新管理模式，提高对密闭式清洁站的管理水平。根据中心提出的“创精品、建品牌”的要求，打造煤市街清洁站精品工程，起到带动、引领、示范作用。更换部分清洁站内的喷雾降尘设备，在喷雾降尘功能的基础上配备高压水枪，降低了清洁站的用水量。对部分清洁站的数字化管理系统进行调试，为提高清洁站数字化管理水平奠定基础。全区77座清洁站设施设备水平和管理服务水平普遍提升，科技含量不断加大，确保生活垃圾日产日清，全年共清运垃圾546553.75吨。创新垃圾收集管理方式。对生活垃圾的收集转运逐步使用低噪音、节能环保，适合进入街巷胡同作业的压缩车辆及密闭式电动三轮车。更换1000个果皮箱和3000套街巷垃圾桶，增设100套垃圾分类收集装置，积极做好垃圾分类工作。组建分类垃圾收运专业队伍，加强分类垃圾收运管理，扩大收运范围。全年收运餐厨垃圾8533.89吨、厨余垃圾9632.29吨、回收垃圾184.2吨、生活垃圾2101吨。

（李　玮）

【信息化建设】　年内，区环卫中心继续调整及完善业务调度指挥中心功能结构设置，摸索业务信息化工作发展方向。结合各作业单位实际需求，构建业务管理指挥系统，打造具有西城环卫特色、符合现实条件的业务调试指挥中枢系统。在保障已建成的业务信息化项目正常运转的基础上，进一步加大基层作业单位业务信息改造升级力度，统一信息项目建设各项标准，按照“集中建设、分项管理，适度超前、突出重点”的建设原则，使基层各作业单位在业务信息化管理方面有所改进或突破。继续加强业务信息化管理人员培训力度，使其更好地掌握信息化系统的使用，发挥各系统的最大效能。组织开展专业作业新工艺和新模式、专业评价技能以及环卫专业管理培训，提升整体作业技能和管理水平。

（李　玮）

【渣土管理工作】　年内，区环卫中心强化渣土管理职能，建立监管信息平台。进一步加强各职能部门之间的沟通协调，对监管提供有力保障。建立建筑垃圾、工地渣土、道路遗撒综合治理长效机制，积极协调相关职能部门，形成有效合力。首次与区城管中心采用“远程对接”方式进行业务沟通，提高了工作效率。贯彻落实新的《中华人民共和国行政许可法》，4月1日起，西城区的渣土消纳证和车辆准运证申请改在区行政综合服务大厅进行受理和申请。2012年，北京市将《北京市建筑垃圾综合管理工作检查考评办法》正式纳入北京市市容环境卫生考核体系，区环卫中心贯彻联动机制，加强协调配合，开展联合执法检查行动，把集中时间连续查与划分力量间隔查、昼夜巡查与重点打击结合起来，确保24小时“全天候、无缝隙”监控。年内，区环卫中心共查处11家违规运输单位，查扣违规运输车辆50辆，由城管部门进行处罚金额为14万元。办理渣土消纳证325张、车辆准运证1600张，办证量和办证率均保持全市第一。

（李　玮）

【环境保障工作】　年内，区环卫中心强化应急保障，确保城市环境质量和运行安全。继续发扬“敬业、奉献、拼搏，争创一流”的精神，完成重大活动和各重点时段环境保障任务，注重特殊天气时的应急管理，加强扫雪铲冰工作。做好全国和北京市“两会”等重大活动市容环境保障任务；积极开展元旦、春节、“五一”等主要节日环境卫生整治行动；及时清理春节、元宵节烟花爆竹残屑；完成全国文明城区和全国卫生城区复查测评任务；完成党的十八大环境保障任务。全年完成大型保障活动80余次，其中特勤保障路线40余次、领导调研及现场观摩等环境保障10余次，各作业单位应急工作到位，全方位保障区整体环境卫生。全年共处理北京市12345电话登记单621件，区市政市容委督办单51件，人大代表建议、政协委员提案11件，政务案件20235件。

（李　玮）

【安全管理工作】　年内，区环卫中心安全教育与管理进一步加强，确保安全稳定。全面贯彻“安全第一、预防为主、综合治理”的安全生产方针，以构建安全环卫环境为目标，求真务实，扎实工作，积极督促排查安全隐患，组织开展一系列宣教活动，营造良好的舆论氛围，使各种安全隐患消除于萌芽，实现全中心安全发展的工作目标。结合实际，各单位层层签订责任书。完成新版《安全生产操作规程汇编》的编写，完善补充各种安全管理制度，在各重要节日期间，中心狠抓各项安全保卫、安全生产工作，强化防范控制措施。以“安全生产月”活动为契机，6月1日至7月23日，在中心范围内开展“安全在我心中”为主题的征文、演讲活动，提升职工的自我保护意识和安全防范能力。刻录《人命关天》《以人为本安全第一：中国启动实施安全发展战略》等安全生产警示宣传光盘发放到各单位。为推动有限空间作业规范化管理，促进有限空间作业单位及作业人员安全意识和技能水平的提高，4月5日至5月9日，组建参赛队伍，参加市市政市容委组织的有限空间作业比赛，并制定有限空间演练计划及方案定期进行安全演练，经过预赛、复赛及决赛3个阶段的角逐，最终在比赛中取得北京市市容系统二等奖、区县组第一名的成绩。区环卫中心及各单位认真开展安全生产大检查，并强化安全检查意识，以基层检查为安全基础，以重点时期、重点部位检查为安全推动的手段，提高广大职工对安全工作的认识，实现全中心安全工作的持续稳定和安全发展。

（李　玮）

【各项基础管理工作】　年内，区环卫中心劳动人事管理进一步规范，建立了和谐统一的劳动关系。建立健全《环卫中心机关机构设置方案》和《直属事业单位整合方案》，拟定《实施绩效工资方案》，基本建立起规范统一的各项劳动人事制度，进一步理顺工资关系，提高职工收入。在规范管理的基础上，建立起人力资源信息系统，实现日常各项劳动人事事务的计算机处理，为各级管理者提供及时有效的人力资源决策信息。全面建立各项数据台账并按规则及时更新，规范人事作业流程，提升数据服务质量，为事业发展提供更周全的服务。不断加强离退休职工管理与服务，把党的关怀及时送到他们身边。财务、审计、统计工作进一步加强，为事业发展提供有力保障。严格执行2012年度财政预算资金的申请与划拨工作。完成中心2012年其他资本性支出的政府采购的立项申报工作，使年度预算中安排的政府采购项目做到了应采尽采。完成中心机关及所属8个事业单位及11个企业单位2012年度的部门决算和2013年部门预算的编制及上报工作，加强了对财政资金使用的监督。在全中心范围内开展了资产清查工作，通过资产清查的自查，确保国有资产的完整和管理环节的深入落实。进一步加大对财务人员的业务培训，严格落实财经纪律和财经制度，做好财务规章制度的完善工作。对5个单位进行了财务收支审计，开展专项调查、专项审计各1项，对资产清查工作进行了专项审计，委托会计师事务所对7项基建工程进行了审计。区环卫中心连续6年被区统计局、区经济社会调查队评为“诚信统计单位”。

（李　玮）

【首届职工职业技能大赛】　8月13日至8月18日，市市政市容委在全市环卫行业内举办包括理论考试和实操比赛两部分的职工技能练兵比赛活动。6月11至6月20日，区环卫中心举办了首届职工职业技能大赛，并在全中心范围内组织开展三级选拔工作，即班组初选、所队复选、中心决选。选出24名选手代表西城区参加北京市环卫行业专业技能比赛，并获北京市首届环境卫生专业作业技能练兵比赛团体一等奖、道路人工项目一等奖、道路机械项目二等奖、3人获个人单项第一名，24名选手中有17名进入全市前三名，其中一人获得比赛唯一一名笔试成绩与实操成绩双满分。

（李　玮）

环境保护

【概况】　西城区环境保护局（简称区环保局）是西城区政府在环境保护方面的职能机构。内设机构10个，即办公室、综合法制科（研究室）、环境影响评价科、总量减排科、污染源管理科、环境安全管理科（区环境污染突发事件应急办公室）、辐射监管科、监察科、离退休干部科、机关党委；参照公务员管理科室2个，即环境保护监察一队、环境保护监察二队；全额拨款事业单位4个，即环境保护监测站、环保宣传教育科技中心、机动车排放管理站、煤改电管理中心。在职人员169人。区环保局主要职责是贯彻国家和北京市环境保护的法律、法规、规章制度；拟订辖区环境保护规划和计划；参与制定辖区经济和社会发展综合决策并监督实施；依法对辖区内单位和个人履行环保法律、法规、执行环境保护各项政策、制度和标准的情况实施环境监察；按照审批权限，对新建、改建、扩建项目执行环境影响评价制度；受理各类环境污染的投诉，紧急处理重大环境污染事故；对辖区内污染源实施管理，征收污染物排污费；组织环境宣传教育，推广科技治污新技术；组织环境质量监测和污染源监测。年内，推进《北京市清洁空气行动计划》和《北京市西城区2012年清洁空气行动计划》的实施，以改善环境质量为中心，以防治大气污染为重点，认真落实市政府大气污染控制措施，强化环境安全监管，加强污染防治，实施主要污染物排放总量控制，推进生态环境建设。主要污染物总量减排二氧化硫削减率7.03%、氮氧化物削减率为6.77%、VOC（挥发性有机化合物）削减率13.9%。

地址：西城区西直门南小街20号（北区）
邮编：100035
电话：66206461
地址：西城区鸭子桥路29号（南区）
邮编：100055
电话：63568857

（刘　惟）

【煤改清洁能源工作】　为推进“十二五”期间核心区“无煤化”工作进程，进一步改善民生，改善空气质量，按照市政府及区煤改电领导小组的计划安排，经前期摸底调查，结合供电部门的反馈意见，对西长安街、新街口、什刹海、展览路、月坛、德胜、天桥7个街道约1.1万户居民进行煤改清洁能源改造工程。在西长安街、新街口、天桥地区内分别组建3处煤改电现场办公室，设立咨询台、宣传展板，向居民发放《煤改电37问》和《致居民一封信》等宣传材料2万余份。经多部门协调，完成外线及户线改造施工，超额完成市政府下达的改造任务。

（刘　惟）

【环境审批】 年内，区环保局严格依法、依权限对新增污染排放项目履行建设项目监管职责。以污染物总量消减、提升大气环境质量为重点，开展建设项目审批验收工作。规范行政服务中心窗口工作制度，强化为企业服务意识，简化审批程序，缩短审批时限。审批建设项目427个，验收建设项目153个，执法检查1160次。

（刘　惟）

【环境监测】 年内，对降尘、废水、地表水、噪声等38个项目监测188次，获得有效数据5322个，实时掌握了解区域环境质量的变化情况。全年对纳入环境统计的工业企业进行PH值、化学需氧量、氨氮、悬浮物、夜间施工噪声、餐饮业油烟、加油站油气回收、六价铬等主要污染物进行监测。结合排污申报登记、“三同时”（建设项目中防治污染的措施，必须与主体工程同时设计、同时施工、同时投产使用）验收及环境统计工作，全面加强环境监测能力建设，为实施污染源有效监管提供科学依据。

（刘　惟）

【机动车污染排放监管】 年内，通过联勤联动长效机制强化流动污染源日常监管。加强执法力度，提高处罚效率，增加夜间执法力量，与交管部门协调，加设复兴门南、白纸坊桥、菜市口等夜查点位。对高频次使用、高污染排放的公交、环卫、邮政、旅游、运输等车辆采取突击检查、定期检查的方式进行监管。针对使用频率高、日行驶里程高的出租车进行集中检查，督促企业加强车辆排放管理。积极宣传机动车排放管理的政策法规，监管工作流程，强化对车辆维护和排气污染治理的责任意识。全年共检查机动车646964辆，其中入户检查36134辆、上路检查605782辆、夜间上路检查5043辆，落实举报5辆，共处罚超标车1517辆，淘汰老旧车辆20556辆。

（刘　惟）

【油气排放和油品监管】 年内，加强对加油站油气回收系统的监督检查和监测，确保油气回收设备稳定达标运行。全年共出动油气回收执法人员2044人次，检查加油站491家次，伴随检查油罐车81辆，抽测加油站37家次，开具《限期改正通知单》4份。督促辖区各加油站及油罐车单位践行西城区《2012年油气回收设施运行维护自保体系承诺书》，提高加油站自检自查能力。畅通各加油站设备故障的报修渠道，使报修流程和设备维修同步进行，提高整改效率。完成辖区3家加油站站内的罐井改造，并督促其他加油站完成设备更换，确保加油站油气回收系统密闭性符合标准要求。

（刘　惟）

【建议、提案及信访办理】 实行24小时值班制度，确保联络畅通；重大会议和节假日，实行局领导带班、双人值班和应急小分队在岗带班制度；健全登记制度，接到群众投诉后，对信息详细登记，在第一时间赶赴现场进行处置。采取日常检查与联合执法相结合的方式，加大信访重点案件的排查和集中治理力度。加强后督察，坚决遏止污染信访案件的反弹，确保信访的查处效果，降低重复信访的概率。年内，共受理环境信访案件2291件，主要集中在噪声、煤改电和大气等环境问题上，其中噪声772件、煤改电977件、大气477件；共接到人大建议11件、政协提案3件，主要涉及煤改电工作问题。

（刘　惟）

【扬尘污染控制】 以“五个100%”（即工地沙土覆盖、路面硬化、车轮冲洗、洒水压尘和不开发土地绿化都达到100%）为标准，加大对重点地区、重点路段、重要时期、关键时段的检查频次，督促落实《绿色施工管理规程》，继续推进扬尘污染控制区试点工作。坚持联合执法，扬尘办各成员单位有计划、有重点地按照行业、地区、集团等类别分类开展施工工地检查考评工作，详细掌握施工工地扬尘污染控制情况，加强扬尘污染违法案件移送。年内，共出动检查人员6127人次，检查工地7633个次，限期整改工地367个。与区环卫中心协作进行道路扬尘控制，加强道路的洒水机扫作业，对屋顶绿化进行维护保养和补种。加强源头控制，对全区重点地区周边施工工地进行详细调查登记，随时了解工地动态，要求施工单位制定详细的渣土清运处置方案。加强大风天气时的管理，风力达到四级以上时，责令施工单位停工，最大限度地减少和避免扬尘及遗撒污染。

（刘　惟）

【噪声污染控制】 年内，对辖区噪声功能区进行重新划定。采取多点巡查、定点抽查、加大监督频次的方式，加强对各类工地噪声的检查。严格执行夜间施工审批制度，禁止夜间进行强噪音施工作业，引导施工企业对产生强噪声的设备进行治理，并合理放置、远离居民敏感区域；中高考期间制定《西城区中高考期间噪声专项行动方案》，集中开展静音守护行动，对有违反规定产生噪声的施工企业立即要求停止施工作业；开展联合执法检查，控制商业、餐饮、娱乐业集中地区的噪声超标现象，并进行噪声污染法律、法规宣讲工作。区域环境噪声、交通噪声平均值达标率52.7%。

（刘　惟）

【危险废物和辐射安全监管】 对全区涉源及射线装置的单位进行辐射安全检查，做好Ⅲ类射线装置辐射安全许可证审批、环境影响评价审批、验收及放射性同位素备案工作，对固体废物危险废物的贮存、处置、转移加强监督检查。组织辖区内汽修企业、辐射单位负责人开展危险废物环境管理和辐射安全与防护培训。年内，依法审批建设项目环境保护审批（辐射类）22件，审批颁发辐射安全许可证44

件，放射性同位素备案128件。

（刘　惟）

【环境应急】　根据《西城区突发环境事件应急预案》，逐步完善突发环境事件的应对程序。严格执行每日应急值班制度，加强节假日及重大活动的环境保护应急值守工作，实行突发环境事件每日“零报告”制度，完善应急机制，做好应对突发事件的准备工作。及时调整补充应急装备器材和人员，开展应急演练，加强应急队伍建设和培训，提高应急响应和处置能力。依法科学处置突发环境事件，及时准确发布信息，建立完善环境安全应急防范体系，保障环境安全。年内，参与应急演练3次，督促企业举办应急演练1次，处理突发环境事件2起。

（刘　惟）

【环境污染综合整治】　开展整治违法排污企业保障群众健康环保专项行动，以严重违法违规企业和群众反映强烈、污染严重、影响社会稳定的典型环境污染问题为重点，做到处理到位、整改到位、责任追究到位；按照重金属排放企业进行全方位的检查，加强2家重金属排放的印刷企业日常监察监测，随时掌握企业重金属污染物排放情况及治理设施运行管理的情况，帮助企业完善环境应急预案的编制与备案；监督餐饮企业定期维护保养油烟净化设备，并帮助餐饮业制定净化设备使用及维修保养制度，解决餐饮业设备维修使用等问题。对餐饮油烟排放和小煤炉反弹进行检查，共检查餐饮企业3283家次，取缔小煤炉107个，出动6579人次，督促餐饮企业更换油烟净化器35个，修理净化器29台。

（刘　惟）

【水体治理】　重点加强水质巡查和监测，推进重点区域水环境污染综合治理。做好广外和德外两个水源防护区周边地区的污染源监管工作，加强对废水排放重点企业和医院污水排放的监管。继续开展《什刹海三海部分水域水华生物治理工程》，全面完成《大观园公园人工湖水质改善工程》项目，湖水透明度增加，水体质量提升。工业、餐饮废水全部实现达标排放，生活污水全部排入市政管道，重点污染源废水全部达标排放。

（刘　惟）

【环保科技】　围绕“可持续发展示范区”建设，开展课题研究，在控制大气污染、改善水体质量等方面取得成效。《西城区平房内外墙防火保温研究与示范》《什刹海4A景区商业与生态环境协调发展研究与示范项目》继续进行实施研究，《餐饮油烟中PM2.5排放规律排放量研究与师范》《西城区煤改电工程后续存在问题研究与师范》完成申报工作。环境保护信息管理系统五期完成结题验收。建立环保移动监察执法系统，利用环保管理信息系统的基础数据，为环保检查执法系统提供便利条件。

（刘　惟）

【环境宣传教育】　广泛开展环保宣教活动，引导公众关注环保，参与环保。以重大环保纪念日为契机，先后组织参与以“清洁节水中国行，一家一年一万升”为主题的纪念“世界水日”全国启动仪式和宣传活动、以“清洁节水社区行，绿色消费我行动”为主题的纪念“六·五”世界环境日活动、“关注食品包装安全、倡导绿色消费理念”环保科普讲座等。开展北京市中小学生“我爱地球妈妈”环保演讲比赛，培养学生创新精神，养成良好的环境道德意识。联合北京市动物园共同组织“自然·环境·未来”环保摄影比赛，鼓励社会各界人士运用摄影专题形式，观察、捕捉身边的低碳生活，提高公众关注环境保护的意识，共收集2081张照片。利用报纸、网络、广播、电视等宣传手段，宣传辖区环保中心工作进展、成效，提高公众环保意识，推动环保中心工作。全年共开展环保宣传、比赛活动20次，发放环保袋4500余个、各类宣传册1.8万余份。

（刘　惟）

城市管理监察

【概况】　北京市西城区城市管理监察大队（简称区城管大队）是北京市西城区人民政府领导下接受北京市城市管理综合行政执法局业务指导的城市管理综合行政执法机构。区城管大队在本行政区域内综合行使市容环境卫生管理、市政管理、公用事业管理、城市节水管理方面的全部处罚权，园林绿化管理、环境保护管理、城市河湖管理、施工现场管理、城市停车管理、交通运输管理方面的有关处罚权；工商管理方面对流动无照经营行为的处罚权；城市规划管理方面对违法建设的有关处罚权；旅游管理方面对无导游证从事导游活动行为的处罚权；市人民政府决定由城管执法机关集中行使的其他处罚权。年内，区城管大队被评为2012年度西城区依法治区先进单位、2012年度交通安全先进单位、2012年度西城区安全生产先进单位、2012年度北京市城管综合行政执法系统先进大队。

地址：西城区官园胡同8号

邮编：100034

电话：66527042

（李海亭）

【行政处罚】　年内，实施各类行政处罚5116起，罚款1801081元，罚没物品23万件，其中罚没三轮车5672辆；取缔无照经营、擅自摆摊设点11.8万起；查处黑车857辆；没收非法小广告8万张。对全区市容环境卫生、非法运营、施工扬尘遗撒扰民等13大类城市环境秩序问题实施全面管控。

（李海亭）

【政治建队】 年内，把加强队伍教育作为强化队员大局意识、法制意识、责任意识和服务意识的基本保障，作为更好地服务首都经济和社会发展大局、着力转变不适应科学发展的思想观念、工作作风和工作方法的辅助手段。一是以“高标准完成党的十八大环境保障”为中心，践行北京精神和首都城管精神。参加“践行北京精神共建美好西城”主题教育活动；组织城管志愿者深入街道、社区、企事业单位、学校等领域宣传北京精神；组织领导干部、社区群众对北京精神进行深入的分析、解读，谈感想、说感受，并在《西城城管》杂志设置践行“北京精神”专栏，组织征文演讲活动。加强“西城城管精神”的提炼和研讨，将“西城城管精神”提炼工作作为全面践行北京精神的重要举措统揽全年各项建设和工作。二是抓好队伍的教育管理，培树“队伍一流、管理精细”品牌。开展“三个意识”教育、北京精神主题教育、职责任务教育、依法履职教育、培树典型教育、撰写先锋日记教育、十八大国内国际形势教育、首都城管精神教育等15项教育活动。制定《关于2012年加强队伍教育工作的安排意见》，对分队每个月的教育内容和要求都有了详细部署。开展“四个一”活动（开展“一个主题”教育，大力进行“创服务品牌，树党员形象”活动；启动西城区城管大队第一届“人民满意的城管队员”“人民满意的城管分队”争创和评选活动；组织一个事迹报告组）。6月27日，举办西城城管大队先进事迹报告会，5名优秀共产党员代表进行事迹宣讲；组织“西城城管精神”研讨活动。开展“三个意识”教育活动（首都城管意识、首都队员意识、首都责任意识），提升城管队伍的政治素质和执法水平。三是推进“三大工程”，队伍能力素质得到提升。能力素质工程，抓好培训工作，搞好执法中的传帮带，研究和建立各级执法人员的能力素质标准体系，加强督查指导和考核工作，全面推进城管队伍综合素质的提高。年内，开展全员军训1次，法制业务轮训6次、法制专题教育4次、调研6次、法制宣传教育20余次。城管文化工程，重视和加强自身文化建设，营造良好城管文化氛围，展示城管队伍的精神风貌和工作成果。队伍关爱工程，切实维护、保障干部职工的切身利益及合法权益，关心职工、服务职工。

（李海亭）

【依法行政】 年内，依托“政务能力建设年”活动，一是抓规范管理，落实执法责任制。进一步完善千分制考核，实行一日一检查、一周一通报、一月一排名的工作机制。加大考核力度，共组织日常、专项检查630余次，发放问题反馈单787份,督办各类问题1055个，发放考核通报55期，并通过督察、纪检监察科、指挥中心等科室的联动检查，实现督察考核工作多角度、全方位。加大违纪问题的查处力度，纠正队伍中存在的在岗不履职、履职不到位的现象。二是抓学习培训，提高队伍依法行政能力。结合队伍依法履职能力实际，开展集中军训、每月轮训、骨干力量培训等多种形式的培训工作。全年举办一线执法队员、新录用人员等培训20余次。加强专项执法前期培训，出台一系列拆除违法建设的指导性意见，召开拆违专项培训会，对分队法制业务队长、法制员、法制业务骨干等70余人次，从违法建设的查处、治理、控制等方面进行专项培训，通过指导先行的方式，促进各分队违建查处、治理工作效果显著。在日常工作中，加强对执法工作的法律业务指导、检查、监督工作，提高执法质量和效能，确保人人会办案、人人能办案、人人办好案。三是抓社会监督，改进队伍工作作风。建立政风行风层级监督机制。加强内部监督检查，完善《行政执法责任制及考核责任追究实施办法》。开展行风评议活动，对城管系统民主评议中3个方面16个环境问题进行整改验收工作。制定大队2012年民主评议暨创建规范化城管分队实施方案，明确组织领导、评议内容、评议方法，做到制度保障到位。发挥社会监督作用，广泛接受社会各界和新闻媒体的监督。11月27日，接受市执法局组织的市级监督员对内城四区的集中评议，在听取汇报、查阅资料、接受提问后，监督员对大队工作给予肯定。

（李海亭）

【城市环境秩序管理】 年内，结合西城区建设的新要求，区城管大队实行大街分类分级管理，对街区进行分类管理，根据区域特性，合理配置资源、明确整治内容、执行管理标准、创新执法方式、完善考核体系，不断提升城市环境的精细化管理水平。一是实行街区分类，开展精细化管理。按照《街巷分类管理明细手册》实施街区分类管理。将全区街区划分为三类管理，即党政机关、首长驻地等政治核心区、繁华商业区、市级主要大街、大型交通枢纽、旅游景区等161个一类地区，做到预防监管到位、发现问题及时、解决问题高效，力争达到热线零举报、媒体零曝光、绩效考核零问题的管理标准；以区级大街为主的91个二类地区，实行重点时段人盯车巡，达到环境秩序井然、各类突出问题基本控制的标准；以街巷及居住小区、胡同等952个三类地区，采取疏堵结合的方式，开展“美化家园”为主题的环境整治行动，解决群众反映强烈的环境问题。并在此基础上，实行精细化管理，严格落实市容环境卫生责任区责任制，对倚门售货、橱窗乱贴乱挂、乱倒垃圾等细节性城市管理问题，做到常检查、常规范、常自律、常宣传。二是实行人盯车巡，开展弹性管控。继续采取定点、定人、定时、定责任、定奖惩的“五定”责任制，将重点地区、重点部位、主要大街、天安门周边、长安街沿线、首长驻地、党政机关等区域、重要旅游景点和商业繁华区域以及环境问题聚集、突出的乱点等点位设为监控点。结合早、中、晚环境问题多发时段，每个点位实行实名制弹性管控，将责任落实到人，严格管控点位周边各类环境秩序问题。加强车组不间断巡查，发现（群众举报）环境问题及时查处，做到环境秩序全天候、全覆盖、无缝隙、精细化管理，有效维护重点地区良好的市容市貌，保持整洁有序的城市环境。三是实行城管进商户，强化城市环境常态管理。为创新城管执法服务工作体系，全面提升城市管理精细化水平，与商户共创良好环境秩序，制定《城管进商户工作方案》，通过设立城管公示牌、发放城管联系手册等方式建立职责公示及坚持走访联系制度；在走访商户的过程中积极履职，摸清城市管理问题，建立台账，解决商区周边环境问题；依托“文明加油站”“共驻共建议事会”“商户大讲堂”“城管体验日”“进商户96310服务站”等活动，使商户了解城市管理工作，自觉维护城市环境。四是实行联合执法，开展重点治理。根据城市管理的特点规律和季节性任务，按照《2012年北京市环境秩序综合整治工作方案》要求，结合地区实际，制定《2012年西城区环境秩序综合整治工作方案》，成立西城区环境秩序综合整治领导小组，明确全年环境整治的工作目标和任务，并通过区长办公会进行专题审定，确保全区环境整治工作取得实效。

（李海亭）

【城管进社区】 年内，城管进社区工作，坚持开拓创新，在“植根社区，服务民众”上下功夫，构建群策群力的城市管理新模式。抓调查研究，扩宽服务渠道。为应对城市管理面临的挑战，树立良好的执法为民形象，3月15日至5月在全区开展互动·改变——问计于民齐调研活动，共发放调研问卷5000份，征集“进社区工作”意见建议962条，征集“城管志愿者”工作建议829条。经过启动仪式、问卷填写、汇总录入、数据分析等阶段，归纳总结出辖区居民关心的热点、难点问题，最终形成调研报告，为有针对性地开展好城市管理工作奠定基础。在城管进社区工作中，为增进社区居民对城市管理工作的理解和认可，区城管大队利用研究会网站、官方微博、《城管直通车》报纸等渠道，搭建宣传平台，提升进社区工作影响力。一是加强网络宣传，大队官方微博获评新华网“十佳微博”。为能够使更多居民了解城管、理解城管工作，大队于上年10月开通官方微博，全年发布博文67条，累计粉丝4416人；城管研究会网站发布各类文章328篇、图片246张，累计访问近3.3万次。二是加强社区沟通，多名社区队员当选新一届居委会委员。在全市社区居委会换届选举中，白纸坊分队上官中印、月坛分队夏梅芳、天宁寺分队李腾经社区居民投票选举，当选新一届社区委员，这也是全市范围内首次出现“城管委员”。三是加强志愿力量培养，人民城市人民管的社会氛围不断提高。从丰富志愿者活动入手，吸引更多群众成为城管志愿者，先后开展社区大讲堂195场，96310社区受理台1610场，民意圆桌会460场，社区暖心行动619次，各类宣传活动共计开展2884次。志愿者总数达9459人，通过开展“百名优秀城管志愿者评选”，评选出优秀城管志愿者127名。形成了全区万名志愿者共同参与城市管理工作的新局面。将切实解决群众身边环境问题作为各项工作的重中之重，先后摸排建立了社区环境问题台账，解决实际问题，社区居民的满意度不断增加。

（李海亭）

【拆除违法建设】 年内，重新修订区城管大队《行政执法责任制综合考核办法》，科学量化查处违法建设工作考核标准，进一步加大监督考核力度；制定实施《西城区城管大队查处违法建设联动工作管理办法》《西城区城市管理监察大队实施强制执行法指导意见》《公安、城管工作联动配合机制》《行政强制工作联动配合工作机制》等文件。为落实全区违法建设工作会议精神，在白纸坊地区和什刹海地区设立制止和查处违法建设工作试点，联合区综治办、区环办、区公安、区规划分局、属地街道办事处等多部门共同参与，共计专项治理违法建设216处，拆除面积3139.72平方米，消除各类安全生产隐患80余起。年内，共拆除违法建设987处，拆除面积15732.45平方米。其中及时制止新生违法建设231处，拆除面积4541平方米；查处既有老旧违法建设756处，拆除面积11191.45平方米。全年违建问题信访量同比下降8.2%，群众满意度上升11%。

（李海亭）

【环境保障】 年内，区城管大队全力保障重大政治活动和主要节日期间的城市环境。以保障十八大召开为中心，完成重大节日、“两会”、2012年上合组织北京峰会、全国卫生城区复审、中高考环境保障、十八大环境保障等任务，充分发挥了城管大队在城市环境秩序建设中的主力军作用。

（李海亭）

【挂账乱点整治】 年内，城管大队针对31个城市管理脏乱点问题，实行两级联合整治，一方面依托街道办事处、执法小分队等力量，以辖区为单位，针对脏乱点进行联合整治，特别针对345公交总站、恭王府、陟山门、宣外大街等10处市级挂账脏乱点坚持集中治理和日常管控相结合，有效改善周边环境秩序。另一方面加强与相关部门的沟通协调，针对西外南路和动物园地区开展为期1个月的环境综合整治工作。城管大队会同展览路街道办事处，组织公安、工商、交通连续对该地区进行综合整治，每日出动170人的联合执法力量，对西外南路、西外大街两侧以及文兴东街的无照游商、占道堆物、机动车乱停乱放、趴活揽客等环境秩序及交通秩序问题进行联合执法。整治期间，累计出动执法人员706人次、执法车辆165辆次，查处违法案件116起，罚款2.56万元。

（李海亭）

【八大亮点工程】 年内，区城管大队按照《2012年西城区环境秩序综合整治工作方案》的要求，开展八大亮点工程。一是核心区环境秩序专项整治。

每个重点点位按照“3名城管队员、1名交警、2名治安民警、6名城管保安”的硬性标准，每日安排3个联合执法小组，每班次12人，在“4点半至10点、10点至15点、15点至22点”3个时段，对重点点位及责任区开展不间断巡查监控和集中整治，联合执法组按照“宣传告知、即时核录、依法查处”三步走模式，对核心区重点点位开展不间断巡查和集中整治，实施违法行为“零容忍”“零指标”，确保了核心区环境秩序在十八大前明显改善。二是精品街区建设工程。对照精品大街“七无”（无照摊群、无店外经营、无堆物堆料、无乱帖乱挂、无暴露垃圾、无非法小广告、无非法运营聚集）标准、精品社区“六无”（无堆物堆料、无卫生死角、无乱停乱放、无私搭乱建、无占道经营、无重复举报）标准，继续推动精品街区建设工作；结合全国卫生城区复审、全国城市文明程度指数测评等重点工作进一步推进全区精细化管理进程。三是“双护”工程。全面加强对18所医院、55所学校周边存在无照经营、非法小广告、店外经营、黑车等问题的治理，提高整治频次。四是餐厨垃圾监管工程。明确职责分工，由城管、工商、卫生、质监、公安、市政市容委联合执法，对重点餐饮单位开展行政指导，对未按要求设置餐厨垃圾收集、储存设施以及运输餐厨垃圾中遗撒、擅自倾倒等相关违法行为进行严格查处。五是美化视觉环境工程。紧密依靠街道办事处，集中整治全区账内、账外的违规户外广告及牌匾标识。全年所有上账违规广告牌匾和指路牌全部拆除。六是服务群众暖心便民工程。通过“城管进社区”“城管大讲堂”等平台，开展服务群众暖心便民工程。七是进京第一印象通道整治工程。配合西直门地铁运营时间安排，调整管控时间。全力协调地区公安、交通等执法部门，将北站地区联勤联动执法小组贯穿日常工作中，遏制地区各类违法行为。全年共拆除违法建设8处，面积3230平方米，清运渣土垃圾2880余吨。

（李海亭）

【信息调研工作】 年内，区城管大队通过《城管监察信息》《西城信息》《北京城管信息》等信息载体，及时反馈总结城管大队工作进展情况和经验、做法，为各级领导掌握最新执法动态、科学决策提供材料。

（李海亭）

【装备科技保障】 年内，区城管大队通过积极协调，将公安、城市管理摄像头接入大队指挥中心调度室，进一步提高指挥调度的即时性和精确性，环境管控精细化初具成效。完成数字城管系统平台、指挥调度管理系统、GIS政务地理信息系统、法制业务系统、行政办公系统、车辆管理系统升级改造的验收工作。

（李海亭）

【群众监督】 年内，区城管大队办理人大代表建议和政协委员提案35件，经回访、反馈，代表、委员对案件办结满意率达100%。受理96310城管热线和区城市管理系统反馈问题，实行首问协调、现场督办、跟踪抽查、电话回访和情况通报“五项机制”，提高办理时效和质量，读取率、回复率和办结率均达100%。

（李海亭）

【宣传教育活动】 年内，推进城管公共关系建设，一是强化新闻媒体宣传。紧紧围绕大队工作重点，联系媒体开展新闻宣传。高考前夕夜查施工工地、大排档，高考期间设置爱心服务站等在中央电视台播出；《北京日报》专版报道大队典型人物宿敏、崔承巍的先进事迹；《北京日报》《北京青年报》对首次当选居委会委员的3名社区队员进行专题报道，宣传城管进社区工作的成果；“大风天气城管部门排查户外广告牌”在北京电视台《北京新闻》等多个栏目播出；大年初五“城管队员为敬老院老人包破五的饺子”在北京电视台播出。二是拓展社会宣传渠道。首次利用户外显示屏播放城管公益宣传片。在西单君太百货大楼、动物园金开利德两块户外LED大屏幕滚动播放城管公益宣传片，扩大受众范围。在各分队安装北广传媒移动电视，方便队员和群众观看96310节目。丰富城市文明加油站宣传活动内容。加强城市文明加油站常态化管理，与中国青年政治学院、35中等各大中小学和社区志愿者建立长效合作机制，定期开展活动，宣传法律法规，劝阻不文明行为，发放宣传单、温馨提示。加强重点整治行动前的宣传力度。结合“双护”“双车”“打非治违”“百日”“高考保障”等行动，设置宣传站点136个，印发《致广大餐饮服务业者的一封信》7500余封，制作悬挂宣传条幅145条，发放宣传折页、画册等材料2.07万份，开展社会宣传活动575次，向市民普及法律知识。三是用好自有媒体平台，充分挖掘宣传潜力。办好《西城城管》杂志，增设“志愿者心声”栏目，增加社区故事栏目比重，突出大队重点工作；在按期编印双月刊的基础上，出版一期《七一表彰和先进事迹报告》增刊；不断提升稿件质量，改进版面设计。被市局评选为《北京城管》杂志优秀投稿单位。四是高度重视舆情监控，提升应对突发事件的能力。在做好正面宣传的基础上，积极应对突发事件，尽最大可能减少负面新闻的影响。加强与重点媒体的联系和沟通，共接待媒体热线记者36人次。

（李海亭）

交通枢纽管理

【概况】 北京西直门综合交通枢纽地区管理委员会（简称西直门管委会）是北京市市政府派出机构，委托西城区政府代管。主要负责组织协调西直门综合交通枢纽地区社会治安、市场秩序、交通秩序、公共卫生、市政公用设施、市容和环境卫生、精神文明建设等工作，协助有关部门和单位做好地区春运、暑运及节假日高峰期的运输工作，依据城市规划完善地区服务设施，负责地区应急管理工作，负责对有关部门在地区的日常管理工作进行监督检查工作以及承办市政府交办的其他工作。设行政办公室、社会治安综合治理办公室、综合管理一处、综合管理二处（均为副处级）4个内设机构。年内，西直门管委会在区委、区政府领导班子领导下，以“服务立区、金融强区、文化兴区”三大战略为指导，以加强党建工作，开展学习教育，完善“三个机制”，落实部门职责，联勤联动,全面推进服务型政府建设为目标，加大交通枢纽地区跨越式发展，完成市委市政府、区委区政府部署的各项工作任务。

地址：西城区北礼士路10号南楼

邮编：100044

电话：88391603

（陈同军）

【完善综合管理机制】 年内，在地区的综合管理工作中，不断健全完善综合治理工作机制。建立地区综治联席会及与之相配套的治安通报、突出治安问题排查整治、述职等一系列制度。通过部署社会治安综合治理各项工作，加强成员单位之间的联系，研究解决成员单位提出的难点问题；完善地区各单位社会治安综合治理工作组织，设立社会治安综治工作联络员，健全完善重点人排查管控工作体系和组织网络，确保对各类重点工作对象及时发现、有效掌控。3月，通过签订社会治安综合治理责任书和开展平安创建活动，落实社会治安综合治理领导责任制和目标管理责任制，增强社会治安防范能力；积极推进科技创安工作，以地区城管指挥中心的建成使用实现对地区的实时监控和全方位管理。年内，通过每季度的安全生产联席会，通报安全生产情况，落实安全生产要求，加强对地区单位内部的规范和管理，扎实开展安全生产活动。6月，结合地区实际开展安全生产宣传咨询日活动、安全生产主题征文和安全竞赛、安全生产自查、安全生产应急救援演练、安全生产联合检查等系列活动，重点查处安全措施建立、责任制落实情况和影响安全生产的其他问题，促进了地区安全生产工作,并进一步完善了地区单位内部管理建章立制工作。年内，建立城市管理联席会制度，以“迎两节、保两会”“迎五一、保暑运”“迎国庆、保安全”3个百日专项整治活动贯穿全年，确保地区环境秩序良好，为党的十八大召开提供了保障。

（陈同军）

【专项治理】 年内，完成所辖区域内18间、400余平米的钢筋混凝土构制房的拆除及搬迁工作；拆除地区违法建设158间，合计3230平方米，清运渣土垃圾2880余吨。“进京第一印象工程”整治工作效果明显。协调执法部门整治地区“黑摩的、黑三轮、黑车”等违法行为，协调市政部门及时修复受损的地砖、井盖、栏杆等公共设施，协调环卫部门疏通地区内堵塞的排污下水道、增加排污过滤网，协调区绿化部门对区域内绿化带和花草树木进行修护，通知地区保洁队及时清扫卫生死角等，维护了地区的正常秩序。

（陈同军）

【地区安全生产管理】 年内，在加强地区管理的同时，通过宣传、监督、检查等多种形式，督促各成员单位落实工作职责，全面提高各单位的自律自治意识。北京北站建立健全安全岗位责任制，严格按照列车运行图指挥，确保运输安全；严格落实反恐防暴的各项要求，强化现场的巡视检查，确保了旅客出行安全。地铁2号线西直门站区等单位将工作重心放在强化车站现场管理上。通过思想教育、业务培训等方式，使工作人员端正工作态度、提高业务能力、严格岗位纪律。金融街第一太平戴维斯物业管理有限公司等单位认真落实“安全生产月活动”的指示要求，开展安全生产宣传活动，全面排查整治安全隐患，确保了单位内部安全。

（陈同军）

【建设应急处置网络】 年内，加大联勤联动、捆绑执法的力度，通过调研，制订严防火灾发生预案及遇到突发事件时的人员疏散方案、完善广场处突问题的行动预案、制订了地区在极端天气下的人员值守应急预案，完善节假日、暑运、春运、“两会”等特殊时期客流量高峰期的交通疏导方案、人员疏散方案、突发人员聚集方案。在应对节假日地区客流暴涨的问题上，城铁、地铁等部门对原有客运组织方案进行了修订。通过增设售票员、监补票人员减少乘客的等待时间，提高乘客购票进站的速度；通过增设地面不锈钢导流围栏、移动导流带及指向标志，加强地面岗位人员力量，保证乘客排队进站的秩序；通过开通员工通道分散出站客流，防止进出站客流交叉，保证乘客安全等，使地铁、城铁各车站节日期间现场客运组织工作能够跟上现场情况的变更，做到了因地制宜解决问题。京投资产公司会同北京北站、地铁运营公司等相关单位，完成西直门换乘大厅应急响应预案的草拟工作。7月、11月两次恶劣天气，西直门管委会启动应急工作方案，协调地区成员单位、城管执法分队、地区保安等加强对重点区域的检查，排查隐患，保证了广大乘客的出行安全。

（陈同军）

【宣传工作】 年内，通过设置地区城市文明加油站、发放安全宣传材料、张贴告示、发动志愿者进行引导等工作，加大对行人的疏导力度，保证市民出行安全。在地区设置交通引导标志和路线指示标志，为群众出行提供便利。结合工作实际，先后制作法律法规宣传单、宣传品近7万件，制作宣传展板6套近200块。加强同新闻媒体沟通协调力度，利用广播、电视、报刊等进行宣传，营造良好的宣传氛围。自6月起，依托北京北站广场LED屏幕，制作播放内容涵盖北京精神、区政务能力建设年、安全生产、垃圾分类、学雷锋等内容的公益广告。在党的十八大召开期间，滚动播出政治宣传口号。在“7·21”特大暴雨及其他极端天气中，及时发布各种信息，播放交通安全提示，为群众安全出行提供了便利。总计播出公益广告32项、播出时长达1500小时。

（陈同军）

【领导视察调研】 1月6日，副区长吴铁男对西直门综合交通枢纽地区春运工作进行调研，就春运期间的环境秩序、治安秩序等方面工作听取了有关部门领导的汇报。3月13日，吴铁男调研地区环境整治工作，听取相关部门工作汇报。5月21日，吴铁男调研地区拆除违章建设工作。8月9日，区委常委、宣传部部长王都伟到西直门综合交通枢纽地区调研工作，对西直门管委会在地区社会治安综合治理方面以及“扫黄打非”工作所取得的成绩给予肯定，西直门管委会相关领导参加调研。8月29日，区委常委、区纪委书记王力军到西直门综合交通枢纽地区进行工作调研，对地区各方面工作取得的成绩给予肯定。

（陈同军）

节水 防汛

节水工作

【概况】 北京市西城区人民政府节约用水办公室（简称区节水办）是主管区节水工作具有政府行政职能的事业单位，有工作人员32人。依照法规对驻区社会用水单位进行计划管理，开展创建节水型单位和节水型居民小区工作，推广应用节水新技术和改换装节水型器具，组织大型节水宣传咨询和多种形式的节水教育活动，对社会单位依法节水情况进行监督、检查。同时，依据有关法规对施工性临时用水指标、园林绿化环卫等临时用水指标、建设项目节水设施验收进行行政许可审批。依照法规对本行政区域内的节约用水违法行为进行执法监督工作。

地址：西城区南菜园街51号

邮编：100054

电话：83975296

（刘 妍）

【水资源管理】 为落实《国务院关于实行最严格水资源管理制度的意见》（国发〔2012〕3号）《中共北京市委北京市人民政府关于进一步加强水务改革发展的意见》（京发〔2011〕9号）及京水务资函〔2012〕24号文件精神，按照市水务局目标管理责任书以及《2012年区县政府绩效管理任务书》的具体要求，设定了全区年度用水总量目标值10069万立方米，年度用水挑战值9841万立方米，万元GDP耗水量下降3%的任务指标。全年全区年度用水总量为9433.8万立方米，比年度用水目标值低635.2万立方米，比年度用水挑战值低407.2万立方米。2012年全区GDP为2578.6亿元，万元GDP耗水量为3.66立方米/万元，与上年相比下降8.5%。完成2012年制订的绩效挑战值。

（刘 妍）

【老旧小区透水地面铺装改造工程】 年内，老旧居民小区公共地面铺装改造工作列入市政府折子工程。截至年底，西城区完成3处小区的改造任务，共7367.5平方米，对小区内的人行道路、车行道进行修整改造。

（刘 妍）

【居民家庭节水器具换装工作】 老旧小区居民家庭节水器具换装工作是2012年为民办实事项目，区财政投入专项资金35万元，共换装节水便器水箱1500套，此项工作于10月完成，每年可节水达1.134万立方米。

（刘 妍）

【一户一水表改造工程】 一户一水表改造是区政府投资改善平房院居民用水条件的惠民工程，2012年西城区政府为民办实事项目，投资6500万元，完成1.2万户改造任务。截至年底，2012年新建项目完成7902户，完成计划的66%。

（刘 妍）

【中水、雨水利用工程】 区政府将中水、雨水利用项目列为2012年的折子工程，投入资金3083万元，新建中水、雨水利用工程22处，全部完工。其中铺装透水砖面积共37751.6平方米；渗水井26个；雨水收集池2座，容积270立方米；铺设路牙8651延长米；铺设渗水管932延长米；更换各种管线4000延长米；建造水表井、阀门井等34座；绿化改造3510平方米。

（刘　妍）

【定额用水管理】 年初，下达计划管户5194户，下达指标总量2520万立方米。截至年底，共有管户5408户(有效管户5116户、预增292户)，其中年内新增用户和临时调整用水指标量为227.7万立方米。区年度区属非居民实际用水总量为2237.18万立方米，全年西城区下达的计划用水指标未超出北京市水务局下达的计划总量，全区用水单位年实用量未超过西城区下达的指标量。

（刘　妍）

【超定额用水累进加价收缴工作】 年内，通过实行最严格的水资源管理制度，采取严格收取超定额超计划用水累进加价费的措施，促使用水单位提高用水效率，降低全区用水总量以实现用水挑战值。采取电话催缴、上门催缴、下发二次催缴通知单、行政许可窗口告知等形式处理超定额用水加价。全年共解决加价779户次，收取超定额用水水资源费112.47万元。按照市节水目标责任书要求，完成全年9次累计预警工作，预警下发户次8444次，预警下发户数4125户，督促区属各用水单位查找超定额用水原因并实施整改措施，避免考核期出现超定额用水情况。

（刘　妍）

【街道用水计划分解管理】 市水务局年初指标下达总量为2520万立方米，区节水办进行数据测算后，合理分配到15个街道办事处、11个相关系统，并通过各街道办事处、系统节水员仔细核对后下发到区属各用水单位。区节水办与街道办事处、系统协作完成年初指标下达工作。

（刘　妍）

【对特殊行业用水检查】 节水宣传周期间，区节水办联合各街道、系统对本区域、本系统内的洗车、洗浴等高耗水行业及用水单位，开展节水监督检查。检查洗车站点68个、洗浴场所8家。为进一步加强城市节水管理，科学合理利用水资源，西城区根据《北京市节约用水办法》相关规定，对辖区内现场制、售饮用水机进行摸底调查和统计，共调查240处。对相关单位和个人发放尾水设施专项检查的通知，要求各制售水企业及个人根据法规进行自查和整改。

（刘　妍）

【节水创建工作】 年内，区节水创建工作以健全制度作为保障，实行节水管理工作目标责任制，创立工作多级联动网络。领导多次专题调研、督导，聘请市节水管理中心技术人员进行创建培训，全年共召开创建进度会16次。统一创建材料标准，制作与创建工作同步的多媒体幻灯片。全年完成创建市级节水型单位23个、节水型小区6个，超额完成年度创建任务。

（刘　妍）

【节水行政许可】 年内，在区行政服务大厅设立节水行政许可窗口，受理社会单位临时用水申请。全年受理节水行政许可635件，其中园林绿化环卫性等临时用水行政许可592件、施工性临时用水行政许可14件、建设项目节水设施施工验收行政许可29件。区节水办会同区信息办进行相关数据调研，提供行政许可填写模版，实现行政许可网上审批功能，成为全区第一个实现行政许可网上审批的单位。网上审批过程严格按照《西城区人民政府节约用水办公室行政许可暂行管理条例》中要求的时限、权限高效办理。窗口工作全年实现接待“零投诉”，接待咨询人数1500人次。

（刘　妍）

【游泳馆淋浴设施改造工程】 年初，针对区政协第313号“关于继续在游泳馆推广淋浴节水龙头的建议”的提案，区节水办相关业务科室多次组织研究讨论，赴现场勘查，制定工作方案，明确职责分工，全年完成6所学校改造工程，分别为北京市第44中学、北京市第39中学、北京市第159中学、北京市第三中学、北京市实美职业学校、北京市第八中学，6所学校游泳馆共改造57个喷淋设施，实现了喷淋设施插卡计时计费的功能，年节水量为8872立方米。

（刘　妍）

【绿化微喷改造】 年内，完成万博苑门前绿地再生水喷灌节水改造工程1项，改造面积6200平方米，安装喷灌喷头56个、取水阀7个，改造水井1个，铺设管线991米，管线平均埋深80厘米。经改造，减少了大水漫灌时的水分蒸发，节约人力物力和绿化灌溉用水，提高了绿化养护管理水平，提升了小区的整体景观效果。经估算，年节水量为3900立方米以上。

（刘　妍）

【洗车站点中水改造】 年内，投资9万元，完成3个洗车站点的中水改造，年节约自来水3000立方米。

（刘　妍）

【雨污水支线改造】 西城区雨污水支线改造建设工程是对管道年久失修、易堵塞、雨季积水严重的无主管线进行统一修缮的为民办实事工程。该工程涉及椿树、大栅栏、广内和牛街等4个地区，共计79处，共计改造管线2559米，铺设透水砖面积共计3850平方米。

（刘　妍）

【节水示范园区建设】 年内，推进马连道茶叶一条街节水型示范园区建设工作，以提高茶商节水意识为切入点，开展多种形式的节水宣传活动。向3000余户茶商发放节水倡议书；指导其建立健全管水机构和用水制度；加强对用水设备、设施的巡视检查；召开座谈会；在主要大街设立节水广告；开展节水执法检查等工作。通过创建节水示范园区，培养了单位低耗水的用水习惯，提高了用水效率、普及节水型器具，所有商户使用的器具全部符合节水标准。

（刘　妍）

【水务普查工作】 按照国务院水利普查办公室工作部署和北京市水普办工作计划安排，水务普查工作于上年底从普查对象清查阶段转入普查数据全面获取、系统录入、质量控制、成果分析阶段。3月，区水务普查工作会召开，会议要求负责调查任务的区统计局调查队和市水科所，必须严格执行市水务普查年度计划部署及季度关键节点控制工作进度。通过对全区797家被调查单位和200户居民家庭用水的普查，完成清查名录、建立台账、辅助台账、普查数据获取及软件系统录入、质量控制、抽查验收、档案验收等工作任务。

（刘　妍）

【节水执法检查】 年初，根据区长王少峰指示，加强对“野滑”（非指定区域滑冰）的监管力度，制定《西城区关于开展禁止在非指定区域内“野滑”专项整治行动工作方案》，成立领导小组，采取集中检查和分散自查的方式，对“野滑”行为的劝导和管理，共处理“野滑”行为30余起。

（刘　妍）

【节水宣传工作】 年内，区节水工作以“做文明有礼北京人，节水护水我先行”为宣传主线，以《北京市节约用水办法》为宣传重点，利用多种渠道，抓住宣传关键节点，采取有效措施，扩大宣传形式，开展了一系列的主题宣传活动。“世界水日”和“中国水周”期间，在北京市第二医院门前设站开展宣传，展示节水展板10块、横幅14条，发放自制宣传彩页2000份、发放各种节水宣传品200余件。3月27日，区节水办与区志愿者联合会共同招募节水志愿者，在西单图书大厦“蓝立方”开展增强公众保护水资源的主题宣传活动。5月13日，在大观园公园南门广场设立节水宣传主站，发放节水宣传彩页1万份、其他宣传品1万余件。全区15个街道近90个社区根据自身特点，采用展板、横幅、宣传册、发放节水宣传品等形式开展节水宣传，共设立90个宣传站，1000余人参与宣传活动，制作横幅60幅、展版45块、黑板20块、发放环保袋500个、发放宣传单和折页9800余份。5月14日，在北京小学举办“做文明有礼的北京人、节水护水我先行”为主题的校园节水减排活动。在展览路街道、什刹海街道、新街口街道、大栅栏街道等单位，以节水大讲堂的方式进行宣传，普及节水知识和相关法规，全年共开办节水大讲堂6场。在德外、鼓楼、樱桃二条等大街设立大型节水公益广告，宣传《中华人民共和国水法》《中华人民共和国水土保持法》。在椿树园、华裕园等10个小区建设节水宣传栏，为辖区人民提供节水相关法规依据及节水知识。

（刘　妍）

防汛工作

【概况】 北京市西城区人民政府防汛指挥部办公室（简称区防汛办）设在西城区市政市容管理委员会。根据《中华人民共和国防洪法》和《北京市实施〈中华人民共和国防洪法〉》赋予的职权，主要负责对西城区域内预防、抢险、避险、救灾等安全迎汛工作。年内，北京地区发生61年以来的“7·21”特大暴雨自然灾害，西城区快速进入应急状态，多部门连续作战，全社会救灾，防汛抢险工作指挥有力，措施到位，防汛系统经受了考验，完成安全迎汛任务，是北京市唯一实现“不塌房、不伤人”的工作目标区。

地址：西城区南菜园街51号

邮编：100054

电话：88395306

（戎爱芳）

【雨情汛情】 雨情汛情特点：一是降雨频繁。6月1日至9月15日，西城区共降雨41次，降雨总量806毫米。其中6月降雨14次，7月降雨16次，8月降雨7次，9月份降雨4次。降雨总量主要集中在7月，达425毫米,占整个汛期雨量的近60%。二是局部地区暴雨多。汛期降雨分布不均，大部分降雨量集中在城区南部，局部暴雨天气多、瞬间雨量大。出现中雨以上降雨19次，其中中雨13次、大雨3次、暴雨2次、特大暴雨1次。较强的“6·24”平均降雨量74.3毫米，广外街道降雨量达90.0毫米；“7·30”平均降雨量75.45毫米，牛街街道降雨量达106毫米。三是突发性灾害较为严重。由于降雨频繁、局部降雨量大，突发灾害性强，特别是“7·21”特大暴雨导致全区出现险情较多。据不完全统计，6月1日至9月15日，全区发生房屋漏雨11074间，道路积水66处，房屋及地下室进水1886间，路面塌陷354处，人防工程险情32处，危险树木461株（其中伐除74株，修剪、扶直387株）等险情。

（戎爱芳）

【防汛排查工作】 上年11月至年内2月底，督导各部门排查所辖区域内的私房、直管公房、单位自管房、教育用房、商业用房、人防工事、在施工地、拆迁工地、道路、树木等。共查直管公房10.01万间，其中平房97391间、中式楼3543间，楼、平房总建筑面积169.91万平方米；单位自管房165.67万平方米，其中平房134.21万平方米、中式楼房12.06万平方米、简易楼房19.4万平方米，楼、平房总建筑面积165.67万平方米；私房74.57万平方米，其中平房72.35万平方米、中式楼房1.56万平方米、标准租私房0.65万平方米。

（戎爱芳）

【落实防汛领导责任制】 年内，西城区成立由区长王少峰任总指挥，副区长吴铁男任常务副总指挥，区公安局局长、区武装部部长和其他副区长任副总指挥，以及相关部门为成员单位的防汛指挥部领导指挥机构，15个街道和相关责任单位也分别成立地区防汛分指挥部，做到条块结合、各司其职。坚持行政首长负责制，区长负总责，副区长分片包干的迎汛工作责任制，做到组织领导落实。汛前，区防汛办制定下发《西城区2012安全迎汛工作要点》《2012年防汛指挥部领导成员名单及安全迎汛职责的通知》等文件，明确迎汛工作目标、任务和职责。5月31日，召开区防汛指挥部2012年迎汛工作动员部署会议，王少峰与15个街道办事处、10个防汛职责单位签订《安全迎汛责任书》。

（戎爱芳）

【落实防汛物资和抢排险队伍】　区防汛指挥部组建13支共3685人的应急抢险队伍，其中专业队伍10支共2335人（由区住建委、区房管局、区房地中心、区民防局、区园林绿化局、区教委、北京宣房投资公司、区园林市政中心、区环卫中心、区卫生局等组成），机动队伍3支共1350人（由区武装部、武警一支队、武警七支队组成）。全区有134辆抢险机动车辆（铲吊车20辆、运输车114辆），储备编织袋3.42万条，麻袋4.21万条，无纺布7680平方米，发电机46台，大型工程作业灯100台，铅丝10.92吨，水泵158台，桩木182.5立方米，救生衣162件及沙石料等抢险物资。“7·21”暴雨后区防汛办为武警一支队、武警七支队补充铁锹400把、救生圈100个、救生绳400米、救生衣100件、皮划艇4个、强光手电筒110个、强光安全帽100顶、雨鞋100双、抽水泵10台、膨胀麻袋300个。其他各部门自行补充油锯50台、发电机42台、疏通机30台、潜水泵10台、无机料250吨、步道砖120米、冷拌沥青混凝土80吨、排水管100米。为解决汛期突发灾情快速疏散居民紧急避险的问题，在15个街道各设立两所学校，共30所学校作为地区居民汛期紧急避险疏散场所。

（戎爱芳）

【防汛综合演练】　7月2日下午，区防汛指挥部在陶然亭中信城拆迁工地举行防汛综合演练。市防汛抗旱指挥部办公室副主任张平平、市交通委员会安全应急处副处调研员苏根成、副区长兼防汛指挥部常务副总指挥吴铁男、区市政市容委主任刘成东、陶然亭街道办事处机关工委书记王效农等活动。由陶然亭街道、区卫生局、区园林市政中心、北京消防总队二支队、宣房投资公司、鑫宣市政公司、交通支队、中信城房地产公司、北京市排水集团等多家单位组成的专业应急抢险队伍，重点围绕医疗救护、树倒压房抢险、屋漏雨抢险、道路积水抢险和道路塌陷抢险5个科目进行了演练。

（郭彦博）

【检查督导】　年内，西城区委、区政府领导把迎汛工作作为维护社会安全稳定的一项重要工作，加大领导和指挥调度力度。特别是“7·21”暴雨前后，区长王少峰与带班区领导连续在区政府指挥中心值守，组织处置各种汛情、险情。汛中，区领导多次带队对城区在建工地、危房、低洼院、道路积水、危树等重点部位进行检查。“7·21”前后，王宁、王少峰和其他区领导分别带队检查全区防汛工作，现场协调解决问题隐患。7月22夜，虎坊路7号楼西侧发生地面塌陷，王少峰、苏东于凌晨1点赶到现场，指挥抢险人员设置警戒线，警戒标志，组织疏散人群，防止次生灾害，险情得到有效控制和及时处理。7月25日，王宁、王少峰等区领导带队检查三井胡同18号、20号，杨梅竹斜街25号低洼院落情况，听取了居民意见。7月30日，副区长吴铁男带队对双槐里地下室雨水倒灌、光源里小区老旧平房区、庄胜二期拆迁工地的老旧房屋等重点部位进行雨中巡查。苏东、李岩等区领导也分别带队进行雨中巡查，对发现的问题现场协调处置。

（戎爱芳）

【“7·21”特大暴雨应对情况】　7月21日，北京发生特大暴雨自然灾害，西城辖区内自21日10时许开始出现暴雨天气过程。截止7月22日早7点30分，全区平均降雨238.64毫米，最大降雨量大栅栏街道324.5毫米，最小白纸坊街道195.8毫米，是自1951年以来（61年）的最大降水量。区防汛办连夜由南菜园51号2号楼搬至二龙路西城区政府应急指挥中心与应急办合署办公，所有人员全员上岗、连续作战。据统计：全区共有6158人在岗值班备勤，其中处级领导150人、值班人员1560人、抢险备勤人员4448人。共出动抢险人员3471人，出动抢排抢车辆311台次，外出巡查人次5546人次。一是加强布控。7月20日下午，按照市防汛办通知和西城区区委、区政府指示要求，通过800兆电台、区政务短信平台、政务OA网等渠道，通知各单位做好应对强降雨准备，启动应急预案，抢险队伍、物资、设备到位。二是及时处置险情。7月21日至7月22日10时30分，全区共接报险电话2634个：房屋漏雨2487处、房屋和院内进水270处、道路积水104处、路面塌陷31处、树木倒伏20棵、树倒砸车5辆、树倒砸房1处、民房和地下室进水74处、人防工事进水19处。展览路街道人民医院主楼地下室及黄瓜园社区京华骨科医院北楼、中楼2处共50间地下室进水情况极为严重，人民医院主楼地下室进水最深达4米，黄瓜园社区北楼、中楼水深达0.6米至1米。接到警报后，区防汛指挥部立即调动展览路街道、区房地中心、区消防支队等相关职能部门组织精干力量第一时间到位，迅速开展处置工作。险情于凌晨0时25分排除。此次抢险共出动抢险人员119人，抢险车辆10车次，现场无人员伤亡。“7·21”暴雨中新街口街道、广内街道、广外街道紧急转移人口共85人。三是加强雨后检查。7月22日、23日、25日区政府召开视频会议，安排部署雨后检查和维稳工作，区委书记王宁、区长王少峰等带队对灾后一些重点部位进行检查。区房管局、区房地中心、宣房投资公司对“7·21”当晚居民报险情况进行回访，对三、四类房进行彻底检查；公安分局配合街道办事处、房管部门联合对全区私房、单位自管房进行入户检查，对存在危险的房屋由房管部门出具《危房通知书》。四是加强维稳。及时收集雨中情况与雨后灾情，立即采取救灾措施，施行公共责任险公共责任险，化解矛盾，确保社会稳定。

（郭彦博　戎爱芳）

【防汛宣传和汛期值班】　汛前，区防汛办和各街道分指、房管部门向平房区发放《安全避险宣传手册》和《致居民汛期的一封信》。5月18日，市防汛抗旱指挥部办公室与区防汛指挥部办公室联合在宣武公园举办“防御洪涝灾害，促进人水和谐”为主题的宣传活动。此次活动共发放安全避险宣传材料2000余份。同时，以15个街道为单员，针对危旧房屋、低洼院落、地下室等汛期险情易发重点区域、发放宣传材料1万余份，提高公众防范避险能力，引导群众安全度汛。6月1日进入汛期，区、街两级防汛指挥部加强防汛值班，领导带班，做到防汛电话24小时有专人值守，保证通讯畅通。坚持实行每天呼叫点名制度，确保上联下通、指挥顺畅。年内，在应对几次强降雨过程中全区15个街道和承担防汛抢险任务的职责部门，共36733人次在岗值班备勤，其中处级领导1500名、值班人员10020名、抢险人员25213名，出动抢排险车辆2840余台次，出动抢险、巡查人员12560余人次。

（戎爱芳　郭彦博）

【汛期预警发布和信息报送】 汛期，区防汛办通过西城政务短信平台和800兆电台共发布天气预警通知28次，及时通知各成员单位天气情况，提前做好应对降雨过程的准备。上报汛情快报19期，各类工作信息、报表50余篇。

（戎爱芳）

消防　防震

消防工作

【概况】 西城区公安消防支队（简称西城消防支队）是一支“现役体制、公安管理、政府职能、地方工作”的现役部队，隶属北京市公安消防总队，为一类支队。7月，原西城区第一公安消防支队与原西城区第二公安消防支队合并为西城区公安消防支队，副师职单位，下设司令部、政治处、后勤处、防火处4个部门和府右街中队、西直门中队、金融街中队、什刹海中队、广安门中队、大栅栏中队、东经路中队7个消防中队。西城消防支队共有干警464人，各类执勤备防车辆48辆，配备器材装备共11类322种25623件；所辖全区15个街道。全年共接警2146队次，其中火警1254队次，抢险892队次；执行现场勤务973队次，完成春节、全国“两会”、上合峰会、“7·21”特大自然灾害、涉日维稳、中秋、国庆以及党的十八大等重大消防保卫任务，保持了火灾总体形势和队伍管理双稳定。

地址：西城区府右街133号

邮编：100031

电话：66069696

（秦　燕）

【市局督查除夕夜执勤备战工作】 1月22日21时，市公安局督查组李朴一行3人到西城消防一支队，就除夕夜执勤备战等各项工作情况进行现场督查，并与西城一支队领导陈亚军、王振宇、李竞等座谈。

（孟　宁）

【检查春节期间商场市场消防工作】 1月23日（农历正月初一），西城公安分局副局长何立民检查西城区商市场、人员密集场所春节期间的消防安全工作，结合春节消防安全保卫和冬季火灾形势，提出指导意见。西城区第一公安消防支队支队长吴清松以及派出所和社区居委会主要领导陪同检查。

（张　磊）

【春节消防安保工作】 1月24日，西城一支队成立3个商场市场检查组、8个社区弱势群体帮扶指导组，重点对商场市场节日期间值班值守、消防设施运行情况进行检查，对建筑外墙保温安全防护措施落实情况进行重点抽查，对街道办事处、社区、公安派出所开展可燃物的清理，特别是鳏寡孤独、独居老人、拾捡破烂者家庭存放可燃物的清理及采取一对一的帮扶措施落实情况进行了全面督导。据统计，全区出动各种力量参与宣传、清理可燃物2500人次，清理可燃物13.6吨，发放宣传资料3200份，对1586名空巢老人、445名长期患病者、392名生活不能自理的老人、520名精神病人以及其他42人建立帮扶台账，落实有效看护措施。

（刘海丰）

【元宵节消防安保工作】 2月6日，2012年元宵节烟花爆竹安全管理工作电视电话会议召开，重点强调消防安全，要求区属各职能部门全力以赴元宵节消防保卫工作。区政府办、区应急办、西城公安分局、消防一支队、消防二支队、区安监局、区商务委、区城管大队等部门在区政府主会场参加会议，各街道办事处通过视频参加会议。会议之后西城第一支队组织西城北区7个街道、17个公安派出所、148个社区的工作人员和近千名社区消防志愿者对全区建筑屋顶、平台及其它部位的人工绿化塑料草坪等部位的可燃物进行了全面清理。

（张　磊）

【“两会”消防工作】 2月7日，西城第一支队联合派出所对辖区涉及“两会”场所周边的餐饮单位进行消防知识培训。西城第一支队监督员结合1、2月份发生的几起火灾案例，讲解火灾隐患的消除、火灾的扑救和应对、火灾中的逃生技能等内容。在户外现场演示使用手提式干粉灭火器、启用墙壁上的消火栓、进行人员的安全疏散等内容，并组织参训人员体验。2月19日，西城第一支队在“两会”代表驻地开展夜间实兵实装拉动演练，检验支队所属中队的快速反应和跨区域协同作战能力，提高各岗位人员的随机处置能力。3月3日，市委常委、市公安局党委书记、局长傅政华深入“两会”勤务现场视察新式车辆装备，了解首次用于“两会”执勤现场的背负式压缩空气泡沫灭火系统、现场勤务指挥箱、应急处突救援包、二氧化碳灭火器、轻型消防摩托车等最新车辆装备的性能参数与灭火效果。3月5日，副区长吴铁男带领西城消防支队、区安监局、区住建委、区商务委、西城工商分局、西城质监局、展览路街道对动物园服装批发市场周边世纪天乐、金开利德、建工学院工地三家单位进行安全检查。

（宁传一　夏春杰　王睿诚　张磊）

【抢险救援课题组到西城第二支队调研】　3月1日，武警学院研究生部抢险救援教研室副主任王楚雄、灭火指挥研究室大校姜连瑞，中国科学院研究生院博士姜卉等到西城第二支队广安门中队调研，了解在火灾现场实际处置过程中的做法和心理压力承受情况，并运用层次分析方法建立指标体系，通过具体衡量的指标、业内专家的评审、大量样本的分析，旨在制定出一套切实可行的全国消防基层指挥员考核标准。

（王宗元）

【辖区公众娱乐场所负责人消防培训】　4月6日，西城第一支队联合治安支队组织辖区内娱乐场所负责人进行消防安全培训。西城第一支队宣传员分析公共娱乐场所的消防安全状况，概括全区文化娱乐场所在消防安全工作中所面临的问题，就进一步提高全区文化娱乐场所消防安全“四个能力”建设水平等方面进行讲解。

（张　磊）

【市“五一”劳动奖章获得者慰问活动消防保卫工作】　4月26日，中央政治局委员、中共北京市委书记刘淇来到北京市职工服务中心参加北京市“五一”劳动奖章获得者慰问活动。西城第二支队党委召开专题会议研究部署消防安全保卫任务，严密部署、合理安排，执勤官兵坚守岗位，严守纪律，完成消防安全保卫任务。

（范志新）

【领导调研指导工作】　5月15日，北京消防总队总队长张高潮到西城第一支队调研指导工作，就部队网格化防控体系、灭火救援能力建设等问题与支队在家班子成员进行座谈。支队长吴清松就支队网格化消防安全管理、“五到位”工作法进展情况，开展消防平安三号行动以及全力备战十八大消防保卫任务的具体情况进行详细汇报。6月1日，西城公安分局何立民副局长到西城第一支队就4个重点勤务工作、消防安全“网格化”管理工作、街道消防工作站建设等工作进行调研指导。

（刘海丰）

【动物园地区消防专项整治推进会】　6月1日，动物园地区消防专项整治推进会召开，进一步加大动物园地区大型服装批发市场的专项整治力度，规范商市场的消防安全管理。副区长吴铁男主持。西城第一支队防火处处长王俊杰以及区安监局、西城公安分局、区商务委等部门主要负责人参加会议。

（刘海丰）

【参加突发事件应急演练】　6月26日，西城第二支队参加大栅栏街道组织开展的突发事件处置演练活动，区红十字会秘书长李晖、区安监局副局长纪军东、西城第二支队支队长王江凯等出席活动。区相关部门工作人员及辖区居民300余人参加演练。

（王宗元）

【组建新西城区公安消防支队干部大会】　7月20日，组建新西城区公安消防支队干部大会召开。新西城支队军政负责人周士涛、吴清松，原西城第一、第二支队全体干部参加会议，李进、何立民分别代表北京消防总队和西城分局出席此次会议。会上宣读了《北京市公安局关于组建成立新的东城区西城区公安消防支队的决定》《落实新西城消防支队编制工作实施方案》。

（李　笑）

【参加“7·21”特大暴雨抢险救援】　7月21日至22日凌晨，北京发生特大暴雨。西城支队官兵迅速出动，排洪抢险，营救被困群众。府右街中队全体官兵在防汛抢险救援任务中严格按照总队指挥中心命令要求，于7月21日20时30分，7名官兵随一部水车赶往受灾严重的房山区，加入到防汛抢险救援的最前线。参战官兵连续奋战12小时，共计浸泡雨水中8小时，营救被困人员25人，抢救遇险车辆4部，处置各类救援现场15处无一闪失，最大限度地发挥了单车救援的能力。

（李　强）

【领导慰问】　8月1日，市局党委副书记、副局长丁世伟在北京消防总队总队长张高潮、政委吴志强、司令部参谋长李建春的陪同下，到西城支队金融街中队、什刹海中队慰问基层官兵。支队军政负责人周士涛、吴清松携部分班子成员参加慰问。9月13日，区领导王少峰、杜灵欣、苏东、陈思源、李书兵、范宝、吴铁男等慰问全体官兵。北京消防总队总队长张高潮、副总队长李进应邀参加慰问。

（张大伟　刘海丰）

【消防工作联席会议暨十八大消防安保部署会】　9月5日，区防火委召开2012年度第三次消防工作联席会议暨党的十八大消防安保部署会。通报消防车道专项治理情况以及全区火灾形势，重点对区域整治以及党的十八大消防保卫工作进行再部署。区防火委主任、副区长吴铁男，区政府办副主任海峰，区公安分局副局长何立民，西城支队军政负责人周士涛、吴清松以及区防火委成员单位主要领导参加会议。

（谢忠宇）

【政治中心区首场高层居民疏散演练】　9月10日，西城支队、西长安街派出所、西长安街街道办事处联合在西城区西单佳慧雅园小区内举行长安街沿线首场高层居民疏散演练和消防培训。演习活动得到了北京高地物业公司的支持和小区居民的配合。

（赵怀胜）

【施工现场十八大消防保卫动员部署会】　9月11日，西城支队召集辖区

40余家建设工程施工现场的建设、施工、监理单位负责人共计100余人参加十八大消防保卫动员部署会。

（刘海丰）

【国庆期间景点消防安全】 9月30日，区领导苏东、杜灵欣、吴铁男等先后来到北海公园、什刹海等旅游景点，检查节日期间消防安全管理工作，并慰问现场执勤官兵。10月1日，西城区召开旅游景点消防安全工作协调会。按照区政府的统一部署，10月2日晚，副区长吴铁男在区公安分局、区综治办、交通、街道办事处以及属地派出所等部门负责人的陪同下，对国庆繁华旅游景点北海公园、什刹海地区进行了联合消防安全检查。10月3日，公安部消防局局长陈伟明等到西城支队什刹海中队检查指导工作，并慰问基层官兵。北京总队总队长张高潮、政委吴志强等及西城支队领导陪同检查。

（刘海丰）

【十八大消防安全保卫工作】 10月18日，西城区在北京音乐厅召开政治中心区党的十八大消防安全保卫战攻坚决战动员部署会，首都政治中心区、西长安街地区、大栅栏地区、金融街地区重点单位的消防安全责任人、管理人、一般单位负责人、18个社区居委会主任、68个消防小网格格长800余人参加会议。10月30日，市委副书记、政法委书记吉林，市委常委、市公安局局长傅政华，市委副秘书长、市委政法委常务副书记李伟，市委政法委副书记、首都综治办主任滕盛萍等领导到西城消防支队府右街中队检查执勤战备情况，慰问基层部队官兵。10月30日，副市长洪峰带领市安全监管局、市质监局、市燃气集团、市电力集团、市热力集团等单位领导对西城区燃气集团调度中心、外交学院、十八大代表驻地等单位进行消防安全及维稳工作的实地检查。10月31日，西城支队举行向党旗宣誓暨十八大保卫出征仪式。西城支队100余人参加宣誓出征仪式。11月4日，西城支队副支队长刘永利带队到西直门宾馆勤务前沿指挥部就十八大期间西直门宾馆的相关勤务工作进行协调部署，西直门中队干部以及负责来队增援、备防的通州支队梨园中队、朝阳支队亚运村中队干部参加会议。11月10日，北京消防总队副政委高振林等到西城支队调研指导工作，对十八大消防保卫勤务任务工作进行重点提示和部署。11月13日，市局政治部现役办主任谌再来等到西城支队府右街中队、人大宾馆代表住地执勤点，慰问一线执勤官兵。

（刘海丰　赵怀胜　范智新　李笑　张磊）

【检查长安街沿线社会单位消防安全】 11月14日晚，区委常委、西城公安分局局长陈思源带队，重点对长安街沿线夜间营业性场所的消防安全情况进行突击检查。西城公安分局副局长何立民、消防支队支队长周士涛、防火处处长杨建军等陪同。

（刘海丰）

【联合制作防火专题节目】 12月9日，西城消防支队联合北京城市服务管理广播《消费直通车》栏目，制作餐饮场所火灾防控专题节目。节目提示听众，不要因为餐饮场所火灾高发而产生一种消费恐慌。只要掌握了正确的消防安全操作规程，大多数的餐饮场所还是相对安全的。

（陈　岩）

【地铁再熟悉再调研动员部署会】 12月11日，西城支队组织辖区所属各中队主官和专勤班长在支队会议室召开地铁再熟悉再调研动员部署会，提升部队应对地铁灾害事故的处置能力，夯实地铁灭火救援基础工作，司令部参谋长周胜、副参谋长李正汉等参加会议。

（王宗元）

【召开政府常务会议研究消防安全工作】 12月13日，区长王少峰主持召开第35次政府常务会议研究全区消防安全工作，总结十八大消防保卫工作，进一步做好圣诞节、元旦消防保卫以及2013年消防工作。区领导苏东、梁昌新、陈宁李岩、杜黎彬、孙硕、吴铁男以及区属相关职能部门和各街道负责人参加会议。

（谢忠宇）

防震工作

【概况】 西城区地震局（简称区地震局），是西城区防震减灾工作的主管部门，与区民防局合署办公，承担西城区防震减灾工作职能。年内，区地震局被市地震局评为防震减灾宣传先进奖。

地址：西城区西单横二条2号华恒大厦4层

邮编：100031

电话：88064820

（宗绍杰）

【地震安全示范社区建设】 年内，经过实地考察调研，重点抓好椿树街道椿树园社区、广外街道远见名苑社区两个地震安全示范社区建设，争取到区专项资金43万元。截至年底，完成椿树园示范社区建设，推进远见名苑示范社区建设。

（宗绍杰）

【地震应急演练】 年内，完成区、街道、社区三级地震应急预案编辑工作。在金融街街道丰汇园地震安全示范社区开展地震应急预案进家庭试点工作。5月10日，联合区应急办、区教委、区妇儿工委、区红十字会、西城公安分局、西城消防支队等单位，在进步小学组织“防灾减灾知识进校园”活动。聘请地震专家为学生讲授地震常识，组织全体师生开展紧急疏散演练，为30个班赠送防震应急救援包300个。在全区科普教育基地开展高楼火灾逃生、灭火自救互救演练及居家安全科普主题讲座等活动。各社区结合实际分别开展紧急救护、消防、防震减灾知识培训及紧急疏散演练等活动，受训3165人次。“7·28”唐山大地震纪念日期间组织各社区开展了不同形式的应急演练活动。

（宗绍杰）

【防震减灾宣传教育】 以“5·12”防灾减灾日、“7·28”唐山大地震纪念日、“10·12”国际防灾减灾日为载体，开展“弘扬公共安全文化，倡导自愿精神，建设和谐西城”主题宣传活动。5月7日至13日，会同区相关部门、街道、社区、学校，以“五个一”（在醒目位置悬挂国家减灾委统一的“防灾减灾日”宣传横幅，利用宣传栏、宣传亭、LED显示屏、板报等举办一期防灾减灾宣传知识，免费向市民发放一批防灾避险应急自救常识手册，张贴一套国家统一印制的“5·12”防灾减灾日系列宣传挂图，张贴一张“5·12”防灾减灾日宣传海报）为载体，通过设立宣传站点、发放宣传资料、现场播放防灾减灾教育片、专家现场讲座、紧急救护演示培训等多种形式，向市民宣传防灾减灾知识。活动期间，发放各种防灾减灾书籍2.6万余册、宣传环保袋2.4万个、宣传挂图60套（300余张），发放各类防灾减灾知识宣传资料近3万份，现场解答市民咨询200余人次，参与民众达2万余人。

（宗绍杰）

【防震减灾基础建设】 年内，结合市地震局“12322灾情速报平台”的开通，全区255个社区各确定1名60岁以下的地震灾情速报员，每季度联络1次，确保队伍稳定、信息畅通。对全区8处强震仪进行了全面检查并建立管理档案。

（宗绍杰）

（责任编辑　郝慧芳）

科技　教育

科　技

【概况】　北京市西城区科学技术委员会（简称区科委），挂北京市西城区知识产权局（简称区知识产权局）牌子，是负责本区科技发展和知识产权工作的政府工作部门。内设办公室（监察科）、科技规划与政策研究室、社会发展科、技术创新促进科和知识产权办公室5个机构，核定编制19人，实际在编24人。下属1个事业单位（西城区生产力促进中心），在编13人。年内，区科委以提升区域创新能力、促进科技成果转化、加大民生科技推广应用为重点，较好地完成了各项工作任务。年末，被北京市科学技术委员会授予“北京市创新型科普社区考评工作优秀组织奖”。

地址：西城区广安门南街68号

邮编：100054

电话：83976211

（闫　肃）

【区科技人才工作会】　1月11日至12日，区科委召开2012年区科技人才工作会，区内百余家高新技术企业人才工作负责人参加会议。会上，18名获得过北京市和西城区人才政策支持的科技人员代表受到表彰，区委组织部副部长庞成立讲解了区人才发展规划和人才政策，北京精神市委宣讲团讲师、北京师范大学教授杨生平概括地宣讲了北京精神。

（闫　肃）

【完成科普统计工作】　2月，区科委开展2011年西城区科普统计。统计范围包括20个区直机关、15个街道、24家市级科普教育基地、38家中学和14家医疗单位，统计内容包括科普人员、科普场地、科普经费、科普传媒和科普活动五大类，形成有效表格480余份。

（闫　肃）

【市知识产权局到区调研】　2月7日，市知识产权局局长汪洪、纪检组长刘卫东到普天德胜孵化器12330举报投诉分中心调研，听取投诉分中心的工作汇报，对推进知识产权保护工作、为区域经济社会发展做好服务提出了要求。副区长陈宁参加调研。

（闫　肃）

【区县科技专项通过验收】　2月24日，市科委组织专家对由西城区科委承担的2010年区县科技专项——科技促进民生建设与示范项目进行结题验收。该项目包含“西城区民生科技发展的关键领域选择与对策研究”“西城区生活垃圾处理现状研究及规划”及“西城区展览路街道楼门院长信息传递系统”三个子课题，经过专家质询，一致通过验收。课题成果对于推进西城区民生科技建设、优化生活垃圾处理、提升社区信息传递水平具有一定意义。

（闫　肃）

【合同登记处通过市执法检查】　4月13日，市技术市场管理办公室对区科委2家技术合同登记处进行执法检查，检查组对工作规范执行情况、合同分类情况等进行了检查，认为无违规情况，一致通过检查。

（闫　肃）

【知识产权宣传周活动】　4月24日，区知识产权局联合区工商分局、区法院、区文委、北京12330工作站等单位，在普天德胜孵化器共同举办“北京12330——普天德胜开放日”活动，市二中院产权庭法官张剑向入孵企业讲解了“软件商业秘密风险防范与内部管理”相关知识。活动当日，举办单位向企业发放《知识产权百题问答》《中国企业出国参展知识产权保护指南》《工商商标注册建议书》等有关知识产权保护宣传材料1000多册。

（闫　肃）

【南非科技代表团到区考察】　5月10日，南非科技部代表团一行6人到西城区考察，参观了“什刹海水体保护与生态修复工程”，与区科委、区环保局等单位就发展中国家开展可持续发展工作进行交流。中国21世纪议程管理中心和市科委相关部门的领导参加调研，副区长陈宁陪同。

（闫　肃）

【参加第十五届科博会】　5月22日至27日，第十五届科技博览会在中国国际展览中心举行。区科委组织德胜园管委会、区城管监督指挥中心、区规划局等11个委办局和18家科技企业组团参加，西城展团以“智慧城市——科技改善民生、创新服务社会”和“德胜科技园——中关村国家自主创新示范区”两大主题为主要内容，展示高新科技产品、集成创新技术成果和科技示范工程50余项、产品设施设备100余件（套），获科博会优秀组织奖和最佳展示奖。

（闫　肃）

【开展科技周活动】　5月19日至25日，在北京市科技周期间，区科委组织辖区内500名科普干部和社区居民参加科技周主会场活动，并组织逛科博会看创新、参观农展馆体验生活中的科学、科普电影“连连看”等形式多样的科普活动。

（闫　肃）

【制订科技计划项目管理办法】　7月1日，区科委规范科技计划项目管理，依据《北京市科技计划项目（课题）管理办法（试行）》，制订了《北京市西城区科技计划项目管理办法》，为公开、公正、高效、科学实施科技计划项目提供了有效依据。

（闫　肃）

【与门头沟区科委开展工作交流】　7月4日，门头沟区科委一行12人到西城区开展工作交流。到区城管监督指挥中心参观科技在城市运行管理中的应用情况，并与西城区科委进行座谈，就国家可持续发展实验区建设、高新技术企业发展、知识产权工作以及科普活动开展情况进行深入探讨。

（闫　肃）

【科普工作联席会】　7月11日，区科委召开2012年科普工作联席会议暨全民科学素质建设工作会议。区有关委办局、街道、工青妇等社会团体的科技主管领导和工作人员80余人参加。会议审议了区“十二五”时期科普事业发展重点任务方案，听取了区全民科学素质工作相关情况及区科普创优争先和第二批创新型科普社区评选工作的通报，并通过了增补人口计生委为科普联席会议成员单位的提议。

（闫　肃）

【商业企业知识产权工作会】　7月16日，区知识产权局与西城工商分局、区商务委共同召开2012年西城区商业企业知识产权工作会，传达市知识产权工作会议精神，并就无冒充专利商场专利商品管理、自查工作及无冒充专利商场执法检查工作实务和假冒商标识别等问题进行指导培训。29家无冒充专利、无假冒商标示范商场主管及工作人员参加培训。

（闫　肃）

【市科委调研区科技创新工作】　9月20日，市科委副主任杨伟光、中关村管委会副主任王汝芳就西城区贯彻落实市科技创新大会精神情况和推进创新驱动发展的做法、经验进行调研。区科委、德胜园管委会及高新技术企业代表分别介绍了本部门科技创新发展工作的情况及下一步工作重点，并就如何贯彻落实市科技创新大会精神提出建议。杨伟光对西城区科技创新工作提出要求。副区长陈宁陪同调研。

（闫　肃）

【创新方法培训会】　9月24日至26日，由区科委、德胜科技园管委会主办，区生产力促进中心承办，召开区科技企业创新方法专题培训会。北京亿维讯高级培训师赵岩对技术创新方法理论（即TRIZ理论）进行了讲解，区域内科技企业高层领导、总工程师等40余人参加培训。

（闫　肃）

【知识产权维权行动】　12月6日，区高新技术企业迪思杰（北京）数码技术有限公司知识产权维权案胜诉。这是区12330举报投诉分中心受理的商业秘密被侵犯申请维权援助的第一起成功案例。2009年区12330分中心受理此案，经过多方调查取证，法院最终认定对方侵犯商业秘密罪名成立。

（闫　肃）

【与通辽市科技局签订合作协议】　12月11日，区科委与通辽市科技局在北京签订科技合作协议。双方就共同创造条件相互开放科研领域和科技攻关项目、共同推动两个地区高新技术及其产业化发展、加强科技人才交流、共同建立科技合作工作机制等方面，进行充分交流并达成一致意见。副区长陈宁、通辽市副市长贺海东出席签字仪式并讲话。

（闫　肃）

【科技项目交流会】　12月13日至14日，区科委召开学习贯彻市科技创新大会精神暨科技项目交流会，区内25个委办局及15个街道的主管领导和科技协调员共80余人参加会议。市科委政策法规与体制改革处主管工程师李萍就《关于深化科技体制改革，加快首都创新体系建设的意见》进行深入解读，区城市管理监督指挥中心、广内街道分别就科技支撑西城区城市管理、科技支撑智慧社区建设作经验介绍。

（闫　肃）

【科技协调员队伍建设】　年内，区科委健全区域科技服务体系，促进各部门自觉运用科技手段解决问题，推出建立科技协调员队伍的新举措，形成灵活高效的科技需求与供给对接机制。截至年底，科技协调员成员单位达41家。

（闫　肃）

【技术合同成交总额实现增长】　年内，全区共成交技术合同8984项，成交总额250.18亿元，同比增长55.07%。其中输出技术成交额同比增长17.88%。吸纳技术成交总额同比增长102.43%。

（闫　肃）

【高新技术企业】　年内，全区有国家高新技术企业312家，其中德胜园区181家，园区外131家。园区内规模以上高新技术企业实现总收入640.5亿元，同比增长253.2%。

（闫　肃）

【办理专利费用减缓】　年内，区知识产权局共办理专利费用减缓证明手续1074份，其中发明522份、实用新型442份、外观设计110份。企业申请

832份，占申请总数77.47%。

（闫　肃）

【科技企业培训会】　年内，区科委与区生产力促进中心主办两场科技企业培训会，对企业关心的设计产业发展态势及相关政策、《关于设计类技术合同认定登记的指导意见》及设计类技术合同登记、技术市场优惠政策、科技企业信用建设、企业知识产权维权援助等政策等内容进行深入解读。全区科研院所及企业管理人员和技术骨干300余人次参加培训。

（闫　肃）

【专利授权量实现增长】　年内，全区共申请专利6592件，同比增长32.4%。其中申请发明专利4004件，占申请总量的60.7%；企业申请4704件，占申请总量的71.4%。全年授权专利3313件，同比增长26.2%，其中授权发明专利1261件，占授权总量的38.1%。

（闫　肃）

【新增3家专利示范单位】　年内，驻区企业国家核电技术有限公司、北京奇虎科技有限公司、北京因科瑞斯医药科技有限公司被认定为北京市第五批专利示范单位。

（闫　肃）

【企业信用及投融资体系建设】　年内，全区28家企业通过中关村科技担保公司获得贷款担保，担保金额5.36亿元，同比增长62.4%。中关村企业信用促进会会员企业达到285家，同比增加45家。

（闫　肃）

【科技人才资助】　年内，区科委开展北京市及西城区优秀人才培养资助项目申报工作。经推荐评选，3人获北京市优秀人才资助，资金总额10万元；16人获西城区优秀人才项目资助，资金总额69万。

（闫　肃）

【区科技计划项目】　年内，区科委组织申报科技计划项目，共征集项目99项，涉及生物医药、电子信息技术、环保新能源、新材料、先进制造等技术领域，经专家评审、组织审查核准等工作程序，确定支持项目31项，支持金额420万元。

（闫　肃）

【建筑节能改造示范项目】　年内，区科委承担科技部城镇公共建筑节能减排及关键技术改造示范工程1项，协助项目主持单位做好科技项目落地工作，推荐展览路第一小学参与学校建筑节能状况调查及评估，制订节能减排改造方案，建立节能降耗科技互动工作室。

（闫　肃）

【年度可持续项目】　年内，区科委围绕社会管理、公共卫生与健康促进、城市管理与公共安全等领域，确定35个2012年度可持续项目立项，支持金额1500万元。

（闫　肃）

【3个社区获市级优秀】　年内，月坛街道三里河一区、牛街街道牛街东里社区和广内街道西便门东里社区，被市科委评为“北京市优秀创新型科普社区”。

（闫　肃）

【科技条件平台工作站建设】　年内，区政府与市科委签署《联合共建首都科技条件平台西城工作站的合作协议书》，授权区生产力促进中心为西城工作站的建设运行单位。区生产力促进中心制订《首都科技条件平台西城工作站建设实施方案》，与30家驻区科研院所和高新技术企业签订加盟协议，聚集29台套、总价值2777万元的仪器设备资源入库，面向社会开放。

（闫　肃）

教　育

概　述

中共北京西城区教育工作委员会、北京市西城区教育委员会（简称区教委）设职能科室39个，在职人员238人。分北区（平安里西大街育教胡同33号）和南区（广安门内大街171号）两个办公区。年内，区普教系统教职工16845人，其中专任教师10632人。中学教职工（含职业高中）9056人，其中专任教师6407人；小学教职工（含特殊教育）4723人，其中专任教师4225人；幼儿园教职工2764人，其中专任教师1491人；少年之家教职工302人。托幼所67所，其中教育部门办25所、集体办园11所、其他部门办14所、地方企业2所、部队办园3所、民办园12所。小学72所。中学51所。特殊教育学校3所，其中聋人学校1所、弱智教育学校2所。工读学校1所。校外教育单位12个。小学毕业生8680人，招生11083人，在校生55636人（本市学籍39112人、借读生16524人）。中学毕业17624人（初中9496人、高中8128人），招生17886人（初中9941人、高中7945人），在校生52794人（初中28488人、高中24306人），在校生中非本市学籍学生7014人（初中5836人，高中1178人）。

年内，区教委以实施《西城区“十二五”期间教育事业发展规划》为主线，着力促进教育均衡，巩固提高教育质量，全面提升队伍素质，大力强化资源管理，实施素质教育工程、教育改革工程、人才强教工程、各类教育协调发展工程、优质资源共建共享工程、现代学校制度建设工程、数字化教育工程和学习型城区建设工程等8项重点工程，各项工作稳步推进，取得阶段性成果。隆重召开教育大会，提出“校校精彩、人人成功”的教育理念，打造教育均衡发展的先进区、素质教育的示范区、创新教育的实践区和优秀人才的高产区，成为新命题、新任务和新目标。区委、区政府推出《关于进一步推进教育改革和发展的意见》《关于加强街道幼儿园管理的意见》等文件，并决定每年拿出一亿元资金对先进集体、优秀教师进行奖励。区教委制订教育集团实施方案、中小学“三个一”行动计划、中小学每天一节体育课等文件，为区域教育优质、可持续发展提供保障。科学规划教育资源，办学条件进一步改善。区教委编制《基础教育设施专项规划》，教育布局日趋合理，办学条件进一步改善。55项校安加固工程已完成50项，9所学校翻建项目总投资38515.41万元，改造完成面积82896平方米。区建设工程四十四中、红山小学、宣师一附小、回民幼儿园已竣工并投入使用。区域教育优质均衡发展水平不断提升。成立北京四中、北京八中、实验二小、北京小学四大教育集团，促进区域优质教育资源共建共享。与内蒙古呼和浩特、通辽、赤峰等地进行教育共建交流，开展对广西柳州、北海，海南海口，贵州毕节等地区的教育支持，建立四中呼和浩特分校、八中北海分校。派出15名教师组成的第二期北川支教队伍，5名干部教师在新疆和田支教。组织158个团组、近500名干部教师、近2000名学生赴25个国家和地区进行教育交流考察，3所学校在国外建立了“孔子课堂”。全面推进素质教育，育人质量不断提高。加强班主任队伍建设，在北京市第二十五届“紫禁杯”优秀班主任评选中，全区26名教师当选。制订《地方课程和校本课程规范管理的指导意见》，减轻学生课业负担。高一年级开设地方课程《走进西城》，全区有8所学校为“北京市自主排课实验校”并开设实验班。科技教育成果显著，承办第三十二届北京市青少年科技创新大赛，并取得优异成绩。艺术教育成绩突出，在北京市第十五届学生艺术节上，参赛的6个金帆团全部获得一等奖。学生体质不断增强，高三体育会考合格率达99%以上。中高考成绩继续在全市保持高水平。开办书记高研班、校长任职资格班等培训班，培训干部400多人次。严把教师准入制度，对200多名新入职教师进行培训。落实学前教育三年行动计划，建立健全街道幼儿园保障机制，区财政以专项投入、定向补助等方式，满足街道幼儿园的正常运转、园舍建设、设备设施、师资培训等基本办学条件。推进了5所幼儿园改扩建工程，3所小区配套幼儿园投入使用，3所幼儿园扩班，新增学位1068个。争创学习型城市示范区，终身学习水平日益提高。西城区被认定为“北京市创建学习型城市示范区”。新成立广内和陶然亭地区2所社区教育学校，全区社区教育学校总数达到9所。校园安全防范体系逐步完善。与全系统签订《社会治安综合治理责任书》《校车安全责任》等各项安全协议1504份，拨专款1087余万元安装可视监控系统、手动报警系统和校园门前阻车桩。制订实施意见，治理教育乱收费。收回出租房屋3261平方米，改善办学条件、应对入学高峰。全年教育投入45.8亿元，同比增长28.3%，其中基建投入6.24亿元。

北区地址：西城区育教胡同33号
邮编：100035
电话：66201155
南区地址：西城区广安门内大街171号
邮编：100053
电话：63035462

（杨海蓉）

中小学教育

【概况】　年内，西城区小学72所，其中教育部门办71所（不含一贯制学校小学部）、民办1所。招生11083人，毕业8680人，在校生55636人。小学入学率、巩固率、毕业率均为100%。中学51所，其中教育部门办49所（含北师大办4所）、民办1所、其他部门办1所。招生17886人（初中9941人、高中7945人），毕业17624人（初中9496人、高中8128人），在校生52794人（初中28488人、高中24306人）。初中入学率、巩固率、毕业及格率均为100%，应届毕业生高考上线率（本科）88.69%。特殊教育学校3所，结业102人，招生76人，在校生603人，开设教学班62个。校外教育单位12个。全区中小学教师学历合格率97.9%。中小学占地面积205.6万平方米、建筑面积198.9万平方米，图书馆（室）藏书608.4万册，固定资产281136万元。全年教育经费投入598614万元，其中国家拨款580474万元、自筹经费18140万元。

（杨海蓉）

【高中毕业会考工作】　1月4日至6日，分北、南两区参加春季全市高中毕比例从5%提高到10%，2012年14所示范高中校录取名额分配学生共408人，各校中招择校生比例从18%降低到15%。

（白　冰）

【特长生认定工作】　3月至5月，区教委分别完成高中升学体育等级运动员和体育竞赛优胜者审核及初升高体育特长生的加分审核、小升初体育特长生审核、测试，三个学段共521名体育特长生资格的认定、审核工作。

（毕正勇）

【中考中招工作】　6月24日至26日，组织参加市高级中等学校招生统一升学考试，报考8657人，具有升学资格的考生7899人，不具备升学条件的考生758人。设考点24个、考场307个。在录取工作中，被提前招生学校录取新生747人，其中示范高中398人、一般高中85人、中专107人、技校24人、职高122人、五年制高职11人。统一招生录取6432人，其中普高录取5991人（示范高中3021人、一般高中2970人）、中专99人、技校24人、职高122人、高职196人。未录取考生720人。录取总计 7179 人，升学率 90.1%。

（曹玉华）

【完成秋季招生工作】 9月，区考试中心完成秋季招生考试工作。全区高考报名 10333 人，普通高考报名 9877 人，其中参加全科考试 9646 人，实考考生 9501 人，上本科线人数 7069 人，上线率 74.40%；参加高会统招 231 人，实考考生 166 人。中学应届实考人数 6682 人，上本科线人数 5926 人，上线率 88.69%。截至 10 月底，普通高考共录取 8641 人，录取率 90.95%。

（马 华）

【完成高职班单独招生工作】 9月，区考试中心完成高职班单独招生工作。共有职高、中专校应届、往届生 456 人报名参加高师、高职班招生考试，实考 212 人，录取 150 人，录取率 70.75%。另有 218 名考生被自主招生的 14 所高职专科院校提前录取。

（马 华）

【参加金帆杯比赛】 1月，区教委组队参加市教委主办的金帆杯系列球类比赛，获高中男子足球第一名、高中女子组排球第二名、高中男子篮球第三名、高中女子篮球第四名。

（毕正勇）

【社会大课堂教育】 3月13日，区教委召开社会大课堂教育计划书工作会议，梅兰芳故居、首都博物馆、宋庆龄故居、戏曲博物馆等 10 余家资源单位领导参会。第一批教育计划书资源单位有 2 家，已完成编撰工作，第二批有 8 家与区教委就编撰工作达成合作意向。

（王笑菲）

【参加市青少年科技创新大赛】 3月25日，第三十二届北京青少年科技创新大赛闭幕，西城区代表队获“北大先锋辅导教师奖”“安捷伦英才奖”等多个专项奖项，在中学生科技创新成果竞赛中获得一等奖 29 项，占北京市总数的三分之一，二等奖 16 项，1 人获“北京青少年科技创新市长奖”，1 人获“市长奖提名奖”，在小学组创新项目中，获一等奖 5 项、二等奖 9 项。

（马志洪）

【高中教师新课程基本功培训和展示活动表彰会】 3月31日，区教委在北京四中召开了表彰会，对西城区参加北京市高中教师新课程基本功培训和展示活动情况进行了总结表彰。西城区共有 59 名教师参加此次活动，获一等奖 33 人、二等奖 22 人、三等奖 4 人，一等奖的获奖人数与获奖比例都是北京市第一。北京四中 7 人获一等奖，一等奖获奖人数在北京市各校中居首位。

（张 雷）

【市第十五届学生艺术节】 4月，北京市第十五届学生艺术节金帆团组合唱、戏剧和行进管乐项目比赛举行，西城区参加金帆团组比赛的 6 支队伍全部获得一等奖，参加行进管乐项目比赛的 12 支队伍获 6 个一等奖。

（周海利 芦炳杉）

【小学校长发展导师团活动】 4月12日，区教委在白纸坊小学举行小学校长发展导师团第二届研修结业总结会。区教委领导、导师团首届和第二届研修校长以及新任校长代表共 30 余人参加。区教委小教科以“研修助力 自主发展”为主题，做第二届研修活动总结。此次活动为总结、宣传、推广西城区优秀校长的办学思想和管理经验，提升校长队伍的整体素质奠定了基础。

（石 虹）

【中小学生春季田径运动会】 4月13日至15日，西城区中小学生春季田径运动会在月坛体育场举办。全区 123 所中小学、职高校的 3116 人次参加 12 个组别 76 个项目的比赛，共有 12 人（队）14 次破区运会记录，是近年来破区运会记录次数最多的一届。

（毕正勇）

【华应龙名师工作室成立】 4月26日，区教委在第二实验小学礼堂召开华应龙数学教学思想与实践研讨会，中国教育学会会长顾明远，教育部、市教委、北京教科院、北京教育学院领导，区领导，外省市、兄弟区县和本区各小学领导，以及新闻记者等共 800 余人参加会议。第二实验小学教师华应龙做《融“错”课堂，求做真人——我的数学教学思想与实践探索》的主报告，并展示数学课《猜想之后》，会上向工作室授牌，4 名教师作为华应龙名师工作室首批学员教师。教育部基教司副司长于长学用“鼓励求异”“循循善诱”“精心育人”三个关键词充分肯定了华老师的数学教学思想。

（谢 歆）

【普通校教师成长研讨】 4月28日，区教委在五十六中举办“普通校教师成长之探索”研讨交流会，播放介绍五十六中教师队伍建设情况的视频《沃土——我们在这里成长》，五十六中校长梁平捷作《加强队伍建设，促进教师专业成长》的主题报告，3 位优秀教师代表从教学的 3 个侧面介绍经验。

（史东辉）

【非职业优秀管乐团队展演比赛获金奖】 4月30日，西城区选派进步小学和第二实验小学金帆管乐团，代表北京市参加在上海举办的“中华杯”中国第六届非职业优秀管乐团队展演比赛，获 2 个金奖。

（芦炳杉）

【承办小学课堂教学交流活动】 5月8日至10日，区教委承办第七届北京市六城区“京城杯”小学课堂教学交流活动，六城区各学科教师聚焦“关注学生需求，把握学科核心，提高课堂实效”的主题，围绕学科核心知识与能力，涉及语文、数学、英语 3 个学科进行学习研讨。共有 12 节教学课，12 场专家点评，400 余条短信现场互动，2000 余人次参加听课。2 名小学教师代表西城区参加现场展示。

（李 静）

【举办博物馆里的历史名人知识竞赛】 5月18日，区教委和区文委联合举办中小学生博物馆里的历史名人知识竞赛，竞赛题目聚焦梅兰芳、鲁迅等7位在西城区有故居或博物馆的历史名人，经过必答题、共答题、抢答题3轮激烈角逐，黄城根小学获小学组冠军，回民学校获中学组冠军。

（王笑菲）

【中小学课堂教学研讨活动】 5月22日至25日，区教委组织“全纳杯”中小学课堂教学研讨活动，并于10月29日召开总结表彰会，上斜街小学等介绍开展随班就读工作经验。11月5日至9日，西城区（北区）小学第十五届“金秋杯”课堂教学观摩活动在区教育研修学院礼堂举行，20名学科带头人和骨干教师分别进行语文、数学、英语学科的课堂教学展示。

（石虹 李静）

【新课程标准培训】 5月23日，区教委在北京师范大学亚太实验学校举办“2011版新课程标准”培训。邀请郑国民、綦春霞、孟雁君等专家对语文、数学、英语学科新课标进行解读，全区小学校长、教学主管干部150余人参加培训。

（李 静）

【中学德育研讨】 5月29日，区教委在区国防教育中心召开南区中学德育中期研讨会。青少年心理专家刘燕带领德育干部们以“特殊学生教育对策的实践和研究”为题开展讨论，并在点评基础上做题为“为了幸福生活而努力”的报告。

（王冉冉）

【赴北大附中观摩学习】 5月30日，区教委中教科组织15所高中示范校校长、部分学科教研员赴北大附中观摩学习，现场参观了北大附中的专业课实验室及学校其他教育教学设施，北大附中校长王铮介绍专业课实验室建设、学生管理、课程开发等方面的改革举措及相关理念。

（皮拥军）

【课堂教学评优活动】 5月，历经1个学年度、跨越2个学期的西城区小学第十届“西城杯”课堂教学评优活动结束。这次活动突出了学校全程管理、教师全员参与、参赛教师教学能力全面提高三大特色。经过校级、片级、区级三个层面的活动，评选出一等奖73名、二等奖104名、三等奖142名。

（李 静）

【校园青春健身操比赛获奖】 6月2日，区教委组队参加北京市系列校园青春健身操比赛，获2个特等奖、2个一等奖。年内，2个获特等奖的学校代表北京市参加全国比赛，分获一等奖和二等奖。

（毕正勇）

【区领导检查高考考点】 6月7日，区领导王宁书记、王少峰区长带队，四套班子相关领导分别检查了四中、八中、六十六中、回民学校、北师大实验中学等高考考点学校。

（刘卫东）

【音乐学科基本功展示】 6月20日，区教育研修学院在一五六中学举办中学音乐教师基本功展示，49名教师参加。聘请中央音乐学院、北京师范大学、解放军歌剧团、中央民族乐团、市教委基教研中心的专家担任评委，3人获基本功全能综合奖，7人获声乐专项一等奖，3人获钢琴专项一等奖，3人获器乐专项一等奖，2人获舞蹈专项一等奖，5人获伴奏奖。

（周海利）

【区领导检查中考会考考点】 6月24日，区领导带队检查了三十一中、十五中、六十三中、回民学校等中考考点校。

（常 忱）

【开设高中地方课程《走进西城》】 6月28日，区教委召开《走进西城》课程实验启动大会，并正式发布了地方教材《走进西城》。9月起，西城区所有高中的高一年级将开设地方课程《走进西城》。这是北京市首次探索在高中阶段开设地方性课程。《走进西城》是经市课程中心批准的北京市第一本面向高中学段编写的地方教材，前后历经6年编写，全方位展示了新西城的地理环境、历史发展、商贸金融、文化艺术、城市建设等传统风貌与现代魅力，地方特色浓厚，内容翔实、文字生动，图片丰富多样，有利于学生了解西城区的历史文化，培养学生热爱西城、热爱首都、热爱祖国的感情，提高学生的人文素质。作为地方课程，《走进西城》原则上在西城区高一年级使用。全学年为32课时，可一学年完成，也可一学期完成。该教材共有16课，各高中校可根据自身情况在高一阶段完成其中12课的教学任务，每名学生至少要参加两项“走西城”的实践探究活动。

（张 雷）

【“7·21”特大暴雨育才师生安全脱险】 7月21日，北京暴雨成灾。正值育才学校113名师生在房山青龙湖少年军校进行实践训练。房山区降雨达460毫米，傍晚出现险情，育才师生果断向安全地带转移。随降雨骤大，山洪暴发，师生进行第二次转移。转移中，洪水没膝，9名老师依次拉开队形，为学生阻挡随洪水冲来的石块、树枝和泥沙。育才学校日常所进行的安全疏散演练和安全自救训练此时发挥了重要作用，师生实现二次安全转移。区委区政府在获悉险情的第一时间，副区长陈宁做出救援的具体指示。最终，育才师生在武警官兵的救援下全部安全脱险，并顺利返校。

（马卫庆）

【全国青少年科技创新大赛获奖】 8月10日至16日，西城区师生参加在宁夏自治区银川市举行的第二十七届全国青少年科技创新大赛，获一等奖3项、二等奖2项、三等奖2项，大赛专项奖5项，1人获辅导员创新项目一等奖，区教委获优秀组织单位奖，在北京市成绩突出。

（马志洪）

【校外教师基本功测试】 8月，区教委和校外教研室对区级教师进行基本功测试，测试工作进行规划、组织和实施。全区在编专职160多名教师参加。年内，推荐57人参加全市测试，获优秀等级19人、良好等级38人。

（傅晓月）

【召开西城区教育大会】 9月10日，西城区在北京四中召开全区教育大会。教育部副部长刘利民，北京市人大副主任（首都师范大学校长）刘新成，教育部、北京市高师院校的相关领导以及区四套班子主要领导参加了会议。全区教育系统各基层单位党政正职、工会主席、教职工代表和受表彰的优秀教师、优秀教育工作者，12个区县的教委领导约800人参加大会。大会发布了《西城区委、区政府关于进一步推进西城区教育改革和发展的意见》，出台了包括教育均衡、素质教育、队伍建设等在内的4大类10余项具体推进措施。表彰了李京燕等16名“霍懋征奖”，裴东燕等624名“优秀教师”，陈海东等322名“优秀教育工作者”，北京市第三中学高三年级组等185个“先进集体”。大会向23所具有百年历史的学校颁牌。大会为四中教育集团、八中教育集团、实验二小教育集团及北京小学教育集团颁了牌。教育部副部长刘利民、区委书记王宁、区长王少峰分别在会上讲话。本次会议，是新西城的第一次教育大会，也是推动未来西城教育优质、均衡发展的里程碑。

（兰 静）

【成立西城区教育集团】 9月，为扩大基础教育阶段优质教育资源覆盖面，提高教育公共服务水平，西城区成立四中教育集团（北京市第四中学、北京市第一五六中学、北京市第三十九中学、北京市第五十六中学）、八中教育集团（北京市第八中学、北京市第七中学、北京市第四十四中学、北京市鲁迅中学、北京市第八中学分校）、实验二小教育集团（北京第二实验小学、北京市西城区浸水河小学、北京市西城区白云路小学、北京市西城区玉桃园小学、北京市西城区长安小学）、北京小学教育集团（北京小学、北京小学广外分校、北京小学红山分校、北京小学走读部、北京市西城区红山幼儿园）。教育集团由优质校与若干成员学校构成，以“政府主导、名校牵头、项目运作、专家支持、政策保障”为原则，实现教育教学、质量管理、教师研训等统一管理，教师待遇、专业发展等统筹安排的实体运作的紧密型合作实验组织。教育集团坚持“法人独立、理念共识、资源共享、优势互补、品牌共建、实验先行”的宗旨，进一步发挥名校的引领带动作用，促进优质校和成员校的共同发展。“教育集团”是对区域教育均衡进行的创新性的制度化的探索。

（杨海蓉）

【实施“三个一”行动计划】 为贯彻落实国家及北京市中长期教育改革和发展规划纲要（2010–2020年），促进学生全面发展，西城区于9月初在全区中小学实施“三个一”行动计划，即“让每个学生在全面发展的基础上，掌握一项艺术技能、参与一项科技活动、熟悉喜爱一项体育运动”。行动计划提出：全面普及五线谱知识，积极推进器乐进课堂，提高艺术鉴赏能力；把科技教育渗透到课程之中，全面提升学生的整体科技素养；广泛开展“阳光体育运动”，确保每天一节体育课，使学生养成终生锻炼的习惯与能力。不断为学生搭建参与平台，形成“以市（区）艺术节、科技节、演出季为龙头，主题艺术、科技活动为主线，学校艺术、科技活动为基础”的艺术、科技教育普及活动格局，实现校、区、市、国家、国际多元参与的纵深发展。做到“人人有体育项目、班班有体育活动、校校有体育特色”。充分利用校外活动资源，实现学校、家庭、社会三结合的教育网络，为“三个一”实现营造良好的教育氛围。以金帆艺术团、金鹏科技团、体育项目传统学校为引领，加强学校社团建设。建立健全对“三个一”行动计划的考评机制，工作开展情况纳入学校督导评价体系，学生参与情况纳入学生综合素质评价体系。

（杨海蓉）

【实施每天一节体育课】 为进一步提高学生每天一小时在校体育锻炼的实效性，西城区中小学7月开始实施“每天一节体育课”计划，“每天一节体育课”是在原有体育课时的基础上，按上学天数补齐没体育课日的体育课程，纳入正式的课程安排，以规范的体育活动课程的方式，促进小、初、高中学生掌握体育技能，达到每天锻炼，从第一节课就开始有安排的“全时锻炼”，小一到高三都有锻炼的“全程锻炼”的目标。新增补的体育活动课是《体育与健康课程标准》内容的延续、拓展。区政府教育督导室将此项工作列为对学校年度考核的重要指标，定期进行检查、督促。

（杨海蓉）

【建成北京四中呼和浩特分校】 9月15日，由内蒙古呼和浩特市赛罕区政府主办、北京西城区教委支持，与北京四中合办的总投资近3亿元、占地10.2万平方米的全日制公办完全中学——北京四中呼和浩特分校在呼和浩特市赛罕区举行落成典礼。北京四中呼和浩特分校的建成，是西城区落实对西部对口支援的具体举措，满足了少数民族地区群众对优质教育资源的需求。北京四中选派优秀骨干担任分校校长，定期组织分校教师到北京四中培训，不定期派专家赴分校讲学。年内，四中呼和浩特分校面向全国公开招聘67名优秀教师和教辅人员，招收了初中4个班180名新生和高中6个班270名新生。

（皮拥军）

【小学生秋季田径运动会】 9月22日，西城区阳光体育小学生秋季田径运动会在回民学校体育场举行。65所小学近700名运动员参加，设4个组别、32个比赛项目。

（刘 瑶）

【举办翟京华办学思想研讨会】 9月26日，区教委在育民小学多功能厅召开翟京华校长办学思想研讨会。国家总督学顾问、中国教育学会副会长陶西平，教育部、市教委、北京教育学院领导，区人大、区政府、区政协、区教委等领导，区教委机关干部、直属单位负责人、中小学校长、幼儿园园长300余人参加会议。育民小学校长翟京华作主报告《路漫漫其修远兮，吾将上下而求索——不畏艰难险阻，追求理想》。育民小学干部教师代表、翟京华校长工作室成员、四中校长刘长铭先后发言，国家总督学顾问陶西平在讲话中围绕“执着的教育追求”、“成熟的教育理念”、“成功的教育实践”高度肯定了翟校长的办学思想，并期待西城区能有更多的优秀校长成为“人民群众心目中的教育家”。

（谢　歆）

【社会大课堂资源单位工作交流】　9月26日，区教委召开社会大课堂资源单位工作交流会。宋庆龄故居、宣南博物馆、戏曲博物馆、李大钊故居、鲁迅博物馆、中国地质博物馆、郭守敬纪念馆等13家资源单位主管领导参加会议。会议总结了4年的工作，提出了下一步工作思路。各资源单位分别总结学生工作情况，并进行工作交流。

（王笑菲）

【继续推进校级干部资格认证制度】为保证后备干部库人员的更新与补充，保证干部的正常接续，3至9月，经笔试、面试、下校考察和网络测评，共有41人进入副校级后备干部库。全面推行职级制，将校外教育机构纳入职级制管理。11月9日召开职级评审会，对17名新任校长（书记）进行职级评定，对13名校外教育单位的主任（馆长、书记）进行职级认定，30名书记、校长（主任、馆长）全部通过评审。

（钟爱益）

【教育策划专题培训】　9月至11月，区教委在第二实验小学举办小学校级干部教育策划专题系列培训，邀请专家讲课，小学校级干部围绕教研活动、社会大课堂活动、开学典礼、教育教学经验研讨会等主题进行现场实践与研讨交流。全区小学书记、校长及副校长近150人参加培训。

（谢　歆）

【青春健康教育优秀课例评选】　10月11日至12日，区教委在徐悲鸿中学初中部举行（南区）中学青春健康教育优秀课例评选活动。原北京教科院家庭教育研究与指导中心主任闵乐夫、《中国少年报》“知心姐姐”栏目主编吴若梅等专家应邀出席并担任评委，分初、高中2组进行，在学校评选的基础上推出15名教师参加区级评选，共评出一等奖4人、二等奖5人、三等奖6人。

（王冉冉）

【金帆日专场演出】　10月14日，西城区20支学生金帆艺术团走进社区、军营、公园，开展“金帆情——北京市学生金帆艺术团建团25周年金帆日专场演出”，把精彩的节目送到军民身边。此次演出共17场，观众近万人。

（芦炳杉）

【参加市中学生田径运动会】　10月19日至21日，西城区参加在顺义区牛栏山一中举办第五十届北京市中学生田径运动会，共获7枚金牌、11枚银牌、10枚铜牌，并获城区组团体总分第三名、“体育道德风尚奖”和“优秀组织奖”，1人破北京市男子高中组400米纪录。

（刘　瑶）

【学校启动四季课程项目】　10月29日，北京小学开展了别开生面的“四季课程——秋之创意周”，北京小学深化课程改革项目四季课程由此正式启动。该课程按秋、冬、春、夏分别设立“科技创意周”、“传统文化周”、“律动健身周”和“读书实践周”。有效整合了科技、美育、体育、德育等综合实践内容，让学生享有更充分的综合学习、实践探索、拓展研究的机会，使综合实践能力得到更充分的锻炼。

（张明雪）

【小学规范化建设工程展示】　11月20日，北京市小学规范化建设工程展示交流周——“走进西城”活动在北京第二实验小学举行。小学全体校级干部600余人参加活动。

（石　虹）

【举办中学生论坛】　年内，西城区中学生论坛以“传承北京精神　争做责任小公民”为主题，先后历时半年，收集汇总各校的公民教育成果130余份，内容涉及助老爱老、关注弱势群体、用科学探究解决身边问题等诸多方面。11月26日，区教委在宣武少年宫召开大会，铁二中“我在国旗班的故事”、师大附中“载人飞机降落伞迫降问题的探讨”、一五四中学“空巢伴侣——助老助残机器人”、十四中“古典益智玩具的探索”4篇论文的作者在区级论坛上做主题汇报，并接受专家点评。

（詹小雪）

【校外教育工作受表彰】　12月12日，市教委在海淀区青少年活动管理中心剧场举办“北京市校外教育先进集体、先进个人表彰大会暨北京市中小学生金银帆奖颁奖典礼”。西城区9家单位被授予北京阳光少年活动“优秀组织奖”称号，4家单位被授予“北京市校外教育先进集体”称号，3家单位被命名为“北京市青少年学生校外活动基地”，7人被授予“北京市校外教育先进个人”称号，22人被授予银帆奖荣誉称号。

（傅晓月）

【七彩梦想学生艺术节汇报演出】　12月14日，“梦想绽放——七彩梦想演出季学生艺术节西乐、声乐、朗诵、戏曲优秀节目展演”在西城外国语学校举行，近500名师生代表共同观摩了在艺术节中脱颖而出的20名学生的汇报演出。七彩梦想学生艺术节西乐、声乐、朗诵、戏曲项目展示历时3个多月，122所中小学、职业教育学校近7000名学生参与。12月16日和23日，七彩梦想学生艺术节舞蹈、民乐汇报演出在宣武少年宫举行，在59场比赛中脱颖而出的37名民乐、舞蹈小选手作汇报演出。

（周海利）

【表彰优秀班主任】　12月17日，区教委在一五六中学召开以“讲述教育故事，分享育人理念”为主题的班主任大讲堂暨中学系统优秀班主任表彰会，通过短片欣赏“紫禁杯”获奖者的风采，5名优秀班主任代表分别介绍经验。年内，全区中学共有105人被评为区级优秀班主任，其中19人被评为北京市第25届“紫禁杯”优秀班主任。

（詹小雪）

【走进华夏女中办学联合体活动】 12月19日，区教委开展走进华夏女中办学联合体活动，全区中学教学干部、相关学科教师近百人参加。活动中，华夏女中校长宋立琴介绍十四中、一六一中、北师大附属实验中学3校为华夏女中安排教师进行课堂教学、学法指导等工作，以及华夏女中与3校的联合教研、专题讲座等活动。与会人员分别进入课堂，观摩了4校教师的9节课堂教学。

（王贞荼）

【中学毕业年级教学工作交流】 12月21日，区教委与西城教育研修学院、宣武分院共同举办中学毕业年级教学工作经验交流会，各校教学校长和初、高三年级组长围绕常规教学管理、分层指导等工作进行交流，8所学校作典型发言，西城教育研修学院领导从教研角度对毕业年级复习备考工作进行专题指导。

（皮拥军）

【中学德育工作研讨】 12月25日，区教委召开中学德育工作研讨会，以学校德育管理制度建设的实践与思考为主题，特邀北京教育学院博士迟希新就德育制度建设的困境与破解进行专题讲座，十四中、育才学校、徐悲鸿中学领导分别就学校德育队伍建设、学校全员育人管理制度等与全体德育干部进行研讨。

（王冉冉）

【优秀班主任交流经验】 12月26日，区教委在第一实验小学召开以“发展学生 成就自我 享受幸福”为主题的区级“紫禁杯”优秀班主任经验交流会，7名优秀班主任介绍经验，全区各校德育干部及骨干班主任代表共计70余人参加活动。

（石 虹）

【学生科技节展示活动】 12月29日，西城区学生科技节闭幕式及展示活动在西城区青少年科技馆举行。全区80所中小学校的科技主管领导和教师代表出席。闭幕式上，表彰了本届学生科技节活动中获优秀组织奖、科技园丁奖、优秀科技辅导员奖的单位和个人，部分优秀作品进行了展示。本届学生科技节学生参与率近100%，期间共举办区级重点科技竞赛9项、公益性科普活动8项。

（马志洪）

【实施干部学历提升工程】 为继续提高干部队伍整体素质，年内，教工委推荐2名干部参加加拿大硕士学位班学习，选派19名校长书记赴美国进行有效教育管理研修培训。

（钟爱益）

【开展学生防病工作】 年内，区教委落实北京市中小学《常见病防治五年规划》，推广眼球操活动、小场地运动研究、发放学生视力保护架、学生撰写健康日志等，完善学校传染病防控体系，健全管理制度，加强宣传培训，做好防病工作。

（麻 涛）

【加强骨干教师队伍建设和继续教育工作】 年内，西城区在职特级教师达到53人；市级学科教学带头人44名，市级骨干教师179名，区级学科带头人570名，区级骨干教师1676名。组织推荐北师大研究生课程班、首师大教育硕士专业学位研究生的招生工作，全区29人参加。组织区内25名小学骨干教师赴澳大利亚墨尔本皇家理工大学进行教育教学能力培训。组织200多名新入职教师参加了入职培训。召开“十二五”时期教师继续教育工作会，制定了教师继续教育管理办法。按照北京市全体中小学教师“十二五”时期公共必修课的要求。于11月启动了中小学教师“十二五”公共必修课培训。

（杨海蓉）

【红十字会工作】 年内，区教委组织全系统学生安全员及教师应急救护培训，200余人获初级急救证书。开展“爱在西城”联合募捐工作，募集善款100余万元。师生为“7·21”受灾地区捐款33万余元。出资30万开展“第十三届捐资助学”活动，救助大病教职工和学生13人合计24万元，补助450名品学兼优家境困难的学生。

（姚吉磊）

【中高考心理服务工作】 年内，区教委为全区初、高中毕业年级万余名学生发放心理咨询卡及家长信，面向全区初、高三学生、教师及家长提供为期3个多月的电话咨询、面讯、网络咨询等多种形式的心理服务，帮助考生、家长及教师以良好心态面对中高考的压力。共接电话40余个，面谈10余人。

（王冉冉）

【教育科研月小学专场活动】 年内，区教委举办以“教育创新与实践”为主题的教育科研月活动，活动期间，推出“基于‘自悦’育人理念 探索提高德育实效性的途径——奋斗小学现场会”“知识对接心灵——西师附小现场会”“学生行为习惯养成教育专题研讨会”3个主场活动。

（谢歆 石虹）

【加强学校基础建设】 年内，在7项校安工程翻建项目中，已完工1项，在施3项，前期阶段3项。72项重点项目，其中育民小学分校翻扩建等18个续建项目、后广平小学等25个新建项目、六幼等21个开展前期项目、教育教学研究中心装修改造等8个待结算项目。加快了35中迁建、洁如幼儿园迁建、后广平小学新建等相关项目的实施力度，确保工程按时完工。

（刘玉倩）

【强化校园安全】 年内，区教委投入专款1087余万元，为所有单位统一安装紧急按钮，为部分校园周边安装、升级改造了可视监控系统；与派出所、西城公安分局、市公安局“110”指挥中心实现三级联网运行；为7个单位门前安装了升降阻车桩，为校门邻街且交通环境复杂的32所学校33校址门前安装防冲撞阻车桩。与公安部门协商建立了“六股防范力量”，确保校园周边的安全。北京市教委和公安局先后3次在区教委召开现场会，向全市教育系统推广了西城区校园技防建设做法。

（吕迎国）

学前教育

【概况】 年内，西城区有托幼所67所，其中教育部门办25所，集体办园11所，其他部门办14所，地方企业2所，部队办园3所，民办园12所。北京市一级一类园39所、市级示范幼儿园14所，北京市社区早教基地32所。离园幼儿3687人（教育部门办1767人），入园5655人（教育部门办2334人），在园人数16522人（教育部门办幼儿6649人）。教职工2764人（教育部门办1077人），其中专任教师1491人（教育部门办747人）。

（杨海蓉）

【幼儿园考核工作】 年内，区教委考核组分别对8所市级示范园、1所一级一类幼儿园进行考核，对24所不同办园体质、不同级类的幼儿园开展了考核验收工作。通过观摩幼儿园实践活动、听取园长汇报、查阅材料、座谈等方式，全面检查幼儿园的整体情况，总结经验，查找不足，提出改进意见。

（王丽萍）

【区领导调研幼儿园工作】 年内，区长王少峰带队在回民幼儿园召开示范幼儿园园长座谈会，专题调研幼儿园工作情况。随后，陈宁副区长还到西柳树、樱桃园、月坛一幼、高井、北营、京畿道6所街道幼儿园进行了调研，为西城区出台街道办园相关政策奠定了基础。

（王丽萍 张娟）

【撤销1所幼儿园】 年内，因金融街西扩拆迁需要，区教委撤销位于南礼士路46号的月坛街道月坛第四幼儿园，教职员工划入月坛街道月坛第一幼儿园。

（王丽萍）

【新增5所幼儿园】 年内，西城区陆续审批普林斯顿、韦斯顿、圣天阁、瑞斯玛特4所小规模民办幼儿园和1所区教委与北京师范大学合作办幼儿园——北京师范大学实验幼儿园展览路分园开园。5所幼儿园开设16个教学班，招收幼儿294人。

（王丽萍 张娟）

【园本教研展示活动】 4月至5月，区教委、北京教育学院宣武分院共同组织13所市立幼儿园开展园本教研展示交流活动。全区各幼儿园60余名业务园长及骨干教师分别到场观摩。

（张 娟）

【区领导慰问幼儿园】 5月30日，区四套班子主要领导带队，分4组走访慰问了8所幼儿园，向小朋友们致以节日的祝贺并赠送了玩具，向教职员工表示问候。

（王丽萍）

【颁布街道幼儿园管理文件】 9月，区政府颁布《关于加强街道幼儿园管理工作的意见》，区财政局、区教委共同颁布《关于建立健全街道幼儿园经费保障机制有关事项的通知》，加强街道幼儿园管理工作。

（张 娟）

【市委书记参观回民幼儿园】 11月12日，市委书记郭金龙到回民幼儿园参观考察，园长孟春燕介绍情况，郭金龙等领导参观了改建后的园所环境和幼儿园户外体育课。

（张 娟）

【学前教育管理信息系统培训】 11月20日，区教委在教委礼堂举办学前教育管理信息系统培训会。全区幼儿园正副园长和负责信息管理的教师共200余人参加培训。会议传达了《关于做好全国学前教育管理信息系统建设运行和维护工作的通知》，并讲解了管理信息系统运行维护的技术知识。

（王丽萍）

【举办李建丽办园思想研讨会】 12月5日，区教委在棉花胡同幼儿园召开李建丽办园思想研讨会。教育部、中央教科所、市教委领导及有关专家教授出席，全市各区县教委主管学前教育的领导和示范园园长代表、全区各幼儿园园长，共240余人参加会议。与会人员参观了幼儿园环境建设，观摩了“感受爱，懂得爱，学会爱”的园本课程实践活动，观看了《李建丽园长的心路历程：教育之路，幸福相伴》录像片；李建丽作题为《爱在品性，健在发展》的主报告，5名干部和教师代表分别从不同角度介绍了李建丽管理、育人、工作等方面的经验和事迹，北京师范大学学前教育系教授刘炎作点评；市教委学前教育处处长张小红、副区长陈宁分别讲话。此次研讨会成为西城区树立优秀园长典型，推广成功经验，提高园长队伍整体素质的重要平台。

（王丽萍）

【学前教育论文评选表彰】 12月19日，区教委在西城教育研修学院召开第十三届学前教育论文评选表彰大会。38所幼儿园领导和教师等100余人参加。会议总结了论文评选工作，并对论文进行点评，与会领导向获奖者颁发证书和奖品。本次论文评选共收集论文130篇，评出一等奖10篇、二等奖20篇、三等奖33篇。

（王丽萍）

职业教育和成人教育

【概况】 年内，西城区有职业教育学校5所，其中国家级重点学校4所，分别是北京市外事学校、北京市实美学校、北京市财会学校、北京市实验职业学校。毕业1443人，招生2009人，在校生5674人。教职工1062人，其中专任教师706人。专任教师中高级专业技术职务541人，市级学科带头人3人，市级骨干教师4人，区级学科带头人29人，区级骨干教师108人。学校占地面积126260万平方米、建筑面积141248万平方米。图书馆藏书384239册，电子藏书239000册，订阅杂志611种，报纸168种。固定资产总值18719.19万元。全年教育经费投入36791万元，其中国家拨款35368万元、自筹经费1423万元。全区有成人教育学校3所，开设专业78个，在校生10787人，其中专科5896人、本科4891人。成人学校占地面积8.3837万平方米，总建筑面积8.699万平方米，使用面积7万平方米。图书室藏书184500册。固定资产总值2897.65万元，全年教育经费投入5664万元，其中国家拨款3005万元、自筹经费2669万元。

（王娜娜　王珍）

【新任骨干教师培训】　3月21日至12月19日，举办为期10个月的中职校新任骨干教师第一期继续教育培训班，4所中职学校的40名教师学员参加。培训共进行集中面授10次，学员参与实践做课、讲座42节，听评课400节，上交论文、教育教学案例、教学设计、读书体会和培训总结各类文字作业200篇。

（安小冬）

【学生和班主任获奖】　年内，区中职学校26人被评为市级三好学生，15人被评为市级优秀学生干部，北京市实验职业学校2010级药剂班被评为市级先进班集体。参加市级紫禁杯优秀班主任评选，北京市实验职业学校1名教师获一等奖，北京市外事学校1名教师获二等奖。

（王娜娜）

【中职学校文明风采竞赛活动】　年内，区教委职成科举办为期2个月的中等职业学校文明风采竞赛活动。共上交作品563件，经专家评选，评选出优秀作品一、二、三等奖104件。

（王娜娜）

【中职校论文征集评比活动】　年内，区职成教中心开展中职校论文征集评比活动，共征集论文88篇，采用“学校征集选拔推荐区级，区级评审选拔优秀”“初审辅助，复审主导”的评审方式，评出一等奖10篇、二等奖28篇、三等奖32篇，并出版《2012年西城区职业教育论文集》。

（纪艳华）

【财会综合技能比赛获奖】　年内，区中等职业学校财经专业师生参加北京市职业院校“求实杯”财会综合技能比赛，获学生一等奖11人、二等奖20人、三等奖27人，优秀教练一等奖5人、二等奖5人、三等奖3人。

（王彦云）

【成人高等学校招生】　年内，全区网上报名交费8299人，参加资格确认的考生7913人。报名人数中，高中起点专科2733人，高中起点本科910人，专科起点本科4270人。报考24649科次，设置成人考试考点校14所、考场273个。

（马　华）

【高等教育自学考试】　年内，区教育考试中心自考办受理各类考试报名47509人次、111443科次，新生注册5072人，使用62（次）所中学作为考点校，组考3496场次。

（欧阳丽）

【办理毕业生初审】　年内，区教育考试中心根据自考考生毕业需要经过网上申请、区自考办初审、市自考办复审、最后由主考院校与市自考办共同签发毕业证书的程序，为2820名毕业生办理毕业初审，其中本科1572人、专科1248人。

（欧阳丽）

社区教育

【概况】　年内，西城区社区教育和学习型城区建设工作重点实施市民终身学习成果认证制度等6大示范项目。西城区成为北京市首个北京市建设学习型城市工作示范区。西长安街、新街口街道被全国社区教育专业委员会评为全国社区教育示范街道。广内、展览路、陶然亭街道被北京市教委评为北京市创建学习型社区先进街道，广内街道的“学舞空竹”、月坛街道的“月文化、悦生活”被评为首都学习品牌，4人被评为首都学习之星。全年市民参与社区教育培训活动达116万人次。

（王娜娜　王珍）

【创建学习型城市示范区】　年内，学习型城市示范区创建工作成效显著。3月，召开全区精神文明建设暨创建学习型城市示范区大会，明确争创目标。围绕创建学习型城市示范区，重点打造了市民终身学习成果认证制度、社区教育实体化建设、数字化社区教育网络、市民终身学习服务体系建设、学习型组织系统推进、职业教育社会化等6大示范项目。10月24日至25日，接受北京市评估。12月，北京市建设学习型城市领导小组下发文件，确定西城区成为首个“北京市建设学习型城市工作示范区”。

（王　珍）

【成立2所社区教育学校】　3月12日，广内地区社区教育学校在宣武青少年科技馆挂牌成立。3月28日，陶然亭地区社区教育学校在宣武少年宫挂牌成立。标志着西城区学习型城市的载体建设又有了新进展。

（王　珍）

【社区教育学校展示活动】　年内，区职成教中心组织社区教育学校以一校一特色的形式，进行教育教学成果展示，开展校际之间、教师之间、社区居民之间的交流。

（王金友）

【第十届市民学习周】　年内，西城区举办主题为“智慧人生，学润西城”的第十届市民学习周活动。在开幕式上表彰了年度市民学习之星和优秀学员，社区居民表演了音乐、舞蹈、曲艺等节目。学习周期间，举办了西城区第十一届市民书画摄影手工制作展、公共英语标识推进会、高雅艺术进社区等一系列社区教育活动。参与市民数万人。

（王　珍）

【社区教育学校教科研工作会】　12月

21日，区职成教中心召开社区教育学校教科研工作会，总结工作，为第二届社区教育教学论文评比活动获奖者颁奖，其中一等奖9名。区社教协会副会长郑建国作《新形式下社区教育学校应如何发展》报告。

（王金友）

北京市西城经济科学大学（北京市西城区社区学院）

【概况】　北京市西城经济科学大学（北京市西城区社区学院）占地面积4.3万平方米，建筑面积4.4万平方米（独立使用占地面积2.2万平方米，产权建筑面积2.3平方米）。图书馆建筑面积1500平方米。年内，固定资产总值1391.82万元，其中教学、科研仪器设备总值660.91万元。全年教育经费投入2397万元，其中国家拨款955万元、自筹经费1442万元。学校信息化经费投入41.19万元，拥有计算机820台，多媒体教室座位2767个，语音实验室座位数82个，信息化设备资产值813万元，网络信息点数600个，校园网出口总带宽30Mbps，电子邮件系统用户数200个。上网课程9门，数字资源量91.4GB，管理信息系统数据总量98.1GB。设有西城区南草厂22和63号、西直门前半壁街甲23号、前门西大街77号共4个校区。设有4个教学系，开设43个专业，覆盖10个学科。教职工146人，其中专任教师62人，包括副教授19人。兼职教师82人，包括教授11人、副教授21人。毕业1116人，其中专科生864人、本科生252人。招生1146人，其中专科生956人、本科生190人。在校生4096人，其中专科生2917人、本科生1179人。中央民族大学继续教育学院西城经科大教学站毕业生145人、招生48人、在校生208人；中国传媒大学远程与继续教育学院西城经科大教学站毕业生277人、招生482人、在校生1304人。中国人民大学网络教育学院西城经科大报名点招生51人。全年培训18900余人。全年承接会计证、软件工程师、职称计算机、国家公务员招聘等各类报名考试51590人次。

地址：西城区西直门内南草厂街22号
邮编：100035
电话：66560169

（何　伶）

【新开6个培训项目】　年内，新开6个培训项目。针对西城区政府人员的公务员微博使用、公务员职业道德教育、人事干部高端系列讲座、军转干部培训，以及美国人力资源管理师资格认证考试、小型微型企业行政事业单位会计人员继续教育培训。培训1050余人。

（何　伶）

【承办独立设置成人高校招生工作研讨会】　4月18日，承办北京地区部分成人高校招生工作研讨会。各校负责人汇报招生情况。到会人员对招生困难、生源逐年下滑的原因进行分析讨论。大会认为加强师资队伍建设、提高教育教学水平是关键，提出了可行性建议。市成人招生办公室、各成人高校校长等21人参会。

（何　伶）

【新增2个专业】　5月22日，经市教委审批“珠宝首饰工艺及鉴定”“体育教育”2个专业。业余专科层次，学制2.5年，面向具有高中毕业及同等学历的学生。首批计划招生50人，体育教育专业实际招生41人。

（何　伶）

【师生参赛获奖】　6月20日，西城经科大4名学生在参加天津轻工职业技术学院举行的第四届全国大学生创业大赛京津赛区（高职组）的比赛中获团体二等奖，经管系1名教师获优秀指导教师奖。6月6至7日，1人获北京电大教材配送业务技能竞赛一等奖。

（何　伶）

【教学点进行接受检查备案】　6月20日，市教委对西城经科大与中央民族大学继续教育学院、中国传媒大学远程与继续教育学院联合办学教学站点进行检查备案。检查采取听取汇报、提问、查阅资料等方式，听取校长对联合办学情况的介绍，提问学校办学过程中办学规模、教育投入、师资队伍建设等，查阅有关教学管理制度、教学计划、各专业建设等资料。检查认为教学站点管理规范，教育水平和教学质量符合办学要求。专家组、市教委、教学站点校长等17人参会。

（何　伶）

【启动首都农民工大学生助推计划】　7月，启动首都农民工大学生助推计划。面向西城区具有农业户籍、工会会员及相当高中学历招收业余专科层次的农民工，学制2.5年，计划招生200人，设人力资源管理、工商企业管理、会计、广告艺术与设计、制冷与空调技术5个专业。12月，首批录取169人。该助推计划是市、区总工会推出的免费为农民工提供高等学历教育的项目之一。

（何　伶）

【被认定为首都职工素质建设工程二级实体学习超市】　8月6日，被首都职工素质建设工程指导委员会办公室认定为首都职工素质建设工程二级实体学习超市。免费配置教学设施设备17万余元的教室1间。西城经科大设职业教育培训部，为学习超市实施教学任务，开展各类职工职业教育培训工作。

（何　伶）

【签订合作办学协议】　年底，与中国人民大学网络教育学院、北京开放大学签订战略合作框架协议。根据协议合作方为西城经科大主持的学习型西城网站和西城区市民终身学习成果认证制度建设提供技术支持和学习资源。实现双方资源共享，丰富教育内容和办学模式，提升各自的办学水平和教育服务能力。

（何　伶）

【召开教职工代表大会】　12月26日，召开第三届教职工代表大会第四次全体会议。分组审议通过《第七轮岗位聘任实施方案》《绩效工资实施办法》和《奖励实施办法》3个文件。31名正式代表和14名列席代表参加大会。

（何　伶）

北京宣武红旗业余大学

【概况】　北京宣武红旗业余大学（简称红大）占地面积32837平方米、建筑面积35997平方米。固定资产总值1943.78万元，其中教学科研仪器设备总值1415.23万元。全年教育经费投入2746.97万元，其中国家拨款1971.26万元，自筹经费775.71万元。图书馆建筑面积300平方米，藏书6.98万册，其中纸质图书6.5万册、电子图书0.48万册。学校有右安门、广安门外小红庙和西便门老龄大学等3个校区，设12个行政部门，5个教学系。开设39个专业，覆盖12个学科。教职工147人，其中专任教师67人（教授2人、副教授19人）。兼职教师64人，其中教授12人、副教授24人。专科学历在校生974人、招生269人、毕业351人；市委党校红大分院毕业212人；理工大继续教育学院红旗业大教学站在校生288人、招生75人、毕业142人；理工大远程教育学院红旗业大教学站在校生425人、招生116人、毕业70人；北交大继续教育学院在校生1269人、招生513人、毕业515人；北师大继续教育学院在校生72人、招生53人、毕业84人。全年培训5125人次。

地址：西城区右安门内大街79号

邮编：100054

电话：63543784

（李艳君）

【新生开学典礼】　2月18日，红大2012级新生开学典礼在多媒体教室举行，区教委副主任、红大校级领导以及400余名师生参加。校长在典礼致辞中介绍了红大的办学历史、办学特点和优良的办学传统，对学员提出希望和要求。学校领导对上学期获得“班级成绩最优奖”和“全勤奖”的优秀学员进行表彰。

（李艳君）

【主题教学实践活动】　5月12日，红大艺术系摄影专业师生前往位于顺义区的“光爱之家”学校，举行“红大学子光爱行，春日相聚一家亲”主题教学实践活动。两校学生在交流互动中体会理解和感恩，使公益支教和实践教学双受益。

（李艳君）

【社区教育宣传工作会议】　12月5日，红大召开西城区2012年社区教育宣传工作暨纵横码推介工作会议。全区15个街道、7个社区学校共计42人参加会议。会上，对社区教育宣传工作、纵横码培训工作以及提升市民信息能力培训工作做了总结，并对取得突出成绩的12个单位进行表彰。

（李艳君）

【通过档案工作测评】　12月25日，区档案局对红大申报北京市机关档案工作市级优秀单位进行测评。测评组专家在听取汇报的基础上，参观了档案库房实体情况，查阅了部分档案材料并与档案管理人员进行交流。通过听、看、查、评、议，测评组给予了测评评价，红大被评为档案工作市级优秀单位。

（李艳君）

【承担5项培训任务】　年内，红大承担5项培训任务。3月19日，2012年数字家园市民信息能力提高培训班在红大开班，共开办4期，近200人参加，主要培训对象为公共文明引导员。4月19日，西城区2012年养老助残员岗前培训班在红大开班，全区15个街道总计140余名养老助残员参加培训，培训历时一周，课程内容有老龄工作的职责、与老年人的沟通技巧、预防老年病的相关知识、心理学、与老年人生活密切相关的法律法规等。9月5日至6日，红大受区民政局委托，举办2012年西城区社区工作者培训，培训对象为社区服务站新任书记、主任、站长及新入职大学生等，200人参加，内容有区情介绍、沟通与协调、领导力与执行力、领导者素质、社区居委会工作、如何做好群众工作等。10月10日至19日，红大培训中心受区档案局委托，承办区档案工作人员岗前培训班，140余人参加，内容有档案管理、信息化建设、档案法规、资源开发利用、实际操作等，培训结束后，学员参加统一考试全部合格，区档案局为学员颁发档案管理岗位证书。11月28日至12月5日，红大培训中心举办区基层党组织书记培训班，各基层单位近450名基层党支部书记参加，内容有新形势下如何做好机关党建工作、解读十八大文件和新修订的党章、经济发展现状趋势特点等。

（李艳君）

西城区人民政府教育督导室

【概况】　西城区人民政府教育督导室（简称西城区督导室）是区政府加强教育行政监督，行使教育督导职能的专门机构；代表区人民政府开展区内教育督导工作；主要工作对象是区政府的有关委、办、局、街道办事处，各级各类学校和校外教育等单位；职能是依法对区内教育工作进行监督、检查、评估、指导。共有专职督学15人，兼职督学28人。年内，西城区督导室共对14个单位进行了全面实施素质教育综合督导，对5所小学的规范化建设工程实施情况进行了专项督导。对4个街道办事处进行了履行素质教育目标责任的随访督导，对3所非学历民办教育机构进行了综合管理督导评价，对2个教委直属单位和2个校外教育单位进行了随访。

地址：西城区广安门内大街171号

邮编：100053

电话：63035547

（赵　宇）

【督政工作会】　1月6日，西城区督导室召开督政工作会。总结2011年西城区执行教育法律法规、全面实施素质教育工作情况，提出2012年该项工作的思路。区属52个相关单位分管教育的领导参加会议。

（赵　宇）

【第一次专兼职督学全体会】　1月10日，西城区督导室召开2011–2012学年第二学期第一次专兼职督学全体会。

传达了北京市教育工委、教委、督导室关于2012年工作要点的通知及2012年寒假北京市教育督导领导干部会精神，总结2011年督导工作，布置2012年督导室工作计划。

（赵 宇）

【组织自评软件使用培训】 2月20日，西城区督导室对上半年接受综合督导的学校（幼儿园）开展自评软件使用培训。培训就软件研发的背景、主要功能和操作方法以及学校（幼儿园）所需的准备工作等几个方面展开，明确了“高度重视，关注细节”和“合理安排，提高效率”两点工作要求。7所学校（幼儿园）负责自评工作的领导和计算机教师参加培训。

（赵 宇）

【通过随访推进“护蕊工程”落实】 2月21日，西城区督导室配合市工商局等部门联合下发的“双护行动”计划，重点了解本区以净化校园周边环境为重点的“护蕊工程”落实情况，对区城管监察大队、区工商分局和区交通支队进行了随访。了解各单位实施《2012年北京市环境秩序综合整治工作方案》和《“双护工程”专项行动工作方案》情况。

（赵 宇）

【开展专题研讨细化指标体系】 2月28日，西城区督导室组织全体专兼职督学研讨、细化《北京市普通中小学校全面实施素质教育评价指标体系》。

（赵 宇）

【教育评价与督导科研课题研究启动会】 3月13日，西城区督导室召开“十二五”教育评价与督导科研课题研究启动会。会上，督导室课题负责人介绍了市教育学会教育评价与督导研究分会以及本区关于“十二五”课题评审立项的总体情况。会议以“如何设计课题研究方案”为题，从正确认识课题研究、设计研究方案的基本方法、研究过程中应注意的问题等几个方面进行了详细讲解。部分专职督学及32项立项课题研究负责人参加会议。

（赵 宇）

【部署督学责任区工作】 3月15日，西城区督导室组织部分专兼职督学，共同研究督学责任区工作。会议传达市督导室关于督学责任区建设工作座谈会议精神，组织与会督学共同研究督学责任区划分和责任督学工作职责，并就草拟本区新的督学责任区制度进行工作部署。

（赵 宇）

【开展学校随访和回访】 3月，西城区督导室组织责任督学对本学期接受全面实施素质教育综合督导及小学规范化建设工程专项督导的10所学校进行随访，对2011下半年接受全面实施素质教育综合督导的8所学校进行回访。

（赵 宇）

【开展督学专业化培训】 4月，西城区督导室开展督学专业化培训，督学科全体专兼职督学参加。讲座内容分别是：中学德育工作、中学教学工作、普通高中多样化建设的思考与实践、学前教育工作。

（赵 宇）

【质量监测样本校考务工作会】 5月18日，西城区2012年国家基础教育质量监测样本校考务工作会在区教育考试中心召开。区18所样本校副主监、监考员以及区级巡视员参加会议。

（赵 宇）

【义务教育均衡发展督导工作会】 6月26日，西城区在区教委召开2012年北京市义务教育均衡发展督导工作会。区教工委、教委相关科室和直属单位负责人参加会议。

（赵 宇）

【督导回复】 6月，西城区督导室召开全面实施素质教育综合评价反馈会，分别对2012年上半年综合督导的7所学校（含中小学、幼儿园）进行督导回复。责任督学代表督导室宣读督导评价意见，充分肯定学校近三年工作中取得的主要成绩，同时指出学校工作中存在的主要问题并针对问题提出具体建议。

（赵 宇）

【市义务教育均衡发展督导评估】 9月19日至20日，市政府教育督导室督导评估组对本区义务教育均衡发展情况进行督导评估。市教育督导室近20位领导和专家参加。督导评估组听取了区政府《加强基础建设 注重内涵发展 办好优质均衡的义务教育》工作汇报，观看了展现本区教育发展现状的专题片，并通过分组座谈、查阅资料、下校实地检查6所中小学等方式全面了解西城区推进义务教育均衡发展的情况。

（赵 宇）

【接受教育法律法规执行情况督导检查】 10月29日至30日，市教工委副书记、市政府教育督导室主任线联平率督导检查组对本区落实教育法律法规执行情况进行督导检查。市政府教育督导室30余位领导和专家参加。督导检查组听取了区政府2012年教育法律法规执行情况工作汇报，并通过查阅档案、分组座谈、实地考察等方式全面检查了西城区落实《中华人民共和国教育法》《中华人民共和国义务教育法》《中华人民共和国职业教育法》以及北京市实施办法的情况。

（赵 宇）

【启动学前教育调研】 12月，西城区督导室会同区教委学前教育科和学前教研室、区妇幼保健部门，研究制订了对全区集体和其他部门举办幼儿园的调研工作方案。启动了对27所此类幼儿园的调研工作，全面了解各园办园基本情况、办园主体、办园条件以及园所发展中的成绩和经验、问题和困难。

（赵 宇）

【开展实施素质教育自评工作】 年内，西城区督导室按照教育督导评价制度的要求，组织全区44所中学、58所小学、19所幼儿园和3所职业高中共计124个单位开展了每学年一次的全面实施素质教育自评工作。在年度自评工作中，督导室本着减轻学校工作负担、提高自评工作实效的原则，围绕市、区两级教育热点问题和本区教育行政部门重点推进的工作，有侧重地调整了自评内容，突出了评价重点。

（赵　宇）

【开展全面素质教育综合督导】 年内，西城区督导室依据《北京市普通中小学校、幼儿园全面实施素质教育评价指标体系（试行）》，会同区教工委、教委有关科室、教育研修学院、信息中心、招生考试中心、中小学卫生保健所和相关街道办事处对14个单位进行了综合督导。

（赵　宇）

【小学规范化建设工程专项督导】 年内，西城区督导室会同区教委相关部门，对5所小学规范化建设工程实施情况进行了专项督导。完成了本轮对全区所有小学的规范化建设工程实施情况督导工作。并组织专兼职督学总结小学规范化建设工程督导工作，在各位督学分别进行总结的基础上，共同研究起草西城区小学规范化建设工程督导报告。

（赵　宇）

【开展非学历民办教育督导】 年内，西城区督导室研究制订了《西城区民办幼儿园综合管理督导评价指标体系（试行稿）》，依据指标体系围绕幼儿园办学方向、办园条件、各项工作管理、办园绩效和办园特色五个方面对警娃艺术幼儿园和德采幼儿园进行了综合督导。依据《西城区民办非学历综合管理评价指标体系》，对鼎盛培训学校进行综合督导。

（赵　宇）

【随访督导教委直属单位】 年内，西城区督导室会同区教委相关部门，落实市教育督导室“应督尽督”的要求，深入了解教委直属单位的业务职能，促进各单位更好地开展工作、发挥应有的作用，为落实素质教育提供服务和保障，对西城区中小学卫生保健所（北）和西城区教育技术装备中心进行了随访。

（赵　宇）

【随访督导街道办事处】 年内，西城区督导室依据《西城区进一步推进全面实施素质教育评价工作方案》对天桥街道、新街口街道、大栅栏街道、西长安街街道进行随访督导。在督导的过程中注重挖掘街道开展素质教育工作的特色和取得的成绩，同时依据评价方案和街道开展教育工作中出现的不足，提出工作建议。

（赵　宇）

【开展教育执法自查】 年内，西城区督导室依据《西城区进一步全面推进素质教育评价方案》，组织相关单位开展落实教育法律法规的自查自评工作。督导室结合相关单位自查报告，全面总结落实教育法律法规中突出的成绩及经验，并根据自查情况，提出工作建议。

（赵　宇）

【随访校外教育单位】 年内，西城区督导室加强校外教育工作，推进本区校外教育事业的健康、可持续发展，会同区教委校外教育科对西城区青少年科技馆和宣武少年宫进行了随访。

（赵　宇）

【普通高中多样化发展课题研究】 年内，西城区督导室继续开展《普通高中多样化发展与现代教育督导制度建设》的课题研究工作。将前期取得的阶段性研究成果在督导过程中加以验证，并多次召开课题研究会，细化课题研究内容，制订下阶段课题研究方案。完成《西城区普通高中关于学生个性培养现状的调研报告》。

（赵　宇）

【开展督学培训】 年内，西城区督导室开展多种形式的督学培训活动，提高督学专业化水平。组织督学120人次参加北京市督学大讲堂和2名专职督学参加北京市专职督学轮训班，学习十八大报告和国家、北京市相关文件精神，聘请专家开展督学讲座5次，组织专职督学15人次参加“聆听思想、启迪智慧”读书活动。

（赵　宇）

（责任编辑　沈建平）

文化　旅游　体育　卫生

文　化

文化管理

【概况】　北京市西城区文化委员会（简称区文化委）是区政府主管文化、文物、新闻出版和广播电影电视事业管理工作的职能部门。负责制定区文化事业发展规划，并组织实施；指导公共文化设施建设，构建公共文化服务体系；制定文化市场发展规划，承担文化市场、新闻出版、广播电视事业监督管理责任；负责文物保护有关事项的管理，对文物保护单位实施监督管理。设办公室、政策法规科（研究室）、公共文化科、非物质文化遗产科、文化产业科、文化市场管理科、文物科、财务审计科、党群工作办公室、人事科，行政编制45人。区文化委所属区文化执法队是负责区文化、文物、新闻出版和广播电影电视事业行政执法工作，设综合科、文化市场治理办公室、法制监督科、财务科、执法一分队、执法二分队、执法三分队、执法四分队、执法五分队，行政编制37人。

地址：西城区后广平胡同26号

邮编：100035

电话：66561230

（房　微）

【春节庙会活动】　1月22日至27日举办厂甸庙会和大观园红楼庙会，两大庙会各具特色，以传统文化展演突出西城区独具特色的文化底蕴。北京厂甸庙会、北京大观园第十七届红楼庙会获第七届北京“春节庙会·灯会·文化活动”文化魅力奖和非遗展示奖。厂甸庙会共接待游客32.3万人次、大观园第十七届红楼庙会共接待游客10.52万人次。

（房　微）

【非遗项目参加欧非文化交流活动】　3月，为配合刘淇出访欧非，区文化委受市外宣办委托，组织9个非遗项目参加了北京市政府在阿尔巴尼亚及肯尼亚举办的对外文化交流活动。

（房　微）

【传统节日文化活动】　4月8日，清明节“祭先农　植五谷　播撒文明在西城”活动在先农坛内举办，区文化馆工作人员、群众演员共500余人参加活动。6月22日，端午节皇家游河仪式暨龙舟竞渡活动在什刹海举行，表演祭祀乐舞，再现了清朝皇家端午游河的胜景。9月15日至30日，“月满人间”中秋游园赏月活动在月坛公园举行，活动包括传统习俗图文展、戏曲表演、诗歌朗诵、祭月典礼、歌舞表演等。10月21日，区文化委与北京朗诵艺术团联合主办“重阳诗韵”重阳节专场星期朗诵会，多位朗诵艺术家出演。重阳节期间，全区共举办各类敬老爱老活动40余场，2000余老人参与。

（房　微）

【第十一届法源寺丁香诗会】　4月10日，第十一届法源寺丁香诗会在北京法源寺举办。此次诗会以“弘扬北京精神，传承北京文化”为主题，是一年一度的清明重要活动之一。古街书画院的8位知名书画家现场挥毫为第十一届丁香诗会写下贺词。广大诗歌爱好者、诗人、作家以及社区居民200余人参加活动。

（房　微）

【2012西城文化节系列活动】　5月至12月，共推出100余场演出，区域内中央、市属和区属专业文化艺术院团及西城区群众文化团队5000余名演员参演，12万西城居民受益。活动包括：“乐声——2012西城文化节五月的鲜花合唱节”暨2012西城文化节，以展示西城美好人文景观和美丽自然景致为主要内容的“荷舞莲香”系列主题文化活动，以展示京腔京韵的京味文化为主要内容的“京韵陶然”系列主题文化活动，以丰富百姓文化生活的53场“百姓周末大舞台”演出活动，以专业文艺团体和专业演出场所积极参与为主要内容的“万人走进艺术殿堂”系列主题文化活动26场共30884人次参与，以“舞动北京歌盛世，乐在西城颂和谐”为主题的18台公益文化大戏，以赞美新西城为主旨在国家大剧院上演的原创交响音乐会“半城春色”——西城文化节闭幕式。

（房　微）

【文化遗产日活动】 6月6日，第七个文化遗产日前夕，西城区第三批区级项目授牌仪式暨非遗项目展演活动在区文化中心举办。有关领导为第三批24项区级非遗项目授牌，部分非遗项目参加展演活动。

（房 微）

【西城区图书馆实现自助服务】 6月至9月，区图书馆完成RFID（射频识别技术）技术改造，并于10月8日重新向公众开放，在北京市区县级公共图书馆中率先实现文献的自助服务。改造之后，办证、借阅、文印等服务可由读者自助完成。

（房 微）

【“欢乐飞飏”舞蹈大赛】 6月至12月，西城区举办首届2012“欢乐飞飏”北京社区舞蹈大赛，全市的群众舞蹈团队同场竞技，共有12个区县140余个舞蹈团体和个人报名参加，西城区有7支队伍进入决赛。此次大赛得到市文化局和市舞蹈家协会的支持。

（房 微）

【开展公益文化原创剧目】 6月26日，由群众原创、群众主演的原创话剧《父亲·李大钊》在国家大剧院上演，西城区共2000余名党员和群众观看。11月29日至30日，由区文化委出品，区文化馆承制的非遗题材原创音乐剧《北京人家》在天桥剧场公演，该剧全部由群众主创、群众出演，通过舞台形式展现中国的传统文化、民族文化。

（房 微）

【第九届景山合唱节】 10月27日，“科学发展 辉煌成就2012北京景山合唱节”在北京中山音乐堂举办，全市的12支优秀合唱团队进入决赛。西城区有4支团队进入决赛。其中西城文化馆春之声合唱团获一等奖。

（房 微）

【非物质文化遗产项目专题展】 11月16日至23日，由北京市非物质文化遗产保护中心、区文化委、北京自然博物馆联合举办的“京华绝技韵味浓”非物质文化遗产项目专题展暨天桥民俗文化展活动在北京自然博物馆举办。西城区及部分北京市的优秀非物质文化遗产项目参展，100余件精美展品吸引了万余名群众和青少年前来参观。

（房 微）

【天桥艺术节系列文化活动】 11月18日至23日，在天桥地区举办系列文化活动：以宣传展示天桥特色文化元素为板块的“天桥雅韵”鼓曲专场晚会，为庆十八大胜利闭幕的天桥街头艺术展演活动，京华绝技韵味浓——非物质文化遗产项目专题展暨天桥文化节民俗展，2012年天桥演艺区发展高峰论坛，将传统文化与时尚文化融合、将中国艺术与西方艺术融合的“北京的天桥·世界的舞台”综艺文化晚会。

（房 微）

【红领巾读书活动】 年内，区青少年儿童图书馆以“红色阅读有你我，快乐读书共分享”为主题，组织开展“我眼中的北京精神”讲故事比赛，第十三届读书小状元评选，“诠释北京精神 共享阅读快乐”征文比赛，“我眼中的北京精神”DV、摄影比赛，“爱心传递总动员”捐书活动，“我爱北京我的家”北京精神知识答卷活动，“走进博物馆、图书馆”青少年绘画比赛，“做有道德的好少年”童谣诵读比赛，“激辩青春”第十二届高中生辩论赛，红领巾讲坛等10项活动，全区75所中小学校74361人参与活动。

（房 微）

【文化信息资源共享工程系列活动】 年内，区青少年儿童图书馆作为全国文化信息资源共享工程西城区少儿支中心，有从首都图书馆接收的各类图书、影视、文艺等共享工程资源共计3.8TB，组织开展文化信息资源共享工程系列活动26项，服务读者8983人次。

（房 微）

【数字文化社区建设】 年内，正式启动北京市“数字文化社区”工程建设，天桥社区服务中心、广外社区服务中心、广内社区服务中心、陶然亭龙泉社区居委会、白纸坊社区服务中心、牛街社区服务中心作为“数字文化社区”首批建设单位，正式对外开放。

（房 微）

【文化市场行政执法数据】 年内，出动检查人员5412人次，检查出版物经营单位1736家次，印刷企业163家次，网吧998家次，游艺厅143家次，演出场所372家次，歌舞娱乐场所757家次，影院84家次，文物保护单位320余家次；卫星电视接收单位126家次，拆除非法安装卫星电视设施30余件；联合检查40次；取缔非法游商16家；收缴非法图书报刊1.4万余册（份），收缴非法音像制品2万余张；处理各类举报45件，举报回复率达100%，发放各类宣传材料1.2万余份。共立案64件，结案53件，罚款1.45万元。

（房 微）

【文化市场行政许可数据】 年内，受理并许可出版物零售企业新设立52家，变更46家，未参加年检换证注销204家；网吧变更3家；电影放映单位新设立1家；电子游艺娱乐场所变更1家；歌舞厅新设立2家，变更5家，注销1家；文艺表演团体新设立1家，变更2家，注销2家；营业性演出431台，4297场次。截至年底，全区有文化市场经营单位954家。其中出版物零售企业467家，网吧107家，歌厅90家，电子游艺厅20家，文艺表演团体49家，演出场所经营单位26家，电影放映单位15家，从事美术品经营活动的单位54家，有线电视站、共用天线设计、安装单位28家，印刷企业98家。

（房 微）

文物管理

【概况】 西城辖区历史文化底蕴深厚，资源丰富，种类繁多，特色鲜明，是皇城文化、市井民俗文化、宗教文化、缙绅文化等高度融合的区域。有三级文物保护单位184处，其中全国重点文物保护单位32处、北京市文物保护单位74处、西城区文物保护单位78处。未定为文物保护单位的不可移动文物（文物普查登记项目）171处。在北京市已公布的40片历史文化保护区中，西城区域内有18片。

（房　微）

【首届阜景文化节暨壬辰年小年庙会】 1月16日（农历腊月二十三），北京历代帝王庙举办首届小年庙会。高跷、中幡、太平鼓、赛活驴、天桥摔跤等民俗表演项目吸引群众观看。另有“龙行天下”龙文化主题收藏展、笔会活动、猜灯谜活动、书法家现场题写赠送春联、赠送灶王爷年画和糖瓜等传统民俗文化活动。

（房　微）

【完成三普成果资料汇编】 2月至5月，区文物保护研究所将第三次文物普查资料进行汇总整理，编印《西城区第三次全国文物普查成果资料汇编》，汇编分上、中、下三册，收录了北区全国重点文物单位24处、市级文保单位46处、区级文保单位49处、普查项目126处、普查新发现11处，对256处文保单位的GPS坐标、类别、年代、使用情况、现状评估、现状描述等作了详细记录。

（房　微）

【举办壬辰年拜谒三皇五帝典礼】 3月31日，“壬辰年拜谒三皇五帝典礼”在北京历代帝王庙举行。社会各界500余人相聚历代帝王庙，缅怀中华先祖英德。同时，举办“三皇五帝与百家姓”的姓氏寻踪活动，解读姓氏始祖、源流、堂号、联宗等姓氏文化知识。

（房　微）

【“缅怀先烈　宣誓明志”主题活动】 4月，北京李大钊故居举办“缅怀先烈　宣誓明志”主题系列活动。分别开展“二炮部队走进故居追忆先烈”“百名小学生缅怀先烈敬献鲜花”“清明时节　建队授旗　宣誓明志”等活动。参与人数483人次。

（房　微）

【“清明祭”活动】 4月，郭守敬纪念馆举办“清明祭”活动，近千人参与。

（房　微）

【重现清代皇后祭蚕礼仪】 4月19日，区文物保护研究所在北海公园再现清代皇后祭蚕大典。根据文献记载，翻译祭祀音乐乐谱，制作总谱、分谱和配乐，并完成祭先蚕曲六首及采桑歌的录音，编制祭祀礼仪的程序，并据史料记载制作部分祭祀器物及演出服装、道具以展现祭祀先蚕神活动的文化内涵。

（房　微）

【《李大钊与北京精神》展】 4月至12月，北京李大钊故居推出《李大钊与北京精神》巡展活动。展览主要以在北京生活工作10余年的中国共产党主要创始人李大钊的短暂一生所彰显的爱国情怀、创新精神、包容思想和厚德品格为鉴，完整地诠释着首都北京一脉传承的城市灵魂——爱国、创新、包容、厚德。先后到北京师范大学附属实验中学、北京市第三十五中、北京鲁迅中学、社科院历史所、德胜社区教育学校图书馆及二炮部队巡展。累计参观人次逾3万。

（房　微）

【前门清真寺竣工验收】 5月，完成前门清真寺竣工验收及决算审价申报工作，整理工程档案，补充相关文件图纸，推动审价进展。

（房　微）

【戊戌维新纪念馆项目代建移交工作】 6月，经区政府专题会研究，戊戌维新纪念馆建设（粤东新馆保护修缮工程）项目建设单位为区文化委，北京京都文化投资管理公司作为项目实施主体，经京都公司申请项目基本建设立项申报程序；办理国土、规划等部门的项目前期手续；组织开展现场测绘及修缮迁建方案的编制，9月取得区规划分局的规划意见复函，11月取得区发改委项目建议书批复，完成项目代建移交任务。

（房　微）

【申报市级爱国主义教育基地】 9月，经考核，宣南文化博物馆被北京市人民政府评为市级爱国主义教育基地。

（房　微）

【爱国主义教育活动】 9月29日，历代帝王庙博物馆第一次走进校园（西城区五路通小学），将爱国主义教育与宣传民族悠久传统文化，普教中华传统美德相结合，举办爱国主义教育活动——“情系华夏说祭祀·爱国明礼忆先贤”。

（房　微）

【中秋祭月】 9月30日，月坛祭月礼仪展示被列入西城区中秋文化旅游节系列活动中。区文物保护研究所通过对祭月文化的不断整理、研究、发掘、编演，将祭月这一古老传统的礼仪文化介绍给大众，让百姓能够直观地去感受祭月活动，同时也通过祭月活动的开展使更多的民众了解了“月坛”这座文物建筑的历史功用及价值。

（房　微）

【可移动文物鉴定】 12月，区文物保护研究所聘请市文物局张茹兰等5名专家，对可移动文物进行鉴定，经专家鉴定，其中三级72件、一般1212件、无级393件、待定3264件。

（房　微）

【不可移动文物认定】 年内，启动辖区不可移动文物认定工作，以新会会馆（粉房琉璃街115号）、李万春故居（北大吉巷22号）、莆阳新馆（贾家胡同31号）、米市胡同21号楼等7处建筑为试点，开展对不可移动文物认定对象的实地调查、资料收集、专家认定等工作。

（房　微）

【先农祭祀研究】 年内，在整理、研究《大清会典》等相关资料的基础上，开展先农祭祀研究工作，组织“祭先农　植五谷　播洒文明在西城”活动及清代先农神祭祀礼仪研究成果展，再现清代皇家祭祀盛景。

（房　微）

【宣南文化博物馆展览及文化活动】 年内，北京宣南文化博物馆开展专题展览7项：清代先农神祭祀礼仪研究成果展、西城区摄影家协会2012年春节民俗采风摄影展、马铁汉个人书法作品展、西城海外联谊会“同心同德 共创未来”书画展、宣南历史文化巡回展、文物科普知识系列展、传统节日民俗知识展。开展公益文化活动6项：“祭先农 植五谷 播洒文明在西城”活动、“迎春纳福”系列文化活动、“五月端午送香囊 博物馆里飘粽香”民俗体验活动、“金秋迎重阳 敬老在宣博”重阳节活动、青少年爱心志愿服务活动、“宣南文化百题知识竞答互动活动。

（房 微）

【不可移动文物普查】 年内，完成第三次全国文物普查验收总结工作，完成两万字的普查报告，整理汇总普查档案，涉及照片5000余张，图纸500余幅，相关表格资料1000余份；在对各区级文物保护单位现场踏查、内容研究、专家研讨的基础上，对78处区级文物保护单位统一悬挂了中英文标识牌。

（房 微）

【不可移动文物保护工作】 年内，汇总各类城市建设项目中涉及的不可移动文物基本情况，撰写汇报材料，会同区住建委召开关于在城市建设中做好文物保护工作的专题会议，向建设单位提出保护要求。配合大栅栏琉璃厂指挥部开展文保区风貌保护工作，梳理杨梅竹、CH地块等重点建设区域的文物及历史建筑情况，结合腾退工作，提出大栅栏南部地区重点腾退院落的相关建议。完成前门清真寺竣工验收及决算审价申报工作，整理工程档案，补充相关文件图纸，推动审价进展。推动朱彝尊故居抢险修缮项目施工现场安全管理责任移交工作，积极促成信达公司与古建公司达成交接意向。推动区级文物保护单位普济寺大殿修缮工程，年底办理完成开工手续。参与北京会馆文化保护发展基金筹备及前期研究，组织开展现场调研。全面梳理安徽会馆保护利用工作进展情况及历史遗留问题，着力促进项目实质性启动，推进粤东新馆保护利用工程项目立项审批工作。

（房 微）

【历史文化街区保护与调研】 年内，配合中轴线、大运河申遗工作，对中轴线、大运河相关历史资料进行梳理，对中轴线进行调研。参与完成中轴线西侧北海、宋庆龄故居、醇亲王北府、火德真君庙等19处文物保护单位外立面修缮、整治工作。

（房 微）

【博物馆工作】 年内，组织召开西城区2012年博物馆系统工作交流会，设计、制作西城区“博物馆之旅”宣传册，内容包括各博物馆特色介绍、地图标识、乘车路线和吃、住、行、游、购、娱等方面。宣传册在各博物馆及旅游咨询中心免费发放，为游客在西城博物馆旅游提供方便。

（房 微）

【文物安全工作】 年内，开展文物安全检查500余家次，处理举报50余次，发放文物安全宣传材料500余份，检查文物市场15次，辖区内文物保护单位建筑未发生重大安全事故，实现文物安全年目标。

（房 微）

北京京都文化投资管理公司

【概况】 北京京都文化投资管理公司（简称京都公司）隶属于西城区国有资产监督管理委员会，是西城区唯一一家专司文化创意产业的国有独资企业，立足传承北京传统文化，集投资管理、文艺演出、文化经营管理于一身，主营三大业务——演艺和剧场院线业务、文化节庆和文化推广业务、新媒体及文化电子商务，是全面强势的文化娱乐终端服务提供商。公司业务主要涉及投资管理、文化交流、会馆开发、影视策划、电影放映、剧团演出等经营管理项目。公司所属从事文化创意产业的企事业单位共15家，包括北京杂技团、风雷京剧团、北京皮影剧团、广安门电影院、大观楼影城、中华电影娱乐宫、湖广会馆、宏宝堂文化有限公司、清秘阁有限公司、厂甸市场管理处、白广路商场等。公司系统职工近千人。

地址：西城区小沙土园胡同12号
邮编：100050
电话：63159837

（杨 帆）

【北京杂技团和风雷京剧团装修改造工程】 1月5日，区委书记王宁等领导赴京都公司调研文化院团发展情况，指出为更好地支持文化院团发展，拨付专款支持院团的装修改造。此次文化院团装修改造包括北京风雷京剧团主楼、附属用房装修改造以及北京杂技团主楼、附属用房及室外局部雨水工程，项目建设投资全部来源于区政府财政拨款。

（杨 帆）

【举办2012年北京厂甸庙会】 1月23日至27日，京都公司举办2012年北京厂甸庙会。2012年厂甸庙会具有五大特色，即千年穿越，“品”古街风貌；产业链接，“游”旅游新地标；非遗集萃，“赏”民俗之异彩；辞旧迎新，“祈”祥瑞保平安；公益平台，“玩”转京味文化。2月11日，厂甸庙会在第七届北京春节庙会·灯会·文化活动评选中获“文化魅力奖”。

（杨 帆）

【风雷京剧团赴日演出】 1月31日，应日本日光市鬼怒川旅游协会邀请，北京风雷京剧团一行23人赴日演出，《三国志》《大闹天宫》《秋江》《三岔口》《天女散花》等中国京剧优秀传统剧目。据日方统计，8场演出观众人数达3600余人次。10月，剧团两次进入人民大会堂上演《京剧风采》。

（杨 帆）

【中国（西城）舞台剧生产制作服务基地】 为夯实“三个三”工程（三大主营业务系统、三个文化产业品牌、三个发展阶段）之一的文化演艺平台，成为重要的演出娱乐提供商，京都公司筹建舞台剧制作孵化基地——中国（西城）舞台剧生产制作服务基地。该项目旨在通过融合美国百老汇、伦敦西区、日本四季剧院以及韩国音乐剧、舞台剧产业的发展经验，按照中国原创舞台剧产业发展方向，集中力量打造集音乐剧、话剧的创作、培训、排练、演出、录制、剪辑、后期制作、版权交易和相关衍生品等功能为一体的文化创意产业基地。2月，区委常委副区长梁昌新、区委常委宣传部长王都伟一行到京都公司调研项目情况。截至年底，该项目完成入驻新华1949国际文化创意产业园区。

（杨　帆）

【北京中圆汇博电子商务有限公司成立】 为进一步推进琉璃厂文化商城项目发展，2月，琉璃厂文化商城项目合作双方组建成立北京中圆汇博电子商务有限公司，全面负责琉璃厂文化商城项目的运营。商城经营的产品种类包括文房四宝、金石篆刻、书画、紫砂、文玩/首饰、仿古青铜器、拓片、重印古书、古董、瓷器、民族乐器等多类文化商品，先后上架的商品数量超过1万余种。5月，琉璃厂文化商城项目参加西城区信息办主办的“2011年度信息西城十大应用成果”评选，并进入“2011年度信息西城十大应用成果”评选入围名单。截至12月，琉璃厂文化商城注册用户数达4.8万余人,商城商品数量7500余种，订单2200余笔，完成销售额近200万，利润率达30%，客户地区遍布全国各地。

（杨　帆）

【数字电影《大碗茶》】 电影《大碗茶》由西城区委、区政府和电影频道联合出品，北京京都文化投资管理公司和北京中影联文化传媒有限公司联合摄制。4月21日，电影《大碗茶》首映式在人民大会堂小礼堂举行，国家广播电影电视总局副局长张宏森、北京市委宣传部副部长张淼等出席。9月20日，北京市委宣传部召开2012年度精品创作座谈会，京都公司总经理王长利代表《大碗茶》出品方参加座谈会并作重点发言。该影片入选2012年国家广播电影电视总局“迎接党的十八大重点影片”。10月26日，电影《大碗茶》在中国电影诞生地——大观楼影城举办院线公映启动仪式，400余人参加活动。

（杨　帆）

【北京皮影剧团】 5月11日至10月11日，北京皮影剧团参加北京市组织的“北京市农村文艺演出星火工程”，共演出44场，收入达26.4万元，实现历史性突破。此外，剧团还积极拓展了海外演出市场，2月，剧团随市长郭金龙赴台参加2012“燕京绝技——北京非物质文化遗产展”活动，剧团与台湾台北台原偶剧团、土耳其皮影艺术家合作，排演台北国际艺术节节目《人间影》，演出6场。

（杨　帆）

【话剧《招租启示》演出】 话剧《招租启示》是由京都公司投资出品，京都公司所属都市海棠演艺分公司制作的都市微伤喜剧。该剧共投资80万，5月完成制作，6月、11月、12月进行了3个轮次共39场次演出。该话剧尝试性地引入现代项目管理制度，实现了项目内容策划、项目营销策划、项目运营模式策划的创新。3个轮次票房销售在大麦网同档期话剧排行前10名；企业包场演出共3场；搜房网提供300万元广告资源赞助；LOMO摄影工作室和影格视觉提供价值共2万元剧照拍摄赞助、AKG耳机公司提供价值1.3万元共26部演出用耳机及抽奖用耳机赞助。

（杨　帆）

【北京皮影传习所成立】 5月17日，北京皮影传习所正式揭牌成立。北京皮影传习所位于天桥杂技剧场，是北京皮影剧团主办的集北京皮影展览、讲座、表演、培训和观众体验为一体的场所。北京皮影传习所里内展示有各种造型、大小各异的北京皮影人物200余件，其中还有来自清代的皮影。传习所不定期开设培训课程，免费讲授北京皮影戏的表演技巧和制作技艺。

（杨　帆）

【大观楼收录中国地产界第一部微电影】 11月3日，大观楼正式将中国首部地产微电影《爱本天成》收录中国电影诞生地影库，该电影由大连万达集团投资出品。大观楼第一次实现三个“跨界”：第一次跨京外地区收录，第一次跨地产行业收录，第一次跨新媒体电影领域收录。

（杨　帆）

【第二轮音乐剧《爷们儿》上演】 在首轮演出的基础上，京都公司打造的音乐剧《爷们儿》于11月2日至11日在地质礼堂演出8场、观看人数超过8000人，票房收入124万元。演出特别加入喜剧元素和时尚元素，融合传统京剧音乐元素和当代世界流行音乐，跨界色彩强烈。

（杨　帆）

【琉璃厂艺术文化馆】 京都公司承担的“琉璃厂艺术文化馆”，作为公益项目承载了文物艺术品的储藏、展示等功能，集文化艺术研讨、交流、展示、现场创作为一体。项目用地需征收建筑总面积2862.3平方米，项目总投资为39252万元。该项目于8月1日通过北京市规划委员会组织的专家论证会，12月6日，北京市规划委员会西城分局对《琉璃厂艺术文化馆概念设计方案》及指标进行公示。

（杨　帆）

【安徽会馆】 9月，京都公司开始实施安徽会馆及周边区域的规划研究以及安徽会馆保护修缮工作，并与北京建筑设计研究院、清华大学建筑学院签订合作协议，旨在利用国际化视角，深入挖掘安徽会馆文物价值及历史内涵，将安徽会馆打造成具有国际影响力的高端文化园区。12月12日，安徽省驻京办主任汪韧，区委常委、区长梁昌新到京都公司调研安徽会馆情况。

（杨　帆）

北京市大碗茶文化发展有限公司

【概况】 北京市大碗茶文化发展有限公司下设党办、公司办公室、财务部、审计部、人力资源部、行政部，下辖北京老舍茶馆有限公司、北京大碗茶茶叶有限公司、北京震云阁工艺品有限公司3家股份制企业，职工人数242人，经营项目包括茶座、演出、餐饮、茶产品、工艺品销售等。全年实现销售收入3869万元，利润106万元，上缴税金213万元。电影《大碗茶》入选迎接党的十八大国产重点影片。北京市大碗茶文化发展有限公司获“爱在西城”2011年度公益团队称号。在“首届中国茶文化与旅游发展高峰论坛”活动中获“中国茶文化旅游特别贡献奖”。董事长尹智君获由中国国际品牌协会等机构联合颁发的国际十大茶人杰出贡献奖——“陆羽奖”。

地址：西城区前门西大街正阳市场3号楼
邮编：100051
电话：63021741

（王捷　张欢）

【艺术家韩美林参观做客】 1月4日，著名艺术家韩美林参观老舍茶馆。区领导王宁、梁昌新、郭怀刚、王旭等陪同。

（王捷　张欢）

【参加2012年德国柏林国际旅游交易会】 3月4日至11日，董事长尹智君率队一行5人赴德国柏林参加“2012柏林国际旅游交易会（ITB）”活动。展会期间，老舍茶馆向国外旅行商推介了3条产品服务线，发放宣传手册和光盘1000份，展示老北京吆喝、市井商业叫卖、龙嘴壶茶艺表演和造型茶、普洱茶、茉莉花茶等特色茶产品。国家旅游局副局长祝善忠、中国驻德国大使吴红波、中国驻法兰克福总领事温振顺、国家旅游局驻法兰克福办事处主任邸抗非等参观老舍茶馆展位。

（王捷　张欢）

【“两会”代表委员体验京味文化】 3月11日，中国作家协会邀请参加全国“两会”的文学界代表和委员到老舍茶馆“艺苑”非物质文化遗产演出中心体验京味文化。中国作协主席铁凝，中国作协党组书记、副主席李冰，全国人大常委、教科文卫委员会副主任委员、中国作协副主席金炳华，中国作协党组副书记、书记处书记张健，中国作协党组成员、副主席、书记处书记廖奔、何建明等参加活动。全国人大常委、全国人大外事委员会主任委员、前外交部部长李肇星到场祝贺。

（王捷　张欢）

【外国驻华使节体验中国文化】 4月14日，“2012驻华使节＆夫人中国才艺大赛——民族文化篇”暨“驻华使节走进老舍茶馆”文化交流活动举行。来自五大洲45个国家，包括20位驻华大使在内的70余位驻华外交使节及夫人出席活动。驻华使节和夫人们参与中国民族歌舞与中国书法才艺比赛，观看老舍茶馆京味民俗文化展，欣赏中国茶艺表演。当日，老舍茶馆举行“禅印茶心”——开光大佛龙井春茶“首发”活动，使节和夫人们接受了董事长尹智君赠送的佛茶，成为首批品尝者。

（王捷　张欢）

【北京市老干部做客】 4月19日，40余位北京市级老领导、老干部参观老舍茶馆，观看相声专场演出。区领导王宁、王少峰、郭怀刚等出席活动。

（王捷　张欢）

【赴台参加2012年海峡两岸文创展】 4月19日至22日，老舍茶馆赴台湾参加由中共北京市委宣传部、北京市人民政府台湾事务办公室、中国国际贸易促进委员会北京市分会、北京市文化创意产业促进中心、北京工艺美术协会和台北世界贸易中心共同举办的“2012第四届海峡两岸文化创意产业展”活动，集中展示“餐、茶、戏、礼”四大产品服务体系，重点宣传推介“老尹记”系列茶产品及获2009年到2011年“北京礼物”金、银、铜奖的旅游产品。在台参展期间，参观台北松山文创园区、台北诚品书店、台湾玻璃馆等文化创意集聚区，并与台北世界贸易中心、海峡两岸商务投资促进会等机构举行系列交流活动。

（王捷　张欢）

【电影《大碗茶》在人民大会堂首映】 4月21日，影片《大碗茶》首映式在人民大会堂三楼小礼堂举行。中国文联副主席刘兰芳，国家广播电影电视总局电影局副局长张宏森，北京市委宣传部副部长张淼，北京市国有文化资产监督管理办公室筹备工作小组负责人张慧光，市文化局副局长吕先富，西城区领导王少峰、梁昌新、郭怀刚、王旭、王都伟、沈桂芬等参加首映活动。国家广播电影电视总局电影局、电影频道节目制作中心、市区各相关局委办领导，有关协会组织负责人，电影《大碗茶》剧组全体主创人员及来自社会各界的嘉宾700余人参加仪式并观看影片。电影《大碗茶》由国家广播电影电视总局电影卫星频道节目制作中心与西城区委、区政府联合出品，北京中影联文化传媒有限公司、北京京都文化投资管理公司联合摄制。编剧马泉来以上世纪七八十年代前门大碗茶创业故事为原型创作的电影《大碗茶》，讲述了改革开放初期大栅栏街道干部共产党员尹盛喜（剧中名李盛奇）带领一批没有工作的返城知青从两分钱一碗的大碗茶开始，自谋职业艰苦创业，克服困难转变观念，成为改革开放时期创业典型代表的故事。

（王捷　张欢）

【赴韩国文化交流宣传推广】 5月17日至23日，老舍茶馆一行6人赴韩国首尔进行茶文化交流与旅游商品推广活动。参加“2012 Hana Tour旅游博览会”活动，展示推介老舍茶馆特色服务产品和和茶艺茶道。应韩国禅宗中心曹溪寺邀请，在“曹溪寺佛诞日”庆祝活动当日，老舍茶馆茶艺师为到寺院祈福的韩国市民进行了中国茶的免费冲泡品饮和知识讲解，为寺院僧侣们培训乌龙茶、普洱茶的品鉴、冲泡、品饮知识，开展茶文化交流活动。

（王捷　张欢）

【举办电影《大碗茶》观摩研讨会】 5月19日，电影《大碗茶》观摩研讨会在老舍茶馆艺苑举行。中国电影家协会分党组副书记、秘书长许柏林，电影频道节目中心艺术总监柳城，广电总局电影发展研究中心副所长刘汉文，中国电影文学会副会长、国家电影审查委员会委员赵葆华等14位业界专家和10余位电影主创人员参与研讨会。会前，与会专家在大观楼影院共同观摩影片《大碗茶》。

（王捷　张欢）

【传统文化进校园】 5月20日，老舍茶馆联合AIECEC国际留学生组织外经贸分会，在对外经济贸易大学求真楼留学生学习中心共同举办老舍茶馆民族文化进校园活动。中国人民大学、北京外国语大学和对外经济贸易大学本部的60余位中外师生受邀参加活动。举办《走进中国茶》知识讲座和中国茶茶艺展演，老舍茶馆演员们表演单弦等曲艺节目和京味吆喝，并进行现场互动节目。

（王捷　张欢）

【美国费城交响乐团艺术家来访】 6月2日，美国费城交响乐团总裁艾莉森·瓦尔格莫及乐团全体艺术家到老舍茶馆品尝京味菜肴，观看戏曲表演，感受京味文化。市政协副主席、国家大剧院院长陈平，原北京市政协副主席、国家大剧院顾问黄承祥，区领导王宁、章冬梅、梁昌新、孙硕，国家大剧院副院长杨静茂和美国亚洲协会名誉主席卜励德及夫人参加活动。

（王捷　张欢）

【亚非国家政府官员来访】 6月23日，正值农历端午节，由亚非国家处级政府官员组成的中国文化研修班考察团一行64人来访老舍茶馆进行中国文化探索体验之旅活动。宾客们体验五彩茶香粽的制作，品尝京味菜肴，参观老北京传统商业博物馆，观看皮影戏等文艺节目。

（王捷　张欢）

【党员服务“老二分”大碗茶摊】 7月1日，大碗茶公司党支部在老舍茶馆楼门前的“老二分”茶摊，举行预备党员入党宣誓和老党员重温入党誓词活动。活动当天，全体党员在“老二分”茶摊前，为过往行人服务，售卖“二分钱”大碗茶。

（王捷　张欢）

【官方天猫店正式上线】 7月1日，老舍茶馆官方天猫店（http://laoyinji.taobao.com）正式上线销售，消费者可通过网店直接购买老舍茶馆各类茶产品和自主开发生产的京味旅游商品。

（王捷　张欢）

【通过质量管理体系认证换证审核】 7月20日，老舍茶馆通过北京新世纪认证公司ISO9001：2000质量管理体系换证审核。

（王捷　张欢）

【拥军活动】 8月1日，邀请武警十四支队官兵在老舍茶馆演出大厅举行拥军联谊活动。官兵们参观老舍茶馆营业场所，老北京传统商业博物馆，观看相声、杂技、功夫等综艺节目。

（王捷　张欢）

【举办“青春国粹联盟曲艺专场”】 8月18日，北京市文联、老舍茶馆、北京国粹艺术传承促进会共同举办“青春国粹联盟曲艺专场”活动。中国曲艺家协会主席刘兰芳，北京市人大常委、北京国粹艺术传承促进会名誉会长史绍洁，北京市文联党组书记陈启刚，北京老舍茶馆董事长尹智君为活动剪彩。区领导郭怀刚、王都伟，北京曲艺家协会秘书长田静，单弦表演艺术家赵玉明、张蕴华，影视演员冯远征等到场祝贺。首场演出活动后，“青春国粹联盟曲艺”专场于每周六下午在老舍茶馆固定举办，由京津曲艺名家轮番上演，为京城曲艺迷和鼓曲爱好者提供欣赏、学习、交流的平台。

（王捷　张欢）

【中俄友好家庭共度中秋节】 中秋节之际（9月30日），区旅游委组织中俄友好家庭在老舍茶馆艺苑观看变脸、杂技、魔术等综艺表演，品尝京味菜肴和老北京小吃；在老师的指导下，练习写书法、画兔爷、学茶艺、制月饼，共度中国传统中秋佳节。

（王捷　张欢）

【台湾维新基金会一行感受京味文化】 10月7日，台湾维新基金会董事长谢长廷携夫人一行在北京市台办主任马玉萍的陪同下到老舍茶馆感触京味文化。参观老北京传统商业博物馆，观看《四季北京·茶》演出剧目，品尝滇红和造型茶，以及老北京特色小吃。

（王捷　张欢）

【300名儿童体验中国文化】 10月19日，朝阳区西坝河幼儿园的300余名儿童到老舍茶馆观看杂技、魔术、皮影戏等传统艺术节目，体验中国传统文化艺术和老北京茶馆文化。

（王捷　张欢）

【建立实践教学基地】 10月26日，北京语言大学与老舍茶馆共建实践教学基地签约仪式活动举行。教育部高等教育司综合处副处长张庆国、北京语言大学副校长曹志耘、董事长尹智君共同为教学基地揭牌。活动中，来自北京语言大学的师生们品茗赏戏，参与学京味儿吆喝、冲泡中国茶等互动体验项目。

（王捷　张欢）

【茶艺大赛获奖】 10月27日，2012年度中国国际茶艺大赛及茶服表演大赛在北京国贸中心举行，老舍茶馆的“四季茶席”获中国国际茶席设计银奖，“京城茶韵”茶艺表演获茶艺表演铜奖。

（王捷　张欢）

【电影《大碗茶》播映】 11月10日，电影《大碗茶》在中央电视台电影频道播映。这是继5月8日首播之后，第二次在央视频道上映。同时，由北京九州同映国产数字院线有限公司发行的电影《大碗茶》，由北京时代金典奔小康数字电影院线有限公司首批一次性订购3030场。

（王捷　张欢）

【十八大北京代表做客老舍茶馆】 11月14日，北京市人大常委会主任杜德印，北京市委常委、组织部部长吕锡文，北京市委常委、副市长牛有成等出席党的十八大的部分北京代表参观老舍茶馆，感受京味文化。

（王捷　张欢）

【百名香港中学生体验京味文化】 11月22日，百名香港初中生到老舍茶馆，听了由清华对外交流中心民俗顾问翟鸿起讲授的“老北京人的生活”讲座，观看唐山皮影戏、茶艺表演等。

（王捷　张欢）

【外国贵宾政要做客老舍茶馆】 2月16日，津巴布韦议会外事委员会主席穆卡杜瑞一行6人到老舍茶馆观看《四季北京·茶》演出剧目。5月22日，卢旺达外长路易斯·穆希里博士做客老舍茶馆。5月22日,立陶宛共和国议会副议长埃里卡斯·塔马绍斯卡斯到老舍茶馆体验京味文化。6月1日,波兰总统夫人安娜·科莫罗夫斯到老舍茶馆品茶赏戏。8月20日，阿尔巴尼亚外交部长埃德蒙·帕纳里蒂到老舍茶馆欣赏中国传统艺术。8月30日,德国联邦教研部部长沙万在全国政协副主席、科技部部长万钢的陪同下，在老舍茶馆品尝京味美食、欣赏中国艺术。

（王捷　张欢）

【民俗节令活动】 1月16日，老舍茶馆举办龙年室内新春民俗庙会活动。活动包括赏龙灯、跃龙门、游龙街、品龙井、京味吆喝展、民俗手工制作展和写春联、做嵌名联等内容。2月4日至6日，举办“喜迎元宵，乐猜灯谜”元宵主题活动。邀请北京谜友联谊会副会长刘增佑为灯谜爱好者讲授知识，答疑解惑。2月21日（农历二月初二），与美容美发机构木北造型联合在艺苑推出“美丽大讲堂”讲座。

（王捷　张欢）

【展会推广活动】 4月16日，老舍茶馆茶艺师应邀在上海沃弗1846会所，向出席中国（上海）会议与旅游产业发展论坛“京沪之夜”欢迎晚宴的嘉宾们进行茶文化和京味文化展示。5月24日至27日，随市旅游发展委员会赴浙江省义乌市参加“第四届中国国际旅游商品博览会”活动。6月16日至19日，参加在北京展览馆举行的“2012北京国际茶业展暨2012北京马连道国际茶文化节和第十二届中国普洱茶节茶行业年度盛会”活动，展示餐、茶、戏、礼四大服务产品。8月10至13日，随区商务委赴山西省太原市参加“2012环渤海地区（太原）品牌暨投资贸易国际博览会”活动。8月24日至26日，随区旅游委赴山西省太原市参加“第十七届中国北方旅游交易会”活动。9月12日至14日，参加在中国国家会议中心举办的“2012中国（北京）国际商务及会奖旅游博览会（CIBTM)”活动，重点推介“北京堂会文化体验”套餐项目。12月19日，参加在北京中国国际展览中心举行的“第七届中国北京国际文化创意产业博览会”活动，展示文化特色和文化产品，推介“青春国粹联盟曲艺专场”活动。12月28日至31日，参加在北京中国国际展览中心举行的“首届北京旅游商品博览会”活动，集中展示从2009年至2011年在北京礼物评选大赛中的获奖产品。

（王捷　张欢）

旅　游

旅游管理

【概况】 北京市西城区旅游局于2012年2月15日正式更名为北京市西城区旅游发展委员会（简称区旅游委），是负责本区旅游发展统筹协调、产业促进和行业管理工作的区政府工作部门。在职人员共47人，其中公务员23人、事业单位人员24人。主要职责是贯彻落实国家有关旅游方面的法律、法规、规章、政策及北京市的有关规定；拟订本区旅游产业发展管理办法、措施并组织实施；会同有关部门研究编制本区旅游产业发展规划、计划并组织实施。负责统筹本区旅游资源的普查、规划、开发、整合、利用；协调推动旅游产业发展，促进旅游产业与其他相关产业融合；指导重点旅游区域和旅游线路的规划开发；组织发展具有西城特色的北京都市旅游；促进高端旅游的发展；协调假日旅游、红色旅游工作。负责制定本区旅游市场开发战略并组织实施；参与国家、北京市旅游整体形象的对外宣传和重大推广活动，组织本区旅游对外宣传和推广活动，组织协调重大旅游节庆和会展活动，培育旅游品牌；负责旅游对外交流与合作，推动旅游区域合作。会同有关部门开展旅游产业投资促进和重大旅游项目的协调、服务工作；设立、管理旅游产业引导资金；负责旅游统计、分析和信息发布工作。统筹协调本区旅游公共服务体系建设和管理工作，组织协调公共服务设施建设、改造工作，建立健全旅游咨询服务体系和旅游公共服务信息网络体系；指导旅游行业精神文明和诚信体系建设；指导行业组织的业务工作。统筹协调规范本区旅游市场秩序、监督管理服务质量、维护旅游消费者和经营者合法权益工作；规范旅游企业和从业人员的经营和服务行为；组织实施本区旅游行业标准化工作；依据职责划分，负责三星级以下（含三星级）住宿业行业管理。制定本区旅游人才规划，并组织实施；指导旅游培训工作；指导实施旅游从业人员的职业资格标准和等级标准。指导旅游行业协会开展旅游景区、旅游饭店服务质量等级评定工作。承办区政府和上级业务指导部门交办的其他事项。年内，全区纳入旅游统计的971家旅游单位，实现旅游综合收入376.3亿元，同比增长12.3%，占全市旅游综合收入的14%，其中旅游商业、住宿业成为旅游业收入的主要来源，实现旅游收入分别为189.7亿元、64.9亿元，同比增长分别为12.9%、9.7%，二项之和占全区旅游综合收入的67.6%；全区接待游客总人数6495万人次，同比增长6.4%，占全市接待总人数的18.8%；旅游总收入位居全市第四，接待总人数位居全市第二。区旅游委获2012年北京市饭店行业职业技能大赛优秀组织奖、第九届“北京礼物”旅游商品大赛优秀组织奖、2012年度督查考核优秀单位、2012年度安全生产先进单位。

地址：西城区南菜园街51号8层
邮编：100054
电话：83975164

（孙 娜）

【体制改革】 2月15日，西城区旅游局更名为西城区旅游发展委员会，建立产业发展联席会制度，召开西城区旅游产业发展联席会第一次全体会议。

（孙 娜）

【主题营销】 春节期间，开展“欢天喜地过大年”活动，赠送春节大礼包，组织厂甸、大观园、北海公园3家庙会主办单位向中国旅行社总社等赠送庙会门票。4月20日，以“皇城山水 北京人家”为主题，举办第十一届什刹海文化旅游节和什刹海游船首航开航仪式，开展旅游推介会、媒体推广季、国际背包客体验等特色活动。5月19日，在北海公园举办以“魅力古都 幸福西城”为主题的“中国旅游日”宣传活动。6月16日，在老舍茶馆举办“北京之夜”西城区旅游推介会。9月29日至10月4日，完成11户俄罗斯家庭西城民宿旅游接待任务。12月，推出“西城礼物”手册，建成动物园、北海公园两家“北京礼物”店。11月25日至12月4日，积极宣传地区传统老字号，支持举办大栅栏新生活旅游活动，组织参加大栅栏购物节。

（孙 娜）

【网络营销】 4月，与大众点评网合作推出《西城惠游手册》《聚西城品华夏美食手册》。继续发挥西城区旅游委官方微博作用，粉丝数量达7.3万人，发布微博850条，对旅游委各项活动进行线上直播，及时发布区内景区介绍及活动。通过北京旅游网、官方微博开展“百家争鸣·微美西城”——100个最具价值的“微旅游”系列征集活动。4月23日至5月18日，开展“口碑西城”微博征集活动。

（孙 娜）

【项目建设】 完成什刹海、大栅栏功能区规划方案编制、公共服务设施体系策划与布局分析。7月，完成什刹海旅游标识导览设计。10月，争取市旅游委产业发展资金，支持了新北纬饭店天桥民俗主题饭店、护国寺胡同主题旅游宾馆、华利佳合公司连锁酒店改造项目和老舍茶馆京味文化旅游体验馆建设项目，申报了什刹海、大栅栏旅游功能区建设项目。12月，与首旅集团开展战略合作，在酒店、会展、旅行社、餐饮等方面加强合作。

（孙 娜）

【媒体宣传】 12月，与中央电视台联合拍摄纪录片《北京中轴线》西城篇，针对中轴线的周边景区点和文化旅游资源进行梳理整合，围绕蓟城纪念柱、建都纪念阙、历代帝王庙、景山公园、北海公园、月坛、大栅栏、烟袋斜街、天桥、恭王府、特色胡同等中轴线周边景点、街道展开故事叙述；以采访形式对厂甸庙会、瑞蚨祥中式服装、老北京叫卖、后海八爷、大金丝12号、《烟袋斜街旧影》长卷画作者何大齐等进行访谈式拍摄。紧紧围绕“皇城山水 北京人家”这一主题，结合第十一届什刹海文化旅游节特色活动和元旦、春节、清明、五一、端午、中秋等节日节点，有组织、有计划、有目的地开展宣传，在首都主流媒体宣传区域旅游资源，其中纸质媒体宣传报道232篇，网络媒体宣传报道216篇次，领导专访及电台、网络直播3次，缤纷西城电视栏目报道8期。

（孙 娜）

【展会营销】 年内，突出“皇城山水 北京人家”的特色，组团参加德国高端国际促销会、京港洽谈会、北京国际旅游博览会、北京旅游商品交易会等专业展会，促进西城区旅游业的发展，宣传推介西城区的旅游产品，树立区域旅游形象。

（孙 娜）

【宣传品制作】 年内，完成电子旅游U盘电子书1100个、《西城旅游》一册通1万册、西城特色街区手撕图的制作（什刹海、西单、大栅栏）10万份；“十个一”西城旅游地图的制作（中文、英文两种版式）1万张、中国文化琉璃厂礼盒200份、交通一卡通600张、《西城惠游手册》1万册、旅游LOGO等旅游宣传品2.1万个、西城精品线路折页1万套/5万份，《聚西城品华夏美食手册》5000册。总计制作旅游宣传品2.08万份。

（孙 娜）

【共建合作】 年内，与美国丽浪多市、内华达州旅游局和澳大利亚西澳洲杰尔敦市达成合作意向。与瑞士蒙特利尔市签订友好关系意向书。与江西省上饶市、河北省邯郸市、内蒙古通辽市、哈尔滨方正县签署区域旅游合作协议。5月，与延庆县旅游局共同启动旅游服务进社区活动，开展社区与景区“结对子”活动，古崖居、松山等景区邀请“结对子”社区居民体验妫川文化游；组织旅行社调研“诚信旅游”进社区。召开金融街、阜景地区、大栅栏地区旅游企业促销座谈会；会后对企业提出的建议积极落实，对酒店提出与特色胡同游建立联系进行协调。

（孙 娜）

【智慧旅游】 年内，开发推广什刹海“随身游”智能导览系统，下载量达到5万余次；开通《北京旅游手机报》（什刹海版、大栅栏版），推送服务短信300余万次。

（孙 娜）

【公共服务】 年内，推动旅游服务进社区，开设“旅游大讲堂”，成立志愿讲解队，组织20个社区居民开展互动互游。开发推广什刹海“随身游”智能导览系统；在西城旅游政务网站推出“西城名片”专栏；及时更新旅游委官方微博，发布微博800余条。推动社会单位设立旅游开放日，首批开放12家。改造景区公厕2个，安装5种文字全景牌20块、电子信息触摸屏67台、旅游交通标志牌112块。

（孙 娜）

【咨询接待】 年内，全区21家旅游咨询站点共接待中外游客137.8万人，位于全市咨询站前列，同比增长24.3%。其中直接来访102.2万人，同比增长26.4%，电话咨询8.6万人。直接来访中接待国内游客119.3万人，同比增长26.6%；接待国外游客9.9万人，同比增长23.8%；免费发放资料53.6万份。

（孙 娜）

【咨询服务体系建设】 年内，在西单、大栅栏、护国寺3个重点商业街区分别设立咨询站，全区咨询站点达到21家。推进马连道地区、什刹海广福观等咨询站的建设。在全市率先开展星级咨询员评定，实行挂牌上岗。

（孙 娜）

【行业监管】 开展旅游景区质量等级复核和景区升A工作。1月，恭王府成为全区第一家5A级景区。7月，组织参加北京市旅游服务技能大赛，获个人奖14项、团体奖5项，区旅游委获优秀组织奖。9月，完成北海公园、大观园、远东饭店第一批旅游行业标准化试点工作。出动执法检查人员280人次，检查旅游企业365家次，排查整改安全隐患116个。开展重点区域联合执法20次，督促旅行社分支机构备案12家，查处未取得相应经营资质运营旅游大巴车8辆。加强重点地区、重点部位监管，检查覆盖率达到100%，确保“两会”、十八大以及节假日期间旅游市场秩序。招募旅游秩序志愿者，组织正规“一日游”宣传品8万册进店堂、进客房。参加北京市旅游安全技能竞赛，获得个人奖5项，区旅游委获优秀组织奖。

（孙 娜）

【行业协会】 区旅游行业协会继续发挥服务职能及平台、桥梁作用。分别于2月、6月组织会员单位赴德国、韩国参加旅游交易会拓宽旅游市场；挖掘区域历史文化资源，编写《西城故事》；开展形式多样的会员活动。1月9日，在老舍茶馆举办新春团拜会。3月29日，在首都博物馆举办“京味儿文化”讲座。3月31日，组织会员单位参加历代帝王庙拜谒活动。4月20日，邀请常务理事以上会员单位参加第十一届什刹海旅游节开幕式。

（孙 娜）

什刹海风景区

【概况】 北京市西城区什刹海风景区管理处（简称管理处）为什刹海街道办事处下属副处级全额拨款事业单位，人员编制为87人，下设8个科室，1个党总支，2个党支部。年内，管理处完成景区发展与保护的相关环境建设项目，继续提升旅游服务品质，完善旅游服务设施，执行景区监督管理职责，严格景区安全生产秩序。配合什刹海研究会开展“历史文化保护区内人口疏解和改善民生问题”的调查研究工作，完成“关于文物腾退与人口疏解对旧城保护的研究——以什刹海为例”的调研课题。开展智慧景区建设、景区导游词的制作、旅游接待人员培训、语音讲解系统的立项与采购等提升什刹海旅游环境品质相关工作，完成区统计局、区旅游局相关的景区旅游统计工作，在广福观筹备“什刹海文化展”，进一步提升什刹海游船品质，完成相关工程的结算工作。配合上级单位什刹海街道办事处，做好相关什刹海风景区的提案、议案等协助办理工作。

地址：西城区德内大街羊房胡同甲23号
邮编：100009
电话：83223882

（白福君）

【智慧景区建设项目】 项目包括景区无线导览、三轮车自助导览系统建设、网站建设、客流预警系统模型建设和触摸屏设置5项。其中景区无线导览、三轮车自助导览系统建设与景区规范讲解服务相结合，导览系统为游客提供专业的自助讲解服务，并实现5种语言的切换；景区客流预警系统模型建设将对步行人流进行动态风险的监测、诊断和预先控制，以预防突发事件的发生。年内，3个项目均通过区信息办审核。三轮车自助导览系统建设完成财政立项；什刹海网站建设完成各项基础资料及图片的分类整理；市旅游委确定支持建设一个触摸屏。

（白福君）

【什刹海游船改造项目】 配合中轴线申遗工作，按照上年5月26日副市长陈刚调研什刹海时提出“要高水平规划、高标准保护管理，将什刹海打造成为最具历史文化名城保护特色魅力示范区”的目标,进行什刹海游船改造。通过《北京日报》等媒体向社会公开征集什刹海游船设计方案，共收到北京华新意创设计公司等7家单位和个人近30种船型设计方案。2月1日，邀请北京市交通委水运处、清华大学美院等专家组织什刹海游船设计方案专家评审会，委托北京工业设计中心整合、深化设计方案，并由3月14日区长专题会研究通过、组织实施。4月20日，在第十一届什刹海旅游文化节开幕式上，经改造后的14艘仿照漕运风格游船举行首航仪式。该项目申报市科委首都设计产业提升项目,并得到市科委设计经费支持15万元。

（白福君）

【旅游秩序保障工作】 年内，规范景区讲解工作，选拔4名职工专项负责日常接待及讲解。邀请原中国历史博物馆研究员齐吉祥撰写《什刹海景区讲解词》，讲解词约7万字,涉及景点56处。接待纪念国家历史文化名城设立30周年暨首都功能核心区历史文化探访活动相关领导及专家200余人、2012年国际古迹遗址理事会国际专家及领导90余人及市委市政府、区委区政府领导等来什刹海参观考察的中外团体，新闻媒体采访等中外大小参观考察团体近30个，约700人。根据景区实际情况，结合专家意见制订《无线团队讲解系统整体需求》，申请自行采购无线讲解器，年底取得区财政局批复。做好景区标识系统建设，建设内容包括景区全景图、分区导览图、交通引导牌、景点说明牌、公共信息标识、胡同说明牌和安全警示牌，年底项目预算完成财政评审并立项。做好景区旅游统计工作，依据客观性、准确性原则上报统计局月报、季报。

（白福君）

【景区景观综合整治】 年内，按照什刹海街道办事处工作任务书要求完成相关工程计划。6月底，完成蓝鼎晨大厦改造工程中大厦外立面改造。上半年，完成地安门百货二层的修缮改造以及夜景灯光安装。9月下旬，完成鸦儿胡同整治项目，包括8个院落15户房屋翻建920.6平方米，房屋修缮4615.5平方米，改造15个商业门脸，立面贴砖2680.5平方米、围墙翻建60米、铺装1570.6平方米。年底，完成包括西海外立面修缮工程及西海燃气工程在内的西海周边环境建设工程。

（白福君）

【特色街（区）管理】 对护国寺特色街及烟袋斜街这两条特色街（区），采取两班工作制进行巡查管理，联合执法部门对特色街（区）进行集中治理，拆除特色街内不符合要求的广告、牌匾、灯箱等。年内，查处门前、街内乱堆、乱放、乱挂等行为200余起；清理乱贴、乱发的宣传品及小广告1300余张；清理查扣无照游商160余人；清理特色街街流浪乞讨人员80余人；协调配合城管、环保部门严格要求施工单位按规范围挡，渣土随时覆盖并及时清运，清运渣土共计80余处，制作发放《温馨提示》等材料，根据资料联系街内机动车主。

（白福君）

【什刹海文化展】 年内，“什刹海文化展”由歌华公司策划，管理处进行前期资料收集、策划大纲文字修改等项工作。广福观文化展项目经过多轮研究、论证，形成什刹海文化展策划大纲及展陈设计方案：围绕“全面推进文化建设，彰显区域文化魅力”的目标，以宣传什刹海的文化为主题。展览内容包括3部分：什刹海的形成、演变及重要地位，什刹海的历史文化，什刹海的保护与发展。展览利用广福观（37号及51号院）满足主展区、临展区、旅游服务、贵宾接待等主要功能的需要。

（白福君）

【烟袋斜街社区服务活动用房项目】 年内，烟袋斜街社区服务活动用房项目按照区政府、什刹海阜景街建设指挥部的要求，以调整后的建设方案重新办理立项，完善项目手续。完成《项目建议书》编制、评审及征求规划部门意见3个阶段工作，取得《项目建议书的批复》，初步完成立项。完成《征求规划意见的函》《规划意见复函》等规划审批前的准备工作；完成《征求国土意见的函》《国土意见复函》等国土审批前的准备工作；完成《建设项目环境影响登记表审查的批复》。取得项目《测绘报告》。完成地上建筑821.46平方米，包括大木架、墙体、屋面瓦以及门窗。10月底，电力、消防、通风、室内装修及室外油漆彩画竣工。11月初，完成竣工验收。

（白福君）

【景区监督管理工作】 年内，管理处积极协助执法部门对景区内无照游商、商户店外经营、店外叫卖、户外广告等现象进行综合整治，规范景区旅游秩序。规范监控系统日常管理工作，做到监控室有专人负责、专人管理。监控值守人员全部通过专业培训，做到持证上岗，严格按照监控室各项规章制度管理，解决设备故障120余次，确保监控设备的正常运转。充分利用监控系统配合日常巡查管理工作，发现问题及时通报相关部门，全年接待派出所、交通大队、城管队、综合整治办等相关部门调取资料280余次。

（白福君）

【景区安全保障工作】 年内，完成对经营单位的安全检查工作，在春节、“五一”“十一”等节假日前，对什刹海环湖和特色商业街经营单位的安全进行监督检查，春节前夕对什刹海环湖和特色街经营单位所有二层平台的进行检查并签订《重点地区烟花爆竹安全管理工作责任明确书》；依据地下有限空间管理的相关要求，对什刹海环湖和特色商业街地下有限空间进行安全监督检查（特别是易燃易爆物品的检查），消除安全隐患。每天对景区进行日常巡查，及时签订《房屋装饰装修安全管理要求》，督促灭火器将要到期的经营单位进行更换，对新变更和新增的经营单位签订安全责任书。按照北京市“零点安全防火检查行动”的要求，对什刹海环湖经营单位进行消防安全检查，对什刹海环湖及特色街所有使用煤气瓶的经营单位进行逐一登记，与什刹海环湖和特色街经营单位签订安全责任书65份，房屋装饰装修安全管理要求38份，与什刹海经营单位签订《重点地区烟花爆竹安全管理工作责任明确书》269份。在水上、冰上安全监督管理方面，完成“五一”“十一”等节假日前对什刹海水域游船码头及所有运营船只的安全监督检查及日常对水域安全的巡视工作，对什刹海景区6个游船码头及所有运营游船在下水前的安全检查，在什刹海冰场开放期间坚持每天派人巡视什刹海冰场安全状况、设施设备进行检查。6月，市交通委运输管理局西城管理处、什刹海街道办事处、西城园林市政管理中心、北京什刹海旅游开发有限公司、什刹海风景区管理处等部门在什刹海前海好梦江南码头联合进行水上应急演练。

（白福君）

北京大观园

【概况】 北京大观园管理委员会（北京红楼文化艺术博物馆），为全民所有制自收自支事业单位。北京大观园（简称大观园）占地11公顷，园内殿宇、庭院、自然景区30余处，是具有古典园林外观、红楼文化内涵、旅游经济属性、博物馆功能齐全的休闲活动场所。

地址：西城区右安门内西街 18 号
邮编：100054
电话：63544993

（陈雪梅）

【春节送温暖】　1 月 8 日，大观园管委会举行春节送温暖活动。为白纸坊地区的残疾人、特困家庭、单亲家庭及在京务工人员赠送近千张第十七届红楼庙会门票，并为残疾儿童赠送书包。

（陈雪梅）

【红楼庙会筹备】　1 月 16 日，大观园管委会举行第十七届红楼庙会演员招聘面试会，百余名志愿者成为红楼庙会演员。参加面试的演员包括老年文艺志愿者，在校大、中、小学生，历届红楼庙会志愿者。1 月 19 日，副市长丁向阳、市旅游委主任鲁勇和区旅游委领导一同检查第十七届红楼庙会安全保障情况。

（陈雪梅）

【图书进庙会】　1 月 21 日，中共北京市委宣传部、市新闻出版局、首都出版发行联盟在大观园联合举办 2012 年春节期间“图书进庙会”活动启动仪式。副市长鲁炜，区领导王宁、梁昌新、王都伟，大观园主任马俊潼、书记唐晓宾参加启动仪式。

（陈雪梅）

【大观园第十七届红楼庙会】　1 月 23 日至 27 日（农历正月初一至初五），北京大观园举办第十七届红楼庙会。1 月 23 日上午，在大观园南门广场举行开幕式。区领导王少峰、杜灵欣、梁昌新、陈思源、郭怀刚、王都伟、刘永先、陈宁、姜立光出席开幕式。王少峰、杜灵欣为金龙、银龙点睛开幕。红楼庙会 5 天共接待游客 9.97 万人次。12 支演出队伍 350 余名演出人员，在园内大舞台、小舞台、南门广场、湖面上空、湖心岛、潇湘馆东侧小广场，全天不间断上演各种文艺节目，共计表演 190 余场。“情蕴红楼”成为庙会的新亮点，“贾宝玉”为观众表演变脸、魔术。皇家仪仗行进表演，吸引众多游客驻足观看。

（陈雪梅）

【红学专家出谋划策】　2 月 10 日，大观园邀请红学专家李希凡、黄宗汉、杨乃济、段启明、王湜华、杜春耕、张云、张国星、沈治均、张世才、蔡义江、吕启祥、张俊、张庆善来园座谈，并为大观园旅游文化产业发展出谋划策。专家认为，大观园应多经营文化氛围浓厚的活动。

（陈雪梅）

【公益服务活动】　年内，大观园举办多场优惠活动。3 月 7 日至 9 日，大观园对进园游览的妇女实行门票半价并赠送“福”字，在嘉荫堂举办饮食养生、品茶饮酒、赏花作画、文化养生食谱、驻颜秘诀知识讲座。4 月 29 日，大观园免费为武警七支队 200 余名官兵播放水幕电影——《梦幻红楼》专场。6 月 1 日至 3 日，大观园免费对小学生开放。6 月 10 日至 19 日，大观园举办高考生游园专场，2012 年高考生可持准考证免费游园，参与在怡红院、潇湘馆、大殿穿古装照相，芦雪庭学古琴等活动。6 月 27 日至 7 月 3 日，大观园举办中考生专场，2012 年中考生可持准考证免费赏夜景、看综艺节目、观水幕电影。9 月 8 日至 10 日，大观园推出教师节免费游园专场活动。

（陈雪梅）

【配合开展教学实践活动】　4 月 16 日，北京师范大学附属中学高一年级 280 名学生在大观园红楼宴酒店举办“走进名著做有修养的附中人”系列教学实践活动，听红楼讲座，游大观景点。10 月 26 日，中加学校高三年级 200 余名中外师生，在大戏楼举办“走进大观园，研读《红楼梦》”教学实践活动。

（陈雪梅）

【区旅游标准化试点单位验收合格】　大观园作为区旅游标准化试点单位，经过一年多的准备，整理制定出服务提供标准，服务保障标准，服务评价和改进标准工作手册，共计 25.3 万余字标准化文字材料。7 月 5 日，经市旅游委验收考核小组验收考核，被批准为西城区旅游标准化试点单位。9 月 20 日，大观园被市旅游委、市质量技术监督局确定为首批“北京市旅游标准化示范单位”。

（陈雪梅）

【副区长到大观园调研】　7 月 10 日，区委常委、副区长梁昌新带队，区文创办、区发改委、区国资委、区旅游委、区文化委、市规划委西城分局等单位领导一行 10 人到大观园调研，研讨北京大观园整体发展规划等相关工作。

（陈雪梅）

【百姓周末大舞台】　4 月至 10 月，区文化委和大观园在园内省亲别墅露天剧场联合举办“百姓周末大舞台”演出活动。演出单位有北京学明艺术团、丑末寅初文化传播有限公司、北京风雷京剧团、北京良宵竹乐团、北京歌舞剧院、北京金铃艺韵文化艺术中心、北京市河北梆子剧团、北京金帆京昆艺术团、北方昆曲剧院、北京一九九八国际青年剧团、北京心灵呼唤艺术团、斗斗创意国际文化有限公司、中国儿童艺术剧院、北京京剧院、世纪英豪艺术团共 15 个团体，7 个月共演出《打龙袍》《周仁献嫂》《王宝钏》等传统名剧 37 场。

（陈雪梅）

【基础设施建设】　年内，大观园加大基础设施建设投入，维修屋顶瓦面 3.5 万平方米，铺装地面 500 平方米，重新油饰部分油漆彩画。增加资料馆及原锅炉房供暖面积 653 平方米，园内种植草坪 3500 平方米。

（陈雪梅）

体 育

【概况】 北京市西城区体育局（简称区体育局）作为区政府的职能部门，指导和管理全区的体育工作。下设办公室、群众体育科、体育市场管理科、青少年训练科、科技教育科、国有资产管理科、党群工作办公室、监察科。公务员编制33人。下属事业单位有少年儿童业余体校、社会体育管理中心、体育宫、北京广安体育馆、体育训练中心、体育科学研究所、北京月坛综合训练馆、北京月坛体育馆、西城区棋院、北京广安游泳网球馆。年内，区体育局被授予“北京市第六届和谐杯乒乓球比赛优秀组织奖”“北京市第九套广播体操通讯赛优秀组织奖”“2012年度北京市单位内部安全保卫工作集体三等功”。

地址：西城区宣武门西大街28号3门
邮编：100053
电话：68026768

（王仲建）

【机构改革】 8月29日，区体育局根据《北京市西城区人民政府办公室关于印发北京市西城区体育局主要职责内设机构和人员编制规定的通知》，按照区政府文件精神，确定设8个内设机构：办公室、群众体育科、体育市场管理科、青少年训练科、科技教育科、国有资产管理科、党群工作办公室、监察科。区体育局机关行政编制33名。其中局长1名、副局长4名、纪检组长1名、工会主席1名；科级领导职数8正4副。12月31日，区体育局根据《关于北京市西城区体育局所属事业单位机构调整设置的通知》，将原北京市宣武区少年儿童业余体校更名为北京市西城区少年儿童业余体校；将原北京市宣武区社会体育管理中心更名为北京市西城区社会体育管理中心；将原北京宣武体育宫更名为北京市西城区体育宫；撤销原北京市宣武区体育场馆管理中心、原北京广安体育馆，组建北京广安体育馆；北京市西城区体育局体育训练中心更名为北京市西城区体育训练中心；将原北京市西城区体育局体育科研所更名为北京市西城区体育科学研究所；将原北京市西城区体育局体育活动中心更名为北京月坛综合训练馆，保留北京月坛体育馆和西城区棋院；组建北京广安游泳网球馆；撤销原北京市宣武区青年湖体育场。

（王仲建）

【广安网球馆正式启用】 2月4日，西城区广安网球馆举行启用仪式，仪式由区委副书记、区长王少峰主持。市委副书记、市长郭金龙和西城区委书记王宁为场馆揭牌并开球。该馆位于广安体育中心院内，整体建筑面积为15856.67平方米，共4块场地。

（王仲建）

【区体育总会第四届理事会召开】 3月21日，西城区体育总会第四届理事会第一次全体会在区政府会议室召开。区人大副主任刘永先，区政协副主席沈桂芬，市体育总会秘书长张朝晖，来自区体育局系统、区委办局、单项专业委员会、街道、社区、学校、企业等多家单位的82名理事参加会议，全体会审议通过《区体育总会第三届理事会工作报告》《区体育总会第三届监事会工作报告》《关于修改<西城区体育总会章程>的报告》和《第四届理事会第一次全体会选举办法报告》，选举产生第四届理事会名誉主席、主席、常务副主席、副主席、常务理事、秘书长、监事长及监事会成员。会议对各单项专业委员会组织机构进行整合,体育协会由43个整合为21个。

（王仲建）

【举办西城区第一届机关运动会】 4月21日，西城区第一届机关运动会在先农坛体育场举办。市领导刘敬民，区四套班子领导出席开幕式。全区各部、委、办、局，各区级机关、人民团体、各街道及区直属单位的81支代表队5000余人次报名参加。运动会的比赛项目包括60米、800米、30米托球跑、30米推铁环、立定跳远、铅球（5公斤）、定点投篮、沙包掷准、足球射门、一带一跳绳等41项。

（王仲建）

【市体育运动项目经营单位应急演练周活动在西城启动】 6月18日，由市体育局主办、区体育局承办的北京市体育运动项目经营单位应急演练周活动在西城区文化中心启动。市体育局直属单位、16个区县体育局、西城区相关委办局的相关负责人共160余人参加启动仪式并观摩了应急演练活动。演练模拟了游泳馆发生溺亡事故、突发事件人员应急疏散和消防灭火场景，启用120急救和消防系统。

（王仲建）

【举办伦敦奥运会西城籍运动员庆功会】 9月17日，西城区举办伦敦奥运会西城籍运动员庆功会，表彰在伦敦奥运会上取得的优异成绩的三名西城籍运动员。市乒乓球协会主席、市体育基金会主席李炳华，市体育局副局长孙学才，区领导王宁、王少峰、刘跃平等出席庆功会。在2012年伦敦奥运会上，西城区输送的运动员马龙、丁宁双获乒乓球团体冠军；丁宁获女子单打亚军；张帆入选奥运会中国女子篮球队，中国女子篮球队在奥运会上获第六名。

（王仲建）

【区属体育设施向社会开放】 年内，区属既有体育设施全面向社会开放。截至年底，区属体育设施共接待、服务中央级大型活动3场、部（市）级大型活动21场、区级大型活动15场，平均每月承办省部级以上大型活动2场，其中“永远跟党走——首都老干部喜迎党的十八大文艺演出大会”和乒超联赛北京女队主场赛事等活动，产生较大社会影响。充分发挥区属场馆的公益性，为驻区单位、各类弱势群体及社区提供免费、优惠服务；为区全民健身活动和社会各阶层体育健身提供技术支持，所属场馆累计对外开放36865场，接待294318人次；举办大型活动75场，接待80450人次。公益免费2036场；提供体校训练场地1955场，73160人次。区属体育场馆举办大型活动呈现常态化、服务全民健身活动趋于饱和化。

（王仲建）

【社会体育】 年内，贯彻落实《全民健身条例》和北京市《全民健身计划》。建立了以各级各类行政机关、企事业单位和体育社团为基础的覆盖全区的全民健身组织网络，形成了政府主导、部门协同、社会参与的“条块结合、纵横有序”的社会化全民健身组织工作运行机制。全区基层健身团队548个、社会体育指导员5344名，基本形成全民健身组织网络的全覆盖。建立区、街道、社区三级公共体育健身设施网络，创建居民15分钟体育生活圈。先后举办西城区全民健身体育节、北京西城国际金融体育康乐节、北京西城民族民俗体育文化节、2012年北京空竹文化节暨第三届中国“广内杯”空竹邀请赛等一系列活动群众体育品牌活动；开展第六届“和谐杯”乒乓球比赛、太极拳（剑）比赛、健身才艺大赛、龙舟赛等群众体育赛事。全区各种群众体育活动达545次，参加人数达133万人次；社团组织全民健身活动24项次，5000余人次参加；举办“2012年北京市西城区民族民俗体育文化研讨会”，特别加大对社会民生的投入，给予“盘杠子”等濒危传统项目在资金、器材、场地上的支持。“一街一品”的群众体育品牌活动创建工作步入正轨。

（王仲建）

【学校体育】 全区有体育传统学校62所，其中中学26所、小学36所，青少年体育俱乐部32所。场地对外开放的学校达35所，12所学校获“北京市学校场地对外开放先进单位称号”。搭建传统学校进出平台，为重点运动员疏通入学通道；加强对青少年体育俱乐部的指导，推动学校体育训练和活动的开展。完成区中小学生篮球、足球、排球乒乓球等项比赛活动。全年参加区级各项竞赛活动的有300余支队伍近1万余名运动员。年内，完成小升初，初升高体育特长生的招生工作，全区有220名小学应届体育特长生通过各校测试进入相关的中学体育传统学校，85名初中体育特长生通过考核进入高中传统校。全区有19个运动项目172名运动员达到等级运动员标准，其中一级35人、二级133人、三级4人。按照北京市体育局的要求，开展俱乐部创建工作，新增青少年俱乐部1个，全区青少年体育俱乐部达32个。参加北京市体育系统组织的各项竞赛活动，取得较好成绩。在北京市传统校篮球比赛中，北京四中获得初中男子组第一名、高中男子组第二名，北京三十五中获得高中女子组第二名。育才学校获得北京市传统校垒球比赛初中组第一名。在北京市排球传统校比赛中，黄城根小学获得小学女子甲组、乙组第一名，育民小学获得小学男子甲组第二名，浸水河小学获得小学男子乙组第一名，师大二附中获得初中、高中男子组第一名，实验中学获得初中女子组第一名、高中女子组第二名。

（王仲建）

【体育社团】 年内，加强裁判工作，举办篮球、象棋项目二、三级裁判员培训班，95人获得二、三级裁判员证书。田径、游泳、乒乓球等专委会为区机关运动会、和谐社区杯乒乓球赛、北京市业余体校游泳赛、北京市春季长跑节、北京马拉松赛等各级各类赛事派遣裁判员执裁比赛达1000余人次。贯彻落实《全民健身条例》，举办各类培训41次，参加人数1080余人次。组队参加全国、北京市比赛。年内，参加北京市健美操锦标赛，北京市十大项目社区赛健身操舞比赛、全国万人全民健身操展示大赛北京分站赛、2012全国全民健身操大赛总决赛、北京市京弈杯围棋邀请赛、北京国家长跑节起跑仪式等赛事及活动，分别取得良好成绩。乒乓球协会组织两支队伍参加2012年“中国联通杯”中国乒乓球协会会员联赛（门头沟站），获得男子团体50岁组第四名，女子团体50岁组第二名。谢春英经过7轮单打淘汰赛最终获得女子50岁组单打冠军。

（王仲建）

【业余训练】 年内，实施集约化竞技体育发展战略，巩固加强精品项目，提升优势项目，突破弱势项目，增强后备人才培养可持续发展的动力和活力。以“国家高水平体育后备人才基地”为依托，建立优秀后备人才资源库，制定吸引人才的优惠政策，改善训练、竞赛、科研、教育、生活等基础设施条件，增强后备人才培养可持续发展的动力和活力。前三季度向市级运动队输送队员90名。以备战下届市运会为抓手，在田径、游泳、摔跤、体操等项目上挖掘潜力；新设立高尔夫、七人制橄榄球和曲棍球项目，增加夺金点。在青少年业余体校比赛及北京市青少年锦标赛中取得192个前三名，其中68个第一的成绩。区体育训练中心被国家体育总局篮球管理中心认定为“国家高水平篮球后备人才基地”。

（王仲建）

【体育科研】 年内，新建8个街道科学健身指导站，并对已有的11个科学健身指导站进行复核；创编、筛选、规范“办公室人群”与“社区中老年”两类特定人群的适宜健身项目；全区国民体质测试合格率达85%以上。研发“科学健身个性化指导软件”，深化“西城区科学健身个性化指导体系”的研究，推进《科学健身个性化指导体系标准研究及推广应用》项目。完成街道科学健身指导站调研及区重点实验室建设。深化科学训练服务，集中对393名青少年运动员体能测试，积极配合教练员需求，提供比赛训练的营养指导、体能指导、运动损伤治疗和技术摄像等科研服务。开展体质测定，实施健身指导。为中央、市属等单位提供体质测试及健身指导,开展各种的科技服务和科普宣传活动，服务人群超过4000人次，对群众及竞技体育的科技保障作用明显增强。

（王仲建）

【体育设施】　年内，创建76个体育生活化达标社区，更新61处831件全民健身工程设施，全民健身工程街道覆盖率达到100%；全区晨晚练点达到418个，经常性参与体育锻炼的人数占总人口的60%；较好地解决了群众就地、就近开展健身活动的需求，政府履行公共服务职能效果明显。加快核心区体育设施建设，构建覆盖全区的体育设施网络。截至年底，配合金融街拓展全面实施月坛体育中心改扩建建设，拆除综合训练馆；完成月坛体育场周转。

（王仲建）

【体育法制】　年内，着眼建设长效市场监管体系和机制，开展体育运动项目经营单位的分级分类管理，做好“高危项目行政许可”工作。全年共检查体育经营单位687家次，发现隐患46条，填写现场检查记录687份，出动执法人员1891人次，发放宣传材料4360份，组织经营单位教育培训5次，参与1480人次；组织经营单位应急演练1次，参与240人次；组织执法人员培训1次，参加培训12人次，开展体育经营单位安全标准化创建活动。实施场馆标准化建设，在硬件上积极创建绿色环保、服务高效的品牌体育场馆，做好双语标识、无障碍设施、应急图像信息系统建设和节能减排工作，开展标准化服务认证。在软件上加强场馆职工业务培训，增强职工服务意识，提高场馆服务水平和质量。月坛体育馆和广安体育馆通过标准化认证。

（王仲建）

【体育产业】　年内，明确“逐步建立与西城区经济社会发展水平相适应的、具有本区特色的体育产业体系，以满足广大人民群众日益增长的多层次、多元化、多样性的体育消费需求”的工作思路。成立体育产业领导小组，实施“一把手”工程，筹建体育产业协会。开展体育产业重点领域专项调查，掌握全区体育产业重点领域主要经营活动情况，为规划体育产业发展打下基础。按照全市统一部署，开展体育产业调查工作。掌握体育产业发展现状。对区内“健身休闲服务经营企业”进行调查摸底和建档工作，并就全区体育产业的发展现状、发展环境、存在问题以及发展前景深入调研。按照行业标准规划实施月坛综合训练馆拆迁还建升级改造。在整体布局上，充分利用六大体育服务中心的统筹规划，重点发展体育健身休闲服务、体育竞赛表演服务，促进体育中介服务和体育用品业联动，构建区体育产业发展基本框架。

（王仲建）

【体育国际交流】　年内，完成西城区与日本中野区的少年软式棒球交流，协助市体育局做好韩国首尔体育代表团参观八中的接待工作，接待台湾立法委员黄志雄率体育会成员到体育局参观座谈，为体育局4名工作人员办理赴芬兰、台湾出访交流手续，按规定完成交流任务。

（王仲建）

医药卫生

医疗卫生

【概况】　北京市西城区卫生局（简称区卫生局）是区政府卫生行政管理部门。年内，辖区登记医疗机构577家（不含部队医院），其中营利性医疗机构204家，非营利性373家；卫生技术人员共计（含中央、市属医院，不包括部队医院）31634人，其中执业（助理）医师共计（包括西医、中医、中西医结合）10942人，注册护士13521人，实有床位14151张。平均每千常住人口拥有卫技人员24.58人，执业（助理）医师8.50人，注册护士10.51人，实有床位11张。全年户籍出生人口12067人，出生率为9.55‰；死亡人口8217人，死亡率为6.50‰；户籍人口自然增长率为7.10‰。住院死亡4501人，占死亡总人数的比率54.78%。死因顺位前10位疾病为：恶性肿瘤、心脏病、脑血管病、呼吸系统疾病、消化系统疾病、内分泌营养和代谢及免疫疾病、损伤和中毒、神经系统疾病、泌尿生殖系统疾病、传染病。全年卫生总收入350235.46万元，其中财政拨款92340.28万元，区属单位拥有固定资产114803.67万元。区属医疗卫生单位业务收入254930.81万元，其中医疗收入（含药品收入）252170.13万元。总支出342667.05万元。

地址：西城区德外大街38号

邮编：100120

电话：82061987

（马　蕊）

【卫生改革】　扎实开展“十二五”规划建设，坚持“保基本、强基层、建机制”的基本原则，深入推进医药卫生体制改革。落实财政投入。制定区财政支持区属公立医院购置医疗设备管理办法，落实医院医疗设备购置财政补助资金3300万元。完善区财政社区卫生服务机构医疗设备和办公设备标准化配置专项补偿机制，年内拨付2500万元。继续探索公立医院改革。在肛肠医院与人民大学合作实施“驱动型”绩效管理改革、展览路医院进行康复试点建设、回民医院建设“北京市回医药特色诊疗中心”、广外医院实施医保总额预付试点。深入研讨医院改革，开展医院运营情况测算，完善改革思路；调研地区高端医疗服务需求，启动国际化医院筹建工作。将从业人员预防性健康体检从疾病预防控制中心调整到医院，方便百姓和相关从业人员，强化疾控中心服务公益性。开展全科医师执业方式和服务模式改革试点，探索建立全科医师制度。加强与驻区三级医院协作，建设北京大学人民医院医疗共同体、首都医科大学附属北京友谊医院医疗联盟。完善社区卫生服务机构与大医院的预约转诊机制，实现了“多点对多点”预约转诊和三日内预约转诊，驻区三级医院、区属公立医院、社区卫生服务机构分工合作的机制不断健全，中医、特色专科、民营医疗服务、康复护理及老年医学、急诊急救体系实现协同发展。成立区医疗质量控制与持续改进中心，对区属公立医院医疗质量控制监管和指导，设立病案、护理、急诊和透析4个专业质控委员会，组织50余名专家督导12家区属医院的急诊、病案、护理工作质量，在9所二级医院共开展15个专业、47个病种的临床路径管理工作，规范了临床诊疗行为。继续推进社区卫生配套改革工作。

（马 蕊）

【社区卫生服务工作】 社区卫生服务机构实际在岗社区卫生服务人员2035人，卫生技术人员占82.1%。全年社区卫生服务333万人次，基本医疗服务223万人次，提供公共卫生服务78万人次，全区建立健康档案1140227份，居民个人电子健康档案数为937817份。重点开展家庭医生式服务，签订家庭医生式服务协议书175340份，共计签约292805人。加强慢病防治工作，培养家庭保健员，新增培养家庭保健员1146名，共计培养1.53万余人。在西长安街街道、德胜街道、大栅栏街道试点社区卫生服务中心继续开展24小时服务工作，其余社区卫生服务中心均开展延长门诊至晚8时服务。全年24小时服务门诊量289人次，急诊就诊人次206人次，投入医护技人员共计10809人次；延时服务门诊量19497人次，医务人员投入17717人次。

（马 蕊）

【标准化建设】 年内，推进标准化建设2个社区卫生服务中心和8个社区卫生服务站，建筑面积7251平方米，涉及资金3572万元。年末，建设完成新街口社区卫生服务中心和莲花河、荣丰、车站西街、东经路4个社区卫生服务站，共完工建筑施工面积4600平方米；月坛中心进行改扩建，东琉璃厂站、菜市口西街站、南线阁站、小马厂站标准化建设继续推进。完成常规1个中心13个站装修改造建设项目的前期工作。

（马 蕊）

【社区卫生改革】 年内，稳步实施社区卫生综合配套改革。强化收支两条线管理，建立稳定合理的经费投入机制，有效保障社区卫生服务机构的公益性。完善绩效考核评价体系，绩效工资向一线岗位、业务骨干和作出突出贡献的人员重点倾斜，社区医务人员年人均工资提升到8.14万元。实现社区常用药品零差率销售及国家基本药物制度全覆盖。继续深入开展家庭医生服务，签约人数达辖区常住总人口的23.27%。继续开展功能社区服务，对功能社区人群进行个性化的健康评估和有针对性的中医养生保健指导和评价，有效提高功能社区人群健康状况及生活质量。继续推行慢病综合管理，在月坛等5家社区卫生服务中心建立了健康自测区，提高了居民自主管理、主动关注健康的防治意识，全年共监测12260人次。

（马 蕊）

【为老服务】 年内，区卫生局着力做好老年健康管理，继续开展老年优待工作，对60岁以上老年人实现“三优先”为全区老年人免费体检累计39428人，老年人优先就诊1175465人次，优先出诊27723人次数，优先建立家庭病床201人，免收挂号费938642人次，免收挂号费金额469321元。

（马 蕊）

【慢性病管理】 社区卫生服务中心全部完成8种慢性病规范化管理标准培训。共管理高血压患者107854人、糖尿病患者44798人、冠心病患者45038人、脑卒中患者23644人、其他患者48482人，其中高血压规范管理76932人、糖尿病规范管理32257人。全区共管理知己患者2876人，完成强化期2796人。

（马 蕊）

【中医药服务】 1月，西城区成为全国“第二批中医治未病预防保健服务”试点地区。各社区卫生服务机构注重结合中医“治未病”思想与社区卫生“六位一体”功能定位，社区中医门诊量占社区门诊量50%以上。配备“体质辨识”“五脏相音”“证素辨证”等高科技中医体检仪器，开展中医的体质辨识，初步形成区域内“治未病”的服务网络。充分发挥中医养生保健、亚健康干预和慢病控制及“治未病”的优势，促进中医药知识的普及。开展中医药文化建设年活动，建立中医药文化传承、保护、发扬的工作机制，积极开展“中医药健康文化生活化示范社区”建设活动、中医药文化旅游示范基地建设、中医文化进学校、进企业、进功能社区等特色活动，提升中医药文化的影响力。

（马 蕊）

【对口支援工作】 二、三级医院通过对口支援的形式进入社区开展传帮带教工作。全年二、三级支援人员1966人次，其中高级职称691人、带教743人，门诊49681人次、会诊95人次。上转病人1603人次，下转病人1527人次。

（马 蕊）

【传染病管理】 法定传染病发病8981例，发病率698.33/10万。其中甲类传染病报告4例，发病率为0.31/10万；乙类传染病2730例，发病率为212.28/10万；丙类传染病6247例，发病率为485.74/10万。全年共处理手足口聚集性疫情68起，未报告人感染高致病性禽流感和狂犬病病例。

（马 蕊）

【性病艾滋病防治】 全年性病发病434例，发病率33.75/10万；HIV/AIDS发病165例，发病率12.83/10万，全区30个艾滋病抗体初筛实验室进行艾滋病抗体检测443162份，检出HIV抗体阳性者234人，各艾滋病自愿咨询检测门诊开展自愿咨询检测2721人。

（马 蕊）

【结核病防治】 全年肺结核报告发病人数1425人，DOTS（直接面视下的短程化学疗法）覆盖率100%。新登记肺结核病人170人，其中本市111人、外埠59人。医疗机构病人报告率99.9%，医疗机构病人转诊率99.7%，追踪总体到位率93.94%，病人系统管理率100%，病人家属筛查率95%。

（马 蕊）

【地方病防治】 按照北京市碘盐监测方案进行居民碘盐抽检，随机抽取、监测600户居民，采集、检测食用盐标本600件，合格碘盐583件，合格碘盐食用率97.17%，非碘盐11件，不合格碘盐6件，占1.67%。碘盐覆盖率98.17%。对11个宾馆饭店、42个饭馆（包括配餐公司）及54所小学校和幼儿园的食堂用盐情况检查。发现非碘盐4件，使用单位为4家小餐馆，3家进货渠道为批发市场，1家为超市购买，对于检测出的非碘盐单位及进货渠道，上报北京市疾控中心。

（马 蕊）

【精神疾病防治】 全区登记精神病人7031人。其中重性精神疾病患者5623人，由社区管理缓解期等精神疾病患者3284人，住院治疗患者933人。免费服药787人。精神病发病率为0.01‰，患病率为4.907‰。做好重大活动、重点节日时期精神病人肇事滋事肇祸信息报告及保障，加大贫困精神疾病患者免费治疗工作力度，开展社会宣教，消除偏见。

（马 蕊）

【学校卫生】 继续开展学生常见病体检工作，2012年度中小学生应体检人数107373人，实体检人数103187人，实际体检率96.10%，其中学生营养不良率20.42%、肥胖率18.58%、沙眼检出率0.38%、贫血检出率1.72%、视力不良率73.53%、恒牙患龋率28.01%、龋齿充填率61.99%。在中小学校和托幼园所开展防治结核病、预防手足口病、预防肠道传染病等传染病防控和健康宣传活动；在中小学校开展预防超重、肥胖主题教育活动，编印《健康体重 我要行动》读本。

（马 蕊）

【慢性非传染性疾病防治与管理】 全年共管理高血压患者107854人，规范管理率为71.33%；管理糖尿病患者44798人，规范管理率为72.01%。在10个社区继续开展社区脑卒中筛查和防控项目，共筛查5001人，共随访7803名脑卒中高危人群并网报。12月，西城区成功申报为国家级慢病综合防控示范区。全区有22个创建点通过北京市全民健康生活方式示范创建市级验收。继续开展居民健康素养调查，共监测4785人。开展北京市集体单位健康食堂创建工作，完成基线调查并随时进行技术支持与业务指导。继续开展区户籍肿瘤患者随访工作，对2006年1月1日至2011年12月31日期间13941名确诊患者进行随访调查。

（马 蕊）

【计划免疫】 全年常规免疫共接种185461人次，一类疫苗接种率均为99.99%。本市儿童、外来儿童建卡建证45244人，建卡建证率为100%。加强狂犬病免疫预防门诊工作。加强流动儿童计划免疫工作，落实查漏补种工作，补卡率、补证率均为100%。开展流感疫苗免费接种工作，全区在校中小学生共接种55607人。

（马 蕊）

【职业卫生监测与评价】 全区共有38家接触毒害物质单位，接触职业危害因素的职工人数为2513人；年内共采集检测样品409件，其中不合格16件，均为噪声、高温、粉尘样品；收到职业病报告20例，其中尘肺11例、职业中毒1例、农药中毒8例；对65家用工单位共412人开展防治职业病知识培训。全年共开展各类公共场所、生活饮用水经常性和预防性卫生监测62060项件。

（马 蕊）

【健康教育与健康促进】 全年共开展健康大课堂讲座1549场，受众84247人。结合各种卫生日，共举办主题宣传和咨询活动35次，广泛普及健康知识，出版《卫生与长寿报》7期，发放43种宣传材料共14余万份。获全国“健康传播材料制作大赛”折页类优秀奖。组织社区开展健康生活方式征文活动，共征集作品620余篇，14篇文章获奖并被选入《“北京市全民健康生活方式行动”获奖征文集锦》。

（马 蕊）

【妇女保健】 全年妇女病普查人数203311人，患病人数72319人，患病率35.57%，其中阴道炎19784例、宫颈炎23426例、子宫肌瘤28023例、乳腺增生71012例、乳腺良性肿瘤3257例、乳腺癌11例、卵巢癌2例。婚前检查2878人，婚检率7.11%，检出疾病人数744人，疾病检出率25.85%。年度孕产妇系统管理人数11941人，孕产妇系统管理率97.89%，产后访视数19503人次；孕产妇死亡率16.25/10万，新生儿死亡率1.62‰，婴儿死亡率2.52‰；6个月内母乳喂养率89.17%。

（马 蕊）

【儿童保健】 年内，全区0至6岁儿童共计43902人，对43688名儿童进行了保健管理，儿童保健覆盖率为99.51%。儿童系统管理41699人，系统管理率94.82%。

（马 蕊）

【计划生育技术管理】 全年计划生育手术数28583例，手术并发症人数5例，手术并发症发生率为1.75/万。

（马 蕊）

【卫生专项检查工作】 开展各项食品卫生、公共场所、生活饮用水、医政执法、传染病防控、学校卫生和职业病与放射卫生专项监督执法工作。继续加强对餐饮服务食品安全的监管，年内共开展规范快餐连锁企业餐饮服务食品安全、小型餐饮业专项整治、鲜肉和肉制品安全整顿治理、轨道交通建筑工地食堂食品安全专项整治、中小学食堂食品安全专项检查等15个食品安全专项工作。在规范小型餐饮业经营行为的专项整治中，建立基础台账摸清底数，通过加大培训指导力度、定期拉网式检查、重点地区召开现场告诫会、联合执法综合整治、加大处罚力度等多项措施，小型餐饮业专项整治工作初见成效。通过专项整治，结合创建卫生城区工作，15户无证经营单位取得有效餐饮服务许可证，其他无证经营的单位全部取缔、关停。全年共实施卫生行政处罚86起，罚没款383525元。加强对辖区公共场所卫生的监管，组织开展"夏季游泳池""集中空调通风系统"的专项检查和整治工作。加强辖区饮用水卫生的监管。年度完成对市政供水末梢水、二次供水的卫生状况、自备水源供水卫生安全和学校饮用水卫生监督4个专项检查工作。创建安全和谐就医环境，重点开展打击非法行医专项行动、呼吸道传染病防控、健康体检机构、肠道门诊、消毒产品、基层医疗机构、医疗废物处置等11次专项活动。全年共完成医疗机构与传染病消毒日常监督1352户，监督检查2065户次。严格要求医疗机构依法执业，开展临床用血医疗机构专项监督检查62户次，覆盖率100%；母婴保健专项督查32户次，覆盖率100%。

（马　蕊）

【投诉举报】　全年共受理群众投诉举报案件752件，及时办理回复，现场处理率、群众满意率均为100%。全年未发生重大食源性疾患和食物中毒事故，未发生因重大食物中毒、生活饮用水污染以及非法行医致死事件。

（马　蕊）

【大型活动保障】　完成全国"两会"、中国共产党第十八次全国代表大会以及第32届北京青少年创新大赛、第37届国际证监会组织年会、第四届全国少数民族文艺汇演、2012中国北京国际节能环保展览会等10项大型活动卫生监督保障工作。在春节、中秋节等重要节日期间，加大对重点地区、重点单位巡查，均无公共卫生安全事件发生。共出动监督员1106人次、执法车辆309车次，检查餐饮单位1362户次、公共场所27户次、其他单位49户次。

（马　蕊）

【卫生监督人员培训】　加强依法行政，加强执法能力建设。通过锻炼、轮训与资格考试的新监督员入职管理，加强监督队伍建设，加大人员培训力度，夯实执法能力。组织文书书写与制作培训，开展季度案卷评查，提高监督员制作案卷水平，通过在职学习、外出学习、业务培训等形式更新监督员专业知识。秦涛获北京市首届卫生监督技能竞赛活动职业和放射卫生专业单项第一名，并入选北京市代表队参加全国竞赛。

（马　蕊）

【医疗工作】　全年门诊26597328人次，急诊1465618人次，观察室留观247215人次，健康检查368356人次，入院441360人次，出院440778人次。病床使用率93.06%，出院者平均住院日10天，病死率1.02%，全年住院手术例数197089人次。

（马　蕊）

【医疗质量管理】　持续改进医疗服务质量，强化医疗安全。开展医院等级评审、"医疗质量万里行"和"三好一满意"活动，加强医院内涵建设，提高服务水平；成立西城区医疗质量控制与持续改进中心，加强对区属公立医院医疗质量的监督和指导。深入开展优质护理服务示范工程，在全区推行责任制整体护理工作模式，探索开展护理绩效考核，提高护理工作满意度；组织实施抗生素、医疗美容等多项专项督查和整治工作，加强临床用血监管和医院感染管理；完善医疗纠纷预防与处置办法，做好医疗事故技术鉴定和医患纠纷调解。

（马　蕊）

【医院感染管理】　对辖区24所医院感染开展监测，共监测住院病例418314例，其中发生医院感染4620例，感染发生率为1.10%，感染死亡病例264例，感染病死率为5.71%。及时、妥善处理医院感染病例。加强医院感染暴发处置应急演练，提高应急处置能力。进行医疗废物处置情况专项监督检查，确保医疗废物规范化管理。

（马　蕊）

【护理工作】　4月19日，开展以"规范护理技术操作，提高护理服务质量"为主题的第二届"杏林杯"护理技能比赛活动，表彰集体一、二、三等奖18项和个人奖项88人次。开展"西城区优质护理服务示范病区"评选，3月至4月，表彰"优质护理服务示范病房"27个。11家局属医院54个病区分别开展优质护理服务示范工程。开展护理员持证上岗督导检查，二级以上医院在岗护理员1709人，取得护理员《北京职业资格证书》1307人，持证率71.15%。开展护理质量控制管理，符合质量评价标准。

（马　蕊）

【支农工作】　全年共支援北京市延庆县、门头沟区，内蒙古自治区通辽市、新疆维吾尔自治区和田地区、青海省玉树州医疗机构158人次，诊疗患者1232人次，开展手术40例，示教手术20例，疑难病会诊及查房311人次。开展健康查体3603人次，义诊6293人次，进行学术讲座及培训38次。协助农村开展育龄妇女免费体检和计划生育普查工作，协助医院建立2个特色专科，开展中医适宜技术。接受进修学习16人次。

（马　蕊）

【血液管理】　全年完成自愿无偿献血124078人次，其中街头无偿献血118789人次、团体无偿献血5289人次，医院动员病患家属互助献血26261单位。根据新的《医疗机构临床用血管理办法》，对辖区内24家医疗用血单位进行督导检查。全年医疗用血共计150616单位，基本实现医疗用血供需平衡。

（马　蕊）

【医学教育】　全年申报国家级继续医学教育项目12项、市级继续医学教育项目5项。卫生技术人员继续教育课程参与率、学分达标率、审验合格率均100%。开展全科医生转岗培训7人。培养专业骨干进修12人。在职公共卫生管理硕士年度报名73人。全年开展业务讲座478场。举办“中英（北京）社区卫生合作交流项目”全科医学讲习班。先后派出20余人赴英国、澳大利亚参加全科医学与社区卫生管理培训，2012年选派全科医生到英国参加业务培训。

（马　蕊）

【科研工作】　全年新获批准各级各类科研立项121项，其中区科委可持续发展项目立项11项、区科委科技计划项目11项、首都医学发展专项8项、申报北京市中医药科技发展基金项目22项、国家自然科学基金项目1项、2013年度北京市自然科学基金项目1项、西城区科技新星24项等。在各级各类杂志上发表论文310篇，包括国际期刊论文9篇、国内期刊121篇、学术会议交流论文180篇。1人入选第三批全国优秀中医临床人才研修项目。

（马　蕊）

药品监督管理

【概况】　北京市药品监督管理局西城分局（简称药监西城分局）是北京市药品监督管理局的派出机构。依据《药品管理法》《食品安全法》《医疗器械监管条例》《化妆品监督管理条例》等法律法规，以及市药监局事权划分，负责对西城区药品、医疗器械、保健食品和化妆品（简称“三品一械”）研究、生产、流通、使用环节的行政监督、执法监督和技术监督。截至年底，药监西城分局共设8个职能科（室），即办公室、法规科、药品安全监管和注册核查科、特殊药品监管科，医疗器械监管科、保健食品化妆品监管科、市场监管科、监察科，在职干部职工44人。下设西城区药品稽查办公室（在职职工16人）和西城区药品检验所（在职职工17人）。全区有药品生产企业1家、经营企业249家（其中批发企业48家、零售企业201家），医疗机构577家（其中三级12家、二级14家、一级26家、社区卫生服务中心15家、社区站74家，一级以下门诊部、诊所、厂矿、机关、学校医务室、卫生所436家），医疗器械生产企业45家、经营企业1468家，保健食品生产企业25家、经营企业658家，化妆品经营企业2808家，无化妆品生产企业。年内，药监西城分局获西城区全国文明城区创建与迎检工作先进单位、首都文明单位、北京市药品不良反应监测工作先进单位、北京西城年鉴编纂先进集体等称号。

地址：西城区太平桥大街107号5层、6层

邮编：100033

电话：66210987

（左永慧）

【健全药品安全责任体系】　区药品安全领导小组发挥领导作用，分别在2月和7月，召开由主管区长和25个成员单位参加的领导小组会议，进一步强化“地方政府牵头负总责、相关部门监管负专责、企业落实责任负首责、动员社会力量齐参与”的药品安全工作思路。建立了畅通的信息沟通机制。在领导小组的组织协调下，药监、公安、工商、卫生、城管、各街道等部门，按照成员单位职能分工形成执法联动机制并实现常态化。年内，领导小组以北京市药品安全百千万工程（即利用三年时间，在全市创建100个药品安全示范街道（乡镇），在全市生产、经营企业中评选出1000家质量管理示范企业，在全市聘用培养10000名药品安全员）创建为契机，以开展药品安全示范街道创建，聘用培养药品安全员为手段，推进药品质量保障体系建设，初步形成药品安全综合治理的局面。

（左永慧）

【药品安全百千万工程】　围绕西城区“全响应”社会服务管理指标体系要求，深入开展“访民情、听民意、解民难”和“结对子”活动，通过加强与区属单位和中央单位、驻京部队之间的沟通联系，分析整合服务需求。结合药品安全百千万工程，与辖区15个街道建立常态化定点联系，构建起以西城区药品安全示范街道创建为主线，社区药品安全员聘任工作为依托，深入接触社情民意的信息反馈网络。初步实现了药监部门——街道——社区——安全员之间职能无缝对接、信息高效流转、沟通便捷顺畅，在收集反馈药品安全工作信息等民愿、民意、民声上取得良好成效。年内，完成6家药品安全示范街道的申报工作，推荐评选出79家质量管理示范企业，聘用培养了1065名药品安全员，提前超额完成任务指标。

（左永慧）

【十八大药品安全保障】　党的十八大药品安全保障工作作为年内工作的重中之重，药监西城分局响应北京市药品监督管理局组织的，针对十八大药品流通企业的“迅雷行动”、针对药品生产企业的“利剑行动”和针对保健食品企业的“平安行动”，3次应急演练，锻炼了应急能力。分局召开保障十八大“三品一械”应急工作头脑风暴会，鼓励干部职工为保障党的十八大“三品一械”安全应急工作献计献策，总结经验，挖掘不足，提升了团队的整体应急能力。安保期间，出动执法人员2061人次，检查企业732家次。

（左永慧）

【应急事件处置】　“铬超标胶囊”事件中，药监西城分局第一时间启动药品安全应急预案，先后出动146人次，重点对16家药品批发企业、60家药品零售企业，14家保健食品生产企业开展现场核查工作，未发现违法行为，同时派出10名检验人员支援市药检所铬胶囊检验工作。

（左永慧）

【质量监督抽验】　年内，完成药品抽验957批次，完成率为100.74%，检验合格率为99.7%。完成医疗器械抽

验47批次（超额完成2批次），其中不合格6批次，合格率为87.2%。完成保健食品抽验34批次（完成率100%），未发现不合格产品，合格率为100%。完成化妆品抽验55批次，2批次不合格，合格率为96.4%。完成市药监局下达全年抽验任务和西城区为民办实事项目所列工作任务。

（左永慧）

【日常监督与专项检查】 年内，以日常监管为基础，进一步丰富风险管理机制，完善风险管理台帐。开展药品生产流通领域集中整治行动、中药饮片专项整治行动、导尿管专项检查、装饰性彩色平光隐形眼镜专项整治、含麻黄碱类复方制剂专项检查、定制式义齿生产企业专项检查等专项整治工作。将电子化监管作为推进科学化监管的重要手段，除实施二级以上医疗机构在用医疗器械电子监管，保健食品电子监管等网络监管外，继续推进药品批发企业电子监管码，定期上网检查配送企业基本药物扫码率和上传数据准确率，对基本药物电子监管系统中预警信息做到及时处理。对药品零售企业电子监管进行试点调研，为市药监局在企业中推广电子化监管奠定了基础。全年出动执法人员8984人次，检查“三品一械”生产、经营、使用单位3374家次。

（左永慧）

【违法案件查处】 年内，受理“三品一械”案件138件，其中涉及药品75件、医疗器械31件、保健食品28件、化妆品4件。办结案件131件，结案率94.9%。立案22件，立案率15.9%。没收违法货物货值金额171643.72元，没收违法所得金额68020.70元，罚款490744.00元，罚没款合计730408.42元。

（左永慧）

【药械安全监测】 年内，配合国家药品不良反应监测中心监测体系建设项目，对辖区内175家药品不良反应监测机构用户网络运行信息核实，加强沟通协调和技术指导，核实网络运行中问题及时上报市药品不良反应监测中心。检查200余家医疗机构、1家药品生产企业药品不良反应监测制度建立和落实、不良反应收集上报、监测网络运行情况。宣传贯彻新颁布实施的《药品不良反应报告和监测管理办法》。发放《药品不良反应基本情况调研表》358份，完善药品不良反应监测网络数据库。完成25家医疗机构医疗器械使用及不良事件监测工作专项检查。

（左永慧）

【行政许可工作】 年内，通过行政审批平台受理937项行政许可事项（其中办理保健食品许可190家、药品许可185家、医疗器械经营许可426家、医疗器械生产许可27家，撤回办理109家），完成171家次药品、医疗器械、保健食品许可的即时审批、制证工作，完成752家药品、保健食品、医疗器械行政许可证件的送达工作。

（左永慧）

【加强部门联动】 年内，与区卫生、工商、公安联合开展违法经营装饰性彩色平光隐形眼镜专项整治工作，打击非法医托，违法销售保健食品以及旅游景点周边行医卖药等行为的联合执法42次，出动联合执法人员700余人次，查处违法4起，现场监督整改不规范行为10起。在开展小商品市场违法经营装饰性彩色平光隐形眼镜专项整治工作中，与区工商分局联合制订《查处取缔西城区小商品市场无证无照经营医疗器械等行为的工作意见》，并多次召开联席会议。专项检查初期，对全区17家小商品市场进行培训教育并开展摸底调查。开展联合执法检查8次，出动联合执法人员共计200余人次，出动执法车辆30辆，共检查小商品市场的相关个体商户1000余家次，对前期摸查的27家无证经营第三类医疗器械“隐形眼镜”（装饰性彩色平光隐形眼镜）的个体商户进行全覆盖的检查。联合执法检查过程中，当场纠正夸大宣传等违规行为10余起，依法取缔并处罚无证经营隐形眼镜（隐形眼镜护理液）产品的违法行为2起，查扣违法经营的产品239瓶，折合人民币5000余元。与西城区公安部门紧密配合联合查处了西城区36家成人保健用品店销售假药“左炔诺孕酮片”“米非司酮片”的行为，2家美容院购进、使用假药“A型肉毒素”的行为，捣毁1家销售假药窝点，共查扣非法药品338盒，刑事拘留49人。与区城管大队共同清理收药类小广告8000余处。

（左永慧）

【安全用药知识宣传】 年内，深入繁华街区、学校、幼儿园、部队、社区公园等地，面向社区群众、公司白领、部队官兵、幼儿家长、教师学生等不同群体开展有针对性的宣传活动33次，发放宣传材料、宣传品近2万份（册），接待群众咨询5100余人次；联系制作分局宣传展板36块。在《中国医药报》《首都医药》《北京西城报》等刊物上发表文章9篇。开展西城区安全用药宣传培训群众满意度调查1次，满意度为90%。

（左永慧）

爱国卫生工作

【概况】 西城区爱国卫生运动委员会（简称区爱卫会）是区政府议事协调机构。委员会由56个委员部门组成，委员会下设办公室，负责全区爱国卫生日常工作的开展。年内，西城区爱国卫生工作以科学发展观为统领，全面推进爱国卫生运动的健康发展，开展多项爱国卫生活动，完成全年各项工作。全年重点落实3大类13方面工作：全区动员，迎接国家卫生区复审；制定落实《健康北京“十二五”规划》实施方案，推进健康城区建设；抓基础，做好爱国卫生日常工作。加强健康细胞创建工作，进一步提高禁烟控烟工作效果，建立长效病媒生物防制机制，开展家庭灭蚁工作，抓好健康教育和健康促进工作。区爱卫办被北京市爱卫办授予“病媒生物防制 国家卫生区复审优秀组织奖”，在全国爱国卫生60周年评比表彰中获“全国爱国卫生工作先进集体”称号，同时获“爱国卫生60周年北京市爱国卫生工作先进集体”称号。

地址：西城区北礼士路12号

邮编：100044
电话：88391772

（薛　云）

【国家卫生区复审】 西城区自2001年开展创建国家卫生城区活动，至2003年获得国家卫生城区称号，历经2007年的卫生城区复查，2012年，全国爱卫会对西城区“国家卫生区”称号进行再次复审，并重新授牌命名。区委区政府高度重视，召开专题会议对迎检工作方案进行研究，召开全区会议进行动员部署；成立西城区迎接国家卫生区复审指挥部，指挥协调整体迎检工作，下设综合办公室，抽调监察局、督查室及相关部门领导组成，为日常办事机构；设立市容环境实地检查组、卫生与健康、环境保护、食品安全等专项组，负责相关工作的落实。各街道办事处，有专项组任务的区环保局、区卫生局、工商西城分局分别成立分指挥部，负责辖区内工作落实，确保各项指标达标。为确保迎检各项指标扎实落实，定期召开调度会，组织各街道，各相关部门集中对存在的问题进行分析研究，制订整改对策，解决了一批城市管理中的顽疾。6月15日，市爱卫办组织市卫生局、市疾控中心、军事医学科学院、市环保局等一行16人分14个专业小组对区国家卫生区复审工作进行检查。专业检查组围绕爱国卫生组织管理、健康教育、市容环境卫生、环境保护、食品安全、公共场所及生活饮用水卫生、传染病防治、病媒生物防治、社区和单位卫生等9个方面内容对全区进行检查指导。检查组对30余个社区、10余个社会单位、5个工地、8个市场、6座清洁站、10余座公厕、8所医院等进行细致检查。4月至10月，全区各单位加大环境秩序整治力度，指挥部办公室8个市容环境检查组对全区进行划区分片，每天深入大街小巷、社区、单位、市场、餐馆等部位进行实地检查，至迎检结束，共发现各类问题近7000个。各街道办事处、工商西城分局、区卫生局、区城管大队、区环卫中心、区园林市政中心等单位，也分别组织力量，加大对相关部位、突出问题的检查和整治。12月20日，市爱卫会、市卫生局联合组织召开爱国卫生运动60周年纪念大会。会上通报西城区通过国家卫生城区复审，并连续获得国家卫生城区称号。副区长吴铁男介绍西城区建设健康城区的经验。区爱卫办被评为全国爱国卫生先进集体。区金融街街道办事处、月坛街道办事处等5个单位和刘成东、周兴新等17人被北京市评为爱国卫生先进单位和个人。

（薛云　郭彦博）

【国家卫生区复审工作培训会】 7月2日至3日，区爱卫会举办迎接国家卫生区复审工作培训会，对国家卫生区复审迎检工作进行部署。会上，市爱卫会办公室城市部部长饶英生就全市创建国家卫生区情况、《国家卫生区标准》中的10项内容，以及迎接国家卫生区复审检查方法和应注意的问题等进行讲解。卫生与健康组、环境保护组、食品安全组3个专业组及15个街道分指挥部、环卫中心、园林市政中心等指挥部成员的主管科长参加培训会。

（薛　云）

【病媒生物防制】 2012年病媒生物防制工作以国家卫生城区复审为目标，以“爱国卫生月”为动力，以家庭灭蚁为亮点。3月，制订《西城区迎接国家卫生区复审病媒生物防制工作方案》，要求各地区、各部门结合实际，制订工作方案并组织实施。4月、11月全区开展以灭鼠为重点的病媒生物防制统一行动，堵塞鼠洞，清除鼠迹，完善防鼠设施。11月19至23日，在全区范围内组织开展灭鼠活动，重点在市政地下管线、中小餐饮、宾馆（饭店）、集贸市场、近两年发生过流行性出血热的区域、其他有鼠场所和部位，按时投药，有效降低鼠密度，减少鼠传疾病的发生，降低鼠对人类的危害。区爱卫会向各街道发放鼠药5.3吨，灭鼠粘鼠板2100张，灭鼠警示旗3.7万面，鼠盒1.26万个。7月至9月，每月组织以灭蚊蝇为重点的防制行动，下发灭蚊蝇药物及器械。组织开展统一家庭灭蚁活动，为解决困扰居民家庭的蚂蚁危害，落实《健康北京十二五发展建设规划》相关要求，市爱卫会组织开展以家庭为重点的“健康北京灭蚁行动”，7月2日，在西城区月坛街道三里河一区社区广场举行2012年北京市“健康北京　灭蚁行动”启动仪式，6月至9月为全市统一灭蚁时间，在全区范围内组织开展灭蚁活动。制订灭蚁工作方案，明确各相关部门职责，召集各地区爱卫会及相关部门进行专门部署，要求各街道及有关部门广泛发动群众做好灭蚁宣传动员工作，各街道及各社区指定专人负责，落实责任。各街道按照市、区统一部署，分阶段分步骤认真组织开展灭蚁工作。全区共完成15个街道、255个社区、23万余户居民家庭的入户灭蚁工作，超过预期15万户目标。

（薛云　郭彦博）

【爱国卫生月】 为迎接全国“两会”的召开，为党的十八大召开打好基础，第24个爱国卫生月活动时间定为2月20日至3月20日，活动主题为“美化首都环境，喜迎‘两会’召开”结合国家卫生区复审工作，进一步强化城市环境管理，落实部门责任，形成长效管理机制，为确保完成各项复审工作任务，组织全区各部门开展系列活动。2月24日，由市爱卫会主办、区爱卫会及月坛地区爱卫会协办，在月坛三里河一区社区小广场设置主会场，举办全市第24个爱国卫生月启动仪式。区爱卫会、月坛街道办事处、工商分局、环保局、园林绿化局、卫生监督所、疾控中心、城管大队等部门在会场设置宣传咨询台，向过往群众发放20余种上万份宣传品。当日，牛街街道、德胜街道、西长安街街道、陶然亭街道、金融街街道分别设置分会场，发放除四害药品，进行健康宣传和灭蟑灭蚊灭鼠指导。第24个爱国卫生月活动期间，全区共有中央、市属、驻区部队3000余个单位、225个社区居委会、63226人次参加活动。清除、覆盖残标小广告42518条、清洗广告牌匾780块、整治美化大街129条、清运废弃物垃圾623吨、清理卫生死角978处、清理绿地10万余平方米，治理居民小区楼门院1057

个、解决脏乱重点问题157个；全区各街道开展宣传咨询活动百余次，发放各种宣传、纪念品30余种5万余份。

（薛 云）

【公共场所禁止吸烟工作】 贯彻《北京市公共场所禁止吸烟的规定》和《北京市公共场所禁止吸烟若干范围的规定》，开展禁烟控烟宣传教育活动，结合第24个爱国卫生月和第25个世界无烟日，采取设立宣传咨询站、印发宣传单、宣传折页、张贴控烟宣传画等形式，普及禁烟和控烟知识。共发放各类控烟宣传折页4万余份，张贴控烟宣传画8000余张。新增各类禁止吸烟标志牌1.5万余块（张）。以点带面，促进控烟工作开展，为进一步落实市爱卫会、市教委、市卫生局《关于落实教育部办公厅、卫生部办公厅关于进一步加强学校控烟工作的意见》精神，确定北京四中、北京第十四中学、北京小学等3所中小学校创建全国无烟示范校。5月8日，配合市爱卫会专家组，参照《无烟学校参考标准》对3所学校的控烟工作进行中期督导检查。12月18日，市爱卫会组织专家组检查验收，专家组对3所学校开展的创建“全国无烟示范学校”工作给予肯定。强化法规意识，开展执法监督检查活动。重点对学校、机关单位、医疗机构、餐饮、网吧等类单位进行监督检查。1月至12月，全区共组织对26253个各类单位的公共场所禁止吸烟工作进行监督检查，合格单位26003个，合格率为99%，对250个不合格单位进行限期整改，对1042人在公共场所吸烟行为进行劝阻和引导。

（薛 云）

【单位和居民区卫生】 严格按照《国家卫生区标准》中单位和社区卫生要求，区爱卫会在全区的各类单位、社区中组织开展争先选优活动，发挥红旗单位、健康单位、健康社区的示范作用，抓典型带全面。年内，全区共评出“北京市爱国卫生红旗单位”2个、“西城区爱国卫生先进单位”555个、“西城区爱国卫生先进社区”60个、“西城区爱国卫生先进工作者”629人、“西城区爱国卫生优秀信息员”12人。

（薛 云）

【城市清洁日】 2012年城市清洁日活动结合国家卫生区复审工作，开展主题为“开展环境卫生整治，迎接国家卫生区复审”“共建国家卫生城区，营造健康美好家园”“卫生城区全民共建，健康生活你我共享”等城市清洁活动。各街道以国家卫生区复审为契机，深入开展爱国卫生运动，求实效、实施全面整治。动员社会单位、居民社区的群众从自身做起、从楼门、院落、家庭做起，清理室内外卫生、清理楼道（院落）公共地段的废弃堆积物，清除卫生死角和蚊蝇孳生地，清除残标小广告、白色污染、宠物粪便，引导居民美化阳台，组织志愿者参加环境卫生的整治活动。全区有关职能部门密切配合，综合执法，建立整治工作可持续的长效管理机制。据统计，1月至12月，全区参加城市清洁日活动总人数达30万余人次、8171个次社会单位（含部队），清除残标小广告12.3万余条、清洗广告牌匾7006块、整洁美化主要大街1312条次、清理卫生死角5403处、治理白色污染35380处、清理垃圾废弃物和宠物粪便2024吨、清整草坪绿地64.8余万平方米、整治脏乱重点问题1783个。

（薛 云）

【建设健康城区】 落实《健康北京“十二五”规划》，继续弘扬“健康社会、健康环境、健康人群”三大健康理念。组织开展健康细胞创建工作，以街道为单位，组织对年内拟创建的健康单位、健康社区、健康家庭、红旗单位进行推荐、备案。7月下旬，区爱卫会协同区健康教育所、各地区爱卫会，按照北京市健康社区标准和爱国卫生红旗单位标准，对各街道推荐的13个社区、3个单位进行中期督导检查，经市爱卫会评估验收，13个社区和2个单位验收合格，市爱卫会予以命名。组织北京健康科普专家团巡讲活动，7月10日至11月28日，完成12场讲座，受益民众达1262人。11月2日，北京健康城市调研组对西城区开展健康城区工作进行实地调研。12月27日，参加2012年北京健康城市论坛暨北京健康城市建设促进年会。西城区经验被收入《2012北京健康城市建设研究报告》和《中国健康城市建设实践之路》两本书。通过健康创建标准的实施，以及考核评估，年内，全区成功创建北京市健康社区13个、西城区健康单位（含健康机关企业、医院等共10类）132个、健康家庭1486户，健康细胞数量逐年递增。

（薛 云）

（责任编辑 郝慧芳）

社会生活

民政工作

【概况】 西城区民政局（简称区民政局）是西城区开展民生工作的重要部门，主要承担着社会保障、社会事务管理、基层政权建设、服务国防建设4个方面的职能。内设办公室、人事科、社区办、社团办、优抚科、安置办等13个行政科室，低保中心、捐赠中心、福利企业生产管理办公室等30个事业单位，在职人员423人。年内，深入贯彻落实科学发展观，着力保障和改善民生，认真履行职责，努力发挥民政工作在社会建设中的骨干作用，西城区获“北京市民政工作先进区县”称号，区民政局获“北京市民政工作先进集体”称号。

地址：西城区裕中西里28号

邮编：100029

电话：82282998

（王星星）

【最低生活保障】 截至年底，全区共有低保家庭12897户22646人，发放低保金1.24亿元；为8870户11093人发放粮油补助金523.6万元，审核确定低收入家庭873户2982人。本年度，进行了1次低保调标，低保标准由500元调到520元。全年为4.6万人次发放临时生活补贴1158万元。

（王星星）

【社会救助】 年内，实施临时救助3.2万人次，救助金额达1033.83万元，实施医疗救助1.2万人次，救助金额达1666.88万元，加强高等教育新生入学救助工作，救助困难家庭大学新生210人，使用资金92.7万元。整合区域资源，综合安排全区两节走访慰问，联合区委组织部、区直机关工委、区教委、区人力社保局、区老干部局、区人口计生委等30个单位，为区内优抚对象、低保低收入家庭、特困老龄人、困难老党员、困难教职工、困难失业人员、残疾人员、困难职工、困难劳模、困难单亲家庭、特困学生等群体送去关爱，走访慰问44685户（人），发放慰问金2342.5万元。

（王星星）

【流浪乞讨人员救助】 年内，流浪乞讨人员救助管理工作坚持“救助最困难的人、关爱最无助的人、保护好未成年人、教育好逸恶劳的人”的理念，全年共出动巡视车辆2725台次，出动巡视人员12901人次，救助1044人。

（王星星）

【社会捐赠和慈善公益事业】 年内，组织开展“帮困、助残、送温暖”“爱在西城”等联合募捐、“7·21”特大自然灾害捐赠、“共产党员献爱心”等系列活动，共接收各类捐款1000万元，物资53799件。实施“爱心帮扶”“春雨大病救助”等各种慈善救助，共发放救助款360万元，救助困难群众27238人次。支援重庆开县、内蒙古喀喇沁旗、北京房山区等贫困受灾地区捐赠款350万元，物资50189件。

（王星星）

【为老服务】 年内，推进养老服务基础设施建设，全年新增养老床位210张，新增比例为12.3%。11个街道建立敬老院16家，占街道总数的73%。建有街道养老服务中心5个，完成区养老服务管理中心初步设计。为老办实事工程稳步推进，培育区级服务规范化养老（助残）餐桌30个；为无法定赡养人、无经济来源、无劳动能力的“三无”老年人提供免费午餐服务8852人次；建立街道“老年心理关爱服务站”15个，同时引导各街道推进各社区“心理咨询室”的建设，形成区、街、居三位一体的工作网络；投入40万元为入住社区托老所的老年人购买人身意外集体保险；为老年人提供免费洗澡、免费代换液化气罐、上门理发服务（简称“三项为老服务”）2万人次，补贴25万元。

（王星星）

【“九养政策”落实情况】 不断加大“九养政策”落实力度，进一步规范服务管理，在市、区两级绩效考评工作中获得优秀成绩。表彰命名区级孝星2000名。在10月启动的“敬老月”活动中，通过制作文化墙、拍摄宣传片、组织事迹报告会等形式，加大典型孝星的宣传力度，营造良好社会氛围。为全区无保障95岁以上老年人发放医疗保险补助金。办理老人医疗报销545人次，支出133万元。进一步拓宽“爱心服务一卡通”功能，在实现了全区养老补贴统一结算全覆盖的基础上，并将“三项为老服务”和助残服务纳入使用范畴。组织开展全区155名养老（助残）员专题业务培训，提高能力素质。参加首届中国国际养老服务业博览会，展示辖区的养老服务成果。

（王星星）

【基层政权建设】 推进“六型社区”（干净、规范、服务、安全、健康、文化）建设，成立由区社会工委、区民政局等19个委办局组成的协调小组，申报的52个市级“六型社区”示范单位，均已经过第二轮评估。完成第八届社区居委会换届选举，户代表选举率达到56.9%，列全市第一。新一届居委会成员平均年龄47.1岁，比上届下降了7.4岁；大专以上文化程度1086人，占62.3%，比上届提高了22个百分点；党员903人，占51.8%。结合社区老龄工作任务重的特点，在原有六大委员会的基础上，增设了老龄工作委员会。推进居务公开制度，落实“社区事务听证会”“社区议事协商会”“民情日记”等民主自治制度，畅通民意诉求渠道。开展“走千户访千人”社区工作者岗位大练兵活动。对社区工作者实施分级分类分阶段培训，社区工作者的管理不断规范化、专业化。

（王星星）

【社区服务】 围绕社会服务管理“全响应”，加强社区服务支撑体系建设。打造4008981890便民服务品牌。整合区域服务商800家，6大类140余项服务项目。完善全区GIS（地理信息系统）地图，如期完成便民服务信息平台与区城管指挥中心对接工作，有效发挥了“纽带”和“桥梁”的作用。

（王星星）

【社会组织建设和管理】 截至年底，全区有社会团体143个、民办非企业单位453个、备案类社区社会组织2310个。全年完成99个社会团体和292个民办非企业单位的年检，完成70个社会组织评估工作。引导29个社会组织单位，投入资金496万元，围绕扶贫救助、扶老助残、文体科普等12个领域37个项目开展服务民生行动，受益人群达16万人次。对全区社会组织党建资源进行全面摸底调查，探索社会组织党建工作新模式。被北京市民政局评为“首都民政系统行风建设示范单位”。

（王星星）

【优抚工作】 年内，全区各类优抚对象共计2078人。全年接待信访咨询1000余件，处理信访回复10余件。按照新形势发展要求，加大各项政策的落实力度。完成2130万余元一次性抚恤金的发放工作，为优抚对象发放伤残抚恤金2928.96万元、发放定期抚恤补助金430万元。全年发放义务兵优待金1072.4万元；发放义务兵奖励金5.9万元；为新入伍义务兵购买生活用品共支出10万元。办理补、换残疾证53个；组织评残52人，其中调、评上残级等级的15人；为18名伤残军人配置伤残用品支出5.8万元。

（王星星）

【安置工作】 年内，全区共接收安置城镇退役士兵307人，安置率达到100%。复退军人的岗前培训和法制教育培训率达100%。

（王星星）

【军休管理工作】 截至年底，全区新接收军休干部143人，在世2632人。通过举办党建工作培训班、召开创先争优表彰大会等方式加强军休党委建设。认真落实生活待遇和政治待遇，努力实现“六个老有”（老有所学、老有所医、老有所教、老有所养、老有所为、老有所乐）。军休老干部双秀活动中心改造装修已竣工并投入使用。

（王星星）

【福利彩票销售】 截至年底，全区273个网点销售福利彩票4.21亿元，筹集福彩公益金1.2亿元，区立项使用资金2800万元。

（王星星）

【福利企业生产管理】 截至年底，全区有福利企业15家，残疾职工273人，新安置残疾人就业43名；完成2012年度福利企业年审年检，合格率达到100%。

（王星星）

【婚姻登记管理】 年内，办理婚姻登记28108对，其中结婚登记21119对、离婚登记4392对、补领婚姻证件2597件，做到执法合格率100%，群众满意度100%。接待社会咨询4万人次。办理收养登记4件。

（王星星）

【殡葬管理】 开展“平安·文化·惠民”清明节宣传活动，推进绿色殡葬文化建设，发放各种宣传材料3万份。联合区工商执法大队在清明前夕对辖区内8家殡葬网点和2家医院太平间开展专项执法检查，未发现违规行为。为全区929名无丧葬补助居民发放丧葬补贴资金464.5万元。

（王星星）

【行政区划】 开展西城区行政区域界线管理情况调研摸排工作。完成《西城区街道地图集》和《中华人民共和国政区大典·北京卷》西城区部分编纂工作。

（王星星）

【见义勇为工作】 认真做好见义勇为人员确认工作，全年受理6起10人见义勇为行为的确认申请，确认2起共4人见义勇为行为。截至年底，全区有见义勇为人员80人。各项政策待遇及时落实，为12名见义勇为人员发放医疗、困难补助4.15万元；全年疗养、走访、慰问共计支出资金约50.1万元。

（王星星）

【孤儿安置】 落实成年孤儿安置和22名散居孤儿基本生活费发放工作，全年发放基本生活费共计36.96万元。

（王星星）

【地退人员的服务保障】 年内，西城区共有各类地退人员1590人，其中退休干部288人、退休工人1302人，地退遗属 97 人。落实地退人员各项待遇，做好地退人员调整退休费、增加生活补贴等工作。指导街道发挥社区优势为地退人员开展适合老人身心健康的活动，丰富地退人员晚年生活。

（王星星）

【自身建设】 坚持“一岗双责”（“一岗”就是领导干部职务所对应的岗位；“双责”就是领导干部既要对所在岗位应当承担的具体业务工作负责，又要对所在岗位应当承担的党风廉政建设责任制负责），认真落实党风廉政建设责任制，强化风险管理，加强廉政宣传教育，有重点地进行督察，开展政府权力公开透明运行工作。召开“西城区民政局创先争优总结大会”，推进创先争优转入常态化、长效化。在区直机关工委组织的“弘扬机关精神，争做西城先锋”演讲比赛中，获优秀组织奖。制定实施《西城区民政局开展政务能力建设年活动方案》，组织开展岗位技能竞赛、科长讲业务、“履职尽责爱岗敬业”演讲比赛、计算机操作技能比赛、公文写作比赛等一系列活动，为提高干部队伍“三个能力”（履职、响应、创新）起到推动作用。

（王星星）

人口和计划生育

【概况】 北京市西城区人口和计划生育委员会（简称区人口计生委）是区政府的职能部门，依法负责全区人口和计划生育（简称人口计生）工作。区划调整“三定”后，内设办公室（监察科）、综合协调科（信息科）、法制科、流动人口服务管理科、宣传科（科技服务科）。下设 2 个事业单位（西城区计划生育生殖健康技术指导中心、药具站），1 个社团组织（西城区计划生育协会），在职人员 38 人。年内，以西城区“三区”战略为指导，按照“小人口重服务，大人口抓统筹”的思路，完善工作机制，创新工作思路，加强调查研究，夯实工作基础，动员各方力量，在加大统筹，科学管理，深化服务上下功夫，各项工作进展顺利。年内，西城区共有户籍人口 137.76 万人，户籍育龄妇女 29.99 万人，户籍已婚育龄妇女 17.44 万人，外埠婚嫁育龄妇女 2.98 万人；流动人口 29.23 万人，其中育龄妇女 6.56 万人，已婚育龄妇女 4.76 万人。2012 年统计年度户籍人口共出生 12481 人，其中计划内生育 12360 人、违法生育 121 人，计划生育率为 99.03%，一孩出生 11938 人，二孩及以上出生 543 人，完成了市政府下达的 2012 年户籍人口出生控制在 13000 人和户籍人口计划生育政策符合率不低于 97%的指标。全区 2012 年人口出生率 9.12‰，人口死亡率 3.87‰，自然增长率 5.25‰。

地址：西城区广安门南街 68 号

邮编：100054

电话：66114957

（蔡 辉）

【目标管理责任制】 年初，制发《北京市西城区 2012 年人口和计划生育目标管理考核评估方案》（西政办发〔2012〕5 号）。全年工作考核评估分为日常工作检查、随机抽查、现场检查与集中汇报相结合。11 月 22 日至 23 日，区人口和计划生育领导小组办公室牵头，组织区社会办、西城公安分局、区流管办、区卫生局等成员单位，听取街道关于特色工作的总结，对 15 个街道人口计生工作进行考核评估。根据《北京市人口计生委目标管理考核总结表彰工作的通知》的要求，对照北京市红旗单位、先进集体和个人资格条件、分配名额，结合综合考核评估结果，推荐西长安街、展览路、新街口、德胜、金融街、什刹海 6 个街道为北京市人口和计划生育工作红旗单位。

（蔡 辉）

【统筹解决人口问题】 年内，发挥人口和计划生育领导小组协调议事职责，召开 3 次“1+8+N”的人口调度会，及时协调、督办各项人口计生工作任务实施情况，通过了《西城区人口和计划生育领导小组 1+8+N 人口调度会制度》《西城区 2012 年 1+8+N 人口工作调度会安排》，加强协调、统筹，及时解决问题，成为各部门加强人口计生工作交流的新平台。年内，成立由区人口计生委、西城公安分局、区卫生局、区统计局、西城药监分局、区妇联等部门组成的西城区综合治理出生人口性别比工作领导小组，联合印发文件。8 月 15 日，召开专项工作启动会，加强对综合治理工作的组织领导和“出生人口性别比重点治理年”的工作推进，印发宣传海报 3000 份，在社区及医院产科张贴。与公安分局密切配合，继续推进人户分离人口废弃地址户口的清理和死亡人口户口的核销工作，全区共清理废弃地址户口 2234 人。

（蔡 辉）

【人口问题研究】 完成国家人口计生委、北京市人口计生委重点调研课题《特大城市人口规模调控研究》子课题——《特大城市中心城区人口疏解的思路与对策》的数据分析及报告撰写工作。开展西城区人口结构研究，分为工作人口、旅游人口、交通人口 3 个子课题，通过抽样调查、数据分析等完成 3 篇课题报告。开展西城区多元家庭政策保障可行性研究，通过问卷调查、深入访谈、数据分析等对辖区特扶家庭的情况进行全面的摸底，并提出可操作性的政策建议。

（蔡 辉）

【信息化建设】 编制《西城区人口信息资源规划》，围绕全员人口信息、人口信息动态发布、人口影响评估、信息交换与共享、流动人口服务与管理等主要任务，确定了重点工程，包括人口专题库、西城幸福e家、信息资源整合与分析系统等。利用已有基础、资源和网络，以扩展、补充的方式建立全员人口信息库，建立数据更新和比对机制，制定《西城区人口专题库管理办法》《西城区人口信息报备制度》，有137万人口的信息入库。建立人口动态监测系统，实现对区域人口趋势预测及主要人口指标预警，实现部门信息多元共享，链接"区情系统"，为区委、区政府提供决策支撑。初步建立了区情电子档案系统数据报备制度，实现数据库的定期更新与数据共享。

（蔡　辉）

【基层基础工作】 5月，经过主任办公会研究决定，批准街道开展28项特色工作，涉及0至3岁儿童早期发展、流动人口服务管理、特扶家庭帮扶、幸福家庭促进、免费孕前优生检查、青春健康教育等多项与人口计生工作密切相关的内容，共拨付经费95万元。开展2012年孕情普查工作，掌握了全区育龄妇女的孕育状况，落实全年出生计划，对全区育龄妇女怀孕、生育、避孕措施情况及育龄妇女人户分离情况进行摸底。

（蔡　辉）

【依法行政】 年内，开展行政权力公开透明运行工作，梳理出行政处罚权6项，审批、备案、登记等其他具体行政权力8项，部门内部人员录用、调动、任免、奖惩权、财务支配、物资采购分配等内部管理权3项及行政班子和成员5人33项行政权力，绘制50张权力运行流程图。规范街道各项审批、审核和核准工作，严格执行审批政策。全年批准再生育一个子女1073例。全区新增死亡特扶对象123人，年审符合1008人；新增伤残特扶对象179人，年审符合1897人。审批独生子女意外伤残或死亡给予父母一次性经济帮助共96例，发放48万元。全年征收169例，征收金额2245万元。参与西城区街道社区办事"全区通办""三级联动"工作，确定19件事项在部分街道首批试点，并制作相应的流程图和具体操作规范。12月4日举办社区计生工作者法制知识竞赛。

（蔡　辉）

【计划生育利益导向】 为体现对死亡特扶人员的关怀，为26名具有本市户籍、65周岁以上的死亡特扶对象办理移动"小帮手"电子服务器，为356名有需求的60至64岁的死亡特扶对象新办、续办公园年票。4月12日，区计生协与中国人寿保险股份有限公司北京分公司联合举办幸福家庭安康保险工作启动仪式，全区共有526户871人参保。区计生协为他们缴纳了一年保费。发放市计生协"暖心卡"1131张，为776名志愿者与391户特扶家庭牵线"亲情牵手"结对。

（蔡　辉）

【首届家庭人口文化节】 6月至9月，举办以"幸福家庭·和谐人口"为主题的西城区首届家庭人口文化节。组织西城家庭才艺大赛，评选出22户获奖家庭；举办"西城幸福宝宝秀"活动，416名家庭提交了1200余张宝宝照片，通过27790张网络投票，评选出西城十佳幸福宝宝家庭；制作《孕前优生》《儿童早期发展》等5部系列动漫短片，于"7·11"世界人口日、"9·25"《公开信》发表日等纪念活动中，在12000条公交线路近400辆公交车上每天滚动播出15遍，连续14天，宣传创建幸福家庭"六大工程"（文明倡导、宝贝计划、青春健康、健康生育、生育关怀、心灵家园）；举办西城区百户幸福家庭表彰暨人口文化节闭幕式，为救助家庭代表发祝福金。

（蔡　辉）

【青春健康教育】 与区教委联合举办青春健康教师说课比赛，有18位教师参与活动，教师在说课结束后还与专家进行了交流。举办第十三届西城区青春健康家长大讲堂活动，全年共组织16场讲座，近1.3万名中小学生家长到场听课。

（蔡　辉）

【儿童早期发展工作】 制定《西城区"儿童早期发展促进行动——幸福宝贝计划"实施方案》，建立西长安街、什刹海、大栅栏、新街口街道4个儿童早期发展基地。制作儿童早教大礼包1万个，内含《0–3岁科学育儿》图书、《0–5岁儿童成长测评图》《生命头三年》早教光盘，投入经费达34万元。成立西城区儿童早教讲师团，聘请5位专业的早教师资，制定早教课程表，利用周末时间，深入社区、单位开展儿童早期发展讲座。与区科委联合开展儿童早期发展可持续项目研究，探索社区儿童早期发展工作模式，举办"新手父母"培训班，500余名家长参加；全年共组织开展儿童早期教育讲座156场，6347人参与；各街道组织亲子互动活动61期，有2414个家庭参与活动；家长（或看护人）儿童早期教育普及率达到80%以上。

（蔡　辉）

【流动人口计划生育服务与管理】 年内，制定《调整西城区流动人口已婚育龄夫妻"四术"报销标准及结算方式》《利用科技手段推进流动人口计划生育信息采集工作方案》《西城区流动人口计划生育信息采集移动终端使用管理办法》，健全工作机制。投入125万元，为255个社区和街道优先配备移动终端信息采集器，实现社区信息采集移动终端全应用，采集信息并成功入库7335条。为流动人口育龄妇女提供1.2万人次免费的孕情环情监测服务。组织808名流动人口夫妇参加健康生育快乐园讲座，为300对流动人口夫妇提供免费孕前优生健康检查，为育龄流动人口提供免费的生殖健康体检500人次。通过各种活动和渠道，发放避孕药具398390支199箱。跨省与安徽巢湖市、广西崇左市天等县、福建南安市等地区建立区域合作关系。通过签订协议书的方式，保证流动人口婚姻、生育、孕情、违法生育等信息互通，使违法生育行为得到有效抑制，流动人口合法权益得到有效保障。

（蔡　辉）

【免费孕前优生健康检查项目】 为降低出生缺陷发生风险，提高出生人口素质，全面落实区政府为民为实事项目。年内，与区卫生局合作开展西城区免费孕前优生健康检查项目，为749对有计划怀孕的困难家庭准孕夫妇提供了免费孕前优生健康检查。结合“社区家庭健康生命全程服务工程”，共组织“健康生育快乐园”讲座161期，有生育意愿的年轻夫妇6407人受益。

（蔡　辉）

【社区家庭生殖健康干预工程】 继续探索计划生育困难家庭基本生殖健康服务模式，深化计划生育优质服务工作。与区卫生局联手，分别依托北京市健宫医院、西城妇幼保健院，为2016名男性、2050名女性开展了生殖健康普查活动。取得良好的效果，受到群众的欢迎，并对重点人群启动街道综合救助机制进行干预治疗及追访，充分体现了计划生育公共服务的公益性和均等化。

（蔡　辉）

【避孕药具工作】 3月，根据《国家人口计生委药具管理中心关于对国家免费提供宫内节育器使用和管理情况进行调查的通知》（国计生药字〔2012〕16号）以及“国家免费提供宫内节育器使用管理情况调查方案”，对辖区医院、街道卫生服务中心等免费使用IUD的单位开展问卷调查。组织全区单位计生干部和街道计生办药管员参观免费药具生产线。5月，为街道社区、辖区单位安装计生药具智能发放机共计30台，凭第二代身份证可自取，使得药具发放工作变被动为主动。全区年内共发放避孕套3620箱，外用药10560支和口服药4883板。

（蔡　辉）

【协会组织建设】 5月24日，西城区计划生育协会第一次会员代表大会召开，选举产生第一届理事会成员65名，监事会成员3名，同时选举产生会长、常务副会长、副会长，聘任了秘书长。区委常委、副区长梁昌新被推选为会长，区人口计生委主任彭秀颖被推选为常务副会长，聘纪彩秀为秘书长。

（蔡　辉）

【关怀计划生育困难家庭】 两节期间，计生协继续深入开展“生育关怀”活动，对全区计生困难家庭进行走访慰问，把独生子女死亡、伤残家庭，开展“亲情牵手”活动作为重点，给她们送去物质帮助与心理慰藉。共投入17.28万元，为216户计生特困、特扶、基层计生干部及流动人口家庭送去新春的关怀。“9·25”期间，继续对全区的计生困难家庭进行救助。此次救助活动有487户居民受益，其中特扶家庭58户、计生专干9户、特困计生家庭409户、流动人口5户、紧急救助6户，累计发放救助款58万元。11月8日，区计生协组织开展“关爱健康　幸福共享”主题摄影采风活动，15个街道30人参加。

（蔡　辉）

【接待参观考察与交流】 5月4日，英、法、德等国人口与家庭、卫生、社会保障领域的政府部门专家考察团一行10余人到幸福泉幼儿园、区银龄老年中心，就0至3岁儿童早期发展，政府在公共服务中发挥的作用等问题进行交流。同月，代表市人口计生委接待联合国人口基金代表、国际移民组织及德国联邦经济合作与发展部一行20余人到西城区考察流动人口均等化服务与老龄服务工作。7月23日，中国计生协秘书长姚瑛一行到展览路街道，调研“新希望家园”工作情况。10月18日，国家人口计生委主任王侠到西长安街街道长安幸福家园考察，调研社区计划生育服务、流动人口服务与管理、0至3岁儿童早期发展、失独家庭关怀关爱和幸福家庭创建等工作情况，对西城区的创新工作给予了充分肯定。11月16日，接待农工党中央人口资源环境委员会课题组调研流动人口流入地管理与服务工作。

（蔡　辉）

【“阳光计生行动”规范化建设】 制定《西城区人口计生系统“阳光计生行动”实施方案》和《规范》《示范单位标准》《检查评估办法》,以“阳光管理”“阳光服务”“阳光维权”推进本系统政风行风建设。在全区人口计生系统开展评选市级“阳光计生行动”示范单位、工作标兵活动，经过层层推荐、实地检查评估，区人口计生委、展览路街道、新街口街道、白纸坊街道、西长安街街道、陶然亭街道被评为北京市“阳光计生行动”示范单位；王建新、樊月宏、师志彬、马越、武春红、夏文革被评为北京市“阳光计生行动”工作标兵，示范单位和工作标兵的事迹材料被收录进《普撒阳光的人们》一书。在北京市“阳光计生行动”规范化建设检查中，西城区获99分。在全区党风廉政责任制专项检查中，区人口计生委工作获得好评，并代表区政府部门接受北京市政府绩效考核检查。在区政府督查考核中获优秀单位称号。

（蔡　辉）

【学习型机关建设】 年初，制定《深化学习型机关建设实施方案》，与中国传媒大学合作，开展学习型机关课题研究，通过全委干部参与、专家的梳理提炼，形成了“1个愿景7个理念”。即“心系国策，创造高品质的西城人口环境”的共同愿景，“崇尚科学、敬业奉献、追求领先、团队合作”的精神理念，“勤政廉洁、务实高效”的作风理念，“科学、统筹、依法、规范、和谐”的管理理念，“以人为本、优质服务”的服务理念，“搭建平台，注重培养，激发潜能，人尽其才，全面发展”的人力资源理念，“专业、多元、开放”的知识理念和“一专多能”的能力理念的人口计生事业文化体系。启动“青年干部导师计划”，通过参与课题研究与专家拜师结对，举办“西城人口讲坛”6次，邀请专家、学者讲授学习型组织理论和人口计生工作新理念、新思路，机关干部交流学习考察体会，开展机关干部“荐书荐言”征集交流活动，组织机关干部分批培训基层计生干部3000余人次。区人口计生委“创建学习型党支部”被区委组织部评为西城区党建创建项目，编入区委组织部、区党建研究会编辑的《创新激发活力 党建引领发展》画册中，“举办西城区人口讲坛促进人口计生事业创新发展”一文，被收入区委宣传部、区推进学习型党组织建设领导小组办公室编辑的《学习的实践者》一书中；区人口计生委党支部被评为创建学习型党组织示范点。

（蔡 辉）

【科级干部竞争上岗】 年内，根据《中华人民共和国公务员法》《党政领导干部选拔任用工作条例》《党政机关竞争上岗工作暂行规定》《北京市西城区科级干部选拔任用工作办法（试行）》等有关法律、法规、规定，制定科级干部选拔任用工作方案，采取竞争上岗的方式，经过笔试、面试、民主测评和组织考察，最终经过党组会议决定任用名单的程序任用科级领导干部。通过4轮公开选拔，新任用正科级领导干部2人、副科级领导干部3人，主任科员2人、副主任科员1人。

（蔡 辉）

消费保护

【概况】 北京市西城区消费者协会（简称区消协）是依法成立的保护消费者合法权益的组织。区消协设三部一室（投诉与法律事务部、组织宣传联络部、消费与指导部、办公室），下辖11个消协分会（大栅栏、天桥、广安门、牛街、西长安街、什刹海、新街口、展览路、德胜、月坛、金融街），共有专职工作人员16名。年内，从建设世界城市示范区的定位出发，结合贯彻中消协“消费与安全”的年主题活动，加强消费维权机制的建设，推进消费维权社会化管理的进程，提高经营者的自律意识和社会责任，倡导消费纠纷和解，营造更加安全放心的消费环境。着重在宣传贯彻年主题、引导企业自律、受理解决消费纠纷等方面开展工作。

地址：西城区羊肉胡同120号

邮编：100034

投诉电话：66168698

办公电话：66168702

（于彦斌）

【投诉情况分析】 全年共接到消费者投诉171件，不予受理3件，受理并解决消费者投诉168件，调解成功率100%；为消费者挽回经济损失662769.10元；接待消费者来访、咨询5346人次。投诉案件按类别及数量依次为：服务类95件，占投诉总量的55.5%；家用电子电器类41件，占投诉总量的24%；百货类30件，占投诉总量的17.5%；家用机械类3件；占投诉总量的1.8%；房屋及装修建材类1件，占投诉总量的0.6%；其他商品类1件，占投诉总量的0.6%。投诉质量问题的130件，占投诉总量的76%；投诉其他问题的41件，占投诉总量的24%。

（于彦斌）

【消费者权益保护系列活动】 “3·15”宣传活动围绕“消费与安全”年主题，以营造安全放心的消费环境，倡导文明、健康、安全的消费方式，强化经营者责任意识和自律行为，提高消费者维权意识和维权能力为目的。“3·15”前夕，区消协会同区饮食协会举办两期餐饮业食品安全培训班。目的是发挥行业协会自律作用，引导经营者重视食品安全工作，完善行业规范，提高服务质量，确保广大消费者饮食健康。全区100余家老字号餐馆企业及重点饮食企业的管理人员参加培训。培训中宣讲了“消费与安全”年主题的内涵和意义，并结合《消法》重点讲解与餐饮业相关的人身安全、食品安全等问题。要求餐饮企业切实执行食品安全操作规范，落实各项食品安全制度，杜绝使用不达标餐具。从原材料购进、加工制作、冷藏保存、就餐环境等环节严格把关，把食品安全工作落实到位。3月5日，区消协与新街口消协分会在北京启喑实验学校开展关注弱势群体，消费维权进校园活动。消协工作人员针对失聪学生的特点，特意将一个个消费维权知识实例制作成幻灯片，呈现在学生的面前。形式生动有趣，内容丰富易懂，涉及购物消费、生活服务、人身安全、财产保障等方面知识。3月3日至7日，区消协会同广安门工商所到辖区西便门东里、西里，长椿街、上斜街社区开展维权专题巡讲活动。针对社区老年人开展保健品消费专题讲座；针对中小学生开展食品安全问题专题讲座。通过视频授课、当面答疑、现场辨别真伪等方式传授安全消费知识，受众达600余人次。3月6日，西单大街绿色通道自律联盟召开“推进社会化管理，打造西城消费品牌”经验交流会。区消协、西城工商分局、辖区工商所以及西单大街绿色通道自律联盟企业和西城婚纱文化产业商会企业代表30多人参加。多家企业就完善维护消费者合法权益的制度和办法，开展多种便民活动，主动受理解决各类消费纠纷，树立西单大街绿色通道自律联盟良好形象进行交流。西单大街绿色通道自律联盟提出进一步打造“诚信经营、舒心消费在西单”的经营品牌。3月12日。区消协、广安门工商所会同中国儿童活动中心儿童营养与健康研究中心的专家来到北京市西城区红莲小学开展“消费与安全”宣传消费维权知识进校园活动。儿童营养专家针对小学生的生活特点，从如何正确选择早餐、油炸及烧烤类食品的危害、营养均衡等方面讲解了食品安全知识，引导学生养成良好的生活习惯。同时向400余名师生发放了《消费者维权指南》《3·15专刊》等安全消费宣传材料。3月15日，区消协会同大栅栏工商所对辖区椿树街道、大栅栏街道16个社区的消费维权监督员进行了《消法》的培训。区消协就“消费与安全”年主题进行了宣讲，并就“网购”和“预付费”消费中侵害消费者权益的行为进行剖析，提示消费者要理性消费谨防冲动，要给自己一个冷静期，经过考察和分析后再做出决断，保障安全消费。培训中与社区消费维权监督员进行了交流互动，就他们工作中发现的热点难点问题进行了探讨和解答。街道领导参加培训活动，对社区的消费维权监督员的工作给与肯定并提出希望。

（于彦斌）

【对经营者进行劝喻工作】 元旦、春节期间，区消协接到消费投诉数量有明显增多的趋势，主要集中在家用电器、手机的购买和维修方面。元旦一天就接到5起针对某家手机卖场的投诉，消费者反映该手机卖场的商家虚夸手机功能，索要高价。另有一电器卖场也遭到消费者多起投诉，主要对其产品质量和服务质量不满意。区消协调查核实后，分别约谈2家企业负责人，对其侵害消费者权益的行为进行书面劝喻，指出问题所在，提出整改意见。2家企业对消协的劝喻十分重视，制定了整改措施，并积极处理消费者的相关投诉，为消费者挽回经济损失，取得消费者的谅解。劝喻工作对经营者起到警示作用，同时督促经营者重视和维护消费者合法权益，改善自身形象。

（于彦斌）

【推出消费纠纷和解制度】 为构建和谐社会，营造放心消费环境，引导经营者进一步强化责任意识，履行必要的社会责任，及时、便捷解决消费纠纷，化解消费矛盾，区消协会依据《消费者权益保护法》的精神，3月9日出台《消费纠纷和解工作制度》和《消费纠纷和解工作指导意见》，对辖区经营者处理消费纠纷工作进行指导和约束。消费纠纷和解是指消费者和经营者在发生消费争议后，通过双方当事人或委托代理人自主协商、互谅互让直接解决消费争议，达成和解，在第一时间、第一地点圆满解决消费纠纷。《消费纠纷和解制度》是提倡经营者在受理解决消费纠纷过程中和解为先，快速、合理地解决消费纠纷的操作规范。该制度包括消费纠纷和解的原则、消费纠纷和解的内容及操作规范、消费纠纷和解工作的落实和监督等方面。着重强调了经营者维护消费者合法权益的责任意识，要求经营者在处理消费纠纷过程中主动为先，多为消费者考虑，多为营造良好消费环境出力。区内广大经营者纷纷行动起来落实《消费纠纷和解工作制度》，学习《消费纠纷和解工作指导意见》，建立相应机构，把这项工作落实到位。3月13日，区消协常务副会长陈松蝉带领消协组宣部人员到“诚信服务示范单位”金融街购物中心进行《消费纠纷和解工作制度》的宣讲与辅导。金融街购物中心110名店长分2期参加培训。陈松蝉结合宣传贯彻“消费与安全”年主题活动阐述推行《消费纠纷和解工作制度》的目的与意义。并就推行这项制度提出具体要求。组宣部人员详细解读了《消费纠纷和解工作制度》并就处理消费纠纷过程中可能出现的问题进行解析和指导。6月15日，区消协走访西城区婚纱文化产业商会指导消费纠纷和解工作。到其会员单位罗马风情27°影楼实地考察，了解经营者售后服务制度以及消费纠纷和解工作制度落实情况，进行具体指导。

（于彦斌）

【成立消费争议人民调解委员会】 按照市司法局、市工商局《关于开展消费纠纷人民调解工作的意见》精神和市消协的工作部署，区消协动员吸纳社会各界力量参与消费维权社会化管理，拓宽解决消费纠纷渠道，服务广大消费者。8月2日，成立了西城区消费纠纷人民调解委员会和西单商业街消费纠纷人民调解委员会，同时设立德胜街道消费纠纷人民调解工作室。这项工作着重以下环节：一是完善制度。依照《人民调解法》的要求编制了《西城区消费纠纷人民调解工作手册》，包括《消费纠纷人民调解工作制度与职责》《消费纠纷人民调解工作程序与流程》《消费纠纷人民调解工作文书》及《消费纠纷人民调解工作档案样式》等，对消费纠纷人民调解员工作职责、调解程序、工作流程、文书档案等作了明确规定。二是建立机构。设立西城区消费纠纷人民调解委员会、西单商业街消费纠纷人民调解委员会、德胜街道消费纠纷人民调解工作室，确立消费纠纷人民调解机构基本框架。三是聘请人民调解员。上述3个层机构共聘请100名人民调解员。其中企业人员占50%；行政机关工作人员占30%；社区代表占15%；专家、律师、学者占5%。

（于彦斌）

【争创“诚信服务示范单位”】 按照市消协的部署，区消协在全区商业服务业范围内开展创建“诚信服务示范单位”活动。5月18日，区消费者协会召开西城区争创“诚信服务示范单位”经验交流会。来自全区商业服务业70余家企业代表参加。区文明办、区商务委、西城工商分局、区消协等部门的领导出席会议并讲话。会议对获得北京市2011年度“诚信服务示范单位”称号的北京首商集团有限公司西单商场等5家企业，获得西城区2011年度“诚信服务示范单位”称号的北京内联升鞋业有限公司等15家企业进行表彰。京华茶业公司、北京内联升鞋业公司、庄胜崇光百货、新街口百货4家“诚信服务示范单位”单位做了经验介绍。

（于彦斌）

居民生活状况

【居民收入及职工收入】 年内，全区居民人均总收入45645元，剔除价格因素比上年增长7.1%；其中人均可支配收入39772元，剔除价格因素比上年增长7.7%。全区居民人均工资性收入33584元，比上年增加3179元，增长10.5%；其中工资及补贴收入33240元，比上年增加3126元，增长10.4%。

（赵 明）

【居民支出】 年内，全区居民人均总支出35238元，剔除价格因素比上年增长6.3%；其中人均消费性支出27149元，剔除价格因素比上年增长7.1%；人均转移性支出2335元，比上年下降14.0%。人均社会保障支出5110元，比上年增长17.2%。人均借贷支出22184元，比上年增长7.3%。人均消费支出中：食品支出8273元，比上年增长11.4%；衣着支出2721元，比上年增长15.2%；家庭设备用品及服务支出1669元，比上年下降11.9%；医疗保健支出1810元，比上年增长4.0%；交通和通讯支出3917元，比上年下降26.2%；教育文化娱乐服务支出4978元，比上年增长8.7%；居住支出2388元，比上年增长11.4%；其他商品和服务支出1395元，比上年增长7.2%。居民人均转移性支出中：交纳的个人所得税505元，比上年下降44.2%；赡养支出362元，比上年下降21.4%；捐赠支出1258元，比上年增长17.3%。居民人均借贷支出中：存入储蓄款21835元，比上年增长9.5%；储蓄性保险支出93元，比上年下降53.0%；购买有价证券17元，比上年下降90.5%；归还住房贷款191元，比上年下降20.0%。

（赵 明）

【食品消费支出】 年内，居民人均食品支出8273元，比上年增长11.4%；食品支出占全部消费性支出的比重为30.5%，比上年上升0.2个百分点。居民的食品支出比上年增长排前三位是：蔬菜类增长17.6%，糕点、奶及奶制品类增长16.6%，调味品类增长15.5%。

（赵 明）

【衣着消费支出】 年内，居民人均衣着消费支出2721元，比上年增长15.2%，衣着支出在消费性支出中所占比重为10.0%，比上年增长0.4个百分点。分类别看：服装支出1936元，比上年增长13.7%；衣着材料支出11元，比上年增长11.9%；鞋类支出681元，比上年增长22.1%；其他衣着用品支出77元，比上年增长10.3%；衣着加工服务费支出16元，比上年下降23.1%。

（赵 明）

【家庭设备用品及服务消费支出】 年内，居民人均家庭设备用品及服务支出1669元，比上年下降11.9%，占消费支出的比重为6.2%，比上年下降1.5个百分点。其中购买耐用消费品支出809元，比上年下降25.7%；床上用品支出181元，比上年增长44.6%；家庭日用杂品支出548元，比上年增长0.5%；家庭服务支出84元，比上年增长3.2%；年末，每100户居民家庭拥有的主要耐用消费品数量比上年增加较多的是：家用电脑123.6台，增加9.3台；移动电话241.4台，增加8.7台；空调器176.8台，增加8.5台；彩色电视机151.6台，增加7.4台；照相机93.8台，增加6.3台。

（赵 明）

【医疗保健消费支出】 年内，居民人均医疗保健支出1810元，比上年增长4.0%，占消费性支出的比重为6.7%，比上年减少0.4个百分点。其中医疗费支出516元，比上年下降8.3%；药品费支出830元，比上年增长6.0%。

（赵 明）

【交通和通讯消费支出】 年内，居民人均交通和通讯支出3917元，比上年增长26.2%，占消费性支出的比重为14.4%，比上年增长1.8个百分点。交通支出2676元，比上年增长41.4%，其中交通费支出494元，比上年增长12.6%；车辆用燃料及零配件支出1024元，比上年增长18.6%。通信支出1241元，比上年增长2.5%，其中通信工具支出366元，比上年增长2.7%，通信服务支出875元，比上年增长2.4%，占通信支出的70.5%。

（赵 明）

【教育文化娱乐服务支出】 年内，居民人均教育文化娱乐服务支出4978元，比上年增长8.7%，占消费性支出的比重为18.3%，比上年减少0.4个百分点。其中文化娱乐用品支出941元，比上年减少19.4%；文化娱乐服务支出3007元，比上年增长35.8%，其中参观游览支出比上年增长2.1%，团体旅游支出比上年增长51.7%；教育支出1030元，比上年下降14.0%，其中教材费比上年下降33.0%，教育费用比上年下降13.0%。

（赵 明）

【居住条件】 年内，人均住房建筑面积为22.3平方米，比上年增长1.4平方米。自有住房占房屋产权的比重为70.6%，比上年增长2.9个百分点。从居民住宅设施条件看：无卫生设备的住户比重由上年的13.7%减少到11.4%。

（赵 明）

（责任编辑 马忠良）

街　道

概　述

年内，经区编办批复，大栅栏等8个街道成立安全生产办公室、公共服务科，调整街道社会办职责；德胜等7个街道将原社区办更名为社会办。德胜、什刹海、西长安街、新街口、金融街、展览路、月坛、广内、白纸坊、广外10个街道结合街道特色工作及市、区推进网格化社会服务管理信息平台建设要求，结合“三定”工作，在人员内部调整的情况下组建全响应工作办公室。

进一步增强街道统筹辖区发展机制。围绕构建全响应社会服务管理模式，研究出台《关于进一步加强街道统筹辖区发展规范日常管理的指导意见》，通过进一步明确街道的职责定位，理顺街道与职能部门派驻机构的关系，完善相关统筹协调机制来强化街道社会服务管理主体地位，强化街道公共服务职能，强化街道统筹辖区发展能力。建立完善全响应的沟通协调机制、工作准入机制、考核监督机制、区街财政管理体制、共驻共建的社会参与机制。街道党工委发挥统筹引导辖区内党政机关、企事业单位、个体私营企业、各类社会组织开展共驻共建的作用，推动社会责任体系建设。街道办事处充分发挥社会服务管理职能，对社区的发展进行全面的规划，加强对社会组织发展的指导和服务，完善政府购买社会组织服务机制。街道完善地区管理委员会制度，各公安派出所、工商所、地税所、房管所、卫生监督站、社区卫生服务中心、城市管理监察分队、防火办、交通支队等部门的负责人要参加本街道的地区管理委员会，共同参与社区管理。针对街道反映强烈的协管员进入渠道不一、工资标准差异较大、人员素质参差不齐、队伍不断膨胀，政府运作成本不断增加等问题，研究制定《西城区关于统筹和规范街道社区协管员管理的意见（试行）》，建立街道统筹、总量控制、规范待遇、会商准入、考核退出机制。

进一步推进街道信息化建设。以区委、区政府名义印发《关于加强全响应社会服务管理创新信息化建设的指导意见》，在充分总结德胜街道指挥中心建设成果的基础上，兼顾德胜、广内、月坛等街道信息化试点建设经验，按照“统一设计基本功能模块，规范技术标准”的原则，将多个业务软件系统进行整合，首批以10个试点街道（德胜、金融街、月坛、广内、白纸坊、什刹海、大栅栏、椿树、陶然亭、广外）为重点推进，其他街道有积极性的同步推进。规范街道全响应社会服务管理指挥分中心建设模式，研究出台《西城区全响应社会服务管理技术标准规范》。完成10个软件系统（包括数据中心、调度系统、十千惠民、信息门户、网上服务大厅等）在10个街道全响应社会服务管理指挥平台上落地并陆续在各街道使用。德胜、金融街、月坛、白纸坊、大栅栏、椿树、陶然亭7个街道社会服务管理指挥中心硬件建设完成。以30个服务项目为试点，探索区、街、社区三级服务的标准化，实现全区通办联办，方便居民办事。金融街街道、白纸坊街道被评为北京市信息化创新示范街道。

进一步强化街道公共服务职能。努力提高基本公共服务的规范化水平。在全区255个社区开展涉及社区组织和社区公共服务设施2个方面39类公共服务资源的调查工作，进一步完善街道公共服务大厅建设。加强街道社区服务中心建设，逐步实现行政服务、公共服务、社会服务、公益服务在社区落地。大力推进区、街全响应社会服务管理指挥中心建设，不断深化信息化在创新社会服务管理、改善民生中的应用，有效推动行政服务、社会服务、城市管理、社会管理、应急处置五个功能的整合，积极推进为民服务一号通“12341”建设。大力推进基础设施建设，通过购置、新建、改扩建、落实新建小区配套服务设施等方式，不断优化社区办公和服务环境，同时整合辖区养老、助残等资源，通过购置、改扩建、租赁、共建等多种方式推进社区规范化建设，社区用房达标率达90%以上。大力推进15分钟服务圈建设，打造13个市级15分钟服务圈。以街道、社区为单位整合社区购物、教育、医疗、就餐、文化等各类服务资源，针对群众需求制定相应措施。5个街道全部建立区域服务商圈网站，整合服务商800家，6大类、140余项服务项目，完善各街道GIS（地理信息系统）地图，进一步提高了社区服务平台系统响应服务能力。推广社区居民会议、居民代表会议、社区事务听证会，通过社区自治形式推动一些共性问题的解决，如在缓解停车难上形成资源共享错时停车、车辆自管会自我管理等模式；在解决买菜难方面形成规范社区菜市场、建立农超对接、引进蔬菜流通车等方式；在胡同治理上形成“规划建绿、拆违增绿、身边见绿、添彩增绿”的立体绿化以及“卫生保洁、联合执法、绿化美化、停车自律”四位一体精细化管理等模式。

进一步完善“访民情、听民意、解民难”工作机制。区级领导带领职能部门与街道、社区建立定点联系，在不同层级推行“一本一会一单”民生工作法。社区层面的民情日记本、社区议事会、转交督办单，街道层面的“访听解”日记本、地区管理委员会（专题）会议、联席会共议申报单，区级层面的“访听解”记录本、全响应联席会促进了职能部门的力量和资源进一步向基层倾斜，同时也有效推动了一批民生问题的解决。通过“访听解”这个载体，区、街、社区三级共收集各类社情民意30000余条，解决或拿出解决方案的28000余条。其中居民反映较为强烈的违章停车、环境卫生、宠物管理、违法建筑等问题1378件，17%的问题已在相关部门的努力下得到快速解决，相关部门拿出具体措施和完成时限的占63%。

社区建设取得长足发展。社区“两委”（社区共产党员支部委员会和社区居民委员会）换届全部完成；社区党组织、社区居委会、社区服务站“三位一体”的组织体系全面建立；社区资源得到有效整合；社区工作梳理清晰，社区机制运行良好；社区工作者呈年轻化、专业化、职业化方向发展；社区基础设施得到明显改善，社区办公和服务用房建设显著提高；居民民主意识和参与意识逐步增强。重点推进干净、规范、服务、安全、健康、文化“六型社区”建设，建成52个市级六型社区示范点。打造出18个管理规范、服务完善、设施一流、成效显著、特色突出、群众公认的市级社区规范化建设示范点单位，推动实现“社区服务站建设平台化、社区工作事项明晰化、社区运行机制联动化、社区志愿服务常态化、社区队伍建设专业化、社区设施使用最优化、社区经费管理科学化”。

（贾冬梅）

德胜街道

【概况】　德胜街道位于西城区北部，东以旧鼓楼外大街为界，西以新街口外大街划线，南至北二环路与新街口街道隔河相望，北到三环路、裕民路。与朝阳、海淀、东城三区接壤。辖区面积4.14平方公里，共有23个社区，户籍人口39469户121782人，流动人口15038人；中央单位219个、市属单位189个，高等院校2所，中学6所，小学6所，幼儿园5所；卫生医疗机构7个；公园4个。辖区内有回族、满族等36个少数民族，6900余人，是北京市13个重点民族街道之一。德胜街道是中关村德胜（西城）科技园全覆盖区，重点发展研发设计、文化创意、金融后台、高端交易等产业，在西城区“十二五”规划中，德胜地区被列为“一核一带多园区”的重要组成部分。辖区内共有5800多家企事业单位，还有中国工程院、孔子学院总部、中国交通建设股份有限公司、国家核电技术公司等多家中央单位，以及法源清真寺、民族团结幼儿园、民族团结小学等民族特色单位。年内，围绕建设“活力、魅力、和谐”新西城的奋斗目标，统一思想、振奋精神、团结奋进、锐意进取，推动地区各项事业科学发展。街道通过国际卫生组织的实地考察，被评为“国际安全社区”，在千家评政府和全区绩效考评中分别名列街道系统排名第一。

地址：西城区教场口街9号院丙9号

邮编：100120

电话：82060677

（马　原）

【城市管理】　年内，完善德胜门外大街绿化景观、夜景照明、道路铺装、雕塑和引导系统的整体设计，完成德胜门外大街华夏银行、二龙路医院等4栋楼房的亮化改造工程。组织地区相关单位成立环境建设委员会，形成环境管理合力。组织保洁队、监督队等力量，确保城市基础设施平稳运转，有效应对“7·21”特大暴雨灾情。开展“春季行动”“夏季攻势”“秋风行动”3个百日整治行动，协调各相关部门共同开展打击占道经营、无照经营和乱停乱放等行为的专项整治近百次。国庆期间，加强联动，对德胜门交通枢纽进行专项治理，动员社区志愿者1500余人疏导景区大巴4571车次、游客26万余人次。投入200余万元，在新外大街南、安德路北、德胜里、德外大街东等社区开展路面维修、室外污水管线及化粪池污水井维修、围栏基础维修等改造工作。9月至11月，对裕中东里、裕中西里、马甸、双旗杆、安德路北等社区共74栋1980年之前老旧楼房进行抗震加固和节能改造，施工内容包括外墙保温及更换塑钢窗。做好绿化、爱卫会、节水及垃圾分类等工作。

（马　原）

【社会保障】　年内，研发三维立体网上办事大厅，对外窗口全部配置身份证阅读器。为社会救助对象、大病困难群众、空巢老人家庭、低保对象等各类困难群体提供个性化的综合救助。其中累计发放低保金703万元；为506人次申请医疗救助金63万余元；为46人办理丧葬补贴23万元；为低保人员申请医疗救助住院周转金35人次，累计金额29万余元；累计为1542人次报销药费296万余元；为219名退休人员申办自采暖补贴和煤火费补贴；累计发放失业保险金1166人次，215万元；完成社保卡补、换卡1611张，新发卡1040张。完成优抚金发放、补发以及伤残抚恤金发放共225.4万元。累计受理经济适用房、限价商品房、廉租房、公共租赁房等保障性住房申请3707户，其中市级备案通过3426户，组织550户家庭参加摇号选房，全部完成签约选房。以“统一标准”“统一采购”和“统一配送”“统一服装、胸牌”的“四统一”标准开展菜篮子工程，引进4辆蔬菜直销车，新建4家固定便民菜店，覆盖全部辖区，受益居民达2万余人。推行智能化养老模式，开展“小帮手”“四帮一”“易医箱”等特色为老服务项目，地区持有“小帮手”电子服务器的552名老年人全部设置一键通，实现与街道智能化民生服务平台的对接，使地区百余对“四帮一”志愿者结对子服务信息得到共享。

（马　原）

【社会治安综合治理】 年内，加强技防设施建设，提升居民安全感，投入159万元，完成17个社区、142处重点部位的摄像头安装；出资67万元，带动社会投入近百万元，实施楼宇对讲“百门千户安装工程”，使得地区72个楼门、1595户居民受益；为地区未进行“煤改电”改造的居民购买一氧化碳报警器300台，为重点区域居民购置消防灭火器358台。联合相关职能部门对治安重点地区及地区乱点开展百余次综合执法治理。排查消除安全隐患，对重点行业、重点领域、重点地区、重点时期进行重点监管，共开展联合执法行动60余次，组织开展夜查15次，下达执法文书500余份，发现一般隐患350余项，均整改到位。

（马　原）

【精神文明建设】 年内，举办主题为“喜迎十八大，欢歌颂和谐”的百姓周末大舞台夏日文化广场演出。开展第二届“德胜楷模”评选活动，发掘德胜地区各类团体中领军人物、表彰地区有责任感的企业与社会组织、树立良好的德胜道德风尚，使“厚德者胜”这一理念在地区形成普遍共识。推动居民文化团队建设，统筹管理和服务书画、合唱、京剧、太极等13个小类的文体科教类社会组织、民间团体共88个，为他们开展活动提供平台和资源，并定期邀请业内专家对他们进行有计划、有针对性的培训。加大硬件投入力度，促进文化服务均等化，在地区图书馆实施“通借通还”的新型借阅模式，为园区企业办理了集体图书借阅卡，图书馆借阅量较往年有大幅提高。借助全响应工作平台，打造公共数字有声图书馆，为社区老年人、盲人、儿童及其他弱势群体提供有声文化信息服务。依托妇儿同乐坊，学前教育基地及社会、专业志愿者等资源，开展内容丰富的亲子活动。

（马　原）

【社会服务管理创新】 年内，构建“3+6+N”工作模式，推进“全响应”社会服务管理创新工作。打造数据中心、多渠道采集发布信息、社会服务管理指挥中枢3个基本框架，发挥城市管理、应急处理、民生服务、分析研判、绩效考核、统筹推进6大职能，创新N个无穷尽民生项目，核心理念是“全面感知，迅速传达，积极响应”，对各项业务工作进行流程再造，在街道层面实现基层“条专块统”全面掌握，整合地区有关人、地、事、物、组织的80多项业务系统、3.6亿条数据，通过多种渠道实现群众与政府间双向互动。快速传递信息，通过社会服务管理指挥中枢把社会服务管理与社区群众需求结合起来，响应百姓个性化、多样化的需求，共接待各地考察团196批次3000余人到街道指挥中枢参观。推进规范化社区建设，实现安德路北、德外大街西、新康、新风街1号、阳光丽景等5个社区创建“六型社区”。推进“访民情、听民意、解民难”活动，为23个社区工作者以及楼门院长配发PDA（个人数字助理），进行事件收集报送，掌握辖区社情民意，同时结合街道内网、信息传输平台和社会服务管理指挥中枢实现社情民意的动态收集、分析、督办和研究解决。共收集整理地区单位和居民反映的城市管理类、生活应用类、服务保障类、公共秩序类等4大类问题636件，其中619件全部按时办结，办结率97%；接收“民情日志”26861件，“民情民需”类事件办理回复率100%。培育和扶持社会组织，发挥社会建设促进中心积极作用，登记和备案社区组织、民营非盈利团体、单位社团等各类社会组织361家，组织开展“德胜杯”足球联赛等多种文体活动。

（马　原）

【德胜科技园园区服务】 年内，成立统筹发展办公室，加大统筹区域发展和服务园区的力度，实现与科技园区管委会的有效对接。完善协税护税工作机制，在“党政领导，税务主管，部门配合，司法保障，信息共享”的工作格局指导下，各部门各单位进一步加强沟通协作，搭建沟通平台，健全信息反馈机制，优化区域发展环境，地区完成国、地税共81亿元。统筹整合科技商会、园区协会、地区工会等组织，通过“三清三明”“强基工程”“一厅四享”等扎实有效的工作和富有特色的活动，吸引企业、凝聚企业、服务企业。

（马　原）

【党的建设】 年内，推进创先争优活动，围绕宣讲雷锋精神、北京精神、市十一次党代会精神，完善党员宣讲制度。完成社区党组织换届工作，23个社区党组织全部实行公推直选，比例为100%。选举产生社区书记23名、社区副书记25名（18名专职副书记，7名副书记）、社区党委委员160名，对新风街1号、阳光丽景2个社区党组织进行组织设置调整，调整为党总支。在老旧小区综合整治工程中，坚持以党建工作为引领，成立2个包括市派干部、街道主管领导和干部、社区书记、项目实施主体党员负责人的联合党支部，联合党支部搭建了产权单位、居民群众、施工单位之间沟通交流的桥梁，保证了安德路、新风南里7栋33个单元660户居民住房的外墙保温、厨房、卫生间上下水管道更新等工程的顺利完成。加强社会领域党建，开展“非公有制企业党建推进工程”“红色沙龙”“两新党建三力方”等党建创新项目，深入推广商务楼宇“六站合一”工作模式。以党建为引领，以党员服务中心为依托，建立29个非公企业党组织，并在25栋商务楼宇全部建立社会工作站，实现地区楼宇党建全覆盖，有效带动了工、青、妇、社会、统战等服务企业的力度。邀请人大代表、政协委员参加地区重大活动，调动他们关心、参与地区建设与发展的积极性。设立人大代表接待选民日，建立委员联系社区制度，为人大代表和政协委员履行职能搭建平台。协助相关部门认真办理并完成人大、政协提案议案5件。

（马　原）

什刹海街道

【概况】　什刹海街道位于西城区东北部，东起旧鼓楼大街，地安门内、外大街，与东城区相邻；西至新街口南、北大街，西四北大街，与新街口街道相连；南起景山前街、文津街、西安门大街，与西长安街街道相接；北至德胜门东、西大街，与德胜街道接壤。辖区面积5.8平方公里，有一类大街15条、二类大街10条、胡同170条。有中央单位127家、市属单位78家、区属单位63家，学校18所，幼儿园7所，公园2处。有社区居委会25个，户籍人口46482户121025人，常住人口30633户80494人，流动人口26592人。年内，出生1012人，死亡493人。全年财政收入15569.27万元，支出17468.61万元。街道机关行政、事业人员212人（公务员127人、事业单位85人，不含什刹海风景区管理处）。接收军队转业干部3人，安置军嫂3人，向部队输送新兵18人。被评为“首都文明单位”“北京市社区信息化特色应用街道先进集体”等，7人获市级以上先进个人称号。

地址:西城区地安门西大街141号（9月迁入）

邮编:100035

电话:83223600

（张　艺）

【城市管理】　年内，投入经费进行各项升级改造，创建西海环湖路为精品大街；创建市交管局宿舍院（大红罗厂3号）为精品小区；打造大金丝胡同、小金丝胡同等13条胡同为精品胡同。完成西什库大街74号、小八道湾10号、爱民里14–15号楼3个老旧小区的改造工程；对东巷胡同6号、西巷胡同15号等12处公私混合、单位弃管院落进行整体地面铺装和下水管线改造；对百花深处、棠花胡同等13条街巷胡同进行铲除破损墙面后粉饰粉刷改造。协调公安、工商、城管、卫生监督各部门联勤联动对恭王府、荷花市场、陟山门周边、德胜门内大街、平安大街进行地毯式、滚动式无缝隙环境综合整治。成立什刹海街道交通管理领导小组，通过采取夜间错时停车、道路微循环设计、胡同单停单行前期规划、增量改造小区内停车位等方法改善辖区交通环境。协助区市政市容委推进垃圾分类工作，中影集团宿舍、电力科学院宿舍等7个居民小区列入2012年度北京市垃圾分类达标示范小区；设立北京市首个餐饮企业厨余垃圾分类清运试点。联合各社区、驻区部队、城管、保洁队等单位，组织开展12次不同主题的城市清洁日活动。设立宣传站，宣传开展首都第28个全民义务植树日；全年共伐除死树、危险树382棵，修剪乔灌木2800棵次；创建30个最美庭院、21个最美阳台。7月21日特大暴雨，防汛办紧急启动防汛预案，共计接报险电话477个、苫盖漏雨房屋405处、处理路面塌陷18处、处理倒伏树木2棵、处理三座桥16号及黄城根北街59号等早期工程塌方问题。编制下达年度用水计划指标，协助地区房管所共完成284个院2422户的“一户一水表”改造工程。对重点大街、旅游景区周边、商场超市等人员密集场所进行重点环境巡查，共上报有效案件26158件，有效案件上报率99.5%。

（张　艺）

【社区建设】　年内，完成第八届社区居委会换届选举工作，共选举产生新一届居委会成员173人，平均年龄46.8岁，本科及以上学历64人。规范社区居务公开内容，修订出台社区工作者管理制度，完成社区标识征集及设计工作。建立健全“街道处级领导和职能部门联系社区”“民情走访”等工作制度和机制，走访居民14382人次，收集民情民意1820件，解决1558件。优先落实“为25个社区办一件实事”工作，先后为25个社区统一配备冰箱、微波炉；组织为286名社区工作者进行健康体检。完成社会组织2012年度备案复核、社区志愿者征集上报、社会组织红歌赛等工作。组织社区参加西城区“废品再设计”创意大赛，获二等奖2名、三等奖1名，街道获大赛组织奖。拓展社区教育学校青少年活动主题，组织“阳光少年——探索神奇的昆虫世界”主题科普冬令营、“阳光少年——美丽什刹海”主题夏令营活动、“我爱记歌词”趣味英语活动，组织外地来京务工人员子女举办多场“童年在北京”

非物质文化遗产传承主题活动；集合多方力量做好北京市城管启动的“双护工程”，净化医院校园周边环境，与地区10余所中小学校长和7所幼儿园园长就如何协调配合做好地区青少年教育、幼教工作进行交流探讨。组织25个社区精神病防治专职干部分别对辖区精神病患者及家庭开展走访慰问活动，对重点防控人员加强监控，与545户精神病防控家庭签订安全责任书。在爱民街、柳荫街等社区举办红十字会自救互救培训活动，培训急救员250人。举办2012年度春季无偿献血活动，100名志愿者参与献血，通过血液检查，献血合格率达97%，献血总量19400毫升。

（张　艺）

【社会保障】 年内，实现档案的统一管理，共管理各类档案15268份。新增登记失业人员1822人，通过召开各类用工招聘会、采集空岗信息、对失业人员“一对一”指导、组织失业人员技能培训等方法，实现就业1683人，登记失业人员就业率59.60%，登记失业率0.95%。调整低保家庭1434户2412人的最低生活保障标准，累计发放最低生活保障金1071.67万元、帮困卡金额46.02万元；办理新低保申请83户111人，经过调查核实和复审共撤销不符合继续享受低保待遇家庭76户138人，撤销金额40余万元。为就医难的低保人员64人次办理借款24.54万元，办理还款44人次、12.89万元；医疗救助低保、低收入人员278人次，救助金额84万元；发放无业居民丧葬费补贴50万元。对已认定211名大龄特困人员，继续提供公益性工作岗位；管理灵活自谋人员3800余人，新办理1057人，自谋职业7人，签订就业协议1064人；管理社会化退休人员7410人。完成55户廉租住房实物配租家庭的入住及后期管理工作；有1792户市级备案通过的经适房轮候家庭和1545户市级备案通过的限价房轮候家庭等待房源。由街道领导组成多个慰问小组，逐户看望和重点慰问地区特困、多残、高龄、病困家庭，发放慰问金15万余元；为地区232户贫困家庭发放年金500元的“爱心卡”，为地区245名60岁以上的低保老人办理助老慈善医疗卡；救助临时困难家庭52户，发放临时救助金141500元。4月，以“送温暖　献爱心”为主题举办社会捐助活动，地区20多个单位及居民6500余人共捐款45.16万元。2次为地区193名地退人员、327名军工进行工资调整，为21名已故军工地退人员家属发放丧葬费及抚恤金80余万元。全年共联系配合区救助站收容救助流浪乞讨人员30余人。在全国助残日期间，为15名残疾人免费发放辅助器具，对西黄城根北街甲2号院、地安门西大街40号院等进行无障碍设施改造；摸底调查2035名就业年龄段内残疾人就业情况，为失业人员争取公益性岗位，42名残疾人实现就业，先后组织80余名残疾人参加市、区残联各项培训。与51个地区单位和25个社区签订计划生育目标管理责任书和协议书，与16个职能部门签订计划生育综合治理责任书；在什刹海茶艺酒吧特色商业街企业中建立协会流动人口计划生育协会；通过对638户0–3岁婴幼儿家庭的走访，实施0–3岁地区散居儿童“四个一”（对0–3岁婴幼儿进行一次评测，为0–3岁婴幼儿建立一份成长档案，对0–3岁婴幼儿看护者分别进行一次通识培训、一次专业知识培训）工程。开展敬老爱老模范宣传，推选出“孝星”200名；慰问走访老人2642人，为老人办实事253件，2460名老人受益；组织青年志愿者到200余户空巢、高龄老人家中进行调查访问；统一进行居家养老助残员招聘工作，配备到街道居家养老服务中心；推行“居家养老配送餐”，完备充实街道配餐中心和9个分餐点，巩固敬老院配餐点和7个支点配餐老年餐桌；在鼓楼西大街145号、羊房胡同27号等地建立10家便民菜站；举办“老干部绿色生态社区园”“九九重阳节，携手一家亲”等活动81项，受益老人5573人。

（张　艺）

【社会治安综合治理】 年内，举行什刹海地区社会治安综合治理领导责任书签订仪式，街道党、政主要领导与地区128个中央、市属单位领导及法人代表，25个社区居委会书记、主任签订《综合治理领导责任书》，签订率100%。加强群防群治，规范社区志愿者、专职巡防队队伍的建设和管理。全面排查各类重点人员，组成重点人稳控工作组，严格按照全国“两会”期间的《重点人稳控方案》要求进行24小时动态监控；组织巡防队、民兵、社区志愿者对景区及周边24小时执勤，防止不法分子借机组织破坏活动；组织地区单位开展以防火、防爆、防恐、防重大责任事故为主要内容的安全自查；加强对“黑三轮”非法运营、无照经营、店外出摊的治理和“门前三包”的管理。开展地区“黑车”整治工作，共查扣各类黑车104辆；对陟山门周边环境秩序、经营秩序进行综合整治；对辖区内不合格小发廊进行清理整治。核查地区流动人口和出租房屋，共有流动人口24242人；加强地区个人出租房屋房产税征缴工作，共征收691户个人出租房屋房产税144.57万元，同比增加14.26万元；对辖区内外来人口租住房屋使用煤炉取暖情况逐一检查，保证取暖安全。推进“向日葵”社区创建，保证戒毒出所人员与社区康复工作无缝衔接，按时对社区戒毒（康复）人员进行尿检，坚持每日维护“向日葵”社区工作系统。加强社区消防工作站建设，检查监督社区消防工作站工作落实情况，指导社区与地区单位签订防火安全责任书；加大消防宣传力度，发放《致居民群众防火安全一封信》4万份；加大检查力度，建立完善消防档案和演练灭火应急疏散方案，全力排查火灾隐患；对辖区使用煤火取暖的情况进行摸底建档，落实“三级检查”制度。集中开展“什刹海地区卫星电视接收设施排查”行动和“扫黄打非”专项整治行动。推进网格化社会面防控体系，健全社区管理网格，细化责任网格。4月，举办以“司法行政在身边”为主题的司法行政开放日暨“法律服务社区行”启动仪式；与5家律师事务所签订“法律服务社区行”工作协议，由公益律师轮流坐班接待居民的法律咨询；成立工作小组，开展对社区矫正和安置帮教2类人员的管理、关爱、救助、帮扶活动；

通过在街道25个社区开展“和风”行动，全面排查、疏导、化解、调处一大批矛盾纠纷；多次组织公益律师在双寺、苇坑、西四北、四环等社区开展涉及婚姻家庭、相邻关系、未成年人保护、老年维权等内容的公益法律讲座。成立信访办公室，街道党政“一把手”主抓信访工作，配备2名专职信访干部，各部门设置信访工作负责人及信访兼职干部；全年社区接待日共进行20次，接待来访居民52人次，所提出的52个问题全部解决。

（张 艺）

【精神文明建设】 年内，开展学习《论文化建设》活动，分别开展党员专题阅读会、交流会、演讲会；结合迎接党的十八大召开，组织和开展中国特色社会主义理论体系宣传普及活动。围绕迎接庆祝党的十八大召开、《情系什刹海》原创文艺演出、双拥共建30周年主题文化活动、社会救助“全响应”机制建立、社区为老服务体系建立等特色亮点工作开展宣传，全年完成新闻报道任务38件。配合《东方时空》栏目完成“五一”期间在什刹海风景区的现场直播任务；协助《人民日报》、新华社、中央电视台等8家媒体对烟袋斜街的遗产保护、管理、利用、传承进行宣传报道；完成韩国KBS电视台节目录制接待工作。街道舆情工作被评为全市街道系统直报点先进单位，共完成124篇舆情信息上报工作。制作《什刹海街道全国城市文明程度指数测评实地考察重点工作手册》，完成城市文明程度指数测评工作；以践行北京精神为主题，开展“我的童年在北京”系列活动；联合北京航空航天大学以西什库小学为试点开展志愿服务活动；联合社区服务中心举办“居民休闲”俱乐部，通过开展老年体验、亲情互动等活动增强地区居民敬老孝亲人的家庭美德；争取区级资金支持，扶持“老年维权快车”等4个关爱空巢老人和外来务工人员项目。调整规划《什刹海》杂志，副刊部分采取每期围绕一个文化主题开展深度报道，整合“有一说一”“他山之石”“海韵奇葩”等板块，完成什刹海地区胡同、宗教、双拥、四合院等主题的深度挖掘和报道；组织召开“打造什刹海区域品牌的对策研究讨论会”，邀请清华大学、首都师范大学、什刹海研究会等共同探讨什刹海地区的文化发展、品牌打造；与首都师范大学联合开展课题什刹海开放式博物馆建立的探究、什刹海区域文化发展研究，与首都经济贸易大学联合开展什刹海文化品牌打造课题研究；拍摄宣传片《京华胜地什刹海》，对什刹海的文化、景点进行全面梳理。

（张 艺）

【双拥共建】 年内，双拥共建领导小组召开军地座谈会，落实议军制度。举办纪念柳荫街军民共建三十年暨双拥文化节，期间开展“光影讲述三十年”双拥共建历程摄影图片展、“真挚的情感军民一家亲”主题征文、军民鱼水情书画笔会、军民共建和谐党日活动、军营一日活动、“同心杯”篮球赛等系列活动。重大节日期间走访优抚对象、义务兵家属148人次，为优抚对象报销医药费96万元，接待优抚对象来访50余人次。

（张 艺）

【功能街区建设】 年内，组织开展地安门内、外大街至景山西街的景观设计工作；推进烟袋斜街社区活动服务用房项目、蓝鼎晨大厦改造及鸦儿胡同整治等工程；更新什刹海游船，更新特许经营三轮车及配饰；在区旅游委的指导下，实施景区标识导览、厕所改造等项目，推进“智慧景区”建设和旅游服务软硬件品质提升。成立什刹海景区综合治理办公室，对景区内店外经营、串行自行车、交通秩序混乱等问题进行高强度、高频率、全天候的多部门联合执法。配合西城公安分局法制处在国庆节前出台并实施《西城分局关于对什刹海地区扰乱社会秩序类案事件依法打击整治的工作意见（试行）》，解决噪音扰民、吧托揽客、游商尾随兜售等问题。

（张 艺）

西长安街街道

【概况】 西长安街街道位于西城区东部，东以天安门广场西侧路西路缘石、中山公园西缘、故宫西墙为界与东城区毗邻，西以西四南大街、西单北大街、宣武门内大街西侧便道为界与金融街街道相接，南以前门西大街道路中心线、宣武门东大街中心线为界与大栅栏街道、椿树街道交界，北以西安门大街、文津街南路缘石、故宫北筒子河中心线为界与什刹海街道为邻。辖区总面积4.24平方公里，有街巷98条，其中一、二类大街12条。中央单位9个、市属单位26个、驻京办4个、区属单位25个。社区居委会13个，户籍人口28889户39335人，常住人口25843人，流动人口10146人，出租房屋2741户，全年代征缴出租房税额226.75万元。年内，出生939人，死亡270人。全年财政支出1.62亿元。街道机关行政编制125人、事业编制147人。公开招聘公务员2人（应届本科生1人、研究生1人）。安置军转干部4人、随军家属5人，向部队输送新兵7人。在5月开展的“爱在西城”社会联合募捐活动中共募集善款44万余元；在“7·21”特大暴雨灾害募捐活动中募集善款7万余元，棉衣1745件；全年共募集善款559552.6元。获“全国创先争优先进基层党组织”“首都文明街道”“首都绿化美化先进单位”“2011年度北京市环境卫生先进街道、乡镇”等称号。西单商业区被评为“中国著名商业街”。
地址：西城区西绒线胡同甲7号
邮编：100031
电话：66035449

（马煜曈）

【城市管理】 年内，对店外经营、露天烧烤、早点店外出摊等行为开展20余次联合执法检查，取缔无照废品收购站2家，重点保障光明胡同、西黄城根南街、东斜街等重点施工工地周边的环境安全。开展惠民便民工程，对地区3条老旧胡同（义达里胡同、颁赏胡同、小六部口胡同）和2个老旧小区（横二条4号、灵境胡同12号）进行整治改造。完成义达里“绿色精品胡同”建设工程，共拆除煤棚22个、违法建筑2处，清理渣土约50立方米，粉刷墙面约2500平方米，砍磨墙皮约1000平方米，安装种植池55处，建造花池7处。完成横二条4号精品小区整治改造，粉饰墙面4785平方米，安装护栏331米，拆除违章建筑73平方米，更换窗户156扇，油漆防护栏3742平方米，更换上下水管线327米，拆除遮阳棚17个。完成颁赏胡同精品改造工程，共铺设仿石砖300平方米，建设灰砖墙面1000平方米，安装金属格栅150平方米、铁艺护栏34平方米，修建青砖花池16平方米，制作仿古雨棚38套。配合有关单位完成新壁街道路打通工程、中南海周边景观提升工程、灵境小区楼房保温工程等工作。完成北新华街、西交民巷2个社区5100余户的“煤改电”工作。坚持每月一次的城市清洁日活动，开展以“清洁城市、保护健康”为主题的宣传活动，组织保洁队、地区单位、社区居民参与环境清洁和环境整治，清理喷涂广告1000余处，清理白色污染512处，清理卫生死角25处，解决各类卫生难点问题8处。做好禁烟宣传工作，在13个社区及地区单位发放宣传材料2500余份，办宣传板报13块，开展执法检查3次，对辖区内的50余家单位进行检查。做好国家卫生城区、文明城区复检迎检工作，对13个社区的卫生主任开展国家卫生区复审工作培训；对西单商业区的20余家商户、单位进行除“四害”知识培训；完成对“五小摊点”（非机动车修理、修锁、修伞、修鞋、修拉链及衣物织补等传统小修理摊点）的摸底调查，建立台账；协调地区各职能部门，处理迎检指挥部实地组检查的问题61件；发放《致地区居民的一封信》4万余份，各社区悬挂宣传横幅26条。动员居民积极参与垃圾分类工作，为748户居民发放分类垃圾桶2245个、垃圾袋29672个。招聘垃圾分类指导员12名，完成上岗前的业务培训、考核。义达里胡同作为平房区垃圾分类试点，实行“垃圾不落地”制度，取得较好的效果。7月21日，北京突降特大暴雨，街道主要领导上岗带班，亲自指挥，组织专业队伍进行抢险救灾工作，有效应对出现的各种险情，雨后及时组织人员对居民房屋进行安全检查，排除隐患。

（马煜曈）

【社区建设】 年内，为义达里社区新租办公用房700平方米，有效改善社区办公条件。开展“访民情、听民意、解民难”工作，全年共收集社情民意12大类、34小类、739件，解决落实625件。以“六型社区”建设为主线，以“一社一特”精品社区建设为基础开展社区建设工作，在义达里社区创建“睦邻之家”，发展居民自治组织，设立24小时“访、听、解”热线。走访慰问高龄、孤寡、空巢、生活不能自理或半自理的特殊群体老人64户，发放慰问金35900元。开展老年人知识竞赛、老年人生日会、“孝星”评选等活动，共评出“孝星”80名（市级26名，区级54名），“为老示范服务单位”3家。

（马煜曈）

【社会保障】 年内，受理经济适用房申请39户，市备案通过33户；受理廉租房申请19户，市备案通过19户；受理限价商品房申请92户，市备案通过70户；受理公租房申请70户，市备案通过28户。开展就业“春风行动”，全年登记失业人员1081人，年底前就业978人；小额担保贷款2笔16万元；公益性就业岗位安置“4050”特困人员132人；灵活就业54人；实现创业43人，带动就业214人，自主创业103人，创业培训12人；“零就业家庭”全部脱零。全年共采集就业岗位4986个，接待求职人员577人，成功推荐就业567人；共提供职业指导2608人次，组织236人次参加免费技能培训；为1252人次发放失业保险金2513053元，为失业人员报销医疗补助4098.2元。为80岁以上符合条件的老人办理养老券，共计1689人次，发放养老券金额为385221.33元、社区爱心服务一卡通1362094.33元。为28位老年人提供洗澡服务、70位提供理发服务、428位提供代换煤气服务，总计服务人数471人，共收回煤气券2513张，总共结账35182元。老年活动中心参加活动人数全年共计20000人次；举办电脑初级班5期，参加人数180人，中级班6期，参加人数216人；举办太极拳班5期，参加人数58人；举办各类健康、养生等讲座15次；夕阳有约空巢老人俱乐部共结业10期，进行团队心理辅导107次，结业并纳入俱乐部会员人数120人。社区共有公益讲师23名，已陆续开设电脑培训、摄影、英语、竞技麻将等20多门课程，累计培训5860人次。“一老一小”大病医疗保障措施审核报批工作共涉及3860人，其中新办理716人，药费报销331人次。全年新接收企业退休人员460名，为1075人次的退休人员办理医药费报销手续；元旦、春节慰问退休人员150人，组织85名退休人员观看文艺演出。新增低保家庭37户48人，新增低收入家庭24户56人，撤销低保40户82人，共向619户低保家庭，发放低保金4746580.33元；向低保、低收入家庭中的30名大学新生和在读生发放助学金12万余元。为42人办理丧葬补贴发放手续，共计发放210000元。全年共为489人次发放社会医疗救助金949343.94元。春节期间，按200元、300元、500元至800元等不同标准向低保家庭发放慰问金892000元，向395户家庭发放煤火补贴233223.6元。对165名特困儿童给予一次性补贴92700元。向200户困难家庭每户发放价值500元的爱心卡，向260户困难家庭发放大米、食用油等慰问品260份。向3名社会散居孤儿发放生活费3.78万元。向31名困难人员发放临时医疗救助款13.54万元。发放“红墙助学金”11人次，总计11000元。共办理户籍一胎生育服务证723例，办理一胎随迁20人，办理一胎换证6人，办理二胎生育服务证54例，办理生育服务证转入181例、转出195例。领取独生子女父母光荣证332例，登记并发放独生子女父母年老时一次性奖励20.3万元，发放独生子女意外伤残死亡救助4万元。为已婚待孕夫妻开办“健康生育快乐园”讲座1期，普及生殖、孕前知识讲座13期，参加人数581人；开展孕妇学校讲座，普及优育知识；为年轻夫妇宣传避孕知识、开展健康讲座，免费发放避孕药具；为辖区40对困难家庭中新婚待孕人员免费开展孕前优生检查。7月3日，正式启用北京市首家街道级人口和家庭服务中心——长安幸福家园，开展育儿培训、亲子活动、体格测评等6项婴幼儿服务，举办青春健康讲座、幸福家庭论坛等4项青少年活动，开办书法、折纸、厨艺、养生、合唱等15项适合中老年课程，构建“幸福家庭生命全周期公共服务体系”，截至年底，共接待居民9568人次。地区100名献血志愿者无偿献血2万余毫升。

（马煜瞳）

【社会治安综合治理】　年内，完善地区网格化管理工作，将西长安街地区划分为56个网格，包括日常管理型网格4个、一般防范型网格8个、重点关注型网格16个和严密管控型网格28个。建立台账式管理机制，基本完成《实有人口登记工作台账》《重点人员防控工作台账》《重点部位防控工作台账》《出租房屋管理工作台账》《重点区域防控工作台账》《重点单位防控工作台账》《重点事项台账》《辖区防控资源力量台账》等8类台账的建立，初步形成“网格化布控，精细化防控，信息化支撑，社会化参与”的社会面防控工作新机制。全年共发放各类预防煤气中毒宣传材料2500余份、悬挂宣传横幅板报48条（块）、发放社区预防防煤气中毒报纸专刊3000余份、宣传教育群众5300余人；组织各种力量400余人次进行入户宣传及安全检查工作，入户宣传检查取暖户2245户，做到入户宣传见面率100%，与取暖户、出租房主和企事业单位负责人签订安全责任书100%，检查炉具张贴安全提示100%，隐患整改率100%。在推广安装一氧化碳报警器工作中，免费为残疾人、低保户、孤寡空巢户等特殊群体安装一氧化碳报警近500台；为其他辖区居民及外来人口提供购买补贴每台100元，取暖户出资80元。由街道牵头，联合公安、工商、城管、交通、联合执法小分队等部门开展市、区级挂账乱点周边环境专项打击整治行动，同时与黑车治理行动相结合，重点针对西单大悦城和君太百货周边非法运营、黑车揽客现象，国家大剧院周边非法一日游、无照“黑导游”、游商现象进行联合执法、持续打击，共计查扣“黑车”150余辆。3月至6月，为加强中共中央办公厅“9·19”工程周边制高点防控工作，对工程周边制高点涉及的3个小区、29栋楼、130个楼门安装了防盗门系统，投资总额为96万元。自8月15日起，开展“喜迎十八大，大干100天”保障行动，11月1日20:00开展地区联合执法检查行动，共检查商场、单位、门店93处，其中地下空间2处，商场、施工工地、单位各7处，居民院落10处，小餐饮60家。经过检查发现问题27处，其中涉及居民院1处、单位1处、工地2处、商场2处、小餐饮21处，全部整改完毕。进一步调整和完善街道禁毒工作领导小组，开展禁毒宣传教育活动，发放宣传材料20000余份。地区共调解纠纷387件，成功376件，成功率达97.1%。3月，开展“春风送暖”活动，在人口流量大的路口、商业区发放法制宣传资料1000余份；在西单商业区对商户开展守法经营讲座6场，近千人次参加；对施工地点的农民工进行维权宣传；在各社区开展“法制电影进社区宣传月”活动；街道《长安街时讯》开辟普法专栏“司法在线”；社区开展法制宣传教育讲座50余次。

（马煜瞳）

【精神文明建设】　年内，组织“学习践行北京精神　构建和谐魅力长安”为主题的“双十佳”百姓宣讲活动。邀请地区知名书法家开展撰写北京精神春联，送祝福活动，向地区的空巢老人、“孝星”、志愿者、残疾人赠送春联220余副。以“学雷锋　践行北京精神——做文明有礼的北京人”为主题，开展“新童谣”征集活动，共收集上报“新童谣”38篇。举办“喜迎十八大，美在长安街”摄影比赛和“科学发展　成就辉煌”主题宣传展览活动。完成11个社区综合宣传栏的更换工作，制作宣传展板230余块。发行《长安街时讯》20期20万份，开通《长安街时讯》手机电子版。结合春节、学雷锋日等节日开展主题教育实践，以“做文明有礼的北京人”为主线，开展“小手拉大手”“文明小宣传员”“垃圾减量垃圾分类从我做起”等活动；以“做一个有道德的人”为主题，组织青少年网上祭英烈活动；“六一”期间，开展“学习雷锋、做美德少年”的网上签名寄语等活动，提交寄语500余条；开展“向国旗敬礼、做一个有道德的人”网上签名寄语活动，700余名未成年人送出寄语820余条。组织开展“文明小使者”评选活动，共评选“文明小使者”86名。以“我们的节日”为契机，开展传统文化宣传和志愿服务活动，通过宣传文明祭扫风尚、为老人理发、陪老人聊天等，积极倡导和谐、友爱的邻里关系和低碳、环保的生活方式。组织近450名干部群众参与“争当文明出行达人网上承诺签名”活动。3月20日，成立街道文化活动中心，中心位于东斜街53号，总面积1300平方米，可同时承载千余人活动，全部免费向公众开放。在寒假期间，组织地区中小学生开展北京精神主题征文活动，共征集到文章52篇。

（马煜瞳）

【双拥共建】　年内，投入双拥工作经费近40万元，组织不同形式慰问

50余次，走访慰问中央警卫团、西城消防一支队、驻地二炮直工部、武警中队、二炮二连等部队和地区优抚对象。全年向67名革命伤残人员发放优待金58万余元，向59名烈属发放节日慰问金5万余元。在有共建连队的11个社区推广“穿军装的主任”双拥共建模式。成立西长安街街道双拥文化艺术团，举办慰问演出2场。开展双拥“五好”评比，表彰区双拥共建工作先进个人20名。开展以“红墙内外的好军嫂”为主题的征文活动。“两节”期间，向地区11名优抚定补对象、59名烈属、67名革命伤残军人发放慰问金12万余元；为56名军休人员购买杂粮、干鲜礼包、黄花等节日慰问品，共计金额近万元。全年累计向81名优抚对象发放优抚金78万元，为12名优抚定补对象报销医药费近10万元。

（马煜瞳）

大栅栏街道

【概况】 大栅栏街道位于西城区东部，东起前门大街西侧，西至南新华街中心，南起虎坊桥路口与珠市口西大街中心线交汇处，北至前门西大街。辖区面积1.26平方公里，街巷114条。有中央单位2个、市属单位8个、区属单位15个，中、小学3所，幼儿园2所。社区居委会9个，户籍人口21564户56655人，常住人口36997人，流动人口14422人。年内，出生26人，死亡221人。全年财政收入56099万元，支出10916万元。街道机关、事业单位人员127人（公务员编制90人、事业编制37人）。安置军转干部1人，向部队输送新兵5人。全年共接待群众来访、处理调解各类信访事件457件次，调解纠纷360件。获“北京市民政工作先进集体”“北京市环境秩序整治突出贡献奖”“北京市爱国卫生先进集体”等称号。

地址：西城区棕树斜街26号

邮编：100051

电话：63036944

（李博洋）

【城市管理】 年内，街道城市管理分中心平台实现“案件业务办理、监督员管理、数据统计、案件督办”等功能，全年协调处理各类事件560余件次。创建“文明院落”226个，铺设渗水砖9200余平方米，改造下水管线600余米，增建护栏、无障碍坡道等70余处，1734户居民受益。为重点大街及支线街巷安装国旗基座1100个，改造居民反映强烈的前门西河沿、延寿街等便民路15条，修缮房屋968间，完成4000余户居民“一户一水表”工程改造任务。保障杨梅竹斜街保护修缮试点项目，开展拆违还路工程，拆除杨梅竹斜街、樱桃胡同、延寿寺街道路两侧违法建设77处。汛期共检查修复漏雨房屋1980间，更新下水管线159处，有效应对“7·21”特大暴雨，实现安全度汛工作目标。

（李博洋）

【社区建设】 年内，完成“全响应”信息平台指挥中心主体工程，启动“六型社区”创建活动，完成前门西河沿社区、石头社区、百顺社区、西街社区的办公和活动用房的装修改造任务。推进社会服务管理创新，设立社区社会组织专项扶持资金，发布北京精神知识竞赛、社区杯机器人拼装大赛、第四届围棋友谊赛等11项公共服务品牌活动，重点打造“尚德公益组织”“成长加油站”等10支志愿服务品牌队伍。完成社区残协换届选举工作，对大安澜营、西柳树井幼儿园进行提升改造，新建2家便民蔬菜零售网点。实施大栅栏街道非物质文化遗产中心项目设计及评估机制，开展“大栅栏杯”北京市社区戏剧小品邀请赛、“我的社区我的家”、老物件展览、传统手工艺体验等群众文化品牌活动。将老舍茶馆、内联升、和平门烤鸭店确立为社区教育基地。升级改造警务宣传信息屏10块，为地区搭建集宣传向导、发布公告、项目推介、生活服务等功能于一身的“区域信息宣传共享平台”。

（李博洋）

【社区“两委”换届选举】 年内，扩大民主选举范围，社区党委换届工作全部实行“公推直选”，社区党员参与率和知晓率均达到100%。组建社区纪委班子，通过选举产生9名纪委书记、18名纪委委员，纪委书记全部由社区党委专职副书记或党务专干兼任，为社区党风廉政建设提供组织保证。社区居委会换届选举实现户代表选举全覆盖。共登记选民15773人、户代表8235人，共有7890人参与投票，参选率95.8%，投票率99.9%。9个社区党委班子在换届选举工作中设置36名席位制委员，将社区民警、辖区单位纳入其中，搭建驻区企业与社区之间共驻共建平台。

（李博洋）

【社会保障】 年内，成立大栅栏街道就业服务援助中心，根据市场和企业需求，开展“订单、定向”式岗位技能培训。推动“和谐劳动关系单位”创建，调解个体劳资纠纷4起，对煤市街35户企业单位进行用工规范。全年共开展“春风行动”等促就业活动10场，职业指导2625人次，技能培训228人，1300名就业困难及失业人员实现就业，9个社区全部争创为充分就业社区。落实“九养政策”，完善队伍建设，新招录居家养老助残员14名。对地区特殊空巢老人进行分类认定，以政府购买服务的形式为21位AB类特殊空巢老人赠送价值2400元的“亲情卡”服务项目。深化居家养老帮扶，为81名老人配备小帮手电子服务器，为997位空巢老人进行免费健康检查及义诊服务。创建肢体残疾人康复室，为残疾人提供个性化服务。提升住房保障水平，全年为39户家庭申请廉租补贴，28户廉租实物配租家庭完成入住，6户经济适用房、9户限价商品房家庭完成选房。启用街道人口家庭文化服务中心，有步骤地向辖区家庭提供生殖健康、儿童早教、特扶家庭关爱、幸福工程培训相关服务。促进慈善公益事业发展，“爱在西城”联合募捐活动共募集捐款13.49万元。全年医疗救助804人次，救助金额116.7万元；临时救助112人，救助金额27.66万元；救助贫困大学生60人，救助金额25.04万元；为地区残疾居民发放助学补贴、生活补助、保险补助等保障性资金415.47万元。在元旦、春节、重阳等重大节日期间，开展大型送温暖活动，投入资金295万元慰问空巢、高龄、特困孤寡老人，低保及低收入困难家庭。

（李博洋）

【社会治安综合治理】 年内，建立“1+5”综治维稳工作格局（以综治维稳中心为指挥中枢，以5项机制为保障），推进社会面网格化管理，细化地区9个网格60个片组，落实防控实名制管理措施和问题反馈机制，实现社会面防控无缝隙、精细化管理。发挥联合执法小分队动态现场管理责任及捆绑执法的优势，深入开展以前门月亮湾、煤市街沿线、大栅栏商业街区、东琉璃厂等地区为重点的排查整治工作。全年共取缔无照经营和流动商贩235处，规范倚门售货、店外经营、超范围经营商户1283家。查没“黑三轮”22辆。创建“1533”安全生产工作机制（建立1个地区安全生产委员会工作平台；涉及生产、消防、交通、食品、药品5类安全；以完善联合执法检查机制、安全风险评估机制、安委会日常运转工作机制3项机制为保障；划定以9个社区为基础层面，以老字号、重点单位和人员密集场所为推广层面，以小微企业为重点层面的3个层面），实现基层安全生产职能部门合署办公，对地区生产经营单位进行消防安全、生产安全、食品安全等不间断的安全生产综合检查6780户次，消除隐患1652起，隐患整改率100%。创建“星级评比”流动人口和出租房屋管理模式，加强社区法律服务室的建设管理。开展防震、防火、防汛等主题公共安全知识讲座及国防教育专项模拟演练，提高居民和社会单位的应急处置能力。

（李博洋）

【精神文明建设】 年内，加大对文明单位管理力度，实行年初自行申报、全年组织指导、年底检查审核制度。集成“老字号”集聚资源优势，培育“老字号党建沙龙”“我爱北京”国际影展、“京味文化公益讲座”“大栅栏杯”北京市社区戏剧小品邀请赛等文化品牌活动。创刊《大栅栏报》、改版大栅栏地图、出版《魅力大栅栏》画册、编辑《大栅栏故事》，对“大栅栏”品牌进行整体策划包装，凝聚地区干部群众发展共识。组建大栅栏宣讲团，举办“党在百姓心中”主题报告会6场，组织社区群众千余人参与市民高雅艺术殿堂文明行活动。提升地区居民法律素质，开展法制文艺作品创作活动，共征集优秀作品9部。完成基础性公共服务设施建设任务3917平方米，启用民俗图书馆、乒乓球活动室、文体活动中心，每周七天向居民开放，月均接待量6800余人次。先后2次到房山区河北镇开展城乡共建活动，慰问“7·21”特大暴雨受灾村民。以三井社区为窗口，与北京师范大学、北京电影学院等单位签订共建协议，打造“成长加油站”——青少年社区拓展项目，探索破解社区流动儿童融入困难及学习资源不足等问题。启动大栅栏“十佳风采人物”“十佳公益团队”和“十佳服务项目”评选活动，扩大地区志愿服务影响力。

（李博洋）

【功能街区建设】 年内，启动大栅栏文化商贸旅游科技创新平台建设，组建景区导游志愿讲解队，推广特色的旅游线路，举办2012年北京大栅栏老字号旅游购物节，制定《大栅栏AAA级旅游景区便民服务提升计划》，设计大栅栏商业街区导览地图，在廊房二条、门框胡同制作安装文化导览标识，推动地区“文商旅”协调、统一、快速发展。坚持“服务直通车——处级领导联系重点企业”制度，召开老字号企业座谈会6次。整体打包宣传街区文化促销方案，通过《北京旅游》《法制晚报》《北京日报》等主流媒体推广，营造良性发展环境。截至年底，大栅栏商业街销售总额64381.52万元，同比提高11.47%，共有23家店铺进行了业态提升。

（李博洋）

【双拥共建】 年内，举办“学雷锋，筑和谐”双拥共建系列活动，与武警七支队、西城第二消防支队建立区域化双拥共建联动互促机制。各社区成立“拥军优属工作小组”，利用黑板报、宣传栏进行双拥工作宣传，并在胡同内以墙画、广告形式营造拥军爱军氛围。加强国防动员和拥军优属工作，完成154名基干民兵和50名民兵应急分队的整组任务。在夏季汛期及冬季取暖期前，对军烈属家庭开展安全隐患排查工作，保障居住安全。春节、“八一”等重大节日期间，向驻区部队、残疾军人、军烈属、义务兵家属送去温暖，慰问款共计15.4万元。广泛开展“军民一家亲”“军民情谊浓，端午粽飘香”等拥军慰问活动。组织40名武警七支队和大栅栏消防中队新兵开展北京传统文化体验一日游。为驻区部队官兵举办“舞动青春、相聚警营”单身联谊会。组织40名老年人及30名武警战士共游中国科技馆。开展军地共建工作，以消防中队作为国防教育示范园，定期组织青少年和广大居民参与“国防教育大课堂”活动。

（李博洋）

【政务能力建设】 年内，落实区委、区政府关于深入开展政务能力建设年活动的部署和要求，加强党风廉政建设，转变政府职能。开展“访民情、听民意、解民难”工作，为群众办结重要实事项目16项，解决热点、难点问题1027件。升级地区公共服务大厅，新增LED滚动屏、叫号机、自助查询触摸屏等新设施，实现多窗口联动、一站受理的接待模式，全年窗口服务接待业务55011件次。全面修订街道制度汇编，梳理街道公共服务事项90项，规范窗口服务单位工作标准，完善机关干部绩效考评体系，严格依法办事。深化“千家评政府”工作，积极推进政权力公开透明运行，梳理行政职权目录57项。认真办理、落实代表建议和委员提案，办复人大议案1件、政协提案5件。

（李博洋）

天桥街道

【概况】 天桥街道位于西城区东南部，东起前门大街、天桥南大街、永内大街与东城区天坛接壤为邻；西至虎坊桥、北纬路、太平街与陶然亭街道接壤；南起永定门护城河为界与永外大街相望；北至珠市口大街与大栅栏街道交界。辖区面积2.07平方公里，有驻区单位955个，社区8个，户籍人口18874户54270人，常住人口18210户46892人，流动人口8145人。年内，出生481人，死亡287人。财政收入86846003.03元，财政支出76971208.84元。召开纪念建党91周年暨争先创优活动推进会，表彰一批先进基层党组织、优秀共产党员和优秀党务工作者。选举10名符合条件和结构比例要求的区第十一次党代会代表。街道被中共中央宣传部、中央文明办、解放军总政治部评为“军民共建社会主义精神文明先进单位”。被北京市献血办公室评为“2012年北京市无偿献血工作先进单位”。被北京市妇女联合会评为“首都巾帼志愿服务优秀团队”。获北京市青少年学生校外教育工作联席会议办公室颁发的“第七届2012北京阳光少年活动优秀组织奖”。

地址：西城区北纬路9号

邮编：100050

电话：83133818

（张建贤）

【城市管理】 年内，完成对30条胡同的进驻施工工作，共拆除违章煤棚、储物间539平方米，粉饰外立面31652平方米，修整道路5094平方米，整修大门及门头10处、井口井盖10处。加强对香厂路环境的常态化管理，对经营秩序及周边环境进行日常管控。全面、系统、准确地掌握污染源排放情况，完成8个社区158家单位的排污申报登记工作。发动各社区开展“西城区绿化美化最美小区、最美街巷、最美院落、最美阳台”评选活动。国庆节、中秋节期间，在天桥市场斜街、市民广场西侧、北纬路及永安路4处摆放花卉28500余盆。对辖区树木进行排查，排查险树138棵、修剪树木170余棵。召开地区重点单位、社区参加的防控美国白蛾工作培训会，与辖区社会单位签订《林木有害生物防治责任书》，对辖区绿植进行喷药灭虫，完成美国白蛾监测统计上报工作，并协助区绿化队做好绿化养护工作。开展城市清洁日活动9次，清理渣土、杂物等463吨。清理各类小广告800余处，消除卫生死角23处。发动各社区及重点单位检测和宣传除“四害”工作，累计对辖区60家社会单位进行蟑、鼠、蚊、蝇检查和检测。协调区节水办将南纬路12号院列入雨水利用工程计划，并为该院更换排水管道，垫高路面，统一铺渗水砖。准备防汛沙子100袋，有效应对“7·21”特大暴雨灾害。完成区城管监督指挥中心派发的网上案件1100件，清理渣土、杂物、废旧家具等184车，上报案件12600件、信息64篇。8月，低谷电办公室启动辖区本年度的低谷电补贴审核发放工作，为香厂路、虎坊路、禄长街、留学路4个地区的2113户居民完成补贴审核发放工作。

（张建贤）

【社区建设】 年内，做好社区班子换届的人员调整、招聘和选配工作。经选举，各社区共产生居委会班子成员56人（党员27人，占班子成员的48.2%；大专以上学历的38人，占班子成员的67.86%）。新录用社区工作者26人。统计汇总社区办公服务房屋装修改造计划，完成先农坛社区办公用房外立面、活动室和留学路社区办公用房装修工程。组织召开社区公益金管理审批会9次，审批通过各社区所申报活动254项，涉及金额约60万元，惠及辖区居民万余人次。在永安路社区召开“访民情、听民意、解民难”工作座谈会，共收集辖区单位、居民反映的问题意见13件，协调解决7件。各社区共召开居民听证会7次，社区事务协商会31次，解决居民提出的各类问题340件。在硬件方面进行改进，对虎坊路社区小广场、宣传橱窗进行修整，为永安路社区安装健身器材，为2个社区制作环保标识，增配图书各1000册。

（张建贤）

【社会保障】 年内，严格贯彻落实各项救助政策，实施医疗救助795人次，救助金额795378.36元，发放临时救助金131050.62元。对21名困难家庭应届大学生和11名困难家庭往届大学在校生实施救助，发放救助金138500元。受理各类保障性住房申请217户，其中经适房申请38户、限价房申请83户、租金补贴廉租住房申请53户、实物配租廉租住房申请20户、公租房申请23户。完成市级备案各类保障房共计177户，其中经适房备案43户、限价房备案86户、租金补贴廉租房备案27户、实物配租廉租备案2户、公租房备案19户。为辖区72名地退人员、14名军退职工完成档案核查和调整工资工作。为民政对象报销医药费13人次。完成伤残抚恤金的发放工作，共计379640元。春节、“八一”前夕，为61名重点优抚对象发放慰问金77640元及价值27400元的慰问品，为伤残军人、定抚定补人员发放一次性困难补助21840元。贯彻落实各项老年优惠政策，为95周岁以上老人办理医疗补助13人次，金额17999.24元；为171位80岁以上老人办理养老（助残）金；为31位老人申请和发放90岁高龄津贴。在“孝星”评选活动中，共选出53名区级“孝星”、27名市级“孝星”和3家为老服务示范单位。联合辖区医疗单位为老年人举办医学保健知识讲座和免费体检，成立慈善助老医疗志愿服务队，组织慈善助老医疗志愿服务队、天桥社区卫生服务中心分别与宝心敬老院和社区居委会签订结对共建协议，定期为孤寡空巢老人提供精神慰藉、医疗救助等。利用“爱民月”“开放日”多次举办居家养老政策宣传活动，开设居家养老政策咨询、燃气安全知识咨询台等服务项目，发放社区服务便民宣传手册等宣传材料5000余册。向社会公开招聘10名居家养老助残员。进一步健全完善社会救助体系，共为31名受助学生提供助学金21200元。采取“一助一”或“一助多”结对帮扶形式，对特困学生进行生活上的关心、关注和关爱。城镇登记失业人员就业率72.26%，同比提高3.49%；登记失业率控制在1.29%，同比降低0.34%。失业人员档案转入1011人，实现就业1094人。组织失业人员专场招聘会12次，进行空岗信息采集3352人次，开展职业指导2321人次。社区“零就业家庭”动态指标保持为零。为低保户812户1562人，发放低保金8323597.7元；为532户655人发放帮困卡288360元；为766人次发放低保医疗救助866416.11元；为57人次发放低收入医疗救助32490.23元。制定《天桥街道关于2012年进一步促就业工作实施意见》和《天桥街道社会保障网格化动态管理协管员考核规定》等相关办法。为337人完成残疾人生活补助的复审工作，新增20人；有169人享受居家养老助残券，新增21人；为9名享受低保的残疾人子女和残疾人大学生发放扶残助学补助31000元；为25名自己缴纳保险费的残疾人发放个体保险补帖113447.67元。在元旦、春节、全国助残日、国庆期间，共慰问生活困难的一户多残、老残一体、重残等低保边缘家庭458户，慰问金额148900余元。

（张建贤）

【社会治安综合治理】 年内，研究制定《天桥街道2012年春节期间维护稳定工作方案》《天桥街道2012年全国“两会”期间安全保障工作方案》《天桥街道2012年国庆及“十八大”期间安全保障工作方案》等，适时启动等级防控，成立街道综合保障总指挥部，落实群防群治力量部署，发动地区1989名治安志愿者上岗，对56个重要点位进行监控。召开重点时期安全保障工作部署大会3次，组织开展冬季“四防”（防火、防盗、防诈骗、防煤气中毒）、“6·26”禁毒宣传、交通安全宣传、消防安全宣传等大型宣传咨询活动4次，开展消防安全及突发事件应急演练2次。全年共摆放各类板报展板60余块，悬挂宣传横幅34条，张贴宣传画1000余张，发放各类宣传材料8000余份，受教育群众达50000余人次。对地区存在的各类安全隐患和不稳定因素进行排查，对排查出的问题，按照部门、科室职能进行分解和落实。开展地区重点矛盾化解工作，南区公建拆迁、3401厂拆迁安置、物美超市卸货扰民、鑫海湾施工扰民等问题得到解决。开展亿霖木业清退工作，促使其办理清理手续。开展道路交通整治专项行动，以友谊医院、917路公交车站、留学路为重点，在早晚高峰时段进行蹲守，暂扣“黑车”19辆。采取重点治理、以点带面的方式，重点对办事处门前、福长街等重点地段反复进行治理，处理违章停车118辆次。组织开展维护校园、医院安全专项行动。每日协调2名警力，在上下学时段维护校园周边秩序；对校园、医院周边违法经营商户进行打击；在中考、高考期间，增加校园周边警力，及时疏导交通，维护考场秩序。组织协调派出所、城管、工商、防火等相关部门，开展清理整治非法经营露天大排档专项行动，共整治大排档14家次，处理无照经营、店外经营7起，罚款800元，暂扣烤箱4个、桌子25张、椅子200把。以地区61家无证无照经营户为重点开展检查，共出动车辆25辆次、人员110余人次，检查商户103家次，发放《告知书》61家次，查处无照经营10户次，责令停业49户次，查处无照发廊10家次，暂扣经营工具90余件。以基层基础建设为中心，不断加强地区人、物、技防建设。开展出租房屋税代征工作，全年完成税收207100.78元。全年维修损坏楼宇对讲、防盗门41处，维护消防车12辆，更换、检测灭火器960个。全年接待群众来访45起95人，其中包含2起集体访，初访办结率在90%以上。处理市长信箱、北京市信访系统及西城区政民互动与大信访信息管理系统等网络平台来件329件，办结率100%。

（张建贤）

【精神文明建设】 年内，开展志愿服务活动408场次，参与志愿服务1.93万人次；免费为社区社会组织、社区志愿者、残疾人开展电脑技能培训6期450人次。整合志愿服务队伍，形成计生、环保、文体、公益便民、治安巡逻、城市管理劝导等62支队伍。开展“送文化”“送服务”“送温馨”“送安全”“送清洁”“送知识”等各类专项服务活动70余场次，参与服务人员2800余人，安全巡逻、清洁卫生等项目受益群体达30000余人。举办北京精神征文活动，历经3个月，收集稿件504份，召开征文评选及演讲评比表彰大会，评选出一、二、三等奖33名。3月5日，开展以“学习雷锋榜样，践行北京精神，志愿服务我先行”为主题的学雷锋志愿服务活动，内容涉及文艺展演、治安巡逻、环境清洁、亲情慰问和陪伴、安全教育讲座、健康讲座等，有600余名志愿者参与服务，惠及群众2000余人。开展“做文明有礼的北京人“活动。5月，组织文化志愿者启动社区文化巡演活动，演出节目70余个，观众近千人。

（张建贤）

【双拥共建】 年内，为武警七支队提供5万元共建款，用于文体娱乐中心建设；为东经路消防中队战士出资1万元购买运动鞋。全年发放伤残抚恤金共计379640元。节日期间，为61名重点优抚对象发放慰问金77640元、慰问品价值27400元；为伤残军人、定抚定补人员发放一次性困难补助21840元。开展“爱心献功臣”“青春伴夕阳”“拥军优属便民服务一条街”“领导干部结军亲”等活动，将“拥军优属，拥政爱民”与“以民为本，为民解困”有机结合，呈现出新时期拥军优属工作的新气象。逐步实施以办实事、文化拥军、国防教育、优抚帮扶、社会化拥军为内容的“五大工程”，通过军校融合、军社融合、文化融合进一步增强军民凝聚力。11月，组织社区居民与部队战士观看十八大开幕式、集中学习十八大报告精神，并参加街道组织开展的十八大知识竞赛。

（张建贤）

新街口街道

【概况】 新街口街道位于西城区北部，东起新街口南、北大街，西四北大街与什刹海街道为邻；西至西直门南、北大街，阜成门北大街与展览路街道相接；南起阜成门内大街与金融街街道接壤；北至德胜门西大街与海淀区隔街相望。辖区面积3.7平方公里，主要大街11条，胡同、街巷129条，社区居委会21个。户籍人口39923户103989人，常住人口35878户97247人。年内，出生1083人，死亡489人。有社会单位2686家，其中中央单位112家、市属单位104家、区属单位190家，中、小学9所，幼儿园10所，社区教育学校1所。街道机关设29个行政科室，2个科级事业单位，机关、事业单位工作人员共249人，其中公务员135名、事业职工107名、行政工人7名。全年通过公开招录、政策性安置、转任、调任进入机关、事业单位的工作人员共计16人。退休1人，调出公务员2人，轮岗2人。全年财政收入18702万元（含上级财政拨款），支出15845万元，完成税收179000万元。年内，完成十八大综合服务保障工作，城市管理、社区建设、民生保障、综合治理、党的建设等方面都取得新进展。获“北京市敬老爱老为老服务示范单位”“民政工作先进集体”“阳光计生行动规范化建设示范单位”“人口计划生育工作红旗单位”“优秀社会保障事务所”称号。

地址：西城区西直门内大街128号

邮编：100035

电话：66002800

（张鹏旭）

【城市管理】 年内，联合公安、工商、城管、卫生监督等部门进行联合执法24次，夜间执法15次，共执法出动8460人次，规范整治门店225处，规范废品收购站点46次，取缔夜间大排档31起，拆除地桩、地锁80余处，拆除违法建设89处1203.5平方米。对如意里1号楼老旧小区、西四北一至八条10个低洼院和育德广电幼儿园西侧、南小街安成胡同、宫门口头条箭杆胡同等进行综合整治工程，拆除私搭乱建，更新下水管线、铺装路面。以西四北六条、七条为试点，打造新街口地区平房区停车、绿化、保洁、治安“四位一体”管理模式。形成景观178处，实施保洁“三快一净”（保洁人员快速清扫，快速收运，快速保洁，达到街巷整体环境干净整洁），胡同内划设停车区域82个，实行“一车一名一牌”制，聘用专员维护秩序。全年共伐除危树、险树18棵，修剪树木420余棵，为树木打药545处。配合区园林局开展赵登禹路两侧垂直绿化工程。发动地区单位义务植树300余棵。航天金融大厦、玉廊西园创建为首都绿化美化花园式单位。对农贸市场、中小餐馆进行卫生及病媒生物防治检查和除“四害”宣传工作，组织开展“城市清洁日”“健康北京灭蚊行动”、禁烟宣传等活动。开展节水宣传活动，在玉桃园二区开展雨水利用改造工程，免费换装老旧便器水箱577套。推进垃圾分类工作、健康教育进校园等系列活动。对赵登禹路、阜成门内大街至平安里西大街喷涂高分子聚合物涂料治理小广告。为西四北头条、二条胡同安装无障碍扶手13处。清除非法小广告15000余张，清运渣土770余处，全力做好创建全国卫生区和文明城区复审等各项保障工作。全力做好地区防汛、扫雪铲冰等防灾减灾工作，对辖区平房院落进行汛前排查，处理地区房屋漏雨288处、积水38处。

（张鹏旭）

【社区建设】 年内，指导社区完成第八届社区居委会换届选举工作。制作居务公开栏126块，建设精品示范社区，4个社区完成市级“六型社区”的创建工作。探索总结出以居民自治方式解决老旧难问题的民需、民意、民建、民管、民享“五民”工作法。指导社区召开各类以民主自治为主题的会议共计1062次，协调解决居民提出的问题2988件。建立街道与辖区住宅物业企业间的协调机制，探索建立社区党组织、居委会、社区服务站、社区警务工作站、业委会、物业服务企业“六位一体、多元参与共建”的社区治理结构。全年各社区使用公益金组织开展志愿者、楼门院长队伍建设、综治维稳、文体、助老助残等活动。组织 281 人参加红十字自救互救培训，发放区红十字会救助款物累计价值 83500 元。完成年度无偿献血登记，组织 120 人完成献血。对地区 422 名精神病人进行逐一筛查并落实管控措施。表彰街道级“孝星”200 名（其中被评为区级“孝星”170 名、市级“孝星”54 名）、为老服务先进单位 5 家。开展新春笔会、清明诗会、半壁街社区说唱艺术演出、喜迎十八大群众文艺汇演及太极拳邀请赛等“白塔新辉”系列品牌文化活动。全年举办专场活动共计 40 场次，参加其他公益活动共计 68 场次，受惠群众 3000 余人次。公共图书馆共接待读者 92145 人次，办理图书“一卡通”760 人次，外借图书 123000 册。开展各类兴趣培训 200 场、科普讲座 8 场。教学项目“民间手工艺培训基地堆绣培训”“英语口语培训”被评为区年度文明市民学校“优秀教育教学活动”。

（张鹏旭）

【社会保障】 年内，按照先入户、后评议、再公示的救助申请流程，为地区 103 户困难家庭发放临时救助款 28.43 万元。将政策救助与慈善帮扶相结合，全年共走访慰问困难人员 6003 人次，发放款物折合 483.77 万元。发放“爱心卡”200 张，价值 10 万元。为 387 户办理冬季取暖补贴，发放补贴款 32.45 万元。全年共接收各类善款 84.45 万元、衣被 6977 件。采取四进家、四培训、四联动、四预警的“四个四”就业工作新模式巩固就业成果，新增登记失业人员 2235 人，实现再就业 2115 人，登记失业率 0.46%，“零就业家庭”全部实现动态清零。新增低保家庭 61 户 124 人，减少低保家庭 65 户 142 人。新增参保“一老”95 人、“一小”890 人，享受医疗及城乡一体保险人数达 8142 人。为 1217 人办理并发放医疗救助金 104.18 万元。发放“四房”（经济适用房、限价商品住房、廉租房、公租房）申请表 1428 份，受理申请材料 532 份，选房配售 410 户。福寿轩敬老院通过北京市一星级敬老院验收，日间照料中心全年共服务老人 2.8 万人次，为辖区老人提供免费送餐、送奶、家政服务。为老年人办理老年证、优待卡 1500 余人次。发放 90 岁及以上高龄津贴 413300 元，为 72 名 95 岁以上老人发放医疗补助共计 127127.7 元。居家养老助残服务券、一卡通累计结算 10481406.47 元。分批组织 318 名无保障、低保老人体检，发放老年人“小帮手”服务器 192 台。新增残疾人 169 人，为 22 人发放辅具。为 110 户残疾人家庭安装和发放 212 件无障碍扶手和活动浴凳。为 126 户听力残疾人家庭安装闪光可视门铃。为 76 名精神残疾人免费体检。组织地区残疾人到青龙峡游春，组织康复站学员参观昌平区小汤山镇温馨家园，举办第二届残疾人书画沙龙笔会等活动。办理一胎生育服务证 1017 个，二胎生育服务证 89 个，独生子女父母光荣证 468 个，发放独生子女父母年老一次性奖励 33 万元，发放独生子女费 12 万元。签订流动人口责任书 3816 份，查验婚育证 1968 个，为流动人口孕检 1188 人。发放避孕药具共计 49 万支，安装药具箱 8 个。共处理违法生育 14 例，征收社会抚养费 195 万余元。开展各类早教活动 12 期，覆盖 700 余人次，推出《新街口街道 0-3 岁社区早教指导手册》。打造“新街口·心家园”亲情互助组，亲情牵手特扶家庭。成立“青春·时光驿站”，开展系列生殖健康和青春期知识讲座 6 场，惠及流动青年 1500 余人次。

（张鹏旭）

【社会治安综合治理】 年内，严格落实社会治安综合治理领导责任制，细化规范综治责任制、倒查制和责任追究制。与地区 112 个中央、市属单位，15 家较大规模的物业管理公司，21 个社区居委会签订《2012 年社会治安综合治理领导责任书》。联合有关职能部门开展清理整治 30 余次，累计出动执法力量约 200 人次，查扣“黑摩的”15 辆，清理整治地区涉黄小发廊 16 家。为地区 28 个居民住宅楼楼门安装技防工程，受益居民 303 户。配合公安部门开展实有人口核查工作，全年登记来京人员 29421 人，累计核销来京人员 11479 人；登记出租房屋 5704 户，累计注销出租房屋 895 户。坚持落实“六个一”（每月召开一次部门联席会，组织一次社区主任会，开展一次联合执法，编发一期工作简报，跟踪一次问题反馈，向上级部门汇报一次工作情况）工作机制，完善治安志愿者队伍管理工作，筹备并召开百名优秀治安志愿者、10 名治安志愿者标兵表彰大会。配合区禁毒办在西四北六条社区建立“关爱健康图书角”，宣传远离毒品、健康生活。举办“践行北京精神，携手抵制毒品”大型宣传活动。成立街道社会矛盾多元调解专项小组，启动“法官进社区”一对一对接机制，组织开展民间矛盾“大排查、大化解”工作，全年共指导、调处各类民间纠纷 329 件，调解成功 305 件。开展“暖心”专项行动，全年核实接收社区矫正人员 20 人，到期解除矫正 45 人,排查刑释解教人员 1300 多人次。与地区 134 家生产经营单位、21 个社区居委会签订安全生产责任书，与 1129 家“六小”（小餐馆、小理发店、小洗浴、小店铺、小娱乐场所、小网吧）单位签订安全生产承诺书。对地区重点部位、百余家人员密集场所、91 家地下空间（生产经营类）进行专项整治。开展地区“打非治违”及“护航战役”专项行动，共进行 9 次联合整治行动，检查单位 149 家。加强食品安全监查，更新餐饮单位台账，对地区小餐馆的食品卫生状况进行检查，组织地区部分餐饮单位代表进行食品安全教育学习。组建 76 人的药品安全员队伍，完成街道药品安全示范街道创建工作。组建预防煤气中毒安全巡视志愿者队伍，招募 28 名专职志愿者负责开展安全知识宣传和巡视工作。

（张鹏旭）

【精神文明建设】 年内，为迎接党的十八大召开，组织全体机关干部参观中国国家博物馆《古代中国》《复兴之路》等陈列室和“科学发展成就辉煌”大型图片展。组建以“服务民生”为主题的新街口百姓宣讲团，参加区百姓宣讲“双十佳”评选活动。通过《新街口之窗》杂志，开展迎十八大党史知识竞赛活动。发放迎十八大宣传画 1200 余张、国旗 550 面，为党的十八大胜利召开营造良好氛围。在居民中开展“身边的记忆——图说我们共同走过的十年”图片征集，并制成展板在社区巡展。邀请市党代表走进四合院宣讲市党代会精神。组织市“党在百姓心中”宣讲团第三分团走进社区宣讲报告会。向社区发放《北京精神百家谈》260册、《北京精神50问》260册、《共铸诚信征文选集》21册、《论文化建设》288册、《过节大参考》42册、西城区百姓宣讲团“双十佳”报告光盘21张。开展“做文明有礼的北京人”主题活动。以排队推动日为载体，组织志愿服务队走上街头，参与文明礼让、快乐排队的宣传活动。指导社区在未成年人中开展以做文明有礼的北京人为重点的各项活动，组织百余名青少年参与寄语留言，表达对革命先烈的崇敬爱戴之情。开展“学雷锋　做美德少年”“向国旗敬礼”网上寄语活动。开展“践行北京精神——做文明有礼的北京人”新童谣征集推广活动。完成2012年全国城市文明创建与迎检工作。

（张鹏旭）

【双拥共建】　年内，街道利用板报、墙报、宣传横幅等方式开展国防宣传，举办街道国防教育知识答卷活动，组织街道干部参观董存瑞纪念馆接受爱国主义教育。组织社区居民观摩西直门消防中队消防训练，在民族团结社区——安平巷社区举办“军民一家亲、民族大团结”趣味运动会，社区召开座谈会和青少年国防知识讲座等庆祝建军85周年系列活动。展示双拥共建成果，编印《“鱼水情深　共促和谐”——新街口街道双拥共建工作纪实》，并举办新书发布仪式暨“庆八一”军营慰问演出活动。培养军地两用人才，开展法律、心理讲座进军营活动。为部队联系太极拳、舞蹈老师指导开展文体活动，购置满足部队文化需求图书百余册。开展双拥共建活动，为31名贫困战士、立功授奖战士、考入军校战士送去慰问金和救助款共计1.65万元，为百名新、老兵购置生活用品，出资30余万元走访慰问部队官兵，走访慰问优抚对象。全年为辖区优抚对象、义务兵发放抚恤金、慰问金、临时生活补贴和医疗救助金等共计175.7万余元，为重点优抚对象报销药费18万余元。开展“爱心献功臣”一帮一承包服务活动，组织优抚对象、部队官兵京郊游。新接收伤残军人5名，接收军转干部及军嫂5名。驻区部队总政直工部综合局捐赠2.5万元帮扶辖区50户军烈属、残疾人、低保等困难家庭。共建部队参与地区防汛抢险、“冬衣送暖”募捐打包及敬老院公益活动等。

（张鹏旭）

【党的建设】　年内，根据《新街口街道社区党组织换届选举工作实施方案》，指导社区采用“公推直选”的方式完成社区党组织换届选举工作，选举产生新一届社区党组织书记21人、副书记31人、委员91人。按照“同领域党组织互评、机关科室评社区党组织、街道工委对基层党组织复评”的“一横两纵”程序，完成65个基层党组织分类定级工作。在全部社区党组织建立席位制“大党委”，任命41名席位制委员。加强基层党组织“三有一化”建设，落实“三会一课”制度。坚持发展党员全程纪实制度、票决制，共发展党员19人，确定入党积极分子75人。以党组织“五个好”（领导班子好、党员队伍好、工作机制好、工作业绩好、群众反映好）、党员“五带头”（带头学习提高、带头争创佳绩、带头服务群众、带头遵纪守法、带头弘扬正气）为标准，评选表彰了一批先进基层党组织和优秀共产党员。举办“党旗飘扬——纪念中国共产党成立91周年暨创先争优活动表彰大会”。组织基层党务工作者专题培训班，召开社会工作党委工作推进会，就党务知识、党员发展等工作内容开展集中培训。在楼宇组织开展“欢乐新街口”灯谜活动、“绿植兑换献爱心、无碳生活倡环保”等系列活动，举办“春风送岗位”用工招聘会，法律服务“进楼宇”咨询活动。协调13个区直机关直属党组织与21个社区党组织开展“结对共建、先锋同行”活动。开展以“忆往昔继承先烈遗志，看今朝再创工作佳绩”为主题的机关党日活动。完善党内激励关怀帮扶机制，走访慰问新中国成立前老党员6人，慰问困难党员240人，投入经费4.8万余元。

（张鹏旭）

金融街街道

【概况】　金融街街道位于西城区中部，东起西四南大街、西单北大街，西至西二环路，南起宣武门西大街，北至阜成门内大街。辖区面积3.78平方公里，有街巷79条，其中一类大街3条、二类大街11条。社区居委会19个，户籍人口32107户85898人，常住人口13070户36039人，从业人员21.7万人，流动人口14969人、出租房屋4748间。年内，出生1286人，死亡264人。有法人单位2704个，其中中央单位451个、市属单位139个、区属单位156个，商务楼宇47座，高等院校1所，中学6所，小学6所，幼儿园2所，卫生医疗机构1个。全年财政收入23990万元，支出18809万元。街道设30个职能科室，机关行政、事业人员251人（公务员编制137人、事业编制114人）。公开招聘公务员1人，事业人员14人，接收军转干部6人，安置军嫂3人，向部队输送新兵16人。作为西城区第一批被命名的“全国安全社区”，街道通过“全国安全社区”复审，获“北京市社区信息化综合示范街道”“北京市药品安全示范街道(乡镇)”等称号。

地址：西城区太平桥大街107号

邮编：100033

电话：66219688

（金玉红）

【城市管理】 年内，推进城市基础设施建设，对皮库胡同西段、西斜街、民康胡同、辟才大街4处道路进行维修，道路作业1880米，沥青铺装面积30884平方米，绿化面积3671平方米。开展惠民“折子工程”，完成笔管胡同22号、大院胡同17号等8个非拆迁区央产、市属产权平房低洼院改造，铺设透水砖620平方米，改造排水管线470延长米。开展环境建设到群众中去活动，完成太平桥大街6号楼、宣武门西大街117号楼节能保温综合改造，1417户“一户一水表”改造，温家街11号院旱厕改造等工程。与相关职能部门开展联合环境整治16次，清理乱堆物料和大件无主渣土850余吨。音乐学院创建为“首都绿化美化花园式单位”，绿化率达到28.8%。对辖区5条胡同13处“边角地”进行绿化美化改造，新建绿地327平方米。在地区8所学校、9座大厦和金树街17家餐饮门店实施餐厨垃圾集中清运和无害化处理，全年运餐厨垃圾3.6吨。创建中国人民银行宿舍、金宸公寓等5个垃圾分类达标小区，发放120升分类垃圾桶1578个、家用分类垃圾桶28829组、家用分类垃圾袋226万个。做好汛期及雨雪天气树木抢排险工作，排除危旧房、树木险情96起。开展11次城市月末清洁日活动，发放鼠药52箱、灭蟑药242箱。国庆期间摆放9处花坛共计万余盆花卉。

（金玉红）

【社区建设】 年内，推进“六型社区”建设，丰汇园、京畿道等4个社区通过测评成为北京市“六型社区”示范社区。抓好社区用房达标建设工作，通过购买西城晶华底商以及翻建办公用房等方式，实现砖塔、受水河社区居委会办公用房的达标，办公用房达标社区达95%。规范社区公益金使用和管理，共支出1568361.84元。招录4名社区工作者，发挥金融街青之翼社工俱乐部作用，提高社工队伍的专业化和职业化水平，92名社工持有注册社工师、助理社工师证。完成社区“两委”换届选举，选举产生第八届社区居委会成员121名，探索社区“大党委”建设，吸纳驻区企业参与和谐社区建设，在16个社区产生来自驻区机关、企事业单位、物业公司、派出所等部门的席位制委员40余人。创建科普型社区，组织金融街地区青少年智力运动会、参观中国科技馆等科普活动。创建学习型社区，开展市民终身学习成果认证试点，完成800名市民学员的个人信息申请、登记、录入，学员积分卡的转换等工作。完成地区243支社会组织的复核备案、达标评审工作。出台《金融街文化团队管理办法》，规范地区文化团队的培育与管理，推出春之韵舞蹈队、牧人合唱团、金旋民族管弦乐团等13支优秀品牌文化团队。举办金融街国际体育康乐节、第二届智力运动会、第五届社区运动会、第六届和谐杯乒乓球赛等文化体育活动20余场，开设各类长期培训班22个、各类知识讲座600余场。

（金玉红）

【统筹发展】 年内，探索金融街区域管理新机制，发挥街区综合管理办公室职能，统筹各相关职能部门参与地区管理，制定金融街地区城市管理标准，建立城市基础设施维护挂销账制度，实现工作重心向城市管理的倾斜。对中国大唐集团、国家开发银行、中国人民银行等8个驻区单位走访，听取对金融街建设与发展的需求和意见。成立金融街地区单位（金融业）党群工作联席会，38家地区金融单位成为首批联席会成员单位。与北京公交集团联合开通从阜成门地铁站发车的第二条“金融街免费公交巴士”，优化路线和站点设置，缓解中心区“坐车难”问题。开展驻区企业与辖区低保贫困家庭一对一的“牵手”帮扶救助活动，11家驻区企业与社区困难群体建立救助联系。以金融街建设20周年系列活动为契机，出台《金融街街区文化发展报告》。举办以“历史的见证者，辉煌的金融街”为主题的金融街20周年庆典书画展，打造街区文化品牌。开展金树街“诚信做食品”示范街活动，建立22家餐饮企业诚信档案，提升地区食品安全水平。编印收录金融街街区104座重点商务楼宇名称、地址、入驻企业和主要功能等基本情况的《宇翔》图册。培育公共服务广场、音乐休闲广场、地区运动会、“缘聚金融街”、龙舟赛、足球联赛等具有区域特色的系列公共服务品牌。

（金玉红）

【社会服务管理创新】 年内，创新“全响应”社会服务管理模式，开展“访听解”活动。建立完善处科级领导联系社区、规范社区民情日记、楼门院长座谈会等工作制度，多渠道感知民意，共办理居民诉求265件，结案率达到87%。完善“全响应”网格化社会服务管理，将机关工作人员、社区工作者、楼门院长纳入整合后的41个网格，形成“统一搜集信息，统一派案处理，统一督促检查”的全响应工作流程，共接报处理问题类和咨询服务类案件12957件，受理“12345”北京市非紧急救助热线551件。完善“一刻钟便民服务圈”建设，与中国农垦集团联合打造农副产品直营店，经营面积达600平方米，品种超过40种，与河北省涿州市净菜基地对接，建立质量追溯体系，日销售菜量达到4000公斤。加强“96156”社区公共服务信息平台建设，签约530家“一刻钟便民服务圈”社区服务加盟商，为居民提供8大类42项便民服务。启动公共服务大厅改造工程，推进全区通办和三级联动，确定第一批25个通办联动试点事项。推进金融街老年公寓建设，引入绿色节能环保理念，建筑面积3075平方米，主体结构和内部装饰已完工。完成京畿道幼儿园加固改造、金融街文化活动中心改造等惠民工程。

（金玉红）

【金融街无线交互服务平台】 年内，建设手机无线交互服务平台（简称APP），公众通过智能手机扫描二维码下载安装客户端软件后，可通过APP平台浏览政务信息、服务办事流程、金融街周报等信息，实现“一站式”便民拨号，通过“宇翔图册”查看驻区金融机构、企业的楼宇信息，创建“人人都是网格监督员”理念，公众可将城市管理、社会服务等相关问题和诉求反馈至全响应指挥中心分类解决。

（金玉红）

【社会保障】 年内，建立低收入群体审批联席会议制度，充分保障低保、低收入审批的客观性和公正性。为地区772户低保家庭1302名低保人员发放低保金685万元、帮困卡35万元，发放临时救助475人次、61万元。地区2495人享受“一老一小”大病医疗保险，报销药费471人次、共计270万元。建立再就业援助项目，城镇登记失业人员就业人数1490人，其中就业困难人员869人，失业人员推荐就业969人，空岗信息采集6846人次，职业指导3457人次，完成小额贷款2笔23万，19个社区均完成全年就业再就业各项指标。落实“九养政策”，完善社区养老服务平台，为232名60岁以上老年人办理老年证，为260名65岁以上老年人办理优待卡，为新增的90岁以上老年人办理高龄津贴，开展市、区级“百名孝星评选活动”，完成老年协会换届工作。成立流动人口计划生育协会，完成183名流动人员信息采集和录入工作，对247名流动育龄妇女进行孕情、环情检查。落实残疾人各项优惠政策，地区306名残疾人享受低保、重残无业补助和特困补助。落实保障性住房政策，受理并经市级备案廉租房470户、经济适用房953户、限价商品房2005户、公共租赁房407户，已办理入住手续廉租房111户、经济适用房264户、限价商品房765户，407户公共租赁房参加摇号意向登记。发挥“新市民之家”的作用，做好新市民的就业、维权、生活等服务，帮助200多人找到工作、5名流动人口子女就近入学入托、200多名流动人口租到满意的住房。公共服务大厅全年接待单位、居民办事人员10万人次，咨询电话15万人次。抓好惠民政策的落实，完成低谷电补贴2560户、185.84万元。募集衣被7210件，捐款28.89万元。

（金玉红）

【社会治安综合治理】 年内，建立金融街地区防控网络，与117个单位、19个社区签订《社会治安综合治理责任书》。依托全响应平台建设，建立街道、派出所、辖区62家单位共同参与的“治安防范三级响应”动态防御机制，加强楼宇内人员消防安全教育，建立多元化社会参与的工作格局。成立金融街街区巡导队，为12名街区巡导员统一标识和服务规范，加强核心区安全巡查和治安维护，保障街区各项活动安全40余次。成立义务消防队，由街道和派出所共同管理，配备电动消防巡逻车，对辖区进行24小时安全巡视。有效整合地区各类探头，实现地区349个可调探头对重点道路、重点单位和敏感区域的全覆盖。对13个平房院进行户宇对讲的安装，对4栋楼房进行楼宇对讲的升级改造。创新信访工作体制，实行人民调解与法院、信访及相关法律服务机构联动机制，实行主管领导包案制，共梳理、化解各类矛盾纠纷241件。各级调解组织调解纠纷532件，成功率达到98%，解答法律咨询456件，接受帮教安置对象69人，社区矫正24人。办理群众来信38件，接待群众400余人次。在19个社区建立地区煤炉取暖户台账，安装一氧化碳报警器356个。建立药品安全监督网络，设立药品安全员60人。对街道安全社区展室进行升级改造。

（金玉红）

【精神文明建设】 年内，做好全国城市文明指数测评检查工作，成立街道分指挥部，设立10个环境维护小组和12个文明交通行动小组，在辖区内的主要路口、路段开展城市清洁日和文明交通行动。围绕学习贯彻党的十八大精神、践行北京精神、提升精神文明创建水平，举办“党在百姓心中”金融街百姓宣讲、我爱金融街——北京精神书画摄影展、学雷锋志愿服务、绿色进社区等活动。7月13日，创刊以反映金融街区域文化、人文特征的《金融街周报》，出版报纸24期，向19个社区、地区单位免费发放。深化社区市民教育，充分利用各类教育阵地，开展公民思想政治教育和思想道德教育，组织社区居民参观“科学发展成就辉煌”大型图片展、金融街建设与发展20年主题展等。加强未成年人思想道德教育，组织开展“做一个有道德的人”主题系列活动，包括“学习雷锋、做美德少年”网上签名寄语活动、“学雷锋 践行北京精神——做文明有礼的北京人”新童谣征集等主题活动。

（金玉红）

【双拥共建】 年内，根据创建双拥模范区的工作总体部署，对街道双拥工作领导小组成员单位进行调整。举办“八一军警民双拥联欢会”，开展文化拥军。立足部队需求，发扬双拥共建传统慰问武警一支队大兴区新兵训练基地，为43名贫困战士发放助学金2.6万元。开展亲情式服务，发动辖区的企事业单位和中小学走访慰问优抚对象和退伍战士。驻地部队为地区50户困难家庭送来“帮困助残送温暖”资金2.5万元，参与辖区消防安全检查、地区防汛抢险、全国文明城区和全国双拥模范区创建活动，并协助街道完成募捐衣被的打包和送站等工作。

（金玉红）

椿树街道

【概况】 椿树街道位于西城区中部，东起南新华街中心线与大栅栏街道交界，西至宣武门外大街中心线与广安门内街道相邻，南起骡马市大街中心线与陶然亭街道接壤，北至宣武门东大街中心线与西长安街道隔路相望，南北长约1250米，东西宽约900米，区域面积1.09平方公里。有53条街巷，7个社区居委会。地区西部居民住宅楼、商场写字楼等密集高层建筑物多、人员密集场所多；地区东部平房胡同多（49条胡同），是以琉璃厂西街、安徽会馆为代表的传统文化保护区，文化创意企业聚集。街道加强“一街一品”建设，推出“椿树杯”京剧票友大赛，成为地区文化活动的标志。辖区户籍人口13798户35206人，流动人口4340人。年内，出生298人，死亡218人。有蒙、满、壮、哈萨克等11个少数民族，是全市辖区面积最小、人口密度较大的街道之一。驻区单位679个，其中中央单位15个、市属单位25个、区属单位43个、无主管企业596个；初高中1所、小学3所、幼儿园1所；办事处下辖社会保障事务所、社区服务中心2个事业单位。全年街道税收总收入为11.66亿，同比增长8.16%。街道接受区财政拨款收入为7280万，同比增长10.87%，财政支出为8024万，同比增长29.04%。年内，在区委、区政府领导下，椿树街道深入贯彻落实科学发展观和党的十七届六中全会、市区党代会精神，以迎接党的十八大胜利召开为主线，科学发展，改革创新，锐意进取，狠抓落实，地区经济社会健康发展。

地址：西城区椿树园小区11号楼甲1号
邮编：100052
电话：63103621

（汪晓俊）

【城市管理】 年内，加快琉璃厂功能街区建设，协助相关委办局开展道路管线、园林绿化、公厕升级、旅游导览、景观照明等系列改造，完成琉璃厂西街西段拆违25处328平方米，美化立面景观2300平方米。推进地区业态调整，翻建琉璃厂西街、东椿树、教佳胡同沿街院落房屋，恢复胡同风貌。建设椿树园精品社区，投入资金1500万元完成小区绿化改造、道路翻修、更换设施、防水粉刷等，以环境改善缓解小区物业和业主矛盾纠纷。对闲置多年的安徽会馆进行修缮改造，围绕梨园文化，筹建梨园文化体验中心，推进国粹京剧文化展示、体验、传承三大基地建设。着力改善庄胜拆迁区环境，开发与利用拆迁区停滞待建土地，铺设路面1070平方米，开设临时停车场3处，占地6000平方米，提供车位212个，破解地区停车难题。投入116万元用于修缮拆迁区破损、危旧房屋167户。实施“绿色庭院”工程，为文保区70个院落铺设渗水砖，完成752户的“一户一水表”改造工程。完成卫生城区复审任务，开展地区大扫除活动14次，清理各类垃圾渣土百余吨，开展迎检宣传活动6次，发放宣传品逾万份，悬挂宣传条幅百余条，进行病媒生物防治活动6次，发放药品500余公斤，全地区发动办事处干部、社区干部、积极分子、群众2000余人次保障区域环境干净整洁。

（汪晓俊）

【社区建设】 年内，创新社会服务管理模式，搭建“全响应”社会服务管理街道社区平台，建立集数据中心、指挥中心、调度系统、社会服务平台等10项功能为一体的信息化系统。深化“六型社区”建设，以“六争六创”（争当干净家庭，创建环境整洁楼院；争当奉献家庭，创建服务型楼院；争当互助家庭，创建和谐邻里楼院；争当平安家庭，创建安全稳定楼院；争当健康家庭，创建健康幸福楼院；争当文明家庭，创建文明祥和楼院）活动为统领，激发居民参与社区事务管理的热情，进一步改善民生、优化环境、促进和谐。创建国家级安全社区，推进16个安全社区项目建设。促进社区社会组织发展壮大，在加强对现有78支社区社会组织日常规范化管理的基础上，申请38万元社会建设资金，重点扶持培育为老服务、文体活动“枢纽型”社区社会组织，增强服务社会功能，不断满足群众多元化、多层次的物质和精神文化需求。推进“访听解”工作，结合“走千户、访千人”社区工作者大练兵活动，推行“一本、一会、一单”（民情日记本、社区议事会、转交督办单）社区民生工作法，走访居民1545户。通过领导包社区、开现场办公会、设社情民意报告员、记民情日志等方式，解决问题115件。健全社区议事会制度和社情民意转交督办制度，形成居民、单位、社会组织、驻区科站队所等多元主体参与的社区服务管理议事决策平台。完成街道第八届社区居委会换届选举工作，有4个社区采取户代表选举方式，直选比例达57%。有49人当选为居委会成员，其中主任7人、副主任11人、委员31人。

（汪晓俊）

【社会保障】 年内，开展“守望相助百日帮扶促就业”系列活动，将就业援助延伸至社区。加强职业技能培训力度和公共就业服务体系建设，成立椿树街道就业援助服务中心，提供一站式、全方位、立体化就业援助。地区登记失业率为1.58%，就业率为71.05%，739名就业困难人员实现就业。依托北京成义网科信息技术公司，建立综合救助人员信息平台，全面掌握被救助人员信息。6月底，完成街道、社区两级综合救助信息平台建立工作，并在日常救助工作的开展中进行使用和调试。截至年底，街道综合救助人员信息平台共录入日常救助266条、节日慰问（救助）175条，涵盖街道158名困难人员信息及街道各业务科室对困难人员的救助情况。全年累计为新增低保49户66人，发放低保金31266.54元，粮油帮困补助17人680元，街道范围内享受城镇最低生活保障家庭共556户994人。审批临时救助98户，救助金183533元；新增医疗救助475人，救助金659163.71元；新增重大疾病救助19人次，救助金163806.37元；审批新生慈善助学9人，助学金32700元；审批往届生助学救助16人，救助金68300元；审批“春雨”慈善大病救助7人，救助金16000元。全年共使用医疗救助周转金59000元，解决10名生活困难人员19人次的没钱看病的问题。为107户困难残疾人家庭发放生活补助8.54万元，依托“温馨家园”提供“彩虹服务”，抓好康复就业、教育保障、助残宣传等工作。落实计生工作责任制，依托“春晖家园”开展“生命树”项目，完善人口服务。延伸计生特色工作领域，探索建立社区婴幼儿保教整合模式，推出《建立0–3岁儿童早期发展服务基地》项目，实施0–3岁地区散居儿童“四个一”（对0–3岁婴幼儿进行一次评测；为0–3岁婴幼儿建立一份成长档案；对0–3岁婴幼儿看护者、社区工作者分别进行一次通识培训、一次专业知识培训）工程。全年儿童早教普及371人次，开展3期“亲子互动”活动，共有52人次参与。新建老年会所、餐饮配送站、老年人主题活动广场等，强化为老服务基础设施建设。成立全区首支居家养老专业护理服务队，定期入户开展个性化、专业化居家护理服务，推进地区专业化养老队伍建设。依托驻区企事业单位资源，与76家服务商签约，构建社区商圈网，打造“零距离居家养老配送服务”。开展惠佳丰“七分养”、兴百轩“三个三”、中医“治未病”“健康始于足下”“走进荣宝”等十大主题为老活动，为1092位老人提供居家养老服务14830人次，初步形成地区为老服务的“全响应”格局。

（汪晓俊）

【社会治安综合治理】 年内，建立健全社会治安防控体系，加强公共场所、重点人群、重点部位的安全防范和管控。完善信访问题“手拉手”工作法和矛盾化解“事前预防、事中解决、事后补充”机制，有效化解各类社会矛盾。以文明城区和卫生城区复审工作为契机，强化城市管理，开展社会秩序综合整治行动140余次，提升地区环境品质。结合十八大安全保障工作，开展“护航”行动和“打非治违”专项行动，健全基层安全生产监管网络，完善网格化城市管理和联动机制，推进城市精细化管理，杜绝重大安全事故的发生。推进科技创安工作，投入5.6万元在椿树园安装视频监控系统，投入3.4万余元为宣东6号楼安装楼宇对讲系统，投入8.5万元为宣东社区已安装的视频监控系统进行维修，投入12.5万元为红线社区安装监控系统，并将监控系统接入社区警务室。

（汪晓俊）

【精神文明建设】 年内，推进“迎接十八大、讲文明树新风”活动，开展爱国歌曲大家唱群众歌咏比赛、“做文明有礼北京人”“文明交通行动”“文明用餐、节约惜福——餐桌文明大行动”等系列活动。组织开展百姓宣讲，大力推进道德模范学习宣传。全面做好文明城区迎检工作，完成迎检任务。推进未成年人思想道德建设，开展“中华颂·北京精神”征文诵读比赛、“插上梦想的翅膀——科技体验行”“我与好书做朋友——团中央图书大世界体验行”“感恩社区、爱心传递”志愿服务等丰富多彩的假期青少年活动。以北京科技周、北京科普之夏、全国科普日等特色品牌活动为平台，开展系列科普活动。共组织社区科普干部、科普志愿者业务培训3次145人次；组织科普讲座6次700人次；科普基地对接社区参观展览11批570人次；组织居民参加北京“科普基地日”启动仪式，参观中国科技馆、北京自然博物馆，赴门头沟双龙峡、海淀香山、延庆药材种植基地、西山国家森林公园等地举办科普活动，受众群众达680人次；组织“网络科普夕阳红”免费学电脑培训活动2批120人；组织520人参加区科协组织的“食品安全知识竞赛”活动；制作科普宣传展板80余块，发放科普宣传材料7600余份。香炉营社区被市科协评为“科普益民优秀社区”。举办“椿树梨园文化季”暨第十届“椿树杯”系列活动，椿树梨园文化季由“炫动梨园”“情动梨园”“悦动梨园”“艺动梨园”和“声动梨园”5个板块组成，包括“‘椿树杯’LOGO设计大赛”“百名侨胞走进新西城”“国粹大讲堂”“戏迷金秋会”等10项活动，全市16个区县文化馆和红线京剧社、北京京剧现代戏之家、同心剧社等20个票房的400余名选手同台献艺。

（汪晓俊）

【党的建设】 年内，扎实推进“政务能力建设年”活动，以“三能一评”为主线，开展素质能力专题培训，有力提升干部政治素质和依法高效履职能力。广泛开展“建一言、献一策”活动，征集意见建议47条，通过开展处级领导带队走基层活动，收集意见建议8条，制定整改措施20余项，开展检查督办8次，解决了一批群众反应强烈的突出问题。开展基层组织建设年活动，组织基层党组织分类定级和晋位升级，加大党员活动经费投入，新建非公企业党组织2个，整修社区党员活动室3个。打造精品党建创新项目，在宣武门东大街社区和琉璃厂社区内开展党建示范点创建活动，申报琉璃厂社区“翰墨艺苑——社区文化乐园”等4个党建创新项目。开展“践行‘北京精神’，共建美好椿树”主题教育活动，推动地区各项事业蓬勃发展。重视地区宣传报道工作，调动干部职工的宣传积极性。全年向区级、市级投稿300余篇，稿件被《北京日报》《光明日报》《法制晚报》、北京电视台等多家市级以上报刊媒体采用。结合社区“两委”换届工作，促进区域化党建工作，完成7个社区的“两委”换届选举工作。以席位制“大党委”为平台，以“结对共建”活动为契机，建立社区党委与驻区单位、社区党委与区直机关党组织结对的共建模式，形成互帮互助、共同进步的良好局面。把推进“两个普遍”（一方面要依法推动企业普遍建立工会组织，实现工会组织对企业的全覆盖；另一方面要依法推动企业普遍开展工资集体协商，推动建立企业职工工资协商共决机制）作为维护职工合法权益，构建和谐劳动关系的有效载体，在7个社区联合工会和80余家的独立工会组织中普遍开展工资集体协商工作，已签订356家，签约率达96%。

（汪晓俊）

陶然亭街道

【概况】 陶然亭街道位于西城区东南部，东起太平街、虎坊路一线，西至菜市口大街，南以护城河为界，北至骡马市大街，辖区面积2.14平方公里。共设8个社区，有街巷63条。户籍人口5.6万人，常住人口4.4万人，流动人口1万余人。年内，出生486人，死亡187人。有10家中央级单位和62家市、区属单位。有社保所、社区服务中心2个事业单位。全年完成区级税收39717万元，比上年增加5410万元，同比增长15.8%。全年财政收入7768万元、支出8900万元。年内，提出“实现区域化整体发展，共创陶然式美好生活”的工作目标、“携手四方，共创陶然”的区域精神和“阳光理政，用心服务”的政务理念。深入贯彻落实党的十八大和市、区第十一次党代会精神，充分发挥街道统筹辖区发展基础性作用，街道经济社会发展呈现良好局面。获北京市学习型社区先进街道第一名、“北京市国家安全工作先进集体”等荣誉。

地址：西城区黑窑厂街22号（12月迁入）

邮编：100052

电话：52683783

（吕东苏）

【推动区域化整体发展】 4月27日，召开推进区域化整体发展启动大会，发布寓意“携手四方、共创陶然”的区域形象标识，制定《实现区域化整体发展意见》，提出“实现区域化整体发展，共创陶然式美好生活”的奋斗目标，构建党委领导系统化、政府负责规范化、社会协同组织化、公众参与多元化的“四化”体制机制，发挥街道统筹辖区发展基础性作用，实现以优美的城市环境、优质的民生保障、优雅的文化品质、优良的道德风尚等“四优”目标为主要内容的陶然式美好生活。

（吕东苏）

【地区建设】 年内，明确街道北、中、南3个发展区（文明生活的北部区、和谐宜居的中部区、休闲文化的南部区）功能定位。推进总部经济、电力经济、食品药品经济在地区的产业化、规模化发展。实施“10+3”工作措施，以四平园精品小区创建等10个街道重点项目工作组完善街道重点工程、重点企业信息平台建设。成立大吉片拆迁改造等3个市、区重点工程协作组，确保220千伏变电站、四平园老旧小区等重点项目工程按计划实施建设。预测经济发展形势，与工商税务部门配合，开展协税、护税工作，为中小企业提供集中注册、政策咨询、困难化解“一条龙”服务。在稳固已有企业的同时，引进具有活力、效益好的企业20家。推进“统计进社区”活动，加强社区社会调查队建设，实现统计数据资源共享。

（吕东苏）

【城市管理】 年内，推进城市环境分类分级管理，提高精细化管理水平，加快精品小区、精品大街建设，强化环境秩序整治，组织实施环境建设工程23项，配合市、区实施重点工程4项。共完成路面铺装6244平方米，屋顶防水5524平方米，粉饰墙面12139平方米，整理绿地8167平方米，补植树木22210棵。完成四平园“五型”精品小区创建工程绿化升级改造项目，广场硬化地铺装1500平方米，挡土墙修缮2500延米，栽种树木101棵，安装喷灌设备520个。完成龙泉胡同路面铺装，黑窑厂街8号楼、20号楼墙面粉饰等23项民生工程。成立物业协会，探索平房区、无物业管理小区、老旧物业管理小区和高档物业管理小区分级分类物业管理模式。通过国家卫生城区复审，清运各类建筑渣土、堆物堆料、大件废弃物48车共计200余吨，各类垃圾240车共计1500余吨。清除小广告1170余处，规范、拆除破损广告牌匾、指路标识216处，规范违规经营行为近300处。实现连续27年防汛期“不塌房、不伤人、不泡车”的工作目标，组织辖区单位成立5支防汛抢险队伍，配备水泵6台，对讲机12部，苫布、塑料布80捆，向各社区居委会发放防汛物资。对地区存在安全隐患的房屋、树木进行排险，参与防汛应急值守人员10000余人次、接电话来访842件、修缮房屋325间、苫盖房屋8000余平方米、疏通下水49处、排除房屋安全隐患76处、排除墙体险情11处、清除险树68棵，总投入近80万元。

（吕东苏）

【社区建设】 年内，召开培育发展社会组织大会，出台扶持社会组织发展的《陶然亭街道关于培育发展社区社会组织的指导意见》和《陶然亭街道社区社会组织管理办法》，构建起“枢纽型”社会组织工作体系。完成社区居委会换届选举工作，产生新一届社区居委会成员56名，其中主任8名、副主任12名、委员36名。开展“访民情、听民意、解民难”活动，制作《社区工作者民情日记本》《社区工作者分片包户联系居民台账》，街道、社区共走访近6000次，收集问题1448个，解决1427个。把黑窑厂、龙泉社区打造成为市级“六型社区”。推进社区规范化建设，统一社区服务站标识，8个社区办公用房全部达到350平方米规划标准，龙泉社区成为市级社区规范化建设示范点。各社区组建成立“共建互助联合会”，构建社区与辖区单位相结合、无偿服务与低偿服务相结合的共建服务体系。推进一刻钟服务圈信息平台建设，龙泉社区获市级“一刻钟社区服务圈”优秀示范点称号。组织、评选出10家辖区资源共享先进单位，鼓励引导驻区单位对接居民需求。

（吕东苏）

【社会保障】 年内，城镇登记失业率为1.09%，实现就业1339人，3户“零就业家庭”实现消零，街道范围内无“零就业家庭”。建立促进就业企业联盟，为33家成员单位提供用人指导、职业咨询、日常招聘服务平台，招录143名本街道失业人员就业，957名就业困难人员实现就业，其中低保人员实现就业76名，残疾失业人员实现就业34名。办理灵活就业401人次，累计办理1840人次。办理信用社区小额担保贷款2例18万元。享受福利养老金的在册人员596人，40名无保障人员去世后，发放丧葬补助20万元。城乡居民养老保险累计参保56人，无业人员大病医保参保346人。为2244人次失业人员发放失业保险金593.26万元。“一老”参保人员1146人，“一小”参保人员1907人。低保家庭742户1258人，低收入家庭19户52人，累计发放低保金729.4万元。为472人次低保、低收入人员提供医疗救助服务，救助金额69.4万元。创建“五星级”社保所，提升社会保障服务品质。构建多元化为老服务体系，盘活北灯公司闲置厂房资源，推进“乐陶然”养老院建设。整合医疗单位资源，打造“家庭式医生”服务模式。吸纳10家专业机构加入“乐陶然”为老志愿服务队，为老年人提供医疗保健、精神慰藉、生活照料等志愿服务。以“温馨服务聚力量，塑造四自陶然人”为理念，服务残疾人2032名。完成13名16岁以下残疾儿童少年的康复补贴发放工作。配合区残联开办“盲人定向行走训练志愿者培训班”。开展“心灵家园”心理关爱项目。与中国音乐学院合作开设“快乐音乐吧”音乐治疗课程，将各类型残疾人纳入音乐治疗范畴，累计开办课程46次。以“争做自信残疾人”为活动主题，根据季节特点，先后开展“蓝色夏日送清爽”“收获金秋享喜悦”“温暖冬日传亲情”3个系列活动。

（吕东苏）

【社会治安综合治理】 年内，构建居民自治、单位自控、行业自律、专业保障“三自一专”网格化社会面防控体系。全年共召开矛盾排查会11次，解决纠纷320起。矛盾纠纷排查工作明确主责、协办，确定包案领导，划分类别。用群众工作统揽信访工作，畅通群众利益表达机制，共化解各类矛盾纠纷70余件。完成党的十八大安保任务，成立应急小分队，共投入资金30余万元，购置站点巡逻遮阳伞48个、马扎180个，维修补充手台20台。落实各项专项整治行动，共查处协调解决各类问题1300余件。启动社会面二级防控，在83个基础网格设置48个巡逻值班点，各社区配备由社区治保主任负责的治安机动巡逻小分队，自11月1日起，每日出动各类力量1865人，其中公安力量72人、专职巡防队员100人、治安志愿者1220人、民兵24人、其他力量449人。推进“安全社区”建设，以整治地下空间流动人口为突破点，以加快流动人口服务管理信息化建设为支撑点，开展出租房屋税收工作，收缴出租房税款360余万元，协助辖区工地被欠薪民工通过正规途径进行讨薪（涉及金额100余万元）。加强反邪教工作力度，强化“法律进社区”“法律进校园”工作。成立旅店服务业协会和餐饮食品业协会，建立企业信息沟通联系机制。

（吕东苏）

【精神文明建设】 年内，以创建学习型社区先进街道为契机，构建终身教育学习服务体系。3月28日，成立社区教育学校，运用“市民学习成果认证”体系、社区人才信息库，挖掘民间文化资源、社区人才资源，培育街道文体协会，推动群众性文化团队和项目集约式发展。举办第十届“陶然杯”地书邀请赛，创办《陶然地书报》，北京陶然地书协会的品牌影响力不断增强。实施文化惠民工程，建立街道、社区两级图书馆。广泛开展内涵丰富、兼顾高雅性、休闲性系列群众文化活动，如学习雷锋、“公共文明引导日”“文明出行推动日”、道德讲堂、党在百姓心中宣讲，及百姓讲身边的人、讲身边的事等活动，丰富居民精神文化生活。开展未成年人“六德”（责任、爱心、诚实、守信、宽容、礼让）教育实践活动，建立“陶然娃”“陶然少年”“陶然青年”道德培养体系。与怀柔区怀北镇、延庆县八达岭镇开展城乡共建活动。

（吕东苏）

【党的建设】 年内，建立街道“大工委”，以7个专业委员会、社区“大党委”作为区域党建工作载体，共同构建“党建工作联创、经济发展联促、城市管理联抓、精神文明联建、文体活动联办、安全维稳联保、民生服务联做、社区共建互助”的运行机制。打造以街道“大工委”为区域工作核心，以7个区域专业委员会、8个社区“大党委”和85个网格为基础的“1+X”区域化党建工作模式。全面落实“基层组织建设年”要求，完善创先争优各项长效机制。深化“三比”（比学习、比工作、比健康）活动内容，探索社区党建精细化管理模式，推进基层党建工作创新项目载体建设。完成社区党组织换届，选举新一届社区党委委员40名。其中书记、副书记实行等额选举，共计产生书记8名、副书记7名；委员实行差额选举，共计产生25名。完成机关和非公企业共计9个党支部换届改选。组建陶然北岸底商联合党支部、老旧小区综合整治项目联合党支部。组织社区、机关、非公企业51个基层党组织开展分类定级评定工作，其中12个基层党组织定级为“好”，11个定级为“较好”。推进基层党建工作创新项目载体建设，将龙泉“蕴·韵”、黑窑厂“先锋一二三”、红土店“搭建党群平台，创建开心乐园”作为区级党建创新精品项目进行深入打造。开展“志愿服务党员先行”和“在职党员进社区”等活动，建立长期有效的党员志愿服务机制。探索“红色党建宣传、橙色党群连心、蓝色党员形象、绿色楼社共建”楼宇党建立体名片工作法。召开庆祝建党91周年暨创先争优表彰大会，树立先锋典型。

（吕东苏）

展览路街道

【概况】 展览路街道位于西城区西北部，东起西直门南大街、阜成门南、北大街与新街口和金融街街道接壤；西至三里河路、动物园西墙与海淀区甘家口街道相邻；南起月坛北街与月坛街道毗邻；北至南长河、西直门北大街与海淀区北下关街道相望。有一、二类大街26条，街巷、胡同16条。辖区面积5.87平方公里，户籍人口41258户122177人，常住人口43624户124637人，流动人口32291人。有大学2所、中学5所（含职高）、小学6所、幼儿园5所。驻区中央单位454个、市属单位167个、区属单位203个、无主管单位3877个。全年财政收入1.78亿元、支出1.61亿元。年内，办理督察督办事项44项，其中主办0项、协办44项。成立非公企业党组织12家。官园批发市场成立联合工会委员会，覆盖902家个体商户，900名会员。获“北京市手拉手职业康复站先进集体”“北京市无偿献血工作突出贡献”“北京第十五届中老年优秀健身项目表演奖”“北京市创建学习型社区先进集体”“首都巾帼志愿优秀服务团队”“北京市敬老爱老为老服务示范单位”等荣誉。

地址：西城区车公庄大街13号

邮编：100044

电话：68314941

（丁春英）

【城市管理】 年内，完成百西社区专项整治道路整修2700平方米；完成老旧小区道路整修2700平方米，维修车棚1350平方米，新装太阳能灯32盏，维修太阳能灯49盏，外立面粉饰5000平方米，绿化补植730平方米；完成文兴街西段300平方米绿化补植及50米铁栅栏安装综合整治工程。与区城管大队、西城公安分局等配合，拆除9户违章建筑243平方米。完成西直门外金贸大厦花园式单位、五栋大楼花园式小区及卫戍区小区绿化养护先进单位创建工作。开展“最美小区、最美街巷、最美院落、最美阳台”评选活动，评选出5个最美小区、1条最美街巷、1个最美院落、112户最美阳台。完成已创建15个垃圾分类小区的日常检查、维护与巩固工作，为15个达标小区补充分类垃圾桶97个。完成7个新增垃圾分类小区创建，36名新增指导员招聘、培训及上岗工作；为7个小区设置垃圾分类收集容器390个，小区内每户居民发放一组家用分类小垃圾桶和一年用量环保垃圾袋。开展地下通道、果皮箱、信息亭等11项市政设施环境问题专项排查，将地区各类环境问题迅速上报到各相关职能部门，全年上报案件19128件，有效上报案件19106件，有效上报率为99.89%。创建健康社区3个、红旗单位1个，评选健康家庭100户。开展百万户灭蚁活动，为辖区23026户居民免费灭蚁，完成春秋季灭鼠及灭蟑、夏季灭蚊蝇工作，共发放除“四害”药品680瓶、宣传材料及招贴画10000余份。

（丁春英）

【社区建设】 年内，完成第八届社区居委会选举,选举产生居委会成员147名，其中主任21名、副主任41名、委员85名。21个社区全部实现书记主任“一肩挑”，16个社区服务站站长被选为居委会副主任。21个社区平均参选率95.14%，平均投票率99.9%，平均有效票率99.33%。在阜外西、新华里、百万庄西、车公庄4个社区，通过社区自荐、公示、居民评议、第三方专业评估、分阶段整改等步骤，通过北京市“六型社区”创建的全过程评估和检查验收。召开“访民情、听民意、解民难”专题研究会，及时成立工作领导小组，制定、完善办理流程，建立定期沟通、反馈机制，明确“区-街-居-楼门（院）”四级协调联动、相互衔接的社情民意督办机制；完善社工分片包户制度，确定社工每月走访居民户数，确保准确及时了解社情民意。举办让居民生活更美好——展览路街道社工品牌建设暨风采展示活动，编辑《社工故事漫画集》和《社工优秀案例分享集》，举办社工技能大练兵暨社区“活字典”总决赛等。完成黄瓜园、新华南、万明园社区居委会工作用房和公益性服务设施购置、租赁工作。完成百万庄西社区申报西城区规范化示范点创建工作；对百万庄西、车公庄、新华里、南营房、北营房西里、新华南、三塔7个社区服务站标识进行规范；完善21个社区居务、政务公开栏及社区规范化制度建设。推进文兴街、北营房西里、黄瓜园、新华南、榆树馆5个社区的“全科服务站”建设。将社区居委会、服务站、社工管理制度等进行完善、更新和补充，形成《社区管理制度汇编》。评出区级“孝星”200名、市级“孝星”66名，市级为老服务单位5家。与辖区4个科普基地签订“百家科普基地服务百家社区”意向书，与双百对接单位共同开展系列科普主题活动。3月20日，展览路地区的第一辆新鲜蔬菜货车进驻阜外西社区，这是引入的又一种蔬菜供应模式“车载蔬菜直销”，菜品不少于40种，价格低于周边早市和集贸市场10%左右。12月21日，成立西城区第一个社会为老服务组织——展览路地区为老服务商协会。50多家签约服务商加入协会组织，联手推进为老服务工作的发展。

（丁春英）

【社会保障】　年内，办理退休人员123人，区职介转入退休人员145人，其他转入153人。接待办理各种手续的退休人员1300余人次、咨询退休等有关问题人员3700余人次。为323名退休职工报销医疗费92万余元，为城镇居民基本医疗保险参保人员382人次报销医疗费159.4万余元。申报办理福利养老金减员61人、“一老”60人、“一小”1020人、无业人员30人；核对采集“一老一小”、无业居民个人信息1110人次，发放告知书1110份，发放社保卡1115份；办理城乡居民养老保险参保续保手续198人，办理城乡居民养老保险待遇享受手续22人；办理城乡居民丧葬补贴90人。享受低保家庭共有888户1396人，其中96户家庭调整变更低保金，直接减少低保金9146元。登记失业人员就业人数1986人，完成率100.3%。解决就业指标250人，完成就业人数256人，完成率102.4%。办理小额贷款2笔，金额20万元。完成失业人员技能培训272人，完成率104.4%；完成创业培训41人，完成率102.5%。完成空岗信息采集5520人次，完成率100.36%；完成职业指导2630人次，完成率107.3%；成功推荐失业人员实现就业781人，完成率133.5%。限价商品房申请家庭共有450户，受理286户，市级备案通过233户，组织选房意向登记及摇号2次，共有341户轮候家庭参加意向选房登记，经核查共有252户家庭符合选房条件。经济适用房申请家庭130户，受理86户，市级备案通过61户，组织经济适用房选房1次，共有228户家庭参加。廉租住房申请家庭25户，市级备案通过22户，组织选房意向登记及摇号2次，有27户家庭参加摇号及选房。公租房登记备案207户。

（丁春英）

【扶贫帮困】　元旦、春节期间，开展“温暖如春”走访慰问活动，共向地区3500余户低保、低收入和优抚对象、残疾困难群体送去价值179.5万元的慰问金和慰问品。“十一”前夕，为地区300户特困家庭发放价值5万元的米、油等慰问品。通过采取临时救助、慈善救助和“春雨”大病救助等措施，为134户低保、低收入困难家庭发放助医、助学救助金41.1万元。街道“爱心服务之家”为202户低保、低收入家庭免费提供价值10.5万元的食品和生活用品。运用民政医疗“绿色通道”紧急救助和社救资金，为11名孤老、困难家庭危重病人、民政对象解决集中供养费、医疗费18.6万元。为96名60岁以上老人发放慈善医疗救助金4.3万元。为217户低保、低收入家庭发放冬季采暖补贴13.3万元。开展“爱在西城”社会联合募捐和“7·21”房山特大暴雨紧急捐赠活动，共募集捐款63.5万余元，募集衣被1万件。元旦、春节期间，地区红十字会启动“送温暖、献爱心”活动，召开地区单位理事会，动员辖区24个会员单位、20个会员小组参与走访慰问工作，共走访慰问特困家庭70户、60岁以上老人48名、残疾人10名、低保边缘家庭10户、单亲家庭1户、大病困难家庭2户，走访慰问费53000元。

（丁春英）

【社会治安综合治理】　年内，针对辖区内老旧小区停车难的问题，在德宝社区试点成立“自治管理委员会”，解决社区内的停车秩序混乱等问题，获市级“群防群治优秀团队”称号。十八大期间，成立地区十八大安保社会面防控工作分指挥部，同时成立外围安保工作联勤分指挥部，实行警民联防、区域联控、一岗多能、专辅结合的工作模式，化解重点矛盾3个。重点开展“亿霖木业”清退工作，共涉及21个社区196人，涉及合同256份，涉及清退款1178万余元，完成182人的清退偿还工作，清退款1086万余元，完成总进度的92.86%，12个社区清退率达到100%。全年调解纠纷8308件，调解成功8265件。接受社区服刑人员259名，实有社区服刑人员50名。全年矫正、帮教对象重新违法犯罪率为零。检查生产经营单位共计756次，其中检查商（市）场32次、小旅馆22次、网吧6次、“六小”（小发廊、小百货、小洗浴、小餐饮、小市场、小建材）单位518次、餐馆96次、危险化学品单位10次、在施工地23次，出动人员1520人次；处理举报4次。与生产经营单位负责人进行约谈，共计约谈36人次。其中在施工地约谈11次、人员密集场所约谈6次、餐馆约谈9次、重点单位约谈4次、危险化学品单位约谈6次。组织联合执法安全大检查共计28次，消除隐患72处。

（丁春英）

【精神文明建设】　年内，将宣传北京精神与学雷锋活动有机结合，在地区举行“学雷锋，做文明有礼的北京人”活动，构建弘扬雷锋精神的长效机制。落实“双十佳”百姓宣讲评选工作，组建一支以体现心系百姓、无私忘我为主要宣讲内容的志愿服务宣讲团队，并举办“党在百姓心中”专场演讲报告会。举行地区第三届全民读书活动暨悦读汇活动。以“践行北京精神，争当时代先锋”为主题，送科技、送医疗、送文化到延庆县张山营镇。与张山营镇签订共建协议，为其捐赠捐贫济困款10万元；组织武警第二医院、北京金华骨专科医院的20余名专家为当地居民进行义诊。组织21个社区的60余名社区工作者在海淀区玉渊潭公园举行“文明出行健步走”活动。举办“社区风　社区情”系列文化节活动。开展“欢度重阳节，喜迎十八大”——展览路街道庆重阳主题大联欢、“科技点亮智慧人生　学习建设美好家园”学习周等活动。

（丁春英）

【双拥共建】　年内，走访慰问驻区6个部队，送去价值28.9万元的慰问品和慰问金，召开军政座谈会和军地联欢会等各类活动14次。协调社区居委会和驻区部队签署双拥共建协议7份。组织200余名驻区部队新战士到长城进行爱国主义参观教育活动。开展“四送军营”等系列活动3次。解决安置军嫂就业3人、子女入托1人，救助患大病军嫂1人，发放救助金5万元。完成全国双拥模范城区复检工作。为地区伤残军人、定补对象发放抚恤金、伤残金212.2万元，为56名义务兵发放优待金111万元，为优抚定补对象94人次报销医药费18.8万余元。为160户伤残军人发放慰问品，完成优抚对象普查工作。完成319名军队无军籍职工、地方退休人员的2次增资调标工作，共补发各种款项373.3万余元；完成6名军离退休老干部住房制度改革登记申报工作，为12位去世人员发放死亡抚恤金46.2万元。

（丁春英）

月坛街道

【概况】 月坛街道位于西城区西部，东起复兴门南、北大街及阜成门南大街西侧，与金融街街道相接；西至三里河路中心线东侧，与海淀区羊坊店街道相邻；南到莲花池东路，与广安门外街道相望；北至月坛北街中心线，与展览路街道比邻。辖区面积4.13平方公里，一、二类主要大街11条，胡同43条。户籍人口40712户153243人，常住人口40712户153243人，流动人口20165人。年内，出生1183人，死亡492人。驻区中央单位363个、市属单位107个、区属单位76个，大学1所、中学6所、小学6所、医院2所、大型商场10家、体育场馆2个、文化古迹4处、公园4处。全年财政收入1.78亿元，支出1.42亿元。年内，不断完善“中心制”运行体制，全力构建“全响应”社会管理服务体系，持续推进“四型月坛”（打造人文型月坛、发展数字型月坛、构筑学习型月坛、创建服务型月坛）建设，完成社区党组织和第八届月坛街道居民委员会换届选举，组建基层工会组织1630家、发展会员11270人，完成折子工程8件（全年共10件，其余2件仍在施工）。被国家安监总局命名为“全国安全社区”，被北京市评为“爱国卫生先进集体”“语言文字工作先进集体”“首都环境建设先进街道”，获西城区“首家档案测评市级优秀机关”称号。

地址：西城区三里河一区5–7

邮编：100045

电话：51813879

（孙德良）

【城市管理】 年内，制定《月坛街道国家卫生城区复审工作方案》、编写《月坛地区爱国卫生工作指导手册》指导国家卫生城区复审工作，出动15000余人开展爱国卫生月、城市清洁日和禁烟宣传活动，吸纳220家驻区单位参与街道爱国卫生体系建设，抽调60余名机关干部参加迎检准备工作，迎检成绩在全区达到一类水平。投入365万元改造真武庙四里1、2号楼院，三里河北街5号院，白云观北里1、2号院3个老旧小区。配合国家发改委和十七部委联建办实施危旧房改造，2个工程共涉及626户，签约率为70%和75%。整治三里河南六巷、南七巷和木樨地北里东侧路街巷胡同环境秩序，规范长安街沿线餐饮服务业经营秩序，整修南礼士路三条、真武庙四条等街巷道路，启动真武庙四条东扩路街巷架空线路入地准备工作。完成中古友谊小学、复兴门外一小屋顶绿化工程5000平方米，补植白云路等9处绿地3500平方米、南礼士路地区行道树木20余株。指导17个垃圾分类达标小区接受北京市专项检查验收，启动铁道部第四住宅区、南礼士路甲62号院2个小区北京市垃圾分类达标小区创建活动。整合防汛抢险应急力量，组织800余人次、230余车次实施汛前隐患排查；出动800余人次、30余车次实施汛期和雨中抢排险作业40余次，疏通老旧小区、低洼路段排水口60余处，伐砍汛期倒伏树木、断枝42株，经受住“7·21”特大自然灾害和汛期强降雨考验。

（孙德良）

【社区建设】 年内，完成第八届社区居委会换届选举，26个社区196名班子成员中党员98人，大专以上文化程度111人，平均年龄49.6岁，比上届降低5.2岁。投入186万元推进月坛街道“六型社区”建设，实施铁二二、社会路、三里河一区3个社区体育生活化社区项目，推荐汽北社区参加西城区全面健康生活方式示范社区创建活动，完成三里河一区、社会路、三里河二区、复北、白云观5个社区“六型社区”创建达标评估，三区一、汽北、木樨地、广一、白云观、西便门6个社区被西城区评为“创建学习型社区先进社区居委会”。指导26个社区召开楼门院长工作会104次、社区事务协商会684次、社区工作议事会1251次、居民问题听证会62次，解决矛盾问题2058件，实施居务公开611次990项，接待居民咨询5603次10518人，开展“5·12”防灾减灾社区宣传日活动，实现社区自治问题早发现、矛盾早解决、自治全覆盖。落实楼门院长信息系统“三级报告制度”和“四级处理机制”，推进楼门院长信息系统与城市管理网格融合，更新换代900套二代楼门院长沟通系统，上报下发信息32062条，形成常态化楼门信息报送机制。完成月坛社区建设协会、月坛老龄协会换届选举和3个注册类社会组织规范化评估，指导7个非注册社会组织开展正规化建设。将西城区核拨的215.6万元社区公益金拆分为扶持公益类社会组织、开展社区文体、组织社区教育、指导社区精神文明建设、购买为老服务等222个大项目1053个小项，使公益金真正用在满足居民需求、培育社会组织上。

（孙德良）

【社会保障】 年内，组织2场30家单位参加的“春风行动”和“再就业援助月”主题招聘会，团工委、妇联、残联合作组织5场针对大学生、“4050”人员、残疾人就业专场招聘会，共安置就业1400余人，“零就业家庭”动态清零121户。完成就业指导4250人次、创业技能培训274人次，实现创业50人，带动就业362人；办理就业失业登记证1461个，城镇登记失业率1.05%；筛查隐性就业364人，办理就业认定108人，补办招工手续40余人，办理个人转档手续100余人。新办理居民医保1501人，报销各类人员医药费359万余元，发放养老金78.8万元、失业金189.7万元、低保家庭春节慰问金4215人121万余元、低保（低收入人员）医疗救助金314人47万余元、丧葬费52人26万元。组织104位困难妇女参加“重阳暖人心”单亲孤老困难妇女联谊慰问活动、52对老人参加月坛街道钻石婚老人庆祝活动，投入3.6万元走访慰问54位单亲母亲、困难妇女和2名癌症女患者。以天津鹤童养老机构、玖久缘文化养老中心、广电总局新302食堂为主阵地，以《月坛老龄》为主要媒介，搭建以文化养老为核心的社区养老服务模式，为6792位60岁至79岁特殊老年人、80周岁以上老年人办理居家养老服务补贴，共计发放服务券516万余元、保姆费及敬老院费75万余元、节日走访慰问金11.7万元。成立北京市第一家“残疾人温馨家园法律维权工作站”开展残疾人维权咨询，开通“月坛街道残联”博客与7个康复站搭建互动平台，在26个社区、7个温馨家园设立“残疾人信访信息直报点”实现信访诉求直报。开展残疾人就业培训299人次，安置就业68人，新办残疾证139人、补办26人、变更12人、换新5人，办理助残券补助190人，发放残疾慰问金（物品）680人27.9万元，7个残疾人温馨家园被评为为“北京市示范温馨家园”。开展“7·21”特大自然灾害、爱在西城、冬衣送暖募捐活动，募集善款40.6万元、御寒衣被7581件。慈善走访慰问困难家庭3624户，发放慰问金343.2万元和价值17.4万元的慰问品；发放低保家庭大学生助学救助金35人13.5万元、低保家庭冬季煤火补助金87户7.8万元、特困家庭爱心卡200张；实施60岁以上低保老人慈善医疗救助83人。

（孙德良）

【社会治安综合治理】 年内，启动十八大安保一级超常防控等级，制定安保方案4类18项，投入安保力量95326人次、治安志愿者7000余人次，依托街道、社区、网格三级防控体系，以实名制方式，逐人、逐地、逐事、逐网格明确安保任务。整合26个社区112个网格内专业力量、专职力量和社会力量，吸纳驻区单位参与社会管理，加大人防、物防、技防建设力度，利用辖区211个前端监控器发现处置城管类案件1017件、交通类案件96件、治安类案件62件、上访类事件114件、突发类事件18件、协助查询案件（事件）11件。集中整治北京儿童医院周边、国家发改委门前等治安重点地段，清理无照商贩78起，查扣移交城管部门12起。与105家生产经营单位签订《安全生产及事故应急处理责任书》，与747家“六小”单位签订《安全生产责任书》，对地区60余家“六小”门店下达整改指令书10份。以月坛学习型平台、《人文月坛》社区报、地区大屏幕、橱窗为载体，普及宣传法律法规知识，举办“法之月坛”进社区公益法律活动11次，3000余名居民参与讲座学习和法律咨询。派出流动管理员900余人次，开展辖区安全检查4500余次，共检查出租户2900余户次、流动人口20165余人次，处置安全隐患67起。

（孙德良）

【精神文明建设】 年内，举办迎接十八大社区夏日文化广场、第一届中秋诗词颂月晚会和“践行北京精神，构建人文月坛”系列活动丰富和传承月坛精神，组建月坛文化向导队宣传老北京文化和月坛文化，评选金辉老人、月坛新人、最佳邻居宣传践行北京精神先进典型，举办月坛街道第一届“白云杯”太极拳（剑）邀请赛、第六届“和谐杯”乒乓球比赛扩大月坛文化影响力。实施“城市社区服务精细化精致化科技工程”项目，组织26个社区500名居民参加第十四届“北京科普之夏”知识竞赛，举办5场“防灾减灾、健康养生、居家安全”科普进社区活动，推选21件作品参加西城区第二届低碳生活“废品再设计”创意大赛获“最佳组织奖”，汽北社区被市科协、市财政局评为“社区科普益民计划优秀科普社区”，三里河一区社区被市科委评为“优秀创新型科普社区”。编写《月坛地区迎接全国城市文明程度指数测评工作手册》配合北京市文明城区迎检工作，完成年度文明单位、文明街道、文明社区、文明标兵申报。组织月坛街道百姓宣讲团深入26个社区开展“践行北京精神、建设文化强国、认清时政形势”主题讲座33场2000余人参加，学习贯彻十八大精神专题讲座12场4500余人参加，整理出版《百姓宣读在月坛》供社区居民学习。开展“部长进社区”活动，邀请驻区国家部委领导走进社区宣讲国家宏观政策、解读群众关心热点问题，搭设国家部委参与地区社会建设新平台。利用地区上海老饭店、七彩云南、桂香春等文明单位资源，持续开展与怀柔区九渡河镇黄花城小学“手拉手”活动，为师生捐赠价值3.5万元学习生活用品。《人文月坛》社区报全年发刊127.4万份。

（孙德良）

【双拥共建】 年内，开展科普知识进军营活动，聘请市红十字会专家为驻区6个武警中队官兵举办青春健康专题讲座和防灾减灾、自救互救技能培训。在《人文月坛》社区报开辟专栏宣传双拥工作、开展国防教育、发布征兵专刊。地区单位、学校和26个社区与驻区部队广泛开展共建活动，举办首届月坛地区双拥趣味运动会，组织60名驻区武警战士和130名代管地退、军退人员“军民鱼水情”一日游活动，向退伍老兵赠送拉杆箱200只，为187名代管军退人员调整工资2次。驻区部队派出1000余名官兵开展地区“3·5”学雷锋活动，参加国家卫生城区复审街巷道路清整和第五个城市清洁日活动。春节、“八一”期间，为驻区部队发放节日慰问金1.5万元。全年为150余名伤残军人发放生活抚恤金140余万元，为265名优抚对象发放慰问金25万余元、一次性生活补助金8.1万余元，为19名享受定期生活补助的优抚对象发放工资25万余元，为武警一支队7名战士发放特大台风灾害救助金1.9万元，为烈属、病故军属、因公牺牲军属发放困难补助金2.1万。

（孙德良）

【党的建设】 年内，完成26个社区党组织换届选举、12个楼宇党支部建立、59个基层党组织分类定级评定和非公企业、楼宇党总组织书记培训。在街道179个基层党组织和5500余名党员中开展学习贯彻十八大精神和创先争优活动，运用《人文月坛》社区报、党员服务中心、党建博客宣讲十八大精神、宣传先进基层党组织和优秀共产党员典型事迹。创办社区党员诊室、建立走访档案协调解决群众反映强烈的突出问题，开展“楼宇姐妹驿站”服务活动为楼宇女性提供专项服务，实施党员志愿服务“1+1伙伴计划”提高党员帮扶针对性。申报20个党建创新项目，社区志愿堡垒行动、打造社区党建共同体、三向一落实读书活动3个创新项目被西城区评为党建创新项目，党员星级管理创新项目被西城区评为优秀党建创新项目。编印《社区党建工作指导手册》《发展党员工作指导手册》指导社区党建工作，按照“四有两上墙”（四有：有组织机构、有机构牌子、有办公地点、有活动场所；两上墙：组织机构上墙、工作制度上墙）标准开展非公企业、楼宇党组织规范化建设，七彩云南党支部被北京市社会工委、西城区委评为“先进基层党组织”。依托社区党组织换届，在26个社区建立席位制“大党委”，引导社会单位主动参与社区建设。指导基层党组织发展党员23人、转正29人。春节、“七一”走访慰问困难党员165人，发放慰问金13.3万元，发放新中国成立前老党员补贴19.6万元。组织地区2279名党员、386名群众参加“共产党员献爱心”捐款活动，募集资金14.7万元。

（孙德良）

广安门内街道

【概况】 广安门内街道（简称广内街道）位于西城区中部，东至宣武门外大街与椿树街道毗邻，西隔广安门北护城河与广外街道相连，南枕广安门内大街，北依金融街，东西最长处2130米，南北最宽处1200米，面积2.43平方公里。有一类大街5条、二类大街6条、胡同59条。有中、小学校7所，职业学校2所，培智中心学校1所，青少年科技馆1所，幼儿园5所，卫生医疗机构3家，公园3处。辖区单位总数1621个，其中法人单位1375个、产业单位246个。社区居委会18个，户籍人口31887户88750人，常住人口31790户88671人，流动人口16053人，出租房屋4822处，院落2529个，楼房523栋。年内，出生735人，死亡329人。全年财政收入10293万元，支出10183万元。街道设29个职能科室（含司法所、统计所），2个科级事业单位，机关行政、事业人员148人（公务员103人、事业46人），接收军队转业干部1人，公开招录公务员3人，公开招聘事业单位工作人员3人，调入20人（机关19人、事业1人），调出1人（机关），退休3人（机关）。全年共办理和接待来信来访670件次。全年慈善捐款共计20万余元。年内，完成全国文明城区、国家卫生城区复审迎检及社区“两委”换届选举工作，一大批群众关心的热点难点问题得到解决。获“首都文明单位”“北京市学习型社区先进街道”称号，社区服务中心被授予“全国先进社区服务中心”称号，社保所被评为北京市“三八”红旗集体，西便门东里社区获“全国科普示范社区”称号，“五站合一”服务企业发展，优化环境促进楼宇经济被评为北京市优秀基层党建工作创新项目。街道文化、体育、安全生产、环境建设、综治维稳等多项工作受到市、区表彰。

地址：西城区感化胡同3号院12号楼
邮编：100053
电话：83172764

（赵 辉）

【城市管理】 年内，投入846万余元，大力推进精品小区建设工作，实施顺河三巷环境综合整治项目、西便门东里小区绿化改造工程。积极协调沟通，着力促成三庙旧城改造项目的申报与建设工作。与区园林局共同实施长椿街“增绿添彩”工程和西二环沿线“绿道”建设；与区节水办完成1300余户“一户一水表”改造；与市政部门实施顺河二巷等11条道路翻修工程；与区重大办共同完成感化胡同3号院、槐柏树后街24号楼、西便门西里小区的17栋楼节能保温工程；在三庙街“城中村”、宣外大街西侧、核桃园东街6号院新建停车场及停车位。反映群众诉求，主动协调区市政市容委，争取资金100余万元，着力解决北线阁3号院甲3号楼2、3单元30户居民的通气、通暖问题；向区节水办争取资金200万元，对核桃园南里

12号楼、核桃园东街6号院等老旧小区进行地面翻修和管线改造工程，改造面积共计4500平方米。加大联勤联动力度，定期对宣外大街西侧、报国寺门前、核桃园东街等脏乱点开展环境整治行动；协调城管加大拆违力度，全年共拆除违法建设22处493.1平方米。主动协调、重点突破，通过安装探头、施划停车线、修建停车场等措施，使下斜街、三庙前街交通秩序得以改善。调动社会单位参与城市管理的主动性和积极性，发挥社区在城市环境建设和管理中的基础性作用，建立社区环境管理考评体系，完善奖惩机制。开展垃圾分类的试点和推广工作，扎实开展“月末清洁日”活动，全面提升辖区环境水平。

（赵　辉）

【社区建设】　年内，加快推动社区规范化建设，以“建、扩、改、买、租”等不同形式，改善社区办公环境，全年投入145万余元，新增社区办公用房面积2298平方米，除拆迁区外，已基本完成社区办公用房达标任务；投入40余万元，加强社区硬件设施建设，逐步提升服务环境。完成社区“两委”换届工作，通过换届共选出党委（支部）成员90人，居委会成员132人；对736名居民代表、1473名楼门院长等队伍进行补充。以社区换届为契机，妥善处理各类矛盾问题166件。开展“访听解”工作，地区划分社会管理网格责任区169个，各社区共走访18958次，收集各类民意诉求6717件，其中社区直接解决6547件、街道科室解决135件、另有35件仍在协调解决，办结率达99.4%，一批群众反映的重点、难点问题得以有效解决。

（赵　辉）

【社会保障】　年内，投入30余万元成立“好风创业园”创业就业帮扶中心，建立“四区四助、五库、六送”创业帮扶项目，为择业创业者提供一条龙的援助服务；帮扶1054名就业困难人员实现就业，就业率达到73.71%；引导和扶持118名失业人员实现自主创业，带动就业424人；扩大“促就业企业联盟”，与120家企业搭建街、企合作网络，开发岗位5901个；“零就业家庭”数字保持动态为零。全年街道城镇登记失业人员实现就业1732人，城镇登记就业率达到74.5%，失业率控制在1.33%。辖区享受最低生活保障953户1774人，全年发放低保金860余万元。为17户家庭选到廉租实物配租房，廉租租金补贴59户。全年对11大类民政救助对象进行走访慰问，慰问金额238万余元。广内街道慈善分会进一步拓宽慈善资金募集渠道，深化慈善为民生服务的社会职能。打造槐柏生活便利服务圈，成立助老商联社、七联工作室，整合辖区商业社会化服务资源，在已有的100家打折优惠特约服务商基础上补充扩大50家特约服务商户。以信息化为手段，创新养老服务模式，延伸“虚拟养老”服务范围，用户扩增至1000户老人。

（赵　辉）

【社会治安综合治理】　年内，制定《广内街道突出信访问题领导包案分工表》；坚持定期召开中心工作例会和矛盾纠纷排查调处会，提前排查调处，及时消除不稳定因素；以综治维稳中心为枢纽，深化“联调、联防、联治、联创、联勤”五联工作模式；服务保障十八大期间，启动战时会商联勤机制，及时分析和研判辖区矛盾纠纷和安全隐患等不稳定因素，坚持处级领导接待群众来访工作机制，协调解决群众各类诉求，确保各类问题得到有效协调和处理。街道14位处级领导干部全年共接待来访群众70余人次，北线阁3号楼供热等一些涉及民生民利的信访积案得到化解。充分发挥街道综治维稳中心电子平台在地区平安建设方面的重要作用，通过该内部办公系统积极收集、深入分析、快速解决群众反映的各类问题。全年共受理信访事项677起，办结670起。将辖区人、地、物、事、组织纳入网格进行管理，合理投放安保力量，加强对地铁沿线、制高点、地下通道等敏感地区、重点部位的巡逻防控，确保防控无遗漏；加强地区“四防”能力建设，落实防火、防汛、防煤气中毒等重点工作，在重点时期、重点时段，逐一开展地毯式安全排查，及时消除各类安全隐患，有力维护了地区安全稳定。在已有物防技防设施的基础上，对辖区原有的282个监控探头进行系统整合，在三庙、槐北等4个社区的重点部位增加监控探头37个，地区监控探头总数达319个。

（赵　辉）

【经济发展】　年内，坚持以服务促发展，搭建人大街工委政协广内联组、地区管理委员会、教育协调委员会平台，成立统筹发展办公室，完善地区重点单位、企业联席会制度，举办团拜会、联谊会、新年音乐会等系列活动，广泛凝聚辖区单位等各方面力量，形成共驻共建、共促发展的良好局面。开展“大走访”活动，全年街道共走访50余家重点企业和单位，协调解决治安、环境等方面问题8件。研究分析地区社会经济发展趋势，出台《广内街道促进区域经济发展暂行办法》，为企业发展、投资提供良好环境和全方位服务。加大引税护税工作力度，全年地区累计财政入库6.58亿元，同比增收2.51亿元，增幅61.47%，创历年新高。

（赵　辉）

【重点工程】　年内，成立“全响应”工作办公室，制定工作机制、梳理工作流程、明确人员分工，扎实开展街道全响应建设工作。研发应用“访听解”系统和全市第一个基于“云平台”的社会组织服务管理系统，全响应第一批10个系统均已建设完成并投入使用。成立统筹发展服务办公室，协调和服务辖区经济社会发展，对接广安产业园建设，与专业机构合作开展关于广安产业园核心区产业现状调研，深入研究这一地区的产业定位、使用政策、改造方式及实施步骤。主动协调服务保障好广安产业园一期、宣武医院南扩、三庙前街“城中村”环境整治、广安门中医研究院新楼建设等重点项目拆迁工作，妥善化解拆迁涉及的环境保障、安全隐患、矛盾纠纷等问题，有效保障项目建设的有序推进。截至年底，广安产业园一期拆迁区累计签约1543户，剩余805户；宣武医院南扩工程拆迁区累计签约591户，剩余236户。

（赵 辉）

【精神文明建设】 年内，举办2012年北京空竹文化节暨第三届中国“广内杯”空竹邀请赛，开展萱草苑纸艺社成立八周年展览，建立“百姓论坛”文化品牌，打造社区科普园地，开展高雅艺术进社区活动，全面增强了地区文化软实力。完善街居两级社区教育体系，打造市民特色课堂，由街道开发“学舞空竹”获得“首都市民学习品牌”称号；在18个社区分别开办社区文明市民学校，并于3月在宣武青少年科技馆挂牌成立广内地区社区教育学校。依托地区教育协调委员会，为辖区教育资源单位办实事8件，切实服务教育事业发展。继续投入资金打造西便门东里社区科普活动室，定期更新地区12个科普画廊内容，为18个社区购置科普设备和图书，已有的14个科普图书室的图书总量突破3万册；在辖区内开展“蝶舞纷飞迎新春”昆虫大赛、宣传画征集、废物利用设计大赛、青少年科学培育植物和营养膳食搭配小妙招征集等科普活动50余项，真正使科普生态文明走进千家万户。以党的十八大召开为契机，组织广内空竹志愿者宣讲团，在北京空竹博物馆开展西城区百姓宣讲“双十佳”评选活动广内街道专场报告会，宣讲团成员李连元入选西城区“多彩人生”文化志愿者宣讲团。开展全国文明城区复检工作，完成3大测评体系47项指标材料的整理工作；在25个“社区之窗”电视平台，不间断播放文明宣传短片，营造浓厚迎检氛围。深化本地区“爱心助学”行动，共慰问地区贫困青少年17人，发放慰问金10600元。

（赵 辉）

【双拥共建】 年内，开展“光与影的魅力”摄影知识进军营活动，评选表彰最佳创意、最佳构图和最佳主题奖等20余幅作品。开展送科技知识到军营活动，联合北京市财会学校为20名武警战士进行6个月共2期的计算机上门培训。开展“书香满军营”活动，为部队图书室送新书300册，支持“学习型军营”建设，助推军民文化学习的融合式发展。联合辖区武警部队和社区业余文艺工作者力量，成立广内双拥表演艺术团，并进行“军民敬老庆重阳”首场演出。邀请武警七支队十二中队战士参加2012年北京空竹文化节暨第三届中国“广内杯”空竹大赛，体验民族民俗活动；与新华社北京分社、辖区武警、湖南省常德市驻京办事处和社区乒乓球协会联合举办“军民鱼水情”乒乓友谊邀请赛；开展爱国拥军“四个一”（每年奖励一次义务兵、每年举办一次军地两用人才培训班、每年组织一次迎送新老兵活动、每年慰问一次义务兵家属）活动；春节、“八一”期间，慰问14名义务兵家属，全年为其发放慰问金14000元、义务兵优待金450000元。举行欢迎入伍新兵仪式和欢送退伍老兵仪式，为123名退伍士兵发放慰问品。走访慰问伤残军人、义务兵家属、无军籍职工、复转军人、军嫂、辖区5支部队及广内派出所、西城区防化团，共计慰问金额72000元。为2名患大病优抚对象申请医疗补助，解决实际困难。

（赵 辉）

牛街街道

【概况】 牛街街道位于西城区南部，东起菜市口大街，西至广安门南街，南起南横西街、枣林前街，北至广安门内大街。辖区面积1.41平方公里，主要大街6条、胡同22条。驻地中央单位150个、市属单位90个。辖区内有中学2所、小学2所、幼儿园1所，敬老院2所，社区居委会10个。居住着23个民族，户籍人口28629户51247人，少数民族人口16236人，流动人口14438人。年内，出生410人，死亡187人。街道设28个职能科室，2个科级事业单位，机关行政、事业、工勤人员共118人。年内，司法所、劳动站编制及人员划归街道管理。全年街道税收累计5.3亿元，完成年度计划的101%，财政支出9275万元。获“全国未成年人思想道德建设工作先进单位”“首都环境建设先进街道”称号。

地址：西城区牛街8号

邮编：100053

电话：63533407

（李 楠）

【城市管理】 年内，启动法源寺文保区保护性建设环境整治工程。开展对烂缦胡同、南半截胡同、天景胡同等11条胡同的煤棚拆除、堆物堆料清理、外立面整治、户外广告牌匾规范等环境整治工作，共拆除煤棚420个约2520平方米、拆除违法建设13处约150平方米、恢复地面约2689平方米、新增绿化面积500余平方米、新增公共卫生间1所。完成白广路二条四号院精品小区整治工程,扩建小区出入口1处40余平方米，新建活动广场和文化长廊各1处，整治休闲场地2处、自行车棚3处，铺设渗水砖2800余平方米，铺设沥青路面1300余平方米，绿化改造280余平方米，改造树池11个约40平方米，新建、修复花池280余平方米，铺设雨污水管线510延长米，新建雨污水井31个，粉刷墙体1700余平方米，拆除违法建设490余平方米，改造采光井24个约60平方米。完成牛街大街整治工程，建牛街北口大型花坛一座80余平方米，增设牛街南口景观标识一座90余平方米，绿化补栽补种1000余平方米。配合相关部门完成“煤改电”1080户。牛街西里二区社区被评为“首都绿化美化花园式社区”。完成泰和家园和信恒大厦2个小区的垃圾分类创建工作。街道防汛指挥部协调处理房屋漏雨38处，人防工事塌陷及地下室进水2处，及时发现、报告和处理路面塌陷12处。

（李　楠）

【社区建设】 年内，制定《牛街街道社区社会组织登记备案管理办法》《牛街街道精品社区社会组织规范化管理指引》等管理办法，大力培育社区服务性、公益性、互助性社区社会组织，街道社区社会组织备案共78支，会员3553人，新增16支。大力发展社区志愿服务，共有公益类组织8个（新增6个），使牛街地区受益人达到数千人次。鼓励各类社会组织参与慈善事业，共有义工580名，实现慈善义工队伍社区全覆盖。加大地区工会建会力度，建会企业全年累计695家，会员5013人，工资集体协商签订率达100%，覆盖企业职工4482人，实现地区非公单位劳动用工监察网格化管理工作100%全覆盖，全年未发生集体访和工资拖欠问题。投入近300万元，完成白广路社区居委会办公用房建设，截至年底，街道10个社区居委会和服务站办公用房面积全部达标。创建枫桦、西里二区2个社区为市级“六型社区”示范单位。完成回民幼儿园改扩建工程，扩招2个班，约有250多名幼儿报名，小班录取150名，入园率为60%。开展“访民情　听民意　解民难”活动，社区共召开会议430次，其中听证会28次、社区事务协商会130次，研究社区工作324次，解决居民提出的问题1185件，居务公开175次298项，接待居民53249人次，走访楼门院长3937人次。启动街道服务事项网上办理工作，逐步实现区、街、居联动，通过社区综合服务平台共计办理居民事项4784项。2月至4月，完成社区党委和社区居委会换届选举工作。10个社区党委经过党员大会选举，产生党委委员52名，设书记10名、副书记11名（其中专职副书记5名）。居委会换届选举以户代表和居民小组代表形式。共登记选民28543人，划分173个居民小组，推选出居民选举委员会成员54人，选出居民代表410名，选出新一届社区居委会成员78人，其中社区居委会主任10人、副主任19人、委员49人。

（李　楠）

【社会保障】 年内，依托就业救援中心、建立大学生社会实践基地等多种形式的就业帮扶，鼓励高校毕业生自主创业，已累计为100余名大学生提供服务。全方位落实促进就业惠民政策。扩大企业联盟规模，成员已增至32家。设立“企业联盟成员就业服务绿色通道”，采集空岗信息4960个。登记失业人员失业率1.14%，就业率63.31%，实现就业678人，其中就业困难人员就业429人。推进居家养老工作，新增6家老年餐桌服务商、4项为老服务项目。落实民生保障性政策，全年累计发放低保金近296万元，医疗救助218人次救助金额326849元，为80岁以上老人发放津贴2297250元，为残疾人发放生活补贴35900余元，发放计划生育一次性奖励费17.7万元。为958名流动人口免费孕检，为来京务工人员子女办理借读证明118份。做好“两节”期间对弱势、低收入困难群体的走访、慰问工作，送去慰问金和慰问品。全年受理各类保障性住房申请120户，完成各类保障性住房一次性公示109户次。其中15户签约廉租实物住房，9户已入住；3户签约经济适用房；1户签约限价商品房。

（李　楠）

【社会治安综合治理】 年内，推进国家安全社区创建工作，调研走访30家共建单位，设立钢院“老年小饭桌”就餐防伤害项目、应急逃生计划项目、牛街安全社区安全教育网、“宠物操场”项目、电影院安全文化沙龙项目、天缘市场人群分流系统、地下室消防安全项目、温馨家园志愿者服务项目、回民小学“平安校园”等13个共建项目，以项目制提升创建水平。加强流动人口管理，聘用50名流动人口与出租房屋信息员，对流动人口登记造册。组织调动志愿者及社会力量，共同服务十八大，群防群治力量达到3.2万人次。加强联合执法的工作力度，配合相关部门，开展交通秩序、市场经营、安全生产、旅游秩序专项整治工作，共开展联合执法检查8次，出动执法人员919人次、237车次，对46处安全隐患下发整改通知。全年共组织安全生产、食品、药品安全检查及配合质监部门特种设备安全检查460次，出动397车次，出动检查人员1998人，排查隐患515起。共受理信访102件次144人。其中集体访6批次39人；处理群众来信28封36人，联名信1封。

（李　楠）

【精神文明建设】 年内，组建牛街街道“双十佳百姓宣讲团”，通过地区居民宣讲发生在自己身上以及身边的感人故事，大力传播“爱国，创新，包容，厚德”的北京精神。制作以弘扬北京精神为主题的展览、文化墙、横幅等宣传品，在街道刊物《今日牛街》刊登有关北京精神的内容，加大宣传力度。开展“做一个有道德的人”系列主题活动，活动内容包括：举办地区道德讲堂，开展“小手拉大手、文明伴我行”青少年教育实践活动，组织未成年人参与文明出行引导、照顾社区孤老、社区环境清理、慰问地区敬老院等各类公益活动，组织青少年暑期读书会，鼓励青少年远离网络等媒介的不良信息，用积极、阳光、向上的活动和资讯丰富未成年人的社区生活，引导青少年树立正确的人生观和价值观。完成全国城市文明程度指数测评工作。

（李　楠）

【双拥共建】 年内，开展“国防教育进社区”活动，进行国防教育知识答卷竞赛，机关干部和社区工作者340余人参与。开展“民族宗教知识进军营”活动，与武警部队官兵开展民族知识问答竞赛。组织部队新兵参观牛街礼拜寺和法源寺，组织部队官兵参加牛街民族知识竞赛和民族舞蹈展演。支持学习型军营建设，援建军营图书室，为武警七支队赠送图书80余册；开放街道社区中心图书室，为武警七支队和西城区第二消防支队战士免费办理借阅证。在社区开展“七一颂歌献给党”和“庆八一”慰问演出，营造出“军爱民，民拥军”的热切氛围。大力推动双拥艺术团“三个一”工程（建设一支民族双拥艺术团，培养一批民族文艺骨干，打造一批精品节目），以社区中心艺术团体为班底建立双拥艺术团，逐步完善双拥艺术团章程、标志、活动计划，并安排专项经费保障双拥艺术团正常运转。春节和“八一”期间，走访武警二师、武警七支队、西城第二消防支队、区武装部、防化团、武警七支队十二中队、武警七支队五中队、武警水电指挥部警勤中心警卫三班，共送去慰问款143000元。走访优抚对象、义务兵家属、军休职工和军队离退休干部共125人，发放慰问品和慰问金合计109700元。

（李　楠）

【民族工作】　年内，结合社区“两委”换届，设立民族工作委员会，增设社区党委统战委员，完善街道-社区-民族工作骨干“三级”网络。开展民族政策培训，通过报告会、培训会、知识讲座以及实地参观等多种形式，对机关干部、社区工作人员、社会单位及“两新”组织（新经济组织和新社会组织）从业人员、外地来京务工人员开展分类培训，共600余人接受培训。开展民族电影展映，在社区轮流展映《额尔古纳河右岸》《转山》《可可西里》《台湾往事》等近30部中国少数民族母语电影，10个社区分批共组织700余人次参与了民族电影展映活动。举办牛街街道第二届“民族团结杯”知识竞赛，竞赛内容涵盖中共党史、统战知识、民族宗教政策、北京精神、牛街街情5个方面，共80支队伍参赛。举办第七届“民族团结杯”象棋赛、第八届“民族团结杯”书画展、第十一届丁香诗会、第八届丁香笔会、第五届北京清真美食文化节。7月，举办首届北京牛街“民族团结杯”优秀舞蹈作品展演暨2012年民族团结进步宣传月启动仪式。

（李　楠）

白纸坊街道

【概况】　白纸坊街道位于西城区南部，东起菜市口南大街与陶然亭街道为邻，西至西护城河与广外街道和丰台区交界，南起南护城河与丰台区相望，北至南横西街、枣林前街与牛街街道接壤。辖区面积3.11平方公里，有主要大街12条、胡同76条、社区居委会18个。常住人口33037户94080人，流动人口12854人，出租房屋2939户。年内，出生735人。有中央、市、区属各类企事业单位1720家，其中中央、市属单位162家，大、中、小学13所，托幼园所4家，医院5家。全年财政收入11800万元，支出12131万元，税收127107万元。街道机关行政、事业单位共有人员148人，其中公务员100人、工勤4人、所属事业单位（社保所、社区服务中心）44人。年内，举办第四届“白纸坊杯”腰鼓邀请赛、第二届家庭人口文化节。获“北京市2012年城市环境建设突出贡献奖”“北京市2012年社区信息化综合示范街道”“首都文明街道”“北京市2012年无偿献血先进单位”等荣誉。

地址：西城区樱桃二条8号

邮编：100054

电话：63522606

（许　乐）

【城市管理】　年内，实施“一线两点”环境整治工程，以右安门内大街为“一线”，以建功北里二区和双槐里小区为“两点”，聘请专家论证、专业公司设计，对右安门内大街、建功北里二区进行全面升级改造，统一进行楼体粉刷、门窗更换、牌匾规范和阳台绿化工作，安装小区楼宇对讲、电动门禁，进行小区绿地和服务设施改造，探索老旧小区改造后的管理模式。开展国家卫生区、国家安全社区的复审工作。开展“四美”（最美小区、最美庭院、最美胡同、最美阳台）活动，对右安门内大街两侧居民阳台和单位楼体进行美化。探索在阳台、电线杆上养花；对沿街单位采取“以奖促美”、对居民群众采取“以送促养”的办法，提升沿街单位和居民美化阳台的积极性；打造“最美胡同”右安门内西街，设计并制作以“二十四孝”“印钞历史”为背景的文化宣传展示墙。对新安中里11至13号楼间、经济日报社东侧路以及自新路、崇效胡同的道路进行硬化；改造建功北里二区、樱桃园交警大院的雨水工程。作为西城区拆除违法建设的试点街道之一，共拆除违法建设140处2940平方米；配合有关部门完成右安门内大街28号院的拆迁工作，与有关部门共同化解了卫生大厦、菜市口220千伏变电站民扰等矛盾问题。

（许　乐）

【社区建设】　年内，完成第八次社区居委会换届工作。对18个社区居委会的选举工作做动员和具体部署；加大宣传力度，为换届选举营造良好的社会氛围；加强换届业务培训，确保社区“两委”换届选举工作公开、公平、公正。换届之后对“两委”成员进行了培训，并与北京师范大学合作，开展心理培训课程，为每个社区培养1至2名心理辅导师。以“强素质、提能力”为目标，开展各层级、各类型的培训，全力打造思想正、业务精、作风硬的社区干部队伍。建功南里社区、樱桃园社区、清芷园社区创建为市级“六型社区”。建立联席会议制度，通过定期召开会议，听取社区和相关科室的工作汇报，及时解决创建中的各类问题；拨资20万元作为奖励经费对“六型社区”创建优秀单位进行奖励。强化社区居委会自治和服务功能，发挥社区居民在和谐社区建设中的主体地位，积极引导社会组织参与社会建设，充分发挥99个社会组织在满足居民需求、促进社会和谐当中的作用。根据驻区单位、辖区居民新的需求，采取政府出资购买公共服务的形式，培育、引入新的社会组织，投入185万元，用于租赁办公用房；投入137万元，用于改善社区办公条件；投入9万元，用于培育辖区为老服务社区社会组织。

（许　乐）

【社会保障】　年内，共有低保家庭967户1800人，低收入家庭56户138人，发放低保金1128万元；慰问困难家庭3500户5000人，发放慰问金348万元；累计医疗救助893人次，发放重病、临时、个案医疗救助款134万余元；发放丧葬补贴63份，共计31.5万元。组织开展“爱在西城”联合募捐活动，以及“7·21”特大暴雨灾害募捐，广泛动员社区居民、辖区单位参与捐助，共计捐款20万余元。落实“九养政策”，开展“孝星”命名表彰活动，共评选出区级“孝星”102名，市级“孝星”48人；以菜园街、右内西街社区为试点，探索“家庭互助式”养老、社区养老新方法，在邻里之间开展为老服务。召开企业联盟座谈会、大学生创业典型经验交流会，建立大学生就业服务中心，在18个社区分设大学生就业服务站，建立白纸坊街道大学生就业平台系统网站，为失业人员提高提供“一条龙”式的就业跟踪服务。登记失业人员失业率1.28%，就业率75.09%，就业人数2005人，完成全年指标108.18%；就业困难人员就业率71.79%，实现就业1295人，完成全年指标119%；推荐就业655人，职业指导3122人次。落实实物配租选房80户；公共租赁住房登记申请117户；“三房”（廉租房、经适房、限价房）轮候家庭84户，审核通过87户；限价房市级备案通过1657户，选房家庭629户，终止家庭158户；经济适用房市级备案通过家庭1031户，选房家庭219户，终止家庭227户；廉租房市级备案通过471户，终止家庭125户。成立西城区首个街道级机动轮椅车救援服务队，为辖区机动轮椅车驾驶员提供救援、维修等服务。新办理残疾人证178人，补办残疾人证51人，注销残疾人证20人；为415名残疾人发放各种生活补助费108万余元、发放助残券共计504400元；走访慰问693户残疾人家庭，发放慰问金220400元。享受养老服务的人员累计4052人，享受助残服务的人员累计420人；发放养老卡675张、助残卡31张。调整新增养老服务项目10余个，新增服务单位3家，有3家服务单位被评为市级先进单位、1家被评为区级先进单位。办理一胎生育服务证873个、独生子女光荣证399个、第二胎生育服务证56个，发放符合政策的独生子女父母奖励费84535元，独生子女父母年老时一次性奖励费313000元。

（许　乐）

【社会服务管理】　年内，整合原政务大厅和原社保大厅资源，建立1300平方米的公共服务大厅，设置13个服务窗口；完善《白纸坊街道公共服务大厅工作人员行为规范》等4项工作规定和制度，明确公共服务大厅的办事流程，严格杜绝职责不清、推诿扯皮现象的发生；每月召开1次窗口科室负责人联系会，每半月召开1次窗口工作人员业务培训会，加强工作沟通，提高业务能力。投入600万余元将原政务大厅改造成街道全响应指挥中心，已完成硬件改造、设备安装并投入使用；初步建立街道全响应工作机制，承载辖区基础数据应用、城市管理、公共服务、应急处置等多项职能；广泛开展社区信息港、智能政务管理系统、大学生就业平台等项目建设工作。建成菜园街、里仁街、半步桥3个便民菜店，使用面积近300平方米，解决了3个社区周边近2万户居民的买菜难问题；每个店聘请3名义务监督员，对菜品质量、价格、环境进行监督，努力为百姓提供价廉质优的“放心菜”。在18个社区办公用房全部达标的基础上，以1公里半径形成的辖区面积为服务范围，规划建设3处1000平方米左右的市民中心，解决单个社区资源不足，资源难以共享、社区之间交流渠道单一等问题；光源里市民中心承载社区议事、市民教育、社区文化、日间照料等8大服务功能，9月已面向居民开放使用，举办各类展览、周六大讲堂、周日电影院等文娱活动，组织专家教授、名人为居民提供多样的文化生活服务，累计到市民中心参与活动的市民人数已达11000余人次。以居民需求为导向，以右安门内大街和白纸坊西街、白纸坊东街为线把辖区划分为4个“一刻钟社区服务圈”，辐射18个社区，梳理辖区可用服务资源，着力打造白纸坊社区综合管理服务体系。经过走访登记调查及严格的筛选，与符合条件的248家商户签约，服务种类涉及到餐饮、购物、休闲娱乐、旅游住宿、便民服务、医疗卫生、教育服务、公共服务；将248家商户的详细信息登记到《白纸坊街道便民手册》上，通过电话、网络、平面等多种载体全方位、立体化展现。

（许　乐）

【社会治安综合治理】　年内，完成元旦、春节、“十一”“两会”、十八大、市委党代会等重点时段的社会面防控工作，广泛动员辖区3200名治安志愿者参与网格防控。坚持定期矛盾排查、化解、会商及领导包案工作机制，建立大维稳、大综治的工作格局，共召开矛盾排查会28次，排查各类矛盾45件，已解决35件。不断加大物、技防投入，累计投入80余万元，为南运巷小区安装监控系统，为里仁街6号院、建功北里二区安装电动门禁；在右安门内大街、地铁4号线出口等重要地段建立中心警务站。加大综合执法力度，对治安重点地区、重点场所及群众反映强烈的问题进行综合整治，相继开展“黑摩的”、废品收购点、露天大排档、无照占道经营的治理行动。

（许 乐）

【精神文明建设】 年内，举办“我心中的北京精神”主题演讲比赛；举办北京精神书画展，展出书法、绘画作品60余件。开展“学雷锋精神、做美德少年”网上签名寄语活动，共发布寄语70多条，签名寄语200余人次。举办“坊间茶会”之“最美”暨“四美”环境建设优秀成果展，共收到辖区单位、居民上报参选照片900多张；举办“坊间茶会”之粽情飘香话端午活动，组织各社区举办包粽子比赛、“粽香传情社区老友会”等活动。以“学雷锋 践行北京精神——做文明有礼的北京人”为主题，开展新童谣征集活动,共收到新童谣作品130多篇，最终推选62篇优秀作品报送新童谣创编基地，其中北京市宣武师范学校附属第一小学李婧伊同学创作的《心字歌》入围北京市五篇全国优秀候选作品之一；组织青少年开展“我为社区孤寡老人送春送福送温暖”活动、“践行北京精神，弘扬传统美德”志愿服务；右内后身、平原里、里仁街等多个社区都组织青少年开展文明环保公益活动。组织辖区未成年人参与“网上祭英烈”活动。开办安全知识讲座，组织学生开展“做文明有礼的北京人”为主题的文明乘车宣传活动、暑期青少年健康讲座暨知识问答等。开展“见贤思齐，我与身边先进典型比一比”评选表彰活动，对辖区居民推选出来的的10位“白纸坊身边榜样”进行表彰，报送的“身边好人”蒋会增等3人入选首都文明网候选人。与怀柔区桥梓镇前茶坞村签署友好共建协议书，为村民赠送图书300册，开展共建活动。在右安门内西街一侧制作白纸坊文化墙，以弘扬尊老爱幼的民族传统文化为主并展示红楼文化、鼓文化等辖区传统文化。

（许 乐）

【双拥共建】 年内，与驻区公安部消防局、武警七支队五中队、武警七中队3支部队签订共建协议。拓展双拥共建活动内容，定期为社区居民提供义诊、家电维修、义务理发、代购生活用品等便民服务；组织部队官兵参加植树活动；“两节”期间，走访慰问北京市监狱管理局清河分局、清河武警十二支队、武警北京总队二师七支队五中队、武警北京总队二师七支队七中队、清河消防支队、公安部消防局武警官兵；“八一”期间，开展系列双拥共建活动，通过《白纸坊报》、宣传横幅、海报等形式广泛宣传双拥共建活动；街道处级领导重点慰问结军亲对象；组织社区居委会普遍走访慰问138名优抚对象、军烈属之家；组织辖区共建单位开展双拥共建篮球比赛等活动；定时召开双拥工作领导小组会、军政座谈会、双拥工作部署会；组织辖区居民参观中国消防博物馆，积极宣传“5·12”防灾减灾日；组织社区开展国防教育日活动，普及国防知识，在街道机关举办国防教育知识答卷活动。

（许 乐）

【开展“政务能力建设年”活动】 年内，梳理行政职权目录，依据法律、法规、规章等规范性文件，共梳理出街道行政权力3类70项、办事处领导班子成员权力28项。推进依法行政工作，从提高干部队伍的法制观念入手，坚持开展领导干部会前学法、理论中心组学习等活动；邀请法官、律师、公证员等专业法律工作者深入社区参与普法教育，举办宣传、讲座、接待咨询等法律宣传服务活动。利用社区“连民心恳谈室”“民意诉求受理站”，拓宽居民诉求渠道，做到小事不出社区，将矛盾化解在基层。推进学习型机关建设，制订全年党员干部、机关干部的培训计划，每月邀请专家学者对机关干部开展能力业务培训，借助学习考察、任职培训、岗位交流、拓展训练等多种形式加强对机关干部的培养和锻炼；组织机关干部撰写心得体会、学习报告、畅谈工作经验，深化各级干部对政务能力建设的认识和理解，通过彼此的交流、沟通和学习达到完善自我的目的。制定《白纸坊街道关于全面实施“访民情、听民意、解民难”工作方案》，召开“访听解”工作动员大会，推行“一本、一会、一单”社区民生工作法，规范街道对接社区诉求工作机制；处级领导、科室干部定期主动走访社区，了解、掌握社区民情民意；街道与辖区人大代表、政协委员、区职能部门派驻机构、驻区单位、社会组织等建立定期会议协调制度，共商地区民生发展工作，开展资源对接、资源共享，合力解决社区各类重要问题。

（许 乐）

广安门外街道

【概况】 广安门外街道（简称广外街道）位于西城区西南部，东以西护城河为界；西沿马连道北路、湾子街至太平里，与丰台区为邻；南起广安门南滨河路向西沿鸭子桥、广安门火车站专用线莲花河故道与太平里相接，亦与丰台区相连；北以北京西客站、莲花池东路为界，与海淀区毗连。有2条过境河流，莲花河由西向南斜穿地区中央，境内流长2570米；西护城河从地区东侧流过，境内流长2640米。辖区面积5.49平方公里，29个社区居委会，19个家委会。根据第六次人口普查数据，常住人口179536人，流动人口72317人。辖区法人单位3753个，其中中央单位107个、市属单位95个、区属单位99个、其他单位3452个。学校13所，幼儿园4所，敬老院1所，居家养老服务中心2处，医院1所，社区卫生服务站8个。街道设29个职能科室，3个事业单位，机关行政、事业人员共172人。全年财政收入13381.01万元，财政支出12213.66万元。年内，在区委、区政府和街道工委领导下，深入学习贯彻落实科学发展观和党的十八大精神，不断完善“精益治理”理念，以居民需求为导向，群众满意为标准，大力提升城市功能和品质，全方位推进社会服务管理创新，促进广外地区经济社会可持续发展。获“全国安全社区”称号，被国务院授予“全国就业先进工作单位”称号，被市人力社保局认定为充分就业街道。

地址：西城区广安门外大街189号

邮编：100055

电话：63318222

（赵超越）

【城市管理】 年内，全力推进99栋老楼49.6万平方米的节能保温改造工程，受益群众8446户。落实4条交通疏堵规划工程，完成16条便民路的升级改造工程，共铺设沥青5.2万平方米、步道砖3万平方米，改造雨污水管线779平方米。全年针对马连道家乐福周边、广安门外南街铁道口等辖区重点部位，集中开展执法专项整治，出动科站队所执法人员5800人次，开展综合整治76次，清除大件垃圾3000余吨、拆除违章建筑46间237平方米、取缔无照经营乱点180个。加大环境卫生清理整治工作，共组织发动辖区志愿者9000余人，解决脏乱差重点问题55个。全力做好水、电、气、暖、道路等环境保障工作，及时处理各类应急问题300余件。开展绿化美化工作，绿化改造面积1525平方米，种植各类树木426棵。在29个社区开展健康社区、健康单位评比，发放宣传材料2万余份；对48个小区推行垃圾分类，共发放各类分类收集容器3.6万个、分类袋157.6万个，引导市民践行低碳的生活方式。

（赵超越）

【社区建设】 上半年，完成社区“两委”换届选举工作，推选产生居民代表1499人，选举产生新一届社区居委会班子成员201人，平均年龄46岁，大专以上学历占62%。将五星级和谐社区创建与落实北京市“六型社区”建设紧密结合，对“五星级和谐社区”指标评估体系进行全面修改完善，聘请北京市社科院成立评估小组进行考核评估，最终确定五星级社区1个、四星级社区11个、三星级社区9个、二星级社区8个。有7个社区创建成为北京市六型示范社区。开展“社区规范化示范点”建设，红莲中里和湾子街2个社区成功申报为北京市社区规范化建设示范点。改善鸭子桥、依莲轩、蝶翠华庭、红莲北里的社区办公服务用房条件，投入40余万元对红居街、车站东街等19个社区的办公服务用房进行修缮。全面开展对社区工作者的教育培训，制订培训计划，丰富培训内容和形式，开展全员培训、岗前培训、初任培训和业务培训。推广楼管会和协商议事会等社区自治机制，探索物业管理矛盾协调机制，与专业法律机构签订服务协议，加强对业委会的依法指导和监督。对社会组织给予资金、人力、场地等政策支持，鼓励并指导社会组织申报市、区社会建设项目资金，全年共获批市级项目2个、区级项目8个，获资金支持百余万元，其中红莲中里社区的金色阳光协会被评为北京市5A级社会组织。为8个社区扩建文化活动室，投入35万元增加体育设施和器材，在荣丰、红莲北里社区建设篮球场、网球场、乒乓球长廊等场地，充实建设莲花河社区图书馆成为街道第二家对公众开放的街道级分馆。

（赵超越）

【社会保障】 年内，全年发放低保金920万元；临时救助71户，累计救助金额22万余元；医疗救助750人次，累计救助金额90万元；帮助地区38个家庭中的青少年获得援助款1.8万元；慰问困难妇女59人，发放慰问金3.3万元。发放4种保障性住房申请核定表和相关材料的近7450余份，完成1100户申请家庭的年度复核工作，组织申请家庭进行摇号、选房。全年街道共有53户申请家庭办理入住手续，有58户申请家庭享受到廉租房的租金补贴。完成新一届社区残疾人协会换届选举工作，建立健全29个社区矛盾排查信息员和康复指导员队伍。对45户残疾人家庭进行无障碍改造，为11名残疾人子女发放补助金3.8万元，为79名灵活就业残疾人办理“三险”（基本养老保险费、基本医疗保险费和失业保险费）补贴。通过购买社会公益性岗位以及发挥爱心企业的资源优势，帮助41名残疾人实现就业。联合中国国家芭蕾舞团开展主题为“品味高雅艺术无障碍，共享文化灿烂新生活”活动，带领150名地区残疾人走进国家芭蕾舞团，感受高雅艺术。全年累计为2万人次发放居家养老服务券203万元，为40名无保障老人免费体检，为283名老人办理“小帮手”电子服务器，举办社区养老助残精神关怀活动4787场次，签约57家服务商为老年人提供多项服务。为天宁寺居家养老服务中心新增床位14张，铺设无障碍坡道，建立心理咨询室，新增部分电脑和图书。与福建省泉州市德化县签订《流动人口计划生育服务与管理双向协作协议书》，实现工作跨区域对接。在流动人口中开展“婚育文明伴我行”活动，发放《致流动人口一封信》8000张、宣传册3500余册、避孕药具24000只，制作宣传板报25块。开办暑期托管班，举办“关爱流动青年·青春心理对话”活动。推进0至3岁儿童早教工作，宣传早教知识，开展“送教上门”，受益群众达1743人。成立北京市首家就业困难人员援助中心，并在29个社区建立就业援助站，对地区失业人员实行全面帮扶。街道社保所通过开展“五亮铸五优”活动，全面改进服务作风，提高服务效能，获“2010-2012年度北京市人力资源和社会保障系统优质服务窗口单位”称号。

（赵超越）

【社会治安综合治理】 年内，节假日期间和重要时段，累计出动7支基干民兵队伍376人、各种志愿力量50万人次对重要节点实行监控，确保地区的安全稳定。组织执法小分队开展多次专项整治，共查处“黑摩的”30多辆、违章停车185起；取缔地区无照摊位、店外经营近万起，无照发廊17家，无照经营餐馆20家。加强辖区内铁路沿线安全防护工作，明确3.44公里铁路沿线12个社区的责任职责，为鸭子桥铁道口安装电子交通安全提示屏。新录用16名大专以上学历的流管人员，核查地区5万多流动人口及6000余户出租房的信息情况；街道计生办和流管办整合资源，部门联手，形成管理互补、服务互动、信息互通、双方共赢的流动人口服务管理工作格局。按照资源整合、全员参与、持续改进，最大限度预防和减少事故与伤害的安全社区创建理念，成功创建“全国安全社区”称号。全年对“六小”单位、地下空间、人员密集场所、建筑工地等进行安全检查与隐患排查，检查单位2000余家，消除隐患900余处。组建医疗救护、运输、救援等7支专业技术队伍，共计205人。与北京市紧急救援基金会合作，组建以街道为单位的北京市第一支社区救援队，并在“5·12”防震减灾主题宣传活动中进行应急救援实战演练。以知识讲座、知识竞赛、形势报告、播放录像和发放宣传手册等多种形式开展社区公共安全宣传教育活动，提高居民对公共安全知识的知晓率。在29个社区全部设立法律援助服务岗，每周由专业律师提供咨询服务，广泛开展宣传教育活动。

（赵超越）

【功能街区建设】 年内，举办马连道春茶节、国际茶文化节，巩固马连道的特色品牌优势，进一步扩大辐射范围。吸引超5A级标准的耀莱成龙国际影城、马连道第三区商业步行街、新年华购物中心等项目落户马连道，提升茶叶街的商务、休闲、娱乐功能，促进茶企服务项目多元化，增加茶文化内涵的时尚元素。推动信息化技术在马连道的运用，通过建设“wifi马连道”、马连道app移动应用，开通“马连道茶叶特色街名片网”，启动“马连道茶叶特色街360度全景体验”项目制作，促进信息化与茶产业融合发展。街道办事处正式设立马连道街区综合管理办公室，作为服务管理马连道特色街的正式内设机构。成立马连道社会服务管理中心，内设社会工作、党建工作、工会工作、青年工作、妇女工作、统战工作、双拥工作7大服务站，为马连道茶商企业及职工免费提供15类近80项服务项目，范围覆盖马连道8大商务楼宇、10大茶城3000多家茶商。

（赵超越）

【精神文明建设】 年内，以庆祝党的十八大胜利召开为活动主题，先后开展“五月的鲜花 心中歌儿献给党”广外街道第七届“红莲杯”红歌展演活动；开展有4000多居民参与的社区红歌传唱活动；举办第十七届全民健身体育节；在地区公共场所张贴喜迎十八大胜利召开的宣传图片；在机关、辖区单位及社区举办“讲述党员故事，歌颂党的恩情”征文活动，并利用街道《广外报》开辟专栏刊载优秀作品。以“践行北京精神——争当‘学雷锋社区文明小使者’”为主题制定活动方案，开展各类形式不同的教育活动127项，参与活动的社区青少年近5000人次。开展以“小手拉大手”为主题，面向外来务工子女的暑期托管班系列服务项目。举行广外街道第三届“品民俗过大年”社区闹元宵活动和“千山万水‘粽’是情”包粽子比赛。完成“国学知识传播”课题的调研项目。组织居民参加市民讲外语风采大赛。

（赵超越）

【双拥共建】 年内，以军警民跨区双拥共建20年为契机，会同中央军委四大总部机关、第二炮兵部队等相关部门，以“携手共奋进，融合大发展”为主题，开展军民座谈会、“千里送真情”邮寄慰问、军营一日游、百名新兵知北京、军民登山联谊等系列活动。其间，街道为原国防部长迟浩田题词的“马连道双拥一条街”街景标志举行揭牌仪式，制作双拥板报58块，设计宣传橱窗30个，张贴双拥标语60余条，发放宣传材料1000余份，制作宣传画册500套，制作巡回展板20块，在广安门外大街过街天桥上悬挂宣传横幅8条，打造“马连道双拥共建一条街”。

（赵超越）

（责任编辑 杨桂敏）

人 物

领导干部

中国共产党北京市西城区第十一届委员会

书　记　王　宁

副书记　王少峰　杜灵欣

常　委　王力军　章冬梅（女）　苏　东　梁昌新　陈思源　程　军　郭怀刚　李书兵　王　旭　王都伟

西城区人民代表大会第十五届常务委员会

主　任　刘跃平

副主任　赵印春　刘永先（女）　郑　然　周慧来　俞　强　席修明　王功伟

委　员　（按姓氏笔画为序）

马　炎　王学章　王建华

王崇恩（回族）　石晓愚　史　锋

付新宇（女）　吕晋发　朱建岳

刘洪文　安亚荣（女）

孙　静（女）　李　玉（女）

李秀荣（女）　杨　秋（女）

邱　琦（女）　张思宁（女）　张培彤

赵志良　赵芙蓉（女）　赵建敏

贺宏志　柴丽敏（女）　倪效仲

曹立宏　韩精诚

穆　静（女，回族）

西城区人民政府

区　长　王少峰

副区长　苏　东　梁昌新　陈　宁（女）

范　宝（回族，10月免）　李　岩（满族）

杜黎彬（回族，10月任）　孙　硕

吴铁男

中国人民政治协商会议第十三届北京市西城区委员会

主　席　曹长胜

副主席　王瑞珠（女）　沈桂芬（女）

姜立光　杨月欣（女）

刘长铭　李建国　荣　洋

秘书长　孙广俊

常　委　（按姓氏笔画为序）

马光远　马志刚　王　茁

王广发　王向波

王贺君（回族）　王晓敏（女）　王福俊

牛明奇　尹国芳（回族）

甘力鹰（女　卢　明　付广军

白　洁（女）　宁　梅（女）

皮　强　邢爱义　刘　冰（女）

刘　琪　刘少华　刘永斌

刘昊扬　刘学俊　刘学增

安朝晖（女）　孙劲松　孙树平

苍玉清（女，回族）　杜凤英（女）

杜凤超　李　硕（满族）

李　新（女）　李文义　李连防

李洪祥（满族）　杨海森　吴　江（女）

吴永全　吴秀丽（女）

何悦明　余渡元　宋　伟

张礼斌　陆　翔　陈子云（女）

妙　文　郃亚臣　林　耀

林建平　岳　立　金　辉

郑　实　郑昊岩　孟至岭

赵　丽（女）　赵　莉（女）

赵奎丽（女）　郝寒娟（女）

段云松　闻丹岩（女）

袁　文　耿　聆（女）

夏长青　晏　畅　徐双春

徐京华 徐建明 翁乃彤（女）
郭继孚（满族） 涂 平 陶水龙
黄 庆 黄中军 黄芳栋
黄殿琴（女） 曹淑琴（女）
鹿 陈 董晓莉（女）
韩 东 韩世和 程文光
曾小丹（女，满族） 谢志红（女）
谢苗荣 褚海燕（女）
蔡志兵 蔡丽娟（女）
戴卫红（女） 鞠 瑾 魏建新（女）

中共西城区第十一届纪律检查委员会

书 记 王力军
副书记 杨建和 韩星桥
蒋春芳（回族）
常 委 马 毅 李高霞（女）
杨 扬（女） 袁世良 张俊义
刘 青（女） 马 东

中共西城区委员会工作机构主要负责人

办公室主任 郭怀刚
常务副主任 程瑞琦
组织部部长 章冬梅（女）
常务副部长 王建华
宣传部部长 王都伟
政法委员会书记 杜灵欣
常务副书记 李 铁（7月免） 张小来
精神文明建设委员会办公室
主任 刘江甲（8月免）
谢 静（8月任）
统战部部长 程 军
台湾工作办公室（区台湾事务办公室）主任 刘 琪
研究室主任 刘化杰
老干部局局长 王晓谦（女）
保密委员会办公室主任（区国家保密局局长）
常卫国
区直机关工委书记 郭怀刚
常务副书记 陈 艳（女，2月免）
赵 丽（女，6月任）
社会工作委员会书记 艾 丽（女，满族）
党校校长 章冬梅（女）
常务副校长 闫建国
党史工作办公室（地方志编纂委员会办公室）
主任 赵 兵
社会治安综合治理委员会办公室主任 王 静
维护稳定工作领导小组办公室主任 张小来
流动人口和出租房屋管理委员会办公室主任 马京宝
处理法轮功问题领导小组办公室（区政府防范和处理邪教问题办公室）主任 王学海（7月免）
贾旭辉（7月任）
机构编制委员会办公室主任 郁 治（女）
常务副主任 关山红（女）
新闻中心主任 靳 真（女，8月免）
区委巡视组一组组长 李跃梅（女）
区委巡视组二组组长 彭随心
区委巡视组三组组长 周雪风

西城区第十五届人大常委会工作机构主要负责人

办公室主任 马 炎
研究室主任 柴丽敏（女）
代表联络室主任 吕晋发
财政经济工作委员会主任 石晓愚
内务司法工作委员会主任 倪效仲
教科文卫工作委员会主任 孙 静（女）
城建环保工作委员会主任 曹立宏

西城区人民政府工作机构主要负责人

办公室党组书记、主任 杨 川
发展和改革委员会
党组书记 刘金水（2月免）
主任 吴向阳
科学技术委员会
党组书记 黄 勇
主任 张炳田（女）
监察局局长 杨建和
财政局党组书记、局长 张宗禹
人力资源和社会保障局
党组书记 高子忠
局长 郁 治（女）
住房和城市建设委员会
党组书记 何焕平（6月任）
主任 王乐斌
市政市容管理委员会
党组书记 刘振华（2月免）
姜立光（2月任）
主任 姜立光（2月免）
刘成东（2月任）
人口和计划生育委员会
党组书记 彭秀颖（女，10月任）
主任 彭秀颖（女）
民政局党组书记、局长 宋卫东
审计局党组书记 张沪生（2月免）

局长 田　迪（女）
金融服务办公室
党组书记 吴向阳
主任 刘学增（4月免）
环境保护局
党组书记、局长 章　卫
统计局党组书记 朱显国
局长 郭启兴
外事办公室党组书记 夏长青
主任 王　干
信访办公室党组书记 杨维民（2月免）
刘振华（2月任）
主任 杨维民
民族宗教侨务办公室
党组书记 周兴运
主任 王贺君（回族，2月免）
法制办公室党组书记 苏　泳
主任 果玉成（2月免）
李　程（4月任）
民防局（地震局）
党组书记 姜文龙（2月免）
王连杰（3月任）
局长 贾旭辉（8月免）
赵友新（8月任）
安全生产监督管理局
党组书记、局长 陈国红
商务委员会党组书记 刘　冀（8月免）
王　毅（8月任）
主任 郭　新
国有资产管理委员会
党委书记 涂云国
主任 牛明奇
城市管理监察大队
党委书记 曾加顺
大队长 杨文学（10月免）
吴铁男（10月任）
行政投诉中心主任 杨建和
社会建设办公室主任 艾　丽（女，满族）
档案局党组书记 吕燕裙（女）
局长 李茂福
园林绿化局党组书记 孙万起
局长 高兴春
园林市政管理中心党委书记 王铁赤
主任 白贵海
环境卫生服务中心
党委书记 姚尚贵
主任 申长丁
机关事务服务中心
党组书记 张宇山
主任 胡永顺

房屋土地经营管理中心
党委书记 王连杰（3月免）
于燕萍（6月任）
主任 郭　月
城市管理监督指挥中心
党组书记 李留欣
主任 刘成东（2月免）
海　峰（回族，3月任）
区功能街区产业发展促进局
党组书记 王志忠（3月免）
张　东（5月任）
局长 王福俊（4月免）
张　东（6月任）
信息化工作办公室
党组书记 李连防
主任 付贵森
对外联络服务办公室
党组书记、主任 岳永梅（女）
西直门综合交通枢纽地区管理委员会
党组书记 刘春伟
常务副主任 任贵卿
综合行政服务中心
党组书记、主任 李　薇（女）
区政府投资项目建设中心
主任 吴向阳（6月任）
区发展服务中心主任 张　东（6月任）
规划西城分局
党组书记、局长 刘　速（女，回族，7月免）
倪　锋（7月任）
工商西城分局
党组书记、局长 方葆青
国土资源西城分局
党组书记 张宏生（3月免）
靳　薇（12月任）
局长 林　毅（8月免）
李　伟（8月任）
药监西城分局
党组书记、局长 唐庆军
质量技术监督局党组书记 游　勇
局长 钱希杰
烟草专卖局党组书记、局长 江　涛
地税局党组书记 邢　军
局长 李玉庆
国税局党组书记、局长 杨建国（7月任）

政协西城区委员会工作机构主要负责人

办公室主任 孙广俊
研究室主任 鹿　陈

专委会工作一室主任　韩世和
专委会工作二室主任　白　洁（女）
专委会工作三室主任　晏　畅
专委会工作四室主任　徐京华（5月免）
　李占文（5月任）
专委会工作五室主任　李洪祥
专委会工作六室主任　黄　庆

西城区政法、军事系统主要负责人

西城公安分局
　党委书记、局长　陈思源
　政委　张　毅
人民检察院党组书记、检察长　韩索华
人民法院党组书记、院长　安凤德
司法局党组书记　钟显林
　局长　张才斐（8月免）
　李　铁（8月任）
西城安全分局党组书记、局长　鲁小明
　政委　李　成（12月免）
人民武装部部长　陈华良
　党委书记、政委　李书兵
西城消防一支队支队长　吴清松（7月免）
　周士涛（7月任）
　政委　陈亚军（10月免）
　吴清松（7月任）
西城消防二支队支队长　王江凯
　政委　张春轶
武警一支队支队长　梁黔生
　政委　甘　勇
武警七支队支队长　金　剑
　政委　郭训超

西城区各民主党派负责人

中国国民党革命委员会北京市西城区委员会
　主任委员　王　红
中国民主同盟北京市西城区委员会
　主任委员　刘长铭
中国民主建国会北京市西城区委员会
　主任委员　李建国
中国民主促进会北京市西城区委员会
　主任委员　张礼斌
中国农工民主党北京市西城区委员会
　主任委员　张培彤
中国致公党北京市西城区委员会
　主任委员　贺宏志
九三学社北京市西城区委员会
　主任委员　杨月欣
台湾民主自治同盟北京市西城区委员会
　主任委员　邱　琦

西城区群众团体主要负责人

总工会党组书记　杨广宏（回族，12月免）
　主席　杨广宏（回族，4月免）
　马小鹏（4月任）
团区委党组书记、书记　王　丹（女）
妇女联合会党组书记、主席　薛湘丽（女）
工商业联合会党组书记　皮　强
　常务副主席　杨　秋（女）
归国华侨联合会主席　郝寒娟（女）
科学技术协会党组书记　戴卫红（女，3月免）
　李英哲（3月任）
　常务副主席　边群英（女，2月免）
　戴卫红（女，3月任）
文学艺术界联合会
　党组书记　汪帮宏
　常务副主席　杨海森
社会科学界联合会
　党组书记　徐　闻（女，11月免）
　王立华（11月任）
　常务副主席　孙树平
残疾人联合会党组书记　刘少华
　理事长　李秀荣（女）
红十字会党组书记、常务副会长　王志东

西城区街道工委、办事处主要负责人

德胜街道工委书记　马小鹏（3月免）
　陈献森（3月任）
　办事处主任　陈献森（8月免）
　侯　林（8月任）
什刹海街道工委书记　姜兆春
　办事处主任　徐　利
西长安街街道工委书记　李会增
　办事处主任　张　丁
大栅栏街道工委书记　田　静（女，哈尼族）
　办事处主任　陈振海
天桥街道工委书记　王申恒
　办事处主任　王希福
新街口街道工委书记　王战荣
　办事处主任　张中喜
金融街街道工委书记　熊　卓（5月免）
　徐　斌（5月任）
　办事处主任　王　旭
椿树街道工委书记　马光明
　办事处主任　李　婕（女，8月免）

陈鹏程（9月任）
陶然亭街道工委书记 王效农
办事处主任 李 华
展览路街道工委书记 马业珠
办事处主任 李敬方
月坛街道工委书记 王 奇
办事处主任 马红萍（女，回族）
广安门内街道工委书记 李剑波
办事处主任 袁 利（女）
牛街街道工委书记 沙秀华（女，回族）
办事处主任 沙秀华（女，回族，2月免）
王贺君（回族，2月任）
白纸坊街道工委书记 田巨德
办事处主任 韩俊田
广安门外街道工委书记 缪剑虹
办事处主任 王其志

“5+2”机构主要负责人

金融街建设指挥部
总指挥 王 宁 王少峰
党组书记、执行总指挥 苏 东
督导员 王功伟
副总指挥 李 岩 孙 硕
常务副总指挥 白 力
天桥演艺区建设指挥部
总指挥 梁昌新
常务副总指挥 刘学增（8月免）
安朝晖（8月任）
党组书记 王申恒（兼）
德胜科技园管委会
党组书记、主任 陈 宁
大栅栏琉璃厂建设指挥部
总指挥 王 旭 李 岩
党组书记、常务副总指挥 王志忠
什刹海阜景街建设指挥部
总指挥 吴铁男
党组书记、常务副总指挥 王福俊
区重大项目建设指挥部
办公室主任 李 岩
党组书记、常务副主任（兼） 王乐斌
区城市环境建设委员会
办公室主任 吴铁男
常务副主任（兼） 刘成东
党组书记 宋甲乐

西城区文教卫体系统主要负责人

教育工作委员会书记 张 军
教育委员会主任 田京生
教育督导室主任 牟东棋
卫生工作委员会书记 陈 新
卫生局局长 安学军（满族）
文化委员会党组书记 宋 伟（2月免）
张云裳（女，9月任）
主任 李征帆
旅游委（2月机构更名）党组书记 蔚向东
主任 安朝晖（女，9月免）
刘 冀（9月任）
体育局党组书记 骆 京（2月免）
局长 包 川
社区学院院长 张建国
党委书记 张润田
教育研修学院
书记 陈斯琴（女，蒙古族）
院长 李燕玲（女）
北京市第四中学校长 刘长铭
党委书记 宁 梅（女，7月任）
北京市第八中学校长 王俊成
党委书记 张凤兰（女）
北京市第一六一中学
校长 丁大伟
党委书记 王 云
首医大复兴医院院长 席修明

西城区国资委系统企业主要负责人

北京金融街投资（集团）有限公司
党委书记、董事长 王功伟
总经理 鞠 瑾
华远集团有限公司
党委书记 于锦义
董事长、总经理 杜凤超
北京天恒置业集团
董事长、总经理 刘洪文
党委书记 高 林
北京华方投资有限公司
董事长 徐 军
总经理 张志强
世纪金工投资管理公司
党委书记、董事长 袁海旺
总经理 赵 钢
北京市金工投资管理公司
党委书记、董事长 朱志伟
总经理 孙 昌
金源投资管理有限公司
党委书记 张维杰
董事长 时文生

总经理　平国栋

金座投资管理有限公司

党委书记　祖淑娟（女）

董事长　薛国强

总经理　袁瑞音

北京市金正资产投资经营公司

党支部书记、总经理　张　涛

翔达投资管理有限公司

党委书记　冯双利

董事长　孙　勇

总经理　李卫民

北京贯通经贸集团

党总支书记、总经理　周建国

北京华兴新业商贸有限责任公司

党委书记、董事长　刘　琦

总经理　路　曦（女）

恒达宏业经贸有限公司

党总支书记　常灵英（女）

董事长、总经理　李华昌

北京华天饮食集团公司

党委书记、总经理　朱玉岭

北京华利佳合实业有限公司

党委书记、董事长、总经理　高德源

北京金象复星医药股份有限公司

党委书记、总经理　徐　军

董事长　阎嗣烈

北京市西城区校办产业管理中心

书记　王克清

主任　李　宏

菜市口百货股份有限公司

党总支书记、董事长　赵志良

总经理　王春利（女）

国华商场有限责任公司

党支部书记、董事长、总经理　邹淑珍（女）

张一元茶叶有限责任公司

党支部书记、董事长　王秀兰（女）

总经理　杨有成

北京新月联合汽车有限公司

党委书记　刘俊德

董事长　刘长青

总经理　刘长江

北京宣房投资管理公司

党委书记、董事长　任　伟

总经理　朱伟民

北京广安控股有限公司

党委书记、董事长　申献国

总经理　张晓阳

陶然建筑有限公司

党总支书记、董事长　林玉琇

总经理　王建国

鑫宣市政工程有限公司

党支部书记、董事长、总经理　张雁林

北京房开置业股份有限公司

党总支书记　乔　茜（女）

董事长　梅国良

总经理　周　虹（女）

宣兴房地产开发股份有限公司

党总支书记、总经理、董事长　陈海鸥

北京京都文化投资管理公司

党委书记　孙雅娟（女）

总经理　王长利

北京市大碗茶文化发展有限公司

党支部书记、总经理　尹智君（女）

大观园管理委员会

党总支书记　唐晓宾

主任　马俊潼

北京金融街资本运营中心

总经理　鞠　瑾（3月任）

驻区部分单位主要负责人

北京金泰集团有限公司西城分公司

党委书记　张龙江

总经理　任保明

北京首商集团股份有限公司

董事长　于学忠

总经理　祖国丹

北京王府井百货集团长安商场有限责任公司

总经理　张美玲

北京中友百货有限责任公司

董事长　王小雨

国家开发银行股份有限公司北京市分行

行长　徐　明

中国农业发展银行北京市分行

行长　左　志

中国工商银行股份有限公司北京市分行

行长　王珍军

中国工商银行股份有限公司北京长安支行

行长　杜　杰

中国工商银行股份有限公司北京新街口支行

行长　曲　琰

中国工商银行股份有限公司北京南礼士路支行

行长　谢一平

中国工商银行股份有限公司北京金融街支行

行长　于　青

中国工商银行股份有限公司北京宣武支行

行长　包永康

中国工商银行股份有限公司北京广安门支行

行长　尹家赖

中国农业银行股份有限公司北京西城支行

行长　　罗玉华
中国农业银行股份有限公司北京宣武支行
行长　　魏向东
中国银行股份有限公司北京西城支行
行长　　姜　明
中国银行股份有限公司北京宣武支行
行长　　王　敏
中国建设银行股份有限公司北京西四支行
行长　　林　麟
中国建设银行股份有限公司北京西单支行
行长　　朱玉俊
中国建设银行股份有限公司北京宣武支行
行长　　王　荣
交通银行股份有限公司北京市分行
行长　　朱鹤新
中信银行股份有限公司总行营业部
总经理　　郭党怀
中国光大银行股份有限公司北京分行
行长　　邱火发
华夏银行股份有限公司北京分行
行长　　樊燕明
中国民生银行股份有限公司总行营业部
总经理　　陈尽忠（9月免）
马　琳（9月任）
招商银行股份有限公司北京分行
行长　　王　良
北京银行股份有限公司
董事长　　闫冰竹
广发银行股份有限公司北京月坛支行
行长　　倪　明
广发银行股份有限公司北京金融街支行
行长　　徐晓钢
广发银行股份有限公司北京宣武门支行
行长　　司　超
中国证券监督管理委员会北京监管局
局长　　王建平
中国人民财产保险股份有限公司北京西城支公司
总经理　　张　泽
中国人民财产保险股份有限公司北京宣武支公司
党组书记、总经理　　刘团聚
中国平安财产保险有限公司北京分公司
总经理　　毕　伟
中国平安人寿保险有限公司北京分公司
总经理　　吴　越
中国太平洋财产保险股份有限公司北京分公司
总经理　　臧　炜
中国太平洋人寿保险股份有限公司北京分公司
总经理　　李洪林

北京华康欣和建筑工程有限责任公司
董事长　　杨玉良
总经理　　吴志刚
党委书记　　吕玉民
北京市交通执法总队
党委书记　　李晓勇
总队长　　姚　阔
北京市交通执法总队第二执法大队
大队长　　王平海
北京市运输管理局西城管理处
处长、党支部书记　　杨凤明
北京市地铁运营有限公司
党委书记、董事长　　谢正光
总经理　　张树人
北京北站
站长　　张润田（兼）
北京市西区邮电局
党委书记　　黄春光
局长　　陈智泉
北京市南区邮电局
党委书记、局长　　徐　丛（12月免）
郑文胜（12月任）
中国联合网络通信有限公司北京市分公司
党委书记　　刘守江
经理　　汪世昌
北京市燃气集团有限责任公司
党委书记、董事长　　周　思
党委副书记、总经理、副董事长　　李雅兰
北京市燃气集团有限责任公司第一分公司
党委书记、总经理　　万　松
北京市电力公司
党委书记　　田　博（11月免）
尹昌新（11月任）
总经理　　朱长林
北京市电力公司城区供电公司
经理　　王　罡
党委书记　　李　军
北京市自来水集团有限责任公司
党委书记、董事长　　崔君乐
党委副书记、总经理　　刘锁祥
北京市自来水集团有限责任公司市区营销分公司
党支部书记、经理　　张建忠
北京市自来水集团禹通市政工程有限公司
党委书记、董事长　　张富成（3月免）
何俊山（3月任）
总经理　　何俊山（3月免）
郑少博（3月任）

省部级先进集体及先进个人

先进集体

全国创先争优先进基层党组织
中共北京市西城区委西长安街街道工作委员会
全国文明单位
北京市西城区地方税务局
全国人力资源社会保障系统先进集体
北京市西城区人力社保局接访中心
2012 年全国地级行政区外事工作先进单位“服务国家总体外交突出贡献奖”
北京市西城区外事办公室
2012 年全国工人先锋号
北京市公安局西城分局府右街派出所
北京市地方税务局西城分局德胜税务所
北京首商集团股份有限公司西单店收银五组
2012 年全国五一劳动奖状
北京天恒置业集团
第九届中国青年志愿者优秀组织奖
北京市地铁运营有限公司团委
全国青年文明号
北京市西城区地方税务局牛街税务所
北京市西城区地方税务局金融街税务所
交通银行北京林萃路支行营业室
全国侨办系统信访工作示范单位
北京市西城区民族宗教侨务办公室
全国双拥模范城
北京市西城区
全国优秀公安基层单位
北京市西城消防支队府右街中队
全国住房城乡建设系统先进集体
北京市西城区住房和城市建设委员会
国土资源节约集约模范县（市）
北京市西城区
全国综合防灾减灾示范社区
北京市西城区大栅栏街道三井社区
国家级科普示范社区
北京市西城区广安门内街道办事处西便门东里社区
全国爱国卫生先进集体
北京市西城区爱国卫生运动委员会办公室
全国安全社区
北京市西城区月坛街道办事处
全国先进社区服务中心
北京市西城区广安门内街道办事处社区服务中心
北京市先进基层党组织
西城区综合行政服务中心
北京王府井百货集团长安商场有限责任公司党委
北京市创先争优先进基层党组织
北京张一元茶叶有限责任公司党支部
北京市地方志工作先进集体
西城区地方志编纂委员会办公室
北京市行政复议先进集体
西城区政府法制办公室
2011 年度北京市五四红旗团委
北京电力公司团委
2011 年度北京市五四红旗团支部
北京市地铁运营有限公司机电公司综合维修第五项目部团支部
2011 年度北京市“三八”红旗集体
西城区棉花胡同幼儿园
西城检察院公诉二处
西城区法院民二庭
西城区德胜街道公共服务大厅
北京华利佳合实业有限公司新街口快捷酒店
北京复兴商业城有限公司现场管理部
西城区广安门内街道社会保障事务所
北京市第二医院
西城宣武体校游泳组
西城京都公司联合影院
公安西城分局出入境管理大队
北京市西杰物业管理服务中心
北京首商集团股份有限公司西单店珠宝首饰区
北京王府井百货集团长安商场有限责任公司
北京市自来水集团有限责任公司市区营销分公司柜台班
首都国家安全工作先进集体
西城区民族宗教侨务办公室
北京市地铁运营有限公司保卫部
北京市 2009 至 2012 年度供热优秀单位
北京市西城区房屋土地经营管理中心供暖管理所
北京宣房楼宇设备公司
首都绿化美化先进单位
西城区西长安街街道办事处
西城区牛街街道办事处
西城区白纸坊街道办事处
首都义务植树先进单位
西城区白纸坊街道办事处
首都绿化美化花园式社区
西城区白纸坊街道办事处清芷园社区
北京市民政工作先进集体
西城区新街口街道办事处
西城区大栅栏街道办事处社会办
北京市敬老爱老为老服务示范单位

西城区民政局
西城区房屋土地经营管理中心月坛管理所
西城区新街口街道办事处
西城区展览路街道社区服务中心
北京晟月洁物业管理中心
北京市燃气集团有限责任公司第一分公司西城二所

先进个人

2012 年全国五一劳动奖章
侯秀琴　张凤兰
2011 年度全国青年岗位能手
刘　铭
全国档案系统先进个人
李福君
全国安全生产监管监察先进个人
张　文
北京市优秀党员
林凤兰　赵海
北京市青年岗位能手
倪　帆　杨　杰
2011 年度北京市优秀团干部
石　柱
2011 年度北京市优秀共青团员
孙　立
2011 年度北京市“三八”红旗奖章
高尔勤　姜　利　刁立春　吴伟东
陈　艳　张丽妮　辛秋波　郭云燕
饶文彬　闫晓春　李晓红　吴月影
周伟群　艾　丽　郭　瑞　魏振环
张　玲　杨秀山　叶　真　褚　婍
杜红娟　李　华　孙　菲　周雅波
北京市地方志工作先进个人
华大友　陈　艳　冯永志　牛建华　史象逵
北京市政法系统涉法涉诉信访工作先进个人
李桂清
北京市技术能手
张　洁
2011 年度首都绿化美化积极分子
杨理燕　郭　宇　康　欣　高新贞　李　燕
2009-2011 年度北京市群众体育先进个人
温满贵
北京市科学技术普及工作先进个人
边晓霞
2012 年北京市人民教师奖
冯　勉

（责任编辑　陈　艳）

统计资料

说明：

1.统计资料中“#”表示其中项；空格，表示数据不详或没有数据。

2.涉及单个企业信息用“*”表示。

行政区划与土地面积

表1

地　　区	社区居委会（个）	辖区面积（平方公里）
全　　区	255	50.7
德胜街道	23	4.14
什刹海街道	25	5.8
西长安街街道	13	4.24
大栅栏街道	9	1.27
天桥街道	8	2.07
新街口街道	21	3.7
金融街街道	19	3.78
椿树街道	7	1.09
陶然亭街道	8	2.14
展览路街道	21	5.87
月坛街道	26	4.13
广安门内街道	18	2.43
牛街街道	10	1.44
白纸坊街道	18	3.11
广安门外街道	29	5.49

（资料来源：西城区民政局）

社会经济主要指标

表2

项　　目	计量单位	2012年	2011年
一、人口			
常住人口	万人	128.7	124
户籍人口	万人	138	135.9
二、居民生活			
居民人均可支配收入	元	39772	35740
居民人均消费性支出	元	27149	24547
恩格尔系数	%	30.47	30.25
居民消费价格指数（以上年同期价格为100的指数）	%	103.3	105.6
居民人均住房使用面积	平方米	22.3	21.0

表 2 续 1

项　目	计量单位	2012 年	2011 年
三、劳动工资			
法人单位从业人员	人	1104792	892979
法人单位在岗职工	人	746157	709742
法人单位人员全年劳动报酬、生活费	万元	10557862	9098477
法人单位在岗职工工资总额	万元	9489957	8176682
在岗职工年平均工资	元	128919	117204
四、基本单位情况			
法人单位数	个	31713	31395
产业活动单位数	个	11416	8246
五、企业基本情况			
从业人员	人	1104792	766535
资产总额	亿元	693962.5	625888.9
收入合计	亿元	17207.7	13945.7
六、中央、市、区三级税收	亿元	3052.5	2545.9
国税税收收入	亿元	2564.3	2081.8
地税税收收入	亿元	488.2	464.1
七、地方财政收支			
# 公共财政预算收入	亿元	309.1	279.8
区级各项税收	亿元	298.2	271
# 公共财政预算支出	亿元	259	231.2
八、区属国有企业资产总量	亿元	334.9	341.0
九、固定资产投资			
固定资产投资额	亿元	198.4	187.3
其中：房地产开发投资额	亿元	129.9	101.2
十、社会消费品零售额	亿元	764.3	688.9
十一、商品交易市场			
市场个数	个	68	65
市场成交总额	亿元	73.7	49.4
十二、对外经济贸易			
“三资”企业实际利用外资额	亿美元	6.06	5.62
十三、城市建设及环境保护			
城市绿化覆盖率	%	28.9	28.6
人均公园绿地面积	平方米/人	3.3	3.3
空气质量达到二级和好于二级的天数	天	281	282
空气质量达到二级和好于二级的天数占全年总监测天数的比重	%	76.8	77.1
降尘量	吨/平方公里·月	6.0	6.0
十四、就业与社会保障			
城镇登记失业率	%	0.94	1.01

表2续2

项　　目	计量单位	2012年	2011年
城镇登记失业人员就业率	%	72.61	72.68
养老保险基金征缴率	%	99.58	
基本医疗保险基金征缴率	%	99.98	
失业保险基金征缴率	%	99.77	
工伤保险基金征缴率	%	99.65	
十五、民政			
抚恤、补助优抚对象人数	人	1494	1494
全区老龄人口数	人	321722	308253
最低生活保障人数	人	22557	23003
各种收养性单位个数	个	27	27
十六、基础教育			
#学校个数	个	194	190
小学	个	72	72
初级中学	个	7	7
高级中学	个	3	2
#在校生数	人	125644	122899
小学	人	52436	50214
初级中学	人	5111	5263
高级中学	人	1625	2390
#毕业生数	人	30098	29593
小学	人	8250	7610
初级中学	人	1636	1618
高级中学	人	514	541
十七、科技			
输出技术合同成交项数	个	4832	5138
输出技术合同成交总金额	亿元	106.8	90.6
吸纳技术合同成交项数	个	4157	3861
吸纳技术合同成交总金额	亿元	143.4	70.8
十八、文化			
区属公共图书馆	个	28	28
总藏量	万册	209.4	168.5
其中：图书	万册		
文化馆	个	2	2
文物保护单位	处	184	184
其中：全国重点文物保护单位	处	32	32
北京市文物保护单位	处	74	74
十九、卫生			
卫生机构	个	607	616
卫生技术人员	人	31634	29991
其中：执业医师	人	10942	10396
注册护士	人	13521	12649
医疗床位	张	14151	13831

表2续3

项　　目	计量单位	2012年	2011年
平均每千人拥有病床	张	11	11
平均每千人拥有执业医师	人	8.5	8
平均每千人拥有注册护士	人	10.5	10.2
二十、体育			
新增运动员	人	239	188
新增教练员	人	69	68
裁判员	人	143	360
社会体育指导员	人	480	355
体育场地数（区域）	块	1139	1139
二十一、文明建设情况			
文明机关个数	个	27	27
文明社区个数	个	161	161

西城区生产总值

表3

项　　目	2012年		2011年	
	绝对值（万元）	比重（%）	绝对值（万元）	比重（%）
总　　计	25934939	100.0	23607623	100.0
第二产业	2629593	10.1	2407363	10.2
工业	2028497	7.8	1849204	7.8
建筑业	601096	2.3	558159	2.4
第三产业	23305346	89.9	21200260	89.8
交通运输、仓储和邮政业	534795	2.1	480314	2.0
信息传输、计算机服务和软件业	911610	3.5	949641	4.0
批发和零售业	2531475	9.8	2497697	10.6
住宿和餐饮业	436140	1.7	397840	1.7
金融业	11022181	42.5	9391562	39.8
房地产业	1142068	4.4	1062057	4.5
租赁与商务服务业	2144262	8.3	2001477	8.5
科学研究、技术服务和地质勘查业	1214283	4.7	1137470	4.8
水利、环境和公共设施管理业	89781	0.3	91817	0.4
居民服务和其他服务业	117773	0.5	106685	0.5
教育	511248	2.0	508917	2.2
卫生、社会保障和社会福利业	675834	2.6	610344	2.6
文化、体育和娱乐业	722008	2.8	666237	2.8
公共管理和社会组织	1251888	4.8	1298202	5.5
人均地区生产总值				
按常住人口计算（元）	201514		190384	
按全年平均汇率折合美元（美元）	31923		29517	

注：1. 按常住人口计算人均地区生产总值，常住人口数为北京市统计局根据抽样调查推算数据统一提供，西城区2012年末常住人口数为128.7万人，2011年末常住人口数为124.0万人；

2. 由于小数进位问题，分项所占比重之和可能不等于合计；

3. 表中数据为最终核算数据。

全部法人、产业活动单位

表 4　　单位：个

项　目	法人单位	单产业单位	多产业单位	产业活动单位
总　计	31713	29369	2344	11416
一、按隶属关系分				
中央	2448	2067	381	2064
省（自治区、直辖市）	1499	1289	210	1205
地（区、市、州、盟）	1613	1490	123	887
街道、镇、乡	223	205	18	106
其他	25930	24318	1612	7154
二、按登记注册类型分				
内资	30945	28705	2240	10198
国有	3608	3287	321	1883
集体	1023	939	84	254
股份合作	1688	1570	118	341
国有联营	4	3	1	3
集体联营	11	10	1	1
国有与集体联营	11	11		1
其它联营	13	11	2	7
国有独资公司	252	212	40	323
其它有限责任公司	4969	4428	541	2931
股份有限公司	270	198	72	704
私营独资	957	929	28	119
私营合伙	550	537	13	56
私营有限责任公司	16167	15259	908	3033
私营股份有限公司	469	443	26	134
其他	953	868	85	408
港澳台商投资	331	284	47	497
与港澳台商合资经营	106	87	19	116
与港澳台商合作经营	18	15	3	15

表 4 续 1

项　目	法人单位			产业活动单位
		单产业单位	多产业单位	
港澳台商独资	203	178	25	366
港澳台商投资股份有限公司	4	4		
外商投资	437	380	57	721
中外合资经营	132	120	12	159
中外合作经营	23	22	1	13
外资企业	269	226	43	525
外商投资股份有限公司	12	11	1	24
三、按国民经济行业分				
农、林、牧、渔业	13	11	2	6
采矿业	3	3	0	1
制造业	497	429	68	193
电力、燃气及水的生产和供应业	21	13	8	85
建筑业	661	576	85	383
批发和零售贸易业	10100	9322	778	3701
交通运输、仓储和邮政业	337	292	45	243
住宿和餐饮业	1612	1402	210	1064
信息传输、计算机服务和软件业	894	834	60	267
金融业	349	265	84	873
房地产业	1442	1243	199	582
租赁和商务服务业	7140	6865	275	1489
科学研究和技术服务业	2805	2666	139	497
水利、环境和公共设施管理业	130	117	13	21
居民服务、修理和其他服务业	1017	927	90	374
教育	913	899	14	58
卫生和社会工作	227	218	9	65
文化、体育和娱乐业	1827	1763	64	197
公共管理、社会保障和社会组织	1725	1524	201	1317

企业基本情况

表 5

项　目	单位数（个）	收入合计（万元）
总　计	31713	172076860.3
按隶属关系分		
中央	2448	99977801.9
省（自治区、直辖市）	1499	27411830.3
地（区、市、州、盟）	1613	8987213.7
街道、镇、乡	223	712712.2
其他	257	34987302.2
按登记注册类型分	25673	
内资	30945	160095747.0
国有	3608	42214507.6
集体	1023	1396908.8
股份合作	1688	99427.2
国有联营	4	23906.0
集体联营	11	1419.0
国有与集体联营	11	22487.0
其他联营	13	3534.6
国有独资公司	252	15102849.2
其它有限责任公司	4969	38295405.6
股份有限公司	270	57446113.5
私营独资	957	12040.1
私营合伙	550	273852.2
私营有限责任公司	16167	4807733.8
私营股份有限公司	469	68453.2
其他	953	351015.2
港澳台商投资	331	3790154.5
与港澳台商合资经营	106	492140.7
与港澳台商合作经营	18	64447.2

表 5 续 1

项　目	单位数（个）	收入合计（万元）
港澳台商独资	203	3232746.6
港澳台商投资股份有限公司	4	820.0
外商投资	437	8190958.8
中外合资经营	132	1667987.4
中外合作经营	23	76690.4
外资企业	269	6279385.8
外商投资股份有限公司	12	166895.2
按国民经济行业分		
农、林、牧、渔业	13	
采矿业	3	
制造业	497	1515921.8
电力、燃气及水的生产和供应业	21	7112044.5
建筑业	661	6849565.5
批发和零售贸易业	10100	55992359.8
交通运输、仓储和邮政业	337	3437994.1
住宿和餐饮业	1612	1126609.9
信息传输、计算机服务和软件业	894	3776556.3
金融业	349	59491293.7
房地产业	1442	4911754.4
租赁和商务服务业	7140	9561547.8
科学研究和技术服务业	2805	5780736.4
水利、环境和公共设施管理业	130	562739.3
居民服务、修理和其他服务业	1017	135166.4
教育	913	1120670
卫生和社会工作	227	2572678.8
文化、体育和娱乐业	1827	1899804.4
公共管理、社会保障和社会组织	1725	6229417.2

企业主要财务指标

表 6 单位：万元

项 目	资产总计	负债合计	利润总额
总 计	6939624951.8	6193868710.5	49655699.2
按隶属关系分			
中央	5819478119.9	5254286476.0	29643750.7
省（自治区、直辖市）	677641766.5	626338078.0	8309486.5
地（区、市、州、盟）	164736862.9	153088743.7	1909918.3
街道、镇、乡	795115.7	601672.2	3259.8
其他	276973086.8	159553740.6	9789283.9
按登记注册类型分			
内资	6798344233.5	6141503607.4	42113987.2
国有	2515256637.8	2308996310.4	12297945.0
集体	2344328.3	1220918.4	17583.6
股份合作	51910.9	35154.0	1184.5
国有联营	19786.9	12344.7	959.8
集体联营	1212.5	2941.6	–501.3
国有与集体联营	18574.4	9403.1	1461.1
其它联营	2449.8	5437.7	–632.4
国有独资公司	148818358.9	129737438.6	2704170.3
其它有限责任公司	178097269.2	122386209.5	610003.0
股份有限公司	3948921415.6	3576023112.3	26206795.4
私营独资	5575.7	4592.7	–140.2
私营合伙	209570.7	87947.8	135666.1
私营有限责任公司	4069337.5	2900786.7	147644.8
私营股份有限公司	74439.0	50555.7	–7362.1
其他	473153.2	42798.9	169.4
港澳台商投资	29743533.8	17778287.1	486231.1
与港澳台商合资经营	6934548.6	6250239.2	106247.2
与港澳台商合作经营	420314.6	426912.9	643.2

表 6 续 1

项　目	资产总计	负债合计	利润总额
港澳台商独资	22386695.8	11101006.4	379340.7
港澳台商投资股份有限公司	1974.8	128.6	
外商投资	111537184.5	34586816.0	7055480.9
中外合资经营	6361357.0	4621392.1	404035.5
中外合作经营	626403.9	496733.0	-1647.1
外资企业	85565307.6	17515305.7	6745288.5
外商投资股份有限公司	18984116.0	11953385.2	-92196.0
按国民经济行业分			
农、林、牧、渔业			
采矿业			
制造业	1901494.3	948215.7	113634.1
电力、燃气及水的生产和供应业	14446861.0	6875572.7	403116.1
建筑业	10498042.7	7636408.3	189498.2
批发和零售贸易业	52062760.7	38653329.6	1293741.3
交通运输、仓储和邮政业	19760528.8	17083485.0	303747.6
住宿和餐饮业	1675904.7	1360911.3	52624.3
信息传输、计算机服务和软件业	186054785.4	37962259.7	8123397.6
金融业	6352212970.8	5972600784.1	29216343.5
房地产业	51863617.5	36018871.2	1211029.3
租赁和商务服务业	204814278.1	54258791.3	7861949
科学研究和技术服务业	26232235.9	15216545.1	718130.5
水利、环境和公共设施管理业	967826.9	563331.5	12953.3
居民服务、修理和其他服务业	124800.1	69918.5	4918.1
教育	1829654.2	241803.8	16595.7
卫生和社会工作	2213883.5	604241.6	12663.6
文化、体育和娱乐业	3937289.5	1084796.9	121357
公共管理、社会保障和社会组织	9028017.7	2689444.2	

劳动就业基本情况

表7

项　目	计量单位	2012年	2011年
城镇登记失业率	%	0.94	1.01
城镇登记失业人员年末实有人数	人	7399	8025
其中：女性	人	2253	2455
城镇登记失业人员就业人数	人	23095	25109
其中：女性	人	7742	8269
城镇登记失业人员就业率	%	72.61	72.68
城镇女性登记失业人员就业率	%	74.51	74.02
城镇登记失业人员参加培训人数	人	5057	4833
“4050”困难人员就业总数	人	15356	15898
“4050”困难人员就业率	%	70.3	70.33
参加职业技能鉴定人数	人	3735	3284
取得职业资格证书人数	人	3174	2857
参加职业技能培训人数	人	25249	28356
西城地区职业介绍服务机构	个	55	57
求职登记人员总数	万人次	13404	15751
职业介绍成功人数	万人次	1.1	1.2
社区岗位安置就业困难人数	人	11208	11326
用人单位招用就业困难人数	人	1864	2261
基本养老金平均增加水平	元	261	229
职工最低工资标准	元	1260	1160
最低退休金	元	1210	1100

(资料来源：区人力资源和社会保障局)

社会保障基本情况

表 8

项　目	计量单位	2012 年	2011 年
参加养老保险单位数	个	20732	18791
参加基本养老保险人数	人	1755380	1339564
基本养老保险基金收入	万元	1605129	1330762
基本养老保险基金支出	万元	1240707	1097340
养老保险基金征缴率	%	99.58	
参加基本医疗保险单位数	个	20387	18566
参加基本医疗保险人数	人	1963604	1523732
基本医疗保险基金收入	万元	855795	667676
基本医疗保险基金支出	万元	967387	761553
基本医疗保险基金征缴率	%	99.98	
参加工伤保险单位数	个	21176	18979
参加工伤保险人数	人	1210382	957348
工伤保险基金收入	万元	25856	19770
工伤保险基金支出	万元	12385	9311
工伤保险基金征缴率	%	99.65	
参加失业保险单位数	个	20834	18865
参加失业保险人数	人	1393249	1011017
领取失业保险金人数	人	28548	14389
失业保险基金收入	万元	72226	59355
失业保险基金支出	万元	5748	5661
失业保险基金征缴率	%	99.77	
参加生育保险单位数	个	19407	13615
参加生育保险人数	人	1157337	552907
生育保险基金收入	万元	47602	27681
生育保险基金支出	万元	36896	19411
生育保险基金征缴率	%	99.51	
“一老一小”参保人数	万人	17.2	16.3
“一老一小”医疗费用报销数	万元	18750	15045

常住人口

表 9

项　目	计量单位	2012 年	2011 年
总　计	万人	128.7	124.0
常住人口分性别			
男性人口	万人	64.2	61.7
女性人口	万人	64.5	62.3
常住人口分年龄			
#0-14 岁人口	万人	11.1	10.7
15-64 岁人口	万人	99.4	95.9
65 岁及以上人口	万人	18.2	17.4
60 岁及以上人口	万人	24.6	23.6
出生人数	人	12067	11717
出生率	‰	9.6	9.4
死亡人数	人	8217	8636
死亡率	‰	6.5	7.0

法人单位年末平均人数

表 10

项　目	年平均人数	在岗职工	劳务派遣人员	其他从业人员	不在岗职工
按产、行业分	920412	736119	95516	88777	22842
农、林、牧、渔业	256	243	9	4	41
采矿业	4	4			
制造业	17175	14416	1164	1595	1792
电力、燃气及水的生产和供应业	56492	37751	18543	198	424
建筑业	32440	25896	3939	2605	3375
批发和零售贸易业	81059	72044	3728	5287	2517
交通运输、仓储和邮政业	40814	36688	1624	2502	585
住宿和餐饮业	36802	32503	1706	2593	1395
信息传输、计算机服务和软件业	39664	33976	4879	809	194
金融业	208448	157313	21852	29283	4108
房地产业	52968	39181	8682	5105	3206
租赁和商务服务业	81431	68687	3439	9305	1622
科学研究和技术服务业	57811	42654	5749	9408	639
水利、环境和公共设施管理业	9416	8613	207	596	423
居民服务、修理和其他服务业	10339	9364	443	532	105
教育	40139	31963	534	7642	914
卫生和社会工作	38605	31171	4522	2912	353
文化、体育和娱乐业	34908	29515	2561	2832	740
公共管理、社会保障和社会组织	81641	64137	11935	5569	409

固定资产投资额

表 11　　　　单位：万元

项　目	2012 年	2011 年
总　计	1984355	1872786
按隶属关系分		
中央	945406	769794
省（自治区、直辖市）	223487	208014
地（区、市、州、盟）	328167	405093
街道、镇、乡	487295	489885
其他		
按建设种类分		
固定资产投资	685752	860868
其中：基础设施投资	444845	449551
房地产开发	1298603	1011918
其他		
按产业分		
第二产业	105696	194064
第三产业	1878659	1678722
按工程用途分		
农林牧渔业		
工业建筑业用	105696	194064
商业营业用	54874	62922
住宅	1028680	460209
办公楼	155536	173224
其他	639569	982367
按构成分		
建筑安装工程	660901	693315
设备工器具购置	248391	328918
其他费用	1075063	850553

房地产开发投资基本情况

表 12 单位：万元

项　目	2012 年	2011 年
一、投资完成情况		
计划总投资	9103755	8661661
累计完成投资	7218804	6442496
本年完成投资	1298603	1011918
其中：土地开发投资	10394	7910
本年完成投资按构成分		
建筑工程	299549	340262
安装工程	10940	1015
设备购置	34473	21607
其他费用	953641	649034
本年完成投资按用途分		
住宅	687118	460209
办公楼	155536	173224
商业营业用房	54874	59626
其他	401075	318859
二、土地开发情况		
本年完成土地开发面积		
待开发的土地面积	480964	497488
本年购置土地面积		
三、商品房销售、出租、待售情况		
1. 商品房预售面积	290426	219166
住宅	140824	67942
办公楼	88774	88015
商业营业用房	7632	6950
其他	53196	56259
2. 商品房现房销售面积	453599	423636
住宅	206468	163237
办公楼	132739	158413
商业营业用房	39896	33085
其他	74496	68901
3. 商品房出租面积	964060	794544
住宅	556	556
办公楼	554959	445198
商业营业用房	317348	259879
其他	91197	88911
4. 商品房待售面积	1041398	923770
住宅	138260	144640
办公楼	359783	281729
商业营业用房	248987	260113
其他	294368	237288
四、竣工房屋住宅套数	392	4353

工业企业基本情况及主要财务指标

表 13

项　目	单位数（个）	收入合计（万元）	资产总额（万元）	负债总额（万元）	利润总额（万元）
总　计	525	8627966.3	16348355.3	7823788.4	516750.2
一、按隶属关系分					
中央	43	5848041.8	8133232.2	4532905.7	191533.5
市属	42	489513.8	4473114.3	1930631.7	32222.8
区属	55	28342.7	69951.8	55690.9	1073
街属	10				
其他	375	2262068	3672057	1304560.1	291920.9
二、按登记注册类型分					
内资	479	6894609.8	13302881.0	6800402.1	284281.0
国有	54	5075482.2	7218857.7	4052386.9	139222.4
集体	63	56546	72343.1	36288.6	5029.5
股份合作	48	8353.3	12824.1	8638.1	65.3
联营	3	6025	14832	6822	1481.1
有限责任公司	108	1440435.4	5630554.5	2585266.3	105578.4
股份有限公司	6	281410.9	330465.8	96254.4	31614.9
私营	197	26357	23003.8	14745.8	1289.4
其他					
港澳台商投资	19	53335.7	37557.8	11832.3	1006.3
外商投资	27	1680020.8	3007916.5	1011554	231462.9
三、按国民经济行业分					
煤炭开采和洗选业					
石油和天然气开采业	*				
黑色金属矿采选业	*				
有色金属矿采选业					
非金属矿采选业					
开采辅助活动	*				
其他采矿业					
农副食品加工业	6	38070.8	44076.6	32183.6	-3606
食品制造业	14		5900.1	13255.9	66

表 13 续 1

项　目	单位数（个）	收入合计（万元）	资产总额（万元）	负债总额（万元）	利润总额（万元）
酒、饮料和精制茶制造业	2				
烟草制品业					
纺织业	8	9065.8	2882.8	1950.5	84
纺织服装、服饰业	28	5678.7	5240.9	3903.6	699.6
皮革、毛皮、羽毛（绒）及其制品和制鞋业	3				
木材加工和木、竹、藤、棕、草制品业					
家具制造业	3				
造纸及纸制品业	11				
印刷业和记录媒介的复制业	83	432678.3	607379	182930.7	55583.9
文教、工美、体育和娱乐用品制造业	5				
石油加工、炼焦和核燃料加工业					
化学原料及化学制品制造业	12				
医药制造业	3				
化学纤维制造业	*				
橡胶和塑料制品业					
非金属矿物制品业	12	3114.3	5403.8	3665.7	57.6
黑色金属冶炼及压延加工业	9	93362.8	122526.6	97620.1	9246
有色金属冶炼及压延加工业					
金属制品业	6	257452.5	130721.1	27210.5	41039.8
通用设备制造业	23	47790.9	134545.2	55358.3	4750.7
专用设备制造业	48	36396.1	76836.3	49709.7	4563.1
汽车制造业	54	48502.2	68894.6	45959.2	4336.7
铁路、船舶、航空航天和其他运输设备制造业	12	2427	6138.2	4220.8	-245.4
电气机械及器材制造业					
计算机、通信和其他电子设备制造业	49	40810.8	57100.8	33779.8	3311.3
仪器仪表制造业	33	106448.5	178728.2	76527.2	-6644.7
其他制造业	55	20000.9	28599.8	17122.4	45.9
废弃资源综合利用业	21	374122.2	426520.3	302817.7	345.6
金属制品、机械和设备修理业					
电力、热力的生产和供应业	14	5133036.4	7238022.7	4117496.3	145199.7
燃气生产和供应业	1	1602461	2908631.5	946626.7	225332.3
水的生产和供应业	6	376547.1	4300206.8	1811449.7	32584.1

建筑业企业主要生产指标

表 14

项　目	建筑业总产值（万元）	建筑工程产值（万元）	劳动生产率（元/人）	竣工产值（万元）	房屋建筑竣工面积（平方米）	实行投标承包竣工面积	年末自有机械设备		
							净值（万元）	总台数（台）	总功率（千瓦）
总　计	5599778	5165437	1021250	2784867	7993285		66294.5	12736	279367
一、按隶属关系分									
中央	1081772	839020	1202636	456214	1995365		21903	3669	137283
省（自治区、直辖市）	2411912	2387377	1124277	1255906	4532284		11980	3716	67522
地（区、市、州、盟）	73432	71890	276370	58549			656	126	1957
街道、镇、乡	512431	509388	5063550	346274	1398776		2655	66	8641
其他	1520232	1357762	733836	667924	66860		29102	5159	63964
二、按登记注册类型分									
内资	5549609	5117907	1039261	2779678	7993285		66167	12369	273599
国有	129911	121017	571288	98706			2194	444	7665
集体	43913	38456	281494	16876			161	120	1004
股份	2221	2221	396518	1185			1	2	5
有限责任公司	4900731	4617273	1181981	2371484	7964393		56035	9452	235438
股份有限公司	1	1	257				1	1	1
私营	472832	338940	590025	291427	28892		7776	2350	29486
港澳台商投资企业	47069	47069	367727	4281			40	305	68
外商投资企业	3100	462	202614	908			87	62	5700
三、按国民经济行业分									
房屋建筑业	3240294	3178346	1351248	1812812	7951869		25787	4216	164419
土木工程建筑业	1143159	1131925	1127437	358813	36416		32182	3603	83540
建筑安装业	612279	285596	905202	346553			2424	1663	19907
建筑装饰和其他建筑业	604047	569571	433040	266688	5000		5902	3254	11501

服务业财务状况

表 15

单位：个、人、亿元

项　目	单位数	从业人员平均人数	资产总计	本年收入合计	利润总额
合　计	18122	431100	3595.3	45840.3	1728.0
按国民经济行业分					
铁路运输业	5	1936	142.4	113.2	21.5
道路运输业	116	29030	45.1	69.6	2.9
水上运输业	2	31	1.5	3.3	0.1
航空运输业	1	1485	15.1	14.6	
装卸搬运和运输代理业	173	4937	33.1	18.8	1.8
仓储业	14	771	98.0	1538.1	3.6
邮政业	26	1736	8.6	218.5	0.3
电信、广播电视和卫星传输服务	74	27125	299.0	18479.5	798.9
互联网和相关服务	106	3150	26.9	46.2	3.7
软件和信息技术服务业	714	8309	51.7	79.8	9.8
租赁业	104	344	4.1	33.1	1.8
商务服务业	7036	72885	952.0	20448.3	784.4
研究与试验发展	179	11327	79.2	192.9	4.7
专业技术服务业	1425	37195	444.8	2326.4	64.4
科技推广和应用服务业	1201	5278	54.1	103.9	2.7
水利管理业	12	430	2.9	44.8	1.3
生态保护和环境治理业	21	1608	7.9	28.8	–0.2
公共设施管理业	97	6681	45.5	23.1	0.2
居民服务业	530	5272	5.4	3.4	
机动车、电子产品和日用产品修理业	252	1110	5.8	4.3	0.2
其他服务业	235	3461	2.4	4.8	0.3
教育	913	28790	112.1	183.0	1.7
卫生	180	37099	250.0	218.9	1.3
社会工作	47	315	7.2	2.5	
新闻出版业	348	19158	137.1	278.6	12.1
广播、电视、电影和影视录音制造业	143	3490	20.8	46.5	0.2
文化艺术业	293	6122	24.0	48.9	
体育	166	1034	2.6	9.5	–0.1
娱乐业	877	471	5.5	10.2	
中国共产党机关	32	6152	63.6	76.5	
国家机构	338	59883	465.6	709.9	
人民政协和民主党派	11	715	5.3	17.2	
社会保障	15	334	13.9	0.5	
群众团体、社会团体和其他成员组织	1081	5280	74.4	98.7	
基层群众自治组织	248	–	–		

批发和零售业企业基本情况

表 16

项　目	单位数（个）	从业人员平均人数（人）	主营业务收入（万元）	资产总额（万元）	负债总额（万元）	利润总额（万元）
总　计	10100	79595	54861501	50436601	37434384	1228593
按注册类型分						
内资	9947	69846	49786169	47012315	35163897	1208017
国有	295	6603	9408799	11947985	7290495	308281
集体	350	765	149639	202197	181806	-4750
股份合作	618	193	26434	10452	8877	63
联营	8	20	15383	2715	2551	-20
有限责任公司	1424	28514	30434977	29178574	23387085	709537
股份有限公司	61	18155	7042277	4306122	3266111	136355
私营	7191	15596	2708661	1364270	1026973	58551
其他	0	0	0			
外资	153	9749	5075332	3424286	2270487	20577
港澳台商投资	57	3011	169481	77641	71757	-7092
外商投资	96	6738	4905851	3346645	2198731	27669
按国民经济行业分	10100	79595	54861501			
批发业	5149	30058	49039790	46389284	34766150	968304
零售业	4951	49537	5821711	4047317	2668234	260290

金融业企业基本情况

表 17

项　目	单位数(个)	从业人员(人)	收入合计(万元)	资产总额(万元)	负债总额(万元)	利润总额(万元)
总　计	349	183049	59489832	6352512694	5972680001	29213480
按隶属关系分						
中央	71	75844	39916462	5568737062	5236971154	20317097
省（自治区、直辖市）	41	79951	16174305	659824314	638132879	8072880
地（区、市、州、盟）	14	2526	353198	11190965	10907115	95421
街道、镇、乡						
其他	223	24728	3045867	112760353	86668853	728082
按注册类型分						
内资	306	178054	58434382	6328465336	5952050748	28822215
国有	19	15570	6506252	2233328572	2236589224	-120628
集体	1	6	1479	17958	1455	1141
股份合作						
联营						
有限责任公司	147	15937	4948319	201717958	180040452	3311049
股份有限公司	63	145227	46941509	3892647418	3535281460	25615359
私营	76	1314	36823	753430	138157	15294
其他						
外资	43	4995	1055450	24047359	20629252	391266
港澳台商投资	14	1851	339085	6252540	5904011	76889
外商投资	29	3144	716365	17794819	14725241	314377
按国民经济行业分						
货币金融服务	102	122483	45001732	6089837467	5742912873	27164756
资本市场服务	97	12825	1973837	34647761	17057861	665734
保险业	102	42863	10487410	115350558	102293288	-300844
其他金融业	48	4878	2026853	112676907	110415979	1683835

房地产企业基本情况

表 18 计量单位：个、万元、人

项　目	单位数	资产合计	收入合计	从业人员年平均人数
总　计	335	49323720	4400594	11331
按注册类型				
内资	302	39451595	3564633	9542
国有	23	3070697	118178	767
集体	*			
股份合作				
联营				
有限责任公司	210	25390986	3075827	7166
股份有限公司	16	10285785	315214	1137
私营	52	704127	55414	472
其他				
外资	33	9872125	835961	1789
港澳台商投资	18	4146658	496823	511
外商投资	15	5725467	339138	1278
按隶属关系分				
中央	28	4272928	119479	632
市	38	10174038	1434548	3492
区（县）	45	13493810	825382	2334
街道和社区居委会	3	158029	10888	11
其他	221	21224915	2010297	4862
按资质等级分				
一级	16	16374087	1355783	2347
二级	27	7561031	463777	2706
三级	32	2680616	134497	750
四级	120	13245569	1568423	3276
暂定	54	5004210	657561	1229
其他	86	4458207	220553	1023
按营业状态分				
营业	262	46554664	4215609	10973
停业 (歇业)	58	2466958	146359	285
筹建	3			
其他	12	302098	38626	73

社会消费品零售额

表 19　　单位：万元

项　目	2012 年	2011 年	2012 年比 2011 年± (%)
总　计	7643400	6889026	11.0
限额以上单位	6411683	6009989	6.7
批发业	556853	330455	68.5
零售业	4937993	4797139	2.9
住宿业	182803	176205	3.7
餐饮业	734034	706191	3.9
限额以下及个体单位	843132	595623	41.6
商品交易市场	388585	283414	37.1

区地方财政收入

表 20　　单位：万元

项　目	2012 年	2011 年
总　计	3633231	2814513
公共财政预算收入	3091077	2798363
税收收入	2982104	2710016
增值税	169902	137051
营业税	1240436	1124852
企业所得税	958782	847646
城市维护建设税	237008	233995
房产税	215709	204625
印花税	69857	67924
城镇土地使用税	13570	13751
土地增值税	53590	61478
车船税	23250	18694
非税收收入	108973	88347
专项收入	59775	59086
行政事业性收费收入	24905	14751
罚没收入	1374	1231
国有资本经营收入		
国有资源（资产）有偿使用收入	12564	7343
其他收入	10355	5936
政府性基金预算收入	542154	16150

（资料来源：西城区财政局）

区地方财政支出

表 21　　　　单位：万元

项　目	2012 年	2011 年
合　计	3135524	2606338
公共财政预算支出	2589944	2311546
一般公共服务	201244	205240
国防	2374	1898
公共安全	106812	120085
教育	453084	386782
科学技术	26093	35229
文化体育与传媒	53700	25022
社会保障和就业	371619	311517
医疗卫生	165890	119368
节能环保	58852	25876
城乡社区事务	869398	559532
农林水事务	200	162
资源勘探电力信息等事务	5453	3691
商业服务业等事务	6121	5341
国土资源气象等事务	76	118
住房保障支出	105552	114401
粮油物资管理事务	3359	2978
储备事务支出	284	284
其他支出	160117	394022
政府性基金支出	545580	294792

（资料来源：西城区财政局）

区国税税收收入

表 22

单位：万元

项目	合计	增值税	营业税	企业所得税	其他
总计	25642969	1180112	370497	24038330	54030
农、林、牧、渔业	463	2		461	
采矿业		3			
制造业	209744	119714		90029	1
电力、燃气及水的生产和供应业	1068504	550539		517965	
建筑业	67757	2543		65214	
交通运输、仓储和邮政业	1209629	374930		803778	30921
信息传输、计算机服务和软件业	17976	8023		9953	
批发和零售业	1057601	13527		1044074	
金融业	21610368	2072	370497	21215106	22693
房地产业	75179	166		75013	
租赁和商务服务业	1326804	25509		1301295	
其他行业	244126	83084		160627	415

（资料来源：西城区国家税务局）

区地税税收收入

表 23

单位：万元

项目	合计	营业税	企业所得税	其他
总计	5099954	2486152	340027	2273775
农、林、牧、渔业	3638		7	3631
采矿业	27861			27861
制造业	59190		5863	53327
电力、燃气及水的生产和供应业	154209		10951	143258
建筑业	134313	83241	12961	38111
交通运输、仓储和邮政业	205219		45452	159767
信息传输、计算机服务和软件业	45622	25474	2921	17227
批发和零售贸易业	108748	75384	5210	28154
住宿和餐饮业	166903	84639	841	81423
金融业	2070889	1209148	24729	837012
房地产业	455482	157105	114303	184074
租赁和商务服务业	416273	154318	56573	205382
居民服务和其他服务业	481773	167946	40407	273420
教育	21042	4852	1758	14432
卫生、社会保障和社会福利业	28025	1375	1354	25296
文化、体育和娱乐业	91681	29713	2264	59704
其他	629086	492957	14433	121696

（资料来源：西城区地方税务局）

危旧房改造基本情况

表 24

项　　目	计量单位	2012 年	2011 年
自年初累计完成投资	亿元	35.7	36.6
房屋开复工面积	万平方米	156.8	383.1
其中：新开工房屋面积	万平方米	2.8	56.4
其中：住宅	万平方米	46.8	-
房屋竣工面积	万平方米	70.2	164.1
其中：住宅	万平方米	13.7	
已开工建设	片		
拆除房屋总面积	万平方米		19.0
其中：危房	万平方米		12.0
动迁居民	户		13052
其中：危旧房改造动迁居民	户		6895
签约居民	户		2732
其中：危旧房改造签约居民	户		930

（资料来源：西城区住房城市建设委员会）

城市园林绿化

表 25

项　　目	计量单位	2012 年	2011 年
年末园林绿地面积	公顷	1044.95	1032.58
人均绿地面积	平方米/人	7.54	7.57
绿地率	%	20.68	20.43
年末公园绿地面积	万平方米	459.99	448.66
人均公园绿地面积	平方米/人	3.32	3.29
城市绿化覆盖面积	公顷	1461.29	1447.32
绿化覆盖率	%	28.92	28.64
道路绿化总长度	公里	142.47	144.82
实有树木	万株	241.24	238.63
其中：本年新植	万株	2.61	8.89
实有草坪	万平方米	462.69	460.51
其中：本年新植	万平方米	2.18	9.26
公园个数	个	28	28
其中：市级以上公园	个	4	4

（资料来源：西城区园林局）

城市环境卫生

表 26

项　目	计量单位	2012 年	2011 年
机扫车	台	83	116
垃圾车	台	224	161
真空吸粪车	台	25	23
果皮箱	个	3663	3283
公共、公用厕所	座	1201	1214
改建公共厕所	座	40	37
新建公共厕所	座	2	1
维修公共厕所	座次	240	30
密闭式清洁站	座	77	78
清扫街道数量	条	221	226
城市道路清扫保洁面积	万平方米/日	827	804
其中：机扫面积	万平方米/日	511	511
洒水面积	万平方米/日	343	343
生活垃圾产生量	万吨	55	54
生活垃圾清运量	万吨	55	54
生活垃圾无害化处理量	万吨	55	54
生活垃圾无害化处理率	%	100	100
粪便清运量	万吨	31	32
粪便无害化处理量	万吨	31	32
粪便无害化处理率	%	100	100
垃圾分类收集率	%	100	100

（资料来源：西城区环卫中心）

城市环境保护

表 27

项　目	计量单位	2012 年	2011 年
一、水环境			
废水排放总量	万吨	9593.18	9868.68
其中：工业废水排放达标量	万吨	142.19	126.8
生活污水排放量	万吨	9450.99	9740.88
工业废水排放达标率	%	100	100
二、大气环境			
空气质量达到二级和好于二级的天数	天	281	282
空气质量达到二级和好于二级的天数占全年比例	%	76.78	77.1
三、环境污染治理			
环境污染事故次数	次		
环境污染与破坏事故直接经济损失	万元		
环境污染与破坏事故赔罚款总额	万元		
环境污染治理投资总额	万元	520987.22	459327.8
城市环境保护投资指数	%	2.02	2.01
城市环境基础设施建设本年完成投资额	万元	487804.22	423777.9
工业污染治理施工项目本年完成投资额	万元	33183	35549.9
“三同时”完成验收项目环保投资	万元	45374.4	2634.9
“三同时”合格执行率	%	100	100
排污费收入总额	万元	3.55	5.99
四、城市环境			
建成环境噪声达标区面积	平方公里	42.06	42.06
建成环境噪声达标区覆盖率	%	85.1	85.1
可吸入颗粒物年日均值	毫克/立方米	0.111	0.114
二氧化硫（SO2）年日均值	毫克/立方米	0.031	0.03
二氧化氮（NO2）年日均值	毫克/立方米	0.059	0.064
降尘量	吨/平均公里·月	6	6
区域噪声平均值	分贝	54	54
交通干线噪声平均值	分贝	67.5	67.8

（资料来源：西城区环保局）

基础教育班数、学生数情况

表 28

	班数	毕业生数	招生数	在校学生数	# 本市生源
合　计	4046	30098	34745	125644	98675
幼儿园	560	3687	5655	16522	13547
义务教育	2571	18140	21024	84124	61764
小学教育	1730	8680	11083	55636	39112
小学	1638	8250	10496	52436	37168
九年一贯制学校（小学部）	51	190	267	1610	749
十二年一贯制学校（小学部）	41	240	320	1590	1195
初中	841	9460	9941	28488	22652
初级中学	143	1636	1700	5111	4289
九年一贯制学校（初中部）	10	80	111	314	160
十二年一贯制学校（初中部）	23	298	299	844	682
完全中学	659	7376	7791	22084	17485
其他学校附设初中班英文	6	70	40	135	36
高中	846	8128	7945	24306	23128
高级中学	50	514	485	1625	1484
十二年一贯制学校（高中部）	24	261	240	752	730
完全中学	726	7182	6900	20961	20068
其他学校附设高中班英文	46	171	320	968	846
特殊教育	62	102	76	603	236
工读学校	7	41	45	89	

居民物质文化生活基本情况

表 29

项　目	计量单位	2012 年	2011 年
一、平均每一就业者负担人数	人	1.29	1.34
二、收入与消费支出			
居民人均可支配收入	元	39772	35740
居民人均消费性支出	元	27149	24547
三、人均现住房总建筑面积	平方米	22.33	20.95
四、耐用消费品			
每百户拥有家用电脑	台	123.6	114.26
每百户拥有彩色电视机	台	151.6	144.16
每百户拥有电冰箱	台	103.4	102.57
每百户拥有空调器	台	176.8	168.32
五、交通、通讯			
每百户拥有家用汽车	辆	39.4	35.25
每百户拥有移动电话	部	241.4	232.67
每百户拥有互联网	条	116	106.14
六、公用			
液化气、煤气普及率	%	99.2	99.41
人均绿地面积	平方米		
七、教育、文化			
居民人均文化娱乐用品	元	941.05	1167.64
居民人均教育支出	元	1029.72	1197.7
居民人均书报杂志支出	元	60.56	58.54

调查户居民家庭基本情况

表 30

项　目	计量单位	合计	按年人均可支配收入分组				
			低收入户20%	中等偏下收入户20%	中等收入户20%	中等偏上收入户20%	高收入户20%
一、调查户数	户	500	100	100	100	100	100
二、家庭户均人口数	人	2.79	2.98	2.82	2.81	2.82	2.54
(一) 有收入者人数	人	2.35	2.13	2.32	2.51	2.45	2.33
1.就业人口数	人	1.64	1.47	1.47	1.62	1.82	1.82
国有经济单位职工人数	人	0.89	0.74	0.85	0.88	0.92	1.08
城镇集体经济单位职工人数	人	0.02	0.02	0.02	0.01	0.01	0.01
其他各种经济类型单位职工	人	0.48	0.44	0.41	0.45	0.59	0.5
城镇个体经营者人员数	人	0.04	0.07	0.04	0.04	0.03	0.04
城镇个体被雇人员数	人	0.08	0.14	0.08	0.1	0.06	0.03
离退休再就业人员数	人	0.13	0.04	0.08	0.14	0.22	0.15
其他就业人员数	人		0.01				
2.离退休人数	人	0.68	0.61	0.82	0.85	0.61	0.5
3.其他有收入者人数	人	0.03	0.06	0.04	0.04	0.02	0.01
(二) 无收入者人数	人	0.45	0.85	0.5	0.3	0.37	0.21
三、平均每一就业者负担人数	人	1.29	1.61	1.36	1.21	1.21	1.12
四、家庭年人均总收入	元	45645.36	24421.04	34269.49	41802.81	52012.13	80464.32
其中：人均可支配收入	元	39772.22	21213.22	29939.2	37007.14	45750.78	68974.37
五、家庭年人均总支出	元	35237.78	21985.81	26991.89	31301.45	39462.23	59680.1
其中：人均消费性支出	元	27148.78	17909.23	21853.3	25087.67	28379.77	44830.92
六、恩格尔系数	%	30.47%	36.35%	34.84%	31.95%	31.43%	23.75%

（资料来源：区统计局城市住户抽样调查）

调查户居民家庭年人均收入

表 31 单位：元

项　　目	全区平均	按年人均可支配收入分组				
		低收入户20%	中等偏下收入户20%	中等收入户20%	中等偏上收入户20%	高收入户20%
一、家庭总收入	45645.36	24421.04	34269.49	41802.81	52012.13	80464.32
其中：人均可支配收入	39772.22	21213.22	29939.2	37007.14	45750.78	68974.37
(一) 工薪收入	33584.54	17018.37	23584.85	28754.99	39231.93	63287.89
工资及补贴收入	33240.16	16795.96	23202.63	28415.23	38860.16	62867.56
其他劳动收入	344.38	222.42	382.22	339.76	371.77	420.33
(二) 经营性收入	1323.77	1058.65	462.48	923.93	1191.9	3185.1
(三) 财产性收入	401.92	63.95	18.69	373.56	532.01	1113.15
(四) 转移性收入	10335.13	6280.07	10203.46	11750.34	11056.3	12878.17
其中：养老金或离退休金	9667.38	5837.3	9454.79	11223.39	10446.43	11815.48
辞退金						
保险收入	8.18	4.03				40.34
赡养收入	174.08	87.3	299.44	99.54	158.16	236.86
捐赠收入	136.16	60.77	160.99	78.27	141.1	255.89
提取住房公积金	55.5		30.62	21.35	46.2	196.67
二、出售财物收入	1.19	0.31	0.68	0.28	0.11	5
三、借贷收入	12126.26	6826.3	9381.31	10656.45	13947.05	21024.04
提取储蓄存款	11742.97	6826.3	9349.41	10656.45	12102.43	20996.41
借入款	2.15				10.66	
收回借出款	2.15					11.84
收回储蓄性保险本金	2.87					15.79

（资料来源：区统计局城市住户抽样调查）

调查户居民家庭年人均支出

表 32　　单位：元

项　　目	全区平均	按年人均可支配收入分组				
		低收入户20%	中等偏下收入户 20%	中等收入户 20%	中等偏上收入户 20%	高收入户20%
一、家庭总支出	35237.78	21985.81	26991.89	31301.45	39462.23	59680.1
（一）消费性支出	27148.78	17909.23	21853.3	25087.67	28379.77	44830.92
其中：服务性消费支出	8902.92	5426.42	6432.04	7476.44	9563.94	16591.57
食品	8272.78	6509.16	7613.11	8015.47	8919.37	10648.53
衣着	2720.65	1815.55	2394.06	2601.15	2906.11	4075.21
居住	2388.02	1844.93	2118.03	2053.97	2232.04	3871.23
家庭设备用品及服务	1668.52	1066.99	1387.47	1966.36	1783.87	2230.27
医疗保健	1809.78	1286.74	1529.25	1667.04	2042.48	2637.17
交通和通信	3916.92	1907.9	2647.58	3447.76	3453.59	8728.24
教育文化娱乐服务	4977.58	2636.62	3356.2	4317.76	5391.4	9808.64
其他商品和服务	1394.53	841.34	807.59	1018.17	1650.92	2831.64
（二）购房与建房支出	584.62				2900.22	
其中：购房	584.62				2900.22	
（三）财产性支出	59.62	0.59	1.06	45.79	37.03	234.7
（四）转移性支出	2334.98	1143.43	1149.01	1789.85	2653.77	5307.88
交纳所得税	505.01	31.69	86.2	162.45	513.58	1898.65
捐赠支出	1258.11	815.02	806.91	1200.78	1423.17	2161.99
购买彩票	13.93	6.29	4.49	11.68	32.02	15.83
赡养支出	361.55	215.01	149.41	218.44	493.75	782.12
其中：在外就学子女费用	126.17	74.2		46.25	334.09	185.54
各种非储蓄性保险支出	154.5	71.19	85.01	124.36	147.32	371.29
其中：车辆保险支出	120	44.21	22.67	118.49	138.15	299.04
其他转移性支出	41.88	4.22	17	72.14	43.94	78
（五）社会保障支出	5109.78	2932.57	3988.52	4378.14	5491.44	9306.6
个人交纳的养老基金	1808.25	1166.66	1474.29	1535.82	1894.49	3141.11
个人交纳的住房公积金	2698.29	1293.94	2028.52	2323.19	2970.41	5209.53
个人交纳的医疗基金	537.63	428.12	431.82	464.47	553.92	847.37
个人交纳的失业基金	65.61	43.85	53.9	54.67	72.62	108.59
其他社会保障支出						
二、借贷支出	22184.1	8927.94	16282.49	20808.97	26026.78	41601.99
存入储蓄款	21834.73	8797.33	16065.58	20531.97	25509.96	40953.51
借出款						
归还借款	10.82	6.72	10.99			39.48
储蓄性保险支出	93.29	78.28	96.14	5.34	89.17	209.91
购买有价证券	17.28	33.58	50.02			
其他投资支出	13.79	–	4.16	36.57	27.72	
归还住房贷款	191.07	11.97	3.51	234.91	399.92	329.95
归还汽车贷款						
其他借贷支出	1.93		9.57			

（资料来源：区统计局城市住户抽样调查）

附　录

中共北京市西城区委主要文件目录

中共北京市西城区委文件

京西发〔2012〕1号　中共北京市西城区委北京市西城区人民政府关于授予王功伟等同志西城第一届“百名英才”荣誉称号的决定

京西发〔2012〕2号　中共北京市西城区委北京市西城区人民政府关于印发西城区防止利益冲突相关试行制度的通知

京西发〔2012〕3号　中共北京市西城区委关于做好北京市第十一次党代会代表候选人推荐提名和代表选举工作的通知

京西发〔2012〕4号　中共北京市西城区委关于印发《区委常委会2012年工作要点》的通知

京西发〔2012〕5号　中共北京市西城区委北京市西城区人民政府关于西城区创建北京市建设学习型城市工作示范区的实施意见

京西发〔2012〕6号　中共北京市西城区委北京市西城区人民政府关于对全区各单位圆满完成全国“两会”服务保障任务予以表扬的通报

京西发〔2012〕7号　中共北京市西城区委北京市西城区人民政府关于组建五个指挥部与成立充实两个办公室的通知

京西发〔2012〕8号　中共北京市西城区委北京市西城区人民政府关于印发《北京市西城区“十二五”时期人才发展规划》和《北京市西城区中长期人才发展规划纲要（2011-2020年）》的通知

京西发〔2012〕9号　中共北京市西城区委北京市西城区人民政府关于深入开展“访民情　听民意　解民难”工作的实施意见

京西发〔2012〕10号　中共北京市西城区委关于印发《北京市西城区处级党政干部选拔任用工作流程（试行）》的通知

京西发〔2012〕11号　中共北京市西城区委北京市西城区人民政府关于进一步加强街道统筹辖区发展规范日常管理的指导意见

京西发〔2012〕12号　中共北京市西城区委关于表彰创先争优先进基层党组织优秀共产党员的决定

京西发〔2012〕14号　中共北京市西城区委北京市西城区人民政府关于进一步推进西城区教育改革和发展的意见

京西发〔2012〕16号　中共北京市西城区委关于印发《中共北京市西城区委重大事项决策规则》的通知

京西发〔2012〕17号　中共北京市西城区委印发《关于开展社区党的建设“三级联创”活动的实施意见（试行）》的通知

京西发〔2012〕18号　中共北京市西城区委关于认真学习宣传贯彻党的十八大精神的通知

京西发〔2012〕19号　中共北京市西城区委北京市西城区人民政府印发《关于进一步加强廉政风险防控管理的实施意见》的通知

中共北京市西城区委办公室文件

京西办发〔2012〕1号　中共北京市西城区委办公室北京市西城区人民政府办公室关于贯彻全国党委秘书长会议和全市党委办公厅（室）工作会议精神深入开展“学精神、找差距、提能力”活动安排的通知

京西办发〔2012〕2号　中共北京市西城区委办公室北京市西城区人民政府办公室关于成立西城区社区党组织和社区居民委员会换届选举工作领导小组的通知

京西办发〔2012〕3号　中共北京市西城区委办公室关于印发《西城区2012年社区党组织换届选举工作的意见》的通知

京西办发〔2012〕4号　中共北京市西城区委办公室北京市西城区人民政府办公室关于印发《西城区第八届社区居民委员会换届选举工作的意见》的通知

京西办发〔2012〕5号　中共北京市西城区委办公室关于印发《区委文件印刷格式标准》的通知

京西办发〔2012〕6号　中共北京市西城区委办公室北京市西城区人民政府办公室关于印发《区委区政府2012

年重点工作目标分解表》的通知

京西办发〔2012〕7号　中共北京市西城区委办公室关于印发《区委常委会2012年议题计划》的通知

京西办发〔2012〕10号　中共北京市西城区委办公室北京市西城区人民政府办公室关于印发《区委办公室区政府办公室与五个指挥部及两个办公室工作对接的意见》的通知

京西办发〔2012〕11号　中共北京市西城区委办公室北京市西城区人民政府办公室印发《关于加强全响应社会服务管理创新信息化建设的指导意见》的通知

京西办发〔2012〕12号　中共北京市西城区委办公室关于印发区委权力公开透明运行四项试行制度的通知

京西办发〔2012〕13号　中共北京市西城区委办公室北京市西城区人民政府办公室关于印发《北京市西城区处级党政主要领导干部和国有企业领导人员经济责任审计实施办法》的通知

京西办发〔2012〕14号　中共北京市西城区委办公室北京市西城区人民政府办公室关于调整议事协调机构和临时机构的通知

京西办发〔2012〕15号　中共北京市西城区委办公室北京市西城区人民政府办公室关于印发《2012年北京市西城区党风廉政建设和反腐败工作任务分工方案》的通知

京西办发〔2012〕16号　中共北京市西城区委办公室北京市西城区人民政府办公室关于通报表扬2011年度西城区信息工作优秀单位、优秀信息工作者的通知

京西办发〔2012〕17号　中共北京市西城区委办公室北京市西城区人民政府办公室关于成立北京市西黄城根南街建设整治工程房屋征收指挥部的通知

京西办发〔2012〕18号　中共北京市西城区委办公室关于印发《中共北京市西城区委办公室主要职责内设机构和人员编制规定》的通知

京西办发〔2012〕19号　中共北京市西城区委办公室转发《区委组织部关于在防汛抢险工作中加强对全区各级领导班子基层党组织和党员干部考察考核的通知》的通知

京西办发〔2012〕20号　中共北京市西城区委办公室北京市西城区人民政府办公室关于印发《西城区老旧小区综合整治实施方案》的通知

京西办发〔2012〕22号　中共北京市西城区委办公室关于印发《中共北京市西城区纪律检查委员会机关北京市西城区监察局主要职责内设机构和人员编制规定》的通知

京西办发〔2012〕23号　中共北京市西城区委办公室关于印发《中共北京市西城区委组织部主要职责内设机构和人员编制规定》的通知

京西办发〔2012〕24号　中共北京市西城区委办公室关于印发《中共北京市西城区委宣传部主要职责内设机构和人员编制规定》的通知

京西办发〔2012〕25号　中共北京市西城区委办公室关于印发《北京市西城区精神文明建设委员会办公室主要职责内设机构和人员编制规定》的通知

京西办发〔2012〕26号　中共北京市西城区委办公室关于印发《中共北京市西城区委统一战线工作部主要职责内设机构和人员编制规定》的通知

京西办发〔2012〕27号　中共北京市西城区委办公室关于印发《中共北京市西城区委台湾工作办公室北京市西城区人民政府台湾事务办公室主要职责内设机构和人员编制规定》的通知

京西办发〔2012〕28号　中共北京市西城区委办公室关于印发《中共北京市西城区委北京市西城区人民政府研究室主要职责内设机构和人员编制规定》的通知

京西办发〔2012〕29号　中共北京市西城区委办公室关于印发《中共北京市西城区委区直属机关工作委员会主要职责内设机构和人员编制规定》的通知

京西办发〔2012〕30号　中共北京市西城区委办公室关于印发《中共北京市西城区委社会工作委员会北京市西城区社会建设工作办公室主要职责内设机构和人员编制规定》的通知

京西办发〔2012〕31号　中共北京市西城区委办公室关于印发《中共北京市西城区委老干部局主要职责内设机构和人员编制规定》的通知

京西办发〔2012〕32号　中共北京市西城区委办公室关于印发《中共北京市西城区委保密委员会办公室（北京市西城区国家保密局）主要职责内设机构和人员编制规定》的通知

京西办发〔2012〕33号　中共北京市西城区委办公室关于印发《北京市西城区机构编制委员会办公室主要职责内设机构和人员编制规定》的通知

京西办发〔2012〕34号　中共北京市西城区委办公室关于印发《中共北京市西城区委党校（北京市西城区行政学院）机构设置方案》的通知

京西办发〔2012〕35号　中共北京市西城区委办公室关于印发《中共北京市西城区委党史工作办公室北京市西城区地方志编纂委员会办公室机构设置方案》的通知

京西办发〔2012〕36号　中共北京市西城区委办公室关于印发《北京市西城区人大常委会机关机构设置方案》的通知

京西办发〔2012〕37号　中共北京市西城区委办公室关于印发《政协北京市西城区委员会机关机构设置方案》的通知

京西办发〔2012〕38号　中共北京市西城区委办公室关于印发《中国共产主义青年团北京市西城区委员会机关主要职责内设机构和人员编制规定》的通知

京西办发〔2012〕39号　中共北京市西城区委办公室关于印发《北京市西城区归国华侨联合会机关主要职责内设机构和人员编制规定》的通知

京西办发〔2012〕40号　中共北京市西城区委办公室关于印发《北京市西城区文学艺术界联合会机关主要职责内设机构和人员编制规定》的通知

京西办发〔2012〕41号　中共北京市西城区委办公室关于印发《北京市西城区残疾人联合会机关主要职责内设

机构和人员编制规定》的通知

京西办发〔2012〕42号　中共北京市西城区委办公室关于印发《北京市西城区妇女联合会机关主要职责内设机构和人员编制规定》的通知

京西办发〔2012〕43号　中共北京市西城区委办公室关于印发《北京市西城区社会科学界联合会机关主要职责内设机构和人员编制规定》的通知

京西办发〔2012〕44号　中共北京市西城区委办公室关于印发《北京市西城区科学技术协会机关主要职责内设机构和人员编制规定》的通知

京西办发〔2012〕45号　中共北京市西城区委办公室关于印发《北京市西城区工商业联合会机关主要职责内设机构和人员编制规定》的通知

京西办发〔2012〕46号　中共北京市西城区委办公室关于加强西城区街道人大工作机构建设的通知

京西办发〔2012〕47号　中共北京市西城区委办公室关于印发《北京市西城区红十字会机关主要职责内设机构和人员编制规定》的通知

京西办发〔2012〕48号　中共北京市西城区委办公室关于印发《北京市西城区总工会机关主要职责内设机构和人员编制规定》的通知

京西办发〔2012〕49号　中共北京市西城区委办公室北京市西城区人民政府办公室关于印发《中共北京市西城区委白纸坊街道工作委员会北京市西城区人民政府白纸坊街道办事处主要职责内设机构和人员编制规定》的通知

京西办发〔2012〕50号　中共北京市西城区委办公室北京市西城区人民政府办公室关于印发《中共北京市西城区委金融街街道工作委员会北京市西城区人民政府金融街街道办事处主要职责内设机构和人员编制规定》的通知

京西办发〔2012〕51号　中共北京市西城区委办公室北京市西城区人民政府办公室关于印发《中共北京市西城区委广安门内街道工作委员会北京市西城区人民政府广安门内街道办事处主要职责内设机构和人员编制规定》的通知

京西办发〔2012〕52号　中共北京市西城区委办公室北京市西城区人民政府办公室关于印发《中共北京市西城区委椿树街道工作委员会北京市西城区人民政府椿树街道办事处主要职责内设机构和人员编制规定》的通知

京西办发〔2012〕53号　中共北京市西城区委办公室北京市西城区人民政府办公室关于印发《中共北京市西城区委德胜街道工作委员会北京市西城区人民政府德胜街道办事处主要职责内设机构和人员编制规定》的通知

京西办发〔2012〕54号　中共北京市西城区委办公室北京市西城区人民政府办公室关于印发《中共北京市西城区委大栅栏街道工作委员会北京市西城区人民政府大栅栏街道办事处主要职责内设机构和人员编制规定》的通知

京西办发〔2012〕55号　中共北京市西城区委办公室北京市西城区人民政府办公室关于印发《中共北京市西城区委广安门外街道工作委员会北京市西城区人民政府广安门外街道办事处主要职责内设机构和人员编制规定》的通知

京西办发〔2012〕56号　中共北京市西城区委办公室北京市西城区人民政府办公室关于印发《中共北京市西城区委牛街街道工作委员会北京市西城区人民政府牛街街道办事处主要职责内设机构和人员编制规定》的通知

京西办发〔2012〕57号　中共北京市西城区委办公室北京市西城区人民政府办公室关于印发《中共北京市西城区委什刹海街道工作委员会北京市西城区人民政府什刹海街道办事处主要职责内设机构和人员编制规定》的通知

京西办发〔2012〕58号　中共北京市西城区委办公室北京市西城区人民政府办公室关于印发《中共北京市西城区委西长安街街道工作委员会北京市西城区人民政府西长安街街道办事处主要职责内设机构和人员编制规定》的通知

京西办发〔2012〕59号　中共北京市西城区委办公室北京市西城区人民政府办公室关于印发《中共北京市西城区委天桥街道工作委员会北京市西城区人民政府天桥街道办事处主要职责内设机构和人员编制规定》的通知

京西办发〔2012〕60号　中共北京市西城区委办公室北京市西城区人民政府办公室关于印发《中共北京市西城区委陶然亭街道工作委员会北京市西城区人民政府陶然亭街道办事处主要职责内设机构和人员编制规定》的通知

京西办发〔2012〕61号　中共北京市西城区委办公室北京市西城区人民政府办公室关于印发《中共北京市西城区委新街口街道工作委员会北京市西城区人民政府新街口街道办事处主要职责内设机构和人员编制规定》的通知

京西办发〔2012〕62号　中共北京市西城区委办公室北京市西城区人民政府办公室关于印发《中共北京市西城区委展览路街道工作委员会北京市西城区人民政府展览路街道办事处主要职责内设机构和人员编制规定》的通知

京西办发〔2012〕63号　中共北京市西城区委办公室北京市西城区人民政府办公室关于印发《中共北京市西城区委月坛街道工作委员会北京市西城区人民政府月坛街道办事处主要职责内设机构和人员编制规定》的通知

京西办发〔2012〕64号　中共北京市西城区委办公室北京市西城区人民政府办公室关于印发《中共北京市西城区委教育工作委员会北京市西城区教育委员会主要职责内设机构和人员编制规定》的通知

京西办发〔2012〕65号　中共北京市西城区委办公室北京市西城区人民政府办公室关于印发《中共北京市西城区委卫生工作委员会北京市西城区卫生局（北京市西城区动物卫生监督管理办公室）主要职责内设机构和人员编制规定》的通知

京西办发〔2012〕66号　中共北京市西城区委办公室北京市西城区人民政府办公室关于印发《北京市西城区国民经济和社会发展第十二个五年规划纲要任务分解及部分任务调整》的通知

京西办发〔2012〕67号　中共北京市西城区委办公室北京市西城区人民政府办公室关于转发《西城区司法局关于进一步加强和改进律师工作的实施意见》的通知

京西办发〔2012〕68号　中共北京市西城区委办公室印发《关于实施"非公有制企业党建活力工程"进一步加强和改进全区非公有制企业党的建设工作的意见》的通知

京西办发〔2012〕69号　中共北京市西城区委办公室关于印发《西城区委党群互动网络平台工作规则（试行）》的通知

京西办发〔2012〕70号　中共北京市西城区委办公室北京市西城区人民政府办公室关于印发《西城区统筹和规范街道社区协管员管理的意见（试行）》的通知

京西办发〔2012〕72号　中共北京市西城区委办公室北京市西城区人民政府办公室关于印发《东城区与西城区合作交流机制实施办法（试行）》的通知

北京市西城区人民政府主要文件目录

西城区人民政府文件

西政发〔2012〕1号　北京市西城区人民政府关于印发北京市西城区政府有关部门安全生产工作职责的通知

西政发〔2012〕2号　北京市西城区人民政府关于印发北京市西城区进一步提升邮政普遍服务水平实施意见的通知

西政发〔2012〕3号　北京市西城区人民政府关于2011年度工作目标督查考核结果的通报

西政发〔2012〕4号　北京市西城区人民政府关于印发北京市西城区2012年人口和计划生育工作要点的通知

西政发〔2012〕5号　北京市西城区人民政府关于印发北京市西城区开展政务能力建设年活动意见的通知

西政发〔2012〕6号　北京市西城区人民政府关于印发北京市西城区信息化项目管理办法的通知

西政发〔2012〕7号　北京市西城区人民政府关于印发北京市西城区"十二五"时期基础设施发展建设规划的通知

西政发〔2012〕8号　北京市西城区人民政府关于聘请第八届特邀监察员的决定

西政发〔2012〕9号　北京市西城区人民政府关于印发北京市西城区实施《北京市行政问责办法》若干规定（试行）的通知

西政发〔2012〕10号　北京市西城区人民政府关于印发北京市西城区"十二五"时期历史文化保护区保护与发展规划的通知

西政发〔2012〕11号　北京市西城区人民政府关于印发北京市西城区政府投资重大建设项目监督工作办法（试行）的通知

西政发〔2012〕12号　北京市西城区人民政府关于加强街道幼儿园管理工作的意见

西政发〔2012〕13号　北京市西城区人民政府关于印发北京市西城区2012-2020年大气污染治理措施实施方案的通知

西政发〔2012〕14号　北京市西城区人民政府关于印发北京市西城区支持中关村科技园区德胜科技园自主创新若干规定的通知

西政发〔2012〕15号　北京市西城区人民政府关于印发北京市西城区自主创新示范基地和高新技术产业专业孵化基地认定及支持办法的通知

西政发〔2012〕16号　北京市西城区人民政府关于印发北京市西城区促进产业发展若干意见的通知

西政发〔2012〕17号　北京市西城区人民政府关于印发北京市西城区进一步加强食品安全工作实施意见的通知

西城区人民政府办公室文件

西政办发〔2012〕1号　北京市西城区人民办公室关于进一步加强会议管理服务工作做好《2012年区政府会议重要议题计划》实施工作的通知

西政办发〔2012〕2号　北京市西城区人民政府办公室关于印发北京市西城区2012年为群众拟办重要实事的通知

西政办发〔2012〕3号　北京市西城区人民政府办公室转发区财政局关于调整西城区区街财政管理体制意见（试行）的通知

西政办发〔2012〕4号　北京市西城区人民政府办公室转发区行政服务中心关于北京市西城区国家级行政服务标准化试点工作方案的通知

西政办发〔2012〕5号　北京市西城区人民政府办公室关于印发北京市西城区2012年人口和计划生育目标管理考核评估方案的通知

西政办发〔2012〕6号　北京市西城区人民政府办公室关于印发北京市西城区推进政府行政权力公开透明运行工作方案的通知

西政办发〔2012〕7号　北京市西城区人民政府办公室关于印发五个指挥部与两个办公室组建方案的通知

西政办发〔2012〕8号　北京市西城区人民政府办公室关于印发北京市西城区2012年落实清洁空气行动计划实施方案的通知

西政办发〔2012〕9号　北京市西城区人民政府办公室关

于印发北京市西城区“十二五”时期主要污染物总量减排工作方案的通知

西政办发〔2012〕10号 北京市西城区人民政府办公室关于印发北京市西城区人民政府办公室主要职责内设机构和人员编制规定的通知

西政办发〔2012〕11号 北京市西城区人民政府办公室关于印发北京市西城区发展和改革委员会主要职责内设机构和人员编制规定的通知

西政办发〔2012〕12号 北京市西城区人民政府办公室关于印发北京市西城区科学技术委员会（北京市西城区知识产权局）主要职责内设机构和人员编制规定的通知

西政办发〔2012〕13号 北京市西城区人民政府办公室关于印发北京市西城区民政局主要职责内设机构和人员编制规定的通知

西政办发〔2012〕14号 北京市西城区人民政府办公室关于印发北京市西城区司法局主要职责内设机构和人员编制规定的通知

西政办发〔2012〕15号 北京市西城区人民政府办公室关于印发北京市西城区财政局主要职责内设机构和人员编制规定的通知

西政办发〔2012〕16号 北京市西城区人民政府办公室关于印发北京市西城区人力资源和社会保障局主要职责内设机构和人员编制规定的通知

西政办发〔2012〕17号 北京市西城区人民政府办公室关于印发北京市西城区环境保护局主要职责内设机构和人员编制规定的通知

西政办发〔2012〕18号 北京市西城区人民政府办公室关于印发北京市西城区住房和城市建设委员会主要职责内设机构和人员编制规定的通知

西政办发〔2012〕19号 北京市西城区人民政府办公室关于印发北京市西城区房屋管理局（北京市西城区人民政府房屋征收办公室北京市西城区人民政府住房保障和改革办公室）主要职责内设机构和人员编制规定的通知

西政办发〔2012〕20号 北京市西城区人民政府办公室关于印发北京市西城区市政市容管理委员会（北京市西城区城市环境建设委员会办公室北京市西城区交通委员会）主要职责内设机构和人员编制规定的通知

西政办发〔2012〕21号 北京市西城区人民政府办公室关于印发北京市西城区商务委员会主要职责内设机构和人员编制规定的通知

西政办发〔2012〕22号 北京市西城区人民政府办公室关于印发北京市西城区文化委员会主要职责内设机构和人员编制规定的通知

西政办发〔2012〕23号 北京市西城区人民政府办公室关于印发北京市西城区人口和计划生育委员会主要职责内设机构和人员编制规定的通知

西政办发〔2012〕24号 北京市西城区人民政府办公室关于印发北京市西城区审计局主要职责内设机构和人员编制规定的通知

西政办发〔2012〕25号 北京市西城区人民政府办公室关于印发北京市西城区人民政府国有资产监督管理委员会主要职责内设机构和人员编制规定的通知

西政办发〔2012〕26号 北京市西城区人民政府办公室关于印发北京市西城区安全生产监督管理局主要职责内设机构和人员编制规定的通知

西政办发〔2012〕27号 北京市西城区人民政府办公室关于印发北京市西城区体育局主要职责内设机构和人员编制规定的通知

西政办发〔2012〕28号 北京市西城区人民政府办公室关于印发北京市西城区统计局主要职责内设机构和人员编制规定的通知

西政办发〔2012〕29号 北京市西城区人民政府办公室关于印发北京市西城区园林绿化局（北京市西城区绿化委员会办公室）主要职责内设机构和人员编制规定的通知

西政办发〔2012〕30号 北京市西城区人民政府办公室关于印发北京市西城区旅游发展委员会主要职责内设机构和人员编制规定的通知

西政办发〔2012〕31号 北京市西城区人民政府办公室关于印发北京市西城区民防局（地震局）要职责内设机构和人员编制规定的通知

西政办发〔2012〕32号 北京市西城区人民政府办公室关于印发北京市西城区金融服务办公室主要职责内设机构和人员编制规定的通知

西政办发〔2012〕33号 北京市西城区人民政府办公室关于印发北京市西城区民族宗教侨务办公室主要职责内设机构和人员编制规定的通知

西政办发〔2012〕34号 北京市西城区人民政府办公室关于印发北京市西城区人民政府外事办公室主要职责内设机构和人员编制规定的通知

西政办发〔2012〕35号 北京市西城区人民政府办公室关于印发北京市西城区人民政府法制办公室主要职责内设机构和人员编制规定的通知

西政办发〔2012〕36号 北京市西城区人民政府办公室关于印发中共北京市西城区委北京市西城区人民政府信访办公室主要职责内设机构和人员编制规定的通知

西政办发〔2012〕37号 北京市西城区人民政府办公室关于印发北京市西城区人民政府信息化工作办公室主要职责内设机构和人员编制规定的通知

西政办发〔2012〕38号 北京市西城区人民政府办公室关于印发北京市西城区对外联络服务办公室主要职责内设机构和人员编制规定的通知

西政办发〔2012〕39号 北京市西城区人民政府办公室关于印发北京西直门综合交通枢纽地区管理委员会主要职责内设机构和人员编制规定的通知

西政办发〔2012〕40号 北京市西城区人民政府办公室关于印发北京市西城区综合行政服务中心主要职责内设机构和人员编制规定的通知

西政办发〔2012〕41号 北京市西城区人民政府办公室关于印发北京市西城区城市管理监察大队主要职责内设机构和人员编制规定的通知

西政办发〔2012〕42号　北京市西城区人民政府办公室关于印发北京市西城区城市管理监督指挥中心主要职责内设机构和人员编制规定的通知

西政办发〔2012〕43号　北京市西城区人民政府办公室关于印发北京市西城区档案局（北京市西城区档案馆）机构设置方案的通知

西政办发〔2012〕44号　北京市西城区人民政府办公室关于印发北京市西城区环境卫生服务中心机构设置方案的通知

西政办发〔2012〕45号　北京市西城区人民政府办公室关于印发北京市西城区园林市政管理中心机构设置方案的通知

西政办发〔2012〕46号　北京市西城区人民政府办公室关于印发北京市西城区机关事务服务中心机构设置方案的通知

西政办发〔2012〕47号　北京市西城区人民政府办公室关于印发北京市西城区房屋土地经营管理中心机构设置方案的通知

西政办发〔2012〕48号　北京市西城区人民政府办公室关于成立北京市西城区政府绩效管理工作领导小组的通知

西政办发〔2012〕49号　北京市西城区人民政府办公室关于成立北京市西城区交通工作领导小组的通知

西政办发〔2012〕50号　北京市西城区人民政府办公室关于印发进一步加强2012年财政收支预算执行管理工作意见的通知

西政办发〔2012〕51号　北京市西城区人民政府办公室转发区发展改革委关于西城区产业政策制定与实施管理办法的通知

西政办发〔2012〕52号　北京市西城区人民政府办公室关于印发北京市西城区鼓励和促进企业上市办法的通知

驻区单位

驻区部分中央单位

中国共产党中央委员会	西长安街地区
全国人大常委会	西交民巷23号
国务院	府右街
政协全国委员会	太平桥大街23号
中共中央国家机关工作委员会	西安门大街22号
中共中央纪律检查委员会	平安里西大街41号
中共中央办公厅第一局	府右街10号
中共中央办公厅警卫局	南长街81号
中共中央办公厅机要交通局	西黄城根北街11号
中共中央办公厅老干部局	大觉胡同50号
中共中央直属机关事务管理局	西黄城根北街9号北门
中共中央统战部	府右街135号
中共中央组织部	西长安街80号
中共中央宣传部	西长安街5号
中共中央政策研究室	府右街8号
中华全国总工会	复兴门外大街10号
中国残疾人联合会	西直门南小街186号
国家信访局	南礼士路6号
国务院办公厅	府右街2号
国务院机关事务管理局	西安门大街22号
国务院法制办公室	文津街9号
国务院侨务办公室	阜成门外大街35号
国务院港澳事务办公室	月坛南街77号

国务院台湾事务办公室	广安门南街6-1号
国家发展和改革委员会	月坛南街38号
国家民族事务委员会	太平桥大街252号
中华人民共和国财政部	三里河南三巷3号
中华人民共和国国土资源部	阜成门内大街64号
中华人民共和国卫生部	西直门外南路1号
中华人民共和国教育部	西单大木仓胡同37号
中华人民共和国工业和信息化部	西长安街13号
中华人民共和国监察部	广安门南街甲2号
中华人民共和国审计署	展览路北露园1号
国务院国有资产监督管理委员会	宣武门西大街26号
中华人民共和国新闻出版总署	宣武门外大街40号
中国科学院	三里河路52号
中国工程院	冰窖口胡同2号
中国人民银行	成方街32号
国家邮政局	北礼士路甲8号
国家广播电影电视总局	复兴门外大街2号
国家统计局	月坛南街57号
国家工商行政管理总局	三里河东路8号
国家海洋局	复兴门外大街1号
国家宗教事务局	后海北沿44号
中华人民共和国环境保护部	西直门南小街115号
中华人民共和国水利部	白广路二条2号
国家档案局	丰盛胡同21号
国家食品药品监督管理局	宣武门西大街26号院2号楼
中国印钞造币总公司	西直门外大街甲143号
中国兵器工业总公司	三里河路44号
中国石油天然气集团公司	六铺炕街6号
中国材料工业科工集团公司	西直门内北顺城街11号
中国核工业集团公司	三里河南三巷1号
国家电网公司	西长安街86号
中国保险监督管理委员会	金融大街15号
中国证券监督管理委员会	金融大街19号富凯大厦
国家粮食局	木樨地北里甲11号国宏大厦C座
国家信息中心	三里河路58号
新华通讯社	宣武门西大街57号
中国地质科学院	百万庄大街26号
中国儿童中心	平安里西大街43号
中央人民广播电台	复兴门外大街2号
中国道教协会	西便门外白云观内
中国佛教协会	阜成门内大街25号
中国天主教爱国会	柳荫街14号
伊斯兰教协会	南横西街103号
中国国际贸易促进委员会	复兴门外大街1号

驻区部分市级单位

北京市教育委员会	前门西大街109号
北京市科学技术委员会	西直门南大街16号
北京市司法局	西直门内南小街后广平胡同39号

北京市人力资源和社会保障局　永定门西街 5 号
北京市市政市容管理委员会　西单北大街 80 号
北京市交通委员会路政局　广安门内大街 317 号
北京市交通委交通执法总队　北礼士路 22 号
北京市农业局　裕民中路 6 号
北京市国家税务局　车公庄大街 10 号
北京市地方税务局　车公庄大街 8 号
北京市园林绿化局　北三环中路 3 号双全大厦 415 号
北京市知识产权局　德胜门东大街 8 号 2 层
北京市民防局　槐柏树街北里 8 号
北京市文学艺术界联合会　前门西大街 95 号
北京市急救中心　前门西大街 103 号
北京市电力公司　前门西大街 41 号
北京市自来水集团有限责任公司　宣武门西大街甲 121 号
北京市燃气集团有限责任公司　西直门南小街 22 号
北京市地铁运营有限公司　西直门外大街 2 号
北京市果品有限公司　德胜门外大街 5 号（德胜园区）
北京北站　北滨河路甲 1 号
北京市青年宫　西直门南小街 68 号
北京市西区邮局　南礼士路头条 5 号

境内金融机构

银行网点

中国工商银行股份有限公司北京市分行
长安支行营业室　宣武门内大街乙 6 号
复外支行　复兴门外大街 A2 号
复内支行　复兴门内大街 55 号
西单北大街支行　华远北街 2 号
西单支行　灵境胡同 42 号
中海凯旋支行　太平桥大街 96 号首层
大悦城支行　西单大悦城 6 层
和平门内支行　北新华街东松树胡同 31 号 1、2 层
铁道支行　北蜂窝路 5 号院 1 号–2 号楼间裙房首层
北蜂窝路支行　北蜂窝路 20 号
丰汇园支行　宏英园 17 号楼 1 层
新文化街支行　佟麟阁路 75 号
建内大街分理处　建国门内大街 11 号
长安商场储蓄所　复兴门外大街 15 号
甘石桥储蓄所　西单北大街酱坊胡同 33 号
德外支行　教场口街 9 号院乙 9–8
西四支行　西四北大街 288 号

新街口支行营业部	西直门内大街 143 号
学院路支行	学院南路 34 号
马甸支行	北土城西路 11 号
西内支行	葱店胡同 2 号院 1 楼 1 层
安华桥西支行	北三环中路乙 6 号伦洋大厦 1 层
地安门西大街支行	地安门西大街 28 号
西安门储蓄所	西安门大街 103 号
德胜科技园支行	德胜门外大街甲 11 号
赵登禹路支行	平安里西大街 31 号航天金融大厦 1 层
棉花胡同储蓄所	棉花胡同 52 号
积水潭支行	新街口外大街甲 18 号
新街口北大街	新街口北大街 57 号 1 层 1003 号
爱民里储蓄所	爱民里小区 3 号楼北侧
百万庄东口支行	百万庄大街 16 号
百万庄西口支行	三里河路 36 号
百万庄支行	三里河路 15 号
车公庄支行	车公庄大街 9 号院 2 号楼商业 4 号
阜成路支行	首体南路 38 号（创景大厦）1 层
阜外大街支行	展览馆路 48 号
公安大学支行	木樨地北里 4 号楼 1 层南侧
礼士路支行	月坛北街 26 号恒华国际大厦 1 层
三里河东路支行	月坛北街 26 号恒华国际大厦 1 层
首都体育馆支行	西直门外大街 168 号腾达大厦
西直门外大街支行	西外大街德宝新园 22 楼 1 层
西直门支行	车公庄大街乙 1 号（富通大厦首层）
燕京支行	三里河东路 39 号燕京大厦首层
月坛支行	南礼士路 9 号
真武庙支行	真武庙路四条 8 号院 2 号楼商业 102-1
文兴街支行	西直门外文兴街 2 号
西便门支行	西便门外大街四号院 6 号楼
三里河支行	月坛南街 34 号
南礼士路支行营业室	阜成门外大街 8 号
金融街支行营业室	太平桥大街丰汇园 11 号楼 1 层
复兴门支行	金融大街甲 29 号
白塔寺支行	太平桥大街 8 号
阜成门支行	太平桥大街 8 号（临时与白塔寺支行合址办公）
金树街支行	金融大街 8 号
英蓝中心支行	金融大街 7 号英蓝国际金融中心
菜市口支行	广安门内大街 116 号
白广路支行	白广路 7 号
琉璃厂支行	骡马市大街 8 号
陶然亭支行	陶然亭路 55 号
宣武门支行	宣武门外大街甲 1 号 1 层 109
右内大街支行	里仁街西口 25 号楼底商
福地广场支行	菜市口大街 1 号 1 层 101
菜百分理处	广安门内大街 306 号菜百商场 2 楼
清芷园分理处	育新街 47 号清芷园会所
新华社储蓄所	宣武门西大街 57 号
广安门支行	广安门外南滨河路 3 号
中环广场支行	枣林前街 70 号（中环广场大厦）

范家胡同支行	槐柏树街甲7号1层
白纸坊支行	白纸坊西街17号院10号楼1层103号
朗琴园支行	手帕口南街1号院1号楼1-3号
广外支行	广安门外大街305号八区
青年湖支行	鸭子桥路24号（金翔大厦1层）
益民支行	菜户营东街甲88号3B座
樱桃园支行	右安门内大街15号
天宁寺支行	西便门内大街69号东楼
马连道支行	马连道大街6号院5号楼底商
中国农业银行股份有限公司北京市分行	
先农坛支行	北纬路9号
宣外支行	宣武门外大街92号首层
宣武支行营业室	宣武门西大街28号院10门大成广场
陶然路支行	陶然亭路63号
里仁街支行	右安门内大街甲26号
广安门外支行	广安门外大街甲6号
骡马市支行	广安门内大街6号枫桦豪景A座1层
南线阁支行	枣林北里41号院2号楼首层
马连道支行	马连道15号院6号楼
朱雀门分理处	太平街8号院21号楼底商
白纸坊分理处	鸭子桥路1号院5号楼
礼士路支行	复兴门外大街A2号中化大厦G层东北侧
椿树园支行	椿树园小区15号楼底商单元5号
西客站支行	莲花池东路106号汇融大厦1层
北三环支行	北三环中路23号
金融大街支行	金融大街12号中国人寿广场B座1层
新外支行	新街口外大街8-4号
民航大厦支行	西长安街甲15号
人定湖支行	德胜门外大街甲5号中天大厦
月坛大厦支行	月坛北街2号月坛大厦北座首层A102单元
平安里支行	平安里西大街2号
复兴门支行	复兴门内大街99号
阜成门支行	阜成门外大街甲1号
西长安街支行	复兴门内大街28号凯晨世贸中心中座第G层C001单元
德胜门支行	德胜门外大街83号
西城支行营业室	车公庄北街新华里16号1号楼
新街口支行	西直门内大街118号
白云路支行	复兴门外大街16号39楼101号
中国银行股份有限公司北京市分行	
前门支行	西交民巷17号
阜成门支行	阜成门内大街410号
中银大厦支行	复兴门内大街1号
安德路支行	德胜门外安德路118-1号
西城支行	阜成门外大街5号
西单支行	西单北大街130号
平安里支行	西四北大街83号
工会大楼支行	真武庙路1号
三里河支行	月坛南街丙71号
缸瓦市支行	西四南大街乙62号
百万庄支行	百万庄大街中里10号楼1层

金融街支行	金融街27号投资广场
北太平庄支行	新街口外大街19号
黄寺支行	黄寺大街甲24号
德外支行	德胜门外大街11号1层
西直门支行	国英园1号楼1层
宣武支行营业部	南新华街1号
宣武门支行	宣武门西大街乙97号
莲花河支行	广安门外大街178号
广安门支行	广安门内南线阁8号
陶然亭支行	白纸坊东街平原里小区18号楼
庄胜广场支行	宣武门外大街甲8号
复兴门支行	西便门外大街1号
东经路支行	东经路42号
天缘公寓支行	广安门南街36号
大成大厦支行	宣武门西大街127号
中国建设银行股份有限公司北京市分行	
北京市分行	宣武门西大街28号楼4门
鼎昆支行	黄寺大街23号阳光丽景商业配套楼
月坛支行	金融大街19号富凯大厦B座
车公庄支行	车公庄大街北里24号五栋大楼B栋
月坛南街支行	月坛南街甲18号
达官营支行	广安门外大街305号8区15-16-17楼
新华支行	鲍家街43号
复兴支行	复兴门内大街160号
华远街支行	华远街13号置地星座A座首层
丰汇园支行	丰汇园21号楼1层
科技馆支行	北三环中路3号双全大厦
西单支行	西单北大街34号
西直门支行	西直门南大街2号
德胜支行	德胜门东大街8号
金融街支行	金融大街35号国际企业大厦A座
平安大街支行	地安门西大街甲99号
丰盛支行	太平桥大街19号1层101
宣内大街支行	宣武门内大街2号中国华电大厦
西长安街支行	西长安街15号
西四支行	阜成门外大街甲26号
展览路支行	北礼士路8号
白纸坊支行	广安门南街24号
红莲支行	红莲南路55-1号
兴融支行	闹市口大街1号院1号楼
宣武门支行	宣武门外大街26号
宣武支行	广安门内大街314号
交通银行股份有限公司北京市分行	
市分行营业部	金融街33号
金融街支行	金融街22号、20号
马连道支行	广安门外大街248号（机械大厦）
右安门支行	白纸坊东街10号
南滨河路支行	南滨河路乙25号
马甸支行	德胜门外大街5号
德胜门支行	德胜门外关厢地区中交大厦1-2层东侧11-14轴房

阜外支行	车公庄大街9号院1号楼
百万庄支行	百万庄大街11号
社会路支行	二七剧场路南里商业楼首层北侧
阜成门支行	阜成门外大街7号国投大厦首层
西单支行	西长安街甲17号
西便门支行	宣武门西大街甲129号
官园支行	车公庄路新华里16-3号京侨国际公馆1-3层102、202、302号
中信银行股份有限公司总行营业部	
总行营业结算部	金融大街甲27号
阜成门支行	太平桥大街17号恒奥中心A座1层
西单支行	复兴门内大街45号
凯晨广场支行	复兴门内大街28号凯晨世贸中心中座第F3层
广安门支行	广安门外南滨河路1号
中国光大银行股份有限公司北京分行	
分行营业部	宣武门内大街1号
宣武支行	广安门外大街1号深圳大厦1层
德胜门支行	黄寺大街23号北广大厦1层
天宁寺支行	莲花池东路1号
西城支行	车公庄大街甲4号-1
礼士路支行	南礼士路66号建威大厦
三里河支行	月坛南街71号
西单支行	华远北街2号通港大厦
西直门支行	德宝新园22号德宝饭店1层
长安支行	复兴门外大街6号光大大厦
金融街丰盛支行	太平桥25号
金融街支行	金融大街28号院盈泰中心2号楼1层
华夏银行股份有限公司北京分行	
北京分行营业部	金融大街11号
和平门支行	前门西大街14号
长安支行	三里河东路5号
平安支行	平安里西大街16号
阜外支行	阜成门外大街甲34号
德外支行	德胜门外大街3号
广外支行	广安门外大街397号
北三环支行	北三环中路6号
车公庄支行	车公庄大街12号
广发银行股份有限公司北京分行	
月坛支行	月坛北街2号
金融街支行	金融大街16号
宣武门支行	宣武门外大街甲1号环球财讯中心A座1层
甘家口支行	阜成门外大街34号
西单支行	复兴门内大街45号
招商银行股份有限公司北京分行	
分行营业部	复兴门内大街156号A座1层
金融街支行	金融大街35号国际企业大厦C座1层
金融街中心支行	金融大街16号中国人寿广场1层
德胜门支行	德胜门外大街81号德胜国际中心C座1层
阜外大街支行	阜成门外大街22号外经贸大厦
甘家口支行	百万庄大街甲39号

首体支行	西直门外大街甲 143 号凯旋大厦 A 座 1 层
宣武门支行	宣武门外大街 30 号富卓大厦 1 层
陶然亭支行	南纬路 39 号
中国民生银行股份有限公司总行营业部	
阜成门支行	阜成门外大街 2 号万通新世界广场 B 座首层
首体支行	西直门外大街甲 143 号凯旋大厦
金融街支行	金融街 33 号通泰大厦 B 座首层
平安里支行	地安门西大街 141 号
北太平庄支行	新街口外大街 2 号金辉科技楼
广安门支行	广安门内大街 338 号港中旅大厦
西单支行	西单北大街 107 号北京电信首层
德胜门支行	德胜门外大街新风街 2 号天成科技大厦首层
西二环支行	平安里西大街 26 号新时代大厦 1、2 层
西长安街支行	复兴门内大街 2 号民生银行大厦首层
北京银行股份有限公司	
总行营业部	金融大街甲 17 号
燕京支行	复兴门外大街 19 号
月坛支行	太平桥大街 8 号院
阜成支行	阜成门外大街 2 号
华安支行	西黄城根北街甲 2 号
三里河支行	月坛南街 85 号
官园支行	育教胡同 33 号
复兴支行	月坛南街 14 号
德外支行	德胜门外大街 8 号
展览路支行	西直门外南路 8 号
金融街支行	金融大街丁 26 号
西四支行	西单北大街 30 号
车公庄支行	车公庄大街乙 8 号
西直门支行	冠英园西区 31 号楼
慧园支行	教场口街 9 号院
西单支行	复兴门内大街 156 号
长安街支行	真武庙 1 号中国职工之家 C 座
琉璃厂支行	南新华街 48 号
右安门支行	右安门内大街 65 号
前门支行	前门西大街正阳市场 1 号楼
陶然支行	永定门内西街 5 号
广安支行	广安门外白菜湾 5 号楼
滨河路支行	枣林前街 119 号
报国寺支行	广安门内大街甲 306-3 号
天宁支行	核桃园西街 36 号
白云支行	广安门外小马厂西里 2 号
宣武门支行	广安门内大街 6 号
广源支行	广安门外大街 305 号院 7 号楼
西内大街支行	西直门内大街 275 号
北三环支行	北三环中路 6 号出版创意大厦
马连道支行	马连道南街 1 号院 2 号楼

证券公司

北京高华证券有限责任公司	金融大街 7 号英蓝国际中心 18 层

第一创业摩根大通证券有限责任公司	武定侯街6号卓著中心10层
东兴证券股份有限公司	金融大街5号新盛大厦B座12-15层
高盛高华证券有限责任公司	金融大街7号英蓝国际中心18层
华融证券股份有限公司	金融大街8号A座3、5层
瑞信方正证券有限责任公司	金融大街甲9号金融街中心南楼15层
瑞银证券有限责任公司	金融大街7号英蓝国际中心15层
首创证券有限责任公司	德胜门外大街115号德胜尚城E座
信达证券股份有限公司	闹市口大街9号院1号楼信达金融中心
中国银河证券股份有限责任公司	金融大街35号国际企业大厦C座

期货公司

金鹏期货经纪有限公司	复兴门内金融街投资广场B座9层
北京首创期货有限责任公司	闹市口大街1号长安兴融中心4号楼11层
宏源期货有限公司	太平桥大街19号4层
第一创业期货有限责任公司	平安里西大街26号新时代大厦4层南侧
银河期货有限公司	复兴门外大街A2号中化大厦8层
经易期货经纪有限公司	百万庄北街6号
格林期货有限公司	金融大街27号投资广场B座5层、20层
京都期货有限公司	德胜门外大街115号德胜尚城E座1层

基金管理公司

东方基金管理有限责任公司	金融大街28号盈泰商务中心2号楼16层
方正富邦基金管理有限公司	太平桥大街18号丰融国际大厦北区11层
工银瑞信基金管理有限公司	金融大街丙17号北京银行大厦8层
国金通用基金管理有限公司	武定侯街2号泰康国际大厦20层
华夏基金管理有限公司	金融大街33号通泰大厦B座3层
华商基金管理有限公司	平安里西大街28号院中海国际中心19层
建信基金管理有限责任公司	金融大街7号英蓝国际金融中心16层
泰达宏利基金管理有限公司	金融大街7号英蓝国际金融中心南楼3层
益民基金管理有限公司	宣武门外大街10号庄胜广场中央办公楼南翼13A

境内邮政网点

中南海邮政支局（17支）	府右街乙27号
复外大街邮政支局（30支）	南礼士路头条5号
西长安街邮政支局（31支）	宣武门内大街6号美爵酒店1层
西单邮政支局（32支）	西单北大街109号
金融街邮政支局（33支）	丰汇园小区17号楼
西四邮政支局（34支）	西四南大街16号
新街口邮政支局（35支）	西直门内大街32号
百万庄邮政支局（37支）	百万庄大街18号

西外大街邮政支局（44支）	西直门外大街德宝新园甲22号
三里河邮政支局（45支）	月坛南街65号
阜成门邮政支局（47支）	阜成门北大街19号
永安路邮政支局（50支）	永安路173号
和平门邮政支局（51支）	前门西大街12号楼
骡马市邮政支局（52支）	骡马市大街100号
牛街邮政支局（53支）	牛街4号
里仁街邮政支局（54支）	里仁街14号
马连道邮政支局（55支）	广安门外大街411号
人民大会堂邮政所	人民大会堂内
复外南大街邮政所	复兴门外南大街3号楼
新华社邮政所	宣武门西大街57号
工信部邮政所	西长安街13号
金隅大厦邮政所	宣武门西大街甲129号202室
金融大厦邮政所	复兴门内大街156号
远洋大厦邮政所	复兴门内大街158号
图书大厦邮政所	西长安街17号图书大厦地下1层
明珠市场邮政所	西单横二条59号明珠大厦5层
中国教育电视台邮政所	复兴门内大街160号
长椿街邮政所	宣武门西大街131号
人民银行代办点	成方街32号
移动代办点	金融大街29号
电信总公司代办点	金融大街31号
平安大厦邮政所	金融大街23号
国企大厦邮政所	金融大街35号
通泰大厦邮政所	金融大街33号C座
富凯大厦邮政所	金融大街19号
英蓝国际邮政所	金融大街英蓝国际大厦
邮政集团邮政所	金融大街甲3号金鼎大厦B1层
新盛代办点	金融街新盛大厦
白塔寺邮政所	赵登禹路397号
车公庄邮政所	西直门南大街甲18号
平安里邮政所	地安门西大街乙28号
成铭大厦代办点	西直门南大街2号
国英1号代办点	西直门南小街国英1号
万通邮政所	阜成门外大街2号1815室
马尾沟邮政所	北礼士路62号
万通代办点	阜成门外大街2号
建展代办点	三里河路甲11号
留学服务中心	车公庄西路25号
木樨地邮政所	复兴门外大街25号
国宏大厦邮政所	木樨地北里甲11号
文兴街邮政所	文兴东街甲1号
京鼎邮政所	西直门外大街132号特42室
金开利德邮政所	动物园公交枢纽大厦5层西南角
世纪天乐邮政所	西直门外南路28号B座15层15A12
北京动物园邮政所	西直门外大街137号北京动物园内
物华大厦代办点	车公庄大街甲4号
五栋大厦代办点	车公庄大街9号
光大大厦邮政所	复兴门外大街6号

中化大厦邮政所	复兴门外大街甲 2 号
天照天邮政所	南礼士路丁 9 号
月坛大厦邮政所	月坛北街 2 号月坛大厦内
建威大厦邮政所	南礼士路 66 号建威大厦内
百盛大厦邮政所	金融大街 37 号
职工之家邮政所	真武庙 1 号职工之家
国际金融中心代办点	金融大街 11 号
国图代办点	车公庄西路 25 号
天桥邮政所	永安路 121 号
福长街邮政所	福长街 52 号
琉璃厂邮政所	东琉璃厂东街 3 号
椿树园邮政所	椿树园 18 号楼甲 5 号
陶然亭邮政所	黑窑厂西里 1 号楼
宣外大街邮政所	宣外大街临 99 号
西便门西里邮政所	西便门西街 14 号北侧
鸭子桥邮政所	鸭子桥南里 1 号楼
天宁寺邮政所	天宁寺西里 7 号楼
红居街邮政所	广安门外大街 175 号
南区邮票公司	牛街 4 号
南区邮政函件分局	红莲南里甲 24 号

学　校

高等院校

北京市行政学院	车公庄大街 6 号
中央音乐学院	鲍家街 43 号
中央广播电视大学	复兴门内大街 160 号
中国人民公安大学	木樨地南里 1 号
中国道教学院	白云观内
外交学院	展览馆路 24 号
北京建筑工程学院	展览馆路 1 号
北京军地专修学院	新风街 7 号
公安部高级警官学院	木樨地南里甲 1 号
北京教育学院	德胜门外黄寺大街什坊街 2 号
北京市西城经济科学大学	西直门内南草厂 22 号
北京联合大学继续教育学院	丰盛胡同 13 号
北京广播电视大学宣武分校	菜园街 13 号
北京宣武红旗业余大学	右安门内大街 79 号

职业高中

北京市外事学校	西直门内南小街永祥胡同 3 号

北京市实美职业学校	百万庄大街19号
北京市财会学校	广安门外红居街20号
北京市实验职业学校	菜园街13号

中 学

北京市第三中学	富国街3号
北京市第四中学	西黄城根北街甲2号
北京市第七中学	安德路69号
北京市第八中学	学院小街2号
北京市第十三中学	柳荫街27号
北京市第十四中学	莲花河南街2号
北京市第十五中学	育新街2号
北京市第三十一中学	西绒线胡同33号
北京市第三十五中学	小口袋胡同19号
北京市第三十九中学	西黄城根北街6号
北京市第四十一中学	西四北二条58号
北京市第四十三中学	后孙公园37号
北京市第四十四中学	三里河南横街1号
北京市第五十六中学	文兴街3号
北京市第六十二中学	太平街西巷4号
北京市第六十三中学	白广路33号
北京市第六十六中学	枣林前街111号
北京市第一四O中学	大川淀24号
北京市第一五四中学	百万庄南街14号
北京市第一五六中学	太平仓胡同16号
北京市第一五九中学	王府仓胡同23号
北京市第一六一中学	大宴乐胡同11号
北京市第二一四中学	月坛北街18号
北京市北纬路中学	北纬路46号
北京市二龙路中学	大木仓胡同39号
北京市月坛中学	南礼士路二条1号
北京市徐悲鸿中学	右安门内西街甲10号
北京市鲁迅中学	新文化街45号
北京市铁路第二中学	月坛西街5号
北京市华夏女子中学	红莲中里12号
北京教育学院附属中学	新街口大四条48号
北京教育学院宣武分院附属中学	南樱桃园新安中里二巷10号
北京市育才学校	东经路21号
北京市回民学校	广安门内大街225号
北京市西城区实验学校	德胜门外六铺炕一巷2号
北京市西城外国语学校	西直门外南路6号
北京市宣武外国语实验学校	广安门外莲花河胡同4号
北京市第八中学分校	复兴门外大街乙20号
北京市第十三中学分校	西绦胡同59号
北京师范大学附属实验中学分校	辟才胡同80号
徐悲鸿中学初中部	永安路寿长街1号
北京市三帆中学	德胜新风街7号
北京市广安中学	枣林斜街55号
北京市裕中中学	德胜门外裕中西里21号

北京师范大学附属中学	南新华街 18 号
北京师范大学第二附属中学	新街口外大街 12 号
北京师范大学附属实验中学	二龙路 14 号
北京市新光中学	西黄城根北街 6 号
北京市私立汇才中学	白云观街北里 11 号
北京市和平门中学（师大附中借用）	南新华街 15 号
北京市什刹海体育运动学校附设初中班（100 中）	地安门西大街 57 号
北京启喑实验学校	西直门内大街东教场胡同 5 号

小　学

北京市西城区自忠小学	府右街丙 27 号
北京市西城区力学小学	力学胡同 47 号
北京市西城区北长街小学	北长街 71 号
北京市西城区长安小学	东绒线胡同 41 号
北京市西城区顺城街第一小学	前门西大街 135 号
北京市西城区柳荫街小学	西煤厂胡同 7 号
北京市西城区什刹海小学	恭俭胡同 41 号
北京市西城区护国寺小学	护国寺东巷 7 号
北京市西城区黄城根小学	西黄城根北街 3 号
北京市西城区西什库小学	刘兰塑胡同 14 号
北京市西城区厂桥小学	地安门西大街 167 号
北京市西城区新街口东街小学	新街口东街 5 号
北京市西城区鸦儿胡同小学	鼓楼西大街鸦儿胡同 25 号
北京雷锋小学	旧鼓楼大街西绦胡同甲 2 号
北京市西城区玉桃园小学	西直门内玉桃园三区 10 号楼
北京市西城区官园小学	官园胡同甲 1 号
北京市西城区四根柏小学	赵登禹路 58 号
北京市西城区西四北四条小学	西四北四条胡同 47 号
北京市西城区中华路小学	前半壁街 48 号
北京市西城区宏庙小学	西单北大街宏庙胡同 13 号
北京市西城区华嘉小学	华嘉胡同 19 号
北京市西城区西单小学	中京畿道 1 号
北京市西城区奋斗小学	闹市口大街月台胡同 15 号
北京第二实验小学	新文化街 111 号
北京市西城区涭水河小学	受水河胡同 45 号旁门
北京市西城区三里河第三小学	三里河三区 36 号
北京市西城区中古友谊小学	三里河一区 39 号
北京市西城区复兴门外第一小学	复兴门外大街地藏庵 23 号
北京市西城区育民小学	真武庙头条 8 号
北京市西城区白云路小学	白云路 2 号
北京市西城区青龙桥小学	复兴门外真武庙四条六里 71 号
北京市西城区阜成门外第一小学	阜成门外大街甲 10 号
北京市西城区银河小学	阜成门外北营房中街 57 号
北京市西城区展览路第一小学	百万庄中里 7 号
北京市西城区文兴街小学	文兴街 4 号
北京市西城区北礼士路第一小学	北礼士路 133 号
北京市西城区进步小学	榆树馆胡同 1 号院
北京市西城区德胜门外第二小学	德胜门外八道湾 3 号
北京市西城区民族团结小学	德胜门外大街安德路 142 号

北京市西城区五路通小学	德胜门外什坊街甲6号
北京市西城区育翔小学	马甸南村乙14号
北京市西城区裕中小学	裕中西里29号
北京市西城区师范学校附属小学	六铺炕北小街3号
北京市西城区炭儿胡同小学	炭儿胡同11号
北京第一实验小学前门分校	和平门外东街甲5号
北京市西城区新世纪实验小学	南纬路2号
北京市西城区香厂路小学	香厂路31号
北京市西城区后孙公园小学	后孙公园3号
北京市西城区琉璃厂小学	琉璃巷3号
北京第一实验小学	南新华街17号
北京市西城区陶然亭小学	龙泉胡同5号
北京市西城区福州馆小学	福州馆街3号
北京市西城区太平街小学	太平街西巷6号
北京小学走读部	北线阁2号
北京市西城区上斜街小学	上斜街37号
北京市西城区康乐里小学	康乐里2号
北京小学	槐柏树街9号
北京市宣武回民小学	牛街西里一区5号
北京市西城区登莱小学	登莱胡同29号
北京市西城区右安门大街第二小学	右安门内大街67号
北京市西城区白纸坊小学	白广路乙27号
北京市西城区实验小学	南菜园街35号
北京市西城区半步桥小学	白纸坊东街27号
北京市宣武师范学校附属第一小学	右安门内大街26号
北京市西城区三义里小学	广安门外三义里4号
北京市西城区广安门外第一小学	红居南街2号
北京市西城区天宁寺小学	天宁寺前街35号
北京市西城区红莲小学	红莲中里14号
北京市西城区椿树馆小学	广安门外南街43号
北京市西城区青年湖小学	广安门外鸭子桥北里13号
北京小学红山分校	广安门外大街305号二区12楼
北京市西城区兴华小学	留学路114号
北京市宣武培智学校	新桥胡同1号

幼儿园

北京市西城区长安幼儿园	前门西大街139号
北京市北海幼儿园	地安门西大街22号
北京市西城区棉花胡同幼儿园	棉花胡同78号
北京市第六幼儿园	旧鼓楼大街大石桥胡同43号
北京市西城区曙光幼儿园	西直门内小后仓36号
北京市西城区西四北幼儿园	西四北三条11号
北京洁如幼儿园	成方街29号
北京市西城区洁民幼儿园	马甸裕中西里小区36号楼
北京市西城区民族团结幼儿园	新明胡同乙1号
北京市西城区虎坊路幼儿园	虎坊路甲14号
北京市西城区实验幼儿园	南新华街21号
北京市西城区名苑幼儿园	广安门外红居街16号
北京市西城区长椿街幼儿园	西便门东里11号

北京市西城区槐柏幼儿园	槐柏树街南里10号楼
北京市西城区和平门幼儿园	上斜街66号
北京市西城区小百合幼儿园	长椿街甲1号
北京市宣武回民幼儿园	南横西街119号
北京市西城区三教寺幼儿园	里仁街12号
北京市第四幼儿园	樱桃园3条7号
北京市西城区三义里第一幼儿园	广安门外三义东里9号
北京市西城区三义里第二幼儿园	广安门外三义西里7-2号
北京市西城区马连道幼儿园	广安门外红莲中里10号
北京市西城区虎坊路幼儿园信和分园	马连道路15号院5号楼
北京市西城区红山幼儿园	广安门外大街305号院二区10号
北京市西城区华新幼儿园	西四北三条后11号
北京市西城区什刹海街道大拐棒幼儿园	大拐棒胡同15号
北京市西城区新街口街道果子市幼儿园	鼓楼西大街169号
北京市西城区新街口街道高井幼儿园	西直门内大街高井胡同16号
北京市西城区金融街街道新京畿道实验幼儿园	二龙路京畿道小区12号楼
北京市西城区月坛街道办事处第一幼儿园	三里河北街23号
北京市西城区展览路街道北营幼儿园	北营房西里11号楼西侧
北京市宣武区大栅栏西柳树井幼儿园	珠市口西大街111号
北京市宣武区大栅栏大安澜营幼儿园	大安澜营胡同13号
北京市宣武区南菜园幼儿园	菜园街五层公寓楼2号
北京市宣武区樱桃园幼儿园	右内大街53号
北京市西城区月坛街道办事处第四幼儿园	南礼士路46号
中共中央组织部机关服务中心幼儿园	西单北大街小酱坊胡同31号
中共中央办公厅警卫局北长街幼儿园	北长街89号
北京市公安局幼儿园	松树街7号
中国儿童中心实验幼儿园	平安里西大街43号
中共中央直属机关事务管理局实验幼儿园	新风街1号院甲2号楼
公安部幼儿园	木樨地北里2号
国家发展和改革委员会三里河幼儿园	三里河一区丙68号
物资机关幼儿园	月坛北街25号
中国石油天然气集团公司机关服务中心幼儿园	六铺炕三区甲15号
北京市农业局幼儿园	裕中西里甲1号
北京市人民政府机关事务管理办公室幼儿园	长椿里2号
国务院机关事务管理局花园村幼儿园广源分园	广安门外大街305号3区8号楼
机械机关幼儿园	百万庄北街2号
商业三里河幼儿园	三里河二甲18号
北京军区空军蓝天宇锋幼儿园	平安里群力胡同17号
北京印钞有限公司幼儿园	白纸坊街23号
华电（北京）热电有限公司幼儿园	天宁寺东里4号
中国人民解放军北京卫戍区直属机关幼儿园	广桥定阜街3号
中国人民解放军解放军报社幼儿园	阜成门外大街34号
北京市西城区幸福泉幼儿园	南草场冠英园西区8号
北京市西城区广电银河艺术幼儿园	育德胡同15号
北京德采幼儿园	德宝新园18号
北京市西城区幸福时光陶然幼儿园	黑窑厂西里甲11号
北京市西城区里仁街幼儿园	宏建北里13号
北京中铁信达经贸有限公司幼儿园	广安门外车站东街甲5号
北京市西城区警娃艺术幼儿园	太平里甲6号
北京市西城区汇佳北欧幼儿园	马连道路80号

北京市西城区圣天阁双语幼儿园 白云路4号
北京市西城区普林斯顿幼儿园 广安门内大街广安胡同康乐里12号
北京市西城区瑞思玛特幼儿园 新街口北大街3号星街坊大厦F4层
北京市西城区韦斯顿幼儿园 小马厂路1号院西豪逸景3号楼底商307–309室
北京市西城区培智中心学校 西直门外德宝新园23号

卫生机构

区属卫生机构

首都医科大学附属复兴医院 复兴门外大街甲20号
北京中医药大学附属护国寺医院 棉花胡同83号
北京市宣武中医医院 宣武区万明路甲8号
北京市第二医院 宣武门内大街油坊胡同36号
北京市西城区展览路医院 西直门外大街桃柳园西巷16号
北京市丰盛中医骨伤专科医院 阜成门内大街306号
北京市西城区平安医院 赵登禹路169号
北京市西城区静安医院 新安北里二巷20号
北京市肛肠医院 德胜门外大街16号、下岗胡同1号
北京市西城区广外医院 广安门外三义里甲2号
北京市西城区妇幼保健院 平原里小区19号楼
北京市回民医院 右安门内大街11号
北京市西城区妇幼保健所 德胜门外大街38号
北京市西城区结核病防治所 油坊胡同52号
北京市西城区疾病预防控制中心 德胜门外大街38号
北京市宣武区疾病预防控制中心 长椿街34号
北京市西城区卫生局卫生监督所 白云观街北里6号
北京市西城区动物卫生监督所 太平桥大街官房胡同17号
北京市西城区椿树社区卫生服务中心 西琉璃厂63号
北京市西城区金融街社区卫生服务中心 阜成门内大街306号
北京市西城区广内社区卫生服务中心 校场五条49号
北京市西城区德胜社区卫生服务中心 德外大街34号
北京市西城区新街口社区卫生服务中心 赵登禹路54号
北京市西城区大栅栏社区卫生服务中心 煤市街152号
北京市西城区展览路社区卫生服务中心 阜成门外北大街201号
北京市西城区什刹海社区卫生服务中心 正觉夹道甲13号
北京市西城区陶然亭社区卫生服务中心 南横街103号
北京市西城区天桥社区卫生服务中心 万明路甲8号
北京市西城区牛街社区卫生服务中心 右安门内大街11号
北京市西城区广外社区卫生服务中心 广安门外三义里甲2号
北京市西城区首都医科大学附属复兴医院月坛社区卫生服务中心 真武庙四条六里7号楼
北京市西城区西长安街社区卫生服务中心 油坊胡同52号

北京市西城区白纸坊社区卫生服务中心	新安中里4号
北京市西城区社区卫生服务管理中心	广安门外三义东里8号楼

辖区三级医院

北京大学第一医院	西什库大街8号
北京大学人民医院	西直门南大街11号
中国医学科学院阜外心血管病医院	北礼士路167号
北京积水潭医院	新街口东街31号
首都医科大学附属北京安定医院	德胜门外安康胡同5号
首都医科大学附属北京儿童医院	南礼士路56号
首都医科大学附属北京友谊医院	永安路95号
中国中医科学院广安门医院	北线阁5号
首都医科大学宣武医院	长椿街45号
中国医学科学院北京协和医院	大木仓胡同41号
北京急救中心	前门西大街103号
中国人民解放军第305医院	文津街甲13号
中国人民武装警察部队北京市总队第二医院	月坛北街丁3号
中国人民解放军第二炮兵总医院	新街口外大街16号

律师事务所及公证处

安诺律师事务所	西直门南大街2号成铭大厦B10S
安和利律师事务所	六铺炕三区9号院203-207
安迪律师事务所	德胜门外大街3号楼辽宁饭店写字楼703室
博恒律师事务所	黄寺大街23号北广大厦1205
宝华德律师事务所	广安门内大街广信嘉园C座-13C
北人律师事务所	广安门南街36号天缘公寓B604
博金律师事务所	阜成门外大街1号四川大厦东塔1314-1319
八都律师事务所	广安门内大街116号凌云居1号楼1309室
博昌律师事务所	新街口西里二区1号楼地上1层3/3-6,N-D
邦恒律师事务所	宣武门西大街乙97号尚座大厦3C单元
贝浩律师事务所	莲花池东路106号汇融大厦B座1102室
宝盛律师事务所	新街口西里三区2号楼11号
重光律师事务所	广宁伯街2号金泽大厦7层
成竺律师事务所	新街口西里二区1号楼1号
才良律师事务所	太平街6号富力摩根中心E座318室
敕焱律师事务所	阜成门外大街甲6号中建对外贸易大楼325
赐诚律师事务所	马连道路4号208室
诚辉律师事务所	西直门南大街2号成铭大厦B2座14G
大地律师事务所	阜成门外大街22号外经贸大厦6层601-604号
大煊律师事务所	马连道路一商大厦621室
德恒律师事务所	金融大街19号富凯大厦B座12层

东方律师事务所	西绒线胡同9号
东易律师事务所	车公庄大街9号五栋大楼C座13层
鼎知律师事务所	宣武门西大街乙129号金隅大厦1709-1710
大理律师事务所	裕民路18号北环中心A1708
丰友律师事务所	金融大街1号金亚光大厦A座702
非凡鑫源律师事务所	手帕口南街1号院郎琴园11号楼1006室
法度律师事务所	广宁伯街2号铁通大厦5层
方略律师事务所	阜成门外大街2号万通新世界A座24层
富华邦律师事务所	国英园1号716
观韬律师事务所	金融大街28号盈泰中心2号楼17层
国舜律师事务所	广安门外朗琴国际大厦A座15B11
观澜律师事务所	广义街5号院广益大厦C308室
高默克律师事务所	月坛北街2号月坛大厦A608b
国源律师事务所	二七剧场路乙6号楼6层
冠衡律师事务所	南礼士路66号建威大厦1916-1917
冠英律师事务所	车公庄大街9号院五栋大楼5号楼1101室
国首律师事务所	平原里21号亚泰中心B1017号
格理律师事务所	金融街35号A座511
国枫凯文律师事务所	金融大街1号写字楼A座12层
华鹏律师事务所	车公庄大街9号院五栋大楼B座1单元503室
海拓律师事务所	黄寺大街26号院德胜置业大厦1号楼17层1706
海弘达律师事务所	平原里21号亚泰中心A1107室
汉达律师事务所	三里河东路1-2（1号楼院2号）
汉龙律师事务所	金融大街19号富凯大厦B座707
华堂律师事务所	阜成门外大街11号国宾酒店写字楼308
华文通用律师事务所	百万庄大街丁19号妇联活动中心1层
魂鹤律师事务所	北三环中路甲29号华尊大厦B座303室
惠康律师事务所	东京畿道10号石化宾馆写字楼511
汇源律师事务所	南滨河路31号华亨大厦538室
惠诚律师事务所	太平桥大街218号
华策律师事务所	新街口外大街2号有研大厦B-401
泓理律师事务所	都市晴园816室
慧学律师事务所	西直门外大街135号北展宾馆松竹园
昊衡律师事务所	姚家井3巷34号
浩伟律师事务所	广安门南滨河路27号贵都国际中心A座1711
何贵富律师事务所	新街口西里一区1号楼地上底商8号
瀚岳律师事务所	西直门外大街德宝二期5号13层1单元1603
和思律师事务所	牛街东华金座东塔902室
华朝律师事务所	车公庄大街6号院3号楼312房间
桓标律师事务所	月坛南街69号4号楼210室
海创律师事务所	佟麟阁路尚座大厦
嘉源律师事务所	复兴门内大街158号远洋大厦F407
经纬律师事务所	复兴门内大街158号远洋大厦F302AB室
京徽律师事务所	半步桥街48号金泰开阳大厦327室
金台律师事务所	广安门外大街248号机械大厦20层
纪凯律师事务所	宣武门西大街甲129号金隅大厦6层
京豪律师事务所	新街口西里3区2号楼2-2
建诚律师事务所	广安门内大街广信嘉园C座23A-C
聚和律师事务所	黄寺大街26号德胜置业1号楼607室
江山律师事务所	陶然亭路53号南楼430室

京通律师事务所	裕民路 18 号北环中心 A 座 608 室
瑾瑞律师事务所	太平街 6 号富力摩根中心 E 座 306 室
京泽律师事务所	广安门外大街 168 号朗琴国际大厦 A 座 805
景运律师事务所	闹市口大街 13 号 B 座 7 层
君泽君律师事务所	金融大街 9 号金融街中心南楼 6 层
金石律师事务所	半步桥街 13 号院
京龙律师事务所	车公庄大街 6 号院 2 号楼 504
京泰律师事务所	白纸坊西街 20 号圣都大厦 309 室
京文律师事务所	西直门外大街 18 号金贸中心 A 座 1511 号
甲子律师事务所	西直门外大街德宝二期 5 号地办公、商业及酒店 11 层 1 单元 1223 室
凯誉律师事务所	南滨河路 27 号贵都国际中心 B 座 14 层 1413、1414 室
凯基律师事务所	广安门内大街 200 号东华金座西塔一单元 2704
开中律师事务所	阜成门外大街甲 6 号中建对外贸易大楼 325
科瀚律师事务所	闹市口大街 1 号长安兴融中心 C 座 908 室
李晓光律师事务所	西直门南大街 6 号国二招 B 座 5222 室
李晓斌律师事务所	宣武门外大街 28 号富卓大厦 B 座 706 室
莱博律师事务所	新街口外大街 2 号有研大厦 B 座 406 室
隆平律师事务所	广安门内大街 6 号枫桦豪景 A 座 2 单元 802
隆鼎律师事务所	黄寺大街 26 号 2 号楼 2 层
兰普瑞那律师事务所	莲花池东路甲 53 号院 1 号楼白云时代大厦 2 单元 1207
联拓律师事务所	宣武门外大街庄胜广场北楼西翼 1009
力行律师事务所	西直门大街 2 号成铭大厦 B 座 8C
茂源律师事务所	茶马街 6 号院 4 号楼 1 单元 1304
莫少平律师事务所	广安门内大街 167 号翔达大厦写字楼 8 层 809 室
母树峰律师事务所	宣武门外大街 20 号海格国际大厦 A 座
铭德律师事务所	德胜门外大街甲 11 号美江大厦 417 室
农权律师事务所	广安门南街 36 号天缘公寓 A 座 1901 室
欧亚律师事务所	新街口西里二区 1 号楼 9 号
权达律师事务所	黄寺大街德胜置业大厦 1 号楼 808
乾贞律师事务所	车公庄大街 6 号院 3 号楼
乾木文辰律师事务所	核桃园西街 36 号北方长城光电大厦 516 室
琪山律师事务所	西直门外大街德宝二期 5 号地办公商业及酒店 10 层 1 单元 1136
青石律师事务所	莲花池东路甲 5 号院 1 号楼白云时代大厦 1701、1702
仁杰律师事务所	新街口西里二区 1 号楼
任大农律师事务所	半步桥街 13 号院 4 号楼 2 单元 102 室
瑞天律师事务所	莲花池东路甲 5 号院 1 号楼 18 层 1 单元 1805
仁人德赛律师事务所	闹市口大街 1 号长安 1 号院 4 号楼 4A、4B
尚格律师事务所	北展北街华远企业号 D 座 2 单元 601 室
绅特律师事务所	丰汇园 11 号楼丰汇时代大厦东冀 12 层 1202
时代九和律师事务所	宣武门外大街甲 1 号环球财讯中心 B 座 2 层
首阳律师事务所	西直门外大街德宝二期 5 号地办公、商业及酒店 4 层 1 单元 532 室
世银律师事务所	月坛北街 26 号 1703
上泽律师事务所	德胜门外新风街 2 号天成科技大厦 A 座 905 室
晟信律师事务所	广安门内 6 号枫桦豪景 A 座 6 单元 1001 室
尚淳律师事务所	平安里西大街 28 号光大国际中心 1 号楼 1808 室
四惠律师事务所	前半壁街 66 号祺祥园写字楼 211 室
首信律师事务所	马甸南村甲 18 号

泰德律师事务所	月坛南街26号1号楼1021、5051、5053
天铎律师事务所	西直门内南小街国英1号309
天理律师事务所	红莲南路57号中国印刷大厦5层502室
天宁律师事务所	国英园小区14号楼102室（物业、两居室）
天瀚律师事务所	广安门内大街319号广信嘉园D-3D
天路律师事务所	裕民路18号北环中心910
统理律师事务所	白纸坊西街圣都大厦802室
天元律师事务所	丰盛胡同28号太平洋保险大厦10层
维泰律师事务所	阜成门外大街2号万通新世界广场写字楼B705号
未名律师事务所	阜成门外大街2号万通新世界广场B座2002
伟石律师事务所	黄寺大街26号4号楼506室
威宇律师事务所	宣武门外6号庄胜广场3A19、3A20室
王良律师事务所	马连道路9号院内黄山茶城3层3A03、3A04
万森律师事务所	西经路1号宝山商务酒店4层
卫之平律师事务所	阜成门外大街2号万通大厦A1206
万瑞律师事务所	金融街国际企业大厦B座16层1420号
吴栾赵阎律师事务所	月坛北街2号月坛大厦A506
雄志律师事务所	裕民路18号北环中心A座811室
新元律师事务所	通泰大厦C座603室
响宇律师事务所	平原里21号楼亚泰中心B座909
鑫诺律师事务所	宣武门外大街10号楼庄胜广场中央办公楼北翼9层（904-906、915-921）
信格律师事务所	莲花池东路甲5号白云时代大厦东座1208
谢金龙律师事务所	新文化街213号
鑫河律师事务所	太平街6号富力摩根中心D座918室
旭伟律师事务所	马连道南街6号院1号楼华睦大厦1518
星河律师事务所	裕民东路5号瑞得大厦6层601
英岛律师事务所	西直门外大街123号凯旋大厦C座2层
雨仁律师事务所	月坛北街26号恒华国际商务中心A座422室
逸峰律师事务所	广安门内大街广信嘉园A座3-A
怡德亨律师事务所	铁树斜街90号远东饭店3层6304室
亦德律师事务所	菜市口南大街陶然居A座1005室
易凯律师事务所	前半壁街66号祺祥园写字楼302-303室
义方律师事务所	广安门南滨河路23号立恒名苑3号楼701
友融律师事务所	德胜门外大街3号楼706房间
云熙律师事务所	半步桥街13号乙207室
永新智财律师事务所	金融大街27号投资广场A座1801
正理律师事务所	车公庄大街9号院五栋大楼B1座1103室
中满律师事务所	西直门南小街国英1号楼628
中喆律师事务所	广安门外大街168号朗琴国际大厦B座517A
中实律师事务所	西单大木仓北一巷1号西单饭店中教1层
中同律师事务所	北三环中路甲29号华尊大厦A座18层
中旭律师事务所	东官房胡同35号丙
中咨律师事务所	平安里西大街26号新时代大厦6-8层
兆源律师事务所	宣武门西大街甲129号金隅大厦1209-1211
兆亿律师事务所	黄寺西街26号德胜置业大厦1号楼701
兆君律师事务所	新街口西里二区1号楼1-2室
铸成律师事务所	北展北街华远企业号A座8层
中治律师事务所	金融大街28号院2号楼3层
中盈律师事务所	西直门外大街新兴东巷15号主楼7层

中里通律师事务所	三里河一区 5-5
中今律师事务所	阜成门外大街甲 9 号国宾酒店 B 座 502 单元
中合律师事务所	广安门南街 36 号天缘公寓 B 座 1104 室
中尊律师事务所	阜成门万通新世界 A 座 2109
智多鑫律师事务所	红居街恒昌花园 1 号楼 201 室
张浩然律师事务所	黄寺大街 26 号德胜置业大厦 4 号楼 6 层 710 室
中高盛律师事务所	广义街 5 号广益大厦 B907
昭德律师事务所	宣武门外大街 6 号庄胜（6-713）
智正律师事务所	复兴门内大街 158 号远洋大厦 F218
中轩律师事务所	南滨河路 23 号立恒名苑 3 号楼 2105 室
致诺律师事务所	太平街 8 号院 7 号楼 3 门 101 室
中永律师事务所	北展北街 15 号华远企业中心 17 层 A 座 5 层 501 室
中北律师事务所	月坛北街 2 号月坛大厦 1603 室
中进律师事务所	宣武门未英胡同 49 号英嘉公寓 1 号楼 8A
紫光达律师事务所	后广平胡同 38 号国英公寓 11d
山西科贝律师事务所北京分所	金融大街 27 号投资广场 B 座 9 层
上海通力律师事务所北京分所	金融大街 7 号英蓝国际金融中心 9 楼 02-03 单元
福建天凯律师事务所北京分所	金融大街 15 号鑫茂大厦 401-5A 单元
江苏博爱星律师事务所北京分所	白云时代大厦 9 层
北京市国立公证处	德胜门西大街 68 号
北京市中信公证处	金融街广宁伯路 2 号铁通大厦 5 层
北京市精诚公证处	菜园街 24 号

文物保护单位及文化设施

全国重点文物保护单位（32 处）

名称	时代	地址
北海及团城	明、清	文津街 1 号
妙应寺白塔	元	阜成门内大街 171 号
宋庆龄故居	现代	后海北沿 46 号
恭王府及花园	清	前海西街 17 号、柳荫街 14 号
郭沫若故居	现代	前海西街 18 号
大高玄殿	明	景山西街 21 号、23 号
历代帝王庙	明、清	阜成门内大街 131 号
南　堂	明、清	前门西大街 141 号
景　山	明、清	景山西街 44 号、景山后街 11 号
白云观	明、清	西便门外白云观
中南海	明、清	西长安街
德胜门箭楼	明、清	北二环中路
北京鲁迅旧居	民国	阜成门内宫门口二条 19 号
清农事试验场旧址	清	西直门外大街 137 号

月　坛	明	南礼士路
醇亲王府	清	后海北沿44号、鼓楼西大街154、156号
广济寺	明	阜成门内大街25号
北平图书馆旧址	民国	文津街7号
北京国会旧址	民国	宣武门西大街57号
京师女子师范学堂旧址	民国	新文化街45号
利玛窦和外国传教士墓地	明、清	车公庄大街6号
西什库教堂	清	西什库大街33号
国立蒙藏学校旧址	清	小石虎胡同33号
关岳庙	民国	鼓楼西大街149号
天宁寺塔	辽	天宁寺前街甲3号
牛街礼拜寺	明、清	牛街18号
先农坛	明	东经路21号
法源寺	清	法源寺前街5号
安徽会馆	清	后孙公园17、19、21、23、25、27号
报国寺	清	报国寺前街1号
国民政府财政部印刷局旧址	清	白纸坊街西街23号
大栅栏商业建筑		
瑞蚨祥	民国	大栅栏街5号
谦祥益	民国	珠宝市街5号
劝业场	清	廊房头条17号
祥义号门面	民国	大栅栏街1号

北京市文物保护单位（74处）

名称	**时代**	**地址**
李大钊故居	民国	文华胡同24号
梅兰芳故居	现代	护国寺街9号
程砚秋故居	现代	西四北三条39号
齐白石故居	民国	跨车胡同13号
明北京城城墙遗迹	明	复兴门南大街
万宁桥（后门桥）	元、明	地安门外大街
升平署戏楼	清	西长安街1号、大宴乐胡同11号
郑王府	清	大木仓胡同35号
礼王府	清	西黄城根南街7号、9号，颁赏胡同甲19号
克勤郡王府	清	新文化街53号
庆王府	清	定阜街3号、德胜门内大街甲254号
福佑寺	清	北长街20号
广化寺	元、明	鼓楼西大街鸦儿胡同31号
护国寺金刚殿	元	护国寺西巷
都城隍庙（寝殿）	元、明、清	成方街33号
吕祖阁	清	明光胡同6号、新壁胡同41号
火德真君庙	元、明、清	地安门外大街77号
昭显庙	清	北长街71号
辅仁大学	民国	定阜街1号
天主教圣母会法文学校	清末	前门西大街137号
西四北三条11号四合院	民国	西四北三条11号
西四北六条23号四合院	民国	西四北六条23号
前公用胡同15号四合院	民国	前公用胡同15号
西四北三条19号四合院	民国	西四北三条19号

西交民巷87号北新华街112号四合院	民国	西交民巷87号
盛新中学及佑贞女中	民国	教场胡同2号、教场胡同4号
涛贝勒府	清	柳荫街25、27、乙27号
万松老人塔	元	西四南大街43号旁门
北京水准原点旧址	民国	西安门大街1号（一部南门）
富国街3号四合院	清	富国街3号
平绥铁路西直门车站旧址	清末	西直门外北滨河路1号
中央银行旧址	民国	西交民巷17号(西)
大陆银行旧址	民国	西交民巷17号(东)
保商银行旧址	民国	西交民巷17号(中)
中国农工银行旧址	民国	西交民巷50号
中华圣公会教堂	民国	佟麟阁路85号、石灯胡同甲6号
百万庄路8号墓园石刻	清末	阜成门外百万庄路8号
贤良祠	清	地安门西大街103号
旧式铺面房	清末	地安门外大街50、52号
会贤堂	清	前海北沿18号
拈花寺	明	大石桥胡同61号
地安门西大街153号四合院	清	地安门西大街153号
阜成门内大街93号四合院	民国	阜成门内大街93号
雪池冰窖	清	雪池胡同10号
恭俭冰窖	清	恭俭五巷5号
皇城墙遗址（西城区）	明、清	西长安街
长椿寺	明	长椿街9、11号
三圣庵	清	黑窑厂胡同14号
陶然亭慈悲庵	元	陶然亭公园内
湖广会馆	清	虎坊路3、5号
湖南会馆	清	烂漫胡同101、103号
中山会馆	清	珠朝街5号
正乙祠	清	西河沿220号
杨椒山祠	明	达智桥胡同12号及旁门校场三条2号
康有为故居	清	米市胡同43号
朱彝尊故居	清	海柏胡同16号
《京报》馆	民国	魏染胡同30、32号
盐业银行旧址	民国	前门西河沿7号
交通银行旧址	民国	前门西河沿9号
粮食店第十旅馆	清	粮食店街73号
金中都太液池遗址	金	广安门外南街77号
云绘楼清音阁	清	陶然亭公园内
德寿堂药店	民国	珠市口西大街75号
纪晓岚故居	清	珠市口西大街241号
原京华印书局	民国	南新华街177号
醇亲王府（南府）	清	鲍家街43、甲2号
广福观	明	烟袋斜街37号、大石碑胡同6号
清学部遗存	清	教育街1号宣内17号
清稽查内务府御史衙门	清	陟山门街5号
兆惠府第遗存	清	前井胡同3号
中国地质调查所旧址	民国	兵马司胡同15号
张自忠旧居	民国	府右街丙27号
浏阳会馆（谭嗣同故居）	清	北半截胡同41号、南半截胡同6、8号
绍兴会馆	清	南半截胡同7号

西城区级文物保护单位（78 处）

名称	时代	地址
三官庙	明	西海北沿 29 号
净业寺	明	德胜门内西顺城街 46 号
双　寺	明	双寺胡同 11 号、西绦胡同 2 号
普济寺（高庙）	明	西海南沿 48 号
棍贝子府花园	清	新街口东街 31 号
德胜桥	明	德胜门内大街
摄政王府马号	清	后海北沿 43 号
大藏龙华寺	明	后海北沿 23 号
寿明寺	明	鼓楼西大街 79 号
小石桥胡同 24 号宅园（盛园）	清	小石桥胡同 24 号、后马厂胡同 17 号
银锭桥	明、清	后海北沿东端
鉴　园	清	小凤翔胡同 5 号
正觉寺	明	正觉胡同甲 9 号
魁公府	清	宝产胡同甲 23、23、25、27、29 号，赵登禹路 58、60 号，四根柏胡同 18 号
旌勇祠	清	旌勇里 3 号
保安寺	元	地安门西大街 133、135 号
天寿庵	明	龙头井街 42 号
玉皇阁	元	育强胡同甲 22 号
翠花街 5 号四合院	民国	翠花街 5 号
元大都下水道	元	西四路口
清真普寿寺	明	锦什坊街 63 号
永佑庙	清	府右街 1 号、3 号
万寿兴隆寺	明	北长街 39 号
洵贝勒府	清	背阴胡同 37 号
仪亲王府	清	府右街 137 号
霱公府	清	西绒线胡同 51 号
永寿寺	明	三里河前巷 1 号
马尾沟教堂	民国	车公庄大街 6 号
陆谟克堂	民国	西直门外大街 141 号
护国双关帝庙	元、明、清	西四北大街 167 号、甲 167 号
阿拉善王府	清	毡子胡同 7 号
法源清真寺	清	德胜门外大街 200 号
镶红旗满洲都统衙门	清	新文化街 137 号
吕祖宫	清	复兴门内北顺城街 15 号
西四街楼	清	西四北大街 255 号、阜成门内大街 1 号
圆广寺大殿	明、清	阜成门外大街 7 号楼-1 号
清端顺长公主墓碑	清	德胜门外冰窖口胡同 75 号
清乾隆汇通祠诗碑	清	德胜门西大街甲 60 号汇通祠内
天主教圣母圣衣堂	清、民国	西直门内大街 130 号
中央医院旧址	民国	阜成门内大街 133 号
平民中学	民国	西四北二条 58 号
为宝书局	民国	地安门外大街 156 号
粤东新馆	清	南横西街 13 号
沈家本故居	清	金井胡同 1 号
荀慧生故居	清	山西街甲 13 号

崇效寺藏经阁	明	崇效胡同9号
宝应寺	明	登莱胡同29号
东南园四合院	清	东南园胡同49号
北师大旧址	近代	南新华街13、15、17号
北师大附小旧址	近代	南新华街18号
林白水故居	近代	骡马市大街9号
萧长华故居	清	西草厂街88号
谭鑫培故居	清	大外廊营1号及旁门
王瑶卿故居	清	培英胡同20号
钱市胡同传统建筑群	清	珠宝市街37、39号
前门清真礼拜寺（修缮中）	清	扬威胡同9号
火神庙	清	琉璃厂东街29号
五道庙	清	铁树斜街143—149号、樱桃斜街96—104号
梨园公会	民国	樱桃斜街65号
裕兴中银号	民国	施家胡同11号
青云阁	民国	大栅栏西街33号
护国观音寺	清	樱桃斜街4、6、8号
泰丰楼饭庄	清	煤市街33号、杨梅竹斜街4号
晋江会馆	清	南柳巷40、42号
北京东方饭店初期建筑	民国	万明路11号
宜兴会馆	清	效尉营胡同44号
新市区泰安里	民国	天桥仁寿路6—16号
圣安寺	金	南横西街119号
莲花寺	明	永庆胡同37号
商务印书馆	民国	琉璃厂西街36号
永兴庵	明	南柳巷45号
余叔岩故居	清	异地迁移待复建
尚小云故居	清	异地迁移待复建
圣祚隆长寺	明、清	西四北三条3号
什刹海寺	明、清	糖房大院27号
福善寺	清	柳荫街26号、28号
双吉寺	清	双吉胡同3号
陈垣故居	民国	兴华胡同13号

文化广场

西单文化广场	西单北大街
金融街街道城隍庙文化广场	城隍庙东侧
什刹海街道护国寺居委会广场	六铺炕街
新街口街道玉桃园文化广场	新街口前桃园
展览路街道朝阳庵老来乐花园	三里河路22号朝阳庵小区
月坛街道碧溪公园文化广场	白云路
什刹海街道什刹海文化广场	什刹海小广场
什刹海街道雨来散广场	什刹海雨来散文化广场
什刹海街道野鸭岛南岸广场	野鸭岛南岸
大观园奥运城市文化广场	大观园南门
宣武艺园奥运露天剧场	宣武艺园东门
天桥市民广场	天桥剧场东侧
牛街东里文化广场	牛街东里1区
白纸坊文体广场	南樱桃园路口

广外红莲文体广场	红莲北里社区南侧
椿树园文化广场	椿树园小区
广内长春苑	长春苑街心花园

文化馆

西城区文化馆	西直门内大街 147 号
宣武文化馆	姚家井 3 巷 20 号

博物馆

中国地质博物馆	西四羊肉胡同 15 号
中国钱币博物馆	西交民巷 17 号
中国印钞造币博物馆	西直门外大街凯旋大厦
中国古动物馆	西直门外大街 142 号
民族文化宫博物馆	复兴门内大街 49 号
恭王府花园	柳荫街甲 14 号
首都博物馆	复外大街 16 号
北京天文馆	西直门外大街 138 号
白塔寺	阜城门内大街 171 号
北京古代钱币博物馆	北二环中路德胜门箭楼
北京历代帝王庙管理处	阜成门内大街 131 号
北京李大钊故居	文华胡同 24 号
宋庆龄故居	后海北沿 46 号
北京鲁迅博物馆	阜成门内宫门口二条 19 号
郭沫若纪念馆	前海西街 18 号
梅兰芳纪念馆	护国寺街 9 号
徐悲鸿纪念馆	新街口北大街 53 号
郭守敬纪念馆	德胜门西大街甲 60 号
北京红楼文化艺术博物馆	南菜园街 12 号
北京宣南文化博物馆	长椿街 9 号
北京戏曲博物馆	虎坊路 3 号
北京空竹博物馆	报国寺小星胡同 9 号
古陶文明博物馆	右安门内西街 18 号（大观园北门）
北京古代建筑博物馆	东经路 21 号
慈悲庵	太平街 19 号陶然亭公园内
中国消防博物馆	广安南街 70 号
中国佛教图书文物馆	法源寺内

图书馆

西城区图书馆	后广平胡同 26 号
宣武图书馆	教子胡同 8 号
金融街街道图书馆	太平桥大街 107 号地下 2 层
金融街街道丰汇园图书馆	丰汇园小区 15 号楼
西长安街街道图书馆	罗贤胡同 27 号
西长安街街道和平门图书馆	西绒线 20 号楼 21 门 104 号
月坛街道图书馆	月坛南街甲 49 号
新街口街道图书馆	西直门内大街 235 号
新街口街道福绥境图书馆	宫门口三条乙 1 号

展览路街道图书馆	展览馆路甲 18 号
展览路社区教育学校图书馆	月坛北街 25 号
什刹海街道图书馆	刘海胡同 11 号
德胜街道图书馆	新明胡同甲 1 号
德胜社区教育学校图书馆	安德路 140 号
广内街道图书馆	感化胡同 3 号院 5 楼 1 层
广内街道西便门东里图书馆	广安门内街道西便门东里平房 1 号
牛街街道图书馆	牛街东里 18 号楼 302
白纸坊街道图书馆	半步桥街 13-1
大栅栏街道图书馆	石头胡同 9 号
大栅栏西河沿民俗图书馆	前门西河沿 228 号
天桥街道图书馆	北纬路 9 号 3 层 308 室
椿树街道图书馆	前孙公园东夹道 4 号 2 层
陶然亭街道图书馆	四平园 9 号楼 1 层
广外街道图书馆	广安门外马连道中里 1 区 1 号
文化馆图书馆	姚家井三巷 20 号
军休办宣武活动中心图书馆	牛街西里二区 15 号

电影院

北京首都华融影院有限责任公司	西单北大街 131 号 9 层（局部）、10 层、11 层
北京青年宫电影城	西直门南小街 68 号
北京地质礼堂	西四羊肉胡同 30 号
北京国宾菁英电影放映有限公司	月坛南街 24 号
北京金融街影院有限责任公司	金融大街 18 号地下一层
北京市新街口电影院	西直门内大街 69 号
北京大观楼影城	前门大栅栏街 36 号
北京市工人俱乐部	虎坊桥七号
北京华业伟成文化发展有限公司	西单北大街 180 号西单文化广场 B1 层 4D
北京市红楼电影院	西安门大街 156 号
北京市胜利电影院	西四东大街 55 号
北京市广安门电影院	白广路 8 号
北京市宣武区中华电影娱乐宫	天桥市场 85 号
北京鑫融文体俱乐部有限责任公司	白纸坊街 16 号
北京春晖剧场	陶然亭路 51 号
北京耀莱腾龙国际影城管理有限公司马连道电影院分公司	马连道路 25 号楼新年华生活购物广场 5 层 F510 商铺、6 层 F603 商铺

营业性演出场所

北京音乐厅	北新华街 1 号
北京湖广会馆大戏楼	虎坊路 3 号
北京市天桥剧场	北纬路 30 号
民族宫文化经贸发展总公司北京大剧院	复兴门内大街 49 号
国家大剧院	西长安街 2 号
中央音乐学院音乐厅	鲍家街 43 号
北京梅兰芳大剧院	平安里西大街 32 号
正乙祠戏楼	前门西河沿街 220 号
国家京剧院（实验剧场）	平安里西大街 22 号
北京天艺同歌国际文化艺术有限公司	抄手胡同 64 号 26 幢

北京国话剧场　广安门外大街 277 号
北京市西城区文化馆（首层小剧场）　西直门内大街 147 号
北京市西城区文化馆（二层多功能剧场）　西直门内大街 147 号
中国木偶艺术剧院股份有限公司北京西城分公司　西直门外大街 137 号东部
北京张一元茶叶有限责任公司天桥茶馆　万明路 18 号院 1 号楼南侧
北京地质礼堂　西四羊肉胡同 30 号
北京展览馆剧场　西外大街 135 号
解放军歌剧院　德胜门内大街 60 号
北京市工人俱乐部　虎坊路 7 号
北京天桥杂技剧场　北纬路东口（天桥市场 95 号）
德云社剧场　北纬路甲 1 号
北京首都旅游国际酒店集团有限公司前门梨园剧场　永安路 175 号
北京大观园戏楼　南菜园街 12 号（大观园院内）
北京广德楼娱乐产业有限责任公司　前门大栅栏大街 39 号
北京老舍茶馆　前门西大街正阳市场 3 号楼
北京老舍茶馆新京调食坊　前门西大街正阳市场 3 号楼
北京市邦克实业公司鑫融文化俱乐部　白纸坊街 16 号

非物质文化遗产项目名录及代表性传承人名单

非物质文化遗产项目名录

序号	类别	项目名称	项目级别		
			国家级	北京市级	西城区级
1	民间文学（2 项）	北京童谣	★	★	★
2		北京回族民间故事			★
3	传统音乐（4 项）	京都北韵禅乐		★	★
4		白纸坊挎鼓		★	★
5		北京道教音乐			★
6		古代诗词歌曲			★
7	传统舞蹈（2 项）	白纸坊太狮	★	★	★
8		大栅栏五斗斋高跷秧歌		★	★
9	传统戏剧（4 项）	昆曲	★	★	★
10		河北梆子	★	★	★
11		北京皮影戏	★	★	★
12		西城皮影（德顺班）			★
13	曲艺（11 项）	单弦牌子曲	★	★	★
14		岔曲		★	★
15		北京评书	★	★	★
16		相声	★	★	★
17		京韵大鼓	★	★	★
18		梅花大鼓		★	★
19		北京琴书		★	★

续 表

序号	类别	项目名称	项目级别		
			国家级	北京市级	西城区级
20	曲艺（11 项）	联珠快书		★	★
21		天桥拉洋片			★
22		天桥双簧			★
23		评书（北京）			★
24	传统体育、游艺与杂技（21 项）	抖空竹	★	★	★
25		天桥中幡	★	★	★
26		天桥摔跤	★	★	★
27		口技	★	★	★
28		八卦掌	★	★	★
29		牛街白猿通背拳		★	★
30		祁家通背拳			★
31		六合拳		★	★
32		孙式太极拳		★	★
33		北京鬃人		★	★
34		天桥摔跤（2）			★
35		北京赛活驴			★
36		天桥穆派戏法			★
37		牛街掷子			★
38		三皇炮捶拳			★
39		陈式太极拳			★
40		踢花毽			★
41		天桥盘杠			★
42		七巧板			★
43		古彩戏法（杨小亭）			★
44		形意拳			★
45	传统美术（25 项）	北京内画鼻烟壶	★	★	★
46		内画鼻烟壶		★	★
47		北京仿古瓷		★	★
48		北京刻瓷		★	★
49		北京砖雕		★	★
50		京派剪纸（申沛农）			★
51		泥塑彩绘脸谱			★
52		北京玉雕（一魔）			★
53		裕氏草编			★
54		铜印钮雕刻			★
55		毛猴			★
56		金石篆刻			★
57		脸谱绘制			★
58		面人			★
59		彩蛋绘制			★
60		北京宫廷补绣			★
61		北京彩塑			★

续　表

序号	类别	项目名称	项目级别		
			国家级	北京市级	西城区级
62	传统美术（25项）	面塑			★
63		北派雕钮			★
64		传统灯彩			★
65		绳结艺术			★
66		象牙雕刻			★
67		北京绒鸟（绒花）			★
68		古建油漆彩绘			★
69		彩砂工艺			★
70	传统技艺（55项）	北京宫毯织造技艺	★	★	★
71		木版水印技艺（荣）	★	★	★
72		古字画装裱修复技艺（荣）	★	★	★
73		古籍修复技艺（中国书店）	★	★	★
74		内联升千层底布鞋制作技艺	★	★	★
75		王致和腐乳酿造技艺	★	★	★
76		六必居酱菜制作技艺	★	★	★
77		张一元茉莉花茶制作技艺	★	★	★
78		鸿宾楼全羊席制作技艺	★	★	★
79		天福号酱肘子制作技艺	★	★	★
80		仿膳（清廷御膳）	★	★	★
81		烤肉季烤羊肉制作技艺	★	★	★
82		烤肉宛烤羊肉制作技艺			★
83		砂锅居全猪席烹制技艺		★	★
84		护国寺清真小吃制作技艺		★	★
85		柳泉居京菜制作技艺		★	★
86		瑞蚨祥中式服装手工制作技艺		★	★
87		马聚源手工制帽技艺		★	★
88		一得阁墨汁制作技艺		★	★
89		戴月轩湖笔制作技艺		★	★
90		“正兴德”清真茉莉花茶制作工艺		★	★
91		传统药香制作技艺		★	★
92		毛猴制作技艺			★
93		金属工艺品锻錾工艺			★
94		绢人制作技艺			★
95		戏曲盔头制作技艺（李继宗）			★
96		锦匣制作技艺			★
97		京胡制作技艺			★
98		叭叭鼓制作技艺（张氏）			★
99		荣宝斋装帧技艺			★
100		汲古阁拓片制作技艺			★
101		北京花茶拼配工艺			★
102		北京风味小吃制作技艺			★
103		桂香村南味食品制作技艺			★

续 表

序号	类别	项目名称	项目级别		
			国家级	北京市级	西城区级
104	传统技艺（55项）	同和居鲁菜烹制技艺			★
105		峨嵋酒家川菜烹制技艺			★
106		曲园酒楼湘菜制作技艺			★
107		丰泽园鲁菜制作技艺			★
108		翰林谭家菜制作技艺			★
109		宫廷奶制品制作技艺			★
110		小肠陈卤煮火烧制作技艺			★
111		羊头马白水羊头			★
112		马家老铺酱烧牛羊肉制作技艺			★
113		“爆肚冯”爆肚制作技艺			★
114		“户部街马记”酱烧牛羊肉制作技艺			★
115		“年糕钱”年糕制作技艺			★
116		天源酱菜制作技艺			★
117		“豆腐脑白”豆腐脑制作技艺			★
118		门框胡同褡裢火烧制作技艺			★
119		大和恒米面加工技艺			★
120		北京雕漆			★
121		金漆镶嵌			★
122		花丝镶嵌			★
123		传拓技艺			★
124		曹氏风筝			★
125	传统医药（7项）	宫廷正骨	★	★	★
126		鹤年堂中医药养生文化	★	★	★
127		王氏脊椎疗法	★	★	★
128		清华池修治脚病传统技艺		★	★
129		凤阳门正骨千手大法			★
130		正筋疗法			★
131		北京马应龙眼药制药技艺			★
132	民俗（3项）	厂甸庙会	★	★	★
133		鸿宾楼“老堂经”			★
134		老北京叫卖			★

注：国家级非物质文化遗产项目32项
北京市级非物质文化遗产项目56项
西城区级非物质文化遗产项目134项

非物质文化遗产代表性传承人名单

序号	项目名称	姓名	性别	出生年份	批次			备注
					国家级	北京市级	西城区级	
1	白纸坊太狮	王建文	男	1964	★	★	★	
2		杨敬伟	男	1958	★	★	★	
3	大栅栏五斗斋高跷秧歌	张全增	男	1933		★	★	
4	京都北韵禅乐	朱锡全	男	1926		★	★	
5		吴颖超	女	1933			★	
6	北京皮影戏	路宝刚	男	1964			★	
7	昆曲	侯少奎	男	1940	★	★	★	
8		杨凤一	女	1964	★	★	★	
9		白士林	男	1938	★	★	★	
10		丛兆桓	男	1931	★	★	★	
11		韩建成	男	1939	★	★	★	
12		王大元	男	1941	★	★	★	
13		马玉森	男	1940		★	★	
14		周万江	男	1940		★	★	
15		张毓文	女	1946		★	★	
16		乔燕和	女	1943		★	★	
17		王建平	男	1964			★	
18		侯宝江	男	1946			★	
19		刘国庆	男	1943			★	
20		王德林	男	1943			★	
21		白晓华	女	1943			★	
22		张敦义	男	1945			★	
23		张国泰	男	1943			★	
24	河北梆子	刘玉玲	女	1947	★	★	★	
25		王凤芝	女	1941		★	★	
26		李二娥	女	1947		★	★	
27		彭艳琴	女	1956			★	
28	西城皮影（德顺班）	路连达	男	1938			★	
29	北京评书	连丽如	女	1943	★	★	★	
30		贾建国	男	1942			★	
31	岔曲	张蕴华	女	1948	★	★	★	
32		希婉英	女	1952			★	
33		马岐	男	1940			★	
34		马小祥	男	1969			★	
35	联珠快书	章学楷	男	1936		★	★	
36		王玥波	男	1978			★	
37	北京琴书	王树才	男	1968		★	★	
38		刘砚声	男	1947			★	
39	京韵大鼓	李想	女	1984			★	
40	相声	张志强	男	1959			★	
41		康有纯	男	1957			★	

续 表

序号	项目名称	姓名	性别	出生年份	批次			备注
					国家级	北京市级	西城区级	
42	天桥中幡	傅文刚	男	1961	★	★	★	
43		傅文友	男	1957			★	
44	抖空竹	张国良	男	1955	★	★	★	
45		李连元	男	1946	★	★	★	
46	北京鬃人	白大成	男	1939		★	★	
47		白霖	男	1979			★	
48	八卦掌	孙志均	男	1933	★	★	★	
49		赵大元	男	1944			★	
50		王尚智	男	1947			★	
51	口技	牛玉亮	男	1938	★	★	★	
52	孙式太极拳	孙婉蓉	女	1928		★	★	
53		孙宝亨	男	1933			★	
54	牛街白猿通背拳	李占华	男	1942		★	★	
55	祁家通背拳	戴振川	男	1955			★	
56	五行通背拳	马启华	男	1954			★	
57	北京内画鼻烟壶	刘守本	男	1943	★	★	★	
58		杨志刚	男	1963			★	
59	内画鼻烟壶	姚桂新	女	1954			★	
60	京城砖雕	张彦	男	1965			★	
61	北京宫毯织造技艺	康玉生	男	1933	★	★	★	
62		王国英	女	1967		★	★	
63		褚长海	男	1942			★	
64		高春荣	女	1962			★	
65	北京仿古瓷	白莉	女	1955		★	★	
66		王立	女	1950			★	
67	泥塑彩绘脸谱	佟秀芬	女	1956			★	
68	内联升千层底布鞋制作技艺	何凯英	男	1955	★	★	★	
69	马聚源手工制帽技艺	盛秉伦	男	1927		★	★	
70	瑞蚨祥中式服装手工制作技艺	邹秋明	女	1953		★	★	
71	装裱修复技艺（古籍修复技艺）	王辛敬	男	1958	★	★	★	
72	荣宝斋装裱修复技艺	李淑珍	女	1968		★	★	
73	木板水印技艺	崇德福	男	1953	★	★	★	
74		王丽菊	女	1958	★	★	★	
75		高文英	女	1956	★	★	★	
76		赵慧萍	女	1964		★	★	
77		刘宝祥	男	1963			★	
78	中国书店古籍修复技艺	汪学军	男	1964	★	★	★	
79		刘秋菊	女	1962			★	
80	张一元茉莉花茶窨制技艺	王秀兰	女	1955	★	★	★	
81	传统药香制作技艺	李时亮	男	1980		★	★	
82	戴月轩湖笔制作技艺	王后显	男	1976			★	
83	六必居酱菜制作技艺	杨银喜	男	1954	★	★	★	

续 表

序号	项目名称	姓名	性别	出生年份	批次			备注
					国家级	北京市级	西城区级	
84	六必居酱菜制作技艺	薛洪兰	女	1959			★	
85	鸿宾楼全羊席制作技艺	佟建国	男	1952		★	★	
86		朱长安	男	1960			★	
87		许仁礼	男	1963			★	
88	天福号酱肘子制作技艺	冯君堂	男	1960		★	★	
89		郭景田	男	1959			★	
90		王金杠	男	1952			★	
91		耿仁	男	1956			★	
92	北京烤肉制作技艺（烤肉季）	白士清	男	1946		★	★	
93		甄德禄	男	1958			★	
94		杨玉泉	男	1959			★	
95	北京烤肉制作技艺（烤肉宛）	万春生	男	1962		★	★	
96		张振民	男	1968			★	
97		王芸生	男	1956			★	
98	护国寺清真小吃制作技艺	马国华	男	1952			★	
99		李秀云	女	1964			★	
100	砂锅居全猪席制作技艺	刘为永	男	1969			★	
101		杨树松	男	1954			★	
102		曹东鹏	男	1978			★	
103	同和居鲁菜烹制技艺	于晓波	男	1955			★	
104		武根深	男	1963			★	
105	峨眉酒家川菜制作技艺	毛春和	男	1962			★	
106	柳泉居京菜制作技艺	屈德森	男	1958			★	
107	宫廷补绣	杜康民	男	1947			★	
108		孙石芬	女	1948			★	
109	北京彩塑	双起翔	男	1931			★	
110		双彦	男	1958			★	
111	面塑	张宝琳	男	1954			★	
112		冯慧芸	女	1954			★	
113	京派剪纸（申沛农）	靳鹤年	男	1944			★	
114		杨莹莹	女	1954			★	
115	北派雕钮	韩宝玉	男	1942			★	
116	戏曲盔头制作技艺	李继宗	男	1938			★	
117	北京玉雕（一魔）	刘春江	男	1958			★	
118	裕氏草编	裕庸	男	1939			★	
119	金属工艺品锻錾工艺	孟德仁	男	1943			★	
120	宫廷正骨	刘钢	男	1952	★	★	★	
121		吴冰	男	1978			★	
122	王氏脊椎疗法	王兴治	男	1953	★	★	★	
123	鹤年堂中医药养生文化	雷雨霖	男	1926	★	★	★	
124		王国宝	男	1954		★	★	
125	清华池修治脚病传统技艺	王建生	男	1957		★	★	
126	凤阳门正骨千手大法	佟乐康	男	1948			★	

主要宾馆及饭店

名称	地址	电话
北京金融街丽思卡尔顿酒店	金城坊东街 1 号	66016666
北京金融街威斯汀大酒店	金融大街乙 9 号	66068866
北京国宾酒店有限责任公司	阜成门外大街甲 9 号	58585588
北京金融街洲际酒店	金融街 11 号	58525888
北京翔达国际商务酒店有限公司	广安门内大街 169 号	83172288
北京首都旅游股份有限公司前门饭店	永安路 175 号	63016688
北京国二招宾馆	西直门南大街 6 号	66186688
北京国谊宾馆	文兴东街 1 号	68316611
国宏宾馆	木樨地北里甲 11 号	63908866
北京西单美爵酒店	宣武门内大街 6 号	66036688
北京港中旅维景国际大酒店	广安门内大街 338 号	83529999
深圳大厦有限公司	广安门外大街 1 号	63271188
建设大厦	广莲路甲 5 号	63986611
中国职工之家	真武庙路 1 号	68576699
民族饭店	复兴门内大街 51 号	66014466
金台饭店	地安门西大街 38 号	66529988
北京德宝饭店	德宝新园 22 号	68318866
北京首创股份有限公司新大都饭店	车公庄大街 21 号	68319988
北京金都假日饭店有限公司	北礼士路 98 号	68338822
北京广州大厦	西单横二条甲三号	58559988

街道社区居委会

德胜街道

石油社区	六铺炕二区 38 号楼南平房
六铺炕水电社区	六铺炕二区 39 号楼 1 层
六铺炕煤炭社区	安德路南 67 号旁门
安德路南社区	安德路 124 楼东侧地下室
安德路北社区	教场口 6 号院 1 号楼 1 门 003 室
德外大街东社区	教场口 9 号院 5 号楼 1 层

德外大街西社区	冰窖口胡同73号–4
人定湖西里社区	塔院胡同丙2号
新外大街南社区	新街口外大街28好院新4楼前平房
新外大街北社区	新街口外大街甲8号29楼–4–2
德胜里社区	德胜里一区9楼4门2号
新明家园社区	新明胡同2号楼平房
新康社区	新康街3号院平房
新风中直社区	新风南里9号楼前平房
北广社区	双旗杆东里2号楼下平房
马甸社区	马甸南村
双旗杆社区	双旗杆东里12号楼1层
裕中西里社区	裕中西里27楼甲1号
裕中东里社区	裕中西里15楼1层中间
黄寺大街西社区	德胜门外大街乙12号院8号楼1层
黄寺大街24号社区	人定湖北巷（敬老院北）
阳光丽景社区	黄寺大街23号院3楼东平房
新风街1号社区	新风街1号院10号楼107

什刹海街道

西四北社区	中毛家湾55号
西安门社区	西四东大街8号
西什库社区	刘兰塑胡同16号
爱民街社区	爱民二巷1号
大红罗社区	小拐棒胡同18号
西巷社区	护国寺东巷22号
护国寺社区	德胜门内大街251号
簸箩仓社区	德胜门内大街221号
前铁社区	德胜门内大街303号
柳荫街社区	柳荫街甲7号
兴华社区	厂桥胡同8号
松树街社区	弘善胡同18号
前海北沿社区	南官房胡同59号
前海东沿社区	后小井胡同18号
白米社区	白米斜街12号
景山社区	景山西街15号
米粮库社区	油漆作胡同21号
旧鼓楼社区	旧鼓楼大街145号
双寺社区	西绦胡同甲15号
鼓西社区	鼓西大街128号
后海社区	鸦儿胡同后6号
后海西沿社区	东明胡同16号
西海社区	水车胡同甲9号
苇坑社区	苇坑胡同53号
四环社区	新街口东街22号

西长安街街道

义达里社区	义达里42号
西单北社区	东斜街53号2楼

光明社区	府右街西巷22号
黄南社区	黄南一区5号楼1层
府南社区	太仆寺街33号楼5号院
钟声社区	南安里7号
太仆寺街社区	横二条2号303
南北长街社区	南长街58号
北新华街社区	东安福20号
西交民巷社区	东新帘子胡同2号
和平门社区	西绒线胡同8号
六部口社区	小六部口26号
未英社区	佳慧雅园3号楼

大栅栏街道

前门西河沿社区	西河沿224号
大安澜营社区	大安澜营9号
大栅栏西街社区	杨梅竹斜街65号
铁树斜街社区	樱桃斜街61号
煤市街东社区	甘井胡同19号
延寿街社区	延寿街21号
三井社区	煤市街21号
百顺社区	百顺胡同8号
石头社区	石头胡同29号

天桥街道

留学路社区	灵佑胡同4号
香厂路社区	仁民路8号
永安路社区	阡儿路71号
虎坊路社区	虎坊路12号楼北侧
天桥小区社区	东经路6号院内居委会
禄长街社区	禄长街头条19号院内
先农坛社区	南纬路2号院内
太平街社区	太平街8号18号楼院内

新街口街道

西四北头条社区	小绒线胡同18号
西四北三条社区	赵登禹路140号
西四北六条社区	西四北六条35号
育德社区	后车胡同9号
前公用社区	后帽胡同1号
宫门口社区	宫门口三条1号（福绥境大楼内）
北顺社区	青塔胡同43号
富国里社区	玉廊园8号楼2-001
安平巷社区	白塔寺东夹道胡同甲8号
官园社区	育强胡同甲8号
冠英园社区	冠英园西区27号楼4-D01、D02
南小街社区	安成胡同35号
半壁街社区	小后仓胡同1号楼北侧平房

中直社区	西直门南大街 10 号 10 号楼 105
大觉社区	大觉 31 号
西里三区社区	新街口西里三区 2 号楼南小楼 1 层
北草厂社区	玉桃园三区 8 号楼 4-004
玉桃园社区	前桃园 1 号楼院内
西里四区社区	新街口西里三区 2 号楼南小楼 3 层
西里一区社区	新街口西里一区 3 号楼西侧底商
西里二区社区	新街口西里一区 9 号楼西侧底商

金融街街道

砖塔社区	砖塔胡同 53 号
大院社区	大院胡同 18 号
宏汇园社区	宏汇园 8 号楼 2-3 门
教育部社区	大木仓胡同 35 号
京畿道社区	京畿道小区甲 1 号
手帕社区	东铁匠胡同甲 8 号
新文化街社区	新文化街 36 号
受水河社区	众益胡同 46 号旁门
新华社社区	佟麟阁路 62 号
丰盛社区	太平桥大街西城晶华底商 8-7
丰融园社区	丰融园小区 15 号楼底商 20 号
丰汇园社区	丰汇园 11 号楼甲 1 号
二龙路社区	太平桥大街甲 230 号
文昌社区	闹市口中街 33 号
东太平街社区	新文化街 127 号楼后院平房
温家街社区	光彩胡同 29 号
民康社区	民康胡同 30 号院 2 号楼 108 室
西太平街社区	鲍家街甲 2 号
中央音乐学院社区	鲍家街 43 号新 7 楼 1 门 D101 室

椿树街道

梁家园社区	前孙公园 56 号
红线社区	红线胡同 21 号
香炉营社区	香炉营东巷 2 号院 3-5-103
椿树园社区	椿树园小区 4 号楼 1 层
宣武门外东大街社区	宣武门外东大街 22 号楼 2-109
四川营社区	四川营胡同 8 号
琉璃厂西街社区	前孙东夹道 4 号

陶然亭街道

米市社区	南大吉巷 14 号
果子巷社区	南大吉巷 14 号
粉房琉璃街社区	粉房琉璃街 100 号
福州馆社区	福州馆前街 4 号楼前平房
新兴里社区	南华里 13 号
黑窑厂社区	黑窑厂街临字 16 号
龙泉社区	龙泉胡同甲 22 号

红土店社区	红土店南里6号楼前平房

展览路街道

德宝社区	德宝新园1号楼7-001/8-001
朝阳庵社区	朝阳庵3号楼前平房
文兴街社区	车公庄中里1号楼下平房
团结社区	西外团结大院7号楼地下室
榆树馆社区	榆树馆西里4号楼地下室
新华东社区	北礼士路乙56号楼3门地下室
新华里社区	新华里10号院1号楼1门101-102室
车公庄社区	车公庄北里36号楼101室
百万庄西社区	百万庄北里1号平房
百万庄东社区	百万庄中里8号楼6门及7门地下室
三塔社区	展览馆路34号东侧平房
新华南社区	北礼士路135号楼院内平房
黄瓜园社区	黄瓜园东10门后院平房
露园社区	北露园4号楼楼下平房
北营房西里社区	北营房西里11号楼地下室及南侧平房
北营房东里社区	北营房东里11楼105室、109室
阜外西社区	月坛北街25号楼3楼前车库
洪茂沟社区	月坛北街15号楼院内供暖所煤厂院内平房
阜外东社区	南礼士路甲1号院内平房
南营房社区	月坛北街5号楼2门103号
万明园社区	万明园7号楼2-104

月坛街道

三里河社区	三里河北街5号院西平房
三里河一区社区	三里河一区3号院5楼半地下
月坛社区	月坛北街8号楼108号
社会路社区	月坛南街19号院4号楼1层
铁三社区	月坛西街西里16楼2门1号
三里河二区社区	三里河二区6号楼105
三区一社区	三里河三区40楼4门3号
三区三社区	复兴门外大街23-105
铁二一社区	二七剧场路东里新19楼205号
铁二二社区	复兴门外二七剧场路东里新9楼2门003
南礼士路社区	南礼士路三条北里14楼3门3号
二炮社区	复兴门外大街甲七号院社区居委会
复北社区	复兴门北大街11号楼旁社区居委会
广一社区	真武庙二条7号院7门1号
广二社区	西便门外大街4号院4号楼2门101
复外社区	复外大街6号楼107号
真武庙社区	真武庙五里6栋西配楼
西便门社区	西便门外大街10号院26门2号
铁四社区	西便门外大街7号院11号楼2号
汽南社区	白云路西里16号楼107号
汽北社区	木樨地北里19楼北侧
白云观社区	白云观街南里5号楼4门101号

木樨地社区	木樨地北里平房 2 号
公安社区	木樨地南里公安大学 29 楼地下室
南沙沟社区	南沙沟小区 18 号楼西头 1 层
全总社区	真武庙二里甲 10–2

广安门内街道

西便门内社区	西便门内大街 77 号
长西社区	长椿街西里 18 楼西侧
槐北社区	槐柏树街 11 号楼 1 单元底商
西便门东里社区	便门东里东平房 1 号
西便门西里社区	便门西里 1–102 号
报国寺社区	胜利一巷 28 号
核桃园社区	核桃园东街 6 号
槐南社区	槐柏树南里 9–2–002 号
长椿里社区	长椿街 8 号楼 3–1 号
上斜街社区	上斜街乙 46 号
校场社区	校场小七条 10 号
宣西社区	宣武门西大街 4 号楼地下室
三庙社区	长椿街东里 24 楼前
老墙根社区	建学新楼 4 门 103 号
长椿街社区	感化 3 号院内平房
广安东里社区	广安门内大街 159 号
大街东社区	广安门内大街 223 号楼内东侧
康乐里社区	康乐里小区 1 号楼地下室

牛街街道

枫桦社区	牛街西砖胡同 2 号院 8–1
法源寺社区	南横西街 65 号后楼
东里社区	牛街东里一区 5 号楼南侧
春风社区	小寺街 6 号院
西里一社区	牛街西里一区 2 号楼北侧
西里二社区	牛街西里二区 6 号楼东侧
钢院社区	白广路 6 号院
白广路社区	白广路二条 4 号院内
南线阁社区	南线里 4 号楼 1 层
菜园北里社区	枣林前街 147 号院内

白纸坊街道

平原里社区	平原里小区 12 号楼对面地下室
双槐里社区	万寿公园南门东侧小院
右北大街社区	益民巷大楼 1 层
樱桃园社区	樱桃三条新安北里 1 号楼底商
菜园街社区	崇效胡同 18 号
崇效寺社区	白纸坊西街 17 号院 7 号楼 101 室
建功北里社区	南菜园 19–1
建功南里社区	南菜园乙 35 号
新安中里社区	白纸坊西街 20 号楼底商–3

新安南里社区	白纸坊西街 6 号院 5-3-002
右内后身社区	右安门内西街丙 1 号
右内西街社区	右安门内西街甲 10 号院 5 号楼西侧平房
自新路社区	信建里宿舍 6 号平房
光源里社区	宏建北里 19 号
半步桥社区	半步桥街 13 号院
万博苑社区	万博苑小区 5 号楼地下室
里仁街社区	里仁街 6 号院外北平房
清芷园社区	清芷园 3 号楼 1 层 1-I

广安门外街道

鸭子桥社区	鸭子桥路 47 号
青年湖社区	鸭子桥北里 14-3-B01
椿树馆社区	车站东街 15-2-1-102
白菜湾社区	广安门外南街甲 59-3
车站东街社区	广安门外大街 6 号楼 1 层南侧
手帕口南街社区	手帕口南街 36 号院平房
朗琴园社区	广安门外手帕口南街 1 号院 11 号楼南侧 1 层
红居街社区	远见名苑 4 号楼 A1
红居南街社区	小红庙 3 号楼下平房
车站西街 15 号院社区	车站西街 15 号院社区西侧平房
车站西街社区	车站西街 17 号院 1 号楼南侧平房
乐城社区	广安门外红莲南路 6 号院 2 号楼 105
红莲北里社区	红莲北里 5-3-101
红莲中里社区	红莲中里 28 楼南侧平房
红莲南里社区	红莲南里 8 号
三义东里社区	广安门外马中街甲 3 号楼 1 层北侧
三义里社区	三义里 8 号楼南侧
马中里社区	马连道中街甲 3 号楼
马连道社区	马连道路 5 号院北侧平房
湾子街社区	马连道路 15 号院 3-8
依莲轩社区	依莲轩 D 座 103
小马厂社区	小马厂路 1 号院 1 号楼北侧
手帕口北街社区	手帕口北街 11 号院南平房
天宁寺北里社区	天宁寺前街北里 5-1-103
二热社区	小马厂东里 2-101
天宁寺南里社区	天宁寺南里小区 12 号楼旁
莲花河社区	莲花河胡同 2 号院 1 号楼 1 单元
荣丰社区	荣丰 5 号楼 C01 室
蝶翠华庭社区	广安门外大街 305 号二区 5 号楼地下 1 层 6 号

索 引

说明：1. 本索引基本按汉语拼音音序排列，汉字打头的主题词按首字的音序音调依次排列，首字相同时，则以第二字排序，依此类推；以阿拉伯数字、英文字母打头的主题词，排在最前面。

2. 主题词后的阿拉伯数字表示该词所在页码，其后的小写英文字母 a、b、c 表示正文中的栏别（从左至右）。

3. 部分主题词后面有若干个页码或栏别，则表示该词在这些地方均有出现。

4. 特载、人物、统计资料、附录等栏目内容不在标引范围内。

R

S

T

W

X

Y

Z